Tanja Bohlender
Herbert Deppisch
Sven Feuerhahn
Robert Jung
Victoria Lübeke
Erhard Schleitzer

Praxis der Mitarbeitervertretung von A bis Z

Das Lexikon für die Evangelische Kirche und Diakonie

Tanja Bohlender
Herbert Deppisch
Sven Feuerhahn
Robert Jung
Victoria Lübeke
Erhard Schleitzer

Praxis der Mitarbeitervertretung von A bis Z

Das Lexikon für die Evangelische Kirche und Diakonie

6., überarbeitete und erweiterte Auflage

BUND
VERLAG

Bibliografische Information der Deutschen Nationalbibliothek
Die Deutsche Nationalbibliothek verzeichnet diese Publikation in der Deutschen Nationalbibliografie; detaillierte bibliografische Daten sind im Internet über *http://dnb.d-nb.de* abrufbar.

6., überarbeitete und erweiterte Auflage 2025

Umschlag: Neil McBeath, Stuttgart
Satz: Dörlemann Satz, Lemförde
Druck: CPI books GmbH, Birkstraße 10, 25917 Leck

ISBN 978-3-7663-7408-0

kontakt@bund-verlag.de
www.bund-verlag.de

Vorwort

Das nunmehr in 6. Auflage vorliegende Lexikon hat seinen Platz in der Bibliothek der Mitarbeitervertretungen gefunden. Das Nachschlagewerk für Mitarbeitervertretungen in der Evangelischen Kirche und Diakonie beschäftigt sich mit den wichtigsten Themen der MAV-Arbeit und will praxisnah und ohne juristische Schnörkel in die Problematik einführen und möglichst konkrete Handlungsanleitungen geben.
In der 6. Auflage wurde das Lexikon insbesondere dem im Dezember 2023 novellierten Mitarbeitervertretungsgesetz der Evangelischen Kirche in Deutschland (MVG.EKD) angepasst. Daneben berücksichtigt das Handwörterbuch den Gesetzesstand bis Dezember 2024, insbesondere

- das neue Hinweisgeberschutzgesetz, in Kraft getreten mit Wirkung zum 2. 7. 2023,
- Änderung des Entgelttransparenzgesetzes zum 5. Juli 2021,
- die sich aus der Corona Pandemie ergebenden Regelungen zum Infektionsschutz und die Beteiligung der MAV,
- die neue Mitarbeitsrichtlinie der EKD, die zum 1. Januar 2024 in Kraft getreten ist,
- die Novellierung des Mitarbeitervertretungsgesetzes der EKD (MVG-EKD) zum 1. Januar 2024.

Mit der 6. Auflage wurden auch mehr als 30 neue Stichwörter aufgenommen:

- Abordnung,
- Amtszeit,
- Anwendungsgesetz, Übernahmegesetz,
- Auskunftsanspruch, datenschutzrechtlicher,
- Beihilfe,
- Beschäftigungsverbot,
- Betriebliche Altersversorgung,
- Betriebsverfassungsgesetz,
- Burnout,
- Digitalisierung und Künstliche Intelligenz (KI),
- Einigungsbemühungen, betriebliche,

- Entgelttransparenzgesetz,
- Ermahnung,
- Erörterung,
- Fort- und Weiterbildung,
- Freistellung für Arbeitnehmer,
- Gemeinsame MAV,
- Gerichtliche Entscheidungen,
- Gestellungsvertrag,
- Grundgesetz,
- Hinweisgeberschutzgesetz,
- Individualarbeitsrecht,
- Jubiläumszuwendung,
- Kirchenaustritt,
- Kollektives Arbeitsrecht,
- Krankengeld, Krankengeldzuschuss,
- Mitarbeitervertretung,
- Mitarbeitsrichtlinie,
- Mobile Arbeit, Telearbeit, Homeoffice,
- Nebenabrede,
- Ordnungsgeld,
- Rechtsextremismus im Betrieb,
- Rente,
- Stufenzuordnung, Stufenlaufzeit,
- Unkündbarkeit, Sonderkündigungsschutz,
- Verjährung.

Folgende Stichwörter sind weggefallen:
- Arbeitsverhinderung (siehe Arbeitsunfähigkeit),
- Dienstvertrag (siehe Arbeitsvertrag),
- Ein-Euro-Job, Arbeitsgelegenheiten,
- Eingruppierungsordnung (siehe Eingruppierung),
- Loyalitätsrichtlinie (siehe Mitarbeitsrichtlinie),
- Zusatzversorgung (siehe betriebliche Altersversorgung).

Das Lexikon behandelt auch Themen rund um das besondere kirchliche Arbeitsrecht in Deutschland. Dieses kirchliche Arbeitsrecht und insbesondere der verfassungsrechtliche Sonderstatus der Kirchen und ihrer Werke Caritas und Diakonie geraten immer stärker in den kritischen Blick der Öffentlichkeit. Immer weniger verständlich erscheint vielen die durch die Kirchen behauptete Notwendigkeit eigenständiger Regelungen. Starken Einschränkungen, auch aufgrund begrüßenswerter europarechtlicher Vorgaben, unterliegt gerade auch die Möglichkeit der Nichteinstellung oder Kündigung von Menschen aufgrund fehlender Religionszugehörigkeit. Jüngste Entwicklungen, wie z. B. der Versuch von Kirche und Diakonien durch juristische Entscheidungen der staatlichen Arbeitsgerichtsbarkeit Tarifverträge in Mitgliedseinrichtungen zu verhindern (Sophien- und Hufeland-Klinikum Weimar) werden dazu beitragen, dass das kirchliche Arbeitsrecht immer weniger Akzeptanz findet und sich so langfristig selbst abschafft. In den einschlägigen Stichwörtern wird auf die entsprechenden Fragestellungen jeweils genauer eingegangen.

Zu diesem Lexikon

In mehr als 210 Stichwörtern werden Begriffe erläutert, die in der täglichen MAV-Arbeit eine Rolle spielen. Das Lexikon stellt keinen Kommentar zum MVG oder zu den (unterschiedlichen) Arbeitsvertragsrichtlinien (AVR) der Diakonie dar – und will dies auch nicht sein –, sondern eine Hilfestellung für die Beantwortung der zahlreichen Fragen, die sich in der MAV-Praxis immer wieder stellen.
Aus Gendergründen und weil wir ein emanzipiertes Team von Autorinnen und Autoren sind, verwenden wir – anders als bisher – in allen Stichwörtern jeweils durchgängig die weibliche oder die männliche Form. In dieser 6. Auflage des Lexikons benutzen wir abwechselnd beide Formen. Dies dient aus unserer Sicht der sprachlichen Vereinfachung und der besseren Lesbarkeit. Wir wissen schließlich auch, dass in der ev. Kirche und Diakonie weit überwiegend weibliche Beschäftigte tätig sind.
Die Beschäftigten in Kirche und Diakonie sind Arbeitnehmer wie im weltlichen Bereich auch; ihre »Chefs« verstehen sich als Arbeitgeber und handeln in der Regel auch so. Daher ersetzen wir die im Kirchenbereich üblichen Begriffe »Dienstnehmer« und »Dienstgeber« durch die Wörter »Arbeitnehmer« und »Arbeitgeber«.
Grundlage aller Erläuterungen ist das Mitarbeitervertretungsgesetz der Evangelischen Kirche in Deutschland (MVG-EKD), in den Stichwörtern in der Regel nur als MVG bezeichnet. Für die entsprechenden Mitbestimmungsgesetze der einzelnen Landeskirchen sind die Kommentierungen und Hinweise deshalb nur dann übertragbar, wenn die Bestimmungen wortgleich sind. Für die Erläuterung arbeitsrechtlicher Begriffe wurden insbesondere die Arbeitsvertragsrichtlinien der Diakonie Deutschland (AVR.DD) herangezogen. Wo möglich, wurde auch der Bezug zum TVöD bzw. zum TV-L hergestellt.
Wichtige Begriffe sind fett gedruckt; ein Stichwortverzeichnis am Ende des Lexikons soll das Auffinden von Begriffen erleichtern. Hinweise auf andere erläuterte Hauptstichwörter sind im Text durch einen Pfeil und Fettdruck gekennzeichnet.

»Die Praxis der Mitarbeitervertretung von A bis Z« gehört zum Geschäftsbedarf jeder Mitarbeitervertretung in Kirche und Diakonie; wir hoffen, dass dieses Handwörterbuch weiterhin Einzug in die MAV-Büros hält.
Neu an dieser Auflage ist insbesondere der zusätzliche juristische Sachverstand aus der Göttinger Kanzlei Feuerhahn Rechtsanwälte. Die drei »Altautoren« freuen sich sehr, dass es mit Tanja Bohlender, Sven Feuerhahn und Viktoria Lübeke gelungen ist, drei Juristen zu finden, die die Tradition unseres Lexikons fortsetzen können. Gleichzeitig sind sie in der Lage, die Stichwörter mit juristischer Kompetenz anzureichern. Auf diese Weise kann das Lexikon gestärkt in die Zukunft schauen.
Die drei »Alt-Autoren« stehen für langjährige Erfahrungen mit diakonischen und kirchlichen Mitbestimmungsregelungen, insbesondere in Bayern und Hessen. Sie fühlten sich dem Grundsatz verpflichtet: »Aus der Praxis – für die Praxis«. Wir hoffen, dass uns dies auch mit der Neuauflage gelungen ist. Wie immer freuen sich Verlag und Autoren über Kritik und Anregungen, auch über die Nennung weiterer Stichwörter, die in die nächste Neuauflage aufgenommen werden sollen.

Frankfurt am Main, im Februar 2025
Die Autoren

Inhaltsverzeichnis

Abkürzungsverzeichnis

a. A.	anderer Ansicht
A & K	Arbeitsrecht und Kirche (Zeitschrift)
a. o.	außerordentlich
ABM	Arbeitsbeschaffungsmaßnahme
Abs.	Absatz
ACK	Arbeitsgemeinschaft Christlicher Kirchen in Deutschland e. V.
AGG	Allgemeines Gleichbehandlungsgesetz
AGMAV	Arbeitsgemeinschaft der Mitarbeitervertretungen
AGMAVen	Arbeitsgemeinschaften der Mitarbeitervertretungen
AiB	Arbeitsrecht im Betrieb (Zeitschrift)
AltTZG	Altersteilzeitgesetz
AP	Arbeitsrechtliche Praxis, Entscheidungssammlung
ArbG	Arbeitsgericht
ArbGG	Arbeitsgerichtsgesetz
ArbMedVV	Verordnung zur arbeitsmedizinischen Vorsorge
ArbPlSchG	Arbeitsplatzschutzgesetz
ArbSchG	Arbeitsschutzgesetz
ArbStättV	Arbeitsstättenverordnung
ArbuR	Arbeit und Recht (Zeitschrift)
ArbZG	Arbeitszeitgesetz
ARK	Arbeitsrechtliche Kommission
ARR-ATZ	Arbeitsrechtsregelung Altersteilzeit
ARRG	Arbeitsrechtsregelungsgesetz
ASiG	Arbeitssicherheitsgesetz
ASR	Technische Regeln für Arbeitsstätten
ASTA	Ausschuss für Arbeitsstätten
ATG	Altersteilzeitgesetz
ATZO	Altersteilzeitordnung
AÜG	Arbeitnehmerüberlassungsgesetz
AVR	Arbeitsvertragsrichtlinien

AVR DD	Arbeitsvertragsrichtlinien der Diakonie Deutschland
AVR-Bayern	Arbeitsvertragsrichtlinien des Diakonischen Werkes der Evang.-Luth. Kirche in Bayern
AVR.HN	Arbeitsvertragsrichtlinien der Diakonie in Hessen-Nassau
B/L	Bund/Länder
BA	Bundesagentur für Arbeit
BAFzA	Bundesamt für Familie und zivilgesellschaftliche Aufgaben
BAG	Bundesarbeitsgericht
BAT	Bundes-Angestelltentarifvertrag
BAT-KF	BAT – Kirchliche Fassung
BAuA	Bundesanstalt für Arbeitsschutz und Arbeitsmedizin
BBiG	Berufsbildungsgesetz
BdA	Bundesvereinigung der deutschen Arbeitgeberverbände
BDSG	Bundesdatenschutzgesetz
BEM	Betriebliches Eingliederungsmanagement
BErzGG	Bundeserziehungsgeldgesetz
BeschSchG	Beschäftigtenschutzgesetz
BetrAVG	Gesetz zur betrieblichen Altersversorgung
BetrVG	Betriebsverfassungsgesetz
BfA	Bundesversicherungsanstalt für Angestellte
BFD	Bundesfreiwilligendienst
BFDG	Bundesfreiwilligendienstgesetz
BG	Berufsgenossenschaft
BGB	Bürgerliches Gesetzbuch
BGI	Berufsgenossenschaftliche Information
BGR	Berufsgenossenschaftliche Richtlinie
BGV	Berufsgenossenschaftliche Vorschriften
BGW	Berufsgenossenschaft für Gesundheitsdienst und Wohlfahrtspflege
BildscharbV	Bildschirmarbeitsverordnung
Bildschirm-TV	Tarifvertrag über die Arbeitsbedingungen von Arbeitnehmern auf Arbeitsplätzen mit Geräten der Informations- und Kommunikationstechnik vom 25. Januar 1990
Buchst.	Buchstabe
BuKo	Bundeskonferenz der Arbeitsgemeinschaften der Mitarbeitervertretungen und Gesamtausschüsse
BUrlG	Bundesurlaubsgesetz
BVerfG	Bundesverfassungsgericht
BVerfGE	Amtliche Sammlung der Entscheidungen des Bundesverfassungsgerichts

bzw.	beziehungsweise
Chat GPT	Chatbot Generative Pre-trained Transformer
d.h.	das heißt
DB	Der Betrieb (Zeitschrift)
DGUV	Deutsche Gesetzliche Unfallversicherung
DiVO	Dienstvertragsordnung der Evang.-Luth. Kirche in Bayern
DL	Dienststellenleitung
DSG.EKD	Datenschutzgesetz der EKD
DSGVO	Datenschutz-Grundverordnung
DW	Diakonisches Werk
e.V.	eingetragener Verein
EFAS	Evangelische Fachstelle für Arbeitssicherheit
EFZG	Entgeltfortzahlungsgesetz
EKD	Evangelische Kirche in Deutschland
ELKB	Evangelisch-Lutherische Kirche in Bayern
EStG	Einkommensteuergesetz
EU-DSGVO	EU-Datenschutz-Grundverordnung
EuGH	Europäischer Gerichtshof
evtl.	eventuell
EWDE	Evangelisches Werk für Diakonie und Entwicklung
EZVK	Evangelische Zusatzversorgungskasse
FASi	Fachkraft für Arbeitssicherheit
ff.	folgende Seiten
GA	Gesamtausschuss
GDA	Gemeinsame Deutsche Arbeitsschutzstrategie
GdB	Grad der Behinderung
GefStoffV	Gefahrstoffverordnung
GenDG	Gendiagnostikgesetz
GEW	Gewerkschaft Erziehung und Wissenschaft
GG	Grundgesetz
ggf.	gegebenenfalls
gGmbH	gemeinnützige Gesellschaft mit beschränkter Haftung
GMAV	Gesamtmitarbeitervertretung
GmbH	Gesellschaft mit beschränkter Haftung

HeimPersV	Heimpersonalverordnung
HN	Hessen-Nassau
i. d. R.	in der Regel
i. V. m.	in Verbindung mit
IAO	Internationale Arbeitsorganisation
ILO	Gesetz zum Übereinkommen Nr. 190 der Internationale Arbeitsorganisation vom 21. Juni 2019
JArbSchG	Jugendarbeitsschutzgesetz
JAV	Jugend- und Auszubildendenvertretung
KAH	Ein zwischen ver.di und dem Krankenhaus-Arbeitgeberverband Hamburg abgeschlossener Tarifvertrag
KDAVO	Kirchlich-Diakonische Arbeitsvertragsordnung
KGH. EKD	Kirchengerichtshof der EKD
KGlG	Kirchliches Gleichstellungsgesetz der Evang.-Luth. Kirche in Bayern
KI	Künstliche Intelligenz
KI-VO	Verordnung über künstliche Intelligenz
KiGG.EKD	Kirchengerichtsgesetz der Evangelischen Kirche in Deutschland
KP	Kirchenprovinz
KSchG	Kündigungsschutzgesetz
KTD	Kirchlicher Tarifvertrag Diakonie (Nordelbien)
KW	Kurhessen-Waldeck
KZVK	Kirchliche Zusatzversorgungskasse
LAG	Landesarbeitsgericht
LVA	Landesversicherungsanstalt
MAV	Mitarbeitervertretung
MAVen	Mitarbeitervertretungen
MAVG	Mitarbeitervertretungsgesetz der evangelischen Kirche von Hessen-Nassau
MAVO	Mitarbeitervertretungsordnung
MDK	Medizinischer Dienst der Krankenkassen
MJG	Mitarbeiterjahresgespräch
MuSchG	Mutterschutzgesetz
MuSchRiV	Mutterschutzrichtlinienverordnung
MVG	Mitarbeitervertretungsgesetz der EKD

MVG.DH	Anwendungsgesetz für das Mitarbeitervertretungsgesetz des (gemeinsamen) diakonischen Werks
MVG.EKD	Mitarbeitervertretungsgesetz der evangelischen Kirche Deutschland
MVG.K	Mitarbeitervertretungsgesetz der Konföderation evangelischer Kirchen in Niedersachsen
NachwG	Nachweisgesetz
NZA	Neue Zeitschrift für Arbeitsrecht
ÖD	Öffentlicher Dienst
ÖTV	Gewerkschaft Öffentliche Dienste Transport und Verkehr (jetzt ver.di)
PersVG	Personalvertretungsgesetz
PflegeZG	Pflegezeitgesetz
QM	Qualitätsmanagement
RatSchTV	Tarifvertrag Rationalisierungsschutz
resp.	respektive
ReWiSo	Informationen des Diakonischen Werkes Bayern aus Recht, Wirtschaft und Sozialwesen
Rn.	Randnummer
RöV	Röntgenverordnung
s.	siehe
s. a.	siehe auch
s. o.	siehe oben
s. u.	siehe unten
SBV	Schwerbehindertenvertretung
SchwbG	Schwerbehindertengesetz (jetzt SGB IX)
SGB	Sozialgesetzbuch
SicherungsO	Sicherungsordnung
sog.	so genannt
SR	Sonderregelung
StäKo	Ständige Konferenz der Arbeitsgemeinschaften der Mitarbeitervertretungen der EKD-Gliedkirchen
TDDDG	Gesetz über den Datenschutz und den Schutz der Privatsphäre in der Telekommunikation und bei digitalen Diensten

TKG	Telekommunikationsgesetz
TV ATZ	Tarifvertrag zur Regelung der Altersteilzeit
TVG	Tarifvertragsgesetz
TV-L	Tarifvertrag für den öffentlichen Dienst der Länder
TVöD	Tarifvertrag für den öffentlichen Dienst
TVöD-K	Tarifvertrag für den öffentlichen Dienst (Krankenhäuser)
TVöD-B	Tarifvertrag für den öffentlichen Dienst (Pflege- und Betreuungseinrichtungen)
TVöD VKA	Tarifvertrag für den öffentlichen Dienst (kommunale Arbeitgeberverbände)
TVRatAng	Tarifvertrag über den Rationalisierungsschutz für Angestellte
TzBfG	Gesetz über Teilzeitarbeit und befristete Arbeitsverträge
u. a.	unter anderem
u.U	unter Umständen
UmwG	Umwandlungsgesetz
Unterabs.	Unterabsatz
UVV	Unfallverhütungsvorschrift (der Berufsgenossenschaften)
v. a.	vor allem
VBL	Versorgungsanstalt des Bundes und der Länder
VdDD	Verband diakonischer Dienstgeber in Deutschland
ver.di	Vereinte Dienstleistungsgewerkschaft
VerwG.EKD	Verwaltungsgericht für mitarbeitervertretungsrechtliche Streitigkeiten der Evangelischen Kirche in Deutschland
vgl.	vergleiche
Vkda	Verband kirchlicher und diakonischer Anstellungsträger
VKM	Verband kirchlicher Mitarbeiterinnen und Mitarbeiter
WO	Wahlordnung
WRV	Weimarer Reichsverfassung
z. B.	zum Beispiel
z. T.	zum Teil
ZDL	Zivildienstleistender
ZDVG	Zivildienstvertrauensmanngesetz
ZMV	Zeitschrift für Mitarbeitervertretungen
zzt.	zur Zeit

Literaturverzeichnis

Andelewski, Aeneas/Küfner-Schmitt, Irmgard/Schmitt, Jochem, Berliner Kommentar zum Mitarbeitervertretungsgesetz der Evangelischen Kirche. MVG. EKD. Stuttgart 2007

Arbeitnehmerkammer Bremen, Betriebsräte sorgen für gelebte Demokratie, Bremen 2024

Arleth, Christian, Das Recht kirchlicher Arbeitnehmer auf Streik, Baden-Baden 2016

ASR A 6. Technische Regeln für Arbeitsstätten, Bildschirmarbeit. Ausgabe Juli 2024. Download unter: *https://www.baua.de/DE/Angebote/Regelwerk/ASR/ASR-A6.*

Bachner, Michael/Gerhardt, Peter, Betriebsübergang / Interessenausgleich / Sozialplan, Basiskommentar zu § 613a BGB mit den Folgen für die Mitbestimmung, 4. Auflage, Frankfurt/M. 2020

Bachner, Michael/Köstler, Roland/Matthießen, Volker/Trittin, Wolfgang, Arbeitsrecht bei Unternehmensumwandlung und Betriebsübergang, 4. Auflage, Baden-Baden 2012

BAuA (Hrsg.), Arbeitsstättenverordnung, Technische Regeln für Arbeitsstätten. Ergänzte 6. Auflage, Dortmund 2023 (Stand: Juli 2023)

Baumann-Czichon, Bernhard, BAG: Auch ohne Glauben in der Kirche arbeiten, in: Arbeitsrecht und Kirche (AuK) 3/2018

Baumann-Czichon, Bernhard/Gathmann, Mira/Germer, Lothar, MVG-EKD. Der neue Kommentar für die Praxis, 4. Auflage, Bremen 2013

Baumann-Czichon, Bernhard, Unternehmens- und Betriebsänderungen: Rechtliche Folgen des Betriebsübergangs. In: Arbeitsrecht & Kirche 1/2004, S. 7–9

Baumann-Czichon, Bernhard, Entscheidungssammlung zum kirchlichen Arbeitsrecht. Die EkA (elektronisches Nachschlagewerk). Bremen 2003

Baumann-Czichon, Bernhard/Feuerhahn, Sven (Hrsg.), Die Rechtssammlung. Für Mitarbeitervertretungen in Kirche, Diakonie und Caritas. 6. Auflage, Bremen 2024

Bechmann, Reinhard, Qualitätsmanagement und kontinuierlicher Verbesserungsprozess. Betriebs- und Dienstvereinbarungen. Frankfurt/M. 2010

Beseler, Lothar, Betriebsübergang. 5. Auflage, Münster 2024

Berufsgenossenschaft für Gesundheitsdienst und Wohlfahrtspflege (BGW) (Hrsg.), Die betriebliche Interessenvertretung im Arbeitsschutz, Hamburg 2024

BGW, Prävention von Gewalt und Aggression gegen Beschäftigte. Handlungshilfe für Arbeitgeber und Arbeitgeberinnen. Hamburg 2018 (= DGUV Information 207-025) Download unter: *https://www.bgw-online.de/DE/Medien-Service/Medien-Center/Medientypen/BGW-Broschueren/BGW08-00-070-Praevention-von-Gewalt-und-Aggression.html*

BIH Bundesarbeitsgemeinschaft der Integrationsämter und Hauptfürsorgestellen (Hrsg.), ZB spezial: Inklusionsvereinbarung. Ideenreich und verbindlich. Köln, Juli 2023. (herunterladen unter: *https://www.bih.de/fileadmin/user_upload/BIH-ZB-Sp_Inklusionsvereinbarung_2023_barrierefrei_preflight_UA.pdf*)

Boecken, Winfried/Joussen, Jacob, Teilzeit- und Befristungsgesetz. Handkommentar, 7. Auflage, Baden-Baden 2024

Böker, Karl-Hermann/Demuth, Ute, E-Mail-Nutzung und Internetdienste, 3. Auflage, Frankfurt/M. 2014

Böker, Karl-Hermann/Demuth, Ute/Lück, Maria, Intranet und Internet für Betriebsräte (und PR/MAV), 3. Auflage, Frankfurt/M. 2013

Bremme, Peter/Fürniß, Ulrike/Meinecke, Ulrich, Never work alone. Organizing – ein Zukunftsmodell für die Gewerkschaften, Hamburg 2010

Brinkmann, Ralf/Stapf Kurt H., Innere Kündigung: Wenn der Job zur Fassade wird, München 2005

Britschgi, Sigrid, BEM – Betriebliches Eingliederungsmanagement. Rechtliche Grundlagen, 7. Auflage, Frankfurt/M. 2025

Bsirske, Frank/Paschke, Ellen/Schuckart-Witsch, Berno, Streiks in Gottes Häusern. Hamburg 2013

Bühler, Sylvia/Schubert, Jens/Schuckart-Witsch,Berno (Hrsg.), Zwischen Konkurrenz und Kreuz, Hamburg 2015

Bundesanstalt für Arbeitsschutz und Arbeitsmedizin, Alterns- und altersgerechte Arbeitsgestaltung. Grundlagen und Handlungsfelder für die Praxis. Dortmund, 2. Auflage 2017 (baua: Praxis)

Bundesanstalt für Arbeitsschutz und Arbeitsmedizin, Wenn aus Kollegen Feinde werden … Ein Ratgeber zum Umgang mit Mobbing, 6. Auflage, Dortmund 2010 (download unter *http://www.inqa.de* oder *http://www.baua.de*)

Bundesanstalt für Arbeitsschutz und Arbeitsmedizin und Initiative Neue Qualität der Arbeit INQA, Hilfe gegen Mobbing am Arbeitsplatz. So beenden Sie Mobbing jetzt! Dortmund 2008 (download unter *http://www.inqa.de* Themen Mobbing)

Busch, Sebastian, EuGH entscheidet Grundsatzfragen der Einstellungspraxis kirchlicher Träger, in: Arbeitsrecht und Kirche (AuK) 2/2018

Buschmann, Rudolf/Ulber, Jürgen, Arbeitszeitrecht. Kompaktkommentar zum Arbeitszeitgesetz mit Nebengesetzen und Europäischem Recht, Frankfurt/M. 2019

Conrad-Giese, Maren/Eberhardt, Beate/Feldes, Werner/Hindersmann, Nils/Koch, Rainer/Ramm, Diana/Ritz, Hans-Günther, Tipps für die Vertretung von Menschen mit Behinderungen. Aufgaben – Rechte – Kompetenzen, 4. Auflage, Frankfurt/M. 2023

Becker, Kristof/Gorsky, Astrid/Gün, Isaf/Holtz, Stefanie/Kröll, Michael/Lenz, Dieter/Ratayczak, Jürgen/Ressel, Thomas/Uehlecke, Julian, Praxis der JAV von A bis Z. Das Lexikon für die Arbeit der Jugend- und Auszubildendenvertretung, 13. Auflage, Frankfurt/M. 2025

Däubler, Wolfgang, Gewerkschaftsrechte im Betrieb, 12. Auflage, Baden-Baden 2017

Däubler, Wolfgang, Gläserne Belegschaften. Das Handbuch zum Beschäftigtendatenschutz, 9. Auflage, Frankfurt/M. 2021

Däubler, Wolfgang, Digitalisierung und Arbeitsrecht. Künstliche Intelligenz – Homeoffice – Arbeit 4.0, 8. Auflage, Frankfurt/M. 2023

Däubler, Wolfgang/Deinert, Olaf, KSchR. Kündigungsschutzrecht. Kommentar für die Praxis, 12. Auflage, Frankfurt/M.2024

Däubler, Wolfgang/Wedde, Peter/Weichert, Thilo/Sommer, Imke, EU-Datenschutz-Grundverordnung – Neues Bundesdatenschutzgesetz – Weitere datenschutzrechtliche Vorschriften. Kompaktkommentar. 3. aktualisierte Auflage, Frankfurt/M. 2024

Dahme, Heinz-Jürgen/Kühnlein, Gertrud/Stefaniak, Anna/Wohlfahrt, Norbert, Leiharbeit und Ausgliederung in diakonischen Sozialunternehmen: Der »Dritte Weg« zwischen normativem Anspruch und sozialwirtschaftlicher Realität, Bochum-Dortmund-Magdeburg Juli 2012

Deinert, Olaf/Wenckebach, Johanna/Zwanziger, Bertram, Arbeitsrecht – Handbuch für die Praxis, 11. Auflage, Frankfurt/M.2023

Deppisch, Herbert/Jung, Robert/Schleitzer, Erhard, Tipps für neu und wieder gewählte MAV-Mitglieder, 5. Auflage, Frankfurt/M. 2022

Deppisch, Herbert, Datenschutz in der evangelischen Kirche. Computer und Arbeit (CuA) 11/2023, S. 32–34

DGB Baden-Württemberg, Künstliche Intelligenz in der Arbeitswelt. Heilsbringerin oder Arbeitsplätze vernichtender Hurrikan, Diskussionspapier, Stuttgart 2023

DGUV (Hrsg.), DGUV-Information 215–450. Software-Ergonomie, Berlin 2021

DGUV Information 215–410 – Bildschirm- und Büroarbeitsplätze, Leitfaden für die Gestaltung (früher: BGI 650), Berlin 2019

Diakonie Deutschland – Evangelisches Werk für Diakonie und Entwicklung e. V., Kommentar zu den Arbeitsvertragsrichtlinien der Diakonie Deutschland. (Loseblattsammlung: Otto Bauer Verlag), 16. Auflage, Stuttgart 2024

Diakonisches Werk Bayern, Kommentar zu den Arbeitsvertragsrichtlinien des Diakonischen Werkes Bayern e. V. Loseblattsammlung, 11. Aktualisierung (Stand: November, Stuttgart 2024, Autoren: Gabriele Schwarz-Seeberger, Detlev Fey)

Disselkamp, Marcus, Praxis im Wirtschaftsausschuss von A bis Z, Das Lexikon für die Arbeit im Wirtschaftsausschuss, 6. Auflage, Frankfurt/M. 2024

Esser, Axel/Wolmerath, Martin, Mobbing und psychische Gewalt. Der Ratgeber für Betroffene und ihre Interessenvertretung, 10. Auflage, Frankfurt/M. 2020

Fath, Ralf/Urbitsch, Christian, Lexikon Altersversorgung 2019: Die Betriebsrente von A-Z, 21. Auflage, München 2025

Feldes, Werner/Helbig, Silvia/Hüther, Sabine/Krämer, Bettina/Kuntz, Frauke/Mittel, Kathrin/Rehwald, Rainer/Tatzky, Hannah/Westermann, Bernd, Schwerbehindertenrecht. Basiskommentar zum SGB IX mit Wahlordnung, 17. Auflage, Frankfurt/M. 2024

Feldes, Werner/Gilsbach, Anna/Jansen, Christiane/Köhler, Christian/Klabunde, Rolf/Künsemüller, Petra/Ramm, Diana/Ritz, Hans-Jürgen/Schmidt, Jürgen/Weidner, Anne, Die Praxis der Schwerbehindertenvertretung von A bis Z. Das Lexikon für die Interessenvertretung schwerbehinderter Menschen, 8. Auflage, Frankfurt/M. 2023

Feldes, Werner/Kohte, Wolfhard/Stevens-Bartol, Eckart, SGB IX. Sozialgesetzbuch Neuntes Buch. Rehabilitation und Teilhabe behinderter Menschen – Kommentar für die Praxis, 5. Auflage, Frankfurt/M. 2023

Feldes, Werner/Gün, Isaf/Neumann, Dirk/Tiedemann, Moriz, Alters- und alternsgerechtes Arbeiten. Handlungshilfe für Betriebsräte, 2. Auflage, Frankfurt/M. 2018

Fey, Detlev/Rehren, Olaf, Kirchengesetz über Mitarbeitervertretungen in der Evangelischen Kirche in Deutschland – MVG.EKD PraxisKommentar, Stuttgart 1994 (Stand: April 2024)

Frerk, Carsten, Finanzen und Vermögen der Kirchen in Deutschland. Aschaffenburg 2002

Frerk, Carsten, Caritas und Diakonie in Deutschland. Aschaffenburg 2005

Frerk, Carsten, Violettbuch Kirchenfinanzen. Wie der Staat die Kirchen finanziert. Aschaffenburg 2010

Gekeler, Corinna, Loyal dienen. Diskriminierendes Arbeitsrecht bei Caritas, Diakonie und Co. Aschaffenburg 2013

Godela, Linde, Basta! Gegen sexuelle Belästigung am Arbeitsplatz. Ratgeber und Rechtsberatung. Köln 2015

Göritz, Bertholf/Hase, Detlef/Laßmann, Nikolai/Rupp, Rudi, Handbuch Interessenausgleich und Sozialplan. 8. Auflage, Frankfurt/M. 2020

Graue, Bettina, Mutterschutzgesetz. Basiskommentar, 3. Auflage, Frankfurt/M. 2018

Gröschel, Uta, Sachlich diskutieren und gezielt verhandeln, Köln 1993 (vergriffen)

Günthner, Lisa, Boreout statt Burnout: Eine psychische Erkrankung ausgelöst durch Langeweile, Unterforderung und Desinteresse am Arbeitsplatz. München 2014

Habib, Edeltrud, BEM – Wiedereingliederung in kleinen und mittleren Betrieben. Praxisleitfaden und Beispielsfälle zum betrieblichen Eingliederungsmanagement. 3. Auflage, Frankfurt/M. 2020

Hammer, Ulrich, Handbuch Kirchliches Arbeitsrecht, Frankfurt/M. 2002 (vergriffen)

Hans-Böckler-Stiftung, Aufstieg des Rechtspopulismus: Erklärungsansätze und Analysen, 23. 1. 2024

Hans-Böckler-Stiftung, Gleichstellung und Geschlechtergerechtigkeit, 2024

Hans-Böckler-Stiftung, Schlechte Arbeitsbedingungen, Ablehnung von Migration und Misstrauen: Studie leuchtet Anstieg der AfD-Wahlbereitschaft aus, 30. 11. 2023

Hartmann-Netzer, Danea, Arbeitszeugnisse und Beurteilungen von Mitarbeitenden, Tipps für die Kita-Praxis, 3. Auflage, Kronach/Köln 2025

Haverkamp, Josef, Datenschutz. Grundlagen, Empfehlungen und Arbeitshilfen für Betriebs- und Personalräte. 4. Auflage, Frankfurt/M. 2024

Heegner, Sabine, Gesetzliche Unfallversicherung. Strukturen, Leistungen, Selbstverwaltung (hg. von Vereinte Dienstleistungsgewerkschaft – ver.di), 2. Auflage, Berlin 2014

Heilmann, Joachim, Urlaubsrecht – Basiskommentar, 6. Auflage, Frankfurt/M. 2019

Hense, Peter, Einführung zur KI-Verordnung (AI Act). Bund-Verlag, Frankfurt/M. 2024

Hjort, Jens Peter, Aufhebungsvertrag und Abfindung, 7. Auflage, Frankfurt/M. 2022

Höfers, Petra, Arbeitszeugnisse in Industrie, IT und Handwerk. Frankfurt 2011

Hövermann, Andreas, Aktuelle Erkenntnisse über die AfD-Wahlbereitschaft aus dem WSI-Erwerbspersonenpanel, WSI, November 2023

Holwe, Joachim/Kossens, Michael/Pielenz, Cornelia/Räder, Evelyn, Teilzeit- und Befristungsgesetz. Basiskommentar. 9. Auflage, Frankfurt/M. 2025

Honsa, Hans-Jürgen/Maurer, Sandra, Mobbing und sexuelle Belästigung im öffentlichen Dienst. Ursachen – Auswirkungen – Bekämpfungsstrategien. 3. Auflage, Berlin 2020

Jakobi, Tobias, Konfessionelle Mitbestimmungspolitik, Arbeitsbeziehungen bei Caritas und Diakonie am Beispiel des Krankenhaussektors, Düsseldorf 2007

Janke, Ullrich, Die Schadensersatzhaftung im Arbeitsrecht, München 2009

Joiko, Karin/Schmauder, Martin/Wolff, Gertrud (Broschüre der BAuA), Psychische Belastung und Beanspruchung im Berufsleben. Erkennen – Gestalten, 5. Auflage. Dortmund 2010, Download unter: *https://www.baua.de/DE/Angebote/Publikationen/Praxis/A45*

Joussen, Jacob/Mestwerdt, Wilhelm/Nause, Helmut/Spelge, Karin (Hrsg.), MVG-EKD. Kirchengesetz über Mitarbeitervertretungen in der Evangelischen Kirche in Deutschland – mit Wahlordnung. Kommentar, 2. Auflage, München 2023

Kerschbaumer, Judith/Busch, Sebastian/Geschonke, Carola Melitta/Holwe, Joachim/Nickel, Gerd, Ältere Arbeitnehmerinnen und Arbeitnehmer. Perspektiven und Chancen für Beschäftigte und Unternehmen. Frankfurt/M. 2008

Kittner, Michael, Arbeits- und Sozialordnung. 50. Auflage, Frankfurt/M. 2025

Däubler, Wolfgang/Deinert, Olaf, Kündigungsschutzrecht. Kommentar für die Praxis, 12. Auflage, Frankfurt/M. 2024

Kluthe, Jürgen/Segbers, Franz, Gute Arbeit verlangt einen gerechten Lohn, Tarifverträge für die Kirchen, Hamburg 2006

Knobbe, Thorsten/Leis, Mario/Umnuß, Karsten, Arbeitszeugnisse, 10. Auflage, Freiburg 2023

Kreß, Hartmut, Die Sonderstellung der Kirchen im Arbeitsrecht – sozialethisch vertretbar? Ein deutscher Sonderweg im Konflikt mit Grundrechten. Düsseldorf 2013

Krings, Thorsten, Sexuelle Grenzverletzungen am Arbeitsplatz. Wiesbaden 2019

Laßmann, Nikolai/Mengay, Adrian/Overbeck, Ulrich/Rupp, Rudi, Handbuch Wirtschaftsausschuss. Handlungsmöglichkeiten für eine aktive Informationspolitik, mit Tabellen und Übersichten. 12. Auflage, Frankfurt/M. 2023

Laßmann, Nikolai/Mengay, Adrian/Riegel, Hans/Rupp, Rudi, Handbuch Interessenausgleich und Sozialplan. Handlungsmöglichkeiten bei Umstrukturierungen. 8. Auflage, Frankfurt/M. 2020

Laßmann, Nicolai/Mengay, Adrian/Overbeck, Ulrich/Rupp, Rudi, Bilanzanalyse leicht gemacht. Für Betriebsrat, Wirtschaftsausschuss, Arbeitnehmervertreter im Aufsichtsrat, 8. Auflage, Frankfurt/M. 2023

Laßmann, Nikolai/Rupp, Rudi, Betriebsübergang – § 613a BGB. Handlungshilfe für Betriebsräte. Frankfurt/M. 2017

Lührs, Hermann, Die Zukunft der Arbeitsrechtlichen Kommissionen. Arbeitsbeziehungen in den Kirchen und ihren Wohlfahrtsverbänden Diakonie und Caritas zwischen Kontinuität, Wandel und Umbruch. Baden-Baden 2010

Lührs, Hermann, Die Zukunft der Arbeitsrechtlichen Kommissionen, Tübingen 2009

Lülsdorf, Detlef, Betriebliche Altersversorgung. Grundlagen, Wirtschaftlichkeit und Haftung, Mitbestimmungsrechte. 2. Auflage, München 2022

Mandalka, Ariane, Abmahnung. Ratgeber für Beschäftigte und ihre Interessenvertretung, 3. Auflage, Frankfurt/M. 2024.

Martin, Peter/Prümper, Jochen/Harten, Gerd von, Ergonomie-Prüfer. Beurteilung von Büro- und Bildschirmarbeitsplätzen. Frankfurt/M. 2008

Meinel, Gernod/Heyn, Judith/Herms, Sascha, Teilzeit- und Befristungsgesetz, Kommentar, 6. Auflage, München 2022

Meschkutat u. a., Der Mobbing-Report. Dortmund/Berlin 2002

Michel, Tobias, Schichtplanfibel. Das Buch. Lösungen für Konflikte rund um die Arbeitszeit. Berlin 2016 (Hrsg.: ver.di)

Müller, Eva, Gott hat hohe Nebenkosten. Wer wirklich für die Kirchen zahlt. Köln 2013

Müller, Carsten M., Digital und sicher: die Personalakte. In: Computer und Arbeit 7–8/2018, S. 30–33

Müller, Stefan, Betriebsratsarbeit digital. Mobile Betriebsratstätigkeit, Digitale Kommunikation, Virtuelle Sitzungen, Beschlüsse und Sprechstunden, Bund-Verlag, Frankfurt/M. 2024

Müller-Volbehr, Gerd, Europa und das Arbeitsrecht der Kirchen. Heidelberg 1999 (vergriffen)

Nandlinger, Gabriele, Wann spricht man von Rechtsextremismus, Rechtsradikalismus oder Neonazismus….?, Bundeszentrale für politische Bildung, 2008

Perreng, Martina/Gabke, Renate, Ältere Arbeitnehmer. Handlungshilfe für Betriebsräte. Frankfurt/M. 2008

Pieper, Ralf, Arbeitsschutzgesetz. Basiskommentar, 9. Auflage, Frankfurt/M. 2018

Pieper, Ralf, ArbSchR – Arbeitsschutzrecht. Arbeitsschutzgesetz, Arbeitssicherheitsgesetz und andere Arbeitsschutzvorschriften, 7. Auflage, Frankfurt/M. 2022

Pieper, Ralf, Arbeitsstättenverordnung. Basiskommentar zur ArbStättV, 5. Auflage, Frankfurt/M. 2024

Pfahl, Svenja/Unrau, Eugen/Lott, Yvonne/Wittman, Maike, Stand der Gleichstellung von Frauen und Männern, WSI-Report 2023

Pressel, Holger, Aggression und Gewalt am Arbeitsplatz. Entstehung, Umgang und Prävention. 2. Auflage, Freiburg 2024

Püttjer, Christian/Schnierda, Uwe, Arbeitszeugnisse formulieren und entschlüsseln. Frankfurt/M. 2019

Quecke, Martin, Die verhaltensbedingte Kündigung und Abmahnung. 6. Auflage, Münster 2019

Ranke/Pepping (Hrsg.), Mutterschutz – Elterngeld – Elternzeit. Handkommentar, 6. Auflage, Baden-Baden 2021

Richardi, Reinhard, Arbeitsrecht in der Kirche, 8. Auflage, München 2020

Richter, Achim/Gamisch, Anett, Eingruppierung AVR.Diakonie in der Praxis. 2. Auflage, München 2014 (vergriffen)

Romahn, Regine, Betriebliches Eingliederungsmanagement. Betriebs- und Dienstvereinbarungen, Frankfurt/M. 2010

Rothlin, Philippe/Werder Peter R, Diagnose Boreout. Warum Unterforderung im Job krank macht. München 2007

Ruppert-Karakas, Sascha, Die Politik des Zorns. Blätter für deutsche und internationale Politik, 5/24

Scharnhorst, Julia, Psychische Belastungen am Arbeitsplatz vermeiden. Burnoutprävention und Förderung von Resilienz in Unternehmen. Freiburg 2019

Schaub, Günter, Arbeitsrechts-Handbuch, 20. Auflage, München 2023

Schieke, Heinz/Braunsteffer, Heike, Kurzinformation über Arbeitsunfälle, Wegeunfälle, Berufskrankheiten, 20. Auflage, Berlin 2021

Schmitz, Thomas, Betriebsübergang: Recht und Praxis in kirchlichen und caritativen Einrichtungen, Freiburg 2008

Schoof, Christian, Betriebsratspraxis von A-Z. Das Handwörterbuch für die betriebliche Interessensvertretung, 16. Auflage, Frankfurt/M. 2024

Schröder, Lothar/Höfers, Petra, Praxishandbuch Künstliche Intelligenz. Handlungsanleitungen, Praxistipps, Prüffragen, Checklisten, Bund-Verlag, Frankfurt/M. 2022

Stein, Peter, Das kirchliche Selbstbestimmungsrecht im Arbeitsrecht und seine Grenzen, HSI-Schriftenreihe, Gutachten, Frankfurt/M. 2024 (Download unter: *https://www.boeckler.de/de/faust-detail.htm?sync_id=HBS-008510*

Stein, Peter, Kirchliches Arbeitsrecht im Umbruch, in: Arbeit und Recht 4/2019

Schwartau, Beate, Betriebsratsarbeit gut organisiert. Zeitmanagement – Sozialkompetenz – Öffentlichkeitsarbeit. Frankfurt/M. 2019

Seibold, Sven, Stress, Mobbing und Burnout am Arbeitsplatz. Berlin/Heidelberg, 7. Auflage 2022

Siemens, Stephan/Frenzel, Martina, Das unternehmerische Wir. 2. Auflage, Hamburg 2016

Splanemann, Andreas, Die Jugend- und Auszubildendenvertretung Tipps und Arbeitshilfen für die Praxis. Zusammenarbeit mit Betriebsrat und Personalrat. 6. Auflage, Frankfurt/M. 2025

ver.di, Abwehr statt Abkehr – Evangelische Anforderungen an Arbeitnehmer*innen für die berufliche Tätigkeit. Gewerkschaftliche Stellungnahme durch den ver.di-Kirchenfachrat zum Entwurf der Neufassung »Richtlinie des Rates über Anforderungen an die berufliche Mitarbeit in der Evangelischen Kirche in Deutschland und ihrer Diakonie« vom 24. Februar 2023. Download unter:

https://gesundheit-soziales-bildung.verdi.de/mein-arbeitsplatz/kirchliche-betriebe/++co++b2560a50-10c4-11ee-af03-001a4a160110 (abgerufen am 21.10.2024)

ver.di (Hrsg.), Das Allgemeine Gleichbehandlungsgesetz und das Entgelttransparenzgesetz. Eine tarifpolitische Handlungshilfe, Berlin 2024

ver.di, Gewerkschaftliche Arbeit in kirchlichen Betrieben, Berlin 2014. *https://gesundheit-soziales-bildung.verdi.de/service/publikationen/++co++7eff1faa-d360-11e6-aeae-52540077a3af*

ver.di, Gute Arbeit im Krankenhaus. Dienstplangestaltung im Pflegedienst, Berlin 2011

ver.di, ver.di-Reader Gute Arbeit 2025: »Digitalisierung und Künstliche Intelligenz«. Berlin 2024

ver.di (Hrsg.), Handbuch für Vertrauensleute, Berlin 2019

ver.di, *Selbstgefährdung mit System? Gesundheit, Soziale Dienste, Bildung und Wissenschaft*

ver.di (Hrsg.), Schichtplanfibel, *www.schichtplanfibel.de* (Stand: Oktober 2014)

ver.di, Tarifverträge bei konfessionellen Arbeitgebern, *https://gesundheit-soziales.verdi.de/themen/kirchen-und-arbeitsrecht/++co++e0a50972-f386-11e6-a823-525400940f89*

ver.di-sopospezial (Hrsg.), In Zukunft gesund. Schritt für Schritt zur betrieblichen Gesundheitsförderung, 3. Auflage, Berlin Oktober 2012

ver.di/IG Metall (Hrsg.), Gemeinsam gegen Mobbing. Arbeitskonflikte an der Quelle bekämpfen. Arbeitshilfe für Betriebs-, Personalräte und Schwerbehindertenvertretungen. Berlin/Frankfurt/M. März 2007

ver.di b+b (Hrsg.), Die Überlastungs-/Gefahrenanzeige. 3. Auflage, Düsseldorf 2017 (Reihe b+b-Arbeitsmaterialien)

ver.di, Wie steht es mit der Entgelttransparenz? *http://www.verdi.de/themen/tarifpolitik/++co++e181013a-4b94-11ee-8333-001a4a16012a*

ver.di, Ungleichbehandlung beenden, *Ungleichbehandlung beenden | Gesundheit, Soziale Dienste, Bildung und Wissenschaft (verdi.de)*, 29.8.2023

Wahrig-Burfeind, Renate, Der kleine Wahrig. Wörterbuch der deutschen Sprache, Gütersloh/München 2007

Warga, Norbert, Handbuch Dienstvereinbarung, Frankfurt/M., 4. Auflage 2024

Wedde, Peter, Beschäftigtendatenschutz. Basiskommentar zu EU-DSGVO und BDSG, 2. Auflage, Frankfurt/M. 2025

Wedde, Peter, ChatGPT im Büro – Was dürfen Beschäftigte. Bund-Verlag Whitepaper. Frankfurt/M. 2024

Wedde, Peter/Brink, Stefan/Eder, Isabel/Häfner-Beil, Nadja/Höller, Heinz-Peter/Joos, Daniel/Mittländer, Silvia/Schulze, Marc-Oliver/Steiner, Regina, Handbuch Datenschutz und Mitbestimmung. 3. Auflage., Frankfurt/M. 2023

Wedde, Peter, Das Telekommunikationsgesetz und die private E-Mail-Nutzung am Arbeitsplatz. In: Computer und Arbeit, 3/2007. S. 9–14

Wedde, Peter, Kommentar zur EU-Datenschutzgrundverordnung, Kurzkommentar mit Synopse BDSG – EU-DSGVO, Frankfurt/M., 3. Auflage, 2016

Weinbrenner, Lars/Meier, Enrico, Interessenausgleich und Sozialplan. Verhandlungen, Inhalte, Durchführung. 5. Auflage, Frankfurt/M. 2021

Wieland, Joachim, Kündigungsschutz und Streikrecht in kirchlichen Einrichtungen. In: Nolte, Jakob/Poscher, Ralf/Wolter, Henner (Hrsg.): Die Verfassung als Aufgabe von Wissenschaft, Praxis und Öffentlichkeit, Freundesgabe für Bernhard Schlink zum 70. Geburtstag, Heidelberg 2014, S. 277–288

Wirtschafts- und Sozialwissenschaftliches Institut (WSI) der Hans-Böckler-Stiftung, Neuer Wind aus Brüssel für die Entgeltgleichheit, Düsseldorf 2023

Wolmerath, Martin, Öffentlichkeitsarbeit des Betriebsrats, 6. Auflage, Frankfurt/M. 2023

Abfindung

Was ist das?

Abfindung bedeutet, dass bei der Beendigung eines Arbeitsverhältnisses ein **Geldbetrag** für den **Verlust des Arbeitsplatzes** gezahlt wird. Die Abfindung kann einvernehmlich zwischen den Arbeitsvertragsparteien vereinbart werden, innerhalb eines Kündigungsschutzverfahrens vom Gericht im Rahmen eines Vergleichs festgesetzt, durch das Kündigungsschutzgesetz vorgegeben oder in einem → **Sozialplan** (§ 40 Buchst. f MVG) bzw. der → **Sicherungsordnung** in der AVR DD (und bei verschiedenen Landeskirchen – siehe auch → **Sicherungsordnung** – SichO.EKD) festgelegt werden.

Bedeutung für die MAV

Bei der Festlegung der Höhe (siehe jedoch § 8 Abs. 5 u. 6 → **Sicherungsordnung** der AVR DD, abweichende Höhe der Abfindung möglich) einer Abfindung für die Beendigung eines Arbeitsverhältnisses ist die Mitarbeitervertretung nicht zu beteiligen, es sei denn, es wird ein → **Sozialplan** mit einer Abfindungsregelung vereinbart.

Bedeutung für die Beschäftigten

Für den Beschäftigten bedeutet die Abfindung die Zahlung eines Geldbetrags für den Verlust des Arbeitsplatzes. Im Rahmen eines → **Aufhebungsvertrags** kann zwischen den Arbeitsvertragsparteien eine Abfindung vereinbart werden. Die Aufnahme einer Abfindung in einen Aufhebungsvertrag kann nicht eingeklagt werden, sie ist Verhandlungssache.

Im Rahmen einer **Kündigungsschutzklage** kann ein gerichtlicher Vergleich zustande kommen. Beide Parteien einigen sich dabei auf eine vom Gericht vorgeschlagene – oder selbst vor Gericht verhandelte – Summe. Die Höhe der Abfindung beträgt – je nach Prozessrisiko – i. d.R ½ bis 1 Monatseinkommen pro Beschäftigungsjahr. Höhere Abfindungen sind möglich, wenn besondere Umstände vorliegen, wie z. B. Schwerbehinderung, langjährige Beschäftigung, Mandat in einer Mitarbeitervertretung, vorhandene Unkündbarkeit, usw. Kommt kein gerichtlicher Vergleich zustande, gewinnt jedoch der Arbeitnehmer seinen Kündigungsschutzprozess, kann sowohl er wie auch der Arbeitgeber bei Gericht den Antrag stellen, dass das Arbeitsverhältnis gegen Zahlung einer Abfindung aufgelöst wird (§ 9 Abs. 1 KSchG). Bei fristlosen Kündigungen kann der Arbeitgeber diesen Antrag nicht stellen (§ 13 Abs. 1 KSchG). Voraussetzung für einen solchen Antrag ist es, dass dem Arbeitnehmer die Fortsetzung des Arbeitsverhältnisses unzumutbar ist. Der Arbeitgeber kann diesen Antrag stellen, wenn er beweisbar darlegt, dass eine weitere gedeihliche Zusammenarbeit nicht mehr erwartet werden kann. Dabei muss der Arbeitgeber konkrete Tatsachen vorbringen, die diese Behauptung unterstützen. Das Arbeitsgericht legt dabei noch den Zeitpunkt fest, zu dem das Arbeitsverhältnis bei einer sozial gerechtfertigten Kündigung geendet hätte.

Durch das Gesetz zu Reformen am Arbeitsmarkt vom 24. 12. 2003 wurde für die Arbeitnehmer ein gesetzlicher Abfindungsanspruch festgeschrieben (§ 1a KSchG). Die Abfindung beträgt 0,5 Monatsgehälter für jedes Beschäftigungsjahr, wobei ein Zeitraum von mehr als 6 Monaten auf ein volles Jahr aufzurunden ist. Voraussetzung für den Erhalt der Abfindung ist:

- die Kündigung muss aus dringenden betrieblichen Erfordernissen erfolgt sein,
- der Arbeitnehmer darf nicht gegen die Kündigung geklagt haben,
- der Arbeitgeber muss in der Kündigung erklärt haben, dass die Kündigung aus dringenden betrieblichen Gründen erfolgt ist und dass der Arbeitnehmer die Abfindung beim Verstreichen der Klagefrist beanspruchen kann.

Neben der Abfindung sollten weitere Ansprüche des Beschäftigten **im → Aufhebungsvertrag** getrennt aufgeführt werden, wie z. B. Zahlungen von Urlaubs- oder Weihnachtsgeld, Überstunden, Vergütungs- oder sonstige Ansprüche.

Inwieweit eine Abfindungssumme beim **Arbeitslosengeld** (Ruhenszeitraum beim Arbeitslosengeld – § 158 SGB III) angerechnet wird, sollte vom Beschäftigten bei der Bundesagentur für Arbeit vorab erfragt werden. Wichtiger Hinweis: Ruhte der Anspruch auf Arbeitslosengeld, wurden von der Agentur für Arbeit in der Vergangenheit keine Beiträge an die Kranken- oder Pflegeversicherung bezahlt. Der Arbeitnehmer musste sich selbst freiwillig krankenversichern. Seit August 2017 besteht nunmehr eine durchgehende Krankenversicherungspflicht. Abfindungen können brutto für netto ausbezahlt werden, es kann jedoch auch eine Nettoabfindung vereinbart werden.

Literaturhinweis

- *Hjort, Jens Peter:* Aufhebungsvertrag und Abfindung, 7. Auflage, Frankfurt/Main 2022.

Abmahnung

Was ist das?

Abmahnung ist eine Art »Gelbe Karte« für die Arbeitnehmerin. Mit ihr weist der Arbeitgeber auf ein konkretes Fehlverhalten der Arbeitnehmerin hin und droht im Wiederholungsfall arbeitsrechtliche Konsequenzen an. Das Fehlverhalten muss hinreichend konkret (Beispiel: »Sie sind am 25. Juni 2011 eine halbe Stunde zu spät zur Arbeit erschienen.«) beschrieben sein. Eine allgemeine Rüge (Beispiel: »Sie kommen dauernd zu spät zur Arbeit.«) reicht nicht aus (s. u. a. LAG Mecklenburg-Vorpommern v. 11. 2. 2020 – 2 Sa 133/19).
Die Abmahnung besitzt also eine

- Hinweisfunktion – konkrete Beschreibung des Fehlverhaltens,
- Rügefunktion – das Fehlverhalten wird gerügt,
- Warnfunktion – Androhung arbeitsrechtlicher Schritte bei Wiederholung des Fehlverhaltens, insbesondere (verhaltensbedingte) → **Kündigung**. Allerdings muss nicht derselbe Verstoß wiederholt werden, sondern es reicht auch ein gleichartiger oder vergleichbarer, um eine verhaltensbedingte Kündigung aussprechen zu können.

Durch die konkrete Rüge und die Warnung soll der Arbeitnehmerin Gelegenheit gegeben werden, ihr Verhalten zu ändern.
Abmahnungen werden in der Regel schriftlich ausgesprochen, da sonst der Nachweis in einem evtl. arbeitsgerichtlichen Verfahren für den Arbeitgeber, der sich darauf berufen will, problematisch ist. Die Schriftform ist jedoch nicht vorgeschrieben. Allerdings stellt die Abmahnung regelmäßig eine Voraussetzung für eine verhaltensbedingte → **Kündigung** dar (vgl. u. a. BAG v. 9. 6. 2011 – 2 AZR 284/10; BAG v. 19. 4. 2012 – 2 AZR 186/11; BAG v. 27. 9. 2012 – 2 AZR 811/11; BAG v. 25. 12. 2012 – 2 AZR 495/11). Nur bei außerordentlichen Störungen des Vertrauensverhältnisses kann eine Abmahnung ausnahmsweise entbehrlich sein. Aber auch hier gilt ein objektiver, nicht ein subjektiver Maßstab und die Störung muss auf einer arbeitsvertraglichen Pflichtverletzung beruhen. Die Abmahnung als Voraussetzung für eine verhaltensbedingte Kündigung hat den Sinn, dass die

Arbeitnehmerin die Chance hat, das pflichtwidrige Verhalten entsprechend zu verändern.
Nicht erforderlich sind Abmahnungen in folgenden Fällen: Probezeitkündigung, personenbedingte Kündigung, betriebsbedingte Kündigung, außerordentliche Kündigung, schwere Verstöße, v. a. im Vertrauensbereich.
Die Arbeitnehmerin muss die Abmahnung verstehen können. So ist etwa bei ausländischen Arbeitnehmerinnen eine Übersetzung der Abmahnung in die Muttersprache erforderlich.
Wer ist nun berechtigt, eine Abmahnung auszusprechen? Dazu sagt die Rechtsprechung des BAG, als abmahnungsberechtigte Personen kommen nicht nur diejenigen in Betracht, die zur Kündigung berechtigt sind. Zu Abmahnungen berechtigt sind vielmehr auch alle Personen, die dazu befugt sind, verbindliche Anweisungen bezüglich des Ortes, der Zeit sowie der Art und Weise der Arbeitsleistung zu erteilen, die also das sog. Weisungs- oder Direktionsrecht ausüben dürfen. Abmahnungen, die andere Personen aussprechen, sind unwirksam.
Abmahnungen haben den Charakter einer dienstlichen Beurteilung und werden regelmäßig in die → **Personalakte** aufgenommen. Sie sind damit geeignet, das berufliche Fortkommen der Arbeitnehmerin zu hindern. Zur Wirksamkeit gehört auch, dass die Abmahnung der Beschäftigten zugegangen sein muss.
Feste Fristen für das Aussprechen einer Abmahnung bestehen nicht. Wartet der Arbeitgeber zu lange, kann die Möglichkeit zur Abmahnung auch verwirkt sein. Eine Verwirkung kann dann eintreten, wenn ein Recht über einen längeren Zeitraum nicht wahrgenommen wurde. Nachdem die Abmahnung jedoch eine Verhaltensänderung bei der Arbeitnehmerin bewirken soll, ist von einem nicht allzu langen Zeitraum auszugehen, innerhalb dessen der Pflichtverstoß abgemahnt wird.
Fehlt in der Abmahnung die Androhung arbeitsrechtlicher Schritte, handelt es sich lediglich um eine Ermahnung. Eine Abmahnung muss jedoch nicht ausdrücklich das Wort »Abmahnung« enthalten.
Eine bestimmte Anzahl von Abmahnungen ist nicht vorgeschrieben – z. B. wenn der Arbeitgeber kündigen will. Allerdings hat der Arbeitgeber in einem eventuellen Kündigungsschutzprozess bessere Karten, wenn er die Arbeitnehmerin mehrfach abgemahnt hat.
Abmahnungen sind ein Instrument im Rahmen des Arbeitsvertragsrechts. Daher kann nicht nur der Arbeitgeber eine Abmahnung aussprechen, sondern auch die Arbeitnehmerin. Sie fordert dann den Arbeitgeber zur ordnungsgemäßen Erfüllung der vertraglichen Pflichten auf.

Bedeutung für die MAV

Abmahnungen unterliegen nicht der Mitwirkung durch die MAV. Strittig ist, ob die MAV bei Abmahnungen regelmäßig zu unterrichten ist (vgl. Baumann-Czichon u. a., § 34 Rn. 7). Abmahnungen regelmäßig an die MAV zur Information zu geben, verletzt aus unserer Sicht Persönlichkeits- und Datenschutzrechte der betroffenen Mitarbeiterin. Insoweit vertreten wir die Auffassung, dass Abmahnungen nur mit Zustimmung der betroffenen Beschäftigten zur Kenntnis der MAV gelangen dürfen.
Nach § 34 Abs. 4 Satz 2 MVG hat die MAV ein bedingtes Informationsrecht über dienstliche Beurteilungen, nämlich immer dann, wenn die betroffene Mitarbeiterin dies verlangt. Abmahnungen und Ermahnungen gehören unstreitig zu dienstlichen Beurteilungen. Insoweit muss die Abmahnung auch einen Hinweis der Dienststellenleitung enthalten, dass sich die abgemahnte Mitarbeiterin an die MAV wenden kann; andernfalls soll die Abmahnung unwirksam sein (so jedenfalls Baumann-Czichon u. a., § 34 Rn. 17).
Allerdings hat die MAV die Rechtfertigung einer Abmahnung zu prüfen, wenn sich betroffene Beschäftigte an sie wenden. Kommt die MAV bei der Prüfung zum Ergebnis, dass die Abmahnung ungerechtfertigt ist, hat sie durch → **Verhandlungen** mit der Dienststellenleitung darauf hinzuwirken, dass die Abmahnung aus der Personalakte entfernt wird (§ 35 Abs. 3 Buchst. c MVG). Kommt die Dienststellenleitung dem nicht nach, könnte die MAV trotz Vollmacht der Betroffenen nicht das → **Kirchengericht** anrufen. Das Kirchengericht ist nicht zuständig, da es sich bei Konflikten um eine Abmahnung um Individualarbeitsrecht handelt. Daher kann die Beschäftigte ihr Anliegen vor dem → **Arbeitsgericht** vertreten.
Abmahnungen von MAV-Mitgliedern wegen ihrer Tätigkeit für die MAV sind grundsätzlich nicht zulässig. Sie können kirchengerichtlich angegriffen werden.
Die MAV kann versuchen, in einer → **Dienstvereinbarung** Fristen festzulegen, nach deren Ablauf Abmahnungen aus der Personalakte zu entfernen sind.

Bedeutung für die Beschäftigten

Die Beschäftigte ist vor Aufnahme der Abmahnung in die → **Personalakte** zu hören, d. h. ihr ist Gelegenheit zur Stellungnahme zu geben (§ 4 Abs. 2 AVR DD; § 8 Abs. 2 AVR-Bayern). Dies kann durch Gegendarstellung oder Protokollierung eines Gesprächs erfolgen; beides ist in die Personalakte aufzunehmen. Auch eine Nichtäußerung ist aktenkundig zu machen.

Hat die Anhörung nicht stattgefunden, ist die Abmahnung – unabhängig von ihrer Berechtigung – formell rechtswidrig und damit unwirksam (so jedenfalls ArbG Frankfurt/Oder v. 7.4.1999 – 6 Ca 61/99). Die Beschäftigte kann dann die Entfernung der Abmahnung aus der Personalakte verlangen. Das bedeutet dann aber nicht, dass der Arbeitgeber das abgemahnte Verhalten billigt. Allerdings kann nicht generell davon ausgegangen werden, dass Abmahnungen nur dann ihre Wirksamkeit entfalten, wenn der Arbeitgeber den Arbeitnehmer angehört hat. Dieser Punkt ist nicht abschließend geklärt.

Ist die Abmahnung ungerechtfertigt, besteht nach §§ 242, 1004 BGB-Anspruch auf Entfernung aus der → **Personalakte**, weil durch die Abmahnung in das Persönlichkeitsrecht der Beschäftigten eingegriffen und ihr berufliches Fortkommen beeinträchtigt wird. Dies ist auch arbeitsgerichtlich durchsetzbar. Allerdings muss die Arbeitnehmerin die Gerichts- und evtl. Prozessvertretungskosten in der 1. Instanz selbst tragen, auch wenn sie gewinnt. Anders ist das bei Mitgliedern von Gewerkschaften, die Arbeits- und Sozialrechtsschutz gewähren.

Werden in der Abmahnung mehrere Pflichtverletzungen gerügt, von denen eine ungerechtfertigt ist, besteht ebenfalls Anspruch auf Entfernung aus der Personalakte (LAG Baden-Württemberg v. 12.2.1987 – 13 (7) Sa 92/86). Der Leitsatz lautet: »Eine Abmahnung muss auch dann vollständig aus der Personalakte entfernt werden, wenn der erhobene Vorwurf nur teilweise zutrifft.« Der Arbeitgeber darf jedoch die berechtigten Rügen in einer neuen Abmahnung zusammenfassen.

Hat die Arbeitnehmerin über eine hinreichend lange Zeit gezeigt, dass das gerügte Fehlverhalten nicht mehr vorkommt, besteht ebenfalls Anspruch auf Entfernung der Abmahnung aus der → **Personalakte**. Für die Wirkungsdauer hat die Rechtsprechung ausdrücklich keine konkrete Zeitgrenze entwickelt. Maßgeblich sind die Umstände des Einzelfalls (Schwere des gerügten Verhaltens, Beweggründe der Arbeitnehmerin und ihre weitere Arbeitsleistung). Das BAG geht davon aus, dass z. B. bei geringfügigen »Verfehlungen« eine Löschung der Abmahnung nach einem Jahr in Frage kommt. Bei Verstößen, die auch zur Kündigung berechtigt hätten, geht man allgemein von einer »Verjährungsfrist« von drei Jahren aus, bei anderen Verstößen von zwei Jahren. Bei besonders schweren Verstößen (etwa Diebstahl) werden auch fünf bis sechs Jahre angesetzt. Nach Ablauf der »Verjährungsfrist« (in der Regel zwei bis drei Jahre) kann der Beschäftigte die Entfernung der Abmahnung aus der Personalakte verlangen, wenn keine weitere Abmahnung ausgesprochen wurde.

Allerdings hat das BAG mit der Rechtsprechung im Fall »Emmely« seit 2011 eine teilweise andere Position eingenommen: Für die Interessenabwägung im Kündigungsfall komme es nämlich maßgeblich darauf an, ob die Arbeitnehmerin über Jahre ohne Beanstandung im Betrieb geblieben ist und sich dadurch ein Vertrauenskapital erarbeitet hat, von dem sie bei einem Fehlverhalten »zehren« könnte. Schließlich könnte die Kündigung bei einem hohen Vertrauenskapital ungerechtfertigt sein. Daraus zieht das BAG den (Umkehr-)Schluss, dass der Arbeitgeber dann auch zeitlich weiter zurückliegende Pflichtverletzungen der Arbeitnehmerin dokumentieren darf. Sie würden eben ein geringeres Vertrauenskapital bezeugen. Diese Rechtsprechung wurde im Jahr 2012 fortgesetzt (BAG v. 13.7.2012 – 2 AZR 782/11): Danach darf sich zwar ein Arbeitgeber bei einer verhaltensbedingten Kündigung nicht mehr auf eine zwei bis drei Jahre alte Abmahnung stützen. Denn nach dieser Zeit fehle es an der Warnfunktion der Abmahnung. Aber aus der Personalakte entfernen müsse er die Abmahnung nur dann, wenn es für ihn keinerlei berechtigtes Interesse an der weiteren Aufbewahrung gibt (s. a. BAG v. 12.8.2010 – 2 AZR 593/09 und BAG v. 20.1.2015 – 9 AZR 860/13). Daher ist ein Entfernungsanspruch bei berechtigten Abmahnungen nur in seltenen Fällen durchsetzbar. Es kann also theoretisch sein, dass eine Abmahnung das gesamte berufliche Leben in der Personalakte verbleibt.

Allgemein bestehen für Beschäftigte bei einer Abmahnung folgende drei **Handlungsmöglichkeiten:**

1. Man tut nichts, z. B. weil man die Abmahnung für gerechtfertigt hält oder um die Abmahnung durch Zeitablauf unwirksam zu machen. Ein weiterer wichtiger Punkt für das Nichtstun könnte sein, dem Arbeitgeber für einen späteren Kündigungsschutzprozess keine Beweiserleichterungen (z. B. durch die »Lieferung« weiterer Sachverhalte, durch Zugeständnisse etc.) zukommen zu lassen. Das sollten Betroffene durchaus ernsthaft überlegen.
2. Man formuliert eine Gegendarstellung zum gerügten Verhalten und verlangt die Aufnahme in die Personalakte. Dabei kann die MAV unterstützen. Die Gegendarstellung sollte zeitnah nach der Abmahnung erfolgen. Sie kann auch Gründe enthalten, die das Verhalten entschuldigen oder erklären. Die Gegendarstellung ist in die Personalakte aufzunehmen, auch wenn der Arbeitgeber mit dem Inhalt nicht einverstanden ist, und unmittelbar bei der beanstandeten Abmahnung abzuheften. Beachte aber hier die unter 1. beschriebene Gefahr der Beweiserleichterung für den Arbeitgeber. Zudem kann eine zunächst fehlerhafte Abmahnung durch den Arbeitgeber auch nach entsprechenden Hinweisen der Mitarbeiterin nachgebessert werden.
3. Man verlangt die Nichtaufnahme in die bzw. die Entfernung aus der Personalakte, weil das in der Abmahnung gerügte Verhalten nicht den Tatsachen entspricht. Die Ausschlussfrist der AVR steht einer Klage nicht im Wege, denn der Anspruch auf Entfernung aus der Personalakte entsteht immer wieder neu, solange sich die Abmahnung in der Personalakte befindet (so BAG v. 14.12.1994 – 5 AZR 137/94). Auch hier kann die MAV unterstützen, wenn das Anliegen der Beschäftigten berechtigt ist. Zur Durchsetzung des Begehrens muss dann das Arbeitsgericht angerufen werden. Dieser Weg ist allerdings nur in eindeutigen Fällen zu empfehlen, denn der Arbeitnehmer steht hier vor Gericht in der Beweispflicht.

Grundsätzlich gilt für Beschäftigte, sich nach Erhalt einer Abmahnung sachkundig beraten zu lassen (z. B. durch die Gewerkschaft, Fachanwälte für Arbeitsrecht), um im konkreten Einzelfall die oben geschilderten Handlungsmöglichkeiten rechtlich zu bewerten und den für die Betroffenen besten Weg einzuschlagen. Damit auch für die betroffene Mitarbeiterin der Sachverhalt, der der Abmahnung zu Grunde liegt, nicht in Vergessenheit gerät, sollte sie zunächst unmittelbar nach Erhalt der Abmahnung für sich selbst eine ausführliche Gegendarstellung schreiben.

Checkliste: Abmahnung

Der Beschäftigte kann die Entfernung einer Abmahnung aus der Personalakte u. a. verlangen und ggf. gerichtlich durchsetzen, wenn

- die Abmahnung »formell rechtswidrig« ist, weil der Arbeitnehmer zu dem Vorwurf zuvor nicht angehört worden ist (ArbG Frankfurt/Oder v. 7.4.1999 – 6 Ca 61/99),
- die Abmahnung – gänzlich oder teilweise – auf falsche Tatsachenbehauptungen gestützt wird (Hinweis: Ist eine Abmahnung nur teilweise unzutreffend, muss sie dennoch vollständig aus der Personalakte entfernt werden; ggf. muss eine erneute – berichtigte – Abmahnung erstellt und in die Personalakte genommen werden),
- eine – zwar zutreffende – Darstellung der Tatsachen falsch bewertet wird,
- die Tatsachen in einer Weise dargestellt werden, dass ein falscher (unvollständiger, übertriebener, missverständlicher) Eindruck entsteht,
- wenn sich der Arbeitgeber in einen Widerspruch zu seinem bisherigen Verhalten begibt (z. B. hat der Arbeitgeber das nunmehr abgemahnte Verhalten bislang ausdrücklich erlaubt/geduldet),
- Formulierungen und Form der Abmahnung die Würde und Ehre des Beschäftigten in unangemessener Weise verletzen,
- die – scharfe – Reaktion des Arbeitgebers in Form einer Abmahnung in keinem angemessenen Verhältnis zu dem gerügten (geringfügigen) Fehlverhalten steht (Verhältnismäßigkeitsgrundsatz),
- die Abmahnung ihre Warnfunktion durch Zeitablauf verloren hat,
- eine – zu einer verhaltensbedingten Kündigung führende – Wiederholung des abgemahnten Verhaltens aus objektiven Gründen ausgeschlossen oder die Abmahnung aus sonstigen Gründen kündigungsrechtlich bedeutungslos geworden ist,
- die Abmahnung gegen den Gleichbehandlungsgrundsatz oder sonstiges höherrangiges Recht verstößt.

(aus: Schoof, Christian: Betriebsratspraxis von A bis Z, 13. Auflage, Frankfurt 2018)

Literaturhinweis

- *Mandalka, Ariane:* Abmahnung. Ratgeber für Beschäftigte und ihre Interessenvertretung, 3. Auflage, Frankfurt 2024.
- *Quecke, Martin:* Die verhaltensbedingte Kündigung und Abmahnung. 6. Auflage, Münster 2019.

Abordnung

Was ist das?

Die Abordnung unterscheidet sich von der Versetzung in mitarbeitervertretungsrechtlicher Hinsicht ausschließlich durch ihre zeitliche Begrenzung. Eine Abordnung ist danach eine Versetzung, die nicht dauerhaft ist, aber länger als 3 Monate andauert.

Bedeutung für die MAV

Die Abordnung kann der MAV als eingeschränkt mitbestimmungspflichtige Abordnung nach § 42 Buchst. g MVG (aufnehmende Dienststelle) bzw. § 46 Buchst. d MVG (abgebende Dienststelle) und bei der uneingeschränkten Mitbestimmung nach § 21 Abs. 1 MVG (besonderer Abordnungsschutz für MAV-Mitglieder) begegnen.
Es gelten dieselben Grundsätze wie bei der → **Versetzung**.
Probleme können auftreten, wenn die Abordnung zunächst nicht länger als 3 Monate andauern soll. Dann ist kein Beteiligungstatbestand gegeben. Wird der Mitarbeiter aber dann doch länger als 3 Monate abgeordnet, weil der Arbeitgeber die Maßnahme verlängert, wird das Beteiligungsrecht ausgelöst.
Die zeitliche Hürde birgt das Risiko von Missbrauch und der Umgehung der Beteiligungsrechte, da eine Abordnung von mehr als 3 Monaten Dauer zunächst als unterhalb dieser zeitlichen Grenze liegend ausgegeben werden kann.
Die Mitarbeitervertretungen sollten in solchen Fällen unbedingt das Informationsrecht nach § 34 MVG nutzen, die Dauer des Einsatzes beobachten und guten Kontakt mit dem betroffenen Kollegen halten.

Bedeutung für die Beschäftigten

Da die Abordnung die zeitlich begrenzte → **Versetzung** ist, können die Ausführungen zu diesem Stichwort herangezogen werden. Die zeitliche Befristung kann auf der einen Seite von Vorteil sein, weil der Mitarbeiter wieder zu seiner »Heimatdienstelle« zurückkehrt. Auf der anderen Seite hat dies einen erneuten Wechsel zur Folge, was mit neuerlichen Umstellungen verbunden sein kann. Hier wird es auf die konkreten Belange des Kollegen und das jeweils zur Anwendung kommende Recht auf individualvertraglicher Ebene ankommen. Die AVR.DD sehen in § 7 eine »Versetzungs- und Abordnungsklausel« vor – analog § 12 AVR-Bayern.

ACK (Arbeitsgemeinschaft christlicher Kirchen in Deutschland), ACK-Klausel

Was ist das?

Die Arbeitsgemeinschaft christlicher Kirchen (ACK) ist ein **freiwilliger Zusammenschluss christlicher Kirchen** in Deutschland. Neben dem deutschlandweiten Zusammenschluss gibt es noch regionale Arbeitsgemeinschaften. Aufgabe der ACK ist die Förderung der Zusammenarbeit und das gegenseitige Verständnis der unterschiedlichen christlichen Kirchen.

Bedeutung für die MAV

In ihrer Auslegung des → **Selbstverwaltungsrechts der Kirchen** können die einzelnen Landeskirchen in ihrem jeweiligen MVG festlegen, ob für ihren Bereich die ACK-Klausel (ACK = Arbeitsgemeinschaft christlicher Kirchen) gilt oder nicht. Während bis Ende 2018 in § 10 Abs. 1 MVG festgelegt war, dass passives Wahlrecht in die MAV nur bei der gleichzeitigen Mitgliedschaft des Wahlbewerbers in einer ACK-Kirche bestand, wurde dieser Passus zum 1. 1. 2019 gestrichen. Gleichzeitig wurde jedoch ein Passus eingefügt, der es den einzelnen Gliedkirchen ermöglichte, die ACK-Klausel für anwendbar zu erklären. Dieser Passus wurde dann zum 1. 1. 2024 endgültig gestrichen. Von daher gibt es keine ACK-Klausel mehr.
Die ACK-Klausel bedeutete, dass Beschäftigte, die keiner Kirche oder einer Kirche angehören, die nicht Mitglied in der ACK ist, nicht für die MAV kandidieren konnten.

Bedeutung für die Beschäftigten

Die ACK-Klausel teilte die Beschäftigten in Kirche und Diakonie bei der Bewerbung um das Mandat eines Mitarbeitervertreters in zwei Gruppen. Die eine Gruppe kann für die MAV kandidieren, die andere Gruppe war von einer **Kandidatur ausgeschlossen**. Zwar schützt das GG die Glaubensfreiheit (Art 4 GG), jedoch wird von der Kirche ihr in Art 140 i. V. m. Art 137 WRV gewährleistetes Selbstverwaltungsrecht – auch bei der Besetzung von Ämtern – als Argument ins Feld geführt. Begründet wurde die Auffassung damit, dass auch die einzelnen MAV-Mitglieder eine kirchenleitende Funktion hinsichtlich ihrer Verantwortung für die Aufgaben der → **Dienststelle** hätten. In der Präambel des MVG wird dazu festgehalten, dass der kirchliche Dienst durch den Auftrag bestimmt ist, das Evangelium in Wort und Tat zu verkünden und auch das Amt eines MAV-Mitgliedes ein Amt im kirchlichen Sinne ist.
Diese Regelung gehört seit 1. 1. 2024 endgültig der Geschichte. Die Synode der EKD hat die ACK-Klausel wohl nicht mehr für zeitgemäß erachtet.

»Mitglieder« der ACK
Zur ACK in Deutschland gehören folgende Kirchen einschließlich ihrer entsprechenden regionalen Untergliederungen:
- Äthiopisch-Orthodoxe Kirche in Deutschland, Köln
- Koptisch-Orthodoxe Kirche in Deutschland, Höxter-Brenkhausen
- Orthodoxe Bischofskonferenz in Deutschland, Dortmund:
  - Griechisch-orthodoxe Metropolie von Deutschland (Ökumenisches Patriarchat)
  - Exarchat der orthodoxen Gemeinden russischer Tradition in Westeuropa (Ökumenisches Patriarchat)
  - Ukrainische Orthodoxe Eparchie von Westeuropa (Ökumenisches Patriarchat)
  - Griechisch-Orthodoxe Metropolie des Patriarchats von Antiochien für West- und Mitteleuropa
  - Berliner Diözese der Russischen Orthodoxen Kirche – Moskauer Patriarchat
  - Russische Orthodoxe Diözese des orthodoxen Bischofs von Berlin und Deutschland (Russische Orthodoxe Kirche im Ausland)
  - Serbische Orthodoxe Diözese für Mitteleuropa
  - Rumänische Orthodoxe Metropolie für Deutschland, Zentral- und Nordeuropa
  - Bulgarische Diözese von West- und Mitteleuropa:
  - Westeuropäische Diözese der Georgischen Orthodoxen Kirche
- Syrisch-Orthodoxe Kirche von Antiochien in Deutschland, Warburg

- Arbeitsgemeinschaft Mennonitischer Gemeinden in Deutschland, Enkenbach-Alsenborn
- Bund Evangelisch-Freikirchlicher Gemeinden in Deutschland, Wustermark-Elstal
- Evangelisch-altreformierte Kirche in Niedersachsen, Hoogstede
- Die Heilsarmee in Deutschland, Köln
- Evangelische Brüder-Unität (Herrnhuter Brüdergemeine), Bad Boll
- Evangelische Kirche in Deutschland, Hannover
- Evangelisch-methodistische Kirche, Frankfurt am Main
- Selbständige Evangelisch-Lutherische Kirche, Hannover
- Mülheimer Verband Freikirchlich-Evangelischer Gemeinden, Bremen
- Römisch-katholische Kirche (Verband der Diözesen Deutschlands), Bonn
- Arbeitsgemeinschaft Anglikanisch-Episkopaler Gemeinden in Deutschland, Berlin
- Katholisches Bistum der Alt-Katholiken in Deutschland, Bonn
- Armenisch-Apostolische Kirche in Deutschland, Köln

Gastmitglieder
- Apostelamt Jesu Christi, Cottbus,
- Bund Freier evangelischer Gemeinden in Deutschland, Witten,
- Freikirche der Siebenten-Tags-Adventisten in Deutschland, Ostfildern-Ruit,
- Apostolische Gemeinschaft, Düsseldorf,
- Bund Freikirchlicher Pfingstgemeinden in Deutschland, Erzhausen,
- Freikirchlicher Bund der Gemeinde Gottes, Hamburg,
- Kirche des Nazareners, Gelnhausen,
- Neuapostolische Kirche, Nürtingen.

Beobachter
- Religiöse Gesellschaft der Freunde (Quäker), Bad Pyrmont
- Arbeitsgemeinschaft Ökumenischer Kreise e. V. (AÖK), Hofheim/Murnau
- Evangelisches Missionswerk Weltweit, Hamburg,
- Christinnenrat (Ökumenische Arbeitsgemeinschaft in Deutschland), Düsseldorf,
- Evangelische Allianz in Deutschland, Bad Blankenburg

Keine »Mitglieder« der ACK

Nicht zur ACK in Deutschland gehören u. a. folgende Gemeinschaften oder »Sekten«:
- Christliche Wissenschaft (Christian Science)
- Jehovas Zeugen
- Kirche Jesu Christi der Heiligen der letzten Tage (Mormonen)

- Scientology Kirche Deutschland
- Universelles Leben
- Vereinigungskirche
- Fiat Lux
- Christengemeinschaft
- Weltweite Kirche Gottes.

Fraglich ist, ob die ACK-Klausel vom → **Tendenzschutz** bzw. vom → **Europäischen Arbeitsrecht** gedeckt ist. Im Rahmen eines kirchlichen Verwaltungsgerichtsverfahrens hat das VerwG.EKD in einem Beschluss vom 11.7.1997 (VerwG.EKD 0124/A16-96) erklärt, dass die sog. ACK-Klausel des § 61 Abs. 4 Satz 1 MVG (der Passus ist nicht mehr gültig!) Ausdruck kirchlichen Selbstverständnisses bei einer Regelung im innerkirchlichen Bereich ist. Sie verstoße nicht gegen höherrangiges staatliches Recht, insbesondere nicht gegen Verfassungsrecht (Vorinstanz: Schlichtungsstelle der Nordelbischen Ev.-Luth. Kirche, Beschl. v. 12.9.1996 – 22/95). Ob die ACK-Klausel gegen höherrangiges Recht verstößt, müsste durch das Bundesverfassungsgericht oder den EuGH entschieden werden. Der EuGH befasst sich immer wieder mit verschiedenen Aspekten des kirchlichen Arbeitsrechts und schränkt die »Autonomie« der Kirchen immer wieder ein (zuletzt EuGH v. 11.9.2018 – Thema: erneute Heirat eines kath. Chefarztes).

Weitere Informationen – Satzung, Mitglieder, Struktur, Texte etc. über die ACK finden sich auf der Internetseite: *http://www.oekumene-ack.de/ueber-uns/mitglieder/*

Literaturhinweis

- *Hammer, Ulrich:* Kirchliches Arbeitsrecht, Frankfurt/Main 2002 (vergriffen).
- *Lodemann, Matthias:* Kirchliche Loyalitätspflichten und die Europäische Menschenrechtskonvention, Freiburg im Breisgau 2013.
- *Richardi, Reinhard:* Arbeitsrecht in der Kirche, 8. Auflage, München 2020.

Aktionsformen, Beteiligungsorientierung

Was ist das?

Der Streik ist das Mittel der Wahl der Arbeitnehmer, um kollektiv ihre Interessen durchzusetzen. Nun gibt es in kirchlichen Einrichtungen nur in wenigen Bereichen → **Tarifverträge**, und die Rolle der → **Gewerkschaften** ist im MVG im Vergleich zum Betriebsverfassungsgesetz stark zurückgedrängt. Zur Frage des → **Streikrechts** in kirchlichen Einrichtungen gibt es eine nicht ganz einfache Entscheidung des Bundesarbeitsgerichtes. Das Streikrecht wird aber von den Beschäftigten in diakonischen Einrichtungen in der Praxis immer wieder wahrgenommen.

Unterhalb der traditionellen Arbeitskampfmaßnahmen sind auch andere Aktionen möglich, die geeignet sind, besonders im kirchlich-diakonischen Bereich Druck auszuüben und Öffentlichkeit zu erzeugen. Da die Kirchen meist vehement das Streikrecht ablehnen und stattdessen in ihrer Argumentation nach außen besonders die Dienstgemeinschaft hervorheben, sind hier auch solche Aktionen geeignet, die bei anderen Arbeitgebern, die Streikauseinandersetzungen gewohnt sind, nur relativ wenig Eindruck machen. Besonders sensibel sind kirchliche Einrichtungen gegenüber öffentlichkeitswirksamen Aktionen, die sie in den Medien in keinem guten Licht erscheinen lassen. Aktionen in einer Einrichtung, die kollektiv von den Beschäftigten geführt werden und die auf den Arbeitgeber Eindruck machen, sind für die nicht streikgewohnten kirchlichen Arbeitnehmer ein wichtiger Schritt nach vorne.

Viele Mitarbeiter der kirchlichen Einrichtungen, die sich bereits an Warnstreiks beteiligt haben, sind zuvor über **niederschwellige Aktionen** mobilisiert worden. Um es auf den Punkt zu bringen: in den Einrichtungen, in denen eine Streiktradition fehlt, sind die Aktionen unterhalb der Streikschwelle eine gute und notwendige Vorbereitung auf eine spätere Wahrnehmung des Streikrechts.

Wesentlich für den nachhaltigen Effekt dieser Aktionen ist eine gute → **Öffentlichkeitsarbeit**. Diese wird in der Regel von der Gewerkschaft ver.di übernommen, die dann auch die presserechtliche Verantwortung für Flugblätter und Infoschriften übernimmt. Die Öffentlichkeitsarbeit zu den Aktionen sollte ebenfalls von Gewerkschaften übernommen werden, da der Arbeitgeber gegenüber ihnen keine Sanktionsmöglichkeit hat.

Bedeutung für die MAV

Die MAVen haben die Aufgabe, die beruflichen, wirtschaftlichen und sozialen Interessen der Mitarbeiter zu vertreten. Als Gewerkschaftsmitglieder haben Mitarbeitervertreter genauso das Recht, aktiv zu werden wie andere Arbeitnehmer auch. Mitarbeitervertreter können gewerkschaftliche Aktionen natürlich unterstützen, sollten dabei aber klar sagen und auch trennen, in welcher **Rolle** sie gerade handeln, als Mitarbeitervertreter oder als ver.di-Mitglied.
MAVen können nicht wie die Gewerkschaften zu Streiks oder Arbeitsniederlegungen aufrufen. Dieses Recht steht allein den Gewerkschaften zu.

Bedeutung für die Mitarbeiter

Bei allen Aktionen, bei denen die Gewerkschaft nicht offiziell zum Streik aufruft, müssen die Arbeitnehmer darauf achten, ihre **arbeitsvertraglichen Pflichten** nicht zu verletzen. Die so genannten niederschwelligen Aktionen können deshalb nur außerhalb der Arbeitszeit, also vor oder nach Dienstbeginn oder auch während der Pausen stattfinden. Bei den Aktionen in diakonischen Einrichtungen in den letzten Jahren ist der Begriff der **»aktiven Mittagspause«** zu einem festen Bestandteil geworden.
Der Arbeitgeber hat das **Hausrecht** in der Einrichtung. Aufforderungen und Weisungen von Arbeitgebern hinsichtlich der Nutzung von Betriebsgelände bei Aktionen sind Folge zu leisten. Wenn Aktionen auf einem öffentlichen Gelände oder auf dem Bürgersteig der Gemeinde vor der Einrichtung durchgeführt werden, bedarf es dazu natürlich keiner Genehmigung des Arbeitgebers. In der Regel übernimmt die Gewerkschaft die Anmeldung einer Aktion oder eines Infostandes beim Ordnungsamt.

Aktionen in den Arbeitspausen[1]

- *Für'n Appel und 'n Ei*
  In der (Mittags-)Pause versammeln sich die Mitarbeiter und essen einen Apfel und ein Ei und machen so darauf aufmerksam, dass sie mehr Geld wollen, weil sie eben nicht nur für'n Appel und 'n Ei arbeiten.
  Falls der Arbeitgeber die Versammlung auf dem Grundstück verbietet, geht man vor die Einrichtung.
- *Es geht um die Wurst*
  Wie oben, nur wird Wurst gegessen. Je nach Wetter und Möglichkeit gegrillt, gekocht oder auch von einer großen Wurst abgeschnitten.
  Falls der Arbeitgeber die Versammlung auf dem Grundstück verbietet, geht man vor die Einrichtung.
- *Die Arbeitgeberhaltung geht uns auf die Nerven*
  In Hörweite des Arbeitgebers wird Lärm gemacht: Mit einer Motor-Nervensäge o. ä.
  Falls der Arbeitgeber den Lärm auf dem Grundstück verbietet, geht man vor die Einrichtung, falls das möglich ist.
- *Wir hauen auf die Pauke*
  In Hörweite des Arbeitgebers wird in stündlichem Abstand auf die Pauke (oder andere Trommeln) gehauen.
- *Wir gehen zum Chef*
  und sagen, dass wir mehr Geld haben müssen, weil alles teurer wird.
- *Kollektive Anträge* – ein Tag frei/Urlaub.
  Alle Mitarbeiter stellen einen Antrag, an demselben Tag frei zu bekommen. Es ist nicht entscheidend, wie viele den freien Tag dann wirklich bekommen, wichtig ist, dass alle den Antrag stellen. Wer frei bekommt, kann an Aktionen, die für den Tag geplant werden, teilnehmen.
- *Hey Boss, ich brauch' mehr Geld*
  Alle stellen einen Antrag auf Lohnerhöhung bei der Leitung. Die Höhe muss nicht beziffert werden.

Längere Aktionen

- *Menschenkette um die Einrichtung*
  Wir »umzingeln« die Einrichtung. Evtl. mit Kerzen oder Fackeln als »Lichterkette« mit Singen von Liedern.
- *Laterne gehen*
  Mit Laternen um die Einrichtung oder durch die Gemeinde ziehen und dabei durch Flugblätter, Gesänge etc. auf das Anliegen Aufmerksam machen.

---

1 Quelle: »Handreichung für Aktionen«, ver.di (2008).

Wichtig:
Bei der Polizei anmelden.

Aktionen der Mitarbeitervertretung

- *Beratungsangebote*
  »Schuldnerberatung«, weil bald das Geld weniger wird, Arbeitszeitberatung (wann muss ich arbeiten und wann nicht) etc.
  Diese Beratung findet nur an einem Termin statt, den dann möglichst viele Kollegen nutzen. Sollte der Arbeitgeber diese Aktion verbieten wollen, sollte die Schiedsstelle wegen Behinderung angerufen werden (mit Anwalt). Werden Arbeitnehmer gehindert, an der Beratung teilzunehmen, sollten diese Arbeitnehmer am nächsten Tag am Arbeitsplatz aufgesucht werden und die Beratung dort erhalten. Das kann dem Arbeitgeber bereits mitgeteilt werden, wenn er das Teilnahmeverbot ausspricht.
- *Aufsuchen der Mitarbeiter am Arbeitsplatz*
  Alle MAV-Mitglieder suchen die Mitarbeiter an einem Tag am Arbeitsplatz auf und erkundigen sich nach Arbeitszufriedenheit etc.
- *Gemeinsame Mitarbeiterversammlungen*
  MAVen von Einrichtungen im selben Ort organisieren gemeinsame Mitarbeiterversammlungen. Diese müssen in der Freizeit stattfinden, da sie keine Mitarbeiterversammlungen gemäß MVG sein können, da Mitarbeiterversammlungen nicht öffentlich sind. Wenn man in den Einrichtungen z. B. die Aktion »Ein freier Tag« koordiniert, können die Kollegen, die frei bekommen haben, an der Versammlung teilnehmen.
- *Verteilen von Flugblättern, Buttons, Plakate etc.*
  Will der Arbeitgeber das Tragen von Buttons und Sticker verbieten, so braucht er die Zustimmung der MAV gemäß § 40 Ziffer 11 MVG. Buttons werden von der AGMAV und der Gewerkschaft ver.di zur Verfügung gestellt, ebenfalls Flugblätter und Plakate.

Aktionen mit der Gewerkschaft

- *Betriebsgruppenversammlung mit Gewerkschaftssekretär/Vertrauensleuten*
- *Mitarbeiterversammlungen mit gewerkschaftlicher Beteiligung* (Gewerkschaftssekretär als sachkundige Person einladen gemäß § 31 Abs. 3 MVG).

Aktionen mehrerer Einrichtungen

- *Staffettenlauf* – die Aktion weiter tragen:
  Mitarbeiter der Einrichtung x besuchen die Einrichtung y und geben symbolisch eine durchgeführte Aktion (z. B. Appel und Ei) weiter. Die Mitarbeiter der besuchten Einrichtung führen dann diese Aktion durch und geben sie weiter an eine andere Einrichtung.

- *Parallelaktionen*
In einer Komplexeinrichtung oder Holding wird in allen Einrichtungsteilen die gleiche Aktion durchgeführt.
- *Öffentlichkeitsarbeit*
Über alle Aktionen sollte in der Öffentlichkeit berichtet werden (Zeitung, Funk und Fernsehen, neue Medien). Die Mitarbeiter sind bei Interviews allerdings zur Vorsicht zu mahnen: keine ehrenrührige oder abwertende Äußerungen über den Arbeitgeber oder die Einrichtung. Die Öffentlichkeitsarbeit sollte immer in Zusammenarbeit mit der Gewerkschaft ver.di gemacht werden, um spätere disziplinarische oder juristische Auseinandersetzungen zu vermeiden.
- *Das Kampfmethode-Ultimatum*[2]
Mit dieser Methode wehren sich einzelne Teams gegen Überlastung – zumeist aus der Krankenhauspflege, in Einzelfällen aber auch aus anderen Beschäftigtengruppen.
Sie drohen damit, ab einem bestimmten Zeitpunkt Leistungen zu unterlassen, zu denen sie per Arbeitsvertrag nicht verpflichtet sind. So lehnen sie es beispielsweise ab, außerhalb des Dienstplans einzuspringen, während unbezahlter Pausen zu arbeiten, Überstunden zu machen, zusätzliche Verantwortlichkeiten oder ärztliche Tätigkeiten zu übernehmen. Die → **Indirekte Steuerung** bewirkt, dass den Stationsteams die Verantwortung für die Versorgung der Patienten übertragen wird und die Stationsteams bzw. die einzelnen Mitarbeiter diese Verantwortung übernehmen – unter schlechtesten Rahmenbedingungen, die die Mitarbeiter selbst nicht zu verantworten haben.
Die Mitarbeiter kündigen mit dem Ultimatum an, für den Fall, wenn die Geschäftsleitung bis zum genannten Datum konkrete Forderungen nicht erfüllt, bestimmte zusätzliche Leistungen nicht mehr zu erfüllen Da die Abläufe in den Krankenhäusern aufgrund der dünnen Personaldecke auf solchen freiwilligen Leistungen der Pflegekräfte basieren, übt die Verweigerungsdrohung einen gehörigen Druck auf die Klinikleitung aus. Die Pflegeteams sind so in vielen Fällen in der Lage, Zugeständnisse und Verbesserungen durchzusetzen.
Entwicklung von Kampfsolidarität im Team: Ein Schlüssel bei der Formierung widerständiger Solidarität im Zuge der Ultimaten ist das so genannte Teamversprechen. Es muss von einem zuvor festgelegten Teil des Teams unterzeichnet werden. Erst wenn genügend Unterschriften zusammengekommen sind, wird das Ultimatum offiziell verkündet, die Namen werden nicht veröffentlicht.
Durch das Teamversprechen wird die im Klinikalltag »auf den Kopf gestellte« Solidarität (jede springt für jeden ein und verzichtet auf ein planbares Frei)

---

2 Behruzi, Daniel, Kampfmethode Ultimatum.

wieder auf die Füße gestellt. Die Vorzeichen ändern sich: Nun gilt es nicht mehr als solidarisch, außerhalb des Dienstplans einzuspringen, sondern im Gegenteil: Wer dann noch einspringt, stellt sich dann selbst außerhalb des Teams.

- *Das Notruf-Ultimatum am Berliner Uniklinikum*
  Am Berliner Uniklinikum kommen Ultimaten, hier »Notrufe« genannt, seit dem Frühjahr 2013 immer wieder zur Anwendung. Den Anfang machten zwei benachbarte Nephrologie-Stationen, die einen »Notruf« an die Geschäftsleitung, den Personalrat und die Öffentlichkeit formulierten und die Schließung von jeweils zehn Betten forderten. »Wir haben vorgerechnet, dass der Betrieb ohne eine systematische Überplanung nicht aufrecht zu erhalten ist.« Bei diesem Fallbeispiel E drohten die Pflegekräfte nicht nur damit, außerhalb des Dienstplans nicht mehr einzuspringen, sondern auch, weitere freiwillige Leistungen zu verweigern.
  Das betraf Tätigkeiten als Hygiene-, Geräte-, Dokumentations- und Arbeitssicherheitsbeauftragte sowie die Praxisanleitung von Auszubildenden. Auch ärztliche Tätigkeiten – vor allem Blutentnahmen sowie die Applikation von Medikamenten und Infusionslösungen – sollten in unterbesetzten Schichten »zurückdelegiert« werden. »Die ärztlichen Kollegen sind oft gar nicht mehr in der Lage, Dialysegeräte zu bedienen oder Infusionen richtig zu legen«, erklärt der Kernaktivist der Station. »Daher hat die Verweigerung dieser Arbeiten ein enormes Druckpotenzial.« Zudem steige das Selbstbewusstsein der Beschäftigten: »Allen wird klar: Ohne die Pflege läuft es nicht.«
  Ver.di machte das Ultimatum öffentlich und informierte die Belegschaft mit 3000 Flugblättern. Die pflegerische Zentrumsleitung verhandelte mit den vom Team delegierten Sprecher/innen und bot für die eine Station zwei, für die andere drei zusätzliche Stellen an. Auf dieser Basis wurde der Konflikt beigelegt. Obwohl die Strategie der Ultimaten am Berliner Großklinikum seit Jahren flächendeckend angewandt wird, mussten die Pflegekräfte ihre Drohungen noch nie umsetzen. Das Management machte stets zuvor Zugeständnisse.
- *Das Pyjama-Ultimatum*[3]
  »Ab Montag kommen wir alle im Pyjama zum Dienst«. Diese kuriose Drohung richteten die Pflegekräfte der Völklinger SHG-Kliniken an ihren Arbeitgeber. Vorangegangen war ein monatelanger Streit um die Bezahlung von Umkleidezeiten. Das Management hatte sämtliche Bitten und Forderungen ebenso ignoriert wie Gerichtsentscheidungen. Die Beschäftigten sollten sich die Dienstkleidung partout in ihrer Freizeit an- und ausziehen. Um das zu

3 ver.di, Gegendruck. Hilfe zur Selbsthilfe bei Überlastung und Personalnot im Krankenhaus.

rechtfertigen, behaupteten Verwaltung und Pflegedirektion, das Tragen der Arbeitskleidung sei freiwillig.

Daraufhin erklärten die Kolleginnen und Kollegen: »Wir kommen alle im Schlafanzug zum Dienst, wenn der Arbeitgeber der Bezahlung der Umkleidezeiten bis zum Stichtag nicht zustimmt.« Erst nahmen die Manager die Drohung nicht ernst. Doch je näher der »Tag X« rückte, desto nervöser wurden sie. In der Öffentlichkeit hatten die Beschäftigten die Lacher ohnehin auf ihrer Seite. Die Presse berichtete ausgiebig. Schließlich wurde es der SHG-Spitze zu bunt. Das lokale Management wurde angewiesen, nachzugeben, um eine vollständige Blamage zu vermeiden. Die Pyjamas blieben im Schrank und seit 2013 gilt in den Völklinger Kliniken die Umkleidezeit als Arbeitszeit.

Nur eine skurrile Anekdote aus der saarländischen Provinz? Keineswegs. Denn mittlerweile sind schon einige Belegschaften mit dieser Methode erfolgreich. Die Grundidee: Durch die Androhung, eine freiwillige Leistung nicht mehr zu erbringen, Gegendruck zu erzeugen. Das Gesundheitswesen funktioniert nur noch auf Grundlage freiwilliger Leistungen der Pflegenden – seien es regelmäßige Überstunden, das Einspringen aus dem Frei oder die Übernahme ärztlicher Tätigkeiten. Die Arbeitgeber sind vom Wohlwollen der Beschäftigten abhängig. Das gibt den Kolleginnen und Kollegen wirksame Machtmittel, um Forderungen im Betrieb durchzusetzen – wenn sie sich einig sind.

Literaturhinweis

- *Behruzi, Daniel,* Kampfmethode Ultimatum, *Daniel Behruzi_IndBez_2018 04.pdf (verdi.de).*
- *Bremme, Peter/Fürniß, Ulrike/Meinecke, Ulrich:* Never work alone. Organizing – ein Zukunftsmodell für die Gewerkschaften, Hamburg 2010.
- *Bsirske, Frank/Paschke, Ellen/Schuckart-Witsch, Berno. Ver.di (Hrsg.):* Streiks in Gottes Häusern, Hamburg 2013.
- *ver.di* (Hrsg.): Handlungsmaterial (Rahmen-)Standards der kollektivrechtlichen Gewerkschaftsarbeit, Berlin 2015.
- *ver.di* (Hrsg.): ver.di für mehr Personal *https://gesundheit-soziales-bb.verdi.de/++file++53884fa0aa698e68aa000011/download/2013-06 %20Pocketheft_Gegendruck-df.pdf*

Allgemeine Aufgaben der MAV

Was ist das?

Neben den konkret gefassten Mitbestimmungs- und Mitwirkungstatbeständen des MVG werden der MAV noch **weitere Aufgaben** zugewiesen (§ 35 MVG). Diese Aufgaben sind sowohl konkret (z. B. → **Beschwerderecht der Beschäftigten**) wie auch allgemein (Eingliederung hilfs- und schutzbedürftiger Personen) umschrieben. Ihre Erfüllung soll den Beschäftigten und der → **Dienststelle** dienen. Mit der Zuweisung der allgemeinen Aufgaben an die MAV soll die Bedeutung der MAV als gleichberechtigter Partner der → **Dienststellenleitung** hervorgehoben werden, da die MAV hier allumfassend zu vielen Fragen und Problemen in der → **Dienststelle**, soweit sie die Beschäftigten – oder einzelne Beschäftigte – betreffen, initiativ werden kann. Die allgemeinen Aufgaben umfassen **nichtförmliche Initiativrechte und Überwachungsrechte.**

Bedeutung für die MAV

§ 35 MVG ist eine »**Generalklausel**«, sich als MAV in alle Fragen, Probleme, Abläufe in der Einrichtung usw. einschalten zu können. Bei der Aufzählung der verschiedenen Aufgaben in § 35 Abs. 3 handelt es sich nur um Beispiele. Der verwendete Begriff »insbesondere« macht deutlich, dass auch hier nicht aufgeführte Themen von der MAV behandelt werden können. Die MAV »soll« den in Abs. 3 aufgeführten Aufgaben nachkommen. Es handelt sich hierbei um eine »Soll-Vorschrift«. Das »Soll« bedeutet jedoch nicht, dass die MAV z. B. erkannte Verstöße des Arbeitgebers gegen arbeitsrechtliche Bestimmungen ignorieren darf. Als Interessensvertretung der Beschäftigten ist sie gehalten, solche Themen im Rahmen einer Sitzung zu behandeln und über deren Erledigung zu entscheiden.
Zu den allgemeinen Aufgaben nach dem MVG gehören u. a.:

- Maßnahmen anregen, die der Arbeit in der Dienststelle und ihren Mitarbeitern und Mitarbeiterinnen dienen,

- dafür eintreten, dass die arbeits-, sozial- und dienstrechtlichen Bestimmungen, Vereinbarungen und Anordnungen eingehalten werden,
- Beschwerden, Anfragen und Anregungen von Mitarbeitern und Mitarbeiterinnen entgegennehmen und, soweit diese berechtigt erscheinen, durch Verhandlungen mit der Dienststellenleitung auf deren Erledigung hinwirken,
- die Eingliederung und berufliche Entwicklung schwerbehinderter Menschen, einschließlich des Abschlusses von Inklusionsvereinbarungen nach § 166 SGB IX, und sonstiger besonders schutzwürdiger Personen in der Dienststelle fördern und für eine ihren Kenntnissen und Fähigkeiten entsprechende Beschäftigung eintreten,
- für die Gleichstellung und die Gemeinschaft in der Dienststelle eintreten und Maßnahmen zur Erreichung dieser Ziele anregen sowie an ihrer Umsetzung mitwirken,
- die Vereinbarkeit von Familie und Erwerbstätigkeit fördern,
- die Entgeltgerechtigkeit zwischen den Geschlechtern überwachen,
- die Integration ausländischer Mitarbeiter und Mitarbeiterinnen fördern,
- Maßnahmen des Arbeits- und Gesundheitsschutzes und des betrieblichen Umweltschutzes fördern.

Bei Streitigkeiten über den Umfang und die Kompetenz der Aufgaben der MAV entsprechend § 35 MVG kann das Kirchengericht (→ **Rechtsschutz**) angerufen werden. Das Kirchengericht entscheidet verbindlich.

Bei den **allgemeinen Aufgaben** handelt es sich für die MAV um **Pflichten** aus dem MVG. Bei einer **groben Verletzung von Pflichten** aus dem MVG kann die MAV entsprechend § 17 MVG durch das Kirchengericht aufgelöst werden. Zu einer groben Pflichtverletzung kann auch das Unterlassen von Handlungen gehören.

Bedeutung für die Beschäftigten

In § 35 Abs. 2 MVG wird den Beschäftigten das Recht gegeben, sich mit allen Anliegen (→ **Beschwerderecht**) – neben der → **Dienststellenleitung** – auch an die MAV zu wenden. Die MAV ist verpflichtet, die Anliegen in einer der folgenden Sitzungen zu behandeln und darüber zu entscheiden, ob sie das Anliegen für berechtigt hält. Hält die MAV das Anliegen für berechtigt, so hat sie das Anliegen gegenüber der → **Dienststellenleitung** zu vertreten. Die Art der Vertretung kann in mündlicher oder schriftlicher Form erfolgen. Die → **Schweigepflicht** (§ 22 Abs. 1 MVG) gilt nicht gegenüber dem Beschäftigten, der ein Anliegen vorgebracht hat. Er ist über die Entscheidung der MAV – schriftlich oder mündlich –

zu seinem Anliegen, bzw. dem Ausgang der Verhandlungen, Gesprächen, … mit der Dienststellenleitung zu informieren.
Beschwert (→ **Beschwerderecht**) sich ein **Beschäftigter** bei der MAV (§ 35 Abs. 3 Buchst. c MVG), so hat er das Recht, vor einer Entscheidung der MAV von der MAV in einer Sitzung gehört zu werden (§ 35 Abs. 4 MVG). Es handelt sich hierbei um ein **Anhörungsrecht**, d. h. der Beschäftigte ist zu diesem Tagesordnungspunkt in die MAV-Sitzung einzuladen. Ihm ist dabei vom Vorsitzenden das Wort zu erteilen. Bei der Teilnahme an der Sitzung handelt es sich um Arbeitszeit, da hier eine Aufgabe nach dem MVG erfüllt wird. Sollte die MAV-Sitzung außerhalb der individuellen Arbeitszeit des Beschäftigten stattfinden, so ist die Zeit der Teilnahme an der Sitzung Arbeitszeit. Für die Wegezeiten zur Sitzung der MAV ist, anders als bei zusätzlichen Wegezeiten für → **Mitarbeiterversammlungen** (§ 31 Abs. 4 MVG), außerhalb der individuellen Arbeitszeit des Beschäftigten nichts geregelt. Wegezeiten und zusätzliche Reisekosten für die Teilnahme an der MAV-Sitzung werden nicht erstattet. Ob der Beschwerdeführer an der MAV-Sitzung teilnehmen möchte, bleibt ihm überlassen.
Anmerkung: Die → **Schweigepflicht** der MAV in **Personalangelegenheiten** endet gegenüber dem Betroffenen, wenn von der → **Dienststellenleitung** das formelle **Beteiligungsverfahren** eingeleitet wurde. In analoger Anwendung dieser Regelung kann festgehalten werden, dass durch das Vorbringen eines Anliegens durch den Beschäftigten an die MAV vom Beschäftigten ein Verfahren zur Umsetzung seines Anliegens gewünscht wird. Der Beschäftigte hat somit auch ein Interesse, das Ergebnis seines Anliegens zu erfahren. Die Information kann in schriftlicher oder mündlicher Form erfolgen.

Ältere Beschäftigte

Was ist das?

Laut einer Definition der Organisation für wirtschaftliche Zusammenarbeit und Entwicklung (OECD) sind alle Personen »alt«, die in der zweiten Hälfte ihres Berufslebens stehen, das Rentenalter aber noch nicht erreicht haben. Das Institut für Arbeitsmarkt und Berufsforschung (IAB) der Bundesagentur für Arbeit sieht die Grenze eher fließend zwischen dem Alter von 45 und 55 Jahren. Für »alt« gibt es also keine allgemein anerkannte Grenze.
Als ältere Beschäftigte werden landläufig die Arbeitnehmer bezeichnet, die jenseits der Altersgrenze von 50 oder 55 Jahren arbeiten.
Die Thematik »Ältere Beschäftigte« war vor einiger Zeit ein Modethema und ist Gegenstand vieler Untersuchungen und Forschungsprojekte geworden. Hintergrund war vor allem die sog. »demografische Entwicklung« (auch: demografischer Wandel) der deutschen Bevölkerungsstruktur: Der Anteil der älteren Jahrgänge nimmt im Vergleich zu den jüngeren Jahrgängen bereits seit einigen Jahrzehnten zu. Weil dieser Trend sich fortsetzen wird, schrumpft die deutsche Bevölkerung auf der einen Seite, auf der anderen Seite findet aber in den letzten Jahren vermehrt Zuwanderung statt. Dadurch hat sich die Einwohnerzahl in Deutschland im Jahr 2022 sogar auf 84,7 Mio erhöht. Die vorher prognostizierte Schrumpfung ist also (vorerst?) ausgeblieben.
Die Alterung in der Bevölkerung bleibt trotzdem bedeutsam. So hat sich das Durchschnittsalter in Deutschland seit 1990 zwar erhöht. Durch die Zuwanderung flacht die Entwicklung allerdings ab:

Jahr	Durchnittsalter
1990	39,3
2000	41,1
2010	43,7
2020	44,6
2022	44,6

Quelle: *https://www.bib.bund.de/DE/Fakten/Fakt/B19-Durchschnittsalter-Bevoelkerung-ab-1871.html*; abgerufen am 12.4.2024

In der Folge hat der demografische Wandel deutliche Auswirkungen auf den Arbeitsmarkt: Insgesamt stehen weniger junge Arbeitskräfte zur Verfügung und gleichzeitig steigt das Alter der vorhandenen Beschäftigten. Nach Berechnungen des Instituts für Arbeitsmarkt- und Berufsforschung (IAB) von 2021 (siehe IAB-Kurzbericht 25/2021) wird das Erwerbspersonenpotential bis zum Jahr 2035 um 7,2 Mio. sinken und bis zum Jahr 2060 noch einmal um weitere 8,9 Mio. abnehmen.

Im Jahr 2019 lag die Beschäftigungsquote der 55- bis 64-Jährigen in Deutschland bereits bei 72,7 % (2003: 39 %, 2013: 63 %). Hier gab es also in den letzten Jahren bereits deutliche Veränderungen: Der Anteil älterer Beschäftigter, die noch im Erwerbsleben stehen, hat kräftig zugenommen. Zwischen 2003 und 2019 hat er sich fast verdoppelt!

Doch nach wie vor gilt: Angesichts der demografischen Entwicklung müssen die Bedingungen für Ältere am Arbeitsplatz und auf dem Arbeitsmarkt deutlich verbessert werden. Unternehmen werden darauf angewiesen sein, ihre Beschäftigten möglichst lange im Beruf zu halten, weil die Gewinnung von Nachwuchs schwieriger wird und weil der Fachkräftemangel deutlich zugenommen hat. »Alternde Belegschaften« fordern den »Abschied vom Jugendwahn« heraus. Insgesamt geht es darum, die Gesellschaft für das Thema »Ältere Beschäftigte« noch stärker als bisher zu sensibilisieren und mehr alter(n)sgerechtes Arbeiten zu ermöglichen.

Die Antwort der Politik auf den demografischen Wandel besteht bisher vor allem in der mehrfachen Absenkung der Rentenansprüche und in der schrittweisen Erhöhung des gesetzlichen Rentenalters auf 67 Jahre. Die Zielsetzung dieser »Reformen« ist vor allem, die Rentenkasse zu schonen und die Beiträge zur Rentenversicherung stabil niedrig zu halten. Im Ergebnis handelt es sich um ein gigantisches Rentenkürzungsprogramm. Die Gewerkschaft ver.di sprach in ihrer Kampagne 2010 davon: »Die Rente mit 67 führt geradewegs in die Altersarmut.«

Daneben hat die Politik aber auch die Möglichkeiten ausgeweitet, dass Ältere in Beschäftigung bleiben können, insbesondere durch die Abschaffung der Hinzuverdienstgrenze beim Bezug einer vorgezogenen Altersrente ab 1.1.2023. Daher ist es grundsätzlich möglich, ab dem 63. Lebensjahr sowohl Altersrente als auch unbegrenzt Arbeitseinkünfte zu beziehen. Die Rente wird also nicht mehr gekürzt. Vor 2023 galt das nur für Bezieher einer abschlagsfreien Regelaltersrente.

Welche Probleme für die Arbeitswelt bringen »alternde Belegschaften« mit sich? Hier ein paar Beispiele:

- Verlust von Erfahrungswissen; Konsequenz wäre die Bildung altersgemischter Teams in den Betrieben, die Umsetzung lebenslangen Lernens und die Förderung lebensbegleitender Kompetenzentwicklung.
- Mangel an Fachkräften und an Arbeitskräften überhaupt; Konsequenz wäre die Entwicklung verbesserter Rekrutierungsstrategien, die Erhöhung der Mitarbeiterbindung und der Attraktivität der Unternehmen und Betriebe.
- Deutliche Alterung der Belegschaften; Konsequenz wäre die Entwicklung einer alternsgerechten und gesundheitsförderlichen Arbeits- und Personalpolitik.

Hieraus ergeben sich dann auch die Ansatzpunkte für Mitarbeitervertretungen im Umgang mit älteren Beschäftigten. Dabei kann es weniger um kurzfristige Reaktionen der Interessenvertretung auf die »alternde Belegschaft« gehen. Die Strategie in Sachen »Ältere Beschäftigte« im Betrieb kann vielmehr nur sehr, sehr langfristig angelegt sein. Das macht den Umgang mit der Thematik so schwierig. Hier ist langer Atem gefragt.

Bedeutung für die MAV

Für die Mitarbeitervertretung ist es zunächst wichtig, sich mit dem Phänomen des demografischen Wandels auseinanderzusetzen, für sich als Gremium Schlüsse zu ziehen und eine Perspektive zum Thema zu entwickeln. Eine **Altersstrukturanalyse** für den eigenen Betrieb und die Ableitung konkreter Schlussfolgerungen könnte dann ein weiterer Schritt sein. Allein schon die Beobachtung der Entwicklung des durchschnittlichen Beschäftigtenalters im Betrieb über die letzten fünf Jahre wird den Handlungsbedarf deutlich machen.

Konkret sieht es so aus: Für ältere Beschäftigte ist alles das gut, was auch für jüngere und junge Beschäftigte gut ist. In anderen Worten: Junge Beschäftigte müssen gute Arbeitsbedingungen haben, um in und mit der Arbeit alt werden zu können. Allein etwas für ältere Beschäftigte tun zu wollen ist eigentlich schon zu spät. Deshalb ist es erforderlich, sich als Mitarbeitervertretung für alle Beschäftigten – gerade auch für die jungen – um gute und gesundheitsgerechte Arbeitsbedingungen zu bemühen. Es geht um → **Gute Arbeit für alle!**

Gute und gesundheitsgerechte Arbeitsbedingungen zeichnen sich dadurch aus, dass

- mindestens die gesetzlichen und berufsgenossenschaftlichen Schutzbestimmungen für alle Beschäftigten eingehalten werden: Arbeitszeitgesetz, tägliche und wöchentliche Höchstarbeitszeit, Pausen, Ruhezeiten, Arbeitsschutzgesetz, Arbeitssicherheitsgesetz, Arbeitsstättenverordnung, Bildschirmarbeits-

verordnung, Unfallverhütungsvorschriften der Berufsgenossenschaften, Gefahrstoffverordnung, Biostoffverordnung, Brandschutzbestimmungen
- die Schutzbestimmungen für besonders gefährdete Personengruppen eingehalten werden: Mutterschutzgesetz, Jugendarbeitsschutzgesetz, Infektionsschutzgesetz, Lebensmittelhygieneverordnung, Medizinprodukte-Betreiberverordnung
- selbstverständlich die Mindestanforderungen an die betriebliche → **Arbeitsschutz**organisation erfüllt werden: Arbeitsmedizinische und sicherheitstechnische Betreuung (siehe DGUV Vorschrift 2), Ernennung einer ausreichenden Zahl von Sicherheitsbeauftragten (Neuregelung seit 2015: DGUV Vorschrift 1) und Ersthelfern, ausreichende Bereitstellung von Verbandkästen und Verbandbüchern, Bildung eines Arbeitsschutzausschusses ab 20 Beschäftigten (nach § 11 ASiG), Durchführung regelmäßiger Betriebsbegehungen, Unterweisungen und betriebsärztlicher Untersuchungen
- die Gefährdungsbeurteilungen durchgeführt und dokumentiert werden (§§ 5, 6 ArbSchG): Dafür ist der Arbeitgeber verantwortlich. Er wird dabei von Betriebsarzt und Fachkraft für Arbeitssicherheit unterstützt. Die MAV hat ein umfassendes Mitbestimmungsrecht (§ 40 Buchst. b MVG). Es reicht von der Auswahl der Methode bis hin zur Planung konkreter Maßnahmen, die sich aus der Gefährdungsbeurteilung ergeben. Bei der Durchführung der Gefährdungsbeurteilungen ist für Arbeitsplätze, die mit älteren Beschäftigten besetzt sind, auch deren besondere Situation aufgrund ihres Alters zu berücksichtigen. Dies dürfte bisweilen auch eine Komponente der gesundheitlichen Einschränkungen einschließen und muss individuell in die jeweilige Gefährdungsbeurteilung einbezogen werden.
- das → **Betriebliche Eingliederungsmanagement** (BEM; § 167 Abs. 2 SGB IX) durchgeführt wird: Das BEM betrifft am meisten ältere Beschäftigte. Die MAV sollte darauf achten, dass die Zielsetzungen des BEM im Betrieb erfüllt werden. Sinnvoll erscheint, über die konkrete betriebliche Durchführung des BEM eine → **Dienstvereinbarung** abzuschließen.
- die Integration bzw. Inklusion von → **Schwerbehinderten** in den Betrieb erfolgt: Die Erfahrung zeigt, dass zunehmend ältere Beschäftigte als Schwerbehinderte anerkannt werden. Daher müssen sich MAV und Schwerbehindertenvertretung auch vor diesem Hintergrund dem Thema »Ältere Beschäftigte« nähern. Für die Eingliederung schwerbehinderter Beschäftigter in den Betrieb ist der Abschluss einer → **Inklusionsvereinbarung** (§ 166 SGB IX) verbindlich vorgeschrieben.

Mitarbeitervertretungen sollten auf die vielfältigen Angebote der Berufsgenossenschaft für Gesundheitsdienst und Wohlfahrtspflege (**BGW**) eingehen und sie im Betrieb bekannt machen. Vom »Demografie-Check« über Arbeitsorganisation und Arbeitsgestaltung bis hin zum Thema »Führung und Unternehmenskultur« gibt es Seminare für alle betrieblichen Akteure, die häufig sogar kostenlos sind (*https://www.bgw-online.de/*).

Zu den wesentlichen Aufgaben von Mitarbeitervertretungen gehört es, die Einhaltung der genannten Vorschriften zu überwachen. Dies stellt dann auch den innerbetrieblichen Hebel für die Interessenvertretung dar, sich für gute und gesunde Arbeitsbedingungen einzusetzen (→ **Gute Arbeit**).

Das Thema »Ältere Beschäftigte« ist für betriebliche Interessenvertretungen zukunftsweisend und präventiv wirklich nur durch die Einführung einer Gesundheitsförderung oder besser: eines Gesundheitsmanagements im Betrieb anzugehen. *»Betriebliches Gesundheitsmanagement bedeutet ein planvolles Vorgehen mit dem Ziel, die Belastungen für die Beschäftigten zu verringern und so die Ressourcen der Mitarbeiter/innen im Hinblick auf ihre Gesundheit zu stärken. Das betriebliche Gesundheitsmanagement stellt eine Weiterentwicklung der vormaligen betrieblichen Gesundheitsförderung dar. Ziel der betrieblichen Gesundheitsförderung ist die Verbesserung des Gesundheitszustandes der Arbeitnehmerinnen und Arbeitnehmer. Die Einführung erfolgt im optimalen Fall prozessorientiert und mit Partizipation aller betrieblichen Akteurinnen und Akteure.«* (ver.di: sopospezial In Zukunft gesund. Schritt für Schritt zur betrieblichen Gesundheitsförderung, Berlin, April 2010, S. 9). Die Instrumente eines betrieblichen Gesundheitsmanagements stellen die beste Form der Prävention dar. Leitung, MAV und Beschäftigte nehmen dabei gemeinsam das Ziel gesunder Arbeitsplätze in den Blick. Es geht darum, die Arbeitsbedingungen und das Klima im Betrieb so zu gestalten, dass (ältere) Beschäftigte tatsächlich gesund in die Rente gehen können.

Neben diesen eher allgemeinen Aufgaben für die MAV gibt es auch einige konkrete Vorschriften für ältere Beschäftigte, um deren Einhaltung die Mitarbeitervertretung sich kümmern muss:

- **Altersteilzeit:** Seit 1.1.2010 gelten in vielen Bereichen nur noch die Regelungen des Altersteilzeitgesetzes (AltTZG) pur. Staatliche Zuschüsse zur Aufstockung der Altersteilzeitbezüge sind mit Ende des Jahres 2009 ausgelaufen. Lediglich im Geltungsbereich des TVöD und des TV-L besteht seit 2010 eine tarifliche Nachfolgeregelung. Die Attraktivität dieser Regelung dürfte eher gering sein. Im kirchlichen Bereich bestehen nach unserer Kenntnis nur wenige Nachfolgeregelungen. Für die ev. Kirche und Diakonie in Bayern gilt seit 1.1.2015 eine Kann-Regelung, die noch dazu auf Schwerbehinderte, als Alternative zu personenbedingten Kündigungen oder auf einen Personalüberhang beschränkt ist. Dennoch ist die Ablehnung eines Antrags auf Altersteilzeit gem. § 42 k) MVG-EKD eingeschränkt mitbestimmungspflichtig. Diese Mitbestimmungspflicht eröffnet möglicherweise im Einzelfall Wege in Altersteilzeitregelungen trotz des Wegfalls der Förderung.
- Nach dem Allgemeinen Gleichbehandlungsgesetz (§§ 1 und 7 AGG) ist die Diskriminierung von Arbeitnehmern **wegen des Alters** verboten. Das trifft

nicht nur für unmittelbare, sondern auch für mittelbare Benachteiligungen zu, etwa wenn eine jüngere Person eine günstigere Behandlung erfährt als eine ältere in einer vergleichbaren Situation.

- Mitarbeitervertretungsgesetz: Nach § 35 Abs. 3 Buchst. d soll die Mitarbeitervertretung »die Eingliederung und berufliche Entwicklung … sonstiger besonders schutzbedürftiger Personen in die Dienststelle fördern und für eine ihren Kenntnissen und Fähigkeiten entsprechende Beschäftigung eintreten«. Damit sind auch ältere Beschäftigte gemeint. Die MAV hat hier also ein weites Feld für ihre Betätigung in der Dienststelle.
- § 14 Abs. 3 TzBfG sieht vor, dass **Beschäftigte ab 52 Jahren** ohne Vorliegen eines Sachgrundes für max. fünf Jahre befristet eingestellt werden können. Voraussetzung ist auch, dass der Arbeitnehmer vor Beginn des Arbeitsverhältnisses mindestens vier Monate arbeitslos war oder Transferkurzarbeitergeld bezogen oder an einer geförderten Beschäftigungsmaßnahme teilgenommen hat.
- Ältere Beschäftigte haben aufgrund ihres höheren Lebensalters einen besseren Kündigungsschutz als Jüngere. Dies sieht das Kündigungsschutzgesetz so vor (§ 1 Abs. 3 KSchG). Danach ist die betriebsbedingte → **Kündigung** dann sozial ungerechtfertigt, wenn der Arbeitgeber bei der Auswahl des Arbeitnehmers u. a. das **Lebensalter** nicht oder nicht ausreichend berücksichtigt hat.

Mitarbeitervertretungen müssen daher ihre Zustimmung zu einer beabsichtigten Kündigung vor dem Kriterium des Lebensalters besonders prüfen.

- Die Bezugsdauer für **Arbeitslosengeld** hängt vom Alter des Arbeitslosen ab. Ältere Beschäftigte ab 50 haben Anspruch auf 15 Monate, ab 55 auf 18 Monate und ab 58 Jahren auf 24 Monate Arbeitslosengeld (bei entsprechend langer Beschäftigungszeit).
- 2007 hat der Bundestag das »Gesetz zur Verbesserung der Beschäftigungschancen älterer Menschen« beschlossen. Es sieht finanzielle Anreize vor, um die Beschäftigung Älterer zu fördern. Einige im Gesetz enthaltene Maßnahmen sind allerdings seit 2011 ausgelaufen.

Bedeutung für die Beschäftigten

Die Ausführungen im Abschnitt »Bedeutung für die MAV« gelten auch individuell für ältere Beschäftigte, insbesondere die Bemerkungen zu folgenden Themen: Altersteilzeit, Diskriminierungsverbot im Allgemeinen Gleichbehandlungsgesetz, Eingliederung und berufliche Entwicklung besonders schutzbedürftiger Personen (u. a. Ältere) nach dem Mitarbeitervertretungsgesetz, Befristungsmöglichkeiten Älterer nach dem Teilzeit- und Befristungsgesetz und zum Kündigungsschutz Älterer.

Früher wurde der Alterungsprozess des Menschen mehr oder weniger gleichgesetzt mit dem Abbau und Verfall der körperlichen und geistigen Kräfte. Das hat die moderne Gerontologie als Unsinn verworfen. Das Altern wird mittlerweile differenzierter betrachtet, insbesondere indem die zusätzlichen Potentiale Älterer herausgestellt werden: größere berufliche Erfahrung, mehr Gelassenheit, größere Übersicht, Beherrschung komplexer Arbeitsabläufe, Gedächtnisleistungen, Kreativität, Problemlösungskompetenz, Intelligenz, soziale Kompetenz, Stressbewältigungsfähigkeit usw. Leistungsfähigkeit im Beruf ist jedenfalls keine Frage des Alters!

Auf dieser Basis sollten die älteren Beschäftigten in unseren Betrieben ein gesundes Selbstvertrauen entwickeln. »Vorurteile gegenüber Älteren im Betrieb – und ebenso von Älteren gegenüber Jüngeren – müssen thematisiert und gegenseitig ausgeräumt werden.« (INQA: Demografischer Wandel und Beschäftigung. Memorandum 2005, S. 6)

Dass ältere Beschäftigte eher ein Aktivposten als eine Belastung für den Betrieb sind, zeigen z. B. Untersuchungen in der Altenpflege (Berger/Zimber: Alter(n) sgerechte Arbeitsplätze in der Altenpflege. Kiel/Heidelberg 2004). So gilt für Pflegekräfte ab einem Alter von 50 Jahren:

- Das Verhältnis zur Leitung wird deutlich positiver empfunden als bei Jüngeren.
- Die Identifikation mit der Einrichtung ist höher.
- Es besteht eine geringere Neigung, die Stelle zu wechseln.
- Die emotionale Zuwendung zu den Pflegebedürftigen ist stärker.
- Die Fähigkeit, sich einem drohenden Burnout zu widersetzen, ist größer.

Literaturhinweis

- *Bundesanstalt für Arbeitsschutz und Arbeitsmedizin:* Alterns- und altersgerechte Arbeitsgestaltung. Grundlagen und Handlungsfelder für die Praxis. Dortmund, 2. Auflage 2017 (baua: Praxis)
- *Feldes, Werner/Gün, Isaf/Neumann, Dirk/Tiedemann, Moriz:* Alters- und alternsgerechtes Arbeiten. Handlungshilfe für Betriebsräte. Frankfurt/Main, 2. Auflage 2018
- *Gute Arbeit,* Heft 5/2019 (Schwerpunkt: Zukunft der Arbeit: Alternsgerechte Arbeit und Wissenstransfer
- *Höller, Gregor:* Gesundheitsförderung für ältere Arbeitnehmer – unter besonderer Berücksichtigung der stationären Altenpflege/-betreuung. Saarbrü-

cken 2009. *https://osha.europa.eu/de/themes/osh-management-context-ageing-workforce* (vorzügliche Einführung ins Thema – letzter Zugriff: 13. 4. 2024).
- *INQA* (Hrsg.): Geistig fit im Beruf! Wege für ältere Arbeitnehmer zur Stärkung der grauen Zellen. Berlin, 4. überarbeitete und erweiterte Auflage, Juni 2013
- *Kerschbaumer, Judith/Busch, Sebastian/Geschonke, Carola Melitta/Holwe, Joachim/Nickel, Gerd:* Ältere Arbeitnehmerinnen und Arbeitnehmer. Perspektiven und Chancen für Beschäftigte und Unternehmen. Frankfurt/Main 2008.
- *Perreng, Martina/Gabke, Renate:* Ältere Arbeitnehmer. Handlungshilfe für Betriebsräte. Frankfurt/Main 2008.

Altersteilzeit

Was ist das?

Die Altersteilzeit ist ein Teilzeitbeschäftigungsverhältnis, das am Ende eines Arbeitslebens mit dem Arbeitgeber vereinbart werden kann. Grundlage ist das Altersteilzeitgesetz (AltTZG) von 1996. Die Förderung der Altersteilzeit mit Leistungen durch die Bundesagentur für Arbeit war befristet für Altersteilzeitverträge, die spätestens ab 31. Dezember 2009 begonnen haben. Seit dem Jahr 2010 sind daher alle wesentlichen Anreize für Arbeitnehmer und Arbeitgeber zum Abschluss eines Altersteilzeitvertrags weggefallen.
Damit kann der wesentliche Zweck des Gesetzes in der Praxis auch nicht mehr erreicht werden. Mit dem Gesetz sollte nämlich zum einen der gleitende Übergang älterer Beschäftigter in den Ruhestand ermöglicht, zum anderen ein Beitrag zur Verringerung der Arbeitslosigkeit geleistet werden. Bereits vor dem Jahr 2010 hatte sich gezeigt, dass die Möglichkeiten des Gesetzes nur begrenzt in Anspruch genommen werden, weil vielen Beschäftigten die Einbußen bei Vergütung und Rentenversicherungsansprüchen zu groß waren. Nach dem Wegfall der Förderungsmöglichkeiten durch die Bundesagentur gilt dies erst recht.
Nachdem alle Tarifverträge über die Altersteilzeit sich auf die gesetzlichen Regelungen bezogen haben, sind sie seit Anfang 2010 nur noch von sehr geringer Bedeutung. In der → **AVR** der Diakonie Deutschland (AVR.DD) gibt es 2019 gar keine Altersteilzeitordnung (ATZO) mehr. Die AVR-Bayern hat letztendlich nur noch eine so reduzierte Altersteilzeitordnung, die keine praktische Bedeutung mehr hat.
So gibt es seit 1. 1. 2015 für ev. Kirche und Diakonie in Bayern eine »Schmalspur-Altersteilzeit«, die eher für die Arbeitgeberseite attraktiv ist, um älteres und nicht so leistungsfähiges Personal abbauen zu können. Der ursprüngliche Zweck von Altersteilzeitregelungen wird jedenfalls durch die folgende Regelung nicht erfüllt:
Der Arbeitgeber kann mit Beschäftigten ein Altersteilzeitarbeitsverhältnis abschließen, wenn bestimmte Voraussetzungen erfüllt sind. Dazu gehören u. a.:

- entweder die Schwerbehinderteneigenschaft (bzw. Gleichstellung) oder
- wenn ein Personalüberhang besteht, der durch Altersteilzeit beschleunigt abgebaut werden kann, oder
- durch die Altersteilzeit eine personenbedingte Kündigung vermieden werden kann. (s. Anlage 22 AVR-Bayern)

Die genannten Voraussetzungen dienen eher der Arbeitgeber- als der Arbeitnehmerseite.

Bisher gibt es nur wenige tarifliche Nachfolgeregelungen in Sachen Altersteilzeit, etwa im Bereich der Chemie-, der Metall- und Elektroindustrie und – sehr reduziert – im Öffentlichen Dienst (Geltungsbereich des TVöD und des TV-L seit 2010). Diese Tarifregelung im ÖD wurde seitdem nicht für den Bereich der Kirchen und kirchlichen Wohlfahrtsverbände übernommen. Dies ist aktuell auch nicht mehr zu erwarten. Zweifellos ist die Attraktivität der Regelung im TVöD und TV-L eher gering. Das zeigen die niedrigen Zahlen der Inanspruchnahme seit 2010.

Daher werden nun unter »Bedeutung für die Beschäftigten« die wesentlichen Voraussetzungen für den Abschluss eines Altersteilzeitarbeitsverhältnisses dargestellt, wie sie das Altersteilzeitgesetz seit Januar 2010 vorsieht. Die Bedeutung für die MAV beschränkt sich zum einen darauf, an der Altersteilzeit interessierte Beschäftigte zu informieren und zu beraten; zum andern unterliegt die Ablehnung eines Antrags auf Altersteilzeit der eingeschränkten Mitbestimmung der MAV (§ 42 Buchst. k MVG).

Bedeutung für die Beschäftigten

Seit dem Jahr 2010 gibt es keinen gesetzlich-arbeitsrechtlichen Anspruch mehr, einen Altersteilzeitvertrag abzuschließen. Ein solcher Vertrag kann nur einvernehmlich zwischen Arbeitgeber und Arbeitnehmer erfolgen. Für den – möglichen – Abschluss eines Altersteilzeitvertrags gelten folgende Rahmenbedingungen:

- Das bisherige Arbeitsverhältnis endet; an seine Stelle tritt ein befristetes Altersteilzeitarbeitsverhältnis, das mindestens 24 Monate dauern soll.
- Nach 24 Monaten Altersteilzeit und nach Vollendung des 60. Lebensjahres besteht Anspruch auf Rente nach Altersteilzeit.

> **Wichtig:**
> Diese Rente konnte nur noch von Beschäftigten bis zum Geburtsjahr 1951 in Anspruch genommen werden und hat daher keine praktische Bedeutung mehr.

- Die Altersteilzeit endet zu dem in der Altersteilzeitvereinbarung festgelegten Zeitpunkt, spätestens dann, wenn Anspruch auf eine ungekürzte Altersrente besteht. Dies ist seit der Erhöhung der Altersgrenzen beim Rentenzugang in der Regel das 65. Lebensjahr. Die Altersgrenze erhöht sich seit dem Jahr 2012 sukzessive auf das 67. Lebensjahr (ab Jahrgang 1947).
- Für die Dauer der Altersteilzeit wird die regelmäßige wöchentliche Arbeitszeit auf die Hälfte reduziert. Die Erbringung der Arbeitszeit kann dabei im **Blockmodell** (in der ersten Hälfte Arbeit in Vollzeit, in der zweiten Hälfte Freistellung) oder im **Teilzeitmodell** erfolgen; dann wird durchgängig in Teilzeit gearbeitet. Die Verteilung der Arbeitszeit auf Tage, Wochen oder Monate kann beim Teilzeitmodell auch variabel vereinbart werden, z.B. eine Woche Arbeit, eine Woche frei (s. Grafik).

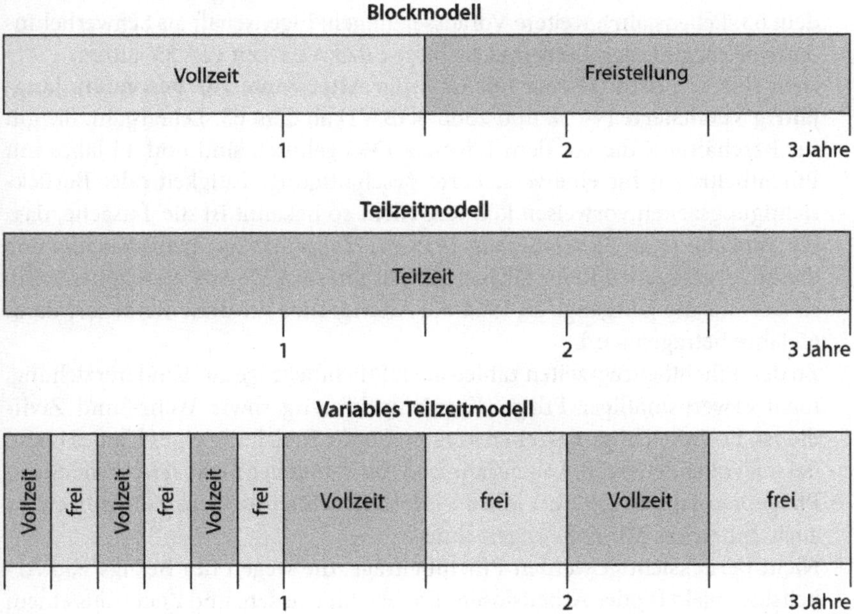

Persönliche Voraussetzungen für den Abschluss eines Altersteilzeitvertrags:

- Der Beschäftigte muss das 55. Lebensjahr vollendet haben (AVR-Bayern seit 1. 1. 2015: 60. Lebensjahr),
- der Beschäftigte muss mindestens fünf Jahre Beschäftigungszeit zurückgelegt haben (AVR-Bayern seit 1. 1. 2015: 10 Jahre) und
- in den letzten fünf Jahren vor Beginn der Altersteilzeit an mindestens 1080 Kalendertagen (= 3 Jahre) in einer versicherungspflichtigen Beschäftigung gestanden haben.

Die Laufzeit des Altersteilzeitvertrags kann also derzeit maximal 10 Jahre betragen (von 55 bis 65) – später auch bis zu 12 Jahren aufgrund der Anhebung des Rentenalters auf 67 Jahre.
Rentenrechtliche Bedingungen:
Mit verschiedenen Rentenreformgesetzen erfolgte für die wichtigsten Rentenarten eine schrittweise Erhöhung der Altersgrenzen. Danach liegen die Altersgrenzen für alle Altersrenten nun bei mehr als 65 Jahren (in naher Zukunft sogar bei 67 Jahren). Folgende Altersrenten können – mit Abschlägen – **auch vorzeitig** in Anspruch genommen werden, und zwar

- die **Altersrente für langjährig Versicherte** (§§ 36 und 236 SGB VI) ab dem 63. Lebensjahr; Voraussetzung: Erfüllung der Wartezeit von 35 Jahren,
- die **Altersrente für schwerbehinderte Menschen** (§§ 37 und 236a SGB VI) ab dem 60. Lebensjahr (für Versicherte, die ab 1. 1. 1964 geboren sind, erst ab dem 63. Lebensjahr); weitere Voraussetzungen: Eigenschaft als Schwerbehinderte bei Beginn der Rente und Erfüllung der Wartezeit von 35 Jahren,
- (neu seit 1. 7. 2014: »Rente mit 63«) die **Altersrente für besonders langjährig Versicherte** (§§ 38 und 236b SGB VI) ab dem 63. Lebensjahr. Sie gilt für Beschäftigte, die vor dem 1. Januar 1953 geboren sind und 45 Jahre mit Pflichtbeiträgen für eine versicherte Beschäftigung, Tätigkeit oder Berücksichtigungszeiten vorweisen können. Nicht so bekannt ist die Tatsache, dass für Versicherte ab dem Jahrgang 1953 der Zeitpunkt der Inanspruchnahme dieser vorgezogenen Rente jährlich jeweils um zwei Monate verschoben wird, so dass für die Jahrgänge ab 1964 die Altersgrenze für diese Rentenart dann 65 Jahre betragen wird.
  Zu den Pflichtbeitragszeiten zählen auch Pflichtbeiträge aus Kindererziehung, nicht erwerbsmäßiger Pflege, Krankengeldbezug sowie Wehr- und Zivildienst. Berücksichtigungszeiten können für die Erziehung eines Kindes bis zu dessen vollendetem 10. Lebensjahr und für Zeiten der nicht erwerbsmäßigen Pflege von Januar 1992 bis März 1995 angerechnet werden. Zudem werden auch Zeiten aus Minijobs angerechnet.
  Nicht berücksichtigt werden Pflichtbeiträge, die wegen des Bezugs von Arbeitslosengeld II oder Arbeitslosenhilfe gezahlt wurden, und Zeiten aus einem Versorgungsausgleich sowie aus einem Rentensplitting unter Ehegatten oder eingetragenen Lebenspartnern.
  Wichtig außerdem: Zeiten für Leistungen der Arbeitsförderung nach dem SGB III in den letzten zwei Jahren vor Rentenbeginn werden nur dann auf die Wartezeit angerechnet, wenn diese auf eine Insolvenz oder vollständige Geschäftsaufgabe des Arbeitgebers zurückzuführen sind, andernfalls werden sie nicht angerechnet.
- die **Altersrente wegen Arbeitslosigkeit oder nach Altersteilzeit** und die **Altersrente für Frauen** gibt es seit dem Jahr 2013 nicht mehr.

Bei der vorzeitigen Inanspruchnahme dieser Rentenarten müssen die Rentner **dauerhaft** einen Abschlag in Höhe von 0,3 % für jeden Monat in Kauf nehmen, den sie vor der für sie gültigen Altersgrenze in Rente gehen. Dies können immerhin bis zu 18 % sein. Ein früherer Rentenbeginn wirkt sich im Übrigen auch auf die Ansprüche aus der Kirchlichen → **Zusatzversorgung** (Betriebsrente) aus. Auch die Altersteilzeit selbst wirkt sich auf die Ansprüche aus der gesetzlichen Rentenversicherung und aus der Kirchlichen → **Zusatzversorgung** (Betriebsrente) aus: Weil das Entgelt durch die Teilzeitarbeit auf die Hälfte reduziert wird, vermindern sich die Ansprüche, die aus der Phase der Altersteilzeit resultieren, ebenfalls auf die Hälfte. Nur wenn die Rentenversicherungsbeiträge wegen einer Alterszeitregelung erhöht werden (z. B. auf 80 %), sind auch die Ansprüche höher.

> **Wichtig:**
> Wegen dieser schwierigen Bedingungen ist Beschäftigten und Mitarbeitervertretungen eine Unterstützung durch eingehende rentenrechtliche Beratungen dringend zu empfehlen, etwa bei den örtlichen Beratungsstellen der Deutschen Rentenversicherung (DR), die es in allen großen Städten gibt. Auch die Kirchlichen Zusatzversorgungskassen (KZVK oder EZVK) geben Beschäftigten und Mitarbeitervertretungen Auskunft. Grundsätzlich gilt, dass Mitglieder von Mitarbeitervertretungen keine Rentenexperten sein können.

Vergütung während der Altersteilzeit:
Da es seit dem Jahr 2010 keine Förderung durch die Bundesagentur für Arbeit mehr gibt, beträgt die Vergütung in der Phase der Altersteilzeit 50 %. Eine Aufstockung der Beiträge zur Rentenversicherung erfolgt nicht mehr. Auch die Aufstockung des Arbeitgebers auf mindestens 83 % des bisherigen Regelarbeitsentgelts ist nicht mehr gültig. Die seit 1. 1. 2015 für die ev. Kirche und Diakonie in Bayern gültige Altersteilzeitregelung sieht eine Aufstockung um 20 % durch den Arbeitgeber vor.

Soziale Absicherung während der Altersteilzeit:

- Die Wahrnehmung von Altersteilzeit stellt keinen Tatbestand dar, der eine Kündigung nach § 1 Abs. 2 KSchG sozial rechtfertigen könnte. Dies stellt § 8 Abs. 1 AltTZG klar.
- → **Entgeltfortzahlung** im Krankheitsfall erfolgt auf der Basis der auf 50 % verminderten Vergütung. Für einen Altersteilzeiter, de länger krank ist, entstehen auf jeden Fall finanzielle Probleme.
- Ab 1. 7. 2004 ist bei der Altersteilzeit im Blockmodell zwingend eine Insolvenzsicherung vorgeschrieben (§ 8a AltTZG).

Bedeutung für die MAV

Beschäftigte, die sich für die Altersteilzeit interessieren, sollten von der MAV eingehend informiert und auf die (z. T. nachteiligen) Bedingungen der Altersteilzeit und des Rentenrechts hingewiesen werden. Seit der Streichung der Fördermöglichkeiten durch die Bundesagentur für Arbeit im Jahr 2010 dürfte die Nachfrage für solche Beratungen jedoch stark rückläufig sein.
Trotzdem sollte die MAV »ihre« Beschäftigten über die aktuellen Bedingungen für den Abschluss eines Altersteilzeitvertrags informieren, insbesondere auch die gesetzlichen Änderungen, die sich seit Jahresbeginn 2010 ergeben haben. Auch die seit 1. 1. 2015 für die ev. Kirche und Diakonie in Bayern gültige Altersteilzeitregelung kommt nur für einen überaus eingeschränkten Personenkreis in Frage.
Das Mitbestimmungsrecht der MAV bei Ablehnung eines Antrags auf Altersteilzeit (§ 42 Buchst. k MVG) läuft seit 2010 mehr oder weniger ins Leere, weil keine Ansprüche mehr für die Beschäftigten bestehen, einen solchen Altersteilzeitvertrag abzuschließen. Die Aufgabe der MAV reduziert sich künftig darauf, auf dem Verhandlungsweg die Interessen des Beschäftigten zu vertreten, der einen solchen Antrag gestellt hat (§ 35 Abs. 3 Buchst. c MVG). In Bayern ist künftig (ab 1. 1. 2015) bei Ablehnung von Altersteilzeitanträgen genau zu prüfen, ob beim Beschäftigten die individuellen Voraussetzungen vorgelegen haben und ob der Arbeitgeber den Grundsatz der Gleichbehandlung ermessensfehlerfrei angewandt hat.

Antrag auf Abschluss eines Altersteilzeitvertrags

An
Geschäftsleitung/Personalabteilung — Ort, Datum

Sehr geehrte Damen und Herren,

hiermit beantrage ich den Abschluss eines Altersteilzeitvertrags nach dem Altersteilzeitgesetz.
Ich bin geboren am: Datum
Die Altersteilzeit soll im
- Blockmodell (= Unterteilung in eine Arbeitsphase und eine Freistellungsphase) oder
- Teilzeitmodell (= durchgehende Beschäftigung mit der Hälfte der bisherigen wöchentlichen Arbeitszeit)

durchgeführt werden.
Die Altersteilzeit soll beginnen am: Datum

(Mit Beginn der Altersteilzeit ist der Tag gemeint, ab dem die neuen Arbeitsbedingungen gelten sollen, und nicht der Tag, an dem die Freistellungsphase beginnt. Dies ist immer der 1. Tag eines Kalendermonats.)
Die Altersteilzeit soll dauern bis: Datum
(Hier ist der letzte Tag der Altersteilzeit (im Blockmodell der letzte Tag der Freistellungsphase) anzugeben. Dies ist der letzte Tag eines Kalendermonats. Der unmittelbare Eintritt in eine Altersrente (z. B. »Altersrente für langjährig Versicherte«) ist nicht mehr zwingend. Zwischen Beginn und Ende der Altersteilzeit muss eine gerade Zahl von Kalendermonaten liegen, da der im Falle des Blockmodells in der Mitte der Altersteilzeit stattfindende Wechsel von der Arbeits- in die Freistellungsphase zum Monatsersten erfolgen muss.)
Eine Rentenauskunft meines Rentenversicherungsträgers über die möglichen Beginndaten einer Altersrente liegt bei/ist am … beantragt und wird so bald wie möglich nachgereicht.
Mit einer Unterrichtung der Mitarbeitervertretung über diesen Antrag bin ich einverstanden.

Mit freundlichen Grüßen

Unterschrift Arbeitnehmer

(nach: Schoof, Christian: Betriebsratspraxis von A bis Z, 16. Auflage, Frankfurt/Main 2024)

Amtszeit der MAV

Was ist das?

Als Amtszeit wird der Zeitraum bezeichnet, in der die MAV nach einer Wahl das ihr zustehende Mandat ausübt. Die Amtszeit ist Teil des Demokratieprinzips, da hier regelmäßige Wahlen die Zeit der MAV begrenzen und »Macht« nur für einen bestimmten Zeitraum vergeben wird.

Bedeutung für die MAV

Entsprechend § 15 Abs. 1 MVG beträgt die Amtszeit für die MAV vier Jahre. Die Amtszeit beginnt am 1. Mai des regelmäßigen Wahlzeitraums. Die Wahlen selbst finden in der Zeit vom 1. Januar bis zum 30. April statt.
Finden MAV-Wahlen außerhalb des regelmäßigen Wahlzeitraums (z. B. wegen Rücktritts, Auflösung der MAV) statt, so verändert sich der Zeitraum der kommenden regelmäßigen Wahlen – bis auf eine Ausnahme – nicht. Ist eine MAV am 30. April – Stichtag – des Jahres, in dem die regelmäßigen MAV-Wahlen stattfinden, noch nicht ein Jahr im Amt, so wird erst bei der übernächsten ordentlichen Wahl gewählt. Dies kann bedeuten, dass sich die Amtszeit im Extremfall auf nahezu 5 Jahre verlängert. Sinn dieser Ausnahmeregelung ist es, dass eine relativ neu gewählte MAV, die sich in aller Regel noch in einer Einarbeitungsphase befindet, nicht gleich wieder durch eine neue MAV ersetzt wird. In solchen Ausnahmefällen mit einer verlängerten Amtszeit ist ganz besonders auf genügend → **Ersatzmitglieder** zu achten.
Die ordentliche Amtszeit endet am 30. April. Sollte zu diesem Zeitpunkt noch keine MAV gewählt worden sein, z. B. Wahlverfahren wurde abgebrochen, Wahlvorstand ist zurückgetreten, …, so führt die bisherige MAV die Amtsgeschäfte für höchstens 6 weitere Monate fort (§ 15 Abs. 4 MVG). Dadurch soll eine mitarbeitervertretungslose Zeit vermieden werden.

Sollte eine neue Dienststelle durch Abspaltung oder Zusammenlegung entstehen, bleibt die bisherige MAV für höchstens 6 Monate im Rahmen eines Übergangsmandats für die neue Dienststelle zuständig (§ 7 Abs. 2 MVG). Innerhalb dieses Zeitraums soll in der neuen Dienststelle eine eigenständige MAV gewählt werden. Nach § 9 Abs. 1 für das aktive Wahlrecht und § 10 Abs. 1 Satz 2 für das passive Wahlrecht kann diese Wahl unverzüglich nach der Bildung der neuen Dienststelle erfolgen. Es handelt sich dabei um eine Wahl innerhalb der Amtszeit, so dass dann evtl. die Amtszeit der neu gewählten MAV verlängert wird (s. o.) oder mit Ablauf des normalen Wahlzeitraums gewählt wird.
Allgemein, im Bereich des BPersVG und des BetrVG, beträgt die Amtszeit ebenfalls 4 Jahre, im Bereich des Bayerischen Personalvertretungsgesetzes 5 Jahre.

Bedeutung für die Beschäftigten

Durch die Begrenzung der Amtszeit der MAV haben die Beschäftigten regelmäßig die Möglichkeit durch Wahlen an der innerbetrieblichen Mitbestimmung mitzuwirken bzw. selbst zu kandidieren. Eine hohe Wahlbeteiligung signalisiert dem Arbeitgeber, dass die Belegschaft hinter ihrer MAV, ihrer Interessenvertretung, steht. Dabei darf nicht verwechselt werden, dass die Beschäftigten mit der Stimmabgabe für 4 Jahre keine Verantwortung mehr für sich, ihren Arbeitsplatz, ihr Team, ihre Dienststelle mehr zu übernehmen brauchen. Mitreden, Mitdiskutieren, Anträge stellen (z. B. bei der → **Mitarbeiterversammlung**), Meinungen äußern, sollten weiterhin eine Selbstverständlichkeit sein.
Die Beschäftigten selbst haben es in der Hand, eine MAV durch ein → **Kirchengerichtsverfahren** des Amtes entheben zu lassen, wenn diese wegen groben Missbrauchs von Befugnissen oder wegen grober Verletzung von Pflichten (z. B. → **Schweigepflicht** nicht mehr tragbar ist (§ 17 MVG). Die Voraussetzung dafür ist, dass ein Viertel der Wahlberechtigten dies beim Kirchengericht beantragt. Auch die Dienststellenleitung kann einen solchen Antrag stellen.

Änderungskündigung

Was ist das?

Änderungskündigung ist die Kündigung des bestehenden Arbeitsverhältnisses mit dem gleichzeitigen **Angebot** der **Fortführung des Arbeitsverhältnisses** zu **geänderten Bedingungen**. Die Änderungskündigung ist vom Direktionsrecht bzw. Weisungsrecht des Arbeitgebers zu unterscheiden. Dieses Recht des Arbeitgebers gestaltet Arbeitsverhältnisse innerhalb des Arbeitsvertrags.

Bedeutung für die MAV

Die Änderungskündigung wird mitbestimmungsrechtlich wie eine → **ordentliche Kündigung** behandelt (§ 42 Buchst. b) MVG). Bei der Änderungskündigung handelt es sich um eine Maßnahme der → **eingeschränkten Mitbestimmung** (§ 41 MVG), d.h. die Zustimmung zu einer Änderungskündigung kann entsprechend § 41 Abs. 2 MVG nur verweigert werden, wenn die Kündigung gegen:

- eine Rechtsvorschrift,
- eine arbeitsrechtliche Regelung,
- eine andere bindende Regelung,
- eine rechtskräftige gerichtliche Entscheidung

verstößt.

Dies sind weniger Verweigerungsgründe als in § 41 Abs. 1 MVG für die übrigen Mitbestimmungstatbestände, die unter die eingeschränkte Mitbestimmung fallen. Mit den gerichtlichen Entscheidungen sind übrigens auch Entscheidungen staatlicher Gerichte gemeint.

In gravierenden Fällen ist auch die Möglichkeit einer »außerordentlichen Änderungskündigung« gegeben. Hier hat die MAV nur ein → **Mitberatungsrecht** (§ 45 Abs. 1 i. V. m. § 46 Buchst. b) MVG). Eine außerordentliche Änderungskündigung kann dann ausgesprochen werden, wenn die Veränderungen der

Arbeitsvertragsbedingungen unabweisbar notwendig ist und die neuen Arbeitsbedingungen für den Arbeitnehmer zumutbar sind.
In der Praxis könnten auch die Arbeitnehmer eine Änderungskündigung aussprechen, was jedoch im Falle der Nichtannahme durch den Arbeitgeber zu einer Beendigung des Arbeitsverhältnisses führt.
Die MAV sollte einen Beschäftigten, der von einer Änderungskündigung betroffen ist, unbedingt anhören, nachdem die Beteiligung der MAV eingeleitet wurde (§ 22 Abs. 1 MVG).

Bedeutung für die Beschäftigten

Mit der Änderungskündigung kann der Arbeitgeber **einzelne Bedingungen** des → **Dienstvertrags**, z. B. Haupt- und Nebenpflichten, Nebenabreden, den gesamten Arbeitsvertrag oder auch, soweit vorhanden, betriebliche Übungen gegenüber dem einzelnen Beschäftigten **kündigen** (betriebsbedingte, personenbedingte, verhaltensbedingte Änderungskündigungen). Änderungskündigungen können z. B. Veränderungen der Arbeitszeit beinhalten oder die Umsetzung auf einen niedriger zu bewertenden Arbeitsplatz.
Das mit der Kündigung unterbreitete Änderungsangebot muss deutlich erkennbar formuliert sein. BAG vom 20.6.2013 – AZR 396/12: »*Das mit der Kündigung unterbreitete Änderungsangebot muss konkret gefasst, das heißt eindeutig bestimmt, zumindest bestimmbar sein. Für den Arbeitnehmer muss ohne Weiteres klar sein, welche Vertragsformulierungen zukünftig gelten sollen. Nur so kann er eine abgewogene Entscheidung über die Annahme oder Ablehnung des Angebots treffen. Da sich der Arbeitnehmer… innerhalb einer recht kurzen Frist… entscheiden muss… muss schon im Interesse der Rechtssicherheit das Änderungsangebot zweifelsfrei klarstellen, zu welchen Vertragsbedingungen das Arbeitsverhältnis künftig fortbestehen soll. Unklarheiten gehen zu Lasten des Arbeitgebers. Sie führen zur Unwirksamkeit der Änderung der Arbeitsbedingungen.*«
Die Änderungskündigung ist gegenüber dem Beschäftigten **schriftlich** auszusprechen (§ 623 BGB – gültig ab 1.5.2000). Eine Änderungskündigung/Kündigung auf elektronischem Weg (auch Fax, SMS, E-Mail, WhatsApp, …) ist unzulässig. Die Änderungskündigung muss handschriftlich vom Kündigungsberechtigten unterschrieben werden. Bei der Änderungskündigung ist die entsprechende individuelle Kündigungsfrist des einzelnen Beschäftigten zu beachten. Änderungskündigungen können gegenüber den sog. »unkündbaren Beschäftigten« in aller Regel (Ausnahmen möglich, siehe u. a. § 31 AVR DD) nicht ausgesprochen werden.

Nimmt der Beschäftigte die Änderungskündigung nicht an, **endet** das Arbeitsverhältnis mit Ablauf der Kündigungsfrist. Hält der Beschäftigte die Änderungskündigung für ungerechtfertigt, muss er die Änderungskündigung unter dem Vorbehalt, dass diese sozial nicht gerechtfertigt ist, annehmen und binnen drei Wochen nach Zugang der Änderungskündigung Klage vor dem → **Arbeitsgericht** erheben (Änderungsschutzklage § 4 Satz 2 KSchG). Die Klage hat das Ziel festzustellen, dass die Änderungskündigung sozial nicht gerechtfertigt ist und das Arbeitsverhältnis zu unveränderten Bedingungen fortbesteht. Die Vorbehaltserklärung sollte dem Arbeitgeber schriftlich und unter Zeugen oder gegen Empfangsbekenntnis übergeben werden. Eine Kopie sollte der MAV weitergeleitet werden.
Die Anrufung der → **Schlichtung nach AVR** DD (§ 44) zur Abwendung einer Änderungskündigung hemmt die → **Ausschlussfrist** vor dem → **Arbeitsgericht** nicht! Beschäftigte, die die Schlichtung anrufen, müssen parallel dazu auch innerhalb von **drei Wochen** nach Zugang der Änderungskündigung Klage vor dem Arbeitsgericht erheben.
Vorbehaltserklärung nach § 2 KSchG
Ihre Änderungskündigung vom….., eingegangen, erhalten am……
Sehr geehrte Damen und Herren,
mit Schreiben vom…. 20.. haben Sie das Arbeitsverhältnis zum…. 20.. gekündigt. Gleichzeitig haben Sie mir angeboten, mein bisheriges Arbeitsverhältnis zu geänderten Vertragsbedingungen fortzusetzen und mich als…… weiter zu beschäftigen. Ich nehme Ihr Angebot unter dem Vorbehalt an, dass die Änderung der Arbeitsbedingungen nicht sozial ungerechtfertigt ist.
Gegen die Änderungskündigung werde ich Klage beim Arbeitsgericht erheben.
Mit freundlichen Grüßen
………
(Unterschrift Arbeitnehmer)
Wir empfehlen dringend, beim Erhalt einer Änderungskündigung die Rechtsberatung durch die Gewerkschaft oder einen Fachanwalt für Arbeitsrecht wahrzunehmen.

Literaturhinweis

- *Däubler, Wolfgang/Deinert, Olaf (Hrsg.):* KSchR. Kündigungsschutzrecht. Kommentar für die Praxis, 12. Auflage, Frankfurt 2024.

Anwendungsgesetze/Übernahmegesetze

Was ist das?

Das Recht der → **Evangelischen Kirche in Deutschland** (EKD) folgt in seinem föderativen Aufbau dem staatlichen Recht in Deutschland (föderatives System). Doch anders als das Parlament (Bundestag) der BRD hat die Synode der EKD keine Rechtssetzungskompetenz für die einzelnen Landeskirchen und ihre diakonischen Werke.

Das MVG.EKD gilt daher auch nicht automatisch für den jeweiligen landeskirchlichen Bereich. Jede Landeskirche kann für sich und ihre diakonischen Werke grundsätzlich ein eigenes Mitarbeitervertretungsrecht schaffen. Die EKD kann nur für sich selbst und die ihr direkt zugeordneten Einrichtungen und Werke das Mitarbeitervertretungsgesetz fort- und weiterentwickeln.

Die meisten Landeskirchen wenden das Mitarbeitervertretungsgesetz der EKD für sich und ihre diakonischen Werke jedenfalls als Grundlage an, jedoch nicht alle übernehmen es, ohne eigene, abweichende Regelungen getroffen zu haben oder zu treffen.

Die Evangelische Kirche von Hessen-Nassau wendet z. B. für die ihr direkt zugeordneten verfasst-kirchlichen Einrichtungen nicht das MVG.EKD mit geringfügigen oder punktuellen Änderungen an, sondern sie hat ein eigenes Mitarbeitervertretungsrecht. Es wird auch nicht mit »MVG«, sondern mit »MAVG« abgekürzt. Es gibt zwar viele Parallelen zum MVG.EKD, aber auch gravierende Unterschiede.

Um das MVG.EKD voll oder eingeschränkt im Bereich der jeweiligen Landeskirche zur Anwendung zu bringen, bedarf es jeweils einer eigenen landeskirchlichen Regelung.

Die Gesetze, die das MVG.EKD entweder in Reinform oder mit Abweichungen in den landeskirchlichen Geltungsbereich transportieren, heißen je nach Landeskirche **Ausführungsgesetze**, **Anwendungsgesetze** oder **Übernahmegesetze**.

Sie sind in der Regel recht kurz und erklären etwa, dass das MVG.EKD in der jeweils geltenden Fassung gilt oder dass das MVG.EKD nach Maßgabe weiter aufgeführter besonderer Regelungen gilt.

Während einige Landeskirchen – z. B. die bayerische –die Änderungen des MVG. EKD, die von der Synode der EKD beschlossen werden, 1:1 unmittelbar übernehmen (dynamische Geltung), bestimmen andere etwa, dass die Änderungen erst durch die eigene Landessynode beschlossen werden müssen.
Die Landeskirchen von Hessen-Nassau und Kurhessen-Waldeck haben für das Mitarbeitervertretungsrecht des (gemeinsamen) diakonischen Werks in ihrem Anwendungsgesetz (MVG.DH) einen Zeitraum von 6 Monaten festgelegt, der ab Inkrafttreten der Änderungen des MVG.EKD durch die Synode der EKD zu laufen beginnt und in dem die Synoden der beiden Landeskirchen abweichende Regelungen schaffen können. Wird keine abweichende Regelung getroffen, werden die Änderungen der Synode der EKD mit Ablauf des 6monatigen Zeitraums auch in diesem Bereich wirksam.

Bedeutung für die MAV

Die Bedeutung der landeskirchlichen Übernahmegesetze für die MAV kann gar nicht überschätzt werden, auch wenn das zunächst formal klingt.
Das Mitarbeitervertretungsgesetz ist **die** Arbeitsgrundlage für die Mitarbeitervertretung.
Auch wenn sich manche Mitarbeitervertretungsgesetze nur in Nuancen voneinander unterscheiden, kann es im entscheidenden Fall genau auf diese Nuance ankommen. Es ist daher unabdingbar, das richtige, aktuell gültige Gesetz zu benutzen und die rechtlichen Mechanismen zu kennen, wie und inwieweit das MVG.EKD im eigenen Bereich gilt.
Am Beispiel der Diakonie Hessen lässt sich diese Wichtigkeit verdeutlichen: Die letzte Novellierung des MVG.EKD durch die Synode der EKD fand zum 1. 1. 2024 statt und brachte weitreichende Änderungen. Für den Bereich der Diakonie Hessen traten diese Regelungen allerdings erst ab dem 1. 7. 2024 in Kraft, da nicht binnen 6 Monaten eine eigene Regelung geschaffen wurde.
Nach der Novellierung des MVG müssen die Ersatzmitglieder der MAV bereits seit 1. 1. 2024 zur Sitzung geladen werden, wenn ein reguläres Mitglied nicht an der Sitzung teilnimmt. Vor der Novellierung konnte nur dann ein Ersatzmitglied hinzugezogen werden, wenn es zur Sicherstellung der Beschlussfähigkeit notwendig war.
Die Regelung hat auch erhebliche Auswirkungen auf die Wirksamkeit der Beschlussfassung: Darf das Ersatzmitglied nicht teilnehmen, tut es dies gleichwohl und stimmt mit ab, ist der Beschluss unwirksam, weil eine Person an der Beschlussfassung mitgewirkt hat, die nicht Mitglied der MAV ist.

Umgekehrt ist der Beschluss ggf. unwirksam, wenn das Ersatzmitglied nicht ordnungsgemäß eingeladen wurde, weil die MAV dann nicht vorschriftsmäßig besetzt war.
Ist der Beschluss unwirksam, hat dies unmittelbar Auswirkungen auf die nach dem Beschluss vorzunehmenden Handlungen oder auf die aus dem Beschluss abzuleitenden Folgen. Verweigert die Mitarbeitervertretung etwa die Zustimmung zu einer ordentlichen Kündigung und ist der Beschluss nicht ordnungsgemäß gefasst worden, ist er unwirksam, der Zustimmungsverweigerung ist die Grundlage entzogen.
Kommt es im Rahmen eines kirchengerichtlichen Zustimmungsersetzungsverfahren dazu, dass die Arbeitgeberseite die ordnungsgemäße Beschlussfassung der MAV bestreitet, muss die Mitarbeitervertretung in der Regel Farbe bekennen, wie und auf welche Weise die Beschlüsse gefasst worden sind.
Würde sich dann ergeben, dass bei der MAV aus dem Bereich der Diakonie Hessen vor Ablauf des 6monatigen Zeitraums bereits das Ersatzmitglied an der Beschlussfassung mitgewirkt hat, obwohl die Änderung erst zum 1.7.2024 in Kraft getreten ist und nicht schon zum 1.1.2024, wäre der Beschluss unwirksam.
Im diesem Beispielfall wäre daher der Zustimmungsverweigerung der Mitarbeitervertretung die Grundlage entzogen und es wäre Zustimmungsfiktion eingetreten mit der Folge, dass der Arbeitgeber die Kündigung aussprechen könnte, auch wenn die Zustimmungsverweigerung der Mitarbeitervertretung noch so erheblich und die Kündigung noch so rechtswidrig wäre.
Die aktuellen Fassungen der jeweils gültigen Mitarbeitervertretungsgesetze finden MAVen in der Regel auf den Internetseiten der jeweiligen Landeskirche unter der Rubrik »Kirchenrecht«. Hilfreich für die Recherche ist auch das »Fachinformationssystem Kirchenrecht« der EKD (*https://www.kirchenrecht-ekd.de/list/geltendes_recht – abgerufen am 19.8.2024*), dort können – über den Button »Kirchen« – auf einer Karte die verschiedenen Landeskirchen aufgerufen werden (außer Bayern; siehe: *https://www.wbv-kommunikation.de/leistungen/kirchenverwaltung/landeskirchen/* – abgerufen am 19.8.2024).

Bedeutung für die Beschäftigten

Auch für die Beschäftigten ist es wichtig zu wissen, welches spezielle Mitarbeitervertretungsrecht jeweils zur Anwendung kommt. Denn insbesondere die Mitbestimmungsrechte betreffen sie unmittelbar nicht nur in kollektivrechtlicher Hinsicht (z.B. bei der Aufstellung des Dienstplans, § 40 Buchst. d MVG.EKD), sondern auch in individualrechtlicher Sicht (§ 42 MVG-EKD) als sog. personelle Einzelmaßnahmen, die der eingeschränkten Mitbestimmung der MAV unter-

liegen. Dies zeigt das oben beschriebene Beispiel der ordentlichen Kündigung einer Mitarbeiterin.
Denn aufgrund der fehlerhaften Beschlussfassung kann der Arbeitgeber jetzt die Kündigung aussprechen.
Die Arbeitnehmerin muss binnen drei Wochen Kündigungsschutzklage erheben, das Arbeitsverhältnis endet zunächst, bis die Rechtswidrigkeit der Kündigung festgestellt ist, die Mitarbeiterin muss sich daher z. B. bei der Agentur für Arbeit um ihre Existenzsicherung bemühen. Will die Beschäftigte sich im Prozess anwaltlich vertreten lassen, muss sie die Kosten selbst tragen, unabhängig davon, ob sie das Verfahren gewinnt, verliert oder es einen gerichtlichen Vergleich gibt (§ 12a ArbGG).
Ein weiteres Beispiel wäre das passive und das aktive Wahlrecht zur Mitarbeitervertretung, das nach landeskirchlichem Recht durchaus unterschiedlich ausgestaltet sein kann: Das Mitarbeitervertretungsgesetz Sachsen sieht etwa vor, dass die Kandidatinnen für die MAV-Wahlen eine Art kirchenbezogene Loyalitätserklärung unterzeichnen müssen, wenn sie sich zur Wahl aufstellen lassen wollen. Andere Landeskirchen haben richtigerweise komplett auf diese sog. → **ACK-Klausel** verzichtet. In Sachsen konnte man sich hiervon offenbar nicht ganz verabschieden und hat daher diese hochproblematische Regelung geschaffen.

Arbeit auf Abruf

Was ist das?

»Arbeit auf Abruf« ist eine besonders flexible Form der Arbeitszeitgestaltung, die besonders stark in die Zeitautonomie der betroffenen Beschäftigten eingreift und ist daher ausschließlich geprägt durch die Interessen des → **Arbeitgebers**. Die Arbeitnehmer leben dabei in einem »Standby-Modus«, der die Planung und Gestaltung der Freizeit deutlich erschwert. »Arbeit auf Abruf« wird oft auch »Anpassung der Arbeitszeit an den Arbeitsanfall« genannt.

Per Vertragsgestaltung wird zwischen Arbeitgeber und Arbeitnehmer vereinbart, dass die Arbeitsleistung nach dem jeweiligen Arbeitsanfall und auf Abruf durch den Arbeitgeber erbracht wird. Damit wird das unternehmerische Risiko eines schwankenden Arbeitsanfalls voll auf die Arbeitnehmer abgewälzt.

Diese Form der Arbeit ist vor allem im Einzelhandel und Gaststättengewerbe verbreitet. In der sozialen Arbeit und im Gesundheitsbereich findet eher noch eine arbeitnehmerfeindliche Steigerung statt durch das sog. → **Holen aus dem Frei**. Hier werden dann oft noch nicht einmal Ankündigungsfristen eingehalten, wie sie bei der Arbeit auf Abruf in § 12 TzBfG festgelegt sind.

Nach § 12 TzBfG (Neufassung zum 1. 1. 2019) gibt es folgende Mindestvorschriften:

- Vertraglich kann vereinbart werden, dass ein Arbeitnehmer seine Arbeitsleistung entsprechend dem Arbeitsanfall zu erbringen hat (§ 12 Abs. 1 Satz 1 TzBfG).
- In der Vereinbarung ist eine bestimmte Dauer der wöchentlichen und täglichen Arbeitszeit festzulegen (§ 12 Abs. 1 Satz 2 TzBfG).
- Ist die Dauer der wöchentlichen Arbeitszeit nicht festgelegt, gilt eine wöchentliche Arbeitszeit von 20 Stunden (früher: 10 Stunden) als vereinbart (§ 12 Abs. 1 Satz 3 TzBfG).
- Ist die Dauer der täglichen Arbeitszeit nicht festgelegt, hat der Arbeitgeber die Arbeitsleistung der Arbeitnehmer jeweils für mindestens drei aufeinander folgende Stunden in Anspruch zu nehmen (§ 12 Abs. 1 Satz 4 TzBfG).

- Ist vertraglich eine bestimmte Dauer der wöchentlichen und täglichen Arbeitszeit nicht festgelegt, berührt das nach Ansicht des BAG nicht die Wirksamkeit der vereinbarten Arbeit auf Abruf (BAG v. 24. 9. 2014 – 5 AZR 1024/12); stattdessen gelten die gesetzlich fingierten Arbeitszeiten.
- Ist für die wöchentliche Arbeitszeit eine Mindestzeit vereinbart, darf der Arbeitgeber nur bis zu 25 % der wöchentlichen Arbeitszeit zusätzlich abrufen (§ 12 Abs. 2 Satz 1 TzBfG).
- Ist eine Höchstarbeitszeit vereinbart, darf der Arbeitgeber nur bis zu 20 % der wöchentlichen Arbeitszeit weniger abrufen (§ 12 Abs. 2 Satz 2 TzBfG).
- Der Arbeitnehmer ist nur dann zur Arbeitsleistung verpflichtet, wenn der Arbeitgeber ihm die Lage der Arbeitszeit jeweils mindestens vier Tage im Voraus mitteilt (§ 12 Abs. 3 TzBfG). Sonst besteht keine Pflicht, die Arbeitsleistung zu erbringen.

Bei schwankendem Umfang der Arbeitszeit ist die Höhe der Vergütung zunächst unklar. Daher regelt § 12 Abs. 4 und 5 TzBfG Fragen der Vergütung, die bei dieser Form der Arbeit zwangsläufig auftreten:

- Zur Berechnung der → **Entgeltfortzahlung im Krankheitsfall** gilt als regelmäßige Arbeitszeit im Sinne von § 4 Abs. 1 EFZG die durchschnittliche Arbeitszeit der letzten drei Monate vor Beginn der Arbeitsunfähigkeit (Referenzzeitraum; § 12 Abs. 4 Satz 1 TzBfG). Besteht das Arbeitsverhältnis bei Beginn der Arbeitsunfähigkeit noch keine drei Monate, so ist für die Berechnung der Durchschnitt des kürzeren Zeitraums zugrunde zu legen (§ 12 Abs. 4 Satz 2 TzBfG).
- Für die Berechnung der → **Entgeltzahlung an Feiertagen** nach § 2 Abs. 1 des EFZG gilt § 12 Abs. 4 TzBfG entsprechend (§ 12 Abs. 5 TzBfG).

Anmerkung zur **AVR-Bayern**: Die folgende Arbeitsrechtsregelung gilt für knapp mehr als 100 000 Diakonie-Beschäftigte in Bayern und sieht seit der Neufassung der AVR-Bayern zum 1. 7. 2007 auf arbeitsvertraglicher Grundlage ähnliche Flexibilisierungsmöglichkeiten vor wie die »Arbeit auf Abruf«. So sieht der verbindlich anzuwendende Muster-Dienstvertrag (Anlage 5 AVR-Bayern) folgende Alternativen vor, die der Arbeitgeber vor Vertragsabschluss »ankreuzen« kann:

»Flexibilisierung der Arbeitszeit durch vertragliche Vereinbarung:

1. Vollbeschäftigte Dienstnehmer/Dienstnehmerinnen

(1) Der Dienstgeber/Die Dienstgeberin ist wegen des wechselnden Arbeitsbedarfs aufgrund .... berechtigt, die Arbeitszeit einseitig, je nach Bedarf, um bis zu 1/5 auf derzeit bis zu .... Wochenstunden zu reduzieren, wenn und soweit .... dies erforderlich macht/machen.

(2) Eine Reduzierung der Arbeitszeit kündigt der Dienstgeber/die Dienstgeberin dem Dienstnehmer/der Dienstnehmerin mindestens eine Woche vor dem Beginn an.
2. Teilzeitbeschäftigte Dienstnehmer/Dienstnehmerinnen
(1) Die regelmäßige wöchentliche Arbeitszeit beträgt ....
oder .... % der durchschnittlichen wöchentlichen Arbeitszeit eines entsprechenden Vollbeschäftigten.
(2) Die tägliche Arbeitszeit beträgt mindestens ....
(3) Der Dienstgeber/die Dienstgeberin ist wegen des wechselnden Arbeitsbedarfs aufgrund .... berechtigt, die durchschnittliche wöchentliche Arbeitszeit einseitig, je nach Bedarf, um bis zu 1/5 auf derzeit bis zu .... Wochenstunden zu reduzieren, wenn und soweit .... dies erforderlich macht/machen.
oder
Der Dienstgeber/Die Dienstgeberin ist wegen des wechselnden Arbeitsbedarfs aufgrund .... berechtigt, die durchschnittliche wöchentliche Arbeitszeit einseitig, je nach Bedarf, um bis zu 1/4 auf derzeit bis zu .... Wochenstunden zu erhöhen, wenn und soweit .... dies erforderlich macht/machen.
(4) Eine Veränderung der durchschnittlichen wöchentlichen Arbeitszeit kündigt der Dienstgeber/die Dienstgeberin dem Dienstnehmer/Dienstnehmerin mindestens eine Woche vor deren Beginn an.

An den freien Stellen hat der Arbeitgeber jeweils Kriterien oder Anlässe einzutragen, bei denen die verabredete Erhöhung bzw. Verminderung der wöchentlichen Arbeitszeit eintritt. Nur eine der beiden Möglichkeiten – Erhöhung oder Verminderung – kann vertraglich verabredet werden. Selbstverständlich hat die Änderung dann direkten Einfluss auf die Höhe der Vergütung – und das mit einer Mindest-Ankündigungsfrist von einer Woche! Natürlich wird der Arbeitnehmer zu Beginn seines Arbeitsverhältnisses in der Regel bereit sein, solche vertraglichen Vereinbarungen zu unterzeichnen.
Diese Möglichkeit der Arbeitszeitflexibilisierung geht auf die Rechtsprechung des BAG zur früher geltenden Fassung des § 12 TzBfG zurück. Danach kann der Arbeitgeber – bei einer Vereinbarung von »Arbeit auf Abruf« – zusätzlich die einseitig abrufbare Arbeit um bis zu 25 Prozent der vereinbarten wöchentlichen Mindestarbeitszeit erhöhen (BAG v. 7.12.2005 – 5 AZR 535/04). Diese – ältere – Rechtsprechung ist von der seit März 2018 regierenden schwarz-roten Koalition aufgegriffen und in die Neufassung des § 12 TzBfG aufgenommen worden (§ 12 Abs. 2 Satz 1 TzBfG).
So können weitreichende Möglichkeiten der Flexibilisierung der → **Arbeitszeit** und damit auch des Entgelts zu Lasten der Beschäftigten vereinbart werden, etwa über die Kombination von Teilzeit (z. B. 30 Std./Woche) mit einer Abrede über zusätzliche »Arbeit auf Abruf« kombiniert werden (»Bandbreitenregelungen«).

Damit wird das wirtschaftliche Risiko des Arbeitgebers nahezu vollständig auf die Beschäftigten übertragen.
In der bayerischen ev. Kirche und Diakonie setzen die Arbeitgeber die beschriebene Regelung besonders gerne in Kindergärten und Kindertagesstätten ein. Dort unterliegen die »Buchungszeiten« der Eltern natürlicherweise gewissen Schwankungen. Während dieses Risiko früher beim Träger der Einrichtung blieb, wird es mit einer solchen Regelung auf die Beschäftigten abgewälzt.

Bedeutung für die MAV-Arbeit

Mitarbeitervertretungen haben bei der Einführung (»ob«) und Gestaltung (»wie«) der Arbeit auf Abruf nach § 40 Buchst. d) MVG ein uneingeschränktes Mitbestimmungsrecht. Das gilt vor allem für die Festlegung des frühesten Beginns und des spätesten Endes des Einsatzes von »Abruf-Arbeitnehmern«.
Wesentliches Ziel der Mitarbeitervertretung sollte es dabei sein, die Arbeit auf Abruf – als eine für Beschäftigte negative Form der Arbeitszeit – möglichst zu verhindern und den Arbeitgeber dazu zu bringen, auf diese Art von Arbeitsverhältnissen zu verzichten.
Wenigstens sollte die MAV ihr Mitbestimmungsrecht nutzen, die Arbeitsbedingungen (Dauer, zeitliche Lage des Abrufs) im Sinne der Betroffenen erträglich zu gestalten und einzufordern.
Die MAV sollte auch ihr Initiativrecht nach § 47 MVG nutzen, um die Arbeitsbedingungen der Abruf-Arbeitnehmer zu verbessern. Dabei sollte die MAV die Betroffenen in ihre Planungen einbeziehen.

Bedeutung für die Beschäftigten

Die wesentlichen rechtlichen Bestimmungen (§ 12 TzBfG) für Beschäftigte, die »Arbeit auf Abruf« leisten, sind oben unter »Was ist das« referiert.

Arbeitgeber

Was ist das?

Nach einer allgemeinen Begriffsbestimmung ist Arbeitgeber jeder, der einen anderen als → **Arbeitnehmer** abhängig beschäftigt. Es handelt sich um eine persönliche Abhängigkeit. § 611a BGB regelt den Arbeitsvertrag. Dort heißt es in Abs. 1 Satz 1: »Durch den Arbeitsvertrag wird der Arbeitnehmer im Dienste eines anderen zur Leistung weisungsgebundener, fremdbestimmter Arbeit in persönlicher Abhängigkeit verpflichtet«. Mit dem → **Direktionsrecht** übt der Arbeitgeber seine Weisungsbefugnis aus, die sich auf die konkrete Leistungspflicht des Arbeitnehmers hinsichtlich des Ortes, der Zeit, der Dauer, der Art und Weise sowie der Verwendung der Arbeitsmittel bezieht. Im einseitigen Verfügungs- und Weisungsrecht des Arbeitgebers drückt sich die Abhängigkeit des Arbeitnehmers aus.

Das Verhältnis zwischen Arbeitgeber und Arbeitnehmer wird auf der Grundlage eines → **Arbeitsvertrags** geregelt. Demnach kann der Arbeitgeber vom Arbeitnehmer eine Arbeitsleistung fordern, wofür er ihm eine → **Vergütung** schuldet. Vergütung gegen Arbeitsleistung – dies sind die Hauptpflichten aus dem Arbeitsverhältnis. Schranken sind dem Arbeitgeber gesetzt durch

- Gesetze (und sonstige staatliche, öffentlich-rechtliche bzw. kirchenrechtliche Vorschriften)
- tarifliche Regelungen
- Beteiligungsrechte der Mitarbeitervertretung (→ **Mitbestimmung**, → **Dienstvereinbarung**)

Der → **Rechtsform** nach können Arbeitgeber beispielsweise sein

- juristische Personen (z. B. eingetragener Verein (e. V.), GmbH, Stiftung, Aktiengesellschaft)
- Körperschaften des öffentlichen Rechts (z. B. Kirchen)
- natürliche Personen, also eine private Einzelperson

Kritisch betrachtet geben die Begriffe »Arbeitgeber« und »Arbeitnehmer« nicht das tatsächliche Verhältnis wieder. Der Arbeitnehmer muss zur Sicherung seiner

Existenz seine Arbeitskraft verkaufen. Er »gibt« etwas. Im Gegenzug ist der Arbeitgeber derjenige, der die Arbeitskraft »nimmt«.
Kirche und Diakonie besitzen als Arbeitgeber eine betriebliche Organisationsgewalt. Die kirchliche und diakonische Arbeitswelt ist – genauso wie im weltlichen Bereich – hierarchisch geordnet. Dadurch werden die Beschäftigten zu »abhängig Beschäftigten«.
Eine zunehmende Zahl von Arbeitgebern der Diakonie organisiert sich in → **Arbeitgeber-/Dienstgeberverbänden.** Wichtig ist hier v.a. der Verband diakonischer Dienstgeber in Deutschland (VdDD oder v3d). Nach eigenen Angaben vertritt der VdDD derzeit (August 2024) 190 Träger mit ca. 550 000 Beschäftigten.
Der zunehmende Zusammenschluss der Diakonie-Arbeitgeber macht deutlich, dass sie ihre Arbeitgeberinteressen organisieren und ihre Macht als Arbeitsmarktpartei sowohl auf dem »Markt« sozialer Dienstleistungen wie gegenüber den Beschäftigten deutlich zum Ausdruck bringen wollen. Arbeitgeber – und Arbeitgeberverbände – der Kirche und der Diakonie können auch → **Tarifverträge** mit der → **Gewerkschaft** abschließen.
Die Bezeichnung »Arbeitgeber« beziehen Kirche und Diakonie i.d.R. nicht auf sich. Aus Gründen der Abgrenzung verwenden sie – statt Arbeitgeber – gerne den Begriff »Dienstgeber«, z.B. in den AVR und im Mitarbeitervertretungsgesetz. Trotz zunehmender Ökonomisierung sozialer Dienstleistungen und andauernder Bestrebungen der Diakonie, sich Wettbewerbsvorteile auf Kosten der Beschäftigten zu sichern, wollen sie offenbar den Interessengegensatz zwischen Kapital und Arbeit nicht gelten lassen. Stattdessen verweisen sie bei der Bearbeitung von Konflikten auf das Leitprinzip der → **Dienstgemeinschaft** (»In unserer Dienstgemeinschaft lassen wir unterschiedliche Meinungen gelten. Konflikte tragen wir in gegenseitigem Respekt aus.« Auszug aus dem Leitbild der Diakonie Deutschland). Kirchen mitsamt Diakonie haben neben ihrer Arbeitgeberfunktion aufgrund ihrer hohen ethischen Wertmaßstäbe auch eine gesellschaftliche Verantwortung, hohe Qualitätsstandards, z.B. in Fragen der Mitbestimmung und des fairen Interessenausgleichs zu setzen. Dieser Verantwortung kommen ev. Kirche und Diakonie aus Sicht der Autoren nur ungenügend nach.

Bedeutung für die MAV

Der Arbeitgeber ist der soziale **Gegenspieler** der Mitarbeitervertretung auf betrieblicher Ebene. Das Mitarbeitervertretungsgesetz verpflichtet die → **Dienststellenleitung** als handelnde Person(en) des Arbeitgebers und die Mitarbeitervertretung zu **vertrauensvoller Zusammenarbeit** (§ 33 Abs. 1 MVG). Nach dem Mitarbeitervertretungsgesetz hat der **Arbeitgeber** bestimmte **Rechte und**

Pflichten. Gegenüber der Mitarbeitervertretung hat er umfassende Pflichten zur Information, Unterrichtung und Beteiligung. Der Arbeitgeber hat mit seinen organisatorischen und finanziellen Voraussetzungen dafür zu sorgen, dass die Mitarbeitervertretung dem MVG entsprechend reibungslos ihren Aufgaben nachgehen kann.

Arbeitgeber und Mitarbeitervertretung legen gemeinsam **Normen für das betriebliche Geschehen** fest. Inhalte können Regelungen, betriebliche Ordnungsstrukturen und die Gestaltung von individuellen Rechtsbeziehungen zwischen Arbeitgeber und Arbeitnehmer (→ **Arbeitnehmer)** sein. Solche Regelungen und Strukturen sollten aus Gründen der Transparenz, Verbindlichkeit und Rechtssicherheit grundsätzlich in → **Dienstvereinbarungen** (§ 36 MVG) festgelegt werden.

Arbeitgeberverbände/ Dienstgeberverbände

Was ist das?

Ein Arbeitgeberverband ist ein freiwilliger Zusammenschluss von Arbeitgebern. Die durch das Grundgesetz geschützte Koalitionsfreiheit für die Beschäftigten, sich in Gewerkschaften zu organisieren, findet im Zusammenschluss von Arbeitgebern zu eigenen Verbänden ihre Entsprechung und ist damit ausschließlich interessengeleitet. Beide stellen einen Ordnungsfaktor bei der Durchsetzung der jeweiligen Interessen dar, in dem sie Interessen formulieren und organisieren, und sind somit Ausdruck von Normalität bei tarifvertraglichen Vereinbarungen.

Seit etwa Mitte der neunziger Jahre ist die Refinanzierung sozialer Dienstleistungen »gedeckelt«. In der Folge werden öffentliche Zuwendungen budgetiert (= Abkehr vom Selbstkostendeckungsprinzip). Durch die zunehmende Einführung von marktwirtschaftlichen Prinzipien in sozialen Einrichtungen kamen die diakonischen Einrichtungen genauso wie die sozialen Einrichtungen im Öffentlichen Dienst und der anderen Wohlfahrtsträger unter zunehmenden finanziellen Druck.

Der **Verband diakonischer Dienstgeber in Deutschland** (VdDD) gründete sich im Jahr 1996. Vorausgegangen war ein Arbeitskreis der »Top Ten«, die Runde der Leitungen der zehn größten diakonischen Einrichtungen der Bundesrepublik. Als Verband der diakonischen Träger steht der VdDD außerhalb der Strukturen der Diakonie. Als Berufsverband ist er nicht gemeinnützig und kann daher nicht Mitglied der Diakonie Deutschlands werden, ohne dessen Gemeinnützigkeit zu gefährden. Deshalb gründete der VdDD eine gemeinnützige Tochter, den Bundesverband diakonischer Einrichtungsträger V3D gGmbH, der als ein so genannter Fachverband Mitglied im Diakonischen Werk ist.

Nach eigenen Angaben vertritt der Verband inzwischen rund 190 Einrichtungen und Träger sowie 5 regionale Dienstgeberverbände mit etwa 550 000 Beschäftigten.

Die Ziele des VdDD
Der VdDD als Bundesverband begreift sich nach eigenem Bekunden als »Vereinigung von Unternehmen, die sich als handelnde Kirche verstehen«. Auf seiner Homepage wirbt er mit dem Slogan »Den Wandel gestalten«. Den sich heute herausgebildeten Markt für soziale Dienstleistungen sieht er ausdrücklich als Chance für die Diakonie. »Dazu müssen bestehende Strukturen und überkommene Regeln auf den Prüfstand gestellt werden und neue, tragfähige Konzepte entwickelt werden.« Für den VdDD ist dabei der → **Dritte Weg** ein Wettbewerbsvorteil.
In einem internen Folienvortrag des Geschäftsführers des VdDD »Diakonisches Profil im Wettbewerb« in 2005 werden offen als Ziele ausgeführt:
- »Die Diakonie hat nicht die Wahl, ob sie am Wettbewerb sozialer Dienste teilnehmen will oder nicht.
- Der zunehmende Wettbewerb um Qualität und Preis lässt eine sklavische Bindung an das – ggf. teilreformierte – Arbeitsrecht (einschließlich Tarif- und Mitbestimmungsrecht) der öffentlichen Verwaltungen zukünftig nicht mehr zu.
- Das kirchliche Selbstbestimmungsrecht ermöglicht eine solide und moderne Arbeitsrechtssetzung unter den spezifischen Bedingungen des ›Dritten Weges‹.
- Dies könnte gegenüber den derzeit in der gewerblichen Wirtschaft ›suboptimal‹ wirkenden Tariffindungsprozessen (›Zweiter Weg‹) ein Wettbewerbsvorteil sein.«

Die **inhaltlichen Vorstellungen** des VdDD zur »Reform« des kirchlichen Arbeitsrechts stützen sich auf folgende Eckpunkte:
- Sicherung der Wettbewerbsfähigkeit nahezu ausschließlich durch Senkung der Personalkosten.
- Einführung von leistungsbezogener Vergütung mit Modellen einer subjektiven Leistungsbeurteilung durch die Vorgesetzten.
- Flexibles Arbeitsrecht durch betriebliche Öffnungsklauseln.
- Branchenregelungen und regionale Differenzierungen statt Flächentarife.
- Wahlrecht für diakonische Einrichtungen in Bezug auf die anzuwendenden Tarife.
- Und: Dienstgemeinschaft als handlungsleitendes Bild für alle Mitarbeiter.

Natürlich sind diese Vorstellungen alles andere als neu. Sie entsprechen eher dem alten Vorsteherprinzip der diakonischen Einrichtung, der in patriarchalischer Art entscheidet, was für seine Mitarbeiter gut ist und was nicht. Neu ist nur, dass die althergebrachten patriarchalischen Vorstellungen mit neoliberalem Gedankengut verbunden werden.
Der VdDD übt seit seiner Gründung gezielt **Einfluss auf die → Arbeitsrechtlichen Kommissionen** aus:

»Der VdDD begleitet die Arbeit der Dienstgeberseite in den Arbeitsrechtlichen Kommissionen. Mit seinem Regionalrat engagiert sich der VdDD bei der gemeinsamen Willensbildung der regionalen Dienstgeberverbände. In der VdDD-Begleitkommission stimmen sich erfahrene Personalfachleute aus unseren Mitgliedseinrichtungen über aktuelle tarifpolitische und arbeitsrechtliche Entwicklungen ab. Sie entwickeln Konzepte für zeitgemäßes diakonisches Arbeitsrecht und begleiten die Umsetzung eines zukunftsorientierten Entgeltsystems.«
(www.v3d.de/Gremien-und-Organe).

Der VdDD senkt mit seinem neoliberalem Verständnis die Vergütungen
Der VdDD hatte bereits 1999 in der alten zentralen ARK des DW der EKD massive Lohnabsenkungen, insbesondere im Hauswirtschaftsbereich, durchgesetzt (in der damaligen ARK war auf Arbeitnehmerseite bis 2001 ausschließlich der VKM (Verband Kirchlicher Mitarbeiter) vertreten). In einer ähnlichen Konstellation in der ARK wurden ebenfalls in Bayern und in Hessen-Nassau in den vergangenen Jahren wesentliche Verschlechterungen von den Arbeitgebern in der ARK durchgebracht. Der VdDD setzte sich mit seinen Positionen auch in der EKD durch. In den »Eckpunkten für ein kirchengemäßes Tarifsystem« der Kirchenkonferenz der EKD von 2005 wird offen gefordert, das Vergütungsniveau gegenüber dem TVöD um 5 % abzusenken.
In der zentralen ARK des DW der EKD kam es in den Jahren 2008 und 2009 zu einem Stillstand der Verhandlungen, da die VdDD-Vertreter in der ARK jede wesentliche Annäherung an die Tarifabschlüsse im Öffentlichen Dienst ablehnten. Als 11 von 13 beteiligten AGMAVen eine weitere Mitarbeit ablehnten, setzten die VdDD-Einrichtungen im Sommer 2010 auf der Diakonischen Konferenz eine Änderung der Wahlordnung für die Arbeitnehmervertreter der ARK durch, die diese AGMAVen von der weiteren Beteiligung an einer ARK ausschloss, und installierte eine ihnen genehme Arbeitnehmerseite in der Kommission (→ **Arbeitsrechtliche Kommission**).
Die Arbeitnehmervertreter in den ARKen erfahren die VdDD-Vertreter als Hardliner und »**Sozialmarktradikale**«. Das Diakonische Werk gehört unter den Wohlfahrtsverbänden zu den Organisationen, die flächenmäßig das Niveau des TVöD und der Sozialbranche am meisten unterschritten haben. Zunehmend sind die Vertreter des Diakonischen Werkes dem Vorwurf des Lohndumpings ausgesetzt. Wegen des fortschreitenden Abbaus der Entlohnungs- und Arbeitsbedingungen und des strukturellen Ungleichgewichts in der ARK haben die ver.di-Arbeitnehmervertreter ihren Ausstieg aus der ARK erklärt.
In den Arbeitsrechtlichen Kommissionen wirkt der diakonische Arbeitgeberverband aktiv als **Trendverstärker bei der Deregulierung** der Arbeitsbedingungen im gesamten Sozialbereich. Bei der Diskussion um die Einführung des **Mindestlohns in der Pflege** bezog der VdDD die Position, dass die Einführung eines

Mindestlohns abzulehnen sei, da er sich »tendenziell beschäftigungshemmend« auswirke. Bei der endgültigen Festlegung der Höhe des Mindestlohnes in der Pflegekommission im März 2010 verhinderte der Vertreter des DW (der auch gleichzeitig im Vorstand des VdDD war) als einziger Wohlfahrtsverband zusammen mit dem privaten Arbeitgeberverband einen wesentlich höheren Mindestlohn. Als Begründung wurde angeführt, eine Anhebung des Mindestlohnes über das Vergütungsniveau der AVR bedeute eine Einschränkung der verfassungsrechtlich garantierten Kirchenautonomie. ver.di kommentierte dazu, dass die Diakonie ihre Position als »Anwalt der Schwachen« verlassen habe.
Am 8.2.2021 hatten die Bundesvereinigung der Arbeitgeber in der Pflegebranche (BVAP) und ver.di nach 16-monatigen Verhandlungen einen Tarifvertrag über **Mindestbedingungen in der Altenpflege** abgeschlossen. Ziel der Verhandlungen war, die Lohnbedingungen in der Altenpflege zu verbessern und den Tarifvertrag für allgemeinverbindlich erklären zu lassen, um Mindestbedingungen für die gesamte Branche zu regeln, der u.a. bis 2023 den Mindestlohn im Altenpflegebereich um rund 25% angehoben hätte. Gemäß dem Arbeitnehmer-Entsendegesetz (AEntG) sollte das Arbeitsministerium den Tarifvertrag als allgemeinverbindlich für die Altenpflegebranche erklären. Der Allgemeinverbindlichkeit müssen auch die kirchlichen Träger zustimmen. Diakonie und Caritas hatten bei der Neufassung des AEntG in 2009 eine entsprechende Vorschrift in dem Gesetz durchsetzen können, um sich ihre Sonderrolle in der Arbeitsrechtssetzung absichern zu lassen.
Am 25.2.2021 tagte die Arbeitsrechtliche Kommission der Caritas. Die Arbeitgeberseite lehnte mit ihren Stimmen ab, der Allgemeinverbindlichkeit des Tarifvertrags zuzustimmen. Am 26.2.2021, nur einen Tag später, hat auch die Arbeitsrechtliche Kommission der Diakonie dem Tarifvertrag die Unterstützung verweigert. Die Arbeitgeber verhinderten eine Beschlussfassung. Der VdDD reagierte mit dem Spruch »Schade um die verlorene Zeit!« und verhöhnte damit die Bemühungen von ver.di und dem BVAP um bessere Entlohnungsbedingungen in der Pflegebranche.
In einer Stellungnahme von ver.di zu den Vorgängen heißt es: »Unzählige Menschen in diesem Land sind fassungslos, dass eine bessere Bezahlung von Beschäftigten in der Altenpflege ausgerechnet an den christlichen Wohlfahrtsverbänden gescheitert ist. Gerade auch in der Corona-Pandemie wurde die wertvolle Arbeit in der Altenpflege und die schwierigen Rahmenbedingungen allen vor Augen geführt.«

Für Einschränkung des Streikrechts

Die Verhandlungen für einen Tarifvertrag in Niedersachsen zwischen ver.di und dem dortigen Diakonischen Werk werden von dem VdDD heftig kritisiert. Auf einer Tagung 2014 in Eichstätt wird der Vertreter des VdDD zitiert: »Er beklagt

eine Sehnsucht der Diakonie nach einem Lohnkartell, das Wettbewerb über Tarife ausschließt. Der Wettbewerb ist jedoch politisch gewünscht und ihn aufzugeben, werde die öffentlichen Kassen erheblich strapazieren.« (FAZ vom 12.3.2014).
Trotz des Selbstverständnisses und des umfassenden Agierens als *Arbeitgeber*verband werden nicht nur Tarifverträge abgelehnt, sondern auch das → **Streikrecht** für die Beschäftigten der Diakonie vehement bestritten. Hier bemüht der VdDD das »kirchliche Selbstverständnis« und die »Dienstgemeinschaft«, die das Mittel des Streiks ausschließen. Folgte man der Argumentation des VdDD, wären in Deutschland 1,5 Millionen Beschäftigte der Kirchen im sozialen Bereich von der Wahrnehmung ihres demokratischen Streikrechts ausgeschlossen.
In einigen Äußerungen gehen Vertreter des VdDD noch weiter und stellen das Streikrecht im gesamten Bereich der Daseinsvorsorge in Frage. Sie empfehlen den Dritten Weg als Exportmodell für die Sozialbranche
»Ich halte den »Dritten Weg« nicht nur für unsere Kirchen, sondern für weite Teile der Sozialwirtschaft, des zweitgrößten Bereiches unserer Gesamtwirtschaft, für wegweisend, weil er als Diskurs vernünftiger Menschen methodisch dem pfeifenden und kreischenden Straßenkampf um Lohnerhöhungen überlegen ist.«
(Markus Rückert, Gründungsvorsitzender des Verbands diakonischer Dienstgeber in Deutschland, im Magazin des VdDD (2/2011).
Diese maßlose Einschränkung des **Streikrechts** ist für Arbeitnehmer eine ungeheure Vorstellung. Die radikalen Positionen des diakonischen Arbeitgeberverbandes bergen sozialen Sprengstoff in sich.
Selbst die abgeschlossenen Tarifverträge im sozialen Bereich werden vom VdDD als für die »Allgemeinheit« schädlich diffamiert: »Häufig stehen selbst moderaten Tarifabschlüssen erhebliche volkswirtschaftliche Schäden gegenüber, Verteilungskonflikte gehen bei Diensten für die Öffentlichkeit regelmäßig zu Lasten der Allgemeinheit« (Max Mälzer, VdDD in ZMV 1/2023).
Bei den zahlreichen Novellierungen des Mitarbeitervertretungsgesetzes (**MVG**) stellte der VdDD regelmäßig Forderungen auf, die Beteiligungsrechte der MAVen weiter einschränken sollten. Doch diese Forderungen gingen sogar den Vertretern der EKD meist zu weit und wurden so nicht aufgenommen. Im Ergebnis wurde aber die Weiterentwicklung des MVG verhindert und die Kluft der Mitbestimmungsrechte im Vergleich zum BetrVG nicht verringert.
Auf den Punkt gebracht: Der diakonische Arbeitgeberverband dehnt das im Grundgesetz festgelegte Selbstverwaltungsrecht der Kirchen maßlos aus, um sich über ein eigenes kircheninternes Arbeitsrecht Konkurrenzvorteile zu verschaffen. Natürlich ist das zu kurz gedacht: schlechtere Arbeits- und Entlohnungsbedingungen im sozialen Bereich führen dazu, dass noch mehr Beschäftigte diesen Bereich verlassen und der Fachkräftemangel weiter ansteigt.
Durch ihre beständige Weigerung, Tarifverträge abzuschließen, verhindert er von vornherein, sich auf ein zwischen den Arbeitnehmer- und Arbeitgeber-

interessen austariertes Arbeitsrecht einzulassen. Das offene Eintreten für die Absenkung der Löhne im sozialen Bereich und für den Abbau lang verwirklichter Arbeitnehmerrechte auf der einen Seite und die Verweigerung der Verhandlungen mit Gewerkschaften auf der anderen macht diesen diakonischen Arbeitgeberverband in Deutschland, ja in Europa, fast einmalig.
Die Gewerkschaft ver.di betont, dass das »Rattenrennen« der sozialen Einrichtungen um mehr Marktanteile und höhere Senkung der Lohnkosten aufgehalten werden muss. Ein gemeinsamer Tarif für die Sozialbranche könnte einheitliche Wettbewerbsbedingungen schaffen, für alle Unternehmen gäbe es die gleichen Ausgangsbedingungen. Konkurrenz kann und sollte dann nur noch ausgetragen werden über die Qualität der erbrachten Leistungen.

Diakonische Konzerne und die Gier

Das Geschäftsmodell: Sale-and-rent-back

Ein verbreitetes Geschäftsmodell der Investoren im Altenpflegemarkt beschreibt Transparency Deutschland in seinem Bericht »Transparenzmängel, Betrug und Korruption im Bereich der Pflege und Betreuung«:

»Beliebt ist die Trennung von Immobiliengesellschaft und Betreibergesellschaft, entweder beide in der Hand des gleichen Eigners oder völlig getrennt. In dieser Konstruktion vermietet der Eigner die Immobilie an die Betreibergesellschaft. Die Betreibergesellschaft wieder deckt (mindestens) die Investitionskosten der Immobiliengesellschaft durch den Beitrag, den die Heiminsassen als »Hotelkosten« zahlen. Dieser Teil der Kosten ist durch die Einzelverträge für niemanden nachprüfbar. Sofern Immobilie und Betreibergesellschaft in einer Hand sind, ergibt sich die völlig legale Möglichkeit, zweimal Gewinn abzuschöpfen. Ein solches Modell ist noch steigerungsfähig, wenn nämlich große Konzerne von Pflegeeinrichtungen konzerneigene Tochtergesellschaften mit Dienstleistungen wie Putzdienst, Wäscheversorgung, Küche beschäftigen, um Kosten zu verschleiern. Insbesondere die hochpreisigen Seniorenresidenzen machen von diesen Modellen Gebrauch.« (S. 27)

Das Augustinum und die Profitgier

Ehemaliges Flaggschiff der »Unternehmensdiakonie« beinahe untergegangen

Das Augustinum, ein großer Konzern mit 5000 Beschäftigten an 40 Standorten, ist nicht irgendeine diakonische Einrichtung. Markus Rückert, Vorstandsvorsitzender des Augustinum bis 2017, gründete den Verband diakonischer Dienstgeber Deutschlands (VdDD) und war bis 2011 dessen Vorsitzender. Ingo Dreyer, Geschäftsführer des VdDD, ist langjähriges Mitglied des Aufsichtsrats. Eine exklusiv geführte diakonische Einrichtung mit ausgeprägtem evangelischem Profil – sollte man meinen.

Der Wirtschaftskrimi Augustinum beginnt im Jahr 2011. Das Augustinum begann, 11 seiner 23 Seniorenheime für 662 Millionen Euro an die Immobilienfirma Nordic Kontor (NK) zu verkaufen. NK war eine neu gegründete Firma mit lediglich 25 000 € Eigenkapital. Der geplante Clou: die Bezahlung durch die Immobilienfirma wurde vom Augustinum selbst über einen Kredit finanziert, die Rückzahlung sollte über die Einnahmen der Mieten erfolgen, die das Augustinum an den neuen Besitzer zu entrichten hatte. Zum Vorteil für das Augustinum erschien nun in der Bilanz nicht mehr der Wert der Immobilien, sondern die höhere Forderung an das NK. Der Clou vom Clou: die NK-Gruppe plante, nach einigen Jahren die Häuser gewinnbringend weiter zu verkaufen und der Gewinn sollte mit dem Augustinum geteilt werden. Der Aufsichtsrat des Augustinum war von der Idee so begeistert, dass er »vergaß«, die Höhe der Gewinnbeteiligung im Vertrag festzuschreiben.

Eingefädelt wurden diese Geschäfte von den damaligen Aufsichtsratsvorsitzenden Artur Macari und Geschäftsführer Kurt Wilkin. Als Marcari 2014 verstarb, traf ein anonymer Brief ein, der auf die unseriösen Abläufe hinwies. Die Vorgänge um den dubiosen Verkauf waren nun nicht mehr zu vertuschen. Die Führungsspitze des Augustinum gab sich zunächst ahnungslos und veranlasste eine Untersuchung durch eine externe Rechtsanwaltskanzlei. Die Ergebnisse waren frappierend: Ein Vermittler in der Schweiz habe für die Vermittlung des Verkaufs fast 40 Millionen Euro als Provision erhalten, von der Teile an den ehemaligen Aufsichtsratsvorsitzenden und den Ex-Geschäftsführer flossen. Daraufhin erstellte das Augustinum Strafanzeige.

Nach und nach kam es in den folgenden Jahren an den verschiedenen Standorten der Immobilien vor Gerichten zur Aufarbeitung. Der hauptbeschuldigte Aufsichtsratschef war verstorben, der ehemalige Finanzchef wurde zu 2 Jahren Haft auf Bewährung verurteilt, andere drei Beschuldigte zu Geldstrafen zwischen 20 000 und fast 500 000 Euro.

Nach 8 Jahren Rechtsstreit stellten nun verschiedene Gerichte an den jeweiligen Standorten fest, dass der Verkauf der Augustinum-Immobilien nicht wirksam war. Das Landgericht Augsburg führte dazu aus: ›Unkoordiniert und chaotisch‹ sei es in der Augustinum-Führung zugegangen. Das Vertragswerk sei ›so bizarr‹ gewesen, dass man sich beim Geschäftspartner ›darüber lustig machte‹. Zudem sei eine ›horrende Provision‹ geflossen (…) Intransparenz und die Verheimlichung von Geschäftsabläufen‹ seien ›vertraglich zum Prinzip erhoben worden‹ (SZ 13. 1. 2023).

Der Wirtschaftskrimi geht nun in die nächste Runde. Das Augustinum klagt auf Schadensersatz in Höhe von 86 Millionen Euro.

Was lernt die Diakonie daraus? Im Jahr 2017, nach den ersten Medienberichten über die Vorgänge beim Augustinum, verlieh die Diakonie Bayern Markus Rückert die höchste Auszeichnung, das Goldene Kronenkreuz. Er sei eine »markante Per-

sönlichkeit, die gezeigt hat, dass sich unternehmerische Ideen und diakonisches Handeln nicht ausschließen, sondern Grundlage für ein gesundes Wachstum sein können.«
Worte des Vorstandsvorsitzenden des Augustinum und einstmaligen VdDD-Vorsitzenden Markus Rückert:
»Der Gegensatz von Kapital und Arbeit existiert bei uns nicht. Diakonie muss solide wirtschaften und will vertrauenswürdige Dienstgeberin sein« (diakonie unternehmen 2/2010, Magazin des VdDD).
aus: Kirchen-Info Mai 2023

Literaturhinweis

- *diakonie unternehmen:* Magazin des Verbandes diakonischer Dienstgeber in Deutschland. **Internetseite des VdDD:** VdDD *http://www.v3d.de.*

Arbeitnehmerin

Was ist das?

Arbeitnehmerinnen sind Personen, die haupt- oder nebenberuflich ihre Arbeitskraft aufgrund eines → **Arbeitsvertrags** in persönlicher Abhängigkeit und weisungsgebunden (→ **Direktionsrecht**) für eine begrenzte Dauer (→ **Arbeitszeit**) gegen Entgelt (→ **Vergütung**) einem → **Arbeitgeber** zur Verfügung stellen.
Selbständig Erwerbstätige, die als »freie Mitarbeiterinnen« eine Arbeitsleistung erbringen, zählen nicht zu den Arbeitnehmerinnen. Erwerbsfähige Hilfebedürftige (sog. Ein-Euro-Jobber) haben keinen Arbeitnehmerstatus; sie unterliegen einem öffentlich-rechtlichen Rechtsverhältnis (BAG v. 26.9.2007 – 5 AZR 857/06).
Zur Abgrenzung zwischen Arbeitnehmern und Selbständigen:
Ein wesentliches **Unterscheidungsmerkmal** zwischen einer Arbeitnehmerin und einer Selbständigen ist die Eingliederung in den Betrieb eines Arbeitgebers, der Grad der persönlichen Abhängigkeit durch Weisungsgebundenheit (→ **Direktionsrecht**) und die Unterordnung unter eine Vorgesetzte, die für denselben Arbeitgeber tätig ist. Erwerbstätige, auf die diese Kriterien nicht zutreffen, sind in der Regel Selbständige, die ihre Tätigkeit im Wesentlichen frei gestalten und Ort und Zeit der Arbeitsleistung frei bestimmen können. Deuten Anhaltspunkte darauf hin, dass diese Freiheit nicht besteht, kann eine **Scheinselbständigkeit** und damit Arbeitnehmereigenschaft vorliegen. Die Folge ist, dass für diese Personen die betrieblichen Regelungen für Arbeitnehmerinnen gelten, ebenso alle einschlägigen Arbeitnehmerschutzgesetze. Daher ist es wichtig, zweifelsfrei zu klären, ob z. B. die im Betrieb vorhandenen Honorarbeschäftigten nicht tatsächlich Arbeitnehmereigenschaft besitzen. Bei Unklarheiten sind Betroffene berechtigt, beim Arbeitsgericht eine sog. Statusklage zur Feststellung der Arbeitnehmereigenschaft zu erheben (s. u. Arbeitshilfen).
Erwerbstätige, die zwar keiner persönlichen Abhängigkeit unterliegen, aber wirtschaftlich von einem oder wenigen Auftraggeberinnen abhängen, werden als »arbeitnehmerähnliche Personen« bezeichnet. Für sie gelten arbeitsrecht-

liche Schutzvorschriften nur dann, wenn dies in Gesetzen oder Vorschriften ausdrücklich erwähnt ist.
Wichtige Anhaltspunkte für die Unterscheidung von Arbeitnehmerinnen und Selbständigen liefert auch eine Ergänzung im BGB: Durch das Gesetz zur Änderung des Arbeitnehmerüberlassungsgesetzes und anderer Gesetze vom 21.2.2017 (BGBl. I Nr. 8 S. 258) ist ein neuer § 611a in das BGB eingefügt worden. Die Vorschrift definiert den Begriff »Arbeitsvertrag« und damit auch die wesentlichen Merkmale des Arbeitnehmerbegriffs. § 611a BGB lautet mit Wirkung ab 1.4.2017:
»(1) Durch den Arbeitsvertrag wird der Arbeitnehmer im Dienste eines anderen zur Leistung weisungsgebundener, fremdbestimmter Arbeit in persönlicher Abhängigkeit verpflichtet. Das Weisungsrecht kann Inhalt, Durchführung, Zeit und Ort der Tätigkeit betreffen. Weisungsgebunden ist, wer nicht im Wesentlichen frei seine Tätigkeit gestalten und seine Arbeitszeit bestimmen kann. Der Grad der persönlichen Abhängigkeit hängt dabei auch von der Eigenart der jeweiligen Tätigkeit ab. Für die Feststellung, ob ein Arbeitsvertrag vorliegt, ist eine Gesamtbetrachtung aller Umstände vorzunehmen. Zeigt die tatsächliche Durchführung des Vertragsverhältnisses, dass es sich um ein Arbeitsverhältnis handelt, kommt es auf die Bezeichnung im Vertrag nicht an.«
Hilfreich auch die Entscheidung des BAG vom 11.8.2015 – 9 AZR 98/14:
»Ein Arbeitsverhältnis unterscheidet sich von dem Rechtsverhältnis eines freien Dienstnehmers durch den Grad der persönlichen Abhängigkeit, in der sich der zur Dienstleistung Verpflichtete befindet. Arbeitnehmer ist, wer aufgrund eines privatrechtlichen Vertrags im Dienste eines anderen zur Leistung weisungsgebundener, fremdbestimmter Arbeit in persönlicher Abhängigkeit verpflichtet ist.«
Beruf und Arbeitsplatz können Arbeitnehmerinnen frei wählen (Art. 12 GG). Die Realität auf dem Arbeitsmarkt und die realen Arbeitsbedingungen, denen Beschäftigte ausgesetzt sind, machen aber deutlich, dass Arbeitnehmerrechte teilweise noch erheblich verbessert werden müssen. Um dies zu verwirklichen, ist es notwendig, dass möglichst viele Arbeitnehmerinnen von ihrem Grundrecht auf Koalitionsfreiheit (Art. 9 Abs. 3 GG) Gebrauch machen, nämlich sich in der → **Gewerkschaft** zu organisieren. Dieses Recht **gilt uneingeschränkt auch für Beschäftigte der Kirche und Diakonie**. Der **Standard**, Mindestarbeitsbedingungen mit einem → **Tarifvertrag** durchzusetzen und zu schützen, konnte bei Kirche und Diakonie bisher nur in wenigen Fällen erreicht werden (siehe z. B. Diakonie Niedersachsen 2014).

Rechte der Arbeitnehmerin sind z. B. (allgemein)
- vereinbarte Entlohnung erhalten
- Arbeitsverrichtung unter möglichst humanen Arbeitsbedingungen

- Urlaubsgewährung
- Arbeitszeugnis

Pflichten der Arbeitnehmerin sind z. B. (allgemein)
- vereinbarte Arbeit zu leisten
- Verschwiegenheitspflicht
- Wettbewerbsverbot
- pfleglicher Umgang mit dem Eigentum des Arbeitgebers

Bei Kirche und Diakonie taucht der Begriff »Arbeitnehmerin« ebenso wenig auf wie der Begriff → »**Arbeitgeber**«. Stattdessen wird das Begriffspaar »Dienstnehmerin« und »Dienstgeber« verwendet, um Interessengegensätze zu verschleiern.
Wer im Sinne des Mitarbeitervertretungsgesetzes Mitarbeiterin ist, regelt § 2 MVG. Darunter fallen *»alle in öffentlich-rechtlichen Dienst- oder privatrechtlichen Dienst- und Arbeitsverhältnissen oder zu ihrer Ausbildung Beschäftigten«* – also auch die → **Dienststellenleitung**, deren Mitglieder ebenfalls abhängig Beschäftigte sind.
Immer wieder treten Fälle auf, in denen Diakonie-Arbeitnehmerinnen nach ihrem regulären Arbeitspensum **als Ehrenamtliche weiterarbeiten** und dafür eine Pauschale erhalten. Sozialabgaben fallen für diese ehrenamtliche Tätigkeit nicht an.
Die Mehrzahl der kirchlichen Mitarbeiterinnen dürfte kaum aus religiösen Gründen einer Beschäftigung in einer kirchlichen Einrichtung nachgehen. Das Hauptmotiv ist die Ausübung des erlernten Berufs und die Einkommenssicherung zur Gestaltung der Lebensverhältnisse und zur Sicherung der wirtschaftlichen Existenzgrundlage.

Bedeutung für die MAV

Die Mitarbeitervertretung erfüllt einerseits eine Schutzfunktion für die Arbeitnehmerinnen, die durch Kirchenrecht im Mitarbeitervertretungsgesetz abgesichert ist. Andererseits postuliert das Mitarbeitervertretungsgesetz eine Beteiligungsorientierung, wenn es in der Präambel heißt: *»Kirchlicher Dienst ist durch den Auftrag bestimmt, das Evangelium in Wort und Tat zu verkünden. Alle Frauen und Männer, die beruflich in Kirche und Diakonie tätig sind, wirken als Mitarbeiter an der Erfüllung dieser Aufgabe mit. Die gemeinsame Verantwortung für den Dienst der Kirche und ihrer Diakonie verbindet Dienststellenleitung und Mitarbeiter und Mitarbeiterinnen zu einer Dienstgemeinschaft und verpflichtet*

sie zu vertrauensvoller Zusammenarbeit.« Dieses Grundverständnis (»Alle … wirken … mit.«) sollte sich die Mitarbeitervertretung zu eigen machen und die Arbeitnehmerinnen in Durchsetzungsstrategien mit einbeziehen, statt in gut gemeinter Absicht eine »Stellvertreterpolitik« zu betreiben.
Die einzelne Arbeitnehmerin wirkt aber nicht nur als Individuum, sondern auch als Arbeitnehmerschaft (Belegschaft) eines Betriebs, beispielsweise bei der gemeinschaftlichen Willensbildung und Willensäußerung bei der → **Mitarbeiterversammlung**. Die Arbeitnehmerinnen nehmen den Tätigkeitsbericht der Mitarbeitervertretung und den Bericht des → **Arbeitgebers** über das Personal- und Sozialwesen sowie die wirtschaftliche Situation des Betriebs entgegen. Die Arbeitnehmerschaft kann dazu Fragen stellen und Stellung beziehen.

Arbeitnehmerrechte nach dem MVG
- aktives (§ 9 MVG) und passives (§ 10 MVG) **Wahlrecht** zur Wahl der Mitarbeitervertretung, Jugend- und Auszubildendenvertretung (§ 49 MVG), Schwerbehindertenvertretung (§ 50 MVG)
- Antragsrecht auf **Anfechtung** der Wahl zur Mitarbeitervertretung (§ 14 MVG)
- Antragsrecht auf **Ausschluss** eines einzelnen Mitglieds und **Auflösung** der Mitarbeitervertretung (§ 17 MVG)
- Antragsrecht zur Einberufung einer → **Mitarbeiterversammlung** (§ 31 Abs. 2 MVG)
- Teilnahmerecht an Mitarbeiterversammlungen während der Arbeitszeit (§ 31 Abs. 4 MVG)
- Beschwerde- und Anhörungsrecht (§ 35 MVG)
- Aufsuchen der **Sprechstunden** der MAV während der Arbeitszeit (§ 28 Abs. 1 MVG)
- Einsichtnahme in die **Personalakte** durch ein Mitglied der Mitarbeitervertretung (§ 34 Abs. 4 MVG)
- Recht auf Hinzuziehung eines MAV-Mitglieds bei Personalgesprächen (§ 35 Abs. 5 MVG – neu seit 1. 1. 2019).

Übersicht: Arbeitnehmerin

Arbeitnehmerin
… ist die Person, die dem Arbeitgeber aufgrund eines (mündlichen oder schriftlichen) Arbeitsvertrags zur Erbringung der vereinbarten Arbeitsleistung in der vereinbarten Arbeitszeit gegen Arbeitsentgelt verpflichtet ist.
… grenzt sich von den – echten – Selbständigen ab durch ihre persönliche Abhängigkeit vom Arbeitgeber. Für eine solche Abhängigkeit spricht, wenn
- die Beschäftigte in den Betrieb des Arbeitgebers eingegliedert ist,
- sie insbesondere in Bezug auf Art, Ort und zeitliche Lage der Arbeit den Weisungen (= Direktionsrecht) des Arbeitgebers unterworfen ist (§ 106 Gewerbeordnung),

Arbeitnehmerin

- die Notwendigkeit der ständigen Zusammenarbeit mit anderen Arbeitnehmerinnen besteht,
- sie Personen untergeordnet sind, die ebenfalls für den Arbeitgeber tätig sind.

… sind Träger der Rechte und Pflichten nach den Vorschriften der Arbeits- und Sozialgesetze (z.B. Arbeitszeitgesetz, Bundesurlaubsgesetz, Kündigungsschutzgesetz, Sozialgesetzbücher).

… können sich in Gewerkschaften zusammenschließen mit dem Ziel, Mindestarbeitsbedingungen (in Form von Tarifverträgen) gegenüber den Arbeitgebern durchzusetzen (Koalitionsfreiheit, Art. 9 Abs. 3 GG).

(…)

Selbständige/Arbeitnehmerähnliche Personen

… sind die Erwerbstätigen, die aufgrund eines Dienst- oder Werkvertrags für die Auftraggeberin (frei von deren Weisungen in Bezug auf Art, Ort und Zeit der Arbeit) Leistungen gegen Entgelt erbringen (z.B. freie Mitarbeiterinnen). Diese können aber aufgrund einer ggf. bestehenden wirtschaftlichen Abhängigkeit von der Auftraggeberin auch »arbeitnehmerähnliche Personen« sein, auf die das Arbeitsschutzrecht eingeschränkt Anwendung finden kann (vgl. z.B. § 2 Satz 2 BUrlG). Arbeitnehmerähnliche Selbständige sind, wenn die Voraussetzungen des § 2 Ziff. 9 SGB VI vorliegen, rentenversicherungspflichtig.

Sozialversicherung

Nach § 2 Abs. 2 Nr. 1 SGB IV sind in allen Zweigen der Sozialversicherung kraft Gesetzes versichert »Personen, die gegen Arbeitsentgelt oder zu ihrer Berufsausbildung beschäftigt sind«. Beschäftigung ist gemäß § 7 Abs. 1 SGB IV die nichtselbständige Arbeit, insbesondere in einem Arbeitsverhältnis. Anhaltspunkte für eine Beschäftigung sind eine Tätigkeit nach Weisungen und eine Eingliederung in die Arbeitsorganisation der Weisungsgeberin.

(nach: Schoof, Christian: Betriebsratspraxis von A bis Z, 16. Auflage, Frankfurt/Main 2024, S. 133 f.)

Arbeitsbefreiung für MAV-Mitglieder

Was ist das?

Die Tätigkeit in der Mitarbeitervertretung ist ein Ehrenamt (§ 19 Abs. 1 MVG), das in der allgemeinen Arbeitszeit ausgeübt wird (§ 19 Abs. 2 MVG). Das Amt wird ohne Minderung der Bezüge ausgeübt. Nimmt die Tätigkeit in und für die MAV einen größeren Umfang an, so ist der Arbeitgeber verpflichtet, das betreffende MAV-Mitglied entsprechend von seinen Tätigkeiten zu entlasten. Soweit erforderlich, soll die Dienststellenleitung für eine Ersatzkraft sorgen (§ 19 Abs. 2 MVG). Wenn die Aufgaben der MAV nicht innerhalb der Arbeitszeit wahrgenommen werden können, ist auf Antrag Freizeitausgleich zu gewähren.

Bedeutung für die MAV

MAV-Arbeit »kostet« Zeit. Sitzungen der MAV, Mitarbeiterversammlungen, Gespräche mit Beschäftigten, das Halbjahresgespräch mit dem Arbeitgeber, Sprechstunden, Vorbereitung von Sitzungen, Wahrnehmung von Terminen oder Verhandlungen, der Besuch von Seminaren, das Lesen von Kommentaren, das Einsortieren von Ergänzungslieferungen, Recherchen im Internet, Bestücken des Schwarzen Bretts der MAV, das Erstellen von MAV-Infos für die Beschäftigten, das Lesen von Zeitschriften für die MAV, das Einarbeiten in Entwürfe für Dienstvereinbarungen, in Gesetze, arbeitsrechtliche Regelungen, Kommentare, Texte, und, und, und. Auch wenn die Tätigkeit des MAV-Mitglieds ein Ehrenamt ist, erfolgt die Aufgabenerledigung nicht außerhalb der individuellen Arbeitszeit und vor allem nicht, wie gern von Arbeitgebern behauptet, unentgeltlich! Um die Arbeit der MAV sicherzustellen, bestimmt das MVG, dass die notwendige Zeit für die MAV-Arbeit zu gewähren ist. Durch das Wort »ist« wird klargestellt, dass die Befreiung von der Arbeit nicht ins Belieben des Arbeitgebers gestellt ist. Das MAV-Mitglied selbst muss im Einzelfall, evtl. nach Rücksprache mit dem MAV-Vorsitzenden, entscheiden, wann es notwendige MAV-Aufgaben wahrnimmt. Dabei hat das MAV-Mitglied ein Ermessen. Das BAG sagt dazu sinngemäß (Entscheidung zum BetrVG): … dass, bei gewissenhafter Überlegung und bei ruhiger Würdigung aller Umstände das MAV-Mitglied das Arbeitsversäumnis für notwendig halten durfte, um den gestellten Aufgaben gerecht zu werden – BAG v. 6. 8. 1991, DB 1992, 758. Fallen MAV-Tätigkeiten an, bei denen der Arbeitsplatz verlassen werden muss, muss sich (das nicht voll freigestellte) MAV-Mitglied bei seinem Vorgesetzten unter Angabe der voraussichtlichen Dauer der MAV-Tätigkeit abmelden (Rücksichtspflicht gegenüber dem Arbeitgeber). Die **Abmeldung** soll rechtzeitig erfolgen, damit der Arbeitgeber evtl. Vertretungen planen kann. Die kurzfristige Abmeldung ist aber bei entsprechendem Bedarf möglich. Einer inhaltlichen Begründung für die Abmeldung bedarf es nicht. Ein Begründungszwang, warum welche Tätigkeit an welchem Ort ausgeübt wird, würde das MAV-Mitglied unnötigen Rechtfertigungszwängen aussetzen und zur Behinderung der MAV-Tätigkeit führen. Zu beachten ist, wenn die MAV-Tätigkeit am Arbeitsplatz ausgeübt wird, bedarf es einer Abmeldung wegen MAV-Tätigkeit in der Regel nicht. (BAG v. 29. 6. 2011 – 7 ABR 135/09, AuR 2011, 317). Wie so oft im Leben kommt es auf den Einzelfall an. So das BAG: *Aufgrund der Umstände des Einzelfalls – etwa der Art der Arbeitsaufgabe, der wahrzunehmenden Betriebsratstätigkeit oder der voraussichtlichen Dauer der Arbeitsunterbrechung – können die Rücksichtspflichten jedoch entfallen.«*

Ein Recht auf Selbstbefreiung besteht nach MVG nicht, d. h., wenn der Vorgesetzte dem MAV-Mitglied untersagt, MAV-Tätigkeit auszuüben, ist dieser Weisung erst einmal Folge zu leisten. Das MAV-Mitglied hat dann unverzüglich den → **MAV-Vorsitzenden** zu informieren, der seinerseits den → **Dienststellenleiter** kontaktiert, damit er gegenüber dem betreffenden Vorgesetzten den Freistellungsanspruch durchsetzt. Unternimmt die Dienststellenleitung nichts, so kann die MAV das → **Kirchengericht** anrufen, um die Behinderung der MAV-Arbeit feststellen zu lassen. Im Wiederholungsfall kann das Kirchengericht auch ein Ordnungsgeld (§ 63a MVG) verhängen. Auf Grundlage der neueren Rechtsprechung des BAG zur **unbilligen Weisung** (BAG 14. 9. 2017 – 5 AS 7/17) kann man davon ausgehen, dass auch MAV-Mitglieder unbillige Weisungen nicht befolgen müssen. Nachdem MAV-Tätigkeit der vertraglich geschuldeten Arbeit vorgeht, liegt bei der Untersagung einer MAV-Tätigkeit in der Regel eine unbillige Weisung vor.

Ist erkennbar, dass ein MAV-Mitglied sein Arbeitspensum durch die Erledigung von MAV-Tätigkeiten nicht erfüllen kann, ist das MAV-Mitglied von seinen Aufgaben angemessen zu entlasten. Diese Entlastung ist von der MAV zu beantragen (§ 19 Abs. 2 MVG) und mit entsprechenden Nachweisen zu versehen. Im Ergebnis bedeutet diese Vorgabe, dass z. B. einem Sachbearbeiter weniger Fälle zugewiesen werden, nur noch am Vormittag Telefondienst zu machen ist, die Fallzahl von Klienten geringer wird, … Im Streitfall kann das → **Kirchengericht** angerufen werden. Auch das Bundesarbeitsgericht hat bereits 1990 entschieden, dass BR-Mitglieder von Ihrer Tätigkeit entlastet werden müssen, wenn die BR-Aufgaben eine ordnungsgemäße Aufgabenerledigung nicht mehr zulassen, BAG v. 27.6.1990 – 7 ABR 43/89, (Arbeitsentlastung wegen Betriebsratstätigkeit).

Die **Arbeitsentlastung** für MAV-Mitglieder kann auch in der Form erfolgen, dass befristet oder unbefristet eine Ersatzkraft eingestellt wird oder ein Beschäftigter intern Aufgaben des MAV-Mitglieds übernimmt. Einen Rechtsanspruch auf die Einstellung einer externen Ersatzkraft besteht (erst einmal) nicht. Im Streitfall kann das → **Kirchengericht** angerufen werden.

Fallen MAV-Tätigkeiten – aus dienstlichen Gründen – außerhalb der individuellen Arbeitszeit des MAV-Mitgliedes an, so ist auf Antrag des MAV-Mitglieds **Freizeitausgleich** zu gewähren. Die MAV-Tätigkeiten, die nicht innerhalb der Arbeitszeit erledigt werden können, sind zu dokumentieren. Ebenfalls könnte der MAV-Vorsitzende solche Zeiten »abzeichnen« (auch wenn er für das MAV-Mitglied kein Dienstvorgesetzter im klassischen Sinn ist). Für Zeiten des Freizeitausgleichs werden allerdings keine Zeitzuschläge gezahlt. Das MVG sieht auch nicht vor, dass bei Erkrankung während eines solchen Freizeitausgleichs die genommene Zeit nachgewährt wird.

Während der Zeit der MAV-Tätigkeit besteht der Unfallversicherungsschutz weiter fort.

§ 19 MVG regelt die individuelle Arbeitsbefreiung für Tätigkeiten die von Fall zu Fall anfallen. Im Unterschied zu dieser Arbeitsbefreiung regelt § 20 MVG, dass zwischen MAV und → **Arbeitgeber** eine → **Dienstvereinbarung** geschlossen werden soll, die die Freistellung von MAV-Mitgliedern regeln soll. Kommt hier eine Dienstvereinbarung nicht zustande, gilt die sog. Mindestfreistellung. Entsprechend der Staffel werden pro:

151–300 Mitarbeiter, 1 MAV-Mitglied,
301–600 Mitarbeiter, 2 MAV-Mitglieder,
601–1000 Mitarbeiter, 4 MAV-Mitglieder,
mit jeweils der Hälfte der regelmäßigen wöchentlichen Arbeitszeit Vollbeschäftigter freigestellt. Die Mitarbeiter werden entsprechend § 9 MVG (Wahlberechtigung) gezählt. Die Wahrnehmung von Aufgaben durch Mitglieder von → **Gesamtmitarbeitervertretungen** und → **Gesamtausschüssen** werden gesondert behandelt und fallen nicht unter die Regelungen des § 20 Satz 1 MVG.

Anstelle von 2 Freizustellenden mit der halben Arbeitszeit können – auf Antrag der MAV – auch ganze Freistellungen vereinbart werden.

Zu beachten ist, dass die MAV auch Freistellungsansprüche hat, wenn die Mindestzahl von 151 Mitarbeitern nicht erreicht wird (KGH.EKD v. 24.9.2018 – I-0124/57-2017). Die MAV muss allerdings nachweisen, dass genügend MAV-Tätigkeiten anfallen, die eine **Teilfreistellung** rechtfertigen. Ein solcher Antrag muss nicht unbedingt zu Beginn einer Amtsperiode gestellt werden, er kann

auch, wenn sich die Notwendigkeit später ergibt, während der Amtsperiode gestellt werden. Es muss allerdings zu erwarten sein, dass die nachgewiesene Arbeit für die gesamte Restdauer der Amtsperiode Bestand haben wird (BAG v. 13.11.1991 – 7 ABR 5/91). Den Nachweis, dass genügend MAV-Tätigkeiten anfallen, kann die MAV in der Regel durch Tätigkeitsaufzeichnungen der MAV-Mitglieder (Datenschutz, keine Namen von Beschäftigten mit aufzeichnen) erbringen. Die Aufzeichnungen müssen dabei über mehrere Monate gehen.
Werden MAV-Mitglieder für die Erledigung von MAV-Aufgaben vollständig oder teilweise von ihrer Tätigkeit freigestellt, sind die laufenden MAV-Aufgaben vorrangig in der Zeit der Freistellung wahrzunehmen (§ 20 Abs. 4 MVG). Dies bedeutet jedoch nicht, dass die freigestellten MAV-Mitglieder alle MAV-Tätigkeiten zu erledigen haben. Das MVG spricht auch nur von den laufenden Aufgaben, dazu gehören u. a.:

- Einladungen erstellen und versenden,
- Sitzungsvorbereitung durch den Vorsitzenden,
- Entschuldigungen von MAV-Mitgliedern entgegennehmen und gegebenenfalls Ersatzmitglieder einladen,
- Aktenablage machen,
- Ergänzungslieferungen einsortieren,
- Pflege der Literatur und der MAV-Zeitschriften.

Je nach Umfang der Freistellung können Teile dieser Tätigkeiten auch auf nicht freigestellte MAV-Mitglieder übertragen werden.

Bedeutung für die Beschäftigten

Durch die Regelung von Arbeitsbefreiung (§ 19 MVG) und Freistellung (§ 20 MVG) wird sichergestellt, dass Beschäftigte immer zeitnah auf ein MAV-Mitglied ihres Vertrauens »zugreifen« können. Die Beschäftigten sollen sicher sein, dass die MAV die notwendige Zeit für die Vertretung ihrer Interessen hat.
Problematisch wird es, wenn ein MAV-Mitglied häufig für die MAV unterwegs ist und seine direkten Kollegen die Arbeit mit »auffangen müssen«. Hier müssen dann Beschäftigte und MAV an einem Strang ziehen, um zu konkreten und für alle Seiten zufriedenstellende Lösungen im Sinne der §§ 19, 20 MVG zu kommen.

Arbeitsbereitschaft

Was ist das?

Die → **AVR** kennen – wie TVöD und TV-L – neben der normalen Arbeitszeit weitere Formen zusätzlicher Arbeitsleistung: Die Arbeitsbereitschaft ist eine Verlängerung der regelmäßigen Arbeitszeit; dagegen sind → **Bereitschaftsdienst** und → **Rufbereitschaft** besondere Formen der Arbeitsleistung außerhalb der regelmäßigen → **Arbeitszeit**.

Unter Arbeitsbereitschaft versteht man die Anordnung des Arbeitgebers, sich an einem bestimmten Arbeitsort aufzuhalten und jederzeit bereit zu sein, die Arbeit aufzunehmen. Das Bundesarbeitsgericht hat Arbeitsbereitschaft daher definiert als »wache Achtsamkeit im Zustand der Entspannung« (vgl. BAG v. 9.3.2005 – 5 AZR 385/02). Typisches Beispiel für die Arbeitsbereitschaft ist die Tätigkeit von Rettungssanitätern, die auf den nächsten Notruf bzw. Einsatz warten – auch die Arbeit eines Pförtners oder Nachtwächters.

Arbeitsbereitschaft wird – zumindest arbeitszeitrechtlich – zu 100 % als Arbeitszeit gewertet. Arbeitszeitrechtlich gilt Arbeitsbereitschaft nicht als Pausen- oder Ruhezeit. Ist ein Arbeitnehmer während einer Ruhepause zur Arbeitsbereitschaft verpflichtet, liegt keine wirksame Pausengewährung vor. Deshalb ist die Zeit der angeblichen Ruhepause als Arbeitszeit zu bezahlen. Daneben liegt ein Verstoß gegen § 4 ArbZG vor, wenn die Anordnung der Arbeitsbereitschaft dazu führt, dass keine Pause gewährt wird.

Das Arbeitszeitgesetz (ArbZG) eröffnet in § 7 Abs. 1 Nr. 1 Buchst. a und Nr. 4 Buchst. a den Tarifparteien – und der kirchlichen Arbeitsrechtssetzung – die Möglichkeit, die regelmäßige tägliche Arbeitszeit durch → **Dienstvereinbarung** zu verlängern, wenn in die Arbeitszeit regelmäßig und in erheblichem Umfang Arbeitsbereitschaft fällt (der Umfang der Arbeitsbereitschaft ist dann erheblich, wenn er 30 % der Arbeitszeit übersteigt; vgl. BAG v. 18.12.1970). Von dieser Bestimmung hat die Arbeitsrechtliche Kommission DD (→ **ARK**) Gebrauch gemacht (§ 9 Abs. 3 Satz 3 AVR.DD; § 16 Abs. 3 AVR-Bayern; § 6 Abs. 4 TVöD; § 6 Abs. 4 TV-L). Allerdings darf die tägliche → **Arbeitszeit** im Durchschnitt eines Kalenderjahrs acht Stunden werktäglich nicht überschreiten.

Bedeutung für die MAV

Mitarbeitervertretungen sollen nach § 35 Abs. 3 Buchst. b MVG darauf achten, dass die gültigen gesetzlichen und arbeitsrechtlichen Regelungen eingehalten werden. Dazu gehören auch die Bestimmungen des Arbeitszeitgesetzes und die Regelungen über Bereitschaftsdienst und Arbeitsbereitschaft (Anlage 8 AVR DD; Anlage 11 AVR-Bayern; §§ 7–9 TVöD; §§ 7–9 TV-L).

Zum Abschluss einer → **Dienstvereinbarung** über die Verlängerung der täglichen Arbeitszeit können Mitarbeitervertretungen nicht gezwungen werden. Allerdings kann die Verlängerung der Arbeitszeit tatsächlich im Interesse etwa von Rettungssanitätern liegen, wenn dadurch zusätzliche Freischichten erreicht werden.

Die erstmalige oder geänderte Anordnung von Arbeitsbereitschaft unterliegt im Übrigen der (uneingeschränkten) → **Mitbestimmung** der MAV. Dies folgt aus § 40 Buchst. d MVG.

Arbeitsgericht (Instanzenweg, arbeitsgerichtliches Verfahren)

Was ist das?

Zur Klärung von **Streitigkeiten** aus dem **Arbeitsverhältnis** zwischen Beschäftigten und Arbeitgeber, bzw. zwischen Betriebsrat und Arbeitgeber, ist der Weg zur **ordentlichen Gerichtsbarkeit** gegeben. Arbeitsgerichte sind staatliche Einrichtungen der Rechtspflege für diesen Bereich. Die Arbeitsgerichtsbarkeit ist dreistufig aufgebaut: Arbeitsgerichte, Landesarbeitsgerichte und Bundesarbeitsgericht.

Bedeutung für die MAV

Grundsätzlich gilt, dass durch das MVG der Geltungsbereich der Arbeitsgerichtsbarkeit ausgeschlossen ist. Der Rechtsweg (§ 56 ff. MVG) für die MAVen erfolgt in 1. Instanz zum Kirchengericht und in 2. Instanz zum Kirchengerichtshof der EKD (→ **Rechtsschutz**) bzw. zur → **Einigungsstelle** (§ 36a MVG). Der Rechtsweg zum Arbeitsgericht ist im MVG nicht vorgesehen. Trotzdem hat das LAG Nürnberg (v. 4. 1. 2000 – 5 TA 280/99) den Weg zum Arbeitsgericht für einen Arbeitgeber für zulässig angesehen, wenn er die Kündigung eines Mitarbeitervertreters entsprechend § 103 Abs. 2 BetrVG betreibt. Die Klage war zwar zulässig, jedoch unbegründet (ArbG Bamberg – 3 BV 6/99), da im BetrVG die Kirchen ausdrücklich vom Geltungsbereich ausgenommen sind.

Bedeutung für die Beschäftigten

Neben der → **Schlichtung** entsprechend § 44 AVR.DD bzw. den landeskirchlichen Regelungen können alle Ansprüche oder Streitigkeiten aus dem Arbeitsverhältnis – Individualarbeitsrecht – zu einem diakonischen oder kirchlichen

Arbeitgeber auch vor dem Arbeitsgericht geltend gemacht werden. Dabei ist zu beachten, dass die Anrufung des Kirchengerichts durch die MAV (→ **Rechtsschutz**) keine Frist vor dem Arbeitsgericht hemmt. Deshalb ist bei Fristangelegenheiten, z. B. bei einer Probezeitkündigung, Kündigung, fristlosen Kündigung, auch immer das Arbeitsgericht durch den Arbeitnehmer anzurufen.
Beim Arbeitsgericht kann sich jeder Beschäftigte selbst vertreten, ein **Anwaltszwang** ist in der ersten Instanz nicht vorgesehen, jedoch ist es ratsam, sich hier bereits anwaltlich oder durch einen Rechtssekretär der Gewerkschaft vertreten zu lassen. Der Arbeitnehmer trägt in der ersten Instanz seine **Kosten** (Anwaltskosten, …) selbst, der Arbeitgeber hat seine Kosten ebenfalls. Dies gilt unabhängig davon, ob das Verfahren gewonnen oder verloren wird. Ein Klageantrag kann dem Arbeitsgericht vom Beschäftigten selbst zugeleitet bzw. beim Arbeitsgericht selbst zur Niederschrift diktiert oder durch Prozessbevollmächtigte – dies sind Rechtsanwälte oder Gewerkschaftsvertreter – gestellt werden.
Vor der eigentlichen Kammerverhandlung findet ein **Gütetermin** statt, bei dem der Vorsitzende Richter versucht, die Standpunkte zu klären und evtl. eine gütliche Einigung, z. B. durch einen Vergleich, zu erreichen. Endgültige Entscheidungen durch den Arbeitsrichter können im Gütetermin nicht getroffen, jedoch können den beteiligten Parteien noch Auflagen für die Kammerverhandlung gemacht werden. In der Kammerverhandlung entscheiden zwei ehrenamtliche Richter (Beisitzer) und ein hauptamtlicher Richter. Die ehrenamtlichen Richter werden je zur Hälfte von Arbeitnehmerorganisationen, (i. d. R. Gewerkschaften) und Arbeitgeberverbänden gestellt. Beim Arbeitsgericht (Urteilsverfahren) gilt **nicht** der **Amtsermittlungsgrundsatz**, d. h. das Gericht entscheidet über die von den Parteien vorgelegten Anträge und Beweise. Es ist **nicht verpflichtet**, von sich aus **Nachforschungen** über Sachverhalte und Tatsachen **anzustellen**.
Gegen ein Urteil der ersten Instanz kann die zweite Instanz, das **Landesarbeitsgericht**, angerufen werden (Berufung – § 64 ArbGG). Voraussetzung dafür ist, dass

- der Wert des Beschwerdegegenstandes über 600 € liegt,
- das Arbeitsgericht die Berufung ausdrücklich zugelassen hat,
- der Rechtsstreit über das Bestehen, das Nichtbestehen oder die Kündigung eines Arbeitsverhältnisses geht,
- es sich um ein Versäumnisurteil handelt, gegen das der Einspruch an sich nicht statthaft ist, wenn die Berufung oder Anschlussberufung darauf gestützt wird, dass der Fall der schuldhaften Versäumung nicht vorgelegen habe.

Das Landesarbeitsgericht ist an die Entscheidung über die Zulassung der Berufung des Arbeitsgerichts gebunden (§ 64 ArbGG).
Bei Verfahren vor dem Landesarbeitsgericht (LAG) und dem Bundesarbeitsgericht (BAG) herrscht **Anwaltszwang**, ein Beschäftigter kann sich in dieser Instanz nicht mehr allein vertreten. Die Kosten des Verfahrens und die Anwalts-

kosten des Gegenübers trägt die unterlegene Partei. Das Gericht kann aber auch eine Aufteilung der Kosten beschließen.
Das Landesarbeitsgericht ist gehalten, Berufungen in Rechtsstreitigkeiten über das Bestehen, das Nichtbestehen oder die Kündigung eines Arbeitsverhältnisses vorrangig zu erledigen (§ 64 Abs. 8 ArbGG).
Gegen ein Urteil des Landesarbeitsgerichts kann unter bestimmten Bedingungen Revision beim **Bundesarbeitsgericht** eingelegt werden, §§ 72 ff. ArbGG. Dabei wird vom BAG keine neue Tatsachenbewertung mehr vorgenommen, sondern das Urteil eines LAG nur noch auf Rechtsfehler überprüft.
Die **Verhandlungen** beim **Gütetermin** und die verschiedenen **Kammerverhandlungen** sind **öffentlich**. Jeder Bürger, jeder Beschäftigte und auch die Presse haben grundsätzlich das Recht, an den Sitzungen teilzunehmen.

Arbeitskleidung, Berufskleidung, Schutzkleidung

Was ist das?

Arbeits-, Berufs- oder Schutzkleidung wird nur in bestimmten Berufen getragen, z. B. in Krankenhäusern, im Reinigungsdienst oder Werkstätten für Behinderte. Die entsprechende Kleidung dient dabei dem **Schutz vor beruflichen Gefährdungen**, z. T. dient sie auch nur der Kenntlichmachung von bestimmten Berufsgruppen. Grundlage für verbindliche Vorgaben sind in der Regel **Unfallverhütungsvorschriften** der Berufsgenossenschaften. Ansonsten sind die Beschäftigten ihrem eigenen Geschmack unterworfen, welche Kleidung sie tragen. Unausgesprochen repräsentieren die Beschäftigten dabei auch den Arbeitgeber, so dass es neben offiziellen Bekleidungsregelungen auch die sog. »informellen« Bekleidungsstandards gibt.

Bedeutung für die MAV

Die MAV hat im Rahmen der Mitbestimmung in organisatorischen und sozialen Angelegenheiten (§ 40 Buchst. l MVG) bei den **Regelungen zur Ordnung in der Dienststelle** mitzubestimmen. Dazu gehört die Arbeitskleidung (BAG v. 15. 12. 1971, AP Nr. 3 zu § 56 BetrVG) sowie der **Erlass von Kleiderordnungen** (BAG v. 1. 12. 1993, AP Nr. 20 zu § 87 BetrVG). Weiterhin hat die MAV ein Mitbestimmungsrecht bei der Verhütung von Unfällen (§ 40 Buchst. b MVG) und gesundheitlichen Gefahren. Bei der entsprechenden Bekleidung kann die MAV hier ihr **Initiativrecht** (§ 47 Abs. 1 MVG) ausüben. Im Rahmen der allgemeinen Aufgaben – Kontrollrechte – der MAV hat sie auch darauf zu achten, dass die entsprechenden Vorschriften der **Berufsgenossenschaften** über Schutzkleidung vom Arbeitgeber eingehalten werden (§ 35 Abs. 3 Buchst. b MVG).

Bedeutung für die Beschäftigten

Kleidung, die aufgrund von Rechtsvorschriften getragen werden muss, dient besonders dem **Gesundheitsschutz** der Beschäftigten. Das höchste Gut der Beschäftigten, die Gesundheit, darf nicht vernachlässigt werden, weil eine solche Kleidung evtl. unhandlicher, unmodischer oder schwerfälliger als normale Kleidung ist.
Die verschiedenen Kleidungen unterscheiden sich wie folgt:

Arbeitskleidung aus Sicherheitsgründen
In Berufen wie etwa im Werkstättenbereich, Küchen, der Landwirtschaft, im Rettungsdienst oder bei der Feuerwehr und/oder mit widrigen Wetterbedingungen (z. B. extreme Wärme, Kälte, Nässe), dient Arbeitskleidung insbesondere der Arbeitssicherheit. Der Arbeitgeber ist entsprechend § 15 SGB VII (Siebtes Sozialgesetzbuch) durch berufsgenossenschaftliche Unfallverhütungsvorschriften verpflichtet, Maßnahmen zur Arbeitssicherheit und zum Gesundheitsschutz seiner Mitarbeiter zu treffen.
Arbeitskleidung wird in diesem Fall auch als »Schutzkleidung« bezeichnet, die gewissen Standards entsprechen muss (z. B. BGW – Benutzung von Schutzhandschuhen | DGUV Regel 112 – 195/BGR195). Je nach Tätigkeitsbereich soll damit verhindert werden, dass sich der Arbeitnehmer während der Arbeit ernsthafte Verletzungen zuzieht (z. B. mit Hilfe von Sicherheitshelmen und -schuhen, Schutzbrillen, Handschuhen, Arbeitsjacken, Arbeitskitteln, Overalls) oder dass er über eine längere Zeit gesundheitsschädigenden Belastungen ausgesetzt ist (z. B. mit Hilfe von Gehör- und Atemschutz oder Schutzanzügen). Bei der Auswahl der Schutzkleidung muss deswegen besonders auf den Tragekomfort und die Gebrauchstauglichkeit geachtet werden, da sonst der Träger bei seiner Arbeit behindert oder die Kleidung selbst zum Gesundheits- und Unfallrisiko werden kann. Schutzkleidung soll nicht scheuern oder drücken. Bestimmungen zur Schutzkleidung sind in § 42 AVR DD (§ 52 AVR-Bayern) geregelt.

Arbeitskleidung aus Hygienegründen
Als spezielle Schutzkleidung wird Arbeitskleidung auch aus hygienischen Gründen vor allem in Gesundheits- und Lebensmittelberufen eingesetzt (z. B. in Krankenhäusern, Alten- und Pflegeheimen oder Küchen). Zweck der Arbeitskleidung ist hier, einerseits Patienten bzw. Gäste oder Kunden von gefährlichen Stoffen und Verunreinigungen (z. B. Krankheitserreger, Hautpartikel, Schmutzstoffen) fernzuhalten (Schutzkleidung) und andererseits die Privatkleidung des Beschäftigten vor Verschmutzungen zu schützen. Solche Arbeitskleidung muss deshalb häufig gewaschen, gewechselt oder weggeworfen (sog. Einwegkleidung) werden, sobald sie mit gefährlichen Stoffen in Berührung kommt oder verschmutzt ist.

Für die Reinigung ist der Arbeitgeber verantwortlich, da auch die hygienische Qualität der Arbeitskleidung nach dem Waschen gewissen Standards entsprechen muss. Die Kosten für die Reinigung bzw. für die Ersatzanschaffung trägt der Arbeitgeber.
Regelungen zur **Dienstkleidung** finden sich in § 43 AVR.DD (§ 53 AVR-Bayern). Als Dienstkleidung gelten Kleidungsstücke, die zur besonderen Kenntlichmachung im dienstlichen Interesse anstelle anderer Kleidung während der Arbeit getragen werden müssen.

Arbeitskleidung zur Kennzeichnung besonderer Berufe
In bestimmten Berufen erfüllt Arbeitskleidung dagegen den Zweck, den Beruf, seine Bedeutung und eventuell den Status des Beschäftigten in der Hierarchie zu kennzeichnen (z. B. Pfarrer, Ordensschwestern). In diesem Fall wird auch von »Uniform« oder »Amtstracht« gesprochen. Das Aussehen der Kleidung ist meist traditionell einheitlich und von der Kirche/Diakonie vorgegeben, damit die Beschäftigten in der Öffentlichkeit sofort erkannt werden können.

Arbeitsrechtliche Kommission (ARK)

Was ist das?

Die Richtlinien für ein Arbeitsrechtsregelungsgesetz, das die Aufgaben der ARK festlegt, wurden am 8.10.1976 von der Kirchenkonferenz der EKD beschlossen. Kerngedanke des Musterentwurfs, der den Landeskirchen zur Umsetzung empfohlen wurde, bildet die paritätische Besetzung dieser Kommission aus Arbeitnehmern und Arbeitgebern. Dieser so genannte → **Dritte Weg**, der dem Gedanken einer konsensbetonten »Dienstgemeinschaft« entsprechen soll, soll das Verhandlungssystem von → **Tarifverträgen** ersetzen. Tarifverträge beruhen laut Schriften der EKD auf den Prinzipien von Kampf und Konfrontation, die ARKen hingegen auf dem Prinzip der Versöhnung entsprechend dem Auftrag der Kirche. Doch der **Dritte Weg ist nur eine Abwandlung des Ersten Weges**, ein Verfahren, bei dem die Kirche den Rahmen und die Rechte der darin Handelnden bestimmt.

Der Musterentwurf der EKD empfahl die so genannte »Verbändelösung«, wonach die Verbände der Mitarbeiter und die Gewerkschaften Vertreter in die ARK senden sollten. Diese Regelung wurde von den Landeskirchen in den Folgejahren sehr unterschiedlich umgesetzt. Hessen und Nassau hielt sich sehr eng an diese Regelung und sah die Besetzung der Arbeitnehmerseite ausschließlich durch Mitarbeiterverbände vor. Württemberg ging einen anderen Weg und sah die Besetzung der Arbeitnehmerseite ausschließlich durch die Arbeitsgemeinschaft der Mitarbeitervertretungen vor. Es gab auch Mischformen wie in Baden, die die Besetzung durch die Mitarbeitervertretungen zur Hälfte vorsahen. Ein Ausnahmefall ist die Nordelbische Kirche, die 1979 Tarifverträge mit der Gewerkschaft abschloss.

Die ÖTV bzw. jetzt ver.di weigerte sich bisher aus grundsätzlichen Erwägungen und ihrem gewerkschaftlichen Selbstverständnis heraus, sich an den ARKen zu beteiligen. Ausnahmen sind eine kurze Episode von 1977–1978 in Bayern und 1998–2002 eine umstrittene Beteiligung an der ARK in Kurhessen-Waldeck wegen ganz spezifischer Umstände vor Ort. In der ARK Hessen-Nassau beteiligte ver.di sich befristet vom April 2008 bis August 2010. Grund für den Rückzug von ver.di war, dass die Arbeitgeberseite zugesagte wesentliche Reformen des Dritten Wegs nicht eingehalten hatte und parallel die Arbeitgeberseite bei der inhaltlichen Arbeit eine Blockadehaltung einnahm.

Zur Geschichte der Arbeitsrechtlichen Kommission

Die ersten Arbeitsrechtlichen Kommissionen wurden zu Beginn der fünfziger Jahre gebildet. 1954 konstituierte sich die Arbeitsrechtliche Kommission des Central-Ausschusses für die Innere Mission. Die Arbeitnehmervertreter in diesen Kommissionen wurden durch die Leitungsorgane berufen und waren erst seit 1961 paritätisch besetzt. Die Beschlusskompetenz lag nach wie vor bei den Leitungsinstanzen, die Kommissionen hatten nur Beratungsfunktion und legten ihre Beratungsergebnisse dem Diakonischen Rat zu Beschlussfassung vor.

Das Kommissionsmodell mit paritätischer Besetzung wurde in der Evangelischen Kirche erst ab der zweiten Hälfte der Siebziger Jahre und in den katholischen Bistümern sogar überwiegend erst in den achtziger Jahren eingeführt. Die Kommissionen waren regional organisiert und ihre Beschlüsse bezogen sich meist auf den 1961 abgeschlossenen Bundesangestelltentarifvertrag (BAT) und bildeten ihn in ihren Regelungen weitgehend nach.

Die jeweilige Zusammensetzung der Kommissionen war sehr unterschiedlich, mal bestanden sie aus Vertretern von »Verbänden«, dann auch aus Vertretern von MAVen und Gesamt-MAVen. Ende der siebziger Jahre wurden die ersten Schlichtungsausschüsse eingerichtet, die im Streitfall entscheiden sollten. Die Schlichtungsausschüsse waren paritätisch besetzt, die Schlichter wurden in der Regel von den Kommissionen bestimmt und ihre Stimme gab in den Abstimmungen den entscheidenden Ausschlag.

Bei den Evangelischen Landeskirchen fanden teilweise Grundsatzdebatten darüber auf den Synoden statt, wo Mitarbeitervertreter und Gewerkschafter von außen versuchten, die Forderung nach Tarifvertrag einzubringen. Die Synoden folgten aber ausnahmslos den Beschlussvorlagen der Kirchenverwaltungen und Kirchenjuristen. Gemeinsam war aber allen Beschlussfindungen, dass die Gewerkschaften als Vertreter der Arbeitnehmer nicht miteinbezogen wurden.

Die Arbeitsrechtlichen Kommissionen sind kirchliche Gremien. Die kirchlichen Leitungsgremien entscheiden über ihre Einrichtung, die Größe, die Zusammensetzung, Befugnisse, Zugangsvoraussetzungen, Anforderungen an die Mitglieder (z. B. Kirchenmitgliedschaft), Entscheidungsverfahren und Amtsdauer. Der Dritte Weg wurde so gestrickt, dass es den Gewerkschaften bei Achtung ihres Selbstverständnisses nicht möglich war, sich an den Kommissionen zu beteiligen.

An der Geschichte der Arbeitsrechtlichen Kommission kann gleichzeitig die Kritik an ihr überdeutlich nachvollzogen werden. Indem die kirchlichen Gremien **einseitig** die **Ordnungen für die ARK** vorgeben und ständig von diesen geändert werden, werden die postulierten Prinzipien des Dritten Wegs wie Partnerschaft,

Parität und faire Konfliktlösung regelmäßig über Bord geworfen. Verhalten die Arbeitnehmervertreterin der ARK sich nicht so, wie die kirchlichen Arbeitgeber es wünschen, werden die Ordnungen für die ARKen einseitig geändert und eine den Arbeitgebern genehmere Zusammensetzung der Arbeitnehmerbank in der ARK herbeigeführt.
Erfahrungen in der ARK haben ebenfalls gezeigt, dass Forderungen der Arbeitnehmer nach höheren Vergütungsbedingungen ähnlich denen im Öffentlichen Dienst von den kirchlichen Arbeitgebern mit Nichtverhandeln beantwortet werden. Ergebnis insbesondere nach 2005 war, dass das Niveau der → **Arbeitsvertragsrichtlinien** gegenüber dem des Öffentlichen Dienstes deutlich abgesenkt wurde.
Das **Diakonische Werk der EKD** gab sich im **Oktober 1977** erstmals eine eigene Ordnung für ihre ARK. Die ARK bestand aus je neun Vertretern der Mitarbeiter und der Träger diakonischer Einrichtungen. Die Mitgliederzahl entsprach vorher festgelegten neun geographischen Bereichen: Baden, Bayern, Berlin, Hessen-Nassau, Konferenz diakonischer Werke in Niedersachsen, Kurhessen Waldeck, Nordelbien, Rheinland-Westfalen-Lippe und Württemberg. Die Pfalz wurde durch Baden und Bremen durch die Konferenz der diakonischen Werke in Niedersachsen mit vertreten, in der zweiten Amtsperiode kam noch ein Vertreter der Freikirchen hinzu. Die Arbeitnehmervertreter wurden entweder, soweit in dem jeweiligen gliedkirchlichen Diakonischen Werk eine eigene ARK existierte, von der jeweiligen ARK benannt, oder, soweit keine eigene ARK existierte, wurden die jeweiligen Arbeitsgemeinschaften der Mitarbeitervertretungen zur Benennung beauftragt. Die Arbeitgebervertreter bestimmten die jeweiligen Diakonischen Werke. Zur Beschlussfassung reichte die einfache Mehrheit der Mitglieder in der Kommission. Drei Mitglieder der ARK können eine erneute Beratung und Beschlussfassung durch die ARK beantragen und bei weiteren Einwendungen den Schlichtungsausschuss anrufen. Der Schlichtungsausschuss besteht aus je zwei Mitgliedern der Arbeitnehmer- und Arbeitgeberseite sowie einem Vorsitzenden des Schlichtungsausschusses, der von der ARK mit einer Dreiviertel-Mehrheit gewählt wird. Der Schlichtungsausschuss beschließt mit Stimmenmehrheit.
Nach der Wiedervereinigung wurde 1992 mit einer neuen Ordnung die **Neukonstituierung der ARK** mit 48 Mitgliedern vollzogen. Jedes gliedkirchliche Diakonische Werk entsandte nun je einen Arbeitnehmer- und Arbeitgebervertreter. Neu aufgenommen wurde in der Regelung zur Beschlussfassung, dass die Beschlüsse der ARK mit einer Stimmenmehrheit von zwei Dritteln der Stimmberechtigten gefasst werden müssen.
Die Arbeit dieser neu zusammengesetzten ARK wurde von den kirchlichen Arbeitgebern als ineffektiv angesehen bzw. die Arbeitnehmervertreter waren ihr zu widerständig. Am 16. 10. 1996 beschloss die Diakonische Konferenz in Frankfurt

ohne vorherige Konsultation der Mitarbeiterseite und begleitet von einer großen Demonstration der kirchlichen Mitarbeiter, die ARK in ihrer bisherigen Form aufzulösen und sie durch eine neue ARK mit einer geänderten Ordnung zu ersetzen. Die Arbeitnehmervertreter der ARK erklärten, mit diesem Vorgehen werde deutlich, dass es sich bei der **ARK** um **keinen unabhängigen Dritten** handele. Denn wie abhängig die ARK in Wirklichkeit von der Kirche und Diakonie als Arbeitgeber sei, zeige allein der Vorgang, dass die Diakonische Konferenz ihr jederzeit die Rechtsgrundlage entziehen kann.

Die **neue Ordnung der ARK** enthielt gravierende Verschlechterungen. Die ARK ist nach der Ordnung vom **16. 10. 1996** beschlussfähig, wenn bereits zwei Drittel der Mitglieder anwesend sind, und kann Beschlüsse mit einfacher Stimmenmehrheit fassen. Ein Einspruchsverfahren von Arbeitnehmervertretern gegen Beschlüsse der ARK ist nicht mehr vorgesehen. Die Anrufung der Schlichtungsstelle ist nur möglich, wenn ein Antrag in der ARK nicht die erforderliche Mehrheit erhalten hat und auch bei einer erneuten Beratung *kein Beschluss* zustande kommt. Der ARK sollten je zehn Vertreter der Arbeitnehmer und Arbeitgeber angehören. Von den zehn Arbeitnehmervertretern sollten fünf von Arbeitnehmerverbänden und weitere fünf von den Arbeitsgemeinschaften der Mitarbeitervertretungen (AGMAVen) entsandt werden. Sollten diese von ihrem Entsendungsrecht keinen Gebrauch machen, werden die fünf Vertreter von den ARKen auf Gliedkirchenebene entsandt. Bald daraufhin erklärte die Bundeskonferenz der AGMAVen und auch die benannten regionalen ARKen, dass sie ihr Entsendungsrecht unter diesen Umständen nicht wahrnehmen. Damit war diese Novellierung der ARK gescheitert.

Die folgende **Diakonische Konferenz am 17. 6. 1997 in Fulda** unternahm wiederum keinen Versuch, mit der Arbeitnehmerseite ins Gespräch zu kommen und setzte sich über deren klare Voten einfach hinweg. Wesentliche Bestandteile des Beschlusses dieser Konferenz waren:

- Grundsätzlich wird am Dritten Weg festgehalten; die neue ARK soll bis zum 31. 12. 2000 im Amt bleiben.
- Die alte ARK bleibt bis 31. 12. 1997 im Amt – dadurch werden die rechtlichen Formalien eingehalten, die bei dem Beschluss vom 16. 10. 1996 noch missachtet wurden.
- Die ARK fasst ihre Beschlüsse mit Zweidrittelmehrheit (vorher einfache Mehrheit).
- Die »Vereinigungen« der Mitarbeiter sollen statt früher 5 nun alle 10 Arbeitnehmersitze besetzen und werden damit nach – der Diakonischen Konferenz wohlbekannten – Sachlage ausschließlich vom VKM (Verband Kirchlicher Mitarbeiter) besetzt werden.

- Ein Konsultationsprozess wird eingeleitet: eine paritätisch besetzte Arbeitsgruppe soll über die Möglichkeit von Tarifverträgen reden und auch die Beschlüsse der ARK inhaltlich begleiten.

Alle Verbände, die Gewerkschaften, die Bundeskonferenz der AGMAVen und auch die Arbeitgeberverbände hatten sich gegen diese Form der ARK ausgesprochen. Nur der VKM hatte vorher bereits dem Präsidenten des DW übermittelt, dass er bereit sei, die gesamte Arbeitnehmerseite zu besetzen.

Die **paritätisch besetzte Arbeitsgruppe des Diakonischen Rates** legte im Oktober 1998 ihr Arbeitsergebnis vor. Ein wesentliches Ergebnis der Arbeitsgruppe waren die Ausführungen zu dem Thema Arbeitskampf und Schlichtung, wonach beide Seiten gemeinsame Grundsätze für ein Schlichtungsverfahren entwickelten, die sowohl dem gewerkschaftlichen wie auch dem kirchlichen Selbstverständnis entsprechen und die Möglichkeit kirchengemäßer Tarifverträge einschließen.

Die Diakonische Konferenz hat am 14.10.1999 in Trier beschlossen, grundsätzlich am → **Dritten Weg**, also an der Arbeitsrechtlichen Kommission festzuhalten. Den AGMAVen wurde angeboten, dass sie die Arbeitnehmersitze in der **zentralen ARK des DW der EKD** besetzen können. Die AGMAVen im Bundesgebiet hatten sich damals keine einheitliche Position erarbeiten können.

Ab dem 1.11.2001 waren in der ARK des DW der EKD die AGMAVen aus Hannover, Braunschweig, Bremen, Berlin-Brandenburg, KP Sachsen, Sachsen, Kurhessen-Waldeck, Thüringen, Pfalz, Baden und Württemberg vertreten.

Die Verhandlungen in der ARK gestalteten sich immer schwieriger. Die Vertreter des → **Arbeitgeberverbands** VdDD (Verband diakonischer Dienstgeber in Deutschland) dominierten nun die ARK. In einem Eckpunktepapier zum Tarifsystem forderte nun auch die Kirchenkonferenz der EKD eine Senkung der Personalkosten gegenüber dem TVöD um 5 %. Die sich selber als »Unternehmensdiakonie« verstehenden Arbeitgeber führten sich zunehmend als Hardliner und »Sozialmarktradikale« auf, die keinen Wert mehr auf einen fairen Interessensausgleich legen. Nachdem es seit 2004 lange Jahre keine Tabellenerhöhungen der Gehälter mehr gab und nur noch Einmalzahlungen, stellte die Arbeitnehmerseite ihre Mitarbeit in der ARK erst einmal befristet ein. Es kam in der Folgezeit zu zahlreichen betrieblichen Aktionen, Demonstrationen und im Mai und Oktober 2009 sogar zu Streiks von ver.di in einigen diakonischen Einrichtungen. Ergebnis war eine mäßige Tariferhöhung zum 1.7.2009.

Die Vertreter der Arbeitnehmer in der ARK des DW der EKD und Arbeitnehmervertreter aus fast allen anderen regionalen Arbeitsrechtlichen Kommissionen in Deutschland einigten sich in der so genannten **Göttinger Erklärung vom 29.10.2009** auf ein gemeinsames Vorgehen. Unter der Überschrift »Tarifverträge statt kollektives Betteln« erklären sie einvernehmlich den Dritten Weg als gescheitert und fordern die kirchlich-diakonischen Arbeitgeber auf, mit der

Gewerkschaft ver.di Tarifverhandlungen aufzunehmen. Auch der Bundesfachbereichsvorstand FB 3 von ver.di forderte im November 2009 seine Mitglieder in den ARKen auf, auf einen Ausstieg in den jeweiligen ARKen hinzuarbeiten.
Nachdem auf zwei angesetzten Wahlterminen im ersten Halbjahr 2010 die Arbeitnehmerseite mit formalen Verfahrensweisen die Wahl der Vertreter in die neue ARK verhinderte, beschloss die **Diakonische Konferenz am 16.6.2010** eine **Änderung der Wahlordnung** zur ARK. AGMAVen und Verbände sollten nur dann wählbar sein, wenn sie *vorher* erklärten, dass sie am Dritten Weg auch mitarbeiten.
Unter Protesten fand am 8.9.2010 in Kassel die Delegiertenversammlung für die Wahl der ARK nach der neuen Wahlordnung statt. Mit Androhung von Polizeieinsatz wurden die AGMAVen, die die »Göttinger Erklärung« unterschrieben hatten, draußen gehalten.
Auf Grund der neuen Wahlordnung der diakonischen Arbeitgeber wurde eine von der Mitarbeiterschaft so genannte **»Kommission der Willigen«** gewählt: Vertretern aus 2 AGMAVen (Mecklenburg und Sachsen), des Marburger Bunds aus Nordrhein-Westfalen und drei regionalen VkM's (der VKM Deutschland spricht sich für Tarifverträge aus und lehnt diese Wahlfarce ab) sowie einem weiteren regionalen arbeitgebernahen Verband aus Bayern. Die auf dieser geänderten Wahlordnung neu gebildete ARK wird von Arbeitnehmern besetzt, die überwiegend nicht unter den Geltungsbereich der AVR des DW der EKD fallen.
Der Vertreter des DW der EKD begrüßte die Konstituierung dieser ARK am 4.10.2010 als »Ende der Tarifblockade«. Die Bundesfachkommission Kirchen von ver.di kommentierte diese Entwicklung unter der Überschrift »Vom diakonischen zum drakonischen Arbeitsrecht.«
Am 4.11.2011 demonstrierten 1500 Mitarbeiter anlässlich der EKD-Synode in Magdeburg für Tarifverträge und Streikrecht und damit gegen den Dritten Weg. Die EKD-Synode reagierte auf den wachsenden öffentlichen Druck mit der so genannten »Magdeburger Kundgebung«, die in einer allgemeinen Form mehr Rechte für die Mitarbeitendenvertretung verlangte. Ungeachtet des Protestes der Mitarbeiter beschloss die Synode der EKD ein **Arbeitsrechtsregelungsgrundsätzegesetz** (ARGG). Dieses Gesetz soll den Rahmen für die künftige Arbeitsrechtsregelung innerhalb der evangelischen Kirche und ihrer Diakonie bilden. Im Gesetzestext ist ausdrücklich der Ausschluss von Streiks enthalten sowie die neu aufgenommene Beschlussmöglichkeit der ARK und des Schlichtungsausschusses bei Fernbleiben einer Seite. Aus Mitwirkungsrechten wird eine Mitwirkungspflicht der Arbeitnehmerseite.
Nach dem **Urteil des BAG vom 20.11.2012** zum → **Streikrecht**, das u.a. das Recht der Gewerkschaften ausdrücklich anerkannte, sich koalitionsmäßig – auch in den Kommissionen – zu betätigen und die Verbindlichkeit der Beschlüsse der

ARK für alle Mitarbeiter forderte, war die EKD gezwungen, ihr gerade beschlossenes ARRG zu ändern. Die **EKD-Synode im November 2013** in Düsseldorf verpasste jedoch die Chance, das ARRG der Rechtsprechung des BAG anzupassen. Weiter sind in dem Gesetz die Zwangsschlichtung, die absolute Friedenspflicht und Streikverbot enthalten, den Gewerkschaften wird in den Kommissionen nur eine eher marginale Rolle zugewiesen.

Das ARRG lässt ausdrücklich die Einrichtung von Mischsystemen zu, wonach die Vertreter der ARK zu einem Teil von den Gewerkschaften und Mitarbeiterverbänden und zum anderen Teil vom jeweiligen Gesamtausschuss der Mitarbeitervertretungen entsandt werden. Den Gewerkschaften und Mitarbeiterverbänden steht dabei eine »angemessene Anzahl« von Sitzen zu (§ 9 ARRG). Dadurch werde den Gewerkschaften ein ausreichendes Maß koalitionsmäßiger Betätigung gewährleistet. Der unbestimmte Rechtsbegriff »angemessene Zahl« ist durch das gliedkirchliche Recht zu konkretisieren. »Den Gewerkschaften und Mitarbeiterverbänden sollte mindestens ein Drittel der ›Dienstnehmersitze‹ zur Verfügung stehen«, heißt es in der Begründung zum Gesetzestext. Wohlgemerkt: Dieses Drittel müssen die Gewerkschaften und die »Mitarbeiterverbände« noch unter sich aufteilen. Wie dabei die vom BAG geforderte koalitionsmäßige Betätigung der Gewerkschaft ver.di in den ARK gesichert werden soll, bleibt ein Geheimnis.

Das ARRG der EKD legt nur einen gemeinsamen Rechtsrahmen fest. Wegen der föderalen Struktur der → **EKD** muss das Gesetz durch die Gliedkirchen übernommen werden. Abweichungen bzw. Konkretisierungen sind aber nur innerhalb des vorgegebenen Rechtsrahmens möglich.

Flächendeckend für eine Region wurden Tarifverträge zum ersten Mal in Niedersachsen durchgesetzt. Der TV DN gilt für rund 32 000, die AVR.DD für etwa 2000 Arbeitnehmer in Niedersachsen.

In Niedersachsen schlossen 2014 die Diakonie und die Gewerkschaft ver.di **Tarifverträge** ab. Vorher hatten die AGMAVen 2011 ihre Arbeit in der ARK Niedersachsen eingestellt. Die Gewerkschaft ver.di rief die Beschäftigten zu zahlreichen Aktionen und auch Streiks auf. Nach intensiven Auseinandersetzungen und Verhandlungen schlossen ver.di und die Diakonie 2014 den Tarifvertrag Diakonie Niedersachsen (TV DN) ab. Die Arbeitnehmerseite hofft, dass dieses Modell auch für andere Diakonische Werke und die EKD Vorbild wird (zu weitere Tarifverträge in Kirche und Diakonie → **Tarifverträge**).

Es ist schwierig, einen genauen Überblick über die Arbeitsrechtlichen Kommissionen der einzelnen Landesverbände zu bekommen. Die Karte der Arbeitsrechtlichen Kommissionen in Deutschland ist ähnlich zerklüftet wie die Karte der Diakonischen Landesverbände (S. 367). Dabei gibt es aber einzelne Abweichungen im Detail (so z. B die verschiedenen ARKen in der Nordkirche). Die einzelnen Abweichungen können aus der folgenden Zusammenstellung der

→ **Arbeitsrechtsregelungen in den Evangelischen Landeskirchen und Diakonischen Werken** entnommen werden.

Literaturhinweis

- *Bühler, Sylvia/Schubert, Jens/Schuckart-Witsch, Berno (Hrsg.):* Zwischen Konkurrenz und Kreuz, Hamburg 2015.
- *Bsirske, Frank/Paschke, Ellen/Schuckart-Witsch* (Hrsg.): Streiks in Gottes Häusern – Protest, Bewegung, Alternativen in kirchlichen Betrieben, Hamburg 2013.
- *Hammer, Ulrich:* Kirchliches Arbeitsrecht, Frankfurt/Main 2002.
- *Kluthe, Jürgen/Segbers, Franz* (Hrsg.): »Gute Arbeit verlangt ihren gerechten Lohn« – Tarifverträge für die Kirchen, Hamburg 2006.
- *Lührs, Hermann:* Die Zukunft der Arbeitsrechtlichen Kommissionen, Tübingen 2009.

Arbeitsrechtsregelungen in den Evangelischen Landeskirchen und den Diakonischen Werken

Grundlage der Arbeitsrechtsregelungen in den Evangelischen Landeskirchen und Diakonischen Werken ist das 2011 von der Synode der → **EKD** beschlossene **Arbeitsrechtsregelungsgrundsätzegesetz (ARGG)** (→ Dritter Weg). Wegen der föderalen Struktur der **EKD** musste das Gesetz durch die einzelnen Gliedkirchen übernommen werden. In den Rechtsordnungen der Gliedkirchen sowie ihrer diakonischen Landesverbände sind Festlegungen zu treffen, die den Grundsätzen des ARGG der EKD entsprechen. Innerhalb des Rahmens des ARGG der EKD sind rechtliche Konkretisierungen durch die Gliedkirchen möglich. Dieses Verfahren führte jedoch zu einem einzigen Flickenteppich der Regelungen für die Ausgestaltung der Arbeitsrechtlichen Kommissionen in Deutschland

Anders als die Kirchen behaupten, beschreiten sie keinen »Dritten Weg«, also einen Zwischenweg zwischen Tarifvertrag und einseitiger Vorgabe durch den Arbeitgeber, sondern sie geben **einseitig** über die jeweiligen Synoden die Ordnungen zur Arbeitsrechtssetzung bzw. der Arbeitsrechtlichen Kommissionen vor und ändern sie ganz nach ihren Bedarfen. Der Überblick über die verschiedenen Regelungen der ARKen in den Landeskirchen und Diakonischen Werken zeigt ein unübersichtliches und daher verwirrendes Bild. Je nach Tradition, Kultur und autoritärem Kirchenverständnis der Landeskirchen werden die »Vertreter der Mitarbeiter« gebeten, an einem kleineren oder größeren Katzentisch bei den Verhandlungen Platz zu nehmen, nicht vergleichbar mit der Stellung der Gewerkschaften bei Tarifverhandlungen. Hinter der Zerfaserung und der Unübersichtlichkeit des Arbeitsrechts der Diakonie steckt System: Die Kräfte der Arbeitnehmer und ihrer Vertretungen können nicht gebündelt werden und die vielfältigen versteckten und auch zeitlich verschobenen Verschlechterungen im materiellen Arbeitsrecht gegenüber den einheitlichen Regelungen im TVöD bzw. TV-L sind kaum nachzuweisen. Wesentliche Fortschritte stellen allerdings die → **Tarifverträge** in der Nordkirche (vormals Nordelbien) und in Niedersachsen dar.

Arbeitsrechtsregelungen in den Ev. Landeskirchen und den Diakonischen Werken

Stand: 1.8.2024
In Kürze: Arbeitsrechtsregelungen und Arbeitsrechtliche Kommission in den Evangelischen Landeskirchen und den Diakonischen Werken

Gebiet	Landeskirche/ Diakonie	Arbeitsrechtsregelung (Stand: 10/2019)
Geschäftsstelle der EKD; Hauptgeschäftsstelle der Diakonie Deutschland		DVO.EKD ARK seit 1988, sie beschließt die Dienstvertragsordnung (DVO) der EKD. Die MAVen nominieren die ARK-Vertreter. Zum 1.1.2009 Überleitung in den TVöD Bund mit Überleitung nach TV-Ü, mit einigen Abweichungen.
Diakonie Deutschland		AVR DD Vormals die ARK des DW der EKD, seit Januar 2014 die ARK der Diakonie Deutschland, ARK DD, beschließt die Arbeitsvertragsrichtlinien (AVR. DD).[1] Die ARK besteht seit 1979; anfangs entsandten regionale ARKen, AGMAVen und VKM; ab 1998 war die ARK ausschließlich mit Vertretern des VKM besetzt. In der Folgezeit wurden wesentliche Verschlechterungen der AVR beschlossen (Einführung der W-Gruppen: abgesenkte Bezahlung für Küchen- und Reinigungspersonal). Nach der Novellierung der Ordnung der ARK entsandten ab 2001 eine Reihe von AGMAVen/Gesamtausschüssen in die ARK. Sie warfen der Arbeitgeberseite Blockadepolitik vor und zogen sich aus der ARK zurück. Daraufhin wurde die Ordnung der ARK in 2010 nochmals geändert. Seitdem arbeiten nur einige Vertreter des VKM und des Marburger Bundes sowie Vertreter der AGMAVen aus Sachsen und Mecklenburg-Vorpommern[2] mit. Nach Änderung der Ordnung der ARK 2017 erneute Besetzung durch den Marburger Bund und VKM.

Arbeitsrechtsregelungen in den Ev. Landeskirchen und den Diakonischen Werken

Gebiet	Landeskirche/ Diakonie	Arbeitsrechtsregelung (Stand: 10/2019)
Nordkirche	Landeskirche	Tarifvertrag für kirchlich Beschäftigte in der Nordkirche (TV KB) Geltung für Hamburg, Schleswig-Holstein, Mecklenburg-Vorpommern.
	Diakonie	KTD Der Kirchliche Tarifvertrag *Diakonie*[3] (KTD) wurde 2002 abgeschlossen und ist *materiell* vergleichbar mit dem TVöD. Er gilt für den Großteil der Diakonie-Betriebe in Hamburg und Schleswig-Holstein.
Bremen	Landeskirche (BEK)	KAVO-BEK Die eigene Arbeitsrechtliche Kommission, besetzt mit Mitarbeitervertretern, beschließt die KAVO-BEK (Kirchliche Arbeitsvertragsordnung, Bremische Evangelische Kirche); am 1.3.2009 wurde der TV-L in modifizierter Form übernommen.
	Diakonie	AVR.DD Direkte und unmittelbare Anwendung der AVR.DD.
Konföderation Ev. Kirchen in Niedersachsen (Hannover, Braunschweig, Oldenburg, Schaumburg-Lippe)	Landeskirchen	Arbeits- und Dienstrechtliche Kommission (ADK). Übernahme wesentlicher Teile des TV-L zum 1.7.2008. DVO Die Arbeits- und Dienstrechtliche Kommission beschließt die DVO (Dienstvertragsordnung). Übernahme wesentlicher Teile des Tarifvertrag Länder.
	Diakonie	TV DN Die AGMAVen stellten 2011 ihre Arbeit in der ARK ein. 2014 schlossen ver.di Niedersachsen und die Diakonie einen Tarifvertrag Diakonie Niedersachsen (TVDN) ab. Der TV DN gilt für rund 30000, die AVR.DD für etwa 2000 Arbeitnehmer.

Arbeitsrechtsregelungen in den Ev. Landeskirchen und den Diakonischen Werken

Gebiet	**Landeskirche/ Diakonie**	**Arbeitsrechtsregelung (Stand: 10/2019)**
Berlin-Brandenburg-schlesische Oberlausitz	Landeskirche (EKBO)	TV-EKBO Tarifvertrag[2] mit DAG und VKM seit 1981, ab 1995 mit Beteiligung der ötv bzw. später ver.di. Alle Tarifverträge wurden zum 31. 12. 2005/31. 1. 2006 gekündigt. Zum 1. 8. 2008 wurde mit ver.di der TV-EKBO vereinbart, der im Wesentlichen die Übernahme des TV-L beinhaltet.
	Diakonie	AVR DW BO (Arbeitsvertragsrichtlinien Diakonisches Werk Berlin-Brandenburg-Schlesische Oberlausitz). Eigene ARK seit 1998 mit Beteiligung der AGMAV. Ab dem 1. 1. 2008 eine neue AVR DWBO analog zur AVR.DD mit einigen Abweichungen.
Mitteldeutschland (ehemals Thüringen und Kirchenprovinz Sachsen)	Landeskirche	KAVO EKD-Ost Kirchliche Arbeitsvertragsordnung der Evangelischen Kirche in Deutschland Ost. Es gelten die Beschlüsse der ARK EKD-Ost[4]. Zum 1. 1. 2008 wurde die Kirchliche Arbeitsvertragsordnung (KAVO) eingeführt.
	Diakonie	Die ARK der EKM wurde zum 1. 1. 2007 gegründet. Zeitweise Mitarbeit von Vertretern des GAMAV Mitteldeutschland bis 2011. Der VKM Mitteldeutschland arbeitet nun in der ARK mit. Es gelten überwiegend die AVR DW.EKM.
Pommern (jetzt Nordkirche)	Landeskirche	KAVO-MP Nach Gründung der Nordkirche in 2011 gemeinsame ARK von Pommern und Mecklenburg. Diese beschließt die Kirchliche Arbeitsvertragsordnung Mecklenburg-Pommern (KAVO-MP).

Arbeitsrechtsregelungen in den Ev. Landeskirchen und den Diakonischen Werken

Gebiet	Landeskirche/ Diakonie	Arbeitsrechtsregelung (Stand: 10/2019)
	Diakonie	AVR DW M-V Gründung einer eigenen ARK. Danach Umbenennung der AVR DWM-V in AVR DWM-V (s. Mecklenburg).
Mecklenburg (jetzt Nordkirche)	Landeskirche	KAVO-MP Nach Gründung der Nordkirche in 2011 gemeinsame ARK von Pommern und Mecklenburg. Diese beschließt die Kirchliche Arbeitsvertragsordnung Mecklenburg-Pommern (KAVO-MP).
	Diakonie	AVR DW M-V Gründung der ARK DW Mecklenburg in 2005. Sie beschließt die Arbeitsvertragsrichtlinien des Diakonischen Werkes der Evangelisch-Lutherischen Landeskirche Mecklenburgs (AVR DWM). 2014 Umbenennung der AVR DWM in. AVR DW M-V.
Sachsen	Landeskirche	KDVO Seit 2007 Kirchliche Dienstvertragsordnung der Evangelisch-Lutherischen Landeskirche Sachsens (KDVO).
	Diakonie	AVR Sachseneigene ARK. Geltung der Beschlüsse der ARK DD. Die regionale ARK kann abgeänderte Anträge stellen.
Rheinland-Westfalen-Lippe	Landeskirche und Diakonie	BAT KF (Kirchliche Fassung) und AVR. DD Gemeinsame ARK seit 1980; Besetzung der ARK: 7 Vertreter des VKM und 2 Vertreter des Marburger Bund. Der BAT-KF (Kirchliche Fassung) wurde ab 1.7.2007 durch Schiedsspruch umgestellt auf die Grundlage des TVöD mit einigen Abweichungen nach unten. Einige große Einrichtungen wenden allerdings die AVR.DD an. Geltung für etwa 50 000 Arbeitnehmer.

Gebiet	Landeskirche/ Diakonie	Arbeitsrechtsregelung (Stand: 10/2019)
Kurhessen-Waldeck		Gemeinsame ARK seit 1979, anfangs nur mit AGMAV und GMAV, seit 1998 auch mit Beteiligung der ötv; 2002 zog die ötv ihre Beteiligung zurück, die Sitze werden wieder von der AGMAV und der GMAV eingenommen. Seit dem 1.8.2009 ist für die Landeskirche im Wesentlichen der TV-L übernommen worden. Gründung einer eigenen ARK für die Landeskirche in 2013. Einzige Ausnahme sind die Beschäftigten in den ambulanten Diensten/Diakoniestationen, für die die AVR.KW gilt, jedoch mit angehobener Vergütung.
	Diakonie (Gründung der Diakonie Hessen in 2013)	AVR.KW Gründung der ARK Diakonie Hessen in 2018. Besetzung durch den VKM und sog. Kirchengewerkschaft. Es gelten die AVR.KW (Kurhessen Waldeck): Vorher eigene ARK in KW mit Besetzung durch die AGMAV.
Hessen-Nassau	Landeskirche	Gemeinsame ARK seit 1979 mit Beteiligung des VKM. Die weitgehende Übernahme der BAT-Regelungen wurde zum 1.10.2005 aufgehoben durch die Einführung der Kirchlich-Diakonischen Arbeitsvertragsordnung (KDAVO), die starke Absenkungen gegenüber dem TVöD enthält. Im Jahr 2008 und 2009 arbeitete ver.di vorübergehend in der ARK mit, zog sich aber wieder zurück, als entscheidende Zusagen zu strukturellen Änderungen der ARK nicht eingehalten wurden. Seitdem besetzt der VKM alle Sitze, jedoch nur mit Vertretern aus der EKHN. Am 7.11.2013 Umbenennung der KDAVO in »AVR Hessen-Nassau« (ohne inhaltliche Änderungen).

Arbeitsrechtsregelungen in den Ev. Landeskirchen und den Diakonischen Werken

Gebiet	Landeskirche/ Diakonie	Arbeitsrechtsregelung (Stand: 10/2019)
	Diakonie (Gründung der Diakonie Hessen in 2013)	AVR.HN Gemeinsame ARK mit der Landeskirche seit 1979 (s.o.). Nach Gründung der Diakonie Hessen wird nach langen Auseinandersetzungen mit ver.di/ AGMAV die ARK Diakonie Hessen 2018 eingesetzt. Besetzung durch den VKM. Es gelten die AVR.HN (Hessen Nassau).
Pfalz	Landeskirche und Diakonie	AVR DD Übernahme des BAT über Einzelarbeitsvertrag seit 1980. Ab 1. 10. 2005 Übernahme des TVöD VKA durch Tarifautomatik, ca. die Hälfte der diakonischen Einrichtungen wenden AVR.DD an.
Baden	Landeskirche und Diakonie	AVR Baden Gemeinsame ARK seit 1978 mit jeweils 5 Vertretern des Gesamtausschusses und des VKM; seit dem 1. 1. 2006 wird für die Landeskirche der TVöD Bund angewendet, für die Diakonie die AVR. DW in der badischen Fassung, die einige Verbesserungen gegenüber der AVR.DD enthält. Seit 2010 sieht eine Satzungsänderung des DW Baden die Wahlmöglichkeit vor, auch die AVR. DD in Reinform anzuwenden. Besonderheit: Die Stadtmission Heidelberg hat mit ver.di einen Haustarifvertrag abgeschlossen.
Württemberg	Landeskirche und Diakonie	KAO, AVR Württemberg Gemeinsame ARK seit 1980 mit Beteiligung des Gesamtausschusses und der AGMAV. Besonderheit: In der AVR Württemberg wurden zum 1. 1. 2009 im Wesentlichen die Regelungen des TVöD KAV Ba-Wü und TV-Ü Bund übernommen; für die Landeskirche gilt die KAO (Kirchliche Anstellungsordnung), die im Wesentlichen Bestimmungen des TVöD enthält. Außerdem hat die ARK eine automatische Übernahme der

Gebiet	Landeskirche/ Diakonie	Arbeitsrechtsregelung (Stand: 10/2019)
		Änderungen des TVöD beschlossen, wenn die Mehrheit der ARK dies nicht ablehnt. Die Anwendung der AVR. DD ist durch einen Beschluss der ARK möglich.
Bayern	Landeskirche und Diakonie	AVR Diakonie Bayern. Gemeinsame ARK seit 1977 mit Beteiligung des VKM (bis 2009 8, jetzt 7 Vertreter; seit 2009 1 Vertreter des DAViB (Diakonischer Arbeitnehmerverband in Bayern); episodenhafte Beteiligung der ötv in den Jahren 1977/1978. Für die Diakonie gilt die AVR-Bayern, die Absenkungen gegenüber dem TVöD enthält. Für die Landeskirche gilt seit 1977 die Kirchliche Dienstvertragsordnung (DiVO) mit wesentlichen Bestimmungen des TV-L.

1 Die Regelungen der AVR DD gelten in verschiedenen Landesverbänden der Diakonie ausschließlich über einzelvertragliche Bezugnahmeklauseln im jeweiligen Arbeitsvertrag, über Formulierungen wie: »Es finden die AVR.DD in der jeweils geltenden Fassung Anwendung«. Satzungsrechtliche Regelungen in einer Landeskirche oder einem Diakonischen Werk haben mangels satzungsrechtlichem Drittschutz auf das Arbeitsverhältnis keine Auswirkung. Bundesweit sollen etwa 150000 Arbeitnehmer arbeitsvertraglich an die AVR.DD gebunden sein.

2 Die Vertreter der Arbeitnehmer in der ARK DD (vor Januar 2014: ARK des DW der EKD) und Arbeitnehmervertreter aus fast allen anderen regionalen Arbeitsrechtlichen Kommissionen in Deutschland erklärten in der so genannten Göttinger Erklärung vom 29.10.2009 den Dritten Weg als gescheitert und forderten die kirchlich-diakonischen Arbeitgeber auf, mit der Gewerkschaft ver.di Tarifverhandlungen aufzunehmen. Nachdem an zwei angesetzten Wahlterminen im ersten Halbjahr 2010 die Arbeitnehmerseite mit formalen Verfahrensweisen die Wahl der Vertreter in die neue ARK verhinderte, beschloss die Diakonische Konferenz am 16.6.2010 eine Änderung der Wahlordnung zur ARK. AGMAVen und Verbände sollten nur dann beteiligungsfähig sein, wenn sie vorher erklärten, dass sie am Dritten Weg auch mitarbeiten. Unter Protesten fand am 8.9.2010 in Kassel die Delegiertenversammlung für die Wahl der ARK nach der neuen Wahlordnung statt. Mit Androhung von Polizeieinsatz wurden die AGMAVen, die die »Göttinger Erklärung« unterschrieben hatten, draußen gehalten.
Auf Grund der neuen Wahlordnung der diakonischen Arbeitgeber wurde eine von der Mitarbeiterschaft so bezeichnete »Kommission der Willigen« gewählt. Sie bestand aus Vertretern zweier AGMAVen (Mecklenburg und Sachsen), des Marburger Bunds aus Nordrhein-Westfalen und drei regionalen VKM's (der VKM Deutschland sprach sich gegen eine Beteiligung aus) sowie einem weiteren regionalen arbeitgebernahen Verband aus Bayern.

3 Die Tarifverträge in der Nordkirche, abgeschlossen mit dem Verband kirchlicher und diakonischer Dienstgeber in Norddeutschland (VKDN) mit einem umfangreichen Schlichtungsverfahren bei Nichteinigung. Das Streikrecht ist nicht ausgeschlossen. Für den TV Berlin-Brandenburg-Schlesische Oberlausitz gilt eine verbindliche Schlichtung mit Einigungszwang.

4 Die Mehrheit der Mitarbeitervertreter des DW der Evangelischen Kirche in Mitteldeutschland (EKM) lehnte 2009 auf einer Mitgliederversammlung eine Mitarbeit in der regionalen ARK ab. Trotz intensiver Öffentlich-

keitsarbeit seitens des DW erschienen zur ersten Wahlversammlung am 27.9.2011 nur 18 von ca. 1000 Mitarbeitervertretern. In der zweiten Wahlversammlung am 20.10.2011 wurden dann 3 Mitglieder in die ARK gewählt. Der Kandidat mit den meisten Stimmen erhielt 15 Stimmen, vor dem Hintergrund von ca. 26000 Diakonie-Mitarbeitern und 1000 wahlberechtigten Mitarbeitervertretern eine fragwürdige Zahl. Ohne gesetzliche Grundlage wurden vom DW der EKM zwei zusätzliche Wahlversammlungen einberufen. Die »Beteiligung« der Mitarbeiter und die Wahlergebnisse bewegten sich in ähnlicher Höhe. Der Gesamtausschuss wollte diese Wahlfarce juristisch anfechten. Eine Überprüfung oder Anfechtung solcher Vorgehensweisen ist allerdings vom Gesetzgeber nicht vorgesehen und daher nicht möglich. Das Kirchengericht der EKM hält sich aufgrund fehlender Rechtsgrundlagen für unzuständig. Inzwischen ist die ARK durch den VKM Mitteldeutschland besetzt, wenn auch gegen den erklärten Willen der Mehrheit der im GAMAV vertretenen MAVen.

Texte der Tarifverträge und Arbeitsvertragsrichtlinien in der Diakonie

Tarifverträge

Diakonie Niedersachsen	*https://ag-mav.org/tvdn*
Diakonie Nordkirche	Kirchlicher Tarifvertrag Diakonie (KTD) | Gesundheit, Soziale Dienste, Bildung und Wissenschaft Hamburg *(verdi.de)*

Arbeitsrecht im dritten Weg nach Diakonischen Werken

AVR DD (Diakonie Deutschland)	*http://www.ark-dw-ekd.de*
AVR DW Mecklenburg	AVR DW M-V 1.2.2022.doc *(diakonie-mv.de)*
AVR DW Pommern	AVR DW M-V 1.2.2022.doc *(diakonie-mv.de)*
AVR DW Berlin-Brandenburg-schl. Oberlausitz	Arbeitsvertragsrichtlinien des Diakonischen Werkes Berlin-Brandenburg-schlesische Oberlausitz (AVR DWBO) – Diakonisches Werk Berlin-Brandenburg-schlesische Oberlausitz e.V. *(diakonie-portal.de)*
AVR DW Mitteldeutschland	AVR_Mitteldeutschland_10_Aufl_u *(diakonie-mitteldeutschland.de)*
AVR DW Sachsen	AVR_Fassung_Sachsen_2023-10-26.pdf *(diakonie-sachsen.de)*
BAT-KF Rheinland-Westfalen-Lippe	*http://www.mav-beirat-ekir.de/index.php?option=com_content&view=category&layout=blog&id=202&Itemid=216*

AVR DW Kurhessen-Waldeck	*http://www.dwkw.de/download/AVR.KW_01_01-2011.pdf*
AVR Hessen Nassau	*https://kirchenrecht-ekhn.de/document/40276*
AVR DW Baden	Geltendes Recht: 921.200 AR Arbeitsvertragsrichtl. DD (AR-AVR) – Kirchenrecht Online-Nachschlagewerk | Ev. Landeskirche in Baden *(kirchenrecht-baden.de)*
AVR DW Württemberg	*Start – | AVR-Württemberg (xn--avr-wrttemberg-ksb.de)*
AVR DW Bayern	Arbeitsvertragsrichtlinien Diakonie Bayern – Diakonie Bayern *(diakonie-bayern.de)*

Arbeits- und Gesundheitsschutz

Was ist das? – Grundlagen

Unter »Arbeits- und Gesundheitsschutz« versteht man Regelungen und Maßnahmen, die im Arbeitsleben zum Schutz der körperlichen und geistigen Unversehrtheit der Beschäftigten getroffen sind. Ziel aller Arbeitsschutzmaßnahmen ist, die Unfall- und Gesundheitsgefahren zu minimieren, bestenfalls auszuschließen. Nachdem alle Arbeitsschutzmaßnahmen Kosten verursachen, besteht hier ein natürlicher Gegensatz zwischen Arbeitgeber- und Arbeitnehmerinteressen. Quelle: BMAS/BAuA: Sicherheit und Gesundheit bei der Arbeit, Berichtsjahr 2022, S. 10.

Der Arbeitsschutz in Deutschland ist auf der Basis eines »dualen Systems« geregelt: Zum einen gelten für alle Betriebe, auch für kirchliche, die einschlägigen staatlichen Bestimmungen, Gesetze und Verordnungen. Zum anderen gibt es die – öffentlich-rechtlichen – Träger der Unfallversicherung, die Berufsgenossenschaften (gewerblich) und Unfallkassen (öffentlich). Beide Seiten dieses dualen Systems haben eng zusammenzuarbeiten, etwa im Rahmen der Gemeinsamen Deutschen Arbeitsschutzstrategie (GDA; s. u.).

Bedeutsame staatliche Regelungen sind insbesondere:

- § 618 BGB (Pflicht des Arbeitgebers zu Schutzmaßnahmen).
- Arbeitsschutzgesetz (ArbSchG) von 1996. Es regelt Unternehmer- und Arbeitnehmerpflichten im Zusammenhang mit dem Arbeits- und Gesundheitsschutz und schreibt (in § 5 Abs. 1) insbesondere sog. → **Gefährdungsbeurteilungen** aller vorhandenen Arbeitsplätze und deren Dokumentation vor (§ 6 Abs. 1). Die Dokumentationspflicht gilt seit 25.10.2013 für alle Betriebe mit mindestens einem Beschäftigten.

»Mit dem … Arbeitsschutzgesetz werden erstmals einheitliche arbeitsschutzrechtliche Grundbestimmungen für alle Tätigkeitsbereiche in Wirtschaft, Verwaltung und bei den Kirchen und für alle Beschäftigtengruppen … geschaffen.«
(Thiel, ZMV 1996, S. 173).

- Arbeitssicherheitsgesetz (ASiG) von 1973; es regelt insbesondere die Bestellung von Betriebsärztinnen und Fachkräften für Arbeitssicherheit sowie die Einrichtung eines Arbeitsschutzausschusses in Betrieben mit mindestens 20 Beschäftigten.
- Arbeitszeitgesetz (ArbZG) von 1994.
- Arbeitsstättenverordnung (ArbStättV) von 2004. Sie beschreibt wesentliche Vorgaben für Arbeitsstätten wie Raumgröße, Luft- und Lärmverhältnisse, die Einrichtung von Pausen- und Sozialräumen sowie die Vorhaltung von Toiletten oder Duschen. Die Arbeitsstättenverordnung gilt seit Erlass des ArbSchG 1996 für alle Betriebe, auch die nicht gewerblichen, also auch für kirchliche und diakonische Einrichtungen. Mit einem neuen § 3a wurde der Nichtraucherschutz in der ArbStättV deutlich verbessert. Unter dem Stichwort »Entbürokratisierung« wurde die Arbeitsstättenverordnung im August 2004 völlig neu gefasst. Hatte die alte Verordnung noch 60 Paragrafen, begnügt

sich die neue mit lediglich acht. Damit sind viele Definitionen und Schutzmaßnahmen weggefallen und es gibt deutlich weniger konkrete Vorgaben und Regeln für Arbeitsstätten als vorher. Die Arbeitsstättenverordnung enthält seit 2016 auch die Bildschirmarbeitsverordnung. Sie wird konkretisiert durch die Technischen Regeln für Arbeitsstätten (ASR). Ausführlicher zum Thema → **Arbeitsstättenverordnung**: siehe eigenes Stichwort.

- Bildschirmarbeitsverordnung (BildscharbV) (ursprünglich von 1996). Sie wurde zum 3. 12. 2016 mit Änderungen und Ergänzungen in die neue Arbeitsstättenverordnung übernommen und existiert seitdem nicht mehr als eigenständige Verordnung. Die Verordnung beschreibt die Mindestanforderungen an Hard- und Software sowie die Umgebung von Computer-Arbeitsplätzen.
- Einschlägig sind außerdem: Gewerbeordnung (1999), Gefahrstoffverordnung (2010), Biostoffverordnung (1999; Neufassung 2013), Betriebssicherheitsverordnung (2002; Neufassung 2015), Infektionsschutzgesetz (2000), Lebensmittelhygieneverordnung (2007), Medizinproduktegesetz (2002), Medizinprodukte-Betreiberverordnung (2002) und die Verordnung zur arbeitsmedizinischen Vorsorge (ArbMedVV, 2008, Neufassung 2013).

Die Kontrolle der staatlichen Arbeitsschutzregelungen erfolgt durch die **Gewerbeaufsicht**. Die Gewerbeaufsicht ist die zuständige Behörde für die Einhaltung von Vorschriften des Arbeits-, Umwelt- und Verbraucherschutzes. In einzelnen Bundesländern wird die Gewerbeaufsicht als Amt für Arbeitsschutz bezeichnet. Die Kontrolle findet insbesondere statt durch Besichtigungen und Begehungen der Arbeitsstätten – in der Regel nur bei Beschwerden. Die Gewerbeaufsicht ist auch befugt, vom Arbeitgeber die zur Durchführung ihrer Überwachungsaufgaben erforderlichen Auskünfte und die Überlassung von entsprechenden Unterlagen zu verlangen (§ 22 Abs. 1 ArbSchG). Maßnahmen und Sanktionen bei Verstößen gegen gültige Arbeitsschutzbestimmungen können sein: Beratung, verbindliche Anordnungen, Erlass von Bußgeldern und sogar die Stilllegung von Betrieben oder die Verhängung von Freiheitsstrafen bis zu einem Jahr (§§ 25, 26 ArbSchG).

Gemeinsame Deutsche Arbeitsschutzstrategie

Neben dem Gesetzgeber bildet die gesetzliche Unfallversicherung das zweite Standbein des Arbeitsschutzes in Deutschland (= duales System von staatlichen Arbeitsschutzbehörden und Unfallversicherungsträgern). Der Versuch der stärkeren Koordinierung dieses dualen Systems ist die Einführung einer **Gemeinsamen Deutschen Arbeitsschutzstrategie** (GDA). Damit sollen staatliches Arbeitsschutzrecht und Regelungen der Unfallversicherungen stärker miteinander verknüpft werden. Grundlage ist das Unfallversicherungsmodernisierungsgesetz vom 30. 10. 2008. Konkretisiert ist die GDA im (ergänzten) Arbeitsschutzgesetz. Dort heißt es in § 20a:

»Nach den Bestimmungen dieses Abschnitts entwickeln Bund, Länder und Unfallversicherungsträger im Interesse eines wirksamen Arbeitsschutzes eine gemeinsame deutsche Arbeitsschutzstrategie und gewährleisten ihre Umsetzung und Fortschreibung. Mit der Wahrnehmung der ihnen gesetzlich zugewiesenen Aufgaben zur Verhütung von Arbeitsunfällen, Berufskrankheiten und arbeitsbedingten Gesundheitsgefahren sowie zur menschengerechten Gestaltung der Arbeit tragen Bund, Länder und Unfallversicherungsträger dazu bei, die Ziele der gemeinsamen deutschen Arbeitsschutzstrategie zu erreichen.
Die gemeinsame deutsche Arbeitsschutzstrategie umfasst 1. die Entwicklung gemeinsamer Arbeitsschutzziele, 2. die Festlegung vorrangiger Handlungsfelder und von Eckpunkten für Arbeitsprogramme sowie deren Ausführung nach einheitlichen Grundsätzen, 3. die Evaluierung der Arbeitsschutzziele, Handlungsfelder und Arbeitsprogramme mit geeigneten Kennziffern, 4. die Festlegung eines abgestimmten Vorgehens der für den Arbeitsschutz zuständigen Landesbehörden und der Unfallversicherungsträger bei der Beratung und Überwachung der Betriebe, 5. die Herstellung eines verständlichen, überschaubaren und abgestimmten Vorschriften- und Regelwerks.«

Die Umsetzung der GDA erfolgt jeweils in **Arbeitsprogrammen**, die in 5-Jahres-Perioden bearbeitet werden. Die bisherigen Perioden waren: 1998 bis 2012, 2013 bis 2018, 2019 bis 2024. Ab 2025 folgt dann die vierte Periode.

Die Ziele der zweiten GDA-Periode lauteten: Verbesserung der Organisation des betrieblichen Arbeitsschutzes (»Arbeitsschutz mit Methode – zahlt sich aus«), Verringerung von arbeitsbedingten Gesundheitsgefährdungen und Erkrankungen im Muskel-Skelett-Bereich (»Prävention macht stark – auch deinen Rücken«), Schutz und Stärkung der Gesundheit bei arbeitsbedingter psychischer Belastung (»Stress reduzieren – Potenziale entwickeln«).

Das Thema der 3. Strategieperiode ist »Arbeit sicher und gesund gestalten: Prävention mit Hilfe der Gefährdungsbeurteilung«. Die drei Arbeitsschutzziele dieser Phase sind: »Gute Arbeitsgestaltung bei Muskel-Skelett-Belastungen«, »Gute Arbeitsgestaltung bei psychischen Belastungen« und »Sicherer Umgang mit krebserzeugenden Gefahrstoffen«.

Die Entwicklung, Steuerung und Fortschreibung der GDA erfolgt in der **Nationalen Arbeitsschutzkonferenz** (NAK), die jeweils aus drei stimmberechtigten Vertreterinnen von Bund, Ländern und Unfallversicherungsträgern besteht; Vertreterinnen der Arbeitgeber und der Gewerkschaften haben beratende Stimme (s. § 20b ArbSchG).

Berufsgenossenschaften – Aufgaben und Kompetenzen

Die Berufsgenossenschaften regeln in einer Fülle von Vorschriften das weit verzweigte Gebiet des Arbeitsschutzes. Sie werden jeweils durch das Bundesministerium für Arbeit und Soziales genehmigt. Daneben erlassen die Berufsgenossen-

schaften Regeln für Sicherheit und Gesundheit bei der Arbeit; außerdem sog. Informationen und Grundsätze.
Seit 1.5.2014 hat das Vorschriften- und Regelwerk der Berufsgenossenschaften eine neue Systematik. Weiteres siehe → **Unfallversicherung.**
Für die meisten Dienststellen im Bereich der Diakonie ist die Berufsgenossenschaft für Gesundheitsdienst und Wohlfahrtspflege (BGW; homepage: *http://www.bgw-online.de*), für die meisten kirchlichen Dienststellen die Verwaltungs-Berufsgenossenschaft (VBG; homepage: *www.vbg.de*) zuständig. Es gibt auch (kirchliche) Dienststellen, in denen beide Berufsgenossenschaften – jeweils für unterschiedliche Personenkreise – zuständig sind.
Zu den Aufgaben der Berufsgenossenschaften gehört – neben der Rehabilitation – auch die **Prävention** (Vorbeugung) vor Arbeitsunfällen und Berufskrankheiten. § 1 SGB VII ist die Grundlage der Prävention. Er lautet: »*Aufgabe der Unfallversicherung ist es, ... mit allen geeigneten Mitteln Arbeitsunfälle und Berufskrankheiten sowie arbeitsbedingte Gesundheitsgefahren zu verhüten*«. Da die Prävention *mit allen geeigneten Mitteln* erfolgen soll, sind dem Tätigwerden der Berufsgenossenschaften im Betrieb praktisch nur wenige Grenzen gesetzt.
Die Kontrolle der Berufsgenossenschaftlichen Vorschriften und Regeln obliegt den Berufsgenossenschaften selbst. Ihre Aufgabe besteht im Wesentlichen in der Beratung der Arbeitgeber, aber auch sie können bei der Verletzung von Vorschriften verbindliche Anordnungen erlassen.
Neben den Beamtinnen der Gewerbeaufsichtsämter und den Aufsichtspersonen der Berufsgenossenschaften haben in den Betrieben und Einrichtungen weitere Instanzen und Gremien den Auftrag, beim Arbeits- und Gesundheitsschutz zusammenzuarbeiten:

- die Beschäftigten (s. u. Bedeutung für die Beschäftigten),
- der Arbeitgeber,
- die Betriebsärztin,
- die Fachkraft für Arbeitssicherheit (Sifa),
- die Sicherheitsbeauftragten,
- die Mitarbeitervertretung,
- der Arbeitsschutzausschuss.

1. Arbeitgeber

Dem → **Arbeitgeber** obliegt die Verantwortung für die Einhaltung der Arbeitsschutzbestimmungen. Nach § 3 Abs. 1 ArbSchG ist der Arbeitgeber verpflichtet, die Räumlichkeiten, Anlagen und Arbeitsmittel so einzurichten und vorzuhalten, dass es für die Beschäftigten zu keinen Gefährdungen oder gesundheitlichen Beeinträchtigungen kommt. Er hat die erforderlichen Maßnahmen des Arbeitsschutzes zu treffen und die Wirksamkeit der Maßnahmen zu überprüfen. Sind

bei bestimmten Tätigkeiten Schutzausrüstungen vorgeschrieben (z. B. rutschfeste Schuhe), sind sie unentgeltlich zur Verfügung zu stellen.
Der Arbeitgeber hat auch die Verantwortung für die vorgeschriebenen **Unterweisungen** der Beschäftigten in Sachen Arbeits- und Gesundheitsschutz. Sie müssen ausreichend, angemessen und verständlich sein. Unterweisungen müssen bei der → **Einstellung**, bei Veränderungen im Aufgabenbereich, der Einführung neuer Arbeitsmittel oder einer neuen Technologie jeweils vor Aufnahme der Tätigkeit erfolgen (§ 12 Abs. 1 ArbSchG). Die Unterweisungen hat der Arbeitgeber selbst durchzuführen oder andere damit zu beauftragen (Delegation). Trotzdem bleibt er der Verantwortliche.
Daneben hat der Arbeitgeber Sorge zu tragen für die erforderliche Organisation des Arbeitsschutzes im Betrieb, für Maßnahmen der Ersten Hilfe und der Ausbildung von Ersthelferinnen, Sicherstellung der arbeitsmedizinischen Vorsorge und des Brandschutzes.
Die Regelungen für die Mindestzahl von **Ersthelferinnen** in einem Betrieb finden sich in der 2014 neu gefassten DGUV Vorschrift 1 »Grundsätze der Prävention«. Dort heißt es in § 26, dass in Betrieben zwischen 2 bis zu 20 anwesenden Versicherten eine Ersthelferin, bei mehr als 20 anwesenden Versicherten zwischen 5 und 10 % der Versicherten Ersthelferinnen sein müssen. Die neue Vorschrift 1 ermöglicht auch den Einsatz von Personen als Ersthelferinnen, die bereits über eine sanitäts- oder rettungsdienstliche Ausbildung verfügen. Ebenso dürfen als Ersthelferinnen Personen bestellt werden, die über eine abgeschlossene Ausbildung in einem Beruf des Gesundheitswesens verfügen. Dies dürfte die Suche nach Ersthelferinnen in vielen diakonischen Betrieben erleichtern. Die Kosten für die Ausbildung übernehmen übrigens komplett die Berufsgenossenschaften.
Die Pflicht der Arbeitgeber zur **arbeitsmedizinischen Vorsorge** ist geregelt in der Verordnung zur arbeitsmedizinischen Vorsorge (ArbMedVV; Neufassung 31. 10. 2013). Danach müssen Arbeitgeber folgende Untersuchungen – in der Regel durch den Betriebsarzt – anbieten:

	meint …
Pflichtvorsorge	arbeitsmedizinische Vorsorge, die bei bestimmten besonders gefährdenden Tätigkeiten veranlasst werden muss
Angebotsvorsorge	arbeitsmedizinische Vorsorge, die bei bestimmten gefährdenden Tätigkeiten angeboten werden muss
Wunschvorsorge	arbeitsmedizinische Vorsorge, die bei Tätigkeiten, bei denen ein Gesundheitsschaden nicht ausgeschlossen werden kann, auf Wunsch des oder der Beschäftigten ermöglicht werden muss

Die **ArbMedVV** von 2013 stellt klar, dass es bei der arbeitsmedizinischen Vorsorge nicht um den Nachweis der gesundheitlichen Eignung für berufliche Anforderungen geht und dass es keinen Untersuchungszwang gibt. Der Begriff »arbeitsmedizinische Vorsorgeuntersuchung« wird durch den Begriff »Arbeitsmedizinische Vorsorge« ersetzt. Die Untersuchungen dürfen nicht gegen den Willen der Beschäftigten durchgeführt werden.

Vor Durchführung einer Untersuchung muss die Betriebsärztin die Beschäftigten über Inhalte, Zweck und Risiken der Untersuchung aufklären. Die Beschäftigte kann so ihr Selbstbestimmungsrecht wahrnehmen und selbst entscheiden. Die für Pflicht-, Angebots- und Wunschvorsorge gleichermaßen gültige Vorsorgebescheinigung ersetzt die frühere Bescheinigung über das Untersuchungsergebnis. Der Arbeitgeber muss die Bescheinigungen in einer Vorsorgekartei führen.

Neu an der ArbMedVV 2013 ist, dass schon der Begriff »Untersuchung« weitgehend vermieden wird. Es gehe um »Vorsorge« und darum, dass ärztliche Untersuchungen nur stattfinden, wenn sie für Aufklärung und Beratung erforderlich sind (§ 2 Abs. 1 Satz 3 ArbMedVV). Das bedeutet einen Paradigmenwechsel: Nicht die Untersuchungen stehen im Zentrum des betriebsärztlichen Handelns, sondern Aufklärung und Beratung.

Die **ArbMedVV** 2013 aktualisiert außerdem den Anhang zur Angebotsvorsorge bei gefährdenden Tätigkeiten und zur Pflichtvorsorge bei besonders gefährdenden Tätigkeiten. Neu in der Angebotsvorsorge sind z. B. Tätigkeiten mit wesentlich erhöhten Belastungen des Muskel-Skelettsystems. Für Tätigkeiten mit einigen krebserzeugenden oder erbgutverändernden Stoffen wurde die rechtliche Grundlage für die Pflichtvorsorge geschaffen. Für alle übrigen Tätigkeiten kommt die Wunschvorsorge in Betracht.

Im November 2016 wurde die ArbMedVV im Anhang angepasst: die Begrifflichkeiten wurden zeitgleich mit Anpassungen in der Gefahrstoffverordnung mit dem EU-Recht harmonisiert. Hintergrund war die EU-Verordnung Nr. 1272/2008 über die Einstufung, Kennzeichnung und Verpackung von Stoffen und Gemischen (CLP-Verordnung).

Seit 2015 sind u. a. Plattenepithelkarzinome in der Berufskrankheiten-Verordnung (BKV) aufgeführt (BK 5103). Damit diese Berufskrankheit erst gar nicht entsteht, wurde Mitte 2019 in den Anhang der ArbMedVV ein neuer Vorsorgeanlass aufgenommen (siehe BGBl. 2019 I, S. 1082). Der Arbeitgeber muss Beschäftigten, die intensiver Belastung durch natürliche UV-Strahlung ausgesetzt sind, arbeitsmedizinische Vorsorge anbieten.

Zu den wesentlichen Aufgaben des Arbeitgebers im Rahmen des Arbeitsschutzes gehört auch die **Durchführung der → Gefährdungsbeurteilung** nach § 5 ArbSchG:

Mit der Gefährdungsbeurteilung sollen die auf die Beschäftigten einwirkenden Gefährdungen systematisch ermittelt werden. Die Beurteilung erfolgt bezogen

auf die jeweiligen Tätigkeiten. Gleichartige Tätigkeiten können zusammengefasst werden. Aus den Ergebnissen der Beurteilung ist dann abzuleiten, welche Arbeitsschutzmaßnahmen erforderlich sind. Dabei gilt immer das T-O-P-Prinzip: zuerst technische Maßnahmen, dann organisatorische und zuletzt persönliche Maßnahmen. Sinnvoll ist die Erstellung eines konkreten Maßnahmen- und Terminplans, um die Verantwortlichkeiten und die Erledigung sicherzustellen.
Gefährdungsbeurteilungen müssen bei der Einrichtung neuer Arbeitsplätze und anlassbezogen erfolgen. Darüber hinaus sollte ein fester Turnus für die Aktualisierung der Beurteilungen festgelegt sein, z. B. alle 2 bis 3 Jahre.

2. Betriebsärztinnen und Fachkräfte für Arbeitssicherheit
Nach § 1 ASiG ist für alle Betriebe bereits ab einem Beschäftigten eine betriebsärztliche und sicherheitstechnische Betreuung zu gewährleisten. **Betriebsärztinnen** sind Ärztinnen, die eine spezielle arbeitsmedizinische Zusatzausbildung absolviert haben und daher über die erforderliche arbeitsmedizinische Fachkunde verfügen. Die sicherheitstechnische Betreuung nehmen **Fachkräfte für Arbeitssicherheit** wahr – in der Regel Ingenieure oder Meister, die ebenfalls eine Zusatzausbildung absolviert haben. Die betriebsärztliche und sicherheitstechnische Betreuung kann erfolgen durch:

- Anstellung einer Betriebsärztin bzw. einer Fachkraft für Arbeitssicherheit im Betrieb,
- Bestellung einer externen Fachkraft,
- Verpflichtung eines überbetrieblichen sicherheitstechnischen Dienstes (z. B. ein arbeitsmedizinischer Dienst, TÜV oder Dekra).

Die Aufgaben sind schriftlich zuzuweisen.
Nach der grundlegenden Neuregelung des Arbeitsschutzes in Deutschland mit dem Arbeitsschutzgesetz 1996 hat die → **EKD** eine zentrale Ansprech- und Beratungsstelle gebildet: die Evangelische Fachstelle für Arbeitssicherheit (EFAS), die auch für Mitarbeitervertretungen der Verfassten Kirche Ansprechpartner ist (Adresse: EFAS, Otto-Brenner-Str. 9, 30159 Hannover, Tel. 0511/167920, Fax 0511/1679299, *https://www.efas-online.de/*). Die selbständigen kirchlichen Dienststellen (z. B. Dekanate) können sich über EFAS betriebsärztlich und sicherheitstechnisch betreuen lassen. Dies wird jedoch nur von einem Teil der kirchlichen Körperschaften in Anspruch genommen.
Betriebsärztinnen und Fachkräfte für Arbeitssicherheit haben die Aufgabe, den Arbeitgeber im Bereich des Arbeits- und Gesundheitsschutzes zu beraten und zu unterstützen. Wie die Berufsgenossenschaften führen sie Betriebsbegehungen und Besichtigungen der Arbeitsstätten und Arbeitsplätze durch. Die Betriebsärztinnen untersuchen die Beschäftigten außerdem arbeitsmedizinisch (s. o. die Bemerkungen zur ArbMedVV 2013) und führen Angebote durch zur sog. Pflichtvorsorge, Angebotsvorsorge und Wunschvorsorge. Die Bestätigung evtl.

Einschränkungen für bestimmte Tätigkeiten gehört seit 2013 nicht mehr zu den Aufgaben von Betriebsärztinnen.

Die wesentlichen Vorgaben der Berufsgenossenschaften für Betriebsärztinnen und Fachkräfte für Arbeitssicherheit enthält die **DGUV Vorschrift 2**. Sie sollte jeder Mitarbeitervertretung bekannt sein und kann über die BGW bezogen werden (Pappelallee 35/37, 22089 Hamburg; *https://www.bgw-online.de/bgw-online-de/service/medien-arbeitshilfen/medien-center/dguv-vorschrift-2-13906*).

Zum 1. 1. 2011 ist die DGUV Vorschrift 2 grundsätzlich neu geregelt worden und hat die betriebsärztliche und sicherheitstechnische Betreuung der Betriebe in Deutschland auf völlig neue Füße gestellt. Was ist neu in der DGUV Vorschrift 2?

- Es wird unterschieden zwischen der Grundbetreuung und der betriebsspezifischen Betreuung.
- Der Umfang der Grundbetreuung richtet sich nach der Zahl der Beschäftigten und nach der Gefährdungsgruppe des Betriebs (zwischen 0,5 und 2,5 Betreuungsstunden/Jahr und Mitarbeiterin).

Die meisten Betriebe in Kirche und Diakonie gehören zur niedrigsten Gefährdungsgruppe. Dort sind für jeden Beschäftigten 0,5 Betreuungsstunden/Jahr erforderlich, die dann auf Betriebsärztin und Fachkraft für Arbeitssicherheit aufgeteilt werden. Für eine diakonische Einrichtung mit 500 Beschäftigten sind also z. B. 250 Betreuungsstunden im Jahr anzusetzen. Krankenhäuser und Werkstätten für behinderte Menschen gehören zur höheren Gefährdungsgruppe mit 1,5 Betreuungsstunden/Jahr. Das Diakonie-Krankenhaus mit 500 Beschäftigten muss also 750 Betreuungsstunden im Jahr vorhalten.

- Es gibt insgesamt neun Aufgabenfelder für die Grundbetreuung – eines davon ist die Unterstützung und Beratung der Unternehmerin bei der Gefährdungsbeurteilung.
- Die Grundbetreuung erfolgt durch Betriebsärztin und Fachkraft für Arbeitssicherheit gemeinsam. Die jeweiligen Anteile legt der Arbeitgeber nach Beratung durch beide fest. Die MAV hat hier nach § 40 Buchst. b MVG ein (uneingeschränktes) Mitbestimmungsrecht.
- Der Umfang der betriebsspezifischen Betreuung ist vom Arbeitgeber nach dem betrieblichen Bedarf anhand eines Leistungskatalogs zu ermitteln und nach Beratung durch Betriebsarzt und Fachkraft für Arbeitssicherheit festzulegen. Auch hier hat die MAV nach § 40 Buchst. b MVG ein (uneingeschränktes) Mitbestimmungsrecht.

Wichtig:
Alle (arbeits-)medizinischen Untersuchungen von Beschäftigten gehören zum Bereich der betriebsspezifischen Betreuung. Da in der Regel viele Untersuchungen

erforderlich sind, ist die betriebsspezifische Betreuung üblicherweise deutlich umfangreicher als die Grundbetreuung.

- Die konkreten Aufgaben der Betriebsärztinnen und der Fachkräfte für Arbeitssicherheit werden unter Mitwirkung der betrieblichen Interessenvertretung sowie unter Verweis auf § 9 Abs. 3 ASiG ermittelt, aufgeteilt und mit ihnen schriftlich vereinbart.

Mit der Neuregelung der DGUV Vorschrift 2 wird das ASiG konkretisiert, die Gefährdungsbeurteilung wird zum zentralen Maßstab der Betreuung. Die betriebliche Interessenvertretung hat umfassende Mitbestimmungsrechte. Die Zusammenarbeit zwischen Betriebsärztinnen und Fachkräften für Arbeitssicherheit wird gefördert.

In den Jahren 2018 und 2019 hat eine Evaluation der DGUV Vorschrift 2 stattgefunden. Die Verhandlungen über eine Neuregelung haben sich zwischen Arbeitgeber- und Arbeitnehmerseite als schwierig erwiesen. Ab 2025 soll die erste Novellierung der DGUV Vorschrift 2 stattfinden, die folgende Veränderungen vorsieht:

- Zulassung weiterer Professionen zur Qualifizierung als Fachkraft für Arbeitssicherheit: Physikerinnen, Chemikerinnen, Biologinnen, Humanmedizinerinnen, Ergonominnen, Arbeits- und Organisationspsychologinnen, Arbeitshygienikerinnen und Arbeitswissenschaftlerinnen. Sie können dann in der Grund- und betriebsspezifischen Betreuung eingesetzt werden.
- Fortbildungsverpflichtung für den genannten Personenkreis.
- Verpflichtung zur Dokumentation von Fortbildungen der Betriebsärztinnen und Fachkräften für Arbeitssicherheit.
- Ermöglichung von mehr Delegation betriebsärztlicher Leistungen.
- Ermöglichung von Tele-Betriebsmedizin und Tele-Sicherheitsbetreuung (jeweils bis zu 1/3 der Gesamt-Betreuungsleistungen), wenn bestimmte Voraussetzungen erfüllt sind, z. B. die Erstbegehung des Betriebs in Präsenz.
- Erhöhung des Schwellenwertes für Kleinbetriebe von 10 auf 20. Das bedeutet, die »normale« Form der Unternehmerbetreuung greift erst ab dem Schwellenwert von 21 Beschäftigten – statt bisher ab 11 Beschäftigten. Das führt im Ergebnis für viele Betriebe und Beschäftigte zu geringeren Grundbetreuungszeiten.
- Einführung eines sog. Kompetenzzentrumsmodells, in dem Betriebsärztinnen und Fachkräfte für Arbeitssicherheit in unterversorgten Regionen die Betreuung kleiner und Kleinst-Betriebe sicherstellen. Bei diesen Zentren kooperieren dann auch mehrere Berufsgenossenschaften. Auf diese Weise soll der Mangel an Betriebsärztinnen ein Stück ausgeglichen werden.
- Geplant war auch eine andere Berücksichtigung von Teilzeitkräften bei der Berechnung der Einsatzzeiten für die Grundbetreuung. Ziel war die Verein-

heitlichung bei allen Berufsgenossenschaften und Unfallkassen. Diese Vereinheitlichung wird jedoch nicht erfolgen. Der bisherige Status Quo bleibt erhalten. Im Ergebnis können/müssen dann alle Berufsgenossenschaften und Unfallkassen ihre jeweils eigene Regelung treffen.

3. Sicherheitsbeauftragte

Sicherheitsbeauftragte sind in allen Betrieben mit mehr als 20 Beschäftigten zu bestellen (§ 22 SGB VII und § 20 DGUV Vorschrift 1). Die DGUV Vorschrift 1 von 2014 vereinheitlicht die für einen Betrieb erforderliche Zahl von Sicherheitsbeauftragten über alle Berufsgenossenschaften und Unfallkassen hinweg, indem fünf verbindliche Kriterien formuliert werden, nach denen sich die konkrete Zahl der Sicherheitsbeauftragten im Betrieb bestimmt. Die Neuregelung ist zweifellos flexibler und bedarfsgerechter, führt aber wegen ihrer »Offenheit« bisweilen auch zu Konflikten im Betrieb. Im Einzelnen handelt es sich um folgende fünf Kriterien:

1. Im Unternehmen bestehende Unfall- und Gesundheitsgefahren
   Wichtig sind also die Schlussfolgerungen aus den Gefährdungsbeurteilungen im Betrieb (nach § 5 ArbSchG).
2. Räumliche Nähe der zuständigen Sicherheitsbeauftragten zu den Beschäftigten.
   Gemeint ist: gleicher Arbeitsbereich, wie Lager, Büro, Schule, Stationen im Altenheim oder Krankenhaus, in der Regel auch gleiches Gebäude.
3. Zeitliche Nähe der zuständigen Sicherheitsbeauftragten zu den Beschäftigten
   Gemeint ist: Anwesenheit zur gleichen Arbeitszeit, bei Schichtarbeit müsste für jede Schicht mindestens eine Sicherheitsbeauftragte bestellt werden.
4. Fachliche Nähe der zuständigen Sicherheitsbeauftragten zu den Beschäftigten
   Gemeint ist: gleiche oder vergleichbare Tätigkeiten im Arbeitsbereich. Es geht um die Einschätzung von Qualifikation, Kenntnissen und Erfahrungen.
5. Anzahl der Beschäftigten
   Gemeint ist: Orientierung an der Ausdehnung des Arbeitsbereichs und an der Zahl der Beschäftigten. Die Sicherheitsbeauftragte sollte alle Kolleginnen und Kollegen noch persönlich kennen.

Wichtig:
Alle Kriterien müssen gleichrangig erfüllt sein.

Die Sicherheitsbeauftragten kommen aus den Reihen der Beschäftigten und sind insoweit »Laien« bei der Umsetzung des betrieblichen Arbeits- und Gesundheitsschutzes. Ihre Aufgabe besteht in der Beratung und Unterstützung des Arbeitgebers in Bezug auf Arbeitssicherheit und Gesundheitsschutz. Insbesondere sollen sie ihn auf im Betrieb vorhandene Unfall- und Gesundheitsgefährdungen

aufmerksam machen. Bei der Erfüllung ihrer Aufgaben dürfen sie nicht behindert oder wegen ihres Amtes benachteiligt werden.
Der Arbeitgeber hat den Sicherheitsbeauftragten außerdem Gelegenheit zu geben, ihre Aufgaben zu erfüllen, insbesondere in ihrem Bereich an den Betriebsbesichtigungen sowie den Untersuchungen von Unfällen und Berufskrankheiten durch die Aufsichtspersonen der Unfallversicherungsträger teilzunehmen; den Sicherheitsbeauftragten sind die hierbei erzielten Ergebnisse zur Kenntnis zu geben. Und die Unternehmerin hat sicherzustellen, dass die Fachkräfte für Arbeitssicherheit und Betriebsärztinnen mit den Sicherheitsbeauftragten eng zusammenwirken. (s. § 20 DGUV Vorschrift 1)

4. Mitarbeitervertretung

Die **Mitarbeitervertretung** hat im Rahmen des Arbeits- und Gesundheitsschutzes weitreichende Gestaltungsaufgaben und Mitbestimmungsrechte (s. u.: Bedeutung für die MAV).

5. Arbeitsschutzausschuss

Ein **Arbeitsschutzausschuss** ist in allen Betrieben mit mehr als 20 Beschäftigten zu bilden (§ 11 ASiG). In ihm arbeiten die verschiedenen Akteure des betrieblichen Arbeitsschutzes zusammen. Dem Arbeitsschutzausschuss gehören an (s. Organisationsschema):

- der Arbeitgeber oder eine von ihm Beauftragte,
- zwei von der MAV bestimmte MAV-Mitglieder,
- die Betriebsärztin,
- die Fachkraft für Arbeitssicherheit,
- die Sicherheitsbeauftragten,
- evtl. weitere Expertinnen.

Der Arbeitsschutzausschuss hat die Aufgabe, Anliegen des Arbeitsschutzes und der Unfallverhütung zu beraten. Er tritt mindestens einmal vierteljährlich zusammen (§ 11 ASiG).

Organisationsschema Arbeitsschutzausschuss (nach § 11 ASiG)

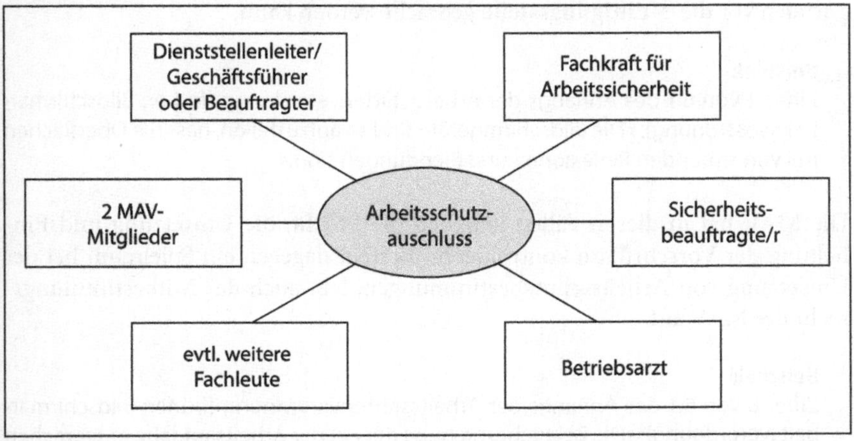

Anmerkung: Kirchliche und diakonische Arbeitgeber nehmen den Arbeitsschutz in der Regel nicht so ernst, wie es dem Thema angemessen wäre. Sie gehen davon aus, dass Gefährdungen im Verwaltungs-, Gesundheits- und Sozialbereich nicht in der gleichen Weise vorhanden seien wie etwa in Industrie und Gewerbe. Dabei liegen die Gesundheitsgefährdungen bei Kirche und Diakonie lediglich in anderen Bereichen, wie Stress, fehlende Psychohygiene, Burn-Out-Gefahr oder auch unqualifizierte Führungspersonen. Diese Sicht der – kirchlichen – Arbeitgeber färbt – leider – oft genug auf die Mitarbeitervertretungen ab, die den Arbeits- und Gesundheitsschutz ihrer Beschäftigten nicht so wichtig nehmen, weil die Gefährdungen weniger offensichtlich sind. Wir plädieren dafür, dass Mitarbeitervertretungen den Arbeits- und Gesundheitsschutz in kirchlichen und diakonischen Einrichtungen auf Platz eins ihrer Agenda setzen.

Bedeutung für die MAV

1. Mitbestimmung im Arbeits- und Gesundheitsschutz

Das MVG sieht im Bereich Arbeits- und Gesundheitsschutz **weitgehende → Mitbestimmungsrechte** vor: Alle betrieblichen Maßnahmen, die mit diesem Thema zusammenhängen (»Maßnahmen zur Verhütung von Unfällen und gesundheitlichen Gefahren«), unterliegen der uneingeschränkten Mitbestimmung der MAV (§ 40 Buchst. b MVG). Mitarbeitervertretungen sollten gegenüber ihren Dienststellenleitungen darauf drängen, dass dies tatsächlich bei allen solchen Maßnahmen erfolgt. Verletzt der Arbeitgeber das Mitbestimmungsrecht, kann das Kirchengericht angerufen werden (→ **Rechtsschutz**).

Es besteht dann kein Mitbestimmungsrecht, wenn die gesetzlichen Vorgaben keinen Spielraum zulassen (vgl. BAG v. 8.6.2004 – 1 ABR 13/03). Allerdings wird in der Regel ein Gestaltungsspielraum für den Arbeitgeber bestehen. Können sich Arbeitgeber und MAV innerhalb dieses Gestaltungsspielraums nicht einigen, handelt es sich um eine Regelungsstreitigkeit, die von beiden Betriebsparteien vor die → **Einigungsstelle** gebracht werden kann.

> **Beispiel:**
> Ziffer 4 von 6.1 des Anhangs der Arbeitsstättenverordnung (früher: Bildschirmarbeitsverordnung): »Die Bildschirmgeräte sind so aufzustellen, dass die Oberflächen frei von störenden Reflexionen und Blendungen sind.«

Die MAV hat in diesen Fällen lediglich die Pflicht, die Umsetzung und Einhaltung der Vorschrift zu kontrollieren. Besteht dagegen ein Spielraum bei der Umsetzung von Arbeitsschutzbestimmungen, lebt auch das Mitbestimmungsrecht der MAV auf.

> **Beispiel:**
> Ziffer 8 von 6.1 des Anhangs der Arbeitsstättenverordnung (früher: Bildschirmarbeitsverordnung): »Die Beleuchtung muss der Art der Arbeitsaufgabe entsprechen und an das Sehvermögen der Beschäftigten angepasst sein; ein angemessener Kontrast zwischen Bildschirm und Arbeitsumgebung ist zu gewährleisten.«

Wie »ein angemessener Kontrast« gewährleistet wird, unterliegt der Mitbestimmung der MAV.

> **Beispiel:**
> § 5 Abs. 1 ArbStättV: »Der Arbeitgeber hat die erforderlichen Maßnahmen zu treffen, damit die nicht rauchenden Beschäftigten in Arbeitsstätten wirksam vor den Gesundheitsgefahren durch Tabakrauch geschützt sind.«

Was tatsächlich »erforderlich« bzw. »wirksam« ist, unterliegt der Mitbestimmung der MAV.

2. Arbeits- und Gesundheitsschutz als allgemeine Aufgabe

Mit der Novellierung des MVG zum 1.1.2003 wurde in den Katalog der allgemeinen Aufgaben der MAV neu aufgenommen: »Maßnahmen des Arbeits- und Gesundheitsschutzes und des betrieblichen Umweltschutzes zu fördern.« (§ 35 Abs. 3 Buchst. i MVG) Mit dieser zusätzlichen Aufgabenbeschreibung wird der Arbeits- und Gesundheitsschutz der Beschäftigten auf die gleiche Stufe gestellt wie z. B. die Eingliederung schwerbehinderter Menschen bzw. weiterer besonders schutzbedürftiger Personen, die Gleichstellung der Geschlechter oder die Integration ausländischer Beschäftigter (§ 35 Abs. 3 Buchst. d bis h MVG). Die Förderung des Arbeits- und Gesundheitsschutzes gehört damit zum erweiterten Aufgabenkreis der MAVen und eröffnet so ein weites Betätigungsfeld für Anregungen, Vorschläge und Initiativen mit dem Ziel, gesündere Arbeitsbedingungen zu schaffen (→ **Gute Arbeit**).

Die Aufgabenbestimmung korrespondiert mit dem – uneingeschränkten – Mitbestimmungsrecht der MAV nach § 40 Buchst. b MVG (siehe 1.) und erstreckt sich naturgemäß auch auf Maßnahmen der **Prävention** vor gesundheitlichen Gefahren (z. B. Anregung von Fortbildungen zum Umgang mit aggressiven Jugendlichen in der Kinder- und Jugendhilfe oder mit aggressiven Bewohnern in der Altenhilfe).

Weil die MAV nach § 34 Abs. 1 MVG zur Durchführung ihrer Aufgaben rechtzeitig und umfassend zu unterrichten ist, ergibt sich aus der Aufgabenerweiterung auch ein weitergehender Informationsanspruch für den Bereich Arbeits- und Gesundheitsschutz. Informationen sind z. B. zu geben über alle wesentlichen Maßnahmen des Arbeits- und Gesundheitsschutzes in der Dienststelle, Vorschläge der Betriebsärztin bzw. der Fachkraft für Arbeitssicherheit, zu den Gefährdungsbeurteilungen und über Sicherheitsmängel, Gesundheitsgefahren und Berufskrankheiten (vgl. Fey/Rehren (Hrsg.), § 35, Rn. 21a).

Das Wie der → **Gefährdungsbeurteilung** unterliegt der Mitbestimmung der Mitarbeitervertretung nach § 40 Buchst. b MVG.EKD. Das Mitbestimmungsrecht besteht hier nicht nur bei der Festlegung, auf welche Weise (mit welchen Methoden) die Gefährdungsbeurteilung zu erstellen ist, sondern auch bei der Frage, wer mit der Erstellung beauftragt wird (Leitsatz zum Beschluss des KGH. EKD II-0124/N24-07 vom 9. Juli 2007). Das gilt natürlich genauso für die Festlegung, in welcher Weise, von wem und mit welcher konkreten Methode die Gefährdungsbeurteilung psychischer Belastungen am Arbeitsplatz erfolgen soll.

3. Initiativrecht im Arbeits- und Gesundheitsschutz

Auch im Rahmen des → **Initiativrechts** der MAV nach § 47 MVG, das sich auf alle Gegenstände bezieht, die der Mitbestimmung oder Mitberatung unterliegen, besitzen die Mitarbeitervertretungen sehr **weitgehende Vorschlags- und Gestaltungsmöglichkeiten**. Mitarbeitervertretungen können also in allen Bereichen des Arbeits- und Gesundheitsschutzes die Initiative ergreifen, Verbesserungen für die Beschäftigten zu erreichen.

Beispiel:
Die MAV beantragt nach Beschlussfassung in einer MAV-Sitzung beim Arbeitgeber, im Altenheim »Gottesfriede« Trage- und Hebehilfen, ebenso sog. Rutschbretter, anzuschaffen, die den Mitarbeiterinnen eine leichtere und rückenschonendere Handhabung der Pflege ermöglichen. Zusätzlich wird die ausführliche Unterweisung der Mitarbeiterinnen in den Umgang mit den Hilfsmitteln angeregt.

Der Arbeitgeber hat bei einem echten Initiativantrag nach § 47 MVG einen Monat Zeit zu reagieren. Die Ablehnung der vorgeschlagenen Maßnahme hat er schriftlich zu begründen. Kommt keine Einigung zustande, kann innerhalb von zwei Wochen von beiden Seiten die Einigungsstelle angerufen werden.

4. Schulungen zum Arbeits- und Gesundheitsschutz
Weil Mitarbeitervertretungen für die Einhaltung der geltenden Gesetze, Vorschriften usw. einzutreten haben (§ 35 Abs. 3 Buchst. b MVG), müssen sie alle einschlägigen Bestimmungen kennen (s. o. die wichtigsten einschlägigen Gesetze und Verordnungen). Es empfiehlt sich daher zum einen, diese Bestimmungen (im MAV-Büro) vorzuhalten, zum anderen → **Schulungen** und Seminare zum Thema Arbeits- und Gesundheitsschutz zu besuchen, die z. B. die Gewerkschaften anbieten. Empfehlenswert ist auch die Teilnahme an einem Seminar der BGW, speziell für Mitarbeitervertretungen. Die BGW veröffentlicht ihr Seminarprogramm immer im Herbst eines Jahres online (https://www.bgw-online.de/bgw-online-de/service/schulung-beratung/seminare). Alle im Bereich von Kirche und Diakonie tätigen Berufsgenossenschaften, Unfallkassen und die EFAS (s. o.) bieten zusätzlich ein umfangreiches Sortiment von Broschüren und Hilfen zur Information von MAVen.
Darüber hinaus sollte die MAV im Sinne einer Arbeitsteilung Expertinnen zum Arbeits- und Gesundheitsschutz ausbilden. Dies werden in der Regel die beiden MAV-Mitglieder sein, die im Arbeitsschutzausschuss vertreten sind.
Die wesentlichen Arbeitsschutzgesetze gehören als Nachschlagewerk in jedes MAV-Büro (z. B. Baumann-Czichon/Feuerhahn: Rechtssammlung; Kittner: Arbeits- und Sozialordnung; erscheint jährlich neu!).

5. Mitbestimmung bei der Aufstellung von Grundsätzen der Arbeitsplatzgestaltung und der Einführung grundlegend neuer Arbeitsmethoden
Die Mitbestimmungsrechte der MAV umfassen auch die **Aufstellung von Grundsätzen der Arbeitsplatzgestaltung** und die **Einführung grundlegend neuer Arbeitsmethoden** (§ 40 Buchst. g und h MVG). Hier sind in aller Regel die gesetzlichen und berufsgenossenschaftlichen Arbeitsschutzvorschriften einzubeziehen.

> **Beispiel:**
> In einer Dienststelle soll demnächst das papierlose Büro eingeführt werden.

Es handelt sich hier um die Einführung einer grundlegend neuen Arbeitsmethode, die der uneingeschränkten → **Mitbestimmung** der MAV unterliegt. Die MAV wird sich alle Kenntnisse in Sachen Arbeitsschutz zum Thema aneignen müssen, um die geplante Veränderung kompetent begleiten zu können. Einschlägig sind hier insbesondere die Maßnahmen zur Gestaltung von Bildschirmarbeitsplätzen im Anhang der → **Arbeitsstättenverordnung** (früher: Bildschirmarbeitsverordnung).

Die MAV muss in erster Linie darauf achten, dass die »gesicherten Erkenntnisse der Arbeitswissenschaft« (§ 4 ArbSchG) eingehalten bzw. umgesetzt werden. Sie hat auch die Aufgabe, die Interessen der betroffenen Beschäftigten in jeder Hinsicht zu vertreten und vor allem darauf zu achten, dass die Betroffenen durch die Veränderungen nicht unangemessen belastet werden. Falls erforderlich, sollte die MAV versuchen, einen Ausgleich für die Belastungen zu erreichen.

Um die Einführung einer grundlegend neuen Arbeitsmethode handelt es sich vor allem dann, wenn neue Technologien verwendet werden, etwa bei der Automatisierung von Arbeitsvorgängen.

6. Zusammenarbeit mit Gewerbeaufsichtsämtern und Berufsgenossenschaften

Mitarbeitervertretungen sollten eng **mit Gewerbeaufsichtsämtern und Berufsgenossenschaften zusammenarbeiten** und sich von ihnen beraten lassen. Die Aufsichtspersonen der Berufsgenossenschaften sind gerne bereit, die MAV zu beraten und zu unterstützen, im Einzelfall auch zu einer Mitarbeiterversammlung zu kommen.

Bei den Berufsgenossenschaften setzt sich mehr und mehr die Haltung durch, dass die Verbesserung von Arbeits- und Gesundheitsschutz nur gemeinsam mit den kirchlichen Interessenvertretungen gelingen kann. Allerdings berichten MAVen manchmal auch von der Bereitschaft der Aufsichtspersonen, immer wieder ein Auge zuzudrücken, wenn sie Mängel in der Umsetzung des betrieblichen Arbeitsschutzes feststellen. Dann geht es für MAVen darum, »den Finger in die Wunde zu legen«.

Nach den Satzungen der Berufsgenossenschaften – z. B. § 40 Abs. 2 BGW-Satzung – ist der Arbeitnehmervertretung Gelegenheit zu geben, an der Besichtigung des Unternehmens und an der Beratung von Fragen der Unfallverhütung und Ersten Hilfe teilzunehmen. Die Aufsichtspersonen der Berufsgenossenschaft übersenden der MAV Abschriften von Besichtigungsschreiben, anderen Niederschriften und sonstigen Schreiben an die Unternehmerin, die Maßnahmen der Unfallverhütung betreffen.

7. Mitbestimmung bei der Bestellung und Zusammenarbeit mit Betriebsärztinnen und Fachkräften für Arbeitssicherheit

Mitarbeitervertretungen **arbeiten eng mit Betriebsärztin und Fachkraft für Arbeitssicherheit zusammen**. Bei ihrer Bestellung haben sie ein uneingeschränktes → **Mitbestimmungsrecht** (§ 40 Buchst. a MVG; s. a. § 9 Abs. 3 ASiG). Nach § 9 Abs. 1 und 2 ASiG sind Betriebsärztinnen und Fachkräfte für Arbeitssicherheit

verpflichtet, die Mitarbeitervertretung über Angelegenheiten des Arbeitsschutzes und der Unfallverhütung im Betrieb zu unterrichten und zu beraten. Es empfiehlt sich für MAVen, an allen Betriebsbegehungen der Berufsgenossenschaft, der Betriebsärztin und der Fachkraft für Arbeitssicherheit teilzunehmen, um so gemeinsam die Anliegen von Arbeits- und Gesundheitsschutz zu fördern.
Die seit 2011 neu gestaltete betriebsärztliche und sicherheitstechnische Betreuung der Betriebe in Deutschland (DGUV Vorschrift 2) gibt den Mitarbeitervertretungen deutlich mehr Gestaltungsspielraum bei der Festlegung von Umfang und Inhalt der Grund- und betriebsbezogenen Betreuung. Die konkrete Vereinbarung der Aufgabenfelder für die Grundbetreuung, des Umfangs und des Inhalts der betriebsbezogenen Betreuung unterliegt der Mitbestimmung der MAV und ist zwischen Arbeitgeber, Betriebsärztin, Fachkraft für Arbeitssicherheit und Mitarbeitervertretung festzuschreiben. Den Mitarbeitervertretungen ist dringend zu empfehlen, dieses neue Instrument der Gestaltung des betrieblichen Arbeitsschutzes kompetent zu nutzen.

8. Mitarbeit im Arbeitsschutzausschuss

Das zentrale Gremium des Arbeitsschutzes im Betrieb ist der **Arbeitsschutzausschuss**, in dem die Mitarbeitervertretungen als einziges entsendendes Gremium zwei Sitze haben. Entsprechend wichtig sollte die Mitarbeitervertretung ihre Mitarbeit im Arbeitsschutzausschuss nehmen.

9. Gegenzeichnung der Unfallanzeigen

Die berufsgenossenschaftlichen Vorschriften sehen die Gegenzeichnung der **Unfallanzeigen** an die Berufsgenossenschaften durch Betriebs- und Personalräte vor. Dies gilt selbstverständlich auch für kirchliche Mitarbeitervertretungen, die ihre Unterschrift nach sorgfältiger Prüfung leisten sollten. Mit den Durchschlägen der Unfallanzeigen lassen sich auch – z. B. jährliche – Statistiken über das betriebliche Unfallgeschehen und zu besonderen Schwerpunkten von Arbeitsunfällen erstellen.

10. Betriebliche Gesundheitsförderung und Gesundheitsmanagement

In den Zusammenhang des Arbeitsschutzes gehört auch das Thema Betriebliche Gesundheitsförderung und Betriebliches Gesundheitsmanagement. *»Betriebliches Gesundheitsmanagement bedeutet ein planvolles Vorgehen mit dem Ziel, die Belastungen für die Beschäftigten zu verringern und so die Ressourcen der Mitarbeiter/innen im Hinblick auf ihre Gesundheit zu stärken. Das betriebliche Gesundheitsmanagement stellt eine Weiterentwicklung der vormaligen betrieblichen Gesundheitsförderung dar. Ziel der betrieblichen Gesundheitsförderung ist die Verbesserung des Gesundheitszustandes der Arbeitnehmerinnen und Arbeitnehmer. Die Einführung erfolgt im optimalen Fall prozessorientiert und mit Partizipation*

aller betrieblichen Akteurinnen und Akteure.« (ver.di-sopospezial: In Zukunft gesund. Schritt für Schritt zur betrieblichen Gesundheitsförderung, Berlin, April 2010, S. 9). Mit den Instrumenten eines betrieblichen Gesundheitsmanagements kann echte Präventionsarbeit stattfinden. Leitung, MAV und Beschäftigte nehmen dabei gemeinsam das Ziel gesunder Arbeitsplätze in den Blick.
Dabei hat sich mehr und mehr die Einrichtung von sog. »**Gesundheitszirkeln**« im Betrieb bewährt. Im Gesundheitszirkel arbeiten Beschäftigte, MAV und Fachleute (Betriebsärztinnen, Vertreterinnen von Krankenkassen, Berufsgenossenschaften oder Gewerkschaften) zusammen und können so die betriebliche Gesundheitsförderung institutionalisieren. Konkrete Ziele können sein: Senkung des Krankenstands, Verbesserung des Betriebsklimas, Umgestaltung von Arbeitsplätzen, Verringerung (psychischer) Fehlbelastungen, Verbesserung des Führungsstils oder der Information und Kommunikation. Hier hat die MAV im Rahmen ihres → **Initiativrechts** (§ 47 MVG) und ihrer allgemeinen Aufgaben (§ 35 Buchst. a und i MVG) sehr weitgehende Vorschlags- und Gestaltungsmöglichkeiten.
Im Koalitionsvertrag 2021 der »Ampel-Koalition« heißt es unter dem Stichwort Arbeits- und Gesundheitsschutz: *»Den hohen Arbeits- und Gesundheitsschutz in der sich wandelnden Arbeitswelt erhalten wir und passen ihn neuen Herausforderungen an. Insbesondere der psychischen Gesundheit widmen wir uns intensiv und erarbeiten einen Mobbing-Report. Vor allem kleine und mittlere Unternehmen unterstützen wir bei Prävention und Umsetzung des Arbeitsschutzes. Das betriebliche Eingliederungsmanagement stärken wir.«*

Bedeutung für die Beschäftigten

Beschäftigte haben einen Anspruch gegenüber dem Arbeitgeber, dass Gesundheitsgefährdungen am Arbeitsplatz weitestgehend ausgeschlossen werden. Das entspricht der Fürsorgepflicht des Arbeitgebers, die sich aus dem Arbeitsvertrag ergibt (§ 241 Abs. 2 BGB). Dem entspricht auch der Anspruch auf die Durchführung von → **Gefährdungsbeurteilungen** (§ 5 ArbSchG; § 618 BGB). Zu den Einzelheiten s. o. (Grundlagen) bei Pflichten des Arbeitgebers.
Beschäftigte haben Anspruch auf **Unterweisungen** in allen Fragen der Sicherheit und des Gesundheitsschutzes im Betrieb. Grundlage ist § 12 Abs. 1 ArbSchG und die DGUV Vorschrift 1 der Berufsgenossenschaften (Neufassung 2014). Dort heißt es in § 4: »Der Unternehmer hat die Versicherten über Sicherheit und Gesundheitsschutz bei der Arbeit, insbesondere über die mit ihrer Arbeit verbundenen Gefährdungen und die Maßnahmen zu ihrer Verhütung, entsprechend § 12 Abs. 1 Arbeitsschutzgesetz … zu unterweisen; die Unterweisung muss er-

forderlichenfalls wiederholt werden, mindestens aber einmal jährlich erfolgen; sie muss dokumentiert werden.«
Die Unterweisung muss während der Arbeitszeit erfolgen. Der Umfang muss in angemessenem Verhältnis zur vorhandenen Gefährdungssituation und der Qualifikation der Beschäftigten stehen. Zu den Inhalten der Unterweisung gehören vor allem die konkreten, arbeitsplatzbezogenen Gefährdungen.
Die Unterweisung muss regelmäßig erfolgen; sie sollte aber auch anlassbezogen durchgeführt werden. Auslöser für eine Unterweisung können sein: Einstellung, Veränderungen im Aufgabenbereich oder in den Arbeitsabläufen, Ergebnisse von Betriebsbesichtigungen, Unfallgeschehen.
Die Beschäftigten sind nach § 15 Abs. 1 ArbSchG verpflichtet, nach ihren Möglichkeiten für ihre Sicherheit und Gesundheit Sorge zu tragen. Das Gleiche gilt für die Sicherheit und Gesundheit anderer Personen, die von ihren Handlungen oder Unterlassungen betroffen sind. Aus dieser Pflicht erwächst das Recht, durch den Arbeitgeber entsprechend informiert zu werden. Nach § 16 Abs. 2 ArbSchG unterstützen die Beschäftigten gemeinsam mit Betriebsärztin und Fachkraft für Arbeitssicherheit den Arbeitgeber darin, Sicherheit und Gesundheitsschutz zu gewährleisten. Evtl. Mängel sollen daher auch der Fachkraft für Arbeitssicherheit, der Betriebsärztin oder der Sicherheitsbeauftragten mitgeteilt werden.
Beschäftigte können zu allen Fragen der Sicherheit und des Gesundheitsschutzes Vorschläge machen (§ 17 Abs. 1 ArbSchG). Sind sie der Auffassung, die vom Arbeitgeber getroffenen Maßnahmen reichen nicht aus, können sie sich an die zuständige Behörde (Gewerbeaufsichtsamt bzw. Amt für Arbeitsschutz) wenden. Hierdurch dürfen ihnen keine Nachteile entstehen (§ 17 Abs. 2 Satz 2 ArbSchG). Allerdings ist dieses → **Beschwerderecht** an Voraussetzungen geknüpft:

- Es müssen konkrete Anhaltspunkte gegeben sein, dass die Arbeitsschutzmaßnahmen unzureichend sind.
- Die Beschäftigten haben die Beschwerde bereits dem Arbeitgeber vorgetragen und dieser hat die angezeigten Mängel nicht beseitigt.

Kommt es in unseren Einrichtungen zu Gesundheitsgefährdungen durch Arbeitsüberlastungen, oft aufgrund einer zu geringen Personaldecke, sollten Beschäftigte das Instrument der → **Überlastungsanzeige bzw. Gefährdungsanzeige** in Betracht ziehen. In der betrieblichen Praxis hat es sich bewährt, dem Arbeitgeber bzw. der Vorgesetzten gesundheitsgefährdende Arbeitsbedingungen mit einer schriftlichen Gefährdungsanzeige mitzuteilen und auf Abhilfe zu drängen.

Übersicht: Gefährdungs- und Belastungsermittlung

Bereiche	– Unfälle – Unfallgefahren	– Physische Belastungen	– Psychische Belastungen	– Arbeitsumgebungsbelastungen • Gefahrstoffe • Lärm • andere
Verfahren:	– Unfalluntersuchung – Begehungen	– Ergon Lift (nach Prangert)	– Gesundheitszirkel – Befragungen	– Arbeitsbereichanalyse – Lärmbehinderungsprogramm – Klimaanlage (Yaghou)
	– ABBV – – Anabel – – Checklistensystem –			
Kooperation: Beteiligung	– Betroffenenwissen – Betroffenenerfahrungen • Belastungen • Belastungsfolgen	– Expertenwissen • Ursache/Wirkungszusammenhänge • Latenz		– Arbeitswissenschaftliche Ermittlungen
Ermittlung:	– Abteilungsbereiche, – Brobüberblick Belastungsarten, – Vorhandene Saten, – Arbeitsplätze/Arbeitsbereiche festlegen, – Methoden vereinbaren, – Verfahren festlegen, – Verantwortlichkeiten, – Informationslinien, – Termine			
Zuständigkeiten:	Rolle des • Arbeitgebers	Rolle der • Sicherheitsfachkräfte • Betriebsärzte	Rolle der • Sicherheitsbeauftragten • Arbeitswirtschaft	Fremdleistungen für die Analyse
Beurteilung: Maßnahmen:	– Mitbestimmung sichern • nicht geregelte Bereiche	– Beteiligung sichern • Gesundheitszirkel • Befragungen • Informationen	– Schutzziele festlegen • Vorschriften • eigene Vorstellungen	– Gestaltungsprioritäten • Einfachheit • Kostengünstigkeit • Notwendigkeit (Gefährlichkeit/Belastungsintensität)
	– Zuständigkeiten • Investmittelverantwortung • Entscheidungskompetenz		Zeitzonen festlegen • Zeitplan • Kontroll- und Pflegeverantwortung	– Maßnahmenstandard • Stand der Technik • arbeitswissenschaftliche Erkenntnisse
Entscheidungen:	Wo entscheiden?			Informationen an:
	Arbeitsschutzausschuss	Arbeitskreis Gesundheit		Betroffene Arbeitnehmer
	Durchführungskontrolle/Wirksamkeitskontrolle			
Bildungsmaßnahmen	Betriebsrat	Sicherheitsbeauftragte	Sicherheitsfachkräfte Betriebsärzte	Andere, mit der Ermittlung Beauftragte

Quelle: Jürgen Biermann/Stefan Schaumburg: Gefährdungsbeurteilung nach § 5 Arbeitsschutzgesetz. In: AiB 1997, S. 622

Übersicht: Gefährdung durch psychische Belastung bei der Arbeit (Auszug aus dem vom Bundesrat am 3.5.2013 beschlossenen Entwurf einer »Verordnung zum Schutz vor Gefährdungen durch psychische Belastung bei der Arbeit«)

Risikofaktoren

Psychische Belastung kann zu Gefährdungen der physischen und psychischen Gesundheit führen, wenn die Belastungen beeinträchtigende Effekte haben können. Diese können beruhen auf

- der Gestaltung der **Arbeitsaufgabe**, insbesondere unvollständigen Tätigkeiten, unzureichendem zeitlichen oder inhaltlichen Handlungsspielraum, einseitiger Belastung, hoher emotionaler Inanspruchnahme,
- der Gestaltung der **Arbeitsorganisation**, insbesondere unzureichender Information der Beschäftigten, unzureichender Abgrenzung der Verantwortung, unzureichender Durchschaubarkeit und Beeinflussbarkeit des Arbeitsablaufs, unausgeglichenem beziehungsweise gestörtem Arbeitsanfall, unzureichend abgestimmten Schnittstellen zwischen Arbeitsbereichen,
- der **Arbeitszeitgestaltung**, insbesondere der Ausdehnung der Arbeitszeit, der Länge der Arbeitsintervalle, der unzureichenden Abgrenzung von Arbeitszeit und Freizeit, der Art der Schichtplangestaltung sowie der Ausgestaltung von Rufbereitschaft und Erreichbarkeit,
- der Gestaltung der **sozialen Bedingungen**, insbesondere der Kooperation und Kommunikation, der unzureichenden Förderung der Qualifikation, unzureichender Unterstützung bei gesundheitlichen Einschränkungen,
- der Gestaltung der **Arbeitsumgebungsbedingungen**, insbesondere der **Wechselwirkung** physischer und psychischer Belastung durch Lärm, Vibrationen, ungeeignete Arbeitsmittel, ungünstige Beleuchtung und ungünstige klimatische Bedingungen,
- der **unzureichenden Integration** von Beschäftigten in die betriebliche Organisation und die betrieblichen sozialen Beziehungen bei geringfügiger Beschäftigung, Arbeit auf Abruf oder kurzzeitiger Beschäftigung sowie bei räumlicher Trennung von der Betriebstätte.

Gestaltungsgrundsätze

Um Gefährdungen für Sicherheit und Gesundheit bei der Arbeit zu vermeiden oder so weit wie möglich zu verringern, sind bei der Gestaltung des Arbeitssystems insbesondere die folgenden Gestaltungsgrundsätze zu berücksichtigen. Dabei besteht die Notwendigkeit, Arbeit sowohl geschlechtergerecht als auch alters- und alternsgerecht zu gestalten.

1. Arbeitsaufgabe:
   - angemessener Handlungs- und Entscheidungsspielraum: Er ermöglicht eine Einflussnahme der Beschäftigten auf Arbeitsinhalt, -pensum, -methoden, zeitliche Abfolge, Pausengestaltung;

- Vollständigkeit der Tätigkeit: Sie beinhaltet sowohl vorbereitende als auch ausführende und kontrollierende Aufgaben;
- Variabilität der Tätigkeit: Sie enthält vielfältige beziehungsweise wechselnde Arbeitsgegenstände, Arbeitsmittel, Arbeitsmethoden und erfordert vielseitige geistige Leistungen und körperliche Aktivitäten;
- Transparenz der Anforderungen der Arbeitsaufgabe.

2. Arbeitsorganisation:
   - Sicherung der rechtzeitigen Information, Kommunikation und Rückmeldung;
   - präventive Regelungen für Störungen und Unterbrechungen der Arbeit;
   - Begrenzung besonders belastender Tätigkeiten, die zu Ermüdung und herabgesetzter Wachsamkeit führen können;
   - Begrenzung der Arbeitsintensität;
   - bei Änderungen der Arbeits- oder Betriebsorganisation sind die Belastungen zu berücksichtigen, die sich aus diesem Prozess ergeben.
3. Arbeitszeitgestaltung:
   - belastungsangemessene innere Ausgestaltung der Arbeitszeit, Trennung von Arbeit und Freizeit bei flexiblen Arbeitszeitsystemen, belastungsnaher und ausreichender Freizeitausgleich.
4. Arbeitsumgebungsbedingungen:
   - Auswahl und Einsatz aufgabenangemessener und benutzerfreundlicher Arbeitsmittel unter Einbeziehung der Beschäftigten;
   - Berücksichtigung nicht vermeidbarer physischer Belastung in ihrer Auswirkung auf die psychische Belastung bei der Arbeit.
5. Soziale Bedingungen:
   - Beteiligung, Kommunikation, Unterstützung: Einbeziehung der Beschäftigten in Planungs- und Kommunikationsprozesse, Gewährleistung sozialer Unterstützung, angemessene und gesundheitsorientierte Personalführung, Beachtung der Grundsätze alters- und alternsgerechter sowie geschlechtergerechter Arbeitsgestaltung; Integration atypisch Beschäftigter in die betriebliche Kommunikation, einschließlich der Gefährdungsbeurteilung, der Arbeitsschutzinformation und der Unterweisung.

Übersicht: Pflicht-, Angebots- und Wunschvorsorge (§ 2 Abs. 2–4 ArbMedVV)

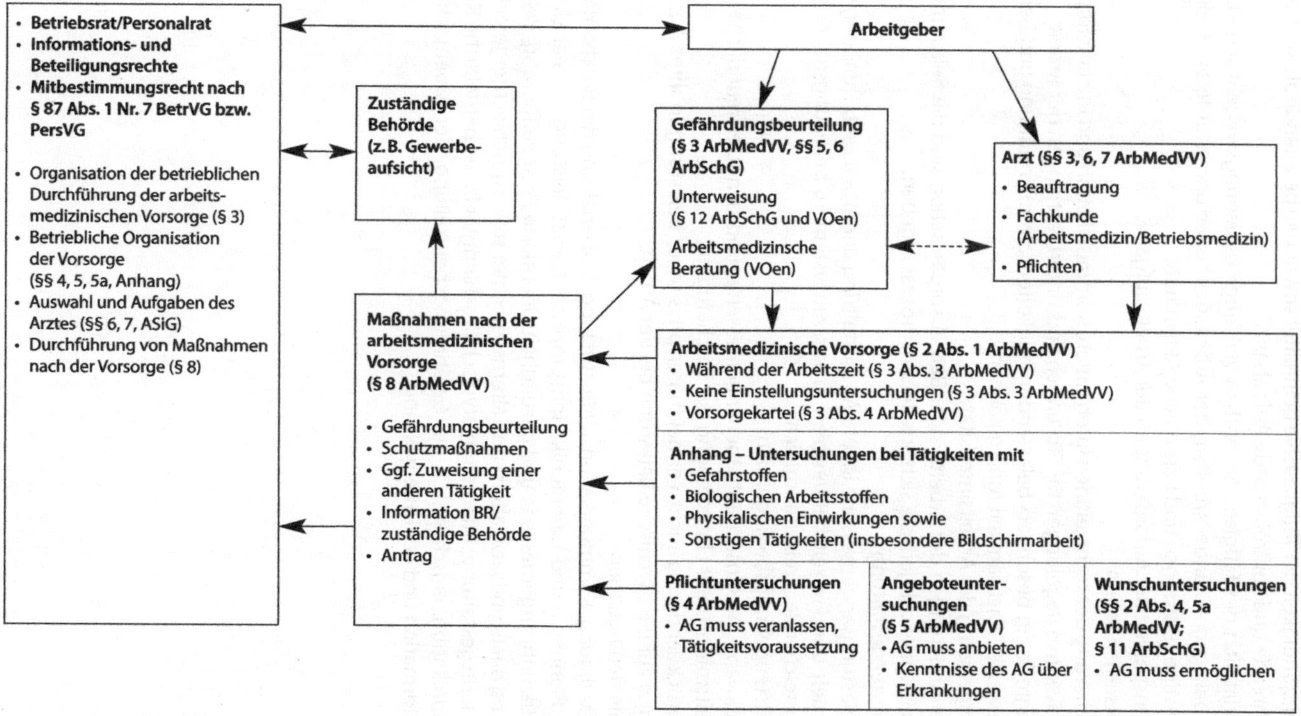

Quelle: Michael Kittner: Arbeits- und Sozialordnung, 48. Aufl., Frankfurt 2023, S. 302

Literaturhinweis

- *Berufsgenossenschaft für Gesundheitsdienst und Wohlfahrtspflege (BGW) (Hrsg.):* Die betriebliche Interessenvertretung im Arbeitsschutz, Hamburg 2024. Download unter: *https://www.bgw-online.de/resource/blob/109834/e706001458274299e9da3f52beafbe6e/bgw04-06-116-betriebliche-interessenvertretung-data.pdf.*
- *Heegner, Sabine:* Gesetzliche Unfallversicherung. Strukturen, Leistungen, Selbstverwaltung (hg. von Vereinte Dienstleistungsgewerkschaft – ver.di), Berlin 2014.
- *Kittner, Michael:* Arbeits- und Sozialordnung. Frankfurt 49. Auflage 2024.
- *Pieper, Ralf:* ArbSchR – Arbeitsschutzrecht. Arbeitsschutzgesetz, Arbeitssicherheitsgesetz und andere Arbeitsschutzvorschriften, 7. Auflage, Frankfurt 2022.
- *Pieper, Ralf:* Arbeitsschutzgesetz. Basiskommentar, 8. Auflage, Frankfurt 2018.
- *Schoof, Christian:* Betriebsratspraxis von A bis Z. Das Lexikon für die betriebliche Interessenvertretung, 16. Auflage, Frankfurt 2024.

Arbeitsstättenverordnung

Was ist das?

Die Arbeitsstättenverordnung (ArbStättV) von 2004 regelt alle Anforderungen, die an Arbeitsstätten zu stellen sind. Ziel ist der Gesundheitsschutz und die Sicherheit der Beschäftigten bei der Arbeit (§ 1 Abs. 1 ArbStättV). Die Verordnung beschreibt wesentliche Vorgaben für Arbeitsstätten wie Raumgröße, Luft- und Lärmverhältnisse, die Einrichtung von Pausen- und Sozialräumen sowie die Vorhaltung von Toiletten oder Duschen. Sie gilt seit Erlass des ArbSchG 1996 für **alle** Betriebe, auch für die nicht gewerblichen, d.h. auch für kirchliche und diakonische Einrichtungen. Mit einem neuen § 5 wurde der Nichtraucherschutz in der ArbStättV deutlich verbessert.

Unter dem Stichwort »Entbürokratisierung« wurde die Arbeitsstättenverordnung im August 2004 neu erlassen. Hatte die alte Verordnung noch 60 Paragrafen, begnügt sich die neue mit lediglich acht. Damit sind viele Definitionen und Schutzmaßnahmen weggefallen und es gibt deutlich weniger konkrete Vorgaben und Regeln für Arbeitsstätten als vorher. Die Verordnung beschränkt sich eher auf die Formulierung allgemeiner Schutzziele.

Beim Bundesministerium für Arbeit und Sozialordnung (BMAS) ist ein »Ausschuss für Arbeitsstätten« (ASTA) gebildet. Er soll Regeln ermitteln, wie die Anforderungen der Vorordnung in die Praxis umzusetzen sind, § 7 ArbStättV: Technische Regeln für Arbeitsstätten-ASR.

Die Bundesanstalt für Arbeitsschutz und Arbeitsmedizin (BAuA) ist als Ressortforschungseinrichtung des Bundes der Sicherheit und Gesundheit bei der Arbeit sowie der menschengerechten Arbeitsgestaltung verpflichtet. An drei Standorten in Dortmund, Berlin und Dresden arbeiten knapp 750 Beschäftigte an der Schnittstelle von Wissenschaft, Politik und Praxis. Sie nehmen Aufgaben in Forschung und Entwicklung, der Politikberatung, bei gesetzlichen und hoheitlichen Aufgaben und beim Transfer in die betriebliche Praxis wahr (*https://www.baua.de/DE/Die-BAuA*). Die BAuA führt die Geschäfte für den ASTA.

Mit der Änderung zum 3.12.2016 wurde die bisherige → **Bildschirmarbeitsverordnung** in die ArbStättV eingegliedert. Zum gleichen Zeitpunkt trat die

Bildschirmarbeitsverordnung außer Kraft. Seit dem 1.7.2024 gibt es eine eigene ASR zur Bildschirmarbeit, die ASR A6, die insbesondere im Zusammenhang mit mobiler Arbeit relevant ist. Zum 1.4.2024 wurde in § 5 (Nichtraucherschutz) das Wort »Tabakrauch« durch »Rauche und Dämpfe von Tabak- und Cannabisprodukten sowie elektronischen Zigaretten« ersetzt.

Bedeutung für die MAV

Mitarbeitervertretungen sollen nach § 35 Abs. 3 Buchst. b MVG darauf achten, dass die gültigen gesetzlichen und arbeitsrechtlichen Regelungen eingehalten werden. Dazu gehören auch die Vorschriften der Arbeitsstättenverordnung.
Die Bestimmungen und die Schutzziele der Arbeitsstättenverordnung sind eine wesentliche Grundlage für die Praxis des betrieblichen → **Arbeitsschutzes** und daher auch immer Thema der Arbeit im **Arbeitsschutzausschuss** (ASA). Der MAV steht nach § 40 Buchst. b MVG ein volles Mitbestimmungsrecht zur Seite bei Maßnahmen zur Verhütung von Unfällen und gesundheitlichen Gefahren. Auch hier sind die Regelungen der Arbeitsstättenverordnung zu beachten.

Literaturhinweis

- *BAuA (Hg.):* Arbeitsstättenverordnung, Technische Regeln für Arbeitsstätten. Ergänzte 6. Auflage, Dortmund 2023 (Stand: Juli 2023).
- Pieper, Ralf: Arbeitsstättenverordnung. Basiskommentar zur ArbStättV. 5. Auflage, Frankfurt/Main 2024.

Arbeitsstelle

Was ist das?

Der Begriff erlangt in der Regel Bedeutung, wenn es darum geht, wann die Arbeitszeit tatsächlich beginnt, also ab wann konkret gerechnet wird. In manchen Tarifverträgen oder AVR gibt es dazu eine Definition, so auch in den AVR.DD: Die → **Arbeitszeit** beginnt und endet an der Arbeitsstelle (§ 9 Abs. 5 AVR DD, § 16 Abs. 5 AVR-Bayern). Die **Arbeitsstelle** ist i. d. R. das **Gebäude**, in dem sich der **Arbeitsplatz** bzw. der Umkleideraum **befindet**. Die Arbeitsstelle ist vom Arbeitsplatz zu unterscheiden. Der Arbeitsplatz ist der konkrete Ort, an dem die Arbeitsleistung erbracht wird. Der Arbeitsplatz kann aber auch funktional und nicht nur räumlich beschrieben werden. Spricht man vom Wegfall von Arbeitsplätzen, meint man in der Regel nicht die Arbeitsorte, sondern die Tätigkeiten.
Im Bereich des **TVöD** wurde die BAT-Regelung nicht übernommen und daher gibt es dort keine Regelung für den Beginn oder das Ende der Arbeitszeit. Das bedeutet, Beginn und Ende der Arbeitet richtet sich nach der arbeitsvertraglich geschuldeten Tätigkeit an dem vom Arbeitgeber bestimmten Arbeitsplatz. Der Arbeitsplatz ist der Ort, an dem der Beschäftigte die geschuldete Arbeitsleistung tatsächlich erbringt.

Bedeutung für die MAV

Durch eine → **Dienstvereinbarung** kann im Bereich der AVR DD (§ 9) und der AVR-Bayern (§ 16 Abs. 5) von der Definition des Begriffs Arbeitsstelle abgewichen werden. Die MAV sollte von dieser Möglichkeit nur äußerst zurückhaltend Gebrauch machen – insbesondere sind Verschlechterungen für die verschiedenen Beschäftigten zu vermeiden.

Bedeutung für die Beschäftigten

Weil mit der Definition der Arbeitsstelle die Frage verknüpft ist, wann die Arbeitszeit zählt, geht es letztendlich ums Geld, um die Freizeit und um die Lebenszeit. Daher kommt der Definition einige Bedeutung zu. Nach den AVR DD (und den AVR-Bayern) beginnt mit dem **Durchschreiten** des Eingangs des Gebäudes, in dem sich der Arbeitsplatz befindet, für die Beschäftigten die → **Arbeitszeit**. Befindet sich der Umkleideraum in einem anderen Gebäude, beginnt die → **Arbeitszeit** mit dem Durchschreiten des Eingangs dieses Gebäudes. Die **Arbeitszeit** endet, wenn die Arbeitsstelle verlassen wird, d.h., wenn das Gebäude verlassen wird, in dem sich der Arbeitsplatz befindet bzw. der Umkleideraum. **Umkleidezeiten** zählen somit zur **Arbeitszeit**. Sind **Duschzeiten** aus hygienischen Gründen erforderlich, so zählen auch diese Zeiten zur **Arbeitszeit**.
Sollte durch eine → **Dienstvereinbarung** eine andere Regelung getroffen worden sein (nur AVR DD oder AVR-Bayern), so gilt die Regelung der **Dienstvereinbarung**.
Bei der **Dienstplangestaltung** ist auf **Umkleidezeiten** und auf Wegezeiten innerhalb des Gebäudes **Rücksicht** zu nehmen. Dies gilt insbesondere in Einrichtungen mit sich ablösenden Schichten und Übergabegesprächen.
Für den Bereich des TVöD/TV-L wurden durch das BAG Wege- und Umkleidezeiten zur Arbeitszeit zugehörig erklärt. Nachfolgend ein Hinweis zu diesem wichtigen Urteil aus dem Tarifsekretariat von ver.di.

»Berlin, 14.1.2013 Nr. 001/2013

TV-L und TVöD

Umkleidezeiten und innerbetriebliche Wegezeiten sind vergütungspflichtige Arbeitszeit

Mit Urteil vom 19.9.2012 – 5 AZR 678/11 hat das Bundesarbeitsgericht entschieden, dass Umkleidezeiten und durch das Umkleiden veranlasste innerbetriebliche Wegezeiten vergütungspflichtige Arbeitszeit sind, wenn der Arbeitgeber das Tragen einer bestimmten Kleidung vorschreibt und das Umkleiden im Betrieb erfolgen muss.

Im Gegensatz zum BAT (vergl. § 15 Abs. 7 BAT sowie – jeweils nur im Tarifgebiet West geltend – die Protokollnotiz zu § 15 Abs. 7 BAT und die Übergangsvorschrift des 66. Änderungstarifvertrages zum BAT vom 24. April 1991 zu örtlichen oder bezirklichen Regelungen über Wege- und Umkleidezeiten) enthalten der TVöD und der TV-L keine Festlegung darüber, wo die Arbeitszeit beginnt und endet. Die Arbeitgeberseite hat hieraus abgeleitet, dass innerbetriebliche Wege- und Umkleidezeiten nicht zur Arbeitszeit gehörten und deshalb nicht zu bezahlen seien.
In einem Verfahren zum TV-L hat das Bundesarbeitsgericht mit Urteil vom 19.9.2012 – 5 AZR 687/11 unter Aufgabe seiner teilweise gegenteiligen früheren

Auffassung (vergl. BAG v. 11. 10. 2000 – 5 AZR 122/99) entschieden, dass Umkleidezeiten und durch das Umkleiden veranlasste innerbetriebliche Wegezeiten vergütungspflichtige Arbeitszeit sind, wenn der Arbeitgeber das Tragen einer bestimmten Kleidung vorschreibt und das Umkleiden im Betrieb erfolgen muss. Erfasst wird hiervon die Zeitspanne, die für die einzelne Beschäftigte bzw. den einzelnen Beschäftigten unter Ausschöpfung ihrer bzw. seiner persönlichen Leistungsfähigkeit für das Umkleiden und das Zurücklegen des Weges von der Umkleidestelle zur Arbeitsstelle erforderlich ist.
Zur Begründung hat das Bundesarbeitsgericht Folgendes ausgeführt:
§ 6 Abs. 1 TV-L regelt nur die Dauer der durchschnittlichen wöchentlichen Arbeitszeit, nicht aber, was tarifliche Arbeitszeit ist. Der Begriff der Arbeitszeit ist daher im arbeitszeitrechtlichen Sinne zu verstehen. Arbeitszeit ist demnach die Zeit vom Beginn bis zum Ende der Arbeit ohne die Ruhepausen (§ 2 Abs. 1 ArbZG). »Arbeit« wiederum ist jede Tätigkeit, die als solche der Befriedigung eines fremden Bedürfnisses dient (§ 611 BGB). Der Arbeitgeber hat daher nicht nur die eigentliche Arbeitszeit zu vergüten, sondern auch solche Tätigkeiten, die er den Beschäftigten aufgrund seines (arbeitsvertraglich vermittelten) Direktionsrechts abverlangt.
Dem steht im Geltungsbereich des TV-L auch nicht die Vorschrift des § 25 Abs. 2 TVÜ-Länder entgegen, wonach bestehende Regelungen zur Anrechnung von Wege- und Umkleidezeiten auf die Arbeitszeit durch das Inkrafttreten des TV-L unberührt bleiben. Ein Wille der Tarifvertragsparteien, Umkleide- und Wegezeiten nicht mehr als Bestandteil der tariflichen Arbeitszeit zu werten, kann daraus nicht abgeleitet werden. Zweck dieser Vorschrift ist es nur, außerhalb des Tarifvertrages bestehende Regelungen durch das Inkrafttreten des TV-L nicht zu beeinträchtigen.
Soweit (nach dem Inkrafttreten des TV-L abgeschlossene) Dienst- oder Betriebsvereinbarungen die Zeiten für das Umkleiden und die innerbetrieblichen Wegezeiten pauschal festlegen, sind diese grundsätzlich unwirksam und können den Vergütungsanspruch weder begründen noch begrenzen. Eine Dienst- bzw. Betriebsvereinbarung ist grundsätzlich nur über Beginn und Ende, nicht aber über die Dauer der Arbeitszeit zulässig.
Dieses Urteil ist wegen der gleichen Regelungssystematik und Regelungsinhalte uneingeschränkt auf den Bereich des TVöD zu übertragen.«

Ergänzung 1: In zwei weiteren Urteilen hat sich das BAG mit der Frage auseinandergesetzt, inwieweit Umkleidezeiten bei der Trageverpflichtung von auffälliger Dienstkleidung Arbeitszeit ist.
Nach dem BAG gehören Umkleidezeiten zur vertraglich geschuldeten Arbeitsleistung, wenn das Umkleiden, wie die Arbeit selbst, einem fremden Bedürfnis – dem des Arbeitgebers – dient und nicht zugleich ein eigenes Bedürfnis erfüllt. Hier wird von der »Fremdnützigkeit des Umkleidens« gesprochen.

Schreibt der Arbeitgeber das Tragen einer bestimmten Kleidung und das Umkleiden im Betrieb vor, so ergibt sich die Fremdnützigkeit des Umkleidens bereits aus der Weisung des Arbeitgebers heraus, da sie ein Anlegen der Arbeitskleidung zu Hause und ein Tragen auf dem Weg zur Arbeitsstätte ausschließt. Zur Arbeitszeit zählt grundsätzlich auch das Zurücklegen des Wegs von der Umkleide- zur Arbeitsstelle (BAG v. 19. 9. 2012 – 5 AZR 678/11).
Eine ausschließliche Fremdnützigkeit wird unabhängig von einer solchen Anordnung auch bei besonders auffälliger Dienstkleidung bejaht, die den Arbeitgeber durch Firmenlogo, besondere Zeichen oder in sonstiger Weise erkennen lässt. So kann der Arbeitgeber nicht verlangen, dass Mitarbeiter ihren Arbeitgeber gegenüber Dritten offenlegen (vgl. BAG v. 17. 1. 2012 – 1 ABR 45/10). Stellt der Arbeitgeber für die auffällige Dienstkleidung geeignete Umkleidemöglichkeiten im Betrieb zur Verfügung, die von den Mitarbeitern genutzt werden, sei eine ausschließliche Fremdnützlichkeit gegeben (BAG v. 17. 11. 2015 – 1 ABR 76/13).
Eine Fremdnützigkeit ist hingegen zu verneinen, wenn der Arbeitgeber gestattet, eine an sich auffällige Dienstkleidung außerhalb der Arbeitszeit zu tragen und der Arbeitnehmer sich entscheidet, diese nicht im Betrieb an- und abzulegen. Das eigene Bedürfnis des Arbeitnehmers ergebe sich daraus, dass er keine eigenen Kleidungsstücke auf dem Arbeitsweg einsetzen muss oder sich aus anderen, selbstbestimmten Gründen gegen das An- und Ablegen der Dienstkleidung im Betrieb entscheidet (BAG v. 12. 11. 2013 – 1 ABR 59/13).
Mit seiner Entscheidung vom 17. 11. 2015 (BAG v. 17. 11. 2015 – 1 ABR 76/13) stellte das BAG klar: Ob vergütungspflichtige Umkleidezeit anfällt, hängt bei auffälliger Dienstkleidung ausschließlich davon ab, wie sich die Mitarbeiter entscheiden. Wechseln sie ihre Dienstkleidung erst am Arbeitsplatz, so handelt es sich um vergütungspflichtige Arbeitszeit. Entscheiden sich die Mitarbeiter bereits in der auffälligen Dienstkleidung am Arbeitsplatz zu erscheinen, so besteht keine Vergütungspflicht.
Ergänzung 2: Inzwischen hat das BAG den Begriff der auffälligen Dienstkleidung weitergehend konkretisiert und die Schwelle für das Vorliegen einer auffälligen Dienstkleidung spürbar herabgesetzt (BAG v. 6. 9. 2017 – 5 AZR 382/16). Demnach genügt bereits die **mögliche Zuordnung zu einem bestimmten Berufszweig oder einer bestimmten Berufsbranche**, wie im konkreten Fall der Heil- und Hilfsberufe, um das Merkmal der auffälligen Dienstkleidung zu bejahen. Folglich kann sogar die schlicht gehaltene weiße Dienstkleidung eines Krankenpflegers ausreichen, um das Merkmal der auffälligen Kleidung zu bejahen.

Arbeitsunfähigkeit

Was ist das?

Arbeitsunfähigkeit ist die **Unmöglichkeit** des Beschäftigten, die **arbeitsvertragliche Pflicht** zu **erfüllen**. Arbeitsunfähigkeit liegt auch dann vor, wenn aufgrund eines bestimmten Krankheitszustandes – der für sich allein genommen noch keine Arbeitsunfähigkeit bedingen würde – absehbar ist, dass durch die Ausübung der geschuldeten Arbeitsleistung der Gesundheit oder der Gesundung insoweit Schaden zugefügt wird, mit der Folge, dass unmittelbar Arbeitsunfähigkeit hervorgerufen werden würde.
Der Begriff der Arbeitsunfähigkeit stammt aus dem Sozialversicherungsrecht. Die Definition und der Anwendungsbereich wird vom Bundesausschuss der Ärzte und Krankenkassen in der sog. »AU-Richtlinie« definiert (3.9.1991 – BArbBl 11, S. 28, zuletzt geändert 27.3.2020). AU-Richtlinie siehe: *https://www.g-ba.de/richtlinien/2/*.

Bedeutung für die MAV

Krankheitsbedingte Arbeitsunfähigkeit kann auf unterschiedlichen Ebenen relevant für die MAV sein, z. B. wenn der Arbeitgeber Regelungen zur Vorlage von ärztlichen Attesten (→ **Krankmeldung**) einführen will oder die MAV ihr Informationsrecht nach § 34 MVG im Zusammenhang mit den Krankenständen im Betrieb geltend machen will. Nach § 40 Buchst. a und b MVG bestehen uneingeschränkte Mitbestimungsrechte rund um den Gesundheits- und Arbeitsschutz. Auch das → **Betriebliche Eingliederungsmanagement** (BEM) und seine Ausgestaltung gehören in diesen Themenkreis.

Bedeutung für die Beschäftigten

Die **Arbeitsunfähigkeit** bezieht sich immer auf die arbeitsvertraglich **geschuldete Arbeitsleistung**. Ein Arbeitnehmer mit einer Armverletzung kann arbeitsunfähig sein, wenn von ihm Tätigkeiten erwartet werden, zu denen er die Arme gebrauchen muss, er kann jedoch arbeitsfähig sein, wenn er z. B. nur eine überwachende Tätigkeit ohne Gebrauch des verletzten Armes ausüben muss. Nicht zu unterschätzen ist aber die Auswirkung auf den gesamten Körper und das Wohlbefinden, das durch Schmerzen insgesamt beeinträchtigt sein und zur Arbeitsunfähigkeit führen kann. Ist die Arbeitsunfähigkeit ärztlich festgestellt worden, kann der Arbeitgeber nicht vom Arbeitnehmer verlangen, dass er eine andere Tätigkeit als arbeitsvertraglich vereinbart ausübt. Dies gilt auch, wenn der Arbeitnehmer die Arbeit auf einem anderen Arbeitsplatz verrichten könnte. Während der Arbeitsunfähigkeit kann der Arbeitnehmer alle Tätigkeiten ausüben, die dem Heilungsprozess nicht entgegenstehen. Je nach Art der Erkrankung sind somit auch Gaststätten- oder Kinobesuche bzw. Einkaufsfahrten oder auch Reisen möglich. Um → **Abmahnungen** oder → **Kündigungen** des Arbeitsverhältnisses vorzubeugen, sollte jedoch bei außergewöhnlichen Aktivitäten ein ärztliches Attest über die Unbedenklichkeit einer bestimmten Maßnahme (z. B. Auftritt mit einer Band bei einer Sehnenscheidenentzündung) eingeholt werden.

Grundsätzlich besteht seitens des Arbeitnehmers keine Verpflichtung zur Mitteilung der Krankheitsdiagnose.

Während der Arbeitsunfähigkeit ist der Arbeitnehmer nicht verpflichtet, zu Gesprächen in die Dienststelle zu kommen. Ebenfalls braucht er dem Arbeitgeber telefonisch nicht für Arbeitsleistungen zur Verfügung zu stehen. Bei Krankenbesuchen durch den Arbeitgeber besteht keine Verpflichtung, diesen in die eigene Wohnung einzulassen.

Sowohl in den AVR.DD (§ 10 Abs. 2) als auch in den AVR-Bayern (§ 26 Abs. 2) ist vorgesehen, dass dem Arbeitgeber ein ärztliches Attest vorzulegen ist, wenn die Krankheit länger als drei Tage dauert. Das Attest ist spätestens am darauffolgenden allgemeinen Arbeitstag vorzulegen. In Einrichtungen mit der Sieben-Tage-Woche kann dies auch ein Samstag oder Sonntag sein, vorausgesetzt, ein entsprechender Ansprechpartner des Arbeitgebers ist vorhanden. Bei der Dreitagesfrist handelt es sich um Kalendertage. Im Gegensatz zum EFZG kann der Arbeitgeber im Bereich der AVR.DD und der AVR-Bayern nur in Einzelfällen, die besonders zu begründen sind, verlangen, dass ab dem ersten Krankheitstag ein Attest vorzulegen ist. Dauert die Arbeitsunfähigkeit länger als 6 Wochen, tritt die Krankenkasse mit dem Krankgeld an die Stelle der Entgeltfortzahlung nach dem EFZG. Trotzdem muss weiterhin angezeigt werden, dass die Arbeitsunfähigkeit andauert und die AU-Bescheinigungen vorgelegt werden bzw. der Arbeitnehmer muss weiterhin den behandelnden Arzt aufsuchen, damit dieser die andauernde Arbeitsunfähigkeit bestätigt und der Arbeitgeber die Bescheinigung elektronisch abrufen kann.

> **Beispiel:**
> Ein Beschäftigter erkrankt an einem Dienstag, das Attest ist spätestens am Freitag vorzulegen, wenn die Krankheit über den Donnerstag hinaus andauert. Die Nichtvorlage oder die nicht rechtzeitige Vorlage eines Attestes kann zu einer Abmahnung führen. Ebenfalls kann der Arbeitgeber bis zur Vorlage des Attestes die Fortzahlung der Vergütung verweigern.

Im Bereich des TVöD gibt es keine Regelungen zur Anzeige- und Nachweispflicht mehr. Es gelten unmittelbar die Bestimmungen des Entgeltfortzahlungsgesetzes, und zwar die §§ 5,7 und 9 EFZG.

§ 5 Anzeige- und Nachweispflichten

(1) Der Arbeitnehmer ist verpflichtet, dem Arbeitgeber die Arbeitsunfähigkeit und deren voraussichtliche Dauer unverzüglich mitzuteilen. Dauert die Arbeitsunfähigkeit länger als drei Kalendertage, hat der Arbeitnehmer eine ärztliche Bescheinigung über das Bestehen der Arbeitsunfähigkeit sowie deren voraussichtliche Dauer spätestens an dem darauffolgenden Arbeitstag vorzulegen. Der Arbeitgeber ist berechtigt, die Vorlage der ärztlichen Bescheinigung früher zu verlangen. Dauert die Arbeitsunfähigkeit länger als in der Bescheinigung angegeben, ist der Arbeitnehmer verpflichtet, eine neue ärztliche Bescheinigung vorzulegen. Ist der Arbeitnehmer Mitglied einer gesetzlichen Krankenkasse, muss die ärztliche Bescheinigung einen Vermerk des behandelnden Arztes darüber enthalten, dass der Krankenkasse unverzüglich eine Bescheinigung über die Arbeitsunfähigkeit mit Angaben über den Befund und die voraussichtliche Dauer der Arbeitsunfähigkeit übersandt wird.

(2) Hält sich der Arbeitnehmer bei Beginn der Arbeitsunfähigkeit im Ausland auf, so ist er verpflichtet, dem Arbeitgeber die Arbeitsunfähigkeit, deren voraussichtliche Dauer und die Adresse am Aufenthaltsort in der schnellstmöglichen Art der Übermittlung mitzuteilen. Die durch die Mitteilung entstehenden Kosten hat der Arbeitgeber zu tragen. Darüber hinaus ist der Arbeitnehmer, wenn er Mitglied einer gesetzlichen Krankenkasse ist, verpflichtet, auch dieser die Arbeitsunfähigkeit und deren voraussichtliche Dauer unverzüglich anzuzeigen. Dauert die Arbeitsunfähigkeit länger als angezeigt, so ist der Arbeitnehmer verpflichtet, der gesetzlichen Krankenkasse die voraussichtliche Fortdauer der Arbeitsunfähigkeit mitzuteilen. Die gesetzlichen Krankenkassen können festlegen, dass der Arbeitnehmer Anzeige- und Mitteilungspflichten nach den Sätzen 3 und 4 auch gegenüber einem ausländischen Sozialversicherungsträger erfüllen kann. Absatz 1 Satz 5 gilt nicht. Kehrt ein arbeitsunfähig erkrankter Arbeitnehmer in das Inland zurück, so ist er

verpflichtet, dem Arbeitgeber und der Krankenkasse seine Rückkehr unverzüglich anzuzeigen.

Keine Arbeitsunfähigkeit liegt bei einem **ambulanten Arztbesuch** vor. Ein Arztbesuch ist grundsätzlich außerhalb der Arbeitszeit zu legen. Sollte dies jedoch nicht möglich sein, so hat der Arbeitgeber den Beschäftigten dafür freizustellen, wenn die AVR oder ein Tarifvertrag das so vorsehen und § 616 BGB nicht ausgeschlossen wurde. Der Arbeitgeber kann ein **ärztliches Attest** über den Besuch beim Arzt verlangen.

Arbeitsunfall, Wegeunfall

Was ist das?

Arbeitsunfall ist ein Unfall, den eine versicherte Person erleidet und der seine Ursache in der versicherten Tätigkeit hat. Ein Unfall ist ein zeitlich begrenztes (längstens eine Arbeitsschicht), von außen auf den Körper einwirkendes Ereignis, das einen Gesundheitsschaden oder den Tod zur Folge hat (s. § 89 Abs. 1 Satz 2 SGB VII). Das äußere Ereignis muss die rechtlich wesentliche Ursache für den Gesundheitsschaden sein.
Grundsätzlich kann ein Arbeitsunfall also auch psychische Ursachen haben, der Gesundheitsschaden ist dann psychischer Natur. Auch hier handelt es sich um ein »von außen auf den Körper einwirkendes Ereignis«. Anlass können zum Beispiel traumatische Ereignisse bei der Arbeit sein, etwa bei Lokführerinnen der »Personenunfall« oder in einem Sozialkaufhaus ein Raubüberfall. Auch in Beratungsstellen oder Büros kommt es immer häufiger zu Übergriffen und Bedrohungen. Gewalt als Bedrohung gibt es auch im sozialen Bereich, etwa in Krankenhäusern, Behinderteneinrichtungen oder in der Jugendhilfe (→ **Gewalt und Aggression**).
Die berufliche Tätigkeit von Arbeitnehmerinnen steht unter dem Schutz der gesetzlichen **Unfallversicherung**. Die großen Risiken des Lebens, Arbeitslosigkeit, Krankheit, Pflegebedürftigkeit, Alter werden durch die verschiedenen Zweige der Sozialversicherung abgedeckt (Arbeitslosenversicherung, Krankenversicherung, Rentenversicherung). Das Risiko, auf dem Weg zur Arbeit oder bei der beruflichen Tätigkeit zu verunglücken, wird durch die Unfallversicherung abgedeckt. Im Gegensatz zu den drei anderen Sozialversicherungszweigen trägt hier der Arbeitgeber die Beiträge allein. Der Grund dafür liegt in der Freistellung von der Arbeitgeberhaftung durch die Unfallversicherung. Jeder Arbeitgeber in Deutschland ist in einer Berufsgenossenschaft versichert, wenn er Beschäftigte hat.
Erleidet eine Arbeitnehmerin einen **Arbeits- oder Wegeunfall**, so ist der Arbeitgeber verpflichtet, die Berufsgenossenschaft zu unterrichten, wenn die Arbeitsunfähigkeit länger als drei Tage dauert, die Person einen Arzt aufgesucht hat oder

tödlich verletzt wurde. Bei der Berechnung der 3-Tages-Frist zählt der Unfalltag nicht mit. Sofern diese Voraussetzungen vorliegen, ist die Unfallanzeige innerhalb von möglichst drei Tagen zu übermitteln.
Ein Arbeitsunfall ist also meldepflichtig, wenn der verletzte Arbeitnehmer länger als drei Tage arbeitsunfähig ist. → Arbeitsunfähigkeit liegt vor, wenn Beschäftigte ihre bisherige oder eine ähnliche Tätigkeit nicht oder nur unter der Gefahr ausüben können, dass sich ihr Zustand verschlimmert. Die Arbeitsunfähigkeit besteht auch dann, wenn die Mitarbeiterin an ihrem letzten Arbeitsplatz noch nicht wieder tätig sein kann, sich aber freiwillig zur (vorübergehenden) Aufnahme einer anderen (zumutbaren) Tätigkeit auf ein entsprechendes Angebot des Arbeitgebers entschließt. Will die Arbeitnehmerin von dieser Möglichkeit Gebrauch machen, ist unbedingt der behandelnde Arzt zu befragen. Maßgeblich ist die arbeitsvertraglich geschuldete Tätigkeit entsprechend dem Arbeitsvertrag.
Die Zahl der Arbeits- und Wegeunfälle ist bereits seit längerer Zeit stark rückläufig.

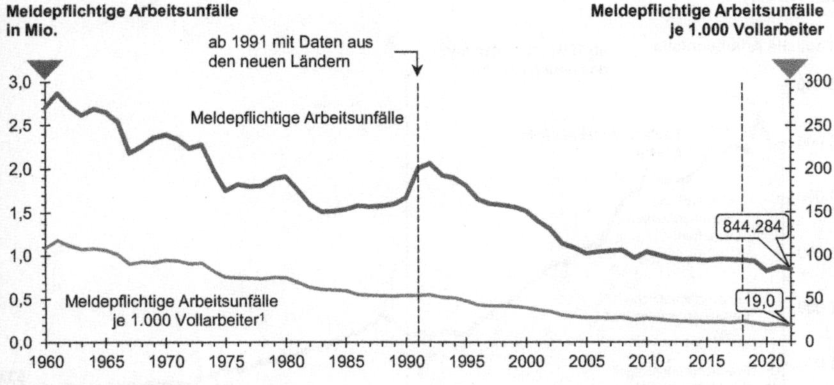

Quelle: Unfallversicherungsträger

[1] Durch eine geänderte Erfassung der Arbeitsstunden ab 2018 und der Versicherungsverhältnisse ab 2019 bei gewerblichen Berufsgenossenschaften und Unfallversicherungsträgern der öffentlichen Hand sind auch Vollarbeiterzahlen und Arbeitsstunden sowie auf diesen Größen basierende Unfallquoten nicht mit den Vorjahren vergleichbar. Dadurch kommt es in einzelnen Bereichen zu deutlichen Veränderungen.

Quelle: BMAS/BAuA: Sicherheit und Gesundheit bei der Arbeit, Berichtsjahr 2022, S. 26

So gab es Anfang der 1960er Jahre jährlich noch fast 3 Mio. Arbeitsunfälle (davon waren weit über 5000 tödlich; vgl. Kittner, Arbeits- und Sozialordnung, 48. Aufl. 2023, S. 285). Bis zum Jahr 2004 hat sich die Zahl auf gut 1 Mio. reduziert.
Insbesondere die tödlichen Arbeits- und Wegeunfälle gingen in den letzten Jahrzehnten deutlich zurück:

Jahr	Tödliche Unfälle
2000	1712
2005	1208
2010	886
2015	818
2020	607
2022	651

Quelle: *https://de.statista.com/statistik/daten/studie/276002/umfrage/gemeldete-toedliche-arbeitsunfaelle-in-deutschland-seit-1986/* bzw. *https://de.statista.com/statistik/daten/studie/6081/umfrage/gemeldete-toedliche-wegeunfaelle-in-deutschland-seit-1986/*

Die Steigerung von 2020 auf 2022 erklärt sich vor allem aus den Kontaktbeschränkungen in den Corona-Jahren 2020 und 2021.
Die Zahl aller Arbeitsunfälle hat sich im Jahr 2022 auf 844284 reduziert (s. Grafik oben).

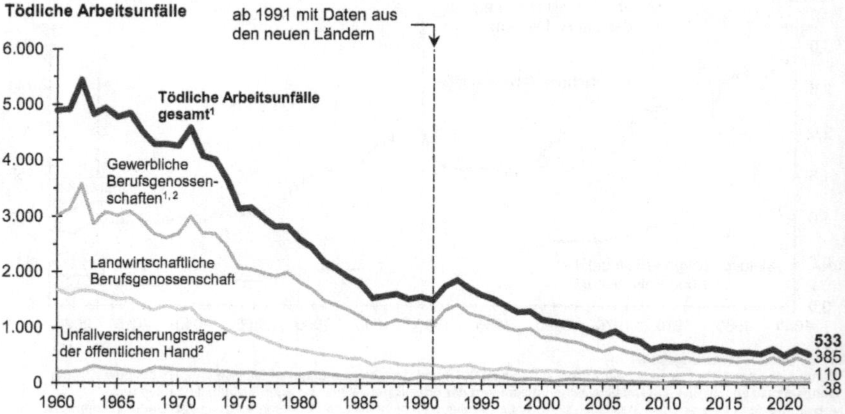

Quelle: Unfallversicherungsträger
1 Im Jahr 2019 einschließlich 84 Fälle aus den Jahren 2000 bis 2005, die erst nach Abschluss von Strafprozessen aufgenommen werden konnten.
2 Im Jahr 2016 hat die Unfallkasse Post und Telekom (früher Unfallversicherungsträger der öffentlichen Hand) mit der Berufsgenossenschaft für Transport und Verkehrswirtschaft (gewerbliche Berufsgenossenschaft) zur Berufsgenossenschaft Verkehrswirtschaft Post-Logistik Telekommunikation (kurz BG Verkehr) fusioniert. Die hier dargestellten Zahlen für die Unfallversicherungsträger der öffentlichen Hand und die gewerblichen Berufsgenossenschaften wurden ab dem Jahr 1973 rückwirkend angepasst.

Quelle: BMAS/BAuA: Sicherheit und Gesundheit bei der Arbeit, Berichtsjahr 2022, S. 28.

Speziell zum Thema **Wegeunfall**: Auch hier muss das Zurücklegen des Weges die rechtlich wesentliche Ursache für den Unfall sein. Unfälle durch Alkoholeinfluss sind daher in der Regel nicht versichert. Es gibt eine umfangreiche Rechtsprechung der Sozialgerichte, welche Ereignisse von der Anerkennung als Wegeunfall ausgeschlossen sind. Voraussetzung für einen Wegeunfall ist

- zunächst, dass es einen »inneren Zusammenhang« gibt zwischen dem Weg nach und von dem Ort der Tätigkeit und der eigentlich versicherten Tätigkeit und
- dass es sich um eine versicherte Person handelt.

Versichert ist nur der direkte Weg. Es muss nicht der kürzeste, aber der verkehrsgünstigste Weg sein. Der Hinweg beginnt mit dem Verlassen der Haustüre des Gebäudes, in dem die Versicherte wohnt. Der Weg endet mit dem Betreten des Betriebsgeländes. Auch der Weg zu einem anderen (dritten) Ort (z. B. zu einer Arztpraxis oder Freundin) kann versichert sein, wenn der Weg in einem angemessenen Verhältnis zum üblichen Weg steht und nicht länger als 2 Stunden gedauert hat. Unterbrechungen des Weges (Abwege, Umwege aus privaten Gründen) sind nicht versichert. Der Versicherungsschutz lebt in diesem Fall aber nach Ende der Unterbrechung wieder auf.

Wesentliches Entscheidungskriterium der Sozialgerichte, ob es sich um einen Arbeits- oder Wegeunfall handelt, ist seit einiger Zeit die sog. objektive »Handlungstendenz«. Sie entscheidet im Zweifel darüber, ob ein Wege- oder Arbeitsunfall als solcher anerkannt wird.

Bedeutung für die MAV

Die Verhinderung von Wege- und Arbeitsunfällen gehört zu den Aufgaben der MAV. Denn sie hat u. a. die Aufgabe, Maßnahmen des Arbeits- und Gesundheitsschutzes zu fördern (§ 35 Abs. 3 Buchst. i MVG). Weiterhin hat die MAV mitzubestimmen bei der Bestellung und Abberufung von Vertrauens- und Betriebsärzten und von Fachkräften für Arbeitssicherheit (§ 40 Buchst. a MVG), ebenso bei Maßnahmen zur Verhütung von Unfällen und gesundheitlichen Gefahren (§ 40 Buchst. b MVG). Auch die Mitbestimmung bei Grundsätzen der Arbeitsplatzgestaltung (§ 40 Buchst. g MVG) beinhaltet Aspekte der Vermeidung von Arbeitsunfällen. Das gilt aus unserer Sicht auch für die Festlegung und Änderung von Arbeitszeitregelungen (§ 40 Buchst. d MVG). Im Rahmen des Initiativrechts (§ 47 Abs. 1 MVG) kann die MAV auch von sich aus Vorschläge machen, um das Unfallgeschehen im Betrieb positiv zu beeinflussen.

Bedeutung für die Beschäftigten

Ein **Arbeitsunfall** im Sinne der gesetzlichen Unfallversicherung ist der Unfall einer Versicherten, der durch eine versicherte Tätigkeit verursacht und nicht absichtlich herbeigeführt wurde.
Unfälle beim **Betriebssport** können ebenfalls Arbeitsunfälle sein. Jedoch sind die Grenzen hier sehr eng gezogen. Um als Arbeitsunfall anerkannt zu werden, muss ein enger Zusammenhang zwischen Betriebssport und betrieblicher Tätigkeit vorliegen. Beschäftigte mit sitzender Tätigkeit, die an betrieblicher Gymnastik teilnehmen, werden unter den Versicherungsschutz fallen. Je mehr der Sport- und Wettkampfcharakter in den Mittelpunkt der sportlichen Tätigkeit rückt, desto weniger tritt bei einem Unfall die Unfallversicherung ein. Für Betriebssportgemeinschaften empfiehlt sich daher der Abschluss einer eigenen Versicherung.
Wie eine Arbeitnehmerin zum Arbeitsplatz – und wieder nach Hause – kommt, bleibt ihr in der Regel selbst überlassen. Unfälle auf dem **Weg zur Arbeit** werden jedoch der Haftungssphäre des Arbeitgebers zugerechnet. Diese Regelung bedeutet Versicherungsschutz bei Unfällen in einer umfassenden Art und Weise. Der Schutz kann Arztbehandlung, Krankenhausbehandlung, Kuren, Verletztengeld oder auch eine Rentenleistung beinhalten. Es gilt allgemein der Grundsatz: Rehabilitation vor Rente.
Ein **Wegeunfall** liegt immer dann vor, wenn der direkte, sinnvolle Weg zur Arbeitsstätte gewählt wurde. Fahrgemeinschaften stehen im Allgemeinen ebenso unter Versicherungsschutz.
Bei Arbeits- und Wegeunfällen haben Beschäftigte Ansprüche gegen die gesetzliche Unfallversicherung (s. §§ 26 ff. SGB VII). Sie sind im Einzelfall geltend zu machen, insbesondere über die Unfallanzeige (erfolgt in der Regel durch den Arbeitgeber, kann aber auch von den versicherten Beschäftigten selbst an die Berufsgenossenschaft erstattet werden).
Liegt nach dem Bescheid des Unfallversicherungsträgers ein Arbeits- oder Wegeunfall vor, hat die Betroffene Anspruch auf Heilbehandlung, auf Leistungen zur beruflichen und sozialen Rehabilitation, Leistungen bei Pflegebedürftigkeit, auf Verletztengeld, Übergangsgeld, evtl. auch auf Renten und Leistungen an Hinterbliebene.
Sind Beschäftigte mit einem Bescheid eines Trägers der gesetzlichen Unfallversicherung nicht einverstanden, etwa mit der Ablehnung eines Arbeitsunfalls, so können sie in einem **Widerspruchsverfahren** Einspruch gegen die Entscheidung erheben. Über den Widerspruch entscheidet ein **Widerspruchsausschuss**, der paritätisch aus Vertretern der Arbeitgeber- und Arbeitnehmerseite zusammengesetzt ist. Dies ist eine wesentliche Aufgabe der sog. Selbstverwaltung der gesetzlichen Unfallversicherung.

Erst wenn der Widerspruchsausschuss den Widerspruch der versicherten Person abgelehnt hat, ist das Verfahren vor den Sozialgerichten eröffnet. Gewerkschaftlich organisierte Arbeitnehmer können dabei den gewerkschaftlichen (Sozial-) Rechtsschutz in Anspruch nehmen.

Literaturhinweis

- *Schieke, Heinz/Braunsteffer, Heike:* Kurzinformation über Arbeitsunfälle, Wegeunfälle, Berufskrankheiten, 20. Auflage, Berlin 2021.
- *Schoof, Christian:* Betriebsratspraxis von A bis Z. Das Lexikon für die betriebliche Interessenvertretung, 16. Auflage, Frankfurt 2024 (Stichwort: Arbeitsunfall).

Arbeitsvertrag

Was ist das?

Arbeitsverträge (im kirchlich-diakonischen Bereich auch Dienstverträge genannt) sind die **Grundlage des Arbeitsverhältnisses.** In ihnen werden Rechte und Pflichten der Vertragsparteien geregelt. In den Arbeitsverträgen (§ 611a BGB) werden die Hauptpflichten aus dem Arbeitsverhältnis – Vergütungsanspruch und Arbeitsleistung – geregelt.
§ 611a BGB definiert den Arbeitsvertrag und grenzt ihn von einer selbständigen Tätigkeit ab: Durch den Arbeitsvertrag wird der Arbeitnehmer im Dienste eines anderen zur Leistung weisungsgebundener, fremdbestimmter Arbeit in persönlicher Abhängigkeit verpflichtet. Das Weisungsrecht kann Inhalt, Durchführung, Zeit und Ort der Tätigkeit betreffen. Weisungsgebunden ist, wer nicht im Wesentlichen frei seine Tätigkeit gestalten und seine Arbeitszeit bestimmen kann. Der Grad der persönlichen Abhängigkeit hängt dabei auch von der Eigenart der jeweiligen Tätigkeit ab. Für die Feststellung, ob ein Arbeitsvertrag vorliegt, ist eine Gesamtbetrachtung aller Umstände vorzunehmen. Zeigt die tatsächliche Durchführung des Vertragsverhältnisses, dass es sich um ein Arbeitsverhältnis handelt, kommt es auf die Bezeichnung im Vertrag nicht an.
Aus dem Arbeitsvertrag ergibt sich, wie weit das → **Weisungsrecht/Direktionsrecht** des Arbeitgebers geht, denn nach § 106 GewO kann der Arbeitgeber Inhalt, Ort und Zeit der Arbeitsleistung nach billigem Ermessen näher bestimmen, soweit diese Arbeitsbedingungen nicht durch den Arbeitsvertrag, Bestimmungen einer Betriebsvereinbarung, eines anwendbaren Tarifvertrags oder gesetzliche Vorschriften festgelegt sind.
Weiterhin können zusätzliche Nebenverpflichtungen (Nebenabreden) vereinbart werden. Entsprechend § 5 Abs. 4 AVR DD, § 9 Abs. 4 AVR-Bayern, § 2 Abs. 1 u. 3 TVöD sind Arbeits- bzw. Dienstverträge sowie Nebenabreden **schriftlich** abzuschließen. Vertragsbestandteile können auch befristet vereinbart werden.
Ansonsten gilt, dass Arbeitsverträge an keine Form gebunden sind. Sie können mündlich, schriftlich oder durch konkludente Handlung abgeschlossen werden. Nur für die Kündigung eines Arbeitsverhältnisses ist die Schriftform entspre-

chend § 623 BGB einzuhalten. Entsprechend dem Nachweisgesetz – Grundlage Nachweisrichtlinie 91/533/EWG – ist der Arbeitgeber jedoch verpflichtet, die **wesentlichen Vertragsbedingungen schriftlich niederzulegen**, so dass auch zuerst mündliche oder konkludent geschlossene Arbeitsverträge nach einem Monat (§ 1 NachwG) eine schriftliche Grundlage haben.
Ein Arbeitsverhältnis, das ohne Arbeitsvertrag oder schriftliche Darlegung nach dem Nachweisgesetz besteht, ist mit allen Rechten und Pflichten gültig. Ein Bußgeld bei Verstößen gegen das Nachweisgesetz sieht der Gesetzgeber in Höhe von bis zu 2000 € vor. Fehlen die Angaben, gewähren die Gerichte den Arbeitnehmern in der Regel eine »Beweiserleichterung«.

Bedeutung für die MAV

Im Rahmen des Einstellungsverfahrens (§ 42 Buchst. a und c MVG) entscheidet die MAV über einen Teil der Regelungen mit, die im Dienst- bzw. Arbeitsvertrag enthalten sind. Dies gilt vor allem für die richtige → **Eingruppierung**. Weiterhin ist sie über die Art und Dauer der Beschäftigung zu unterrichten. Soll ein Arbeits- bzw. Dienstvertrag im Rahmen einer → **Änderungskündigung** geändert werden, entscheidet die MAV ebenfalls mit (§ 42 Buchst. b MVG – Hinweis: eine Änderungskündigung wird wie eine ordentliche Kündigung behandelt!). Auch bei der Veränderung eines Dienst- bzw. Arbeitsvertrages im Rahmen einer Herab- oder Höhergruppierung (§ 42 Buchst. d MVG) bzw. der nicht unerheblichen Veränderung der → **Arbeitszeit** (§ 42 Buchst. a MVG; wird wie eine → **Einstellung** behandelt) oder der Umgruppierung eines Beschäftigten durch die Einführung einer neuen Vergütungsordnung (§ 42 Buchst. c MVG) besteht ein Mitbestimmungsrecht der MAV.

Bedeutung für die Beschäftigten

Durch den Arbeits- bzw. Dienstvertrag werden die Hauptpflichten und Nebenabreden (z. B. Lage der Arbeitszeit) aus dem Arbeitsverhältnis schriftlich dokumentiert. Diese Pflichten können nur durch eine → **Änderungskündigung** oder durch eine einvernehmliche Regelung beider Parteien geändert werden. Durch den Arbeitsvertrag wird auch das → **Direktionsrecht** des Arbeitgebers eingeschränkt. Seine Weisungen können sich nur im Rahmen der vereinbarten Arbeitsleistung bewegen. Auf den schriftlichen Arbeits- bzw. Dienstvertrag be-

steht ein Rechtsanspruch, der vor der → **Schlichtungsstelle** für individualrechtliche Streitigkeiten oder dem → **Arbeitsgericht** durchgesetzt werden kann.
Alle Arbeitnehmer, die nicht von den Vorschriften des TVöD oder der AVR DD über den schriftlichen Dienst- bzw. Arbeitsvertrag erfasst werden, haben durch das »Nachweisgesetz« vom Juli 1995 (letzte Änderungen 1.8.2022) einen Rechtsanspruch, dass sie schriftlich die wichtigsten Angaben (§ 2 NachwG) über ihr Arbeitsverhältnis erhalten. Dazu gehören u.a.: Name und Anschrift der Vertragsparteien, Zeitpunkt des Beginns des Arbeitsverhältnisses, Arbeitsort, Beschreibung der zu leistenden Tätigkeit, Zusammensetzung des Arbeitsentgelts, Dauer des Jahresurlaubs und Dauer der vereinbarten Arbeitszeit.

Literaturhinweis

- *Schaub, Günter:* Arbeitsrechts-Handbuch, 20. Auflage, München 2023.
- *Deinert, Olaf/Wenckebach, Johanna/Zwanziger, Bertram:* Arbeitsrecht, 11. Auflage, Frankfurt/M, 2023.

Arbeitszeit

Was ist das?

»Die **regelmäßige Arbeitszeit** beträgt ausschließlich der Pausen durchschnittlich 39 Stunden wöchentlich« (§ 9 AVR.DD). Für Ärztinnen und Ärzte ist eine wöchentliche Arbeitszeit von 40 Stunden festgeschrieben (Anlage 8a AVR.DD). Im Bereich des TVöD Bund sowie im Bereich der Kommunen der Mitglieder des VKA (Verband Kommunaler Arbeitgeber) gilt die 39-Stunden-Woche (§ 6 TVöD).

Die 39-Stunden-Woche muss nach § 9 AVR.DD im **Durchschnitt** in einem Kalenderjahr erreicht sein. Bei einem 4-Wochen-Dienstplan im Schichtdienst ist es danach zulässig, z. B. in einem Rhythmus von 33 – 45 – 33 – 45 Stunden zu arbeiten. Entscheidend ist die vorher verbindliche Planung und Festlegung der Arbeitszeiten z. B. in einem → **Dienstplan**.

Das Arbeitszeitgesetz von 1994 schreibt eine **Höchstarbeitszeit** von wöchentlich 48 Stunden vor. Die Vorschriften der AVR.DD und des TVöD mit einer durchschnittlichen wöchentlichen Höchstarbeitszeit von **39 Stunden** gelten nach dem Günstigkeitsprinzip. Die Arbeitszeit bei mehreren Arbeitgebern sind zusammen zu rechnen, die Höchstarbeitszeit von 48 Stunden pro Woche nach dem Arbeitszeitgesetz gilt uneingeschränkt.

Durch die Vorschrift über → **Arbeitszeitkonten** in § 9b AVR.DD haben die Arbeitgeber zusätzliche Möglichkeiten bekommen, die Arbeitszeiten zu deregulieren.

Überstunden entstehen nach **AVR.DD** § 9c Abs. 4 erst dann, wenn die monatliche Plusstundengrenze der Arbeitszeitkontenregelung von 30 Stunden überschritten wird. Für nicht vollbeschäftigte Mitarbeiterinnen und Mitarbeiter tritt an die Stelle der 30 Plusstunden die Stundenzahl, die ihren Teilzeitquoten entspricht. Überstunden bedürfen der Anordnung oder Genehmigung. Überstunden sind auf dringende Fälle zu beschränken und möglichst gleichmäßig auf die Mitarbeiter zu verteilen. Soweit ihre Notwendigkeit voraussehbar ist, sind sie spätestens am Vortage anzusagen. Überstunden werden mit einem **Zuschlag** nach § 20a AVR.DD, § 8 TVöD von 15–30 % (je nach Vergütungsgruppe) vergütet. Die Überstundenregelung in den AVR.DD sind für die Arbeitnehmer wesentlich ungünstiger als die entsprechenden Regelungen im TVöD.

Überstunden im Bereich des **TVöD** sind die auf Anordnung (oder aus der Sache heraus – z. B. OP im Krankenhaus) des Arbeitgebers geleisteten Stunden, die über die im Rahmen der regelmäßigen Arbeitszeit von Vollbeschäftigten für die Woche dienstplanmäßig bzw. betriebsüblich festgesetzten Arbeitsstunden hinaus gehen und nicht bis zum Ende der folgenden Kalenderwoche in Freizeit ausgeglichen wurden (§ 7 Abs. 7 TVöD).

Auch **Teilzeitbeschäftigte** im TVöD haben nach der aktuellen Rechtsprechung des BAG Anspruch auf Bezahlung der **Überstundenvergütung**. Wer Überstunden leistet, wer in der Schicht- oder Wechselschichtarbeit überraschend länger als für den Tag geplant arbeiten muss, hat Anspruch auf den Überstundenzuschlag wie Vollzeitbeschäftigte auch. Beschäftigte in Teilzeit und in Vollzeit sind dabei ohne Unterschied zu behandeln (BAG v. 23. 3. 2017 – 6 AZR 161/16).

Nach § 9 AVR.DD beträgt die **tägliche Höchstarbeitszeit** 10 Stunden, eine wöchentliche Höchstarbeitszeit ist nicht gesondert festgelegt.

Zwei Sonntage im Monat sollen arbeitsfrei sein. Für die Arbeiten an Samstagen gibt es keine Regelungen, außer für den ab 12 Uhr zu zahlenden Zuschlag (§ 20a AVR.DD). Im Arbeitszeitgesetz ist geregelt, dass die tägliche Arbeitszeit acht Stunden nicht überschreiten darf, diese Zeit jedoch auf bis zu zehn Stunden verlängert werden kann, wenn innerhalb von sechs Kalendermonaten oder innerhalb von 24 Wochen im Durchschnitt acht Stunden werktäglich nicht überschritten werden (§ 3 ArbZG). Durch einen Tarifvertrag kann vom Ausgleichszeitraum abgewichen werden (§ 7 Abs. 1 ArbZG). Werktage sind die Tage von Montag bis einschließlich Samstag.

Nach § 5 des Arbeitszeitgesetzes beträgt die **Ruhezeit** zwischen zwei Schichten mindestens elf Stunden. In Krankenhäusern und Heimen kann die Ruhezeit auf zehn Stunden verkürzt werden. § 7 Abs. 4 des Arbeitszeitgesetzes sieht vor, dass die Kirchen bei den Vorschriften zur Ruhezeit eigene Regelungen vorsehen können. Davon machten die EKD und das Diakonische Werk Gebrauch und haben über die ARK in § 9a Abs. 4 AVR.DD Verschlechterungen vorgenommen. Durch Dienstvereinbarung kann die Ruhezeit auf bis zu neun Stunden verkürzt werden.

→ **Bereitschaftsdienst** wird nach dem Urteil des EuGH vom 9. 9. 2003 arbeitszeitrechtlich als Arbeitszeit gewertet. Auf die höchstzulässige gesetzliche Wochenarbeitszeit von 48 Stunden ist der Bereitschaftsdienst voll einzurechnen.

Die tägliche Arbeitszeit kann durch Dienstvereinbarung auf über zehn Stunden verlängert werden, wenn in die Arbeitszeit regelmäßig und in erheblichem Umfang → **Arbeitsbereitschaft** fällt (§ 7 Abs. 1 ArbZG und § 9 Abs. 3 AVR.DD).

Nachtarbeit ist nach dem Arbeitszeitgesetz die Zeit von 23 bis 6 Uhr. Die Zulagen in Höhe von 15 v. H. nach § 20a AVR.DD werden für die Zeit von 20 bis

6 Uhr gezahlt, im TVöD ab 21 Uhr (§ 7 Abs. 5), allerdings 20 v. H. Die Formulierung in § 6 Abs. 1 ArbZG, »die Arbeitszeit der Nacht- und Schichtarbeitnehmer ist nach den *gesicherten* arbeitswissenschaftlichen Erkenntnissen über die menschengerechte Gestaltung der Arbeit festzulegen«, ist unbefriedigend, da erfahrungsgemäß Arbeitswissenschaftler sehr lange Zeit brauchen, bis sie sich auf *gesicherte* Erkenntnisse einigen können. Zur höchstzulässigen Nachtarbeitszeit und der Anzahl der Nachtschichten am Stück hat sich noch keine »gesicherte arbeitswissenschaftliche Erkenntnis« entwickelt. Nach § 6 Abs. 2 ArbZG kann die tägliche Arbeitszeit für Nachtarbeitnehmer auf bis zu zehn Stunden verlängert werden, wenn innerhalb von vier Wochen der Durchschnitt von acht Stunden an sechs Tagen in der Woche nicht überschritten wird. Nachtarbeitnehmer können sich alle drei Jahre und ab dem 50. Lebensjahr jährlich arbeitsmedizinisch untersuchen lassen. Der Arbeitgeber hat den Nachtarbeitnehmer auf dessen Verlangen auf einen Tagesarbeitsplatz umzusetzen, wenn die arbeitsmedizinische Feststellung dies gebietet oder er im eigenen Haushalt ein Kind unter zwölf Jahren oder einen schwerpflegebedürftigen Angehörigen zu betreuen hat.
Durch Dienstvereinbarung kann festgelegt werden, dass in **heilpädagogischen oder therapeutischen Einrichtungen der Jugendhilfe** sowie in sonstigen stationären Einrichtungen die tägliche Arbeitszeit auf über zehn Stunden ausgedehnt wird, wenn dies die Konzeption der Einrichtung erfordert. Die Ausdehnung der Arbeitszeit darf nur zweimal pro Woche oder viermal in 14 Tagen erfolgen (§ 9 Abs. 3 AVR.DD).
Mit → **Teilzeitbeschäftigten** ist eine Vereinbarung zu treffen, wie ihre durchschnittliche wöchentliche Arbeitszeit im Rahmen der betriebsüblichen bzw. dienstplanmäßigen Arbeit erfolgt (§ 9 Abs. 1 AVR.DD).
Die Anordnung der Teilnahme an einer außerhalb der Arbeitszeit stattfindenden **dienstlichen Besprechung** fällt unter das Mitbestimmungsrecht. Bei dieser Anordnung handelt es sich um die Festlegung von Beginn und Ende der täglichen Arbeitszeit (BAG v. 30.6.2015 – 1 ABR 73/13).
Dienstliche Mitteilungen nach Feierabend per SMS oder andere Mitteilungen des Vorgesetzten müssen Beschäftigte nicht lesen. Dienstpläne, die in ihrer Freizeit geändert werden, müssen Arbeitnehmer erst mit dem nächsten Dienstbeginn zur Kenntnis nehmen. Das Gericht begründet dies mit einer klaren Abgrenzung von Freizeit und Dienst zum Schutz der Grundrechte der Arbeitnehmer (LAG Schleswig-Holstein v. 27.9.2022 – AZ 1 Sa 39 öD /22).

Erfassung der Arbeitszeit

Nach einem **Urteil des EuGH vom 14.5.2019** ist die Arbeitszeit genau zu erfassen. Die *Arbeitszeitrichtlinie* enthält nicht nur verschiedene Begrenzungen der *Arbeitszeiten von Arbeitnehmern*, sondern auch eine Pflicht der Arbeitgeber, die täglichen Arbeitszeiten genau zu dokumentieren.

»Um die praktische Wirksamkeit der von der Arbeitszeitrichtlinie und der Charta verliehenen Rechte zu gewährleisten, müssen die Mitgliedstaaten die Arbeitgeber daher verpflichten, ein objektives, verlässliches und zugängliches System einzurichten, mit dem die von einem jeden Arbeitnehmer geleistete tägliche Arbeitszeit gemessen werden kann.«

Die genaue Bestimmung der täglichen und wöchentlichen Arbeitszeit ist unerlässlich, um festzustellen, ob die wöchentliche Höchstarbeitszeit tatsächlich eingehalten wird. Nur mit einem **Arbeitszeiterfassungssystem** werden objektive und verlässliche Daten über die tatsächlich geleistete Arbeitszeit erfasst, die den Arbeitnehmern den Nachweis einer Verkennung ihrer Arbeitsschutzrechte erleichtert. Denn wenn die Arbeitszeit nicht erfasst wird, können viele Arbeitszeitregelungen nicht korrekt umgesetzt und geprüft werden. Das betrifft die tägliche und wöchentliche Höchstarbeitszeit und die Mindestruhezeit nach dem Arbeitszeitgesetz, die Überstundenzuschläge nach den AVR.DD und dem TVöD und die Abbauregeln für Zeitkonten. Auch die MAV ist ohne eine korrekte Arbeitszeiterfassung nicht in der Lage, ihre Beteiligungsrechte wahrzunehmen.

Die Verpflichtung des Arbeitgebers, die Arbeitszeit der Beschäftigten zu erfassen, sehen das ArbZG und das ArbSchG vor. Das Arbeitszeitgesetz von 1994 schreibt die Dokumentation bei Sonntagsarbeit und beim Überschreiten der täglichen Höchstarbeitszeit vor. Doch wesentlich für die Dokumentationspflicht des Arbeitgebers sind die Regelungen des § 3 Arbeitsschutzgesetz (ArbSchG).

»§ 3 Grundpflichten des Arbeitgebers

(1) Der Arbeitgeber ist verpflichtet, die erforderlichen Maßnahmen des Arbeitsschutzes unter Berücksichtigung der Umstände zu treffen, die Sicherheit und Gesundheit der Beschäftigten bei der Arbeit beeinflussen. Er hat die Maßnahmen auf ihre Wirksamkeit zu überprüfen und erforderlichenfalls sich ändernden Gegebenheiten anzupassen. Dabei hat er eine Verbesserung von Sicherheit und Gesundheitsschutz der Beschäftigten anzustreben.

(2) Zur Planung und Durchführung der Maßnahmen nach Absatz 1 hat der Arbeitgeber unter Berücksichtigung der Art der Tätigkeiten und der Zahl der Beschäftigten

1. *für eine geeignete Organisation zu sorgen und die erforderlichen Mittel bereitzustellen …«*

In seiner Entscheidung führt das BAG aus, dass nach § 3 des Arbeitszeitschutzgesetzes der Arbeitgeber zum Erfassen aller Arbeitszeiten verpflichtet ist. Es gehört zur Grundpflicht des Arbeitgebers, für Arbeitsschutzmaßnahmen die Organisation und die nötigen Mittel bereitzustellen. Das BAG begründet dies mit der unionsrechtskonformen Auslegung der Vorschriften im ArbSchG und geht damit über das in Deutschland geltende Recht hinaus. Damit hat das BAG verbindlich entschieden, dass das Urteil des Europäischen Gerichtshofs (EuGH) vom 14. Mai 2019 (EuGH Rs. 55/18 CCOO) auch von den deutschen Arbeitgebern zu beachten ist (BAG v. 13.9.2022 – Az. 1 ABR 22/21).

Bedeutung für die MAV

Das Mitbestimmungsrecht der MAV umfasst die Arbeitszeit der Arbeitnehmer bzw. den Zeitraum, in dem sie sich dafür bereithalten müssen (Ruf- und Bereitschaftsdienst). In dieser Zeit unterliegen die Beschäftigten dem Direktionsrecht des Arbeitgebers und sind deshalb in ihrer persönlichen Lebensführung eingeschränkt. Die MAV hat mit ihrem Mitbestimmungsrecht die **Interessen der Arbeitnehmer an einer geregelten Arbeitszeit und einer planbaren Freizeit** zu vertreten und darauf hinzuwirken, dass sie beachtet werden.
Das starke Verantwortungsbewusstsein der Beschäftigten für das ihnen anvertraute Klientel kann in der betrieblichen Praxis dazu führen, dass, wenn die MAV auf die Einhaltung der gesetzlichen und tariflichen Vorschriften besteht, nicht nur Konflikte mit den Arbeitgebern, sondern auch mit den Arbeitnehmern entstehen. Leider kommt es dann auch vor, dass Beschäftigte gegen ihre eigenen Interessen handeln und z. B. den Gesundheitsschutz ihrer selbst hinten anstellen. Neben dem Durchsetzen von gesetzlichen Normen müssen deshalb die MAVen bei Fragen der Arbeitszeit und des Gesundheitsschutzes auch bei den Beschäftigten Überzeugungsarbeit leisten (nützlich ist dabei immer die einfache Frage: »Hältst du die Arbeit, so wie du jetzt arbeitest, bis zur Rente auch in Vollzeit durch?«).
Nach dem MVG hat die MAV ein → **Mitbestimmungsrecht** bei der Festlegung von Beginn und Ende der täglichen Arbeitszeit und der Pausen sowie der Verteilung der Arbeitszeit auf die einzelnen Wochentage (§ 40 d). Jede Änderung der Arbeitszeiten ist somit mitbestimmungspflichtig und ein Antrag zur Änderung der Arbeitszeit muss von Seiten der Leitung der MAV zur Zustimmung vorgelegt werden.
Das Mitbestimmungsrecht erstreckt sich nicht nur auf dauerhafte Regelungen, sondern auch auf vorübergehende Änderungen, die im Zusammenhang mit Regelungen zur Arbeitszeit erfolgen. Beispiele für mitbestimmungspflichtige Maßnahmen:

- Änderung des **Arbeitsbeginns** und des **Arbeitsendes**,
- **Einführung von** Bereitschaftsdiensten oder Rufbereitschaft,
- Einführung und Ausgestaltung von **Gleitzeit**,
- Einführung und Ausgestaltung von **Vertrauensarbeitszeit**
- Festlegung und Veränderung der **Pausen**,

- Anordnung von **Überstunden**, sofern eine Gruppe von Beschäftigten betroffen ist.

Wird die MAV an einer Änderung der Arbeitszeit nicht beteiligt, ist diese Maßnahme entsprechend § 38 MVG rechtsunwirksam. Bei **Überstunden** muss die MAV mitbestimmen, auch wenn sie nicht ausdrücklich vom Arbeitgeber angeordnet sind oder geduldet werden. Von einer Duldung durch den Arbeitgeber ist auszugehen, wenn er trotz Kenntnis keine Gegenmaßnahmen gegen die geleisteten Überstunden trifft. Die MAV kann dagegen vorgehen und verlangen, dass die Duldung unterlassen wird (*BAG v. 8. 7. 2020 – 1 ABR 18/19*).

Nach dem Urteil des BAG vom 13. 9. 2022 kann die MAV darauf bestehen, dass ein umfassendes Arbeitszeiterfassungssystem unverzüglich eingeführt wird. Nach einem Beschluss des LAG München kann der Betriebsrat über das Initiativrecht, Regelungen über das Verfahren bei der Arbeitszeiterfassung erzwingen. Der Betriebsrat hat mitzubestimmen bei der Auswahl der Zeiterfassungssysteme und der Softwaretools (LAG München v. 22. 5. 2023 – AZ 4 TaBV 24/23). Er kann genau untersuchen, ob die aktuell verwendete Zeiterfassung praktikabel und über seine Mitbestimmungsrechte nach dem BetrVG ein alternatives Zeiterfassungssystem erzwingen.

Diese Mitbestimmungsrechte gelten auch für die MAV. Bei der konkreten Ausgestaltung des Zeiterfassungssystem sind Fragen zu klären:

- wie werden die innerbetrieblichen Wege- und Umkleidezeiten berücksichtigt,
- wie werden automatisch berechnete Pausen, die nicht genommen werden können und in denen gearbeitet wird, als Arbeitszeit berechnet,
- mit welchen zeitlichen Takten werden Verspätungen durch Stechuhren erfasst,
- wie wird mit individuellen Beschwerden bei der Erfassung der Arbeitszeit umgegangen?

Eine ganz wesentliche Rolle spielt bei der elektronischen Zeiterfassung auch der Datenschutz und die Möglichkeit einer Verhaltens- und Leistungskontrolle.

Durch Dienstvereinbarung nach § 9b Abs. 14 AVR.DD kann festgelegt werden, dass prozentual festgelegte Zeitzuschläge entsprechend der angegebenen Prozentzahl in Stunden umgerechnet und einem → **Arbeitszeitkonto** gutgeschrieben werden (**Faktorisierung**).

Das Mitbestimmungsrecht der MAV in Arbeitsfragen ist weitgehend und gilt für die Erstellung jedes → **Dienstplanes**. Erfolgt die Dienstplanerstellung ohne Beteiligung der MAV ist die Dienstplanung unwirksam. Kommt eine Einigung über einen Dienstplan zwischen MAV und Leitung nicht rechtzeitig zustande, muss die Einigungsstelle angerufen werden.

Die Mitbestimmungsrechte der MAV wahrzunehmen und einen Dienstplan abzulehnen ist in der Praxis nicht einfach. Verletzt der Arbeitgeber wiederholt die Mitbestimmungsrechte der MAV bei Erstellung des Dienstplanes, sollte die MAV den Arbeitgeber in aller Form auf die Rechte der MAV hinweisen und für den Wiederholungsfall die entschiedene Wahrnehmung der formalen Mitbestimmungsrechte ankündigen. Die MAV kann der Leitung eine → **Dienstvereinbarung** vorschlagen, in der die wesentlichen Fragen der Dienstplangestaltung geregelt werden. (Einschlägige Urteile und Vorschläge zur Dienstplangestaltung siehe → **Dienstplan**).

Das Mitbestimmungsrecht bei der Festlegung der Arbeitszeit gehört zu den nicht eingeschränkten Mitbestimmungsrechten. Die MAV ist deshalb nicht an die Gründe der Zustimmungsverweigerung nach § 41 MVG der eingeschränkten Mitbestimmung gebunden.

Das Urteil des EuGH vom 14. 5. 2019 zur genauen Arbeitszeiterfassung wird große Auswirkungen in der Praxis nach sich ziehen. In vielen Berufen im Gesundheits- und Sozialwesen dokumentieren die Beschäftigten nicht genau ihre Arbeitszeiten, sie kommen früher und gehen später, ohne sich diese Zeiten aufzuschreiben, nur um bei der dünnen Personaldecke die Arbeit zu bewältigen. Die Arbeitgeber haben dabei in der letzten Zeit wohlwollend weggesehen. Dies ist nun nicht mehr länger möglich.

Die Arbeitgeber sind verpflichtet ein genaues und wirksames Zeiterfassungssystem einzurichten. Einige Minuten täglich können sich im Monat schnell zu einer Anzahl von Stunden aufaddieren, die nun bezahlt oder in Freizeit abgegolten werden müssen. Ein exaktes Zeiterfassungssystem liegt deshalb bei der heutigen Arbeitsorganisation in den meisten Berufen im Interesse der Beschäftigten. Frühere Vorbehalte der Arbeitnehmer gegen Zeiterfassungssystem oder »Stechuhren« sind überholt und werden heute eher von Arbeitgeberseite hervorgeholt und missbraucht, um die Arbeitnehmer weiter zur unbezahlten Mehrarbeit anzuhalten. Hier hat die MAV die Aufgabe, zusammen mit den Beschäftigten Regelungen zur Arbeitszeiterfassung zu erarbeiten, die den Besonderheiten jeden Bereiches gerecht werden.

Teilzeitbeschäftigten (→ **Teilzeitarbeit**) dürfen nach AVR.DD (§ 9 c) keine Plusstunden angeordnet werden. Mit Teilzeitbeschäftigten kann die Ableistung von Plusstunden vereinbart werden. Sie können aber vereinbarte Plusstunden dann ablehnen, wenn diese für sie bzw. ihn unzumutbar sind. Sie sind nur auf freiwilliger Basis möglich. Für Teilzeitbeschäftigte generell gilt, dass sie grundsätzlich nicht verpflichtet sind, mehr als die arbeitsvertraglich vereinbarte Arbeitszeit zu arbeiten (ArbG Frankfurt v. 28. 1. 1988 – 9 Sa Ga 1662/87).

Auch die **»probeweise« Änderung** von Arbeitszeiten unterliegt der Mitbestimmung (es gibt nur eng begrenzte Ausnahmen für eilbedürftige vorläufige Maßnahmen, die keinen Aufschub nach § 38 Abs. 5 MVG dulden).[1]

---

1 Gathmann, Mira: Arbeitszeit und Mitbestimmung- zur Auslegung eines Mitbestimmungstatbestands, in: Arbeitsrecht und Kirche, 4-2016.

Weitere Möglichkeiten bietet die 2020 auf Antrag verbindlich einzurichtende → **Einigungsstelle**. »Soweit eine Maßnahme der Mitbestimmung der MAV unterliegt, darf sie erst vollzogen werden, wenn die Zustimmung der Mitarbeitervertretung vorliegt oder kirchengerichtlich ersetzt worden ist oder die Einigungsstelle gemäß § 36a entschieden hat.« In jedem Mitbestimmungsfall, also bei jeder Änderung der Arbeitszeit, kann die MAV die Einberufung einer Einigungsstelle beantragen oder die MAV und die Einrichtungsleitung bilden durch Dienstvereinbarung eine ständige Einigungsstelle.
Allerdings sind die Rechte der MAV und die Kompetenzen der Einigungsstelle nach MVG gegenüber der Einigungsstelle nach dem BetrVG entscheidend eingeschränkt. Ruft die MAV im Rahmen ihres → **Initiativrechts** die Einigungsstelle an, so kann diese den Beteiligten lediglich einen Vermittlungsvorschlag unterbreiten.
In ersten Kommentaren zur Einigungsstelle nach § 36a wird dagegen die Ansicht vertreten, dass die Einigungsstelle auch bei einem Initiativantrag der MAV zuständig sei, sie habe einen Vermittlungsvorschlag zu unterbreiten und sei bei dessen Nichtannahme zu einer Entscheidung der Angelegenheit berechtigt und verpflichtet.

Bedeutung für die Beschäftigten

Beschäftigte haben ein existenzielles Interesse nach einer planbaren und ungestörten Freizeit bzw. daran, »wilde Übergriffe« der Arbeitgeber in ihren privaten Freizeitbereich auszuschließen. Arbeitszeitregelungen müssen deshalb Schutzbestimmungen enthalten, die bestimmte Höchstgrenzen der täglichen und wöchentlichen Arbeitszeiten festschreiben und eine extensive Ausnutzung der menschlichen Arbeitskraft verbieten. Diese Schutzbestimmungen mit Höchstgrenzen sind strikt einzuhalten, um zu verhindern, dass insbesondere junge, ungebundene und leistungsfähige Beschäftigte die Standards für alle Beschäftigten bestimmen, die sie selbst nur für eine beschränkte Zeit erfüllen können und wollen.
Beschäftigte haben ein zunehmendes Interesse an Zeitsouveränität. Sie möchten selbst über Lage und Dauer der täglichen Arbeitszeit, über mögliche Arbeits- und Freizeitblöcke bestimmen. Die Arbeitszeiten haben sich jedoch in der letzten Zeit in der Sozialbranche dahingehend verändert, dass sie hochflexibel geworden sind und dass die Arbeitnehmer weitgehend ihre Arbeitszeit nicht mehr souverän gestalten können. Besonders in der Sorgearbeit nutzen die Arbeitgeber das schlechte Gewissen der Arbeitnehmer aus, die bei den häufig auftretenden Personalengpässen zwischen eigenen Interessen (nach Erholung und Regeneration

der Arbeitskraft) und den Bedürfnissen den ihnen anvertrauten Klientel hin und her gerissen sind (→ **indirekte Steuerung**). Indem sie sich mit ihrem Arbeitsauftrag überidentifizieren, nehmen die Beschäftigten unregelmäßige Arbeitszeiten, nicht planbares Frei und überhaupt krankmachende Arbeitsbedingungen in Kauf.

Die Interessen der Beschäftigten sind individuell sehr unterschiedlich. Sie reichen von einem verstärkten Interesse von kindererziehenden Schichtdienstleistenden für den Frühdienst bis zu dem Interesse von Singles und kinderlosen Paaren nach zusammenhängenden größeren Freizeitblöcken. Geringverdienende Beschäftigte mit Kindern haben eher ein Interesse nach Auszahlung der Zuschläge. Soweit nicht einschlägig geregelt (z. B. in den AVR.DD), sollte den Arbeitnehmern auf jeden Fall ein Wahlrecht zugesichert sein, ob sie ein → **Arbeitszeitkonto** einrichten. Die Arbeitszeitkonten bieten für die Beschäftigten die Möglichkeit, individuell unterschiedliche Arbeitszeiten bzw. faktorisierte Arbeitszeiten auf einem Konto anzusparen und nach ihren Interessen und Bedürfnissen entsprechende Freizeiten zu nehmen. Den Dienstvereinbarungen kommt die Aufgabe zu, die Interessen der Beschäftigten mit den betrieblichen Interessen weitgehend abzustimmen und womöglich eine weitestgehende Schnittmenge gemeinsamer Interessen der Arbeitgeber und der Arbeitnehmer zu erreichen.

Literaturhinweis

- *Fischer, Erika/Mittländer, Silvia/Steiner, Regina:* Arbeitszeitgesetz. Basiskommentar, 2. Auflage, Frankfurt 2024.
- ver.di (Hrsg.): Schichtplanfibel, *https://gesundheit-soziales.verdi.de/service/publikationen/++co++93463e76-d342-11e6-96e5-52540077a3af*
- Urteil des EuGH in der Rechtssache C-55/18, CCOO, *https://curia.europa/jcms/Jo2_7052/de/*

Arbeitszeitkonten

Was ist das?

Ein Arbeitszeitkonto ist ein individuelles »Sparkonto« (ohne Zinsen!) für die Ressource Arbeitszeit und stellt somit ein Stundenguthaben bzw. bei einem Langzeitarbeitszeitkonto ein Wertguthaben dar. Arbeitszeitkonten (AZK) sind für sich genommen kein Arbeitszeitmodell; sie »verwalten« lediglich angefallene Plus- und Minusstunden sowie Überstunden.
Sinnvolle Regelungen zu AZK führen zu einer »win-win-Situation«. Dabei gibt es eine möglichst große Schnittmenge der Interessen der Arbeitnehmer nach möglichst viel Arbeitszeitautonomie und der Interessen der Arbeitgeber nach wirtschaftlichem Einsatz der Arbeitskraft. Die finanziellen Einbußen durch einen etwaigen Wegfall von Mehrarbeitszuschlägen müssen durch Zeitsouveränität für die Beschäftigten ausgeglichen werden.
Erfahrungen in der Praxis haben gezeigt, dass der Einsatz von AZK im Verwaltungs- und auch im Beratungsbereich sinnvoll sein kann. Eher **negative Erfahrungen** haben die Beschäftigten in Schichtbetrieben gemacht, in denen Personalmangel herrscht. In diesen Einrichtungen stieg die Arbeitsbelastung durch die Einführung von AZK eher an, die Beschäftigten klagen über eine zunehmende Planungsunsicherheit ihrer Arbeitszeit wie ihrer Freizeit und über eine teilweise immens gestiegene Arbeitsverdichtung. Hier hat der Arbeitgeber einseitig Vorteile bei der Einführung von AZK und fördert gerade nicht die nachhaltige Entwicklung der Versorgungsqualität der Einrichtung. Auch finanziell haben die Arbeitnehmer Nachteile, da sie je nach einschlägiger AVR keine Überstundenzuschläge mehr ausbezahlt bekommen.
In den → **AVR.DD** gibt es in § 9b Regelungen zu Arbeitszeitkonten (s. a. §§ 20, 21 AVR-Bayern). Der Arbeitgeber richtet danach für jeden Arbeitnehmer ein Arbeitszeitkonto ein und führt dieses. Hier die vollständigen Regelungen zu den Arbeitszeitkonten (Stand: 1. 1. 2024):

§ 9b Arbeitszeitkonten

(1) Die Dienstgeberin bzw. der Dienstgeber richtet für jede Mitarbeiterin und jeden Mitarbeiter ein Jahresarbeitszeitkonto ein und führt dieses. Auf Antrag der Mitarbeiterin bzw. des Mitarbeiters kann zusätzlich ein Langzeitarbeitszeitkonto eingerichtet werden.

(2) Die geleistete Arbeitszeit ist auf dem Jahresarbeitszeitkonto gutzuschreiben. Abrechnungszeitraum ist das Kalenderjahr.

(3) Zeiten des entschuldigten bezahlten Fernbleibens vom Dienst (z. B. Urlaub, Arbeitsunfähigkeit und Dienstbefreiung nach § 11) werden mit der dienstplanmäßigen bzw. betriebsüblichen Arbeitszeit, in Ermangelung derselben mit einem Fünftel der arbeitsvertraglich vereinbarten wöchentlichen Arbeitszeit pro Fehltag gutgeschrieben.

(4) Auf Antrag der Mitarbeiterin bzw. des Mitarbeiters kann der über den nach dem Bundesurlaubsgesetz zustehenden Mindesturlaub hinausgehende Resturlaub durch Vereinbarung zwischen der Mitarbeiterin bzw. dem Mitarbeiter und der Dienstgeberin bzw. dem Dienstgeber auf einem Arbeitszeitkonto gutgeschrieben werden.

(5) Der Mitarbeiterin bzw. dem Mitarbeiter ist jeweils zu Beginn eines Kalendermonats der aktuelle Kontostand ihres/seines jeweiligen Jahresarbeitszeitkontos mitzuteilen (Monatsarbeitszeitsaldo). Dabei werden die jeweiligen monatlichen Kontensaldi zu einem fortlaufenden Jahresarbeitszeitsaldo aufaddiert. Pro Kalendermonat kann von der monatlichen Soll-Arbeitszeit um jeweils bis zu 30 Plusstunden (§ 9c Abs. 1) bzw. bis zu 30 Minusstunden (§ 9c Abs. 5) abgewichen werden. Im Einzelfall kann die monatliche Soll-Arbeitszeit auch um mehr als 30 Minusstunden unterschritten werden, wenn hierüber zuvor eine Vereinbarung zwischen der Mitarbeiterin bzw. dem Mitarbeiter und der Dienstgeberin bzw. dem Dienstgeber getroffen wurde. Wird die monatliche Soll-Arbeitszeit um mehr als 30 Stunden überschritten, so verfallen diese über 30 Stunden hinausgehenden Stunden, es sei denn, sie gelten als Überstunden im Sinne des § 9c Abs. 4, oder über die Anrechnung dieser Plusstunden auf einem Arbeitszeitkonto wurde zuvor eine Vereinbarung zwischen der Mitarbeiterin bzw. dem Mitarbeiter und der Dienstgeberin bzw. dem Dienstgeber getroffen. Der fortlaufende Jahresarbeitszeitsaldo darf 50 Minusstunden nicht überschreiten.

(6) Bis zu 150 Plusstunden bzw. bis zu 50 Minusstunden können auf das nächste Kalenderjahr übertragen werden.

(7) Für einzelne Arbeitsbereiche mit erheblichen Auslastungsschwankungen bzw. Saisonarbeit kann durch Dienstvereinbarung festgelegt werden, dass zum Zwecke einer Verstetigung der Bezüge von den Grenzen der Abs. 5 und 6 abgewichen werden kann

(8) Weist der Jahresarbeitszeitsaldo zum 31. Dezember eines Jahres ein Zeitguthaben von mehr als 150 Stunden auf, so ist das diese Höchstgrenze von 150 Stunden übersteigende Zeitguthaben innerhalb der nächsten vier Monate zusammenhän-

gend in Freizeit auszugleichen. Findet ein Zeitausgleich innerhalb dieser Frist aus dienstlichen oder betrieblichen Gründen, wegen Arbeitsunfähigkeit oder wegen Schutzfristen nach dem Mutterschutzgesetz nicht statt oder kann er aus tatsächlichen Gründen nicht stattfinden, so ist das Zeitguthaben als anteiliges Entgelt auszubezahlen. Zur Ermittlung des auf eine 24 Stunde entfallenden Anteils des Entgeltes ist die Summe aus dem Entgelt (§ 14 Abs. 1) und den in Monatsbeträgen festgelegten Zulagen der Mitarbeiterin bzw. des Mitarbeiters durch das 4,348fache ihrer bzw. seiner regelmäßigen wöchentlichen Arbeitszeit zu teilen.

(9) Dem rechtzeitigen Antrag einer Mitarbeiterin bzw. eines Mitarbeiters auf Zeitausgleich vom Jahresarbeitszeitkonto ist zu entsprechen, es sei denn, es stehen dringende dienstliche bzw. betriebliche Interessen oder die Interessen anderer Mitarbeiterinnen bzw. Mitarbeiter, die unter sozialen Gesichtspunkten Vorrang verdienen, entgegen.

(10) Während eines Zeitausgleichs verringert sich das Arbeitszeitkonto um die Arbeitsstunden, die die Mitarbeiterin bzw. der Mitarbeiter ohne den Zeitausgleich während dieses Zeitraumes dienstplanmäßig bzw. betriebsüblich geleistet hätte, in Ermangelung einer solchen Festlegung um ein Fünftel der arbeitsvertraglich vereinbarten wöchentlichen Arbeitszeit pro Ausgleichstag. Eine Arbeitsunfähigkeit während eines Zeitausgleichs mindert das Jahresarbeitszeitkonto nur in der ersten Woche eines von der Mitarbeiterin bzw. dem Mitarbeiter in Anspruch genommenen Zeitausgleichs. Ab der zweiten Woche eines Zeitausgleichs gelten die für den Krankheitsfall während des Urlaubs geltenden Bestimmungen entsprechend (§ 28 Abs. 9).

(11) Für die Dauer eines Zeitausgleichs werden das Entgelt (§ 14 Abs. 1) und die in Monatsbeträgen festgelegten Zulagen weitergezahlt. Bis zur Dauer von zwei Monaten während eines Zeitausgleichs vom Jahresarbeitszeitkonto wird eine Zulage gem. § 20 weitergezahlt.

(12) Wird für die Mitarbeiterin bzw. den Mitarbeiter ein Langzeitarbeitszeitkonto eingerichtet, so sind durch Vereinbarung zwischen der Mitarbeiterin bzw. dem Mitarbeiter und der Dienstgeberin bzw. dem Dienstgeber Regelungen zur Ansammlung und zum Ausgleich von Zeitguthaben auf dem Langzeitarbeitszeitkonto zu treffen.

(13) Die Jahres- und Langzeitarbeitszeitkonten sind bis zur Beendigung des Dienstverhältnisses auszugleichen. Ist ein Ausgleich des Arbeitszeitkontos bis zum Ausscheiden nicht möglich, ist das Zeitguthaben oder die Zeitschuld mit den letzten Monatsbezügen auszugleichen. Bei Tod der Mitarbeiterin bzw. des Mitarbeiters wird ein vorhandenes Zeitguthaben an die Anspruchsberechtigten (§ 26a Abs. 1 und 2) ausbezahlt.

(14) Durch Dienstvereinbarung kann vereinbart werden, dass prozentual festgelegte Zeitzuschläge entsprechend der angegebenen Prozentzahl in Stunden umgerechnet und einem Arbeitszeitkonto gutgeschrieben werden (Faktorisierung). Im Rahmen

dieser Dienstvereinbarung sind auch Regelungen über die Ansammlung und den Ausgleich des durch Faktorisierung erworbenen Zeitguthabens zu treffen.

Auf Antrag des Arbeitnehmers kann zusätzlich ein **Langzeitarbeitskonto** eingerichtet werden.
Die Regelungen zum Arbeitszeitkonto im Bereich von Bund, Länder und Gemeinden finden sich in § 10 TVöD und § 10 TV-L.

Hinweis:
Abweichungen AVR-Bayern: Vom Grundsatz, dass für alle Mitarbeiter ein Jahresarbeitszeitkonto (JAZK) einzurichten ist, kann aus sachlichen Gründen abgewichen werden (§ 20 AVR Bayern).
Der Abrechnungszeitraum kann in begründeten Fällen vom Kalenderjahr abweichen (§ 20 Abs. 2 AVR Bayern). Von der jeweiligen monatlichen Sollarbeitszeit kann um bis zu 25 Plus- bzw. 25 Minusstunden abgewichen werden (§ 20 Abs. 6 Satz 1); jedoch darf das fortlaufende JAZK nicht mehr als 200 Plusstunden bzw. bis zu 50 Minusstunden aufweisen (§ 20 Abs. 6 Satz 4). In den nächsten Abrechnungszeitraum können bis zu 200 Plusstunden bzw. bis zu 50 Minusstunden übertragen werden (§ 20 Abs. 7). Das in den nächsten Abrechnungszeitraum übertragene Zeitguthaben ist innerhalb der nächsten drei Monate zusammenhängend bis auf 100 Stunden abzubauen (§ 20 Abs. 9). Bei Arbeitsunfähigkeit während des Zeitausgleichs vermindert sich das JAZK um 1/5 des vom Mitarbeiter während der Arbeitsunfähigkeit in Anspruch genommenen Zeitausgleichs (§ 20 Abs. 11).
Plus- und Überstunden können auch bei Teilzeitbeschäftigung angeordnet werden. Der Einwilligungsvorbehalt wurde gestrichen. Jedoch kann der Arbeitgeber Plusstunden nur nach billigem Ermessen anordnen. Verletzt er diese besondere Sorgfaltspflicht bei Teilzeitbeschäftigten, ist die Anordnung der Mehrarbeit unzulässig.
Abweichungen in der AVR Hessen-Nassau: Die AVR.HN beinhaltet lediglich zwei Sätze zur Regelung von AZK: *»Durch Dienstvertrag oder einzelvertragliche Vereinbarung können Arbeitszeitkonten eingeführt werden«*. Der zweite Satz in § 14 AVR.HN regelt, dass Zeitzuschläge in Arbeitszeit umgerechnet werden können und ebenso wie Freizeitausgleich für Bereitschafts- und Rufbereitschaftsdienste auf dem AZK angesammelt werden können. Weitere Vorschriften fehlen.
Regelungen im Tarifvertrag Diakonie Niedersachsen (TV DN) § 11: *»Durch Dienstvereinbarung können für Unternehmen oder Unternehmensteile Arbeitszeitkonten vereinbart werden. Soweit dienstliche oder betriebliche Gründe dem nicht entgegenstehen, können einzelne Arbeitnehmerinnen der Führung eines Arbeitszeitkontos widersprechen oder ihre Zustimmung widerrufen.«* Die in einer Dienstvereinbarung festzulegenden Regelungen sind anschließend ausgeführt.
In § 8 wird allgemein zu den Arbeitszeitkonten festgehalten: *Das Arbeitszeitkonto ermöglicht es von der regelmäßigen wöchentlichen Arbeitszeit innerhalb eines durch Dienstvereinbarung vereinbarten Ausgleichszeitraums abzuweichen, wobei nach Ablauf des Ausgleichszeitraums nur die Arbeitnehmerin über das Zeitguthaben verfügen kann.*

Bedeutung für die MAV

- Da die AVR.DD vorgibt, dass der Dienstgeber für jeden Mitarbeiter Jahresarbeitszeitkonten einrichtet, hat die MAV kein Mitbestimmungsrecht in der Frage, ob Arbeitszeitkonten eingeführt werden. Zur Ausgestaltung und Handhabung der Arbeitszeitkonten sind in den AVR → **Öffnungsklauseln** enthalten. Die Gestaltungsmöglichkeiten der MAV beschränken sich nach den Bestimmungen der AVR.DD auf den Abschluss von→ **Dienstvereinbarungen** in folgenden Teilgebieten:
- In Einrichtungen mit erheblichen Auslastungsschwankungen kann durch Dienstvereinbarung festgelegt werden, dass zum Zwecke der Verstetigung der Bezüge von den Höchstgrenzen der monatlichen und der auf das nächste Jahr übertragbaren Plus- und Minusstunden abgewichen werden kann (9b Abs. 7 AVR.DD).
- Prozentual festgelegte Zeitzuschläge (z. B. für Arbeit an Sonntagen) können per Dienstvereinbarung in entsprechende Zeitanteile umgerechnet werden, die dann einem Arbeitszeitkonto gutgeschrieben werden (§ 9b Abs. 14 AVR. DD).
- **Abweichungen Bayern: Langarbeitszeitkonten** (LAZK) können nur auf der Grundlage einer → **Dienstvereinbarung** eingerichtet werden. In der Dienstvereinbarung sind Regelungen zur Ansammlung und zum Ausgleich der Stunden zu treffen (§ 20 Abs. 13 AVR Bayern).

Zusätzlicher, in den AVR nicht vorgesehener, Regelungsbedarf besteht bei der Festlegung der **Antragsfristen** für die Gewährung von Zeitausgleich sowie der **Mindestankündigungsfristen** für angeordneten Zeitausgleich durch den Arbeitgeber. Ein angeordneter Ausgleich muss so langfristig angekündigt werden, damit er für den Beschäftigten auch nutzbar ist (BAG v. 17. 1. 1995 - 3 AZR 399/94). Ein erstellter → **Dienstplan** ist verbindlich, d. h. der Beschäftigte hat ein Recht zu arbeiten und kann nicht gegen seinen Willen nach Hause geschickt werden. Die gesetzliche Mindestankündigungsfrist für Arbeit auf Abruf beträgt vier Kalendertage (§ 12 Abs. 2 TzBfG); fraglich ist, ob diese Frist auch für den umgekehrten Fall herangezogen werden kann, wenn der Dienstplan bereits verbindlich freigegeben wurde und nun durch den Arbeitgeber einseitig, d. h. ohne Zustimmung des Mitarbeiters, abgeändert werden soll. Für den Fall, dass ein bereits gewährter Zeitausgleich wegen dringender dienstlicher Gründe widerrufen wird, ist eine **Nachgewährungsfrist** zu vereinbaren, innerhalb derer der Zeitausgleich in jedem Fall erfolgen kann. Auch hier ist fraglich, ob ein Widerruf grundsätzlich oder in einem bereits freigegebenen Dienstplan möglich ist. Hier ist die Mitarbeitervertretung gefragt, denn ein einmal mitbestimmter Dienstplan kann – losgelöst von der Frage, ob individualrechtlich eine einseitige Änderung des Dienstplans durch den Arbeitgeber unter bestimmten Voraussetzungen zulässig sein könnte – kollektivrechtlich nicht ohne vorherige ordnungsgemäße Beteiligung der MAV abgeändert werden.

Für die Gewährung des Zeitausgleichs gelten die gleichen Grundsätze wie für den → **Urlaub**. Die Aufstellung allgemeiner Urlaubsgrundsätze (§ 40 Buchst. e) MVG) unterliegt der → **Mitbestimmung**.

Da die Einrichtung und Handhabung von LAZK zwischen dem einzelnen Beschäftigten und dem Arbeitgeber vereinbart wird (nicht so in Bayern), ist es dringend erforderlich, allgemeingültige Regelungen, möglichst über eine → **Dienstvereinbarung** durchzusetzen.

Die MAV hat grundsätzlich in allen Angelegenheiten der → **Arbeitszeit**gestaltung ein uneingeschränktes → **Mitbestimmung**srecht (§ 40 Buchst. d) MVG). Im Zusammenhang mit der Flexibilisierung von Arbeitszeit durch die Einführung von Arbeitszeitkonten ist vor allem die Lage der Arbeitszeit betroffen. Die Mitbestimmung der MAV besteht bei der Verteilung von Plusstunden und Überstunden auf die einzelnen Wochentage sowie bei der Festlegung der zeitlichen Lage und der Dauer an den jeweiligen Arbeitstagen.

Die meisten Gestaltungsmöglichkeiten, um Grundsätze zur Dienstplangestaltung zu vereinbaren, bieten sich für die MAV im Rahmen des → **Initiativrechts** bzw. im Konfliktfall über die einzurichtende→ **Einigungsstelle**. In Schichtbetrieben können die MAVen damit den Tendenzen zu einer weiteren Deregulierung der Arbeitszeit durch Rahmenregelungen Einhalt gebieten. Besondere Aufmerksamkeit ist auf die **Mindest- bzw. Höchstdauer der täglichen Arbeitszeit**, der verbindlichen Festlegung von freien Wochenenden und von Freizeitblöcken und den Schichtmodus zu richten, so dass die Belastungen für die Beschäftigten eingegrenzt werden. Ob Teilzeitbeschäftigte zu starren Zeiten oder flexibel eingesetzt werden können, unterliegt ebenfalls der Mitbestimmung.

Sind in einer Dienststelle oder in Teilen von ihr über die Dauer eines zwischen der MAV und der → **Dienststellenleitung** festgelegten Zeitraums eine bestimmte Anzahl von Mehrarbeitsstunden (Plusstunden und Überstunden) aufgelaufen, können die Betriebsparteien sich darauf verständigen, inwieweit **Neueinstellungen** vorgenommen werden sollen, so dass der Bewältigung des gestiegenen Arbeitsaufkommens entsprochen werden kann. In diesem Zusammenhang könnte die MAV über ihr Initiativrecht entsprechende Maßnahmen vorschlagen (§ 46 Buchst. e)MVG).

In Fragen der Flexibilisierung von Arbeitszeit empfiehlt es sich, die Beschäftigten über die Chancen und Risiken zu informieren und ihnen Gelegenheit zur Meinungs- und Willensbildung zu geben.

Bedeutung für die Beschäftigten

Die Entscheidung, ob ein individuelles Arbeitszeitkonto eingerichtet wird, sollte grundsätzlich beim Beschäftigten selbst liegen. Im Tarifvertrag der Diakonie Niedersachsen ist ausdrücklich festgehalten, dass die Arbeitnehmer der Einführung von Arbeitszeitkonten widersprechen können, soweit dem nicht dienstliche Gründe entgegenstehen. Insofern ist die Regelung in den AVR.DD (analog: AVR-Bayern) zu kritisieren, die die Einrichtung eines Arbeitszeitkontos zwingend vorsieht. Der Arbeitnehmer sollte selbst entscheiden können, ob er ein AZK einrichtet und wann und wie viel dem Konto gutgeschrieben bzw. entnommen wird.
Der Beschäftigte ist jeweils zu Beginn des Kalendermonats über den Stand seines AZK zu informieren. Auf ein LAZK hat er keinen Rechtsanspruch. Die Ausgestaltung des LAZK unterliegt einem weiten Gestaltungsspielraum zwischen den Arbeitsvertragsparteien, der somit letztendlich stark vom Goodwill des Arbeitgebers beeinflusst wird (anders: AVR-Bayern).
Innerhalb des Plusstundenkorridors (nach individueller Vereinbarung noch erweiterbar) kann der Beschäftigte ohne Genehmigung durch den Arbeitgeber zusätzliche Arbeitsstunden einbringen. (Strittig ist, ob der Arbeitgeber eine Eingriffsmöglichkeit hat.)
Überstundenzuschläge werden erst nach Überschreitung der monatlichen Soll- und Plusstundengrenze eines Vollbeschäftigten fällig. Nach AVR.DD gilt diese Regelung auch für Teilzeitbeschäftigte entsprechend ihres Teilzeitquotienten. Eine Nachgewährungsfrist für nicht genehmigten Zeitausgleich ist nicht geregelt. Bei Widerruf eines bereits genehmigten Zeitausgleichs ist keine Erhöhung des Zeitguthabens in Form eines »Zeitzinses« vorgesehen.
Die Regelungen für Arbeitszeitkonten sind Ausdruck indirekter Steuerungsmittel (→ **indirekte Steuerung**) durch den Arbeitgeber, die gerade im personenbezogenen Dienstleistungsbereich ein Spannungsverhältnis erzeugen, in dem der einzelne Beschäftige sowie die Kollegen eines Teams unter enormen Druck geraten können. (Der Vorteil des einen ist der Nachteil des anderen.) Eine regelmäßig zu knappe Personaldecke und die gesundheitliche Belastung (psychisch und physisch) durch arbeitszeitkontenrelevante Mehrarbeit können durch längere zusammenhängende Freizeitphasen nicht kompensiert werden.
Die Verfügbarkeit über die Arbeitskraft des einzelnen Beschäftigten wird erhöht, und durch den Wegfall von Zuschlägen bei Plus- bzw. Überstunden wird die Arbeitskraft für den Arbeitgeber billiger. Darin liegt die Gefahr, dass die durchschnittliche wöchentliche Arbeitszeit erhöht wird und die Notwendigkeit, Neueinstellungen vorzunehmen, aus dem Blickfeld gerät.
Insgesamt betrachtet dürfte die gegenwärtige Regelung von Arbeitszeitkonten und der damit verbundenen Vorteile für den Arbeitgeber keinen wirklichen Interessenausgleich darstellen, schon gar nicht unter dem Gesichtspunkt der

Zeitsouveränität für die Beschäftigten im Schichtdienst. Die Nachteile für die Arbeitnehmer überwiegen.

Literaturhinweis

- *ver.di* (Hrsg.): Gute Arbeit im Krankenhaus. Dienstplangestaltung im Pflegedienst, Berlin 2011. *https://www.verdi-gute-arbeit.de/upload/m4c0f8737486d9_verweis1.pdf.*
- *Michel, Tobias*: Schichtplanfibel. Das Buch. Lösungen für Konflikte rund um die Arbeitszeit. Berlin 2016 (Hrsg.: ver.di) bestellbar unter: *https://gesundheit-soziales.verdi.de/service/publikationen/++co++93463e76-d342-11e6-96e5-52540077a3af*

Arztbesuch

Was ist das?

Grundsätzlich gilt, dass Arztbesuche von Beschäftigten außerhalb der Arbeitszeit stattfinden müssen. Sollten Arztbesuche während der Arbeitszeit (Gleitzeitregelungen in → **Dienstvereinbarungen** beachten) erfolgen, findet sich in § 616 BGB die Grundlage für die Arbeitsbefreiung: »*Der zur Dienstleistung Verpflichtete wird des Anspruchs auf die Vergütung nicht dadurch verlustig, dass er für eine verhältnismäßig nicht erhebliche Zeit durch einen in seiner Person liegenden Grund ohne sein Verschulden an der Dienstleistung verhindert wird.*« Die Vorschrift des § 616 kann durch eine tarifliche, vertragliche Regelung konkretisiert werden. Im TVöD regelt der § 29 Abs. 1 Buchst. f, in der AVR DD der § 11 Abs. 1 Buchst. f die Freistellung für Arztbesuche während der Arbeitszeit (erforderliche Zeit einschließlich notwendiger Wegezeiten).

Bedeutung für die MAV

Spezielle Beteiligungsrechte für die MAV bei dem Thema »Arztbesuche während der Arbeitszeit« gibt es im MVG nicht. Im Rahmen einer → **Dienstvereinbarung** kann die MAV Regularien, z. B. hinsichtlich der Form der Ab- und Rückmeldung bei Arztbesuchen vereinbaren. Weiterhin hat die MAV darüber zu wachen, dass Beschäftigte nicht gehindert werden, Arztbesuche durchzuführen.

Bedeutung für die Beschäftigten

Möchte der Beschäftigte einen Arzttermin während der Arbeitszeit wahrnehmen, so müssen zwei Variationen unterschieden werden: Ist der Beschäftigte bereits während des Arztbesuches **arbeitsunfähig** erkrankt, so hat er einen Anspruch auf Entgeltfortzahlung nach dem Entgeltfortzahlungsgesetz (EntgFG) und es muss eine → **Krankmeldung** erfolgen.

Ist der Beschäftigte **nicht arbeitsunfähig** krank, so kommt der Anspruch auf bezahlte Freistellung nur in Betracht, wenn der Arztbesuch zu dem jeweiligen Zeitpunkt **medizinisch notwendig** ist. Das ist stets bei **akuten Beschwerden** und Problemen der Fall. Der persönlicher Verhinderungsgrund zur Begründung des Freistellungsanspruches liegt aber auch dann vor, wenn die ärztliche Versorgung zur Arbeitszeit erforderlich ist, wie bei **zwingend festgelegten Besuchsterminen**, z. B. Blutabnahme im nüchternen Zustand oder Untersuchungen mit bildgebenden Verfahren (CT, MRT, Röntgen, Kernspintomographie, ...). Voraussetzung ist stets, dass der Beschäftigte auf die Termingestaltung des Arztes keinen Einfluss nehmen kann.

Ein Verhinderungsgrund des Beschäftigten liegt auch dann vor, wenn der aufsuchende Arzt Sprechstunden nur in der Arbeitszeit des Beschäftigten hat. Hat der Arzt allerdings Sprechstunden außerhalb der Arbeitszeit, muss sich der Beschäftigte zunächst um einen Termin in dieser Zeit bemühen. Eine **Vorgabe**, auf einen solchen Termin besonders zu bestehen, besteht jedoch nicht. In Bereichen mit gleitender Arbeitszeit wird der Arztbesuch während der Arbeitszeit meist die Ausnahme sein. Hier können die Beschäftigten Beginn und Ende ihrer Tätigkeit in vorgegebenen Rahmen selbst bestimmen und damit private Termine auch außerhalb der Kernzeiten wahrnehmen.

Allerdings sollte hier zwischen den unterschiedlichen Gleitzeitmodellen differenziert werden. Je freier der Arbeitnehmer in seiner Arbeitszeitgestaltung ist, umso mehr wird von ihm erwartet werden, dass anderweitige Verpflichtungen nicht auf die Dienstpflicht einwirken. Bei fester Kernzeitbindung ist aber ein Freistellungsanspruch im Rahmen der oben genannten Grundsätze gegeben.

Findet der Arztbesuch während der Arbeitszeit statt, hat sich der Beschäftigte entsprechend den Regularien der Dienststelle von der Arbeit abzumelden, die voraussichtliche Dauer der Verhinderung mitzuteilen und nach der Rückkehr wieder zurückzumelden. Sollte der Arztbesuch vor Beginn der Arbeitszeit stattfinden und voraussichtlich in die Arbeitszeit hinein dauern, muss der Arbeitnehmer den Arbeitgeber darüber informieren. Um Problemen mit dem Arbeitgeber vorzubeugen, sollte auch während des Arztbesuches, wenn es sich zeigt, dass man nicht rechtzeig wieder am Arbeitsplatz ist, dieser informiert werden (selbst anrufen oder durch Beschäftigte der Praxis) bzw. zusätzlich noch eine ärztliche Bescheinigung über die Dauer des Besuches für den Arbeitgeber mitgenommen werden. Wenn ein kollegiales Verhältnis in der Dienststelle herrscht, kann auch am Vorabend der Arbeitgeber oder ein Kollege, Kollegen, über den Arztbesuch – und die voraussichtliche Dauer – informiert werden.

Der Arbeitgeber kann sich über die Sprechstunden eines Arztes informieren und sich gegebenenfalls die Notwendigkeit des Arzttermins durch Vorlage einer entsprechenden **ärztlichen Bescheinigung** bestätigen lassen. Der Arbeitgeber kann aber nicht von dem Arbeitnehmer verlangen, dass dieser den Arzt wechselt und künftig einen Arzt aufsucht, der z. B. auch Sprechstunden außerhalb der Arbeitszeit anbietet.

Die evtl. anfallenden notwendigen **Wegezeiten** werden zur Arbeitszeit hinzugerechnet, notwendige Fahrtkosten werden vom Arbeitgeber jedoch nicht bezahlt.

Ärztliche Untersuchung

Was ist das?

Im Anwendungsbereich der AVR.DD kann der Arbeitgeber zu Beginn eines Arbeitsverhältnisses (§ 5 Abs. 3 AVR.DD – analog § 9 Abs. 3 AVR-Bayern) vom Arbeitnehmer verlangen, seine gesundheitliche, körperliche Eignung für die vorgesehene Tätigkeit durch ein ärztliches Attest nachzuweisen, dessen Kosten der Arbeitgeber trägt. Im Bereich des TVöD wurde die vergleichbare Tarifvorschrift gestrichen, jedoch kann der Arbeitgeber ein solches Attest auf freiwilliger Basis anfordern.
Während des Arbeitsverhältnisses kann der Arbeitgeber vom Beschäftigten den Nachweis verlangen, dass er aktuell für seine Tätigkeit **dienstfähig** (§ 3 Abs. 4 TVöD) bzw. frei von ansteckenden oder ekelerregenden Krankheiten ist (§ 6 Abs. 1 AVR.DD).
Mitarbeiter, die besonderen Ansteckungsgefahren ausgesetzt sind, in gesundheitsgefährdenden Betrieben beschäftigt oder mit der Zubereitung von Speisen beauftragt sind, sind in regelmäßigen Abständen ärztlich zu untersuchen (§ 6 Abs. 3 AVR.DD).
Weiterhin hat der Arbeitgeber den Beschäftigten zu ermöglichen, sich je nach Gefährdung für ihre Sicherheit und Gesundheit bei der Arbeit regelmäßig arbeitsmedizinisch untersuchen zu lassen, es sei denn, auf Grund der Beurteilung der Arbeitsbedingungen und der getroffenen Schutzmaßnahmen ist nicht mit einem Gesundheitsschaden zu rechnen (§ 11 ArbSchG).

Bedeutung für die MAV

Spezielle Beteiligungsrechte für die MAV bei »ärztlichen Untersuchungen« gibt es im MVG nicht. Im Rahmen einer → **Dienstvereinbarung** kann die MAV Vereinbarungen treffen, etwa über Angebote der Betrieblichen Gesundheitsförderung oder zusätzliche ärztliche Untersuchungen auf freiwilliger Basis. Mitbestimmung der MAV besteht bei der Bestellung und Abberufung von Betriebs- und Vertrauensärzten sowie Fachkräften für Arbeitssicherheit (§ 40 Buchst. a MVG), ebenso bei Maßnahmen zur Verhütung von Unfällen und gesundheitlichen Gefahren (§ 40 Buchst. b MVG). Hier geht es um den wichtigen Bereich des Arbeits- und Gesundheitsschutzes der Beschäftigten. Wichtig ist dabei besonders die Person des Betriebsarztes. Bei ihm muss es sich um einen Facharzt mit arbeitsmedizinischer Weiterbildung handeln. Wegen der Bedeutung sollte sich die MAV die Person oder die Organisation, die die betriebsärztliche Betreuung übernehmen soll, vor der Verpflichtung vorstellen lassen.

Bedeutung für die Beschäftigten

»Tu deinem Leib etwas Gutes, damit deine Seele Lust hat, darin zu wohnen.«
– Teresa von Ávila.

Gesundheit sollte das höchste Gut für die Beschäftigten sein, da sie die Voraussetzung für ein Arbeitsleben ohne gesundheitliche Brüche ist. Ebenso sollte das Ziel sein, gesund in Rente gehen zu können, um diesen Lebensabschnitt auch genießen zu können.

Die Vorschriften zu den ärztlichen Untersuchungen dienen hier in erster Linie dazu, dem Arbeitgeber die Sicherheit zu geben, dass er nur gesundheitlich – für die entsprechende Tätigkeit – geeignete Beschäftigte, einstellt. U. a. im Rahmen der → **Fürsorgepflicht** ist der Arbeitgeber verpflichtet, die Gesundheit der Beschäftigten zu schützen. Um sicherzugehen, dass keine gesundheitliche Gefährdung vorliegt, kann der Arbeitgeber, allerdings nur bei gegebener Veranlassung, darauf bestehen, dass der Beschäftigte nachweist, dass er aktuell in der Lage ist, seine Aufgaben auszuführen (§ 6 Abs. 1 AVR.DD, § 3 Abs. 4 TVöD, § 11 Abs. 1 AVR-Bayern). Diese Veranlassung kann sich aus Fürsorgegründen gegenüber dem Beschäftigten bzw. gegenüber den übrigen Kollegen ergeben. Von dieser Möglichkeit darf der Arbeitgeber nicht willkürlich Gebrauch machen. Gegenüber dem Beschäftigten hat er zu erklären, warum er ein solches Attest haben möchte.

Ein sachlicher Grund für die Anordnung einer Untersuchung ist gegeben, wenn **begründete Zweifel** bestehen, ob der Beschäftigte arbeitsfähig ist. Diese Zweifel können sich ergeben, z. B.

- wenn aufgrund einzelner, immer wieder vorkommender Arbeitsunfähigkeitszeiten oder sonstiger Auffälligkeiten im Gesundheitszustand des Beschäftigten sich die Frage nach einer dauerhaften Leistungsfähigkeit bzw. dauerhaften Wiederherstellung stellt,

- im Falle einer vermuteten Erwerbsminderung aufgrund längeren bzw. wiederholten Arbeitsunfähigkeitszeiten,
- wenn der Beschäftigte bei vorübergehender Arbeitsunfähigkeit sich selbst für arbeitsfähig hält, der Arbeitgeber aber aufgrund konkreter Indizien daran zweifelt,
- wenn etwa aufgrund betriebs- oder arbeitsmedizinischer Hinweise Zweifel bestehen, ob der Beschäftigte den besonderen Anforderungen seiner Tätigkeit gewachsen ist.

Bei jeder Untersuchung ist das Interesse des Arbeitnehmers auf Wahrung seiner körperlichen Unversehrtheit und seines **Persönlichkeitsrechts** abzuwägen mit dem Interesse des Arbeitgebers an der Untersuchung. So muss es für eine Blutentnahme konkrete Anhaltspunkte geben, die eine solche Maßnahme erforderlich erscheinen lassen (Alkoholabhängigkeit, Drogenprobleme, ...). Im **konkreten Einzelfall** müssen Zweifel daran bestehen, dass der Beschäftigte gesundheitlich zur Arbeitsleistung in der Lage ist. Generelle, routinemäßige Untersuchungen ganzer Gruppen von Beschäftigten oder die rein vorbeugende Untersuchung, ob ein Beschäftigter alkohol- oder drogenabhängig ist, sind von dieser Regelung nicht umfasst. Wenn ein Kraftfahrer durch verkehrswidriges Verhalten Anlass zu Zweifeln an seiner Eignung gibt, kann der Arbeitgeber verlangen, dass er bei einer medizinischen-psychologischen Untersuchungsstelle auf seine Fahrtüchtigkeit untersucht wird. Der Arbeitgeber erhält über die Untersuchungen keine detaillierten medizinischen Ergebnisse (Befunde), sondern nur die Zusammenfassung, ob der Arbeitnehmer derzeit in der Lage ist, aus medizinischer Sicht seine Arbeitsleistung zu erbringen. Der Arbeitnehmer ist nicht verpflichtet, den Arzt von seiner **Schweigepflicht** hinsichtlich der Details der Untersuchung zu befreien. Von den Ergebnissen der Untersuchung ist der Arbeitnehmer (§ 6 Abs. 3 AVR.DD) auf Antrag zu informieren (§ 11 Abs. 2 AVR-Bayern: ohne Antrag).

Hat der Arbeitgeber Zweifel an einer Krankmeldung bzw. einem ärztlichen Attest, konnte er früher nach AVR.DD Beschäftigte auffordern, z. B. durch den medizinischen Dienst der Krankenkassen, nachzuweisen, dass sie tatsächlich erkrankt sind. Diese Regelung wurde gestrichen und auch in den TVöD nicht übernommen.

Dem Arbeitgeber bleibt bei Zweifeln an der Arbeitsunfähigkeit die Möglichkeit, begründet von der Krankenkasse zu verlangen, unverzüglich den Medizinischen Dienst (MDK) einzuschalten (§ 275 SGB V). Die Krankenkasse ist nach § 275 SGB V verpflichtet, zur Beseitigung von **Zweifeln an der Arbeitsunfähigkeit** eine gutachterliche Stellungnahme des Medizinischen Dienstes einzuholen. Nach § 275 Abs. 1a SGB V werden Zweifel an der Arbeitsunfähigkeit gesetzlich vermutet, wenn der Versicherte auffällig häufig oder auffällig häufig nur für kurze Dauer arbeitsunfähig ist oder der Beginn der Arbeitsunfähigkeit häufiger auf einen Arbeitstag am Beginn oder am Ende einer Woche (Montags- oder Freitagserkrankungen) fällt oder die Arbeitsunfähigkeit von einem Arzt festgestellt worden ist, der durch die Häufigkeit der von ihm ausgestellten Bescheinigungen über Arbeitsunfähigkeit auffällig geworden ist. Die Prüfung hat unverzüglich nach Vorlage der ärztlichen Feststellung über die Arbeitsunfähigkeit auf Verlangen des Arbeitgebers zu erfolgen. Die Krankenkasse kann von der Beauftragung des Medizinischen Dienstes absehen, wenn sich die medizinischen Voraussetzungen der Arbeitsunfähigkeit eindeutig aus den der Krankenkasse vorliegenden ärztlichen Unterlagen ergeben.

Aufhebungsvertrag

Was ist das?

Neben der ordentlichen oder → **außerordentlichen Kündigung** kann das Arbeitsverhältnis von beiden Vertragsparteien auch im **gegenseitigen Einvernehmen** aufgelöst werden (§ 34 AVR.DD, § 13 Abs. 1 AVR-Bayern, § 33 Abs. 1 Buchst. b TVöD). Beide Parteien verzichten dabei auf eine Kündigung. Das Arbeitsverhältnis wird in der Regel zu einem in der Zukunft liegenden Zeitpunkt, mit oder ohne Einhaltung einer bestimmten Frist, mit oder ohne eine bezahlte Freistellung, einvernehmlich beendet.

Bedeutung für die MAV

Ein **Mitbestimmungsrecht** der MAV beim Abschluss eines Aufhebungsvertrages **besteht nicht**. Die MAV kann sich bei Kenntnis einer solchen Absicht mit dem Beschäftigten in Verbindung setzen und ihre Hilfe anbieten bzw. über den Inhalt einer solchen Vereinbarung und deren mögliche Folgen aufklären. Da der Abschluss eines Aufhebungsvertrags sehr viele Nachteile für den Arbeitnehmer mit sich bringen kann, sollte die MAV dem Arbeitnehmer dringend empfehlen, sich vor Abschluss des Aufhebungsvertrags durch die Gewerkschaft oder einen Rechtsanwalt beraten zu lassen.

Bedeutung für die Beschäftigten

Ein Aufhebungsvertrag, auch Beendigung des Arbeitsverhältnisses in gegenseitigem Einvernehmen genannt, wird meist aus zwei Gründen geschlossen: zum einen, um ohne Einhaltung der Kündigungsfrist das Arbeitsverhältnis vorzeitig

beendigen zu können, zum anderen, um eine fristgemäße oder → **außerordentliche Kündigung** durch den Arbeitgeber zu vermeiden.
Ein Aufhebungsvertrag ist entsprechend dem Grundsatz der **Vertragsfreiheit** (§§ 241, 305 BGB) an keinen bestimmten Inhalt gebunden; er muss allerdings **schriftlich** geschlossen werden (§ 623 BGB; gültig seit 1.5.2000). Die elektronische Form ist ausdrücklich ausgeschlossen. Aus dem Aufhebungsvertrag muss jedoch hervorgehen, zu welchem Zeitpunkt das Arbeitsverhältnis beendet wird und wie evtl. vorhandene **Ansprüche**, z. B. Urlaub, Überstunden, Vergütung, Sonderzahlungen usw. abgegolten oder verrechnet werden sollen. Nach Klärung dieser Fragen wird in der Regel vereinbart, dass beide Parteien gegeneinander keine weiteren Ansprüche mehr haben. Alle Ansprüche, die nicht im Aufhebungsvertrag festgehalten sind, verfallen dann mit der beiderseitigen Unterschrift. Ausnahme: Ansprüche aus unerlaubter Handlung.
Ein Aufhebungsvertrag kann von keiner der beiden Parteien erzwungen werden. Beim Abschluss eines Aufhebungsvertrags kann ein Beschäftigter auch auf Rechte verzichten, z. B. Kündigungsschutz für unkündbare Beschäftigte, für MAV-, JAV-, SBV-Mitglieder, Schutz für Schwerbehinderte, Mutterschutz, Elternzeit.
Folgt auf einen Aufhebungsvertrag die Arbeitslosigkeit, kann es zu einer **Sperrfrist** bzw. **Ruhensfrist** (§§ 156–159 SGB III) bei der Agentur für Arbeit kommen, die den Beginn der Zahlung von Arbeitslosengeld hinausschiebt bzw. dessen Anspruch verkürzt. Eine solche Sperrfrist ist bei einem Aufhebungsvertrag nach aktueller Gesetzeslage kaum zu vermeiden. Ausnahmen sind: Der Aufhebungsvertrag wurde aus gesundheitlichen Gründen geschlossen (wird durch den Amtsarzt in der Regel nachgeprüft) oder es wird nach einer betriebsbedingten Kündigung ein sog. »Abwicklungsvertrag« geschlossen. Das Ruhen des Anspruchs auf Arbeitslosengeld nach § 158 SGB III kann sogar dazu führen, dass der Arbeitnehmer für die Dauer eines Jahres kein Arbeitslosengeld erhält. Weitere Ruhenstatbestände sind möglich. Der Inhalt eines Abwicklungsvertrags entspricht im Wesentlichen dem Inhalt eines Aufhebungsvertrags. Vor Abschluss eines Aufhebungsvertrages ist deshalb eine fachliche Beratung (Gewerkschaft oder Rechtsanwalt) empfehlenswert.

Literaturhinweis

- *Hjort, Jens Peter:* Aufhebungsvertrag und Abfindung, 7. Auflage, Frankfurt 2022.

Ausgleichsquittung

Was ist das?

Bei der Beendigung eines Arbeitsverhältnisses besteht die Möglichkeit, dass beide Arbeitsvertragsparteien **bestätigen**, dass sie **gegeneinander** aus dem Arbeitsverhältnis **keine Ansprüche** mehr haben. Durch eine Ausgleichsquittung wird von beiden Seiten darauf verzichtet, innerhalb der entsprechenden → **Ausschlussfristen** des TVöD (§ 37), der AVR (§ 45 AVR.DD; § 54 AVR-Bayern) noch Forderungen gegeneinander zu erheben. Die Ausschlussfrist ist kürzer bemessen als die sonst üblichen Verjährungsfristen nach BGB, um es beiden Vertragspartnern zu ermöglichen, in relativ kurzer Zeit Klarheit zu haben, ob noch gegenseitige Ansprüche bestehen. Durch die Ausgleichsquittung wird diese kurze Frist noch einmal abgekürzt.

Bedeutung für die MAV

Bei der Ausstellung einer Ausgleichsquittung ist die **MAV nicht** zu **beteiligen**. Sie kann bei der Kenntnis einer solchen Absicht den Beschäftigten, wenn er es wünscht, unterstützen und auf die Folgen einer solchen Ausgleichsquittung hinweisen.

Bedeutung für die Beschäftigten

Je allgemeiner eine Ausgleichsquittung formuliert ist, desto schwieriger wird ihre Auslegung. Eine Ausgleichsquittung sollte deshalb im Einzelnen enthalten, was damit bezweckt wird, z. B. Bestätigung des Erhalts der Arbeitspapiere, Rückgabe aller Werkzeuge, Schlüssel, Arbeitsgegenstände usw. Eine Ausgleichsquittung ist in den Punkten unwirksam, wo auf unabdingbare gesetzliche oder tarifliche Ansprüche verzichtet werden soll, z. B. Urlaub. Gleiches gilt für unabdingbare Ansprüche aus der AVR.DD.

Eine **Ausgleichsquittung** kann entsprechend § 119 Abs. 1 BGB **angefochten** werden, wenn die betroffene Seite nachweist, dass sie sich über den Wortlaut bzw. den Inhalt der Erklärung geirrt hat. Weiterhin kann die Ausgleichsquittung angefochten werden, wenn sie durch eine arglistige Täuschung oder durch eine widerrechtliche Drohung zustande gekommen ist (§ 123 BGB). Die Hürden für eine Anfechtung sind jedoch hoch.

Weder AVR.DD noch TVöD sehen beim Abschluss einer Ausgleichsquittung eine Möglichkeit vor, diese innerhalb einer bestimmten Frist zu widerrufen. Grundsätzlich gilt die Vertragsfreiheit und jede Seite muss eine Erklärung, die sie unterzeichnet, auch gegen sich wirken lassen.

Nach § 368 BGB ist der Arbeitnehmer verpflichtet, den Empfang der Arbeitspapiere wie Zeugnis und Versicherungsnachweisheft zu bestätigen. § 368 BGB verpflichtet den Arbeitnehmer allerdings nicht, den Erhalt eines **ordnungsgemäßen** Zeugnisses zu bestätigen, da die ordnungsgemäße Ausstellung eines Zeugnisses nicht ohne inhaltliche Prüfung des Zeugnisses beurteilt werden kann.

Vor der Unterzeichnung einer Ausgleichsquittung sollte daher sachkundiger Rat durch die Gewerkschaft, durch einen Fachanwalt für Arbeitsrecht oder die MAV eingeholt werden.

Aushangpflichtige Gesetze

Was ist das?

Der Arbeitgeber ist zwingend gehalten, allen Beschäftigten eine Reihe von Arbeitnehmerschutzgesetzen zugänglich zu machen. Es handelt sich dabei um die sog. »aushangpflichtigen Gesetze«. Bei den aushangpflichtigen Gesetzen – und Verordnungen handelt es sich nicht um ein Gesetzeswerk, sondern in den einzelnen Arbeitnehmerschutzgesetzen ist diese Pflicht jeweils besonders geregelt. Die Formulierungen, die in den Gesetzen bzw. Verordnungen verwandt werden, sind dabei unterschiedlich, z. B.:

Allgemeines Gleichbehandlungsgesetz

> **§ 12 Abs. 5 AGG**
> Dieses Gesetz und § 61b des Arbeitsgerichtsgesetzes sowie Informationen über die für die Behandlung von Beschwerden nach § 13 zuständigen Stellen sind im Betrieb oder in der Dienststelle bekannt zu machen. Die Bekanntmachung kann durch Aushang oder Auslegung an geeigneter Stelle oder den Einsatz der im Betrieb oder der Dienststelle üblichen Informations- und Kommunikationstechnik erfolgen.

Arbeitszeitgesetz

§ 16 Abs. 1 ArbZG:
Der Arbeitgeber ist verpflichtet, einen Abdruck dieses Gesetzes, der auf Grund dieses Gesetzes erlassenen, für den Betrieb geltenden Rechtsverordnungen und der für den Betrieb geltenden Tarifverträge und Betriebs- oder Dienstvereinbarungen im Sinne des § 7 Abs. 1 bis 3, §§ 12 und 21a Abs. 6 an geeigneter Stelle im Betrieb zur Einsichtnahme auszulegen oder auszuhängen.

Mutterschutzgesetz

§ 26 Abs. 1 MuSchG
In Betrieben und Verwaltungen, in denen regelmäßig mehr als drei Frauen beschäftigt werden, hat der Arbeitgeber eine Kopie dieses Gesetzes an geeigneter

Stelle zur Einsicht auszulegen oder auszuhängen. Dies gilt nicht, wenn er das Gesetz für die Personen, die bei ihm beschäftigt sind, in einem elektronischen Verzeichnis jederzeit zugänglich gemacht hat.

Mutterschutzgesetz und Heimarbeit

§ 26 Abs. 2 MuschG
Für eine in Heimarbeit beschäftigte Frau oder eine ihr Gleichgestellte muss der Auftraggeber oder Zwischenmeister in den Räumen der Ausgabe oder Abnahme von Heimarbeit eine Kopie dieses Gesetzes an geeigneter Stelle zur Einsicht auslegen oder aushängen. Absatz 1 Satz 2 gilt entsprechend. (Absatz 1 Satz 2 lautet: Dies gilt nicht, wenn er das Gesetz für die Personen, die bei ihm beschäftigt sind, in einem elektronischen Verzeichnis jederzeit zugänglich gemacht hat.)

Jugendarbeitsschutzgesetz

§ 47 JArbSchG
Arbeitgeber, die regelmäßig mindestens einen Jugendlichen beschäftigen, haben einen Abdruck dieses Gesetzes und die Anschrift der zuständigen Aufsichtsbehörde an geeigneter Stelle im Betrieb zur Einsicht auszulegen oder auszuhängen.

Sozialgesetzbuch VII

§ 15 Abs. 5
Die Unternehmer sind über die Vorschriften nach Absatz 1 zu unterrichten und zur Unterrichtung der Versicherten verpflichtet.
Der § 15 Abs. 5 SGB VII wird durch die Vorschrift 1 der Deutschen Gesetzlichen Unfallversicherung (DGUV 1) konkretisiert.

DGUV Vorschrift 1

§ 12 Abs. 1 DGUV 1
Der Unternehmer hat den Versicherten die für sein Unternehmen geltenden Unfallverhütungsvorschriften und Regeln der Unfallversicherungsträger sowie die einschlägigen staatlichen Vorschriften und Regeln an geeigneter Stelle zugänglich zu machen.

Tarifverträge

§ 8 TVG
Der Arbeitgeber ist verpflichtet, die im Betrieb anwendbaren Tarifverträge sowie rechtskräftige Beschlüsse nach § 99 des Arbeitsgerichtsgesetzes über den nach § 4a Absatz 2 Satz 2 anwendbaren Tarifvertrag im Betrieb bekanntzumachen.
Für den Bereich der Kirche und ihrer Diakonie kann hier analog – statt der Tarifverträge – festgehalten werden, dass damit die AVR DD und sonstige innerkirchlichen verbindlichen Arbeitsrechtsregelungen gemeint sind.

Ladenschlussgesetz

§ 21 LadSchlG
Der Inhaber einer Verkaufsstelle, in der regelmäßig mindestens ein Arbeitnehmer beschäftigt wird, ist verpflichtet, einen Abdruck dieses Gesetzes und der auf Grund dieses Gesetzes erlassenen Rechtsverordnungen mit Ausnahme der Vorschriften, die Verkaufsstellen anderer Art betreffen, an geeigneter Stelle in der Verkaufsstelle auszulegen oder auszuhängen.
Die Aushangpflicht gilt in aller Regel dann, wenn zumindest ein Arbeitnehmer beschäftigt wird. Hat eine Einrichtung mehrere Stockwerke oder Gebäude, ist dafür zu sorgen, dass die aushangpflichtigen Gesetze und Verordnungen in allen Stockwerken und Gebäudeteilen aushängen. Zum Teil müssen spezielle Verordnungen, z. B. die Röntgenverordnung, nur in den betroffenen Bereichen aushängen (§ 12 i. V. m. § 10 RöV). Für die Überwachung der Aushangpflicht sind die Ämter für Arbeitsschutz und die Gewerbeaufsichtsämter zuständig. Eine Verletzung der Aushangpflicht kann mit einem Ordnungsgeld in einer Höhe bis zu 2500,– € sanktioniert werden. Auch wenn vielfach noch von »auslegen«, »aushängen«, »bekanntmachen«, gesprochen wird, sind »Aushänge« auch im betrieblichen → **Intranet** zulässig. Sollten nicht alle Beschäftigte einen individuellen Zugang zum → **Intranet** haben, sind die aushangpflichten Gesetze und Verordnungen allerdings weiterhin auszuhängen. Verschiedene Verlage bieten (z. T. jährlich) alle aushangpflichtigen Gesetze als Buch an, zum Teil bereits mit Lochung (damit das Buch leichter ausgehängt werden kann).

Bedeutung für die MAV

Im Rahmen der vertrauensvollen Zusammenarbeit (§ 33 Abs. 1 MVG) und dem Eintreten für die Einhaltung der arbeits-, sozial- und dienstrechtlichen Bestimmungen (§ 35 Abs. 2 Buchst. b MVG) hat die MAV darauf zu achten, dass die aushangpflichtigen Gesetze und Verordnungen für die Beschäftigten zugänglich

sind. Dies bedeutet auch darauf zu achten, wo diese Gesetze und Verordnungen aushängen und ob die Aushänge aktuell sind. Verantwortlich für den Aushang bzw. das Einstellen in das Intranet ist jedoch der Arbeitgeber.
Auch die MAV hat im übertragenen Sinne »aushangpflichtige Gesetze« zu verwalten (§ 18 Abs. 5 MVG). → **Dienstvereinbarungen** sind entsprechend § 36 Abs. 2 MVG schriftlich niederzulegen und in geeigneter Weise bekannt zu machen. Dies kann u. a. durch den Versand per E-Mail geschehen, durch Aushang am Schwarzen Brett oder durch Ausdrucke für alle Beschäftigten. Zusätzlich müssen → **Dienstvereinbarungen** auch im MAV-Büro für die Beschäftigten zur Einsicht vorrätig sein. Auch wenn nicht ausdrücklich geregelt ist, dass Beschäftigte von → **Dienstvereinbarungen** Abschriften oder Kopien machen dürfen (wie z. B. aus den Personalakten § 4 AVR DD), so dürfte klar sein, dass Beschäftigte → **Dienstvereinbarungen** kopieren dürfen. Die beste Lösung ist, dies wird direkt in der Dienstvereinbarung niedergelegt.

Bedeutung für die Beschäftigten

Die Bedeutung der aushangpflichtigen Gesetze bzw. deren Inhalt für die Beschäftigten wird von ihnen kaum wahrgenommen. Häufig werden Gesetze und Verordnungen, so die Realität, nicht gelesen. Die Beschäftigten könnten in jeder → **Mitarbeiterversammlung** von der MAV über ein für sie wichtiges Gesetz oder eine Verordnung und deren Bedeutung für ihre Tätigkeiten informiert und aufgeklärt werden.
Die Beschäftigten haben ein Einsichtsrecht in alle aushangpflichtigen Gesetze, Verordnungen, Tarifverträge und Dienstvereinbarungen. Die Zeit für die Einsichtnahme ist Arbeitszeit. Eine Abmeldung vom Arbeitsplatz und eine Rückmeldung sind jedoch erforderlich.
Beschäftigte können unter Umständen gegenüber dem Arbeitgeber einen Schadenersatzanspruch haben, wenn ihnen ein Schaden entsteht, der nicht eingetreten wäre, wenn sie Zugang zu aushangpflichtigen Gesetzen und Verordnungen gehabt hätten.
Zwischenzeitlich sind alle Gesetze und Verordnungen im → **Internet** einzusehen, z. B. unter: *https://www.gesetze-im-internet.de/* Auf diesen Seiten sind auch immer die jeweils aktuellen Versionen verfügbar.

Auskunftsanspruch, datenschutzrechtlicher

Was ist das?

Rechtgrundlage für den datenschutzrechtlichen Auskunftsanspruch ist Art. 15 DSGVO. Er soll die betroffene Person in Lage versetzen, zu erfahren, ob und wenn ja, welche Daten beim Verantwortlichen über ihn vorliegen. Im Arbeitsverhältnis ist der Arbeitgeber der Verantwortliche. Konkretisiert wird das Auskunftsverlangen noch in § 34 BDSG. Auch das DSG-EKD sieht einen Auskunftsanspruch vor. Beim datenschutzrechtlichen Auskunftsanspruch handelt es sich im Arbeitsverhältnis also um einen Anspruch des Arbeitnehmers gegen den Arbeitgeber. Zur Problematik der Anwendbarkeit des DSG-EKD → **Datenschutz im MAV-Büro**.

Bedeutung für die MAV

Die MAV ist für die Einhaltung des Datenschutzes in ihrem Bereich selbst verantwortlich, § 22 Abs. 3 MVG. Auch ihr gegenüber kann daher ein Auskunftsanspruch geltend gemacht werden, den sie einzuhalten verpflichtet ist. Mitarbeitervertretungen sollten sich also durchaus darauf vorbereiten, dass einzelne Beschäftigte diesen Anspruch bei der MAV geltend machen.
Die MAV kann im Rahmen des § 35 Buchst. b und c MVG außerdem die Mitarbeiterin unterstützen, den Auskunftsanspruch gegenüber dem Arbeitgeber geltend zu machen.

Bedeutung für die Beschäftigten

Der datenschutzrechtliche Auskunftsanspruch dient der Herstellung von Transparenz. Er kann die Geltendmachung weiterer Rechte vereinfachen, wie z. B.

das Recht auf Löschung oder Berichtigung. Der Antrag kann formlos gestellt werden, also auch mündlich, wobei es sich empfiehlt, den Antrag mindestens in Textform zu stellen. Eine Begründung ist nicht erforderlich. Die erste Kopie ist kostenlos.

Das DSG-EKD kennt den Anspruch auf Kopien nicht. Hierzu hat der Verwaltungssenat des KGH entschieden, dass Artikel 15 Absatz 3 Satz 1 DSGVO dem Betroffenen einen Anspruch auf Zurverfügungstellung einer Kopie ihn betreffender personenbezogener Daten, die Gegenstand der Verarbeitung sind, vermittelt. § 19 DSG-EKD, der einen solchen Anspruch nicht kennt, steht der direkten Anwendbarkeit des Artikels 15 Absatz 3 Satz 1 DSGVO nicht entgegen (Verwaltungssenat bei dem Kirchengerichtshof der Evangelischen Kirche in Deutschland, Urteil vom 9. 9. 2022, Az: 0135/4-2020). Erfolgt die Auskunft nicht oder nicht vollständig, kann sich die betroffene Person an die zuständige Aufsichtsbehörde wenden. Ggf. führt der Verstoß zu einer empfindlichen Geldbuße.

Bei der Erteilung der Auskunft sind weiterhin mitzuteilen:

- Verarbeitungszwecke,
- Kategorien personenbezogener Daten, die verarbeitet werden (mit Gruppenbezeichnungen wie Gesundheitsdaten, Bonitätsdaten usw.),
- Empfänger bzw. Kategorien von Empfängern, die diese Daten bereits erhalten haben oder künftig noch erhalten werden,
- geplante Speicherdauer falls möglich, andernfalls die Kriterien für die Festlegung der Speicherdauer,
- Rechte auf Berichtigung, Löschung oder Einschränkung der Verarbeitung,
- Widerspruchsrecht gegen diese Verarbeitung nach Art. 21 DSGVO,
- Beschwerderecht für die betroffene Person bei der Aufsichtsbehörde,
- Herkunft der Daten, soweit diese nicht bei der betroffenen Person selbst erhoben wurden, und
- das Bestehen einer automatisierten Entscheidungsfindung einschließlich Profiling mit aussagekräftigen Informationen über die dabei involvierte Logik sowie die Tragweite und die angestrebten Auswirkungen solcher Verfahren.

(*https://www.bfdi.bund.de/SharedDocs/Downloads/DE/DSK/Kurzpapiere/20170726_Kurzpapier_6_Auskunftsrecht.pdf?__blob=publicationFile&v=8*; abgerufen 19. 9. 2024)

Die Auskunftserteilung muss unverzüglich erfolgen, spätestens aber innerhalb eines Monats (Art. 12 Abs. 3 DSGVO). Ausnahmen sind in engen Grenzen möglich. Das Auskunftsrecht kann ebenfalls dann Grenzen finden, wenn das Verlangen exzessiv betrieben wird oder eine große Menge an Daten vorhanden ist. Hier kann der Verantwortliche Präzisierung verlangen.

Ausschlussfrist

Was ist das?

Unter Ausschlussfrist versteht man den Zeitraum, innerhalb dessen die Ansprüche des Arbeitgebers bzw. des Arbeitnehmers aus dem Arbeitsverhältnis gegenüber der jeweils anderen Partei verfallen können. Um die Ausschlussfrist zu wahren, müssen Ansprüche innerhalb der Frist regelmäßig in Textform geltend gemacht werden. »Ausschlussfristen erhöhen in Arbeitsverhältnissen als Dauerschuldverhältnissen die Rechtssicherheit der Vertragsparteien« (Mitarbeitervertretungs-Kalender 2000, S. 18).
Nach § 45→ **AVR.DD** beträgt die Ausschlussfrist: 12 Monate für Ansprüche, die auf die Ausübung einer höherwertigen Tätigkeit nach den §§ 12 und 13 bzw. § 16 der Anlage 8a gestützt werden. Ebenso beträgt die Ausschlussfrist 12 Monate für die allmonatlich entstehenden Ansprüche auf Entgelt entsprechend §§ 14 bis 19a bzw. §§ 17 bis 19 der Ablage 8a. Innerhalb von 6 Monaten müssen alle weiteren Ansprüche aus dem Arbeitsverhältnis geltend gemacht werden, soweit in der AVR.DD nichts anderes bestimmt ist. Die AVR-Bayern sieht in § 54 eine einheitliche Ausschlussfrist vor.
Nach § 37 **TVöD** beträgt die Ausschlussfrist 6 Monate. Die Ausschlussfrist gilt nicht für Ansprüche aus einem Sozialplan.
Gesetzliche Urlaubsansprüche verfallen bei Arbeitsunfähigkeit 15 Monate nach Beendigung des Urlaubsjahrs, in dem sie entstanden sind. Praktisch: Urlaub, der bis zum 31. 3. tatsächlich nicht genommen wurde, verfällt (EuGH und BAG-Rechtsprechung). Die höheren tariflichen oder AVR.DD-Urlaubsansprüche (im Vergleich zum Bundesurlaubsgesetz) verfallen entsprechend den tarifvertraglichen AVR.DD-Regelungen.
Bei arglistiger Täuschung gilt jedoch die allgemeine Verjährungsfrist nach BGB (§ 195) von 3 Jahren.
§ 28g SGB IV (Beitragsabzug): Danach darf der Arbeitgeber einen unterbliebenen Abzug der Sozialversicherungsbeiträge nur für die letzten 3 Monate einbehalten. Die Rückforderung kann allerdings dann unbegrenzt erfolgen, wenn der Abzug ohne Verschulden des Arbeitgebers unterblieben ist.

Für die Berechnung der → **Fristen** gelten die Bestimmungen der §§ 187, 188 und 193 BGB. Gibt es keine Ausschlussfristen oder sind diese unwirksam, gelten die Regelungen über die **Verjährung**, §§ 194 ff BGB.
Das Bundesarbeitsgericht hat mit Urteil vom 30. 10. 2019, 6 AZR 465/18 entschieden, dass Arbeitgeber über AVR-Ausschlussfristen durch einen schriftlichen Nachweis im Volltext informieren müssen. Andernfalls sollen diese nicht gelten. Nach dieser Entscheidung wurde allerdings das Nachweisgesetz geändert, auf das sich das BAG in der Begründung gestützt hatte. Ob sich die dort aufgestellten Grundsätze nun weiterhin übertragen lassen, ist daher fraglich. Somit sollten Ansprüche unbedingt weiterhin innerhalb der Ausschlussfristen geltend gemacht werden.

Bedeutung für die MAV

→ **Arbeitsgerichte** und die kirchlichen **Schlichtungsstellen** nach § 44 → **AVR. DD** haben auf die Einhaltung der Ausschlussfristen zu achten und prüfen dies in einem ersten Schritt von Amts wegen. Ist die Ausschlussfrist verstrichen, so prüfen Arbeitsgericht und Schlichtungsstelle die Forderung inhaltlich nicht mehr, auch wenn diese berechtigt sein sollte. Daher sind für die Unterstützung der Beschäftigten durch die Mitarbeitervertretungen ganz besonders deren Kenntnis und der Hinweis auf die genannten Fristen wichtig. Denn alle berechtigten Ansprüche verfallen, wenn die Ausschlussfrist versäumt wird. So könnte die MAV auf einer → **Mitarbeiterversammlung** Informationen zu den in der Dienststelle gültigen Ausschlussfristen geben.

Bedeutung für die Beschäftigten

Die Hauptanwendungsfälle der Ausschlussfrist sind Überzahlungen oder zu niedrige Eingruppierungen. Bei der Eingruppierung ist zu beachten, dass der Anspruch auf die richtige Eingruppierung nicht der Ausschlussfrist unterliegt (z. B. wichtig für zurückgelegte Stufenlaufzeiten), jedoch die aus der richtigen Eingruppierung hervorgehenden Vergütungen, Zulagen, Sonderzahlungen usw.
Zwar wird im Arbeitsrecht grundsätzlich davon ausgegangen, dass Arbeitgeber und Arbeitnehmer ihre wechselseitigen Ansprüche aus dem Arbeitsverhältnis kennen. So ist dem Arbeitnehmer zuzumuten, z. B. seine Gehaltsabrechnung zu kontrollieren und zu verstehen. So ist auch jeder Arbeitnehmer grundsätzlich verpflichtet, seine Rechte selbst wahrzunehmen. Doch angesichts der zunehmen-

den Komplexität des Arbeitsrechts ist den Beschäftigten dringend anzuraten, sich bei allen Unklarheiten fachliche und fundierte Rechtsauskünfte einzuholen, eingeschränkt bei der MAV, vor allem bei den Gewerkschaften oder bei Fachanwälten für Arbeitsrecht.

Mit der Entscheidung des BAG vom 7.7.2010 (4 AZR 549/08) reicht für die schriftliche Geltendmachung auch eine E-Mail aus, die Name und Adresse des Absenders enthält und die Geltendmachung durch eine Grußformel und die Wiederholung des Namens eindeutig kenntlich macht.

Ausschüsse der MAV

Was ist das?

Ein Ausschuss ist eine ausgewählte Gruppe von Personen, die sich mit einer bestimmten Aufgabe beschäftigt. Die Einrichtung von Ausschüssen kann auf unterschiedlichen rechtlichen Bestimmungen beruhen. Sie sind darauf ausgerichtet, einen bestimmten Zweck zu erfüllen:

- Die **Ausschüsse der MAV** (§ 23a MVG) sind ein Instrument zur Strukturierung und zur effektiveren Erledigung von Aufgaben der MAV. Dies ist sicherlich die häufigste Form von Ausschüssen, mit denen MAV-Mitglieder in Berührung kommen und die vor allem der Arbeitsteilung in einer MAV dienen.
- Der **Arbeitsschutzausschuss** (§ 11 ASiG) berät unter Beteiligung der MAV Anliegen des → **Arbeitsschutzes** und der Unfallverhütung.
- Der **gemeinsame Ausschuss zwischen MAV und Leitung** (§ 3 Abs. 2 Ziff. 1 Anlage 17 AVR.DD bzw. § 3 Abs. 2 Ziff. 3 Anlage 7 AVR-Bayern) berät und überwacht Maßnahmen im Zusammenhang mit der Überwindung einer wirtschaftlichen Notlage.
- Die (gemeinsam eingerichteten) **Ausschüsse zur Vorbereitung von Entscheidungen** (§ 34 Abs. 1 Satz 3 MVG) dienen dazu, die MAV bereits im Planungsstadium vor bestimmten Maßnahmen zu beteiligen.
- Die Beteiligung der MAV an **Ausschüssen nach satzungsrechtlichen Vorschriften** des Rechtsträgers ist im Einzelfall zu prüfen.

Über die Bildung von Ausschüssen nach § 23a MVG **entscheidet die MAV autonom**. Die Entscheidung steht unter keinem Genehmigungsvorbehalt der → **Dienststellenleitung**.

Einem Ausschuss nach § 23a MVG müssen **mindestens drei Mitglieder** der MAV angehören. Sinnvollerweise wird eine MAV mit weniger als fünf Mitgliedern keinen Ausschuss einsetzen. Eine MAV mit sieben Mitgliedern wird sich aber schon überlegen müssen, ob sie ihre Aufgaben – zumindest teilweise – arbeitsteilig auch in Ausschüssen erledigen will.

In rechtlich selbständigen Einrichtungen der Diakonie mit je mehr als 150 Beschäftigten kann die MAV einen → **Wirtschaftsausschuss** (§ 23a Abs. 2 MVG) einrichten, der sie in Wirtschaftsfragen unterrichtet und berät. Dies ist ein besonderer Ausschuss, der im MVG eigens erwähnt ist. Bei entsprechender Größe eines Betriebs ist den Mitarbeitervertretungen unbedingt zu empfehlen, einen solchen Wirtschaftsausschuss einzurichten.
Ausschüsse der MAV können **zeit- oder zweckbefristet** sein. Auf **Dauer** eingerichtete Ausschüsse enden automatisch mit Ablauf der Amtszeit (§ 15 MVG), mit Rücktritt der MAV (§ 16 Abs. 1 Buchst. b MVG) oder mit Auflösung der MAV durch das Kirchengericht (§ 17 MVG).
Hat ein Ausschuss Aufgaben zur selbständigen Erledigung übertragen bekommen und werden darin **Angelegenheiten der besonderen Mitarbeitergruppen** behandelt, sind deren Interessenvertretungen (→ **Jugend- und Auszubildendenvertretung** bzw. → **Schwerbehindertenvertretung**) zu den Beratungen hinzuziehen.
Ausschüsse nach § 23a MVG setzen (einen oder mehrere) Beschlüsse der MAV zu folgenden Punkten voraus:

- Einrichtung,
- genaue Bezeichnung der übertragenen Aufgaben,
- Festlegung, ob der Ausschuss Aufgaben zur selbständigen Erledigung übertragen bekommt oder vorbereitende Aufgaben wahrzunehmen hat,
- Anzahl und Auswahl der Mitglieder.

Ausschüsse mit selbständiger Aufgabenerledigung (§ 23a MVG)
Für die Einrichtung ist eine **Dreiviertelmehrheit aller MAV-Mitglieder** notwendig (d. h., die entsprechende Mehrheit der Anwesenden reicht nicht aus!).
Diese Ausschüsse beraten selbständig Angelegenheiten im Rahmen des festgelegten Wirkungskreises und fassen Beschlüsse an Stelle der Mitarbeitervertretung (→ **Sitzung der MAV**). Statt dem gesamten Gremium entscheiden also nur die Mitglieder des Ausschusses über ein bestimmtes Thema.
Über jede Ausschusssitzung ist eine Niederschrift anzufertigen (§ 27 Abs. 1 Satz 1 MVG), die vom Vorsitzenden und einem weiteren Ausschussmitglied zu unterzeichnen ist (27 Abs. 1 Satz 2 MVG). Wer die Niederschrift erstellt, ist zu Beginn der Ausschussarbeit zu regeln. Die Benennung einer festen Schriftführung ist nicht erforderlich.
Der Ausschuss **wählt** aus seiner Mitte einen **Vorsitzenden**. Der Vorsitzende vertritt die Beschlüsse gegenüber der Dienststellenleitung und nimmt deren Anträge auf Zustimmung in Mitbestimmungs- oder Mitberatungsthemen entgegen.
Der Ausschuss legt die Reihenfolge der **Vertretung im Vorsitz** fest und teilt dies der Dienststellenleitung schriftlich mit.
Der Abschluss und die Kündigung von → **Dienstvereinbarungen** durch einen (beschließenden) Ausschuss sind nicht möglich.

Der **Widerruf von Ausschüssen**, die Aufgaben zur selbständigen Erledigung übertragen bekommen haben, bedarf ebenfalls der Dreiviertelmehrheit aller MAV-Mitglieder. Besteht der Ausschuss aus mehr als einem Viertel der MAV-Mitglieder, gibt es dadurch eine **Sperrminorität**. Die MAV kann gegen den Willen der Ausschuss-Mitglieder die übertragenen Aufgaben nicht mehr zurückholen. Beispiele: Bei einer 9-köpfigen MAV müssen mindestens 7 Mitglieder für einen Widerruf stimmen, bei einer 11-köpfigen MAV 9.
Über die Einrichtung, den Wirkungskreis (ggf. dessen Abänderung) und den Widerruf von Ausschüssen ist die **Dienststellenleitung schriftlich zu unterrichten** (§ 23a Abs. 1 MVG).

Bedeutung für die MAV

Hat die Größe der MAV, der Zuständigkeitsbereich und die Vielfalt der Aufgaben ein bestimmtes Ausmaß erreicht, empfiehlt es sich, einen **geschäftsführenden Ausschuss** einzurichten. Was im Einzelnen darunter fällt, kann in einer **Geschäftsordnung** (→ **Geschäftsführung** der MAV) festgelegt werden. Beispiele: Vorbereitung von beabsichtigten Beschlüssen der MAV sowie der MAV-Sitzung, Einholen von Auskünften, Beschaffung von Unterlagen, Durchführung von Besprechungen mit → **sachkundigen Personen**, Beschwerden und Anregungen von Beschäftigten entgegennehmen und deren Berechtigung vorprüfen, Vorbereitung von → **Mitarbeiterversammlungen**, Vorbesprechungen mit der → **Dienststellenleitung**, Schriftwechsel im Rahmen der gefassten Beschlüsse, Erstellen von Entwürfen für → **Dienstvereinbarungen**, rechtliche Prüfung von Sachverhalten.
Einzelheiten in der Zusammensetzung eines solchen geschäftsführenden Ausschusses, der Arbeitsweise und die Rückbindung an die MAV können in einer **Geschäftsordnung** geregelt werden.
Die Einrichtung von **gemeinsamen Ausschüssen** (§ 34 Abs. 1 MVG) mit Mitgliedern der MAV, der → **Dienststellenleitung** und möglichen Dritten sollte am besten in einer → **Dienstvereinbarung** geregelt werden. **Beispiele:** Ausschüsse zu → **Qualitätsmanagement**, Konflikt- und Beschwerdemanagement, Einstellungs- und Versetzungsverfahren, Ideenmanagement, betrieblichem Umweltschutz, betrieblichem Eingliederungsmanagement.
Beispiele für MAV-interne Ausschüsse: Personalausschuss, Fort- und Weiterbildung, Organisations- und Betriebsänderungen, Sozialeinrichtungen, Prüfung von Dienstplänen, Entwicklung von neuen Arbeitszeitmodellen, Fragen der → **Gleichstellung**.

Ausschüsse bieten die Möglichkeit, Aufgaben der MAV arbeitsteilig und überschaubar zu gliedern und diese durch die Gewinnung von fundiertem Wissen effektiv zu bewältigen. Die Teilnahme der Ausschussmitglieder an → **Schulungen für MAV-Mitglieder** zu speziellen Themenbereichen qualifiziert die Arbeit in Ausschüssen in besonderer Weise. Durch die Einrichtung von Ausschüssen kann die MAV-Arbeit deutlich professionalisiert werden.

Durch die Bildung von Ausschüssen besteht – auf der anderen Seite – die **Gefahr**, dass Teile der MAV ein »Eigenleben« führen. Der MAV muss auch klar sein, dass sie mit der Bildung von Ausschüssen ureigene demokratische Rechte an ein »kleineres« Gremium abgibt. Daher sollte die Aufgabenzuschreibung für einen Ausschuss seitens der MAV so genau wie möglich festgelegt und deren Einhaltung überprüft werden. Wichtig ist, dass Ausschüsse der MAV der Willensbildung der gesamten MAV in (wichtigen) betriebspolitischen Entscheidungen nicht entgegenstehen dürfen! Gerade in gemeinsamen Ausschüssen mit der Dienststellenleitung ist eine **Rückbindung an die MAV** und eine selbstkritische Beobachtung und Reflexion der eigenen Rolle von größter Bedeutung, will die MAV nicht Gefahr laufen, durch subtile Einflussnahme gespalten zu werden.

Musterformular: Ausschuss

Mitarbeitervertretung [Name]	
(Selbständiger) Ausschuss zum Thema:	
Zusammensetzung	
Namen der Mitglieder:	**Namen der Ersatzmitglieder:**
1. 2. 3. 4. 5. 6. 7.	1. 2. 3. 4. 5. 6. 7.
Vorsitz des Ausschusses:	**Stellv. Vorsitzende** [Reihenfolge festlegen]
Name	1. Namen 2. 3. 4. 5. 6.
Zeitpunkt der Sitzungen: regelmäßiger Termin: Tag, Beginn	
Übertragene Aufgaben (Aufgabenbeschreibung):	
Beschlossen am: Datum	**Abstimmung** Zahl: Ja ☐ Nein ☐ Enthaltung ☐
Unterschrift MAV-Vorsitzende	Unterschrift Protokollführer/in

Musterschreiben: Ausschusssitzung

An die
Dienststellenleitung

im Hause

Ort, Datum

Mitteilung über die Sitzung des Ausschusses [Bezeichnung]

Sehr geehrte/r Frau/Herr Name

Die Mitarbeitervertretung hat in ihrer Sitzung am Datum beschlossen, dass der Ausschuss Bezeichnung bis auf weiteres an
jedem Tag-/Datumsangabe um Zeitangabe
zu einer Sitzung zusammentritt.
Mitglieder des Ausschusses sind
Name (Vorsitzende)
Name
Name
Als Ersatzmitglieder sind vorgesehen:
Name
Name
Name
Wir bitten Sie, die jeweils zuständigen Vorgesetzten zu informieren, damit die MAV-Mitglieder für den genannten Termin von ihrer Arbeit freigestellt werden.
Bei der Terminierung haben wir die dienstlichen Notwendigkeiten berücksichtigt.

Mit freundlichen Grüßen

Unterschrift MAV-Vorsitzende

Außerordentliche Kündigung

Was ist das?

Die außerordentliche Kündigung, auch **fristlose Kündigung** genannt, beendet das Arbeitsverhältnis ohne Einhaltung der individuellen Kündigungsfrist. Die außerordentliche Kündigung kann sowohl vom Arbeitgeber als auch vom Arbeitnehmer gegenüber der anderen Partei ausgesprochen werden, wenn durch ein gravierendes Vorkommnis keine Grundlage für die weitere Zusammenarbeit mehr gegeben bzw. das Vertrauensverhältnis unheilbar gestört ist. Die Arbeitsgerichte überprüfen eine außerordentliche Kündigung auf zwei Ebenen: Ist der Kündigungsgrund »an sich« geeignet, eine außerordentliche Kündigung zu rechtfertigen? Und: Ist die außerordentliche Kündigung in diesem konkreten Einzelfall (Interessenabwägung) gerechtfertigt? Von diesem Prüfungsmaßstab geht auch das Bundesarbeitsgericht in seiner Entscheidung aus (BAG, Urteil vom 10.6.2010 – 2 AZR 541/09), die in der Öffentlichkeit als Fall »Emmely« bekannt geworden ist. Es ging um eine Verkäuferin, der wegen des Einlösens von Flaschenpfandbons im Wert von 1,30 € – die ihr nicht gehört haben sollen – fristlos gekündigt wurde. Zum Nachteil des Arbeitgebers begangene Eigentums- oder Vermögensdelikte, aber auch nicht strafbare, ähnlich schwerwiegende Handlungen unmittelbar gegen das Vermögen des Arbeitgebers kommen typischerweise – unabhängig vom Wert des Tatobjekts und der Höhe eines eingetretenen Schadens – als Grund für eine außerordentliche Kündigung in Betracht. Auch im Fall »Emmely« wurde angenommen, dass ein Kündigungsgrund »an sich« vorlag. Auf der 2. Prüfungsebene – der Interessenabwägung – wurde jedoch zugunsten von Emmely und nicht – wie es ständige Rechtsprechung war – zugunsten des Arbeitgebers entschieden. Ausschlaggebend war u.a. die sehr lange, beanstandungslose Beschäftigungszeit (über 30 Jahre).
Der Arbeitgeber hat zu prüfen, ob bei geringfügigen Verfehlungen (Stromdiebstahl im Wert von 1,8 Cent, Einlösen von Pfandbelegen mit geringem Wert, Mitnahme abgelaufener Ware, …) eine → **Abmahnung** ausreichend ist, um auf das Fehlverhalten hinzuweisen und für die Zukunft eine Änderung des Verhaltens zu bewirken. Als Prüfungsmaßstab ist u.a. die Dauer des bisherigen Beschäf-

tigungsverhältnisses heranzuziehen, ebenso, wie störungsfrei das bisherige Beschäftigungsverhältnis verlaufen ist. Mit dieser Rechtsprechung will das BAG die sog. »**Bagatellkündigungen**« eindämmen.

Bedeutung für die MAV

Beim Ausspruch einer außerordentlichen Kündigung (§ 626 Abs. 1 BGB) hat die MAV ein → **Mitberatungs**recht (§ 45 Abs. 1 i. V. m. § 46 Buchst. b MVG). Nachdem die **Frist** für den Ausspruch einer außerordentlichen Kündigung nur **14 Tage** beträgt (§ 626 Abs. 2 BGB), hat der Arbeitgeber die Möglichkeit, die **Frist** für die → **Mitberatung** der MAV auf bis zu **3 Arbeitstage** zu **verkürzen** (§ 45 Abs. 1 MVG). Innerhalb dieser Frist kann die MAV die geplante Maßnahme besprechen und eine Stellungnahme dazu abgeben bzw. verlangen, dass die Maßnahme mit ihr erörtert wird. Gibt es bei der Erörterung keine Einigung, so muss die → **Dienststellenleitung** ihre gegenüber der MAV abweichende Meinung schriftlich – innerhalb eines Monats nach der Durchführung der Maßnahme (gilt seit der Novellierung des MVG zum 1. 1. 2024) – begründen. Wird eine außerordentliche Kündigung ohne → **Mitberatung** der MAV gegenüber dem Beschäftigten ausgesprochen, so ist die Maßnahme **unwirksam** (§ 45 Abs. 2 i. V. m. § 60 Abs. 4 MVG). Wird die MAV nicht beteiligt, kann sie innerhalb von 2 Wochen nach Kenntnis, spätestens 6 Monate nach Durchführung der Maßnahme das Kirchengericht (→ **Rechtsschutz**) anrufen. Das Kirchengericht entscheidet jedoch nicht inhaltlich über die getroffene Maßnahme, sondern nur darüber, ob die MAV entsprechend beteiligt wurde oder nicht (§ 60 Abs. 4 MVG). Ist die Beteiligung unterblieben, so ist die getroffene Maßnahme unwirksam. Wurde die MAV nicht beteiligt und der betroffene Beschäftigte hat Kündigungsschutzklage vor dem → **Arbeitsgericht** erhoben, so gewinnt der Beschäftigte die Klage aus formalen Gründen.

Bedeutung für die Beschäftigten

Das Arbeitsverhältnis ist vom Arbeitgeber wie vom Arbeitnehmer aus wichtigem Grund außerordentlich kündbar. Bei der Formulierung »**wichtiger Grund**« handelt es sich um einen **unbestimmten Rechtsbegriff**. Er ist in jedem Einzelfall individuell auszulegen. Dabei gilt, dass ein wichtiger Grund dann gegeben ist, wenn unter Berücksichtigung aller Umstände und Tatsachen und unter Abwägung der Interessen beider Parteien dem Kündigenden die Fortsetzung des Arbeitsverhältnisses nicht mehr zuzumuten ist. **Gründe** für eine außerordentliche Kündigung durch den Arbeitgeber können sein: Einstellungsbetrug, beharrliche Arbeitsverweigerung, grobe Verletzung der → **Treuepflicht**, grobe Beleidigung, ausländerfeindliche Äußerungen, Bestechlichkeit, Unterschlagung, sexuelle Belästigung, Spesenbetrug, tätliche Auseinandersetzungen in der Dienststelle, Manipulation der Arbeitszeiterfassung, eigenmächtiger Urlaubsantritt oder Unterschlagung. Im Bereich von Kirche und Diakonie war der **Kirchenaustritt** als außerordentlicher Kündigungsgrund von den Arbeitsgerichten anerkannt (siehe: LAG Rheinland-Pfalz v. 9.1.1997 – 11 Sa 428/96, NZA 98, 149). Das Bundesarbeitsgericht hat zwischenzeitlich entschieden, dass bei den sog. »unkündbaren« Beschäftigten eine außerordentliche Kündigung nach einem Kirchenaustritt möglich ist. Bei unkündbaren Beschäftigten muss der Arbeitgeber jedoch eine soziale Auslauffrist entsprechend der längsten Kündigungsfrist einhalten (siehe BAG vom 25.4.2013 – 2 AZR 579/12). Das Bundesarbeitsgericht hat jedoch zwischenzeitlich Zweifel an der bisherigen Rechtsprechung und hat beim Verfahren einer Hebamme, die aus der Kirche ausgetreten ist und fristlos gekündigt wurde, den Fall dem EuGH vorgelegt (Beschluss des BAG vom 21. Juli 2022). Zu einer Entscheidung kam es jedoch nicht, weil die Caritas als Arbeitgeber vor dem EuGH anerkannte, dass das Arbeitsverhältnis nicht durch die Kündigung aufgelöst wurde (BAG: Anerkenntnisurteil vom 14. Dezember 2023, Az: 2 AZR 130/21).

Bei der Kirche und der Diakonie handelt es sich um »→ **Tendenzbetriebe**«. Dies bedeutet, dass die dort Beschäftigten sich mit den Zielen von Kirche und Diakonie (siehe u. a. § 1 Abs. 2 der AVR.DD) identifizieren und ihr innerdienstliches und außerdienstliches Verhalten entsprechend der Tendenz ausrichten sollen. Ob und inwieweit Verfehlungen gegen kirchliche Lebensvorstellungen zu einer fristlosen Entlassung führen können, muss jeweils im Einzelfall geklärt werden. Dabei ist auch zu beachten, in welcher Nähe zum »Verkündigungsauftrag« der einzelne Beschäftigte steht. Von einem Religionspädagogen ist in dieser Sicht eine kirchennähere Lebensführung zu erwarten als von einer Reinigungskraft.

Das kirchliche Arbeitsrecht wird immer mehr durch die Rechtsprechung des EuGH und das BAG »eingeschränkt«. So hat das BAG am 25.10.2018 (8 AZR 501/14) entschieden, dass eine konfessionslose Stellenbewerberin, die aufgrund fehlender Kirchenmitgliedschaft abgelehnt wurde, eine Entschädigung entsprechend dem AGG erhält. Es ging hier um eine Teilzeitstelle in einem Anti-Rassismusprojekt der Diakonie in Berlin. Der EuGH entschied im April 2018 (Urteil vom 17.4.2018 – C-414/16), dass die Frage, ob eine Kirchenzugehörigkeit eine notwendige und gerechtfertigte Anforderung an eine Stelle ist, einer wirksamen Kontrolle der staatlichen Gerichte unterliegt.

Es bleibt daher abzuwarten, wie sich die Rechtsprechung weiterentwickelt. Es dürfte sich um eine ungerechtfertigte Benachteiligung handeln, wenn eine fristlose Kündigung wegen eines Kirchenaustritts ausgesprochen wird, obwohl die Stelle keine Kirchenmitgliedschaft erfordert.

Arbeitnehmer können ihr Arbeitsverhältnis ebenfalls fristlos kündigen. Gründe für eine solche außerordentliche Kündigung können sein: grobe Beleidigung durch den Arbeitgeber, Vertragsverletzungen (ggf. ist hier eine vorherige Abmahnung durch den Arbeitnehmer notwendig).

Eine → **Abmahnung** ist vor Ausspruch einer (außerordentlichen) Kündigung in aller Regel erforderlich. Ausnahme: besonders schwerwiegende Pflichtverstöße. Bei besonders schwerwiegenden Verstößen ist eine Abmahnung entbehrlich, weil in diesen Fällen regelmäßig davon auszugehen ist, dass das pflichtwidrige Verhalten das für ein Arbeitsverhältnis notwendige Vertrauen auf Dauer zerstört hat (BAG vom 10.2.1999 – 2 ABR 31/98).

Die außerordentliche Kündigung ist gegenüber der anderen Partei **schriftlich** auszusprechen (§ 623 BGB – gültig seit 1.5.2000). Die elektronische Form ist ausgeschlossen. Die außerordentliche Kündigung kann nur innerhalb von **2 Wochen** ausgesprochen werden, nachdem der Kündigungsberechtigte von der maßgebenden Tatsache eine sichere Kenntnis erlangt hat. Der Arbeitgeber darf aber seine Ermittlungen – um zu einem sicheren Ergebnis zu gelangen – nicht »ewig« ausdehnen. Die Ermittlungen müssen zügig durchgeführt werden. Die außerordentliche Kündigung muss dem Betroffenen innerhalb der 2-Wochen-Frist zugegangen sein. Die außerordentliche Kündigung kann fristlos oder mit einer sozialen Auslauffrist ausgesprochen werden.

Eine außerordentliche Kündigung durch den Arbeitgeber bedeutet in der Regel, dass das Arbeitslosengeld bei der Arbeitsverwaltung für 12 Wochen gesperrt (§ 159 Abs. 1 Nr. 1, Abs. 3 SGB III) wird. Weiterhin verkürzt sich durch die Sperrfrist von 12 Wochen auch die Anspruchsdauer auf Arbeitslosengeld um mindestens 1/4 (§ 148 Abs. 1 Nr. 4 SGB III). Die Bundesagentur für Arbeit geht nämlich davon aus, dass der Arbeitnehmer den Verlust seines Arbeitsplatzes durch eigenes Fehlverhalten verschuldet hat. Gegen den Bescheid über die Sperrfrist sollte sicherheitshalber fristgerecht (1 Monat) Widerspruch eingelegt werden.

Gegen eine außerordentliche Kündigung kann vor dem → **Arbeitsgericht** vorgegangen werden. Die Klage muss innerhalb von 3 Wochen nach Zugang der außerordentlichen Kündigung beim → **Arbeitsgericht** eingegangen sein.

Die Anrufung der Schlichtungsstelle (→ **Rechtsschutz**) bei einer außerordentlichen Kündigung hemmt die → **Ausschlussfrist** vor dem → **Arbeitsgericht** nicht!

Literaturhinweis

- *Däubler, Wolfgang/Deinert, Olaf (Hrsg.):* KSchR. Kündigungsschutzrecht. Kommentar für die Praxis, 12. Auflage, Frankfurt 2024.

AVR (Arbeitsvertragsrichtlinien)

Was ist das?

Die Kirchen und ihre Wohlfahrtsverbände schließen für ihre Beschäftigten in der Regel keine → **Tarifverträge** ab, sondern die Arbeitsrechtssetzung erfolgt über das Verfahren des → **»Dritten Weges«** (Ausnahmen innerhalb der → **EKD:** → **Arbeitsrechtsregelungen in den Evangelischen Landeskirchen und Diakonischen Werken**). Auf dem Dritten Weg werden in paritätisch besetzten → **Arbeitsrechtlichen Kommissionen** die **AVR** (Arbeitsvertragsrichtlinien) beschlossen.

Die AVR besitzen nicht – wie ein Tarifvertrag – **normative Geltung** für die jeweiligen Mitglieder der Koalition (Arbeitgeberverbände bzw. → **Gewerkschaften**). Sie stellen zwar kollektives Arbeitsrecht dar, erlangen jedoch erst Geltung durch Bezugnahme im → **Arbeitsvertrag**, im Bereich Diakonie oft als Dienstvertrag bezeichnet (sog. dynamische Inbezugnahmeklausel). In § 5 Abs. 4 der AVR.DD heißt es daher: »Der Dienstvertrag wird schriftlich abgeschlossen. Es sind die AVR in der jeweils gültigen Fassung zu vereinbaren.« Das gleiche gilt für die AVR-Bayern (dort analog in § 4 des Musterdienstvertrags).

Insoweit besitzen die AVR im Vergleich zu Tarifverträgen eine **mindere Rechtsqualität**, wie das BAG in mehreren Entscheidungen festgestellt hat (vgl. z. B. BAG v. 17.4.1996 – 10 AZR 558/95: Danach sind die Arbeitsrechtlichen Kommissionen zwar Dritte im Sinne des § 317 BGB; ihre Beschlüsse unterliegen jedoch einer Inhaltskontrolle durch die Arbeitsgerichte). Die jüngere Rechtsprechung hat diese Rechtseinordnung höchstinstanzlich mehrfach bestätigt. Es gibt auch mehrere BAG-Entscheidungen, die den AVR (nur) die gleiche Rechtsqualität bescheinigen wie **Allgemeinen Geschäftsbedingungen**, also das »Kleingedruckte« von Betrieben und Unternehmen.

Die AVR der → **Diakonie Deutschland** (vor Januar 2014: Diakonisches Werk der EKD) dienen nach wie vor als Vorlage oder Orientierung für → **Arbeitsrechtliche Kommissionen** einiger Gliedkirchen, die dann die ursprüngliche Fassung der AVR.DD für die gliedkirchlichen Diakonischen Werke z. T. abwandeln und ergänzen. Diese Funktion der AVR.DD hat sich allerdings (etwa seit 2006/2007) deutlich reduziert. Direkt und unmittelbar gelten die AVR.DD etwa für 180 000 Diakonie-Beschäftigte (Stand: Mai 2024) in Deutschland. Mit gliedkirchlichen Abwandlungen und Ergänzungen, insbesondere in den östlichen Gliedkirchen, kommen etwa weitere 100 000 Beschäftigte hinzu. Die frühere Anbindung einiger großer Landeskirchen (z. B. Bayern, Württemberg, Kurhessen-Waldeck) an die AVR.DD ging zu Ende, seitdem Bayern (AVR-Bayern), Württemberg (AVR Württemberg; entspricht dem TVöD) und Hessen-Nassau (KDAVO, jetzt AVR. HN) völlig eigenständige Regelungen getroffen haben.

Allgemein sind in Bezug auf die AVR zwei Entwicklungen zu verzeichnen: Zum einen hat die AVR.DD ihre Funktion als Leitwährung gegenüber den Gliedkirchen teilweise eingebüßt. Zum andern hat der Tarifvertrag für den öffentlichen Dienst (TVöD; früher: BAT) nicht mehr die Funktion einer Leitwährung für die AVR.DD selbst.

Waren Zersplitterung, Unterschiedlichkeit und **Komplexität des kirchlichen und diakonischen Arbeitsrechts** innerhalb der → **EKD** schon gewaltig, so hat dies in den letzten Jahren noch einmal zugenommen:

- Für die Beschäftigten der insgesamt 20 Gliedkirchen gelten jeweils eigenständig beschlossene Regelungen (z. B. die Dienstvertragsordnung – DiVO – der Evang.-Luth. Kirche in Bayern; die DiVO ist mit wenigen kirchenspezifischen Ergänzungen identisch mit dem **TV-L**). In zwei Gliedkirchen gibt es sog. »kirchengemäße Tarifverträge«.
- Für die Geschäftsstelle der EKD und der Diakonie Deutschland gilt eine eigenständige AVR.EKD.
- Einige gliedkirchliche Diakonische Werke wenden die AVR der Diakonie Deutschland AVR.DD direkt an (sog. »Direktanwender«).
- Einige gliedkirchliche Diakonische Werke wenden die AVR.DD mit gliedkirchlichen Abweichungen an.
- In den Diakonischen Werken der Rheinländischen, Westfälischen und Lippischen Landeskirchen gilt der BAT-KF (Kirchliche Fassung).
- In den Diakonie-Einrichtungen der Konföderation Ev. Kirchen in Niedersachsen (Hannover, Braunschweig, Oldenburg, Schaumburg-Lippe) gilt seit 2014 ein Tarifvertrag, abgeschlossen mit den Gewerkschaften ver.di und Marburger Bund. Er löste die AVR der Konföderation (AVR-K) ab, die seit 1998 angewendet wurde.
- Im Diakonischen Werk Bayern gilt als völlig eigenständige Regelung die AVR-Bayern (seit 1. 7. 2007). Es besteht keinerlei Bezug mehr zu einer Tarifregelung im öffentlichen Dienst.
- In der Diakonie Württemberg gilt seit 1. 1. 2009 die AVR Württemberg in neuer Fassung; sie ist identisch mit dem TVöD.
- In Kirche und Diakonie in Hessen-Nassau bzw. Hessen (Diakonie ab 2013) gilt seit 1. 10. 2005 die Kirchlich-Diakonische Arbeitsvertragsordnung (KDA-

VO, jetzt: AVR.HN) als völlig eigenständige Regelung. Es gibt keinen Bezug mehr zu einem Tarifvertrag im öffentlichen Dienst.

- Für einen Teilbereich der Altenhilfe der Diakonie Hessen (rund 1700 Beschäftigte, Träger sind Mitglied des Arbeitgeberverbands Diakonische Altenhilfe Hessen – DAH), gilt seit April 2022 ein mit ver.di Hessen abgeschlossener Tarifvertrag (TVDAH).
- Es gibt auch Diakonie-Einrichtungen, die noch den alten BAT anwenden.

Zu den Arbeitsrechtsregelungen in den Diakonien aller 20 evang. Landeskirchen siehe: »**Arbeitsrechtsregelung in den Evangelischen Landeskirchen und den Diakonischen Werken**«.

Die → **Gewerkschaften** treten nach wie vor für den Abschluss eines einheitlichen → **Tarifvertrags** ein. Er sollte günstigenfalls den gesamten Kirchen-, Gesundheits- und Sozialbereich (inkl. der nichtkirchlichen Wohlfahrtsverbände wie Rotes Kreuz oder Arbeiterwohlfahrt) umfassen. Erst ein solcher Flächentarifvertrag könnte die vielfältige Zersplitterung kirchlich-diakonischen Arbeitsrechts aufheben.

Zu den Grundlagen und einigen wesentlichen Inhalten der AVR (am Beispiel der AVR der → **Diakonie Deutschland**):

Die AVR sind Ergebnis des → **Dritten Weges**. Der Dritte Weg konnte nach dem 2. Weltkrieg und den folgenden Jahrzehnten (etwa bis 2005) nur deswegen ohne größere Probleme beschritten werden, weil der Interessenausgleich zwischen Arbeitgebern und Arbeitnehmern in anderen Bereichen erfolgte, nämlich über die Tarifrunden im öffentlichen Dienst. Das dort erzielte Tarifergebnis (der frühere BAT) diente als willkommene Folie für die AVR.

Bereits seit Ende der 90er Jahre haben die Tendenzen in den diversen Arbeitsrechtlichen Kommissionen zugenommen, die Leitwährung des BAT zu verlassen. Seine Funktion als »Kopiervorlage« für die AVR hatte ausgedient; seitdem gibt und gab es viele Versuche der Arbeitgeber, die Tarife im Vergleich zum öffentlichen Dienst abzusenken. Seit etwa 2005 gibt es für den größten Teil der Beschäftigten in der Diakonie keine Anbindung mehr an den öffentlichen Dienst. Vorreiter waren hier die KDAVO (jetzt: AVR HN), die AVR.DD und die AVR-Bayern.

Der **Geltungsbereich der AVR** ist in den §§ 1a und 1b geregelt. Ausgeschlossen sind u. a. Mitarbeiter, die vorwiegend zu ihrer Betreuung beschäftigt sind.

Die wichtigsten arbeitsrechtlichen Regelungen der AVR sind in diesem Handwörterbuch unter den entsprechenden Stichwörtern beschrieben.

Anlage 1 der AVR.DD enthält den seit 1. 7. 2007 völlig neu gefassten Eingruppierungskatalog. Er ist Grundlage für die → **Eingruppierung** der Diakonie-Beschäftigten. Der Katalog umfasst 13 Entgeltgruppen, denen verschiedene Tätigkeiten zugeordnet sind. Die einzelnen Entgeltgruppen umfassen jeweils mehrere Entgeltstufen. Aus der Kombination von Entgeltgruppe und Stufe ergibt sich die

konkrete Vergütung. Die Kriterien für die Eingruppierungen bestehen aus allgemeinen »Obersätzen«, konkreteren »Untersätzen« und Richtbeispielen, die häufig anfallende Tätigkeiten nennen und die Zuordnung von Tätigkeiten zu den Eingruppierungen bzw. Entgeltgruppen erleichtern sollen.
Die Anlagen 2 und 5 der AVR.DD enthalten die Entgelttabellen. Weitere wichtige Anlagen: Anlage 8 regelt → **Bereitschaftsdienst** und → **Rufbereitschaft**, Anlage 12 die Vermögenswirksamen Leistungen, Anlage 14 die → **Jahressonderzahlung** (Weihnachtsgeld).
Bestandteil der AVR.DD sind weiterhin die

- → **Sicherungsordnung**; entspricht in weiten Teilen dem Rationalisierungsschutz-Tarifvertrag des öffentlichen Dienstes,
- → **Notlagenregelung** (Anlage 17 AVR); sie eröffnet wirtschaftlich angeschlagenen Einrichtungen bei nachgewiesener Notlage den Abschluss einer → **Dienstvereinbarung**, die befristet die Absenkung von Vergütungsbestandteilen bis zu 10 % ermöglicht.

Bedeutung für die MAV

Die AVR sind die wesentliche arbeitsrechtliche Grundlage, auf deren Einhaltung die Mitarbeitervertretungen der Diakonie zu achten haben, wenn deren Geltung in den Arbeitsverträgen vereinbart wurde. Dies gilt insbesondere wegen der allgemeinen Aufgabe der MAV, für die Einhaltung der arbeits-, sozial- und dienstrechtlichen Bestimmungen einzutreten (§ 35 Abs. 3 Buchst. b MVG). Aber auch einige Maßnahmen, die der eingeschränkten → **Mitbestimmung** unterliegen (z. B. → **Einstellung** und → **Eingruppierung**), beziehen sich ausdrücklich auf die AVR. Solche Maßnahmen kann die MAV ablehnen, wenn sie gegen eine Rechtsvorschrift oder Vertragsbestimmung verstoßen (§ 41 Abs. 1 Buchst. a MVG). Mit dem Begriff der Vertragsbestimmung sind hier insbesondere die AVR gemeint. Im Rahmen der eingeschränkten Mitbestimmung kann die MAV z. B. der Einstellung einer neuen Kollegin zwar zustimmen, deren beabsichtigter Eingruppierung aber widersprechen, wenn sie nicht nach den Vorgaben des Eingruppierungskatalogs (Anlage 1 AVR.DD) erfolgen soll.
Die AVR der Diakonie Deutschland erscheint als Loseblattsammlung bei Otto Bauer (in Kooperation mit dem rehm Verlag (mit Nachlieferungen; derzeit: 17. Aktualisierung, Stand: Februar 2024). Jedes Mitglied einer MAV hat das Recht auf ein Exemplar der aktuellen AVR. Nur so können MAV-Mitglieder ihre Überwachungspflichten wahrnehmen. Ein Kommentar zu den AVR der Diakonie Deutschland ist: Diakonie Deutschland – Evangelisches Werk für Diakonie und Entwicklung e. V. (Hrsg.) (16. Aktualisierung, Stand: November 2024), der

im Otto Bauer Verlag erscheint. Ein Exemplar gehört zur Mindestausstattung jeder MAV. Dieser Kommentar ist aus Sicht der Autoren ein vergleichsweise arbeitgeber- und kirchenfreundlicher Kommentar. Mangels echter Alternative müssen die Mitarbeitervertretungen ihn jedoch benutzen. Ein weiterer Kommentar, der jedoch wesentlich weniger umfassend ist, wird im Beck Verlag herausgegeben. Leider können die Kommentare für die Tarifregelungen im öffentlichen Dienst (TVöD, TV-L) so gut wie gar nicht mehr benutzt werden, da es nur noch wenige Übereinstimmungen gibt.
Der Kommentar zur AVR-Bayern ist ebenfalls arbeitgeber- und kirchenfreundlich und erscheint im Otto Bauer Verlag (mit Nachlieferungen; derzeit: 11. Aktualisierung, Stand: November 2024). Herausgeber ist das Diakonische Werk Bayern e. V., Autoren sind Gabriele Schwarz-Seeberger, frühere Arbeitsrechtsreferentin der Diakonie Bayern, und Detlev Fey, früher Referatsleiter Arbeitsrecht im Kirchenamt der EKD.
Jedes neu gewählte MAV-Mitglied sollte umgehend eine → **Schulung** (nach § 19 Abs. 3 MVG) besuchen, in der über die wesentlichen Inhalte der für die gliedkirchliche Diakonie gültige AVR informiert wird. Solche Schulungen bieten z. B. die Gewerkschaften, gewerkschaftliche Bildungseinrichtungen (z. B. »Arbeit und Leben«), die auf Landeskirchenebene gebildeten → **Gesamtausschüsse** bzw. Arbeitsgemeinschaften der Mitarbeitervertretungen (AGMAV) oder verschiedene kirchliche Mitarbeiterverbände an.

Bedeutung für die Beschäftigten

Die Bedeutung der AVR für die Beschäftigten besteht insbesondere darin, dass sie Bestandteil bzw. Grundlage ihres → **Dienstvertrags** sind. Daher sind alle in den AVR formulierten Arbeitsbedingungen – wenn die Beschäftigten in den Geltungsbereich der AVR fallen – auf ihr Arbeitsverhältnis anzuwenden.
Deshalb raten wir den Beschäftigten dringend, sich bei allen Fragen zu ihrem Dienstverhältnis – etwa → **Kündigungsfristen**, → **Arbeitszeitregelungen**, → **Ausschlussfristen** oder → **Eingruppierung** – fachliche und fundierte Auskünfte einzuholen, etwa bei der MAV, den Gewerkschaften oder bei Fachanwälten für Arbeitsrecht. Auch die Personalabteilungen der Dienststellen geben Auskunft über Inhalte der AVR.
Für eine Übersicht der Fundstellen im Internet der Texte von Tarifverträgen und Arbeitsvertragsrichtlinien im Diakoniebereich → **Arbeitsrechtsregelungen in den Evangelischen Landeskirchen und Diakonischen Werken** (am Ende des Stichworts).

Literaturhinweis

- *Diakonie Deutschland – Evangelisches Werk für Diakonie und Entwicklung e. V. (Hrsg.):* Kommentar zu den Arbeitsvertragsrichtlinien der Diakonie Deutschland. Loseblattsammlung, 16. Aktualisierung (Stand: November 2024).
- *Schwarz-Seeberger/Fey:* Kommentar zu den Arbeitsvertragsrichtlinien des Diakonischen Werkes Bayern e. V. Loseblattsammlung, 11. Aktualisierung (Stand: November 2024).

Befristungen

Was ist das?

Ist ein Arbeitsvertrag für eine bestimmte Zeit abgeschlossen, handelt es sich um einen befristeten Arbeitsvertrag. Seine Dauer kann entweder kalendermäßig (kalendermäßig befristeter Arbeitsvertrag) oder durch Art, Zweck oder Beschaffenheit der Arbeitsleistung (zweckbefristeter Arbeitsvertrag) bestimmt sein. Daneben können auch einzelne Vertragsbestandteile befristet werden, z. B. eine erhöhte oder verminderte Arbeitszeit.
Die **zunehmende Ausbreitung** von befristeten Arbeitsverhältnissen ist Ausdruck einer **deregulierten Arbeitsmarkt- und Beschäftigungspolitik**. Mit der Behauptung, ein Beschäftigungszuwachs könne dann entstehen, wenn hemmende (Schutz-)Vorschriften abgebaut werden, wurden die gesetzlichen Grundlagen für befristete Arbeitsverträge geschaffen: **Gesetz über Teilzeitarbeit und befristete Arbeitsverträge (TzBfG)**. Das TzBfG (vor allem die §§ 14 bis 21) löste das Beschäftigungsförderungsgesetz (BeschFG) zum 1. 1. 2001 ab. **Weitere rechtliche Grundlagen** für den Abschluss von befristeten Arbeitsverträgen: Richtlinie 99/70/EG (Das unbefristete Beschäftigungsverhältnis wird als der Normalfall betrachtet. »**Unbefristete Arbeitsverträge** *sind die übliche Form des Beschäftigungsverhältnisses. Sie tragen zur Lebensqualität der betreffenden Arbeitnehmer und zur Verbesserung ihrer Leistungsfähigkeit bei.*« – aus dem Anhang der Richtlinie), § 620 BGB, § 21 BEEG → Elternzeit, Elterngeld, Erziehungsgeld, § 30 TVöD, § 30 TV-L, § 5 Abs. 5 AVR.DD, § 9 AVR-Bayern.
Mittlerweile wird fast jeder zweite Arbeitnehmer in Deutschland zunächst befristet eingestellt. Der Anteil befristeter Neueinstellungen ist von 32 Prozent (2001) auf 38 Prozent (2018) gestiegen. 2022 waren immer noch rund 30 % aller Neueinstellungen befristete Arbeitsverträge. Berufseinsteiger und jüngere Beschäftigte sind besonders betroffen. Rund jeder zweite zunächst befristet Beschäftigte wird von seinem Betrieb später unbefristet übernommen (Institut für Arbeitsmarkt und Berufsforschung der Bundesagentur für Arbeit, April 2019). Für die Betroffenen führt dies zu einer erhöhten Unsicherheit bei der Lebensplanung. Vor allem in den Bereichen Gesundheit, Sozialwesen und Erziehung

sowie bei gemeinnützigen Einrichtungen sind befristete Arbeitsverträge häufig zum Normalfall geworden.

Die **Zulässigkeit von befristeten Arbeitsverhältnissen** ist durch § 620 Abs. 3 BGB i. V. m. dem TzBfG grundsätzlich gegeben. Eine Befristung nach § 14 Abs. 1 TzBfG muss jedoch einen sachlichen Grund haben. Ein sachlicher Grund ist dann nicht mehr gegeben, wenn er dazu dient, die Bestimmungen des **Kündigungsschutzes** zu **umgehen**.

> **Beispiel:**
> Der betriebliche Bedarf an einer Arbeitsleistung besteht nur zeitlich begrenzt.

Formen der Befristung

- **Zeitbefristung:** Die Dauer des befristeten Arbeitsvertrags ist kalendermäßig bestimmt (Beispiel: »Der Arbeitsvertrag wird vom 1. 1. 2020 bis zum 30. 6. 2021 befristet.«).
- **Zweckbefristung:** Die Befristungsdauer hängt ab vom Erreichen eines bestimmten Ereignisses (Beispiel: Für die Vertretung eines erkrankten Beschäftigten) oder Ergebnisses (Beispiel: Für die Dauer eines Projekts).
- **Doppelbefristung:** Sie ist eine Kombination von Zeit- und Zweckbefristung (Beispiel: »Der Arbeitsvertrag wird für die Dauer des Projekts xy, längstens aber bis zum 31. 12. 2021 befristet.«).
- **Auflösend bedingter Arbeitsvertrag:** Das ist ein unbefristeter Arbeitsvertrag, der eine »auflösende Bedingung« enthält (Beispiel: »Das Arbeitsverhältnis endet, wenn die Arbeitserlaubnis endet.«), für die immer ein sachlicher Grund erforderlich ist (§ 21 i. V. m. § 14 Abs. 1 TzBfG).

Die Befristung eines Arbeitsvertrags bedarf zu ihrer Wirksamkeit der **Schriftform** (§ 14 Abs. 4 TzBfG). Wurde die Schriftform nicht eingehalten, ist der Arbeitsvertrag wirksam, die Befristung aber unwirksam, sodass ein unbefristeter Arbeitsvertrag vorliegt (§ 16 Abs. 1 TzBfG). Der Arbeitnehmer kann gegen die Unwirksamkeit der Befristung innerhalb von drei Wochen nach dem vereinbarten Ende des befristeten Arbeitsvertrags Klage beim → **Arbeitsgericht** erheben. Der Arbeitsvertrag kann wegen des **Mangels** der Schriftform von beiden Arbeitsvertragspartnern vor Ablauf der Befristung unter Angabe von Gründen **ordentlich gekündigt** werden (§ 16 Satz 2 TzBfG). Das Schriftformerfordernis des § 14 Abs. 4 TzBfG gilt nicht für den der Befristung zugrunde liegenden sachlichen Grund. Das Schriftformerfordernis gilt nur für die Befristungsabrede als solche, nicht jedoch für die Angabe des die Befristung rechtfertigenden Grundes (vgl. BAG v. 29. 6. 2011 – 7 AZR 774/09). Entsprechend der AVR.DD – § 5 Abs. 5 Satz 2 – ist hier der Befristungsgrund anzugeben. Da bei der Zweckbefristung die Vertragsdauer vom Vertragszweck abhängt, muss der Vertragszweck schriftlich vereinbart werden. Die Bezeichnung des Vertragszwecks tritt bei einer Zweckbefristung an die Stelle der Datums- bzw. Zeitangabe der Zeitbefristung (BAG v. 21. 12. 2006 – 7 AZR 541/04).

Die **Befristungsdauer** bedarf keiner sachlichen Rechtfertigung (BAG v. 21. 2. 2001 – 7 AZR 200/00). Der Arbeitgeber ist deshalb nicht gezwungen, beispielsweise für die gesamte Dauer der Abwesenheit des ursprünglichen Stelleninhabers einen Mitarbeiter zur Vertretung zu beschäftigen. Dauer der Befristung (mit Sachgrund) und Dauer des Sachgrundes müssen somit nicht unbedingt übereinstimmen.

Auf die **Befristung einzelner Arbeitsvertragsbestandteile** (z. B. durchschnittliche wöchentliche Arbeitszeit) ist das TzBfG nicht anzuwenden. Die Befristung einzelner Vertragsbestandteile unterliegt einer AGB-Kontrolle. Im Streitfall kann auch hier das → **Arbeitsgericht** angerufen werden (AiB 2003, 631 und ZMV 2003, 250).

Anwendungsfälle für befristete Beschäftigungsverhältnisse

Ein zulässiger Sachgrund (§ 14 Abs. 1 TzBfG) liegt insbesondere (→ **Begriffsbestimmungen für die arbeitsrechtliche Praxis**) vor, wenn

- der betriebliche Bedarf an der Arbeitsleistung nur vorübergehend besteht,
- die Befristung im Anschluss an eine Ausbildung oder ein Studium erfolgt, um den Übergang des Arbeitnehmers in eine Anschlussbeschäftigung zu erleichtern,
- der Arbeitnehmer zur Vertretung eines anderen Arbeitnehmers beschäftigt wird,
- die Eigenart der Arbeitsleistung die Befristung rechtfertigt,
- die Befristung zur Erprobung erfolgt,
- in der Person des Arbeitnehmers liegende Gründe die Befristung rechtfertigen,
- der Arbeitnehmer aus Haushaltsmitteln vergütet wird, die haushaltsrechtlich für eine befristete Beschäftigung bestimmt sind, und er entsprechend beschäftigt wird oder
- die Befristung auf einem gerichtlichen Vergleich beruht.

Diese Aufzählung von Sachgründen ist nicht abschließend. Andere Sachgründe können entsprechend § 14 Abs. 1 TzBfG gerechtfertigt sein (BAG v. 16. 3. 2005 – 7 AZR 289/04).

Anerkannte sachliche Gründe für eine Vertretung können beispielsweise sein: Kur, Mutterschutz, Kinderbetreuung (§ 21 Abs. 1 und 2 BEEG), Krankheit, befristet geförderte Arbeitsbeschaffungsmaßnahmen.

Ein **Kettenarbeitsverhältnis** (Aneinanderreihung von mehreren befristeten Arbeitsverträgen mit Sachgrund) ist grundsätzlich zulässig. Mit zunehmender Zahl der Befristungen steigt jedoch die Anforderung an den sachlichen Befristungsgrund (s. hierzu die sog. »Befristungsampel« nach BAG, Urteil vom 26. 10. 2016 – 7 AZR 135/15).

Beispiel:
Vertretung für eine bestimmte Person, jedoch nicht mehr für einen vorübergehenden Mehrbedarf.

Künftig müssen Arbeitgeber bei sehr langen Kettenbefristungen begründen, wieso das Arbeitsverhältnis nicht in ein dauerhaftes umgewandelt werden kann (BAG vom 18. 7. 2012 – 7 AZR 443/09). Gerichtlich überprüfbar ist in der Regel nur das letzte »Glied« der Kette (BAG v. 10. 3. 2004 – 7 AZR 402/03).
Unter bestimmten Voraussetzungen ist auch eine **sachgrundlose Befristung** (§ 14 Abs. 2 TzBfG) zulässig:

- nur bei kalendermäßigen Befristungen (keine Zweckbefristung oder mit auflösender Bedingung),
- nur bei Neuanstellung (es darf vor der Einstellung kein befristetes oder unbefristetes Arbeitsverhältnis bei demselben Arbeitgeber bestanden haben – Anschlussverbot –). Das Anschlussbeschäftigungsverbot gilt – mit ganz wenigen Ausnahmen – rückwirkend zeitlich unbegrenzt. Ausnahmen wären z. B.:
  - Vorbeschäftigung liegt sehr lange zurück oder
  - war ganz anders geartet oder
  - war von sehr kurzer Dauer
- innerhalb von zwei Jahren kann höchstens dreimal verlängert werden (d. h. maximal vier befristete Arbeitsverträge),
- die Verlängerung muss nahtlos und vor Ablauf der Befristung unter Beibehaltung der wesentlichen Vertragsinhalte (Umfang wöchentliche Arbeitszeit und Eingruppierung) vereinbart werden,
- zu den Ausnahmen für die Beschäftigten, die das 52. Lebensjahr vollendet haben: siehe § 14 Abs. 3 TzBfG (Hinweis, diese Altersgrenze könnte evtl. gegen das AGG verstoßen).

Beispiele (o. S. = ohne Sachgrund; m. S. = mit Sachgrund)
- 1. 1. 2020 bis 31. 12. 2020 (o. S.): zulässig
- 1. 1. 2020 bis 30. 6. 2022 (o. S.): unzulässig
- 1. 1. 2020 bis 31. 5. 2021 (o. S.)/1. 6. 2021 bis 31. 12. 2022 (m. S.): zulässig
- 1. 7. 2021 bis 31. 12. 2021 (o. S.)/1. 4. 2022 bis 30. 6. 2022 (m. S.)/1. 5. 2023 bis 30. 9. 2023 (o. S.): letzte Befristung unzulässig

Tarifliche Bestimmungen

Zur Befristungsmindest- (§ 30 Abs. 3 TVöD, § 30 Abs. 3 TV-L) und -höchstdauer (§ 30 Abs. 2 TVöD, § 30 Abs. 2. TV-L) gelten ergänzende Bestimmungen, u. a.

die vorrangige Besetzung freier Stellen, wenn die sachlichen und persönlichen Voraussetzungen erfüllt sind.
Eine **nachträgliche Befristung eines unbefristeten Arbeitsverhältnisses** durch einen Änderungsvertrag oder eine → **Änderungskündigung** ist möglich. Hierfür bedarf es jedoch eines sachlichen Grundes.

Beendigung (§ 15 TzBfG)
Kalendermäßige Befristungen enden automatisch mit Ablauf der vereinbarten Zeit; **Zweckbefristungen** mit Erreichen des vereinbarten Zwecks, frühestens jedoch zwei Wochen nach Zugang der schriftlichen Unterrichtung des Arbeitnehmers über den Zeitpunkt der Zweckerreichung (gleiches gilt auch für den Arbeitsvertrag mit auflösender Bedingung, § 21 u. § 15 TzBfG). Dies gilt auch für Beschäftigte mit Sonderkündigungsschutz (Menschen mit Behinderung, MAV-Mitglieder, Schwangere, ...).

Tarifrechtliche Bestimmungen (§ 15 Abs. 3 TzBfG)
Ein befristetes Arbeitsverhältnis kann auch ordentlich gekündigt werden, wenn eine tarifvertragliche Regelung (§ 30 Abs. 4 und 5 TVöD, § 30 Abs. 4 und 5 TV-L) oder eine kirchliche Arbeitsrechtsreglung einzelvertraglich in Bezug genommen wurde (§ 30 Abs. 2 AVR.DD, § 13 Abs. 5 AVR Bayern, § 37 Abs. 2 und 3 DiVO Bayern).

Folgen unwirksamer Befristungen (§ 16 TzBfG)
Eine **rechtsunwirksame Befristung** (fehlender oder ungerechtfertigter Sachgrund oder unzulässige Anschlussbefristung bei sachgrundloser Befristung) verlängert das Arbeitsverhältnis auf unbestimmte Zeit (**unbefristeter Arbeitsvertrag**). Eine Klage (Feststellungsklage) beim → **Arbeitsgericht** muss innerhalb von drei Wochen nach dem vereinbarten Ende bzw. nach Zugang der schriftlichen Unterrichtung über den Zeitpunkt der Zweckerreichung erhoben werden (Eingang beim Arbeitsgericht).

Bedeutung für die MAV

Die → **Einstellung** (§ 42 Buchst. a MVG) eines befristet Beschäftigten unterliegt der eingeschränkten → **Mitbestimmung**. Eine Befristungsverlängerung ist wie eine erneute Einstellung zu werten; die → **Dienststellenleitung** hat deshalb gleichfalls die Zustimmung der MAV zu beantragen.

Mit dem Antrag auf Zustimmung ist der MAV der **Befristungsgrund nicht** zu **nennen** (Rechtsprechung des BAG v. 27.10.2011, NZA 2011, 527 und BAG v. 27.10.2011, NZA 2011, 418).
Die MAV ist **nicht befugt, die Zustimmung** zur → **Einstellung** wegen eines unzulässigen Sachgrundes zu **verweigern.** § 41 Abs. 1 Buchst. a MVG i.V.m. § 14 TzBfG greift hier nicht, zudem bezieht sich eine Befristung auf die Beendigung des Arbeitsverhältnisses und nicht auf die Einstellung. Der MAV ist es nicht erlaubt, über ihr Mitbestimmungsrecht bei der → **Einstellung** eine Vertragsinhaltskontrolle auszuüben. Einen **Widerspruch** kann die MAV nur geltend machen, wenn die durch Tatsachen begründete Besorgnis besteht, dass durch die Einstellung von zeitlich befristeten Beschäftigten negative Belastungen (§ 41 Abs. 1 Buchst. b MVG) durch einen häufigen Wechsel (ArbG Hamburg v. 5.9.1990, AuR 91, 187) oder durch Arbeitsverdichtung, z.B. wegen immer wiederkehrender Einarbeitung, entstehen (vgl. Fey/Rehren, § 42 MVG Rn. 16).
Ein **Zustimmungsverweigerungsgrund** (§ 41 Abs. 1 Buchst. a MVG) zur **Einstellung eines externen Bewerbers** besteht, wenn trotz gleicher sachlicher und persönlicher Eignung ein bereits Beschäftigter mit einem befristeten Arbeitsvertrag nicht den Vorzug bei der Besetzung eines Dauerarbeitsplatzes (nicht Besetzung eines befristeten Arbeitsplatzes, BAG v. 29.10.1986 – 7 AZR 137/85) erhält (§ 30 Abs. 2 Satz 2 TVöD, § 30 Abs. 2 Satz 2 TV-L, § 5 Abs. 5 Satz 3 AVR DD).
Bei der **Beendigung** eines befristeten Arbeitsverhältnisses durch Zeitablauf bzw. Zweckerreichung wirkt die MAV grundsätzlich nicht mit. Zur Beteiligung bei einer Kündigung durch den Arbeitgeber siehe → **Kündigung** und → **außerordentliche Kündigung**.
Der Arbeitgeber hat die → **MAV** bzw. → **Gesamt-MAV** über die **Anzahl der befristet Beschäftigten** und ihren Anteil an der Gesamtbelegschaft der → (Teil-) **Dienststelle** unaufgefordert zu informieren (§ 20 TzBfG i.V.m. § 34 MVG). Eine Frist ist nicht vorgesehen. Je nach Größe der Einrichtung dürfte die Forderung nach einer vierteljährlichen Unterrichtung angemessen sein. Im Rahmen der Personalplanung (§ 46 Buchst. e MVG und § 34 Abs. 2 MVG) und des → **Initiativrechts** hat die MAV zudem ein Recht auf Nachfrage. Zur Eindämmung dieser prekären Beschäftigungsform empfehlen wir, über das → **Initiativrecht** mit der → **Dienststellenleitung** eine Befristungsquote mit Übernahmequote zu vereinbaren.
Die MAV sollte eine »unnötige« Befristungspraxis in der → **Mitarbeiterversammlung** zum Thema machen. Ihre Position sollte sie dabei deutlich machen. Gerade weil die MAV im Rahmen der → **Mitbestimmung** keine Kontrolle von befristeten Arbeitsverträgen vornehmen kann, wird sie bei Zuwiderhandlung gegen die rechtlichen Bestimmungen durch die → **Dienststellenleitung** darauf angewiesen sein, von ihrem → **Beschwerderecht** Gebrauch zu machen.

Die MAV sollte die **Beschäftigten** über die Folgen einer **unwirksamen Befristung** und über die Klagemöglichkeit vor dem → **Arbeitsgericht** unterrichten.
Manchmal ist es nicht möglich, innerhalb der Probezeit die Eignung festzustellen und das Arbeitsverhältnis müsste vom Arbeitgeber gekündigt werden. Hier besteht die Möglichkeit, ein unbefristetes Arbeitsverhältnis in ein zeitlich befristetes Arbeitsverhältnis umzuwandeln (evtl. mit einer Übernahmegarantie bei Bestehen der »verlängerten Probezeit«). Dazu ist jedoch das Einverständnis der Betroffenen nötig. Die Vorteile einer solchen Regelung wären:

- Die Bewährung kann länger erfolgen und eine Übernahme erleichtern.
- Die Stelle muss bei Erfolg nicht wieder ausgeschrieben werden.
- Einarbeitungen entfallen.
- In Zeiten des Personalmangels hat man einen Mitarbeiter mehr.
- Betroffene haben im Falle, dass die Übernahme in ein unbefristetes Arbeitsverhältnis nicht klappt, eine längere zusammenhängende Arbeitstätigkeit und evtl. kleinere Vorteile im Bereich der Sozialversicherung.

Bedeutung für die Beschäftigten

Das TzBfG stellt dem Arbeitgeber weitgehende Befristungsmöglichkeiten zur Verfügung, was für die Betroffenen einen großen Unsicherheitsfaktor darstellt. Darüber hinaus lässt das Gesetz → **Öffnungsklauseln** auch für Verschlechterungen zu (§§ 15 Abs. 3, 22 TzBfG). Tarifliche Regelungen haben davon Gebrauch gemacht (z. B. ordentliche Kündigung). Eine effektive Missbrauchskontrolle durch die MAV ist zudem nicht gegeben. Die »legale Umgehung« von Schutznormen schafft eine gestörte Vertragsparität zwischen Arbeitnehmer und Arbeitgeber. Die strukturelle Unterlegenheit gerade der befristet Beschäftigten wird deshalb **nachhaltige Auswirkungen auf das Betriebsklima** und die Wahrnehmung demokratischer Rechte zur Folge haben.

Ansprüche des Arbeitnehmers gegenüber dem Arbeitgeber

- Informationsrecht über unbefristete Arbeitsplätze in der → (Gesamt-)**Dienststelle** (§ 18 TzBfG, § 5 Abs. 5 AVR.DD),
- Bevorzugte Berücksichtigung bei der Besetzung eines Dauerarbeitsplatzes, wenn die sachlichen und persönlichen Voraussetzungen erfüllt sind (§ 30 Abs. 2 Satz 2 TVöD, § 30 Abs. 2 Satz 2 TV-L, § 5 Abs. 5 AVR.DD),
- Teilnahme an Fort- und Weiterbildung (§ 19 TzBfG),
- Schutz vor Diskriminierung (§ 4 Abs. 2 TzBfG) und Benachteiligung (§ 5 TzBfG),

- Unterrichtungsanspruch und befristeter Vergütungsanspruch bei auslaufender Zweckbefristung (§ 15 Abs. 2 TzBfG),
- Informationsanspruch über frühzeitige Meldeverpflichtung bei der Agentur für Arbeit (§ 2 Abs. 2 Satz 2 Nr. 3 SGB III i. V. m. § 38 Abs. 1 SGB III),
- Befristet Beschäftigten ist auf Verlangen angemessene Zeit zum Aufsuchen eines anderen Dienstverhältnisses zu gewähren (§ 11 Anmerkung zu Abs. 1 AVR.DD).

Vor dem → **Arbeitsgericht** kann der Beschäftigte die **Unwirksamkeit der Befristung** feststellen lassen. Dazu muss er innerhalb von drei Wochen nach dem vereinbarten Ende des befristeten Arbeitsvertrages Klage einreichen. Für Zweckbefristungen gilt die Dreiwochenfrist ab Zugang der schriftlichen Unterrichtung über den Zeitpunkt der Zweckerreichung (§ 17 TzBfG). Gerichtlich geprüft wird grundsätzlich nur der letzte befristete Arbeitsvertrag. Die Darlegungs- und Beweislast über die Zulässigkeit der Befristungsabrede hat der Arbeitgeber.

Anspruch auf befristete Teilzeit

Mit der Verabschiedung des sog. »Gesetzes zur Brückenteilzeit«, Inkrafttreten 2019, erfolgte eine Änderung des Teilzeit- und Befristungsgesetzes. Ab diesem Zeitpunkt haben Beschäftigte unter bestimmten Voraussetzungen die Möglichkeit im Arbeitsverhältnis eine Teilzeitphase von einem bis fünf Jahre zu nehmen.

Voraussetzungen sind:

- Das Arbeitsverhältnis muss länger als 6 Monate bestehen.
- Die Teilzeit ist spätestens 3 Monate vor Beginn zu beantragen.
- Der Antrag ist beim Arbeitgeber in Textform zu stellen (Brief, E-Mail, …).

Ausnahmen:

- Unternehmen mit weniger als 45 Beschäftigten sind von der Vorschrift ausgenommen.
- Unternehmen mit 46 bis 200 Beschäftigten brauchen pro 15 Beschäftigten nur jeweils einem Antrag auf befristete Teilzeit zu entsprechen.

Achtung: während der Brückenteilzeit ist keine Veränderung der vereinbarten Bedingungen möglich.

Eine Rückkehr auf einen Vollzeitarbeitsplatz von Beschäftigten, die eine unbefristete Teilzeit vor dem 1.1.2019 vereinbart haben, ist dahingehend möglich, dass der Arbeitgeber beweisen muss, dass er keinen entsprechenden Arbeitsplatz hat oder dass die Teilzeitbeschäftigten nicht gleich geeignet sind wie andere Bewerber (siehe: Veröffentlichung 2019 Presse- und Informationsamt der Bundesregierung, *https://www.bundesregierung.de/breg-de/aktuelles/brueckenteilzeit-ab-2019-moeglich-1140040*).

Befristung einzelner Arbeitsvertragsbestandteile
Im Arbeitsvertrag selbst oder in einem Nachtrag zum Arbeitsvertrag können einzelne Arbeitsvertragsbestandteile befristet werden, z. B.:

- Aufgabenfelder
- Tägliche, wöchentliche, monatliche Arbeitszeit
- Arbeitsorte
- Zusatzaufgaben

Teilweise unterliegt die Befristung einzelner Arbeitsvertragsbestimmungen der Mitbestimmung der Mitarbeitervertretung, z. B. befristete erhebliche Arbeitszeiterhöhung. Diese Arbeitszeiterhöhung wird dann als »Einstellung« gewertet, § 42 Buchst. a MVG. Voraussetzung ist, die Erhöhung beträgt mindestens 10 Stunden und dauert länger als 1 Monat (BAG 9. 12. 2008 – 1 ABR 74/07).

Literaturhinweis

- *Holwe, Joachim/Kossens, Michael/Pielenz, Cornelia/Räder, Evelyn:* Teilzeit- und Befristungsgesetz, 9. Auflage, Frankfurt 2025

Begriffsbestimmungen für die arbeitsrechtliche Praxis

Begriff	Bedeutung	Fundstelle für Beispiele
… ist/hat/sind zu …	Muss-Vorschrift; hat zwingenden Charakter, bei Nichtbefolgung i. d. R. Pflichtverletzung	§ 37 Abs. 2 MVG Beteiligung § 34 Abs. 1 MVG Informationsrecht § 36 Abs. 2 MVG Dienstvereinbarung (schriftlich)
anregen	den Anstoß zu etwas geben	§ 35 Abs. 3 Buchst. a und e MVG Allgemeine Aufgaben
Benehmen, im … mit	bedeutet mehr als »Anhörung«, aber weniger als »Einverständnis«	§ 16 Abs. 6a AVR-Bayern Die Verwendung des Begriffs »Benehmen« an dieser Stelle ist strittig.
berechtigt	das Recht, die Befugnis, die Vollmacht haben	§ 35 Abs. 2 MVG Individuelle Interessenvertretung
berücksichtigen	etwas beachten/in Betracht ziehen	§ 19 Abs. 2 und 3 MVG Freistellung für MAV-Tätigkeit und Schulungen
billiges Ermessen, Anordnung nach	einzelfallbezogene wechselseitige Interessenabwägung (§ 315 BGB)	
dringend	wichtig, drängend, auch: eilig, keinen Aufschub duldend	§§ 9 ff. AVR DD Arbeitszeit
Einsehen, Einsichtnahme	Einblick nehmen, Notizen machen können (keine Überlassung/Aushändigung)	§ 8 Abs. 1 AVR-Bayern
eintreten	etwas verteidigen, vertreten, in Schutz nehmen, seinen Einfluss dafür verwenden, öffentlich dafür Partei nehmen	§ 35 Abs. 3 Buchst. b u. d MVG Allgemeine Aufgaben

Einvernehmen	Übereinstimmung, Einigkeit	§ 3 Abs. 2 MVG Dienststelle § 61 Abs. 5 MVG Kirchengericht
erforderlich	nötig, unerlässlich, unentbehrlich	§ 30 Abs. 1 MVG Sachbedarf § 34 Abs. 3 MVG Informationsrecht
erörtern	eingehend besprechen, diskutieren, Für und Wider abwägen	§ 38 Abs. 2 MVG Mitbestimmungsverfahren § 45 Abs. 1 MVG Mitberatungsverfahren § 35 Abs. 4 MVG MAV-Sitzung
fördern	jemanden/etwas (Entwicklung) unterstützen, vorwärts bringen	§ 35 Abs. 3 Buchst. d u. f MVG Allgemeine Aufgaben
freies Ermessen	Entscheidung erfolgt unter Berücksichtigung von in der Sache wichtigen Gründen	
grundsätzlich	als Regel gedacht, Ausnahmen sind in begründeten Fällen möglich/zulässig	
in der Regel	wenn der »Normalfall« gegeben ist, auch: eine kurzzeitige Über- oder Unterschreitung einer Grenze ist unbedeutend. Entscheidend ist der »normale« Zustand, gemessen an einem längeren Zeitraum.	§ 8 Abs. 1 MVG Anzahl der MAV-Mitglieder § 20 Abs. 2 MVG Freistellungsstaffel
insbesondere	ganz besonders, vor allem – d. h. auch noch Weiteres ist möglich, nicht abschließend gemeint in Fällen von Aufzählungen	§ 35 Abs. 3 MVG Allgemeine Aufgaben
jederzeit	grundsätzlich immer, zu jedem Zeitpunkt,	
kann/können	freies Ermessen	§ 36 Abs. 1 MVG Dienstvereinbarung § 38 Abs. 4 MVG Anrufung des Kirchengerichts durch DL § 34 Abs. 1 MVG Beteiligung an Ausschüssen

muss	kein Ermessensspielraum, vgl. unter: »… ist/hat/sind zu …«	§ 58 Abs. 2 MVG Befähigung des Kirchengerichtsvorsitzenden § 61 Abs. 4 MVG ACK-Zugehörigkeit Beistand
offenkundig	offensichtlich, deutlich, klar, auf der Hand liegend	§ 22 Abs. 1 MVG Schweigepflicht
Partner/ partnerschaftlich	Teilhaber am Ganzen, Beteiligte an der selben Sache; gleichberechtigt, gleichgewichtig	§ 33 Abs. 1 MVG Grundsätze der Zusammenarbeit § 3 Abs. 2 MVG Gegenüber der MAV
Recht und Billigkeit	nach geschriebenem Gesetz und nach dem Gefühl der Gerechtigkeit/angemessen/vernünftig	§ 33 Abs. 1 MVG Grundsätze der Zusammenarbeit
rechtskräftig	nicht mehr anfechtbar, endgültig	§ 41 Abs. 1 Buchst. a MVG Verfahren bei eingeschränkter Mitbestimmung
rechtzeitig	zum frühest möglichen Zeitpunkt, frühzeitig (damit noch Einfluss genommen werden kann)	§ 34 Abs. 1 MVG Informationsrecht
selbständig	unabhängig (von anderen)	§ 23a Abs. 1 MVG Ausschüsse
soll	bedingtes Muss. Die Vorschrift ist grundsätzlich zu befolgen. Gewichtige Gründe können aber für eine Nichteinhaltung sprechen. Begründung erforderlich und voll überprüfbar	§ 20 Abs. 1 MVG Freistellung für MAV-Tätigkeit (Dienstvereinbarung) § 35 Abs. 2 MVG individuelle Interessenvertretung
umfassend	vollständig, alles (Wesentliche) einschließend	§ 34 Abs. 1 MVG Informationsrecht
unverzüglich	ohne schuldhaftes Zögern (angemessene Überlegungsfrist ist aber möglich)	§ 7 MVG Neubildung von MAV § 24 Abs. 2 MVG Sitzung § 38 Abs. 5 MVG Mitbestimmungsverfahren § 51 Abs. 3 MVG Mitteilung an Schwerbehindertenvertretung

Verfügung stellen, zur/ vorzulegen (Unterlagen)	aushändigen, d. h. überlassen (evtl. befristet)	§ 34 Abs. 3 MVG Informationspflicht (z. B. Bewerbungsunterlagen)
vertrauensvoll (Zusammenarbeit)	zuversichtlich sein; fester Glaube daran, dass jemand sich in bestimmter Weise verhält	Präambel zum MVG § 33 Abs. 1 MVG Grundsätze der Zusammenarbeit
Vertraulichkeit	unter dem Siegel der Verschwiegenheit, nicht für die Allgemeinheit bestimmt	§ 3 Abs. 1 Anlage 17 AVR DD (Notlagenvereinbarung)
verweigern	ablehnen	§ 41 MVG Verfahren bei eingeschränkter Mitbestimmung
vorläufig	einstweilig, vorübergehend, provisorisch	§ 38 Abs. 5 MVG Verfahren der Mitbestimmung
wichtig	wesentlich, bedeutend, schwerwiegend	§ 21 Abs. 1 MVG Abordnungs- und Versetzungsverbot

Literaturhinweis

- *Wahrig-Burfeind, Renate:* Der kleine Wahrig. Wörterbuch der deutschen Sprache, Gütersloh/München 2014.

Behinderung der MAV

Was ist das?

Mitglieder der MAV dürfen weder in der Ausübung ihrer Aufgaben oder Befugnisse behindert oder wegen ihrer Tätigkeit benachteiligt oder begünstigt werden (§ 19 Abs. 1 MVG). Das Behinderungsverbot schützt sowohl die MAV als Gremium als auch die einzelnen Mitglieder in ihrer Amtsausübung. Die MAV und ihre Mitglieder dürfen in der Ausübung ihrer Tätigkeit nicht gestört oder eingeschränkt werden. Eine Behinderung der MAV-Tätigkeit liegt vor, wenn der MAV Rechte verweigert werden, die ihr nach dem MVG zustehen.
Der Begriff der Behinderung ist umfassend zu verstehen. Er umfasst jede unzulässige Erschwerung, Störung oder gar Verhinderung der Arbeit der MAV (BAG v. 19.7.1995 – 7 ABR 60/94). Die Fallgestaltungen denkbarer unzulässiger Behinderungen sind daher vielfältig. Dies kann z. B. auch die Verweigerung einer der MAV zustehenden Freistellung sein unter Verweis auf die dadurch entstehenden Kosten (Schiedsstelle DW Hannover v. 2.3.1994). Auch ist es nicht zulässig, die durch die Tätigkeiten der MAV entstehenden Kosten in der Einrichtung bekannt zu geben (BAG v. 12.11.1997 – 7 ABR 14/97). Dies betrifft z. B. die notwendige Hinzuziehung eines Rechtsbeistandes oder die Einleitung eines Verfahrens vor dem Kirchengericht bzw. die Anrufung der Schiedsstelle. Die MAV kann in diesem Fall Unterlassung vom Arbeitgeber verlangen.
Nach der Rechtsprechung zum BetrVG stört und behindert ein Arbeitgeber den Betriebsrat in seiner Tätigkeit, wenn er sich gegenüber der Belegschaft herabsetzend über den Betriebsrat äußert. *»Eine objektive Beeinträchtigung der Betriebsratstätigkeit i. S. v. § 78 S. 1 BetrVG durch herabsetzenden Äußerungen der Arbeitgeberin in Aushängen u. ä. ist nicht durch die Meinungsfreiheit in Art 5 Abs. 1 S. 1 GG gedeckt. Der Betriebsrat kann insoweit Unterlassung von Arbeitgeberin verlangen.«* (LAG Niedersachsen v. 6.4.2004 – 1 TaBV 64/03).
Praxisrelevante Beispiele für Störungen oder Behinderungen der Tätigkeit der Mitarbeitervertretung:

- Dienststellenleitung lehnt Zusammenarbeit ab (§ 33 Abs. 1 MVG);
- bewusste und wiederholte Missachtung der Beteiligungsrechte der MAV;

- Dienststellenleitung ergreift Maßnahmen, durch welche die MAV ihren Überwachungspflichten nach § 35 Abs. 3 Buchst. b) MVG nicht nachkommen kann:
- permanente Unterlassung der Informationspflicht nach § 34 MVG;
- Anbrüllen und körperliche Attacken gegen MAV-Mitglieder;
- Verhinderung bzw. Behinderung von Sitzungen der MAV oder Mitarbeiter(teil)versammlungen, z. B. durch Anordnung »dringender Arbeiten«;
- Verweigerung des Zutritts der MAV zu einzelnen Arbeitsplätzen;
- Ablehnung von Verhandlungen mit der MAV, wenn diese einen Vertreter der Gewerkschaft als → **sachkundige Person** hinzuziehen will;
- Anordnung der Dienststellenleitung, die den Beschäftigten ein Aufsuchen der MAV oder Gespräche mit ihr verbieten, erschweren oder unmöglich machen;
- Verpflichtung der Mitarbeiter zum Schweigen gegenüber der MAV;
- Aushang der Dienststellenleitung mit dem Hinweis, die Mitarbeiterversammlung nicht zu besuchen oder das Versprechen, bei Nichtteilnahme eine Stundengutschrift zu erhalten;
- Verweigerung des Zutritts eines Rechtsanwaltes oder einer Gewerkschaftsbeauftragen als → **sachkundige Person**;
- Sperrung des passwortgeschützten Zugangs zum Computer der MAV;
- Dienststellenleitung entfernt eigenmächtig Informationen vom »Schwarzen Brett« der MAV;
- Verweigerung der Arbeitsbefreiung (§ 19 Abs. 2 MVG) bzw. Freistellung (§ 20 Abs. 2 MVG);
- Herabwürdigung der MAV durch betriebsöffentliche Bekanntgabe (z. B. bei Mitarbeiterversammlung) der MAV-Kosten in Verbindung mit der Behauptung, dies führe zu einer Gefährdung der Sicherheit der Arbeitsplätze;
- Veröffentlichung anonymer Schreiben durch die Dienststellenleitung, in denen gegen die MAV polemisiert wird;
- Speicherung der Zielnummer aller Telefonate eines MAV-Mitglieds;
- Abhören von MAV-Sitzungen;
- Öffnung bzw. Nichtweiterleitung von an die MAV gerichteter Post.

§ 19 Abs. 1 MVG führt aus, dass die Mitglieder der MAV ihr Amt unentgeltlich als Ehrenamt ausführen, das bedeutet aber nicht, dass das MAV-Mitglied seine notwendigen Aufgaben in der Freizeit auszuüben hat. Die Tätigkeit für die MAV ist ein Ehrenamt innerhalb des Dienstverhältnisses, wobei das MAV-Mitglied für diese Zeit von seinen dienstlichen Tätigkeiten freizustellen ist.

Bedeutung für die MAV

Der **Schutz der Betriebsräte** nach dem **BetrVG ist** weitergehend als im MVG. Macht ein Betriebsrat geltend, dass er behindert und in seinen Rechten verletzt ist, kann er sich an das Arbeitsgericht wenden. Dieses Recht steht auch einer im Betrieb vertretenen Gewerkschaft zu. Das ist im MVG nicht der Fall. Der Betriebsrat und die Gewerkschaft können vor dem Arbeitsgericht beantragen, den Arbeitgeber bei groben Verstößen gegen Vorschriften des BetrVG zur Unterlassung einer Handlung anzuweisen, die Vornahme einer Handlung zu dulden oder eine Handlung vorzunehmen, (§ 23 Abs. 3 BetrVG). Kommt der Arbeitgeber dem Beschluss nicht nach, so kann gegen ihn ein Ordnungsgeld, im Anschluss bei weiterer Zuwiderhandlung Zwangsgeld von bis zu 10000 Euro festgesetzt werden. Das BetrVG sieht sogar in § 119 einen eigenen Straftatbestand vor, der aber nur die Behinderung der dort genannten Gremien und ihrer Mitglieder in den in der Vorschrift genannten Fällen betrifft. Mitarbeitervertretungen und ihre Mitglieder fallen nicht darunter. Wegen des strafrechtlichen Analogieverbots kann diese Strafvorschrift im Anwendungsbereich des MVG nicht zum Tragen kommen. Anzumerken ist, dass die praktische Relevanz der Vorschrift aber gering sein dürfte. Die angedrohte Strafe ist Freiheitsstrafe bis zu einem Jahr oder Geldstrafe. Es handelt sich daher nicht um ein Verbrechen, sondern um ein Vergehen. Es wird nur aus Antrag verfolgt.

In der Praxis kommen Verurteilungen der Arbeitgeber durch die Arbeitsgerichte relativ selten vor, denn meist reicht die Androhung von Ordnungs- und Zwangsgeldern aus, um den Arbeitgeber zur Änderung seines Verhaltens zu zwingen. Nicht zu unterschätzen ist das Antragsrecht der im Betrieb vertretenen Gewerkschaft, denn oft scheuen in diesen Fällen die Arbeitgeber nicht davor zurück, Betriebsräte persönlich unter Druck zu setzen.

Anders die Vorschriften im **MVG**: Bei **Streitigkeiten** kann die Mitarbeitervertretung das **Kirchengericht** anrufen und die (vorsätzliche) Behinderung feststellen lassen. In der Novellierung des MVG im Jahr 2013 wurde mit dem § 63a zwar die Möglichkeit der Verhängung von **Ordnungsgeldern** (zunächst nur bis 5000 €, seit dem 1. 1. 2024 bis zu 10000 €) eingeführt, doch die Regelung ist vollkommen unzureichend. Zuständig für das Verfahren sind nicht Arbeitsgerichte, sondern kirchliche Gerichte, Gewerkschaften haben nach dem MVG kein Antragsrecht. Des Weiteren können die Kirchengerichte keine Sanktionen vollstrecken, da die Zwangsvollstreckung aus gerichtlichen Entscheidungen dem staatlichen Gewaltmonopol vorbehalten ist und nur auf staatliche Maßnahmen beruhen kann. Das ist auch richtig so. Der Spruch hat daher die Wirkung nur einen Empfehlungscharakter (Äußerung eines gewerkschaftsnahen Rechtssekretärs: »Es gibt halt keine Diakoniepolizei.«).

Auch die Organe der EKD und der Landeskirchen können gegenüber diakonischen Einrichtungen keine Zwangsmittel durchsetzen, da diese privatrechtlich organisiert sind. Die kirchliche Zuordnung vollzieht sich idR durch die Mitgliedschaft einem Diakonischen Werk, der als eingetragener Verein (e. V.) seinen Mitgliedern per Satzung Pflichten auferlegt. Hierzu gehört zwar auch die Einhaltung kirchlichen Arbeitsrechts.

Die Möglichkeit des Ausschlusses von diakonischen Einrichtungen aus dem Diakonischen Werk wird nur äußerst selten vorkommen. Schließlich verliert das Diakonischen Werke dann den Mitgliedsbeitrag der Einrichtung. Nicht zu vergessen ist, dass die Diakonischen Werke die **Arbeitgeberverbände** der Diakonie und damit interessengesteuert sind. Zudem dürften Diakonie und Kirche stets auf ihre Außenwirkung bedacht sein, Was regelmäßig verhindert, dass Missstände an die Öffentlichkeit gelangen (s. Missbrauchsskandal auch in der EKD).

Verletzten diakonische Arbeitgeber die Rechte der MAVen, empfiehlt ver.di als einzig effektives Mittel den Schritt in die Öffentlichkeit. Aber auch das ist nicht zufriedenstellend und kann über dir strukturelle Benachteiligung der MAVen im MVG nicht hinwegtäuschen.

Gleichwohl sollten alle Möglichkeiten und somit unbedingt auch die über das Kirchengericht genutzt werden. Jedenfalls für die Verhandlung vor der Kammer gilt der Öffentlichkeitsgrundsatz. Außerdem ist das Führen der Auseinandersetzung außerhalb des Betriebs an dieser Stelle von nicht zu unterschätzender Bedeutung, insbesondere durch die Zusammenarbeit mit Gewerkschaften und z. B. gezielter Öffentlichkeitsarbeit.

Einzelne Mitglieder der MAV – Benachteiligungsverbot

Die einzelnen Mitglieder der MAV können ihre Aufgaben nur erfüllen, wenn sie selbst frei von äußeren Einflüssen, insbesondere des Arbeitgebers, sind. Der **Schutz vor Benachteiligungen** durch den Arbeitgeber ist für die ungestörte Amtsausübung unabdingbar, da jeder Mitarbeitervertreter auch Arbeitnehmerin in abhängiger Beschäftigung ist. Es handelt sich dabei um eine persönliche Abhängigkeit, um Fremdbestimmtheit und Unterordnung unter das Direktionsrecht/Weisungsrecht des Arbeitgebers (§ 611a BGB). Jedes Mitglied der MAV muss aber im Rahmen der MAV-Tätigkeit Entscheidungen treffen können, ohne eine berufliche Benachteiligung befürchten zu müssen. Wegen ihrer Tätigkeit dürfen MAV-Mitglieder deshalb keine Einkommenseinbußen oder Einschränkung in ihrer beruflichen Entwicklung erfahren. Freigestellte oder teilfreigestellte MAV-Mitglieder können sich auf höherwertige Stellen bewerben, auch wenn sie diese Stellen wegen der Freistellung nicht antreten können. Auch ein Ausgleich für den Wegfall etwaiger Zulagen oder Zeitzuschläge während einer Freistellung, die das MAV-Mitglied erhalten hätte, wenn es nicht freigestellt wäre, kommt in Betracht.

Nach einer neueren und fragwürdigen Entscheidung des LAG Hessen soll das nicht der Fall sein, wenn das Mitglied des Gremiums nicht auch tatsächlich in der zuschlagauslösenden Schicht bzw. Zeit tätig sei, weil die Zuschläge und Zulagen für Belastungen gezahlt werden würden, denen das freigestellte Mitglied nicht ausgesetzt sei. Somit sei es mit denjenigen, die diese Belastungen tatsächlich erfahren, nicht vergleichbar. Es handle sich dann um eine Begünstigung (vgl. LAG Hessen, Urteil vom 13. 6. 2023 – 12 Sa 1294/22, die Revision ist beim Bundesarbeitsgericht anhängig: Az: BAG 10 AZR 198/23). Der Entscheidung kann nicht gefolgt werden. Das Gericht verkennt, dass Zulagen und Zuschläge ein wesentlicher Teil der Vergütung im jeweiligen Berufsbild sind. Wenn sich eine Arbeitnehmerin für eine Freistellung entscheidet, erleidet sie eine finanzielle Einbuße, die sie nicht erleiden würde, wenn sie weiterhin in der arbeitsvertraglich vereinbarten Tätigkeit beschäftigt wäre. Die finanziellen Einbußen sind dazu geeignet, Mitglieder von der Wahrnehmung der Freistellung abzuhalten. Es ist die Botschaft: wer sich freistellen lässt, hat weniger Geld als vorher. Die Entscheidung ist daher als praxisfern und rechtlich unzutreffend zu bewerten.
Zum Schutz vor unzulässigen Maßnahmen haben Mitglieder der Mitarbeitervertretung haben einen weitergehenden **Versetzungs- und Abordnungsschutz**. Ohne ihre Zustimmung kann eine Versetzung oder Abordnung nur erfolgen, wenn ein wichtiger dienstlicher Grund vorliegt und die MAV der Abordnung oder Versetzung zustimmt. Bei der Versetzung im mitarbeitervertretungsrechtlichen Sinn handelt es sich um eine auf Dauer angelegte andere Beschäftigung in einer anderen Dienststelle (Urteil VerwG.EKD vom 19. 2. 1998 – 0124/B27-97), die dann auch zu einem Verlust des MAV-Mandats führen würde (§ 18 Abs. 1 Buchst. d MVG). Den wichtigen dienstlichen Grund für die Versetzung oder Abordnung muss der Arbeitgeber im Rahmen des Mitbestimmungsverfahrens gegenüber der MAV darlegen und in einem nach einer Zustimmungsverweigerung im Rahmen des kirchengerichtlichen Zustimmungsersetzungsverfahrens auch beweisen.

Es kommt dabei nicht unbedingt auf eine Benachteiligungsabsicht des Arbeitgebers an, es genügt, wenn ein Mitarbeitervertreter objektiv schlechter gestellt ist als ein vergleichbarer Mitarbeiter. Der Arbeitgeber hat dem Mitarbeitervertreter die gleiche berufliche Entwicklung zu gewährleisten, wie einem vergleichbaren Arbeitnehmer (BAG v. 17. 5. 1977, AP Nr. 28 zu § 37 BetrVG 72), wobei es entscheidend auf die Vergleichbarkeit ankommt.

So wie Mitglieder MAV nicht benachteiligt werden dürfen, so dürfen sie auch nicht begünstigt werden. Eine besondere Vergütung, weder in offener noch in versteckter Form, ist für die MAV-Tätigkeit nicht zulässig, da die Mitglieder der MAV ihr Amt unentgeltlich als Ehrenamt ausüben. Das **Begünstigungsverbot** soll verhindern, dass der Arbeitgeber durch Zuwendungen, Geschenke, ungerechtfertigte Höhergruppierungen usw. Einfluss auf die Arbeit des einzelnen MAV-Mitglieds oder die gesamte MAV nimmt. Ebenso gilt das Verbot für Beschäftigte, die Entscheidungen der MAV durch Geschenke etc. beeinflussen wollen.

Bedeutung für die Beschäftigten

Für eine konsequente Interessenvertretung ist die Unabhängigkeit der MAV unerlässlich. Die Beschäftigten müssen sich sicher sein können, dass die Mitglieder der MAV ihre dem MVG entsprechenden Aufgaben frei von unlauteren Beeinflussungen konsequent wahrnehmen.

Literaturhinweis

- *Baumann-Czichon, Bernhard/Gathmann, Mira/Germer, Lothar:* Mitarbeitervertretungsgesetz der Evangelischen Kirche in Deutschland, Kommentar zu § 19, 4. Auflage, Bremen 2013.
- *Baumann-Czichon, Bernhard/Gathmann, Mira:* Kirchliche Mitbestimmung im Vergleich, BetrVG – MVG.EKD – MAVO, Herausgegeben von ver.di, Berlin 2017.
- *Deppisch, Herbert/Jung, Robert/Schleitzer, Erhard:* Tipps für neu- und wiedergewählte MAV-Mitglieder, 4. Auflage, Frankfurt/Main 2019.

Beistand

Was ist das?

MAV-Mitglieder verfügen in der Regel nicht über juristische Kenntnisse. Daher müssen sie sich solche Kenntnisse, soweit sie in einem Kirchengerichtsverfahren erforderlich sind, außerhalb der MAV besorgen. Nachdem vielfach auf Arbeitgeberseite Fachpersonal in den Personalabteilungen vorhanden ist, muss die MAV zur Erfüllung ihres Auftrags, die Interessen der Beschäftigten zu wahren und zu vertreten, auf **externes Wissen** und externe Fähigkeiten zurückgreifen. Beistände, das müssen jedoch nicht nur Juristen sein, je nach Problemstellung können Beistände auch Sicherheitsingenieure, Betriebsärzte, Mietrechtsexperten, Rechtsanwälte, Gewerkschaftsvertreter oder auch qualifizierte Mitarbeitervertreter aus anderen MAVen der GMAV oder aus einem Gesamtausschuss sein.

Bedeutung für die MAV

Die MAV kann im Kirchengerichtsverfahren zu ihrem Beistand eine Person hinzuziehen (§ 61 Abs. 4 MVG). Aufgabe dieser Person ist es, die MAV im Kirchengerichtsverfahren (→ **Rechtsschutz**) zu vertreten. Dazu gehört die Beratung im Vorfeld der Termine, das Verfassen von Schriftsätzen und beim Einigungsgespräch bzw. der Kammerverhandlung zusammen mit der MAV deren Position zu vertreten. Der Beistand hat allerdings auch die Aufgabe, auf Gefahren oder Risiken eines Verfahrens hinzuweisen.
Beistand kann **jede Person** sein. Geht es um die Unterstützung in einem kirchengerichtlichen Verfahren, ist dringend anzuraten, Anwälte bzw. Fachanwälte für Arbeitsrecht, die sich mit der Vertretung von MAVen auskennen, zu beauftragen. Juristische Laien, seien es auch noch so erfahrene MAV-Mitglieder, werden nicht zu Fachleuten auf diesem Gebiet. Das kirchengerichtliche Verfahren ist ein echtes Gerichtsverfahren, es gelten die Zivilprozessordnung und das Arbeitsgerichtsgesetz. Die Vorgabe, dass Beistände Mitglied einer Kirche sein müssen, die

der Arbeitsgemeinschaft christlicher Kirchen (→ **ACK-Klausel**) angehört (alt: § 61 Abs. 4 MVG) wurde mit der Novellierung des MVG durch die EKD-Synode mit Wirkung zum 1.1.2024 gestrichen. Durch diese Klausel wurde der Rechtsschutz für die MAV eingeschränkt, da von der MAV bei der Bestellung eines Beistands nicht die Wahl unter den bestmöglichen Beiständen getroffen werden konnte, sondern immer die Frage war, ob der Beistand auch einer ACK-Kirche angehört. Bei **Anwälten**, die ja als Organe der Rechtspflege tätig sind, bedarf es – eigentlich – keiner Mitgliedschaft in einer ACK-Kirche (überzeugend: Baumann-Czichon u.a., § 61 MVG.EKD Rn. 14). Die anderslautende Entscheidung des VerwG.EKD v. 10.7.1997 (0124/A16/96.126 –, NZA 1997, 1303) ist durch die Änderung ab 2024 im MVG obsolet.

Der Arbeitgeber kann der MAV keine bestimmte Person als Beistand vorschreiben. **Die MAV ist bei der Wahl ihrer Vertretung frei**. Entstehen durch den Beistand keine Kosten, muss die MAV dem Arbeitgeber die Beauftragung eines Beistands vor dem Einigungsgespräch oder der Kammerverhandlung auch nicht mitteilen.

Die **Kosten** für einen **Beistand** hat grundsätzlich der **Arbeitgeber** zu tragen. Es handelt sich dabei um Kosten, die durch die → **Geschäftsführung**, bzw. der Tätigkeit der MAV (§ 30 Abs. 2 MVG) entstehen. Kosten, die bei der gerichtlichen Vertretung entstehen, sind i.d.R. erforderlich i.S.d. § 30 Abs. 2 Satz 1 MVG und müssen formal auch nicht im Vorfeld angezeigt werden. Die MAV muss aber einen entsprechenden Beschluss über die Beauftragung einer konkreten Kanzlei oder eines einzelnen Anwalts fassen. Seit dem 1. Juli 2004 ist das Gesetz über die Vergütung der Rechtsanwältinnen und Rechtsanwälte (Rechtsanwaltsvergütungsgesetz – RVG) in Deutschland die gesetzliche Grundlage der Abrechnung der Vergütung der Rechtsanwälte.

Der Arbeitgeber hat den Antrag der MAV auf **Kostenübernahme** für einen Beistand nach **pflichtgemäßem Ermessen** zu prüfen. Der KGH hat am 28.11.2011 (KGH.EKD I-0124/T18-11) entschieden, dass die Dienststelle die Kosten für einen Anwalt zu tragen hat, soweit dessen Hinzuziehung notwendig ist. Die Mitarbeitervertretung hat in Bezug auf die Prüfung der Erforderlichkeit eines Verfahrensbevollmächtigten einen Beurteilungsspielraum. Sie muss bei pflichtgemäßer Berücksichtigung der objektiven Gegebenheiten und Würdigung aller Umstände, insbesondere auch der Rechtslage, die Führung eines Verfahrens und die Beauftragung eines Rechtsanwaltes für erforderlich halten (vgl. KGH.EKD, Beschluss v. 30.3.2012 – II-0124/S60-10, *www.kirchenrecht-ekd.de*).

Die Antragspflicht für die Beauftragung eines Anwalts wurde mit Wirkung vom 1.1.2010 aus dem MVG gestrichen (siehe auch Fey/Rehren, Rn. 20c zu § 30 MVG). Der KGH.EKD hat diese Rechtslage in seinem Beschluss v. 1.4.2016 (KGH.EKD II-0124/12-2016) noch einmal klargestellt.

Nachdem vor Ort nicht immer ein sachkundiger Anwalt zur Verfügung steht, kann die MAV auch einen ortsfremden Anwalt mit erhöhten Kosten (Zeit, Fahrtkosten, ...) hinzuziehen. Durch die Beauftragung eines auswärtigen Rechtsanwalts bedingte Mehrkosten sind erforderlich i. S. v. § 30 Abs. 2 Satz 1 MVG-EKD, wenn die Mitarbeitervertretung bei verständiger und pflichtgemäßer Abwägung zu dem Ergebnis gelangen konnte, dass die Mehrkosten vertretbar und sachlich gerechtfertigt sind. Es besteht ein Beurteilungsspielraum, innerhalb dessen der Grundsatz der Kostenschonung gegen die für eine Mandatierung sprechenden Gründe wie eine besondere Sachkompetenz des Anwaltsbüros oder ein bereits bestehendes Vertrauensverhältnis aufgrund früherer Mandatierungen abzuwägen sind (Fortführung von KGH.EKD, Beschluss v. 8.8.2007 – I-0124/N25-07, *www.kirchenrecht-ekd.de*). Bei einer Ablehnung der Kostenübernahme für einen Beistand durch den Arbeitgeber kann das Kirchengericht (→ **Rechtsschutz**) angerufen werden (§ 61 Abs. 4 MVG). In der Regel wird die Kostentragung zum Teil des Verfahrens über einen eigenen Antrag gemacht. Bei diesem Antrag entscheidet der Vorsitzende des Kirchengerichts allein (§ 61 Abs. 4 MVG). Die Kammer als Gremium tritt bei dieser Frage nicht zusammen. Durch die alleinige Entscheidung des Vorsitzenden über die Kostenübernahme wird eine schnelle Entscheidung getroffen und beide Parteien haben die Rechtssicherheit, ob die Kosten des Beistands übernommen werden oder nicht. Eine Begründung für die Entscheidung ist nicht vorgesehen. Der Vorsitzende des Kirchengerichts entscheidet nicht ausdrücklich durch Beschluss. Wie die Entscheidung den betroffenen Parteien mitgeteilt wird, bleibt dem Vorsitzenden überlassen, jedoch weisen wir auf eine Entscheidung des VerwG.EKD hin, die in Regelfällen eine Begründung dennoch für angemessen hält (VerwG.EKD v. 11.9.1997 – ZMV 1998, 33).
Wird die **Kostenübernahme** durch den Vorsitzenden des Kirchengerichts **abgelehnt**, kann von der MAV **die sofortige Beschwerde** beim Kirchengerichtshof der EKD (→ **Rechtsschutz**) eingelegt werden (KGH.EKD, Beschluss v. 26.2.2014 – II-0124/W6-14, *www.kirchenrecht-ekd.de*). Beim KGH.EKD entscheidet über die Beschwerde der oder die Vorsitzende des zuständigen Senats. Bei Ablehnung der Kostenübernahme handelt es sich um einen Streitfall aus der → **Geschäftsführung** und Rechtsstellung der MAV (§ 60 Abs. 1 MVG).
Auch bei der Ablehnung der Kostenübernahme durch die Instanzen kann der Beistand die Interessen der MAV dennoch weiter vertreten. Der Beistand geht jedoch das Risiko ein, dass die entstehenden Kosten nicht bezahlt werden.

Beihilfe

Was ist das?

Der Begriff Beihilfe ist vielen aus dem öffentlichen Dienst bekannt und spielt insbesondere bei Beamtinnen eine Rolle.

Auch im kirchlichen und diakonischen Bereich existieren Beihilferegelungen, insbesondere im Bereich der verfassten Kirche, aber auch bei der Diakonie.

Beihilfen sollen Beschäftigte in bestimmten Lebenssituationen, die besondere Belastungen mit sich bringen, finanziell oder durch Sachleistungen unterstützen.

Ob Anspruch auf bestimmte Beihilfeleistungen besteht, richtet sich danach, welcher Tarifvertrag, welche AVR oder welche sonstige Arbeitsvertragsgrundlage zur Anwendung kommt.

Die AVR der Diakonie Mitteldeutschland (AVR.EKM) sehen z. B. in § 26a AVR. EKM ein Sterbegeld vor. Die AVR.Sachsen regeln in § 26 u. a. die finanzielle Unterstützung bei Geburts- und Todesfällen und Zuschüsse zum Zahnersatz. Die AVR Diakonie Bayern normiert in § 47 die gleichen Beihilfen wie für Arbeitnehmerinnen des Freistaats Bayern. Daneben zahlt die bayerische Diakonie (§ 51 AVR-Bayern) im Todesfall von Arbeitnehmerinnen ein Sterbegeld an die Angehörigen. Auch die AVR.DD sehen in §§ 26 und 26a Beihilfeansprüche und Ansprüche auf Sterbegeld vor.

Bedeutung für die MAV

Der Mitarbeitervertretung begegnen Beihilfen im Rahmen der Beratung der Kolleginnen und im Rahmen des allgemeinen Überwachungsauftrags der MAV aus § 35 Abs. 3 Buchst. c MVG. Die MAV kann die Beschäftigten außerdem über ihre evtl. Ansprüche auf Beihilfen schriftlich oder bei Mitarbeiterversammlungen informieren.

Beihilfen werden in der Regel nur auf Antrag gewährt, so dass die Mitarbeiterinnen diese Regelungen kennen sollten. Zudem bestehen häufig auch Fristen für die Geltendmachung der Beihilfen. Wird die Frist nicht gewahrt, so verfällt der Anspruch auf die Beihilfe.
Die AVR.EKM sehen etwa eine 6-Monatsfrist nach Entstehen der Aufwendungen (z. B. für die Zahnbehandlung) oder der Ausstellung der Rechnung vor, die AVR-Bayern eine Frist von 3 Jahren nach Entstehung der Aufwendungen (Art. 96 Abs. 3a BayBG).
Werden im Betrieb Grundsätze aufgestellt, nach denen Zuwendungen und Unterstützungen verteilt werden, ist auch immer an § 40 Buchst. n MVG zu denken. Dort geht es um die Mitbestimmung der MAV über »Grundsätze für die Gewährung von Unterstützungen oder sonstigen Zuwendungen, auf die kein Rechtsanspruch besteht«. Hintergrund des Mitbestimmungsrechts ist hier die Verteilungsgerechtigkeit und die Nachvollziehbarkeit der Verteilung.
Zum Teil wird vertreten (Joussen/Mestwerdt/Nause/Spelge, MVG-EKD, § 40 Rn. 145), dass über die zu schaffenden Grundsätze kein Rechtsanspruch auf Leistungen geschaffen werden soll. Das erscheint wenig überzeugend. Denn um Verteilungsgerechtigkeit zu erreichen, werden in der Regel Kriterien festgelegt werden müssen, die eine Nachvollziehbarkeit ermöglichen.
Wären die Kriterien erfüllt und würde die Mitarbeiterin die Zuwendung oder Unterstützung gleichwohl nicht erhalten, wäre die Aufstellung von Kriterien überflüssig, da der Arbeitgeber auch bei Erfüllung aller Kriterien jedes Mal frei entscheiden könnte, ob er die Unterstützung oder Zuwendung gewährt oder nicht.
Die betriebliche Regelung würde dann zwar eine Rechtsgrundlage darstellen. Diese würde aber gerade erst durch die Maßnahme geschaffen und besteht nicht bereits aufgrund einer anderen verbindlichen Regelung.

Bedeutung für die Beschäftigten

Beihilfen können eine Unterstützung bei besonderen finanziellen Belastungen von Mitarbeiterinnen sein, so dass über die Beihilfen eine Entlastung geschaffen werden kann. Für die Beschäftigten ist es aufgrund der ggf. bestehenden fristgebundenen Antragserfordernisse wichtig, die entsprechenden Regelungen zu kennen, damit der Anspruch form- und fristgerecht geltend gemacht werden kann und nicht verloren geht. Bei Klärungsbedarf oder evtl. Anträgen können sich Beschäftigte auch durch die Mitarbeitervertretung unterstützen lassen.

Bereitschaftsdienst

Was ist das?

Die → **AVR** kennen – wie TVöD und TV-L – neben der normalen → **Arbeitszeit** weitere Formen zusätzlicher Arbeitsleistung: Die → **Arbeitsbereitschaft** ist eine Verlängerung der regelmäßigen Arbeitszeit; dagegen sind Bereitschaftsdienst und → **Rufbereitschaft** besondere Formen der Arbeitsleistung außerhalb der regelmäßigen Arbeitszeit.

Bereitschaftsdienst ist die Anordnung des Arbeitgebers, sich über die normale Arbeitszeit hinaus an einem bestimmten Arbeitsort aufzuhalten und jederzeit bereit zu sein, die Arbeit aufzunehmen (vgl. BAG v. 18.2.2003 – 1 ABR 2/02). Voraussetzung für die Anordnung von Bereitschaftsdienst ist allerdings, dass die Zeit ohne Arbeitsleistung in der Regel überwiegt. Ansonsten würde es sich um Vollarbeitszeit oder → **Arbeitsbereitschaft** handeln.

Typische Fälle von Bereitschaftsdienst finden sich in Krankenhäusern und Heimen, etwa der Jugendhilfe, der Eingliederungshilfe oder der Obdachlosenhilfe, wenn z. B. nachts bei geringerem Bedarf von Arbeit eine geringere Arbeitsleistung zu erbringen ist.

Bereitschaftsdienst wird in Einrichtungen außerhalb von Krankenhäusern, Pflegeeinrichtungen und Rettungsdienst nach AVR regelmäßig pauschal zu 25 % als Arbeitszeit gewertet. Werden in einem Monat mehr als 8 Bereitschaftsdienste geleistet, wird jeder weitere Bereitschaftsdienst zu 40 % als Arbeitszeit gewertet (Anlage 8 B. Abs. 4 AVR.DD; Anlage 11 Abschnitt I. § 2 UA 4 AVR-Bayern) Nach § 9 TVöD bzw. § 9 TV-L werden Bereitschaftszeiten zur Hälfte als tarifliche Arbeitszeit gewertet (faktorisiert).

In Krankenhäusern und im Rettungsdienst hängt das Maß der Anrechnung als Arbeitszeit von der erfahrungsgemäß durchschnittlich anfallenden Arbeitsleistung ab. Die Bewertung als Arbeitszeit reicht dann von 40 bis 80 %, je nachdem wie viel Arbeit nach der Erfahrung anfällt (Anlage 8 A. Abs. 3 AVR.DD; Anlage 11 Abschnitt I. § 2 Abs. 1 AVR-Bayern; § 46 Abs. 1 TVöD BT-B; § 46 Abs. 1 TVöD BT-K – dort 60 bis 90 %). Zusätzlich werden je nach Häufigkeit der Bereitschaftsdienste in einem Monat weitere Zeiten angerechnet, ab dem 9. Bereitschaftsdienst 35 %, ab dem 13. Bereitschaftsdienst 45 % (Anlage 8 A Abs. 3 Buchst. b AVR.DD; Anlage 11 Abschnitt I. § 2 Abs. 1 AVR-Bayern; § 46 Abs. 1 Buchst. b TVöD BT-B; § 46 Abs. 1 TVöD BT-K).

Die für Bereitschaftsdienste errechneten Zeiten werden je nach arbeitsrechtlicher Grundlage durch Gewährung von Freizeitausgleich oder durch Vergütung abgegolten. Die AVR.DD sieht zunächst Vergütung mit dem Überstundenentgelt vor, die Abgeltung durch Freizeitausgleich ist auch möglich (Anlage 8 A Abs. 4 und 5 AVR.DD). Die AVR-Bayern gewährt grundsätzlich Freizeitausgleich, eröffnet aber auch Bezahlung über eine Nebenabrede im Dienstvertrag oder über eine → **Dienstvereinbarung** (Anlage 11 Abschnitt I. § 3 Abs. 1 AVR-Bayern). Die verschiedenen Fassungen des TVöD sehen die Bezahlung zunächst per Überstundenvergütung, alternativ über Freizeitausgleich vor.

Die Höchstzahl der Bereitschaftsdienste in einem Monat beträgt für Beschäftigte in Krankenhäusern und im Pflegedienst monatlich 6, höchstens aber 8; maximal 72 Einsätze im Kalenderjahr; für Teilzeitbeschäftigte bis 16 Std. monatlich 3 Einsätze, maximal 36 im Kalenderjahr (Anlage 8 A Abs. 2 AVR.DD). Für den Rettungsdienst gilt keine derartige Beschränkung, vgl. Anl. 8 C der AVR.DD. Die AVR-Bayern legt seit 1.1.2023 die jährliche Höchstzahl der Bereitschaftsdienste auf 65 fest (Anlage 11 Abschnitt I. § 1 Abs. 3 AVR-Bayern), lässt aber per → **Dienstvereinbarung** auch die Erweiterung auf bis zu 96 zu (mit Zahlung einer »Antrittsprämie«). Für Teilzeitbeschäftigte gelten diese Zahlen jeweils anteilig (Anlage 11 Abschnitt I. § 1 Abs. 3 UA 3 AVR-Bayern). Die gleichen Vorgaben gelten in Bayern auch für sog. »sonstige Einrichtungen«.

Die AVR.DD sieht dagegen für sonstige Einrichtungen lediglich vor, dass Bereitschaftsdienst und Rufbereitschaft – auch zusammen – nicht mehr als 12 Mal im Monat angeordnet werden sollen (Anlage 8 B Abs. 8 AVR.DD).

Bereitschaftdienste werden arbeitszeitrechtlich immer voll als Arbeitszeit angerechnet. So hat der EuGH bereits im Jahr 2000 (SIMAP-Urteil vom 3.10.2000 – C-303/98) und erneut 2003 (Urteil vom 9.9.2003 – C-151/02) für Ärzte in Krankenhäusern entschieden, dass Bereitschaftsdienst nicht der Ruhezeit zuzurechnen ist, sondern als Arbeitszeit gilt. Wesentliches Kriterium dieser Entscheidungen war, dass Bereitschaftsdienst – anders als die → **Rufbereitschaft** – in Form persönlicher Anwesenheit zu leisten ist.

Beide EuGH-Urteile beziehen sich allein auf die arbeitszeitrechtliche, nicht auf die vergütungsrechtliche Einordnung von Bereitschaftsdiensten. Auch wenn die Entscheidungen für Krankenhausärzte ergangen sind, gelten sie allgemein für alle Bereiche, in denen Bereitschaftsdienst geleistet wird, etwa bei der Feuerwehr oder in Heimen der Jugend- und Behindertenhilfe.

Vor dem Hintergrund der EuGH-Urteile wurde Ende 2003 das bundesdeutsche Arbeitszeitgesetz (ArbZG) in der Weise geändert, dass Bereitschaftsdienst nicht mehr Ruhezeit darstellt, sondern in vollem Umfang als Arbeitszeit zu werten

ist. Mit der Novellierung zum 1. 1. 2004 stellt das deutsche Arbeitszeitgesetz den Bereitschaftsdienst auf die gleiche Stufe wie die → **Arbeitsbereitschaft**. Danach sind Bereitschaftsdienste weiterhin grundsätzlich zulässig, müssen aber in vollem Umfang auf die »normale« Arbeitszeit (im Sinne des § 2 ArbZG) und damit auch auf die gesetzliche Höchstarbeitszeit (48 Stunden/Woche im Durchschnitt von 6 Kalendermonaten oder 24 Wochen) angerechnet werden.
Durch Tarifvertrag oder kirchliche Arbeitsrechtsregelungen lässt § 7 ArbZG abweichende Regelungen von der täglichen Höchstarbeitszeit zu (Arbeitszeitverlängerung mit Ausgleich über 10 Std./Tag). Zu beachten ist nach § 7 Abs. 8 ArbZG insbesondere die maximale Wochenarbeitszeit von 48 Stunden, die im Durchschnitt spätestens nach 12 Kalendermonaten zu erreichen ist.
Ebenso kann durch Tarifvertrag oder kirchliche Arbeitsrechtsregelung die werktägliche Arbeitszeit – inkl. Bereitschaftsdienst – sogar ohne Zeitausgleich verlängert werden, wenn sichergestellt ist, dass die Gesundheit der Beschäftigten nicht gefährdet wird und der einzelne Arbeitnehmer schriftlich einwilligt (§ 7 Abs. 2a und 7 ArbZG = sog. opt out). Die Einwilligung kann mit einer Frist von 6 Monaten widerrufen werden. Der Widerruf oder die Nichteinwilligung dürfen nicht zu einer Benachteiligung des Arbeitnehmers führen. Der Arbeitgeber ist verpflichtet, ein Verzeichnis der Arbeitnehmer zu führen, die in die Verlängerung ihrer Arbeitszeit eingewilligt haben. Das Verzeichnis ist 2 Jahre aufzubewahren.
Bei einer Verlängerung der täglichen Arbeitszeit – inkl. Bereitschaftsdienst – über 12 Stunden hinaus ist im unmittelbaren Anschluss an die Beendigung der Arbeitszeit – bzw. des Bereitschaftsdienstes – eine Ruhezeit von mindestens 11 Stunden zu gewähren (§ 7 Abs. 9 ArbZG).
Um die Betreuung v. a. in Einrichtungen der Behinderten- und Jugendhilfe mit möglichst wenigen Bezugspersonen durchführen zu können, wurden in den AVR noch weitergehende Möglichkeiten eröffnet (Anlage 8 B Abs. 3 AVR.DD; Anlage 11 Abschnitt I. § 5 AVR-Bayern). So kann die tägliche Arbeitszeit (inkl. Bereitschaftsdienst) durch Dienstvereinbarung sogar auf bis zu 24 Stunden verlängert werden. Die Dienstvereinbarung muss vorsehen, dass entweder im Anschluss an eine über 16-stündige Arbeitszeit dem Arbeitnehmer 24 Stunden Ruhezeit gewährt werden muss oder der Ausgleichszeitraum auf 6 Monate beschränkt wird.
Bereitschaftsdienst in der Nacht löst grundsätzlich Ansprüche auf Zusatzurlaub aus. Zumindest können tarifliche oder kirchliche Regelungen dies nicht ausschließen. Eine anderweitige Regelung hat das Bundesarbeitsgericht 2009 für unangemessen gehalten (BAG v. 15. 7. 2009 – 5 AZR 867/08; → **Urlaub**). Nach den AVR-Bayern wird seit 1. 1. 2010 die Hälfte des nächtlichen Bereitschaftsdienstes auf die Ansprüche auf Zusatzurlaub angerechnet (§ 29 Abs. 2 AVR-Bayern). Dagegen sieht die AVR.DD nach § 28b Abs. 2 Satz 2 für alle Beschäftigte die volle

Anrechnung der nächtlichen Bereitschaftszeiten für die Berechnung des Zusatzurlaubs vor.

Bedeutung für die MAV und die Beschäftigten

Mitarbeitervertretungen haben nach § 35 Abs. 3 Buchst. b MVG darauf zu achten, dass die gesetzlichen und arbeitsrechtlichen Regelungen eingehalten werden. Dazu gehören auch die Bestimmungen des Arbeitszeitgesetzes und die Regelungen der → **AVR** bzw. des TVöD und des TV-L über den Bereitschaftsdienst (Anlage 8 AVR.DD; Anlage 11 AVR-Bayern; § 9 TVöD; § 9 TV-L; § 46 TVöD BT-B; § 46 TVöD BT-K).
Zum Abschluss einer → **Dienstvereinbarung** über die Verkürzung der Ruhezeiten können Mitarbeitervertretungen nicht gezwungen werden. Allerdings kann dies tatsächlich im Interesse der Mitarbeiter in einem Heim (der Kinder- und Jugendhilfe) liegen, wenn dadurch zusätzliche Freischichten erreicht werden. Zu bedenken sind jedenfalls die gesicherten arbeitswissenschaftlichen Erkenntnisse (§ 4 Ziff. 3 ArbSchG).
Die erstmalige oder geänderte Anordnung von Bereitschaftsdienst für die Beschäftigten unterliegt im Übrigen der (uneingeschränkten) → **Mitbestimmung** der MAV. Dies folgt aus § 40 Buchst. d MVG.
Die völlig unzureichende pauschale Berücksichtigung von nur 25 % der im Bereitschaftsdienst im Heimbereich (Jugendhilfe, Eingliederungshilfe etc.) aufgewandten Zeit führt zu unangemessen langen Anwesenheitszeiten der Mitarbeitenden am Arbeitsplatz. Mitarbeitervertretungen sind hier gefordert, derartige Arbeitszeitmodelle zu verhindern. Ein Mittel hierfür sind die Verlängerung der als Vollarbeit anerkannten Arbeitszeiten, die Berücksichtigung von Pausenzeiten als Arbeitszeit, weil Mitarbeitende ihren Arbeitsplatz nicht verlassen können sowie weitere Gestaltungen. Bei der Festlegung und Vereinbarung derartiger Modelle sollten die MAVen unbedingt rechtlichen Rat einholen.

Literaturhinweis

- *Buschmann, Rudolf/Ulber, Jürgen:* Arbeitszeitrecht. Kompaktkommentar zum Arbeitszeitgesetz mit Nebengesetzen und Europäischem Recht. 2., neu bearbeitete und aktualisierte Auflage. Frankfurt 2024.

Berufskrankheit

Was ist das?

Eine **Berufskrankheit** ist eine Erkrankung, die durch die berufliche Tätigkeit verursacht worden ist und nach dem jeweils geltenden Recht auch formal als Berufskrankheit anerkannt ist. Anerkannte Berufskrankheiten sind in der sog. Berufskrankheitenliste aufgeführt (s. § 9 Abs. 1 Satz 1 SGB VII). Als Berufskrankheiten kommen nur Erkrankungen in Frage, die nach den Erkenntnissen der medizinischen Wissenschaft durch besondere Einwirkungen verursacht sind. Diesen Einwirkungen müssen bestimmte Personengruppen durch ihre Arbeit oder durch eine andere versicherte Tätigkeit in erheblich höherem Maß als die übrige Bevölkerung ausgesetzt sein.

Anders als bei einem Arbeitsunfall (plötzliches Ereignis) ergibt sich eine Berufskrankheit durch eine länger dauernde oder sich wiederholende Einwirkung.

Was sind also die konkreten Voraussetzungen für eine Berufskrankheit?

1. Es muss eine schädigende Einwirkung geben.
2. Es muss eine Krankheit vorliegen.
3. Die Einwirkung muss bei der versicherten Tätigkeit erfolgt sein.
4. Es muss ein rechtlich wesentlicher Zusammenhang zwischen der schädigenden Einwirkung und der Krankheit vorliegen.
5. Die versicherte Person muss der Erkrankungsgefahr in einem höheren Maß als andere Versicherte ausgesetzt gewesen sein.
6. In Einzelfällen können Krankheiten auch »wie eine Berufskrankheit« anerkannt werden (s. § 9 Abs. 2 SGB VII).
7. Der sog. Unterlassungszwang für insgesamt 9 Berufskrankheiten besteht seit 2021 nicht mehr. Gemeint ist die Unterlassung oder Aufgabe der beruflichen Tätigkeit als Voraussetzung für die Anerkennung der Berufskrankheit.

Zu den in der Berufskrankheitenliste aufgeführten einzelnen Berufskrankheiten hat das Bundesministerium für Arbeit und Soziales (BMAS) Merkblätter veröffentlicht, die die entsprechenden Krankheitsbilder, Diagnosen und Gefährdungen erläutern. (Betriebs-)Ärztinnen geben sie Hinweise zur Erstattung von Anzeigen auf Verdacht einer Berufskrankheit. Die Merkblätter enthalten aber

auch wichtige Informationen, die von den Unfallversicherungsträgern und Gutachtern im Berufskrankheitenverfahren beachtet werden sollen. Typische Berufskrankheiten sind u. a. Lärmschwerhörigkeit (nur bedingt einschlägig für Erzieherinnen in Kindergärten), Atemwegserkrankungen, bandscheibenbedingte Wirbelsäulenerkrankungen der Lenden- bzw. der Halswirbelsäule oder Hauterkrankungen.
Manche Erkrankungen, die ursächlich auf die versicherte berufliche Tätigkeit zurückgehen, sind noch nicht als Berufskrankheit anerkannt. Erkrankungen durch Tonerstaub gehören z. B. zu dieser Gruppe. Berufsbedingte Krankheiten, die nicht als Berufskrankheit anerkannt werden, fallen unter den Versicherungsschutz der Krankenversicherung.
Die berufliche Tätigkeit eines Arbeitnehmers steht unter dem Schutz der **Unfallversicherung**. Die großen Risiken des Lebens, Arbeitslosigkeit, Krankheit, Pflegebedürftigkeit, Alter werden durch die verschiedenen Zweige der Sozialversicherung abgedeckt (Arbeitslosenversicherung, Krankenversicherung, Rentenversicherung). Das Risiko durch die berufliche Tätigkeit zu erkranken wird durch die gesetzliche Unfallversicherung abgedeckt. Hier trägt der Arbeitgeber die Beiträge zur Unfallversicherung (Berufsgenossenschaft) allein. Der Grund dafür liegt in der Freistellung von der Arbeitgeberhaftung durch die Unfallversicherung. Jeder Arbeitgeber in Deutschland ist in einer Berufsgenossenschaft versichert, wenn er Beschäftigte hat.
Hat ein Arbeitgeber Anhaltspunkte für das Vorliegen einer Berufskrankheit bei einem Versicherten, hat er diese dem Unfallversicherungsträger anzuzeigen (§ 193 Abs. 2 SGB VII). Die Anzeige ist innerhalb von drei Tagen zu erstatten, nachdem der Unternehmer davon Kenntnis erlangt hat. Die Anzeige erfolgt durch Ausfüllen vorgeschriebener Formulare. Die MAV unterzeichnet die Anzeige mit (§ 193 Abs. 5 Satz 1 SGB VII). Sie erhält eine Durchschrift der Anzeige (§ 89 Abs. 5 BetrVG).
Der Arbeitgeber muss die Betriebsärztin und die Sicherheitsfachkraft über jede Berufskrankheitenanzeige unterrichten (§ 193 Abs. 5 Satz 2 SGB VII).
Hat eine Ärztin (oder auch Zahnärztin) den begründeten Verdacht, dass bei einer erkrankten Person eine Berufskrankheit vorliegt, hat sie dies dem zuständigen Träger der Unfallversicherung (z. B. Berufsgenossenschaft) oder der für den medizinischen Arbeitsschutz zuständigen Stelle (z. B. Gewerbeärztin) unverzüglich anzuzeigen (s. § 202 SGB VII). Die Ärztin hat die versicherte Person über den Inhalt der Anzeige zu unterrichten.
Versicherte oder Hinterbliebene können dem Unfallversicherungsträger auch selbst Erkrankungen als Berufskrankheit melden. Und sie können den Arbeitgeber veranlassen, eine entsprechende Anzeige zu erstatten.
Die für den medizinischen Arbeitsschutz zuständigen Stellen (z. B. Gewerbeärztin) wirken bei der Feststellung von Berufskrankheiten und von Krankheiten,

die nach § 9 Abs. 2 SGB VII wie Berufskrankheiten anzuerkennen sind, mit (§ 4 Berufskrankheitenverordnung).

Bedeutung für die MAV

Die Verhinderung der Entstehung von Berufskrankheiten gehört zu den Aufgaben der MAV. Denn sie hat u. a. die Aufgabe, Maßnahmen des Arbeits- und Gesundheitsschutzes zu fördern (§ 35 Abs. 3 Buchst. i MVG). Weiterhin hat die MAV mitzubestimmen bei der Bestellung und Abberufung von Vertrauens- und Betriebsärzten und von Fachkräften für Arbeitssicherheit (§ 40 Buchst. a MVG), ebenso bei Maßnahmen zur Verhütung von Unfällen und gesundheitlichen Gefahren (§ 40 Buchst. b MVG). Auch die Mitbestimmung bei Grundsätzen der Arbeitsplatzgestaltung (Art. 40 Buchst. g MVG) beinhaltet Aspekte der Vermeidung von Berufskrankheiten. Das gilt aus unserer Sicht auch für die Festlegung und Änderung von Arbeitszeitregelungen (§ 40 Buchst. d MVG). Im Rahmen des Initiativrechts (§ 47 Abs. 1 MVG) kann die MAV auch von sich aus Vorschläge machen, um den Gesundheitsschutz im Betrieb positiv zu beeinflussen.
Bei einem evtl. Widerspruchsverfahren als auch im Klageverfahren kann die MAV die betroffene Person unterstützen. Denn die Aufklärung des zugrunde liegenden Sachverhalts ist von entscheidender Bedeutung, wozu die MAV sicherlich beitragen kann. So kann die MAV wichtige Hilfestellung leisten, indem sie dabei unterstützt, möglichst genau festzustellen, welchen gesundheitsschädlichen Einwirkungen die Person im Lauf des Beschäftigungsverhältnisses ausgesetzt war (z. B. mit welchen gefährlichen Stoffen umgegangen wurde, ob in Lärmbereichen gearbeitet wurde usw.).
Die MAV kann Betroffene auch darauf aufmerksam machen, dass in ihrem Fall nicht nur Ansprüche gegen die **Berufsgenossenschaft** in Betracht kommen, sondern evtl. auch Schadensersatz- und Schmerzensgeldansprüche gegen den → **Arbeitgeber**. Hier sollte aber unbedingt eine Beratung durch Expertinnen erfolgen.

Bedeutung für die Beschäftigten

Bei Berufskrankheiten haben Beschäftigte Ansprüche gegen die gesetzliche Unfallversicherung (s. §§ 26 ff. SGB VII). Sie sind im Einzelfall geltend zu machen, insbesondere über eine Anzeige auf Verdacht einer Berufskrankheit (erfolgt in

der Regel durch eine Ärztin, auch durch die Betriebsärztin, daneben auch durch den Arbeitgeber).
Liegt nach dem Bescheid des Unfallversicherungsträgers eine Berufskrankheit vor, hat die Betroffene Anspruch auf Heilbehandlung, auf Leistungen zur beruflichen und sozialen Rehabilitation, Leistungen bei Pflegebedürftigkeit, auf Verletztengeld, Übergangsgeld, evtl. auch auf Renten und evtl. Leistungen an Hinterbliebene.
Sind Beschäftigte mit einem Bescheid eines Trägers der gesetzlichen Unfallversicherung nicht einverstanden, etwa die Ablehnung einer Krankheit als Berufskrankheit, so können sie in einem **Widerspruchsverfahren** Einspruch gegen die Entscheidung erheben. Über den Widerspruch entscheidet ein **Widerspruchsausschuss**, der paritätisch aus Vertretern der Arbeitgeber- und Arbeitnehmerseite zusammengesetzt ist. Dies ist eine wesentliche Aufgabe der sog. Selbstverwaltung der gesetzlichen Unfallversicherung.
Erst wenn der Widerspruchsausschuss den Widerspruch der versicherten Person abgelehnt hat, ist das Verfahren vor den Sozialgerichten eröffnet. Gewerkschaftlich organisierte Arbeitnehmer können dabei den gewerkschaftlichen Rechtsschutz in Anspruch nehmen.
Zum Schadensersatzrecht und zum Anspruch auf Schmerzensgeld siehe → **Haftung des Arbeitgebers.**

Literaturhinweis

- *Schieke, Heinz/Braunsteffer, Heike:* Kurzinformation über Arbeitsunfälle, Wegeunfälle, Berufskrankheiten, 20. Auflage, Berlin 2021.
- *Schoof, Christian:* Betriebsratspraxis von A bis Z. Das Lexikon für die betriebliche Interessenvertretung, 16. Auflage, Frankfurt 2024 (Stichwort: Arbeitsunfall).

Beschäftigungsverbot

Was ist das?

Bestimmte Personengruppen können aus unterschiedlichen Gründen Beschäftigungsverboten unterliegen. Dabei ist grundsätzlich zu unterscheiden zwischen Beschäftigungsverboten zum Schutz der Arbeitnehmer selbst und solchen, die zum Schutz anderer Personen oder der Einrichtung bestehen oder verhängt werden können.

Beschäftigungsverbote gibt es in Form gesetzlicher Beschäftigungsverbote, also solche, die bei einem bestimmten Sachverhalt das Verbot bereits vorsehen und in Form behördlicher Verbote, d.h. das Verbot wird durch eine Behörde aufgrund einer gesetzlichen Regelung erst verhängt.

Zum Schutz schwangerer Frauen und Müttern kann es vorkommen, dass die Beschäftigung aus gesundheitlichen Gründen unterbleiben muss. § 3 → **Mutterschutzgesetz** (MuSchG) adressiert den Arbeitgeber deutlich und normiert Schutzfristen, innerhalb derer eine Beschäftigung unterbleiben muss. Weitere Beschäftigungsverbote finden sich z.B. in den §§ 4–6 MuSchG und in § 13 MuSchG, wonach der Arbeitgeber die schwangere oder stillende Frau nicht beschäftigen darf, wenn eine unverantwortbare Gefährdung weder durch Schutzmaßnahmen noch durch einen Arbeitsplatzwechsel ausgeschlossen werden kann.

Das **Jugendarbeitsschutzgesetz** (JArbSchG) sieht ein Beschäftigungsverbot von Kindern vor (§ 5 JArbSchG). In § 22 JArbSchG werden Beschäftigungsverbote für bestimmte gefährliche Arbeiten ausgesprochen, z.B. wenn außergewöhnliche Hitze, Kälte oder Nässe herrschen. § 23 JArbSchG verbietet Akkordarbeit und tempoabhängige Arbeiten für Jugendliche.

Das **Infektionsschutzgesetz** (IfSG) verbietet in § 42 IfSG die Beschäftigung von Personen mit bestimmten Erkrankungen oder Virusausscheidungen in der Lebensmittelherstellung bzw. -verarbeitung.

Der Gesetzgeber sieht auch für Menschen, die rechtlich als **Ausländer** einzuordnen sind, abhängig von Aufenthaltsstatus und Dauer des Aufenthalts Beschäftigungsverbote vor. Nach § 4a Aufenthaltsgesetz etwa dürfen Ausländer i. S. d. Gesetzes nur unter bestimmten Voraussetzungen beschäftigt werden.

Bedeutung für die MAV

Die MAV hat darauf zu achten, dass die arbeits-, sozial- und dienstrechtlichen Bestimmungen (§ 35 Abs. 2 Buchst. b MVG) eingehalten werden. Beruhen die Beschäftigungsverbote auf Gründen des Gesundheitsschutzes, hat die MAV sich dafür einzusetzen, dass diese Verbote beachtet werden und sollte unbedingt auf deren Durchsetzung drängen.
Berührungspunkte zu Beschäftigungsverboten bestehen auch bei der → **Mitbestimmung**, z. B. im Rahmen des § 40 Buchst. b MVG bei der → **Dienstplangestaltung**, etwa wenn für die stillende Frau Mehrarbeit entgegen § 4 MuSchG angeordnet wird. Gesetzliche Verbote unterliegen nicht der Mitbestimmung und können daher nicht im Rahmen des → **Initiativrechts** nach § 47 MVG vor der Einigungsstelle erzwungen werden, da es sich um zwingendes Recht handelt. Hält sich der Arbeitgeber nicht daran, kann der Verstoß auch der Meldestelle nach dem → **Hinweisgeberschutzgesetz** mitgeteilt werden.
Geht es um Arbeitsverbote im Rahmen von ausländer- und aufenthaltsrechtlichen Bestimmungen kann es Berührungspunkte im Zusammenhang mit personellen Einzelmaßnahmen geben, nämlich weil die Arbeitserlaubnis wegfällt und der Arbeitgeber dann eine Kündigung beabsichtigt. Nach § 35 Abs. 3 Buchst. h MVG soll die MAV die Integration ausländischer Mitarbeiter fördern.

Bedeutung für die Beschäftigten

Die Bedeutung von Beschäftigungsverboten aus Gründen des Gesundheitsschutzes liegt auf der Hand. Das Verbot richtet sich an den Arbeitgeber, damit ist der Schutz stärker als in den Fällen, in denen es Beschäftigten lediglich möglich ist, sich auf eine Leistungsverweigerung zu berufen. Verstöße sind bußgeldbewehrt oder sogar strafrechtlich relevant.
Verbote aus dem Infektionsschutzgesetz dienen dem Gesundheitsschutz allgemein und somit auch dem betroffenen Mitarbeiter der Einrichtung.
Im ausländer- und aufenthaltsrechtlichen Bereich hat ein Beschäftigungsverbot massive Folgen, weil die wirtschaftliche Existenzgrundlage insgesamt entzogen wird.

Beschäftigungszeit

Was ist das?

Die Beschäftigungszeit umfasst die bei demselben Arbeitgeber in einem Dienstverhältnis/Arbeitsverhältnis zurückgelegte Zeit, auch wenn sie unterbrochen worden ist, siehe AVR.DD (§ 11a Abs. 1), AVR-Bayern (§ 6), TVöD (§ 34 Abs. 3) TV-L (§ 34 Abs. 3).

Bedeutung für die MAV

Die MAV ist bei der Festsetzung der Beschäftigungszeit nicht zu beteiligen. Die MAV kann jedoch im Rahmen des → **Beschwerderechts** des Arbeitnehmers tätig werden.

Bedeutung für die Beschäftigten

Die Beschäftigungszeit hat u. a. Bedeutung bei folgenden Regelungen:

- Kündigungsfristen entsprechend der AVR (§ 30 Abs. 1), AVR-Bayern (§ 12 Abs. 2) und dem TVöD (§ 34 Abs. 1).
- Beginn des Sonderkündigungsschutzes (§ 30 Abs. 3 AVR.DD, § 13 Abs. 7 AVR-Bayern) und dem TVöD (§ 34 Abs. 2 TVöD).
- Jubiläumszuwendung (§ 25a AVR.DD) im Bereich der AVR.DD und in der Diakonie Bayern (§ 46 Abs. 1 AVR-Bayern). Im Bereich des TVöD erhalten die Beschäftigten ein Jubiläumsgeld, das sich nach der Beschäftigungszeit richtet (§ 23 Abs. 2 TVöD/§ 23 Abs. 2 TV-L).
- Krankengeldzuschuss im Bereich der AVR.DD (§ 24 Abs. 5 AVR.DD) und der AVR-Bayern (§ 44 Abs. 3). Im Bereich des TVöD richtet sich der Krankengeldzuschuss ebenfalls nach der Beschäftigungszeit (§ 22 Abs. 3 TVöD).

Sonderregelungen zum Krankengeldzuschuss finden sich noch in § 13 TVÜ-Bund, § 13 TVÜ-VKA und dem § 13 TVÜ-L.

Nicht als Beschäftigungszeiten zählen beim selben Arbeitgeber zurückgelegte Zeiten als Beamter, Auszubildender (a. A. Burger – Kommentar TVöD/TV-L Rn. 48 zu § 34 TVöD), Praktikant oder → **Bundesfreiwilligendienstler**. Eine **Erkrankung**, egal wie lange sie dauert, führt nicht zu einer Unterbrechung der Beschäftigungszeit.

AVR.DD: Die Beschäftigungszeit bei demselben Arbeitgeber kann auch unterbrochen sein, jedoch darf das Ausscheiden aus dem Arbeitsverhältnis nicht auf eigenen Wunsch oder durch eigenes Verschulden erfolgt sein. Unschädlich ist das Ausscheiden auf eigenen Wunsch, wenn das Ausscheiden aufgrund eines mit Sicherheit zu erwartenden Personalabbaus erfolgte, wegen Unfähigkeit zur Fortsetzung der Arbeit infolge einer Körperbeschädigung oder infolge der Arbeit erlittener Gesundheitsschädigung oder wenn die Nichtanrechnung der Beschäftigungszeit aus sonstigen Gründen eine unbillige Härte darstellen würde. Ausbildungszeiten in Berufen mit einem kirchlich-diakonischen Abschluss (z. B. Diakoniepfleger) werden als Beschäftigungszeit anerkannt (Anmerkung 2 zu § 11a AVR.DD).

Eine unbillige Härte kann dann angenommen werden, wenn der Beschäftigte aus einer gewissen Zwangslage heraus das Arbeitsverhältnis gelöst hat. Diese Zwangslage könnte im Einzelfall die Geburt eines Kindes sein, Schwangerschaft, Versetzung des Ehepartners, Eheschließung und spätere Wiedereinstellung wegen des Todes des Ehegatten oder Tod des Kindes.

Übernimmt ein diakonischer Arbeitgeber eine Einrichtung, die die AVR anwendet oder in der AVR-Regelungen angewandt wurden, so werden die dort zurückgelegten Zeiten als Beschäftigungszeit anerkannt (§ 11a Abs. 2 AVR.DD). Diese Regelung kann als rechtswidrig angesehen werden, soweit Beschäftigten, die aus anderen Rechtsbereichen übernommen werden, keine Beschäftigungszeiten anerkannt werden. Diese Beschäftigten werden ohne sachlichen Grund benachteiligt. Nach § 613a Abs. 1 BGB tritt der Arbeitgeber im Fall eines Betriebsübergangs in die zum Zeitpunkt des Betriebsübergangs bestehenden Arbeitsverträge ein. Die beim bisherigen Arbeitgeber verbrachte Beschäftigungszeit/Betriebszugehörigkeit muss der übernehmende Arbeitgeber als Betriebszugehörigkeit bzw. Beschäftigungszeit zu seinem Unternehmen/seiner Dienststelle anerkennen.

TVöD: Die Beschäftigungszeit im TVöD wurde neu gefasst. Beschäftigungszeit ist die Zeit, die bei **demselben** Arbeitgeber in einem Arbeitsverhältnis zurückgelegt wurde. Zeiten einer Unterbrechung, egal aus welchem Grund, sind unschädlich. Ausnahme: die Zeit eines Sonderurlaubs wird auf die Beschäftigungszeit nur angerechnet, wenn durch den Arbeitgeber vor dem Sonderurlaub ein dienstliches Interesse an der Beurlaubung anerkannt wurde.

Ein Arbeitgeberwechsel im Bereich des TVöD ist für die Beschäftigungszeit unschädlich, wenn der Wechsel von einem rechtlich-selbständigen Arbeitgeber zu anderen erfolgt, beide Arbeitgeber vom Geltungsbereich des TVöD erfasst werden oder es sich beim bisherigen Arbeitgeber um einen öffentlich-rechtlichen Arbeitgeber handelt. Ausnahme: Die Zeiten bei einem anderen Arbeitgeber des öffentlichen Dienstes werden bei den Kündigungsfristen nicht mitgezählt. Ein Wechsel zwischen zwei Arbeitgebern im Sinne des TVöD liegt nur dann vor, wenn zwischen den beiden Arbeitsverhältnissen keine andere Tätigkeit ausgeübt wurde. Unterbrechungen ohne die Ausübung einer Beschäftigung sind unschädlich (Achtung – strittig).

Beschwerderecht der MAV

Was ist das?

Nach § 48 MVG besitzen Mitarbeitervertretungen ein Beschwerderecht gegenüber den zuständigen Leitungs- und Aufsichtsorganen ihrer → **Dienststellenleitung**. Für MAVen der Verfassten Kirche innerhalb der EKD sind dies die Dekane, Kreisdekane oder Regionalbischöfe bzw. Landeskirchenamt und Landesbischof. Innerhalb dieser klar strukturierten Hierarchie besteht also durchaus die Möglichkeit, sich über seinen »Chef« bei dessen Vorgesetzten zu beschweren, wenn dazu Anlass besteht. Im Bereich der Diakonie ist die Beschwerdeinstanz allerdings nicht so leicht auszumachen (s. u. Bedeutung für die MAV).
Ein Anlass für eine Beschwerde besteht allgemein dann, wenn die Dienststellenleitung beharrlich und schwerwiegend gegen ihre Pflichten aus dem MVG verstößt.

Beispiele könnten sein:

- Die Dienststellenleitung weigert sich beharrlich, der Einladung zu einem Gespräch bzw. zu einer MAV-Sitzung Folge zu leisten.
- Die Dienststellenleitung stellt der MAV ständig keine oder keine ausreichenden Informationen für ihre Tätigkeit zur Verfügung.
- Die Dienststellenleitung missachtet beharrlich das Mitbestimmungsrecht der MAV bei Einstellungen und Eingruppierungen.
- Die Dienststellenleitung schränkt die Vereinigungsfreiheit in der Dienststelle ein.

Eine Beschwerde der MAV kommt auch in Frage bei beharrlicher Missachtung bestehender Gesetze, z. B. → **Arbeitsschutzgesetze** oder Gesetze zum Schutz bestimmter Beschäftigtengruppen wie Frauen, Schwangere oder Schwerbehinderte. Gleiches gilt, wenn rechtskräftig gewordene Beschlüsse der Kirchengerichte vor Ort nicht umgesetzt werden.
Ist die Beschwerde der MAV berechtigt, muss das zuständige Leitungs- und Aufsichtsorgan Abhilfe schaffen oder auf Abhilfe hinwirken. Die Handlungsver-

pflichtung ist also auf berechtigte Beschwerden beschränkt. Die Berechtigung beurteilt allerdings das Aufsichtsorgan. Insoweit handelt es sich eher um ein stumpfes Schwert, zumal zwischen den Personen der Dienststellenleitungen und den zur Entgegennahme der Beschwerde bestimmten Stellen ggf. eine gewisse Verbundenheit besteht, die eine objektive Betrachtung verhindert und Handlungsbereitschaft erschwert oder verhindert. Für die Wahrnehmung des Beschwerderechts durch die MAV spricht aber, dass die Pflichtverletzungen gegenüber den Aufsichts- und Leitungsgremien aktenkundig werden und sich diese nicht mehr auf Unkenntnis berufen können.

Als Reaktion auf die Beschwerde der MAV kommt insbesondere die Weisung oder die Ersatzvornahme (das vorgesetzte Organ handelt an Stelle des untergeordneten) in Betracht, soweit der Adressat der Beschwerde hierzu rechtlich in der Lage ist.

Insgesamt dürften jedoch die Erfolgsaussichten des Beschwerderechts der MAV eher begrenzt sein. Geldbußen oder gar Freiheitsstrafen wie das BetrVG sieht das MVG auch nicht vor. Erst bei der Novellierung des MVG zum 1.1.2014 wurde eine Regelung über ein **Ordnungsgeld** (§ 63a MVG) in das MVG aufgenommen. Die Möglichkeit, eine Geldbuße bis derzeit max. 10 000 Euro zu verhängen, kann allerdings nur ein Kirchengericht beschließen, wenn die Dienststellenleitung den Beschluss des Kirchengerichts nicht umsetzt.

Bedeutung für die MAV

MAVen müssen sich zuerst darüber im Klaren sein, wer das zuständige Leitungs- und Aufsichtsorgan ihrer → **Dienststellenleitung** ist. Innerhalb der Strukturen der Verfassten Kirche ist dies der jeweilige Vorgesetzte. Bei den rechtlich selbständigen Unternehmen der Diakonie oder Vereinen können das Aufsichts- oder Verwaltungsräte, aber auch Vorstände und Geschäftsführer sein.

In Vereinen ist aber auch die Mitgliederversammlung als Beschwerdeinstanz denkbar, darüber hinaus auch das gliedkirchliche Diakonische Werk, in dem die eigene Dienststelle Mitglied ist. Von dort ist jedoch als Sanktion höchstens eine Rüge oder der Ausschluss als Mitglied denkbar, eine in der Praxis sicherlich seltene Konsequenz.

In einer GmbH oder gGmbH ist das zuständige Aufsichtsorgan der Geschäftsführung die Gesellschafterversammlung oder ein Vorstand, für eine Stiftung ein evtl. Stiftungsrat, ein Kuratorium oder Beirat. Dies ist über die jeweilige Satzung zu klären (→ **Rechtsformen**).

Aus Beweisgründen ist zu empfehlen, die Beschwerde schriftlich einzulegen; grundsätzlich möglich sind aber auch mündliche Beschwerden.

Beschwerderecht des Arbeitnehmers

Bedeutung für die Beschäftigten

Anders als im BetrVG gibt es im MVG oder auch den AVR.DD für die Beschäftigten kaum festgelegte Regelungen im Umgang mit Beschwerden. Die Möglichkeit, sich zu beschweren, gehört zu den rechtsstaatlichen Grundsätzen (Art. 17 GG). Die Beschäftigten haben das Recht, bei der → **Dienststelle** (§ 35 Abs. 3 Buchst. c MVG) ihre persönlichen Anliegen vorzutragen. Weiterhin haben die Beschäftigten das Recht, wenn sie sich im Zusammenhang mit ihrem Beschäftigungsverhältnis vom Arbeitgeber, von Vorgesetzten, anderen Beschäftigten oder Dritten benachteiligt fühlen, zu beschweren (zu den besonderen Benachteiligungsgründen siehe § 1 AGG). Die Beschwerde ist zu prüfen und das Ergebnis dem beschwerdeführenden Beschäftigten mitzuteilen (§ 13 Abs. 1 AGG, → **Gleichbehandlung**).

Beschäftigte haben das Recht, sich mit Beschwerden, Anfragen und Anregungen an die MAV zu wenden (§ 35 Abs. 3 Buchst. c MVG). Der jeweilige Organisationsaufbau einer → **Dienststelle** kann zuständige Beschwerdestellen vorsehen.

Nimmt der Arbeitnehmer dieses Recht in zulässiger Weise wahr, darf er deswegen nicht benachteiligt werden (Maßregelungsverbot, § 612a BGB).

Beispiele für **Beschwerdegegenstände:**

- Arbeitsbelastung (→ **Überlastungsanzeige**),
- unerträgliches Führungsverhalten von Vorgesetzten,
- Verstöße gegen den Arbeits- und Gesundheitsschutz,
- schikanöses Verhalten und → **Mobbing** von Kollegen, Vorgesetzten und → **Dienststellenleitungen**,
- ausländerfeindliche Äußerungen und Betätigungen,
- Konflikte im Zusammenhang mit dem → **Mitarbeiterjahresgespräch**,
- ungerechtfertigte → **Abmahnung**,
- Streitigkeiten wegen Arbeitszeitgestaltung (→ **Dienstplan**)
- Ungleichbehandlung.

Der Beschäftigte ist berechtigt, seine persönlichen Anliegen (also auch Beschwerden) der → **Dienststellenleitung** selbst vorzutragen (§ 35 Abs. 2 MVG);

zur Unterstützung oder Vermittlung kann ein Mitglied der MAV hinzugezogen werden. Die → **Dienststellenleitung** hat eine Entscheidung darüber zu treffen, wie sie mit der Beschwerde umgeht; diese Entscheidung ist dem Beschwerdeführer mitzuteilen. Ferner hat der Beschäftigte das Recht, sich über Angelegenheiten, die ihn betreffen oder mittelbar beeinträchtigen (bei Verletzungen von Schutzgesetzen), bei der MAV zu beschweren (vgl. § 35 Abs. 2 MVG) oder bei einer anderen zuständigen Stelle in der → **Dienststelle**.
Ergibt sich aus einer Beschwerde ein Personalgespräch, so ist der Beschäftigte berechtigt, ein Mitglied der MAV hinzuzuziehen (Art. 35 Abs. 5 MVG).
Nach dem MVG ist für die Beschwerde keine bestimmte Form vorgeschrieben, somit kann sie sowohl schriftlich als auch mündlich übermittelt werden. Gegenüber einer Anordnung des Arbeitgebers hat die Beschwerde keine aufschiebende Wirkung.
Sind mit der Beschwerde Rechtsansprüche gegenüber dem Arbeitgeber (z. B. aus dem Arbeitsvertrag) verbunden und weigert sich dieser, den Ansprüchen nachzukommen, kann der Beschäftigte Klage beim → **Arbeitsgericht** erheben oder – soweit vorhanden – die → **Schlichtung (individuell)** anrufen.
Anlaufstellen für Beschwerden können auch außerhalb der → **Dienststelle** liegen, sofern die innerbetriebliche Beschwerde erfolglos geblieben ist (z. B. Gewerbeaufsichtsamt, § 17 Abs. 2 ArbSchG). Hierdurch dürfen den Beschäftigten keine Nachteile entstehen.
Mit Inkrafttreten des → **Hinweisgeberschutzgesetzes** am 2. Juli 2023 besteht nunmehr auch die Möglichkeit, anonym Beschwerden bei einer internen Hinweisgeberstelle einzureichen. Mit dem Gesetz erfolgt die Umsetzung der Richtlinie (EU) 2019/1937 des Europäischen Parlaments und des Rates vom 23. Oktober 2019 zum Schutz von Personen, die Verstöße gegen das Unionsrecht melden (ABl. L 305 vom 26. 11. 2019, S. 17). Im Hinweisgeberschutzgesetz werden die Themengebiete geregelt, zu denen Hinweise gegeben werden können. Ebenso wird der Schutz der hinweisgebenden Personen geregelt und der Verfahrensablauf, wie mit Hinweisen umgegangen wird.

Bedeutung für die MAV

Die MAV hat an sie herangetragene Beschwerden anzunehmen und in einer → **Sitzung der MAV** daraufhin zu überprüfen, ob die Beschwerde berechtigt erscheint. Ist dies der Fall, ist bei der Dienststellenleitung auf Abhilfe hinzuwirken (§ 35 Abs. 3 Buchst. c MVG). Die Praxis hat gezeigt, dass es in aller Regel notwendig ist, sich beim Beschwerdeführer nochmals rückzuversichern, ob die MAV tatsächlich tätig werden soll. Evtl. soll sich die MAV die Befugnis, tätig werden zu können, schriftlich geben lassen (manchmal erinnern sich Beschäftigte nicht mehr an den Auftrag, wenn es »ernst« wird). Erörtert die MAV eine Beschwerde, hat der Beschwerdeführer das Recht, im Rahmen einer MAV-Sitzung angehört zu werden (§ 35 Abs. 4 MVG). Nach der Anhörung kann die MAV eine Entscheidung fällen, über die der Beschwerdeführer zu informieren ist.

Beschwerden sind Ausdruck von zumeist persönlichen Konflikten, die häufig strukturelle Ursachen haben. Werden diese nicht offensiv bearbeitet, wird über kurz oder lang das Betriebsklima Schaden nehmen. Sich wiederholende Beschwerden zum gleichen Thema können auch die Grundlage für die Anwendung des → **Initiativrechts** der MAV sein. Die MAV sollte Maßnahmen – in Form des Abschlusses einer → **Dienstvereinbarung** – anregen (§ 35 Abs. 3 Buchst. a MVG), die den verbindlichen Umgang mit Beschwerden von Beschäftigten regelt. Eine Dienstvereinbarung kann allerdings das Recht der Beschäftigten, sich mit Beschwerden, Anregungen und Anfragen an jedes Mitglied der MAV zu wenden, nicht einschränken. Bei Streitigkeiten über den Abschluss von Dienstvereinbarungen kann das Kirchengericht angerufen werden. Das Kirchengericht kann jedoch in einem solchen Fall lediglich einen Vermittlungsvorschlag unterbreiten (§ 60 Abs. 3 MVG).

Eckpunkte für eine → **Dienstvereinbarung** zum Beschwerdeverfahren (vgl. Ohm, AiB 2000, 659) könnten sein:

- Festlegung der innerbetrieblichen Stelle, die Beschwerden entgegennimmt (z. B. MAV, Beschwerdestelle);
- Formvorschrift für die Erhebung der Beschwerde (mündlich oder schriftlich, Frist);
- Ablauf des Beschwerdeverfahrens (Verlauf des Beschwerdeverfahrens, Bearbeitungs- und Informationsfristen);
- Einrichtung einer Beschwerdestelle (Besetzung, Verfahren, Verschwiegenheitspflicht, Informationsrechte, Entscheidungsfindung);
- Bedeutung der Entscheidung der Beschwerdestelle (z. B. Arbeitgeber und MAV sind an die Entscheidung gebunden);
- Information des Beschwerdeführers (schriftlich oder mündlich, Umfang, Frist, Begründungspflicht).

Im Rahmen des Hinweisgeberschutzgesetzes bzw. bei der Bildung von Hinweisgeberstellen sollte die MAV die Beschäftigten über die Möglichkeiten dieses Gesetzes informieren, etwa in einer → **Mitarbeiterversammlung**.

Beteiligungsrechte der MAV

Was ist das?

Nach dem MVG besitzen die Mitarbeitervertretungen unterschiedlich weit reichende Beteiligungsrechte. Bei all diesen Beteiligungsrechten geht es um geplante Maßnahmen der → **Dienststellenleitung**, die die Beschäftigten direkt oder indirekt betreffen.

Die am weitesten gehende Form der Beteiligung besteht für die MAV in der (uneingeschränkten oder vollen) → **Mitbestimmung**. Dagegen lässt die eingeschränkte Mitbestimmung die Ablehnung geplanter Maßnahmen nur unter bestimmten Bedingungen zu. Noch reduzierter ist die → **Mitberatung** der MAV, sie beschränkt die Beteiligung der MAV auf ein bloßes »Mitreden« oder »gehört werden«.

Voraussetzung zur Wahrnehmung der Beteiligungsrechte ist die **Information** der MAV. Das → **Initiativrecht** gibt MAVen zusätzlich die Möglichkeit, Vorschläge in allen Bereichen zu machen, die der Mitbestimmung oder Mitberatung unterliegen.

Mit der Novellierung 2019 wurde in das MVG ab dem Jahr 2020 eine verbindliche → **Einigungsstelle** eingefügt, die auf Antrag einer Seite für den Betrieb eingerichtet wird. Die Einigungsstelle entscheidet in Konflikten mit der Dienststellenleitung über alle Regelungsstreitigkeiten nach § 40 MAV (organisatorische und soziale Angelegenheiten) – die Anrufung des Kirchengerichts in Regelungsstreitigkeiten nach § 40 MVG ist ausdrücklich ausgeschlossen. Insoweit besteht mit der Einigungsstelle ein weitergehendes Beteiligungsrecht der MAV (§ 36a Abs. 1 MVG) und vor allem eine grundsätzlich offene Instanz zur Konfliktlösung. Bei Streitigkeiten über Initiativen der MAV ist die Einigungsstelle – jedenfalls nach dem Wortlaut des MVG – nur befugt, einen Vermittlungsvorschlag abzugeben (§ 47 Abs. 3 MVG). Dagegen vertreten offenbar der Kirchengerichtshof und dessen Richterinnen die Auffassung, dass im Fall der Nichtannahme des Vermittlungsvorschlags die Einigungsstelle endgültig entscheidet (Joussen u. a. 2. Aufl. 2023, § 47 Rz. 3, 31 und § 38 Rz. 134; so auch bereits Nause in ZMV 2019, S. 174).

> **Wichtig:**
> Bei allen Maßnahmen der Dienststellenleitung, für die ein Mitbestimmungs- oder Mitberatungsrecht besteht, hat die Nichtbeteiligung der MAV die Unwirksamkeit der Maßnahme (§ 38 Abs. 1 und § 45 Abs. 2 MVG) zur Folge. Für Beschäftigte hat dies z.B. zur Folge, dass sie einer nicht mitbestimmten Weisung des Arbeitgebers nicht Folge leisten müssen, etwa bei der Änderung von Arbeitszeiten im Betrieb.

Wenn die Dienststellenleitung die MAV bei einer mitbestimmungs- oder mitberatungspflichtigen Maßnahme nicht beteiligt, hat die MAV einen vor den Kirchengerichten (→ **Rechtsschutz**) durchsetzbaren **Unterlassungsanspruch, ggf. einen Anspruch auf Erlass einer einstweiligen Verfügung.**

Im Einzelnen haben Mitarbeitervertretungen folgende Beteiligungsrechte:

1. Das → **Informationsrecht** der MAV stellt die Grundlage für die Beteiligung in allen Fragen des Dienstbetriebs dar (§ 34 MVG). Danach ist die MAV zur Durchführung ihrer Aufgaben rechtzeitig (so frühzeitig, dass noch Einfluss auf die endgültige Entscheidung genommen werden kann) und umfassend (vollständig und verständlich) zu unterrichten. Ohne die Pflicht der Dienststellenleitung zur Information laufen alle Beteiligungsrechte der MAV ins Leere.
2. Die (uneingeschränkte oder volle) → **Mitbestimmung** ist das stärkste Beteiligungsrecht der MAV (§ 38 MVG). Alle Maßnahmen, die der Mitbestimmung unterliegen, können von der MAV ohne besondere Bedingungen, jedoch aus sachlichen Erwägungen und mit schriftlicher Begründung, abgelehnt werden. Die Fälle der Mitbestimmung sind in §§ 39, 40 MVG genannt. Dort geht es um allgemeine personelle bzw. um organisatorische und soziale Angelegenheiten. Für die in § 40 genannten Fälle besteht seit 2020 bei Regelungsstreitigkeiten für beide Seiten die Möglichkeit, eine (betriebliche) Einigungsstelle zu bilden (§ 36a Abs. 1 MVG).
3. Die eingeschränkte → **Mitbestimmung** schränkt die Ablehnung von Maßnahmen durch die MAV auf einen Kriterienkatalog ein (§ 41 MVG). Danach gelten als Ablehnungsgründe lediglich:
   - die geplante Maßnahme verstößt gegen eine bindende rechtliche Bestimmung (Gesetze usw.),
   - es besteht die durch Tatsachen begründete Besorgnis, dass eine Beschäftigte durch die Maßnahme ungerechtfertigt benachteiligt oder bevorzugt wird,
   - es besteht die durch Tatsachen begründete Besorgnis, dass durch eine → **Einstellung** der Betriebsfrieden gestört wird.

Die Fälle der eingeschränkten Mitbestimmung sind in §§ 42, 43 MVG genannt. Dort geht es um sog. personelle Einzelmaßnahmen.

1. Die → **Mitberatung** ist das schwächste Beteiligungsrecht der MAV (§ 45 MVG). In den Fällen der Mitberatung hat die Dienststellenleitung die MAV lediglich zu hören bzw. um ihre Meinung zu bitten. Die MAV kann eine → Erörterung des Sachverhalts und ihrer evtl. Einwände verlangen. Die Dienststellenleitung kann eine Maßnahme jedoch auch dann durchführen, wenn die MAV ihr widerspricht. In diesem Fall muss sie die abweichende Entscheidung gegenüber der MAV schriftlich begründen. Die Fälle der Mitberatung sind in § 46 MVG genannt.
   Der Mitberatung unterliegen zum Teil wesentliche innerbetriebliche Informationen und unternehmerische Entscheidungen, etwa über Grundsätze für die Bemessung des Personalbedarfs, die Vergabe von Arbeitsbereichen an Dritte, die Auflösung oder Einschränkung der Dienststelle oder außerordentliche Kündigungen.
2. Das → **Initiativrecht** der MAV nach § 47 MVG bezieht sich auf alle Tatbestände, die der (uneingeschränkten) → **Mitbestimmung**, der eingeschränkten Mitbestimmung oder der → **Mitberatung** unterliegen. Die MAV kann über solche Initiativen zu etwa 40 Themen und innerbetrieblichen Angelegenheiten schriftliche Vorschläge unterbreiten, deren Ablehnung durch die Dienststellenleitung einer schriftlichen Begründung bedarf. Außerdem kann die MAV die Erörterung ihres Vorschlags verlangen.

Nach § 36a MVG in der Fassung ab 2020 ist auf Antrag der MAV oder der Dienststellenleitung eine → **Einigungsstelle** zu bilden. Die Einigungsstelle ist zuständig für Regelungsstreitigkeiten zwischen Dienststellenleitung und MAV in organisatorischen und sozialen Angelegenheiten nach § 40 MVG. Der Spruch der Einigungsstelle ersetzt die fehlende Einigung zwischen Dienststellenleitung und MAV. Die Möglichkeiten der MAV, über eigene Initiativen gestalterisch tätig zu werden, sind über die Einigungsstelle wesentlich besser als allein über das Initiativrecht nach § 47 MVG. Denn nach Auffassung der Richterinnen des Kirchengerichtshofs entscheidet die Einigungsstelle endgültig über Initiativen der MAV, wenn der in einer ersten Runde vorgelegte Vermittlungsvorschlag nicht angenommen wird (s. Joussen u. a. 2. Aufl. 2023, § 47 Rz. 3, 31 und § 38 Rz. 134; so auch bereits Nause in ZMV 2019, S. 174).

Trotzdem besitzen die Mitbestimmungs- und Mitberatungsrechte von Mitarbeitervertretungen im Vergleich zu Betriebs- oder Personalräten eine geringere Reichweite. Die Autoren sprechen sich daher für eine Angleichung des MVG an das Betriebsverfassungsgesetz aus, besser: für die Ausweitung des Geltungsbereichs des Betriebsverfassungsgesetzes auch auf die Kirchen und ihre Wohlfahrtsverbände. Dazu müsste nur ein Absatz aus dem Betriebsverfassungsgesetz gestrichen werden (§ 118 Abs. 2 BetrVG).

Bedeutung für die MAV

Die abgestuften Beteiligungsrechte der MAV bilden den Kern des MVG. Sie wahrzunehmen macht die wesentlichen Aufgaben einer MAV aus. Daher ist es umso bedeutsamer für die MAV, Verletzungen der Beteiligungsrechte nicht hinzunehmen.

Weil die Verletzung von Beteiligungsrechten in kirchlichen und diakonischen Dienststellen nach unseren Erfahrungen zum Alltag gehören, sollten MAVen sich keinesfalls scheuen, bei Nichtbeteiligung das Kirchengericht (→ **Rechtsschutz**) anzurufen (s. Übersicht am Ende des Stichworts). Dies sollte erfolgen, wenn

- die Dienststellenleitung dem → **Informationsrecht** der MAV nicht rechtzeitig oder nicht vollständig nachkommt (§ 60 Abs. 1 MVG),
- das Verfahren der (uneingeschränkten) → **Mitbestimmung** nicht eingehalten wurde mit dem Ziel festzustellen, dass dieses Recht verletzt wurde und die Maßnahme unwirksam ist (§ 60 Abs. 1 i. V. m. Abs. 6 MVG),
- das Verfahren der eingeschränkten → **Mitbestimmung** nicht eingehalten wurde mit dem Ziel festzustellen, dass das Mitbestimmungsrecht verletzt wurde und die Maßnahme unwirksam ist (§ 60 Abs. 1 i. V. m. Abs. 5 MVG),
- die → **Mitberatung** der MAV nicht erfolgt ist mit dem Ziel festzustellen, dass die Mitberatung der MAV nicht erfolgt ist und daher die Maßnahme unwirksam ist (§ 60 Abs. 4 MVG),
- die Dienststellenleitung auf → **Initiativen** der MAV nicht innerhalb der Monatsfrist schriftlich Stellung genommen hat (§ 47 Abs. 2 MVG) oder wenn die Weigerung der Dienststellenleitung, den Vorschlag der MAV umzusetzen, rechtswidrig ist (§ 60 Abs. 7 MVG).

Da alle mitbestimmungspflichtigen Maßnahmen ohne Zustimmung der MAV nicht vollzogen werden dürfen, ist die → **Dienststellenleitung** ihrerseits gezwungen, das Kirchengericht anzurufen, wenn sie an der geplanten Maßnahme festhalten will (§ 38 Abs. 1 MVG). Der Antrag der Dienststellenleitung besteht dann in der Ersetzung der Zustimmung der MAV.

Auf die einzelnen Tatbestände, die dem → **Mitbestimmungs**- und → **Mitberatungsrecht** der MAV unterliegen, gehen wir unter den jeweiligen Stichwörtern ein.

In allen Streitfällen, die organisatorische und soziale Angelegenheiten nach § 40 MVG (z. B. zu Dienstplänen, Einführung von Software, Überwachungsmaßnahmen usw.) betreffen, besteht seit 2020 für die Mitarbeitervertretungen ausschließlich die Möglichkeit, die Bildung einer (betrieblichen) → **Einigungsstelle** zur Beilegung der Regelungsstreitigkeiten zu beantragen. Diese Möglichkeit dürfte für Mitarbeitervertretungen häufig erfolgversprechender erscheinen als früher der Gang zum Kirchengericht. Denn dort wurde vor allem entschieden, welche Seite im Streitfall Recht hat(te). Dagegen besitzen MAVen eher Gestaltungsmöglichkeiten im Betrieb, wenn sie die Einigungsstelle nutzen.

Säulen und Fundament der Mitbeteiligung

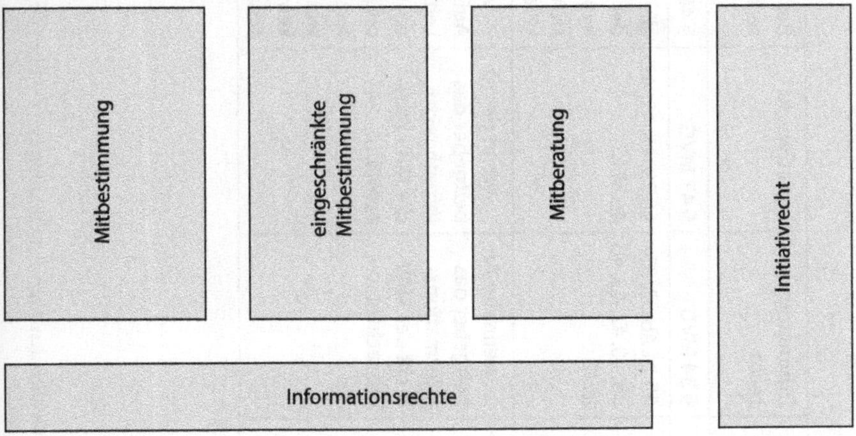

Bedeutung für die Beschäftigten

Beschäftigte sind von den Beteiligungsrechten der MAV nur mittelbar betroffen, nämlich wenn es um die Mitbestimmung oder Mitberatung von personellen Einzelmaßnahmen bzw. um die Personalplanung geht. Im Einzelfall ist es jedoch für Mitarbeiterinnen empfehlenswert, Kontakt mit der MAV aufzunehmen, wenn sie von einer geplanten Maßnahme betroffen sind, etwa bei einer Kündigung.

Übersicht: Beteiligungsrechte der MAV und ihre Durchsetzung

	uneingeschränkte Mitbestimmung	**eingeschränkte Mitbestimmung**	**Mitberatung**	**Informationsrecht**	**Initiativrecht**	**Beschwerderecht**
Verfahren	**§ 38 MVG**	**§§ 38, 41 MVG**	**§ 45 MVG**	**§ 34 MVG**	**§ 47 MVG**	**§ 48 MVG**
Tatbestände	§§ 39, 40 MVG[1]	§§ 42, 43 MVG	§ 46 MVG	§§ 34 Abs. 2, 35, 39, 40, 42, 43, 46 MVG	§§ 39, 40, 42, 43, 46 MVG	alle Pflichten der Dienststellenleitung, die sich aus dem MVG ergeben.
	… wenn der Arbeitgeber das Mitbestimmungsrecht missachtet …	**… wenn der Arbeitgeber das Mitbestimmungsrecht missachtet …**	**… wenn der Arbeitgeber das Mitberatungsrecht der MAV missachtet …**	**… wenn der Arbeitgeber das Informationsrecht der MAV missachtet …**	**… wenn der Arbeitgeber das Initiativrecht der MAV missachtet …**	**… wenn das Aufsichts- und Leitungsorgan die Beschwerde ungerechtfertigt zurückweist oder keine Abhilfe schafft …**

1 Wichtig: In allen Fällen nach § 40 MVG kann die MAV im Konfliktfall ausschließlich den Antrag auf Bildung einer → **Einigungsstelle** stellen. Deren Spruch ersetzt die Einigung zwischen MAV und Dienststellenleitung.

	uneingeschränkte Mitbestimmung	eingeschränkte Mitbestimmung	Mitberatung	Informationsrecht	Initiativrecht	Beschwerderecht
Verfahren	**§ 38 MVG**	**§§ 38, 41 MVG**	**§ 45 MVG**	**§ 34 MVG**	**§ 47 MVG**	**§ 48 MVG**
Anrufung des Kirchengerichts mit dem Antrag festzustellen …	… dass die durchgeführte mitbestimmungspflichtige Maßnahme unwirksam ist. (§ 60 Abs. 1 MVG)	… dass die durchgeführte mitbestimmungspflichtige Maßnahme unwirksam ist. (§ 60 Abs. 1 MVG)	… dass die durchgeführte mitberatungspflichtige Maßnahme unwirksam ist. (§ 60 Abs. 4 i.V.m. § 45 Abs. 2 MVG)	… dass die Informationsrechte der MAV verletzt wurden (z.B. nicht umfassend, nicht rechtzeitig, keine Unterlagen ausgehändigt). (§ 60 Abs. 1)	… dass die Weigerung der Dienststellenleitung, eine Maßnahme umzusetzen, rechtswidrig ist. (§ 60 Abs. 7 i.V.m. § 47 Abs. 2 MVG)	… dass das Leitungsorgan seine Pflicht nach § 48 Abs. 2 MVG verletzt. (§ 60 Abs. 1 MVG)
Frist	2 Monate nach Kenntnis	2 Monate nach Kenntnis	2 Wochen nach Kenntnis, spätestens 6 Monate nach Durchführung	2 Monate nach Kenntnis	2 Wochen nach Abschluss der Erörterung bzw. nach Kenntnis der Ablehnung	2 Monate nach Kenntnis

Der kirchengerichtliche Beschluss ist verbindlich (§ 60 Abs. 8 MVG).

Betriebliche Altersversorgung, Zusatzversorgung

Was ist das?

Die zusätzliche Alters- und Hinterbliebenenversorgung ist die »Betriebsrente« der Beschäftigten in Kirche und Diakonie. Sie ist ähnlich der Zusatzversorgung im Öffentlichen Dienst (ÖD) geregelt.[1] Kirchliche Zusatzversorgungskassen (KZVK[2]) ziehen Umlagen der Arbeitgeber ein und zahlen Zusatzrenten an Berechtigte aus. Arbeitsrechtliche Grundlage ist § 27 → **AVR.DD**, § 48 AVR-Bayern, § 25 TVöD bzw. TV-L. Die Anmeldung der Beschäftigten bei der KZVK ist Teil der → **Fürsorgepflicht** des Arbeitgebers.
Im kirchlichen wie im Öffentlichen Dienst erfolgte bereits in den Jahren 2001 und 2002 eine grundsätzliche Neu- und Umgestaltung der Zusatzversorgung zu einem **Betriebsrentenmodell**. Der Tarifvertrag Altersversorgung (ATV) vom 1.3.2002 für den Öffentlichen Dienst wurde nachfolgend von allen kirchlichen Bereichen inhaltsgleich übernommen und in Satzungsrecht der Kirchlichen Zusatzversorgungskassen gegossen.
Die wesentlichen Eckpunkte der Betriebsrente nach dem Punktemodell sind:

1. Die Neuregelung erfolgte rückwirkend zum 1.1.2002. Zu diesem Zeitpunkt wurde das alte System der Zusatzversorgung geschlossen und in ein neues »Punktemodell« übertragen. Die Leistungen der Zusatzversorgungskassen richten sich seitdem nicht mehr nach einer beamtenähnlichen Gesamtversorgung, sondern die Arbeitnehmer erwerben – ähnlich wie in der gesetzlichen Rentenversicherung – durch jede monatliche Beitragszahlung eine Anzahl von Punkten, deren Summe am Ende des Erwerbslebens über die Höhe der Betriebsrente entscheidet.
2. Im Punktemodell werden Leistungen zugesagt, die sich ergeben, wenn 4 % des Einkommens in ein kapitalgedecktes System eingezahlt und mit 3,25 % verzinst werden. Ab dem Zeitpunkt der Auszahlung wird der angesparte Be-

1 Die Autoren hoffen, das bleibt auch so.

2 Die KZVK Darmstadt hat sich im Jahr 2010 umbenannt in EZVK = Evangelische Zusatzversorgungskasse. Wir behalten hier die bekanntere Abkürzung »KZVK« bei.

trag mit 5,25 % verzinst (»Garantieleistung«). Kann die Zusatzversorgungskasse höhere Zinsen erwirtschaften, wird der Überschuss auf die einzelnen Versicherten entsprechend der Höhe der angesparten Beiträge verteilt (»Bonusleistung« über »Bonuspunkte«).
Im Ergebnis wird dabei jedem Jahresverdienst ein altersabhängiger Rentenbaustein für jeden Monat zugeordnet. Diese altersabhängige Staffelung des Punktewerts (s. Punktetabelle) bedeutet z. B. im Lebensalter 35 bei einem Verdienst von 30 000 Euro einen festen (Betriebs-)Rentenbaustein von 17 Euro, im Alter 45 bei gleichem Verdienst in Höhe von 13 Euro. In jüngeren Jahren sind diese zugeordneten Beträge deshalb höher, weil sie über einen längeren Zeitraum verzinst werden. Die erworbenen Rentenbausteine werden entsprechend der Kapitalentwicklung angepasst, bei Eintritt der Rente zusammengerechnet und als monatliche Betriebsrente ausgezahlt. Diese Zusatzrente wird dann neben der gesetzlichen Rente gezahlt und jeweils zum 1. Juli eines jeden Jahres um 1 % erhöht.

3. Die monatliche Betriebsrente errechnet sich aus der Formel:
   Summe der Versorgungspunkte × Messbetrag (= 4 Euro) = monatliche Rente.
   (Der Messbetrag beträgt 0,4 % des Referenzentgelts von 1000 Euro.)
   Die Versorgungspunkte für ein Jahr errechnen sich aus der Formel:
   1/12 Jahresentgelt: Referenzentgelt (= 1000 Euro) × Altersfaktor = Versorgungspunkte.

Beispiel 1 (2500 Euro/Monat bei Lebensalter 45):
2500 Euro: 1000 Euro × Altersfaktor 1,3 = 3,25 Versorgungspunkte.
Das ergibt für dieses Jahr eine monatliche Betriebsrente in Höhe von 13 Euro (3,25 × 4 Euro).

Beispiel 2 (2000 Euro/Monat bei Lebensalter 30):
2000 Euro: 1000 Euro × Altersfaktor 2 = 4 Versorgungspunkte.
Das ergibt für dieses Jahr eine monatliche Betriebsrente in Höhe von 16 Euro (4 × 4 Euro).

Punktetabelle nach dem Punktemodell

Lebens-alter	Alters-faktor	Renten-baustein*	Lebens-alter	Alters-faktor	Renten-baustein*
17	3,1	10,33	41	1,5	5,00
18	3	10,00	42	1,4	4,67
19	2,9	9,67	43	1,4	4,67
20	2,8	9,33	44	1,3	4,33
21	2,7	9,00	45	1,3	4,33
22	2,6	8,67	46	1,3	4,33
23	2,5	8,33	47	1,2	4,00
24	2,4	8,00	48	1,2	4,00
25	2,4	8,00	49	1,2	4,00
26	2,3	7,67	50	1,1	3,67
27	2,2	7,33	51	1,1	3,67
28	2,2	7,33	52	1,1	3,67
29	2,1	7,00	53	1	3,33
30	2	6,67	54	1	3,33
31	2	6,67	55	1	3,33
32	1,9	6,33	56	1	3,33
33	1,9	6,33	57	0,9	3,00
34	1,8	6,00	58	0,9	3,00
35	1,7	5,67	59	0,9	3,00
36	1,7	5,67	60	0,9	3,00
37	1,6	5,33	61	0,9	3,00
38	1,6	5,33	62	0,8	2,67
39	1,6	5,33	63	0,8	2,67
40	1,5	5,00	64 und älter	0,8	2,67

* Aufgeführt ist der jährlich erworbene Rentenbaustein in Euro pro 10 000 Euro.

Nach der großen Finanzkrise des Jahres 2009 zeigte sich, dass die Annahmen für die Verzinsung der Einlagen bei den Zusatzversorgungskassen nicht zu halten sind. Die Erwartungen wurden spätestens seit dem Jahr 2010 deutlich tiefer taxiert. Daher ist davon auszugehen, dass es weitere Änderungen geben wird bei den Garantieverzinsungen und insbesondere bei der Eigenbeteiligung der Beschäftigten an der Zusatzversorgung. So hatten die Gespräche zwischen der Gewerkschaft ver.di und den öffentlichen Arbeitgebern in den Jahren nach 2014 zur Folge, dass die Eigenbeteiligung im Länderbereich erhöht wurde. Als Begründung für die höhere Eigenbeteiligung wurde immer wieder die aktuelle Niedrigzinsphase angeführt.

4. Frühere Zusatzrenten wurden zum 31. 12. 2001 ermittelt, werden als Besitzstandsrenten weitergezahlt und jährlich zum 1. 7. um 1 % erhöht. Erhöhungen der gesetzlichen Rente haben auf die Höhe der neuen Betriebsrente keinen Einfluss mehr (wie bis zum Jahr 2001).
5. Bei der Berechnung der bis zum 31. 12. 2001 erworbenen Anwartschaften wurde zwischen **rentennahen Jahrgängen** (ab Lebensalter 55) und den **übrigen Versicherten** unterschieden. Für die rentennahen Jahrgänge orientierte sich die Besitzstandswahrung an der fiktiven Altersrente, die der Versicherte bei einem Rentenbeginn mit 63 Jahren erreicht hätte. Bei allen anderen Pflichtversicherten wurde der Besitzstand zum 31. 12. 2001 nach dem Betriebsrentengesetz (§ 18 BetrAVG) ermittelt. Danach werden in einem Näherungsverfahren für jedes Jahr der Betriebszugehörigkeit 2,25 % der sog. Voll-Leistung ermittelt. Voll-Leistung ist die Versorgungsrente, die sich ergeben würde, wenn der Versicherte den höchstmöglichen Versorgungssatz (91,75 %) erreicht hätte.

   Die Berechnungsweise für die rentenfernen Jahrgänge (bis Lebensalter 55 Jahre) hat der Bundesgerichtshof (BGH) am 14. 11. 2007 (IV ZR 74/06) verworfen und die Tarifvertragsparteien aufgefordert, erneut über die Verfassungsmäßigkeit der Berechnungsweise nachzudenken. Das Gericht monierte als Verstoß gegen Art. 3 Abs. 1 GG, dass die rentenfernen Jahrgänge pro Beschäftigungsjahr lediglich 2,25 % der Vollrente erwerben und als Startgutschrift erhalten. Bei dieser Höhe müssten Arbeitnehmer mit längeren Ausbildungs- und entsprechend kürzeren Beschäftigungszeiten überproportional höhere Abschläge hinnehmen. Darin liege die Ungleichbehandlung.

   Die Neuregelung durch die Tarifpartner hat dann am 30. Mai 2011 stattgefunden. Im Zentrum stand die Umsetzung der Vorgaben des Bundesgerichtshofs bezüglich der Berechnung der Startgutschriften für rentenferne Jahrgänge. Gewerkschaften und Arbeitgeber haben Verbesserungen bei den Startgutschriften rentenferner Beschäftigter mit langen Vorzeiten vereinbart, indem sie sich auf ein sog. Vergleichsmodell geeinigt haben. Die betroffenen Beschäftigten wurden dann im Rahmen der üblichen Jahresmitteilung darüber informiert, ob sich ihre Startgutschrift ab dem 1. Januar 2002 nachträglich verändert hat. Bei nicht wenigen Beschäftigten hat sich die Startgutschrift durch diese Einigung erhöht.

Am 9.3.2016 hat dann der Bundesgerichtshof (BGH v. 9.3.2016 – IV ZR 9/15 und IV ZR 168/15) die Einigung der Tarifparteien hinsichtlich der Startgutschriften für rentenferne Jahrgänge nachträglich für unwirksam erklärt. Daraufhin hat sich ver.di mit den öffentlichen Arbeitgebern auf ein Eckpunktepapier zur Neuberechnung geeinigt. Danach wird der Faktor im sog. Näherungsverfahren (s. o.) von 2,25 % in Abhängigkeit vom Alter auf bis zu 2,5 % pro Jahr angehoben. Außerdem gab es eine Einigung über die Anrechnung von Mutterschutzzeiten aus der Zeit vor 1. 1. 2002. Die Einigung bedeutet weitere Verbesserungen für die sog. rentenfernen Jahrgänge. Mittlerweile ist der entsprechende Änderungstarifvertrag abgeschlossen (veröffentlicht im Dez. 2017).

6. Die Finanzierung der Betriebsrente erfolgt (bei den meisten Zusatzversorgungskassen noch) ausschließlich durch Umlagen der Arbeitgeber. Der Umlagesatz beträgt (im kirchlichen Bereich in der Regel) zwischen 5 und 6 % des Entgelts und ist an die Zusatzversorgungseinrichtungen zu zahlen. Entgelt ist grundsätzlich der steuerpflichtige Arbeitslohn abzüglich vermögenswirksamer Leistungen und bestimmter Zulagen.
   Anfang der 20er Jahre war festzustellen, dass die Diskussion in vielen → **Arbeitsrechtlichen Kommissionen** zunimmt, ob Eigenbeteiligungen für die Arbeitnehmer in Kirche und Diakonie eingeführt oder gar erhöht werden. So lassen die meisten Satzungen der Zusatzversorgungskassen zu, dass Erhöhungen der Umlagesätze entweder durch die Arbeitnehmer übernommen werden oder die (Renten-)Leistungen entsprechend herabgesetzt werden. Die Eigenbeteiligung der Arbeitnehmer darf dabei bis zur Hälfte der Gesamtumlage betragen. Die → **AVR** der Diakonie Deutschland (AVR.DD) sieht in § 27a seit 1. 7. 2017 eine Eigenbeteiligung der Beschäftigten vor – in Höhe der Hälfte der Pflichtbeiträge, die 4,5 % des zusatzversorgungspflichtigen Entgelts übersteigen. Die Eigenbeteiligung ist auf max. 1 % begrenzt. Die Regelung hat eine Mindestlaufzeit bis 31. 12. 2024. In den AVR-Bayern gibt es aktuell (Mai 2020) (noch!) keine Eigenbeteiligung der Beschäftigten. Dies ist allerdings nur sicher bis Ende 2021! Zur Information: Im Zeitraum zwischen 2011 und 2019 haben sich bei der EZVK Darmstadt die Pflichtbeiträge der Arbeitgeber von 4,4 % auf 5,6 % des zusatzversorgungspflichtigen Entgelts erhöht.
7. Mit der Neuregelung der Betriebsrente wurde den Arbeitnehmern auch die Möglichkeit eingeräumt, auf freiwilliger Basis eine zusätzliche kapitalgedeckte Altersversorgung durch eigene Beiträge aufzubauen – sog. »Riester-Rente« oder → **Entgeltumwandlung**.
8. Die sog. Wartezeit beträgt wie vor der Neuregelung 60 Monate, d. h. nach fünf Jahren Beschäftigungszeit in Kirche und Diakonie erwirbt der Mitarbeiter eine unverfallbare Betriebsrente.

9. Die erworbenen Betriebsrentenansprüche sind überleitungsfähig auf den gesamten öffentlichen und kirchlichen Dienst.
10. Das Versicherungsverhältnis besteht nicht zwischen Arbeitnehmer und Zusatzversorgungseinrichtung, sondern mit dem Arbeitgeber. Beitragsschuldner ist also der Arbeitgeber. Die Beschäftigten selbst haben erst bei Eintritt des Versicherungsfalls oder beim Ausscheiden aus dem kirchlichen oder diakonischen Dienst eine unmittelbare Rechtsbeziehung zur KZVK. Insgesamt bestehen im öffentlichen und kirchlichen Dienst mehr als 20 Zusatzversorgungseinrichtungen. Zur evangelischen Kirche gehören vier Zusatzversorgungskassen.
11. → **Teilzeitbeschäftigte** erhalten wegen der entsprechend niedrigeren Umlage auch geringere Punktegutschriften.
12. → **Geringfügig Beschäftigte** sind seit 1.1.2003 nicht mehr aus der Zusatzversorgung ausgeschlossen.
13. Ansonsten besteht **Versicherungspflicht** (des Arbeitgebers) für Mitarbeiter, die das 17. Lebensjahr vollendet haben, die bis zur Vollendung des 65. Lebensjahres die Wartezeit von 60 Monaten vollenden können, die nicht nebenberuflich tätig sind, die nicht als Studenten versicherungsfrei sind und die nicht kurzfristig (bis 12 Monate) beschäftigt sind. Bei Verlängerung oder Fortsetzung des Arbeitsverhältnisses über 12 Monate hinaus wird der Mitarbeiter rückwirkend versichert. **Versicherungsfreiheit** besteht für ABM-Beschäftigte und Mitarbeiter in Fördermaßnahmen nach SGB XII (Sozialhilfe).
14. Neben den Betriebsrenten zahlen die Zusatzversorgungskassen auch Erwerbsminderungsrenten. Dann erhalten die Versicherten aus dem durchschnittlichen Entgelt der letzten drei Kalenderjahre zusätzliche Versorgungspunkte bis zur Vollendung des 60. Lebensjahres. Daneben werden entsprechende Betriebsrenten für Hinterbliebene gezahlt.
15. Für Zeiten der Kindererziehung werden monatlich 500 Euro als Entgelt unterstellt. Voraussetzung ist, dass das Arbeitsverhältnis ruht, wie z. B. in der → **Elternzeit**. Wird während der Elternzeit gearbeitet, gilt der entsprechende Verdienst.
16. Bei → **Altersteilzeit** werden Beiträge gutgeschrieben, wie sie sich ergeben hätten, wenn das ursprüngliche Arbeitsverhältnis zu 90 % weitergeführt worden wäre. Allerdings muss die Altersteilzeit vor dem 31.12.2009 begonnen haben. Das hat derzeit (2019) praktisch keine Bedeutung mehr.
17. Erhalten Versicherte eine Altersrente mit Abschlägen (0,3 % für jeden Monat des vorzeitigen Rentenbeginns; max. 18 %), wird auch die Betriebsrente nur mit entsprechenden Abschlägen gezahlt; allerdings sind die Abschläge bei der Betriebsrente auf max. 10,8 % begrenzt.
18. Für die Leistungen der Zusatzversorgungskassen müssen drei Voraussetzungen erfüllt sein: Erfüllung der Wartezeit (60 Umlagemonate), Eintritt des Ver-

sicherungsfalls (Bezug einer gesetzlichen Rente) und es muss ein schriftlicher Antrag gestellt werden.

19. Im Fall einer wirtschaftlichen → **Notlage** im Betrieb kann arbeitsrechtlich geregelt werden, dass der Arbeitgeber bis zur Dauer von drei Jahren vom Beitrag bis zur Hälfte nach unten abweichen kann. Das hätte dann eine entsprechende Absenkung der Zusatzrente zur Folge (§ 62 Abs. 5 Satzung der EZVK Darmstadt).

Bedeutung für die MAV-Arbeit

Die MAV hat die Aufgabe, die Beschäftigten über Bedingungen und Ansprüche aus der Zusatzversorgung zu informieren und sie bei Problemen zu unterstützen und zu beraten. Dabei ist klar, dass die MAV keine rechtsverbindlichen Auskünfte geben kann. Die Information kann zweckmäßigerweise in der MAV-Betriebszeitung oder bei einer → **Mitarbeiterversammlung** erfolgen, zu der auch ein Referent eingeladen werden kann, etwa ein kundiger Personalchef, ein Vertreter der für die Einrichtung zuständigen Zusatzversorgungskasse oder ein Experte der Gewerkschaft (ver.di).

Um als MAV-Mitglied fundiertes Wissen über die Zusatzversorgung zu erwerben, empfiehlt sich der Besuch einer Schulung zu diesem Thema. Solche Schulungen werden von der Gewerkschaft ver.di angeboten. Mindestens ein MAV-Mitglied sollte Experte in Sachen Betriebsrente sein.

Die jeweils zuständige Zusatzversorgungskasse überlässt Mitarbeitervertretungen auch Informationsbroschüren und Satzungen in der notwendigen Anzahl, um sie an interessierte Beschäftigte weiterzugeben.

Bedeutung für die Beschäftigten

Beschäftigte sollten sich unbedingt rechtzeitig vor dem geplanten Rentenbezug über Bedingungen und Ansprüche aus der Zusatzversorgung erkundigen. Die Beratung kann durch den Arbeitgeber (er hat Auskunftspflicht gegenüber den Beschäftigten), die zuständige Gewerkschaft oder durch die Zusatzversorgungseinrichtung selbst erfolgen. Die MAV kann hier nur eingeschränkt beraten, weil es sich bei der Betriebsrente um einen individualrechtlichen Anspruch der einzelnen Beschäftigten handelt.

Seit der Umstellung auf das Punktesystem informieren die Zusatzversorgungseinrichtungen die Beschäftigten jährlich mit einem persönlichen Anschreiben über ihren konkreten Punktestand und die sich daraus ergebenden Betriebsrentenansprüche.

Plant ein Beschäftigter, vorzeitig, also vor Erreichen seiner individuellen Altersgrenze, in Rente zu gehen (→ **Altersteilzeit**), so ist Beratung besonders dringend angesagt; denn ein früherer Rentenbeginn wirkt sich auch auf die Ansprüche aus der Zusatzversorgung aus.

Stirbt der Empfänger der Betriebsrente, haben die Hinterbliebenen Anspruch auf Hinterbliebenenrente; wenn noch keine Rente bezogen wird, muss außerdem die Wartezeit (60 Umlagemonate) erfüllt sein.

Bei Streitigkeiten oder Problemen vor Eintritt des Rentenbeginns ist übrigens der Arbeitgeber Ansprechpartner; erst nach dem Rentenbeginn haben Rentner und Zusatzversorgungskasse eine direkte Rechtsbeziehung.

Literaturhinweis

- *Brall, Natalie/Hoenig, Ragnar/Kerschbaumer, Judith:* Die Betriebsrente. Tipps für Betriebsräte und Beschäftigte zum Betriebsrentengesetz. Frankfurt/Main 2015 (vergriffen).
- *Fath, Ralf/Urbitsch, Christian:* Lexikon Altersversorgung 2025: Die Betriebsrente von A-Z, 21. Auflage, München 2025.
- *Lülsdorf, Detlef:* Betriebliche Altersversorgung. Grundlagen, Wirtschaftlichkeit und Haftung, Mitbestimmungsrechte. 2. Auflage, München 2022
- *Reinker, Torsten:* Die Zusatzversorgung des öffentlichen und kirchlichen Dienstes. In: ZMV 5/2010, S. 233–236; ZMV 6/2010, S. 290–294; ZMV 1/2011, S. 7–12; ZMV 2/2011, S. 62–65.

Betriebliches Eingliederungsmanagement

Was ist das?

Die Gesundheit der Arbeitnehmer ist ein hohes Gut. Im Rahmen seiner **Fürsorgepflicht** hat der Arbeitgeber alle Maßnahmen auszuschöpfen, damit der Arbeitsplatz eines Arbeitnehmers erhalten bleibt, wenn dessen Arbeitsleistung infolge von Krankheit eingeschränkt ist. § 167 SGB IX (bis 31.12.2017: § 84 Abs. 2 SGB IX) verpflichtet den Arbeitgeber, wenn Arbeitnehmer innerhalb eines Jahres länger als sechs Wochen ununterbrochen oder wiederholt arbeitsunfähig sind, zusammen mit der MAV (bei Schwerbehinderten zusätzlich mit der Schwerbehindertenvertretung) und mit Zustimmung des betroffenen Arbeitnehmers zur Klärung von Möglichkeiten, wie die Arbeitsunfähigkeit möglichst überwunden und mit welchen Leistungen oder Hilfen erneuter Arbeitsunfähigkeit vorgebeugt und der Arbeitsplatz erhalten werden kann. Ziel dieser Maßnahme/n ist es, einerseits den Arbeitnehmer vor weiteren Krankheitszeiten zu schützen, zum anderen beim Arbeitgeber finanzielle und betriebliche Folgen von Fehlzeiten zu reduzieren.
Das betriebliche Eingliederungsmanagement (BEM) umfasst alle Maßnahmen, die dazu dienen, den Beschäftigten mit gesundheitlichen Problemen oder Behinderungen an einem geeigneten Arbeitsplatz einzusetzen. Ziele sind somit die Überwindung und Vorbeugung erneuter Arbeitsunfähigkeiten, der Erhalt und die Förderung der Arbeitsfähigkeit und der Gesundheit sowie die Vermeidung von Behinderungen einschließlich chronischer Krankheiten. Auch wenn das BEM im SGB IX verortet ist, ist eine Schwerbehinderung oder Gleichstellung nicht erforderlich.
Das BAG hat das Ziel des BEM umschrieben als »Etablierung eines unverstellten, verlaufs- und ergebnisoffenen **Suchprozesses**«. (BAG, Urteil vom 10.12.2009 – 2 AZR 400/08, Rn. 20)
»Innerhalb dieses Suchprozesses sollen Möglichkeiten für eine Umgestaltung des Arbeitsplatzes oder eine Weiterbeschäftigung auf einem anderen – gegebenenfalls durch Umsetzungen frei zu machenden – Arbeitsplatz erkannt und entwickelt werden. Ergebnisoffen meint, dass ein BEM-Verfahren mit einem negativen oder

positiven Ergebnis enden kann. Endet der Suchprozess mit einem positiven Ergebnis, ist der Arbeitgeber oder die Arbeitgeberin grundsätzlich verpflichtet, die empfohlene Maßnahme umzusetzen.« (Katrin Kanzenbach: Das BEM zwischen Unternehmenskultur und Arbeitsrecht. In: DGUV Forum 6/2024, S. 8–13)

Bedeutung für die MAV

Die MAV ist per Gesetz – § 176 SGB IX – beim betrieblichen Eingliederungsmanagement zu beteiligen. Nachdem es sich i.d.R. nicht um Einzelfälle handelt – sechs Wochen Arbeitsunfähigkeit sind schnell beieinander – rentiert sich der Abschluss einer Dienstvereinbarung, die den Ablauf des betrieblichen Eingliederungsmanagements sowie den Arbeitnehmerdatenschutz regelt. Dabei ist darauf zu achten, dass alle Gespräche und Maßnahmen in einem geschützten, vertrauensvollen Rahmen stattfinden und die betroffene Person stets alle Entscheidungen über Maßnahmen und **Teilnehmerkreis** treffen kann. Vielfach wird das BEM von Arbeitgebern mit Krankenrückkehrgesprächen – mit dem Ziel einer Kündigung wegen Krankheit – »verwechselt«. Je nach Art und Umfang der Erkrankung oder der Behinderung können im Rahmen des BEM Gleichstellungsbeauftragte, Mitarbeiter von Krankenkassen, Rentenversicherungsträgern, Koordinierungsstellen für Mobbing/Sucht, Berufsgenossenschaften, der Agentur für Arbeit, des Arbeitsschutzes, des Integrationsamtes, Arbeitsmediziner, Rechtsanwälte oder der Betriebsarzt bzw. Vorgesetzte hinzugezogen werden.
Die MAV ist auch über § 40 Buchst. b MVG beim »Wie« des BEM, also bei der Frage, wie das BEM durchzuführen ist, in der vollen Mitbestimmung. Insbesondere über den Abschluss einer Dienstvereinbarung kann die MAV dafür Sorge tragen, dass ein standardisiertes BEM etabliert wird, mit dem seine Ziele auch erreicht werden können.
Mögliche Inhalte von Gesprächen sowie weitere Aktivitäten können sein: gemeinsame Situationsanalyse, Abgleich des Anforderungsprofils des Arbeitsplatzes mit der individuellen Leistungsfähigkeit, Erörterung möglicher Maßnahmen, Abklärung von möglichen Maßnahmen mit anderen Stellen oder Hinzuziehung von weiteren Partnern, sofern erforderlich.
Mitglieder der MAV können auch ein Seminar zum BEM-Verfahren besuchen, um sich entsprechend auf künftige BEM-Verfahren vorbereiten zu können (analog: LAG Berlin-Brandenburg, 16.1.2020 – 26 TaBV 865/19).

Bedeutung für die Beschäftigten

Jeder Beschäftigte, der länger als sechs Wochen am Stück oder in Abschnitten im Verlauf eines Jahres arbeitsunfähig war, hat einen Anspruch darauf, dass ihm der Arbeitgeber ein betriebliches Eingliederungsmanagement anbietet. Der Beschäftigte selbst kann sich entscheiden, ob er ein solches Angebot annimmt oder nicht. So ist z. B. bei einem glatten, komplikationslosen Beinbruch, auch wenn die Krankheitsphase länger als sechs Wochen dauern sollte, wohl kein BEM notwendig.

Einen einklagbaren Anspruch auf ein BEM-Verfahren hat der Arbeitnehmer nicht (BAG, 7.10.2021 – 9 AZR 571/20). Nur der Betriebs- oder Personalrat bzw. die MAV können die Einleitung und Durchführung vom Arbeitgeber verlangen.

Grundsätzlich kann der Arbeitgeber ein Arbeitsverhältnis wegen Krankheit kündigen. Er muss aber zuvor – in der Regel – ein betriebliches Eingliederungsmanagement (BEM) durchführen. In diesem Rahmen muss er dem Betroffenen klar mitteilen, was die Ziele des BEM sind. Und er muss die Rehabilitationsträger einbeziehen. Sonst ist das BEM fehlerhaft und die Kündigung unwirksam (LAG Hessen v. 13.8.2018 – 16 Sa 1466/17).

Ohne ein korrektes betriebliches Eingliederungsmanagement gibt es in der Regel keine Kündigung wegen Krankheit. Im BEM muss geprüft werden, ob es nicht mildere Mittel gegenüber der Kündigung geben könnte, um die Fehlzeiten zu verringern und den betroffenen Arbeitnehmer wieder arbeitsfähig zu machen. Eine krankheitsbedingte Kündigung ohne BEM verstößt damit i. d. R. gegen das Verhältnismäßigkeitsprinzip.

Erkrankt ein Arbeitnehmer nach einem BEM-Verfahren erneut länger, so kann der Arbeitgeber auch in diesem Fall nicht ohne weiteres kündigen. Das BAG hat entschieden (AZ.: 2 AZR 138/21), dass auch innerhalb eines Jahres ein zweites BEM-Verfahren durchzuführen ist, wenn der Arbeitnehmer erneut 6 Wochen Krankheitszeiten aufweist. Ziel des zweiten Verfahrens ist auch hier, eine Kündigung zu vermeiden. Ein milderes Mittel als die Kündigung ist das BEM-Verfahren.

Weiterhin kann in gegenseitigem Einvernehmen ein BEM-Verfahren abgebrochen werden. Der Arbeitgeber ist dabei allerdings verpflichtet, den Beschäftigten über das Verfahren aufzuklären, so dass er über die notwendigen Kenntnisse verfügt, um eine sachgerechte Entscheidung treffen zu können (LAG Düsseldorf, 17.5.2022 – 14 Sa 825/21). Die erforderliche Aufklärung muss in ihrer Darstellung über den Hinweis auf die gesetzliche Lage hinausgehen. Der Arbeitnehmer muss erkennen können, dass es um die Grundlagen seiner Weiterbeschäftigung geht, dass dazu ein ergebnisoffenes Verfahren durchgeführt wird, in das sich der Arbeitnehmer auch aktiv einbringen kann. Weiterhin ist ein Hinweis zur

Datenerhebung und -verwertung notwendig, um darstellen zu können, wie ein zielführendes BEM-Verfahren durchgeführt werden kann.
Zu den Mindestanforderungen an ein BEM-Verfahren gehört, dass der Arbeitnehmer bereits bei der **Einladung** darüber informiert wird, dass er mitbestimmen kann, wer an seinem BEM-Verfahren teilnimmt (LAG Nürnberg, 18.2.2020 – 7 Sa 124/19). Fehler beim Einleiten des BEM-Verfahrens werden wie ein nicht durchgeführtes BEM-Verfahren gewertet.

Literaturhinweis

- *Britschgi*, Sigrid: BEM – Betriebliches Eingliederungsmanagement. Rechtliche Grundlagen, 7. Auflage, Frankfurt 2025.
- *Habib, Edeltrud*: BEM – in kleinen und mittleren Betrieben. Praxisleitfaden und Beispielsfälle zum betrieblichen Eingliederungsmanagement, 3. Auflage, Frankfurt 2020.
- Broschüren zum betrieblichen Eingliederungsmanagement sind u. a. bei den gesetzlichen Krankenkassen erhältlich.
- *Romahn, Regine:* Betriebliches Eingliederungsmanagement, Betriebs- und Dienstvereinbarungen, Frankfurt 2010. (Download unter: *https://www.boeckler.de/fpdf/HBS-004842/p_mbf_bvd_betriebl_eingliederung.pdf*)

Betriebliche Übung

Was ist das?

Eine betriebliche Übung, auch **Gewohnheitsrecht** genannt, entsteht dann, wenn der Arbeitgeber bestimmte Leistungen an seine Beschäftigten erbringt, die nicht gesetzlich, arbeitsvertraglich oder tariflich vereinbart sind. Zu einer betrieblichen Übung können auch Gewohnheiten oder Bräuche werden, die sich mit Wissen und Willen des Arbeitgebers in der Dienststelle oder dem Betrieb eingebürgert haben. Das BAG versteht unter einer betrieblichen Übung: »die regelmäßige Wiederholung bestimmter Verhaltensweisen des Arbeitgebers, aus denen die Arbeitnehmer schließen können, ihnen soll eine Leistung oder eine Vergünstigung auf Dauer eingeräumt werden«. Betriebliche Übungen müssen über eine **längere Zeit** vom Arbeitgeber **ohne** einen **Vorbehalt** erbracht oder geduldet werden. In der Regel ist davon auszugehen, dass eine Leistung mehrfach vorbehaltlos gewährt werden muss, um möglicherweise zu einer betrieblichen Übung zu werden.

Bedeutung für die MAV

Bei der Entstehung von Ansprüchen aufgrund **betrieblicher Übung** ist die **MAV nicht** zu **beteiligen**. Ansprüche, die aufgrund Betrieblicher Übung dauerhaft entstanden sind, können jedoch in einer → **Dienstvereinbarung** (§ 36 MVG) verankert werden. Dabei ist darauf zu achten, dass durch eine Dienstvereinbarung Rechte und Pflichten von Beschäftigten nicht erweitert oder eingeschränkt werden dürfen (§ 36 Abs. 1 MVG). Es kann daher günstiger sein, statt einer → **Dienstvereinbarung** das Entstehen einer betrieblichen Übung hinzunehmen bzw. diese sich entwickeln zu lassen. Die MAV ist bei einer ordentlichen → **Kündigung** bzw. → **Änderungskündigung** eines Anspruchs aufgrund einer betrieblichen Übung gegenüber einem einzelnen Beschäftigten unter Umständen zu beteiligen (§ 42 Buchst. b MVG).

Bedeutung für die Beschäftigten

Im öffentlichen Dienst können langjährig gewährte übertarifliche oder außertarifliche Leistungen, Gewohnheiten und Bräuche jederzeit wieder eingestellt werden. Der öffentliche Dienst ist an Recht und Gesetz, Weisungen vorgesetzter Dienststellen, an Richtlinien, Verordnungen, Gesetze, an das Haushaltsrecht, an die entsprechenden Tarifverträge und gesetzlichen Regelungen von Arbeitsverhältnissen gebunden. Beschäftigte des Öffentlichen Dienstes dürfen nicht darauf vertrauen, dass auch bei einer langjährig gewährten Vergünstigung oder Leistung diese auf Dauer erbracht werden soll. Nur in absoluten Ausnahmefällen mit besonderen Anhaltspunkten kann eine betriebliche Übung Vertragsinhalt geworden sein.
Die für den öffentlichen Dienst entwickelte Rechtsprechung gilt **nicht** für die Kirchen und die Träger der freien Wohlfahrtspflege (siehe Schaub, Arbeitsrechtshandbuch § 110 Rn. 14–14. Auflage und BAG v. 26.5.1993 – 4 AZR 130/93), auch wenn sie sich über öffentliche Leistungsträger refinanzieren. Das bedeutet, dass in den **Kirchen**, der **Diakonie** und Caritas **betriebliche Übungen entstehen** können (anderer Ansicht: Reinfandt, Manfred in Haufe, TVöD Office Professional). Betriebliche Übungen können z. B. sein: Faschingsdienstagsfrei, Rosenmontagsfrei, Geburtstagsnachmittagsfrei, Kirchweihfrei, Brauchtumstagefrei, Geldleistungen, kostenlose Gestellung von Parkplätzen, Übernahme von Fortbildungskosten, für die keine Rechtsgrundlage besteht, Regelungen zur Krankmeldung, Essenszuschüsse oder zusätzliche bezahlte Pausen.
Eine betriebliche Übung kann vom Arbeitgeber grundsätzlich jederzeit für beendet erklärt werden. Eine solche Erklärung gilt dann nur für alle neu eingestellten Beschäftigten. Haben bereits Beschäftigte einen Rechtsanspruch auf eine bestimmte Leistung erworben, so kann diese betriebliche Übung nur auf dem Wege der einvernehmlichen Aufhebung, der Kündigung bzw. Änderungskündigung der betrieblichen Übung abgeschafft werden.

Betriebsausflug

Was ist das?

Der Betriebsausflug ist eine **Gemeinschaftsveranstaltung des Arbeitgebers** zur Förderung des Betriebsklimas und des gegenseitigen Vertrauensverhältnisses. Der Betriebsausflug kann ein- oder mehrtägig sein bzw. nur aus einer Abendveranstaltung bestehen und voll oder teilweise durch den Arbeitgeber finanziert werden.

Bedeutung für die MAV

Die Planung und Durchführung von Veranstaltungen für die Mitarbeiterschaft (z. B. Sportveranstaltungen, Weihnachtsfeiern, Betriebsausflüge, ...) unterliegt der vollen → **Mitbestimmung** der MAV (§ 40 Buchst. m MVG). Der Betriebsausflug ist eine Veranstaltung der → **Dienststelle**, nicht der MAV. Planung, Organisation und Durchführung des Betriebsausflugs sind keine Aufgaben der MAV. Einigen sich MAV und → **Dienstellenleitung** nicht über den Betriebsausflug, z. B. über eine Eigenbeteiligung der Beschäftigten, so kann von der → **Dienststellenleitung** oder der MAV die → Einigungsstelle (§ 36a MVG) angerufen werden.

Bedeutung für die Beschäftigten

Der Betriebsausflug ist eine Gemeinschaftsveranstaltung für die Beschäftigten durch den Arbeitgeber. Findet der Betriebsausflug innerhalb der Arbeitszeit statt, werden regelmäßig **keine Mehrarbeitsstunden**, Plusstunden, Minusstunden oder Überstunden entstehen. Es hängt davon ab, welche Inhalte der Arbeitgeber mit der MAV verhandelt hat. Ist die Teilnahme zwingend, ist die Zeit Arbeitszeit.

Während des Betriebsausflugs sowie auf dem Weg zum Betriebsausflug wie auch auf dem Weg nach Hause unterliegt der Beschäftigte dem **gesetzlichen Unfallversicherungsschutz**.

Ein Beschäftigter kann jedoch grundsätzlich **nicht gezwungen** werden, an einem Betriebsausflug **teilzunehmen**, weil die Teilnahme an einem Betriebsausflug **freiwillig** ist. Der Arbeitgeber kann dem Beschäftigten jedoch an diesem Tag eine andere Arbeit zuweisen, wenn die eigentlich geschuldete Arbeitsleistung an diesem Tag durch den Betriebsausflug nicht erbracht werden kann, weil entsprechende Mitarbeiter, z. B. in einem Team, fehlen oder die Einrichtung für den Besucherverkehr geschlossen ist. Bei der Arbeit kann es sich sowohl um eine höherwertige Arbeit, wenn diese vom Beschäftigten her erfüllbar ist, als auch um eine niederwertige Tätigkeit im Rahmen des Berufsbildes der Tätigkeit des Beschäftigten handeln. Der Einsatz eines Sozialpädagogen als Reinigungskraft wäre unzulässig. Im Extremfall muss der Beschäftigte nur am Arbeitsplatz anwesend sein und seine entsprechende Arbeitszeit »absitzen«.

Der Betriebsausflug sollte von den Beschäftigten nicht nur als freier Tag begriffen werden. Neben Spaß und Geselligkeit kann auch die Teambildung gefördert werden. Gemeinsame »Abenteuer«, z. B. in Klettergärten, können die Gemeinschaft und das gegenseitige Verständnis stärken. Auf den allgemeinen Hinweis, dass Betriebsausflüge auch negative Ergebnisse – besonders unter Alkoholeinfluss – zeitigen können, soll nicht verzichtet werden. Sexuelle Belästigungen, Beleidigungen, Handgreiflichkeiten, unerwünschtes Duzen von Vorgesetzten oder Kollegen und Ähnliches können das Bestehen des Arbeitsverhältnisses gefährden.

Betriebsübergang

Was ist das?

Bei einem Betriebsübergang handelt es sich um die Übertragung eines Betriebs oder Betriebsteils auf einen neuen Inhaber durch Rechtsgeschäft (z. B. Kauf, Pacht oder Schenkung). Während bei der → **Betriebsumwandlung** (nach dem Umwandlungsgesetz) die Übertragung durch »Gesamtrechtsnachfolge« stattfindet, erfolgt beim Betriebsübergang die »Einzelrechtsnachfolge«.

> **Beispiel:**
> Ein Diakonieverein gründet als 100 %ige »Tochter« eine gGmbH, in die einzelne Betriebsteile des bisherigen Diakonievereins eingegliedert werden.

Die Rechtsfolgen eines Betriebsübergangs für die bestehenden Arbeitsverhältnisse regelt § 613a BGB. Danach tritt der neue Inhaber in die Rechte und Pflichten aus den im Zeitpunkt des Übergangs bestehenden Arbeitsverhältnissen ein. Es bedarf also keines neuen Arbeitsvertrags zwischen Arbeitnehmern und Betriebsübernehmer, das Arbeitsverhältnis besteht vielmehr aufgrund gesetzlicher Anordnung fort. Beim Betriebsübergang wird also nicht nur der zum Zeitpunkt des Übergangs geltende Besitzstand gewahrt, sondern der gesamte rechtliche Bestand eines Arbeitsverhältnisses wird fortgeschrieben. Das gilt grundsätzlich auch für Rechte und Pflichten, die sich aus Dienst- oder Betriebsvereinbarungen herleiten. Die entsprechende Bewertung kann im Einzelfall schwierig sein.
Sind die Rechte und Pflichten im neuen Betrieb durch einen → **Tarifvertrag** geregelt, werden sie Inhalt des neuen Arbeitsverhältnisses und dürfen nicht vor Ablauf eines Jahres nach dem Übergang zum Nachteil der Beschäftigten geändert werden (§ 613a Abs. 1 BGB). Diese Vorschrift gilt nicht, wenn der neue Inhaber, z. B. eine gGmbH, den Normen eines anderen Tarifvertrags unterliegt.
Nachdem die BGB-Bestimmung sich ausschließlich auf Rechte und Pflichten beschränkt, die durch **Tarifvertrag** geregelt sind, gilt die einjährige Änderungssperre nicht für (die meisten) kirchlichen Einrichtungen (§ 613a Abs. 1 Satz 2 BGB). Vielmehr können Rechte und Pflichten der in den neuen Betrieb über-

gegangenen Beschäftigten bereits früher, aber nur einvernehmlich oder durch Änderungskündigung, geändert werden. Wenn im neuen Betrieb ein Tarifvertrag – und keine kirchliche Arbeitsrechtsregelung – gilt, dann sind die Rechte und Pflichten der Beschäftigten durch den Tarifvertrag des neuen Betriebs geregelt.

Die Frage, ob kirchliche Arbeitsrechtsregelungen wie die → **AVR** Tarifverträgen gleichzusetzen sind, war Gegenstand mehrerer Gerichtsentscheidungen. Hatte das BAG im Jahr 2002 (BAG v. 20. 3. 2002 – 4 AZR 101/01) die Entscheidung teilweise noch offen gelassen, so haben seitdem alle letztinstanzlichen Entscheidungen deutlich gemacht, dass die AVR (bzw. kirchliche Arbeitsrechtsregelungen) nicht Tarifverträgen gleichgesetzt werden können, u. a. weil die beschließenden Organe der → **Arbeitsrechtlichen Kommissionen** »nicht die unabhängige Stellung einer Tarifvertragspartei« haben. Die AVR hätten vielmehr den rechtlichen Status allgemeiner Geschäftsbedingungen.

Bereits das BAG-Urteil vom 20. 3. 2002 (4 AZR 101/01) hat die normative Wirkung – wie sie Tarifverträge besitzen – von kirchlichen Arbeitsrechtsregelungen verneint (gleichlautend: BAG v. 8. 6. 2005 – 4 AZR 412/04).

Das bedeutet, dass Beschäftigte bei Betriebsübergängen im kirchlichen Bereich – wenn also der aufnehmende und/oder der abgebende Betrieb eine kirchliche Arbeitsrechtsregelung anwendet – immer ihre bestehenden Rechte und Pflichten behalten, auch wenn im aufnehmenden Betrieb eine andere (kirchliche) Arbeitsrechtsregelung gilt. Änderungen dieser Rechte und Pflichten können demnach entweder einvernehmlich zwischen den Arbeitsvertragsparteien (durch Vertragsänderung) oder einseitig durch → **Änderungskündigung** erfolgen. Dann gelten alle Vorschriften, die auch für → **Kündigungen** gelten.

Möglich sind also mindestens fünf **Fallgestaltungen** (siehe Übersicht):

1. Betriebsübergang von kirchlicher Einrichtung auf eine kirchliche Einrichtung: Es besteht kein Tarifvertrag, weder beim abgebenden noch beim aufnehmenden Betrieb. Das bedeutet, alle Rechte und Pflichten der Arbeitnehmer bleiben erhalten. Die Jahressperre des § 613a BGB gilt nicht.
2. Betriebsübergang von kirchlicher Einrichtung auf eine weltliche Einrichtung: Es besteht kein Tarifvertrag, weder beim abgebenden noch beim aufnehmenden Betrieb. Das bedeutet, alle Rechte und Pflichten der Arbeitnehmer bleiben erhalten. Die Jahressperre des § 613a BGB gilt nicht.
3. Betriebsübergang von kirchlicher Einrichtung auf eine weltliche Einrichtung: Es besteht kein Tarifvertrag beim abgebenden, aber beim aufnehmenden Betrieb. Das bedeutet, ab dem Zeitpunkt des Betriebsübergangs gilt der Tarifvertrag des aufnehmenden Betriebs.
4. Betriebsübergang von weltlicher Einrichtung auf eine kirchliche Einrichtung: In der weltlichen Einrichtung besteht ein Tarifvertrag. Das bedeutet, alle Rechte und Pflichten aus dem Tarifvertrag gelten für die Arbeitnehmer bei

der kirchlichen Einrichtung weiter – allerdings nicht als Tarifvertrag, sondern als arbeitsvertragliche Regelung. Ob die tarifvertraglichen Ansprüche statisch oder dynamisch fortgelten, ist im Einzelfall zu ermitteln. Die Jahressperre des § 613a BGB gilt nicht.

5. Betriebsübergang von weltlicher Einrichtung auf eine kirchliche Einrichtung: In der weltlichen Einrichtung besteht kein Tarifvertrag. Das bedeutet, alle Rechte und Pflichten aus dem vorherigen Arbeitsverhältnis bleiben für die Arbeitnehmer bei der kirchlichen Einrichtung weiter erhalten. Die Jahressperre des § 613a BGB gilt nicht.

Anmerkung: Gibt es in der abgebenden und/oder übernehmenden kirchlichen Einrichtung einen (echten) Tarifvertrag, dann bestehen noch weitere Fallkonstellationen!

Zur Fallgestaltung Nr. 2 (Übergang von Kirche zu weltlichem Arbeitgeber ohne TV) hatte das BAG mehrfach Gelegenheit, Recht zu sprechen. Bei dieser Fallgestaltung bleibt es nämlich bei der **dynamischen Inbezugnahme** der früheren Arbeitsrechtsregelung. Im Urteil vom 23. 11. 2017 – 6 AZR 683/16 heißt der Leitsatz:

»Ist im Arbeitsvertrag das in Arbeitsvertragsrichtlinien (AVR) geregelte kirchliche Arbeitsrecht dynamisch in Bezug genommen, gilt diese dynamische Verweisung auch nach einem Betriebsübergang auf einen weltlichen Erwerber gemäß § 613a Abs. 1 Satz 1 BGB weiter.«

Mit dem Urteil hat das BAG ausdrücklich dem Sächsischen Landesarbeitsgericht widersprochen.

Nach § 613a Abs. 4 BGB ist die → **Kündigung** eines Arbeitnehmers durch den alten oder neuen Inhaber **aus Anlass des Betriebsübergangs** unwirksam. Allerdings wird dadurch die Kündigung wegen anderer Gründe (betriebs-, verhaltens-, personenbedingt) nicht ausgeschlossen.

Seit 2002 sind alle Arbeitgeber gesetzlich verpflichtet, die übergehenden Arbeitnehmer über den geplanten Betriebsübergang zu informieren (§ 613a Abs. 5 BGB). Danach sind die betroffenen Beschäftigten vor dem Betriebsübergang in Textform zu unterrichten über den Zeitpunkt oder geplanten Zeitpunkt des Übergangs, den Grund für den Übergang, die rechtlichen, wirtschaftlichen und sozialen Folgen des Übergangs für die Arbeitnehmer und die hinsichtlich der Arbeitnehmer in Aussicht genommenen Maßnahmen. Mitarbeitervertretungen sollten ihre Dienststellenleitungen bei Bedarf auf diese Informationspflicht hinweisen.

Die Unterrichtungspflicht liegt beim bisherigen und beim neuen Betriebsinhaber. Sie gilt gegenüber allen von einem Betriebsübergang betroffenen Arbeitneh-

mer, unabhängig von der Größe des Betriebs und unabhängig davon, ob auch die MAV über den Betriebsübergang zu informieren ist.
Die rechtlichen, wirtschaftlichen und sozialen Folgen eines Betriebsübergangs betreffen vor allem das Weiterbestehen oder die Änderung der bisherigen Rechte und Pflichten aus dem Arbeitsverhältnis und die Verteilung der Haftung des bisherigen Arbeitgebers und des neuen Inhabers für noch nicht erfüllte Verpflichtungen gegenüber den Beschäftigten. Zu den »hinsichtlich der Arbeitnehmer in Aussicht genommenen Maßnahmen« gehören evtl. erforderliche Weiterbildungsmaßnahmen, Umstrukturierungen der Arbeitsplätze oder andere Maßnahmen, die die berufliche Entwicklung der Arbeitnehmer betreffen.
Gesetzlich fixiert ist auch die Möglichkeit für Beschäftigte, dem Betriebsübergang innerhalb eines Monats nach Zugang der Informationen nach § 613a Abs. 5 BGB schriftlich zu widersprechen (§ 613a Abs. 6 BGB). Der **Widerspruch** kann sowohl gegenüber dem neuen wie dem alten Arbeitgeber erklärt werden. Er muss in jedem Fall schriftlich erfolgen. Die Monatsfrist beginnt nicht zu laufen, wenn der Arbeitgeber seiner Informationspflicht nicht oder nur unvollständig nachgekommen ist.
Widerspricht der Arbeitnehmer dem Betriebsübergang, geht das Arbeitsverhältnis nicht auf den neuen Betriebsinhaber über, sondern besteht mit dem bisherigen Arbeitgeber weiter. Dies ist allerdings für den Arbeitnehmer mit dem Risiko verbunden, den Arbeitsplatz zu verlieren, wenn kein entsprechender Arbeitsplatz zur Verfügung steht. Dann kann eine betriebsbedingte → **Kündigung** erfolgen.
Die betriebswirtschaftliche Entscheidung, kirchliche oder diakonische Betriebe durch Betriebsübergang ganz oder teilweise auf einen neuen Inhaber zu übertragen, ist seit geraumer Zeit auch im Kirchenbereich anzutreffen, so dass im unternehmerischen Verhalten wenig Unterschiede zwischen dem weltlichen und kirchlichen Bereich bestehen. Insbesondere die Gründung einer **gGmbH** (gemeinnützige Gesellschaft mit beschränkter Haftung; wegen der Gemeinnützigkeit entfällt die Steuerpflicht) zur Wahrnehmung von früheren Aufgaben eines Diakonievereins ist in Mode gekommen. Hintergründe solcher unternehmerischer Entscheidungen können sein:

- Konzentration und Spezialisierung auf bestimmte Bereiche, z. B. Werkstatt für behinderte Menschen,
- größere Flexibilität durch kleinere Organisation,
- größere Kostentransparenz im kleineren Betrieb,
- verstärkter Zwang für den neuen Betrieb, jetzt ohne Verluste zu arbeiten,
- Entlastung des bestehenden Betriebs von den Verlusten eines ehemaligen Betriebsteils.

Zu prüfen ist, ob ein Betriebsübergang in Fällen des Outsourcing vorliegt, etwa wenn Aufgaben eines Betriebs von einer anderen Firma wahrgenommen werden. Typisches Beispiel ist etwa die Vergabe der Reinigungsarbeiten in einem Altenheim oder Krankenhaus an eine Reinigungsfirma. Nach einer EuGH-Entscheidung vom 14.4.1994 (Rs. 3 C-392/92) wurde eine solche Auftragsvergabe an eine Fremdfirma als Betriebsübergang angesehen, der dann § 613a BGB und seiner Schutzfunktion unterliegt. In einem präzisierten Urteil vom 11.3.1997 (Rs. C-13/95) hat der EuGH dann allerdings das Vorliegen eines Betriebsübergangs an Bedingungen geknüpft: Ein Betriebsübergang könne auch dann vorliegen, wenn keine wesentlichen materiellen oder immateriellen Betriebsmittel auf das neue Unternehmen übertragen werden. Vielmehr sei entscheidend, ob es sich um eine auf Dauer angelegte wirtschaftliche Einheit handelt und ob die **Identität dieser wirtschaftlichen Einheit nach dem Betriebsübergang erhalten** geblieben sei. Für die Wahrung der Identität spreche vor allem, wenn ein wesentlicher Teil des Personals übergegangen sei.

Die Rechtsprechung des BAG geht mittlerweile davon aus, dass ein Betriebsübergang nicht vorliegt, wenn beim Erwerber lediglich eine bestimmte Tätigkeit fortgeführt wird, ohne dass eine auf Dauer angelegte wirtschaftliche Einheit mit einer bestimmten Organisationsstruktur übernommen wird. In diesen Fällen liegt dann eine **bloße Funktionsnachfolge** vor, die keinen Betriebs- bzw. Betriebsteilübergang darstellt.

Der Stand der Rechtsprechung des BAG zum Thema Betriebsübergang ist in einer Entscheidung von 2015 gut zusammengefasst (BAG v. 21.5.2015 – 8 AZR 409/13):

»1. Ein Betriebsübergang oder Betriebsteilübergang iSv. § 613a Abs. 1 BGB – wie auch iSd. Richtlinie 2001/23/EG vom 12. März 2001 (ABl. EG L 82 vom 22. März 2001 S. 16) – liegt vor, wenn ein neuer Rechtsträger eine bestehende wirtschaftliche Einheit unter Wahrung ihrer Identität fortführt.

2. Dabei muss es um eine auf Dauer angelegte Einheit gehen, deren Tätigkeit nicht auf die Ausführung eines bestimmten Vorhabens beschränkt ist. Um eine solche Einheit handelt es sich bei jeder hinreichend strukturierten und selbständigen Gesamtheit von Personen und Sachen zur Ausübung einer wirtschaftlichen Tätigkeit mit eigenem Zweck.

3. Den für das Vorliegen eines Übergangs maßgebenden Kriterien kommt je nach der ausgeübten Tätigkeit und je nach den Produktions- oder Betriebsmethoden unterschiedliches Gewicht zu. Bei der Prüfung, ob eine solche Einheit ihre Identität bewahrt, müssen sämtliche den betreffenden Vorgang kennzeichnenden Tatsachen berücksichtigt werden. Dazu gehören namentlich die Art des Unternehmens oder Betriebs, der etwaige Übergang der materiellen Betriebsmittel wie Gebäude und bewegliche Güter, der Wert der immateriellen Aktiva im Zeitpunkt des Übergangs, die etwaige Übernahme der Hauptbelegschaft durch den neuen Inhaber, der etwaige Übergang der Kundschaft sowie der Grad der Ähnlichkeit zwischen den vor

und nach dem Übergang verrichteten Tätigkeiten und die Dauer einer eventuellen Unterbrechung dieser Tätigkeiten. Diese Umstände sind jedoch nur Teilaspekte der vorzunehmenden Gesamtbewertung und dürfen deshalb nicht isoliert betrachtet werden.
4. Kommt es im Wesentlichen auf die menschliche Arbeitskraft an, kann eine strukturierte Gesamtheit von Arbeitnehmern trotz des Fehlens nennenswerter materieller oder immaterieller Vermögenswerte eine wirtschaftliche Einheit darstellen. Wenn eine Einheit ohne nennenswerte Vermögenswerte funktioniert, kann die Wahrung ihrer Identität nach ihrer Übernahme nicht von der Übernahme derartiger Vermögenswerte abhängen. Die Wahrung der Identität der wirtschaftlichen Einheit ist in diesem Fall anzunehmen, wenn der neue Betriebsinhaber nicht nur die betreffende Tätigkeit weiterführt, sondern auch einen nach Zahl und Sachkunde wesentlichen Teil des Personals übernimmt.
5. Hingegen stellt die bloße Fortführung der Tätigkeit durch einen anderen (Funktionsnachfolge) ebenso wenig einen Betriebsübergang dar wie die reine Auftragsnachfolge.«

Bei der gerichtlichen Prüfung, ob ein Betriebsübergang vorliegt oder nicht, geht es vor allem um folgende Kriterien:
- Art des Unternehmens
- Übernahme sachlicher Betriebsmittel?
- Wert der ggf. übernommenen ideellen Betriebsmittel (Know How)
- Übernahme der Belegschaft?
- Übernahme der Kundenbeziehungen?
- Ähnlichkeit der Tätigkeit vor und nach dem Übergang?
- Dauer einer möglichen Unterbrechung der betrieblichen Tätigkeit? (vgl. *www.hensche.de/*)

Bedeutung für die MAV

Bei den Planungen und Vorbereitungen eines kirchlichen oder diakonischen Rechtsträgers für einen Betriebsübergang haben die Mitarbeitervertretungen weitgehende Informationsansprüche über die konkreten Vorhaben und die Hintergründe des Übergangs. Dies folgt aus der Pflicht der Dienststellenleitung zur vertrauensvollen Zusammenarbeit mit der MAV (§ 33 Abs. 1 MVG) und dem Recht auf umfassende und rechtzeitige → **Information** bei mitberatungspflichtigen Tatbeständen (§ 34 Abs. 1 MVG). Die MAV kann dabei auch im Rahmen ihres Initiativrechts Vorschläge für die Mitbeteiligung bei einem geplanten Betriebsübergang machen.

Ein Betriebsübergang ist in den meisten Fällen verbunden mit

- der Auflösung oder Einschränkung einer Dienststelle oder wesentlichen Teilen (s. u.) oder
- mit der dauerhaften Vergabe von Arbeitsbereichen an Dritte, die bisher von Mitarbeitern der Dienststelle wahrgenommen wurden.

In beiden Fällen unterliegt der Betriebsübergang der → **Mitberatung** der MAV. Sie sollte daher bereits bei Bekanntwerden der Übergangspläne die intensive Beteiligung durch Information und die Teilnahme an Ausschüssen oder Kommissionen verlangen, in denen die Veränderungen vorbereitet werden (siehe § 34 Abs. 1 MVG). Ziel der MAV sollte dabei die Verhinderung von Nachteilen der betroffenen Beschäftigten sein. Wenn sich dies als unvermeidbar herausstellt, sind Verhandlungen über einen → **Sozialplan** aufzunehmen. Sie dürfen nach einem Urteil des Kirchlichen Verwaltungsgerichts der EKD vom 16. 11. 1995 nicht verweigert werden (VerwG.EKD 0124/7-95; ZMV 1996, S. 142 f.). Anzustreben wäre etwa der Abschluss eines sog. Personalüberleitungsvertrags zwischen dem alten und neuen Inhaber des Betriebs, in dem gemeinsam mit der MAV Eckpunkte für die Weitergeltung der bisherigen Arbeitsbedingungen im neuen Betrieb festgehalten werden (s. u. Eckpunkte für eine Vereinbarung bei Betriebsübergang). In der Regel dürfte ein solcher mit der MAV ausgehandelter Personalüberleitungsvertrag besser als Einzelvereinbarungen mit den betroffenen Beschäftigten geeignet sein, deren Besitzstand zu wahren.
Ob von einem Betriebsübergang wesentliche Teile der → **Dienststelle** betroffen sind, richtet sich auch nach der Zahl der Beschäftigten im ursprünglichen Betrieb bzw. nach der Zahl der übergehenden Beschäftigten. Es handelt sich dann um einen wesentlichen Teil der Dienststelle, wenn in Betrieben mit

- 21 bis 59 Beschäftigten mehr als 5,
- 60 bis 499 Beschäftigten 10 % oder mehr als 25,
- ab 500 mindestens 30

der Arbeitnehmer betroffen sind. Diese Werte hat die Rechtsprechung in Anlehnung an § 17 KSchG entwickelt.
Neben der Frage der Quantität der Maßnahme (Zahl der betroffenen Mitarbeiter) spielt auch die Qualität der Maßnahme eine Rolle. So ist zu prüfen, ob der bisherige Betrieb nach dem Teilbetriebsübergang stark verändert ist. Ist dies der Fall, so kann auch ohne Erreichen der obigen Schwellenwerte eine beteiligungspflichtige Maßnahme gegeben sein.
Weil die Information der MAV über die geplanten Maßnahmen zentral für die Reichweite der → **Mitberatung** ist, empfiehlt es sich, der Dienststellenleitung einen Katalog von Fragen zu unterbreiten, um deren Beantwortung die MAV bittet (s. u. **Checkliste Gründung einer gGmbH** und **Checkliste Fremdvergabe**). Erst dann können MAVen ihr Mitberatungsrecht wirksam wahrnehmen. Zu prüfen ist dabei insbesondere, ob der Betriebsübergang einen ersten Schritt zum (ohne-

hin geplanten) Abbau von Arbeitsbereichen und damit Arbeitsplätzen darstellt. Dann kommen Verhandlungen über einen → **Sozialplan** in Frage. Dabei sind auch die Regelungen der → **Sicherungsordnung** der AVR einzubeziehen.
In jedem Fall sollte die MAV frühzeitig den Beschluss fassen, anwaltliche Beratung einzuholen, um die komplexen rechtlichen und tatsächlichen Fragen beantworten zu können.
Bestandteil eines evtl. Personalüberleitungsvertrags sollte auch die Zuordnung einer Interessenvertretung für die Beschäftigten des neuen Betriebs sein. Hier sind mehrere mögliche Fälle zu unterscheiden:

- Tritt der neue Inhaber lediglich an die Stelle des alten, findet also keine Betriebsänderung statt, bleibt die Mitarbeitervertretung im Amt.
- Wird der bisherige Betrieb mit einem neuen verschmolzen, löst sich damit die Dienststelle auf und das Amt der MAV erlischt. Eine neue MAV – oder auch ein Betriebsrat (je nach Zuordnung) – ist zu wählen.
- Geht lediglich ein Teil des Betriebs auf den neuen Inhaber über, bleibt die bisherige MAV bis zum Ende der Wahlperiode unverändert im Amt (§ 8 Abs. 2 MVG). Im Betrieb des neuen Inhabers ist eine neue Interessenvertretung zu wählen, wenn es sich um eine Neugründung handelt. Werden die übergehenden Betriebsteile an einen bereits bestehenden Betrieb angegliedert, wird die Interessenvertretung durch das dort bestehende Personalvertretungsgremium wahrgenommen.

Wichtig:
Besteht beim Betrieb des neuen Inhabers (noch) keine Interessenvertretung, besitzt die »abgebende« MAV nach § 321 UmwG – und nach § 7 Abs. 2 MVG – unter Umständen ein → **Übergangsmandat** von längstens sechs Monaten. Bis zur Bildung einer neuen Interessenvertretung soll dies eine Zeit ohne MAV verhindern. Nach § 7 Abs. 2 MVG bleiben bestehende Mitarbeitervertretungen für die Beschäftigten zuständig, wenn eine neue MAV deshalb zu bilden ist, weil eine Dienststelle gespalten oder zusammengelegt wurde. Auch beim Untergang einer Dienststelle durch Spaltung, Stilllegung oder Zusammenlegung bleibt die MAV – ohne die zeitliche Beschränkung von sechs Monaten – so lange im Amt, wie dies zur Wahrnehmung der Mitwirkungsrechte erforderlich ist, die im Zusammenhang mit der Organisationsänderung stehen (sog. Restmandat: § 7 Abs. 3 MVG).

Zu weiteren möglichen Inhalten eines Personalüberleitungsvertrags s. u. Eckpunkte für eine Vereinbarung bei Betriebsübergang.
Besondere Vorsicht ist für Mitarbeitervertretungen geboten, wenn ein **Betriebsübergang fingiert** werden soll. Nach den persönlichen Erfahrungen der Autoren kommt diese Praxis vor allem in kirchlichen Wohlfahrtsverbänden vor. Dabei wird zwar von Seiten der Leitung von einem Betriebsübergang geredet,

es handelt sich tatsächlich aber nicht um einen Betriebsübergang. Die Praxis ist nämlich folgende:

1. Die betroffenen Arbeitnehmer werden aufgefordert, einen Auflösungsvertrag (→ **Aufhebungsvertrag**) zu unterzeichnen. Das tun sie in aller Regel, weil ihnen damit gedroht wird, sie sonst betriebsbedingt zu kündigen. Ihr bisheriges Arbeitsverhältnis (mit allen Rechten und Ansprüchen) ist damit einvernehmlich beendet worden.
2. Die Arbeitnehmer erhalten dann einen neuen Arbeitsvertrag mit – in der Regel – geänderten Bedingungen oder auch mit dem Zusatz, dass die materiellen Bedingungen erst in einem Jahr in einer bestimmten Weise verändert (verschlechtert) werden.
3. Das Ganze passiert unter größtem Zeitdruck, damit weder MAV noch die betroffenen Beschäftigten in der Lage sind, das Verfahren rechtlich überprüfen zu lassen.

Wir halten ein solches Verfahren für rechtsmissbräuchlich, wenn nicht sogar sittenwidrig. Da wir es mehrfach erlebt haben, wollen wir andere kirchliche Mitarbeitervertretungen auf diese Negativbeispiele »kirchlicher Unternehmenskultur« ausdrücklich hinweisen.

Bedeutung für die Beschäftigten

Für die Beschäftigten ist bei einem Betriebsübergang wesentlich, dass ihre Rechte und Pflichten aus dem Arbeitsvertrag auf den neuen Inhaber übergehen (§ 613a Abs. 1 BGB). Dies gilt auch für den Fortbestand evtl. → **Dienstvereinbarungen**. Eine Kündigung wegen des Betriebsübergangs ist unwirksam (§ 613a Abs. 4 BGB). Unwirksam sind auch → **Aufhebungsverträge** und Eigenkündigungen, die der bisherige Arbeitgeber wegen des Betriebsübergangs veranlasst hat (BAG v. 29.11.1988, DB 1989, 1440). Nach § 613a Abs. 6 BGB können von einem Betriebsübergang betroffene Beschäftigte **Widerspruch gegen den Übergang** ihres Arbeitsverhältnisses auf einen neuen Inhaber einlegen. Der Widerspruch muss schriftlich innerhalb eines Monats nach Zugang der Informationen des Arbeitgebers über den Betriebsübergang (nach § 613a Abs. 6 BGB) erfolgen. Die Monatsfrist beginnt erst dann zu laufen, wenn die Information erfolgt ist. Widerspricht der Arbeitnehmer, geht das Arbeitsverhältnis nicht auf den neuen Betriebsinhaber über, sondern besteht mit dem bisherigen Arbeitgeber weiter.
Ein solcher Widerspruch ist allerdings nur dann zu empfehlen, wenn durch den Betriebsübergang nicht alle Beschäftigungsmöglichkeiten für den Arbeitnehmer wegfallen. Sonst besteht das Risiko einer betriebsbedingten → **Kündigung**.

Checkliste: Gründung einer gGmbH

- Was sind die Gründe für die Errichtung einer gGmbH?
- Welche konkreten Anhaltspunkte gibt es für die höhere Wirtschaftlichkeit durch eine gGmbH?
- Welche Maßnahmen sind vorgesehen, um (Personal-)Kosten einzusparen?
- Welcher Zeitrahmen ist für den Betriebsübergang vorgesehen? Welche Kosten entstehen dadurch?
- Welche Veränderungen sind in der Führungs-/Hierarchiestruktur geplant?
- Ist die Fremdvergabe von Arbeitsbereichen geplant?
- Bleibt die Einrichtung – bzw. wird der neue Betrieb – Mitglied im gliedkirchlichen Diakonischen Werk?
- Soll ein Personalüberleitungsvertrag abgeschlossen werden?
- Wie steht es mit der Fortgeltung von Dienstvereinbarungen und evtl. »betrieblichen Übungen«?
- Wann und in welchem Umfang werden die betroffenen Mitarbeiter von der Leitung informiert? (s. § 613a Abs. 5 BGB)
- Wie und unter welchen Bedingungen wird die MAV in die Planungen und in den Entscheidungsprozess einbezogen?
- Wie sieht der geplante Gesellschaftsvertrag aus? Erhält die MAV ein Exemplar des bisherigen Entwurfs?
- Wie sieht die Leitungsstruktur des neuen Betriebs aus? Gibt es noch Kompetenzen der bisherigen Geschäftsführung für den neuen Betrieb?
- Welchen Einfluss haben Kostenträger und Gesellschafter auf unternehmerische Entscheidungen der gGmbH?
- Bleibt die bisherige MAV im Amt? Wird eine gemeinsame MAV nach § 5 Abs. 2 MVG gebildet? Wie sieht es mit dem Übergangsmandat (s. § 7 Abs. 2 MVG) und dem evtl. Restmandat (s. § 7 Abs. 3 MVG) der bisherigen MAV aus?

Checkliste: Fremdvergabe (Vergabe von Arbeiten, die bisher von Beschäftigten der Einrichtung wahrgenommen wurden)

Vor jeder Fremdvergabe sind Wirtschaftlichkeitsbetrachtungen und -berechnungen durchzuführen. Dazu gehört:

- Genaue Beschreibung der zu vergebenden Leistungen nach Menge und Qualität.
- Offenlegung der Fremdfirmenangebote.
- Detaillierte Ermittlung der durch die geplante Fremdvergabe entfallenden Kosten, aufgeschlüsselt nach dem Zeitpunkt, zu dem sie entfallen.
- Zusammenstellung der durch die Fremdvergabe einmalig anfallenden Kosten (z.B. für Kapazitätsabbau, Interessenausgleich und Sozialplan).
- Zusammenstellung der durch die Fremdvergabe zusätzlich laufend anfallenden Kosten (z.B. für Vergabe und Überwachung, evtl. für Nacharbeiten).
- Beschreibung qualitativer Aspekte der Fremdvergabe und der sich ergebenden Risiken (Kriterien: Qualität, Flexibilität, Zuverlässigkeit, Sicherheit, Verschleiß und strategische Bedeutung).

Betriebsübergang

- Darstellung der betroffenen Abteilung/en und der Auswirkungen der Fremdvergabe auf Personalplanung und die einzelnen Beschäftigten.
- Kostenvergleich: Alle durch die Fremdvergabe entstehenden Kosten (inkl. der internen laufenden Kosten und der Kosten des Personalabbaus) werden den tatsächlichen Kosten der Fremdvergabe gegenübergestellt.
- Wenn nach dieser Wirtschaftlichkeitsbetrachtung feststeht, dass das interne Leistungsangebot ungünstiger als das externe ist, kann auch für den betroffenen Bereich unmittelbar ein Anpassungsprozess mit dem Ziel eingeleitet werden, zu einem wettbewerbsfähigen Leistungsstandard zu gelangen. Die betroffene Abteilung wird in enger Zusammenarbeit mit der MAV ein Anpassungskonzept erarbeiten. Der Zeitrahmen ist gemeinsam festzulegen.

Übersicht: Outsourcing: Was spricht dafür, was spricht dagegen?

Dafür	Dagegen
1. Strategie • Konzentration auf Kerngeschäft • Kleinere Organisation • Kooperation statt Hierarchie • Flexibilität • Risikotransfer • Standardisierung	**1. Strategie** • Entstehen nicht umkehrbarer Abhängigkeiten • Störung zusammengehörender Prozesse • Langfristige Kostensteigerung • Kommunikationsprobleme allgemein • Weniger informelle Kommunikation • Entscheidung schwer umkehrbar
2. Leistung Hohe Kompetenz des Anbieters Klar definierte Leistungen und Verantwortlichkeit • Raschere Verfügbarkeit von Kapazitäten	**2. Leistung** • Kompetenzverlust • Übervorteilung durch Informationsdefizite • Überwindung räumlicher Distanzen
3. Kosten • Kostenreduktion im laufenden Betrieb • Variable statt fixe Kosten • Kostentransparenz • Risikominimierung	**3. Kosten** • Transaktionskosten • Bezugsgrößenbestimmung für Entgelt • Kosten schwer zu berechnen • Drohende Preissteigerung
4. Personal • Weniger Probleme bei Personalbeschaffung und Qualifizierung	**4. Personal** • Motivationsprobleme • Soziale Folgekosten

5. Finanzen	5. Finanzen
• Finanzmittelbeschaffung • Auswirkung auf Jahresabschluss	• Geringere finanzielle Reserven

Quelle: IG Metall (Hrsg.), Handlungshilfen für Betriebsräte bei Unternehmensumwandlung.

Literaturhinweis

- *Bachner, Michael/Gerhardt, Peter:* Betriebsübergang/Interessenausgleich/Sozialplan. Basiskommentar zu § 613a BGB mit den Folgen für die Mitbestimmung, 4. Auflage, Frankfurt 2020.
- *Baumann-Czichon, Bernhard:* Unternehmens- und Betriebsänderungen: Rechtliche Folgen des Betriebsübergangs. In: Arbeitsrecht & Kirche 1/2004, S. 7–9.
- *Beseler, Lothar:* Betriebsübergang. 5. Auflage, Münster 2024.
- *Krings, Hanna Maria:* Der Betriebsübergang gem. § 613a BGB im kirchlichen Arbeitsrecht. Eine schwerpunktmäßige Betrachtung des Arbeitsrechts der katholischen Kirche, Frankfurt u. a., 2009.
- *Laßmann, Nikolai/Rupp, Rudi:* Betriebsübergang – § 613a BGB. Handlungsanleitung für Betriebsräte, Frankfurt 2017.
- *Schoof, Christian:* Betriebsratspraxis von A bis Z. Das Lexikon für die betriebliche Interessenvertretung (Stichwort Betriebsübergang), 16. Auflage, Frankfurt 2024.

Betriebsumwandlung

Was ist das?

Im Gegensatz zum → **Betriebsübergang** handelt es sich bei der Betriebsumwandlung um die Übertragung eines Betriebs auf einen neuen Inhaber durch »Gesamtrechtsnachfolge« nach dem Umwandlungsgesetz. Die Betriebsumwandlung kann durch Verschmelzung (Fusion), Aufspaltung, Vermögensübertragung oder Formwechsel erfolgen. Diese Formen der Betriebsumwandlung sind im Einzelnen im Umwandlungsgesetz (UmwG) beschrieben und geregelt.

> **Beispiele für eine Betriebsumwandlung:**
> 1. Ein Diakonieverein wandelt sich durch Rechtsformänderung in eine gGmbH um.
> 2. Ein Diakonieverein fusioniert mit einem bisher selbständigen Betrieb (weltlich oder kirchlich).
> 3. Ein Diakonieverein spaltet sich auf in eine gGmbH und einen (Rest-)Verein.

Die Folgen einer Betriebsumwandlung für die bestehenden Arbeitsverhältnisse sind im Umwandlungsgesetz nicht eigens geregelt. Da es sich jedoch um eine Gesamtrechtsnachfolge handelt, gehen die Beschäftigungsverhältnisse automatisch auf den neuen Rechtsträger über. Es tritt also die gleiche Wirkung ein wie beim → **Betriebsübergang** nach § 613a BGB.

Bedeutung für die MAV

Für die Informations-, Mitberatungs- und Mitbestimmungsrechte der MAV gelten die gleichen Bemerkungen wie beim → **Betriebsübergang**. Überhaupt ist davon auszugehen, dass eine Betriebsumwandlung regelmäßig mit einem Betriebsübergang verknüpft ist.
Ist von der Betriebsumwandlung lediglich ein Teil des bisherigen Betriebs betroffen, handelt es sich also um eine Betriebsaufspaltung, so besitzt die MAV des gespaltenen Betriebs nach § 7 Abs. 2 MVG (früher: § 321 UmwG) ein **Übergangs-**

mandat von längstens sechs Monaten. Auf dieser Basis nimmt sie die Mitberatungs- und Mitbestimmungsrechte für die Arbeitnehmer des neuen Betriebs wahr. Für den neuen Betrieb ist durch die MAV (mit Übergangsmandat) oder durch die neue Dienststellenleitung unverzüglich ein Wahlvorstand zu bestellen, der die Wahl nach dem dort gültigen Betriebsverfassungsrecht durchführt (MVG, PersVG oder BetrVG). Das Übergangsmandat endet, sobald die neue Interessenvertretung im Amt ist. Nach dem Beschluss des KGH.EKD vom 29.4.2011 (II-0124/R33-09) gilt das allerdings nur dann, wenn das Unternehmen, in das der aufgespaltene Teil eingegliedert worden ist, dem MVG.EKD unterliegt. Zur Begründung führt der KGH aus, dass der kirchliche Gesetzgeber nicht ein Mitbestimmungsrecht regeln könne, das Wirkung für den nichtkirchlichen Rechtskreis entfaltet.
Nach § 325 Abs. 2 UmwG kann durch → **Dienstvereinbarung** festgelegt werden, dass bestimmte Rechte der MAV, die von der Größe eines Betriebs abhängen, weiter bestehen (insbesondere Freistellung von MAV-Mitgliedern).

Bedeutung für die Beschäftigten

Bei einer Betriebsumwandlung gehen die Rechte und Pflichten der Beschäftigten »automatisch« auf den neuen Betrieb über. In § 324 UmwG ist sogar ausdrücklich klargestellt, dass die Rechte der Beschäftigten nach § 613a BGB bei einer Betriebsumwandlung nicht berührt werden (Näheres s. unter → **Betriebsübergang**). Insoweit besteht auch bei Betriebsumwandlung ein Widerspruchsrecht der Arbeitnehmer gegen den Übergang des Arbeitsverhältnisses in den neuen Betrieb. Davor ist jedoch zu warnen, weil der Arbeitnehmer zwar im bisherigen Betrieb verbleibt, dann aber aufgrund des Wegfalls seines Arbeitsplatzes betriebsbedingt gekündigt werden kann. Dies gilt zumindest dann, wenn kein anderer Arbeitsplatz vorhanden ist.
Die Informationspflichten des Arbeitgebers nach § 613a BGB gelten uneingeschränkt auch für Betriebsumwandlungen (→ **Betriebsübergang**). Dies regelt § 324 UmwG.
Die Arbeitsverhältnisse gehen in dem gleichen Zustand über, in dem sie sich beim Übergang befinden, z. B. behaftet mit einer Abmahnung oder sogar gekündigt. Was die kündigungsrechtliche Stellung eines Beschäftigten nach dem Übergang seines Arbeitsverhältnisses angeht, stellt § 323 Abs. 1 UmwG klar: Die im bisherigen Betrieb gültigen Kündigungsschutzrechte – insbesondere hinsichtlich Betriebsgröße – bleiben für zwei Jahre nach erfolgter Betriebsumwandlung erhalten. Für den Umfang der erworbenen Kündigungsfristen gilt wiederum § 613a BGB, nach dem der neue Inhaber in vollem Umfang in die Rechte und Pflichten des Arbeitsverhältnisses eintritt.

Übersicht: Möglichkeiten der Umwandlung nach dem Umwandlungsgesetz

(Quelle: Schoof, Christian: Betriebsratspraxis von A bis Z, Stichwort: Umwandlung von Unternehmen, 13. Auflage, Frankfurt/Main 2018)

Literaturhinweis

- *Bachner, Michael/Köstler, Roland/Matthießen, Volker/Trittin, Wolfgang:* Arbeitsrecht bei Unternehmensumwandlung und Betriebsübergang, 4. Aufl., Baden-Baden 2012.
- *Baumann-Czichon, Bernhard:* Unternehmens- und Betriebsänderungen: Rechtliche Folgen des Betriebsübergangs. In: Arbeitsrecht & Kirche 1/2004, S. 7–9.
- *Fischer, Erika/Mittländer, Silvia/Steiner, Regina:* Betriebsübergang nach § 613a BGB – Eine Handlungshilfe für Betriebsratsmitglieder, Düsseldorf (ver.di b+b) 2009.
- *Schmitz, Thomas:* Betriebsübergang: Recht und Praxis in kirchlichen und caritativen Einrichtungen, Freiburg 2008.
- *Schoof, Christian:* Betriebsratspraxis von A bis Z. Das Lexikon für die betriebliche Interessenvertretung (Stichwort: Umwandlung von Unternehmen), 13. Auflage, Frankfurt/Main 2018.

Betriebsverfassungsgesetz

Was ist das?

Das Betriebsverfassungsgesetz regelt Rechtsstellung, Rechte und Pflichten der Betriebsräte, also der Interessenvertretungen in privatrechtlichen Unternehmen und Betrieben. Es ist also die Rechtsgrundlage der Betriebsverfassung. Im öffentlichen Dienst werden die Interessenvertretungen Personalräte genannt. Für sie gibt es die Personalvertretungsgesetze der Länder und des Bundes. Im kirchlichen Kontext schließlich sind Mitarbeitervertretungen die Interessenvertretungen der Beschäftigten.

Bedeutung für die MAV

Für die Mitarbeitervertretung gilt das BetrVG nicht. Es erklärt sich in § 118 Abs. 2 BetrVG für kirchliche Betriebe nicht für anwendbar. Auf den ersten Blick wirken BetrVG und MVG gar nicht so sehr unterschiedlich, so dass die geäußerte Kritik, das MVG bleibe mit seinen MAVen erheblich hinter den Einflussmöglichkeiten der Betriebsräte aus dem BetrVG zurück, teilweise nicht nachvollzogen werden kann. Betrachtet man die Sache näher, wird aber ganz deutlich, dass Rechte und Stellung der Mitarbeitervertretung sich nicht an denen der Betriebsräte messen lassen können.
Es beginnt bereits beim Namen der Interessenvertretung: Betriebsräte. Er ist zurückzuführen auf die Rätebewegung Anfang des 20. Jahrhunderts, die ein gestuftes System der Vertretung im Land durch Räte vorsah. Auf betrieblicher Ebene wurden Betriebsarbeiterräte eingerichtet, die die Unternehmen und Güter als Vertretung der Arbeiter ohne Arbeitgeber, Chef und Unternehmer verwalten und bewirtschaften sollten.
Nach sehr kurzem Erfolg wurden die Rätebewegung und die Novemberrevolution von 1918/1919, der wir den 8 Stunden Tag verdanken, von nationalistischen Freicorps blutig niedergeschlagen. In der Weimarer Republik gab es dann das

Betriebsrätegesetz von 1920, das kurz nach Beginn des Deutschen Faschismus 1934 abgeschafft wurde. Betriebsräte und Gewerkschaften wurden verboten. Seit 1952 existiert das Betriebsverfassungsgesetz, das im Laufe der Jahre auch immer wieder novelliert und angepasst wurde.
Im Gegensatz zum MVG wird die Zusammenarbeit mit Gewerkschaften explizit erwähnt und als Selbstverständlichkeit vorausgesetzt. Gewerkschaften sind auch mit eigenen Rechten im Betrieb ausgestattet. Die Mitbestimmung ist insbesondere im Bereich der sozialen und organisatorischen Angelegenheiten viel weitergehend. Es gibt hier kein strenges Form- und Fristenkorsett, keine Zustimmungsfiktion. Will der Arbeitgeber eine geplante Maßnahme durchsetzen, muss er im Zweifel die Einigungsstelle anrufen, wenn der Betriebsrat sich nicht rührt. Fortbildungs- und Freistellungsansprüche von Betriebsräten gehen viel weiter, das Selbstverständnis des Betriebsrats als Organ der Betriebsverfassung und die unabdingbare demokratische Struktur im Betrieb werden deutlich herausgestellt. Die Behinderung von Betriebsratsarbeit ist strafbar, sie kann von den staatlichen Strafverfolgungsbehörden, Polizei und Staatsanwaltschaft, verfolgt werden. Im MVG ist das nicht der Fall, weil die Kirche als »Normgeber« dies nicht festlegen kann. Kirchengerichtliche Entscheidungen sind nicht vollstreckbar, es gibt keine echten Sanktionen für Arbeitgeber, die die Rechte der Mitarbeitervertretung missachten. ver.di und andere Verbände auf Arbeitnehmerseite fordern daher die Abschaffung des kirchlichen Sonderrechts zugunsten der Anwendbarkeit des Betriebsverfassungsgesetzes, damit echte und wirkmächtige demokratische Strukturen im Betrieb bestehen, die durch den Staat geschützt und durchgesetzt werden können.

Bedeutung für die Beschäftigten

Für die Beschäftigten macht es keinen Unterschied, ob sie in einer kirchlichen oder weltlichen Einrichtung arbeiten. Schlechte Arbeitsbedingungen sind überall gleich belastend. Gute Arbeitsbedingungen tun unabhängig vom Träger gut. Eine starke Interessenvertretung gewährleistet demokratische Teilhabe und ist Voraussetzung für gute Arbeitsbedingungen. Damit soll nicht gesagt sein, dass die MAV für die Mitarbeiterinnen nichts erreichen kann. Das Gegenteil ist der Fall. Dennoch kann echte Mitbestimmung im Betrieb und Gestaltung der Arbeitsbedingungen nur dann vorliegen, wenn wirksame Mittel zur Durchsetzung auch zur Verfügung stehen. Allein dieser Umstand macht das BetrVG ungleich stärker als das MVG. Es bietet keine echte demokratische Struktur, so dass auf Dauer kein demokratischer Betrieb gewährleistet wird. Demzufolge kann nur darauf gedrungen werden, dass das Betriebsverfassungsgesetz auch endlich in kirchlichen Betrieben Anwendung findet.

Bildschirmarbeit

Was ist das?

Auch in kirchlichen und diakonischen Einrichtungen ist die Arbeit am PC mittlerweile für den größten Teil der Beschäftigten zum Normalfall geworden. Für die Bildschirmarbeit sind folgende Bestimmungen einschlägig:

- Die → **Arbeitsstättenverordnung** (ArbStättV) von 2004; sie definiert in § 2 Abs. 5 und 6 die Begriffe »Bildschirmarbeitsplatz« und »Bildschirmgerät«.
- Bildschirmarbeitsverordnung vom 4. 12. 1996. Sie wurde zum 30. 11. 2016 geändert, ergänzt und in die Arbeitsstättenverordnung (ArbStättV) übernommen. Die Regelungen über die Bildschirmarbeit gelten nicht für »tragbare Bildschirmgeräte für die ortsveränderliche Verwendung, die nicht regelmäßig an einem Arbeitsplatz verwendet werden« (Laptops, Tablets, Smartphones u. ä.).
- ASR (Technische Regeln für Arbeitsstätten) A6 Bildschirmarbeit
- Arbeitsschutzgesetz von 1996 → **Arbeitsschutz**.
- DGUV Information 215–410 – Bildschirm- und Büroarbeitsplätze. Leitfaden für die Gestaltung, herausgegen von der DGUV. DGUV-Informationen geben konkrete Empfehlungen und zeigen beispielhafte Lösungen auf. Werden die Empfehlungen umgesetzt, sind Unternehmen auf der sicheren Seite.
- DGUV-Grundsatz für arbeitsmedizinische Untersuchungen »Bildschirmarbeitsplätze« G 37 (Fassung von 2015). Danach werden die regelmäßigen Augenuntersuchungen durchgeführt.
- Anhang zur Verordnung zur arbeitsmedizinischen Vorsorge (ArbMedVV) vom 18. 12. 2008. Seit der Neufassung zum 31. 10. 2013, Teil 4. muss die betriebsärztliche Angebotsvorsorge das Angebot auf eine angemessene Untersuchung der Augen und des Sehvermögens enthalten. Erweist sich auf Grund der Angebotsvorsorge eine augenärztliche Untersuchung als erforderlich, ist diese zu ermöglichen.

Für ortsveränderliche Bildschirmgeräte gibt es eigenständige Anforderungen in der ArbStättV (Anhang, Ziff. 6.4). Danach müssen tragbare Bildschirmgeräte der Arbeitsaufgabe entsprechend angemessen sein, über reflexionsarme Oberflächen verfügen und so betrieben werden, dass der Bildschirm frei von störenden Reflexionen und Blendungen ist. Tragbare Bildschirmgeräte ohne Trennung zwischen Bildschirm und externem Eingabemittel (insbes. Geräte ohne Tastatur) dürfen an Arbeitsplätzen nur kurzzeitig verwendet werden.

Die wesentlichen Bestimmungen für Bildschirm-Arbeitsplätze sollen anhand der Regelungen zur Bildschirmarbeit in der Arbeitsstättenverordnung vorgestellt werden:

- Anwendungsbereich: »*Bildschirmarbeitsplätze sind Arbeitsplätze, die sich in Arbeitsräumen befinden und die mit Bildschirmgeräten und sonstigen Arbeitsmitteln ausgestattet sind.*« (§ 2 Abs. 5 ArbStättV) »*Bildschirmgeräte sind Funktionseinheiten, zu denen insbesondere Bildschirme zur Darstellung von visuellen Informationen, Einrichtungen zur Datenein- und -ausgabe, sonstige Steuerungs- und Kommunikationseinheiten (Rechner) sowie eine Software zur Steuerung und Umsetzung der Arbeitsaufgabe gehören.*« (§ 2 Abs. 6 ArbStättV)
- Pflichten des Arbeitgebers: Beurteilung der Arbeitsbedingungen nach § 5 ArbSchG bzw. § 3 ArbStättV (→ **Gefährdungsbeurteilung**); die vorhandenen Bildschirm-Arbeitsplätze müssen die im Anhang der ArbStättV genannten Mindestvorschriften erfüllen (Anhang: Anforderungen und Maßnahmen für Arbeitsstätten nach § 3 Abs. 1 Ziff. 6: Maßnahmen zur Gestaltung von Bildschirmarbeitsplätzen).
- Pflichten des Arbeitgebers: Spezielle Unterweisungen an Bildschirmarbeitsplätzen (§ 6 Abs. 1 Ziff. 4 ArbStättV).
- Der Arbeitgeber hat dafür zu sorgen, dass die Tätigkeiten der Beschäftigten an Bildschirmgeräten insbesondere durch andere Tätigkeiten oder regelmäßige Erholungszeiten unterbrochen werden.
- Das Recht der Beschäftigten auf eine augenärztliche Untersuchung bei Tätigkeiten an Bildschirmgeräten ergibt sich aus Anhang Teil 4 Absatz 1 Nummer 1 Satz 2 ArbMedVV: Danach ist eine Angebotsvorsorge bereitzustellen. Sie enthält das Angebot auf eine angemessene Untersuchung der Augen und des Sehvermögens. Erweist sich aufgrund der Angebotsvorsorge eine augenärztliche Untersuchung als erforderlich, ist dies zu ermöglichen. Was eine »angemessene Untersuchung« meint, beantwortet die Arbeitsmedizinische Regel »Angemessene Untersuchung der Augen und des Sehvermögens« (AMR 14.1) von 2013.
- Den Beschäftigten sind außerdem im erforderlichen Umfang spezielle Sehhilfen für ihre Arbeit an Bildschirmgeräten zur Verfügung zu stellen, wenn Ergebnis der Angebotsvorsorge ist, dass spezielle Sehhilfen notwendig und normale Sehhilfen nicht geeignet sind. Schlägt der Arbeitnehmer das Angebot für die Untersuchung aus, entbindet dies den Arbeitgeber nicht von seiner Verpflichtung, die Untersuchung weiterhin anzubieten (§ 5 Abs. 1 Satz 3 ArbMedVV).

- Spezielle Sehhilfen ermöglichen aus medizinischer Sicht ein beschwerdefreies, scharfes Sehen in der Mitteldistanz (zwischen 50 und 70 cm) ohne Zwangshaltung. Bei gleichzeitiger – oft altersbedingter – Weit- und Kurzsichtigkeit, ist für die Bildschirmarbeit eine sog. »Bifokalbrille« erforderlich.
- Die Angebotsvorsorge muss den Beschäftigten vor Aufnahme der Tätigkeit und danach in regelmäßigen Zeitabständen (i. d. R. 3 Jahre) sowie beim Auftreten von Sehbeschwerden angeboten werden.
- Die Kosten der augenärztlichen Untersuchungen im Rahmen der arbeitsmedizinischen Vorsorge trägt immer der Arbeitgeber.
- Ziffer 6.1 des Anhangs schreibt vor, dass die »Grundsätze der Ergonomie« anzuwenden sind. Was die Software angeht, so sind geeignete Softwaresysteme bereitzustellen, die Software muss anpassungsfähig sein, sie muss Angaben über die jeweiligen Dialogabläufe machen und die Software muss den Beschäftigten ermöglichen, die Dialogabläufe zu beeinflussen (Anhang Ziff. 6.5 Abs. 1 bis 4).
- Ohne Wissen des Arbeitnehmers darf keine Vorrichtung zur qualitativen oder quantitativen Kontrolle verwendet werden (Anhang Ziff. 6.5 Abs. 5).

Bedeutung für die MAV

Die MAV soll nach § 35 Abs. 3 Buchst. b) MVG dafür eintreten, dass die arbeits- und dienstrechtlichen Bestimmungen eingehalten werden. Dazu gehören auch die Teile der ArbStättV zum Thema Bildschirmarbeit und die DGUV-Informationen und -Grundsätze. Die Bildschirmarbeit stellt einen zentralen Bereich im → **Arbeitsschutz** dar. Deshalb gelten die dort gemachten Bemerkungen über die weitgehenden Mitbestimmungs- und Initiativrechte der MAV genauso für die Bildschirmarbeit. Insbesondere wenn die Regelungen der ArbStättV zum Thema Bildschirmarbeit ausfüllungsbedürftige Rahmenvorschriften (z. B. »angemessen«) enthält, hat die MAV nach § 40 Buchst. b MVG ein (uneingeschränktes bzw. volles) Mitbestimmungsrecht.

Mitarbeitervertretungen sollten ihre weitgehenden Gestaltungsspielräume im Rahmen des Arbeitsschutzes nutzen, indem sie z. B.:

- ihr Mitbestimmungsrecht bei der Gefährdungsbeurteilung der Bildschirmarbeitsplätze extensiv wahrnehmen
- die Arbeit an Bildschirmen gemeinsam mit den Beschäftigten zum Thema machen und für die gesundheitlichen Gefährdungen durch Bildschirmarbeit sensibilisieren,
- eine Dienstvereinbarung über Mindeststandards der Bildschirm-Arbeitsplätze im Betrieb initiieren,

- die Gestaltung von Bildschirm-Arbeitsplätzen als ständigen Prozess begreifen, weil die Technik sich fortentwickelt,
- bei der Auswahl neuer Hard- und Software insbesondere auf deren Ergonomie achten.

Besonders zu erwähnen ist, dass die MAV auch selbst Maßnahmen zum Gesundheitsschutz anregen kann. Sie kann solche Maßnahmen auch im Wege des Initiativrechts nach § 47 MVG bei der Einigungsstelle erzwingen. Regelungen, die gesetzlich verbindlich sind, können jedoch nicht erzwungen werden. Nur da, wo Gestaltungsspielraum besteht, besteht auch Raum für Mitbestimmung. Die MAV kann daher auch immer bessere oder konkretere Regelungen einbringen und dadurch den betrieblichen → **Arbeits- und Gesundheitsschutz** gestalten.

Bedeutung für die Beschäftigten

Die Beschäftigten an Bildschirm-Arbeitsplätzen besitzen einen – einklagbaren – Anspruch auf Umsetzung der genannten Bestimmungen. Insbesondere müssen alle Bildschirmarbeitsplätze den Mindestvorschriften des Anhangs der ArbStättV zum Thema Bildschirmarbeit (s. am Ende des Stichworts) entsprechen. Bei Verstößen gegen diese Vorschriften (z.B. Bildschirm ist falsch aufgestellt, Beleuchtung deutlich unter 500 Lux) sollten Beschäftigte die MAV informieren bzw. einschalten. Nach § 17 ArbSchG können Arbeitnehmer auch Vorschläge machen und sich mit einer → **Beschwerde** an das Gewerbeaufsichtsamt wenden (→ **Arbeitsschutz**).

Übersicht: Bildschirmarbeit

Ziffer 6 des Anhangs der Arbeitsstättenverordnung (ArbStättV) in der Fassung der Verordnung vom 30.11.2016: »Anforderungen und Maßnahmen für Arbeitsstätten nach § 3 Absatz 1 ArbStättV«:

6. Maßnahmen zur Gestaltung von Bildschirmarbeitsplätzen

6.1 Allgemeine Anforderungen an Bildschirmarbeitsplätze

(1) Bildschirmarbeitsplätze sind so einzurichten und zu betreiben, dass die Sicherheit und der Schutz der Gesundheit der Beschäftigten gewährleistet sind. Die Grundsätze der Ergonomie sind auf die Bildschirmarbeitsplätze und die erforderlichen Arbeitsmittel sowie die für die Informationsverarbeitung durch die Beschäftigten erforderlichen Bildschirmgeräte entsprechend anzuwenden.

(2) Der Arbeitgeber hat dafür zu sorgen, dass die Tätigkeiten der Beschäftigten an Bildschirmgeräten insbesondere durch andere Tätigkeiten oder regelmäßige Erholungszeiten unterbrochen werden.

(3) Für die Beschäftigten ist ausreichend Raum für wechselnde Arbeitshaltungen und -bewegungen vorzusehen.
(4) Die Bildschirmgeräte sind so aufzustellen und zu betreiben, dass die Oberflächen frei von störenden Reflexionen und Blendungen sind.
(5) Die Arbeitstische oder Arbeitsflächen müssen eine reflexionsarme Oberfläche haben und so aufgestellt werden, dass die Oberflächen bei der Arbeit frei von störenden Reflexionen und Blendungen sind.
(6) Die Arbeitsflächen sind entsprechend der Arbeitsaufgabe so zu bemessen, dass alle Eingabemittel auf der Arbeitsfläche variabel angeordnet werden können und eine flexible Anordnung des Bildschirms, des Schriftguts und der sonstigen Arbeitsmittel möglich ist. Die Arbeitsfläche vor der Tastatur muss ein Auflegen der Handballen ermöglichen.
(7) Auf Wunsch der Beschäftigten hat der Arbeitgeber eine Fußstütze und einen Manuskripthalter zur Verfügung zu stellen, wenn eine ergonomisch günstige Arbeitshaltung auf andere Art und Weise nicht erreicht werden kann.
(8) Die Beleuchtung muss der Art der Arbeitsaufgabe entsprechen und an das Sehvermögen der Beschäftigten angepasst sein; ein angemessener Kontrast zwischen Bildschirm und Arbeitsumgebung ist zu gewährleisten. Durch die Gestaltung des Bildschirmarbeitsplatzes sowie der Auslegung und der Anordnung der Beleuchtung sind störende Blendungen, Reflexionen oder Spiegelungen auf dem Bildschirm und den sonstigen Arbeitsmitteln zu vermeiden.
(9) Werden an einem Arbeitsplatz mehrere Bildschirmgeräte oder Bildschirme betrieben, müssen diese ergonomisch angeordnet sein. Die Eingabegeräte müssen sich eindeutig dem jeweiligen Bildschirmgerät zuordnen lassen.
(10) Die Arbeitsmittel dürfen nicht zu einer erhöhten, gesundheitlich unzuträglichen Wärmebelastung am Arbeitsplatz führen.

6.2 Allgemeine Anforderungen an Bildschirme und Bildschirmgeräte

(1) Die Text- und Grafikdarstellungen auf dem Bildschirm müssen entsprechend der Arbeitsaufgabe und dem Sehabstand scharf und deutlich sowie ausreichend groß sein. Der Zeichen- und der Zeilenabstand müssen angemessen sein. Die Zeichengröße und der Zeilenabstand müssen auf dem Bildschirm individuell eingestellt werden können.
(2) Das auf dem Bildschirm dargestellte Bild muss flimmerfrei sein. Das Bild darf keine Verzerrungen aufweisen.
(3) Die Helligkeit der Bildschirmanzeige und der Kontrast der Text- und Grafikdarstellungen auf dem Bildschirm müssen von den Beschäftigten einfach eingestellt werden können. Sie müssen den Verhältnissen der Arbeitsumgebung individuell angepasst werden können.
(4) Die Bildschirmgröße und -form müssen der Arbeitsaufgabe angemessen sein.
(5) Die von den Bildschirmgeräten ausgehende elektromagnetische Strahlung muss so niedrig gehalten werden, dass die Sicherheit und die Gesundheit der Beschäftigten nicht gefährdet werden.

6.3 Anforderungen an Bildschirmgeräte und Arbeitsmittel für die ortsgebundene Verwendung an Arbeitsplätzen
(1) Bildschirme müssen frei und leicht dreh- und neigbar sein sowie über reflexionsarme Oberflächen verfügen. Bildschirme, die über reflektierende Oberflächen verfügen, dürfen nur dann betrieben werden, wenn dies aus zwingenden aufgabenbezogenen Gründen erforderlich ist.
(2) Tastaturen müssen die folgenden Eigenschaften aufweisen:
1. sie müssen vom Bildschirm getrennte Einheiten sein,
2. sie müssen neigbar sein,
3. die Oberflächen müssen reflexionsarm sein,
4. die Form und der Anschlag der Tasten müssen den Arbeitsaufgaben angemessen sein und eine ergonomische Bedienung ermöglichen,
5. die Beschriftung der Tasten muss sich vom Untergrund deutlich abheben und bei normaler Arbeitshaltung gut lesbar sein.

(3) Alternative Eingabemittel (zum Beispiel Eingabe über den Bildschirm, Spracheingabe, Scanner) dürfen nur eingesetzt werden, wenn dadurch die Arbeitsaufgaben leichter ausgeführt werden können und keine zusätzlichen Belastungen für die Beschäftigten entstehen.

6.4 Anforderungen an tragbare Bildschirmgeräte für die ortsveränderliche Verwendung an Arbeitsplätzen
(1) Größe, Form und Gewicht tragbarer Bildschirmgeräte müssen der Arbeitsaufgabe entsprechend angemessen sein.
(2) Tragbare Bildschirmgeräte müssen
1. über Bildschirme mit reflexionsarmen Oberflächen verfügen und
2. so betrieben werden, dass der Bildschirm frei von störenden Reflexionen und Blendungen ist.

(3) Tragbare Bildschirmgeräte ohne Trennung zwischen Bildschirm und externem Eingabemittel (insbesondere Geräte ohne Tastatur) dürfen nur an Arbeitsplätzen betrieben werden, an denen die Geräte nur kurzzeitig verwendet werden oder an denen die Arbeitsaufgaben mit keinen anderen Bildschirmgeräten ausgeführt werden können.
(4) Tragbare Bildschirmgeräte mit alternativen Eingabemitteln sind den Arbeitsaufgaben angemessen und mit dem Ziel einer optimalen Entlastung der Beschäftigten zu betreiben.
(5) Werden tragbare Bildschirmgeräte ortsgebunden an Arbeitsplätzen verwendet, gelten zusätzlich die Anforderungen nach Nummer 6. 1.

6.5 Anforderungen an die Benutzerfreundlichkeit von Bildschirmarbeitsplätzen
(1) Beim Betreiben der Bildschirmarbeitsplätze hat der Arbeitgeber dafür zu sorgen, dass der Arbeitsplatz den Arbeitsaufgaben angemessen gestaltet ist. Er hat insbesondere geeignete Softwaresysteme bereitzustellen.
(2) Die Bildschirmgeräte und die Software müssen entsprechend den Kenntnissen und Erfahrungen der Beschäftigten im Hinblick auf die jeweilige Arbeitsaufgabe angepasst werden können.
(3) Das Softwaresystem muss den Beschäftigten Angaben über die jeweiligen Dialogabläufe machen.

(4) Die Bildschirmgeräte und die Software müssen es den Beschäftigten ermöglichen, die Dialogabläufe zu beeinflussen. Sie müssen eventuelle Fehler bei der Handhabung beschreiben und eine Fehlerbeseitigung mit begrenztem Arbeitsaufwand erlauben.
(5) Eine Kontrolle der Arbeit hinsichtlich der qualitativen oder quantitativen Ergebnisse darf ohne Wissen der Beschäftigten nicht durchgeführt werden.

Literaturhinweis

- ASR A 6. Technische Regeln für Arbeitsstätten: Bildschirmarbeit. Ausgabe Juli 2024. Download unter: *https://www.baua.de/DE/Angebote/Regelwerk/ASR/ASR-A6.*
- *DGUV (Hg.): DGUV-Information 215–450. Software-Ergonomie*, Berlin 2021.
- *DGUV (Hg.): DGUV-Information 215–410.* Bildschirm- und Büroarbeitsplätze. Leitfaden für die Gestaltung, Berlin 2019.
- *Martin, Peter/Prümper, Jochen/Harten, Gerd von:* Ergonomie-Prüfer. Beurteilung von Büro- und Bildschirmarbeitsplätzen, Frankfurt 2008.

Bildungsurlaub

Was ist das?

Unter Bildungsurlaub im engeren Sinne versteht man die gesetzlich geregelte Freistellung eines Arbeitnehmers von der Arbeit zum Zwecke der Teilnahme an Maßnahmen der beruflichen oder politischen (teilweise auch der allgemeinen) Bildung unter Fortzahlung des Arbeitsentgelts.

Wenig bekannt ist, dass die Bundesrepublik Deutschland sich völkerrechtlich verbindlich verpflichtet hat, die Gewährung von bezahltem Bildungsurlaub durch die Gesetzgebung sicherzustellen. Das Übereinkommen der Internationalen Arbeitsorganisation (ILO-Übereinkommen 140 vom 5.6.1974) zum bezahlten Bildungsurlaub, das die Bundesrepublik 1976 ratifiziert hat, verweist auf Artikel 26 der Allgemeinen Erklärung der Menschenrechte, in dem festgestellt wird, dass jeder Mensch das Recht auf Bildung hat.

Die Allgemeine Konferenz der Internationalen Arbeitsorganisation

- *»ist der Ansicht, dass die Notwendigkeit einer fortdauernden Bildung und Berufsbildung entsprechend der wissenschaftlichen und technischen Entwicklung und dem Wandel der wirtschaftlichen und sozialen Beziehungen angemessene Vorkehrungen für einen Urlaub zu Bildungs- und Berufsbildungszwecken erfordert, um neuen Bestrebungen, Bedürfnissen und Zielen sozialer, wirtschaftlicher, technischer und kultureller Art zu entsprechen,*
- *ist der Ansicht, dass der bezahlte Bildungsurlaub als eines der Mittel zur Befriedigung der echten Bedürfnisse des einzelnen Arbeitnehmers in einer modernen Gesellschaft betrachtet werden sollte,*
- *ist der Ansicht, dass der bezahlte Bildungsurlaub im Sinne einer Politik der fortdauernden Bildung und Berufsbildung konzipiert sein sollte, die schrittweise und wirksam durchgeführt wird.«*

Somit sollte es in ganz Deutschland eine Regelung zum Bildungsurlaub geben. Bildungsurlaub ist allerdings bisher nicht durch ein allgemeines Bundesgesetz festgelegt, sondern ausschließlich in Ländergesetzen. Somit gibt es sehr unterschiedliche Regelungen bzw. Bundesländer ohne Regelungen zum Bildungsurlaub.

Auf der Grundlage der Ländergesetze wird ein Anspruch auf Freistellung unter Fortzahlung des Arbeitsentgelts für die beruflichen und politischen Bildungsveranstaltungen gewährt, die von den jeweiligen Ländern anerkannt worden sind. Ein Problem ist das Anerkennungsverfahren von Bildungsurlauben. Ein Bildungsurlaub muss von dem Bundesland anerkannt werden, in dem sich der Arbeitsplatz befindet. Teilweise gibt es unter den Bundesländern gegenseitige Anerkennungen, aber in vielen anderen Fällen nicht. Die genaue Definition der Anspruchsberechtigten ist den jeweiligen Ländergesetzen zu entnehmen. In der Regel sind es Arbeitnehmer und zur Berufsausbildung Beschäftigte, teilweise auch in Heimarbeit Beschäftigte und ihnen Gleichgestellte sowie andere arbeitnehmerähnliche Personen. Die meisten Ländergesetze enthalten Formulierungen, dass der Zweck des Bildungsurlaubs die politische Bildung und berufliche Weiterbildung ist. In einigen Ländergesetzen kann der nicht genommene Bildungsurlaub auch auf das nächste Jahr übertragen werden. Der Anspruch auf Bildungsurlaub beträgt meist fünf Tage pro Kalenderjahr bzw. zehn Tage in zwei Jahren. Die Regelungen zu Wartezeiten, Anmeldung und Verschiebung des Bildungsurlaubs sind den jeweiligen Ländergesetzen zu entnehmen.
In folgenden Bundesländern gelten Bildungsurlaubsgesetze:

- Baden-Württemberg: Bildungszeitgesetz
- Berlin: Berliner Bildungsurlaubsgesetz
- Brandenburg: Brandenburgisches Weiterbildungsgesetz
- Bremen: Bremisches Bildungsurlaubsgesetz
- Hamburg: Hamburgisches Bildungsurlaubsgesetz
- Hessen: Hessisches Gesetz über den Anspruch auf Bildungsurlaub
- Mecklenburg-Vorpommern: Bildungsfreistellungsgesetz Mecklenburg-Vorpommern
- Niedersachsen: Niedersächsisches Gesetz über den Bildungsurlaub für Arbeitnehmerinnen und Arbeitnehmer
- Nordrhein-Westfalen: Arbeitnehmerweiterbildungsgesetz Nordrhein-Westfalen
- Rheinland-Pfalz: Landesgesetz über die Freistellung von Arbeitnehmerinnen und Arbeitnehmern für Zwecke der Weiterbildung (Bildungsfreistellungsgesetz – BFG)
- Saarland: Saarländisches Bildungsfreistellungsgesetz
- Sachsen-Anhalt: Gesetz zur Freistellung von der Arbeit für Maßnahmen der Weiterbildung
- Schleswig-Holstein: Bildungsfreistellungs- und Qualifizierungsgesetz
- Thüringen: Bildungsfreistellungsgesetz

Nur in den Ländern Sachsen und Bayern gibt es kein Bildungsurlaubsgesetz.

Leider wird der Bildungsurlaub von den anspruchsberechtigten Arbeitnehmern viel zu wenig in Anspruch genommen. Die Quote liegt im Bundesdurchschnitt bei 1–2 %. Ausnahme ist das Land Bremen mit etwa 5 %.

Bedeutung für die MAV

Die → **Schulung für MAV-Mitglieder** wird nicht auf den Bildungsurlaub angerechnet, d. h. MAV-Mitglieder können in ihrer Funktion als Arbeitnehmer zusätzlich zu den MAV-Fortbildungen Bildungsurlaub beanspruchen.
Die MAV hat nach § 42 k) MVG mitzubestimmen bei der Ablehnung eines Antrags auf Beurlaubung. Kommt es zu keiner Einigung, kann das Kirchengericht angerufen werden.
Die MAV kann in ihren eigenen Veröffentlichungen auf die Möglichkeit hinweisen, dass Beschäftigte an Bildungsurlaubsmaßnahmen teilnehmen können. Die MAV kann Programme von Trägern des Bildungsurlaubs und auch als besonders interessant für Beschäftigte erachtete Angebote an geeigneten Orten auslegen.

Bedeutung für die Beschäftigten

In den Bundesländern mit einem Anspruch auf Bildungsurlaub nehmen nur 1–2 % der Beschäftigten ihren Anspruch auf Bildungsurlaub wahr. Bildungsurlaub ist wichtig für die persönliche und berufliche Weiterentwicklung und vermittelt weitere Perspektiven als betriebliche Fortbildungen.
Anspruchsberechtigt sind Arbeitnehmer und die zur Ausbildung Beschäftigten (in Baden-Württemberg auch die Studierenden der dualen Hochschule). Der Anspruch auf Bildungsurlaub entsteht sechs Monate nach Beginn des Beschäftigungsverhältnisses (Ausnahme Rheinland-Pfalz: Arbeitnehmer müssen eine Beschäftigungszeit von zwei Jahren vorweisen; bei Auszubildenden genügen zwölf Monate). Die Anmeldung des Bildungsurlaubs sollte so früh wie möglich erfolgen. Die Mindestfristen betragen je nach Bundesland vier bis sechs Wochen vor Beginn des Bildungsurlaubs.
Den **Antrag auf Bildungsurlaub** stellt der Arbeitnehmer. Der Antrag ist schriftlich beim Arbeitgeber einzureichen und muss alle Informationen zum Seminar – Seminarnummer, Zielgruppe, Zeiten, Lernziele und -inhalte – enthalten. Die Beantragung des Bildungsurlaubes muss nach den meisten Bildungsurlaubsgesetzen mindestens sechs Wochen vor Beginn der Bildungsveranstaltung erfolgen (in einigen Ländern gilt eine Frist von vier Wochen). Die Beschäftigten, die Bil-

dungsurlaub beantragen, haben kein Recht auf Selbstbeurlaubung. Die Freistellung muss bei dem Arbeitgeber beantragt und von diesem genehmigt werden.
Die Dauer des Bildungsurlaubs beträgt in der Regel fünf Arbeitstage pro Kalenderjahr (Ausnahme Saarland: drei Arbeitstage pro Kalenderjahr, wenn der Arbeitnehmer seinerseits drei weitere Tage einbringt). Bei regelmäßiger Arbeit an mehr oder weniger als fünf Tagen in der Woche beträgt der Anspruch entsprechend mehr oder weniger. Der Anspruch von zwei aufeinander folgenden Kalenderjahren kann meist zusammengefasst werden.
Der Arbeitgeber kann unter bestimmten Umständen die Gewährung von Bildungsurlaub ablehnen. Die zulässigen Begründungen sind in den jeweiligen Ländergesetzen angeführt. Führt der Arbeitgeber nur allgemeine betriebliche oder wirtschaftliche Gründe an, sind diese nicht ausreichend, Als Gründe für eine Ablehnung gelten zum Beispiel »dringende betriebliche oder dienstliche Belange« oder wenn Urlaubsansprüche und/oder Krankheit anderer Kolleginnen und Kollegen »zu wesentlichen Beeinträchtigungen im Betriebsablauf führen«.
Im Falle einer Ablehnung empfiehlt sich, die angeführten Gründe des Arbeitgebers genau zu prüfen und Rat bei der MAV oder der Gewerkschaft einzuholen.
Verweigert der Arbeitgeber die Freistellung, kann der Arbeitnehmer die Schlichtungsstelle bzw. das Arbeitsgericht anrufen. Stellt der Arbeitgeber den Beschäftigten frei und besucht der Arbeitnehmer die Veranstaltung, hat der Arbeitnehmer Anspruch auf Entgeltfortzahlung.

Literaturhinweis

- Website des DGB-Bildungswerks zum Bildungsurlaub: *http://www.bildungsurlaub-machen.de/*
- Seminare, Informationen, Tipps und praktische Hilfen rund um den Bildungsurlaub – für ganz Deutschland: *http://www.bildungsurlaub.de/home.html*
- *Schoof, Christian*: Betriebsratspraxis von A bis Z, (Stichwort: Bildungsurlaub): ausführliche Übersicht über die verschiedenen Bildungsurlaubsregelungen der Länder, Frankfurt 2024.

Billiges Ermessen

Was ist das?

§ 315 BGB regelt, dass Entscheidungen über Regelungen und Weisungen, die durch einen der Vertragschließenden bestimmt werden dürfen, nach billigem Ermessen zu treffen sind. Übersetzt bedeutet dies, dass der Arbeitgeber dem Arbeitnehmer eine Weisung, wie z. B. hinsichtlich einer → **Versetzung**, → **Abordnung** oder → **Umsetzung** nur dann wirksam erteilen kann, wenn sie nicht einseitig und ausschließlich durch seine Interessen im Rahmen des → **Direktionsrechts** bestimmt wird. Der Arbeitgeber ist bei der Ausübung seines Direktionsrechts nicht frei. Soweit das Direktionsrecht nicht ohnehin durch Gesetz, Tarifvertrag, Regelungen der ARK, Dienstvereinbarung oder auch durch einzelvertragliche Nebenabreden beschränkt ist, darf es gemäß § 106 GewO, § 315 BGB nur nach billigem Ermessen ausgeübt werden (BAG v. 21.7.2009 – 9 AZR 378/08). Der Arbeitgeber muss daher alle wesentlichen Umstände seiner Entscheidungen abwägen und die beiderseitigen Interessen angemessen berücksichtigen. Ob dies geschehen ist, unterliegt der gerichtlichen Kontrolle. **Unbillig** ist die Weisung z. B. dann, wenn der Arbeitgeber allein seine Interessen durchzusetzen versucht (BAG v. 19.5.1992). Im Rahmen des Weisungsrechts sind auch Grundrechte des Arbeitnehmers, insbesondere Gewissenskonflikte zu beachten. Auch auf Behinderungen ist Rücksicht zu nehmen, § 106 Satz 3 GewO.

Bedeutung für die MAV

Im Rahmen verschiedener personeller Einzelmaßnahmen muss der Arbeitgeber Entscheidungen treffen und diese der MAV begründen. Wenn bei → **Versetzungen**, → **Abordnungen** oder → **Umsetzungen** aus einer Gruppe von Beschäftigten einzelne Betroffene ausgewählt werden, muss diese Auswahl entsprechend dem »billigen Ermessen« erfolgen. Eine genaue Kriterienauswahl, wie bei einer → **Kündigung**, bei der eine Sozialauswahl entsprechend § 1 Abs. 1 KSchG gefordert ist, gibt es hier allerdings nicht. Bei einer Kündigung sind vier Kriterien der sozialen Rechtfertigung zu beachten: die Dauer der Betriebszugehörigkeit, das Lebensalter, die Unterhaltspflichten und eine evtl. Schwerbehinderung des Arbeitnehmers. Auf Verlangen des Arbeitnehmers hat der Arbeitgeber dem Arbeitnehmer die Gründe anzugeben, die zu der getroffenen sozialen Auswahl geführt haben. Der Arbeitgeber ist grundsätzlich frei, die Kriterien für eine Auswahl im Rahmen des billigen Ermessens festzulegen. Der Arbeitgeber hat dabei eine **Abwägung** der wechselseitigen Interessen nach verfassungsrechtlichen und gesetzlichen Wertentscheidungen, den allgemeinen Wertungsgrundsätzen der Verhältnismäßigkeit und Angemessenheit sowie der Verkehrssitte und Zumutbarkeit vorzunehmen. In die Abwägung sind alle Umstände des Einzelfalls einzubeziehen. Hierzu gehören die Vorteile aus einer Regelung, die Risikoverteilung zwischen den Vertragsparteien, die beiderseitigen Bedürfnisse, außervertragliche Vor- und Nachteile, Vermögens- und Einkommensverhältnisse sowie soziale Lebensverhältnisse wie familiäre Pflichten und Unterhaltsverpflichtungen. Beispiel: Interesse des Arbeitgebers an einer Versetzung, Interesse des Beschäftigten an kurzen Fahrtwegen, Koordinierung von Kindertagesstättenzeiten, Betreuung pflegebedürftiger Angehöriger.

Die MAV erhält bei Auswahlentscheidungen, die nach billigem Ermessen getroffen wurden, im Rahmen der Unterrichtung den Personenkreis, aus dem die Auswahl getroffen wurde. Weiterhin die Kriterien und deren Begründung, die bei der Auswahl zugrunde gelegt wurden. Ebenso die Wertung der einzelnen Kriterien im Verhältnis zueinander, wie auch eine Begründung der Auswahlentscheidung. Im Bedarfsfall kann die MAV sich die Kriterien auch im Rahmen der **Erörterung** (§ 38 Abs. 2, § 45 Abs. 1 MVG) erläutern lassen, um danach ihre Zustimmung oder Ablehnung formulieren zu können.

Soweit die MAV Beteiligungsrechte wahrnimmt, hat sie auch nach billigem Ermessen zu handeln. Insbesondere hat sie, ebenso wie der Arbeitgeber, darüber zu wachen, dass alle Beschäftigten nach den **Grundsätzen von Recht und Billigkeit** behandelt werden (§ 35 MVG).

Bedeutung für die Beschäftigten

In den Tarifverträgen des öffentlichen Dienstes bzw. der AVR.DD sind Begrenzungen des → **Weisungsrechts** des Arbeitgebers vorgesehen. So können z. B. → **Versetzungen** und → **Abordnungen** nur bei Vorliegen dienstlicher Gründe vorgenommen werden. Bei Umsetzungen gibt es keine tariflichen oder ARK-Regelungen. Ob mit oder ohne Einschränkungen, der Arbeitgeber ist gehalten, Auswahlentscheidungen, ausgenommen Kündigungen (hier gilt die Sozialauswahl entsprechend § 1 KSchG), entsprechend dem billigen Ermessen (§ 315 BGB) vorzunehmen. Sind Beschäftigte mit Entscheidungen des Arbeitgebers nicht einverstanden, können sie Klage beim → **Arbeitsgericht** erheben oder die → **Schlichtung** – soweit vorhanden – entsprechend § 44 AVR.DD anrufen. Das Ermessen ist gerichtlich nachprüfbar. Nach neuerer Rechtsprechung des BAG (v. 14.6.2017 – 10 AZR 330/16) müssen Beschäftigte unbillige Weisungen nicht mehr befolgen. Vor dieser Entscheidung hatte das BAG geurteilt: der Arbeitnehmer hatte einer Weisung zu folgen, ansonsten drohte ihm der Verlust seines Vergütungsanspruchs und im schlimmsten Fall die Kündigung des Arbeitsverhältnisses. Nach der Rechtsprechungsänderung des Zehnten Senats des BAG trägt nun der Arbeitnehmer das Abschätzungsrisiko, wenn er einer aus seiner Sicht **unbilligen Weisung** nicht unter Vorbehalt bis zu einer rechtskräftigen Entscheidung nachkommen will. Problematisch ist dabei, wenn sich nach einer länger andauernden arbeitsgerichtlichen Auseinandersetzung herausstellt, dass die Weisung doch wirksam – also nicht unbillig – war. Dann muss der Arbeitnehmer auch die arbeitsrechtlichen Konsequenzen von einer Abmahnung bis hin zur Kündigung tragen. Um die Klärung der Billigkeit oder Unbilligkeit einer Weisung zu beschleunigen, sollte geprüft werden, neben einer arbeitsgerichtlichen Klage auch eine **einstweilige Verfügung** zu beantragen. Bei einem solchen Verfahren wird in bestimmten Fällen innerhalb kurzer Zeit eine Entscheidung über eine Weisung des Arbeitgebers getroffen, die allerdings die endgültige Entscheidung nicht vorwegnehmen darf.

Boreout-Syndrom

Was ist das?

Beschäftigte, die überlastet sind, unter zu viel Arbeit leiden, haben häufig das Burnout-Syndrom. Es gibt aber auch das genaue Gegenteil: Bei fachlicher Unterforderung oder zu wenig Arbeit, liegt das sog. »Boreout-Syndrom« vor. Während sich die sog. → **Überlastungsanzeige** (besser: »Gefährdungsanzeige«) zwischenzeitlich etabliert hat, sind »**Unterlastungsanzeigen**«, »Langeweileanzeigen« bisher so gut wie unbekannt. Die Folgen für die Gesundheit von Beschäftigten wie auch der Schaden für den Arbeitgeber entsprechen jedoch den Folgen des Burnouts.

Bedeutung für die MAV

Die MAV hat mitzubestimmen bei Maßnahmen zur Verhütung von gesundheitlichen Gefahren (§ 40 Buchst. b MVG). Gesundheitliche Gefahren entstehen nicht nur bei der Überforderung von Beschäftigten, sondern auch bei deren **Unterforderung**. Entsprechend dem Stressreport 2012 der Bundesanstalt für Arbeitsschutz und Arbeitsmedizin (BAuA) fühlen sich 13 Prozent der abhängig Beschäftigten in Deutschland fachlich und 5 Prozent mengenmäßig in der Arbeit unterfordert. Im Rahmen des Arbeits- und Gesundheitsschutzes im Betrieb sollte die MAV hier tätig werden und bei → **Dienstvereinbarungen** zum Thema »Überlastung« (besser: »Gefährdung«) auch den Punkt der Unterforderung berücksichtigen. Auch können offizielle Ansprechpartner der MAV und des Arbeitgebers zum Themengebiet bestellt und geschult werden. Ebenso kann das Thema bei → **Mitarbeiterversammlungen** angesprochen werden, da sich betroffene Beschäftigte selbst kaum melden.

Bedeutung für die Beschäftigten

In vielen Dienststellen und Betrieben ist Leistung das Maß aller Dinge. Neben der Überforderung tritt jedoch auch die Unterforderung, die Langeweile bei der Arbeit immer wieder auf. Ursachen können u.a. sein: die fachlichen Qualifikationen können bei der Arbeit nicht genutzt werden, falsche oder unklare Arbeitsanweisungen, Stellenausschreibungen versprechen mehr als sie halten, zu geringes Vertrauen der Vorgesetzten in die Fähigkeiten des Mitarbeiters u.ä. Auch die zu geringe Zuweisung von Arbeitsmengen kann zu einem Boreout-Syndrom führen. Gemeinsam ist den beiden Ursachen, fachliche und mengenmäßige Unterforderung, dass sich Betroffene eher nicht beim Vorgesetzten oder bei der MAV melden, um auf Abhilfe zu drängen. Eher findet ein »Leiden an den Umständen« statt und es besteht die Angst, sich zu outen.
Die Situation ist jedenfalls zu beobachten: Handelt es sich um ein systematisches Vorenthalten arbeitsvertraglich vereinbarter Tätigkeiten, dann geht es nicht nur um eine arbeitsvertragliche Pflichtverletzung, sondern ggf. auch um ein zielgerichtetes Handeln, bei dem es sich um → **Mobbing** handeln könnte, wenn es gewisse Dimensionen annimmt.
Eine Unterforderung kann ebenso wie eine Überlastung zu Depressionen, chronischen Rückenschmerzen und Herz-Kreislauf-Erkrankungen führen. Paradoxerweise täuschen Boreout-Betroffene häufig vor, beschäftigt zu sein, starren auf ihren Bildschirm, berichten den Kollegen von einem Berg an Arbeit und Aufgaben. Wer nur Löcher in die Luft starrt, riskiert seinen Arbeitsplatz. Gerade diese Vertuschungsstrategien erzeugen aber Stress und können die Gesundheit belasten. Die Situation belastet auf Dauer nicht nur betroffene Beschäftigte und die Kollegen, sondern auch dessen Familie und das private Umfeld. Es ist jedoch für den betroffenen Beschäftigten schwer, sich mit diesen Problemen an den Vorgesetzten – oder die MAV – zu wenden und auf Abhilfe zu drängen. Ohne Offenlegung der konkreten Sachlage kann sich die Verbesserung der Situation nur durch die Suche nach anderen Aufgabenfeldern beim bisherigen Arbeitgeber oder durch die Bewerbung auf andere Stellen ergeben.

Literaturhinweis

- (Broschüre der BAuA) *Joiko, K./Schmauder, M./Wolff, G.*: Psychische Belastung und Beanspruchung im Berufsleben. Erkennen – Gestalten. 5. Auflage. Dortmund 2010. Download unter: *https://www.baua.de/DE/Angebote/Publikationen/Praxis/A45.*

- *Brinkmann, Ralf/Stapf Kurt H.*: Innere Kündigung: Wenn der Job zur Fassade wird. München 2005.
- *Günthner, Lisa:* Boreout statt Burnout: Eine psychische Erkrankung ausgelöst durch Langeweile, Unterforderung und Desinteresse am Arbeitsplatz. München 2014.
- *Rothlin, Philippe/Werder Peter R:* Diagnose Boreout. Warum Unterforderung im Job krank macht. München 2007.

Bruttolohnlisten

Was ist das?

Bruttolohnlisten geben darüber Auskunft, was ein einzelner Mitarbeiter monatlich verdient. Zum Bruttomonatsgehalt gehören grundsätzlich nur Geldleistungen (LAG Hessen – 12.11.2008 – 8 Sa 188/08). Duden: Bruttogehalt = Gehalt ohne Abzüge. In der Bruttolohnliste sind alle Mitarbeiter aufzuführen, mit Ausnahme der Dienststellenleitung.

Bedeutung für die MAV

Die Mitarbeitervertretung ist entsprechend § 34 Abs. 1 Satz 1 MVG zur Durchführung ihrer Aufgaben rechtzeitig und umfassend zu unterrichten. Nach § 34 Abs. 3 Satz 1 sind der MAV die zur Durchführung ihrer Aufgaben erforderlichen Unterlagen rechtzeitig zur Verfügung zu stellen. Nach § 35 Abs. 1 Satz 1 MVG hat die Mitarbeitervertretung die beruflichen, wirtschaftlichen und sozialen Belange der Mitarbeiterinnen und Mitarbeiter zu fördern, nach § 35 Abs. 3 Buchstabe b MVG soll die Mitarbeitervertretung insbesondere dafür eintreten, dass die arbeits-, sozial- und dienstrechtlichen Bestimmungen, Vereinbarungen und Anordnungen eingehalten werden.
Für die MAV besteht ein Anspruch auf Vorlage der Bruttolohnlisten, da sie zur Durchführung der Aufgaben der MAV erforderlich im Sinne von § 34 Abs. 3 Satz 1 MVG sind.
Diese positive Regelung wurde mit der Novellierung des MVG zum 1.1.2024 durch lediglich ein Einsichtsrecht (§ 34 Abs. 2a MVG) auf Druck der Arbeitgeber auf die EKD-Synode ersetzt. Durch die neue Bestimmung kann die MAV nur noch durch 2 ihrer Mitglieder Einsicht in die Bruttoentgeltlisten nehmen. Dabei sind der MAV die Namen der Mitarbeiter, deren Grundentgelte sowie die tariflichen oder außertariflichen in Monatsbeträgen festgelegten Zulagen »sichtbar« zu machen. Mehr nicht! Wir halten diese Veränderung für eine einschneidende

Verschlechterung der Möglichkeiten der MAV, für die Gerechtigkeit im Betrieb einzutreten!
Für die Überwachung der arbeitsrechtlichen Bestimmungen und Vereinbarungen im Sinne von § 35 Abs. 3 Buchstabe b MVG sind auch die jeweils zur Anwendung kommenden Vergütungsordnungen oder Tarifverträge von Bedeutung. Ob eine Entgeltordnung »eingehalten« wird, kann nur anhand eines Abgleichs der geschuldeten mit den tatsächlich erfolgten Zahlungen an die Mitarbeiter festgestellt werden, dies setzt die Aushändigung der Bruttolohnlisten voraus. Unabhängig davon hat die Mitarbeitervertretung nach § 40 Buchstabe n MVG-EKD ein Mitbestimmungsrecht in Bezug auf die Grundsätze für die Gewährung von Unterstützung oder sonstigen Zuwendungen, auf die kein Rechtsanspruch besteht. Es ist Aufgabe der Mitarbeitervertretung, insoweit auf die Einhaltung des Gleichbehandlungsgrundsatzes zu achten und ein etwaiges Mitbestimmungsrecht aus § 40 Buchstabe n MVG-EKD geltend zu machen. Dieser Aufgabe kann sie nur nachkommen, wenn sie die Bruttolohnlisten, die im Einzelnen ausweisen, an wen welche konkrete Zahlung auf welcher Rechtsgrundlage getätigt wird, auswerten kann.
Der folgende Absatz (kursiv) soll dokumentieren, wie sehr das MVG durch die EKD-Synode verschlechtert wurde:
Der Kirchengerichtshof hat zu diesem Thema mit Beschluss vom 5. 12. 2016 (KGH. EKD II-0124/28-2016) entschieden:

- *Die Mitarbeitervertretung hat Anspruch auf Aushändigung einer Liste mit allen in der Dienststelle gezahlten Bruttovergütungen.*
- *Davon ausgenommen sind nur die an Mitglieder der Dienststellenleitung gezahlten Bezüge.*
- *Die zweimalige Vorlage einer Bruttolohnliste im Kalenderjahr ist rechtlich nicht zu beanstanden.*

Dieser Beschluss wurde mit Datum vom 19. 6. 2018 (KGH.EKD II-0124/6-2018) bestätigt.
Die halbjährliche Aushändigung der Liste ist dahingehend verhältnismäßig, dass in diesem Zeitraum Veränderungen erkannt werden können.
Datenschutzrechtliche Erwägungen stehen der Aushändigung der Bruttolohnlisten nicht entgegen. Das Kirchengesetz über den Datenschutz der Evangelischen Kirche in Deutschland (DSG-EKD) findet hier Anwendung. Die MAV ist Teil der Dienststelle und damit der verantwortlichen Stelle im Sinne von § 2 Abs. 8 DSG-EKD. Die Nutzung der in der Bruttolohnliste enthaltenen personenbezogenen Daten ist nach § 3 DSG-EKD zulässig, weil eine andere Rechtsvorschrift – § 34 Abs. 3 Satz 1 MVG-EKD – dies erlaubt. Selbst wenn in dem Vorgang der Aushändigung eine Datenübermittlung an eine (andere) kirchliche Stelle gesehen würde, wäre dies nach § 12 Abs. 1 Nr. 1 DSG-EKD gestattet, weil es nach vorstehenden Erwägungen zur Erfüllung der Aufgaben der Mitarbeitervertretung erforderlich und nach § 5 Abs. 1

DSG-EKD zulässig ist. Die der MAV ausgehändigten Listen dürfen nicht anonymisiert werden. Dieser Anspruch der MAV wird auch nicht durch die Bestimmungen des Entgelttransparenzgesetzes eingeschränkt. (LAG Hamm v. 19. 9. 2017 – 7 TaBV 43/17). Die Nichtvorlage der Bruttolohnlisten wurde in einem Fall kirchengerichtlich durch ein Ordnungsgeld in Höhe von 2500 € sanktioniert. Die Beschwerde der diakonischen Einrichtung dagegen wurde vom Kirchengerichtshof der EKD nicht zur Entscheidung angenommen (KGH.EKD v. 2. 10. 2019, ZMV 2019, S. 323), da die Höhe des Ordnungsgeldes bei der Verletzung einer rechtskräftigen kirchengerichtlichen Entscheidung nicht zu beanstanden ist. Weiterhin unterliegen alle Mitglieder der MAV der Schweigepflicht des § 22 MVG.

Trotz Novellierung des MVG zum 1. 1. 2024 ist es dem Arbeitgeber nicht untersagt, der MAV weiterhin die Bruttolohnliste auszuhändigen. Aufgrund der seit dem Jahr 2016 geltenden Rechtsprechung dürfte das halbjährliche Überreichen der Bruttolohnliste bereits zum normalen Austausch zwischen Arbeitgeber und MAV gehören, so dass auch Arbeitgeber ein Interesse daran haben sollten, ein eingespieltes Verfahren in Bezug auf die Bruttolohnliste nicht unnötig kompliziert zu machen und Ressourcen, die durch die Einsichtnahme entstehen, nicht unnötig zu binden.

Bedeutung für die Beschäftigten

Die Beschäftigten müssen die Weitergabe ihrer Daten dulden, da hier ein Rechtsanspruch der MAV besteht, ohne dass nach § 34 Abs. 4 Satz 1 MVG die Zustimmung der betroffenen Mitarbeiter einzuholen wären; Bruttoentgelte sind regelmäßig nicht Bestandteil einer Personalakte. Eine Personalakte enthält personenbezogene Grunddaten. Der – sich immer wieder ändernde – Zahlbetrag, der sich aus einer Lohnabrechnung oder aus einer Bruttolohnliste ergibt, ist genau so wenig Bestandteil einer Personalakte wie eine Lohnabrechnung. Durch das Recht der MAV die Bruttolohnlisten zu erhalten, sollen auch die Rechte der Beschäftigten auf eine normgerechte Eingruppierung überwacht und gesichert werden. Unabhängig vom Aushändigungsrecht der MAV können auch die einzelnen Beschäftigten seit Juli 2017 durch das ab diesem Zeitpunkt in Kraft getretene »Gesetz zur Förderung der Transparenz von Entgeltstrukturen«, umgangssprachlich → »**Entgelttransparenzgesetz**«, Auskünfte über Vergleichsentgelte in der Dienststelle einholen. Der Auskunftsanspruch besteht für alle beschäftigen Frauen und Männer, die in Betrieben mit mehr als 200 Beschäftigen arbeiten. Ein Anspruch darauf, dass das Gehalt eines bestimmten Mitarbeiters erfragt wird, besteht jedoch nicht. Die Betroffenen können sich alle zwei Jahre über Vergleichsentgelte und die Kriterien der Entgeltfindung informieren. Mit dem

Auskunftsanspruch kann das durchschnittliche Bruttogehalt sowie bis zu zwei weitere Entgeltbestandteile (zum Beispiel Erschwernis- oder Leistungszulagen) von gleichwertigen Tätigkeiten erfragt werden. Weiterhin ist darzulegen, welche Kriterien für die Entgeltfindung gelten. Wie dies im Einzelnen jedoch darzustellen ist, ist nicht eindeutig geregelt und kann zu Rechtsunsicherheit führen.

Bundesfreiwilligendienst

Was ist das?

Der Bundesfreiwilligendienst (BFD) ist – seit Aussetzung der Wehrpflicht durch die Politik im Jahr 2011 – vor allem für junge Menschen quasi das Nachfolgemodell für den früheren Zivildienst. Im Bundesfreiwilligendienst können Menschen fast jeden Alters eine freiwillige, gemeinnützige und unentgeltliche Arbeit leisten. Der BFD ergänzt die bestehenden Dienste »Freiwilliges Soziales Jahr« und »Freiwilliges Ökologisches Jahr«. Ziel ist die Förderung des bürgerschaftlichen Engagements. Weil der BFD auch für Erwachsene über 27 Jahre offen ist, wird das Konzept des Freiwilligendienstes außerdem auf eine breitere gesellschaftliche Basis gestellt.

Beschäftigte im BFD sind **keine Mitarbeiter** nach dem MVG (§ 2), sie unterliegen dem Bundesfreiwilligendienstgesetz (BFDG).

Wie früher der Zivildienst, unterliegt auch der BFD dem Grundsatz der Arbeitsmarktneutralität, d.h. die Beschäftigung muss zusätzlich sein und darf keine Hauptamtlichen ersetzen. So heißt es auf der Homepage des Bundesamtes für Familie und zivilghesellschaftliche Aufgaben: *»Der Bundesfreiwilligendienst ist arbeitsmarktneutral. Die Freiwilligen verrichten unterstützende, zusätzliche Tätigkeiten und ersetzen keine hauptamtlichen Kräfte. Die Arbeitsmarktneutralität ist immer dann gegeben, wenn durch den Einsatz von Freiwilligen die Einstellung von neuen Beschäftigten nicht verhindert wird und keine Kündigung von Beschäftigten erfolgt. Die Arbeitsmarktneutralität wird vor Anerkennung jedes einzelnen Einsatzplatzes sichergestellt und ständig von dem Prüfteam des Bundesamtes vor Ort kontrolliert.«* (*https://www.bundesfreiwilligendienst.de/bundesfreiwilligendienst/a-bis-z*; letzter Zugriff: 16.4.2024)

Grundlage für den Bundesfreiwilligendienst ist das entsprechende Gesetz (Bundesfreiwilligendienstgesetz – BFDG) vom 28. April 2011. Es ist zum 3. Mai 2011 in Kraft getreten.

Zu Beginn war die Reaktion der Verbände und Einrichtungen eher zögerlich, doch mittlerweile ist der Bundesfreiwilligendienst zu einer echten **Erfolgsgeschichte** geworden. Anfangs war noch eine maximale Zahl von 35 000 Einsatzstellen vorgesehen, im Dezember 2013 waren bundesweit knapp 50 000 Stellen besetzt. Da der Bund die finanziellen Mittel begrenzt hat, wurde für 2014 (bis August) sogar ein Aufnahmestopp verhängt. Im November 2023 hat das Bundesfinanzministerium eine Haushaltssperre für die Jahre 2024 und 2025 verhängt. Im März 2024 gab es in der Bundesrepublik knapp 35 000 BFDs, davon gut 60 Prozent Frauen.

Wie sehen nun die konkreten Bedingungen für den Bundesfreiwilligendienst aus?

- Alter: Alle nach Abschluss der Vollzeitschulpflicht und ohne Altersgrenze nach oben.
- Umfang: Die Arbeit erfolgt in Vollzeit; bei Freiwilligen über 27 ist die Reduzierung auf mehr als 20 Stunden möglich.
- Dauer: in der Regel 12 Monate, mindestens 6, höchstens 18, in Ausnahmefällen auch bis zu 24 Monaten.
- Bezahlung: Unterkunft, Verpflegung, Kleidung und Taschengeld sollen analog zum Freiwilligen bzw. Ökologischen Sozialen Jahr gewährt werden. Das Taschengeld beträgt max. 6 % der Beitragsbemessungsgrenze in der Rentenversicherung, das sind für 2024 453 Euro. Der Bund fördert jeden BFD-Platz mit 250 Euro/Monat (bis zum 25. Geburtstag) bzw. 350 Euro/Monat (ab 25 Jahre) plus Kosten für pädagogische Begleitung mit 200 Euro/Monat.
- Das Taschengeld ist steuerfrei.
- Einsatzstellen: Das können sowohl gemeinwohlorientierte (nicht nur gemeinnützige) Einrichtungen sein als auch Institutionen im sozialen und Umweltbereich.
- Sozialversicherungspflicht: Beschäftigte im Bundesfreiwilligendienst sind sozialversichert wie Arbeitnehmer oder Auszubildende (unabhängig von der Höhe des gezahlten Taschengeldes). Alle Freiwilligen sind also Mitglied in der gesetzlichen Renten-, Unfall-, Kranken-, Pflege- und Arbeitslosenversicherung. Als Berechnungsgrundlage der Beiträge dient das Taschengeld plus der Wert der Sachbezüge (Unterkunft, Verpflegung). Die gesamten Beiträge, also sowohl der Arbeitgeber- wie der Arbeitnehmeranteil, werden von der Einsatzstelle gezahlt.
- Der Freiwilligendienst ist zwar kein Arbeitsverhältnis, ist aber in Sachen Arbeitsschutz einem Arbeitsverhältnis gleichgestellt. Es gelten etwa das → **Arbeitsschutzgesetz**, die → **Arbeitsstättenverordnung**, das → **Jugendarbeitsschutzgesetz** und das → **Mutterschutzgesetz**.
- Recht auf Zeugnis: Beschäftigte im Bundesfreiwilligendienst haben das Recht auf Ausstellung eines qualifizierten Zeugnisses.

Rechtlich handelt es sich beim Bundesfreiwilligendienst um **kein Arbeitsverhältnis**, auch wenn eine »Arbeitsvereinbarung« (auf Vorschlag von Einsatzstelle und Freiwilligen) zwischen Bund und dem Freiwilligen geschlossen wird. Die

Vereinbarung ist also ein zweiseitiges Dienstverhältnis, das kein Arbeitsverhältnis im engeren Sinne darstellt. Die Einsatzstelle ist nicht Vertragspartner, sondern »Auftragnehmer des Bundes«.

Bedeutung für die MAV und die Beschäftigten

Bundesfreiwillige haben – wie früher die Zivildienstleistenden – keinen Mitarbeiterstatus (§ 2 MVG). Hier gilt der gleiche Befund wie für Beschäftigte im Freiwilligen Sozialen Jahr (FSJ). Daher haben sie auch kein aktives und passives Wahlrecht für die betrieblichen Interessenvertretungen.

Für das → **Mitbestimmungsrecht** der MAV bei der Zuweisung bestimmter Freiwilliger liegen nach unserer Kenntnis (April 2024) nur zwei erstinstanzliche Entscheidungen vor (ArbG Ulm v. 18.7.2012 – 7 BV 10/11 und ArbG Ulm v. 7.3.2016 – 4 BV 10/15). Danach haben Betriebsräte bei der Einstellung von Freiwilligen im Rahmen des BFD ein Mitbestimmungsrecht (personelle Maßnahme nach § 99 BetrVG). Für die Rechte von Mitarbeitervertretungen kann nichts anderes gelten. Die Entscheidung aus dem Jahr 2016 betraf die Zustimmungsverweigerung eines Betriebsrats wegen mangelnder Arbeitsmarktneutralität des geplanten BFD-Einsatzes.

Unabhängig von diesen Beschlüssen ist davon auszugehen, dass der Arbeitgeber die Zustimmung der MAV nach § 42 Buchst. a MVG einzuholen hat, bevor er Freiwillige zur »Einstellung« vorschlägt. Denn die Auswahlentscheidung des Arbeitgebers löst das Mitbestimmungsrecht aus, auch wenn die Zuweisung durch einen Verwaltungsakt des Bundesamtes für Familie und zivilgesellschaftliche Aufgaben erfolgt (vgl. BAG v. 19.6.2001 – 1 ABR 25/00; ZMV 2002, S. 303; für Zivildienstleistende).

Nach dem Bundesfreiwilligendienstgesetz (BFDG) wählen die Freiwilligen insgesamt 7 Sprecher auf Bundesebene, die ihre Interessen gegenüber den Einsatzstellen, Trägern, Zentralstellen und dem Bundesamt für Familie und zivilgesellschaftliche Aufgaben vertreten. Die Sprecher werden einmal jährlich online gewählt und gehören auch dem Beirat für den Bundesfreiwilligendienst an. Weitere Vertretungen sind nicht vorgesehen.

In den → **Dienststellen** können sich die Freiwilligen selbstverständlich an die Mitarbeitervertretungen vor Ort wenden, wenn sie ein Anliegen haben. Dies ergibt sich bereits aus dem Gedanken der Dienstgemeinschaft. Die MAV hat das Anliegen auf ihre Berechtigung hin zu prüfen und es ggf. bei der → **Dienststellenleitung** zu vertreten.

Literaturhinweis

- *https://www.bundesfreiwilligendienst.de/* (letzter Zugriff: 16.4.2024)
- *http://de.wikipedia.org/wiki/Bundesfreiwilligendienst* (letzter Zugriff: 16.4.2024)

Burnout

Was ist das?

Der Begriff Burnout beschreibt ein »Ausgebranntsein« und ist ein ernstzunehmendes Gesundheitsproblem, das jedes Jahr zahlreiche Beschäftigte betrifft. Einst als »Modeerkrankung« nicht ernst genommen, haben sich die psychischen Erkrankungen zu einer der Hauptursachen für die Arbeitsunfähigkeit (neben den Erkrankungen des Atmungssystems und des Muskel-Skelett-Systems) von Beschäftigten entwickelt. Seit 2022 wird Burnout bei der ärztlichen Diagnose der Arbeitsunfähigkeit als »Stress am Arbeitsplatz, der nicht erfolgreich verarbeitet werden kann« definiert. Vorher wurde Burnout nach der breiteren Grundlage »Probleme mit Bezug auf Schwierigkeiten bei der Lebensbewältigung« kodiert.
Im Jahr 2022 waren unter Burnout rund 215 000 Beschäftigte mit 5,3 Millionen Krankheitstagen erfasst. Im Jahr 2005 erfasste die AOK noch rund 13,9 Krankheitstage je 1000 Versicherte, 2022 waren es bereits 159,8 AU-Tage je 1000 Mitglieder. Diese Steigerung ist z. T. auch darauf zurückzuführen, dass in den letzten Jahren genauer kodiert wird bzw. auf die zunehmende Bedeutung psychischer Erkrankungen.
Besonders betroffen von Burnout sind (nach statista 2022 AOK): Aufsichts- und Führungskräfte, Beschäftigte in der (Fach-)Kranken- und Altenpflege, dem Rettungsdienst, im Dialogmarketing, Berufe in der Heilerziehungspflege und Sonderpädagogik, der Ergotherapie, in der Haus- und Familienpflege, der Sozialarbeit und Sozialpädagogik und im Bereich der Sozialversicherung und Versicherungen. D. h. besonders sind Berufsgruppen mit einem hohen Anteil an sozialer Interaktion betroffen. Dabei sind Frauen über alle Altersgruppen hinweg mit rund 15 % betroffen, Männer nur mit 8,9 % (statista 2022). Im internationalen Vergleich (OECD) belegt Deutschland einen Mittelplatz. Spitzenreiter bei Burnout sind Österreich, Kanada und die USA.
Dabei existiert eine große Bandbreite verschiedener depressiver Erkrankungen, für die zahlreiche und teilweise konkurrierende genetische, medizinische, psychologische und soziologische Erklärungsansätze herangezogen werden. Gemeinsam ist diesen Erkrankungen, dass sie affektive Störungen beschreiben,

deren Hauptelement anhaltende Zustände psychischer Niedergeschlagenheit und Traurigkeit sind – bis hin zu Suizidgedanken.

Der Begriff »Burnout« wurde erstmals vom amerikanischen Psychotherapeuten Herbert Freudenberger Mitte der 1970 Jahre beschrieben. Zusammen mit seinem Kollegen Gail North entwickelten sie ein 12-Phasen-Modell eines Burnouts:

1. Übertriebener Ehrgeiz und der Zwang, sich beweisen zu müssen. Erhöhte Erwartungen an sich selbst und die Angst zu versagen.
2. Verstärkter Arbeitseinsatz aufgrund der eigenen hohen Anforderungen.
3. Vernachlässigung der eigenen Bedürfnisse wie Ruhepausen und regelmäßige Ernährung. Der eigene Lebensstil wird insgesamt ungesünder (Schlafstörungen, Mehrkonsum von Kaffee, Aufputschmittel, ...).
4. Bewusstes Verdrängen und Überspielen von Konflikten mit Arbeitskollegen, Partner, Familie und eigenen Bedürfnissen.
5. Umdeutung des eigenen Wertesystems und Vernachlässigung ehemals wichtiger Dinge wie Hobbies und Freunde. Alle Aufmerksamkeit gilt der Arbeit.
6. Verleugnung von Problemen, Zynismus und zunehmende Intoleranz. Ein Gefühl der mangelnden Anerkennung entsteht. Die Leistungsfähigkeit lässt nach. Isolationstendenzen.
7. Emotionaler und sozialer Rückzug aufgrund von Desillusionierung und Orientierungslosigkeit. Soziale Kontakte werden als Belastung empfunden. Suche nach Ersatzbefriedigung (Alkohol, Essen, Spielen, Sex, andere Drogen, ...).
8. Beobachtbare Verhaltensänderung, zum Beispiel in Form einer Abwehrhaltung gegenüber Kritik, aber auch gegenüber Zuwendung. Selbstmitleid, Einsamkeit.
9. Depersonalisation durch den Wahrnehmungsverlust und die Verneinung der eigenen Persönlichkeit. Die eigenen Bedürfnisse werden nicht mehr wahrgenommen. Seelische und körperliche Probleme verstärken sich. Magen-Darm, Herz-Kreislauf, z. T. auch mangelnde Hygiene.
10. Gefühl der inneren Leere und Nutzlosigkeit, das oft mithilfe von Suchtmitteln bewältigt werden soll. Mutlosigkeit, Ängste, Phobien, Panikattacken.
11. Depression geprägt von Sinnlosigkeit, Erschöpfung und Gleichgültigkeit, Selbsthass, erste Suizidgedanken.
12. Völlige geistige, emotionale und körperliche Erschöpfung erreicht ein lebensbedrohliches Ausmaß, die zum Suizid führen kann.

Neben diesem Modell gibt es noch weitere Modelle, die die einzelnen Phasen der Erkrankung beschreiben.

Jede Burnout-Erkrankung ist eine Qual für die betroffene Person, jedoch leiden auch die Kolleginnen und Kollegen mit, ebenso der Privatbereich. Zusätzlich entstehen der Gesellschaft bzw. der Versichertengemeinschaft erhebliche Kosten. Die frühzeitige Erkennung der Symptome – und deren erfolgreiche Behandlung – hilft daher allen.

Bedeutung für die MAV

Die MAV hat ein uneingeschränktes Mitbestimmungsrecht bei allen Maßnahmen zur Verhütung von Unfällen und gesundheitlichen Gefahren (§ 40 Buchst. b MVG). Gerade die Prävention und das Erkennen von Symptomen der Beschäftigten ist beim Burnout von entscheidender Bedeutung. Um die betriebliche Prävention von Burnout zu unterstützen, sollten mehrere Mitglieder einer MAV im Rahmen des Arbeits- und Gesundheitsschutzes Seminare und Schulungen zum Thema besuchen. Die MAV kann die Problematik Burnout auch in → **Dienstvereinbarungen** zum Thema »Belastung« oder »Überlastung« mit einbringen. Und die MAV kann das Thema bei → **Mitarbeiterversammlungen** ansprechen. Denn betroffene Beschäftigte melden sich in der Regel nicht selbst. Die besondere Schwierigkeit liegt auch darin, dass Betroffene in der Regel keine zutreffende Eigen-Diagnose stellen können, so dass der Einsatz und die Aufmerksamkeit der MAV (soweit von der Größe der Einrichtung her möglich) – eigentlich aller Beschäftigten und der → **Dienststellenleitung** – nötig sind, um Schaden für die Betroffenen abzuwenden. Um Überlastungen am Arbeitsplatz vorzubeugen und entgegenzuwirken, kann auch das Instrument der → **Gefährdungsbeurteilung** für psychische Belastungen nach § 5 Abs. 3 Ziff. 6 ArbSchG genutzt werden. Der Arbeitgeber ist verpflichtet, diese durchzuführen. Das »Ob« ist somit nicht mitbestimmungspflichtig, aber das »Wie«. Um einen solchen Prozess anzustoßen, könnte die MAV einen Initiativantrag zur konkreten Durchführung (»Wie« der Durchführung) einer Gefährdungsbeurteilung nach § 5 Abs. 3 Ziff. 6 ArbSchG stellen.

Bedeutung für die Beschäftigten

Burnout stellt eine ernstzunehmende Erkrankung dar und ist kein Beweis für den besonderen Einsatz für die Dienststelle, das Unternehmen, den Betrieb. Burnout vermindert massiv die Lebensqualität der Betroffenen, ebenso wird das betriebliche und private Umfeld massiv belastet. In vielen Dienststellen und Betrieben ist Leistung das Maß aller Dinge. Eine entsprechende Überforderung einzelner Beschäftigter kann dabei viele Ursachen haben – etwa zu geringe Personalausstattung, hohe Krankheitsquoten, schlecht geplante Arbeitsabläufe, mangelnde Ausstattung, überbordende Bürokratie, unqualifizierte Vorgesetzte, undurchsichtige Hierarchien, fehlende eigene fachliche Qualifikationen, …
Eine Überlastung kann z. B. zu Depressionen, chronischen Rückenschmerzen und Herz-Kreislauf-Erkrankungen, … oder eben auch zu einem Burnout führen. Alle Beschäftigten können im Rahmen eines Selbsttests ihr eigenes Burn-

out-Risiko im Rahmen einer Ersteinschätzung erfahren. Die München-Klinik bietet einen solchen Selbsttest im Internet an: *Burnout Selbsttest – der Online Test (muenchen-klinik.de)*. Der Selbsttest bietet eine gute Orientierung, aber er ersetzt keine echte fachliche Diagnose, die nur durch einen Facharzt erfolgen kann. Aber Achtung, die Wartezeit für ein psychotherapeutisches Erstgespräch dauert aktuell im Durchschnitt 18 Wochen.

Literaturhinweis

- (Broschüre der BAuA) Joiko, K./Schmauder, M./Wolff,G.: Psychische Belastung und Beanspruchung im Berufsleben. Erkennen – Gestalten. 5. Auflage. Dortmund 2010. Download unter: *https://www.baua.de/DE/Angebote/Publikationen/Praxis/A45*
- Seibold, Sven: Stress, Mobbing und Burnout am Arbeitsplatz. Berlin/Heidelberg, 7. Auflage 2022.
- Scharnhorst, Julia: Psychische Belastungen am Arbeitsplatz vermeiden. Burnoutprävention und Förderung von Resilienz in Unternehmen. Freiburg 2019.

Corona-Pandemie und die Auswirkungen auf die MAV

Zum besseren Verständnis: Das folgende Stichwort ist Anfang 2020 entstanden – damals kurz vor Redaktionsschluss und unter dem Eindruck der noch neuen Pandemie mit all ihren einschneidenden Erfahrungen und Ungewissheiten. Es stellt die damalige Situation dar, die – so oder so ähnlich – jederzeit wieder eintreten könnte. Denn vor neuen Epidemien sind wir nicht gefeit. Daher ist es wichtig bei einer nächsten Pandemie auf die Erfahrungen während der Corona-Zeit zurückgreifen zu können. Aus diesem Grund haben wir das folgende Stichwort beibehalten.

Was ist das?

Das Coronavirus (SARS-CoV-2) trat erstmalig im Dezember 2019 in China auf. Die von dem Virus ausgelöste neue Atemwegserkrankung »CoVid-19«) breitete sich anschließend über alle Kontinente aus und wurde dadurch zu einer sog **Pandemie**. Im Unterschied zu Epidemien treten Pandemien räumlich und zeitlich unbegrenzt auf. Dagegen hat die **Epidemie** (z. B. Gelbfieber) ein räumlich und zeitlich begrenztes Auftreten. Eine bekannte Pandemie war z. B. die Spanische Grippe (1918–1920) mit 500 Mio. Betroffenen und 50 Mio. Toten. Eine Pandemie endet erst dann, wenn sich ein starker Rückgang der Erkrankungszahlen abzeichnet und sobald ein großer Teil der Menschen die Infektion überstanden hat, somit (wahrscheinlich) immun gegen den Erreger geworden ist oder es wirksame Impfmöglichkeiten und/oder Medikamente dagegen gibt. Die besondere Tragik der Corona-Pandemie im ersten Halbjahr 2020 besteht vor allem darin, dass es keinen wirksamen Impfstoff gibt.

Eine Pandemie stellt eine Gesellschaft, und letztendlich die Weltgemeinschaft, vor große Herausforderungen. Neben der Bekämpfung der Erkrankung an sich, ergeben sich durch die eingeleiteten Maßnahmen zum Schutz vor Ansteckungen erhebliche gesellschaftliche Auswirkungen. Das öffentliche Leben, die Privatsphäre aller Menschen und das Arbeitsleben sind massiv betroffen und werden eingeschränkt. Durch die Corona-Pandemie werden auch **Grundrechte** eingeschränkt. Grundlage für die Einschränkungen ist das **Infektionsschutzgesetz** (IfSG) – Inkrafttreten 1. 1. 2001. Am 28. 3. 2020 hat der Bundestag aus Anlass der Corona-Pandemie Änderungen des Infektionsschutzgesetzes beschlossen (**Gesetz zum Schutz der Bevölkerung bei einer epidemischen Lage von nationaler Tragweite**, BGBl S. 587).

Durch das IfSG besteht eine Meldepflicht, in der Regel durch die Ärzte, an die zuständigen Gesundheitsbehörden. Gemäß § 9 IfSG muss die Meldung den Namen der betroffenen Person, Geburtsdatum, Geschlecht und Anschrift sowie weitere Kontaktdaten enthalten. § 16 IfSG enthält eine Generalermächtigung für die zuständige Behörde, im Falle des Auftretens einer übertragbaren Krankheit **alle notwendigen Maßnahmen zur Abwendung der dem Einzelnen oder der Allgemeinheit drohenden Gefahren** zu treffen. Und nach § 25 IfSG wird das jeweilige Gesundheitsamt ermächtigt, im Verdachtsfall die erforderlichen Ermittlungen über Art, Ursache, Ansteckungsquelle und Ausbreitung der Krankheit einzuleiten. Ist durch eine Pandemie die gesamte Bundesrepublik betroffen, soll eine Einheitlichkeit der Maßnahmen in allen Bundesländern angestrebt werden. Das Bundesministerium für Gesundheit kann dabei Maßnahmen treffen, die die Kontrolle und Einschränkung des Reiseverkehrs in Zusammenhang mit Risikogebieten betreffen. Weiterhin können Maßnahmen zur erleichterten Beschaffung von Arzneimitteln und Medizinprodukten getroffen werden, ebenso die Erweiterung des Kreises des medizinischen Personals, z. B. Kranken- und Altenpfleger, Medizinstudenten oder Notfallsanitätern. Die Einschränkungen der Grundrechte betreffen u. a. die:

- ärztliche Schweigepflicht und den Datenschutz
- körperliche Unversehrtheit (Abstriche, Blutentnahmen)
- Freiheit der Person (Absonderung von Personen, zwangsweise Unterbringung ansteckender Personen, häusliche Quarantäne)
- Einschränkung der Aufenthalts- und Versammlungsfreiheit
- Unverletzlichkeit der Wohnung
- berufliches Tätigkeitsverbot bei ansteckungsverdächtigen Personen

Bei einem beruflichen Tätigkeitsverbot besteht ein Anspruch auf Entschädigung (§ 65 IfSG).

Auf der Grundlage des geänderten Infektionsschutzgesetze wurden u. a. folgende konkrete Maßnahmen getroffen, die das gesellschaftliche, berufliche und persönliche Leben stark einschränken:

- Schließung von Kindertagesstätten
- Schließung von Schulen
- Kontaktverbote durch Besucher in Krankenhäusern und Altenpflegeeinrichtungen
- Schließung von Ladengeschäften, die nicht der notwendigen Versorgung der Bevölkerung dienen
- Kontaktverbote
- Abstandsgebote
- Maskenpflicht

Grundsätzliche Diskussionen, wie weit Einschränkungen der Grundrechte gehen dürfen, ob es überhaupt Einschränkungen geben darf, finden hauptsächlich vor den Gerichten statt. Dabei ist besonders Artikel 1 GG zu beachten: »**Die Würde des Menschen ist unantastbar. Sie zu achten und zu schützen ist Verpflichtung aller staatlichen Gewalt**«. Deshalb muss der Staat die Bevölkerung vor dem Coronavirus schützen und kann das Virus nicht einfach über die Gesellschaft hereinbrechen lassen. Allerdings gilt auch das Recht auf Leben und körperliche Unversehrtheit nicht ohne Einschränkung. Das Grundgesetz sieht vor, dass »auf Grund eines Gesetzes« in das Recht auf Leben eingegriffen werden kann, das Recht steht also unter einfachem Gesetzesvorbehalt (Artikel 2 Absatz 2 Satz 3). Genau wie alle anderen Grundrechte muss es mit kollidierendem Verfassungsrecht – also insbesondere mit anderen Grundrechten – in einen »schonenden Ausgleich« gebracht werden. Von den Gerichten wurden bisher u.a. folgende Entscheidungen getroffen:

- Ausgangsbeschränkungen zweier Einzelpersonen nicht rechtmäßig
- Demonstrationen unter Auflagen gestattet
- Antrag gegen Versammlungsverbot teilweise erfolgreich
- Mini-Kundgebung ist erlaubt
- Erfolgreiche Unterlassungsverfügung eines Betriebsrats gegen die Nutzung von Kameraaufnahmen zum Zwecke der Abstandsüberwachung
- Kein generelles Verbot von Gottesdiensten
- Saarländischer Verfassungsgerichtshof setzt Teile der Corona-Pandemie-Regelungen außer Kraft
- Unwirksamer Einreisestopp des Landkreises Ostprignitz-Ruppin
- Schließungen von Schulen, Kitas usw. sind rechtmäßig
- Verbot eines Late-Night-Shopping ist wirksam
- Keine Geburtstagsfeier in großer Runde
- Schließung von Ladengeschäften des Einzelhandels sind rechtmäßig
- Schließung von Spielhallen sind rechtmäßig
- Vorläufige Ausgangsbeschränkungen in Bayern bleiben in Kraft
- Einschränkungen des Besuchsrechts in Pflegewohnheimen sind rechtmäßig
- Eilanträge gegen Reiseverbote des Landes Schleswig-Holstein bleiben erfolglos
- Kein Besuchsrecht für Intensiv-Pflege-WG
- Eilantrag eines Abgeordneten gegen Kontrollrechte der Polizei bleibt erfolglos

Die juristische Aufarbeitung wird noch längere Zeit in Anspruch nehmen, u.a. auch deswegen, weil das Bundesverfassungsgericht i.d.R. einstweilige Verfügungen gegen Einschränkungen im Rahmen der Corona-Pandemie abgelehnt hat und auf die Hauptsacheverfahren verwiesen hat. Neben der juristischen Aufarbeitung ist die gesellschaftliche Aufarbeitung über Grundrechtseinschränkungen zu führen.

Eine herausgehobene Stellung nimmt das **Robert-Koch-Institut (RKI)** ein. Das RKI ist die *»nationale Behörde zur Vorbeugung übertragbarer Krankheiten* *sowie zur frühzeitigen Erkennung und Verhinderung der Weiterverbreitung von Infektionen«*, die mit den jeweils zuständigen Bundes- und Landesbehörden, den nationalen Referenzzentren und weiteren wissenschaftlichen Einrichtungen zusammenarbeitet (§ 4 Abs. 1 IfSG). Den Erkenntnissen und Empfehlungen des RKI folgen Bund und Länder in besonderem Maße. Das gilt z. B. auch für die Bestimmung der Risikogebiete. Beim RKI laufen die wesentlichen infektionsepidemiologischen Meldedaten zusammen. Die Fallzahlen zu den Covid-19-Erkrankten und -Toten sind jeweils aktuell auf der Webseite des RKI veröffentlicht, geordnet nach den Bundesländern und Landkreisen (*https://www.rki.de*).

Bedeutung für die MAV

Die MAV-Arbeit ist in der Corona-Pandemie hauptsächlich auf zwei Ebenen betroffen. Einerseits hat der Arbeits- und Gesundheitsschutz (§ 40 Buchst. b MVG) einen noch wichtigeren Stellenwert erhalten, zum andern müssen Organisation und Ablauf der MAV-Arbeit den gesetzlichen und betrieblichen Vorgaben angepasst und zum Teil neu organisiert werden.
Zum **Arbeits- und Gesundheitsschutz** hat das Bundesministerium für Arbeit und Soziales (BMAS) im Rahmen einer Verordnung am 16. 4. 2020 einen umfangreichen **SARS-CoV-2-Arbeitsschutzstandard** veröffentlicht (*https://www.bmas.de/SharedDocs/Downloads/DE/PDF-Schwerpunkte/sars-cov-2-arbeitsschutzstandard.pdf?__blob=publicationFile&v=2*). Er enthält technische, organisatorische und personenbezogene (T-O-P-Prinzip) Maßnahmen zum Schutz der Beschäftigten.
Durch eine Ergänzung des Arbeitszeitgesetzes hat das BMAS außerdem für den Zeitraum 10. 4. 2020 bis 30. 6. 2020 für bestimmte Tätigkeiten Ausnahmen möglich gemacht. Die Ausnahmen betreffen die Höchstarbeitszeiten, die Mindestruhezeiten und das Beschäftigungsverbot an Sonn- und Feiertagen. Sie gelten nur, wenn sie der COVID-19-Epidemie zur Aufrechterhaltung der öffentlichen Sicherheit und Ordnung, des Gesundheitswesens und der pflegerischen Versorgung, der Daseinsvorsorge oder zur Versorgung der Bevölkerung mit existenziellen Gütern notwendig sind.

> **Wichtig:**
> Die Mitbestimmungsrechte der Interessenvertretungen, also auch der MAV, werden von der Verordnung nicht beeinträchtigt! Das gilt auch für (kirchliche) Arbeitgeber, die der Meinung sind, in Notsituationen wie einer Pandemie könnten sie allein entscheiden.

Nach der Verordnung gibt es folgende **Ausnahmen vom Arbeitszeitgesetz**:
- Die werktägliche Arbeitszeit kann auf bis zu zwölf Stunden verlängert werden. Dies gilt nur, soweit die Verlängerung nicht durch andere Maßnahmen wie Einstellungen vermieden werden kann. Innerhalb von sechs Monaten muss ein Ausgleich auf acht Stunden werktäglich (48 Stunden wöchentlich) erfolgen.
- Die tägliche Ruhezeit darf um bis zu zwei Stunden verkürzt werden. Die Mindestruhezeit von neun Stunden darf nicht unterschritten werden. Jede Verkürzung der Ruhezeit ist innerhalb von vier Wochen auszugleichen, wenn möglich durch freie Tage oder durch Verlängerung anderer Ruhezeiten auf jeweils mindestens 13 Stunden.
- Es darf auch an Sonn- und Feiertagen gearbeitet werden, wenn die Arbeiten nicht an Werktagen erledigt werden können. Der Ersatzruhetag für Sonntagsbeschäftigung kann innerhalb von acht Wochen gewährt werden, spätestens bis zum Außerkrafttreten der Verordnung am 31. 7. 2020.

Wird von den Abweichungen Gebrauch gemacht, darf die Arbeitszeit von 60 Stunden pro Woche grundsätzlich nicht überschritten werden. Ausnahmen sind nur in absolut dringenden Fällen zulässig, wenn überhaupt keine anderen Maßnahmen möglich sind.

Die → **Berufsgenossenschaften** geben in ihren Internetauftritten umfangreiche Hilfestellungen und Hinweise zur Gefährdungsbeurteilung und zur Hygiene im Betrieb während der Corona-Pandemie. Die MAV muss beim betrieblichen Arbeits- und Gesundheitsschutz nicht auf Aktivitäten des Arbeitgebers warten, sondern kann auch im Rahmen ihres → **Initiativrechts** (§ 47 MVG) selbst aktiv werden. Dabei kann sich die MAV über folgende Fragen (Aufzählung nicht abschließend) Gedanken machen:
- Kennen die Beschäftigten alle wirksamen Hygienemaßnahmen?
- Sind die Beschäftigten über die Erkrankungssymptome ausreichend informiert?
- Mit welchen Behörden muss die Dienststelle im Ernstfall zusammenarbeiten?
- Welche Informationsmaßnahmen wurden vom Arbeitgeber genutzt, mit welchen Inhalten, sind die Informationen ausreichend?
- Ist genügend Material für Schutzmaßnahmen vorhanden, für alle Beschäftigten zugänglich (siehe auch Homepage des RKI)?
- Ist die Dienststelle auf die Pandemie vorbereitet? Gibt es ein Pandemie-Team für Personalplanung und Kommunikation? Ist die MAV im Team vertreten?
- Ist das »Ausfallrisiko« innerhalb der Belegschaft bekannt. Was passiert, wenn Mitarbeiter wegen Erkrankung und Betreuung von Kindern, Angehörigen, … ausfallen?
- Welche Beschäftigten sind »unersetzlich« bzw. wie werden sie vertreten?

- Welche Aufgaben, Aktivitäten, Prozesse sind notwendig, worauf könnte verzichtet werden?
- Was kann in Heimarbeit erledigt werden? Besteht eine ausreichende Infrastruktur für Homeoffice?
- Was kann befristet auf Dritte ausgelagert werden?
- Können Arbeitsabläufe so organisiert werden, dass Begegnungen von Beschäftigten reduziert werden?
- Welche Möglichkeiten gibt es, Ausfälle von Beschäftigten zu kompensieren (Arbeitszeit von Teilzeitkräften erhöhen, externes Personal einstellen, Zeitarbeitsfirmen bzw. ausgeschiedenes Personal kontaktieren, …)?
- Welche Beschäftigten sind einem besonders hohen Infektionsrisiko ausgesetzt?
- Welches Material ist erforderlich, um die Funktionsfähigkeit der Dienststelle, der Einrichtung aufrecht zu erhalten? Ist der Vorrat groß genug, um über Wochen ohne Lieferungen auszukommen?
- Wie gut sind die Vertretungsregelungen in der Dienststellenleitung?
- Können Dienstreisen, Workshops, Fortbildungsveranstaltungen, Dienstbesprechungen verschoben, gestrichen werden oder durch Videokonferenzen ersetzt werden? Wie kann das Ansteckungsrisiko – soziale Interaktionen – reduziert werden? Schutzmaßnahmen?
- Können unverzichtbare Kontakte, Besprechungen zeitlich gekürzt werden?
- Wie können Sicherheitsabstände eingehalten werden? Können Besprechungen im Freien abgehalten werden?
- Mit welchen anderen MAVen können »Pandemie-Netzwerke« aufgebaut werden, um sich auszutauschen?

Weitere Informationen (mit Tabellen und Checklisten) bietet z. B. das **»Handbuch betriebliche Pandemieplanung«** des Bundesamts für Bevölkerungsschutz und Katastrophenhilfe.

Die **Abläufe der MAV-Arbeit** können durch die Corona-Pandemie in folgenden Bereichen betroffen und eingeschränkt sein:

- **Sitzungen der MAV** (§ 24 MVG): Sie können durch den Arbeitgeber nicht untersagt werden, eine Genehmigung sieht das MVG nicht vor. Gleiches gilt auch für die Teilnahme an der Sitzung durch die MAV-Mitglieder. Gibt es gesetzliche oder betriebliche Hygienestandards, z. B. Abstandsregelungen, Hände desinfizieren, … so sind sie auch durch die MAV bzw. die MAV-Mitglieder einzuhalten. Sollte der Arbeitgeber mit einem Sitzungstermin nicht einverstanden sein, so kann er das → **Kirchengericht** anrufen. Sitzungen in Form von **Video- oder Telefonkonferenzen** sind für die aktuelle Pandemie-Situation durch das Kirchenamt der EKD, Referat für Arbeitsrecht und Organisationsberatung vom 23. 3. 2020 für zulässig erklärt worden. Voraussetzung ist, dass der Datenschutz eingehalten wird. Es wird weiterhin empfohlen, dass die Teilnehmer ihre Teilnahme per E-Mail an den Vorsitzenden bestätigen. Beschlüsse, die per Video- oder Telefonkonferenz gefasst wurden, müssen weiterhin protokolliert werden.

- **Sitzungen von → Ausschüssen der MAV** (§ 23a MVG). Siehe »Sitzungen der MAV«.
- **Sachkundige Personen** (§ 25 Abs. 2 MVG) können auch weiterhin unter Berücksichtigung der Hygienestandards zu Sitzungen der MAV und ihrer Ausschüsse eingeladen werden.
- Von Personalangelegenheiten betroffene **Beschäftigte** (§ 22 Abs. Abs. 1 MVG) können, nachdem der Arbeitgeber das formale Beteiligungsverfahren eingeleitet hat, ebenfalls in eine MAV-Sitzung eingeladen werden.
- Der **Kontakt** mit dem Arbeitgeber wird u.a. im Rahmen von Erörterungen (§ 38 Abs. 3, § 45 Abs. 1 MVG) und dem Halbjahresgespräch (§ 33 Abs. 2 MVG) aufrechterhalten. Hygieneregelungen sind bei den persönlichen Treffen einzuhalten.
- Die **streitschlichtenden Instanzen, → Einigungsstelle** (§ 36a MVG), **→ Kirchengericht** (§ 56 ff. MVG) entscheiden im Rahmen der für alle geltenden Regelungen zur Pandemie über ihre Sitzungen und deren Ausgestaltung selbst.
- Inwieweit es zu **Kontakten** der MAV bzw. einzelner MAV-Mitglieder zu Beschäftigten im Rahmen von → **Sprechstunden** (§ 28 MVG), Gespräche als Mitarbeitervertreter des Vertrauens (§ 35 MVG) oder bei Arbeitsplatzbesuchen (§ 28 Abs. 2 MVG) kommt, entscheidet die MAV selbst. Die Vorschriften über Hygienemaßnahmen sind dabei einzuhalten.
- Inwieweit es sinnvoll ist, → **Mitarbeiterversammlungen** (§ 31 MVG) während der Corona-Pandemie durchzuführen, entscheidet die MAV ebenfalls selbst. Um die Anzahl der Teilnehmer zu reduzieren, kann bei einer sinnvollen Aufteilung auf Teilversammlungen (§ 31 Abs. 6 MVG) umgestellt werden. Zu beachten ist, dass zumindest eine ordentliche Mitarbeiterversammlung pro Kalenderjahr (§ 31 Abs. 2 MVG) durchzuführen ist.
- **Schulungen**, Tagungen, Lehrgänge (§ 19 Abs. 3 MVG) für MAV-Mitglieder außerhalb der Dienststelle unterliegen jeweils dem Recht des Bundes bzw. der Länder über die Zusammenkunft von größeren Gruppen von Menschen. Während der Corona-Pandemie wurden nach unserer Kenntnis von den Bildungsträgern alle MAV-Schulungen abgesagt. Inhouse-Seminare werden (siehe Schreiben des bay. Bayerisches Staatsministerium für Unterricht und Kultus, Erwachsenenbildung, politische Akademien vom 20.4.2020) als zulässig angesehen, da hier kein außenstehender Dienstleister eine Einrichtung betritt.
- Über ihre **Dienstreisen** (§ 30 Abs. 4 MVG) entscheidet die MAV selbständig. Dies steht der Dienststellenleitung nicht zu (siehe KGH.EKD v. 18.12.2017, KGH.EKD I-0124/92-2016, ZMV 2018 S 322).

- **Beschlüsse der MAV** (§ 26 MVG) werden in Sitzungen gefasst. In einer → **Geschäftsordnung** kann – evtl. befristet – beschlossen werden, dass Beschlüsse im Umlaufverfahren oder durch fernmündliche Abfrage gefasst werden können, soweit hier Einstimmigkeit erzielt wird. Entscheidungen und Beschlüsse per Videokonferenz sind auch während einer Pandemie im MVG nicht vorgesehen. Jedoch hat das Referat für Arbeitsrecht und Organisationsberatung der EKD Beschlüsse, die in Video- und Telefonkonferenzen gefasst werden, mit Schreiben vom 24. 3. 2020 (AZ 2700/1) für rechtswirksam erklärt worden. Das MVG macht keine Einschränkungen, welche Themen im Umlaufverfahren oder bei fernmündlichen Abfragen behandelt werden können. Im Rahmen der erforderlichen Geschäftsordnung können Regelungen u. a. über die Themen, Formen und Fristen getroffen werden. Ausschüsse, die zur selbständigen Erledigung von Aufgaben (§ 23a MVG), gebildet wurden, können ebenfalls Beschlüsse, im Umlaufverfahren oder fernmündlich fassen, soweit dies die Geschäftsordnung ermöglicht.
- Inwieweit die MAV-Arbeit im **Homeoffice** erledigt werden kann, richtet sich nach den in der Dienststelle geltenden Regelungen. Ein künftiger Anspruch auf Homeoffice-Arbeit, der dann auch für MAV-Mitglieder gelten muss, wird derzeit in der Politik diskutiert und wird zum Teil auch von den Gewerkschaften gefordert.
- Und am Ende noch einmal zur Bekräftigung: Für die Mitbestimmungsrechte der MAV gibt es in Zeiten einer Pandemie keinerlei Einschränkung.

Bedeutung für die Beschäftigten

Die Corona-Pandemie betrifft die Beschäftigten in allen Bereichen ihrer Existenz, im gesellschaftlichen wie im privaten und im Berufsleben. Im Berufsleben gilt ganz besonders die → **Fürsorgepflicht** des Arbeitgebers. Er hat sich um die Gesunderhaltung der Arbeitnehmer zu kümmern. In folgenden Bereichen sind die Beschäftigten durch die Pandemie besonders betroffen:

- Kinderbetreuung bei Schließung von Kindertagesstätten und Krippen
- Entschädigungen nach dem Infektionsschutzgesetz
- Kurzarbeit
- Verlängertes Arbeitslosengeld
- Informationspflicht gegenüber dem Arbeitgeber beim Verdacht auf eine Corona-Infektion
- Dienstreisen in Corona-Gebiete
- »Darf mich mein Arbeitgeber nach Hause schicken, wenn er meint, dass ich erkrankt bin?«

- Zwangsurlaub
- Betriebsurlaub
- Absage oder Verlegung des Jahresurlaubs
- Aufbau von Minusstunden
- Abbau von Überstunden
- Anordnung von Überstunden bei Ausfall erkrankter Beschäftigter
- Beschäftigungsverbot
- Quarantäne und Rückkehr aus dem Auslandsurlaub
- Nebentätigkeit während der Schließung der Dienststelle/Einrichtung
- Regelungen für Grenzgänger
- Regelungen für Minijobber
- Betriebliche Hygieneanweisungen

Gewerkschaften und der Bund-Verlag bieten im Zusammenhang mit der Corona-Pandemie auf ihren Webseiten ausführliche Stellungnahmen und Hilfestellungen zu (fast) allen Fragen in Sachen Arbeitsrecht, Rechte und Pflichten von Arbeitgeber und Beschäftigten usw. … (siehe unten).

Literaturhinweis

- *Handbuch:* Arbeitsrecht in Zeiten von Corona, München 2020.
- *Leitfaden:* Arbeits- und Gesundheitsschutz in Zeiten von Corona, München 2020.
- Im Internet: *https://www.verdi.de/themen/corona.*
- Im Internet: *https://www.bund-verlag.de/corona*

Datenschutz

Was ist das?

Unter Datenschutz versteht man die allgemeine Zielsetzung, Beeinträchtigungen der Persönlichkeitsrechte der Einzelnen (Art. 2 GG) durch Bekanntgabe, Nutzung und Verarbeitung personenbezogener Daten zu verhindern. Mit dem berühmten »Volkszählungsurteil« vom 15. 12. 1983 hat das BVerfG das Grundrecht auf **»informationelle Selbstbestimmung«** etabliert bzw. aus dem allgemeinen Persönlichkeitsrecht abgeleitet. Damit hat der Datenschutz in Deutschland verstärkt Auftrieb erhalten. Je größer die Möglichkeiten zur Nutzung und Verarbeitung personenbezogener Daten durch EDV und Informationstechnologie werden, desto umfangreicher sind auch die Risiken der Verletzung von Persönlichkeitsrechten. Seit dem »Volkszählungsurteil« gibt es praktisch keine »belanglosen Daten« mehr.

Einige Entscheidungen des Bundesverfassungsgerichts haben das Grundrecht auf **»informationelle Selbstbestimmung«**, die Persönlichkeitsrechte und den Datenschutz in Deutschland noch gestärkt. So hat das BVerfG mit dem Urteil vom 27. 2. 2008 den hohen Stellenwert des Datenschutzes unterstrichen und ein Gesetz des Landes Nordrhein-Westfalen, das den Landesverfassungsschutz zu »Online-Durchsuchungen« ermächtigte, für verfassungswidrig und nichtig erklärt (vgl. BVerfG v. 27. 2. 2008 – 1 BvR 370/07 und 595/07). Das Gesetz verstoße gegen das vom allgemeinen Persönlichkeitsrecht umfassten »Grundrecht auf Gewährleistung der Vertraulichkeit und Integrität informationstechnischer Systeme«. Weitere Entscheidungen – auch nach 2008 – gehen in die gleiche Richtung.

Viele Datenschutzskandale (v. a. Lidl, Telekom, Deutsche Bahn, Postbank, Burger King, SchülerVZ, facebook, google, microsoft) haben deutlich gemacht, welche immensen Missbrauchsmöglichkeiten durch große Ansammlungen personenbezogener Daten entstehen.

Eine neue Zeitrechnung im deutschen – und auch europäischen – Datenschutzrecht hat am 25. 5. 2018 begonnen. Mit diesem Datum war die zweijährige Übergangsfrist nach dem Inkrafttreten der europäischen **Datenschutzgrundverord-**

nung (**DSGVO**) am 24.5.2016 abgelaufen. Was sind die wesentlichen Veränderungen des Datenschutzes in Deutschland und in der EU seit Mai 2018?

Was ist neu im Datenschutz?

- Eindeutigere Definition personenbezogener Daten, also sämtlicher Daten, die der Identifizierung einer Person dienen.
- Es gibt mehr Rechte für natürliche Personen, die DSGVO stärkt insgesamt den Verbraucherschutz:
  - es ist die ausdrückliche Zustimmung bzw. Einwilligung erforderlich (Verbot mit Erlaubnisvorbehalt)
  - die Einwilligung kann auch zurückgezogen werden
  - es gibt ein »Recht auf Vergessen«
  - strengere Datenschutzeinstellungen bei Soft- und Hardware sind vorgeschrieben (Datenschutz durch Technikeinstellung und Datenschutz durch datenschutzfreundliche Voreinstellungen)
  - deutlich größere Transparenz und viel umfassendere Information als bisher, welche Daten wo und seit wann gespeichert werden und wie die Daten verwendet werden
  - es besteht umfassende Auskunftspflicht über die gespeicherten Daten: zu welchem Zweck (klar, unmissverständlich, leicht verständliche Sprache) und von wem werden die Daten verarbeitet
- Höhere Bußgelder bei Verstößen: bis zu 4 % des Jahresumsatzes können als Bußgeld verhängt werden (gilt nicht für ev. Kirche und Diakonie!).
- Risikobasierte Rechenschaftspflicht: die für den Datenschutz verantwortliche Person hat dafür Sorge zu tragen, dass alle wirksamen Maßnahmen ergriffen werden; es gibt verschärfte Dokumentations- und Rechenschaftspflichten.
- Mitteilungspflicht bei Verletzungen des Datenschutzes: dann muss die verantwortliche Person innerhalb von 72 Stunden die zuständige Aufsichtsbehörde und die von der Verletzung Betroffenen informieren.

Das Bundesdatenschutzgesetz (BDSG) wurde zum gleichen Datum vollständig neu gefasst (mit dem Datenschutz-Anpassungs- und -Umsetzungsgesetz EU vom 30.6.2017). In einigen Punkten hat das BDSG die Öffnungsklauseln der DSGVO genutzt und spezielle deutsche Regelungen geschaffen, etwa zur Datenverarbeitung für Zwecke des Beschäftigungsverhältnisses, für Datenschutzbeauftragte nicht-öffentlicher Stellen, Ordnungswidrigkeiten und Straftaten, Klagen gegen den Verantwortlichen.

Die EKD hat bereits 1993 von ihrem Selbstverwaltungsrecht (Art. 140 GG) Gebrauch gemacht und ein eigenes Gesetz erlassen (**DSG.EKD**), das sich an das BDSG – und jetzt auch an die DSGVO anlehnt. Das DSG.EKD gilt auch für den Bereich der Diakonie. Es wurde mit der Geltung der EU-DSGVO im Mai 2018 – wie das BDSG – umfassend neu gefasst, um möglichst Widerspruchsfreiheit zu beiden Regelungen zu gewährleisten. Man wollte von der in Art. 91 DSGVO geregelten Privilegierung der Religionsgesellschaften beim Datenschutz Gebrauch machen. Allerdings lagen die Voraussetzungen für die Inanspruchnahme der Privilegierung nicht vor, so dass sehr zweifelhaft ist, ob das DSG-EKD überhaupt zur Anwendung kommen kann (→ **Datenschutz im MAV-Büro**).

Im Einzelnen gelten **seit Mai 2016** in Deutschland folgende **Grundsätze im Datenschutz**:

1. Personenbezogene Daten müssen nach Art. 5 Abs. 1 DSGVO auf der Grundlage von Rechtmäßigkeit, Treu und Glauben, Transparenz verarbeitet werden; für festgelegte, eindeutige und legitime Zwecke erhoben worden sein (»Zweckbindung«); dem Zweck angemessen und auf das notwendige Maß beschränkt sein (»Datenminimierung«); sachlich richtig und auf dem neuesten Stand sein; so gespeichert sein, dass die Identifizierung der betroffenen Personen nur so lange möglich ist, wie es für die Zwecke, für die sie verarbeitet werden, erforderlich ist (»Speicherbegrenzung«); so verarbeitet werden, dass eine angemessene Sicherheit der Daten gewährleistet ist (»Integrität und Vertraulichkeit«).
2. Für die Rechtmäßigkeit der Verarbeitung muss eine der folgenden Bedingungen erfüllt sein (Art. 6 DSGVO): die betroffene Person hat ihre (freiwillige und unmissverständliche!) »Einwilligung« gegeben; die Verarbeitung ist für die Erfüllung eines Vertrags erforderlich; die Verarbeitung ist zur Erfüllung einer rechtlichen Verpflichtung erforderlich; die Verarbeitung ist erforderlich, um lebenswichtige Interessen der betroffenen Person zu schützen; die Verarbeitung ist für die Wahrnehmung einer Aufgabe erforderlich, die im öffentlichen Interesse liegt; die Verarbeitung ist zur Wahrung der berechtigten Interessen der Verantwortlichen oder eines Dritten erforderlich.
3. Verarbeitung besonderer Kategorien personenbezogener Daten (Art. 9 DSGVO): Die Verarbeitung personenbezogener Daten, aus denen die **rassische** und **ethnische** Herkunft, **politische Meinungen**, **religiöse** oder **weltanschauliche Überzeugungen** oder die **Gewerkschaftszugehörigkeit** hervorgehen, sowie die Verarbeitung von **genetischen Daten**, **biometrischen Daten** zur eindeutigen Identifizierung einer natürlichen Person, **Gesundheitsdaten** oder **Daten zum Sexualleben** oder der **sexuellen Orientierung** einer natürlichen Person ist **untersagt** (Art. 9 Abs. 1 DS-GVO). Dazu gibt es aber zahlreiche Ausnahmen, z. B. die ausdrückliche Einwilligung.
4. Rechte der betroffenen Person regeln Art. 12 bis 23 DSGVO, u. a. Informationsrechte, Recht auf Auskunft, Berichtigung und Löschung personenbezogener Daten (»Recht auf Vergessenwerden«) und Widerspruchsrechte.
5. Weitere Vorschriften: u. a. Benennung eines Datenschutzbeauftragten (Art. 37 DSGVO), der weisungsfrei sein muss.

Konkret bestehen für die **Datenverarbeitung im Rahmen von Beschäftigungsverhältnissen** folgende Grundsätze nach DSGVO, BDSG und DSG.EKD (dort: § 49):

1. Personenbezogene Daten von Beschäftigten dürfen für Zwecke des Beschäftigungsverhältnisses verarbeitet werden, wenn dies
   - für die Entscheidung über die Begründung eines Beschäftigungsverhältnisses oder nach Begründung des Beschäftigungsverhältnisses für dessen Durchführung oder Beendigung oder
   - zur Ausübung oder Erfüllung der sich aus einem Gesetz oder einer → **Dienstvereinbarung** ergebenden Rechte und Pflichten der Interessenvertretung der Beschäftigten erforderlich ist.
2. Von der Rechtsprechung wird die Erforderlichkeit z. B. bei folgenden Daten angenommen: Geschlecht, Familienstand, Schule, Ausbildung in Lehr- und anderen Berufen, Fachschulausbildung/Fachrichtung/Abschluss, Sprachkenntnisse.
3. Zur Aufdeckung von Straftaten dürfen personenbezogene Daten von Beschäftigten nur dann verarbeitet werden, wenn zu dokumentierende tatsächliche Anhaltspunkte den Verdacht begründen, dass die betroffene Person eine Straftat begangen hat, die Verarbeitung zur Aufdeckung erforderlich ist und das schutzwürdige Interesse am Ausschluss der Verarbeitung nicht überwiegt.
4. Dazu hat das BAG entschieden, dass eine heimliche Überwachung von Arbeitnehmern durch **Videokameras** und die Verwertung der Aufzeichnungen nur zulässig ist, wenn der konkrete Verdacht einer strafbaren Handlung besteht, weniger einschneidende Mittel zur Aufklärung ergebnislos ausgeschöpft sind, die Videoüberwachung also das praktisch einzig verbleibende Mittel darstellt und sie insgesamt nicht unverhältnismäßig ist (BAG v. 21. 11. 2013 – 2 AZR 797/11). Diese Rechtsprechung wurde zum Einsatz eines »Software-Keyloggers« (zur Aufdeckung unbefugter privater Nutzung des Dienst-PC) vom BAG bestätigt. Der Einsatz eines »Software-Keyloggers« sei unzulässig, wenn kein auf die Arbeitnehmerinnen bezogener, durch konkrete Tatsachen begründeter Verdacht einer Straftat oder einer anderen schwerwiegenden Pflichtverletzung besteht (BAG v. 27. 7. 2017 – 2 AZR 681/16).
5. Eine »Einwilligung« hat freiwillig zu erfolgen. Für die Beurteilung der Freiwilligkeit sind v. a. die im Beschäftigungsverhältnis bestehende Abhängigkeit sowie die Umstände, unter denen die Einwilligung erteilt worden ist, zu berücksichtigen. Freiwilligkeit kann insbesondere vorliegen, wenn für die beschäftigte Person ein rechtlicher oder wirtschaftlicher Vorteil erreicht wird oder Arbeitgeber und beschäftigte Person gleichgelagerte Interessen verfolgen. Die Einwilligung bedarf der Schriftform.

6. Der Arbeitgeber hat die beschäftigte Person über den Zweck der Datenverarbeitung und über ihr Widerrufsrecht in Textform aufzuklären.
7. Die Beteiligungsrechte der Interessenvertretungen (MAV, SBV, JAV) bleiben unberührt.

Die → **EKD** und die → **Diakonie Deutschland** haben seit Mai 2018 selbst Aufsichtsbehörden errichtet (§ 39 DSG.EKD), wobei höchst zweifelhaft ist, dass die Zuständigkeit der staatlichen Aufsichtsbehörden damit verdrägt wird. Aus Sicht der Autorinnen ist das nicht der Fall. Gleichermaßen haben die Gliedkirchen und gliedkirchlichen Diakonischen Werke einzeln oder gemeinsam solche Aufsichtsbehörden zu errichten. Die Aufsichtsbehörden werden von einem **Beauftragten für den Datenschutz** geleitet. Sie müssen die erforderliche Fachkunde und Zuverlässigkeit besitzen. Sie müssen die Befähigung zum Richteramt oder zum höheren Dienst besitzen und einer Gliedkirche der EKD angehören (§ 39 Abs. 5 DSG.EKD). Die Aufsichtsbehörden erstellen mindestens alle zwei Jahre einen Tätigkeitsbericht, der eine Liste der Arten der gemeldeten Verstöße und der Arten der getroffenen Maßnahmen enthalten kann. Der Bericht wird veröffentlicht und geht an die jeweiligen kirchenleitenden Organe bzw. Leitungsorgane der Diakonischen Werke (§ 41 DSG.EKD).

Zu den Aufgaben der Aufsichtsbehörden gehören die Sensibilisierung, Information und Beratung der kirchlichen Öffentlichkeit und der verantwortlichen Stellen über Fragen des Datenschutzes und über die Vermeidung von Risiken. Sie unterrichten betroffene Personen auf Anfrage über ihre persönlichen Rechte und sie schulen die **örtlich Beauftragten** und bilden sie fort (§ 43 DSG.EKD).

Die **Aufsichtsbehörde** und die **Beauftragten für den Datenschutz** der EKD haben eine umfangreiche Homepage eingerichtet, die viele Informationen bereithält: *https://datenschutz.ekd.de/*. Zur Wahrnehmung der Datenschutzaufsicht wurde Anfang 2014 die Dienststelle BfD EKD (Beauftragter für Datenschutz der EKD) mit Hauptsitz in Hannover aufgebaut. Zur regionalen Gliederung der Datenschutzaufsicht in den Landeskirchen und Diakonischen Werken sind **vier Datenschutzregionen** gebildet worden. In jeder Datenschutzregion gibt es eine Außenstelle: Hannover (Nord), Berlin (Ost), Ulm (Süd), Dortmund (Mitte-West). Der Beauftragte für Datenschutz der EKD bietet auch Schulungen für gliedkirchliche und örtliche Beauftragte an.

Neben den **Aufsichtsbehörden** und den Beauftragten für den Datenschutz muss es in jeder »verantwortlichen Stelle« (kirchliche Dienststelle oder Körperschaft bzw. diakonisches Unternehmen oder Betrieb) eine örtlich Beauftragte oder Betriebsbeauftragte für den Datenschutz (= örtlich Beauftragte) geben (§ 36 Abs. 1 DSG.EKD). Örtlich Beauftragte sind zu ernennen, wenn in der Regel mindestens zehn Personen ständig mit der Verarbeitung personenbezogener Daten betraut sind. Sie müssen die erforderliche Fachkunde und Zuverlässigkeit besitzen. Nicht benannt werden sollen Personen, die mit der Leitung der Datenverarbeitung beauftragt sind oder die als → **Dienststellenleitung** tätig sind. Örtlich Beauftragte dürfen in der Ausübung ihres Amtes nicht behindert oder benachteiligt werden. Sie genießen Kündigungsschutz wie MAV-Mitglieder (§ 37 Abs. 2 DSG.EKD). Sie unterliegen keinen Weisungen. Ihre Kontaktdaten sind zu veröffentlichen. Beschäftigte können sich unmittelbar an die örtlich Beauftragten wenden (§ 37 Abs. 4 DSG.EKD).

Novellierung DSG-EKD im November 2024 (Inkrafttreten: 1. Mai 2025)
Wegen Kritik an einigen Regelungen, aber auch aus eher pragmatischen Gründen, hat die EKD im November 2024 ihr Datenschutzgesetz novelliert. Inhaltlich ist dabei z. T. eine Annäherung an die DSGVO erfolgt. Daneben gab es Bedarf für die Neufassung einiger kirchlicher Besonderheiten. Die Neuregelungen treten am 1. Mai 2025 in Kraft. Folgende Änderungen sind erfolgt:

1. Deutliche Erhöhung der Bußgelder in § 45 Abs. 5 DSG-EKD. Damit wollte die EKD den Anforderungen an Bußgelder in Art. 91 Abs. 2 DSGVO näherkommen. Bisher lagen die Geldbußen bei max. 500 000 Euro, künftig sind Geldbußen bis zu sechs Mio. Euro möglich.[1]
2. Streichung der Rechtmäßigkeit der Datenverarbeitung aus »kirchlichem Interesse« (§ 6 Nr. 4 DSG-EKD). Nach der Neuformulierung ist die Datenverarbeitung erlaubt, wenn sie zur Wahrung der berechtigten Interessen der verantwortlichen Stelle erforderlich ist und wenn die Interessen der betroffenen Person nicht überwiegen.
3. Änderung bei den Informationspflichten nach § 17 DSG-EKD. Künftig ist die betroffene Person gleichzeitig mit der Datenerhebung zu informieren. Bisher nur, wenn die betroffene Person dies verlangte.
4. Erleichterung des Auskunftsrechts betroffener Personen in § 19 DSG-EKD. Bisher musste ein förmlicher Antrag gestellt werden.
5. Der Schwellenwert für die Bestellung eines örtlichen Datenschutzbeauftragten wurde angehoben, nämlich von 10 auf 20 Beschäftigte, die ständig mit der Verarbeitung personenbezogener Daten betraut sind (§ 36 DSG-EKD).

Die Änderungen stellen aus unserer Sicht kleine Schritte in Richtung weltliches Datenschutzrecht (DSGVO bzw. BDSG) dar.
Die weiteren Änderungen hatten eher einen pragmatischen bzw. kirchlichen Hintergrund:

- Streichung der sog. »Unterwerfungsklausel« für nicht-kirchliche Auftragsverarbeiter unter das kirchliche Datenschutzrecht. Dies soll zu einer Vereinfachung der Zusammenarbeit mit weltlichen Auftragsverarbeitern führen, der Ausschluss der EKD von geeigneten IT-Produkten so beendet werden.

---

1 Zum Vergleich: Die DSGVO sieht ein max. Bußgeld von bis zu 20 Mio. Euro oder bis zu 4 % des weltweit erzielten Jahresumsatzes vor.

- Einfügung eines neuen § 30a in das DSG-EKD, um mehr Möglichkeiten für die zentrale Beschaffung von IT-Produkten zu haben.
- Einfügung eines neuen § 50b DSG-EKD, um eine datenschutzrechtliche Grundlage für die Kommunikation mit und zwischen den Mitgliedern der EKD zu schaffen. Damit wird die Verarbeitung von Meldedaten und kirchlichen Daten des Gemeindemitgliederverzeichnisses erlaubt.

Unsere Schlussfolgerung: Mit der Novellierung wollte die EKD der umfangreichen Kritik an ihrem Datenschutzgesetz begegnen und sich an das weltliche Datenschutzrecht (DSGVO bzw. BDSG) annähern. Durch die »Reform« wollte man wohl der vielfachen Kritik den Wind aus den Segeln nehmen, gleichzeitig aber das eigenständige Datenschutzrecht für die EKD erhalten.

Bedeutung für die MAV

Im sensiblen Bereich des Datenschutzes bestehen weitgehende Informations-, Initiativ- und Mitbestimmungsrechte der Mitarbeitervertretungen:

- (uneingeschränkte) → **Mitbestimmung** bei Inhalt und Verwendung von Personalfragebogen und sonstigen Fragebogen zur Erhebung personenbezogener Daten (§ 39 Buchst. a MVG), es sei denn, es besteht eine gesetzliche Regelung, z. B. im DSG.EKD.
- (uneingeschränkte) → **Mitbestimmung** bei Einführung und Anwendung von Maßnahmen oder technischen Einrichtungen, die dazu geeignet sind, Verhalten oder Leistung der Mitarbeiter zu überwachen (§ 40 Buchst. j MVG). Auf die subjektive Absicht der Dienststellenleitung zur Überwachung kommt es dabei nicht an, es genügt die objektive Möglichkeit der Kontrolle. Das Mitbestimmungsrecht wird nahezu bei jeder Software ausgelöst die genutzt oder eingeführt wird.

Beispiele für solche Maßnahmen:
Stechuhr und Systeme zur Arbeitszeiterfassung, PCs und PC-Netzwerke, moderne Telefon- bzw. Telekommunikationsanlagen, Personalinformationssysteme, regelmäßige Aufzeichnung von Fehlzeiten, Einführung EDV-gestützter bzw. von Software zur Dienstplanung und Zeiterfassung, Videoaufzeichnung.

Die MAV kann ihre Zustimmung zu einer geplanten Maßnahme z. B. davon abhängig machen, dass durch die Maßnahme keine Verhaltens- oder Leistungskontrolle stattfindet. Dies sollte dann in einer → **Dienstvereinbarung** festgehalten werden. Auch die Löschungsfristen evtl. gespeicherter Daten sollten Bestandteil der Vereinbarung sein.

Werden Maßnahmen oder technische Einrichtungen ohne Zustimmung der MAV eingeführt oder angewendet, kann die MAV über den Antrag auf Erlass einer einstweiligen Verfügung (→ **Kirchengericht**) durchsetzen, die Maßnahme oder Einrichtung nicht anzuwenden.

Die MAV hat ein → **Informationsrecht** über die von den Beschäftigten der Dienststelle gespeicherten personenbezogenen Daten. Nur so kann die MAV ihrer Überwachungsaufgabe nachkommen, ob die im Betrieb gültigen Datenschutzbestimmungen (insbesondere §§ 16–35 und § 49 DSG.EKD) eingehalten werden. Dabei geht es vor allem um den Schutz von Arbeitnehmerdaten. Hier sind durch die neue Europäische Datenschutzgrundverordnung ganz neue Überwachungsaufgaben auf die Mitarbeitervertretungen zugekommen. Das Informationsrecht der MAV besteht auch dann, wenn die Daten von einem anderen Betrieb verarbeitet werden (z. B. Zentrale Gehaltsabrechnungsstellen).

Zu weiteren wichtigen Regelungen für die MAV im Rahmen des Datenschutzes → **Datenschutz im MAV-Büro**

Bedeutung für die Beschäftigten

Die Beschäftigten haben einen Anspruch auf die Umsetzung der datenschutzrechtlichen Vorschriften in ihrer Dienststelle. Die Autorinnen haben starke rechtliche Bedenken, ob das DSG.EKD ohne Bezug zum BDSG bzw. zur DSGVO für kirchliche und diakonische Dienststellen anwendbar ist. Im Folgenden eine Zusammenfassung der datenschutzrechtlichen Rechte und Ansprüche der Beschäftigten:

- Die persönlichen Daten der Beschäftigten dürfen nur dann verarbeitet werden, soweit dies zur Begründung, Durchführung, Beendigung oder Abwicklung des Beschäftigungsverhältnisses oder zur Durchführung organisatorischer, personeller und sozialer Maßnahmen, insbesondere auch für Zwecke der Personalplanung und des Personaleinsatzes, erforderlich ist oder eine Rechtsvorschrift, ein Tarifvertrag oder eine Dienstvereinbarung dies vorsieht.
- Die in → **Personalakten** gespeicherten Daten dürfen nur im Rahmen ihrer Zweckbestimmung verarbeitet werden. Die Ergebnisse medizinischer oder psychologischer Untersuchungen und Tests der Beschäftigten dürfen automatisiert nur verarbeitet werden, wenn dies dem Schutz der oder des Beschäftigten dient.
- Soweit Daten der Beschäftigten im Rahmen der Maßnahmen zur Datensicherung gespeichert werden, dürfen sie nicht für andere Zwecke, insbesondere nicht für Zwecke der Verhaltens- oder Leistungskontrolle, genutzt werden.

- Die Beschäftigten haben das Recht, jederzeit Auskunft über die zu ihnen gespeicherten Daten zu erhalten, ebenso über die Stellen, an die ihre Daten regelmäßig übermittelt werden und den Zweck der Speicherung. Die Auskunft ist unentgeltlich.
- Es besteht eine Informationspflicht gegenüber allen Empfängern, denen personenbezogene Daten offengelegt werden, bei Berichtigung, Löschung oder Einschränkung der Verarbeitung. Die verantwortliche Stelle unterrichtet die betroffene Person über diese Empfänger, wenn die betroffene Person dies verlangt. Die Beschäftigten haben Anspruch auf Berichtigung falscher und Löschung unzulässig gespeicherter Daten. Sie können Schadensersatzansprüche geltend machen, wenn sie durch unzulässige oder unrichtige Daten einen Schaden erlitten haben.
- Beschäftigte haben in Bezug auf ihre Daten außerdem Anspruch auf transparente Information und Kommunikation und ein Widerrufsrecht.
- Beschäftigte können sich jederzeit an die zuständige örtliche Beauftragte für den Datenschutz wenden (genauso wie an die MAV), wenn sie der Auffassung sind, in ihren Persönlichkeitsrechten verletzt worden zu sein.
- Eine Totalüberwachung privater E-Mails ist wegen des Gesetzes über den Datenschutz und den Schutz der Privatsphäre in der Telekommunikation und bei digitalen Diensten (TDDDG – in Kraft seit 1.12.2021) nicht zulässig, auch wenn die Arbeitnehmerin unzulässigerweise während der Arbeitszeit private Nachrichten schreibt. Der Arbeitgeber muss als Anbieter von Telekommunikationsdiensten das Fernmeldegeheimnis der Beschäftigten beachten (§ 3 Abs. 2 TDDDG). Das gilt zumindest, wenn der Arbeitgeber seinen Beschäftigten die private Nutzung des betrieblichen E-Mail-Systems (oder auch des Internetzugangs) zugesteht oder jedenfalls nicht ausdrücklich verbietet. Die Kontrolle der Daten und Inhalte privater Internet- und E-Mailnutzung ist dann unzulässig. Neben dem Inhalt der Telekommunikation ist auch die Identität der Beteiligten geschützt. Zulässig wäre eine Überwachung der rein dienstlichen E-Mails, wenn die Trennung technisch möglich ist, z. B. durch eine Kennzeichnung der E-Mails im Betreff als »privat«.
- Aber auch wenn der Arbeitgeber das Schreiben privater E-Mails ausdrücklich untersagt hat (dann gilt das TDDDG nicht!), sind allgemeine Verfassungsgrundsätze zu beachten. Dazu gehört neben dem allgemeinen Persönlichkeitsrecht auch das Recht auf informationelle Selbstbestimmung. Diese Grundsätze stehen einer ausufernden Kontrolle entgegen und setzen einem Zugriff auf Mails (und Daten individueller Internet-Nutzung) auch im Arbeitsverhältnis enge Grenzen.
- Außerdem hat die MAV ein Mitbestimmungsrecht (§ 40 Buchst. j MVG), wenn das Verhalten der Beschäftigten überwacht werden soll.

Literaturhinweis

- Datenschutzgesetz der EKD (Fassung ab 2018*): https://www.kirchenrecht-ekd.de/document/41335*
- *Däubler, Wolfgang/Wedde, Peter/Weichert, Thilo/Sommer, Imke:* EU-Datenschutz-Grundverordnung – Neues Bundesdatenschutzgesetz – Weitere datenschutzrechtliche Vorschriften. Kompaktkommentar, 3. aktualisierte Auflage, Frankfurt/Main 2024.
- *Däubler, Wolfgang:* Gläserne Belegschaften? Das Handbuch zum Arbeitnehmerdatenschutz, 9. Auflage, Frankfurt/Main 2021.
- *Deppisch, Herbert:* Reform des evangelischen Datenschutzrechts. Computer und Arbeit (CuA) 3/2025, S. 20–21.
- *Deppisch, Herbert:* Datenschutz in der evangelischen Kirche. Computer und Arbeit (CuA) 11/2023, S. 32–34.
- *Haverkamp, Josef:* Datenschutz. Grundlagen und Arbeitshilfen für Betriebs- und Personalräte, 4. Auflage, Frankfurt/Main 2024.
- *Wedde, Peter (Hg):* Handbuch Datenschutz und Mitbestimmung. 3. überarbeitete und aktualisierte Auflage, Frankfurt/Main 2023.
- *Wedde, Peter:* Beschäftigtendatenschutz. Basiskommentar zu EU-DSGVO und BDSG, 2. Auflage, Frankfurt/Main 2025.
- *Wedde, Peter:* Das Telekommunikationsgesetz und die private E-Mail-Nutzung am Arbeitsplatz. In: Computer und Arbeit, 3/2007. S. 9–14.

Datenschutz im MAV-Büro

Was ist das?

Seit dem 25. Mai 2018 gilt die neue **EU-Datenschutzgrundverordnung** (EU-DSGVO) auch in Deutschland verbindlich. In Kraft getreten ist sie aber schon am 24. 5. 2016 mit einer Übergangsfrist bis zum genannten Datum. Mit diesen Regelungen, vor allem mit den hohen Bußgeldern (bisher bis zu 300 000,– € bei schweren Verstößen, jetzt bis zu 20 Mio. € bzw. 4 % des weltweiten Vorjahresumsatzes) hat die Diskussion um den Datenschutz in der Öffentlichkeit, auch in Kirche und Diakonie, Fahrt aufgenommen und ist in das öffentliche Bewusstsein gerückt. Datenschutz bedeutet, dass die zur Erledigung der gesetzlichen Aufgaben zwingend notwendigen vertraulichen Daten im MAV-Gremium bleiben und dass persönliche Daten von Beschäftigten nur so lange gespeichert werden, wie notwendig.

Bedeutung für die MAV

Die EKD will die staatlichen Datenschutzgesetze (Bundesdatenschutzgesetz, Datenschutzgesetze der Länder) nicht anwenden. Die Regularien zum Datenschutz in der Evang. Kirche und ihrer Diakonie werden durch das Kirchengesetz über den Datenschutz der EKD – DSG-EKD vom 15. 11. 2017 (Neufassung Mai 2018) – geregelt. Nachdem es im Jahr 2016 auf der Basis der DSGVO weitreichende Veränderungen im Datenschutzrecht gegeben hat, wurde versucht, durch ein neues DSG-EKD eine Annährung zu erreichen, ohne das Schutzniveau der DSGVO anzunehmen.
Auch für kirchliche Arbeitsverhältnisse und in kollektivrechtlicher Hinsicht soll nicht die DSGVO, sondern das DSG-EKD gelten. Unabhängig von den dogmatischen Bedenken (wie soll ein Verband wie die Kirche ohne staatliches Gewaltmonopol (!) und ohne weiteren Umsetzungsakt auf ein Rechtsverhältnis einwirken?)

Art. 91 DSGVO sieht zwar eine Privilegierung eigener datenschutzrechtlicher Vorschriften von Religionsgesellschaften vor, aber nur dann, wenn diese zum Zeitpunkt des Inkrafttretens eigene datenschutzrechtliche Vorschriften hatte, die dem Schutzniveau der DSGVO schon entsprachen.

Beim DSG-EKD ist das gerade nicht der Fall, so dass sich die Frage stellt, ob es überhaupt anwendbar ist.

Mittlerweile gibt es hierzu bereits die ersten Entscheidungen, z. B. Verwaltungsgericht Hannover, Urteil vom 30.11.2022 – 10 A 1195/21 (SELK). Der KGH-EKD, (Verwaltungssenat, Urteil vom 9.9.2022 – 0135/4-2020) nimmt an, dass Schutzlücken im DSG-EKD im Verhältnis zur DSGVO durch die entsprechende Regelung in der DSGVO zu schließen sind.

Viel dürfte dafür sprechen, dass das DSG-EKD keine Anwendung findet, sondern allein die DSGVO.

Grundsätzlich wird man für die Praxis annehmen können, dass es jedenfalls inhaltlich-materiell bei den Ansprüchen und Pflichten der DSGVO bleibt.

Dieses Gesetz gilt daher auch für die Datenverarbeitung und Datenerhebung der MAV.

Das MVG wurde 2013 entsprechend geändert und eine ausdrückliche Pflicht der MAV zur Einhaltung des Datenschutzes geschaffen (§ 22 Abs. 3 MVG).

Die MAV hat für die Einhaltung des Datenschutzes in ihren Angelegenheiten selbst zu sorgen, d. h. sie muss z. B. die technischen und organisatorischen Maßnahmen im MAV-Büro treffen, um den Schutz personenbezogener Daten zu gewährleisten. Dreh- und Angelpunkt sind immer die personenbezogenen Daten von Mitarbeitern. Hierzu gehören z. B. der Name, das Alter, die Kleidergröße, die E-Mail-Adresse, die IP-Adresse.

Eine organisatorische Maßnahme wäre etwa die Regelung im MAV-Büro, dass während der Sprechstunden alle Papierunterlagen mit personenbezogenen Daten so aufzubewahren sind, dass Dritte hiervon keine Kenntnis nehmen können oder dass der Zugang zum MAV-Rechner passwortgeschützt ist.

Die MAV treffen auch bestimmte Pflichten, z. B. auf Auskunft und Information, s. u.

Verantwortlich i. S. d. DSGVO ist aber weiterhin der Arbeitgeber. Die Folgen datenschutzrechtlicher Verstöße treffen daher ihn.

Wenn die MAV den betrieblichen Datenschutzbeauftragten der Dienststelle zur Beratung oder Prüfung hinzuzieht, so ist dieser gegenüber der Dienststellenleitung zur Verschwiegenheit verpflichtet.

Eine enge Zusammenarbeit der MAV mit engagierten Datenschutzbeauftragten ist wünschenswert.

Nach DSG-EKD ist für jede Gliedkirche und für jedes gliedkirchliche Diakonische Werk ein (außerbetrieblicher) Datenschutzbeauftragter zu benennen. Er

kann auch die MAVen vor Ort bei allen Fragen und Problemen zum Datenschutz beraten und unterstützen.
Verlangt die MAV personenbezogene Daten von Mitarbeiterinnen vom Arbeitgeber, z. B. die Telefonnummer, um von einem bei der MAV gestellten Antrag auf Zustimmung zur Kündigung zu berichten und sich mit der Beschäftigten abzustimmen und zu beraten, kann sich der Arbeitgeber nicht auf den Datenschutz berufen, wenn er die Herausgabe verweigern will. Denn hier benötigt die MAV das personenbezogene Datum zur Erledigung ihrer Aufgaben nach § 35 MVG.
Zu beachten ist, dass Daten, sobald sie nicht mehr benötigt werden, zu löschen sind. Dies bedeutet z. B., nach einer erfolgten Höhergruppierung muss die MAV die ihr von der Dienststellenleitung überlassenen persönlichen Daten des betroffenen Beschäftigten bzw. von Mitbewerberinnen löschen. Sollten in der entsprechenden → **Niederschrift** persönliche Daten enthalten sein, die über die Namensnennung hinausgehen (z. B. Geburtsdatum), so sind diese Teile der Niederschrift zu schwärzen. Ansonsten würden hier persönliche Daten von Beschäftigten gespeichert sein. Ein rechtlicher oder tatsächlicher Grund für die Aufbewahrung von Daten ist hier nicht ersichtlich. Eine Vorratsdatenspeicherung, weil die MAV vielleicht einmal in Zukunft Daten benötigt bzw. in Unterlagen einmal nachsehen will, ist unzulässig.
Die MAV ist gut beraten, entsprechende Datenschutzseminare zu besuchen. Ebenfalls ist die Benennung eines »internen« Datenschutzbeauftragten sinnvoll sowie die Erstellung eines internen Datenlöschungskonzepts. Weiterhin muss sich die MAV darauf vorbereiten, dass Beschäftigte von der MAV erfahren wollen, welche personenbezogenen Daten bei der MAV gespeichert sind. Das Auskunftsverlangen kann sich auch auf die vorhergehenden Amtsperioden erstrecken.
→ **Ersatzmitglieder** der MAV haben einen uneingeschränkten Zugriff auf alle Daten, Niederschriften, Unterlagen der MAV wie ordentlich gewählte MAV-Mitglieder, wenn sie in die MAV nachrücken. Dieser Zugriff beschränkt sich jedoch auf die Zeit, in der sie nachgerückt sind. MAVen, die mit MAV-Laufwerken arbeiten, müssen sicherstellen, dass der Zugriff nur für die Dauer des Nachrückens erfolgen kann. Bei der Beendigung der Mitgliedschaft in der MAV hat das Ersatzmitglied alle Unterlagen, die es in seiner Eigenschaft als MAV-Mitglied erhalten hat, der MAV zurückzugeben (§ 18 Abs. 5 MVG).

Bedeutung für die Beschäftigten

Für die Beschäftigten ist es für das Vertrauen in die Arbeit der MAV unerlässlich, dass neben der Schweigepflicht in persönlichen Angelegenheiten auch der Datenschutz in der MAV-Arbeit gewährleistet ist. Die Beschäftigten haben das Recht auf Auskunft hinsichtlich der von ihnen gespeicherten personenbezogenen Daten. Die Auskunft muss folgende Informationen enthalten: Verarbeitungszwecke, Kategorien personenbezogener Daten, Empfänger, falls möglich, die geplante Dauer, für die personenbezogene Daten gespeichert werden bzw. falls dies nicht möglich ist, die Kriterien für die Festlegung der Dauer. Eine Auskunft darf insbesondere dann nicht gegeben werden, soweit die Daten oder die Tatsache ihrer Speicherung aufgrund einer speziellen Rechtsvorschrift oder wegen überwiegender berechtigter Interessen Dritter geheim gehalten werden müssen und das Interesse der betroffenen Person an der Auskunftserteilung zurücktreten muss. Für die MAV dürfte es keine Gründe geben, Auskünfte an Beschäftigte zu verweigern. Unter Einhaltung von Schweigepflicht und Datenschutz transparent zu sein, sollte in ihrem Interesse liegen.

Literaturhinweis

- *Däubler, Wolfgang:* Gläserne Belegschaft, das Handbuch zum Beschäftigtendatenschutz, Frankfurt/Main, 9. Auflage, 2021.
- *Haverkamp, Josef:* Datenschutz – Grundlagen und Arbeitshilfe für Betriebs- und Personalräte, Frankfurt/Main, 4. Auflage 2024.
- *Wedde, Peter:* Kommentar zur EU-Datenschutzgrundverordnung, Kurzkommentar mit Synopse BDSG – EU-DSGVO, Frankfurt/Main 2016.

Diakonie Deutschland

Im Jahr 2012 fusionierten das Diakonische Werk Deutschland und der Evangelische Entwicklungsdienst (EED) zum »Evangelischen Werk für Diakonie und Entwicklung« (EWDE). Die neue Dachorganisation besteht aus den zwei Werken »Brot für die Welt – Evangelischer Entwicklungsdienst« und »Diakonie Deutschland – Evangelischer Bundesverband«.
Zur Diakonie Deutschland gehören 17 **Landesverbände**, die Diakonischen Werke der Landeskirchen der Evangelischen Kirche in Deutschland. Weiter zählen dazu 67 **Fachverbände**, die in unterschiedlichen Bereichen der sozialen Arbeit, des Gesundheitswesens und der Jugend- und Erziehungshilfe tätig sind sowie die neun in der Diakonischen Arbeitsgemeinschaft zusammengeschlossenen **Freikirchen** mit ihren diakonischen Einrichtungen.
Die **Konferenz für Diakonie und Entwicklung** ist das höchste Beschlussgremium des Evangelischen Werkes für Diakonie und Entwicklung und beschließt die allgemeinen Grundsätze für die Arbeit der Diakonie.

Diakonie Deutschland

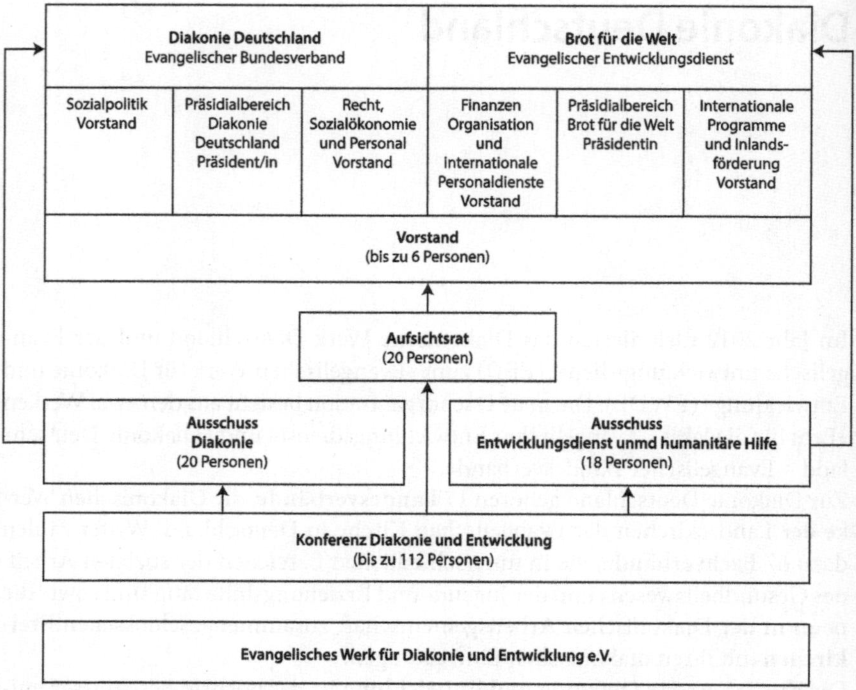

Aus: Diakonie Deutschland, Verbandsstruktur

Innerhalb jeder evangelischen Landeskirche gibt es Diakonische Werke. Deren Aufgabe ist es, die Interessen der unterschiedlichen Einrichtungen und Dienste der Diakonie am Ort gegenüber den Regierungen der Bundesländer und dem Spitzenverband zu vertreten. Inzwischen haben sich aus wirtschaftlichen und organisatorischen Gründen einige Landesverbände zusammengeschlossen.

Aus: Diakonie Deutschland, Verbandsstruktur

Über die Aufteilung der Beschäftigten in den einzelnen Diakonischen Werken der Landeskirchen gibt es nur ungenügende zentrale Statistiken. Folgende Zahlen haben wir aus den vorliegenden offiziellen Daten der einzelnen Diakonischen Werke bzw. über Befragungen der Gesamtausschüsse/AGMAVen zusammengetragen.

Diakonisches Werk der Landeskirche	Anzahl der Mitarbeiter 2013	Anzahl der Mitarbeiter 2016	Anzahl der Mitarbeiter 2021
Baden	32000	37000	37000
Bayern	73000	93600	96000
Berlin-Brandenburg-schlesische Oberlausitz	52000	52000	52000
Bremen	3300	3600	3800
Mitteldeutschland (Thüringen, Kirchenprovinz Sachsen, Anhalt)	27000	30000	32000
Hamburg	20000	20000	20000
Hessen*	32000	39000	42000
Mecklenburg-Vorpommern	11000	15000	15800
Niedersachsen (Braunschweig, Hannover, Oldenburg, Schaumburg-Lippe)	48000	75000	89000
Pfalz	12000	12000	12000
Rheinland, Westfalen, Lippe	130000	140000	130000
Sachsen	19000	22000	25300
Schleswig-Holstein	28000	28000	42000
Württemberg	40000	40000	50000
Summe**	**527300**	**607200**	**627300**

* Die beiden Diakonischen Werke in Hessen und Nassau und Kurhessen-Waldeck haben sich 2013 zur Diakonie Hessen zusammengeschlossen.
** Angaben der Diakonie Deutschland

Legt man die Daten der einzelnen Diakonischen Werke zugrunde und rechnet sie zusammen, kommt man auf eine andere Zahl von Beschäftigten, als von der Diakonie Deutschland angegeben. Eine Differenz, die von der Diakonie Deutschland nicht erklärt wird.

Diakonische Einrichtungen

Einrichtungen	2016	Hauptamtlich Beschäftigte 2022
Krankenhilfe	110 336	114 436
Kinder- und Jugendhilfe	128 621	166 077
Familienhilfe	6199	8002
Altenhilfe	153 305	184 461
Eingliederungshilfe für Menschen mit Behinderung	94 116	105 295
Hilfe für Personen in besonderen Situationen	16 957	18 116
Sonstige Hilfen	16 173	13 561
Schulische Bildung, berufliche Bildung und Qualifizierung	keine Angaben	14 281
Summe aller Beschäftigten	**525 207**	627 349
davon Vollzeitkräfte	208 002	222 199
Davon Teilzeitkräfte	317 705	405 150
Stellen in Vollkräften	407 581	493 619

Diakonie, Einrichtungsstatistik 18.9.2023

Insgesamt nimmt die Zahl der Beschäftigten in den gliedkirchlichen Diakonischen Werken kontinuierlich zu. Diese Entwicklung steht vordergründig im Widerspruch zu den ständig sinkenden Mitgliederzahlen der → **Evangelischen Kirche in Deutschland**. Der Widerspruch gibt einen deutlichen Hinweis, dass die zusätzlichen Stellen in der Diakonie fremdfinanziert sind, d. h. aus Steuermitteln und von den Sozialkassen bezahlt werden.

Dienstbefreiung

Was ist das?

Dienstbefreiung im engeren Sinn ist die Freistellung von der Arbeit nach § 11 AVR DD, § 27 AVR-Bayern, § 36 DiVO Bayern. Die Regelungen entsprechen in wesentlichen Teilen denen des TVöD (§ 29), TV-L (§ 29). Die Dienstbefreiung unterscheidet sich vom Sonderurlaub (§ 29 AVR DD, § 31 AVR-Bayern, § 35 DiVO Bayern, § 28 TVöD, § 28 TV-L) und der Beurlaubung in besonderen Fällen (§ 29a AVR DD) grundsätzlich dadurch, dass sie in den meisten Fällen unter Fortzahlung der → **Vergütung** und der in Monatsbeiträgen festgelegten Zulagen gewährt wird, von kurzer Dauer ist und zur → **Beschäftigungszeit** gezählt wird.

Für die Gewährung der Befreiung vom Dienst ist in jedem Fall die vorherige Zustimmung des Arbeitgebers erforderlich, d.h. ein nicht genehmigtes Fernbleiben vom Dienst kann zu arbeitsrechtlichen Konsequenzen führen (→ **Abmahnung**).

Dienstbefreiung

Dienstbefreiung (mit Vergütungsfortzahlung) wird nach Eintritt eines bestimmten Grundes für einen festgelegten Zeitraum gewährt, wenn

- der Anlass in der unmittelbaren Umgebung des Beschäftigten (z.B. Tod des Ehegatten) oder in seiner Person (z.B. 25-jährige Betriebszugehörigkeit, Eheschließung des Mitarbeiters – § 11 Abs. 1 Buchst. d AVR DD, § 27 Abs. 1 Buchst. a AVR-Bayern, § 36 Abs. 1 DiVO Bayern) liegt;
- der Anlass in einer ärztlichen Behandlung des Arbeitnehmers liegt, die zwingend während der Arbeitszeit erfolgen muss. In diesem Fall muss die erforderliche und vom Arzt bestätigte Abwesenheitszeit einschließlich erforderlicher Wegezeiten nachgewiesen werden (§ 11 Abs. 1 Buchst. f AVR DD, § 27 Abs. 1 Buchst. e AVR-Bayern, § 29 Abs. 1 Buchst. f TVöD bzw. TV-L); (→ **Arztbesuche**)
- der Anlass in der Wahrnehmung von kirchlichen (z.B. als Synodaler) oder staatsbürgerlichen Pflichten (z.B. Mitglied im Wahlvorstand zur Bundestags-,

Landtags- oder Kommunalwahl) liegt, die Arbeitsbefreiung gesetzlich vorgeschrieben ist oder verpflichtenden Charakter hat und nicht außerhalb der Arbeitszeit erledigt werden kann;

- ein befristet angestellter Mitarbeiter auf Verlangen angemessene Zeit zum Aufsuchen eines anderen Dienstverhältnisses benötigt (§ 11 AVR DD, Anmerkung zu Abs. 1);
- Vertreter von Arbeitnehmerverbänden an Tagungen teilnehmen; Gleiches gilt für die Vertreter von Gewerkschaften für verschiedene Vertretungsebenen, vorausgesetzt die Gewerkschaften entsenden Mitglieder in die ARK (§ 11 Abs. 3 AVR DD, § 27 Abs. 3 AVR-Bayern, § 36 Abs. 3 DiVO Bayern);
- Beschäftigte am Evangelischen Kirchentag teilnehmen wollen und dienstliche Gründe nicht entgegenstehen (§ 27 Abs. 5 AVR-Bayern, in der AVR DD so ausdrücklich nicht erwähnt);
- Mitarbeiter als Beistände in Kirchengerichtsverfahren (1. Instanz) nach dem MVG oder in Schlichtungsverfahren nach den AVR (→ **Schlichtung nach AVR**) für höchstens drei Verhandlungstage im Kalenderjahr tätig sind (§ 27 Abs. 4 AVR-Bayern, § 36 Abs. 2 Buchst. b DiVO Bayern). Ohne Zeitbegrenzung im Bereich der AVR DD (§ 11 Abs. 4) für Mitglieder in allen Schlichtungsausschüssen.

Abweichend von den oben genannten Gründen kann in sonstigen dringenden Fällen (z. B. Unfall des Lebenspartners) der Arbeitgeber eine Freistellung von bis zu drei Tagen pro Anlass unter Fortzahlung der Vergütung gewähren.
In begründeten Fällen kann bei Verzicht auf die Bezüge kurzfristige Arbeitsbefreiung gewährt werden, wenn die dienstlichen und betrieblichen Verhältnisse es zulassen (z. B. Umzug aus persönlichen Gründen).

Arbeitsbefreiung nach gesetzlicher Regelung

- § 629 BGB: Arbeitsplatzsuche nach der Kündigung eines unbefristeten Arbeitsverhältnisses (jedoch ohne Entgeltfortzahlung)

Das Begehren auf Freistellung von der Arbeit setzt voraus, dass eine Arbeitspflicht besteht. Arbeitspflicht liegt nicht vor, wenn der Beschäftigte sich bereits im Erholungsurlaub befindet, aufgrund einer Erkrankung arbeitsunfähig ist oder weil er zum maßgeblichen Zeitpunkt aufgrund des Schichtplans nicht zur Arbeit verpflichtet ist. Folgerichtig kann eine Dienstbefreiung nicht gewährt werden.

Staatsbürgerliche Verpflichtungen

Die Freistellung von der Arbeit rechtfertigen folgende staatsbürgerliche Verpflichtungen (allerdings ohne Lohnfortzahlung!):

- Ausübung des Wahlrechts bei allen politischen Wahlen

- Mitgliedschaft in Selbstverwaltungsorganen der Sozialversicherung bzw. Tätigkeit in den entsprechenden Wahlorganen bzw. Organen der Bundesagentur für Arbeit (§ 40 Abs. 2 SGB IV)
- Tätigkeit als ehrenamtlicher Richter oder Schöffe bei Amts-, Verwaltungs-, Sozial- und Arbeitsgerichten (§§ 44–45a DRiG und §§ 28–58 GVG, §§ 20, 21 VwGO, § 12 SGG, §§ 6, 6a, 20–31 ArbGG)
- Tätigkeit in Prüfungsausschüssen einer Industrie- und Handelskammer bzw. nach dem Berufsbildungsgesetz (§ 37 Abs. 4 BBiG)

Für gerichtliche und polizeiliche Termine gilt: Ein Anspruch auf Arbeitsbefreiung besteht, allerdings nicht unter Fortzahlung der Bezüge, egal ob der Termin privat oder dienstlich veranlasst ist. Die staatsbürgerliche Pflicht geht der privatrechtlichen Pflicht zur Leistung der Arbeit vor. Dies gilt erst recht, wenn das Gericht das persönliche Erscheinen des Beschäftigten anordnet (LAG Hamm 2. 12. 2009 – 5 Sa 710/09). Die Pflicht, als Zeuge vor Gericht auszusagen, ist eine staatsbürgerliche Pflicht (BAG 13. 12. 2001 – 6 AZR 30/01), eine evtl. Zeugenentschädigung muss jedoch auf das Entgelt angerechnet werden.

Bedeutung für die MAV

Individualrechtliche Regelungen zugunsten der Beschäftigten können durch die Mitarbeitervertretung nicht durch → **Dienstvereinbarung** (§ 36 MVG) erweitert werden. Dienstvereinbarungen dürfen Regelungen nicht erweitern, die insbesondere auf Beschlüssen der Arbeitsrechtlichen Kommissionen beruhen.

Verschiedene Anlässe für die Gewährung von Dienstbefreiung unterliegen einem Ermessensspielraum der → **Dienststellenleitung**. Die MAV hat in solchen Fällen darauf zu achten, dass alle Beschäftigten nach Recht und Billigkeit behandelt werden (§ 33 Abs. 1 MVG). Die Praxis hat gezeigt, dass nach Meinung der Beschäftigten bei der Gewährung bzw. Nichtgewährung von Dienstbefreiung nach einem strengen Maßstab von Gleichbehandlung zu verfahren ist. Wird dieser aus ihrer Sicht nicht gewahrt, so wird die MAV sich mit → **Beschwerden von Arbeitnehmern** auseinander zu setzen haben.

Dienstgemeinschaft

Was ist das?

Entgegen der landläufigen Kirchenmeinung entstammt der Begriff Dienstgemeinschaft nicht aus einer theologischen Diskussion und Begründung, sondern er hat einen rein juristischen Hintergrund und Ursprung. Der Begriff der Dienstgemeinschaft wird seit den fünfziger Jahren benutzt, um die Sonderstellung der kirchlichen Arbeitsverhältnisse zu begründen. Historisch gesehen ist der Begriff der Dienstgemeinschaft aus dem »Gesetz zur Ordnung der Arbeit in Öffentlichen Verwaltungen und Betrieben« der Nationalsozialisten von 1934 in die Arbeitsvertragsordnungen der Caritas (1936) und der Inneren Mission (1937) übernommen worden. Der Begriff Dienstgemeinschaft ist von Kirchenjuristen, die eine erklärte deutschnationale oder nationalsozialistische Gesinnung hatten, in der Nachkriegszeit wieder aufgegriffen und weiter verwendet worden. In den fünfziger Jahren diente der Begriff dazu, sich von der Betriebsverfassung und dem Institut des Tarifvertrags abzugrenzen. Das demokratische Defizit des so übernommenen Begriffs Dienstgemeinschaft bestand von vorneherein darin, sich von unabhängigen Gewerkschaften und einem wirksamen Prinzip der betrieblichen Interessenvertretung mit Gründung der Bundesrepublik Deutschland abzugrenzen. Als Ergebnis wurden von der damaligen Adenauer-Regierung die Kirchen von dem Geltungsbereich des Betriebsverfassungsgesetzes ausgenommen. Diese Haltung setzte sich weiter fort bei der Verabschiedung und den zahlreichen Novellierungen des Mitarbeitervertretungsgesetzes. Aktuell zeigt die Novellierung zum 1. 1. 2024, dass weder die Rolle der Gewerkschaften erwähnt wird, noch eine Vorschrift zur Unternehmensmitbestimmung entsprechend der Regelung im BetrVG von 1952 und dem Drittelbeteiligungsgestz von 2004 enthalten ist.

Über den von Nicht-Theologen gebildeten und aus der Zeit des Nationalsozialismus übernommenen Begriff der Dienstgemeinschaft besteht bis heute kein theologischer Konsens. Hengsbach bezeichnet wegen ihrer theologischen Uneindeutigkeit die Dienstgemeinschaft als ein Phantom, sie sei als eine »Vermischung religiöser und arbeitsrechtlicher Dimensionen glaubenspraktisch unzulässig«.

Aus dem juristischen und historisch belasteten Begriff wurde nun ein religiös aufgeladenes und verklärtes Symbol, das auch die Mitarbeiter und die Mitarbeitervertretungen verpflichten soll.
In der Präambel zum MVG heißt es:

»Kirchlicher Dienst ist durch den Auftrag bestimmt, das Evangelium in Wort und Tat zu verkündigen. Alle Frauen und Männer, die beruflich in Kirche und Diakonie tätig sind, wirken als Mitarbeiterinnen und Mitarbeiter an der Erfüllung dieses Auftrages mit. Die gemeinsame Verantwortung für den Dienst der Kirche und ihrer Diakonie verbindet Dienststellenleitungen und Mitarbeiter wie Mitarbeiterinnen zu einer Dienstgemeinschaft und verpflichtet sie zu vertrauensvoller Zusammenarbeit.«

Der Begriff Dienstgemeinschaft wird von den kirchlichen Arbeitgebern heute überwiegend im **paternalistischen** Sinne gebraucht. Die kirchlichen Arbeitnehmer werden als »Diener« in die Pflicht genommen. Der Dienstgeber, die Kirche, nimmt die Arbeitnehmer moralisch in Anspruch und verpflichtet sie auf den religiösen Auftrag. Die Arbeitnehmerrechte als Schutzrechte treten zurück. *»Die Asymmetrie von Pflichten und Rechten, die Überwertigkeit der Pflichten gehört zu den Problemaspekten der Idee der Dienstgemeinschaft« (Kreß 2013).*
Der Begriff der Dienstgemeinschaft wurde in der Diskussion seit den achtziger Jahren um Tarifverträge im kirchlichen Bereich benutzt, um die Forderung nach Anerkennung der Rolle der Gewerkschaften innerhalb der kirchlichen Einrichtungen zurückzuweisen:

»Auftraggeber für jede Arbeit in der Kirche ist der Herr der Kirche selbst. Der Auftrag richtet sich an die Kirche, die Gemeinschaft der Gläubigen. Sie allein – und niemand anders – müssen in Gehorsam gegen den Herrn entscheiden, wie der Auftrag jeweils am besten auszurichten ist: Selbstbestimmung (Autonomie) der Kirche; gegen Fremdbestimmung. Der Auftrag muß so ausgerichtet werden, daß er glaubwürdig ist. Die Kirche kann in ihrem Inneren nicht Ordnungen gelten lassen, die im Widerspruch zu ihrem Auftrag stehen. Versöhnung darf nicht nur gepredigt, sie muß vorgelebt werden.«
Und: »Auftrag der Kirche ist es, die Versöhnung zu predigen. Die Kirche würde sich zu diesem Auftrag in unlösbaren Widerspruch setzen, sie würde unglaubwürdig werden, wenn sie zur Regelung der Konflikte, die auch in ihrem Bereich bei der Regelung der Arbeitsbedingungen auftreten können, eine Ordnung vorsähe, die auf Konfrontation, schließlich auf Arbeitskampf mit Streik und Aussperrung hinausläuft.«
(aus: Der Dritte Weg. Herausgegeben von der EKD im März 1978)

Wie die diakonischen Arbeitgeber die Vorteile des eigenen Arbeitsrechts prinzipienlos ausnutzen wollen, zeigt die Auseinandersetzung um den Einsatz von Leiharbeitnehmern in diakonischen Einrichtungen. Während der neoliberale → **Verband diakonischer Dienstgeber in Deutschland** keine Probleme im umfangreichen Einsatz von Leiharbeitnehmern sieht und im Rahmen von betriebswirtschaftlicher Effizienz ganze Bereiche einer Einrichtung mit Leiharbeitnehmern betreiben kann, sieht der **Kirchengerichtshof der EKD** dies ganz anders. In einem Grundsatzurteil von 2006 führt er in einem wertkonservativen Tenor aus, die Leiharbeit widerspreche durch die ständige Spaltung in Kernbelegschaft und Leiharbeitnehmer den Prinzipien der Dienstgemeinschaft. (→ **Outsourcing**)

»Insgesamt ist das Resümee zu ziehen, dass zum Begriff »Dienstgemeinschaft« sowohl eine gefestigte theologische Interpretations- und Auslegungstradition als auch eine kohärente, konsistente Theoriebildung fehlen« (Kreß 2013).

Die historische Herkunft des Begriffs der Dienstgemeinschaft

Der Begriff der Dienstgemeinschaft taucht in der Inneren Mission (vergleichbar mit der Diakonie heute) der Evangelischen Kirche im § 1 der Tarifordnung von 1937 auf: *»Betriebsführung und Gefolgschaft bilden eine Dienstgemeinschaft im Sinne das § 2 des Gesetzes zur Ordnung der Arbeit in öffentlichen Verwaltungen und Betrieben vom 23. März 1934«. In § 2 des von den Nationalsozialisten erlassenen Gesetzes heißt es: »Der Führer sorgt für das Wohl der Beschäftigten. Diese haben ihm die in der Dienstgemeinschaft begründete Treue zu halten ...«.*

Der im Nationalsozialismus geprägte Begriff der Dienstgemeinschaft wurde in der Kirche und ihren Einrichtungen nicht nur in der Zeit des Nationalsozialismus übernommen, sondern auch mit der Entstehung der Bundesrepublik wie selbstverständlich weitergeführt.

Kurz nach der Verabschiedung des Grundgesetzes beschloss der Bundestag 1949 das Tarifvertragsgesetz. Der Abschluss von Tarifverträgen und die entscheidende Rolle der Gewerkschaften dabei gehörten zum Grundkonsens der neu gegründeten Demokratie in der Bundesrepublik. Doch diese wichtigen Grundlagen werden von der Kirche abgelehnt. Den Abschluss von Tarifverträgen wie in der Weimarer Republik lehnten die Kirchen entschieden ab.

Der Begriff der Dienstgemeinschaft wird in Richtlinien für Arbeitsverträge der Inneren Mission/Diakonie 1949 weitergeführt. Im Auftrag des Kirchlichen Instituts der EKD verfasste Werner Kalisch die »Grund- und Einzelfragen des kirchlichen Dienstrechts«. Kalisch galt deshalb als Wegbereiter des kirchlichen Sonderarbeitsrechts im Nachkriegsdeutschland. Er entwickelt darin die zentralen Begründungen für die »kirchliche Dienstgemeinschaft«, wie sie heute noch von deren Verfechtern benutzt werden.

»Aller Dienst in der verfassten Kirche und ihren Werken ist eine Einheit, weil es sich dabei überall um Arbeit im Weinberg des Herrn, um Dienst in der Gefolgschaft Christi als des Herrn und Hauptes der Kirche handelt … Mit dieser vorgegebenen Dienstgemeinschaft ist die Kirche für alle kirchlichen Dienstzweige als einer kircheneigenen Angelegenheit im Sinne der eingangs wiedergegebenen Verfassungsbestimmungen.«
»In der Kirche kann es keinen Streik geben, weil Christus der Herr der Kirche ist und alle Diener der Kirche im Dienst Christi stehen … Deshalb ist der Tarifvertrag ein für den Kirchendienst nicht angemessenes Mittel zur Bestimmung des Inhalts der Einzelarbeitsverträge.«

Kalisch war Mitglied des NS-Rechtswahrerbundes und der NSDAP. Er schaffte nach 1945 den nahtlosen Übergang vom nationalsozialistischen Ideologen zum meinungsbildenden Kirchenjuristen der Nachkriegszeit.
Otto Dibelius, Ratsvorsitzender der EKD nach 1945, hielt den direkten Kontakt zum Arbeitsministerium bei der Ausarbeitung des **Betriebsverfassungsgesetzes**. Seine Forderung nach Herausnahme der Kirchen aus dem Geltungsbereich des Betriebsverfassungsgesetzes begründete er mit den »Erfahrungen der nationalsozialistischen Zeit.« Dies ist wenig glaubwürdig, schrieb er doch in einem Brief am 26. Juli 1933 an den Evangelischen Oberkirchenrat: *»Ich bin als deutscher Student Mitglied des Vereins Deutscher Studenten geworden und habe schon während meiner Studienzeit im Kampf gegen Judentum und Sozialdemokratie gestanden.«*
Mit dem Begriff der »Dienstgemeinschaft« übernahm die Kirche wesentliche Inhalte der von den Nationalsozialisten geprägten ideologischen Vorstellungen (*Belitz, Klute, Schneider, Wendt-Kleinberg*): Die kirchliche und nationalsozialistisch bestimmte Dienstgemeinschaft stimmen überein in folgenden Ausgestaltungen:

- Abwesenheit von Gewerkschaften
- keine Tarifautonomie
- keine Tarifverträge
- kein Streikrecht
- Führer-/Gefolgschaftsprinzip

Historische Untersuchungen von Hermann Lührs ergeben, dass *»zum Zeitpunkt 1930 die Dienstgemeinschaft kein Bestandteil des kirchlichen Lebens oder der Glaubenslehre beider Konfessionen (ist) … Die Dienstgemeinschaft kommt als Kategorie des kirchlichen Selbstverständnisses schlechterdings vor 1930 nicht vor.«*
Für die Kirche war die Festlegung auf die Dienstgemeinschaft im Nachkriegsdeutschland eine »Erfolgsgeschichte«. Sie wurde aus dem Geltungsbereich des Betriebsverfassungsgesetzes herausgenommen und haben für lange Zeit erreicht, dass das grundgesetzlich garantierte Streikrecht für der Kirche nicht zur Anwendung kam und Tarifverträge verhindert wurden.

»Die Evangelische Kirche in Deutschland hat die aktive Rolle, die der mehrheitlich nationalkonservativ, völkisch und antijüdisch ausgerichtete Protestantismus bei der Entstehung und Stabilisierung des NS-Staates gespielt hat, bis heute nicht aufgearbeitet« (Schneider 2014).

Bedeutung für die kirchlich Beschäftigten

Auch in der Kirche und ihren Einrichtungen ist es für die Beschäftigten in der Praxis unmittelbar erfahrbar, dass es **Arbeitnehmer und Arbeitgeber gibt**. Die Berufung auf die Dienstgemeinschaft hat in Anbetracht der realen Verhältnisse in den kirchlichen Einrichtungen oft nur eine rein ideologische Funktion und wird gerne in die »Leitbilddebatte« eingebracht. Der Begriff Dienstgemeinschaft wird nicht benutzt, um eine eher partnerschaftliche Arbeitssituation in den kirchlichen Einrichtungen zu fördern, sondern um zu verschleiern, dass es sich um ein ganz normales Arbeitsverhältnis handelt und um eine Einschränkung der Arbeitnehmerrechte zu rechtfertigen. Viele kirchliche Arbeitgeber geben nach außen vor, dass ihre – auch oft nur subjektiven – Teilinteressen dasselbe seien wie das Gesamtinteresse der Einrichtung bzw. des kirchlichen Ganzen. Die überaus irdischen Verhältnisse in den kirchlichen Einrichtungen werden schöngeredet, Konflikte verharmlost oder einfach ausgeblendet. Wenn angesichts allzu harter realer Verhältnisse im Arbeitsalltag nichts mehr zu beschönigen geht, wird auf die »Unvollkommenheit in jedem Menschen von uns« verwiesen. Allein wegen des besonderen kirchlichen Auftrages kann und dürfe es keine Gleichstellung mit entsprechenden Einrichtungen aus dem kommunalen oder privaten Bereich geben.

Werden Interessengegensätze und sich daraus ergebende Konflikte als solche nicht gekennzeichnet, setzt sich die »Macht des Faktischen« durch, die Rolle des kirchlichen Arbeitgebers bleibt nach außen hin unhinterfragt und das Entstehen verkrusteter Strukturen wird gefördert. Der **ideologische Begriff der Dienstgemeinschaft** ist mit den Grundsätzen eines modernen Personalmanagements und der → **Personalentwicklung** unvereinbar.

Nach den Urteilen des EuGH und den folgenden Urteilen des BAG im Fall Egenberger (BAG, Urteil vom 25.10.2018, 8 AZR 501/14) und eines katholischen Chefarztes (BAG, Urteil vom 20.2.2019, 2 AZR 746/14) haben die Kirchen ihre besonderen Loyalitätsanforderungen (→ **Mitarbeitsrichtlinie**), die sie aus dem Begriff der Dienstgemeinschaft ableiten, nur teilweise entschärft. Die Kirchen können ihre Einstellungskriterien und Anforderungsprofile an die Mitarbeiter nicht mehr so extensiv auslegen. Stellenausschreibungen, die generell von den Bewerberinnen eine Kirchenmitgliedschaft voraussetzen, sind nun nicht mehr zulässig, da sie gegen das vom EuGH angeführte Diskriminierungsverbot verstoßen. Sind Mitarbeiterinnen der Meinung, sie seien wegen ihrer (Nicht-)Konfessionszugehörigkeit benachteiligt worden oder an sie werden zu hohe und sachlich ungerechtfertigte Loyalitätsanforderungen gestellt, so können sie das gerichtlich überprüfen lassen → **Gleichbehandlung (AGG)**.

Die Bedeutung für die Mitarbeitervertretungen

Auch die Mitarbeitervertretungen sind auf die Dienstgemeinschaft verpflichtet: »*Die gemeinsame Verantwortung für den Dienst der Kirche und ihrer Diakonie verbindet Dienststellenleitungen und Mitarbeiter zu einer Dienstgemeinschaft und verpflichtet sie zu vertrauensvoller Zusammenarbeit*« (Präambel zum MVG der EKD).

Mitarbeitervertretungen können den Begriff der Dienstgemeinschaft nicht nur kritisieren, sondern auch die Widersprüchlichkeit der erlebten »Dienstgemeinschaft« thematisieren: »*Mitarbeitervertretung und Dienststellenleitung sind verpflichtet, sich* **gegenseitig** *bei der Erfüllung ihrer Aufgaben zu unterstützen, und arbeiten vertrauensvoll und Partnerschaftlich zusammen*« (§ 33 MVG). Sind Arbeitsbedingungen kritikwürdig und unterstützt die Einrichtungsleitung die MAV nicht bei ihrer Aufgabe, »*Beschwerden, Anfragen, und Anregungen von Mitarbeitern und Mitarbeiterinnen entgegenzunehmen und, soweit diese berechtigt erscheinen, durch Verhandlungen mit der Dienststellenleitung auf deren Erledigung hinzuwirken*« (§ 35 MVG), ist der Arbeitgeber darauf hinzuweisen, dass er gegen den Gedanken der von ihm formulierten Dienstgemeinschaft verstößt.

Die an den Arbeitgeber zu richtenden Anforderungen nach einer konstruktiven Zusammenarbeit gehen noch weiter: »*Die MAV ist zur Durchführung ihrer Aufgaben rechtzeitig und umfassend zu unterrichten … Der MAV sind die zur Durchführung ihrer Aufgaben erforderlichen Unterlagen rechtzeitig zur Verfügung zu stellen*« (§ 34 MVG). Die in der Praxis zu erwartenden Schwierigkeiten bei der Einforderung der von den kirchlichen Arbeitgebern selbst aufgestellten Grundsätze der »vertrauensvollen Zusammenarbeit« können gegebenenfalls auf Mitarbeiterversammlungen angesprochen werden.

Auch die oben angesprochene Entscheidung des Kirchengerichtshofs der EKD bietet in Einrichtungen, die Privatisierungen oder den umfangreichen Einsatz von Leiharbeitnehmern vorgenommen haben, gute Ansatzpunkte, um den diakonischen Arbeitgeber auf seine Widersprüchlichkeit in der betrieblichen Praxis hinzuweisen. Es gibt ausdrückliche Möglichkeiten für die MAV, den Einsatz von Leiharbeitnehmern einzuschränken und geplante Privatisierungen zu verhindern (→ **Outsourcing**, → **Leiharbeitnehmer**).

In einer Reihe wichtiger Rechte der Arbeitnehmervertretungen bleibt das→ **Mitarbeitervertretungsgesetz** weit hinter den Rechten der Betriebsräte zurück, beispielsweise bei dem überformalisierten Mitbestimmungsverfahren, der vollkommen unzureichenden Arbeitnehmerbeteiligung im Aufsichtsrat und der Kompetenzen von Wirtschaftsausschüssen.
In der Realität der kirchlichen Einrichtungen, bei denen nicht selten Konzernstrukturen existieren, zeigt sich allzu deutlich, sowohl was die Arbeitssituation der Beschäftigten als auch die rechtliche Schlechterstellung der MAVen im Vergleich zu den Betriebsräten betrifft, dass der Begriff der Dienstgemeinschaft für die kirchlichen Arbeitgeber oft nur ein ideologisch verbrämter Begriff ist.

Literaturhinweis

- *Belitz, Wolfgang/Klute, Jürgen/Schneider/Hans-Udo/Wendt-Kleinberg, Walter:* Verhängnisvolle Dienstgemeinschaft – Abrechnung mit einem nationalsozialistischen Begriff in den Kirchen in Deutschland, Norderstedt 2020.
- *EKD (Hrsg.):* Der Dritte Weg, März 1978.
- *Kreß, Hartmut*: Dienstgemeinschaft oder Dienstherrschaft?, in »Zwischen Kreuz und Konkurrenz«, Hamburg 2015.
- *Kreß, Hartmut*, Die Sonderstellung der Kirchen im Arbeitsrecht – sozialethisch vertretbar? Ein deutscher Sonderweg im Konflikt mit Grundrechten, Baden-Baden 2013.
- *Lührs, Hermann:* Die Zukunft der Arbeitsrechtlichen Kommissionen, Tübingen 2009.
- *Schneider, Hans-Udo*, Kirchliche Arbeitsverhältnisse als Spiegel der Gesellschaft, AuK 4/2003.

Dienstplan

Was ist das?

Der Arbeitgeber ist grundsätzlich verpflichtet, die Arbeitszeiten der Arbeitnehmer aufzuzeichnen. Das Bundesarbeitsgericht leitet diese Aufzeichnungspflicht bereits aus § 3 Abs. 2 Nr. 1 des Arbeitsschutzgesetzes (ArbSchG) ab. Mit Beschluss vom 13. September 2022 (Az. 1 ABR 22/21) hat das BAG festgestellt, dass in Deutschland die gesamte Arbeitszeit der Arbeitnehmer aufzuzeichnen ist. Arbeitgeber sind verpflichtet, ein System einzuführen, mit dem die von den Arbeitnehmern geleistete Arbeitszeit erfasst werden kann. Damit hat das BAG verbindlich entschieden, dass das Urteil des Europäischen Gerichtshofs (EuGH) vom 14. Mai 2019 (EuGH Rs. 55/18 CCOO) auch von deutschen Arbeitgebern zu beachten ist. Die Zuweisung der Arbeitnehmer zu einzelnen Arbeitszeiten oder Schichten erfolgt in Betrieben, die mehrschichtig arbeiten, regelmäßig über sog. Dienstpläne.

Der Dienstplan ist ein **Dokument**, das einerseits ein Planungsinstrument für den Arbeitgeber ist, andererseits für die Arbeitnehmer festlegt, wann genau im Planungszeitraum eine Arbeitspflicht bestehen soll. Der Dienstplan dient damit auch der Planungssicherheit. Er hält die geplanten Arbeitszeiten der Arbeitnehmer fest (Soll-Plan) und die eingetragenen Zeiten dienen als Grundlage zur Berechnung der Zeitzuschläge und anderer Zuschläge. Der Dienstplan ist mit einem dokumentenechten Stift zu erstellen (nicht mit einem Bleistift und folgenden Radierungen!). Alle nachträglichen Änderungen müssen nachvollziehbar bleiben.

Die Formulare für die Dienstpläne sind so zu gestalten, dass die Ist-Planung und Abweichungen von der Planung bei der Umsetzung des Plans (Ist-Plan) übersichtlich nachzuvollziehen sind. Auch die Einführung von → **Arbeitszeitkonten** befreit den Arbeitgeber nicht davon, eine verbindliche Planung der Dienstzeiten vorzunehmen.

Die **AVR.DD (§ 9)** geben bei der Dienstplangestaltung folgenden Rahmen vor:

- Die regelmäßige Arbeitszeit beträgt wöchentlich 39 Stunden und ist im Durchschnitt im Zeitraum von einem Kalenderjahr zu erreichen.

- Zwei Sonntage im Monat sollen arbeitsfrei sein.
- Wird dienstplanmäßig an einem Sonntag oder einem Wochenfeiertag gearbeitet, so hat der Mitarbeiter Anspruch auf einen freien Werktag innerhalb der nächsten 2 Wochen, sofern dienstliche oder betriebliche Erfordernisse nicht entgegenstehen.
- Die regelmäßige Arbeitszeit kann auf bis zu zehn Stunden verlängert werden, wenn in sie eine Arbeitsbereitschaft von mindestens zwei Stunden täglich fällt.
- Nach § 9f AVR.DD kann für Nachtarbeitnehmer durch Dienstvereinbarung die tägliche Arbeitszeit auf 12 Stunden verlängert werden, wenn innerhalb von 4 Wochen im Durchschnitt 8 Stunden täglich nicht überschritten werden.
- Durch Dienstvereinbarung kann festgelegt werden, dass in heilpädagogischen oder therapeutischen Einrichtungen der Jugendhilfe sowie in sonstigen stationären Einrichtungen die tägliche Arbeitszeit auf über 10 Stunden ausgedehnt wird, wenn dies die Konzeption der Einrichtung erfordert. Die Ausdehnung der Arbeitszeit darf nur zweimal pro Woche oder viermal in 14 Tagen erfolgen (§ 9 Abs. 3 AVR.DD).
- Mit Teilzeitbeschäftigten ist eine Vereinbarung nach § 9 Abs. 1 AVR.DD zu treffen, wie ihre durchschnittliche wöchentliche Arbeitszeit im Rahmen der dienstplanmäßigen Arbeit erfolgt.

Aus dem **Arbeitszeitgesetz** ergeben sich folgende Regelungen:

- Das ArbZG sieht eine Regelarbeitszeit von 8 Stunden werktäglich (montags bis einschließlich samstags) vor. Die werktägliche Dienstzeit darf bis auf 10 Stunden verlängert werden, wenn sich in 24 Wochen im Schnitt die 48 Stundenwoche herstellt.
- Ruhepausen müssen im Voraus geplant werden; bei mehr als 6 Stunden sind 30 Minuten, bei mehr als 9 Stunden 45 Minuten einzuplanen.
- Die Ruhezeit zwischen zwei Schichten beträgt mindestens 11 Stunden, sie kann in Krankenhäusern und anderen Einrichtungen zur Behandlung, Pflege und Betreuung auf 10 Stunden verkürzt werden, wenn die Kürzung innerhalb eines Monats durch Verlängerung einer Ruhezeit auf 12 Stunden ausgeglichen wird.
- In § 7 des ArbZG erlaubt eine Öffnungsklausel für »Kirchen und die öffentlich-rechtlichen Religionsgesellschaften« Abweichungen zu den vorgenannten Regelungen. So erlaubt § 9a Abs. 4 AVR.DD die Kürzung der Ruhezeit zwischen zwei Schichten mit einer Dienstvereinbarung sogar um 2 Stunden.

Bei konkurrierenden Bestimmungen gehen nach dem Günstigkeitsprinzip die Regelungen des jeweiligen Arbeitsvertragswerks (TVöD, AVR.DD etc.) vor.

Bedeutung für die MAV

Die MAV hat ein Mitbestimmungsrecht bei der Erstellung eines jeden Dienstplans.
Wird die MAV bei der Planung der Arbeitszeit (Dienstplan) nicht beteiligt, ist diese Maßnahme entsprechend § 38 Abs. 1 MVG unwirksam.

Kommt eine Einigung über einen Dienstplan zwischen Arbeitgeberin und Mitarbeitervertretung nicht oder nicht rechtzeitig zustande, so ist die Einigungsstelle nach § 36a MVG.EKD zur Entscheidung anzurufen. Dies gilt in allen Fällen, in denen Streit über die Inhalte des beabsichtigten Dienstplans, also das Wie der Regelung (sogenannte Regelungsstreitigkeit) besteht. Eine Anrufung des Kirchengerichts ist in Fällen von Regelungsstreitigkeiten nicht mehr möglich. Die Zuständigkeit des Kirchengerichts wäre nur dann gegeben, wenn Streit darüber besteht, ob der Dienstplan beispielsweise überhaupt der Mitbestimmung unterliegt.

Auch **vorläufigen Anordnungen** des Arbeitgebers werden enge Grenzen gezogen.

»Gegen eine unzulässige Anordnung eines Dienstplans ist auf Antrag der Mitarbeitervertretung dem Arbeitgeber im Wege der einstweiligen Verfügung aufzugeben, die Anordnung aufzuheben.«
(Kirchengericht für mitarbeitervertretungsrechtliche Streitigkeiten der Diakonischen Konferenz in der Evangelisch-Lutherischen Kirche in Norddeutschland e. V. – Kammer II Schleswig-Holstein, Beschluss v. 5. 1. 2017 – II-01/17-RD).

Der Arbeitgeber muss für eine erfolgreiche vorläufige Anordnung des Dienstplans darlegen, aus welchen Gründen dies erforderlich ist. Dabei muss er die vorgesehenen Festlegungen auf das absolut erforderliche Maß reduzieren. Als »absolut erforderlich« gelten alle Festlegungen, die eine Verschlechterung der Versorgungsqualität der Einrichtung verhindern. *(Schiedsstelle der Konföderation Evangelischer Kirchen in Niedersachsen und der diakonischen Werke Ev. Kirchen in Niedersachsen, Beschluss v. 19. 2. 2018 – 4 VR MVG 6/18).*
Ist die Erstellung eines Dienstplans unter Verletzung der Mitbestimmungsrechte der MAV erfolgt, ist kein Arbeitnehmer verpflichtet, nach diesem Dienstplan zu arbeiten. Das gilt nicht nur für den ursprünglich der MAV vorgelegten Dienstplan, sondern auch für jede nachfolgende Änderung in der Planung.
Die Mitbestimmungsrechte der MAV wahrzunehmen und durchzusetzen ist in der betrieblichen Praxis nicht einfach. Verletzt der Arbeitgeber wiederholt die Mitbestimmungsrechte der MAV bei Erstellung des Dienstplans, sollte die MAV den Arbeitgeber in aller Form auf die Mitbestimmungsrechte der MAV hinwei-

sen. Mit den Beschäftigten ist ebenfalls eine intensive Diskussion zu führen über den Gesundheitsschutz und die Auswirkungen eines unzureichenden Personaleinsatzes auf das Klientel.

Die MAV kann der Leitung eine → **Dienstvereinbarung** über die Dienstplanung vorschlagen, in der z. B. geregelt wird:

- ein fester Schichtplanrhythmus,
- gerechte Verteilung der Dienste zu ungünstigen Zeiten unter den Mitarbeitern,
- Einhaltung von Pausen,
- verlässliches Verfahren bei der Abweichung von der geplanten Arbeitszeit und bei kurzfristigem Ausfall von Personal,
- Ausschluss von Holen aus dem Frei (oder wahlweise doppelte Vergütung),
- eine Personalmindestbesetzung pro Schicht.

Das Mitbestimmungsrecht bei der Festlegung der Arbeitszeit gehört zu den uneingeschränkten Mitbestimmungsrechten. Die MAV ist deshalb nicht an die Gründe der Zustimmungsverweigerung nach § 41 der eingeschränkten Mitbestimmung gebunden. Die MAV kann daher einem Dienstplan zum Beispiel aus folgenden Gründen widersprechen:

- wenn sie darin für alle oder einzelne Arbeitnehmer eine zu große Belastung sieht (zum Beispiel Anzahl der (Nacht-Dienste in Folge),
- wenn sie persönliche Belange der Arbeitnehmer nicht hinreichend berücksichtigt sieht (zum Beispiel Versorgung von Angehörigen, Teilnahme an kulturellen, sportlichen oder anderen Veranstaltungen),
- wenn sie die Verteilung von Arbeit zu ungünstigen Zeiten für unausgewogen hält,
- wenn sie in der Arbeitszeitgestaltung eine (besondere) gesundheitliche Belastung erkennt, zum Beispiel für besondere Arbeitnehmergruppen.

Bei der Begründung der Ablehnung hat die MAV in ihrer schriftlichen Zustimmungsverweigerung umfassend die Gründe anzuführen, denn grundsätzlich werden bei einer streitigen Entscheidung nur die angeführten Gründe berücksichtigt.

Auch die Einigungsstelle benötigt zur Entscheidungsfindung hinreichende Begründungen der Betriebsparteien, so dass eine umfangreiche Zustimmungsverweigerung immer sinnvoll ist.

Erweiterte Möglichkeiten bietet die seit 2020 auf Antrag der MAV oder des Arbeitgebers verbindlich einzurichtende → **Einigungsstelle**. »Soweit eine Maßnahme der Mitbestimmung der MAV unterliegt, darf sie erst vollzogen werden, wenn die Zustimmung der Mitarbeitervertretung vorliegt oder kirchengerichtlich ersetzt worden ist oder die Einigungsstelle gemäß § 36a entschieden hat.« In jedem Mitbestimmungsfall, also bei jedem (monatlichen) Dienstplan, kann die MAV die Einberufung einer Einigungsstelle beschließen.

Die Rechte der MAV und die Kompetenzen der Einigungsstelle nach MVG sind gegenüber der Einigungsstelle nach dem BetrVG eingeschränkt. Ruft die MAV die Einigungsstelle im Rahmen ihres → **Initiativrechts** an, so kann diese den Beteiligten zunächst lediglich einen Vermittlungsvorschlag unterbreiten. Der Vorsitzende des Kirchengerichtshofs der EKD Nause gelangt allerdings zu dem Ergebnis, dass die Einigungsstelle nach Unterbreitung eines dann abgelehnten Einigungsvorschlags auch über durch die MAV eingebrachte Initiativanträge z. B. zum Thema ›Dienstpläne‹ abschließend entscheidet (vgl. Nause ZMV 2019, S. 174 ff.).

In der Praxis kommt es besonders bei der Einteilung von → **Teilzeitbeschäftigten** immer wieder zu Schwierigkeiten. Es empfiehlt sich, eine Dienstvereinbarung abzuschließen, die eine entsprechende Gleichbehandlung der Teilzeitbeschäftigten vorsieht. In diesem Sinne sind die Vereinbarungen mit den Teilzeitkräften zu ihrem dienstplanmäßigen Einsatz nach § 9 Abs. 1 AVR.DD von der MAV kritisch zu begleiten. Sind die Teilzeitkräfte z. B. für die Hälfte der Tage eingeteilt wie Vollzeitbeschäftigte, sollten sie auch maximal zur Hälfte der Wochenenddienste eingeteilt werden. Auch ihre regelmäßige Einteilung für Dienste sollte unbedingt geklärt sein, da ansonsten bei der Berechnung des Freizeitausgleichs für Wochenfeiertage kaum überwindbare Schwierigkeiten entstehen. Ist eine Teilzeitkraft z. B. an weniger als an 5 Tagen in der Woche eingeteilt, sollten die Wochentage festgelegt werden, an denen sie regelmäßig arbeitet. Ist festgelegt, dass ein Teilzeitbeschäftigter regelmäßig montags arbeitet, hat er selbstverständlich am Ostermontag oder Pfingstmontag frei bzw. wenn er arbeiten muss, erhält er einen entsprechenden Freizeitausgleich. Denkbar sind auch andere Regelungen, dass z. B. für Beschäftigte mit einem 50 %igen Stellenanteil alle Wochenfeiertage im Dienstplan mit 50 % bei der zu erbringenden Sollarbeitszeit herausgerechnet werden.

Bei **Krankheit** des Mitarbeiters wird die im Dienstplan festgelegte Arbeitszeit vergütet (→ **Krankmeldung**). Minusstunden bzw. der Abzug von Lohnbestandteilen entstehen während der Zeit des festgelegten Dienstplans nicht.

Bedeutung für die Beschäftigten

Aus den arbeitsrechtlichen Bestimmungen zur Arbeitszeit ergibt sich für die Beschäftigten nicht nur die Pflicht zur Arbeit, sondern auch das Recht auf eine ungestörte und planbare Freizeit. Dabei hat der Arbeitgeber gegenüber dem Arbeitnehmer eine → **Fürsorgepflicht:** Er hat bei der Gestaltung der Arbeitsbedingungen vermeidbare gesundheitliche Gefahren vom Arbeitnehmer fernzuhalten

und die berechtigten Schutzinteressen des Arbeitnehmers, wie die auf Freizeit und geregelte Arbeitszeit, zu berücksichtigen.
Ist die Erstellung eines Dienstplans unter Verletzung der Mitbestimmungsrechte der MAV erfolgt, ist kein Arbeitnehmer verpflichtet, nach diesem Dienstplan zu arbeiten. Das gilt nicht nur für den ursprünglich der MAV vorgelegten Dienstplan, sondern auch für jede nachfolgende Änderung in der Planung.
Ein **»Holen aus dem Frei«** gegen den Willen des Arbeitnehmers ist daher **nicht erlaubt**. Der Arbeitgeber ist ausschließlich während der geplanten Arbeitszeit weisungsberechtigt. In der Freizeit besteht dagegen ein absolutes Weisungsverbot. Dies ergibt sich daraus, dass der Arbeitgeber dem Arbeitnehmer nur Tätigkeiten zuweisen darf, die von seiner Arbeitspflicht erfasst sind. Die **Arbeitspflichten** sind im Arbeitsvertrag bzw. in den gültigen Arbeitsvertragswerken (AVR.DD etc.) und in Tarifverträgen festgeschrieben. Für den Fall, dass sich der Arbeitnehmer in seiner Freizeit bereithalten muss, um auf Anordnung des Arbeitgebers die Arbeit aufzunehmen, sieht die Anlage 8 AVR.DD ausdrücklich vor, dass in diesem Fall Rufbereitschaft anzuordnen ist, die extra vergütet wird.
Darüber hinaus ist in § 7 Nachweisgesetz geregelt, dass die vereinbarte Arbeitszeit schriftlich festzulegen ist. Für sog. **Abrufkräfte** (mit einem entsprechenden Arbeitsvertrag) sieht das Teilzeit- und Befristungsgesetz vor, dass der Arbeitnehmer nur dann zur Arbeitsleistung verpflichtet ist, wenn der Arbeitgeber ihm die Lage seiner Arbeitszeit mindestens vier Tage im Voraus mitteilt (§ 12 TzBfG). Nur über ausdrückliche Regelungen in einem Tarifvertrag kann davon abgewichen werden. Entsprechende Regelungen gibt es in den AVR.DD nicht.
Daher ist es nicht erlaubt, dass der Arbeitgeber den Arbeitnehmer während der Freizeit anruft und ihn auffordert, aus dem »Frei« zu kommen. Sollte der Arbeitgeber mit rechtlichen Schritten drohen, so ist dies ungesetzlich und kann den Tatbestand der **Nötigung** erfüllen (§ 240 StGB).
Nach § 315 BGB bestimmen sich die Leistungen aus einem Vertrag im Zweifel nach dem Grundsatz des **billigen Ermessens**. Liegt bei der Personaleinsatzplanung ein Organisationsverschulden des Arbeitgebers vor, so ist es unbillig, wenn der Arbeitgeber sein Verschulden auf den Arbeitnehmer abwälzt. Der Arbeitgeber hat stets die Grundsätze der → **Fürsorgepflicht** und die tariflichen Bestimmungen einzuhalten. Um den betrieblichen Ablauf zu sichern, stehen dem Arbeitgeber andere Möglichkeiten frei, etwa der Einsatz von Fremdfirmen oder von Abrufkräften (nach den Regelungen des Teilzeit- und Befristungsgesetzes).
Besonders in den Schichtbetrieben des Gesundheitswesens kommt es häufig zu Personalengpässen und die Arbeitgeber möchten kurzfristige Änderungen an der Dienstplanung durchsetzen. Oft nutzen die Arbeitgeber die hohe Motivation und die Identifikation der Arbeitnehmer aus, die bei Personalengpässen zwischen eigenen Interessen (nach Erholung und Regeneration der Arbeitskraft) und den

Bedürfnissen des ihnen anvertrauten Klientel hin und her gerissen sind und deshalb unregelmäßige Arbeitszeiten, nicht planbares Frei und überhaupt krankmachende Arbeitsbedingungen in Kauf nehmen (→ **indirekte Steuerung**).
Auch die **Anordnung sog. Minusstunden** abweichend vom Dienstplan ist **nicht erlaubt**. Der Mitarbeiter hat die Pflicht und auch das Recht, entsprechend seiner arbeitsvertraglichen Regelungen zu arbeiten. Genauso wie der Arbeitgeber auf die Arbeitspflicht des Mitarbeiters besteht (unentschuldigtes Fehlen ist ein Kündigungsgrund), kann der Arbeitnehmer auf die ihm arbeitsvertraglich zugesicherten Rechte bestehen. Schickt der Arbeitgeber den Arbeitnehmer früher nach Hause oder plant er im Dienstplan »Minusstunden« über etwa durch AVR oder Tarifvertrag zulässige Grenzen hinaus ein, so kommt er in **Annahmeverzug**.
§ 615 BGB regelt die Vergütung beim sog. Annahmeverzug. Das Bundesarbeitsgericht hebt in seiner Entscheidung (v. 23. 6. 1994 – 6AZR 853/93) darauf ab, dass der Arbeitgeber innerhalb eines Arbeitsverhältnisses das Risiko der Unmöglichkeit der Arbeitsleistung aus im Betrieb liegenden Gründen trägt, da er außer dem Betriebsrisiko auch das Wirtschaftsrisiko trägt. Nimmt der Arbeitgeber die vom Arbeitnehmer angebotene Arbeitsleistung nicht an, so entbindet ihn das nicht von seiner Pflicht der vertraglich vereinbarten Gehaltszahlung. Diese Grundsätze kommen nur dann nicht zur Anwendung, wenn die Unmöglichkeit der Beschäftigung auf das Verhalten des Arbeitnehmers zurückzuführen ist oder das die **Betriebsstörung** herbeiführende Ereignis den Betrieb wirtschaftlich so schwer trifft, dass bei Zahlung der vollen Löhne die Existenz des Betriebs gefährdet würde.

Literaturhinweis

- *ver.di (Hrsg.): Gute Arbeit im Krankenhaus. Dienstplangestaltung im Pflegedienst. Berlin 2011. http://www.verdi-gute-arbeit.de/upload/m4c0f8737486d9_verweis1.pdf.*
- *Michel, Tobias*: Schichtplanfibel. Das Buch. Lösungen für Konflikte rund um die Arbeitszeit. Berlin 2016 (Hrsg.: ver.di) bestellbar unter: *https://gesundheit-soziales.verdi.de/service/publikationen/++co++93463e76-d342-11e6-96e5-52540077a3af*

Dienststelle

Was ist das?

Die Dienststelle ist der Ort, an dem die → **Dienststellenleitung**, die Beschäftigten und die MAV ihrer jeweiligen Aufgabenerfüllung nachkommen. Die Dienststelle muss eine klar umrissene Festlegung erfahren, da dies eine entscheidende Bedeutung für die in ihr Handelnden hat.
Dienststellen im mitarbeitervertretungsrechtlichen Sinn sind die rechtlich selbstständigen Organisationseinheiten. Dazu zählen Körperschaften, Anstalten, Stiftungen und Werke sowie die Einrichtungen der Diakonie innerhalb der Evangelischen Kirche in Deutschland. Dienststellen im Ausland gehören folglich nicht dazu.
Eine Festlegung darüber, welche Einheiten in der Verfassten Kirche Dienststellen sind, wird ausschließlich im Kirchenrecht getroffen (z. B. Kirchengemeinden). Im Bereich der Diakonie wird die rechtliche Selbstständigkeit nach staatlichem Recht definiert. Häufig anzutreffende Formen sind z. B. der eingetragene Verein, eine gemeinnützige GmbH und die Stiftung.
Im § 3 Abs. 2 MVG geht der Gesetzgeber auf die Strukturen in der Praxis ein. Gerade in der Diakonie ist oft ein ganzes Geflecht von Dienststellenteilen unter dem Dach eines rechtlich selbständigen Einrichtungsträgers vorzufinden (z. B. Krankenhäuser, Altenheime, Behindertenwohnheime, Beratungsstellen, Kindertagesstätten). Sofern der Aufgabenbereich und die Organisation einen eigenständigen Charakter haben oder der Dienststellenteil räumlich weit entfernt vom Sitz des Rechtsträgers liegt, können diese Dienststellenteile unter bestimmten Voraussetzungen (**Verselbständigung**) auch Dienststellen i. S. d. § 3 Abs. 1 MVG darstellen. Der eigenständige Charakter muss auch dadurch geprägt sein, dass in den Dienststellenteilen Entscheidungen in personeller und organisatorischer Hinsicht getroffen werden müssen. Auch räumlich weit entfernte Dienststellenteile können als Dienststellen gelten, auch wenn keine Entscheidungen in personeller oder organisatorischer Hinsicht dort getroffen werden.
In den fingierten Dienststellen müssen die Voraussetzung des § 5 Abs. 1 MVG erfüllt sein (5 Mitarbeiter, davon 3 wählbar). In der Kommentarmeinung (Fey-

Rehren, Rn. 4a zu § 3 MVG) wird als Voraussetzung für die Bildung einer verselbständigten Dienststelle angesehen, dass zumindest ein den Arbeitseinsatz festlegendes Leitungsorgan besteht, das das Weisungsrecht des Arbeitgebers letztlich ausübt. Hierbei wird auf das BAG und seine Urteile (1995, 1996) verwiesen. Das Bundesverwaltungsgericht hat 2010 (6 P 14.09) jedoch entschieden, dass sich auch Dienststellenteile ohne Dienststellenleiter verselbständigen können.
Die wechselseitige Erreichbarkeit für die in der Dienststelle handelnden Personen ist ein sehr bedeutsames Moment. Deshalb können Dienststellenteile als eigene Dienststelle gelten, wenn sie räumlich weit (unbestimmter Rechtsbegriff) vom Sitz des Rechtsträgers entfernt liegen. Eine Eigenständigkeit ist nicht erforderlich. Eine eindeutige Festlegung von Entfernungskilometern zum Sitz des Rechtsträgers ist weder möglich noch zweckmäßig, da dies nicht das entscheidende Kriterium sein kann. Bedeutsamer ist vielmehr die Frage, ob es einen unverhältnismäßig großen Aufwand bedeuten würde, die gegenseitige Erreichbarkeit sicherzustellen (siehe auch: BAG v. 17.10.2017 – 7 ABR 21/15). Das Bundesarbeitsgericht hat entschieden, dass die Erreichbarkeit des im Hauptbetrieb bestehenden Betriebsrats per Post, Telefon oder moderner Kommunikationsmittel für die Beurteilung der Frage, ob Filialen räumlich weit vom Hauptbetrieb entfernt sind, unerheblich sei, da § 4 Abs. 1 Satz 1 Nr. 1 BetrVG allein auf die räumliche Entfernung abstelle (entspricht MVG). Dadurch werde eine jederzeitige persönliche Erreichbarkeit des Betriebsrats für die Arbeitnehmer und der Arbeitnehmer für den Betriebsrat gewährleistet. Für die jederzeitige Erreichbarkeit ist nicht auf die ungünstigste Verkehrssituation, sondern auf die regelmäßigen Verkehrsverhältnisse abzustellen. Auf die Erreichbarkeit mit öffentlichen Verkehrsmitteln kommt es dann an, wenn für einen nicht unerheblichen Teil der Arbeitnehmer nicht die Möglichkeit besteht, den Hauptbetrieb mit einem eigenen PKW oder mit einem vom Arbeitgeber eingerichteten Zubringerdienst zu erreichen. Eine wirkungsvolle Interessenvertretung kann nur durch eine MAV ausgeübt werden, die möglichst nahe am Geschehen ist. Die Beurteilung der Rechtsprechung fällt hier allerdings sehr unterschiedlich aus.
Weitere Voraussetzung für die Verselbständigung von Dienststellenteilen ist, dass die Mehrheit der Anwesenden dies in einer Mitarbeiterversammlung beschließt und darüber Einvernehmen mit der Dienststellenleitung herbeigeführt wird.
Neuere Entwicklungen innerhalb der Diakonie führen dazu, dass rechtlich selbstständige Einrichtungen sich zunehmend zusammenschließen. Sie behalten zwar ihre rechtliche Eigenständigkeit, unterwerfen sich aber einer mehr oder weniger einheitlichen und beherrschenden Leitung, die die Rahmenbedingungen einer gemeinsamen Geschäftspolitik und Finanzausstattungen vorgibt. Die MAVen, die bei den rechtlich selbstständigen Trägern eingerichtet sind, können auf Antrag eine → **Gesamt-MAV im Dienststellenverbund** bilden.

Bedeutung für die MAV

Verbleibt die Entscheidungsbefugnis über Angelegenheiten, die der → **Mitbestimmung** und → **Mitberatung** nach dem MVG unterliegen, bei einem anderen Dienststellenteil, so ist im jeweiligen Einzelfall dessen Dienststellenleitung das Gegenüber der MAV (§ 3 Abs. 2 MVG).
Bestehen mehrere benachbarte Dienststellen, so können diese unter bestimmten Voraussetzungen eine **Wahlgemeinschaft** bilden (§ 5 Abs. 2 MVG). Bei sehr kleinen Dienststellen ist es ratsam, diese Möglichkeit zu prüfen. Für die Aufgabenbewältigung der MAV liegt der Vorteil in den meisten Fällen in einer wirkungsvolleren Vertretung von Interessen der Beschäftigten. Die daran beteiligten Dienststellen müssen nicht unbedingt zu einem Rechtsträger gehören. Für die Wahl einer Gemeinsamen MAV ist es erforderlich, dass die jeweiligen Mehrheiten der in den Mitarbeiterversammlungen anwesenden Arbeitnehmer die Bildung einer Wahlgemeinschaft beschließen und darüber Einvernehmen mit den beteiligten Dienststellenleitungen herbeigeführt wird. Die Ablehnung von Seiten der Dienststellenleitung erfordert das Vorliegen eines wichtigen Grundes.
Eine Gemeinsame MAV kann für die Zukunft mit Beginn der nächsten Amtszeit der MAV widerrufen werden. Berechtigt dazu sind die Beschäftigten und die → **Dienststellenleitung**, bei der in der Realität das größte Interesse bestehen dürfte, von dieser Möglichkeit Gebrauch zu machen.
In rechtlich selbstständigen Einrichtungen der Diakonie mit mehr als 2000 Beschäftigten können Teildienststellen durch → **Dienstvereinbarung** gebildet werden. Auf eine Abstimmung unter den Beschäftigten kann dann verzichtet werden. Besteht eine → **Gesamt-MAV**, ist diese Dienstvereinbarungspartner der Dienststellenleitung (§ 3 Abs. 2 MVG).
Für Dienststellen, die die Wahlvoraussetzungen nicht besitzen (Anzahl der wahlberechtigten und wählbaren Beschäftigten, § 5 Abs. 1 MVG), soll von der Dienststellenleitung ein Antrag bei einer benachbarten Dienststelle gestellt werden, und zwar rechtzeitig, so dass ein anstehendes Wahlverfahren zur Bildung einer MAV nicht beeinträchtigt wird (§ 5 Abs. 4 MVG).

Bedeutung für die Beschäftigten

Die Mehrheit der anwesenden Mitarbeiter kann in einer (geheimen oder offenen) Abstimmung im Rahmen einer Mitarbeiterversammlung entscheiden, ob sie eine im mitarbeitervertretungsrechtlichen Sinn eigene Dienststelle sein wollen. Die Initiative hierfür kann von den wahlberechtigten Beschäftigten oder von der MAV ausgehen. Eine Wahlordnung im Sinne der MVG.EKD-Wahlordnung

gibt es für diese Abstimmung nicht. Über das Votum ist Einvernehmen mit der Dienststellenleitung herzustellen (§ 3 Abs. 2 MVG). Benennt die Dienststellenleitung Gründe, die ein Übereinkommen nicht zulassen, kann das Kirchengericht angerufen werden (§ 60 Abs. 2 MVG). Es hat zu entscheiden, ob die Gründe für eine Verweigerung gewichtig genug sind. Mögliche Gründe können sein: Zweifel an den Voraussetzungen (Eigenständigkeit, Entfernung) oder unverhältnismäßig große Beeinträchtigungen im Betriebsablauf. Antragsberechtigt sind die Dienststellenleitung, die MAV und der einzelne wahlberechtigte Mitarbeiter.
Ein **Verselbständigungsbeschluss** gilt über die Amtszeit hinaus. Er kann widerrufen werden. Die Wahlberechtigten der verselbständigten Teildienststelle stimmen im Rahmen einer Mitarbeiterversammlung über den Widerruf ab; erforderlich ist die Mehrheit der anwesenden Beschäftigten. Der Widerruf wird erst mit Beginn der neuen Amtszeit wirksam (§ 3 Abs. 3 MVG). Bei einem Widerruf durch die Beschäftigten muss kein Einvernehmen mit der Dienststellenleitung hergestellt werden.

Dienststellenleitung

Was ist das?

Die nach Verfassung, Gesetz oder Satzung leitenden Organe oder Personen einer Dienststelle sind die Dienststellenleitungen (z. B. Kirchenvorstand, Vorstand eines e. V.), s. § 4 MVG-EKD. Dazu zählen auch die mit der Geschäftsführung beauftragten Personen und ihre ständigen Vertreter. Davon ausgenommen sind Abwesenheitsvertretungen, d. h. die Vertretungstätigkeit muss sich im Rahmen einer fortdauernden Zuständigkeit bewegen.
Durch Delegation kann einer oder mehreren Personen, aber auch Mitgliedern eines Gremiums die Befugnis übertragen werden, im Sinne des MVG Entscheidungen zu treffen, die der Mitbestimmung oder Mitberatung durch die MAV unterliegen. Die Entscheidungsbefugnis muss jedoch ständig (dauerhaft) und nicht nur in Einzelfällen gegeben sein. Die Gruppenleitung einer Wohngruppe, der es obliegt, die Dienstplanung der Mitarbeitenden vorzunehmen, d. h. über Beginn und Ende der täglichen Arbeitszeit zu entscheiden, wird darunter nicht zu zählen sein. Gleiches gilt, wenn eine Stationsleitung bei der Entscheidungsfindung über die Auswahl eines Bewerbers für eine Einstellung mitwirkt. Die Einbindung in die Leitungsstruktur einer Dienststelle wird in überwiegender Weise durch die Ausübung einer Leitungsfunktion geprägt sein müssen. Dieser Personenkreis wird auch dadurch gekennzeichnet sein, dass er Weisungsbefugnis (→ **Direktionsrecht**) besitzt.

Bedeutung für die MAV

Dienststellenleitungen und MAV haben eine besondere Verantwortung. Sie sind verpflichtet, sich gegenseitig bei der Erfüllung ihrer Aufgaben zu unterstützen und arbeiten vertrauensvoll und partnerschaftlich zusammen (§ 33 Abs. 1 MVG). Eine Voraussetzung für das geforderte Zusammenwirken ist für die MAV die Kenntnis ihres Gegenübers. Die MAV kann ihre Anliegen nur an die Adresse der Dienststellenleitung richten. Aus diesem Grund hat die MAV das Recht zu erfahren, welche Personen zur Dienststellenleitung gehören oder welche mit Dienststellenleitungsaufgaben beauftragten Personen im oben beschriebenen Sinn existieren. Sie sind der MAV zu benennen (§ 4 Abs. 2 Satz 3 MVG-EKD). Das Mitbestimmungsverfahren (Unterrichtung, Beantragung der Zustimmung, ggf. Erörterung) kann nur durch die Dienststellenleitung auf den Weg gebracht werden. Oder: Bei einem von der MAV eingeleiteten Kirchengerichtsverfahren muss sie wissen, wer ihr Antragsgegner ist. Sollte kein Einvernehmen zwischen Dienststellenleitung und MAV darüber herzustellen sein, ob die benannten Personen die Voraussetzung erfüllen, kann von beiden Seiten das Kirchengericht angerufen werden.

Die MAV hat einen Anspruch darauf zu erfahren, aus welchem **Grund** die **Mitarbeiter zur Dienststellenleitung** zu **zählen** sind, die allein oder gemeinsam mit anderen Personen ständig und nicht nur in Einzelfällen in beteiligungsrelevanten Angelegenheiten nach dem MVG Entscheidungen treffen (§ 4 Abs. 2 Satz MVG, VerwG.EKD v. 5.8.2002 – I-0124/F-43-01).

Der Wahlvorstand muss für die Wahl zur MAV ebenfalls Kenntnis darüber haben, wer der Dienststellenleitung angehört. Sie ist weder wahlberechtigt (§ 9 Abs. 3 MVG) noch wählbar (§ 10 Abs. 2 Buchst. d MVG). Bei der Erstellung der Wählerliste hat die Leitung der Dienststelle Amtshilfe zu leisten (§ 4 Abs. 3 WO zum MVG), d.h. alle erforderlichen Unterlagen zu liefern und evtl. Auskünfte zu erteilen.

Besteht bei einer kirchlichen Körperschaft, Anstalt, Stiftung oder bei einer Einrichtung der Diakonie eine Gesamt-MAV, so ist auch dieser der entsprechende Personenkreis mitzuteilen. Dies können folglich nur Organe oder Personen sein, die für die Gesamtdienststelle die Leitungsfunktion wahrnehmen. Ist in einer Dienststelle vorübergehend keine MAV vorhanden, so übernimmt die → **Gesamtmitarbeitervertretung** deren Aufgaben (§ 6 Abs. 2 MVG). Der Gesamt-MAV sind somit auch die Dienststellenleitungen der einzelnen Teildienststellen zu nennen, damit die beiderseitigen Aufgaben nach dem MVG erfüllt werden können.

Dienstvereinbarung

Was ist das?

Dienstvereinbarungen – § 36 MVG – sind Verträge, die schriftlich zwischen MAV und → **Dienststellenleitung** abgeschlossen werden. Sie binden allerdings nicht nur die vertragsschließenden Parteien, also die MAV und den Arbeitgeber, sondern darüber hinaus auch die Mitarbeitenden der Einrichtung. Durch Dienstvereinbarungen können Regelungen z. B. des MVG, der AVR.DD, des BAT oder des TVöD ausgestaltet bzw. Verfahrensabläufe und Maßnahmen geregelt werden. Ebenfalls können Sachverhalte geregelt werden, die weder gesetzlich noch tariflich oder durch Arbeitsrechtliche Kommissionen geregelt wurden. Weiterhin sind Dienstvereinbarungen im Rahmen von Öffnungsklauseln, z. B. in den AVR.DD hinsichtlich der Arbeitszeit möglich.

Bedeutung für die MAV

Grundsätzlich können Dienstvereinbarungen zu **allen Themen** abgeschlossen werden, die die Beschäftigten und die → **Dienststelle** betreffen. Der Abschluss von Dienstvereinbarungen unterliegt jedoch **Einschränkungen**. So dürfen Dienstvereinbarungen Regelungen weder erweitern, einschränken oder ausschließen, die auf Rechtsvorschriften, Beschlüssen der ARK (AVR), Gesetzen, Tarifverträgen, Entscheidungen der Schlichtungsstelle oder allgemeinverbindliche Regelungen der Kirche beruhen. Ebenfalls dürfen keine Dienstvereinbarungen über Inhalte abgeschlossen werden, die normalerweise die Tarifvertragsparteien regeln oder die der Kompetenz einer ARK zugewiesen sind (es sein denn, es gibt entsprechende Öffnungsklauseln). Dies bedeutet, dass keine Dienstvereinbarungen über Entlohnungsfragen abgeschlossen werden können oder über die Verlängerung von Urlaub. Dienstvereinbarungen können jedoch über Verfahrensabläufe geschlossen werden, z. B. darüber, ob die MAV an Einstellungsgesprächen teilnimmt, ob Teams bei Einstellungen ein Mitspracherecht haben, wie interne Stellenbesetzungen gehandhabt werden oder ob Beschäftigte mit Kindern in den Sommerferien vorrangig in Urlaub gehen können.

Dienstvereinbarungen sind **schriftlich** abzuschließen. Die Dienstvereinbarung hat die Vertragspartner zu nennen, den Geltungsbereich, d. h. für welchen Personenkreis sie gilt, und welche Regelungsinhalte vereinbart wurden. Die Dienstvereinbarung ist auf MAV-Seite vom MAV-Vorsitzenden zu unterschreiben, auf Seiten der → **Dienststellenleitung** vom Dienststellenleiter selbst oder dem nach der Geschäftsverteilung zuständigen Mitglied der Dienststellenleitung.

Der MAV-Vorsitzende führt die Geschäfte der MAV und vertritt diese nach außen (§ 23 Abs. 1 MVG). Aus diesem Grund darf der stellv. MAV-Vorsitzende die Dienstvereinbarung nur unterschreiben, wenn der MAV-Vorsitzende verhindert ist. Die Unterschrift ist durch den MAV-Vorsitzenden auch dann zu leisten, wenn dieser selbst in der MAV gegen die Dienstvereinbarung gestimmt hat. Verweigert der MAV-Vorsitzende eine solche Unterschrift, macht er sich eines schweren Pflichtverstoßes schuldig und kann im Rahmen des entsprechenden Verfahrens – § 17 MVG – vom Kirchengericht (→ **Rechtsschutz**) aus der MAV ausgeschlossen werden.

Dienstvereinbarungen sind den **Beschäftigten** in geeigneter Weise **bekannt** zu machen. Nachdem Dienstvereinbarungen Rechte oder Pflichten beinhalten können bzw. Verfahrensabläufe regeln, müssen die betroffenen Beschäftigten auch über die Inhalte einer Dienstvereinbarung Bescheid wissen. Das MVG regelt nicht, ob → **Dienststellenleitung** oder MAV den Abschluss und die Inhalte einer Dienstvereinbarung bekannt geben müssen. Es empfiehlt sich daher, hierüber eine Übereinkunft mit der Dienststellenleitung zu erzielen. Eine Bekanntmachung kann, je nach Größe einer Einrichtung, dem betroffenen Personenkreis und den örtlichen Gegebenheiten durch einen Aushang am Schwarzen Brett, im Intranet der Dienststelle, die Auslage in jeder Abteilung mit einem entsprechenden Hinweis an alle Beschäftigten oder einem Versand an alle Beschäftigten erfolgen. Nicht ausreichend ist die alleinige Bekanntgabe in einer Mitarbeiterversammlung.

Dienstvereinbarungen gelten unmittelbar für den erfassten Personenkreis. Weder die → **Dienststellenleitung** noch einzelne Beschäftigte können von den Inhalten einer rechtsgültigen Dienstvereinbarung abweichen, noch gemeinsam die Abweichung von Inhalten einer rechtsgültigen Dienstvereinbarung vereinbaren. Solange eine Dienstvereinbarung in Kraft ist, ist sie **zwingendes Recht** für alle Betroffenen.

Dienstvereinbarungen können auf Dauer, für einen bestimmten Zeitraum oder bis zum Eintritt eines genau definierten Ereignisses abgeschlossen werden. Bei der Gestaltung der Laufzeit sind Dienststellenleitung und MAV an keine Vorgaben gebunden.

Dienstvereinbarungen können weder von der Dienststellenleitung noch von der MAV erzwungen werden. Kommt es bei den Verhandlungen über den Abschluss einer Dienstvereinbarung zu Meinungsverschiedenheiten, kann jede Seite das Kirchengericht (→ **Rechtsschutz**) anrufen. Das Kirchengericht kann jedoch nicht verbindlich seine Meinung an die Stelle der Verhandlungspartner setzen. Es ist nur befugt, einen Vermittlungsvorschlag zu unterbreiten und durch Gespräche auf eine Einigung hinzuwirken (§ 36 i. V. m. § 60 Abs. 3 MVG). Beide Seiten sind nicht gezwungen, auf den Vermittlungsvorschlag einzugehen. Eine Missachtung des Kirchengerichts wäre es jedoch, von vornherein nicht an einem Termin teilzunehmen. Beide Parteien können aber verabreden, dass sie den Vermittlungsvorschlag des Kirchengerichts gegen sich gelten lassen.

Bei Themen des § 40 MVG (Mitbestimmung in organisatorischen und sozialen Angelegenheiten) müssen sich MAV und Dienststellenleitung auf die Einrichtung einer Einigungsstelle im Einzelfall einlassen, per Dienstvereinbarung kann die Einrichtung einer ständigen → **Einigungsstelle (§ 36a MVG)** beschlossen werden. Die Einigungsstelle kann für organisatorische und soziale Angelegenheiten einen verbindlichen Spruch treffen (siehe ZMV 4/2019, S. 174 ff.). Treten bei der Auslegung einer Dienstvereinbarung Meinungsverschiedenheiten zwischen Dienststellenleitung und Mitarbeitervertretung auf, so kann ebenfalls das Kirchengericht angerufen werden. Im Gegensatz zum Abschluss einer Dienstvereinbarung entscheidet hier das Kirchengericht verbindlich (§ 36 i. V. m. § 60 Abs. 1 u. § 61 Abs. 6, 7 MVG).

Dienstvereinbarungen können von beiden Seiten – wenn nichts anderes vereinbart ist – mit einer Frist von drei Monaten zum Ende eines Monats gekündigt werden. Für die Fristberechnung gelten die → **Fristberechnungen** des BGB (§§ 187, 188) entsprechend.

Beispiel:
Eine Dienstvereinbarung soll zum 30. 4. d. J. gekündigt werden, der Zugang der Kündigung beim jeweils anderen Partner muss spätestens am 31. 1. d. J. erfolgen (Posteingang beim jeweils anderen Vertragsteil).

Das MVG legt nicht fest, ob die **Kündigung** schriftlich oder mündlich erfolgen muss. Auch wenn die Dienstvereinbarung schriftlich niederzulegen ist (§ 36 Abs. 2 MVG), kann sie wirksam mündlich gekündigt werden. Es empfiehlt sich jedoch bereits aus Beweisgründen, Dienstvereinbarungen schriftlich zu kündigen. Einer Begründung für die Kündigung einer Dienstvereinbarung bedarf es nicht. Das MVG sieht beim Abschluss einer Dienstvereinbarung ausdrücklich vor, dass das Kirchengericht angerufen werden kann. Dies gilt nicht für die Kündigung von Dienstvereinbarungen. Allerdings kann das Kirchengericht hier auch keine verbindliche Entscheidung treffen, da die Folgen einer Kündigung

im MVG festgelegt sind. Wenn das Kirchengericht anlässlich der Kündigung einer Dienstvereinbarung angerufen werden soll, kann es aus der Logik heraus ebenfalls nur einen Vermittlungsvorschlag machen und keine verbindliche Entscheidung treffen. Denn das Kirchengericht kann bei einer Kündigung nicht weitergehende Kompetenzen haben als bei Streitigkeiten über den Abschluss einer Dienstvereinbarung.
Von der **Kündigungsfrist** von drei Monaten zum Monatsschluss können beide Parteien im Rahmen der Dienstvereinbarung abweichen, etwa durch Vereinbarung einer längeren oder kürzeren Frist. Dienstvereinbarungen können auch ohne eine Kündigungsfrist enden, wenn dort ein bestimmtes Ereignis, z. B. das Ende eines Umzugs oder eine bestimmte Laufzeit, z. B. »gilt für ein Jahr«, festgelegt ist.
Eine automatische **Nachwirkung** von Dienstvereinbarungen oder Rechten für Beschäftigte aus einer Dienstvereinbarung ist nicht zulässig. Entsprechende Formulierungen sind unwirksam. Nachwirkung bedeutet, dass die Dienstvereinbarung bzw. die Rechte aus der Dienstvereinbarung so lange Gültigkeit besitzen, bis eine neue Dienstvereinbarung abgeschlossen wird. Gemäß § 36 Abs. 4 MVG muss in der Dienstvereinbarung ausdrücklich festgehalten werden, ob es eine Nachwirkung über das Ende einer Dienstvereinbarung hinaus gibt oder nicht bzw. wie lange die Nachwirkung gelten soll.
Eine Nachwirkung ist aber auch nur dann möglich, wenn es ausschließlich um Rechte von Mitarbeitenden geht, auf die sich die Nachwirkung bezieht! Ausdrücklich weist das MVG darauf hin, dass eine darüber hinausgehende Nachwirkung ausgeschlossen ist.
Neben der ordentlichen Kündigung ist in Extremfällen die außerordentliche Kündigung einer Dienstvereinbarung möglich (KGH.EKD v. 22.12.2011, ZMV 2012 S. 156). Eine Teilkündigung einer Dienstvereinbarung ist nur möglich, wenn dies in der Dienstvereinbarung ausdrücklich vereinbart wurde.

Bedeutung für die Beschäftigten

Durch Dienstvereinbarungen können z. B. auch **Rechte** – aber auch **Pflichten** – für Beschäftigte wirksam begründet oder innerdienstliche Abläufe geregelt werden. Dienstvereinbarungen wirken somit unmittelbar in das Arbeitsverhältnis hinein.
Beschäftigte selbst können keine Dienstvereinbarung erzwingen. Im Rahmen des Vorschlags- oder Beschwerderechts oder bei Mitarbeiterversammlungen können u. a. auch Vorschläge für Dienstvereinbarungen an die Mitarbeitervertretung he-

rangetragen werden. Ein Anspruch auf Umsetzung der Vorschläge besteht nicht, selbst wenn die Mitarbeiterversammlung dies beschließt.
Die Dienstvereinbarung ist in geeigneter Weise **bekannt** zu **geben**. Eine geeignete Weise kann auch die Kopie an den Beschäftigten sein. Die Entscheidung, wie eine Dienstvereinbarung bekannt gegeben wird, treffen MAV und Dienststellenleitung. Nachdem Dienstvereinbarungen keine Geheimpapiere sind, steht dem Wunsch eines Beschäftigten nach der Kopie einer Dienstvereinbarung keine rechtlichen Gründe entgegen.
Über die Auslegung einer Dienstvereinbarung kann nicht nur von der Mitarbeitervertretung das Kirchengericht (→ **Rechtsschutz**) angerufen werden, auch der Beschäftigte, der sich in seinen Rechten durch eine falsche Auslegung einer Dienstvereinbarung verletzt glaubt, kann die → **Schlichtung** für individualrechtliche Angelegenheiten anrufen.
Wenn die Dienstvereinbarung Rechte für den Beschäftigten begründet, kann dieser bei einer Verletzung auch das → **Arbeitsgericht** anrufen.

Katalog stets wiederkehrender Eckpunkte für Dienstvereinbarungen

Dienstvereinbarungen sollten immer Regelungen zu folgenden Eckpunkten treffen:

1. Überschrift der Dienstvereinbarung (möglichst positiv formulieren, um Vorurteilen und Ängsten vorzubeugen)
2. Präambel (Grund, Anlass, Motive, Absichten, Ziele für den Abschluss der Dienstvereinbarung)
3. Geltungsbereich
   - betrieblich (räumlich)
   - persönlich (besonders wichtig, wenn die Vereinbarung nur für bestimmte Personengruppen gelten soll)
   - zeitlich (wenn die Vereinbarung nur befristet gelten soll)
4. Begriffsbestimmungen (sofern erforderlich)
5. Evtl. Bildung einer Clearingstelle zur Beilegung von Streitigkeiten im Zusammenhang mit der Dienstvereinbarung
6. Regelung, dass die Dienstvereinbarung jederzeit einvernehmlich in einzelnen Punkten ergänzt oder abgeändert werden kann
7. Regelungen über die Bekanntmachung der Vereinbarung
8. Salvatorische Klausel
9. Pflicht zur Umsetzung, Überprüfung und Fortschreibung der Vereinbarung
10. Zeitpunkt für In-Kraft-Treten der Vereinbarung
11. Kündigungsfrist für die Vereinbarung
12. Soweit zulässig: Nachwirkung der Vereinbarung
13. Evtl.: Nach Kündigung der Dienstvereinbarung verpflichten sich beide Seiten, unverzüglich Verhandlungen aufzunehmen.

Dienstvereinbarung

(Nach einer empfehlenswerten Broschüre der Gewerkschaft ver.di für ihre Mitglieder: Manfred Peiseler/Martin Wolmerath: Die Dienstvereinbarung. Handlungshilfe für Personalräte, »Arbeitsrecht im Betrieb« Verlagsgesellschaft mbH, Köln und Bund-Verlag GmbH, Frankfurt/Main 2001).

Literaturhinweis

- *Warga, Norbert:* Handbuch Dienstvereinbarung mit Musterdienstvereinbarungen auf CD-Rom, Frankfurt/Main, 4. Auflage, 2024.
- Zu den unterschiedlichsten Themen sind Bücher mit CDs im Bund-Verlag erschienen. Ebenfalls finden sich bei der gewerkschaftsnahen Hans-Böckler-Stiftung zahlreiche Dienst- und Betriebsvereinbarungen kostenlos zum Download – *http://www.boeckler.de/53.htm*

Digitalisierung und Einsatz Künstlicher Intelligenz

Was ist das?

Der Begriff Digitalisierung bezeichnet üblicherweise den Prozess, mit dem analoge in digitale Daten umgewandelt werden. Fasst man den Begriff weiter, geht es um den grundlegenden Wandel vom analogen in das digitale Zeitalter. Diese Entwicklung wird häufig mit Begriffen wie »Computerisierung« und »Informationszeitalter« belegt.
Digitale Daten können von Maschinen bzw. Computern gelesen und verarbeitet werden. Das bietet nahezu grenzenlose Möglichkeiten für den Einsatz von Maschinen in allen Bereichen, in denen Menschen arbeiten, leben, kommunizieren, sich kulturell betätigen usw.
Im 20. Jahrhundert standen die Informationstechnik, die Automatisierung und die Softwareentwicklung im Mittelpunkt. Dagegen herrschen im 21. Jahrhundert eher Individualisierung, Flexibilisierung und Autonomisierung in der Digitalisierung vor. Man spricht von einer vierten industriellen Revolution. Sie wird auch mit dem Begriff der **Industrie 4.0** belegt (*https://wirtschaftslexikon.gabler.de/definition/digitalisierung-54195*, abgerufen am 24.4.2024).
Beispiele für Digitalisierungsprozesse: Digitale Akten (»Papierloses Büro«), Konferenzen per Video, Homeoffice, Roboter übernehmen Aufgaben und Tätigkeiten, Künstliche Intelligenz (KI) erstellt Arbeitspläne oder Texte.
Die Bedeutung der Entwicklung lässt sich auch daran ablesen, dass die Bundesregierung der sog. Ampelkoalition (2021 – 2024) im Jahr 2022 eine umfassende **Digitalstrategie** vorgelegt hat. Zielsetzungen sind die Entwicklung einer modernen Netzinfrastruktur, die Umsetzung einer einfachen, bürgernahen digitalen Verwaltung, ein voll vernetztes Gesundheitssystem (elektronische Patientenakte, E-Rezept) und eine innovative Datennutzung. Es gibt eine ausführliche ToDo-Liste und insgesamt 21 Leuchtturm-Projekte.
Digitalisierung dient in kapitalistischen Gesellschaften vornehmlich der Rationalisierung und Ökonomisierung der Produktion, was sich in einer sprunghaften Steigerung der Produktivität (Industrie 4.0) äußert. Die Effektivierung wirtschaftlicher Prozesse liegt auch in der Universalisierung, also der weltweiten

Anwendung digitaler Techniken. Auf dieser Grundlage kann weltweiter Warenaustausch reibungslos funktionieren (»«). Die Entwicklung ergreift alle gesellschaftlichen Bereiche – anschaulichstes Beispiel ist das **Smartphone**: ein kleines Gerät, das etwa 20 bis 30 herkömmliche – oft analoge – elektrische Geräte ersetzt und eine Vielzahl digitalisierter Funktionen in sich vereint. Von daher ist es selbstverständlich, dass der Prozess der Digitalisierung das gesamte Arbeitsleben revolutioniert hat und noch weiter revolutioniert. Vor diesem Hintergrund wird es in den 20er Jahren des 21. Jahrhunderts keine betriebliche Interessenvertretung mehr geben, die ihre Arbeit ohne digitale Techniken gestaltet. Das »analoge Zeitalter« gehört mehr und mehr der Vergangenheit an.

Und als aktueller Höhepunkt und Gipfel der Digitalisierung erscheint die sog. Künstliche Intelligenz (KI) und ihr »Paradepferd« **ChatGPT**. Da ist es gut, dass die Europäische Union seit 2023 eine Regulierung für KI in Europa auf den Weg gebracht hat.

Regelung für den Einsatz von KI auf europäischer Ebene

Die EU-Verordnung zur künstlichen Intelligenz (KI) ist am 12. Juli 2024 im Amtsblatt der EU veröffentlicht worden. Für die einzelnen Regelungen gelten unterschiedliche Umsetzungsfristen.

Die Verordnung soll einen einheitlichen Rechtsrahmen für die Nutzung von KI in der EU schaffen, der sowohl die Sicherheit und Grundrechte der Bürger schützt als auch Innovationen fördert. Sie enthält strenge Anforderungen insbesondere für Hochrisiko-Anwendungen und verbietet den Missbrauch von KI-Systemen.

Die meisten Bestimmungen sind nach einer Übergangszeit von zwei Jahren, also ab 2. August 2026 vollständig anwendbar. Einige Regelungen, z. B. das Verbot von KI-Systemen mit unannehmbaren Risiken, sind bereits sechs Monate nach Inkrafttreten der Verordnung wirksam, also ab 2. Februar 2025.

Die Verordnung über Künstliche Intelligenz (KI-VO) ist am 1. August 2024 in Kraft getreten und wird ab 2. August 2026 gelten. Bereits ab 2. Februar 2025 sind die Kapitel I (Allgemeine Bestimmungen) und II (Verbotene Praktiken im KI-Bereich) der KI-VO anwendbar. Erst ab 2. August 2027 müssen Art. 6 Abs. 1 (Einstufungsvorschriften für Hochrisiko-KI-Systeme) und die entsprechenden Pflichten nach der KI-VO angewendet werden.[1]

---

1 Der deutschsprachige Text der Verordnung ist mit den anderen Übersetzungen im EU-Gesetzgebungsportal EUR-LEX verfügbar: *Verordnung (EU) 2024/1689 des Europäischen Parlaments und des Rates vom 13. Juni 2024 zur Festlegung harmonisierter Vorschriften für künstliche Intelligenz*

Die Verordnung teilt die Anwendungen von KI in Risikokategorien ein. Danach sind folgende KI-Systeme **verboten** (ab 2. Februar 2025):

- Soziales Scoring (Bewertung oder Klassifizierung von Personen oder Gruppen aufgrund ihres Sozialverhaltens oder ihrer persönlichen Eigenschaften) sowie das Ausnutzen von Schwachstellen im Zusammenhang mit Alter, Behinderung oder sozioökonomischen Verhältnissen,
- Einsatz von unterschwelligen, manipulativen oder täuschenden Techniken, um Entscheidungsfindungen zu beeinflussen,
- Biometrische Kategorisierungssysteme, die Rückschlüsse auf sensible Merkmale (Rasse, politische Meinungen, Gewerkschaftszugehörigkeit, religiöse oder philosophische Überzeugungen, Sexualleben oder sexuelle Ausrichtung) zulassen,
- Ableiten von Emotionen, also Emotionserkennung am Arbeitsplatz,
- Teile von biometrischer Videoüberwachung.

Weitere KI-Systeme werden in die **hohe Risikokategorie** und damit als **erlaubt** eingestuft. Darunter fallen z. B. Systeme zur Filterung von Bewerbungen, zur Bewertung von Beförderungen und Kündigungen im Arbeitsleben sowie zur Überwachung und Bewertung der Leistung, daneben auch Personalmanagementsysteme mit KI-Elementen (z. B. Workday, SAP SuccessFactors).
Die Anbieter solcher KI-Systeme müssen u. a. folgende Auflagen befolgen:

- Einrichtung eines Risikomanagementsystems,
- Erstellung von technischen Unterlagen zum Nachweis der Konformität und Bereitstellung von Informationen für die Behörden,
- das KI-Hochrisikosystem so gestalten, dass die Möglichkeit besteht, eine menschliche Aufsicht und Systemkontrolle zu implementieren.

Der DGB begrüßte die Verordnung und bezeichnete sie als historischen Erfolg. Europa setze damit weltweit ethische Maßstäbe. Verbote und Grenzen würden für mehr Akzeptanz und Vertrauen im Umgang mit KI sorgen.

Bedeutung für die MAV

Der Mitarbeitervertretung begegnet die Digitalisierung in der Regel im Rahmen der Einführung neuer Software im Betrieb. Bei der Nutzung der Software durch die Beschäftigten kommt es fast immer zur Verarbeitung von personenbezogenen Daten der Mitarbeiterinnen, die die Software nutzen. Damit besteht auch eine Möglichkeit zur → **Überwachung**, so dass die Mitbestimmung nach § 40 Buchst. k MVG (Einführung und Anwendung von Maßnahmen oder technischen Einrichtungen, die dazu geeignet sind, das Verhalten oder die Leistung der Mitarbeiter und Mitarbeiterinnen zu überwachen) greift. Je nach Ausgestaltung der Maßnahme können auch noch weitere Mitbestimmungsrechte ausgelöst sein, z. B. § 40 Buchst. g MVG (Grundsätze der Arbeitsplatzgestaltung) oder § 40 Buchst. h MVG (Einführung grundlegend neuer Arbeitsmethoden). Zudem sind auch der → **Datenschutz** und die Verarbeitung personenbezogener Daten stets ein Thema und somit auch der Schutz der Persönlichkeit der Mitarbeiter.

Darüber hinaus sollte die MAV hinterfragen, ob sich eine geplante Digitalisierungsmaßnahme auf die Arbeitsmenge auswirkt und ob mit dem Abbau von Arbeitsplätzen zu rechnen sein könnte. Auch Auswirkungen auf die psychische Gesundheit (dazu unten) können gegeben sein, so dass die MAV sich dafür einsetzen sollte, dass der Arbeitgeber Maßnahmen zum → **Arbeits- und Gesundheitsschutz** betroffener Beschäftigter ergreift. So wäre eine → **Gefährdungsbeurteilung** der jeweiligen Arbeitsplätze nach § 5 ArbSchG sinnvoll. Zusätzlich sind die Mitarbeiterinnen vor einer Überforderung durch die Einführung neuer Technik und Programme zu schützen, z. B. durch geeignete Schulungen zu den neuen Technologien und Programmen. Regelmäßig empfiehlt sich der Abschluss einer Dienstvereinbarung vor Einführung einer neuen Software.

Weil Digitalisierung allgegenwärtig ist, können sich auch Betriebs-, Personalräte und Mitarbeitervertretungen dieser Entwicklung nicht mehr verschließen insbesondere der weiteren Entwicklung durch den Einsatz von KI. Zum einen geht es um die Alltagsarbeit von Mitarbeitervertretungen, die ja vorwiegend Büroarbeit bzw. Verwaltungstätigkeit ist und zunehmend digitaler wird: Protokollierung mit dem Laptop, Führung digitaler Akten, Durchführung digitaler Sitzungen oder Versammlungen per Videokonferenztechnik. Der Einsatz von KI wird hier sicherlich noch weitere Bereiche erschließen.

Es geht daher auch zunehmend um die Wahrnehmung der Mitbestimmungs- und Beteiligungsrechte in Bereichen, die zum Teil neu und ungewohnt für Mitarbeitervertretungen sind. Auch wenn Diakonie und ev. Kirche vorwiegend (personenbezogene) Dienstleistungen erbringen, ergreift die Digitalisierung und der erweiterte Einsatz von KI auch dieses Arbeitsfeld und verändert herkömmliche Arbeits- und Verwaltungsprozesse.

So gibt der Einsatz von KI den Arbeitgebern neue Möglichkeiten, Beschäftigte zu überwachen. Auch schon früher fand Überwachung statt, etwa durch Leistungsbewertung von Mitarbeiterinnen, z. B. über die Erfassung von Tastatureingaben pro Minute. KI erschließt jedoch ein deutlich weiteres Feld der Überwachung und Leistungsbewertung. Beispiele könnten sein: wie intensiv werden Kontakte zu Kunden oder anderen relevanten Stellen gepflegt, welche Beschwerden werden gegen die Mitarbeiterin vorgebracht, wie viele neue Ideen werden in einer bestimmten Zeit produziert oder wie gründlich sind E-Mails formuliert. Das alles erhöht den Konkurrenzdruck innerhalb der Beschäftigten.

Angesichts solcher Entwicklungsmöglichkeiten zielt die Mitbestimmung auf digitalisierte Arbeitsverfahren und Arbeitsabläufe, den Einsatz von KI und die

Auswirkungen auf den Arbeitsplatz, die Kontrollmöglichkeiten durch den Arbeitgeber und insbesondere auf die Gestaltung des Einsatzes von KI.
Das BetrVG sieht in § 90 vor, dass der Arbeitgeber den Betriebsrat über die »Planung von… Arbeitsverfahren und Arbeitsabläufen einschließlich des Einsatzes von Künstlicher Intelligenz oder der Arbeitsplätze rechtzeitig unter Vorlage der erforderlichen Unterlagen zu unterrichten« hat.
Eine entsprechende Vorschrift ist im MVG – jedenfalls bisher – nicht vorgesehen. Allerdings ergeben sich für die MAV bereits jetzt Mitbestimmungsrechte bei den »Grundsätzen der Arbeitsplatzgestaltung« (§ 40 Buchst. g MVG), der »Einführung grundlegend neuer Arbeitsmethoden« (§ 40 Buchst. h MVG), der »Einführung und Ausgestaltung mobiler Arbeit, die mittels Informations- und Kommunikationstechnik erbracht wird« (§ 40 Buchst. i MVG) und bei den erweiterten Möglichkeiten der Überwachung von Verhalten und Leistung der Beschäftigten (§ 40 Buchst. k MVG).
Die europäische Verordnung über Künstliche Intelligenz (KI-VO) vom 1. August 2024 verpflichtet Arbeitgeber im Übrigen dazu, die betriebliche Interessenvertretung vor Inbetriebnahme von Hochrisiko-KI-Systemen zu konsultieren.
Die Digitalisierung setzt sich fort in der Einführung elektronischer Personalakten und neuen Formen der Personalplanung. Diese Entwicklung bedarf zusätzlicher Maßnahmen zur Gewährleistung des betrieblichen Datenschutzes und des Arbeits- und Gesundheitsschutzes.
Die MAV muss eine wichtige Rolle bei der Einführung und Ausgestaltung der KI in den Einrichtungen einnehmen. Sie muss über das nötige Wissen und die Kompetenz verfügen, um diese Aufgabe effektiv wahrzunehmen. Mitarbeitervertretungen brauchen das Recht und die Möglichkeiten, sich entsprechend weiterzubilden und das Recht auf Hinzuziehung externer Beraterinnen.
Seminare für Betriebsrätinnen zum Thema »Digitale Betriebsratsarbeit« behandeln z. B. folgende Gegenstände: Virtuelle Sitzung und Beschlussfassung, KI-Tools in der BR-Arbeit, Digitale Tools für das moderne BR-Büro, Datenschutz im digitalen BR-Büro, Digitale Öffentlichkeitsarbeit (siehe: *https://www.waf-seminar.de/seminargruppe/digitale-betriebsratsarbeit/br544*; zuletzt abgerufen 5. 5. 2024)
Das scheint auch die wichtigste Empfehlung für Mitarbeitervertretungen zu sein: Kennenlernen und nüchterne Bewertung der vielfältigen Digitalisierungsprozesse auf der Grundlage einer kompetenten Schulung und externer Unterstützung. Solche Schulungen werden mittlerweile von vielen gewerkschaftlichen Bildungsträgern angeboten.

Nutzung von KI in der Gremienarbeit

Natürlich werden Digitalisierungsprozesse und insbesondere die Nutzung von KI die Strukturen und Gepflogenheiten der alltäglichen MAV-Arbeit »revolutionieren«. Da ist eine ganze Palette von Einsatzmöglichkeiten vorstellbar.
So kann sich die MAV z. B. in ihrer **Öffentlichkeitsarbeit** unterstützen lassen, etwa durch KI-generierte Texte und Artikel für die eigene Intranetseite oder für Aushänge. Auch beim Entwerfen einer Struktur für längere Texte können ChatGPT und Co. hilfreich sein. Die Maschine liefert auch Tipps für eine gute Mitarbeiterversammlung. Daneben könnte KI aber auch beim Erstellen von **Dienstvereinbarungen** unterstützen.
Wichtig bei der Nutzung von KI ist vor allem, die gelieferten Texte nicht kritiklos zu verwenden. Zwar sind die Ergebnisse der Chatbots bei der Erstellung von Texten oft beeindruckend. Das bedeutet aber nicht, dass sie immer passen. Dann kann aber nachgehakt und das Ergebnis z. B. gekürzt, präzisiert oder in neuem Stil erstellt werden. Von der KI erstellte Texte dürfen also nicht ohne weiteres übernommen werden, das wäre schlicht fahrlässig. Die Prüfung der Fakten und der Qualität des Textes muss schon sein. So ein Chatbot kann aber auf jeden Fall unterstützen, eigene Gedanken und Ideen zu sortieren und zu formulieren. Das Ergebnis kann dann Ideenlieferant oder sogar ein guter Grundstein für den Text sein. Daneben können die Chatbots dabei unterstützen, Texte verständlich zu formulieren oder auch in »leichte Sprache« zu bringen.
Die Vorgehensweise bei der Öffentlichkeitsarbeit mit und ohne KI unterscheidet sich grundsätzlich nicht. Die wichtigen Fragestellungen bleiben: Was (genau) ist das Thema? Wen wollen wir erreichen, wie heißt die Zielgruppe? Wie lang soll der Text sein? Wie soll die Sprache sein? Solche Angaben braucht die KI, um gute und passende Ergebnisse zu liefern.
Wie KI und ChatGPT funktionieren können, zeigt ein Beispiel im Anhang zu diesem Stichwort.

Bedeutung für die Beschäftigten

Digitalisierung kann durchaus positive Effekte haben, weil sie zu erledigende Aufgaben vereinfachen und erleichtern kann. Neben den o. g. Problemen und Risiken kann Digitalisierung sich aber auch negativ auf die Gesundheit betroffener Beschäftigter auswirken. Das Phänomen wird als Digitaler Stress bezeichnet (siehe z. B.: *https://www.boeckler.de/de/faust-detail.htm?sync_id=HBS-007024*; zuletzt abgerufen 22. 9. 2024).

Besonders der Einsatz von Künstlicher Intelligenz führt zu massiven Veränderungen in der Arbeitswelt. Bestimmte Aufgaben können automatisiert werden, was zur Folge hat, dass viele Routinearbeiten in der Verwaltung und Buchhaltung durch KI ersetzt werden. Dies führt aber auch zu einer erhöhten Nachfrage nach Beschäftigten mit entsprechend anderen Qualifikationen. Viele Arbeitsplätze werden in einer noch nicht absehbaren Form durch die KI-Sprachmodelle verändert werden. Manche Teilaufgaben von Arbeitnehmern können durch Nutzung der KI schneller erledigt werden und werden in den Arbeitsalltag integriert. Bei Pflegekräften und Ärzten ist davon auszugehen, dass KI in den normalen Arbeitsablauf integriert wird, ähnlich wie bei einer neue Software. Allerdings gibt es auch deutliche Warnungen, der KI zu viel Entscheidungsbereiche zu überlassen, etwa in der Medizin. Die heute genutzte KI trifft Aussagen mit großer Bestimmtheit, obwohl die Datenbasis oft fehlerhaft ist.
Allgemein lassen sich folgende Aussagen für den Einsatz von KI durch Beschäftigte treffen (s. Peter Wedde: ChatGPT im Büro – Was dürfen Beschäftigte. Bund-Verlag Whitepaper. Frankfurt 2024):

- Grundsätzlich dürfen Beschäftigte auch KI-Tools für ihre Arbeit nutzen.
- Der Arbeitgeber kann die Nutzung aber auch untersagen – das liegt im Rahmen seines Direktionsrechts.
- Die Ergebnisse der KI müssen von den Beschäftigten sorgfältig überprüft werden, sonst haften die Arbeitnehmerinnen gegebenenfalls.

Der verbreitete Einsatz von KI erfordert gezielte Umschulungs- und Unterstützungsmaßnahmen für die betroffenen Beschäftigten, um für sie neue berufliche Perspektiven zu erschließen.

Literaturhinweis

- *Däubler, Wolfgang:* Digitalisierung und Arbeitsrecht. Künstliche Intelligenz – Homeoffice – Arbeit 4.0, Bund-Verlag, Frankfurt, 8. aktualisierte Auflage 2023
- *DGB Baden-Württemberg:* Künstliche Intelligenz in der Arbeitswelt. Heilsbringerin oder Arbeitsplätze vernichtender Hurrikan, Diskussionspapier, Stuttgart 2023 (*https://www.DGB-Diskussionspapier%20K%C3 %BCnstliche%20 Intelligenz%20in%20der%20Arbeitswelt-1.pdf*)
- *Hense, Peter:* AI Act kompakt, Compliance, Management & Use Cases in der Unternehmenspraxis. Bund-Verlag, Frankfurt 2024
- *Müller, Stefan:* Betriebsratsarbeit digital. Mobile Betriebsratstätigkeit, Digitale Kommunikation, Virtuelle Sitzungen, Beschlüsse und Sprechstunden, Bund-Verlag, Frankfurt 2024

- *Schröder, Lothar/Höfers, Petra:* Praxishandbuch Künstliche Intelligenz. Handlungsanleitungen, Praxistipps, Prüffragen, Checklisten, Bund-Verlag, Frankfurt 2022
- ver.di-Reader Gute Arbeit 2025: »Digitalisierung und Künstliche Intelligenz«. Berlin 2024

Anhang

Künstliche Intelligenz – »The Coming Wave«

»Die Menschheitsgeschichte kennt Innovationsschübe, die unaufhaltsam wie ein Tsunami alles verändern – die landwirtschaftliche Revolution, die Dampfmaschine, das Internet. Künstliche Intelligenz ist die nächste große Welle, die auf uns zurollt, und wir sind darauf nicht vorbereitet«, so Mustafa Suleyman in seinem Buch »The Coming Wave«. Er stellt die entscheidende Frage: wie können wir von den neuen Technologien profitieren, ohne die Kontrolle zu verlieren.
Die Autoren haben einen Versuch gemacht. Wir stellten die Frage an ChatGPT: *»Wie können Betriebsräte ChatGPT benutzen?«* Hier die **Originalantwort** nach wenigen Sekunden im Juli 2024.

Betriebsräte und ChatGPT: Einsatzmöglichkeiten und Vorteile

Einleitung
In der modernen Arbeitswelt spielen digitale Tools eine immer wichtigere Rolle. Betriebsräte, die die Interessen der Belegschaft vertreten, können von Technologien wie ChatGPT profitieren, um ihre Aufgaben effizienter und effektiver zu erfüllen. Dieser Artikel beleuchtet verschiedene Einsatzmöglichkeiten von ChatGPT für Betriebsräte und die damit verbundenen Vorteile.

Informationsverarbeitung und Kommunikation, Automatisierte Informationsbeschaffung
ChatGPT kann Betriebsräten helfen, relevante Informationen schnell zu beschaffen und zu verarbeiten. Dazu gehören aktuelle Gesetzesänderungen, Urteile und Entwicklungen im Arbeitsrecht. Mit ChatGPT können Betriebsräte gezielt Fragen stellen und erhalten präzise Antworten, ohne langwierige Recherchen durchführen zu müssen.

Unterstützung bei der Erstellung von Dokumenten
Betriebsräte müssen regelmäßig Berichte, Protokolle und Stellungnahmen verfassen. ChatGPT kann bei der Erstellung und Formatierung solcher Dokumente unterstützen, indem es beispielsweise Textbausteine vorschlägt oder komplexe rechtliche Sachverhalte in verständlicher Sprache darstellt. Dies spart Zeit und erhöht die Qualität der Dokumente.

Schulung und Weiterbildung, Wissensvermittlung
ChatGPT kann als Wissensquelle dienen und Betriebsräten dabei helfen, sich kontinuierlich weiterzubilden. Durch die Interaktion mit dem Tool können Betriebsräte ihr Wissen in spezifischen Bereichen vertiefen, etwa im Arbeitsrecht, in Verhandlungstechniken oder in der Mitarbeiterführung.

Simulation von Gesprächen und Verhandlungen
Betriebsräte führen häufig Gespräche und Verhandlungen mit der Geschäftsleitung. ChatGPT kann zur Vorbereitung solcher Gespräche genutzt werden, indem es als Gesprächspartner fungiert und verschiedene Szenarien simuliert. So können Betriebsräte ihre Argumentationsstrategien trainieren und sich besser auf reale Verhandlungen vorbereiten.

Unterstützung im Tagesgeschäft, Beantwortung von Mitarbeiteranfragen
Betriebsräte erhalten viele Anfragen von Mitarbeitenden zu verschiedenen Themen, von Arbeitszeitregelungen bis hin zu arbeitsrechtlichen Fragen. ChatGPT kann Betriebsräte bei der Beantwortung dieser Anfragen unterstützen, indem es schnelle und präzise Antworten liefert. Dies entlastet die Betriebsräte und sorgt für eine effiziente Bearbeitung der Anfragen.

Organisation von Meetings und Veranstaltungen
Die Organisation von Betriebsversammlungen und anderen Veranstaltungen erfordert viel Planung und Koordination. ChatGPT kann dabei helfen, indem es Termine vorschlägt, Einladungen formuliert und Tagesordnungen erstellt. Dadurch können Betriebsräte ihre organisatorischen Aufgaben effizienter bewältigen.

Datenschutz und ethische Überlegungen, Datenschutzrichtlinien
Beim Einsatz von ChatGPT müssen Betriebsräte die geltenden Datenschutzrichtlinien beachten. Es ist wichtig sicherzustellen, dass keine sensiblen oder personenbezogenen Daten ungeschützt verarbeitet werden. Betriebsräte sollten sich über die Datenschutzbestimmungen des Tools informieren und entsprechende Maßnahmen ergreifen.

Ethische Verantwortung
Der Einsatz von ChatGPT sollte immer im Einklang mit den ethischen Grundsätzen der Betriebsratsarbeit stehen. Das bedeutet, dass die Nutzung des Tools transparent und verantwortungsbewusst erfolgen muss. Betriebsräte sollten sicherstellen, dass ChatGPT als Unterstützung dient und nicht die menschliche Interaktion und Entscheidungsfindung ersetzt.

Fazit
ChatGPT bietet Betriebsräten vielfältige Möglichkeiten, ihre Arbeit effizienter und effektiver zu gestalten. Von der automatisierten Informationsbeschaffung über die Unterstützung bei der Erstellung von Dokumenten bis hin zur Schulung und Weiterbildung – die Einsatzmöglichkeiten sind zahlreich. Gleichzeitig müssen Betriebsräte jedoch Datenschutz- und ethische Überlegungen berücksichtigen, um einen verantwortungsbewussten Einsatz der Technologie zu gewährleisten. Mit der richtigen Anwendung kann ChatGPT ein wertvolles Tool sein, um die Interessen der Mitarbeitenden noch besser zu vertreten.

Dritter Weg

Was ist das?

Der so genannte **Erste Weg** ist die einseitige Festlegung des Arbeitsrechts durch den Arbeitgeber.

Der **Zweite Weg** ist das Modell des Tarifvertrags. Zwischen zwei autonomen und voneinander unabhängigen Tarifparteien wird ein → **Tarifvertrag** abgeschlossen, der unmittelbar und zwingend für den vereinbarten Geltungsbereich anzuwenden ist. Hauptstreitpunkt zwischen Kirchen und Gewerkschaften beim Zweiten Weg ist das → **Streikrecht**. Die → **Gewerkschaften** können aus ihrem Selbstverständnis heraus nicht darauf verzichten. Umgekehrt tut sich die Kirche aus ihrem formulierten Selbstverständnis heraus ebenso schwer mit der Anerkennung des Rechtes auf Arbeitskampf für ihren Bereich.

Der **Dritte Weg** ist im bisherigen Sprachgebrauch die Arbeitsrechtssetzung durch → **Arbeitsrechtliche Kommissionen**, die formal paritätisch besetzt sind. Im Falle einer Nichteinigung verpflichten sich die Parteien, sich einem vorgeblich unabhängigen Schlichtungsspruch zu unterwerfen. Die Regelungen für die Durchführung des Schlichtungsverfahrens werden einseitig durch den kirchlichen Arbeitgeber festgelegt.

Von Gewerkschaftsseite wird die Begriffsbildung »Dritter Weg« scharf kritisiert. Der Begriff »Dritter Weg« steht in der politischen Diskussion oft für einen »vernünftigen«, »ausgleichenden« Weg, der die Extreme zwischen zwei sich widersprechenden Wegen ausgleicht. Das ist der Dritte Weg der Kirchen aber nicht. **Die Kirchen beschreiten keinen »Dritten Weg« gemeinsam mit den Beschäftigten, sondern sie legen einseitig die Ordnungen zur Arbeitsrechtssetzung bzw. der Arbeitsrechtlichen Kommissionen fest und ändern sie von Region zu Region ständig.** Je nach Tradition, Kultur und autoritärem Kirchenverständnis der Landeskirchen werden die »Vertreter der Mitarbeiter« gebeten, an einem kleineren oder größeren Katzentisch bei den Verhandlungen Platz zu nehmen. Die Geschichte der zentralen und der regionalen Arbeitsrechtlichen Kommissionen (→ **ARK**) kann deutlicher nicht zeigen, wie Kirchenleitungen ziemlich skrupellos Ordnungen für die ARKen ändern, um sich ständig eine bessere

Verhandlungsposition zu verschaffen, wenn die Vertreter der Arbeitnehmer zu aufmüpfig werden und um immer wieder aufzuzeigen, wer hier das Sagen hat. **Der »Dritte Weg« ist letztlich eine kirchlich verbrämte Form des ersten Wegs.** Denn die kirchlichen Arbeitgeber setzen einseitig alle rechtlichen und formalen Bedingungen der arbeitsrechtlichen Kommissionen fest.

Die Geschichte des Dritten Wegs

Die Erblasten von 1938

Bei der Gründung der Bundesrepublik wurde bereits im Jahr 1949 das **Tarifvertragsgesetz** beschlossen, dass die Rechte der Gewerkschaften als kollektive Interessenvertretung beim Abschluss von Tarifverträgen festschreibt. Als Reaktion auf das Tarifvertragsgesetz beschloss der Rat der EKD im Oktober 1949 die »Vorläufige Arbeitsvertragsordnung für den kirchlichen Dienst«. Damit knüpfte die EKD an die **Tarifordnung von 1938** an und umging damit die Verhandlungen mit den Gewerkschaften über Tarifverträge. Der nationalsozialistische Staat regelte über die Allgemeine Tarifordnung für Gefolgschaftsmitglieder im öffentlichen Dienst die Beschäftigungsbedingungen und die Bezahlung des überwiegenden Teils der **Arbeitnehmer im öffentlichen Dienst**. In der Weimarer Republik waren noch mit den Gewerkschaften für die »weltlichen« Mitarbeiter, wie die Friedhofsarbeiter und die Bürohilfsarbeiter, Tarifverträge bei der Kirche ausgehandelt worden. Auch nach den bitteren Erfahrungen des Nationalsozialismus setzten die Kirchenleitungen auf das alte System der Verordnungen und lehnten eine Anerkennung der Rolle der Gewerkschaften als unabhängiger Verhandlungsführer in ihrem Bereich ab.

Zu Beginn der fünfziger Jahre ließen die Kirchenleitungen die ersten Arbeitsrechtlichen Kommissionen bilden. Diese hatten zuerst eher koordinierende Funktionen für die Arbeitgeber. Die Arbeitnehmervertreter in diesen Kommissionen wurden durch die Leitungsorgane berufen und waren auch nicht in gleicher Anzahl wie die Arbeitgeber vertreten. Diese Kommissionen waren nur Beratungsinstanzen, die Beschlusskompetenz lag bei den Leitungsinstanzen der Kirche.

Einführung des Kommissionsmodells

Das Kommissionsmodell wurde in der Evangelischen Kirche erst ab der zweiten Hälfte der Siebziger Jahre, in den katholischen Bistümern sogar überwiegend erst in den achtziger Jahren eingeführt. Die verschiedenen (regionalen) Kommissionen bezogen sich meist auf den 1961 abgeschlossenen Bundesangestelltentarifvertrag (BAT) und bildeten ihn in ihren Regelungen weitgehend nach.

Über Jahrzehnte hinweg pflegten damit die Kirchen ihren Ersten Weg und schlossen jede Verhandlung mit der Gewerkschaft aus und bemühten sich noch nicht einmal um formal paritätisch besetzte Kommissionen. Zwischenzeitlich hatte sich das System von Tarifverhandlungen und die betriebliche Mitbestimmung in der Bundesrepublik fest etabliert. Zudem hatte sich die Mitarbeiterstruktur in Diakonie und Caritas grundlegend geändert. Waren 1950 noch weit über 60 % der Beschäftigten Diakonissen und Ordensangehörige, so waren dies 1980 nur noch 10 % und 2005 nur noch 1 %.
Die Synode der EKD beschloss 2011 ein **Arbeitsrechtsregelungsgrundsätzegesetz** (ARRG), das den gemeinsamen Rechtsrahmen für die Arbeitsrechtsregelung innerhalb der evangelischen Kirche und ihrer Diakonie regelt, Wegen der föderalen Struktur der → **EKD** musste das Gesetz durch die einzelnen Gliedkirchen übernommen werden, um dort Geltung zu erlangen. In den Rechtsordnungen der Gliedkirchen sowie ihrer diakonischen Landesverbände sind Festlegungen zu treffen, die den Grundsätzen des ARRG der EKD zu entsprechen haben. Innerhalb des Rahmens des ARRG der EKD sind rechtliche Konkretisierungen durch die Gliedkirchen möglich. Dieses Verfahren führte jedoch zu einem Flickenteppich der Arbeitsrechtlichen Kommissionen in Deutschland (→ **Arbeitsrechtsregelungen in den Evangelischen Landeskirchen und den diakonischen Werken**).

Die kirchliche Begründung des Dritten Wegs
Die Kirchen besitzen in der Bundesrepublik Deutschland das durch Artikel 140 im Grundgesetz formulierte Recht, ihre Angelegenheiten selbständig innerhalb der Schranken des für alle geltenden Gesetzes zu ordnen und zu verwalten (→ **Selbstverwaltungsrecht der Kirchen** und → **Tendenzschutz**). Aus dem kirchlichen Selbstverständnis heraus sind die ca. 1,5 Millionen Beschäftigten der Kirchen und ihrer Einrichtungen in Diakonie und Caritas gemeinsam mit den Dienststellenleitungen zu einer → **Dienstgemeinschaft** verbunden und zu einer vertrauensvollen Zusammenarbeit verpflichtet.
Im Herbst 1976 verabschiedete die Kirchenkonferenz der Evangelischen Kirche in Deutschland (EKD) erstmalig Richtlinien für eine → **Arbeitsrechtsregelung** und traf damit eine Grundsatzentscheidung für den so genannten Dritten Weg. Vorausgegangen waren heftige Diskussionen mit Teilen der Mitarbeiterschaft und vor allem der ÖTV als eine der Vorgängergewerkschaften der Gewerkschaft ver.di. Diese konnten sich auf die Leitsätze einer Kommission berufen, die bereits 1959 von dem Rat der EKD beauftragt wurde, zum Thema Tarifverträge in der Kirche eine Stellungnahme zu erarbeiten:

»Die Kirche sieht im Tarifvertrag ein Element der sozialen Rechts- und Friedensordnungen in der gegenwärtigen Gesellschaft. Auch in der Kirche muss den Ergeb-

nissen der Entwicklung des Arbeits- und Sozialrechts während der letzten hundert Jahre Rechnung getragen werden. Der große Prozess der Mündigmachung des Arbeitnehmers muss von der Kirche in ihrer eigenen Gemeinschaft geistlich bewältigt und rechtlich verarbeitet und geordnet werden.«

Zwar hatten die Proteste der kirchlichen Arbeitnehmer den Grundsatzbeschluss der EKD für den Dritten Weg nicht verhindern können, doch es war der Beginn der immer noch andauernden und aktuellen Debatte um die Glaubwürdigkeit der Kirche. In der Folgezeit wurden in den meisten gliedkirchlichen Diakonischen Werken und im Diakonischen Werk der EKD der »Dritte Weg« in Form von Arbeitsrechtlichen Kommissionen eingeführt.
In einer **Information über die Richtlinie des Rates der EKD zu dem Arbeitsrechts-Regelungsgesetz und den Dritten Weg vom März 1978** wird streng theologisch argumentiert:

»Die Forderung, die Kirchen sollten Tarifverträge abschließen, wird damit begründet, dass auch die Kirche ein Arbeitgeber wie jeder andere sei, und dass deshalb die Arbeitsbedingungen ihrer Mitarbeiter in der gleichen Weise geregelt werden müssten, wie die Arbeitsbedingungen aller anderen Beschäftigten. Es wird weiter behauptet, dass gerade die Kirchen durch eine solche arbeitsrechtliche Regelung frei zur Erfüllung ihres eigentlichen Auftrages würden. … liegt dieser Behauptung jedenfalls im Bereich der Kirchen ein entscheidender Fehler zugrunde. Sie trennt nämlich die Organisation Kirche (als Arbeitgeber) von der »eigentlichen« geistlichen Kirche. Gerade dies aber ist nicht möglich. Nur weil die Kirche als Glaubensgemeinschaft existiert, gibt es auch heute, fast 2000 Jahre nach Christi Geburt, eine Organisation Kirche. Die Garantie ihres Stifters, dass sie auch die Pforten der Hölle nicht überwältigen werden, gilt für die Kirche nur so lange, wie sie ihrem geistlichen Auftrag treu bleibt. Ihre Ordnungen können deshalb nur in Übereinstimmung und nicht im Widerspruch zu ihrem Auftrag stehen.
Auftrag der Kirche ist es, die Versöhnung zu predigen. Die Kirche würde sich zu diesem Auftrag in unlösbaren Widerspruch setzen, sie würde unglaubwürdig werden, wenn sie zur Regelung der Konflikte, die auch in ihrem Bereich bei der Regelung der Arbeitsbedingungen auftreten können, eine Ordnung vorsähe, die auf die Konfrontation, schließlich auf den Arbeitskampf mit Streik und Aussperrung hinausläuft.«

In derselben Informationsschrift werden die Anforderungen an eine kirchengemäße Arbeitsrechtssetzung definiert:
- Partnerschaft anstatt Konfrontation
- Verantwortliche, faire Konfliktlösung
- Volle Parität

- Geltung für alle Mitarbeiterinnen und Mitarbeiter in Kirche und Diakonie
- Keine einseitige Aufhebung der Arbeitsbedingungen
- Wahrung des Auftrags von Kirche und Diakonie.

»Kirchengemäße Tarifverträge« – eine Episode

Für einige Jahre sah es so aus, als könne ein Kompromiss zwischen dem Zweiten und dem Dritten Weg in Form von »kirchengemäßen Tarifverträgen« gefunden werden. In Schleswig-Holstein und später **Nordelbien** (Hamburg und Schleswig-Holstein) wurde dieses Modell in der Praxis versucht. Bereits 1961 schloss die Evangelisch-Lutherische Landeskirche Tarifverträge mit den Gewerkschaften ab. Die Nordelbische Kirche setzte diesen Weg fort und vereinbarte mit den Gewerkschaften den Tarifvertrag vom 5.11.1979. Tarifvertragspartei auf Seiten der Kirche ist ein eigener Arbeitgeberverband der kirchlichen und diakonischen Einrichtungen sowie auf der anderen Seite die ÖTV, DAG, GGLF (heute IG BAU) und VKM (Verband Kirchlicher Mitarbeiter). Die Regelungen umfassen einen Grundlagenvertrag, eine Schlichtungsvereinbarung und eine Vereinbarung über Regelungen in finanziellen Notlagen. Kernstück des Kompromisses ist, dass für die 5-jährige Laufzeit des Grundlagentarifvertrags die Gewerkschaften auf die Ausübung des Streikrechts verzichten.

In den Jahren 1995/96 kam es auf Bundesebene zu Gesprächen zwischen der EKD und der ÖTV und DAG. Die Gespräche nahmen anfangs einen positiven Verlauf, verabschiedungsreife Grundlagentarifverträge und Eckpunkte zur Reformierung des BAT waren bereits ausgehandelt. Doch das konservative Lager in Kirche und Diakonie verhinderte den Abschluss von »kirchengemäßen« Tarifverträgen, zwei Landeskirchen drohten sogar mit Austritt aus der EKD, sollte es zentral zum Abschluss von Tarifverträgen mit den Gewerkschaften kommen. Die Diakonische Konferenz am 17.6.1997 in Fulda beschloss, grundsätzlich am Dritten Weg festzuhalten, richtete gleichzeitig noch eine paritätisch besetzte Arbeitsgruppe für einen Konsultationsprozess zum Thema Tarifverträge ein. Diese Arbeitsgruppe legte im Oktober 1998 ihren Bericht vor. Kernaussage dieses Berichts war, dass sowohl die Arbeitsrechtssetzung durch die Arbeitsrechtlichen Kommissionen als auch kirchengemäße Tarifverträge dem kirchlichen Selbstverständnis entsprechen können. Die Diakonische Konferenz beschloss dennoch am 14.10.1999 in Trier, einseitig am Dritten Weg festzuhalten.

Der diakonische Arbeitgeberverband tritt auf

Die diakonischen Arbeitgeber begannen sich Mitte der neunziger Jahre in einem eigenen Arbeitgeberverband (→ **Arbeitgeberverbände**) zu organisieren. Der Verband diakonischer Dienstgeber in Deutschland (VdDD) verfolgte ein klares neoliberales Politikmodell, das wirtschaftliche Interessen und den Kampf um die Anteile im Sozialmarkt in den Vordergrund stellte. Tarifverträge wurden

rundweg abgelehnt. Gleichzeitig versuchte der VdDD – in seinem Sinne durchaus erfolgreich – Einfluss auf die Arbeit der Arbeitsrechtlichen Kommissionen zu nehmen. Nach und nach wurden die → **AVR** der EKD (jetzt AVR DD) abgesenkt und unter das Niveau des TVöD gedrückt. Innerhalb der Wohlfahrtsverbände nahm die Diakonie eine Vorreiterrolle bei der Verschlechterung der Arbeitsbedingungen ein.
Die 1978 von der EKD formulierten Anforderungen an den Dritten Weg spielten in der Praxis keine Rolle mehr. Die Arbeitnehmervertreter in der ARK berichteten vom kompromisslosen Auftreten der diakonischen Arbeitgeber in den ARKen, die ihre strukturell stärkere Position voll ausspielen, und dass von verantwortlicher, fairer Konfliktlösung und überhaupt von Parität keine Rede mehr sein kann. Der VdDD bezeichnete den Dritten Weg in internen Papieren als Wettbewerbsvorteil und den Aushandlungsprozess von Tarifverträgen als »suboptimal«.

Die Beschäftigten reagieren mit Streiks
In den letzten Jahren brach deshalb die grundsätzliche Auseinandersetzung zwischen den kirchlichen Arbeitnehmern und Arbeitgebern über die Frage Dritter Weg oder Tarifvertrag wieder mit voller Macht auf. Nach dem Scheitern des Dritten Weges auf Bundesebene der ARK des DW der EKD (→ **Arbeitsrechtliche Kommission**), forderten ver.di und fast alle Arbeitnehmervertreter in der ARK die Kirche und Diakonie auf, mit der Gewerkschaft ver.di Tarifverhandlungen aufzunehmen. Im Juni 2010 änderte die Diakonische Konferenz die Wahlordnung für die Arbeitsrechtliche Kommission des DW der EKD. Zuvor hatten die sich beteiligenden AGMAVen Tarifverträge gefordert und ihre Mitarbeit eingestellt. Einseitig haben die diakonischen Arbeitgeber, die überwiegend die Diakonische Konferenz besetzen, die Rahmenbedingungen für den Dritten Weg geändert und damit 10 von 12 AGMAVen in Deutschland von der Mitarbeit der ARK ausgeschlossen.
Arbeitnehmer in der Diakonie holten nun nach, was die Arbeiterschaft im 19. Jahrhunderts mühsam durchgesetzt hat. Nach kleineren Streikaktionen in Vlotho (Westfalen) und in Himmelkron (Bayern) im Jahr 2001 streikten im Frühjahr 2007 über 400 Beschäftigte in acht diakonischen Einrichtungen in Stuttgart. Danach kam es 2011 zu den ersten Warnstreiks. In den Hamburger Diakoniekliniken, im Albertinen-Krankenhaus in Hamburg und im Ev. Krankenhaus Oldenburg wurde zum ersten Mal über mehrere Streiktage hinweg der Abschluss von Tarifverträgen durchgesetzt.
Flächendeckend für eine Region wurden Tarifverträge zum ersten Mal in Niedersachsen durchgesetzt. Zuerst hatte die AGMAV 2011 ihre Arbeit in der ARK Niedersachsen eingestellt. Die Gewerkschaft ver.di rief die Beschäftigten zu zahlreichen Aktionen und auch Streiks auf. Nach intensiven Auseinandersetzungen

und Verhandlungen schlossen ver.di und die Diakonie 2014 den Tarifvertrag Diakonie Niedersachsen (TV DN) ab. Der TV DN gilt für rund 32 000, die AVR DD für etwa 2000 Arbeitnehmer in Niedersachsen.
Der Kirchliche Tarifvertrag der Diakonie (KTD) wurde bereits 2002 in Nordelbien abgeschlossen, jedoch mit einer von ver.di stark kritisierten Schlichtungsregelung. 2020 vereinbarten die Tarifparteien im KTD ein neues Schlichtungsmodell ähnlich dem des Tarifvertrags für die Diakonie Niedersachen. Der Geltungsbereich des KTD umfasst nun die gesamte Nordkirche, d. h. außer Nordelbien auch Pommern und Mecklenburg.

BAG-Urteil zum Streikrecht
Auf die zunehmenden Aktionen und → **Streiks** in den diakonischen Einrichtungen reagierten Kirche und Diakonie mit einer Klage vor den Arbeitsgerichten gegen diese Streiks. Im November 2012 entschied das BAG (BAG, Urteil vom 20.11.2012, 1 AZR 179/11), dass die Gewerkschaft ver.di zu Recht zu Streiks aufrufen durfte. Andererseits hatte aber das BAG der Kirche in den Entscheidungsgründen grundsätzlich die Möglichkeit aufgezeigt, ihre Arbeitsbedingungen über den Dritten Weg regeln zu können. Es müssen aber mindestens drei Bedingungen erfüllt sein:

- Die Beschlüsse im Dritten Weg müssen ohne Ausnahme für alle Mitarbeiter gelten. Ausnahmeregelungen in den Satzungen der Diakonischen Werke sind nicht zulässig. Ebenso unzulässig ist eine Wahlmöglichkeit zwischen verschiedenen Tarifen für diakonische Einrichtungen.
- Die Beschlüsse im Dritten Weg müssen als Mindestbedingungen den Arbeitsverträgen zugrunde liegen.
- Die Gewerkschaften müssen sich auch in den Arbeitsrechtlichen Kommissionen uneingeschränkt »koalitionsmäßig« betätigen können.

In keinem einzigen diakonischen Werk sind diese drei Bedingungen derzeit (2024) im Rahmen des Dritten Weges erkennbar erfüllt. Das Recht der Kirchen im Grundgesetz reicht nicht so weit, dass es diesen ermöglicht, den Artikel 9 Abs. 3 Grundgesetz (Koalitionsfreiheit; Streikrecht) außer Kraft zu setzen.
Die Gewerkschaft ver.di hat in dem Verfahren obsiegt, doch die Begründung des Urteils wird von Seiten der Gewerkschaft stark kritisiert wegen der verhältnismäßig starken Gewichtung des kirchlichen Selbstverwaltungsrechts und der kritiklosen Übernahme des Begriffs der Dienstgemeinschaft. ver.di legte deshalb gegen das Urteil des BAG **Verfassungsbeschwerde** beim Bundesverfassungsgericht ein.
Die Beschwerde richtete sich dabei nicht gegen das Urteil an sich, denn ver.di hatte formal den Rechtsstreit gewonnen, sondern gegen die Begründung. Da die Begründung des Urteils Rechtssätze enthielt, die den Kirchen den Weg weisen könnten, wie sie ein Streikverbot erreichen, sah sich ver.di in seinen Grundrech-

ten eingeschränkt. Das Bundesverfassungsgericht wies die Beschwerde von ver.di mit der Begründung zurück, dass die Gewerkschaft ver.di von dem Streikverbot derzeit aktuell nicht betroffen sei, denn es gebe nur eine vage Aussicht, irgendwann einmal in der Zukunft, von der beanstandeten Begründung betroffen zu sein.
Als Konsequenz aus den Urteilen des BAG und des Bundesverfassungsgerichts ergibt sich, dass, wenn in den Betrieben der Kirche gestreikt werden sollte, die Kirchen erneut die Arbeitsgerichte anrufen müssten, wenn sie ein Streikverbot durchsetzen wollen.

Kritik des Dritten Wegs
Die Gewerkschaft ver.di und die Bundeskonferenz der AGMAVen und Gesamtausschüsse der Diakonie kritisieren den Dritten Weg bzw. die Einrichtung von Arbeitsrechtlichen Kommissionen als vollkommen unzulänglichen Ersatz für das Tarifvertragssystem. Wenn Kirchenleitungen über die Zugangsvoraussetzungen, die Zusammensetzung, die Entscheidungsverfahren und die Anforderungen an die Mitglieder entscheiden ist das einseitiges Arbeitgeberrecht. Die **Parität in den Arbeitsrechtlichen Kommissionen ist nur formal, aber nicht qualitativ** hergestellt. Die Arbeitgeber mit ihren Verbänden und den juristischen Apparaten im Hintergrund sind gegenüber Arbeitnehmern, wenn sie nicht einheitlich durch Gewerkschaften und ausgebildete Tarifsekretäre vertreten werden, eindeutig im Vorteil. In diesen Kommissionen werden nicht Verträge von zwei Parteien vereinbart, sondern es werden Beschlüsse mit Mehrheit der Kommissionsmitglieder gefasst. Tritt die Arbeitnehmerseite nicht einheitlich auf oder wird sie von konkurrierenden Verbänden vertreten, hat dies bei den Abstimmungen fatale Konsequenzen. Kurz zusammengefasst: die Konstruktion der Arbeitsrechtlichen Kommissionen stellt nur eine formale Parität her, die Arbeitgeber haben immer einen strategischen Vorteil.
Fazit: es gibt keinen »Dritten Weg«. Der Begriff grenzt sich vom Tarifvertragssystem ab und soll suggerieren, dass es Alternativen gibt. Der »Dritte Weg« ist ein Modell der kirchlichen Arbeitgeber, um die Rechte der Arbeitnehmer einzuschränken.
Nach aktuellen Schätzungen arbeiten heute 1,8 Millionen Mitarbeiter bei den Kirchen in Deutschland. Prägten in den 20er Jahren vor allem die Ordensschwestern die Mitarbeiterschaft in den konfessionellen Einrichtungen, so sind heute nur noch sehr wenige Ordensschwestern in diesen Einrichtungen im aktiven Dienst. Die Masse der Mitarbeiter in der Diakonie und Caritas sehen in ihrem »kirchlichen Dienstgeber« einen Arbeitgeber wie jeden anderen auch und bei ihnen herrscht eine Erwerbsorientierung vor. Besonders in Großstädten sind viele Beschäftigte in den Krankenhäusern konfessionslos. Noch problematischer für den Gedanken der Dienstgemeinschaft ist die Situation in vielen Einrichtungen

in Ostdeutschland, die die Kirchen vom Staat übernommen haben, in denen der Anteil der Kirchenmitglieder nicht selten weniger als 20 % beträgt.

Die Arbeitsbedingungen und die äußeren Rahmenbedingungen zur Finanzierung in den konfessionellen Krankenhäusern, Altenheimen, Einrichtungen der Kinder-, Jugend- und Behindertenhilfe unterscheiden sich nicht von denen im öffentlichen Bereich. Die früher in konfessionellen Einrichtungen vielleicht vorhandenen Begründungen für den Sonderweg des Dritten Wegs treffen heute in den allermeisten Einrichtungen nicht mehr zu.

Die Geschichte der beinahe unzähligen Änderungen der Ordnungen für die → **Arbeitsrechtlichen Kommissionen** ist bezeichnend. Waren die Arbeitnehmer zu widerständig in den Arbeitsrechtlichen Kommissionen, so wurden von dem kirchlichen Gesetzgeber flugs die Entsendevoraussetzungen geändert, um die Kommissionen wieder mit ihnen angenehmen »Arbeitnehmervertretern« zu besetzen. Von Parität und Partnerschaft kann keine Rede sein, wenn eine Seite allein die Rahmenbedingungen vorgibt und sie jederzeit ändern kann. Die Konstruktion des Dritten Wegs fördert bei den sich beteiligenden Arbeitnehmervertretern Verhaltensweisen von vorauseilendem Gehorsam und Anpassung. Faire Verhandlungen auf gleicher Augenhöhe werden damit ausgeschlossen.

Tarifverträge werden im Unterschied zur Funktionsweise der Arbeitsrechtlichen Kommissionen von gleichberechtigten Verhandlungspartnern frei ausgehandelt und gelten für den vereinbarten Bereich zwingend und sind rechtlich einklagbar (→ **Tarifvertrag**). Die Regelungen des Dritten Weges gelten dagegen nur, wenn sie ausdrücklich im Arbeitsvertrag vereinbart werden.

Allein die Gewerkschaften haben die nötige Unabhängigkeit und Fachkompetenz, um kollektive Verträge auszuhandeln. Die Tarifautonomie hat sich in der Geschichte der Bundesrepublik vielfach bewährt, der Mechanismus der Tarifverträge und die Tarifverhandlungen führen letztlich zu einem Interessensausgleich zwischen den beiden unterschiedlichen Parteien. Aus gutem Grund wurde bereits 1949 über das Tarifvertragsgesetz die Verbindlichkeit und unmittelbare Wirkung von Tarifverträgen geregelt.

In einigen eigenen Schriften der Kirchen bricht dieser Widerspruch teilweise auf. In der von der Evangelischen und Katholischen Kirche 1997 gemeinsam herausgegebenen Erklärung »Für eine Zukunft in Solidarität und Gerechtigkeit« wird einerseits das System der Tarifautonomie als eine wichtige Institution der bewusst sozial gesteuerten Marktwirtschaft in Deutschland gesehen. Diakonie und Caritas sehen sich als große Arbeitgeber, die selbst für einen fairen Umgang mit ihren Mitarbeiterinnen und Mitarbeitern einzutreten haben und die dabei »nicht Maßstäbe des wirtschaftlichen Handelns formulieren und öffentlich vertreten (können), ohne sie auch an sich selbst und das eigene wirtschaftliche Handeln anzulegen«. Doch der sich daraus logisch ergebende Schritt, den Gewerkschaften in den kirchlichen Einrichtungen eine entsprechende Rolle wie in den übrigen

»weltlichen« Einrichtungen zuzuweisen und der Schritt hin zum Abschluss von Tarifverträgen, unterbleibt.
Nicht zuletzt die aktuellen Entwicklungen insbesondere in den diakonischen Einrichtungen machen den Dritten Weg unglaubwürdig. Der diakonische Arbeitgeberverband VdDD möchte die Gehälter unter das branchenübliche Niveau absenken und setzte sich mit dieser Position in den zweitausender Jahren auch in der EKD durch. In den »Eckpunkten für ein kirchengemäßes Tarifsystem« der Kirchenkonferenz von 2005 wird gefordert, das Vergütungsniveau gegenüber dem TVöD um 5 % abzusenken. Zur Absenkung benutzen die Arbeitgeber gezielt das Instrumentarium des Dritten Wegs und die schlechtere Verhandlungsposition der Arbeitnehmerseite in der ARK. Die Diakonie hat unter den Wohlfahrtsverbänden flächenweit die am meisten abgesenkten Tarife und liegt weit unter dem Niveau des Öffentlichen Dienstes und auch der Caritas. So bezeichnet der VdDD den 3. Weg bereits als »Wettbewerbsvorteil«. Eine stärkere Kritik des Dritten Wegs kann kaum noch formuliert werden.

Literaturhinweis

- *Bsirske, Frank/Paschke, Ellen/Schuckart-Witsch, Berno (Hrsg.)*: Streiks in Gottes Häusern, Hamburg 2013.
- *Bühler, Sylvia/Schubert, Jens/Schuckart-Witsch, Berno (Hrsg.)*: Zwischen Konkurrenz und Kreuz, Hamburg 2015.
- *Deinert, Olaf:* Neugestaltung der Arbeitsvertragsgrundlagen in Einrichtungen der ev. Kirchen über den 3. Weg, Gutachten im Auftrag von ver.di, Berlin 2005.
- *Für eine Zukunft in Solidarität und Gerechtigkeit.* Wort des Rates der Evangelischen Kirche in Deutschland und der Deutschen Bischofskonferenz zur wirtschaftlichen und sozialen Lage in Deutschland. Kirchenamt der EKD, Hannover.
- *Lührs, Hermann:* Die Zukunft der Arbeitsrechtlichen Kommissionen, Tübingen 2009.
- *Hrsg.: ver.di:* Gewerkschaftliche Arbeit in kirchlichen Betrieben, Berlin 2014, *https://gesundheit-soziales.verdi.de/++file++587cb564e58deb04959a0f11/download/Brosch%C3%BCre%20Gewerkschaftliche%20Bet%C3%A4tigungsrechte2014.pdf*
- *Hrsg: ver.di:* Streitschrift, Zum Sonderweg im kirchlichen Arbeitsrecht – Tarifverträge in kirchlichen Betrieben, Berlin 2019, *https://gesundheit-soziales.verdi.de/++file++5cdabf67dda4fb60cb18230a/download/ver.di-Streitschrift%20Mitbestimmung%20in%20kirchlichen%20Betrieben.pdf*

Übersicht: Zweiter – Dritter Weg

	Verhandlungen nach dem Tarifvertragsgesetz (zweiter Weg)	**Arbeitsrechtliche Kommissionen** (ARRGG Synode EKD Nov. 2013) (dritter Weg)
Grundlage	Bundesgesetz (Bundestag)	Beschlüsse von Kirchenleitungen bzw. der Leitungsorgane der Diakonieverbände / Deutscher Caritasverband
Art der Verhandlung	Freie Kollektivverhandlung	Beschlussfassung mit Mehrheiten. Ersetzende Beschlüsse bei Nicht-Einigung
Ergebnis der Verhandlung	Liegt vor, wenn beide Seiten Einigung erzielt haben: Vertrag	Liegt nach Mehrheitsabstimmung vor: Beschluss. Bei Nicht-Einigung: ersetzender Beschluss durch ein anderes Gremium (Schlichtungsausschuss)
Ergebnis	Vertrag. Muss von den Gremien der Parteien bestätigt werden (Gewerkschaft und Arbeitgeber)	Beschluss. Gilt ohne Bestätigung der Parteien
Schlichtung	Verhandlungsparteien einigen sich auf Schlichtungsverfahren. Schlichtung ist Vorschlag, der von beiden Seiten bestätigt werden muss. Keine Seite kann das Verfahren ohne die andere ändern	Kirchen/Verbandsleitungen schreiben das Schlichtungsverfahren vor und können es einseitig ändern. Schlichtungsbeschluss gilt ohne Bestätigung
Vorgaben an die Verhandelnden		
	kann betriebliche und betriebsverfassungsrechtliche Fragen ordnen	kann das nicht
Wirkung	zwingend und unmittelbar. Einklagbar	indirekt. Einzelvertragliche Bezugnahme und Satzungen. Nicht einklagbar
Allgemein-verbindlichkeit	möglich (TVG § 5)	nicht möglich
Verhandlungs-teilnehmer	bestimmen die Parteien	
Typ	Tarifautonomie. Parteien bestimmen selbst	Heteronom. Kirchen- und Verbandsleitungen
Bindung der Verhandelnden Personenen	an die Organisationen, für die sie verhandeln	Gewissen. Keine Rechenschaftspflicht. Keine Weisungsunterwerfung.

aus: Hrsg. ver.di, Gewerkschaftliche Arbeit in kirchlichen Betrieben, Berlin 2014.

Eingruppierung, Eingruppierungskatalog

Was ist das?

Eingruppierung ist die erstmalige Einstufung oder Einreihung eines Beschäftigten in ein Gefüge von Entgeltgruppen. Die Eingruppierung erfolgt in der Regel zeitgleich mit der → **Einstellung**. Die Eingruppierung hängt ab von der übertragenen Tätigkeit. Aufgrund der »Eingruppierungsautomatik« (auch: »Tarifautomatik«) bedarf es zur Eingruppierung keiner Willensentscheidung des Arbeitgebers, sondern die Übertragung einer bestimmten Tätigkeit hat »automatisch« eine bestimmte Eingruppierung zur Folge. Bei der Eingruppierung handelt es sich allein um einen »Akt der Rechtsanwendung«, ein Gestaltungsspielraum besteht nicht (vgl. BAG v. 11.9.2013 – 7 ABR 29/12 und v. 11.11.2008 – 1 ABR 68/07). Dies kommt in der Formulierung von § 12 Abs. 1 → **AVR.DD** (s. § 12 Abs. 1 TV-L; im TVöD Verweis auf die Entgeltordnung) zum Ausdruck: Der Mitarbeiter »*ist* nach den Merkmalen der übertragenen Tätigkeiten in die Entgeltgruppen … eingruppiert.« (nicht: *wird* eingruppiert). Analoge Vorschrift in § 32 Abs. 1 AVR-Bayern.

Die Eingruppierungsautomatik unterstreicht noch einmal § 12 Abs. 3 AVR.DD (analog: § 32 Abs. 3 AVR-Bayern): »Für die Eingruppierung ist nicht die berufliche Ausbildung, sondern allein die Tätigkeit des Mitarbeiters maßgebend. Entscheidend ist die für die Ausübung der beschriebenen Tätigkeit in der Regel erforderliche Qualifikation, nicht die formale Qualifikation des Mitarbeiters.«

Neu seit 2007 ist die Vorschrift: »Die Tätigkeiten müssen ausdrücklich übertragen sein (z. B. im Rahmen von Aufgaben- oder Stellenbeschreibungen).« (§ 12 Abs. 1 AVR.DD) Die AVR-Bayern konkretisiert in § 32 Abs. 1 sogar: »… müssen ausdrücklich *in schriftlicher Form* übertragen sein.« Das bedeutet, der Arbeitgeber allein hat es in der Hand, die Tarifautomatik in Gang zu setzen oder nicht: Durch Übertragung von z. B. Tätigkeiten einer Pflegehilfskraft auf eine examinierte Pflegefachkraft ergibt sich »automatisch« die Eingruppierung als Hilfskraft. Das wurde von den Arbeitsrechtlichen Kommissionen bewusst so entschieden. Damit ist die früher noch mögliche Höhergruppierung durch »Zu-

wachs an höherwertigen Tätigkeiten«, die ein Arbeitgeber über eine längere Zeit billigend in Kauf genommen hat, ein für alle Mal ausgeschlossen.
Für die AVR-Bayern heißt die oben zitierte Formulierung im Übrigen, dass es im Geltungsbereich zwingend schriftliche Aufgaben- oder Stellenbeschreibungen geben muss.
»Die Eingruppierung des Mitarbeiters erfolgt in die Entgeltgruppe, deren Tätigkeitsmerkmale er erfüllt und die der Tätigkeit das Gepräge geben.« (§ 12 Abs. 2 AVR.DD) Gepräge meint, dass die entsprechende Tätigkeit unverzichtbarer Bestandteil des Arbeitsauftrags ist. »Eine Tätigkeit ist dann prägend, wenn sie zeitlich überwiegt.« (BAG v. 8.11.2006 – 5 AZR 706/05) Die Eingruppierung erfolgt also im Blick auf die Gesamttätigkeit des Arbeitnehmers, nicht mehr wie früher auf die einzelnen Arbeitsvorgänge. Bei der Festlegung der Eingruppierung ist daher nur zu überprüfen, welche Tätigkeiten ein Arbeitnehmer überwiegend auszuüben hat. Diese **Eingruppierungsautomatik** im kirchlichen Bereich entspricht der Tarifautomatik im öffentlichen Dienst.
Weil die spezielle Form der Eingruppierungsautomatik in den AVR erst etwa 20 Jahre alt ist, besteht auch noch (zu) wenig Rechtsprechung zum Thema. Die meisten Urteile zum Thema Eingruppierung gibt es mittlerweile (Mai 2020) vom Kirchengerichtshof der EKD (→ **Rechtsschutz**), der in zweiter Instanz Beschlüsse der gliedkirchlichen Kirchengerichte beurteilt (Sammlung der Beschlüsse unter: *https://www.kirchenrecht-ekd.de/list/rechtsprechung/mvg_kirchengerichte*; mittlerweile ist dort auch die Suche nach Stichwörtern möglich! Die Suche nach dem Stichwort »Eingruppierung« ergab am 16.5.2025 immerhin 127 Treffer!).
Die Übertragung einer höher (§ 12 Abs. 5 AVR.DD; § 32 Abs. 5 AVR-Bayern) bewerteten Tätigkeit hat entsprechend eine Umgruppierung (Höhergruppierung) zur Folge. Die Umgruppierung ist häufig auch mit einer → **Versetzung** oder → **Umsetzung** verbunden. Die höherwertige Tätigkeit muss über eine »ausdrückliche Anordnung« erfolgen und darf »nicht nur vorübergehend« sein. Erst dann steht dem Mitarbeiter die Eingruppierung in die höhere Entgeltgruppe zu – und zwar ab dem Beginn des Monats, in dem die Tätigkeit übertragen wurde.
Erfolgt die Übertragung der höherwertigen Tätigkeit »nur vorübergehend«, findet keine Höhergruppierung statt, sondern der Mitarbeiter erhält dann für den Zeitraum eine persönliche Zulage in Höhe der Differenz zwischen der bisherigen und der höheren Entgeltgruppe (§ 13 AVR.DD; § 32 Abs. 6 AVR-Bayern).
Die Übertragung einer niedriger bewerteten Tätigkeit kann nur einvernehmlich erfolgen oder – ausnahmsweise – über eine → **Änderungskündigung**.
Die Eingruppierung (bestehend aus **Entgeltgruppe** nach der → **Eingruppierungsordnung** der AVR und der **Stufe**) ist schriftlich mitzuteilen, z.B. im Dienstvertrag. In den Entgeltgruppen der Eingruppierungsordnung (AVR.DD: Einguppierungskatalog) sind die Tätigkeiten und Tätigkeitsmerkmale zur Zuordnung in eine Entgeltgruppe festgelegt. Die in den Entgeltgruppen in Ober-

und Untersätzen beschriebenen Tätigkeitsmerkmale stellen überwiegend **unbestimmte Rechtsbegriffe** (z. B. »eigenständig wahrgenommene Aufgaben« oder »Leitungsaufgaben«) dar. Sie sind deshalb nur im Zusammenhang mit der gängigen Rechtsprechung zu interpretieren. Leider ist die Rechtsprechung zur neuen **Eingruppierungsordnung** der AVR bisher noch nicht weit fortgeschritten.

Bedeutung für die MAV

Die Eingruppierung (auch: Umgruppierung) eines Beschäftigten unterliegt der eingeschränkten → **Mitbestimmung** der MAV (§ 42 Buchst. c MVG). Sie reduziert sich in der Praxis auf eine Richtigkeitskontrolle durch die MAV

- wegen der Eingruppierungsautomatik (s. o.) und wegen
- des einzigen Kriteriums für die Nichtzustimmung: Verstoß gegen eine Rechtsvorschrift bzw. Vertragsbestimmung (Eingruppierung nach AVR); § 41 Abs. 1 Buchst. a MVG.

Die erstmalige Eingruppierung einer Beschäftigten fällt in der Regel zeitlich mit der → **Einstellung** zusammen. Kommt eine MAV begründet zu dem Schluss, dass eine falsche Eingruppierung vorliegt, kann sie der Einstellung zustimmen, die Zustimmung zur Eingruppierung jedoch verweigern. Der Arbeitgeber wäre dann gezwungen, die Zustimmung der MAV zur Eingruppierung beim Kirchengericht (→ **Rechtsschutz**) ersetzen zu lassen (§ 38 Abs. 4 MVG). Ohne Zustimmung der MAV ist die Eingruppierung unwirksam. Der Arbeitgeber darf die Maßnahme Eingruppierung erst vollziehen, wenn die Zustimmung der MAV vorliegt oder kirchengerichtlich ersetzt worden ist (§ 38 Abs. 1 MVG).
Wegen Streitigkeiten über eine Eingruppierung kann die MAV nicht die Bildung einer (betrieblichen) Einigungsstelle beantragen, weil Einigungsstellen nur für Regelungsstreitigkeiten in organisatorischen und sozialen Angelegenheiten nach § 40 MVG zuständig sind (§ 36a Abs. 1 MVG).
Allerdings kann die MAV die Zustimmung zu einer Eingruppierung verweigern, wenn die Eingruppierungsordnung weder aufgrund eines → **Tarifvertrags** noch durch eine Arbeitsrechtsregelung auf dem → **Dritten Weg** zustande gekommen ist. So lautet der Leitsatz einer Entscheidung des Kirchengerichtshofs (KGH) vom 24. 9. 2018: »Die Mitarbeitervertretung hat ein Recht zur Verweigerung der Zustimmung zu einer Eingruppierung in eine Vergütungsordnung, die nicht auf dem zweiten oder dritten Weg zustande gekommen ist und deshalb kein kirchlich-diakonisches Arbeitsvertragsrecht i. S. v. § 5 Abs. 2 Satz 2b) DiakonieG ist (Aufgabe von KGH.EKD 13. 12. 2010 – I-0124/R83-09).« (KGH.EKD II-0124/34-2018)

Die Mitbestimmung zur Eingruppierung umfasst **auch die Festlegung der Stufe** in der Entgelttabelle. Anfang 2008 hatte der Kirchengerichtshof der EKD noch entschieden (KHG.EKD I-0124/N33-07), dass die Stufenzuordnung zur Entgelttabelle des TV-L nicht der Mitbestimmung durch die Mitarbeitervertretung unterliegt. Seitdem sind anderslautende Entscheidungen ergangen. So hat das Kirchengericht der Evang.-Luth. Kirche in Bayern (Beschluss vom 20.10.2009 – 26/0 – 6/4 – 666) beschlossen, dass die Mitarbeitervertretung ein Mitbestimmungsrecht hat bei der Festlegung der Stufen. Im Wortlaut: »Es wird festgestellt, dass im Rahmen der Eingruppierung und Umgruppierung auch die Stufenzuordnung mitbestimmungspflichtig ist.« Und Ende 2010 hat dann der Kirchengerichtshof der EKD entschieden, dass nach der Neufassung des MVG 2010 auch die Stufenzuordnung der Mitbestimmung unterliegt. (Beschluss vom 22.11.2010 – KHG.EKD I-0124/R89-09) Seitdem ist unbestritten, dass sich das Mitbestimmungsrecht der Mitarbeitervertretungen bei Eingruppierungen sowohl auf die Festlegung der Entgeltgruppe als auch auf die Festlegung der Stufe erstreckt.

Ein eingeschränktes Mitbestimmungsrecht der MAV besteht auch bei folgenden Maßnahmen, die sich bisweilen auf Eingruppierung oder Entgelt auswirken:

- Übertragung einer höher oder niedriger bewerteten Tätigkeit von mehr als drei Monaten Dauer (§ 42 Buchst. d MVG),
- dauernde Übertragung einer Tätigkeit, die einen Anspruch auf eine Zulage auslöst (auch Widerruf) (§ 42 Buchst. e MVG),
- Umsetzung bei Ortswechsel (§ 42 Buchst. f MVG),
- Versetzung oder Abordnung zu einer anderen Dienststelle von mehr als drei Monaten Dauer (§ 42 Buchst. g MVG).

Die Mitbestimmung der MAV bei der Eingruppierung ist einer der häufigsten Mitbestimmungsfälle. Daher sollte die MAV überlegen, ob es sinnvoll ist, für solche Zwecke einen **beschließenden Ausschuss** (→ **Ausschüsse der MAV**) einzurichten (§ 23a Abs. 1 MVG). Er muss mindestens drei MAV-Mitglieder umfassen. Allerdings empfiehlt sich die Einrichtung eines beschließenden Ausschusses erst ab einer bestimmten Größe des Gesamtgremiums, z. B. ab einer Zahl von sieben MAV-Mitgliedern.

Die Zustimmungsverweigerung der MAV zu einer Eingruppierung ist nur wirksam, wenn sie ordnungsgemäß in einer → **MAV-Sitzung** (bzw. in der Sitzung eines beschließenden Ausschusses) beschlossen worden ist.

Alle mit der Eingruppierung zusammenhängenden Fragen sollte die MAV sehr ernst nehmen. Immerhin geht es um die Höhe des Entgelts unserer Beschäftigten. Zumindest einzelne MAV-Mitglieder sollten daher intensive Kenntnisse im Eingruppierungsrecht besitzen. Jede MAV sollte sich ihre »Fachleute für Eingruppierung« ausbilden lassen.

Bedeutung für die Beschäftigten

Die Beschäftigten in Kirche und Diakonie haben Anspruch auf eine korrekte Eingruppierung nach der jeweiligen arbeitsrechtlichen Regelung (→ **AVR**, TVöD, TV-L usw.). Bei falscher Eingruppierung steht ihnen – nach erfolgloser schriftlicher Geltendmachung beim Arbeitgeber – der Gang zum → **Arbeitsgericht** bzw. zur kirchlichen Schlichtungsstelle (z.B. nach § 44 AVR.DD; sog. Individualschlichtung) offen. Arbeitsgerichtsverfahren zu Eingruppierungen sind wegen der unbestimmten Rechtsbegriffe in den → **Eingruppierungsordnungen** (bzw. Entgeltordnungen) zum Teil schwierig zu führen. Daher sollte kundiger Rat bei der → **Gewerkschaft** oder einem Fachanwalt für Arbeitsrecht eingeholt werden.
Beschäftigte können sich wegen unkorrekter Eingruppierung auch an die MAV wenden. Kommt die MAV bei der Beurteilung der Eingruppierung zum gleichen Ergebnis, ist sie verpflichtet, im Rahmen ihres Initiativrechts (§ 47 MVG) und ihrer allgemeinen Aufgaben (§ 35 Abs. 2 Buchst. b MVG) bei der Dienststellenleitung auf eine Änderung der Eingruppierung zu drängen. Zu beachten ist dabei auch die → **Ausschlussfrist**. Den Möglichkeiten zur Verfolgung konkreter Eingruppierungsbegehren für einzelne Beschäftigte durch die MAV vor den Kirchengerichten sind allerdings Grenzen gesetzt. Die Vorsitzenden der Kirchengerichte verweisen die Mitarbeitervertretungen in der Regel darauf, dass es sich bei Eingruppierungsfragen um Individualarbeitsrecht handelt und sich die Beschäftigten daher in solchen Fragen selber an das Arbeitsgericht wenden müssen.

Checkliste: Eingruppierung

- Eingang der Anfrage zur Eingruppierung?
- Letzter Termin für Äußerung der MAV?
- Nächste MAV-Sitzung?
- Rechtzeitiger Eingang aller Unterlagen?
- Sind die Unterlagen vollständig?
- Fordert die MAV alle Bewerbungsunterlagen an?
- Liegt der MAV eine aktuelle Stellenbeschreibung (wenigstens: Tätigkeitsbeschreibung) zur Beurteilung der Eingruppierung vor?
- Benötigt die MAV weitere Informationen zur Beurteilung der Eingruppierung?
- Ist die erforderliche Qualifikation gegeben?
- War die Stelle (intern) ausgeschrieben?
- Stimmt die vorgesehene Eingruppierung mit der Tätigkeitsbewertung überein?
- Ist die Entgeltgruppe für die Tätigkeit zutreffend?
- Wurde der MAV die Stufe mitgeteilt?
- Liegt ein Grund für die Verweigerung der Zustimmung vor?
- Beschluss der MAV in der Sitzung am …
- Mitteilung des Beschlusses an die Dienststellenleitung am …

Mustervordruck Eingruppierung, Festlegung der Stufe, Um-/Höhergruppierung, § 42c MVG

DIAKONIE

Adresse Dienststelle xy
An die
Mitarbeitervertretung xy
Adresse

Antrag auf Zustimmung der MAV zur Eingruppierung

Name: ____________________
Geburtsdatum: ____________________
Konfession: ____________________
Adresse: ____________________
Beruf: ____________________
Funktion: ____________________

übertragene Tätigkeit bisher: ____________________
übertragene Tätigkeit geplant: ____________________

Entgeltgruppe bisher: € ______
Neue Entgeltgruppe: € ______

Stufe bisher: ☐ Stufe 1 ☐ Stufe 2 ☐ Stufe 3
☐ Stufe 4 ☐ Stufe 5 ☐ Stufe 6

Neue Stufe: ☐ Stufe 1 ☐ Stufe 2 ☐ Stufe 3
☐ Stufe 4 ☐ Stufe 5 ☐ Stufe 6

Einsatzort: ____________________

Ein-/Um-/Höhergruppierung zum ____________________

Datum

Begründung für die Ein-/Um-/Höhergruppierung:
____
____

Begründung für die Einstufung:

___

___

Anlage: Stellen- bzw. Tätigkeitsbeschreibung

Unterschrift Dienststellenleitung

Stellungnahme der MAV:

☐ Die MAV stimmt der Eingruppierung, Festlegung der Stufe, Um-/Höhergruppierung zu.

☐ Die MAV stimmt der Eingruppierung, Festlegung der Stufe, Um-/Höhergruppierung nicht zu.

Begründung:

___

___

___

Ort, Datum, Unterschrift des MAV-Vorsitzenden bzw. Stellvertretung

Literaturhinweis

- *Diakonie Deutschland – Evangelisches Werk für Diakonie und Entwicklung e. V. (Hrsg.):* Kommentar zu den Arbeitsvertragsrichtlinien der Diakonie Deutschland. Loseblattsammlung, 8. Auflage, Stuttgart 2008 (Stand: Januar 2020).
- *Diakonisches Werk Bayern* (Hrsg.): Kommentar zu den Arbeitsvertragsrichtlinien des Diakonischen Werkes Bayern. 11. Auflage, Stuttgart 2009 (Stand: September 2019). (Autoren: Gabriele Schwarz-Seeberger, Detlev Fey; wenig empfehlenswert).
- *Richter, Achim/Gamisch, Anett:* Eingruppierung AVR. Diakonie in der Praxis. Die neue Entgeltordnung. Mit Entgeltgruppen und Auslegung, 2. Aufl. München 2014.

Einigungsbemühungen, betriebliche

Was ist das?

§ 33 MVG regelt die Grundsätze für die Zusammenarbeit zwischen Mitarbeitervertretung und Arbeitgeber. Dort wird auch von »vertrauensvoller Zusammenarbeit« gesprochen.

In Streitfällen oder bei Meinungsverschiedenheiten ist die MAV, aber auch der Arbeitgeber verpflichtet, zunächst durch eine Aussprache auf eine Beilegung der Streitigkeit und damit auf eine innerbetriebliche Einigung hinzuwirken.

Es soll also zunächst versucht werden, den betrieblichen Konflikt auf betrieblicher Ebene zu lösen. Das ist grundsätzlich sinnvoll, weil die Betriebsparteien MAV und Arbeitgeber schließlich auch in der zukünftigen Zusammenarbeit mit Konflikten umgehen können müssen.

Nach § 33 Abs. 3 MVG müssen die innerbetrieblichen Einigungsbemühungen schriftlich für gescheitert erklärt werden, bevor andere Stellen angerufen werden. Damit ist insbesondere das Kirchengericht gemeint. Wird eine Rechtsanwältin oder ein Rechtsanwalt zur Beratung oder Vertretung hinzugezogen, ist dies keine »andere Stelle«.

Bedeutung für die MAV

Einigungsbemühungen müssen gezeigt werden. Das regelt die Vorschrift auf der einen Seite verbindlich, ist auf der anderen Seite aber auch sinnvoll.

Das heißt jedoch nicht, dass man sich um jeden Preis einigen muss. Vertrauensvolle Zusammenarbeit bedeutet nicht, dass die MAV jede Maßnahme des Arbeitgebers zu billigen hat. Vielmehr muss eine vertrauensvolle Zusammenarbeit Raum für die Interessengegensätze der Betriebsparteien lassen.

Letztendlich muss die MAV entscheiden, ob sie bei Meinungsverschiedenheiten, Konflikten oder Streitigkeiten weiterhin eine Chance auf eine aus ihrer Sicht zufriedenstellende Einigung auf betrieblicher Ebene sieht oder ob sie der Auffassung ist, dass eine Einigung auf betrieblicher Ebene nicht mehr in Betracht kommt.

Die Anforderungen an das Zeigen von Einigungsbemühungen dürfen nicht überspannt werden. Gleichwohl müssen sie ernsthaft sein.

Ob ausreichend Einigungsbemühungen gezeigt worden sind, ist gerichtlich überprüfbar und es wird dabei auf die jeweilige Art des Konflikts ankommen.

Wird im Rahmen einer Regelungsstreitigkeit verhandelt, dürften die Anforderungen an die Einigungsbemühungen höher sein als bei einem durch den Arbeitgeber begangenen Rechtsverstoß bei der Mitbestimmung.

Die Erklärung des Scheiterns der Einigungsbemühungen muss die MAV gegenüber dem Arbeitgeber abgeben. Es bedarf eines entsprechenden Beschlusses in einer ordnungsgemäß einberufenen MAV-Sitzung.

»Das Scheitern muss schriftlich erklärt werden. Es bedarf nach § 126 BGB eines an die andere Seite gerichteten verkörperten Schreibens, das in Textform verfasst ist und die Unterschrift des oder der Vorsitzenden der Mitarbeitervertretung trägt. Nicht ausreichend ist die Übermittlung per Telefax oder E-Mail, weil es dann am Zugang des verkörperten Schreibens fehlt. Möglich ist die Einhaltung der Schriftform allerdings nach § 126 Abs. 3 BGB, wenn die Erklärung in elektronischer Form nach § 126 a BGB abgegeben wird. Das erfordert allerdings die Verwendung einer qualifizierten elektronischen Signatur, über die eine Mitarbeitervertretung regelmäßig nicht verfügen wird.« (vgl. Joussen/Mestwerdt/Nause/Spelge/Nause, MVG-EKD. 2. Aufl. 2023, MVG § 33 Rn. 37)

Bedeutung für die Beschäftigten

Eine gute Zusammenarbeit zwischen MAV und Arbeitgeber wirkt sich auch positiv auf die Beschäftigten aus. Allerdings werden sich ein zu hohes Harmoniebedürfnis und eine mangelnde Konfliktfähigkeit und Konfliktbereitschaft negativ auf die Beschäftigten auswirken, weil die MAV dann regelmäßig nicht die Interessenvertretung der Beschäftigten übernimmt, sondern die Vorschläge und Maßnahmen des Arbeitgebers lediglich durchwinkt, ohne auf die Bedürfnisse der Beschäftigten zu achten.

Einigungsstelle

Was ist das?

Der Begriff der Einigungsstelle kommt aus dem Betriebsverfassungsgesetz (§ 76). Die Einigungsstelle **nach dem BetrVG** soll zur Beilegung von Meinungsverschiedenheiten zwischen Arbeitgeber und Betriebsrat tätig werden. Das Fehlen einer entsprechenden Instanz im MVG ist in der Vergangenheit von den MAVen stark kritisiert worden. Auf diese Kritik hin hat die Synode der EKD im November 2013 mit einer Ergänzung des § 36a des MVG reagiert. Die Einrichtung von Einigungsstellen war zwar möglich, es bedurfte aber einer Dienstvereinbarung zwischen MAV und Arbeitgeber. Danach können MAV und Dienststellenleitung auf der Grundlage einer Dienstvereinbarung regeln, dass in der Dienststelle in Bedarfsfällen oder ständig eine Einigungsstelle gebildet wird.
Nur sehr wenige kirchliche Arbeitgeber erklärten sich bereit, den Anträgen von MAVen zu entsprechen und eine Einigungsstelle einzurichten. Folglich stand diese Regelung stark unter Kritik und die EKD-Synode beschloss Ende 2018 in einer folgenden Novellierung des MVG, dass ab dem Jahr 2020 auf Antrag der Dienststellenleitung oder MAV eine Einigungsstelle **einzurichten ist**.
Die Neuregelung weicht aber immer noch in wesentlichen Punkten von den Vorschriften im BetrVG ab. ver.di und die Bundeskonferenz der AGMAVen kritisieren nach wie vor stark, dass das MVG in seinen Bestimmungen weit hinter dem BetrVG zurückbleibt und die staatlichen Regelungen nicht nur verzögert, sondern auch unvollständig übernommen werden.

Die Regelungen im BetrVG

Im BetrVG, bereits 1952 im Bundestag verabschiedet, sind Zusammensetzung und Aufgaben der Einigungsstelle beschrieben. Sie besteht aus einer gleichen Zahl von Beisitzern des Arbeitgebers und des Betriebsrats und einem neutralen externen Vorsitzenden. Die Einigungsstelle kann entweder bei Bedarf gebildet werden, wobei der Antrag einer Seite genügt, oder auch als ständige Einigungsstelle errichtet werden. Der Vorsitzende wird von den Betriebspartnern einvernehmlich bestimmt. Können die Betriebspartner sich nicht auf einen Vorsitzenden einigen, so wird er auf Antrag einer Seite vom Arbeitsgericht bestellt. Bei der Auswahl des Vorsitzenden sollen Fachkenntnisse, Integrationskraft und die Fähigkeit zum Ausgleich von Interessen maßgebend sein. Beisitzer können sowohl betriebliche als auch externe Vertreter wie Gewerkschaftssekretäre oder auch Rechtsanwälte bzw. fachkundige Personen sein.

Die Einigungsstelle wird auf Antrag einer Seite tätig. Die Anrufung der Einigungsstelle nach BetrVG ist in allen mitbestimmungspflichtigen Angelegenheiten möglich. Die Einigungsstelle hat unverzüglich tätig zu werden.

Die Einigungsstelle fasst ihre Beschlüsse »unter angemessener Berücksichtigung der Belange des Betriebes und der betroffenen Arbeitnehmer nach billigem Ermessen«. Die Entscheidung der Einigungsstelle ist bindend. Betriebsrat und Arbeitgeber können nur dann das Arbeitsgericht binnen zwei Wochen anrufen, wenn die Überschreitung der Grenzen des Ermessens beanstandet wird.

Die Kosten für die Einigungsstelle werden unabhängig vom Ausgang des Verfahrens vom Arbeitgeber getragen. Unter diese Kosten fallen das Honorar des Vorsitzenden bzw. der anderen sachkundigen Personen, insbesondere der betriebsfremden Beisitzer.

Die Einigungsstelle tagt regelmäßig in dem betroffenen Betrieb und kann so jederzeit auf betriebliche Kenntnisse zurückgreifen. Die betriebliche Einigungsstelle soll ein möglichst passgerechtes Ergebnis für die zu regelnden Angelegenheit vor Ort entwickeln. Dazu sollen sowohl die Beisitzer aus dem Unternehmen mit ihren betriebsspezifischen als auch die sachkundigen betriebsfremden Beisitzer mit ihren jeweiligen fachspezifischen Kenntnissen beitragen. Der unparteiische Vorsitzende hat vor allem die Rolle eines Moderators für eine zwischen den Parteien auszuhandelnde Lösung und hat sich bei der Abstimmung zunächst der Stimme zu enthalten. Kommt in der ersten Abstimmung keine Mehrheit zustande, so hat der Vorsitzende in der zweiten Abstimmung Stimmrecht.

Die Einigungsstelle ist bei ihrer Entscheidung nicht an den Antrag zur Anrufung der Einigungsstelle gebunden. Der Spruch kann eine möglicherweise sachgerechte, aber vom ursprünglichen Antrag abweichende Regelung beinhalten. Sie soll dadurch einen wirklichen Ausgleich zwischen den betrieblichen Belangen und den Interessen der Beschäftigten herstellen und ist grundsätzlich einer gerichtlichen Kontrolle entzogen. Eine Überprüfung kann sich nur darauf beziehen, ob sich die Einigungsstelle mit ihrer Entscheidung im gesetzlichen Rahmen bewegt oder die »Grenzen des Ermessens« überschritten hat.

Die Einigungsstelle wird nach BetrVG nicht nur dann tätig, wenn der Betriebsrat eine vom Arbeitgeber vorgesehene Maßnahme nicht oder so nicht akzeptieren will. Auch der Betriebsrat kann in mitbestimmungspflichtigen Angelegenheiten die Einigungsstelle anrufen und damit seine Vorschläge zum Verhandlungsgegenstand machen und zur Entscheidung stellen. Auf diese Weise kann der Betriebsrat z. B. eigene Regelungen zur Dienstplangestaltung vorlegen, und die Einrichtung der Einigungsstelle nach BetrVG kann zu einem annähernd gleichgewichtigen Einfluss der Arbeitnehmervertretung in mitbestimmungspflichtigen Angelegenheiten führen. Sie ist neben dem Arbeitsgericht das wichtigste Konfliktregelungsinstrument nach dem BetrVG. Die Einigungsstelle legt im Konfliktfall fest, wie etwas entschieden wird (z. B. Arbeitszeit, Dienstplangestaltung), das Arbeitsgericht hingegen entscheidet darüber, ob Rechte und Pflichten verletzt worden sind. Grundsätze zur **Höhe der Vergütung des Vorsitzenden** und der betriebsfremden Beisitzer sind in § 76a BetrVG festgelegt, allerdings nicht im Detail. Als Anhaltspunkte sind aufgeführt: der erforderliche Zeitaufwand, die Schwierigkeit der Streitigkeit und der Verdienstausfall der Einigungsstellenmitglieder.

Die Regelungen im MVG ab 2020
Nach der Neufassung des § 36a des MVG ist eine Einigungsstelle immer dann einzurichten, wenn Dienststellenleitung oder MAV dies verlangen. Diese Regelung tritt ab dem 1. 1. 2020 in Kraft. Der Abschluss einer Dienstvereinbarung ist nicht mehr erforderlich.

Der Spruch der Einigungsstelle ersetzt die Einigung zwischen MAV und Dienststellenleitung und entscheidet **verbindlich und abschließend**. Die Zuständigkeit des Kirchengerichts für Rechtsstreitigkeiten nach § 60 bleibt unberührt. Die Zuständigkeit der Einigungsstelle ist beschränkt auf Streitigkeiten über organisatorische und soziale Angelegenheiten nach § 40 MVG.

Die **Besetzung** der Einigungsstelle ist seit 2020 sehr eng geregelt. Die Einigungsstelle besteht aus je zwei Beisitzern, die von der Mitarbeitervertretung und der Dienststellenleitung bestellt werden, sowie einem Vorsitzenden, der das Amt unparteiisch ausübt. Der Vorsitzende wird gemeinsam von der Mitarbeitervertretung und der Dienststellenleitung bestellt. Kommt keine Einigung zustande, entscheidet das zuständige Kirchengericht.

Die Einigungsstelle entscheidet durch Spruch nach **nicht öffentlicher, mündlicher Verhandlung** mit Stimmenmehrheit. Der Vorsitzende enthält sich zunächst der Stimme; kommt keine Mehrheit zustande, stimmt der Vorsitzende nach weiterer Beratung mit ab.

Die Einigungsstelle verhandelt so lange, bis ein für beide Seiten tragbarer Kompromiss erreicht ist. Ganz anders als vor dem Kirchengericht wird nicht entschieden, ob eine Seite Recht hat, sondern bei der Einigungsstelle geht es um einen echten **Interessenausgleich**. Hier bestehen wie in den Regelungen des BetrVG viel mehr Gestaltungsmöglichkeiten.

Gegenüber dem BetrVG bestehen in der Regelung des MVG aber immer noch gravierende Verschlechterungen.

Kritische Anmerkungen zu den Einigungsstellen, wie sie das MVG-EKD ab 2020 vorsieht:

1. Eine wesentliche Schlechterstellung der MAVen gegenüber den Betriebsräten besteht in der Regelung, dass die Einigungsstellen, wenn sie im Rahmen von **Initiativen der MAV** (§ 47 MVG) angerufen werden, zunächst nur einen Vermittlungsvorschlag unterbreiten. Wird dieser abgelehnt, so soll die Einigungsstelle zur Entscheidung befugt sein, vgl. Nause ZMV 2019, S. 174 ff.
2. Die **Fortdauer des Fristenregimes** (→ **Mitbestimmung**) bei der Anrufung der Einigungsstelle wie bei den Mitbestimmungs- und Mitberatungsverfahren stellt eine starke Einschränkung dar (Fristenregime bedeutet, wenn der Arbeitgeber der MAV eine Maßnahme zur Zustimmung vorlegt, diese innerhalb der 14-Tage-Frist nach MVG reagieren und ihren Widerspruch begründen muss; nur wenn diese Frist gewahrt ist, kann die Einigungsstelle angerufen werden.)
3. Der Spielraum bei der **Besetzung der Einigungsstelle** ist viel zu eng. So darf es maximal zwei Beisitzer für jede Seite geben. Das ist nicht sachgerecht. und widerspricht den Erfahrungen aus der Praxis der Einigungsstellen nach dem BetrVG.
4. Die **Entschädigungen** für die Mitglieder von Einigungsstellen sind so geregelt, dass insbesondere externe Berater wie Anwälte zu den vorgegebenen Sätzen nicht tätig werden können. Die Verordnung über die Entschädigung für die Mitglieder von Einigungsstellen nach dem Mitarbeitervertretungsgesetz der EKD vom 15. Mai 2020 sieht absurd geringe Beträge als Entschädigung betriebsfremder Beisitzer vor. Die Mitarbeitervertretungen müssen sich aber genauso wie die Betriebsräte in Einigungsstellen qualifizierter Sachverständiger bedienen können. Leitungen sind hier mit ihren Rechtsabteilungen und der Möglichkeit, frei Anwälte beauftragen zu können, immer im Vorteil.

Mitbestimmung bedeutet vom Wortlaut her, dass beide Seiten eine Regelung vorschlagen können, auf die die jeweils andere Seite in gleicher Weise reagieren kann. Das Verfahren vor der Einigungsstelle nach dem BetrVG wird von dieser Grundüberlegung geleitet. Von einem gleichgewichtigen Verhältnis zwischen Arbeitgeber und Arbeitnehmervertretung sind die Regelungen im MVG immer noch weit entfernt. Die Novellierung des MVG wird ihrem Anspruch in keiner Weise gerecht, eine vergleichbare Regelung zu der im BetrVG getroffen zu haben.

In ersten Kommentaren zur letzten Novellierung von § 36a MVG wird auf diesen **Widerspruch** hingewiesen. Nach § 36a Abs. 2 MVG ersetzt der Spruch der Einigungsstelle die Einigung zwischen der Dienststellenleitung und der Mitarbeitervertretung. Diese Formulierung steht in Widerspruch zu § 47 Abs. 3, wonach bei Initiativanträgen der MAV die Einigungsstelle den Beteiligten einen Vermittlungsvorschlag zu unterbreiten habe. Nach dem Wortlaut der beiden Formulierungen in § 36a und 47 sei davon auszugehen, dass die Einigungsstelle nicht auf einen Vermittlungsvorschlag beschränkt ist. Sie sei zwar zu einem derartigen Vermittlungsvorschlag verpflichtet, ist bei dessen Nichtannahme weiter zu einer Entscheidung der Angelegenheit berechtigt und verpflichtet (Helmut Nause, Vorsitzender Richter am KHG.EKD, in ZMV 4/2019). Hier öffnet sich ein weiteres Feld juristischer Auseinandersetzungen.

Bedeutung für die MAV

In Regelungsstreitigkeiten nach § 40 MVG können Mitarbeitervertretung und Dienststellenleitung innerhalb von zwei Wochen nach festgestellter Nichteinigung die Einigungsstelle anrufen. Die Einigungsstelle ist nach der seit 1.1.2020 ggültigen Regelung auf Antrag der Mitarbeitervertretung oder der Dienststellenleitung einzurichten. Zur Bildung einer ständigen Einigungsstelle ist eine Dienstvereinbarung abzuschließen. Besteht in der Dienststelle eine Gesamtmitarbeitervertretung, kann dieser die Zuständigkeit für die Bildung von Einigungsstellen von den Mitarbeitervertretungen übertragen werden.
Besonders wichtig ist die Benennung eines kompetenten und gegenüber der MAV aufgeschlossenen Vorsitzenden der Einigungsstelle, der ausreichend Erfahrungen mit Einigungsstellen besitzt. Hier sollten bei den zu beauftragenden Anwaltskanzleien der MAVen und der Gewerkschaft Vorschläge eingeholt werden.
Die Erfahrungen von Betriebs- und Personalräten mit Einigungsstellen zeigen, dass es häufig möglich ist, dort zu guten Lösungen zu kommen, die für beide Seiten tragbar sind. Mitarbeitervertretungen besitzen allerdings bisher nur wenig Erfahrungen mit Einigungsstellen. Sie sollten deshalb die erste Anrufung einer Einigungsstelle sorgfältig vorbereiten und unbedingt kompetente Beratung einholen. Zu empfehlen ist deshalb, dass MAVen sich zunächst über das Verfahren und die Zielsetzungen von Einigungsstellen schulen lassen. Dabei können die Erfahrungen von befreundeten oder benachbarten Betriebsräten hilfreich sein. Über die Gewerkschaft können solche Kontakte leicht geknüpft werden.
Nach wie vor bleibt die MAV weiter in dem engen Rahmen des **Fristenregimes** des MVG (→ **Mitbestimmung**) eingebunden. In jeder mitbestimmungspflichtigen Angelegenheit muss die MAV innerhalb von 14 Tagen eine in der Sache abschließende und umfängliche Stellungnahme abgeben, auf deren Grundlage das Kirchengericht entscheidet. Ruft die MAV dagegen die Einigungsstelle an, verhindert sie einerseits den Eintritt der **Zustimmungsfiktion** nach § 38 Abs. 3 MVG und kann andererseits den Konflikt in der Einigungsstelle klären lassen, anstatt vom Kirchengericht. Aber die 14-Tage-Frist bleibt weiter bestehen: der Antrag auf Einberufung bzw. Einrichtung einer Einigungsstelle hat die MAV nach § 38 Abs. 3 MVG innerhalb einer Frist von 14 Tagen nach festgestellter

Nichteinigung zu stellen. Versäumt sie diese Frist, gilt die Maßnahme als gebilligt (Zustimmungsfiktion).

Bedeutung für die Beschäftigten

Für Rechtsstreitigkeiten zwischen dem einzelnen Arbeitnehmer und dem Arbeitgeber ist die Einigungsstelle nicht zuständig. Hier hat der Arbeitnehmer entsprechend der landeskirchlichen Regelungen die Schlichtungsstelle bzw. das Arbeitsgericht anzurufen (→ **Schlichtung nach AVR**).

Literaturhinweis

- *Schoof, Christian:* Betriebsratspraxis von A bis Z, 16. Auflage, Frankfurt/Main 2024.
- *Baumann-Czichon, Bernhard:* Die Einigungsstelle kommt, in: Arbeitsrecht und Kirche 4-2018.

Einstellung

Was ist das?

Einstellung ist die **Eingliederung** einer Beschäftigten in einen Betrieb (s. u. a. BAG v. 2. 10. 2007 – 1 ABR 60/06). Sie erfolgt durch die tatsächliche Beschäftigung, nicht erst durch Abschluss des → **Dienstvertrags**. Eine Einstellung kann auch vorliegen:

- Wenn ein Vertrag zwar als Honorarvertrag bezeichnet wird, die Mitarbeiterin aber dem Weisungsrecht der Dienststellenleitung unterliegt (etwa hinsichtlich Arbeitszeit, -inhalt und -ort) und im Betrieb eingegliedert ist.
- Bei Beschäftigung von Personal einer Fremdfirma, wenn das Personal den Weisungen der Dienststellenleitung unterliegt.

Regelmäßig handelt es sich um eine Einstellung bei:

- Umwandlung eines Teilzeit- in ein Vollzeit-Beschäftigungsverhältnis (auch: Fast-Vollzeit),
- Beschäftigung von Leiharbeitnehmerinnen (nach § 14 Abs. 3 AÜG),
- Beschäftigung im Rahmen der Personalgestellung (s. § 2 Abs. 3 MVG; s. § 4 Anlage 8a AVR DD (für Ärzte); s. § 12 AVR-Bayern),
- befristete oder unbefristete Verlängerung befristeter Arbeitsverträge,
- befristete oder unbefristete Übernahme von Auszubildenden,
- Beschäftigung von Aushilfskräften,
- Beschäftigung von → **geringfügig Beschäftigten.**

Als Einstellung gilt auch die Eingliederung von Ehrenamtlichen (s. BAG v. 12. 11. 2002 – 1 ABR 60/01) in den Betrieb. Daher hat die MAV auch bei der Beschäftigung von Ehrenamtlichen ein eingeschränktes → **Mitbestimmungsrecht** nach § 42 Buchst. a MVG. Dies gilt, obwohl Ehrenamtliche unzweifelhaft nicht unter den Mitarbeiterbegriff des § 2 MVG fallen. Über die Beschäftigung solcher Personen (gilt auch für sog. Honorarkräfte), die nicht in einem Arbeitsverhältnis zur Dienststelle stehen, hat die MAV nach § 37 Abs. 3 MVG ein regelmäßiges → **Informationsrecht.** MAVen sollten unbedingt darauf achten, diese Informationen von der Dienststellenleitung oder Personalabteilung auch zu erhalten. Durch weitere Recherchen kann dann z. B. geprüft werden, ob es sich tatsächlich um Honorar-

kräfte handelt (s. Baumann-Czichon u. a., MVG-EKD. Der neue Kommentar für die Praxis, Bremen 4. Auflage 2013, § 42 Rn. 9b, § 2 Rn. 14).
Als Einstellung zählt auch die Eingliederung von Ein-Euro-Jobbern in den Betrieb, auch wenn es sich bei ihnen nicht um Beschäftigte mit Mitarbeiterstatus handelt (→ **Ein-Euro-Job**).
Die Wiederaufnahme eines »ruhenden« Arbeitsverhältnisses (z. B. nach Sonderurlaub oder Elternzeit) stellt keine Einstellung dar.

Bedeutung für die MAV

Einstellungen unterliegen nach § 42 Buchst. a MVG der eingeschränkten → **Mitbestimmung** der MAV. Das Mitbestimmungsrecht der MAV bei Einstellungen dient nach Ansicht des BAG vorrangig der Wahrung der Interessen der von der MAV vertretenen Belegschaft (BAG v. 23.6.2010 – 7 ABR 1/09 und v. 12.11.20902 – 1 ABR 60/01).
Die Einstellung fällt in der Regel zeitlich mit der → **Eingruppierung** zusammen. Zur Wahrnehmung des Mitbestimmungsrechts benötigt die MAV die wesentlichen Informationen über die einzustellende Person: Name, Adresse, Familienstand, Kinderzahl, evtl. Schwerbehinderteneigenschaft, Ausbildung, vorgesehene Funktion im Betrieb, Arbeitsort, vereinbarter Umfang der Arbeitszeit, bei befristeten Beschäftigungen Art und Dauer der Befristung, bei Befristungen mit Sachgrund (§ 14 Abs. 1 TzBfG) auch den Befristungsgrund.
Dennoch stellen Einstellung und Eingruppierung zwei verschiedene Sachverhalte zur Mitbestimmung dar. Die Eingruppierung wiederum ist zwar ein einheitlicher Vorgang, hat aber zwei Bestandteile, nämlich Festlegung der Entgeltgruppe und der jeweiligen Stufe. Wenn die MAV gegen die Festlegung der Entgeltgruppe keine Einwände hat, sondern nur gegen die Stufe, muss die MAV entweder Erörterung beantragen oder ihre Zustimmung zur Eingruppierung verweigern. Im Rahmen des Erörterungsgesprächs oder der Zustimmungsverweigerung muss die MAV dann differenzierter darstellen, wie sie sich zur Festlegung von Entgeltgruppe und Stufe positioniert.
Auf Verlangen sind der MAV sämtliche Unterlagen aller Bewerberinnen für eine Stelle vorzulegen (§ 34 Abs. 2 MVG). Das Recht auf Teilnahme der MAV an Vorstellungsgesprächen besteht nach herrschender Meinung nicht[1], es könnte über eine freiwillige → **Dienstvereinbarung** festgelegt werden.

---

1 Beachte aber anspruchsbegründende Regelungen in Anwendungsgesetzen zum MVG (z. B. § 5 Abs. 2 MVG.DH)

Der Einstellung kann die MAV – innerhalb von zwei Wochen – nur widersprechen, wenn eines der folgenden Kriterien erfüllt ist (§ 41 Abs. 1 MVG):

- die Einstellung verstößt gegen eine Rechtsvorschrift usw. (Beispiele: Es ist keine Information an befristet beschäftigte Arbeitnehmerinnen über entsprechende unbefristete Arbeitsplätze erfolgt; s. § 18 TzBfG; es gab keine bevorzugte Berücksichtigung befristet Beschäftigter bei der Besetzung eines Dauerarbeitsplatzes (gilt im Bereich der AVR DD; s. § 5 Abs. 5); es ist keine Prüfung durch den Arbeitgeber erfolgt, ob der freie Arbeitsplatz mit einem schwerbehinderten Menschen besetzt werden kann; s. § 164 Abs. 1 SGB IX),
- andere Mitarbeiterinnen werden durch die Einstellung benachteiligt (Beispiel: Wunsch einer Teilzeitbeschäftigten auf Erhöhung des Umfangs ihrer Arbeitszeit),
- es besteht die durch Tatsachen begründete Besorgnis, dass die Einstellung zu einer Störung des Betriebsfriedens führt (z. B. die Einzustellende ist als notorische Belästigerin bekannt).

Ohne Zustimmung der MAV kann eine Einstellung nicht erfolgen, sie wäre rechtsunwirksam (siehe Verfahren der → **Mitbestimmung**). Bei Nichtbeachtung sollte die MAV das Kirchengericht (→ **Rechtsschutz**) anrufen, um feststellen zu lassen, dass die Einstellung rechtsunwirksam ist. Ist der → **Dienstvertrag** ohne Zustimmung der MAV zustande gekommen, ist er dennoch wirksam; die eingestellte Person darf jedoch nicht beschäftigt werden. Die → **Dienststellenleitung** muss vergüten, kann aber die Beschäftigung nicht annehmen (sog. **Annahmeverzug**). Seit 2003 regelt § 38 Abs. 1 MVG ausdrücklich, dass die MAV verlangen kann, die Mitarbeiterin so lange nicht zu beschäftigen, bis eine Einigung zwischen MAV und Dienststellenleitung erzielt ist oder die fehlende Einigung kirchengerichtlich ersetzt wurde.

Die Zustimmungsverweigerung der MAV zu einer Einstellung ist nur wirksam, wenn sie ordnungsgemäß in einer → **MAV-Sitzung** (bzw. in der Sitzung eines beschließenden Ausschusses) beschlossen worden ist.

Wegen Streitigkeiten über eine Einstellung kann die MAV nicht die Bildung einer (betrieblichen) → **Einigungsstelle** beantragen, weil Einigungsstellen nur für Regelungsstreitigkeiten in organisatorischen und sozialen Angelegenheiten nach § 40 MVG zuständig sind (§ 36a Abs. 1 MVG).

Checkliste: Einstellung

- Eingang der Anfrage zur Einstellung?
- Letzter Termin für Äußerung der MAV?
- Nächste MAV-Sitzung?
- Rechtzeitiger Eingang aller Unterlagen?
- Sind die Unterlagen vollständig?

Einstellung

- Fordert die MAV alle Bewerbungsunterlagen an?
- War die Stelle (intern) ausgeschrieben?
- Gab es interne Bewerberinnen für die Besetzung der Stelle?
- Ist die Stelle unbefristet und wurden bei der Einstellung befristet Beschäftigte berücksichtigt?
- Liegt ein Grund für die Verweigerung der Zustimmung vor?
- Beschluss der MAV in der Sitzung am …
- Mitteilung des Beschlusses an die Dienststellenleitung am …

Mustervordruck Einstellung und Eingruppierung, § 42 a und c MVG

DIAKONIE

Adresse Dienststelle xy

An die
Mitarbeitervertretung xy
Adresse

Antrag auf Zustimmung der MAV zur Einstellung bzw. Eingruppierung

Name: ______________________
Geburtsdatum: ______________________
Konfession: ______________________
Adresse: ______________________
Beruf: ______________________
Funktion: ______________________
übertragene Tätigkeit: ______________________
Einsatzort: ______________________
Einstellung zum ______________________
Datum

☐ unbefristet
☐ befristet

Befristung:
☐ mit Sachgrund (§ 14 I TzBfG): ______________________
Sachgrund

☐ ohne Sachgrund (§ 14 II TzBfG), bis zum: ______________________
Datum

Umfang der wöchentlichen Arbeitszeit:
☐ Vollzeit
☐ Teilzeit: ______ Stunden/Woche bzw. ______ % einer/s Vollzeitbeschäftigten

Schichtdienst: ☐ Ja ☐ Nein

Gibt es Nebenabreden zum Dienstvertrag?
☐ Nein
☐ Ja, und zwar: ______________________________

Bisherige/r Stelleninhaber/in: ______________________________

Entgeltgruppe: E ______
Stufe? ☐ Stufe 1 ☐ Stufe 2 ☐ Stufe 3 ☐ Stufe 4 ☐ Stufe 5 ☐ Stufe 6
Für die Stelle gab es insgesamt ___ Bewerbungen. Davon waren ___ Bewerbungen von
Anzahl
schwerbehinderten Menschen.
Die Stelle wurde **nicht** mit einem schwerbehinderten Menschen besetzt, weil

- die schwerbehinderten Bewerber/innen nicht gleich gut geeignet waren
- die Stelle bzw. der Arbeitsplatz nicht für diesen schwerbehinderten Menschen geeignet ist
- aus anderen Gründen: ______________________________

Anlagen: Bewerbungsunterlagen (auch die der Mitbewerberinnen)
Stellen- bzw. Tätigkeitsbeschreibung

Unterschrift Dienststellenleitung

Stellungnahme der MAV zur Einstellung:
☐ Die MAV beantragt Erörterung. Terminvorschläge: ______________________________
☐ Die MAV stimmt der Einstellung zu.
☐ Die MAV stimmt der Einstellung nicht zu. Begründung:
____
____
____

Stellungnahme der MAV zur Eingruppierung (Festlegung Entgeltgruppe und Stufe):
☐ Die MAV beantragt Erörterung. Terminvorschläge: ______________________________
☐ Die MAV stimmt der Eingruppierung zu.
☐ Die MAV stimmt der Eingruppierung nicht zu. Begründung:
____
____
____
____

Ort, Datum, Unterschrift der MAV-Vorsitzenden bzw. Stellvertretung

Elternzeit, Elterngeld

Was ist das?

Mit dem Bundeselterngeld- und Elternzeitgesetz (BEEG) wurde Ende 2006 das Bundeserziehungsgeldgesetz abgelöst. Neu gestaltet wurde dabei die Möglichkeit von zwei Partnermonaten (Zweck: auch Väter sollen sich an der Erziehung beteiligen), ebenfalls ist unter bestimmten Voraussetzungen eine Großelternzeit – ohne Großelterngeld – möglich. Weiterhin ist nunmehr eine einmalige Änderung des Antrags auf Elterngeld bei der Bezugsdauer möglich.
Mit der Einführung des Elterngelds Plus und der vier zusätzlichen Partnerschaftsbonusmonate zum 1. 1. 2015 wurde das bestehende Bundeselterngeld- und Elternzeitgesetz (BEEG) grundlegend reformiert. Die neuen Regelungen stellen u. a. eine Erweiterung der Wahlmöglichkeiten von Eltern dar, wie sie ihr Kind in den ersten Lebensjahren betreuen möchten. Dabei werden Eltern, die sich nach der Geburt eines Kindes für einen schnellen beruflichen Wiedereinstieg entscheiden, stärker finanziell gefördert als bisher. Zudem sollen Eltern belohnt werden, die sich Erwerbs- und Erziehungsarbeit für mindestens vier Lebensmonate ihres Kindes gleichberechtigt teilen. Sie dürfen hierfür länger Elterngeld Plus in Form der neuen Partnerschaftsbonusmonate beziehen.
Elterngeld und Elternzeit werden weiterhin fast überwiegend von Frauen beansprucht. Nur rund 20 % der Väter beantragen die zwei Partnermonate oder eine darüber hinausgehende Zeitdauer. Die Erziehung von Kindern wird nach alten tradierten Rollenbildern häufig weiterhin als eine Aufgabe von Frauen angesehen. Am Ende des Erwerbslebens zeigt sich das dann oft in der geringen Rentenhöhe, weil Frauen häufig in Teilzeit beschäftigt bleiben. Im Berufsleben erweist sich die Elternzeit und die sich vielfach anschließende → **Teilzeit** immer wieder als Karrierebremse.
Elternzeit bedeutet keinen absoluten Kündigungsschutz, aber die Mitarbeiterin ist bis auf wenige Ausnahmefälle gut geschützt. Die Kündigung bedarf der Genehmigung der obersten Landesbehörde.

Bedeutung für die MAV

Eine Mitbestimmung der MAV bei der Gewährung von Elternzeit oder Elterngeld besteht nicht. Im Rahmen des Beschwerderechts (§ 35 Abs. 3 Buchst. c MVG) kann sich die Beschäftigte mit Beschwerden oder Anregungen an die MAV wenden, wenn es Probleme beim Elterngeld oder der Elternzeit gibt, die in die Sphäre des Arbeitgebers fallen. Entsprechend § 15 Abs. 4 BEEG kann eine Beschäftigte auch während der Elternzeit in Teilzeit beim bisherigen Arbeitgeber arbeiten. Eine Ablehnung eines solchen Teilzeitantrags unterliegt der eingeschränkten Mitbestimmung entsprechend § 42 Buchst. k MVG.
Ansonsten sollte die MAV darauf achten, dass Beschäftigte nach ihrer Elternzeit wieder gut in die Dienststelle integriert werden. Dazu kann auch gehören, dass diese Personen während der Elternzeit mit Informationen aus der Dienststelle durch die MAV und durch den Arbeitgeber versorgt werden. Beschäftigte in Elternzeit können auch an der Mitarbeiterversammlung teilnehmen und sollten deshalb extra dazu eingeladen werden. Während einer längeren Elternzeit (von mehr als drei Monaten) ruht eine evtl. MAV-Mitgliedschaft, § 18 Abs. 2 Buchst. c MVG.

Bedeutung für die Beschäftigten

Wer Elterngeld erhalten kann, ist in § 1 BEEG geregelt. Grundsätzlich gilt, wer seinen Wohnsitz oder gewöhnlichen Aufenthalt in Deutschland hat, mit seinem Kind in einem Haushalt lebt und dieses Kind selbst betreut und erzieht und keine oder keine volle Erwerbstätigkeit ausübt, hat einen Anspruch auf Elterngeld. Daneben gibt es noch zahlreiche Ergänzungen und Erweiterungen für bestimmte Personengruppen, wie z. B.: Entwicklungshelfer, Missionare, Lebenspartnerinnen, für Eltern von angenommenen Kindern.
Durch die Einführung des Elterngelds Plus gibt es unterschiedliche Leistungen, die hier im Einzelnen nicht mehr dargestellt werden können. Wir verweisen auf die ausführlichen Informationen des Bundesministeriums für Familie, Senioren, Frauen und Jugend – *https://www.bmfsfj.de/bmfsfj/themen/familie/familienleistungen*. Da sich die Regelungen zum Elterngeld, Elterngeld plus und zur Elternzeit immer wieder ändern, ist der jeweils aktuelle Rechtsstand zu berücksichtigen!
Das Elterngeld ist schriftlich zu beantragen, wobei es rückwirkend für max. drei Monate beantragt werden kann (§ 7 BEEG). Dabei ist anzugeben, für welche Monate Elterngeld beantragt wird, wobei ohne Angabe von Gründen die getroffene Entscheidung bis zum Ende des Bezugszeitraums geändert werden kann.

Bei **Streitigkeiten**, Auslegungsfragen über das Elterngeld entscheidet das Sozialgericht (§ 13 BEEG).
In Bayern wurde 2018 das bayerische Familiengeldgesetz beschlossen, das eine zusätzliche Geldzahlung an Familien, Alleinerziehende vorsieht. Der Freistaat Bayern gewährt den Eltern für jedes Kind im zweiten und dritten Lebensjahr, d.h. vom 13. bis zum 36. Lebensmonat, 250 Euro pro Monat, ab dem dritten Kind 300 Euro pro Monat. Das Familiengeld erhalten Eltern für ihre Kinder, die ab dem 1. Oktober 2015 geboren sind. Es ist eine Leistung für alle Familien, unabhängig vom Einkommen oder der Erwerbstätigkeit. Eltern in Bayern können auch Familiengeld erhalten, wenn das Kind eine Krippe besucht oder in der Familie betreut wird. Elternzeit können in der Regel Arbeitnehmerinnen in Anspruch nehmen, die mit ihrem Kind in einem Haushalt leben und dieses Kind selbst betreuen und erziehen. Anspruch auf Elternzeit haben auch Großeltern, so sie in einem Haushalt mit dem Kind leben und dieses selbst betreuen oder erziehen und ein Elternteil des Kindes minderjährig ist, ein Elternteil des Kindes sich im letzten oder vorletzten Jahr einer Ausbildung befindet, die vor der Vollendung des 18. Lebensjahres begonnen wurde und die Arbeitskraft des Elternteils im Allgemeinen dadurch voll in Anspruch genommen wird. (§ 15 BEEG).
Während der Elternzeit kann eine Arbeitnehmerin bis zu 32 Wochenstunden erwerbstätig sein. Dies gilt sowohl beim bisherigen als auch bei einem anderen Arbeitgeber. **Teilzeit** bei einem anderen Arbeitgeber oder die Aufnahme einer selbständigen Tätigkeit bedarf der Zustimmung durch den Arbeitgeber. Der Arbeitgeber kann den Antrag nur innerhalb von vier Wochen aus dringenden betrieblichen Gründen schriftlich ablehnen (§ 15 Abs. 4 BEEG).
Die Elternzeit hat auch Auswirkungen auf Leistungen aus dem Arbeitsverhältnis. Entsprechend der AVR.DD (Anlage 14) vermindert sich die **Jahressonderzahlung** für jeden Monat, für den durch den Arbeitgeber keine Bezüge gezahlt wurden. Im Bereich des TVöD unterbleibt die Verminderung bis zum Ende des Kalenderjahres, in dem das Kind geboren ist, wenn am Tag vor Antritt der Elternzeit ein Entgeltanspruch bestanden hat (§ 20 Abs. 4 TVöD). Der **Urlaub** vermindert sich für jeden vollen Kalendermonat der Elternzeit um 1/12, wenn der Arbeitgeber eine entsprechende Kürzungserklärung abgibt. Dies gilt nicht, wenn während der Elternzeit Teilzeit beim gleichen Arbeitgeber geleistet wird; eine Kürzung des Urlaubs kann nur erfolgen, wenn während der Teilzeit nicht an allen Arbeitstagen gearbeitet wird.
Hat die Arbeitnehmerin den zustehenden Urlaub vor Beginn der Elternzeit nicht oder nicht vollständig erhalten und kürzt der Arbeitgeber ihn nicht, hat der Arbeitgeber den **Resturlaub nach der Elternzeit** im **laufenden** oder im **nächsten Urlaubsjahr** zu gewähren (§ 17 Abs. 2 BEEG). Wechselt eine Arbeitnehmerin von **Vollzeit** in **Teilzeit**, reduziert sich der **Urlaubsanspruch** nicht. Der erworbene, erarbeitete Urlaub bleibt in Tagen erhalten. In der Vergangenheit wurde

bei einem Wechsel in die Teilzeit nach der Elternzeit der Urlaubsanspruch entsprechend reduziert, da die Resturlaubsansprüche aus der Vollzeitarbeit in einen Anspruch entsprechend der Teilzeit umgerechnet wurden. Der EuGH hat diese Regelung für **unzulässig** erklärt (EuGH vom 13.6.2013 – C-415/12). **Resturlaube** aus Zeiten der Vollzeit dürfen bei Teilzeitbeschäftigten nach der Elternzeit **nicht mehr gekürzt** werden. Das Bundesarbeitsgericht hat sich der Rechtsprechung des EuGH angeschlossen (Urteil v. 10.2.2015 – 9 AZR 53/14). Urlaub, der in Vollzeit erarbeitet wurde, darf somit nicht mehr bei einem Wechsel in Teilzeit »heruntergerechnet« werden.

Endet das Arbeitsverhältnis während oder am Ende der Elternzeit, so ist noch vorhandener **Urlaub abzugelten** (§ 17 Abs. 3 BEEG).

Zeiten, in denen Mutterschaftsgeld oder Elterngeld gezahlt oder Elternzeit genommen wird, zählen zu den **Beschäftigungszeiten** (§ 11 a AVR.DD, § 34 Abs. 3 TVöD). Damit zählen diese Zeiten auch zu den Beschäftigungszeiten im Sinne der **Kündigungsfristen** (§ 30 AVR.DD, § 34 TVöD). Beschäftigungszeiten sind ebenfalls noch von Bedeutung bei der Dauer des **Krankengeldzuschusses** (§ 24 AVR.DD, § 22 Abs. 2 TVöD) und der **Jubiläumszuwendung** (§ 25a AVR.DD, § 23 Abs. 2 TVöD).

Sollte die Dienststellenleitung Rechte aus dem BEEG, der AVR.DD oder dem TVöD verweigern, kann das → **Arbeitsgericht** angerufen werden oder die → **Individualschlichtung, falls vorhanden, z. B.** entsprechend der AVR.DD.

Entgeltfortzahlung/Krankenbezüge

Was ist das?

Die Entgeltfortzahlung ist die wirtschaftliche Absicherung für die Zeiten, in denen der Arbeitnehmer oder Auszubildende seiner Tätigkeit nicht nachkommen kann. Sie stellt einen Kernbereich sozialer Sicherung dar und musste von Seiten der Gewerkschaften gegen den Widerstand von Arbeitgebern und Politikern erkämpft und verteidigt werden. Es ist davon auszugehen, dass diese Errungenschaft immer wieder Angriffen ausgesetzt sein wird.
Geregelt ist die Fortzahlung der → **Vergütung** im Entgeltfortzahlungsgesetz (EFZG) und den **AVR.DD sowie** dem **TVöD und TV-L**. Die Entgeltfortzahlung (EFZ) tritt ein bei Krankheit, Maßnahmen der medizinischen Vorsorge und Rehabilitation, bei nicht rechtswidriger Sterilisation und Abtreibung sowie bei gesetzlichen Feiertagen.

Entgeltfortzahlung bei Krankheit

Der arbeitsunfähig erkrankte Beschäftigte hat Anspruch gegenüber dem Arbeitgeber auf Entgeltfortzahlung (EFZ) bis zur Dauer von sechs Wochen (§ 3 Abs. 1 EFZG). Die Arbeitsunfähigkeit darf nicht verschuldet sein (»Verschulden gegen sich selbst«), d. h. es darf kein Vorsatz oder grobe Fahrlässigkeit vorliegen (z. B. Verkehrsunfall infolge Trunkenheit). In der Praxis gibt es immer wieder Probleme bei weniger gravierenden Erkrankungen. Der Erwartung mancher Arbeitgeber, dass leichtere (z. B. Büroarbeiten) oder stundenweise Arbeiten verrichtet werden könnten, ist eine Absage zu erteilen. Das Bundesarbeitsgericht vertritt die Auffassung, dass es gesondert zu behandelnde Teilarbeits(un)fähigkeit nicht gibt. Eine Arbeitsunfähigkeit liegt auch dann vor, wenn eine Teilarbeitsunfähigkeit festgestellt wird, so dass es nicht möglich ist, den Arbeitnehmer nur für bestimmte Tätigkeiten oder für eine bestimmte Zeit zu beschäftigen (Ausnahme: stufenweise Wiedereingliederung § 74 SGB V). Während einer Erkrankung ist der Arbeitnehmer nicht verpflichtet, an einem Personalgespräch teilzunehmen. Es besteht weder eine Verpflichtung zur Führung eines Personalgesprächs im Betrieb, noch darf der Arbeitgeber ein entsprechend konkretisiertes Attest verlangen, geschweige denn den Arbeitnehmer bei Weigerung abmahnen. Wer krank ist, ist krank – und darf der Arbeit und damit auch Personalgesprächen fernbleiben (BAG v. 2. 11. 2016 – 10 AZR 596/15).

Achtung:
Immer wieder wird in der Fachwelt diskutiert, ob der Arbeitnehmer bei Erkrankungen und dem Vorhandensein eines Restleistungsvermögens seinem Arbeitgeber dieses Restleistungsvermögen anbieten muss. Mehrheitlich wird diese Auffassung abgelehnt.

Der Beschäftigte hat für die Dauer von bis zu sechs Wochen (**42** Kalendertage) Anspruch auf Krankenbezüge in Höhe des Urlaubsentgelts (§ 24 Abs. 1 und 2 AVR.DD, § 44 AVR Bayern, § 22 TVöD bzw. TV-L), siehe → **Vergütung**. Vorausgesetzt wird, dass ein Dienstverhältnis von vierwöchiger ununterbrochener Dauer vorliegt (§ 24 Abs. 1 AVR.DD, § 44 AVR Bayern); ist dies nicht der Fall, besteht während dieser Wartefrist Anspruch auf Krankengeld durch die Krankenkasse (§§ 44 ff. SGB V).
Eine erneute Entgeltfortzahlung in Höhe des Krankenbezugs ist dann möglich, wenn der Beschäftigte

- nicht innerhalb von mindestens sechs Monaten infolge **derselben** Krankheit (»Fortsetzungserkrankung« beruht auf dem gleichen »Grundleiden«) erneut arbeitsunfähig geworden ist

Beispiel:
Arbeitsunfähigkeit vom 6. 5. bis 24. 5. 2020 (**19** Kalendertage (KT)), vom 3. 6. bis 14. 6. 2020 (**11** KT (ohne Pfingstmontag als gesetzl. Feiertag mit Feiertagsentgelt)), vom 2. 9. bis 13. 9. 2020 (**12** KT) und vom 9. 12. bis 19. 12. 2020 (11 KT) (alles Folgeerkrankungen). Zwischen den Arbeitsunfähigkeitszeiten liegen jeweils weniger als 6 Monate. Für die Arbeitsunfähigkeitszeit ab 9. 12. 2014 ist der Anspruch auf Krankenbezüge am 9. 12. 2020 damit bereits verbraucht **(19+11+12 = 42 Tage).** Mit dem darauffolgenden Tag der ärztlichen Feststellung der Arbeitsunfähigkeit (§ 46 SGB V) wird Krankengeld von der Krankenkasse gezahlt.

- seit dem Beginn der ersten Arbeitsunfähigkeit infolge **derselben** Erkrankung erneut arbeitsunfähig wird und dabei eine Frist von zwölf Monaten abgelaufen ist

Beispiel:
Erste Arbeitsunfähigkeit vom 21.5.2020 bis 29.5.2020 (9 KT), vom 19.8.2020 bis 6.9.2020 (19 KT), vom 3.2.2021 bis 19.2.2021 (17 KT) und erneut ab 26.5.2021 (alles Folgeerkrankungen). Zwischen den Arbeitsunfähigkeitszeiten liegen jeweils weniger als 6 Monate. Seit der ersten Arbeitsunfähigkeit am 21.5.2020 ist jedoch bereits ein Jahr vergangen. Ab 26.5.2021 besteht damit erneut ein Anspruch auf Fortzahlung der Krankenbezüge für 6 Wochen.

Die Frage, ob eine Folgeerkrankung vorliegt, klärt der Arbeitgeber mit der zuständigen Krankenkasse, wobei der Datenschutz sichergestellt ist.
Ein **erneuter Anspruch auf Entgeltfortzahlung bis zur Dauer von weiteren sechs Wochen** liegt vor, wenn der Grund für die Arbeitsunfähigkeit eine andere Krankheit ist (z.B. erste Krankheit ein Beinbruch, zweite Krankheit eine Erkältung).
Kein Anspruch auf erneute Entgeltfortzahlung besteht, wenn der Beschäftigte **durchgängig länger als zwölf Monate arbeitsunfähig** ist.
Dauert eine Arbeitsunfähigkeit länger als der Anspruchszeitraum (sechs Wochen) für den Krankengeldbezug, so erhält der Beschäftigte Krankengeld (§ 44 ff. SGB V) in Höhe von 70 Prozent des letzten Nettoverdienstes für die Dauer von bis zu 78 Wochen innerhalb von drei Jahren für dieselbe Krankheit. Daneben erhält der Arbeitnehmer einen Krankengeldzuschuss vom Arbeitgeber für die Dauer von längstens bis zu 13 bzw. 39 (TVöD TV-L, DiVO Bayern), 13 bis 26 (AVR.DD) Wochen bei einer Beschäftigungszeit von mehr als einem bzw. drei Jahren. Ist die Arbeitsunfähigkeit durch einen Arbeitsunfall oder eine Berufskrankheit verursacht, wird der Krankengeldzuschuss unabhängig von der Beschäftigungszeit für die Dauer von längstens 26 Wochen gezahlt (§ 24 Abs. 6 AVR.DD). Der Krankengeldzuschuss wird in der Höhe des Unterschiedsbetrags zwischen der tatsächlichen Barleistung des Sozialleistungsträgers und des Nettourlaubsentgelts gezahlt. Das Nettourlaubsentgelt ist das um die gesetzlichen Abzüge verminderte Urlaubsentgelt. Nachdem nunmehr die Sonderzuwendung (Weihnachtsgeld) in die Leistung des Sozialleistungsträgers einfließt, spielt der Krankengeldzuschuss in der Praxis keine große Rolle mehr. Praktisch bedeutet die Berechnungsmethode entsprechend TVöD/AVR.DD, dass viele Beschäftigte spürbare Einkommensverluste, trotz des vorgesehenen Krankengeldzuschusses des Arbeitgebers, bei einer Krankengeldzahlung durch die gesetzlichen Krankenkassen erleiden.

Bedeutung für die MAV

Die MAV achtet auf die Einhaltung der umfangreichen tariflichen und gesetzlichen Bestimmungen (§ 35 Abs. 3 Buchst. b MVG).
In welcher Art und Weise der Anzeige- und Nachweispflicht bei einer Erkrankung gegenüber der → **Dienststelle** nachzukommen ist, stellt eine Regelung der Ordnung im Betrieb dar (§ 40 Buchst. k MVG) und unterliegt somit der uneingeschränkten → **Mitbestimmung.**

Bedeutung für die Beschäftigten

Der Beschäftigte muss eine Arbeitsunfähigkeit unverzüglich (d. h. ohne schuldhaftes Zögern) seiner Dienststelle mitteilen (§ 10 Abs. 2 AVR.DD, § 26 Abs. 2 AVR Bayern). Dies kann beispielsweise fernmündlich, per Fax oder durch eine andere Person erfolgen (→ **Krankmeldung**). Ferner ist er verpflichtet, Angaben über die voraussichtliche Dauer zu machen. Zusammen mit der MAV können durch die Dienststellenleitung Regelungen zur Krankmeldung getroffen werden.
Eine Arbeitsunfähigkeit, die länger als drei Kalendertage dauert, ist spätestens am darauf folgenden allgemeinen Arbeitstag (i. d. R. der Personalstelle) durch eine ärztliche Bescheinigung unaufgefordert nachzuweisen (Nachweispflicht, § 5 Abs. 1 EFZG, § 10 Abs. 2 AVR.DD, § 26 Abs. 2 AVR Bayern). Zu beachten ist, dass der Arbeitsunfähigkeitsnachweis seit dem 1. 1. 2023 durch die Arztpraxis an die gesetzliche Krankenkasse gesandt wird. Dort kann der Arbeitgeber die AU-Bescheinigung (ohne Diagnose) anfordern, Der Beschäftigte kann daher seine AU-Bescheinigung nicht mehr verspätet abgeben.
Solange der Arbeitnehmer dieser Verpflichtung nicht nachkommt – dies kann derzeit nur bei Privatpatienten möglich sein – ist der Arbeitgeber berechtigt, die Vergütungszahlung einzustellen (§ 10 Abs. 2 Satz 14 AVR.DD), vorausgesetzt, der Arbeitnehmer trägt Schuld an der Pflichtverletzung. Sobald der Nachweis erbracht ist, wird die Vergütung rückwirkend zum ersten Krankheitstag nachgewährt.
Der Beschäftigte hat seiner Mitteilungspflicht auch bei einer Erkrankung im Ausland (z. B. Urlaub) schnellstmöglich nachzukommen (§ 5 Abs. 2 EZFG). Anfallende Kosten der Mitteilung hat der Arbeitgeber zu tragen. Eine Mitteilungspflicht besteht auch gegenüber der gesetzlichen Krankenkasse.
Nur in »besonderen Einzelfällen« (§ 10 Abs. 2 AVR.DD – in Bayern »Einzelfällen« § 26 Abs. 2 AVR Bayern, ist der Arbeitgeber berechtigt, den ärztlichen Nachweis früher zu verlangen (für die Gründe s. a. § 275 Abs. 1 a Buchst. a)

SGB V). Beschäftigte können die MAV auf eine mögliche Ungleichbehandlung hinweisen. Eine generelle Anordnung ist nicht möglich.
Arbeitsunfähigkeit bedeutet nicht, dass der erkrankte Mitarbeiter zu Hause im Bett liegen muss (es sei denn, der Arzt verordnet Bettruhe). Der Erkrankte kann alles unternehmen, was den Genesungsverlauf nicht gefährdet oder verzögert (z. B. Einkäufe erledigen, Konzertbesuch). Wollen Erkrankte größere Unternehmungen durchführen (Bergwandern, Reisen, ...) ist es sinnvoll, sich vom behandelnden Arzt schriftlich die Unbedenklichkeit für den Heilungsverlauf bestätigen zu lassen.
Kommt der Beschäftigte seiner Anzeige- und Nachweispflicht nicht im erforderlichen Umfang nach, muss er mit einer → **Abmahnung** und im Wiederholungsfall mit einer → **Kündigung** rechnen.

Entgelttransparenzgesetz

Was ist das?

Deutschland ist mit einem **Gender Pay Gap** (Verdienstabstand zwischen Frauen und Männern) von 18 Prozent noch immer eines der Schlusslichter innerhalb Europas.

Das Gesetz zur Förderung der Transparenz von Entgeltstrukturen, kurz Entgelttransparenzgesetz (EntgTranspG) genannt, soll den Grundsatz des gleichen Entgelts für Männer und Frauen durchsetzen. Es ist in Kraft seit dem 6.7.2017 und ergänzt das Allgemeine Gleichbehandlungsgesetz (→Gleichbehandlung) von 2006 um ein ausdrückliches Entgeltgleichheitsgebot.

»§ 3 Verbot der unmittelbaren und mittelbaren Entgeltbenachteiligung wegen des Geschlechts

(1) Bei gleicher oder gleichwertiger Arbeit ist eine unmittelbare oder mittelbare Benachteiligung wegen des Geschlechts im Hinblick auf sämtliche Entgeltbestandteile und Entgeltbedingungen verboten.

(...)

§ 7 Entgeltgleichheitsgebot

Bei Beschäftigungsverhältnissen darf für gleiche oder für gleichwertige Arbeit nicht wegen des Geschlechts der oder des Beschäftigten ein geringeres Entgelt vereinbart oder gezahlt werden als bei einer oder einem Beschäftigten des anderen Geschlechts.«

Nach dem EntgTranspG hat jeder Beschäftigte einen **individuellen Auskunftsanspruch** (§ 10). Beschäftigte tarifgebundener und tarifanwendender Arbeitgeber wenden sich für ihr Auskunftsverlangen an den Betriebsrat (§ 14), Beschäftigte nicht tarifgebundener oder nicht tarifanwendender Arbeitgeber wenden sich dabei an den Arbeitgeber (§ 15). Der individuelle Auskunftsanspruch gilt für alle Betriebe mit mehr als 200 Beschäftigten. Die Beschäftigten können die Kriterien und Verfahren der Entgeltfindung für ihre Tätigkeit und eine gleiche oder gleichwertige Tätigkeit erfragen. *»Die Auskunftsverpflichtung erstreckt sich auf die Angabe zu den Kriterien und Verfahren der Entgeltfindung«* (§ 11). Der Anspruch besteht jedoch nur, wenn es im Unternehmen mindestens **sechs Mit-**

arbeiter gibt, die vergleichbare Positionen haben. Dazu haben die Beschäftigten in zumutbarer Weise eine gleiche oder gleichwertige Tätigkeit zu benennen.
Private Arbeitgeber mit mehr als 500 Beschäftigten, sind aufgefordert, regelmäßig ihre Entgeltstrukturen und deren Anwendung auf die Einhaltung der Entgeltgleichheit zu überprüfen. In dem zu erstellenden **Lagebericht** sollen sie ihre Maßnahmen zur Förderung der Gleichstellung von Frauen und Männern und deren Wirkungen sowie ihre Maßnahmen zur Herstellung von Entgeltgleichheit für Frauen und Männer aufführen.
Der individuelle Auskunftsanspruch besteht auch für Beschäftigte des **öffentlichen Dienstes**. Die Auskunftspflichten des Arbeitgebers und die Aufgaben und Rechte der betrieblichen Interessenvertretung sind sinngemäß anzuwenden.
Der DGB kritisiert das fehlende Verbandsklagerecht im Fall von Lohndiskriminierungen. Betroffene Frauen, die ihren Arbeitgeber verklagen, müssten mit betrieblichen Benachteiligungen rechnen. Auch die im Gesetz formulierten Schwellenwerte werden von den Gewerkschaften kritisiert und sie fordern die zügige Umsetzung der umfassenderen Europäischen Entgelttransparenzrichtlinie in deutsches Recht.

Richtlinie der EU zur Lohntransparenz
Die Richtlinie zur Lohntransparenz (EU 2023/970) vom 10.5.2024 betrifft Arbeitgeber im öffentlichen und im privatwirtschaftlichen Bereich. Die Vorschriften in der EU-Richtlinie sind in wichtigen Punkten weitergehender als das deutsche EntgTranspG. Die EU-Mitgliedstaaten haben 36 Monate Zeit für die Umsetzung in nationales Recht (→**Europäisches Arbeitsrecht**). Die wichtigsten weitergehenden Vorschriften in der EU-Richtlinie:

- Artikel 7: Beschäftigte erhalten unabhängig von der Anzahl der Beschäftigten im Unternehmen das Recht, Auskunft über ihr Entgelt und das durchschnittliche Entgelt einer gleichen oder gleichwertigen Tätigkeit zu erhalten.
- Artikel 9: Die Pflichten zur Berichterstattung über geschlechterbezogene Entgeltunterschiede sind enger gefasst. Unternehmen mit mehr als 250 Beschäftigten müssen jährlich berichten, Unternehmen mit 150 bis 249 Beschäftigten alle drei Jahre. Fünf Jahre nach Inkrafttreten der Richtlinie wird die Pflicht, mindestens alle drei Jahre einen Bericht über Entgeltunterschiede vorzulegen, auch auf Unternehmen mit mehr als 100 Beschäftigten ausgeweitet.
- Artikel 15: Die Mitgliedstaaten sollen Organisationen, wie beispielsweise Gewerkschaften, die Möglichkeit geben, sich an der Durchsetzung des Entgeltgleichheitsgrundsatzes zu beteiligen.
- Artikel 16: Beschäftigte haben ein Recht auf vollständigen Schadensersatz oder Entschädigung, der sowohl abschreckend als auch angemessen sein soll.
- Artikel 18: Mitgliedstaaten müssen eine Beweislastumkehr vorsehen. Wenn Beschäftigte Tatsachen glaubhaft machen, dass eine unmittelbare oder mittel-

bare Entgeltdiskriminierung vorliegt, muss der Arbeitgeber nachweisen, dass keine unmittelbare oder mittelbare Diskriminierung vorliegt.

Bedeutung für die MAV und die Beschäftigten

Im August 2023 veröffentlichte die Bundesregierung den zweiten **Evaluationsbericht** der Bundesregierung zur Wirksamkeit des Entgelttransparenzgesetz. In einem wissenschaftlichen Evaluationsgutachten wird die Wirksamkeit und Anwendung des Entgelttransparenzgesetzes und des Entgeltgleichheitsgebotes untersucht, sowie Stellungnahmen der Bundesregierung und der Sozialpartner.
Die zentralen Ergebnisse:
Bisher haben lediglich vier Prozent der befragten Beschäftigten ihren Auskunftsanspruch geltend gemacht (Anspruch gilt nur in Betrieben und Einrichtungen des öffentlichen Dienstes mit über 200 Angestellten).
Knapp 30 Prozent der befragten Unternehmen haben seit 2019 ihre betrieblichen Entgeltstrukturen überprüft.
Nur zehn Prozent der Unternehmen ohne tarifliche Entgeltstruktur und knapp 30 Prozent der Unternehmen mit tariflicher Entgeltstruktur haben über Gleichstellung und Entgeltgleichheit berichtet.
Das bedeutet: Ohne Sanktionen wird ein Großteil der Arbeitgeberseite weiterhin nicht überprüfen, ob im eigenen Unternehmen gleiche und gleichwertige Arbeit auch gleich bezahlt wird – geschweige denn, Maßnahmen einleiten, um Equal Pay umzusetzen. Die gesetzlichen Regelungen müssen klarer, einheitlicher, verbindlicher werden. Und bekannter! Das Entgelttransparenzgesetz braucht eine Weiterentwickelung.
(ver.di: Wie steht es mit der Entgelttransparenz?)
In einer Reihe Forschungsberichte wird festgestellt, dass die beruflichen Anforderungen und Belastungen im Rahmen weiblicher Erwerbsarbeit geringer entlohnt werden als die Anforderungen und Belastungen im Rahmen männlicher Erwerbsarbeit. In der Bewertung, die das spezifische von **Sorgeberufen** erfassen, fehlen die Kriterien wie soziale Kompetenz, Einfühlungsvermögen. An dem **Qualifikationsbegriff** wird grundsätzliche Kritik geübt, er sei blind für soziale Kompetenzen wie emotionale Intelligenz. Eigenverantwortung, Empathie, Anpassungsfähigkeit an sich ständig veränderte Situationen.
Ein weiterer Grund für den hohen Gender Pay Gap ist auch die geringere Vertretung von Frauen in leitenden Stellungen und der höhere Anteil an Teilzeitbeschäftigten. Im Gesundheitswesen haben nur 13 % von Frauen eine leitende Stellung inne, bei den Männern sind es 33 %. Im Sozialwesen (ohne Heime) sind es 6 % bei den Frauen und 9 % bei den Männern. Im Gesundheitswesen

sind lediglich 48 % der Frauen in Vollzeit beschäftigt, bei den Männern 75 %. Im Sozialwesen sind es 48 % der Frauen und 64 % bei den Männern. Die Differenz bei den Bruttostundenverdiensten im Gesundheitswesen zwischen Frauen und Männern ist extrem hoch: Frauen verdienen durchschnittlich 23,51 €, Männer dagegen 33,93 € pro Stunde.

*»Um dem Fortschritt bei der Geschlechtergerechtigkeit mehr Schwung zu verleihen, schlagen Expert*innen vor, das Ehegattensplitting zu reformieren, die institutionelle Kinderbetreuung auszubauen, für mehr egalitäre Erwerbskonstellationen in Familien zu sorgen, beispielsweise durch die Förderung flexibler Arbeitszeitarrangements für Männer und Frauen oder mehr Partnermonate beim Elterngeld. Statt Präsenz- und Überstundenkultur brauche es mehr Arbeitsplätze in kurzer Vollzeit. Systemrelevante Berufe im Sozial-*, Erziehungs- und Gesundheitswesen gelte es aufzuwerten, Stereotype bei der Berufswahl abzubauen.«

Aus: Gleichstellung und Geschlechtergerechtigkeit (Hans-Böckler-Stiftung)

Literaturhinweis

- *Hans-Böckler-Stiftung: Gleichstellung und Geschlechtergerechtigkeit, 2024.*
- *Pfahl, Svenja/Unrau, Eugen/Lott, Yvonne/Wittman, Maike: Stand der Gleichstellung von Frauen und Männern, WSI-Report 2023.*
- *Wirtschafts- und Sozialwissenschaftliches Institut (WSI) der Hans-Böckler-Stiftung: Neuer Wind aus Brüssel für die Entgeltgleichheit, Düsseldorf 2023.*
- *ver.di: Wie steht es mit der Entgelttransparenz? www.verdi.de/themen/tarifpolitik/++co++e181013a-4b94-11ee-8333-001a4a16012a.*
- *ver.di: Das Allgemeine Gleichbehandlungsgesetz und das Entgelttransparenzgesetz. Eine tarifpolitische Handlungshilfe, Berlin 2024.*

Entgeltumwandlung

Was ist das?

Entgeltumwandlung ist eine spezielle Form der **privaten Altersvorsorge**. Sie erfolgt auf der Grundlage des Gesetzes zur Verbesserung der Betrieblichen Altersversorgung (BetrAVG). Mit einer Ergänzung des BetrAVG (§ 1a) zum 1. 1. 2002 wurde Arbeitnehmern die Möglichkeit eingeräumt, auf freiwilliger Basis eine zusätzliche kapitalgedeckte Altersversorgung durch eigene Beiträge aufzubauen. Neben der gesetzlichen Rente und der Betriebsrente (Zusatzversorgung) bildet die Entgeltumwandlung eine Form der zusätzlichen privaten Altersvorsorge (eine weitere Form ist die sog. »Riester-Rente«). Damit sind aus Sicht der Bundesregierung die drei Säulen der deutschen Rentenversicherung markiert.

Hier wird schnell klar, dass die **private Altersvorsorge** natürlich dann erforderlich wird, wenn der Gesetzgeber die Höhe der gesetzlichen Rente sukzessive vermindert. Und das stand im Zentrum der Rentenpolitik in den Jahren nach 2000: Die gesetzlichen Ansprüche wurden heruntergefahren, die Möglichkeiten der Privatvorsorge erweitert. Das Ganze auf Kosten der künftigen Rentner und für die Privatwirtschaft ein neues Geschäftsmodell.

Bei der »Riester-Rente« erfolgen die Einzahlungen aus dem **Nettogehalt** des Arbeitnehmers. Der Staat gewährt Zulagen, insbesondere bei Kindern. »Riester« beruht auf einem **individuellen Vertrag** eines Arbeitnehmers mit einem Versicherungsunternehmen oder auch bei einer Zusatzversorgungskasse.

Dagegen erfolgt die Entgeltumwandlung (Rechtsanspruch für alle Beschäftigten nach § 1a BetrAVG) **ausschließlich über den Arbeitgeber**. Statt aus dem Netto- erfolgen die Zahlungen aus dem **Bruttogehalt** und sind **steuer- und sozialversicherungsfrei**.

Der Gesamtumfang der Entgeltumwandlung ist dynamisch gestaltet: Bis zu 4% der Beitragsbemessungsgrenze in der Rentenversicherung (2020 West: 82 800 Euro, also bis zu 3312 Euro) ist förderfähig. Von dem Betrag 3312 Euro sind allerdings die Umlagebeträge abzuziehen, die der Arbeitgeber in einem Jahr an die Zusatzversorgungskasse weitergeleitet hat, wenn man nicht die Steuer- und Sozialversicherungsfreiheit gefährden will.

> **Beispiel für einen Arbeitnehmer der bayerischen Diakonie mit 40000 Euro Jahreseinkommen im Jahr 2024:**
> Steuer- und sozialversicherungsfrei bleiben 4% der Beitragsbemessungsgrenze in der Rentenversicherung: 3624 Euro
> davon abzuziehen Umlagebeträge an die EZVK (Umlagesatz 2024: 5,6% von 40000 Euro): 2240 Euro
> Für Entgeltumwandlung zur Verfügung: 1384 Euro
> entspricht monatlich ca.: 115 Euro

Der Arbeitnehmer kann also im Jahr 2024 bis zu 1384 Euro (z. B. von der Jahressonderzahlung) oder monatlich bis zu 115 Euro (jeweils vom Monatsgehalt) umwandeln.

Auf diese Beträge werden weder Steuern noch Sozialversicherungsbeiträge erhoben. Allerdings verringern sich entsprechend die Ansprüche an die verschiedenen Sozialversicherungen: Rentenversicherung, Arbeitslosenversicherung, Krankenversicherung (v. a. Höhe des Krankengeldes).

Zum 1.1.2018 wurde der Steuerfreibetrag bei Entgeltumwandlung sogar von 4 auf 8% heraufgesetzt (sog. Betriebsrentenstärkungsgesetz). Das bedeutet, dass die steuerliche Entlastung doppelt so hoch ist wie bei den Sozialversicherungsbeiträgen (in unserem Beispiel oben: 6624 statt 3312 Euro/Jahr).

Wichtige **Neuregelung ab 1.1.2019**: Ab diesem Zeitpunkt sind die Arbeitgeber verpflichtet, den Arbeitnehmern mit Entgeltumwandlung den größten Teil der eingesparten Sozialversicherungsbeiträge (der Arbeitgeber!) als Zuschuss weiterzugeben, und zwar 15% des Betrags, der umgewandelt wird (§ 1a Abs. 1a BetrAVG). In unserem Beispiel legt der Arbeitgeber also noch 207,60 Euro auf die 1384 Euro jährlich obendrauf. Auf den Monat gerechnet bedeutet das: Die 115,33 Euro erhöht der Arbeitgeber um weitere 17,30 Euro.

Die Entgeltumwandlung kann nur auf einer tariflichen oder sonstigen arbeitsrechtlichen Grundlage erfolgen. Dies ist in allen kirchlichen und diakonischen Einrichtungen auf Grundlage der AVR (z. B. § 27b AVR.DD oder § 49 AVR-Bayern) oder einer entsprechenden kirchlichen Arbeitsrechtsregelung möglich.

Entgeltumwandlung kann übrigens auf Basis vieler kirchlicher Arbeitsrechtsregelungen auch mit den sog. Vermögenswirksamen Leistungen kombiniert werden (siehe z. B. § 27b Abs. 3 Buchst. c AVR.DD; § 50 Abs. 5 AVR-Bayern). Dann wird bisweilen ein monatlicher Mindestbetrag, z. B. 20 Euro, festgelegt.

Auch wichtig zu wissen: Sowohl die »Riester-Rente« als auch die Privatrente aus einer Entgeltumwandlung unterliegen ab dem Zeitpunkt von Rentenzahlungen der **vollen Besteuerung**; die gesetzliche Rente und die Betriebsrente nur bis zum sog. **Ertragsanteil.**

Allgemein lässt sich sagen, dass die »Riester-Rente« eher für Beschäftigte mit geringeren Einkommen, vor allem für Beschäftigte mit Kindern in Frage kommt;

die Entgeltumwandlung ist eher für Beschäftigte attraktiv, die höhere Einkommen bzw. keine Kinder haben.

Entgeltumwandlung für Dienstfahrräder
Mittlerweile bieten die AVR mehrerer Gliedkirchen eine weitere Möglichkeit, die Entgeltumwandlung in Anspruch zu nehmen, nämlich für die Anschaffung von Dienstfahrrädern, die dann Beschäftigten zur alleinigen Nutzung übereignet werden (Dienstfahrradgestellung). Als Beispiel soll die Regelung der AVR-Bayern vorgestellt werden, die seit 1. 6. 2019 ggültig ist:
Danach kann mit Arbeitnehmern arbeitsvertraglich die Entgeltumwandlung für eine Sachleistung nach § 8 Abs. 2 EStG (z. B. für die Gestellung eines Dienstfahrrads) vereinbart werden. Der umgewandelte Betrag ist auf max. 200 Euro/Monat begrenzt und es muss eine Dienstvereinbarung mit der MAV bestehen.
Die Abwicklung gestaltet sich eher kompliziert: Der Arbeitgeber behält bis zu 200 Euro monatlich vom Gehalt ein, die er als Ratenzahlung an einen Dienstleister weitergibt, mit dem er einen Leasingvertrag für das Fahrrad abgeschlossen hat. Auf diese Weise soll angeblich eine win-win-Situation für alle entstehen, die wir allerdings sehr skeptisch beurteilen; siehe hierzu die kritischen Flugblätter von ver.di Baden-Württemberg unter: *https://bawue.verdi.de/++co++0716cbfa-309e-11e7-8ff2-525400423e78*.
Sicher ist: Das Modell ist gut für die Umwelt und für die Fahrradfirma, die den Leasingvertrag abschließt. Ob der Arbeitnehmer auch davon profitiert …?

Bedeutung für die MAV

Beim Thema Entgeltumwandlung geht es für Mitarbeitervertretungen vorrangig um Beratung und Unterstützung einzelner Beschäftigter. Doch bei solchen Themen ist Vorsicht geboten: Denn MAV-Mitglieder sind keine Renten-Experten und setzen sich schnell dem Risiko aus, irreführende oder gar falsche Empfehlungen auszusprechen. Daher besteht die wichtigste Aufgabe für Mitarbeitervertretungen darin, Beschäftigten die eingehende Beratung bei einem Renten-Experten zu empfehlen, wenn sie Interesse an einer Entgeltumwandlung äußern.
Beim Thema »Dienstvereinbarung Dienstfahrradgestellung« wird die MAV gut überlegen und die verschiedenen Argumente abwägen müssen, ob sie die gesamte Zielrichtung des Modells tatsächlich für sinnvoll hält. Denn mit dem Abschluss einer entsprechenden Dienstvereinbarung zwischen Dienststellenleitung und MAV gibt sie schlussendlich dem Modell ihren »Segen«.

Bedeutung für die Beschäftigten

Interessierten Beschäftigten ist dringend zu empfehlen, sich bei einer eingehenden Rentenberatung über die Vor- und Nachteile informieren zu lassen. Sie müssen eine Entscheidung über ihre materielle Zukunft treffen – und dabei geht es in Sachen Entgeltumwandlung vor allem um das Abwägen zwischen reduzierten Ansprüchen aus der gesetzlichen Rentenversicherung im Vergleich zu höheren Ansprüchen aus einer privaten Altersvorsorge. Wir wünschen gute Entscheidungen!

Antrag auf Entgeltumwandlung

An
Geschäftsleitung/Personalabteilung | Ort, Datum

Sehr geehrte Damen und Herren,

Entgeltumwandlung
Sehr geehrte Damen und Herren,
hiermit mache ich meinen Anspruch auf Entgeltumwandlung geltend.
Beginn: ab …
Entgeltumwandlungs-Betrag pro Jahr: … Euro
Ich möchte umwandeln:

- Jahressonderzahlung: ganz bzw. in Höhe von Euro …
- vermögenswirksame Leistungen: ganz bzw. in Höhe von Euro …
- sonstige Entgeltbestandteile und zwar … in Höhe von Euro … *(z. B. Mehrarbeitsvergütung, Zuschläge, Zulagen, Teile des laufenden Entgelts)*

Mir ist bekannt, dass ich 12 Monate an eine Vereinbarung gebunden bin. Ich kann sie früher ändern, wenn sich meine persönlichen Lebensumstände und Einkommensverhältnisse ändern.

Mit freundlichen Grüßen

Unterschrift Arbeitnehmer

(nach: Schoof, Christian: Betriebsratspraxis von A bis Z, 16. Auflage, Frankfurt/Main 2024)

Ermahnung

Was ist das?

Eine Ermahnung ist das Zeigen des »erhobenen Zeigefingers« durch den Arbeitgeber an den Arbeitnehmer. Mit ihm weist der Arbeitgeber auf ein konkretes Fehlverhalten des Arbeitnehmers hin, droht im Gegensatz zu einer → **Abmahnung** im Wiederholungsfall jedoch **keine** arbeitsrechtlichen Konsequenzen an.
Das Fehlverhalten, das ermahnt werden soll, muss hinreichend konkret (Beispiel: »Sie sind am 1. Juli 2024 eine halbe Stunde zu spät zur Arbeit erschienen.«) beschrieben sein. Eine allgemeine Rüge (Beispiel: »Sie kommen dauernd zu spät zur Arbeit.«) reicht nicht aus.
Die Ermahnung besitzt also eine

- Hinweisfunktion – konkrete Beschreibung des Fehlverhaltens, und
- Rügefunktion – das Fehlverhalten wird gerügt.

Die Ermahnung besitzt jedoch **keine**

- Warnfunktion – Androhung arbeitsrechtlicher Schritte bei Wiederholung des Fehlverhaltens, insbesondere (verhaltensbedingte) → **Kündigung**.

Durch die konkrete Rüge soll dem Arbeitnehmer Gelegenheit gegeben werden, sein Verhalten zu ändern.
Ermahnungen werden in der Regel schriftlich ausgesprochen, können aber auch, da es für sie keine gesetzliche Formvorschrift gibt und sie arbeitsrechtlich keine oder nur eine geringe Rolle spielen, mündlich ausgesprochen werden.
Die Ermahnung kann sich auch auf das allgemeine Arbeits- und Leistungsverhalten (»Schlecht- oder Minderleistungen«), nicht nur auf konkrete Pflichtverletzungen beziehen.
Der Arbeitnehmer muss die Ermahnung verstehen können. So ist etwa bei ausländischen Arbeitnehmern eine Übersetzung der Ermahnung in die Muttersprache erforderlich.
Wer ist nun berechtigt, eine Ermahnung auszusprechen? Dazu sagt die Rechtsprechung des BAG nichts. Da Ermahnungen auch vor dem Arbeitsgericht überprüft werden können, kommen als ermahnungsberechtigte Personen nur

diejenigen Beschäftigten in Betracht, die zur Dienststellenleitung gehören bzw. von ihr entsprechend beauftragt wurden.
Ermahnungen haben den Charakter einer dienstlichen Beurteilung und werden regelmäßig in die → **Personalakte** aufgenommen. Zur Wirksamkeit gehört auch, dass die Ermahnung dem Beschäftigten zugegangen sein muss.
Feste Fristen für das Aussprechen einer Ermahnung bestehen nicht. Grundsätzlich gilt, dass sich der Arbeitgeber umso mehr Zeit lassen kann, je schwerwiegender der Pflichtenverstoß war. Wartet der Arbeitgeber zu lange, kann die Möglichkeit zur Ermahnung auch verwirkt sein. Eine Verwirkung kann dann eintreten, wenn ein Recht über einen längeren Zeitraum nicht wahrgenommen wurde. Nachdem die Ermahnung jedoch eine Verhaltensänderung beim Arbeitnehmer bewirken soll, ist von einem nicht allzu langen Zeitraum auszugehen, innerhalb dessen die Ermahnung des Pflichtverstoßes erfolgt.
Für eine bestimmte Zahl von Ermahnungen gibt es keine Vorgaben – etwa wenn der Arbeitgeber kündigen will. Für eine Kündigung bedarf es grundsätzlich einer (evtl. auch mehrere) einschlägigen → **Abmahnung.** Allerdings dürfte der Arbeitgeber in einem eventuellen Kündigungsschutzprozess bessere Karten haben, wenn er dem Gericht auch Ermahnungen vorlegen kann.
Ermahnungen sind ein Instrument im Rahmen des Arbeitsvertragsrechts. Daher kann nicht nur der Arbeitgeber eine Ermahnung aussprechen, sondern auch der Arbeitnehmer. Er fordert dann den Arbeitgeber zur ordnungsgemäßen Erfüllung seiner vertraglichen Pflichten auf.

Bedeutung für die MAV

Ermahnungen unterliegen, wie die → **Abmahnung,** nicht der Mitwirkung durch die MAV. Unstrittig ist, dass die MAV bei Ermahnungen nicht zu unterrichten ist. Ermahnungen an die MAV zur Information zu geben, verletzt vielmehr aus unserer Sicht Persönlichkeits- und Datenschutzrechte des betroffenen Mitarbeiters. Insoweit vertreten wir die Auffassung, dass Ermahnungen nur mit Zustimmung des betroffenen Beschäftigten zur Kenntnis der MAV gelangen dürfen.
Nach § 34 Abs. 4 Satz 2 MVG hat die MAV ein bedingtes Informationsrecht über dienstliche Beurteilungen, nämlich immer dann, wenn der betroffene Mitarbeiter dies verlangt. Abmahnungen und Ermahnungen gehören unstreitig zu dienstlichen Beurteilungen. Insoweit muss die Ermahnung auch einen Hinweis der Dienststellenleitung enthalten, dass sich der ermahnte Mitarbeiter an die MAV wenden kann; andernfalls ist die Ermahnung unwirksam (so jedenfalls Baumann-Czichon u. a., § 34 Rn. 17- diese Beurteilung ist strittig!)

Allerdings hat die MAV die Rechtfertigung einer Ermahnung zu prüfen, wenn sich betroffene Beschäftigte an sie wenden. Kommt die MAV bei der Prüfung zum Ergebnis, dass die Ermahnung ungerechtfertigt ist, hat sie durch → **Verhandlungen** mit der Dienststellenleitung darauf hinzuwirken, dass die Ermahnung aus der Personalakte entfernt wird (§ 35 Abs. 3 Buchst. c MVG). Kommt die Dienststellenleitung dem nicht nach, könnte die MAV trotz Vollmacht des Betroffenen nicht das → **Kirchengericht** anrufen. Denn das Kirchengericht ist nicht zuständig, weil es sich beim Konflikt um eine Ermahnung um Individualarbeitsrecht handelt. Daher kann der Beschäftigte sein Anliegen nur vor dem → **Arbeitsgericht** vertreten.
Ermahnungen von MAV-Mitgliedern wegen ihrer Tätigkeit für die MAV sind nicht zulässig. Sie können kirchengerichtlich angegriffen werden.
Die MAV kann versuchen, in einer → **Dienstvereinbarung** Fristen festzulegen, nach deren Ablauf Ermahnungen aus der Personalakte zu entfernen sind.

Bedeutung für die Beschäftigten

Der Beschäftigte ist vor Aufnahme der Ermahnung in die → **Personalakte** zu hören, d.h. ihm ist Gelegenheit zur Stellungnahme zu geben (§ 4 Abs. 2 AVR DD; § 8 Abs. 2 AVR-Bayern). Dies kann durch Gegendarstellung oder Protokollierung eines Gesprächs erfolgen; beides ist in die Personalakte aufzunehmen. Auch eine Nichtäußerung ist aktenkundig zu machen.
Hat die Anhörung nicht stattgefunden, ist die Ermahnung – unabhängig von ihrer Berechtigung – formell rechtswidrig und damit unwirksam (so jedenfalls ArbG Frankfurt/Oder v. 7.4.1999 – 6 Ca 61/99) – in analoger Anwendung der Rechtsprechung zur Abmahnung. Der Beschäftigte kann dann die Entfernung der Ermahnung aus der Personalakte verlangen. Das bedeutet dann aber nicht, dass der Arbeitgeber das ermahnte Verhalten billigt.
Ist die Ermahnung ungerechtfertigt, besteht **Anspruch auf Entfernung** aus der → **Personalakte**. Dies ist auch arbeitsgerichtlich durchsetzbar.
Werden in der Ermahnung mehrere Pflichtverletzungen gerügt, von denen eine ungerechtfertigt ist, besteht ebenfalls Anspruch auf Entfernung aus der Personalakte (LAG Baden-Württemberg v. 12.2.1987 – 13 (7) Sa 92/86) – in analoger Anwendung der Rechtsprechung zur Abmahnung. Der Leitsatz lautet: »Eine Ermahnung muss auch dann vollständig aus der Personalakte entfernt werden, wenn der erhobene Vorwurf nur teilweise zutrifft.« Der Arbeitgeber darf jedoch die berechtigten Rügen in einer neuen Ermahnung zusammenfassen.
Hat der Arbeitnehmer über eine hinreichend lange Zeit gezeigt, dass das ermahnte Fehlverhalten nicht mehr vorkommt, besteht ebenfalls Anspruch auf

Entfernung der Ermahnung aus der → **Personalakte**. Für die Wirkungsdauer hat die Rechtsprechung ausdrücklich keine konkrete Zeitgrenze entwickelt. Maßgeblich sind die Umstände des Einzelfalls (Schwere des gerügten Verhaltens, Beweggründe des Arbeitnehmers und seine weitere Arbeitsleistung). Das BAG geht davon aus, dass z. B. bei geringfügigen »Verfehlungen« eine Löschung der Abmahnung nach einem Jahr in Frage kommt, für Ermahnungen dürften somit deutlich kürzerer Fristen gelten.

Allgemein bestehen für Beschäftigte bei einer Ermahnung folgende drei **Handlungsmöglichkeiten:**

1. Man macht nichts, z. B. weil man die Ermahnung für gerechtfertigt hält oder um die Ermahnung durch Zeitablauf unwirksam zu machen oder – und das ist der ausschlaggebende Punkt – um dem Arbeitgeber in einem späteren Kündigungsschutzprozess keine Beweiserleichterungen (z. B. durch die »Lieferung« weiteren Sachverhalts, durch Zugeständnisse etc.) zukommen zu lassen.
2. Man formuliert eine Gegendarstellung zum gerügten Verhalten und verlangt die Aufnahme in die Personalakte. Dabei kann die MAV unterstützen. Die Gegendarstellung sollte zeitnah nach der Ermahnung erfolgen. Sie kann auch Gründe enthalten, die das Verhalten entschuldigen oder erklären. Die Gegendarstellung ist in die Personalakte aufzunehmen, auch wenn der Arbeitgeber mit dem Inhalt nicht einverstanden ist, und unmittelbar bei der beanstandeten Abmahnung abzuheften. Beachte aber hier die unter Ziff. 1 beschriebene Gefahr der evtl. Beweiserleichterung für den Arbeitgeber.
3. Man verlangt die Nichtaufnahme in die bzw. die Entfernung aus der Personalakte, weil das in der Ermahnung gerügte Verhalten nicht den Tatsachen entspricht. Die Ausschlussfrist der AVR steht einer Klage nicht im Wege, denn der Anspruch auf Entfernung aus der Personalakte entsteht immer wieder neu, solange sich die Ermahnung in der Personalakte befindet (so BAG v. 14. 12. 1994 – 5 AZR 137/94 – analog bei der Ermahnung anwendbar). Auch hier kann die MAV unterstützen, wenn das Anliegen des Beschäftigten berechtigt ist. Zur Durchsetzung des Begehrens muss dann das Arbeitsgericht angerufen werden. Dieser Weg ist allerdings nur in eindeutigen Fällen zu empfehlen, denn der Arbeitnehmer steht hier vor Gericht in der Beweispflicht.

Grundsätzlich gilt, sich nach Erhalt einer Ermahnung sachkundig beraten zu lassen (z. B. durch die Gewerkschaft, Fachanwälte für Arbeitsrecht), um im konkreten Einzelfall die oben geschilderten Handlungsmöglichkeiten rechtlich zu bewerten und den für Betroffene besten Weg einzuschlagen. Damit der Sachverhalt für den betroffenen Mitarbeiter, der der Ermahnung zu Grunde liegt, nicht in Vergessenheit gerät, sollte er zunächst unmittelbar nach Erhalt der Ermahnung **für sich selbst** eine ausführliche **Gegendarstellung** schreiben.

Die Checkliste »Vorgehen gegen eine Abmahnung« unter dem Stichwort → **Abmahnung** kann auch bei Ermahnungen genutzt werden.

Literaturhinweis

- *Mandalka, Ariane:* Abmahnung. Ratgeber für Beschäftigte und ihre Interessenvertretung, 3. Auflage, Frankfurt 2024.
- *Quecke, Martin:* Die verhaltensbedingte Kündigung und Abmahnung. 6. Auflage, Münster 2019.

Erörterung

Was ist das?

Die Erörterung findet man im MVG an mehreren Stellen, z. B. in § 61 Abs. 1 MVG, aber insbesondere auch als mündliche Erörterung (z. B. § 20 Abs. 4, § 21 Abs. 2, § 38 Abs. 3, § 45 Abs. 1, § 47 Abs. 2 MVG).

Die mündliche Erörterung ist ein Austausch auf Augenhöhe zwischen Arbeitgeber und Mitarbeitervertretung. Er soll dazu dienen, eine Maßnahme zu besprechen und zu diskutieren, den Arbeitgeber zu überzeugen oder auch, sich als MAV überzeugen zu lassen. Das setzt voraus, dass die MAV über die Maßnahme ausreichend informiert ist. Die MAV ist dann ausreichend informiert, wenn sie auf eine angetragene Maßnahme mit »ja«, »nein« oder »das müssen wir besprechen« antworten kann.

Die Erörterung dient gerade nicht dazu, noch Informationen über die Maßnahme einzuholen. Das schließt Nachfragen zu Einzelheiten der Maßnahme nicht aus.

Die Erörterung findet grundsätzlich im Rahmen der »starken« Beteiligungsrechte, also der uneingeschränkten und der eingeschränkten Mitbestimmung sowie der Mitberatung statt, wenn die MAV sie verlangt.

Nicht klar ist, was unter der Erörterung nach § 61 Abs. 1 MVG zu verstehen ist. Diese Formulierung ist mit dem ersten Änderungsgesetz des MVG (12. Synode 14. 11. 2018 in Würzburg) aufgenommen worden.

Die Beendigung der hier genannten Erörterung löst eine Frist von 2 Monaten aus, in der das Kirchengericht angerufen werden kann. Die Beendigung der mündlichen Erörterung aus §§ 38 oder 45 MVG kann hier u. E. nicht gemeint sein, weil diese für die MAV wiederum nach den genannten Vorschriften eine Frist zur Reaktion auslöst. Reagiert die MAV nicht, tritt Zustimmungsfiktion ein.

Denkbar wäre der Fall, dass die MAV die Zustimmung verweigert, der Arbeitgeber aber nicht das Kirchengericht, oder im Fall von Regelungsstreitigkeiten nach § 40 MVG die Einigungsstelle, anruft und die beantragte Maßnahme trotzdem vollzieht. Dieser Rechtsverstoß müsste vor das Kirchengericht gebracht

werden. Würde man die Erörterung in § 61 Abs. 1 MVG also so verstehen wie die Erörterung in Mitbestimmungs- oder Mitberatungsverfahren, dann könnte die MAV ab Erklärung der Beendigung der (mündlichen) Erörterung nur binnen 2 Monaten das Kirchengericht anrufen.
Daraus würde auch folgen, dass bei Rechtsverstößen durch den Arbeitgeber, in denen gar kein Beteiligungsverfahren eingeleitet worden ist oder es sich um eine andere Art von Rechtsverstoß handelt, keine Fristen laufen. Anhand der Entstehungsgeschichte der Vorschrift ist das aber nicht anzunehmen. Vor der im Jahr 2018 beschlossenen Änderung kam es auf die Kenntnis des Rechtsverstoßes an, wenn keine andere Frist bestimmt war. Das führte dazu, dass die MAV auch im Falle aussichtsreicher Gespräche zur Einigung zwischen Arbeitgeber und MAV ein Verfahren vor dem Kirchengericht einleiten musste, um wegen des drohenden Fristablaufs nach 2 Monaten keinen Rechtsverlust zu erleiden, falls eine Einigung doch noch scheitert.
Erörterung dürfte hier daher mit »Gespräch zur Einigung« zu übersetzen sein. Werden diese Gespräche ohne Einigung beendet und teilt eine Seite dies mit, dürfte es sich um das Ende der Erörterung handeln mit der Folge, dass die Frist von 2 Monaten zu laufen beginnt. Das wird z. B. dann der Fall sein, wenn die MAV die betrieblichen Einigungsbemühungen (schriftlich) für gescheitert erklärt.
Wichtig ist, § 61 Abs. 1 MVG gilt nur für das Kirchengericht, nicht für die Einigungsstelle!

Bedeutung für die MAV

Die Erörterung ist insbesondere Teil der streng formalisiert durchzuführenden Beteiligungsverfahren aus dem MVG.
Die Beantragung der (mündlichen) Erörterung beseitigt die durch den Antrag (§ 38 MVG) oder die Bekanntgabe (§ 45 MVG) in Gang gesetzte Frist. Für die Wahrung der Frist kommt es nicht darauf an, wann die MAV ihre Erklärung abgegeben hat, sondern darauf, wann sie dem Erklärungsempfänger zugeht, also wann dieser von der Erklärung Kenntnis nehmen kann.
Ob die Erörterung in einer bestimmten Form beantragt werden muss, lässt sich dem Wortlaut der Vorschriften nicht ganz eindeutig entnehmen. Da die Erörterung die Frist beseitigt, empfiehlt sich in praktischer Hinsicht aber schon, dass es einen Nachweis über die Beantragung der mündlichen Erörterung gibt. Deswegen ist MAVen unbedingt zu raten, sich an die Schriftform zu halten. Ein eingescanntes, durch den Vorsitz der MAV eigenhändig unterzeichnetes Dokument, das per E-Mail versandt wird, dürfte reichen. Wichtig ist, dass das Dokument,

mit dem die mündliche Erörterung beantragt werden soll, von der offiziellen MAV-E-Mail-Adresse versandt wird, damit für den Arbeitgeber erkennbar ist, dass etwas mitarbeitervertretungsrechtlich Relevantes von der MAV versendet wird.

Eine Erörterung hat keine zeitliche Begrenzung oder eine Begrenzung der Termine, an denen sie durchgeführt wird.

In taktischer Hinsicht kann sich die Beantragung einer mündlichen Erörterung empfehlen, wenn die MAV Zeit gewinnen oder die Maßnahme erst einmal blockieren will.

Es bedarf keiner Begründung für die Beantragung der mündlichen Erörterung. Die MAV ist auch nicht verpflichtet, im Vorfeld Fragen zu übersenden oder konkretere Themen mitzuteilen.

Beantragt die MAV eine mündliche Erörterung auf einen Antrag (§ 38 MVG) oder eine Bekanntgabe (§ 45 MVG), gibt sie damit zu verstehen, so informiert zu sein, einen inhaltlichen Austausch über die beabsichtigte Maßnahme durchführen zu wollen.

Wenn sich die MAV allerdings nicht ausreichend informiert sieht, ist eine echte Erörterung nicht möglich. Ggf. handelt es sich dann auch noch gar nicht um einen Antrag oder eine Bekanntgabe, da nicht genügend Informationen mitgeteilt worden sind mit der Folge, dass keine Frist zu laufen beginnt. Um auf der einen Seite die Problematik zu vermeiden, dass aufgrund einer rechtlichen Fehleinschätzung doch eine Frist läuft und ggf. Zustimmungs- oder Billigungsfiktion eintritt und auf der anderen Seite zu verhindern, dass die MAV sich durch die Beantragung der Erörterung in der Sache einlässt und sich dann nicht mehr darauf berufen kann, dass sie mangels hinreichender Informationen nicht ordnungsgemäß beteiligte wurde, kann die MAV vorsorglich zweigleisig fahren: Sie kann zunächst den unvollständigen Antrag bzw. die unvollständige Bekanntgabe mangels ordnungsgemäßer Information zurückweisen und vorsorglich die Erörterung beantragen. So ist sie sowohl abgesichert, was einen etwaigen Fristablauf angeht als auch was eine unvollständige Information durch den Arbeitgeber betrifft.

Bedeutung für die Beschäftigten

Im betrieblichen Alltag hat die Erörterung zunächst wenig praktische, unmittelbare Bedeutung für die Beschäftigten. Positiv spürbar kann sie aber etwa dann werden, wenn der Mitarbeiterin eine Kündigung oder eine für sie nachteilige andere Maßnahme in Aussicht gestellt wird, die die MAV dann durch das Instrument der Erörterung aufhält. Bei einer Kündigung bedeutet das, dass die

Mitarbeiterin weiterbeschäftigt werden muss. Angesichts der Existenzgefährdung, die mit einer Kündigung einhergehen kann, ist die Verlängerung um jeden Monat, für den die Mitarbeiterin bezahlt wird, schon einmal eine erste Hilfe.

Ersatzmitglieder

Was ist das?

Ersatzmitglieder oder auch »Nachrücker« sind die Wahlbewerber, die bei der MAV-Wahl nicht so viele Stimmen erhalten haben, um in die Mitarbeitervertretung gewählt worden zu sein. Voraussetzung für die Existenz von Ersatzmitgliedern ist, dass es mehr Kandidaten als zu wählende MAV-Mitglieder gibt.
Neben den direkt in die MAV gewählten Kandidaten erfüllen die nicht gewählten Wahlbewerber eine wichtige Funktion. Denn bei der Verhinderung eines ordentlichen Mitglieds sichern sie die Vollständigkeit der Besetzung des MAV, bringen zusätzlichen Sachverstand ein und sichern auch die Beschlussfähigkeit der MAV.
Ein Ersatzmitglied tritt dann in die MAV ein, wenn

- für ein ordentliches MAV-Mitglied ein Ruhenstatbestand vorliegt, also die MAV-Mitgliedschaft ruht (§ 18 Abs. 3 MVG-EKD),
- das MAV-Mitglied ganz aus der MAV ausscheidet (z. B. bei Beendigung des Arbeitsverhältnisses, Amtsniederlegung oder in den sehr seltenen Fällen des Ausschluss nach § 17 MVG),
- ein ordentliches Mitglied verhindert ist, an einer Sitzung teilzunehmen (§ 18 Abs, 4 MVG-EKD).

Es rückt das erste Mitglied der **Nachrückerliste** nach, fallen zwei ordentliche MAV-Mitglieder aus, rücken 2 Ersatzmitglieder nach usw. Die Reihung der Ersatzmitglieder auf der Nachrückerliste ergibt sich aus den bei der letzten Wahl erzielten Stimmergebnissen. Bei Stimmengleichheit wurde die Reihenfolge durch Los (§ 10 Abs. 4 WahlO MVG) bei der Feststellung des Wahlergebnisses ermittelt.
Im Rahmen der Novellierung des MVG zum 1. Januar 2024 wurde das Thema »Ersatzmitglieder/Nachrücker« neu geregelt. Während vorher nur dann ein Ersatzmitglied in die MAV-Sitzung geladen werden durfte, wenn die Beschlussfähigkeit der MAV gefährdet war, muss jetzt für jede Verhinderung eines MAV-Mitglieds ein Ersatzmitglied geladen werden. Das bedeutet auch, dass nunmehr die **Entschuldigungsgründe** bei einer Verhinderung einer Sitzungsteilnahme

durch den oder die Vorsitzenden genau zu betrachten sind. Ein Ersatzmitglied muss dann geladen werden. wenn ein ordentliches Mitglied

- **rechtlich** oder
- **tatsächlich** verhindert ist.

Rechtlich verhindert bedeutet, ein MAV-Mitglied kann durch einen Rechtsgrund nicht an einer Sitzung teilnehmen. Rechtliche Gründe können sein:

- Ruhenstatbestände nach § 18 Abs. 3 MVG-EKD: z. B. Wahrnehmung der dienstlichen Geschäfte untersagt, es liegt eine Verhinderung der Wahrnehmung dienstlicher Aufgaben für länger als drei Monate vor, es ist keine Wahrnehmung des MAV-Amtes möglich, Beurlaubung länger als drei Monate, Freistellung aufgrund gesetzlicher Vorschriften oder Arbeitsrechtsregelungen
- in der MAV werden eigene Angelegenheiten behandelt (§ 26 Abs. 3 MVG-EKD)
- Wehrübung, Einsatz im Zivilschutz.

Wenn in der MAV die Angelegenheiten eines MAV-Mitglieds behandelt werden (z. B. Höhergruppierung), hat dieses Mitglied bei Beratung und Beschlussfassung den Raum zu verlassen. Für diesen Zeitraum muss ein Ersatzmitglied geladen werden. Der Vorsitzende hat bei der Erstellung der Tagesordnung bereits solche Sachverhalte mitzudenken und das Ersatzmitglied für seinen Einsatz einzuladen.

Tatsächliche **Verhinderungsgründe** für den Einsatz des Ersatzmitglieds können z. B. sein: Urlaub, Krankheit, Dienstreise, Dienstbefreiung, Freizeitausgleich, Elternzeit ohne Arbeitsleistung, Abordnung. Es handelt sich also um Gründe, bei denen das MAV-Mitglied real nicht vor Ort anwesend ist. Hinsichtlich des Urlaubs gibt es z. T. die Rechtsmeinung, dass bei einer rechtzeitigen Anmeldung beim Vorsitzenden eine Teilnahme möglich ist.

Lustlosigkeit, Desinteresse an der MAV, Arbeitsbelastung stellen jedenfalls keine echten Verhinderungsgründe dar. Vielmehr besteht eine Verpflichtung zur Vertretung bzw. Teilnahme an den MAV-Sitzungen. Es gilt der allgemeine Grundsatz: MAV-Tätigkeit geht der arbeitsvertraglich vereinbarten Arbeit vor. Hinsichtlich der Arbeitsbelastung wird z. T. die Auffassung vertreten, dass in einem extremen Ausnahmefall die Erbringung der Arbeitsleistung der MAV-Arbeit vorgehen kann (z. B. im OP-Saal dauert eine OP länger und der Arzt, der MAV-Mitglied ist, kann nicht vertreten werden). Ersatzmitglieder, die häufiger unentschuldigt oder ohne zulässigen Grund nicht zu MAV-Sitzungen kommen, begehen eine Pflichtverletzung, die durch ein Amtsenthebungsverfahren geahndet werden kann (§ 17 MVG-EKD).

Ersatzmitglieder sind während ihrer Zeit als ordentliches Mitglied, Mitglieder mit allen Rechten und Pflichten eines MAV-Mitglieds. Es gibt keine MAV-Mitglieder erster und zweiter Klasse.

Bedeutung für die MAV

Die Änderung des MVG hinsichtlich der Ersatzmitglieder ist positiv zu bewerten, weil die MAV dann immer in voller Stärke tagt. Die Änderung bedeutet für den Vorsitzenden allerdings zusätzlichen Aufwand und Aufmerksamkeit, denn er muss, sobald ihm ein Verhinderungsgrund bekannt wird, das Ersatzmitglied nachladen. Das gilt auch für sehr kurzfristige Verhinderungen. Unterbleibt die Nachladung, hat das ggf. die Unwirksamkeit der Beschlussfassung in der MAV-Sitzung zur Folge, was erhebliche negative Auswirkungen haben kann (z. B. kann ein Beschluss zur Zustimmungsverweigerung zu einer ordentlichen Kündigung nach Ablauf der Probezeit unwirksam sein, mit der Folge, dass Zustimmungsfiktion eintritt).
Weiterhin gilt:
Das Ersatzmitglied muss vom Vorsitzenden über die Einhaltung der Schweigepflicht mündlich zu Beginn seiner ersten Sitzung (§ 22 MVG-EKD) belehrt werden. Es muss nach dem Ausscheiden aus der MAV alle erhaltenen Unterlagen (§ 18 Abs. 5 MVG-EKD) an den MAV-Vorsitzenden zurückgeben. Für das Ersatzmitglied gilt der Kündigungsschutz (§ 21 Abs. 2 MVG-EKD sowie § 15 KSchG) von einem Jahr nach Ausscheiden aus dem Amt.
Auch der **Fortbildungsanspruch** aus § 19 Abs. 3 MVG dürfte nun auch für die regelmäßig nachrückenden Ersatzmitglieder bestehen. Es empfiehlt sich, regelmäßig die ersten Personen auf der Nachrückerliste und deren Vorgesetzte über die Termine der MAV-Sitzungen zu informieren und klarzustellen, dass diese im Fall des Nachrückens von der Arbeit zu befreien sind. Das sollte in jedem Fall der Vorsitzende der MAV übernehmen.

Bedeutung für die Beschäftigten

Die Beschäftigten sollen sicher sein, dass IHRE MAV immer vollzählig ihre Interessen vertritt.

Ersatzvornahme, Ordnungsgeld

Was ist das?

Weigert sich die → **Dienststellenleitung**, eine unanfechtbar gewordene Entscheidung des Kirchengerichts umzusetzen, kann die MAV bei dem nach Verfassung, Gesetz oder Satzung zuständigen Aufsichtsorgan beantragen, die Entscheidung im Wege der Ersatzvornahme umzusetzen (§ 60 Abs. 8 MVG). Diese Regelung ist als mögliche Option im MVG für gliedkirchliche Vorgaben in den einzelnen Mitarbeitervertretungsgesetzen vorgesehen. Die Ersatzvornahme ist ausdrücklich vorgesehen bei der Ev.-Luth. Kirche in Bayern und der Bremischen Ev.-Kirche.

Bedeutung für die MAV

Die Regelung (falls vorhanden) gibt der MAV das Recht, sich an das zuständige Aufsichtsorgan, z.B. Vereins- oder Kuratoriumsvorstand, Landeskirchenamt, usw. zu wenden und die Umsetzung unanfechtbar gewordener Entscheidungen des Kirchengerichts zu verlangen. Die Ersatzvornahme wäre vom Grundsatz her überflüssig, da die → **Dienststellenleitung** an eine verbindliche Entscheidung des Kirchengerichts (→ **Rechtsschutz**) gebunden ist (§ 60 Abs. 8 MVG). Die Praxis hat jedoch gezeigt, dass sich Dienststellenleitungen nicht immer an Entscheidungen des Kirchengerichts halten, besonders dann, wenn sie weiterhin an ihrer gegenteiligen Rechtsauffassung festhalten. Allerdings hat auch die Praxis gezeigt, dass die Anrufung des zuständigen Aufsichtsorgans nicht immer zur Umsetzung der Entscheidung des Kirchengerichts führt. Einen weiteren Rechtsweg, außer das zuständige Aufsichtsorgan der → **Dienststelle** anzurufen, das sich weigert, eine unanfechtbar gewordene Entscheidung des Kirchengerichts umzusetzen, gibt es jedoch nicht. Der → **Rechtsschutz der MAV** verläuft hier im Sande, eine Umsetzung kann dann nur noch auf politischem Wege, durch Öffentlichkeitsarbeit und moralischen Druck, Gesetze der Synode einzuhalten,

erreicht werden. Ein Gang zum Arbeitsgericht ist für die MAV ausgeschlossen. Sollten Rechtsanwälte oder → **Beistände** von der Schlichtungsstelle Kostenersatz bzw. Anwaltsgebühren zugesprochen worden sein, können hier die → **Arbeitsgerichte** für die weitere Durchsetzung angerufen werden.
Straf- und Bußgeldvorschriften, wie sie das Betriebsverfassungsgesetz (§ 119 u. § 121) vorsieht, fehlen im MVG gänzlich. Bis zur Novellierung Ende 2013 war nicht einmal die Möglichkeit eines Ordnungsgeldes vorgesehen. Durch die Einführung des § 63 a MVG – Einhaltung auferlegter Verpflichtungen, Ordnungsgeld – kann nunmehr die MAV, wenn der Arbeitgeber ein Urteil des Kirchengerichts nicht umsetzt, ein Ordnungsgeld beantragen. Das Ordnungsgeld kann seit dem 1. 1. 2024 bis zu 10 000 € betragen. Der Antrag, ein Ordnungsgeld zu verhängen, kann frühestens einen Monat nach Rechtskraft des Beschlusses des Kirchengerichts bei diesem beantragt werden. Gegen die Verhängung eines Ordnungsgeldes in der ersten Instanz kann die Dienststelle Beschwerde beim Kirchengerichtshof einlegen. Dabei wird die inhaltliche Entscheidung der ersten Instanz nicht mehr geprüft. Die Dienststelle kann in der Regel nur geltend machen, dass sie innerhalb der Monatsfrist nach Rechtskraft eines Beschlusses diesen umgesetzt hat. Verhängt der KGH.EKD ein Ordnungsgeld, so ist diese Entscheidung unanfechtbar.
Auch wenn das Ordnungsgeld in seiner maximalen Höhe von 10 000 € übersichtlich ist, darf die psychologische Wirkung nicht unterschätzt werden. Allerdings ist auch diese Entscheidung nicht vollstreckbar, da »Kirche« nicht die vollziehende Gewalt des Staates besitzt. Zahlt der Arbeitgeber das Ordnungsgeld nicht, kann allenfalls ein gliedkirchliches Diakonisches Werk die Mitgliedseinrichtung, wegen Verstoßes gegen die Satzung, nach der sie sich an das diakonische oder kirchliche Arbeitsrecht halten muss, rügen oder ausschließen. Nachdem gliedkirchliche Diakonische Werke von ihren Mitgliedern Beiträge erhalten, dürfte es aber auch hier an einem geeigneten Druckmittel fehlen.

Bedeutung für die Beschäftigten

Sollten durch Entscheidungen des Kirchengerichts (→ **Rechtsschutz**) Rechte für einzelne Beschäftigte entstanden sein, können ggf. die → **Arbeitsgerichte** bzw. zunächst die → **Schlichtungsstelle**, falls dies die jeweiligen AVR vorsehen (z. B. AVR.HN), angerufen werden.

Europäisches Arbeitsrecht

Sozialpolitik im vereinigten Europa

Die heutige Europäische Union wurde 1957 als Europäische Wirtschaftsgemeinschaft (EWG) gegründet. In den Gründungsverträgen der EWG spielen sozialpolitische Zielvorstellungen nur eine untergeordnete Rolle.

Die normativen Vorgaben für die Sozialordnung bleiben im Wesentlichen allgemein. Hierbei sind hervorzuheben:

Die **Europäische Menschenrechtskonvention** garantiert die freie gewerkschaftliche Betätigung. Gesetzliche Einschränkungen sind nur für Mitglieder der Streitkräfte, der Polizei und der Staatsverwaltung zugelassen (Artikel 12). In Artikel 14 wird das Diskriminierungsverbot u. a. wegen des Geschlechts, der Religion oder politischer und sonstiger Anschauungen formuliert.

In der 1989 verabschiedeten **Europäischen Sozialcharta** (ESC) wird neben dem Recht auf freie gewerkschaftliche Betätigung ausdrücklich das Streikrecht genannt (Artikel 11–13) mit folgendem Zusatz: »Um die Beilegung von Arbeitsstreitigkeiten zu erleichtern, sind in Übereinstimmung mit den einzelstaatlichen Gepflogenheiten die Einführung und Anwendung von Vermittlungs-, Schlichtungs- und Schiedsverfahren auf geeigneter Ebene zu erleichtern.«

Die im Rahmen der EU-Verfassungsdebatte erhobenen Forderungen nach Verankerung von sozialen Rechten und Mindeststandards in der Verfassung waren in den EU-Gremien und den nationalen Regierungen nicht mehrheitsfähig.

Mit der im Jahr 2000 formulierten **Lissabon-Strategie** sollte die EU zum wettbewerbsstärksten Wirtschaftsraum der Welt werden. Wirtschaftspolitisch wird als wesentliches Ziel ein offener wettbewerbsfähiger Binnenmarkt angestrebt. »Dienstleistungen von allgemeinem Interesse« sollen nach dem Willen der EU-Kommission weitgehend von privaten Anbietern übernommen werden und der Staat sich auf die Rolle eines Auftraggebers bzw. auf die Durchführungskontrolle beschränken.

Die in den letzten Jahren stärker werdende Kritik der Arbeitnehmer und der Gewerkschaften an der EU richtet sich vor allem gegen die wirtschaftsliberale Ausrichtung des europäischen Projekts. Die sozialen Rechte der Arbeitnehmer werden zurück gefahren zu Lasten des Wirkens des »freien Marktes«. Arbeitnehmerschutzbestimmungen werden an vielen Stellen zurück genommen und keine wirksamen Maßnahmen gegen das Absenken des Lohnniveaus unternommen. Auf der anderen Seite wird gegen das Steuerdumping einzelner Staaten nicht vorgegangen und eine ausufernde Privatisierungspolitik unterstützt.

Beispielhaft für diese Entwicklung war die Auseinandersetzung um die **EU-Dienstleistungsrichtlinie** (auch bekannt als Bölkestein-Richtlinie) Im Wesentlichen ging es darum, ob die klassischen Bereiche der öffentlichen Daseinsvorsorge wie Bildung, Kultur, Gesundheit und Soziales als wirtschaftliche Dienste anzusehen sind. Als wirtschaftliche Dienste würden sie uneingeschränkt der EU-Binnenmarkt- und Wettbewerbsordnung unterliegen und sich dem Wettbewerb mit privaten Anbietern aussetzen. Der Rückzug des Staates von seinen Aufgaben der öffentlichen Daseinsvorsorge und damit ein umfangreicher Abbau der Errungenschaften des Sozialstaats wären die Folge.

Die im November 2006 nach heftigen Protesten der Gewerkschaften verabschiedete Dienstleistungsrichtlinie ist ein wackeliger Kompromiss. »Nicht-wirtschaftliche Dienstleistungen von allgemeinem Interesse« fallen nicht mehr unter den Anwendungsbereich der Richtlinie. Kultur-, Sozial- und Bildungsdienstleistungen sind nicht explizit ausgenommen und es bleibt letztlich der Rechtsprechung des EuGH überlassen, ob er diesbezügliche Dienstleistungen als »wirtschaftliche« betrachtet oder nicht. Bei der derzeitigen Entwicklung hin zu einer verstärkten Privatisierung von Sozialeinrichtungen (z. B. von Krankenhäusern), zur Auslagerung von Bereichen oder der Einrichtung von gemischt öffentlich-privaten Trägerschaften fallen immer mehr Einrichtungen unter die Regelungen der Richtlinie.

EU-Richtlinien

Nach Artikel 100 des EGV (Vertrag zur Gründung der Europäischen Gemeinschaft, EG-Vertrag) kann der Rat einstimmig auf Vorschlag der Kommission und nach Anhörung des Europäischen Parlamentes und des Wirtschafts- und Sozialausschusses **Richtlinien** erlassen. Ziel der Richtlinien ist es, im Streben nach der notwendigen Einheitlichkeit des Gemeinschaftsrechtes die Widersprüche zwischen den verschiedenen nationalen Rechts- und Verwaltungsvorschriften zu beseitigen und die Unterschiede schrittweise abzubauen, damit in den Mitgliedstaaten materiell möglichst gleiche Bedingungen gelten. Die Richtlinien sind für jeden Mitgliedstaat verbindlich und ihnen muss zur praktischen Wirksamkeit verholfen werden. Das EU-Recht überlässt jedoch den innerstaatlichen Stellen die Wahl der Form und der Mittel der Umsetzung, wie das innerstaatliche Recht den Richtlinien angepasst werden soll (Artikel 189 EGV). Die EU-Richtlinien sind damit ein wichtiges rechtliches Instrument zur Europäisierung des Arbeitsrechtes.

Bei den von der EU zu erlassenden Richtlinien handelt es sich um **Mindeststandards**, die es jedem Staat ermöglichen, weitergehende Bestimmungen zu erlassen.
In dem Abkommen zur Sozialpolitik werden die ökonomischen Bedingungen der Richtlinien ausdrücklich erwähnt. Die Maßnahmen sollen »der Notwendigkeit, die Wettbewerbsfähigkeit der Wirtschaft der Gemeinschaft zu erhalten, Rechnung tragen« und Art. 100 des EGV weist darauf hin, dass sich die zu erlassenden Richtlinien »unmittelbar auf die Errichtung oder das Funktionieren des Gemeinsamen Marktes auswirken«. Nicht zuletzt sollen damit auch Wettbewerbsnachteile innerhalb der EU durch »Sozialdumping« einzelner Mitgliedstaaten ausgeschlossen werden.
Die bisherigen Regelungen im EU-Arbeitsrecht betreffen nur einen relativ kleinen Bereich. Die wirtschaftlichen Vorteile der Unternehmer durch die EU-Regelungen überwiegen stark, die soziale Absicherung der Arbeitnehmer kann im Vergleich damit nicht Schritt halten.

Wichtige EU-Richtlinien

	Gleichbehandlung von Mann und Frau im Arbeitsleben
75/116	Lohngleichheits-RL
79/7	Gleichbehandlungs-RL über soziale Sicherheit
86/387	Gleichbehandlungs-RL über betriebliche Systeme der Sozialen Sicherheit
2002/73	Gleichbehandlungs-RL
2006/54/	RL zur Verwirklichung der Chancengleichheit und Gleichbehandlung von Männern und Frauen (Neufassung)
2000/78	Antidiskriminierungs-RL
2023/270	Entgelttransparenz-RL
	Allgemeine arbeitsrechtliche Richtlinien
90/270	Bildschirmgeräte_RL
92/56(75/129)	Massenentlassungs-RL
96/71 + 2018/957	RL über die Entsendung von Arbeitnehmern
98/50(77/187)	RL über Erworbene Rechte (Betriebsübergangs-RL)
80/987	Insolvenz-RL
91/533	RL über den Nachweis von Arbeitsverhältnissen
91/250	RL über den Rechtsschutz von Computerprogrammen

91/383	RL über den Schutz bei atypischer Arbeit
94/45	RL über Europäische Betriebsräte
96/71	RL über die Entsendung von Arbeitnehmern
97/81	RL Teilzeit
2002/14/	RL zur Unterrichtung und Anhörung
2006/123	Dienstleistungsrichtlinie
2008/94	RL zur Zahlung der Löhne an Arbeitnehmer bei Zahlungsunfähigkeit ihres Arbeitgebers
2008/104	RL zur Leiharbeit
2014/67	RL zur Umsetzung und der praktischen Anwendung der RL über die Entsendung von Arbeitnehmern
1999/70	RL zu Rahmenvereinbarung über befristete Arbeitsverträge
2019/1152	RL über transparente und vorhersehbare Arbeitsbedingungen in der EU
2023/970	Entgelttransparenzrichtlinie
2024/792	Lieferkettensorgfalts RL
	Arbeits- und Gesundheitsschutz
89/391	RL zur Verbesserung des Gesundheitsschutzes
90/269	RL über die manuelle Handhabung von Lasten
90/270	Bildschirm-RL
90/364	RL über den Schutz der Arbeitnehmer vor Karzinogenen
92/85	Mutterschutz-RL
93/104	Arbeitszeit-RL

(Die erste Zahl nennt stets das Jahr der Verabschiedung der Richtlinie; die in Klammern gesetzten Nummern sind die Richtlinien in der zuerst verabschiedeten Fassung.)

EU-Recht und nationales Recht

Mit der Änderung des Artikels 23 Grundgesetz am 21.12.1992 im Zuge des Maastrichter Vertrages kann nun der Bund mit Zustimmung des Bundesrates Hoheitsrechte an die Europäische Union übertragen. Die EU nimmt diese Kompetenzen beispielsweise mit dem Erlass von Richtlinien wahr.
Das Gemeinschaftsrecht geht dem innerstaatlichen Recht vor. Dies hat in Bezug auf die EU-Richtlinien folgende Konsequenzen:

- Wird das innerstaatliche Recht nicht den EU-Richtlinien angepasst, sind die Gerichte verpflichtet, das nationale Recht richtlinienkonform auszulegen.

- Jede einzelne EU-Person kann sich gegenüber dem Staat auf EU-Richtlinien berufen, auch wenn diese von dem betreffenden Mitgliedstaat nicht oder nur unvollkommen umgesetzt wurden.
- EU-Richtlinien gelten unmittelbar für den Öffentlichen Dienst.
- Einzelne EU-Bürger aus dem Bereich außerhalb des Öffentlichen Dienstes können Schadensersatzansprüche gegen den EU-Mitgliedstaat stellen, wenn dieser es versäumt hat, die EU-Richtlinien rechtzeitig umzusetzen.

Hinweis:
Der Europäische Gerichtshof (EuGH) hat die Aufgabe, die Wahrung des Rechts bei der **Auslegung und Anwendung der Gründungsverträge der EG** sowie der von den Gemeinschaftsorganen erlassenen **Rechtsvorschriften** zu sichern und die Einheitlichkeit bei der Auslegung des EU-Rechtes zu garantieren.
Im so genannten **Vorabentscheidungsverfahren** nach Art. 177 EGV befindet der EuGH aufgrund vorgelegter Fragen innerstaatlicher Gericht über die Auslegung des EU-Rechtes. Da das geschaffene EU-Recht immer mehr das innerstaatliche Recht der Mitgliedstaaten durchdringt, gewinnt der EuGH stets mehr an Gewicht. Zielrichtung des Vorabentscheidungsverfahrens ist es, die Einheitlichkeit der Auslegung des EU-Rechtes zu garantieren.
Eine **Vorlagemöglichkeit besteht für jedes nationale Gericht**, gleichgültig welcher Instanz. Das Gericht kann, wenn die zu klärende Frage erkennbar die Auslegung des EU-Rechtes betrifft und die Auslegung von Erheblichkeit ist, dieses Verfahren aussetzen und dem EuGH die Frage vorlegen. Der nationale Richter formuliert die Rechtsfrage, die der EuGH in der Form eines Urteils beantwortet. Ob der nationale Richter von seinem Vorlagerecht Gebrauch macht, entscheidet er nach pflichtgemäßem Ermessen. Die Parteien des Rechtsstreits können nur Anregungen geben. Die Vorabentscheidung des EuGH bindet das vorlegende Gericht in seiner Rechtsprechung. Der Vorabentscheidung kommt damit eine bedeutende Präjudizwirkung für ähnliche Streitfälle zu.
Die Vorlageverfahren der deutschen Arbeitsgerichte betrafen bisher überwiegend Fragen der mittelbaren Diskriminierung von Frauen und zuletzt auch Streitfälle wegen Diskriminierung von kirchlich Beschäftigten. Die Entscheidungen des EuGH führten u.a. zur Überarbeitung von Paragrafen im damaligen BAT/TVöD, die eine Benachteiligung der Teilzeitkräfte beinhalteten. Auch die Kirchen sind nun gezwungen, die Loyalitätsanforderungen an ihre Beschäftigten an die EU-Vorschriften anzupassen.

EU-Recht und Kirchliches Recht der Bundesrepublik Deutschland

Mit dem Maastrichter Vertrag und der oben erwähnten Anpassung des Artikels 23 Grundgesetz sind die Grundlagen für ein umfassendes europäisches Arbeits- und Sozialrecht, auch für den kirchlichen Bereich, gelegt worden. Weitgehend unbestritten in der Arbeitsrechtsliteratur ist die Geltung der EU-Richtlinien auch

für den kirchlichen Bereich. Die Richtlinie Gesundheitsschutz definiert Arbeitnehmer »als jede Person, die von einem Arbeitgeber beschäftigt wird«.
In den folgenden Verhandlungen zum Maastrichter Vertrag haben die deutschen Kirchen versucht, ihre in Deutschland im Grundgesetz verankerte verfassungsrechtliche Sonderstellung auch im EU-Vertrag festzuschreiben. Dieser Versuch scheiterte endgültig mit dem Vertrag von Amsterdam vom 2.10.1997. Statt einer Aufnahme in das europäische Vertragswerk erreichten die Kirchen trotz massiver Lobbyarbeit nur in einer Erklärung zur Schlussakte, dass die EU den Status der Kirchen oder religiösen Vereinigungen oder Gemeinschaften nach den Vorschriften der Mitgliedsstaaten achtet. Dieser Erklärung fehlt die rechtliche Verbindlichkeit der Richtlinien und hat im Konfliktfall hinter diese zurückzutreten.

Unzureichende Umsetzung der Antidiskriminierungsrichtlinie
Eine relativ erfolgreiche Lobbyarbeit konnten die Kirchen bei der Formulierung der Richtlinie der EU zur Gleichbehandlung der Beschäftigten (**Antidiskriminierungsrichtlinie 2000/78/EG**) aufweisen. Diese Richtlinie soll Diskriminierung auch wegen der Religion oder der Weltanschauung verbieten. Ausnahmen soll es nur geben, wenn die Ungleichbehandlung auf einem Merkmal beruht, das *»aufgrund der Art einer bestimmten beruflichen Tätigkeit oder der Bedingung ihrer Ausübung eine wesentliche und entscheidende berufliche Anforderung darstellt, sofern es sich um einen rechtmäßigen Zweck und eine angemessene Anforderung handelt«* (Artikel 4, Absatz 2). Eine Ungleichbehandlung wegen der Religionszugehörigkeit ist somit nur dann zulässig, wenn sie eine wesentliche und entscheidende Rolle bei der Berufsausübung spielt. Diese kirchenfreundliche Regelung wurde von Irland erzwungen, das mit einem Veto drohte, da die spezifische irische Situation nicht genügend berücksichtigt sei.
Deutschland setzte im Jahr 2006 als letztes Land in Europa diese EU-Richtlinie in Form der → **Gleichbehandlung (AGG)** um. Die Formulierungen im AGG erweitern die kirchenfreundlichen Formulierungen in der Antidiskriminierungsrichtlinie noch mehr. Eine unterschiedliche Behandlung wegen der Religionszugehörigkeit ist nach dem deutschen AGG § 9 Abs. 2 zulässig:
Das Verbot unterschiedlicher Behandlung wegen der Religion oder der Weltanschauung berührt nicht das Recht der in Absatz 1 genannten Religionsgemeinschaften, der ihnen zugeordneten Einrichtungen ohne Rücksicht auf ihre Rechtsform oder der Vereinigungen, die sich die gemeinschaftliche Pflege einer Religion oder Weltanschauung zur Aufgabe machen, von ihren Beschäftigten ein loyales und aufrichtiges Verhalten im Sinne ihres jeweiligen Selbstverständnisses verlangen zu können.
Mit dieser Formulierung im AGG fühlten sich die Kirchen in Deutschland in ihren Ansichten zu den Loyalitätspflichten ihrer Beschäftigten gestärkt. Auch die

deutschen Gerichte wiesen in ihrer überwiegenden Mehrheit bisher den Kirchen allein das Recht zu, die beruflichen Anforderungen selbst zu formulieren und lehnten eine gerichtliche Kontrolle über die Angemessenheit der Anforderungen ab. Die Anforderungen der kirchlichen Arbeitgeber an die→ **Dienstgemeinschaft** hatte demnach jeder Beschäftigte zu erbringen, unabhängig von seiner Nähe zum Verkündungsauftrag.
Die Formulierungen im AGG weichen jedoch wesentlich von den Präzisierungen in der Antidiskriminierungsrichtlinie der EU ab. Die Richtlinie der EU legt fest, *»wonach eine Ungleichbehandlung wegen der Religion oder Weltanschauung einer Person keine Diskriminierung darstellt, wenn die Religion oder die Weltanschauung dieser Person nach der Art dieser Tätigkeiten oder der Umstände ihrer Ausübung* **eine wesentliche, rechtmäßige und gerechtfertigte berufliche Anforderung** angesichts des Ethos der Organisation darstellt« (Art. 4, Abs. 2).
Der entscheidende Unterschied zum AGG ist, dass **verschiedene Beschäftigtengruppen unterschiedlich** von den Kirchen behandelt werden müssen. Diese Unterscheidung wurde jedoch nicht von den deutschen Kirchen vorgenommen bzw. abgelehnt, und dies führte in der Folgezeit zu Rechtsstreitigkeiten vor dem Europäischen Gerichtshof. In einem **Vorabentscheidungsverfahren** können die nationalen Gerichte dem Europäischen Gerichtshof (EuGH) Fragen in Bezug auf die Auslegung des Europarechts vorlegen. Die Entscheidungen des EuGH sind für die Gerichte der Mitgliedsstaaten bindend.

Der EuGH korrigiert die deutsche Rechtsprechung
Im Jahr 2018 hatten sowohl die evangelische wie die katholische Kirche vor dem EuGH eine entscheidende Niederlage einstecken müssen. Nach dem EuGH-Urteil vom 17.4.2018 im Fall Egenberger dürfen kirchliche Arbeitgeber – hier die evangelische Kirche – bei Einstellungen gemäß nationalem Recht nur dann von Bewerbern die Zugehörigkeit zu einer Konfession verlangen, wenn die auszuübende Tätigkeit direkt mit dem Glauben und der Verkündigung zu tun hat. Die Sozialpädagogin hatte sich im Jahr 2012 auf eine befristete Stelle beim Evangelischen Werk für Diakonie und Entwicklung beworben. Die Bewerbung wurde abgelehnt, weil sie keiner christlichen Kirche angehörte.
Auch die Katholische Kirche verlor am 11.9.2018 ihr Verfahren vor dem EuGH. Ein Chefarzt hatte gegen seine Kündigung durch seinen katholischen Krankenhausträger, geklagt. Das Krankenhaus hatte ihm gekündigt, weil der Chefarzt nach seiner Scheidung ein weiteres Mal standesamtlich geheiratet hatte. Darin hatte der katholische Arbeitgeber einen schwerwiegenden Verstoß gegen die Loyalitätspflichten aus der katholischen Grundordnung gesehen.
Nach dem Urteil des EuGH ist eine Ungleichbehandlung nur dann zulässig, wenn die Anforderungen aus dem religiösen Ethos der Kirche abzuleiten sind. Diese Anforderungen müssen von staatlichen Gerichten wirksam dahingehend

kontrolliert werden können, ob sie wesentlich, rechtmäßig und gerechtfertigt für die Ausübung der Tätigkeit sind. In den beiden vom EuGH entschiedenen Fällen waren die von den Kirchen an die Beschäftigten gestellten besonderen religiösen Anforderungen nicht gerechtfertigt.
In beiden Angelegenheiten hatte das BAG Vorlagenfragen an den EuGH gerichtet und entschied nach dem Urteil des EuGH, dass die Kündigung des Chefarztes rechtsunwirksam ist und dass die abgelehnte Bewerberin einen Anspruch auf Schadensersatz hat.
Eine weitere grundlegende Frage ist, ob sich die kirchlichen Einrichtungen in der BRD – insbesondere bei Caritas und Diakonie – durch ihre arbeitsrechtliche Sonderstellung und die Ablehnung von Tarifverträgen nicht einen **Wettbewerbsvorteil** sichern, der grundsätzlich gegen die EU-Verträge verstößt. Diakonie und Caritas erbringen Dienstleistungen und stehen damit in Konkurrenz zu anderen Unternehmen in Deutschland und der EU. Sie dürfen mittels kirchlicher Arbeitsrechtssetzung kein Sozialdumping betreiben und sich einseitig Vorteile innerhalb der Wettbewerbsordnung sichern.
In der Europäischen Sozialcharta sind allgemeine Grundsätze festgelegt, die dem kirchlichen Recht in der BRD teilweise widersprechen. Auch die in der Europäischen Menschenrechtskonvention festgehaltenen Grundsätze sind nicht unbedingt vereinbar mit der Praxis in kirchlichen Einrichtungen.

Übersicht:

Im Rahmen dieses Spannungsverhältnisses von kirchlichem Arbeitsrecht in Deutschland und dem EU-Recht sind noch eine Reihe weiterer Streitfälle ungeklärt und noch nicht dem Europäischen Gerichtshof angetragen worden. In Bezug auf das kirchliche Arbeitsrecht in der Bundesrepublik Deutschland sind auf Grund der Ausführungen der Europäischen Sozialcharta zu überprüfen:

- die bei der Kirche verbreitete Auffassung des Streikverbotes in kirchlichen Einrichtungen,
- ob die innerkirchlichen Schlichtungsverfahren »geeignet« sind und sie den Mindestanforderungen genügen,
- ob die innerkirchlichen Schlichtungsstellen befugt sind, entsprechende Streitfragen dem EuGH zur Entscheidung vorzulegen,
- die **ACK-Klausel** in einzelnen regionalen Mitarbeitervertretungsgesetzen,
- die Zulässigkeit der außerordentlichen Kündigung wegen Austritts aus der Kirche oder wegen »eines anderen Verhaltens, das eine grobe Missachtung der Kirche oder ihrer Ordnung darstellt«.

Weiterhin ist zu überprüfen, inwieweit die Bundesrepublik Deutschland als Vertragspartner verpflichtet ist, darauf hinzuwirken,

- die Einrichtung von geeigneten Vermittlungs- und Schlichtungsverfahren innerhalb des ganzen Staatsgebietes zu fördern,

- Verfahren für freiwillige Verhandlungen zwischen Arbeitgeber- und Arbeitnehmerorganisationen in allen Bereichen zu fördern,
- die Vereinigungsfreiheit von Arbeitnehmern ohne Ausnahme sicherzustellen.

»Rechts- und kulturvergleichend stellt das Arbeitsrecht, das für kirchlich Beschäftigte in der Bundesrepublik Deutschland gilt, geradezu ein Unikat dar. Es handelt sich um einen deutschen Sonderweg, für den es in dieser Ausprägung praktisch keine Analogie in einem anderen Staat gibt. Insofern gerät das inländische kirchliche Arbeitsrecht [als?] eine Art Nebenrechtsordnung neben dem staatlichen Recht im Zuge des europäischen Einigungsprozesses durchaus unter Druck« (Kreß 2013).

Übereinkommen der IAO (Internationale Arbeitsorganisation) / Zugangsrecht der Gewerkschaften

Die IAO, eine Organisation der UNO, ist ein Zusammenschluss von über 170 Ländern und befasst sich vor allem mit der Ausarbeitung sozialpolitischer Normen. Die BRD hat nicht alle Übereinkommen der IAO unterzeichnet. Der Sachverständigenausschuss der IAO hat jedoch eine Reihe von Verstößen der Bundesrepublik gegen ratifizierte Übereinkommen festgestellt. Nach der Entscheidung des Bundesverfassungsgerichtes vom 17.2.1981, externen Gewerkschaftsbeauftragten das Recht zum Zugang in kirchliche Einrichtungen nicht zu gewähren, forderte der Sachverständigenausschuss der IAO die Bundesregierung auf, die Gesetzgebung in Übereinstimmung mit dem Übereinkommen zu bringen

Nach der Verfassung der IAO sind nur Staaten, nicht jedoch supranationale Organisationen wie die EU, Mitglied in der IAO.

Der Sachverständigenausschuss der IAO hatte bereits 1985 das so genannte »**Vollmarsteiner Urteil**« des Bundesverfassungsgerichtes für nicht konform mit den auch von der Bundesrepublik unterzeichneten IAO-Abkommen erklärt.

Im Zusammenhang mit dem Verfahren am 20.11.2012 vor dem Bundesarbeitsgericht zum Streikrecht der Gewerkschaften in kirchlichen Einrichtungen, zog die ev. Kirche in Erwartung einer Niederlage ihre Klage gegen das Zugangsrecht der Gewerkschaften in ihren Einrichtungen zurück und erklärte, sie erkenne das Zugangsrecht nun an.

Literaturhinweis

- *Amt für Veröffentlichungen der Europäischen Gemeinschaften:* Umfangreiche kostenlose Informationen zur EU und dem Recht der EU, L-2985 Luxemburg.
- *Baumann-Czichon:* BAG: Auch ohne Glauben in der Kirche arbeiten, in: Arbeitsrecht und Kirche 3/2018.
- *Busch, Sebastian:* Lang erwartet: EuGH entscheidet Grundsatzfragen der Einstellungspraxis kirchlicher Träger, in: Arbeitsrecht und Kirche 2/2018.

- *Gekeler, Corinna:* Loyal dienen, diskriminierendes Arbeitsrecht bei Caritas, Diakonie und Co., Aschaffenburg 2013.
- *Kreß, Hartmut:* Die Sonderstellung der Kirchen im Arbeitsrecht – sozialethisch vertretbar? Ein deutscher Sonderweg im Konflikt mit Grundrechten, Baden-Baden 2013.
- *Stein, Peter:* Kirchliches Arbeitsrecht im Umbruch, in: Arbeit und Recht 4/2019.
- *Stein, Peter:* Das kirchliche Selbstbestimmungsrecht im Arbeitsrecht und seine Grenzen,
- *www.hugo-sinzheimer-institut.de/faust-detail.htm?sync_id=HBS-008510.*

Evangelische Kirche in Deutschland (EKD)

Was ist das?

In der EKD haben sich 20 lutherische, reformierte und unierte Landeskirchen zusammengeschlossen. Der Aufbau der EKD beruht auf föderalen Prinzipien und betont die Unabhängigkeit und Selbständigkeit der Landeskirchen. 2023 hatte die Evangelische Kirche 18,6 Millionen Mitglieder.
Das Landeskirchentum entstand im Zeitalter der Reformation aus den Territorien der protestantischen Landesherren heraus. Auch nach der organisatorischen Trennung von Kirche und Staat im Jahr 1918 wurde an den Landeskirchen festgehalten.
Nach der Grundordnung der EKD von 1948 bestehen die Organe der EKD aus Synode, Rat und Kirchenkonferenz.
Die Synode der EKD wird für sechs Jahre gewählt und trifft sich in der Regel jährlich. Sie beschließt die Kirchengesetze wie z. B. den Haushalt, den Datenschutz und die Arbeitsrechtsregelungsgesetze.

»100 Synodale werden von den Synoden der 20 Gliedkirchen der EKD *gewählt. Sie sind den Gliedkirchen gegenüber nicht weisungsgebunden. Der Rat der EKD beruft ergänzend 28 weitere Mitglieder – Menschen aus Politik, Wirtschaft, Medien und Kultur, die für das Leben der Kirche und ihrer Werke wichtig sind. Jede/r Synodale hat zwei Stellvertreterinnen bzw. Stellvertreter.*
Die Anzahl der Synodalen pro Gliedkirche hängt von deren Mitgliederzahl ab. Gliedkirchen mit vielen Mitgliedern – wie die hannoversche oder die rheinische Landeskirche – sind z. B. in der 12. Synode mit zehn Synodalen vertreten. Jede Landeskirche wählt aber mindestens zwei Synodale.
Bei den Wahlen und der Berufung soll auf ein ausgewogenes Geschlechterverhältnis geachtet werden. Theologinnen oder Theologen dürfen nicht die Mehrheit in der Synode darstellen. In der Zusammensetzung der Synodalen spiegelt sich also, dass die evangelische Kirche als Gemeinschaft von Frauen und Männern, von Laien und Theologen agiert.

Ab 2021 sollen mindestens 20 von 128 Synodalen am 1 Januar des Jahres, in dem die Amtszeit der Synode beginnt, zwischen 18 und 26 Jahren jung sein. Bislang gab es Jugenddelegierte, die jedoch keine Anträge einbringen und nicht an Abstimmungen teilnehmen konnten. Die künftigen Jungsynodalen werden als reguläre Synodale alle Rechte zur Beteiligung haben. Die Regelung gilt bereits ab 2020 und somit für die nächste Amtsperiode der Synode, die 2021 beginnt und sechs Jahre dauert.«
(EKD: Die Synode der Evangelischen Kirche in Deutschland)

Die **Kirchenkonferenz** entspricht einer Länderkammer und wird aus den leitenden Theologinnen und Theologen sowie den leitenden Juristen und Juristinnen der Gliedkirchen gebildet. Sie trifft sich viermal im Jahr. Die Landeskirchen üben über die Kirchenkonferenz direkte Mitverantwortung und Einflussnahme bei der Ausrichtung der EKD aus. Die Landeskirchen mit mehr als zwei Millionen Mitgliedern haben zwei Stimmen, alle anderen eine Stimme.
Die Kirchenkonferenz berät über die Arbeit der EKD und über gemeinsame Anliegen der Gliedkirchen. Sie leitet der Synode und dem Rat der EKD Vorlagen oder Anregungen zu. Bei der Gesetzgebung und der Wahl des Rates wirkt sie ausdrücklich mit. Vorsitzender der Kirchenkonferenz ist stets der Ratsvorsitzende.
Dem **Rat der EKD** gehören 15 Mitglieder, Laien und Theologen, an. Davon werden 14 gemeinsam von Synode und Kirchenkonferenz gewählt. Die oder der Präses der Synode ist 15. Mitglied kraft Amtes. Der Rat hat die Aufgaben einer Exekutive und leitet die EKD in den wesentlichen Angelegenheiten. Mit Stellungnahmen und Denkschriften bezieht er Position zu aktuellen gesellschaftlichen und religiösen Fragen. Der Rat der EKD wird gemeinsam von Synode und Kirchenkonferenz für sechs Jahre gewählt.
An der Spitze des Rates steht der **Ratsvorsitzende**. Zur Vorsitzenden wurde 2021 Annette Kurschus gewählt. Sie trat im November 2023 von allen ihren Ämtern zurück. Ihr wird vorgeworfen, als frühere Gemeindepfarrerin einen Fall sexuell übergriffigen Verhaltens vertuscht zu haben. Betroffene hatten ihren Rücktritt gefordert. Kommissarische Nachfolgerin ist die Bischöfin Kirsten Fehrs.
Das **Kirchenamt** der EKD mit Sitz in Hannover und rund 200 Beschäftigten ist die Verwaltungszentrale der EKD. Sie führt die laufenden Geschäfte von Synode, Rat und Kirchenkonferenz.

Die Landeskirchen der EKD

Landeskirche	Sitz	Anzahl der Kirchenmitglieder 2009	Anzahl der Kirchenmitglieder 2011	Anzahl der Kirchenmitglieder 2017	Anzahl der Kirchenmitglieder 2022
Ev. Landeskirche Anhalts	Dessau	49 000	42 068	32 611	26 236
Ev. Landeskirche in Baden	Karlsruhe	1 291 000	1 252 395	1 156 407	1 035 524
Ev.-Luth. Kirche in Bayern	München	2 630 000	2 531 590	2 370 179	2 143 233
Ev. Kirche Berlin-Brandenburg-schlesische Oberlausitz	Berlin	1 140 000	1 074 792	962 569	833 846
Ev.-luth. Landeskirche in Braunschweig	Wolfenbüttel	400 000	374 977	334 951	293 979
Bremische Evangelische Kirche	Bremen	236 000	221 042	193 099	163 710
Evangelische Kirche in Mitteldeutschland	Magdeburg/ Eisenach	910 000	823 060	712 064	615 855
Ev.-luth. Landeskirche Hannovers	Hannover	3 006 000	2 839 782	2 597 722	2 302 547
Ev. Kirche in Hessen und Nassau	Darmstadt	1 777 000	1 701 861	1 549 255	1 361 322
Ev. Kirche von Kurhessen-Waldeck	Kassel	900 000	895 185	812 273	730 478
Lippische Landeskirche	Detmold	91 000	179 541	159 396	140 313

Evangelische Kirche in Deutschland (EKD)

Ev.-Luth. Landeskirche Mecklenburgs	Schwerin	205 000			
Nordelbische Ev.-Luth. Kirche	Kiel	2 086 000			
Pommersche Ev. Kirche	Greifswald	100 000			
Nordkirche*	Schwerin, Kiel		2 257 646	2 027 751	1 772 953
Ev.-Luth. Kirche in Oldenburg	Oldenburg	461 000	443 285	411 595	317 688
Evangelische Kirche der Pfalz	Speyer	597 000	568 148	515 627	456 498
Ev.-reformierte Kirche	Leer	185 000	177 347	173 305	159 309
Ev. Kirche im Rheinland	Düsseldorf	2 889 000	2 769 637	2 544 325	2 226 794
v.-Luth. Landeskirche Sachsens	Dresden	811 000	763 725	689 858	610 503
Ev.-Luth. Landeskirche Schaumburg-Lippe	Bückeburg	61 000	56 780	51 234	45 764
Ev. Kirche von Westfalen	Bielefeld	2 582 000	2 456 233	2 236 897	2 001 009
Ev. Landeskirche in Württemberg	Stuttgart	2 287 000	2 190 544	2 022 740	1 821 266
Gesamt		**24 833 000**	**23 619 648**	**21 535 858**	**19 152 827**

Am 31. 12. 2023 betrug die Zahl der Mitglieder der Evangelischen Kirche nur noch 18,6 Millionen. Dies entspricht einem Rückgang von 593 000 oder 3,1 % im Vergleich zum Vorjahr.

* Die Evangelisch-Lutherische Kirche Mecklenburgs, die Nordelbische Evangelisch-Lutherische Kirche und die Pommersche Evangelische Kirche sind seit dem 27. Mai 2012 vereinigt zur Evangelisch-Lutherischen Kirche in Norddeutschland.

Zahlen auf Basis der Erhebungen der EKD.

Religionen in Deutschland 2022

Bevölkerung insgesamt	84 400 000	Bevölkerungsanteil
Evangelische Kirche in Deutschland	19 100 000 (2023; 18 600 000)	22,6 %
Römisch-katholische Kirche	20 937 600	24,8 %
Orthodoxe Kirchen	1 840 000	2,2 %
Konfessionsg. Muslime	3 090 000	3,7 %
Konfessionslos	36 941 300	43,8 %

Quelle: Wikipedia, Religionszugehörigkeit in Deutschland, Abruf 21. 5. 2024

Bedeutung für die MAV

Die EKD ist Nutznießerin des Privilegs aus Art. 140 GG und kann sich somit auf den Ausschluss des BetrVG (§ 118 BetrVG) berufen. Daher können derzeit in kirchlichen und diakonischen Einrichtungen nur MAVen auf Grundlage des MVG-EKD gewählt werden. Die EKD und die Landeskirchen haben eigene Kirchenparlamente (Synoden), die das MVG anpassen und daher unmittelbar auf die Rechte der MAVen einwirken. Problematisch ist, dass das Interesse und das Wissen der Synodalen beim Thema Arbeitsrecht eher untergeordnet sind. Insofern werden regelmäßig Arbeitgeberinteressen durchgesetzt, auch wenn Gesamtausschüsse und die Bundeskonferenz (Buko) Stellungnahmerechte haben. Die Stellungnahmen finden aber kaum Beachtung.

Bedeutung für die Beschäftigten

Auch für die Beschäftigten ist das Privileg der Kirchen unmittelbar spürbar, insbesondere über die undemokratische Rechtssetzung auf dem Dritten Weg und den weitgehenden Ausschluss des Streikrechts durch die Kirchen, der sich jedoch vor den Gerichten als nicht haltbar erwiesen hat.

Familienbudget

Was ist das?

Das sog. Familienbudget ist ein Instrument zur Finanzierung familienfördernder Maßnahmen durch den Arbeitgeber. Die Höhe des Familienbudgets ist in der Regel an die Bruttolohnsumme gekoppelt und variabel einsetzbar. Die konkrete Verteilung des jährlichen Budgets erfolgt meist über eine → **Dienstvereinbarung** zwischen MAV und → **Dienststellenleitung.**
Im Bereich von evang. Kirche und Diakonie sind – lediglich – zwei arbeitsrechtliche Regelungen zum Familienbudget bekannt:

- § 37 AVR-Bayern und die zugehörige Anlage 14 AVR-Bayern, gültig seit 1.7.2007: Danach beträgt das jährliche Familienbudget 1 % der Bruttolohnsumme des Betriebs. Die MAV ist einmal jährlich über die Höhe der Summe zu informieren. Über die Verwendung des Budgets »soll« eine Dienstvereinbarung abgeschlossen werden. Kommt es bis 31.12. eines Jahres nicht zu einer Vereinbarung, erhalten alle Beschäftigten eine zusätzliche Sonderzahlung in Höhe von 1 % ihres steuerpflichtigen Einkommens – bis spätestens 30. April des Folgejahres. Die Regelung gilt ausschließlich für die Diakonie in Bayern – nicht für die ev. Kirche. Entsprechend bietet das Diakonische Werk Bayern eine Muster-Dienstvereinbarung im Intranet an. Die Muster-Vereinbarung sieht vor, dass über die Verwendung des Familienbudgets entweder in einer paritätisch besetzten Kommission entschieden wird oder in der Dienstvereinbarung konkrete familienfördernde Maßnahmen festgelegt werden.
- Arbeitsrechtsregelung zur Ausgestaltung des Familienbudgets der Evang. Kirche Hessen-Nassau (EKHN) und des Diakonischen Werkes Hessen-Nassau (DWHN), gültig seit 1.1.2008 (zuletzt geändert am 21.3.2018): Danach beträgt das jährliche Familienbudget 0,4 % der Bruttolohnsumme des Betriebs (also weniger als die Hälfte der bayerischen Regelung). Ein Teil des Budgets kann – anders als in Bayern – auf Ebene der Landeskirche bzw. der landeskirchlichen Diakonie »zum Aufbau übergreifender Maßnahmen« verwendet werden. Die MAV ist einmal jährlich über die Höhe der Summe zu informieren. Über die Verwendung des Budgets »soll« eine Dienstvereinbarung

abgeschlossen werden. Sie regelt die Verwendung des Familienbudgets für familienfördernde Maßnahmen. Kommt es bis 31. 10. eines Jahres nicht zu einer Vereinbarung, wird der Betrag ausgeschüttet an Beschäftigte mit Kindern nach einem Punktebewertungsschlüssel. Dabei zählen jüngere Kinder stärker als ältere. Bei pflegebedürftigen Angehörigen im Haushalt sind die Punkte nach den Pflegestufen bzw. -graden gestaffelt. Die Auszahlung erfolgt mit der Gehaltsabrechnung für März des Folgejahres. Die Regelung gilt gleichermaßen für Diakonie und Kirche.

Zum 1. 3. 2021 wurde die Regelung für die Beschäftigten der EKHN thematisch erweitert. Es handelt sich nicht mehr nur um ein »Familienbudget«, sondern um ein »Familien-, Gesundheits- und Mobilitätsbudget« mit entsprechenden Maßnahmen.

Was ist gemeint mit **familienfördernden Maßnahmen**, die über das Familienbudget finanziert werden sollen? Nach der hessischen Regelung sind damit alle Maßnahmen gemeint, die die Vereinbarkeit von Familie und Beruf ermöglichen bzw. erleichtern. Konkret sind folgende Maßnahmen genannt: Zuschüsse zu Kinderbetreuungskosten, Zuschüsse für die Pflege von Familienangehörigen und Freistellungsvereinbarungen in familiären Notsituationen, die über gesetzliche und arbeitsrechtliche Regelungen hinausgehen.

In der Regel sind jedenfalls Maßnahmen gemeint, auf die kein rechtlicher Anspruch besteht. Dies können z. B. sein: betriebliche Angebote zur Kinderbetreuung oder zur Betreuung pflegebedürftiger Angehöriger, Betreuungsangebote für Ausnahmesituationen und Ferienzeiten, Beratungs- oder Vermittlungsdienste, finanzielle Leistungen wie Beihilfen für Schüler, Zuschüsse zu Kindergartenbeiträgen, Pflegegeld usw.

Mit der Reform der Tarifwerke im Öffentlichen Dienst in den Jahren vor 2007 wurden dort, aber auch in den meisten kirchlichen Regelungen familien- und kinderbezogene Leistungen (Ausnahme: AVR DD; dort: § 19a Kinderzuschlag) gestrichen. Es scheint so, dass mit der Einführung eines Familienbudgets das schlechte Gewissen von Kirche und Diakonie beruhigt werden sollte, das aus der Abschaffung früherer familienbezogener Leistungen resultierte. Das Ganze wird natürlich positiv verpackt als »gute Alternative zu den bisher gewährten Familienzuschlägen« (EKD). Unterm Strich handelt es sich um eine Absenkung sozialer Leistungen, die der Arbeitgeber vorher gezahlt hat.

Bedeutung für die MAV

Mit der Einführung eines betrieblichen Familienbudgets nimmt die »Verbetrieblichung« arbeitsrechtlicher Regelungen zu. Entscheidungen über Gelder oder

Sachleistungen für bestimmte Beschäftigte werden auf der betrieblichen, nicht auf der überbetrieblichen Ebene getroffen. Das halten wir für eine falsche Entwicklung.

Der Mitarbeitervertretung wird als ein Partner der abzuschließenden Dienstvereinbarung über das Familienbudget die Verantwortung übertragen, ob Beschäftigte Teile des Budgets erhalten oder nicht, und die MAV entscheidet auch mit über die Höhe der Beträge bzw. den Umfang der Leistungen. Mit dem Familienbudget haben Mitarbeitervertretungen eine Art »Spielwiese« zugewiesen bekommen, auf der sie – sinnwidrig – zum »Tarifpartner« auf Betriebsebene werden. Das widerspricht der eigentlichen Aufgabe betrieblicher Interessenvertretungen.

Die MAV steht als betrieblicher Akteur vor einem grundsätzlichen Dilemma: Sie wird es schwer haben, es allen Beschäftigten im Betrieb recht zu machen: Beschäftigte mit älteren Kindern werden gegen solche mit jüngeren Kindern ausgespielt, Angehörige mit höherem Pflegegrad gegen solche mit niedriger. Die Solidarität im Betrieb leidet eher, statt sie zu gewinnen. Die MAV hat den »Schwarzen Peter« und sie betreibt mit der Entscheidung über die Verteilung des Familienbudgets einen hohen (zeitlichen) Aufwand, durch den sie ihre eigentlichen Aufgaben vernachlässigt.

Fraglich scheint im Übrigen auch, ob der vergleichsweise hohe betriebliche Verwaltungsaufwand nicht zu viele Ressourcen verbraucht, die an anderer Stelle sinnvoller eingesetzt werden könnten.

Daher empfehlen die Autoren den Mitarbeitervertretungen in den Bereichen, wo eine arbeitsrechtliche Regelung zum Familienbudget (aktuell: AVR-Bayern, AVR HN, KDO, KDAVO) besteht, die Aufnahme von Verhandlungen über eine Dienstvereinbarung zur Verwendung des Familienbudgets sehr sorgfältig abzuwägen. Uns erscheint der Abschluss einer solchen Vereinbarung bei Beachtung der Vorgeschichte der Regelung, des geringen Volumens, der Verbetrieblichung und der Gefahr der Spaltung der Belegschaft jedenfalls wenig sinnvoll.

Insbesondere raten wir von allen Regelungen ab, die das Familienbudget dafür verwenden, für Beschäftigte zusätzliche Urlaubstage oder zusätzliche freie Tage zu gewähren – ohne gleichzeitig auch das Personal im Betrieb entsprechend aufzustocken. Die Regelung klingt natürlich super für jeden einzelnen Beschäftigten, kostet aber den Arbeitgeber keinen Cent, vielmehr steckt er das Familienbudget in die eigene Tasche. Und die Gewährung von Urlaubs- oder freien Tagen erfolgt dann letztendlich auf dem Rücken der Kollegen, die für die »Urlauber« die Arbeit übernehmen. Ein seltsames Modell!

Fort- und Weiterbildung der Arbeitnehmer

Was ist das?

Bei der Fort- und Weiterbildung handelt es sich um Maßnahmen der beruflichen Entwicklung.
Die berufliche Fortbildung dient dazu, die berufliche Handlungsfähigkeit zu erhalten, anzupassen oder zu erweitern. Berufliche Aufstiegsmöglichkeiten können durch eine Fortbildung verbessert werden (vgl. § 1 Abs. 3 BBiG). Keine berufliche Fortbildungsmaßnahme liegt vor, wenn den Arbeitnehmern lediglich solche Kenntnisse und Fertigkeiten vermittelt werden, die sie für die fehlerfreie und ordnungsgemäße Wahrnehmung ihrer bisherigen Aufgaben benötigen.
Eine Weiterbildung beinhaltet die Vermittlung und Vermehrung von Kenntnissen und Fähigkeiten in organisiertem Lernen. In der Regel wird durch eine Weiterbildung eine zusätzliche Qualifikation erlangt (z. B. Fachweiterbildung in der Pflege).

Bedeutung für die MAV

Die MAV hat nach § 39 c) MVG ein uneingeschränktes Mitbestimmungsrecht bei der Aufstellung von Grundsätzen für die Aus-, Fort- und Weiterbildung sowie die Teilnehmerauswahl.
Die MAV hat des Weiteren nach § 39 d) MVG ein uneingeschränktes Mitbestimmungsrecht bei der Auswahl der Teilnehmer an Fort- und Weiterbildungsveranstaltungen.
§ 39 c) MVG regelt somit, dass die MAV bei der Aufstellung von abstrakten Grundsätzen mitzubestimmen hat, um sicherzustellen, dass alle Arbeitnehmer die gleichen Möglichkeiten haben, an beruflichen Fort- und Weiterbildungsmaßnahmen teilzunehmen.
§ 39 d) MVG regelt dann die Auswahl eines Arbeitnehmers aus mehreren in Betracht kommenden Arbeitnehmern.

Bedeutung für die Beschäftigten

Fort- und Weiterbildungen sind für die Beschäftigten sehr relevant, um »up to date« zu sein oder ihre Kenntnisse und Fertigkeiten zu mehren und somit bessere Chancen auf dem Arbeitsmarkt zu haben.
Es stellen sich für die Beschäftigten jedoch oftmals eine Vielzahl von Fragen, wie z. B.
- Muss ich an einer Fortbildung teilnehmen, wenn der Arbeitgeber diese Fortbildung anweist?
- Habe ich den Anspruch, an einer Fortbildung teilzunehmen? Und wer trägt die Kosten?

Übt der Arbeitgeber in zulässiger Weise sein Direktionsrecht aus und entsendet einen Arbeitnehmer zu einer Fortbildung, dann hat der Arbeitnehmer – vorausgesetzt die Weisung ist rechtmäßig – an der Fortbildung teilzunehmen. Die Kosten trägt der Arbeitgeber, die Teilnahme ist Arbeitszeit.
Einen Anspruch, an einer bestimmten Fortbildung teilzunehmen, hat der Arbeitnehmer grundsätzlich nicht, es sei denn, es gibt eine entsprechende arbeitsvertragliche Regelung.
Möchten Arbeitnehmer eine Fort- oder Weiterbildung absolvieren, können sie versuchen, mit dem Arbeitgeber individuelle Regelungen zu vereinbaren wie z. B. der Arbeitgeber trägt die Kosten der Fortbildung, die Teilnahme ist aber keine Arbeitszeit etc.
Eine **spezielle Regelung** sieht **§ 3a AVR.DD** vor. Die Regelung greift, wenn der Arbeitnehmer die Fort- oder Weiterbildung auf Veranlassung des Arbeitgebers und im Rahmen des Personalbedarfs absolviert. Der Arbeitgeber trägt dann die Kosten der Fortbildung und die Zeit der Teilnahme an der Fortbildung ist Arbeitszeit.
§ 3 a AVR.DD gibt eine Bindungsdauer des Arbeitnehmers an den Arbeitgeber vor. Bei Nicht-Einhaltung hat der Arbeitnehmer die Fort- und Weiterbildungskosten/Aufwendungen (wozu auch das gezahlte Entgelt gehört) (anteilig) zu erstatten, sollte das Arbeitsverhältnis aus einem Grund enden, den der Arbeitnehmer zu vertreten hat (z. B. Fehlverhalten, Aufhebungsvertrag, Eigenkündigung; nicht aber Ende eines befristeten Arbeitsverhältnisses). Des Weiteren besteht eine Rückzahlungsverpflichtung nur dann, wenn der Arbeitnehmer durch die Fort- oder Weiterbildungsmaßnahme besonders bedeutsame zusätzliche Arbeitsmarktchancen erworben hat. Besonders bedeutsame Arbeitsmarktchancen liegen in der Regel vor, wenn der Arbeitnehmer wegen der absolvierten Fort- oder Weiterbildungsmaßnahme eine höhere Vergütung nach den AVR erzielt als zuvor (z. B. Zahlung einer Funktionszulage, Höhergruppierung). Eine Rückzahlungspflicht entsteht grundsätzlich erst, sobald die Fort- und Weiterbildungs-

maßnahme einen zeitlichen Umfang von mindestens einem Monat (gleich 22 Maßnahmetage) überschreitet.

Je nach Dauer der Maßnahme ergeben sich unterschiedliche Rückzahlungsverpflichtungen für den Arbeitnehmer:

- Dauerte die Fort- oder Weiterbildungsmaßnahme weniger als 3 Monate, ist der Arbeitnehmer zur Rückzahlung der Aufwendungen verpflichtet, wobei ihm in diesem Fall für jeden vollen Monat der Beschäftigung nach dem Ende der Fort- oder Weiterbildung 1/12 der Aufwendungen erlassen werden.
- Dauerte die Fort- oder Weiterbildungsmaßnahme mindestens 3 Monate aber weniger als 6 Monate, ist der Arbeitnehmer zur Rückzahlung der Kosten verpflichtet, wobei ihm in diesem Fall für jeden vollen Monat der Beschäftigung nach dem Ende der Fort- oder Weiterbildung 1/24 der Aufwendungen erlassen werden.
- Dauerte die Fort- oder Weiterbildung mindestens 6 Monate ist der Arbeitnehmer zur Rückzahlung der Kosten verpflichtet, wobei ihm in diesem Fall für jeden vollen Monat der Beschäftigung nach dem Ende der Fort- oder Weiterbildung 1/36 der Aufwendungen erlassen werden.

Arbeitnehmer und Arbeitgeber haben vor Beginn der Fort- oder Weiterbildung eine schriftliche Vereinbarung zu schließen, aus der die individuellen Rückzahlungsmodalitäten ersichtlich sind.

Der Arbeitnehmer muss wissen, welche Kosten auf ihn zukommen, sollte er das Arbeitsverhältnis vor Ablauf der Bindungsfrist beenden wollen.

§ 3a AVR.KW, § 7 AVR-Bayern sehen ebenfalls spezielle Regelungen für Fort- und Weiterbildungen vor.

Freistellung und Arbeitsbefreiung der MAV

Was ist das?

Die Aufgaben der MAV werden während der → **Arbeitszeit** erledigt (§ 19 Abs. 2 MVG). Neben dieser Generalklausel für die Arbeitsbefreiung der MAV-Mitglieder kann für einzelne MAV-Mitglieder noch eine stunden- bzw. tageweise Freistellung bzw. vollständige Freistellung von der Arbeit (§ 20 MVG) vereinbart werden. Mit der Arbeitsbefreiung bzw. Freistellung soll sichergestellt werden, dass die Aufgaben der MAV ordnungsgemäß erfüllt werden. Weiterhin ist jedem MAV-Mitglied für → **Schulungen**, Tagungen und Seminare, die erforderliche Kenntnisse für die MAV-Arbeit vermitteln, pro Amtszeit für max. je 4 Wochen (§ 19 Abs. 3 MVG) Arbeitsbefreiung zu gewähren.

Bedeutung für die MAV

Die MAV bzw. das einzelne MAV-Mitglied entscheidet nach eigenem Ermessen darüber, wann MAV-Tätigkeiten erledigt werden. Die **MAV-Tätigkeiten** müssen **notwendig** sein, wobei sich die Notwendigkeit auf den Inhalt der Tätigkeit, den zeitlichen Umfang und die zeitliche Lage der Tätigkeit bezieht. Die Erledigung von MAV-Tätigkeiten unterliegt keinem Genehmigungsvorbehalt durch die → **Dienststellenleitung**. Der Hinweis auf dringende dienstliche Belange rechtfertigt kein Verbot von MAV-Tätigkeiten. Lediglich in Notfällen (z. B. ungeplante Operation im Krankenhaus nach einem Unglück) kann es Ausnahmen geben. Die MAV-Mitglieder haben dann evtl. dienstliche Belange zu berücksichtigen und müssen in solchen Notfällen abwägen. Der Arbeitgeber hat dann aber, falls durch den Noteinsatz Fristen durch die MAV nicht eingehalten werden können, diese Fristen auf Antrag der MAV zu verlängern (analog zu § 38 Abs. 3 MVG). Um evtl. organisatorisch rechtzeitig planen zu können, muss sich ein MAV-Mitglied bei seinem Vorgesetzten (i. d. R. – kann auch örtlich anderes geregelt werden) **abmelden**, wenn es sich zur Erledigung von MAV-Aufgaben vom Arbeitsplatz entfernt. Die Abmeldung beim Vorgesetzten für MAV-Tätigkeiten ohne Verlassen des Arbeitsplatzes ist nur dann notwendig, wenn eine unverzügliche Arbeitsaufnahme, z. B. bei Telefonanrufen oder beim Eintreffen von Besuchern, nicht möglich ist.

Bei der Abmeldung genügt i. d. R. der Hinweis auf die notwendige MAV-Tätigkeit, die erledigt werden muss. Über die Inhalte der MAV-Tätigkeit braucht der Arbeitgeber nicht informiert zu werden. Dadurch soll vermieden werden, dass der Arbeitgeber die Arbeit der MAV überprüfen kann. Ebenfalls soll verhindert werden, dass sich einzelne MAV-Mitglieder einem Rechtfertigungszwang ausgesetzt sehen. Nach Beendigung der MAV-Tätigkeit muss wieder eine **Rückmeldung** erfolgen.

Voll freigestellte MAV-Mitglieder und teilfreigestellte MAV-Mitglieder müssen sich nicht »abmelden«, wenn sie innerhalb der Dienststelle Aufgaben der MAV wahrnehmen. Werden Aufgaben außerhalb der Dienststelle wahrgenommen, kann die Dienststellenleitung eine An- und Abmeldung verlangen (analog BAG v. 24.2.2016, NZA 2016 S. 831).

Hält der Arbeitgeber die Arbeitsbefreiung von MAV-Mitgliedern für nicht notwendig, kann er das Kirchengericht (→ **Rechtsschutz**) anrufen (§ 60 Abs. 1 MVG). Sollte der Arbeitgeber eine erforderliche Arbeitsbefreiung untersagen, so kann die MAV bzw. das MAV-Mitglied das Verbot sanktionslos ignorieren. Im Bereich des Personalvertretungsrechts wurde bisher davon ausgegangen, dass der Personalrat kein »Selbstbefreiungsrecht« hat, sondern bei der Verweigerung einer Arbeitsbefreiung das Verwaltungsgericht anrufen muss. Allerdings normiert § 19 Abs. 2 Satz 2–4 MVG Regelungen zur Umsetzung des Anspruchs auf Arbeitsbefreiung, die den Vorrang der Tätigkeit in der MAV vor den arbeitsvertraglichen Aufgaben materiell absichern sollen. Eine Entsprechung im BetrVG oder im Personalvertretungsgesetz haben diese Regelungen nicht. Die MAV kann das Kirchengericht (→ **Rechtsschutz**) wegen **Behinderung der MAV-Tätigkeit** (§ 19 Abs. 1 MVG) anrufen, falls ein MAV-Mitglied trotz eindeutiger Rechtslage auf Weisung des Arbeitgebers doch nicht an z. B. einer Sitzung teilnimmt.

Die Arbeitsbefreiung führt zu keiner Minderung der Vergütung.

Ab 151 Mitarbeitern bestehen Freistellungsansprüche für die MAV. So gibt es ab 151 Mitarbeitern eine halbe Freistellung, ab 301 Mitarbeitern 2 halbe Freistellungen, ab 601 Mitarbeitern 4 halbe Freistellungen und ab 1000 Mitarbeitern je angefangene 500 eine weitere halbe Freistellung. Die halbe Freistellung bezieht sich jeweils auf die Arbeitszeit eines Vollbeschäftigten, nicht auf die individuelle Arbeitszeit des freizustellenden MAV-Mitglieds. Grundsätzlich soll – auch in kleineren Dienststellen – über die Freistellung von MAV-Mitgliedern eine Vereinbarung (§ 20 Abs. 1 MVG) zwischen → **Dienststellenleitung** und MAV abgeschlossen werden, kommt eine solche Vereinbarung nicht zustande, dann greift die sog. »Freistellungsstaffel« (§ 20 Abs. 2 MVG).

Bei der Auswahl der/des freizustellenden MAV-Mitglieder/-Mitglieds ist die MAV grundsätzlich frei. Die Entscheidung im MAV-Gremium erfolgt durch einen einfachen Beschluss (§ 26 MVG). Vor diesem Beschluss ist jedoch zwingend eine Erörterung über die freizustellenden MAV-Mitglieder mit der Dienststellenleitung durchzuführen. Ein **Freistellungsbeschluss** ohne Erörterung ist unwirksam. Ist die Dienststellenleitung mit einer Person, die freigestellt werden soll, nicht einverstanden, kann sie das → **Kirchengericht** anrufen.

Erkrankt ein teil- oder voll freigestelltes Mitglied der MAV, so hat die MAV den Anspruch, befristet bis zur Gesundung des MAV-Mitglieds ein anderes MAV-Mitglied freistellen zu lassen, um die Aufgaben der MAV ordnungsgemäß erledigen zu können.

Zur **Berechnung der Freistellungsstaffel** zählten früher die Mitarbeiter mit einer wöchentlichen Arbeitszeit von nicht mehr als zehn Stunden nur mit dem Anteil an der Stundenzahl eines Vollbeschäftigten. Diese, die Freistellungsstaffel verschlechternde Regelung wurde zwischenzeitlich aus dem MVG gestrichen.

Auch Mitarbeitervertretungen in Dienststellen mit weniger als 151 Mitarbeitern können **stundenweise Freistellungen** beanspruchen. Im Rahmen eines Kirchengerichtsverfahrens können hier Regelungen durchgesetzt werden (siehe Schlichtungsstelle Bayern v. 4. 7. 1996 – 26/0-6/4-107 und KGH.EKD, Beschluss v. 24. 9. 2018, I-0124/57-2017).

Anstelle von halben Freistellungen können halbe Freistellungen auch zu ganzen Freistellungen zusammengefasst werden (§ 20 Abs. 3 MVG). Einem entsprechenden Antrag der MAV ist durch den Arbeitgeber stattzugeben (siehe auch Fey/Rehren, Rn. 7 zu § 20 MVG).

Ändert sich während der Amtsperiode die Zahl der Arbeitnehmer, so muss auch die Zahl der Freistellungen erhöht werden, wenn nur so gewährleistet werden kann, dass die Tätigkeiten der MAV ordnungsgemäß erledigt werden können (Beschluss KGH-EKD I-0124/R50-09 vom 23. 11. 2009). Ergeben sich nur minimale Veränderungen beim maßgeblichen Schwellenwert, so muss nicht sofort mit einer Erhöhung oder einer Verringerung der Freistellung reagiert werden. Vielmehr setzt die Veränderung des Umfangs der Freistellungen während einer Amtsperiode voraus, dass die Über- oder Unterschreitung des betreffenden Schwellenwerts erheblich und von hinreichender Dauer in der Zukunft ist. Nicht erheblich sind für den Kirchengerichtshof Über- oder Unterschreitungen von bis zu 10 Beschäftigten. Auch kurz vor Ende einer Amtsperiode sind Änderungen in der Freistellungszahl nicht mehr gerechtfertigt. Ist absehbar, dass die Änderung der Beschäftigtenzahl nur vorübergehend ist, so wird an den Freistellungen ebenfalls nichts geändert.

Freistellung für Arbeitnehmer

Was ist das?

Durch den → **Arbeitsvertrag** sind die Beschäftigten verpflichtet, entsprechend den rechtlichen Rahmenbedingungen (AVR.DD, Gesetze, Verordnungen, ...) ihre Arbeitsleistung im vereinbarten Umfang zu erbringen. Eine Freistellung von der **Arbeitspflicht** erfolgt allgemein durch Urlaub, Beurlaubung, Sonderurlaub, vereinbarten Zeitausgleich, Überstundenausgleich, Wahltage (§ 29a AVR.DD) usw. Dies bedeutet, entweder wurde die freie Zeit vorher eingearbeitet oder durch Einkommensverzicht erreicht oder aber es besteht ein bezahlter Freistellungsanspruch (z. B. Urlaub). Weiterhin wird in § 616 BGB folgendes geregelt: »Der zur Dienstleistung Verpflichtete wird des Anspruchs auf die Vergütung nicht dadurch verlustig, dass er für eine verhältnismäßig nicht erhebliche Zeit durch einen in seiner Person liegenden Grund ohne sein Verschulden an der Dienstleistung verhindert wird«. Im Bereich der AVR.DD wird diese Regelung – in § 11 Dienstbefreiung – konkretisiert; in den AVR-Bayern in § 27 Dienstbefreiung im TVöD in § 29 Arbeitsbefreiung, im BAT in § 52 Arbeitsbefreiung.

Bedeutung für die MAV

Bei der Gewährung einer individuellen **Dienstbefreiung** hat die MAV keine Mitbestimmungs-, Mitwirkungs- oder Informationsrechte. Im Rahmen des Beschwerderechts (§ 35 Abs. 3 Buchst. c MVG) können sich die Beschäftigten bei Problemen bei der Gewährung von Dienstbefreiungen an die MAV wenden. Wenn die MAV die Beschwerde für berechtigt hält, hat sie sich mit der Dienststellenleitung darüber auseinanderzusetzen. Problematisch ist immer wieder, wann die **Dienstbefreiung** genommen werden muss, am Tag des Ereignisses (z. B. Tod eines Ehegatten – 2 Tage, § 11 Abs. 1 Buchst. b AVR DD) und dem folgenden Tag oder auch etwas später zur Erledigung der Behördengänge. Zu beachten ist, dass die Freistellung in zeitlich nahem Zusammenhang zum Anlass

steht. Hier sollte die MAV mit dem Arbeitgeber entsprechende, jedoch nicht zu enge, Regelungen treffen. Die MAV kann die Beschäftigten auch im Rahmen einer → **Mitarbeiterversammlung** über die verschiedenen Möglichkeiten für Dienstbefreiungen informieren.
Die MAV hat hingegen ein uneingeschränktes Mitbestimmungsrecht nach § 40 Buchst. e MVG bei der Aufstellung von Grundsätzen für den Urlaubsplan.

Bedeutung für die Beschäftigten

Durch die Regelungen in der AVR.DD, den AVR-Bayern, dem TVöD und dem BAT, bzw. den entsprechenden beamtenrechtlichen Regelungen werden in besonderen **persönlichen Situationen** (Heirat, Tod, Umzug aus dienstlichem Grund, Jubiläen, schwerer Erkrankung von Angehörigen und Kindern, Pflege, ...) vom Arbeitgeber **bezahlte Freistellungen** gewährt. Dabei ist zu beachten, dass der Arbeitgeber unverzüglich über den Freistellungstatbestand zu informieren ist und die formale Genehmigung der Freistellung abzuwarten ist. Je nach Rechtsgrundlage kann bzw. muss auch für ehrenamtliches Engagement durch den Arbeitgeber Dienstbefreiung gewährt werden (z. B. Teilnahme an ev. Kirchentagen, Mitarbeit in der Arbeitsrechtlichen Kommission, Erfüllung kirchlicher Pflichten). Auch für die Erfüllung allgemeiner staatsbürgerlicher Pflichten ist Dienstbefreiung zu gewähren, z. B. für gewählte Schöffen bzw. Beisitzer bei Gerichten oder für gewählte Stadt-, Gemeinde-, Bezirksräte, ... Dabei ist zu beachten, dass diese Tätigkeiten außerhalb der normalen Arbeitszeit stattfinden sollten. Falls dies nicht möglich ist, kann der Arbeitgeber Lohnersatz verlangen, z. B. vom Arbeitsgericht, bei arbeitsgerichtlichen Beisitzern. Per Gesetz sind z. B. die Freistellungspflichten für aktive Feuerwehrmitglieder (Brandschutzgesetze der einzelnen Bundesländer) und Mitglieder des Technischen Hilfswerks (Freistellung nach THW-Gesetz) im Notfalleinsatz bzw. bei Fortbildungen geregelt. Von der Dienstbefreiung ist das Fernbleiben vom Dienst (§ 10 AVR.DD) zu unterscheiden. Hier geht es um Erkrankungen, Arztbesuche oder eine Maßnahme der Rehabilitation.
Oftmals werden Arbeitnehmer einseitig durch den Arbeitgeber bei behaupteten Verstößen gegen arbeitsvertragliche Pflichten bis zur Klärung des Sachverhalts von der Arbeitsleistung freigestellt. In diesen Fällen entfällt der Anspruch auf Arbeitsentgelt nicht, der Arbeitgeber befindet sich im Annahmeverzug, § 615 BGB. In der Regel erfolgt die Freistellung widerruflich. Bei einer widerruflichen Freistellung kann während der Freistellung keine Anrechnung eines etwaig noch bestehenden Urlaubsanspruchs erfolgen. Bei einer unwiderruflichen Freistellung, die oftmals während einer noch laufenden Kündigungsfrist erklärt wird, kann

die Freistellung unter Anrechnung des noch bestehenden Urlaubsanspruchs und sonstiger Freizeitgewährungsansprüche (z. B. Plusstunden) erfolgen.
Da Arbeitnehmer einen rechtlichen Anspruch auf Entgegennahme der Arbeitsleistung haben, d. h. einen Anspruch auf Beschäftigung, ist der Arbeitgeber nur in seltenen Fällen zu einer einseitigen Freistellung berechtigt. Den betroffenen Arbeitnehmern ist demnach zu raten, sich rechtlich durch die Gewerkschaft oder einen Fachanwalt für Arbeitsrecht beraten zu lassen, um ggf. Klage vor dem Arbeitsgericht auf vertragsgerechte Beschäftigung zu erheben.

Fristberechnung

Was ist das?

Um zu einem **geregelten Verfahrensablauf** im Verhältnis von → **Dienststellenleitung** und MAV zu kommen, gibt es neben verschiedenen weiteren Formvorschriften das Regularium der Fristen. Mit Fristen wird im MVG geregelt, bis wann die MAV oder die → **Dienststellenleitung** Entscheidungen oder Stellungnahmen abzugeben haben bzw. dritte Stellen (wie z. B. das Kirchengericht) anzurufen haben.

Bedeutung für die MAV

Die Einhaltung der Fristen durch die MAV ist von erheblicher Bedeutung. Im Rahmen der Mitbestimmung bedeutet die **Nichteinhaltung von Fristen** durch die MAV, dass der beantragten Maßnahme **automatisch zugestimmt** wird (Zustimmungsfiktion – § 38 Abs. 3 MVG). Wird die Frist zur Anrufung des Kirchengerichts oder zur Einlegung der Beschwerde vor dem Kirchengerichtshof versäumt (→ **Rechtsschutz**), so werden die Anträge der MAV zurückgewiesen. Ausnahmeregelungen für die Wiedereinsetzung in den vorherigen Stand bei einem Fristversäumnis durch die MAV sind im MVG nicht vorgesehen.
Im MVG sind Fristen von 3 Arbeitstagen bis 6 Monaten vorgesehen, die die MAV einhalten muss. Die häufigste vorkommende Frist ist die **Zustimmungs**-, Erörterungs- oder Ablehnungsfrist von **2 Wochen** im Rahmen der → **Mitbestimmung** und der → **Mitberatung**.
Die Fristberechnung richtet sich nach den Bestimmungen des BGB:

§ 187 BGB – Fristbeginn
(1) Ist für den Anfang einer Frist ein Ereignis oder ein in den Lauf eines Tages fallender Zeitpunkt maßgebend, so wird bei der Berechnung der Frist der Tag nicht mitgerechnet, in welchen das Ereignis oder der Zeitpunkt fällt.

(2) Ist der Beginn eines Tages der für den Anfang einer Frist maßgebende Zeitpunkt, so wird dieser Tag bei der Berechnung der Frist mitgerechnet. Das gleiche gilt von dem Tage der Geburt bei der Berechnung des Lebensalters.

§ 188 BGB – Fristende

(1) Eine nach Tagen bestimmte Frist endigt mit dem Ablauf des letzten Tages der Frist.

(2) Eine Frist, die nach Wochen, nach Monaten oder nach einem mehrere Monate umfassenden Zeitraum – Jahr, halbes Jahr, Vierteljahr – bestimmt ist, endigt im Falle des § 187 Abs. 1 BGB mit dem Ablauf desjenigen Tages der letzten Woche oder des letzten Monats, welcher durch eine Benennung oder seine Zahl dem Tage entspricht, in den das Ereignis oder der Zeitpunkt fällt, im Falle des § 187 Abs. 2 BGB mit dem Ablauf desjenigen Tages der letzten Woche oder des letzten Monats, welcher dem Tag vorhergeht, der durch seine Benennung oder seine Zahl dem Anfangstag der Frist entspricht.

(3) Fehlt bei einer nach Monaten bestimmten Frist in dem letzten Monat der für ihren Ablauf maßgebende Tag, so endigt die Frist mit dem Ablauf des letzten Tages dieses Monats.

§ 189 BGB – Halbjahr, Vierteljahr, halber Monat

(1) Unter einem halben Jahr wird eine Frist von sechs Monaten, unter einem Vierteljahr eine Frist von drei Monaten, unter einem halben Monat eine Frist von fünfzehn Tagen verstanden.

(2) …

§ 193 BGB – Sonn- und Feiertage, Samstag

Ist an einem bestimmten Tag oder innerhalb einer Frist eine Willenserklärung abzugeben oder eine Leistung zu bewirken und fällt der bestimmte Tag oder der letzte Tag der Frist auf einen Sonntag, einen am Erklärungs- oder Leistungsort staatlich anerkannten allgemeinen Feiertag oder einen Sonnabend, so tritt an die Stelle eines solchen Tages der nächste Werktag.

Die Frist für die → **Mitberatung** bei einer → **außerordentlichen Kündigung** (§ 46 Buchst. b MVG) kann von der → **Dienststellenleitung** auf bis zu 3 Arbeitstage (§ 45 Abs. 1 MVG) verkürzt werden (was i. d. R. auch gemacht wird). Der Tag, an dem der Antrag zur Mitberatung bei der MAV eingeht (Zugang), zählt nicht zur Frist von 3 Arbeitstagen. Die 3-Tagesfrist beginnt mit dem Tag nach Zugang des Antrags der Dienststellenleitung. Fällt das Ende der Frist auf einen Samstag, so endet die Frist für die Mitberatung am ersten dem Samstag folgenden Werktag, also am darauffolgenden Montag. **Dies gilt nicht**, wenn in den Einrichtungen am Samstag gearbeitet werden muss. Bislang nicht entschieden ist die Frage des

Fristablaufs in Einrichtungen, in denen an allen 7 Tagen der Woche gearbeitet wird.
Die regelhafte Frist für die → **Mitbestimmung** und → **Mitberatung** beträgt zwei Wochen (§ 38 Abs. 3 u. § 45 Abs. 1 MVG). Beispiel: Ein Antrag geht an einem Dienstag bei der MAV ordnungsgemäß ein. Die Zweiwochenfrist beginnt am Mittwoch zu laufen und endet in der übernächsten Woche am Dienstag (dies ist der Tag, der seiner Benennung nach dem Ereignistag = Eingang des Antrags entspricht).
Die Frist für die Anrufung des Kirchengerichts durch die MAV endet im Fall der Nichtbeteiligung der MAV bei der → **Mitberatung** spätestens sechs Monate, nachdem die Maßnahme durchgeführt worden ist (§ 45 Abs. 2 MVG).
Das Fristende entsprechend dem BGB ist jeweils 24 Uhr eines Tages.
Um den Fristlauf in Gang zu setzen, müssen Anträge der → **Dienststellenleitung** der empfangsberechtigten Person der MAV zugegangen sein. Dies ist in der Regel der Vorsitzende der MAV, im Verhinderungsfall die entsprechende Stellvertretung (§ 23 Abs. 1 MVG). Weiterhin ist für den Beginn des Fristlaufes wichtig, dass alle für die Meinungsbildung der MAV erforderlichen Informationen und Unterlagen vorgelegt werden. Fehlen relevante Informationen oder Unterlagen, so wird die Frist nicht ausgelöst. Die MAV sollte dann den Antrag wegen Unvollständigkeit schriftlich zurückweisen und höchst vorsorglich, für den Fall, dass es sich doch um einen ordnungsgemäßen Antrag gehandelt hat, die mündliche Erörterung beantragen. Sicherheitshalber sollte auch noch darauf hingewiesen werden, dass ohne vollständige Informationen und Unterlagen die Frist nicht zu laufen beginnt, weil es bereits an der ordnungsgemäßen Bekanntgabe der beabsichtigten Maßnahme fehlt.

Fürsorgepflicht

Was ist das?

Neben den Hauptpflichten aus dem Arbeitsverhältnis, der Pflicht zur Arbeitsleistung und der Pflicht zur Zahlung der Vergütung, gibt es verschiedene **Nebenpflichten**. Die Nebenpflichten des Arbeitgebers gegenüber den Beschäftigten werden unter dem Oberbegriff »Fürsorgepflicht« zusammengefasst. Fürsorgepflicht bedeutet, das Arbeitsverhältnis in sozialer Art und Weise auszugestalten. Durch diese Nebenpflicht ist der Arbeitgeber zu einem Tun oder einem Unterlassen verpflichtet. Fürsorgepflicht bedeutet ebenfalls, dass der Arbeitgeber seine legalen Interessen mit den Interessen des Beschäftigten abwägen muss. Die Fürsorgepflicht begrenzt somit auch das Direktionsrecht des Arbeitgebers. Sie umfasst das gesamte Arbeitsverhältnis und verpflichtet den Arbeitgeber, es so zu gestalten, wie es im Interesse des Arbeitnehmers unter Berücksichtigung der Interessen des Arbeitgebers billigerweise nach dem Grundsatz von Treu und Glauben verlangt werden kann. Die Fürsorgepflicht kann auch über das Arbeitsverhältnis hinaus wirken, z. B. durch die Wiedereinstellung nach einer Verdachtskündigung, wenn der Verdacht unhaltbar war.

Die **Fürsorgepflicht** des Arbeitgebers kann als solche weder vertraglich noch ohne Vertrag ausgeschlossen oder eingeschränkt werden. Sie ist ein **zwingender Bestandteil des Arbeitsvertrags**. Über einzelne Verpflichtungen des Arbeitgebers aus der Fürsorgepflicht heraus können abweichende Vereinbarungen getroffen werden, die jedoch nicht gegen die guten Sitten (§ 138 BGB) oder allgemeine arbeitsrechtliche Grundsätze, z. B. die Pflicht zur sorgfältigen Verwahrung der Arbeitspapiere des Beschäftigten, verstoßen dürfen.

Die **Grenzen der Fürsorgepflicht** werden, soweit gesetzliche, tarifliche oder ARK-Regelungen nicht bestehen, nach der üblichen Verkehrsauffassung bzw. der betrieblichen Übung bestimmt. Wie auch bestimmte Personengruppen verstärkten gesetzlichen Schutz genießen, z. B. Jugendliche, Frauen oder Schwerbehinderte, so genießen diese Personengruppen auch eine erhöhte Fürsorgepflicht.

Neben der allgemeinen Fürsorgepflicht spricht die Literatur noch von der gesetzlichen Fürsorgepflicht und der verselbständigten Fürsorgepflicht.

Die **allgemeine Fürsorgepflicht** umfasst u. a. Schutz-, Sorgfalts- und Auskunftspflichten. So ist der Arbeitgeber nicht nur verpflichtet, für einen Arbeitnehmer, wenn dies z. B. durch die Berufsgenossenschaft vorgeschrieben ist, Schutzkleidung zu beschaffen; diese Schutzkleidung muss auch passend für den einzelnen Arbeitnehmer sein, ebenso zweckmäßig und frei von Giftstoffen. Gleichfalls hat der Beschäftigte einen Anspruch auf fehlerfreie Auskünfte, z. B. über die Zusammensetzung seiner Vergütung oder die Anspruchsvoraussetzungen der Zusatzversorgung.

Die **vertraglichen Fürsorgepflichten** sind u. a. in den §§ 617 und 618 BGB und für Jugendliche in den §§ 32 ff. JArbSchG geregelt. Durch die vertragliche Fürsorgepflicht soll das Leben und die Gesundheit der Beschäftigten geschützt und gefördert werden.

Entsprechend § 618 BGB ist der Arbeitgeber verpflichtet, seine Räume und die zur Verfügung gestellten Arbeitsgeräte und Raumausstattungen so einzurichten und zu unterhalten, dass von ihnen **keine Gefahren** für die **Gesundheit** und das **Leben** der Beschäftigten ausgehen. Eine mögliche Einschränkung dieser Verpflichtung kann sich nur aus der Natur des Betriebs bzw. aus der Natur der Arbeit heraus ergeben. Bei der Berücksichtigung der Wirtschaftlichkeit sind gleichfalls die Interessen der Beschäftigten zu berücksichtigen. Um die Gefahren von Leib und Leben der Beschäftigten zu vermindern, sind von den Berufsgenossenschaften (etwa VBG oder BGW) zahlreiche Vorschriften und Regelungen erlassen worden, die z. T. mit Bußgeldern bewehrt sind.

Die **sonstigen verselbständigten Fürsorgepflichten** des Arbeitgebers umfassen den Schutz von persönlichen Gegenständen bzw. für die Ausübung der Tätigkeit mittelbar oder unmittelbar dienliche Sachen. Persönlich dienliche Sachen können z. B. die Straßen- oder Schutzkleidung bzw. der Mantel sein, eine Uhr, ausreichend Geld, usw. Mittelbar dienliche Sachen sind vor allem private Fahrzeuge (z. B. Pkw, Motorrad, Fahrrad), die auf dem Weg zur Arbeit benutzt werden. Unmittelbar dienliche Sachen sind Werkzeuge, Tabellen, Taschenrechner, Fachliteratur, Fachzeitschriften, die in einem engen Zusammenhang mit dem Arbeitsverhältnis stehen. Aus dem Gebot der Fürsorgepflicht folgt hier u. a., dass der Arbeitgeber **Aufbewahrungsmöglichkeiten** für die Kleidung bereitstellen muss, z. B. einen abschließbaren Schrank oder einen Spind. Benutzen die Arbeitnehmer üblicherweise einen Pkw, um zur Dienststelle zu gelangen, so ist der Arbeitgeber auch verpflichtet, einen Parkplatz zur Verfügung zu stellen, soweit er damit nicht über Gebühr und unverhältnismäßig belastet wird.

Einen **Haftungsausschluss** des Arbeitgebers für eingebrachte Sachen gibt es grundsätzlich nicht, dies gilt besonders bei Vorsatz (§ 276 Abs. 2 BGB; Schuldner ist der Arbeitgeber) oder wegen Verstoßes gegen die Fürsorgepflicht. Die Beschäftigten müssen sich jedoch bei Vorliegen ein Mitverschulden (§ 254 BGB) anrechnen lassen.

Bedeutung für die MAV

Die Fürsorgepflicht ist eine Konkretisierung des § 35 MVG. Zu den allgemeinen Aufgaben gehört, dass die MAV Maßnahmen anregt, die den Mitarbeitern dienen. Hierzu können entsprechende → **Dienstvereinbarungen** (§ 36 MVG) abgeschlossen werden. → **Dienstvereinbarungen**, die einen Haftungsausschluss einseitig zugunsten des Arbeitgebers vorsehen, sollten von einer vernünftigen MAV nicht abgeschlossen werden. Im Bereich des BetrVG wurde eine solche Regelung vom BAG für unzulässig erklärt (BAG AP 25 zu § 611 BGB Fürsorgepflicht).

Bedeutung für die Beschäftigten

Die Fürsorgepflicht des Arbeitgebers gegenüber den Beschäftigten ist das Äquivalent zur → **Treuepflicht** des Beschäftigten zum Arbeitgeber. Aus der Fürsorgepflicht heraus kann der einzelne Beschäftigte Vorstellungen gegenüber dem Arbeitgeber zur Gestaltung des Arbeitsverhältnisses entwickeln und gegebenenfalls durch die → **Schlichtung – soweit vorhanden** – oder das → **Arbeitsgericht** auch durchsetzen. Ebenfalls kann der Beschäftigte im Schadensfall ggf. einen Schadensersatzanspruch gegenüber dem Arbeitgeber erreichen. Jedoch ist hier jeweils der Einzelfall, das Maß des Verschuldens durch den Arbeitgeber und ein evtl. Eigenverschulden zu prüfen. Anwaltliche oder gewerkschaftliche Beratung sollten Beschäftigte unbedingt vor jeder Schadensersatzforderung einholen.

Gefährdungsbeurteilung

Was ist das?

Die Gefährdungsbeurteilung ist einer der Kerngedanken des Arbeitsschutzgesetzes von 1996: § 5 ArbSchG schreibt die Beurteilung der Gefährdungen bei der Arbeit vor, § 6 ArbSchG die Dokumentationspflicht. Letztendlich beruht der gesamte Arbeitsschutz in Deutschland auf der sog. Gefährdungsbeurteilung.
Mit der Gefährdungsbeurteilung sollen die auf die Beschäftigten einwirkenden Gefährdungen systematisch ermittelt werden. Die Beurteilung erfolgt bezogen auf die jeweiligen Tätigkeiten. Gleichartige Tätigkeiten können zusammengefasst werden. Aus den Ergebnissen der Beurteilung ist dann abzuleiten, welche Arbeitsschutzmaßnahmen erforderlich sind.
Bei der Gefährdungsbeurteilung gilt immer das sog. S-T-O-P-Prinzip: zuerst Substitution, also Ersatz eines gefährdenden Stoffes, dann technische Maßnahmen, dann organisatorische und erst zuletzt personenbezogene Maßnahmen. Sinnvoll ist die Erstellung eines konkreten Maßnahmenplans, um die Verantwortlichkeiten und die Erledigung sicherzustellen.
Gefährdungsbeurteilungen müssen bei der Einrichtung neuer Arbeitsplätze und anlassbezogen erfolgen. Darüber hinaus sollte ein fester Turnus für die Aktualisierung der Beurteilungen festgelegt sein (in der Regel 2 bis 3 Jahre). Die Gefährdungsbeurteilungen umfassen auch die gesundheitlichen Belastungen (physisch und psychisch!) am Arbeitsplatz.
Die Durchführung der Gefährdungsbeurteilung gehört zu den wesentlichen Aufgaben des → **Arbeitgebers** im Rahmen des → **Arbeitsschutzes**. Das Ergebnis der Gefährdungsbeurteilung muss der Arbeitgeber dokumentieren, ebenso die abgeleiteten Maßnahmen zum Schutz vor den Gefährdungen und das Ergebnis der Wirksamkeitskontrolle, so § 6 ArbSchG.
Seit Ende 2013 zählt § 5 ArbSchG als mögliche Ursache von Gefährdungen ausdrücklich auch **psychische Belastungen bei der Arbeit** auf. Die in vielen Betrieben dokumentierten Gefährdungsbeurteilungen waren also spätestens seit Anfang 2014 um die psychischen Belastungen am Arbeitsplatz zu ergänzen. Die Erhebung psychischer Belastungen kann entweder durch Beobachtung,

durch ein Gruppendiskussionsverfahren (Arbeitssituationsanalyse – Asita) oder auch durch eine Befragung der Beschäftigten erfolgen. Hier bieten z. B. die Berufsgenossenschaften diverse Methoden an (z. B. *https://www.bgw-online.de/bgw-online-de/themen/sicher-mit-system/gefaehrdungsbeurteilung/gefaehrdungsbeurteilung-psychischer-belastung-23100*, abgerufen am 9. 8. 2024). Die Bundesanstalt für Arbeitsschutz und Arbeitsmedizin (BAuA) bietet darüber hinaus eine umfassende Toolbox an mit vielen verschiedenen Instrumenten zur Erfassung psychischer Belastungen (*http://www.baua.de/de/Informationen-fuer-die-Praxis/Handlungshilfen-und-Praxisbeispiele/Toolbox/Toolbox.html*, abgerufen am 9. 8. 2024).

Die Art und Weise der Gefährdungsbeurteilung, deren Ergebnisse und die erforderlichen Maßnahmen sind Thema im **Arbeitsschutzausschuss**.

Im Rahmen der »Gemeinsamen Deutschen Arbeitsschutzstrategie« (GDA) wurde eine »Leitlinie Gefährdungsbeurteilung und Dokumentation« (Juni 2008 – siehe: *https://www.gda-portal.de/DE/Aufsichtshandeln/Gefaehrdungsbeurteilung*, abgerufen am 9. 8. 2024) erstellt, sie enthält ein »gemeinsames Grundverständnis zur Gefährdungsbeurteilung«, das konkret erläutert wird. Mit der Leitlinie gibt es eine bundesweit einheitliche methodische Vorgehensweise bei der Beratung und Überwachung der Betriebe.

Zur Erstellung der Gefährdungsbeurteilungen gibt es vielfältige Anleitungen, etwa Broschüren der BGW (BGW-check). Die Broschüren können von der Homepage der BGW (https://www.bgw-online.de/bgw-online-de/service/medien-arbeitshilfen/medien-center/bgw-check-informationen-zur-gefaehrdungsbeurteilung-14150, abgerufen am 9. 8. 2024) heruntergeladen werden und bieten Anleitungen für folgende Bereiche: Beratungs- und Betreuungseinrichtungen, Bildungseinrichtungen, Kliniken, Kinderbetreuung, Pflege, therapeutische Praxen, Werkstätten für Menschen mit Behinderung. Die BGW bietet sogar hilfreiche und unterstützende Formularvordrucke an für die Erstellung der Gefährdungsbeurteilung (siehe: *https://www.bgw-online.de/bgw-online-de/themen/sicher-mit-system/gefaehrdungsbeurteilung/dokumentationshilfen-gefaehrdungsbeurteilung-18780*, abgerufen am 9. 8. 2024). Damit erfüllt der Arbeitgeber seine Dokumentationspflichten nach § 6 ArbSchG.

Darüber hinaus gibt es bei der BGW umfangreiche Angebote, um die Gefährdungsbeurteilung online durchzuführen (siehe: *https://www.bgw-online.de/bgw-online-de/themen/sicher-mit-system/gefaehrdungsbeurteilung/online-gefaehrdungsbeurteilungen-mit-dokumentation*, abgerufen am 9. 8. 2024). Derzeit (2024) stehen folgende Bereiche zur Verfügung: Pflege, Apotheken, Tiermedizin, Werkstätten, Schädlingsbekämpfung, Kinderbetreuung, Friseurhandwerk.

Sehr hilfreich ist auch die Homepage der Bundesanstalt für Arbeitsschutz und Arbeitsmedizin (BAuA; *www.baua.de*) und das Portal *www.gefaehrdungsbeurteilung.de*.

Im Folgenden die mittlerweile von allen Institutionen des Arbeitsschutzes anerkannte Systematik zur Erstellung und Umsetzung der Gefährdungsbeurteilungen (s. Grafik):

1. Arbeitsbereiche und Tätigkeiten festlegen
2. Gefährdungen ermitteln
3. Gefährdungen beurteilen
4. Maßnahmen festlegen
5. Maßnahmen durchführen
6. Wirksamkeit überprüfen
7. Gefährdungsbeurteilung fortschreiben.

Systematisches Vorgehen bei der Gefährdungsbeurteilung

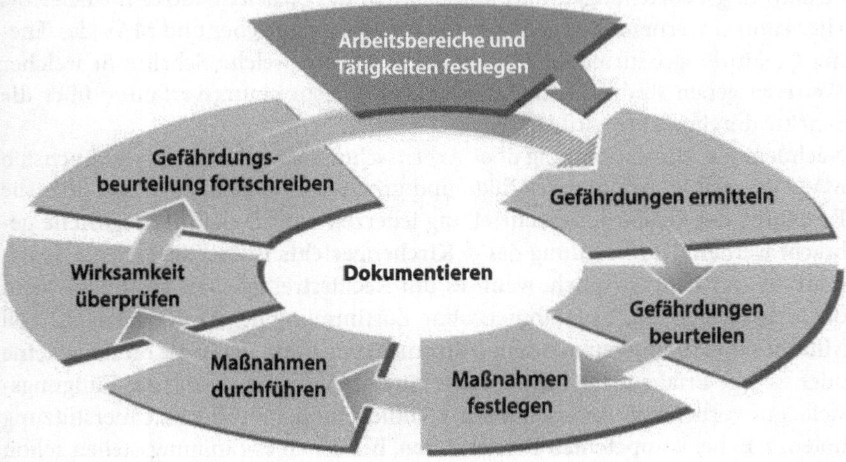

(Grafik aus: *www.bgw-online.de*)

Bedeutung für die MAV

Mitarbeitervertretungen sollen nach § 35 Abs. 3 Buchst. b MVG darauf achten, dass die gültigen gesetzlichen und arbeitsrechtlichen Regelungen eingehalten werden. Dazu gehören auch die Vorschriften des Arbeitsschutzgesetzes über die Durchführung und die Dokumentation von Gefährdungsbeurteilungen (§§ 5, 6 ArbSchG).

Darüber hinaus unterliegen alle Schritte der Gefährdungsbeurteilung – von der Auswahl der Methode und der beurteilenden Person bis hin zur Form der Dokumentation – der vollen (uneingeschränkten) → **Mitbestimmung** der MAV. Dies folgt aus § 40 Buchst. b MVG.

Unstrittig ist jedenfalls: Das Mitbestimmungsrecht besteht hier nicht nur bei der Festlegung, auf welche Weise (mit welchen Methoden) die Gefährdungsbeurteilung zu erstellen ist, sondern auch bei der Frage, wer mit der Erstellung dieser Analyse beauftragt wird (Leitsatz zum Beschluss des KGH.EKD II-0124/N24-07 vom 9.7.2007). Das gilt dann genauso für die Festlegung, in welcher Weise, von wem und mit welcher konkreten Methode Erhebungen zu den psychischen Belastungen am Arbeitsplatz erfolgen sollen. Eine schrittweise Sammlung der Handlungsmöglichkeiten einer MAV bietet die Übersicht am Ende des Stichworts.

Sinnvoll ist der Abschluss einer → **Dienstvereinbarung** über die »Erstellung von Gefährdungsbeurteilungen und Maßnahmen des Arbeitsschutzes im Betrieb«. Hier kann einvernehmlich geregelt werden, wie Arbeitgeber und MAV das Thema Gefährdungsbeurteilungen behandeln wollen, welche Schritte in welcher Weise zu gehen sind und wie jeweils das Mitbestimmungsverfahren über die Schritte durchgeführt wird.

Nachdem die Mitbestimmung über Arbeitsschutzmaßnahmen in § 40 Buchst. b MVG geregelt ist, können Konflikte und unterschiedliche Sichtweisen über die Erstellung der Gefährdungsbeurteilung jederzeit vor die → **Einigungsstelle** gebracht werden. Die Anrufung des → **Kirchengerichts** ist in Fragen des Arbeitsschutzes nur dann möglich, wenn es um Rechtsstreitigkeiten geht, also wenn der Arbeitgeber z. B. Maßnahmen ohne Zustimmung der MAV vollzieht. Weil Mitarbeitervertretungen mit dem Instrument der Einigungsstelle oft noch keine oder wenige Erfahrungen haben, sollte eine MAV die Anrufung der Einigungsstelle gut vorbereiten und sich dafür rechtliche und strategische Unterstützung holen, z. B. bei kompetenten Betriebsräten, bei denen es Einigungsstellen schon viele Jahrzehnte gibt. Unterstützungsmöglichkeiten bieten neben der Gewerkschaft ver.di auch die regional zuständigen Gesamtausschüsse bzw. Arbeitsgemeinschaften der Mitarbeitervertretungen. Die Hinzuziehung von Rechtsanwältinnen ist zu empfehlen.

Bedeutung für die Beschäftigten

Beschäftigte haben einen individualrechtlichen Anspruch auf die Durchführung von Gefährdungsbeurteilungen (§ 5 ArbSchG; § 618 BGB). Zu den Einzelheiten dieser Pflicht des Arbeitgebers s. o.

Übersicht: Gefährdungsbeurteilung: Pflichten des Arbeitgebers-Handlungsmöglichkeiten der MAV (Schrittfolge)

1. Schritt: Der Arbeitgeber stellt im Rahmen der Gefährdungsbeurteilung nach § 5 ArbSchG unter Beteiligung der für Arbeitsschutz zuständigen inner- und außerbetrieblichen Stellen/Gremien/Personen »die für die Beschäftigten mit ihrer Arbeit verbundene Gefährdung« fest.
Die MAV fordert – in Ausübung ihrer Überwachungsaufgabe nach § 35 Abs. 3 Buchst. b MVG – den Arbeitgeber auf, seinen gesetzlichen Pflichten nach § 5 ArbSchG nachzukommen. Er bringt unter Hinweis auf sein Mitbestimmungsrecht (§ 40 Buchst. b MVG) eigene Vorschläge zur **Art und Weise (Kriterien, Methoden und Verfahren) der Erfassung der Gefährdungen** ein. Alle Tätigkeiten, jeder Beschäftigte und alle Gefährdungsmöglichkeiten müssen einbezogen werden.
Im Nichteinigungsfall ruft die MAV die Einigungsstelle an mit dem Ziel, ihre Vorschläge zur Gefährdungsbeurteilung durchzusetzen.
2. Schritt: Der Arbeitgeber ermittelt – nach Maßgabe einer mit der MAV vereinbarten oder durch Spruch der Einigungsstelle nach § 36a MVG zustande gekommenen Regelung zur Gefährdungsbeurteilung – durch eine Beurteilung der festgestellten Gefährdungen, welche **Arbeitsschutzmaßnamen** erforderlich sind, um die Gefährdungen zu beseitigen bzw. zu vermindern (insbes. Beseitigung der Ursachen durch Substitution, technische Maßnahmen und/oder Änderung der Arbeitsorganisation).
Wenn Arbeitsschutzvorschriften (z. B. ArbSchG, ArbStättV usw.) dem Arbeitgeber bei der Auswahl und Ausgestaltung von Arbeitsschutzmaßnahmen einen Handlungsspielraum lassen, besteht ein Mitbestimmungsrecht der MAV nach § 40 Buchst. b MVG i. V. m. der jeweiligen Arbeitsschutzvorschrift.
Die MAV bringt unter Hinweis auf ihr Mitbestimmungsrecht eigene Vorschläge für zu treffende Arbeitsschutzmaßnahmen ein.
Bei der Erfassung und Bewertung der Probleme sowie Ausarbeitung von Lösungsvorschlägen werden die Beschäftigten beteiligt (z. B. in Form von betrieblichen oder abteilungsbezogenen Umfrageaktionen oder – besser noch – Interviews anhand eines Fragebogens/Gesprächsleitfadens)!
Können sich Arbeitgeber und MAV über die zu treffenden Arbeitsschutzmaßnahmen nicht einigen, ruft die MAV die Einigungsstelle an (§ 36a MVG).
3. Schritt: Der Arbeitgeber hat die – ggf. nach Maßgabe einer mit der MAV vereinbarten oder durch Spruch der Einigungsstelle nach § 36a MVG zustande gekommenen Regelungen – zu treffenden erforderlichen Maßnahmen zum Schutz der Sicherheit und Gesundheit der Beschäftigten **durchzuführen** (§ 3 Abs. 1 ArbSchG).
Die MAV achtet – in Ausübung ihrer Überwachungsaufgabe nach § 35 Abs. 3 Buchst. b MVG – darauf, dass die Maßnahmen – so wie gesetzlich vorgeschrieben bzw. wie mit der MAV verabredet bzw. wie von der Einigungsstelle entschieden – durchgeführt werden.
4. Schritt: Der Arbeitgeber hat die erforderlichen Maßnahmen zum Schutz der Sicherheit und Gesundheit der Beschäftigten **auf ihre Wirksamkeit zu überprüfen** (§ 3 Abs. 1 ArbSchG).

Die MAV bringt unter Hinweis auf ihr Mitbestimmungsrecht (§ 40 Buchst. b MVG) eigene Vorschläge über die Art und Weise der Überprüfung ein.
Im Fall der Nichteinigung ruft die MAV die Einigungsstelle an (§ 36a MVG).
Die MAV achtet darauf, dass die Überprüfung – so wie verabredet oder von der Einigungsstelle entschieden – stattfindet.
5. Schritt: Der Arbeitgeber hat das Ergebnis der Gefährdungsbeurteilung und die hieraus abgeleiteten Arbeitsschutzmaßnahmen sowie das Ergebnis der Wirksamkeitsprüfung in Form von Unterlagen **zu dokumentieren** (§ 6 Abs. 1 ArbSchG).
Die MAV bringt unter Hinweis auf ihr Mitbestimmungsrecht (§ 40 Buchst. b MVG) eigene Vorschläge über die Art und Weise der Dokumentation ein.
Im Fall der Nichteinigung ruft die MAV die Einigungsstelle an (§ 36a MVG).
Die MAV achtet darauf, dass die Dokumentation – so wie verabredet oder von der Einigungsstelle entschieden – stattfindet.
(Quelle: nach Schoof, Christian: Betriebsratspraxis von A bis Z, Frankfurt 2018, Stichwort: Arbeitsschutz.)

Gefährdungsanzeige, Überlastungsanzeige

Was ist das?

Gefährdungsanzeige – auch Überlastungsanzeige oder Qualitätsanzeige genannt – ist die mit einer Begründung versehene Mitteilung eines Arbeitnehmers an den Arbeitgeber, dass er seine vertraglich geschuldete Arbeitsleistung nicht in der erwartbaren Art und Weise bzw. nicht in der erwartbaren Zeit erbringen kann.

Weil der Begriff »Überlastung« schnell als persönliche Schwäche der betroffenen Person aufgefasst wird, empfehlen wir Mitarbeitervertretungen eher den Begriff »**Gefährdungsanzeige**« zu verwenden. Er weist auf die Gefährdung des betrieblichen Ablaufs, des Betriebsergebnisses, des Klientels, aber auch des oder der betroffenen Beschäftigten hin.

Arbeitnehmer sind im Rahmen ihres Arbeitsvertrags verpflichtet, die vereinbarte Arbeitsleistung zu erbringen. Die Erbringung der Arbeitsleistung stellt dabei die Hauptpflicht des Arbeitnehmers aus dem Arbeitsverhältnis dar.

Aus unterschiedlichen Gründen – Personalmangel, zu viele Aufträge, organisatorische Hemmnisse, mangelnde eigene Qualifikation oder Qualifikation des Vorgesetzten – kann es für einen Beschäftigten unmöglich sein, seine Leistungspflicht in durchschnittlicher Qualität und Güte zu erbringen. Eine Schlechtleistung im Arbeitsverhältnis kann allerdings zu einer → **Abmahnung** und in der Folge zu einer → **Kündigung** des Arbeitsverhältnisses durch den Arbeitgeber führen.

Ist für den Arbeitnehmer erkennbar,

- dass er die vereinbarte Arbeitsleistung nicht in der zu erwartenden Form und Zeit erbringen kann und
- dafür nicht von ihm zu vertretende Umstände verantwortlich sind,

so muss er dies im Rahmen seiner → **Treuepflicht** gegenüber dem Arbeitgeber mitteilen. Als besondere Form für diese Mitteilung bietet sich in der Regel die sog. »Überlastungsanzeige« (besser: »Gefährdungsanzeige«) an, die dem Arbeitgeber schriftlich oder in Textform (auch mündlich möglich aber: Beweisbarkeit!) zugeleitet wird. Eine Gefährdungsanzeige bedeutet auch, dass sich der Beschäf-

tigte, wenn die beschriebenen Fakten korrekt sind, von einer evtl. Haftung bei Fehlern freistellt (exkulpiert) und die Haftung gleichzeitig auf den Arbeitgeber bzw. den Vorgesetzten übergeht. Gerade bei Gefährdungen, Überlastungen und Überforderungen gilt die Regel: »Wer schreibt, der bleibt«.
Eine Gefährdungsanzeige muss folgende Inhalte haben:

- Aufgabe und Tätigkeit des Beschäftigten,
- Tatsache oder Vorgang, der die korrekte Aufgabenerledigung beeinträchtigt,
- Hinweis darauf, dass man die Aufgabe bestmöglich erledigt, jedoch unter den geschilderten Umständen die Verantwortung für die Ausführung – teilweise oder ganz – nicht übernehmen kann.

Zur besseren **Beweisbarkeit** für den Beschäftigten sollte die Gefährdungsanzeige **schriftlich oder in Textform**, zusätzlich unter Zeugen, übergeben und die MAV mit einer Abschrift/Kopie informiert werden.

Bedeutung für die MAV

Die MAV muss vom Arbeitgeber bei der Behandlung von Gefährdungsanzeigen nicht beteiligt werden. Allerdings sollte die MAV in Dienststellen, in denen häufiger mit Gefährdungen und Überlastungen, etwa durch Personalmangel, zu rechnen ist (u.a. Alten- und Pflegeheime, Krankenhäuser, Behinderteneinrichtungen, Kindertagesstätten, Krippen oder Beratungsstellen, Pfarramtssekretariate usw.), die Beschäftigten über die Möglichkeit einer Gefährdungsanzeige und deren rechtliche Wirkung zugunsten der Beschäftigten informieren. Die MAV sollte den Betroffenen auch empfehlen, das Gremium über die Abgabe der Anzeige zu informieren. Die MAV kann dann versuchen, gegenüber dem Arbeitgeber auf Abhilfe zu drängen. Bleibt sie dabei ohne Erfolg, kann sich die MAV auch an Aufsichtsbehörden (Gewerbeaufsicht, Berufsgenossenschaft) oder evtl. übergeordnete Dienststellen wenden.
Empfehlenswert für die Praxis ist die Erstellung eines Vordrucks, der auf die konkreten betrieblichen Gegebenheiten abgestimmt werden kann, und den die Beschäftigten nutzen können. Die MAV könnte auch versuchen, sich mit dem Arbeitgeber auf einen abgestimmten Vordruck zu einigen. Es gibt auch Dienstvereinbarungen (z.B. Kommunaler Unfallversicherungsverband Bayern), die sich mit der Problematik von Gefährdungsanzeigen auseinandersetzen. Eine Reihe von Arbeitgebern hat erkannt, dass solche Anzeigen nicht nur »Spinnereien« von Beschäftigten darstellen, sondern auch wertvolle Hinweise über Arbeitsabläufe, Verbesserungsmöglichkeiten und das Arbeitsklima geben können. Ein professioneller Umgang mit Gefährdungsanzeigen durch den Arbeitgeber schützt die Gesundheit der Beschäftigten, sichert langfristig die Arbeitserfolge der Einrich-

tung, senkt die Fluktuation im Personalbereich (reduziert Einarbeitungszeiten) und erhöht die Berufszufriedenheit der Mitarbeiter. Es lohnt sich daher auch für die MAV, sich diesem Thema zu widmen, evtl. einen entsprechenden Ausschuss »Gefährdungsanzeigen« zu bilden oder einschlägige Seminare zu besuchen.

Bedeutung für die Beschäftigten

Beschäftigte können für Fehler in Beruf und Arbeit zivil- und/oder strafrechtlich in die Verantwortung genommen werden. Umso wichtiger ist es, bei unverschuldetem »Versagen« nicht die Verantwortung aufgebürdet zu bekommen. Stellt ein Beschäftigter in der Organisation der Arbeitsabläufe durch den Arbeitgeber Mängel fest, ist der Arbeitnehmer nicht nur im Rahmen seiner arbeitsvertraglichen Nebenpflicht, der sog. »**Treuepflicht**« verpflichtet, den Arbeitgeber auf diese Mängel hinzuweisen, sondern das Arbeitsschutzgesetz stellt eine entsprechende Verpflichtung in § 6 ArbSchG auf. Stellt der Arbeitnehmer weiterhin fest, dass er durch das arbeitgeberseitige Organisationsversagen die Verantwortung für die Ausführung seiner Arbeit nicht mehr übernehmen kann, so muss er – um sich abzusichern – eine Gefährdungsanzeige schreiben. Tritt die Gefährdung immer wieder neu ein, muss die Anzeige auch immer wieder neu gestellt werden und zwar in der konkreten Situation von dem jeweiligen Arbeitnehmer, nicht im Team nach dem Dienst, in dem die Überlastung aufgetreten ist. Andernfalls kann die entlastende Wirkung nicht eintreten und der Arbeitnehmer kommt seiner Verpflichtung nicht nach.

Beispiel:
Ein Nachtpfleger in einem Krankenhaus hat die Aufgabe, sich um die Patienten in drei räumlich getrennten Gebäuden ohne übergreifende Rufanlage zu kümmern. Befindet er sich in dem einen Gebäude, kann er die Klingel in den anderen Häusern nicht hören. Stößt nun einem Patienten in einem Haus etwas zu, ohne dass der Pfleger dies bemerken konnte, so hat er, wenn er eine Gefährdungsanzeige mit diesem Sachverhalt geschrieben hat, grundsätzlich keine Verantwortung für den Vorgang zu tragen. Gerade im Fall von Personenschäden wird die Staatsanwaltschaft in aller Regel Ermittlungen aufnehmen, die den betroffenen Beschäftigten be- oder entlasten können. Eine nachweislich vorhandene (schriftliche!) Gefährdungsanzeige, Überlastungsanzeige erweist sich in solchen Fällen als sehr hilfreich. Wichtig: Hilft der Arbeitgeber dem Mangel nicht ab, muss die Gefährdungsanzeige regelmäßig wiederholt werden.

Gefährdungsanzeige, Überlastungsanzeige

Muster: Gefährdungsanzeige im Pflegebereich

Absender
Name
Abteilung
Datum
An die
Pflegedienstleitung
im Hause

Anzeige einer Arbeitsüberlastung am Datum

Sehr geehrte Damen und Herren,

in der Abteilung ______ kam es/kommt es ______ zu einer erheblichen Arbeitsüberlastung. Diese wurde verursacht durch:

☐ ungeplanten Personalausfall
☐ Abzug von Personal
☐ Fortbildungsmaßnahmen
☐ Urlaub von Personal
☐ unbesetzte Stellen in der Abteilung
☐ einen akuten Notfall
☐ erhöhten Arbeitsanfall
☐ Nichteinhaltung der Pausenzeiten
☐ Nichteinhaltung der Arbeitszeiten gem. § 3 ArbZG
☐ ______

Im Einzelnen stellt sich die Situation wie folgt dar:

____

____

Aus diesem Grunde war es mir nicht möglich, die anfallenden Arbeiten termingerecht zu erledigen bzw. die erforderliche Qualität meiner Arbeitsleistung sicherzustellen.

Dies betrifft im Einzelnen folgende Tätigkeiten:

____

____

Ich weise darauf hin, dass ich im Falle derartiger Überlastung Fehler bei der Erbringung meiner Arbeitsleistung nicht ausschließen kann. Ich weise weiter auf den möglichen Eintritt von Schäden, insbesondere in folgenden Bereichen hin:

____

____

Aufgrund der Tatsache, dass meine Überlastung auf einer mangelnden Organisation der Abteilung beruht, kann ich die Verantwortung für auftretende Fehler im Rahmen meiner Arbeitsleistung nicht übernehmen. Dies gilt insbesondere für auftretende Schadensersatzforderungen.

Information über die Situation an die Abteilungsleitung erfolgte am …

____

____

Durch die Abteilungsleitung wurden folgende Maßnahmen ergriffen:

____

____

Mit freundlichen Grüßen

Datum und Unterschrift

Kopie an die MAV am Datum
Nach: Muster einer Überlastungsanzeige, ver.di Bundesverwaltung

> **Hinweis:**
> Weitere Überlastungsanzeigen (Altenheim, Pflege und Betreuung, Sozial- und Erziehungsdienst, Verwaltung, Produktion) sind im Internet – u. a. bei ver.di – online abrufbar.

Literaturhinweis

- *Die Überlastungs-/Gefahrenanzeige*, 3. Auflage 2017, Reihe b+b-Arbeitsmaterialien, ver.di b+b, Düsseldorf.
- Oder: *https://verdi-bub.de/wissen/praxistipps/ueberlastungsanzeige* – Stand 2022

Gemeinsame MAV

Was ist das?

Das Mitarbeitervertretungsgesetz sieht als Grundfall vor, dass die Mitarbeitervertretung für die Dienststelle (§ 5 Abs. 1 MVG) zu bilden ist. Die Bildung einer gemeinsamen MAV ist daher ein Sonderfall.

Als gemeinsame MAV wird das Gremium bezeichnet, das durch den Zusammenschluss mehrerer selbständiger → **Dienststellen** zu einer MAV entsteht. Grundlage ist § 5 Abs. 2 MVG. Voraussetzung für die Bildung einer gemeinsamen MAV ist die Bildung einer Wahlgemeinschaft jeweils für die zu beteiligenden benachbarten Dienststellen. Wer die Bildung einer gemeinsamen MAV initiiert, das lässt § 5 Abs. 2 offen. Daher gehen wir davon aus, dass der formlose Antrag einer MAV bei der benachbarten MAV wohl ausreicht. Gemeinsame MAVen entstehen also durch gemeinsame Wahlen im Rahmen einer sog. Wahlgemeinschaft. Ferner können die Gliedkirchen bestimmen, dass für Dienststellen unter den Voraussetzungen von § 5 Abs. 3 MVG gemeinsame Mitarbeitervertretungen gebildet werden.

Teil-Dienststellen nach § 3 Abs. 2 MVG (nur ein Rechtsträger) können keine gemeinsame MAV bilden.

Voraussetzung für die Bildung gemeinsamer MAVen nach § 5 Abs. 2 MVG ist die mehrheitliche Beschlussfassung in – getrennten – Mitarbeiterversammlungen der Dienststellen, die sich zu einer gemeinsamen MAV zusammenschließen wollen. Zusätzlich müssen die beteiligten Dienstellenleitungen mit dem Zusammenschluss einverstanden sein. Eine evtl. Ablehnung erfordert laut § 5 Abs. 2 Satz 2 allerdings einen wichtigen Grund. Das gilt auch, wenn einer der beteiligten Arbeitgeber das Einvernehmen für die gemeinsame MAV für die Zukunft widerrufen will. Der Widerruf ist nur möglich für die nächste Amtszeit und spätestens bis zum Zeitpunkt der Bildung des Wahlvorstands.

Nach dem Wortlaut von § 5 Abs. 6 MVG dürfte die gleiche Regelung auch für die Belegschaft eines Rechtsträgers bzw. einer Dienststelle gelten, wenn sie sich aus der Wahlgemeinschaft lösen will. Dann ist davon auszugehen, dass wiederum eine Mitarbeiterversammlung abzuhalten ist.

Voraussetzung für die Bildung einer gemeinsamen MAV ist auch, dass die selbständigen Dienststellen »benachbart« sind. Das bedeutet, es muss eine räumliche Nähe und eine inhaltliche Überschneidung bestehen. Räumliche Nähe meint leichte Erreichbarkeit, um die Beschäftigten gut betreuen zu können, inhaltliche Überschneidung bedeutet, dass die jeweiligen Tätigkeiten artverwandt sind (s. Joussen u. a.: MVG-EKD, 2. Aufl. 2023, S. 42).
So lange keine Veränderung der Wahlgemeinschaft erfolgt (etwa durch Widerruf des Einvernehmens einer Dienststellenleitung oder eine anderslautende Abstimmung in einer Mitarbeiterversammlung), findet auch bei den nächsten Wahlen die Wahl einer gemeinsamen Mitarbeitervertretung statt. Veränderungen der gemeinsamen MAV können immer nur mit Beginn der nächsten Amtszeit erfolgen. Der Widerruf der gemeinsamen MAV muss schriftlich und spätestens bis zur Bildung des Wahlvorstands erfolgen (§ 5 Abs. 6 MVG).
Von der gemeinsamen MAV zu unterscheiden ist die → **Gesamt-MAV** (siehe dort die Grafik). Die Gesamt-MAV ist der Zusammenschluss mehrerer MAVen bei ein und derselben Dienststelle bzw. bei ein und demselben Arbeitgeber. Der Zusammenschluss zu einer Gesamt-MAV kann nur erfolgen, wenn vorher sog. Teil-Dienststellen (nach § 3 Abs. 2 MVG) gebildet wurden, bei denen selbständige Mitarbeitervertretungen existieren.
Die Initiative zur Bildung einer gemeinsamen MAV können sowohl die betroffenen Dienststellenleitungen als auch die MAVen oder die Beschäftigten ergreifen. Sie stellen dann einen »Antrag«, eine gemeinsame MAV zu wählen.
Speziell für den Kirchenbereich sieht das MVG – in § 5 Abs. 3 MVG – die Möglichkeit vor, dass in bestimmten Gliederungen ausschließlich gemeinsame Mitarbeitervertretungen zu bilden sind. Von dieser Öffnungsklausel haben zahlreiche Gliedkirchen in ihren Anwendungsgesetzen Gebrauch gemacht: Anhalt, Baden, Bayern, Berlin-Brandenburg-schlesische Oberlausitz, Braunschweig, Hannover, Kurhessen-Waldeck, Mitteldeutschland, Norddeutschland, Oldenburg, Pfalz, Sachsen, Schaumburg-Lippe, Westfalen, Württemberg. Hat eine Landeskirche eine solche Regelung erlassen, z. B. für die Bildung einer gemeinsamen MAV auf Kirchenkreisebene, bedarf es keiner gesonderten Abstimmung mehr.
Grundsätzlich können gemeinsame Mitarbeitervertretungen auch aus Dienststellen gebildet werden, die sowohl der Kirche als auch der Diakonie angehören. In der Evang.-Luth. Kirche in Bayern (ELKB) ist das sogar häufig der Fall.
Der Klarheit halber ist es empfehlenswert, zwischen den beteiligten Dienststellenleitungen und Mitarbeitervertretungen schriftlich festzuhalten, welche Dienststellen die gemeinsame MAV bilden.

Bedeutung für die MAV

Die gemeinsame MAV ist für alle Dienststellen und Mitarbeiterinnen zuständig, die zur Wahlgemeinschaft gehören (§ 5 Abs. 5 MVG). Entsprechend werden auch die Kosten der MAV-Arbeit – nach den jeweiligen Anteilen der Mitarbeiterzahlen – auf die beteiligten Dienststellen aufgeteilt (§ 30 Abs. 3 MVG).
Alle Regelungen und Vorschriften, die für Mitarbeitervertretungen gelten, treffen auch für die gemeinsame Mitarbeitervertretung zu. Zu erwähnen sind neben den Wahlvorschriften (§§ 9 bis 14 MVG) die Vorgaben für die Amtszeit (§ 15 MVG), die Neu- und Nachwahl (§ 16 MVG), die Mitgliedschaft in der MAV (§§ 17, 18 MVG), die Rechtsstellung der MAV-Mitglieder (§§ 19 bis 22 MVG), die Geschäftsführung (§§ 23 bis 30 MVG), die Mitarbeiterversammlung (§§ 31 bis 32 MVG). Keinen Unterschied gibt es auch bei den Aufgaben und Befugnissen der MAV (§§ 33 bis 48 MVG). Auch die Regelungen für Schwerbehindertenvertretungen (§§ 50 bis 52 MVG) und die Jugend- und Auszubildendenvertretungen (§ 49 MVG) gelten analog. Das Gleiche gilt für die Bestimmungen zum Kirchlichen Rechtsschutz (§§ 56 bis 63a MVG). und für die Gesamtausschüsse (§§ 54 bis 55d MVG).
Aus Sicht der Autorinnen ist es empfehlenswert, eine gemeinsame Mitarbeitervertretung zu bilden, wenn sich dafür die Chance ergibt. Denn eine gemeinsame Mitarbeitervertretung ist größer, hat mehr Freistellungsmöglichkeiten (§ 20 MVG) und kann sich professioneller und arbeitsteiliger organisieren. Nach entsprechenden Schulungen kann eine größere gemeinsame MAV Spezialthemen besser bearbeiten. Dies ist in einer kleineren MAV nicht so leicht umsetzbar.
Besteht eine gemeinsame MAV, hat sie es mit mehreren Arbeitgebern zu tun, die für die Beschäftigten ihrer Dienststelle jeweils andere Entscheidungen treffen können. Die Anträge zur Beteiligung der MAV können, je nachdem, wo die Entscheidung getroffen wurde und wen sie betrifft, von verschiedenen Arbeitgebern auf die MAV zukommen.
Das Modell der gemeinsamen MAV wird von Seiten der Belegschaft und der MAVen dann häufiger gewählt, wenn es in der Vergangenheit zu einer rechtlichen Spaltung des Betriebs (z. B. Betriebsübergang) gekommen ist, die Beschäftigten sich aber traditionell noch als eine Belegschaft begreifen.
Eine weitere Überlegung für die Bildung einer gemeinsamen MAV könnte sein, dass über die Erhöhung der Zahl der Wahlberechtigten für die MAV ein zusätzlicher gesetzlicher Freistellungsanspruch nach § 20 Abs. 2 MVG entsteht.
Die Konstruktion der gemeinsamen MAV kann für sehr kleine Dienststellen, die an sich nicht MAV-fähig wären, eine Lösung sein, um zur Bildung einer MAV zu kommen. Denn grundsätzlich können Mitarbeitervertretungen in Dienststellen erst dann gewählt werden, wenn in der Regel mindestens 5 Mitarbeiterinnen beschäftigt werden, von denen mindestens drei wählbar sind. Liegt die erforder-

liche Mindestzahl nicht vor, soll die Dienststellenleitung nach § 5 Abs. 4 MVG bei einer benachbarten Dienststelle rechtzeitig vor Beginn des Wahlverfahrens den Antrag stellen, dass eine gemeinsame MAV gebildet wird.

Bedeutung für die Beschäftigten

Für die Beschäftigten ist es letztendlich ohne Bedeutung, ob für sie eine gemeinsame oder eine (Einzel-)Mitarbeitervertretung zuständig ist, weil die rechtlichen Vorschriften und Regelungen identisch sind. Das gilt daher auch für die Ansprüche einzelner Mitarbeiterinnen aus dem MVG, etwa das Beschwerde- und Fragerecht nach § 35 Abs. 3 Buchst. c MVG.
Klar ist, die Beschäftigten werden bei einer gemeinsamen MAV auch von MAV-Mitgliedern vertreten, die nicht bei ihrem Arbeitgeber beschäftigt sind. Eine repräsentative Vertretung der beteiligten Dienststellen sieht das MVG dagegen nicht vor.
Ein Vorteil in der praktischen MAV-Arbeit liegt aus unserer Sicht darin, dass MAV-Kolleginnen, die aus anderen Dienststellen kommen, die MAV-Themen mit größerer Unbefangenheit und daher mit einer »professionellen Distanz« beurteilen und betreiben können. Gerade bei Konflikten in der einen Dienststelle könnten MAV-Mitglieder aus einer anderen Dienststelle aufgrund ihres unverstellten Blicks eher zu deren Bearbeitung geeignet sein als die MAV-Kolleginnen vor Ort.

Gerichtliche Entscheidungen

Was ist das?

Es gibt eine Vielzahl von gerichtlichen Entscheidungsformen. Wir befassen uns vorliegend lediglich mit den Entscheidungen der säkularen Arbeitsgerichtsbarkeit und der Kirchengerichtsbarkeit. Der Instanzenzug der Arbeitsgerichtsbarkeit mit den möglichen Entscheidungsformen sieht wie folgt aus:

Das Urteilsverfahren

Ein Arbeitnehmer oder der Arbeitgeber haben eine Klage vor dem örtlich zuständigen Arbeitsgericht eingereicht. Die Zuständigkeit des Arbeitsgerichts ist ausschließlich bei Streitigkeiten aus dem Arbeitsverhältnis gegeben. In der Regel verklagt der Arbeitnehmer den Arbeitgeber (z. B. im Rahmen einer Kündigungsschutzklage, Zahlung auf Entgelt usw.). Zunächst findet ein sog. Gütetermin vor dem vorsitzenden Richter statt. Im Gütetermin haben die Parteien – so wie übrigens während des gesamten Verfahrens – die Möglichkeit, sich zu einigen. Der Richter unterstützt die Parteien dabei, kann aber keine Einigung vorschreiben. Im Fall einer Einigung wird grundsätzlich ein Vergleich geschlossen, der gerichtlich protokolliert wird. Der Abschluss eines Vergleichs ist für jede Partei freiwillig und somit keine gerichtliche Entscheidung. Ist der Vergleich wirksam und eine Partei kommt den vereinbarten Leistungen nicht nach, kann die andere Partei aus dem Vergleich die Zwangsvollstreckung betreiben.
Erscheint eine Partei nicht zum Gütetermin, kann die anwesende Partei den Erlass eines Versäumnisurteils beantragen. In der Regel bekommt die anwesende Partei dann »recht«. Gegen ein Versäumnisurteil kann eine Partei, gegen die das Urteil ergangen ist, binnen einer Notfrist von einer Woche nach Zustellung Einspruch einlegen.
Gibt es kein Versäumnisurteil oder keinen Vergleich, beraumt der vorsitzende Richter einen sog. Kammertermin an, der Wochen oder gar Monate später stattfindet. Im Kammertermin tritt – wie der Name bereits sagt – die Kammer zu-

sammen, bestehend aus dem vorsitzenden Richter und zwei ehrenamtlichen Richtern.
Im Kammertermin können sich die Parteien selbstverständlich weiterhin einigen und einen Vergleich schließen. Erscheint eine Partei nicht, kann auch hier ein Versäumnisurteil ergehen.
Stellen die Parteien ihre Anträge (in der Regel der Kläger seinen Antrag aus der Klage, wie z. B.: »Der Beklagte wird verurteilt, an den Kläger 2000,00 € brutto nebst Zinsen in Höhe von 5 %-Punkten über dem Basiszinssatz seit dem 1. 12. 2023 zu zahlen.« Und der Beklagte beantragt: »Die Klage abzuweisen.« wird streitig über die Sache entschieden; es ergeht ein Urteil. Das Urteil ergeht in der Regel am Schluss des Sitzungstages, also wenn alle für den Tag anberaumten Verhandlungen verhandelt worden sind. Das Urteil wird öffentlich verkündet. Das bedeutet, der vorsitzende Richter verliest das Urteil im Gerichtssaal öffentlich, auch wenn niemand mehr anwesend ist.
Die Parteien bekommen dann das Urteil schriftlich zugestellt. In der Regel erhalten die Parteien zunächst nur den sog. Tenor. Tenor ist der Kern der gerichtlichen Entscheidung und beinhaltet, inwieweit eine Partei gewonnen oder verloren hat (z. B. »Der Beklagte wird verurteilt, an den Kläger 1500,00 € brutto nebst Zinsen in Höhe von 5 %-Punkten über dem Basiszinssatz seit dem 1. 12. 2023 zu zahlen. Im Übrigen wird die Klage abgewiesen.«)
Das vollumfänglich abgefasste Urteil, das den Parteien ebenfalls schriftlich zugestellt wird, beinhaltet dann neben dem Tenor die Darstellung des Sachverhalts und die Entscheidungsgründe.
Gegen das Urteil kann die unterliegende Partei innerhalb eines Monats unter bestimmten Voraussetzungen Berufung zum Landesarbeitsgericht einlegen, das dann einen Kammertermin anberaumt und in diesem dann, sollten sich die Parteien weiterhin nicht geeinigt haben, ein Urteil erlässt.
Gegen dieses Urteil kann unter bestimmten Voraussetzungen die unterliegende Partei innerhalb eines Monats Revision zum Bundesarbeitsgericht einlegen. Der dort zuständige Senat (drei hauptberufliche und zwei ehrenamtliche Richter) erlässt ebenfalls ein Urteil.
Im Urteilsverfahren herrscht der so genannte Beibringungsgrundsatz des Zivilprozesses. Das heißt, die Parteien müssen dem Gericht die zum Prozessgewinn notwendigen Tatsachen vorbringen und gegebenenfalls beweisen. Fehlen Tatsachen oder können sie nicht bewiesen werden, so geht dies zu Lasten der jeweiligen Partei.

Das Beschlussverfahren

Im Beschlussverfahren werden überwiegend kollektive Streitfälle (z. B. Rechtsfragen zwischen Arbeitgeber und Betriebsrat) vor dem Arbeitsgericht verhandelt.

Unterschiede zum Urteilsverfahren liegen darin, dass keine Klage eingereicht wird, sondern ein sog. Antrag. Die Parteien heißen nicht Kläger und Beklagter, sondern Beteiligte zu 1), 2) etc.

Ob vor der Kammerverhandlung ein Gütetermin anberaumt wird, steht im Ermessen des vorsitzenden Richters.

Einigen sich die Beteiligten, wird das Gericht auch hier einen Vergleich protokollieren.

Der unterliegende Beteiligte kann dann unter bestimmten Voraussetzungen Beschwerde zum Landesarbeitsgericht erheben. Gegen den Beschluss des Landesarbeitsgerichts ist dann wiederum unter bestimmten Voraussetzungen die Rechtsbeschwerde zum Bundesarbeitsgericht möglich. Die Entscheidung des Bundesarbeitsgerichts heißt ebenfalls Beschluss.

Streitigkeiten zwischen Mitarbeitervertretung und Arbeitgeber sind ebenfalls kollektivrechtliche Streitigkeiten. Diese werden jedoch vor den sog. Kirchengerichten – ebenfalls im Beschlussverfahren – verhandelt.

Gegen den Beschluss der ersten Instanz ist dann die Beschwerde zum Kirchengerichtshof der EKD (KGH) in Hannover möglich. Die Beschwerde muss allerdings zur Entscheidung angenommen werden. Die Annahmegründe gibt § 63 Abs. 2 MVG vor. Danach ist die Beschwerde anzunehmen, wenn

1. ernstliche Zweifel an der Richtigkeit des Beschlusses bestehen,
2. die Rechtsfrage grundsätzliche Bedeutung hat,
3. der Beschluss von einer Entscheidung des Kirchengerichtshofes der Evangelischen Kirche in Deutschland, einer Entscheidung eines obersten Landesgerichts oder eines Bundesgerichts abweicht und auf dieser Abweichung beruht oder
4. ein Verfahrensmangel geltend gemacht wird und vorliegt, auf dem der Beschluss beruhen kann.

Die Annahmegründe sind mit Einlegung der Beschwerde darzulegen.

Nimmt der KGH die Beschwerde zur Entscheidung an, ergeht ein Beschluss über die Annahme. Dann findet ein Verhandlungstermin vor dem zuständigen Senat statt, der als Entscheidung einen weiteren Beschluss erlässt.

Damit ist der Rechtsweg erschöpft; es gibt keine weitere Instanz.

Nimmt der KGH die Beschwerde nicht zur Entscheidung an, ergeht ein Beschluss über die Nicht-Annahme der Beschwerde. Dieser Beschluss enthält, anders als der Annahmebeschluss, eine Begründung.

Damit ist der Rechtsweg ebenfalls erschöpft; es gibt keine weitere Instanz.

Bedeutung für die MAV

Der Weg zum Kirchengericht ist für die MAV die einzige Möglichkeit – sollten innerbetriebliche Einigungsbemühungen zu keinem Ergebnis führen – kollektivrechtliche Streitigkeiten zu klären (es sei denn die Einigungsstelle ist zuständig – § 36a i. V.m § 40 MVG-EKD).
Hierzu muss die Mitarbeitervertretung den Verfahrensgang kennen. Zudem gelten die prozessualen Regelungen der weltlichen Gesetze (insbes. ArbGG, ZPO). Mitarbeitervertretungen sollten daher kirchengerichtliche Verfahren nicht ohne Rechtsbeistand durchführen.
Zudem besteht die nicht unwahrscheinliche Möglichkeit, dass der Arbeitgeber das kirchengerichtliche Verfahren einleitet, um z. B. eine fehlende Zustimmung der MAV ersetzt zu bekommen. Auch dann muss die MAV wissen, wie der Verfahrensablauf ist und welche Folgen er hat. Auch in diesen Verfahren sollte sich die MAV anwaltlich vertreten lassen.

Bedeutung für die Beschäftigten

Urteilsverfahren vor dem Arbeitsgericht sind individualrechtliche Verfahren, mit denen Arbeitnehmer Ansprüche gegen den Arbeitgeber durchsetzen können oder Handlungen, Erklärungen (z. B. Kündigungen) des Arbeitgebers abwehren können.
Arbeitgeber können auch die Arbeitnehmer verklagen, was jedoch eher selten vorkommt.
Die kollektivrechtlichen Beschlussverfahren können auch Auswirkungen auf die Beschäftigten haben, wird z. B. durch Beschluss die Zustimmung zu einer ordentlichen Kündigung ersetzt oder nicht, ist das für den betroffenen Mitarbeiter durchaus erheblich.

Beachte:
Vorliegend sind nur einige Entscheidungsformen mit einigen Fristen vereinfacht dargestellt worden. Den Beschäftigten und der MAV kann nur geraten werden, gerichtliche Verfahren immer mit Unterstützung der Gewerkschaft oder eines Rechtsanwalts zu führen, um keine prozessualen Fehler zu begehen und keine Fristen zu versäumen!

Geringfügig Beschäftigte (Minijobber)

Was ist das?

Bis zum 30. 9. 2022 galt eine feste Entgeltgrenze für geringfügig Beschäftigte. Ihre Beschäftigung war dann geringfügig, wenn das regelmäßige monatliche Arbeitsentgelt max. 450 Euro betragen hat. Seit dem 1. 10. 2022 ist diese **Entgeltgrenze dynamisiert** und orientiert sich am jeweils gültigen → **Mindestlohn**. So lag die max. Entgeltgrenze im Jahr 2023 bei 520 Euro/Monat, 2024 bei 538 Euro/Monat. Im Jahr 2025 steigt die Grenze von 538 auf 556 Euro/Monat.

Geringfügige Beschäftigungen bezeichnet man häufig auch als »Mini-Jobs«. Gesetzliche Grundlage ist § 8 SGB IV.

Der Berechnung der jeweiligen Geringfügigkeitsgrenze liegt eine Wochenarbeitszeit von 10 Stunden zugrunde. Der jeweils gültige Mindestlohn (2024 z. B. 12,41 Euro) wird dann mit 130 vervielfacht, durch 3 geteilt und auf volle Euro aufgerundet. Die Zahl 130 ergibt sich dabei aus 13 Wochen (= 3 Monate) mit einer Wochenarbeitszeit von 10 Stunden.

Die Statistik der Bundesagentur für Arbeit weist für Januar 2024 7,5 Millionen geringfügig Beschäftigte aus, davon üben 3,3 Millionen den Mini-Job als Nebenbeschäftigung zu ihrem Hauptjob aus (*https://statistik.arbeitsagentur.de/DE/Navigation/Statistiken/Fachstatistiken/Beschaeftigung/Aktuelle-Eckwerte-Nav.html* – abgerufen 19. 4. 2024). Nachdem durch die Einführung des Mindestlohns im Jahr 2015 die Zahl der Mini-Jobs in Deutschland zunächst leicht gesunken ist, ist die Tendenz seitdem wieder steigend. Lediglich während der Corona-Krise 2020 bis 2022 gab es einen leichten Einbruch.

Geringfügige Beschäftigung ist **weiblich**: Es gibt mehr Frauen als Männer – Frauenanteil 2024: ca. 60 % – in dieser prekären Beschäftigungsform, aus der in der Regel keine sozialversicherungsrechtlichen Ansprüche folgen. Und der Anteil der Mini-Jobber bezogen auf alle Beschäftigten betrug im Januar 2024 etwa 18 %.

Geringfügig Beschäftigte sind Teilzeitbeschäftigte, deren Arbeitsverhältnis sozialversicherungsrechtlichen Privilegierungen unterliegt. Davon zu unterscheiden sind sog. kurzfristig Beschäftigte (bis zu drei Monate oder 70 Arbeitstage im

Kalenderjahr; s. § 8 Abs. 1 Nr. 2 SGB IV), auf die hier nicht näher eingegangen werden soll.
Für geringfügig Beschäftigte gelten die gleichen arbeitsrechtlichen Grundsätze wie für sozialversicherungspflichtige Beschäftigte; anders ist nur die sozialversicherungsrechtliche Situation. So leistet der Arbeitgeber pauschal die Beiträge zur Rentenversicherung (15 % der monatlichen Vergütung), zur Krankenversicherung (13 %) und eine pauschale Lohnsteuer (2 %; inkl. Solidaritätszuschlag und Kirchensteuer), so dass die Gesamtbelastung des Arbeitgebers 30 % beträgt. Eine Pauschalabgabe für Arbeitslosen- und Pflegeversicherung wird nicht erhoben. Einkünfte aus geringfügigen Beschäftigungen sind grundsätzlich steuerpflichtig; die Lohnsteuer führt der Arbeitgeber ab, er kann sie aber dem Arbeitnehmer belasten (Anm. zu § 40a EStG).
Seit dem Jahr 2013 sind geringfügig Beschäftigte grundsätzlich versicherungspflichtig in der Rentenversicherung. Damit wurde der Grundsatz umgekehrt: Es besteht seitdem Versicherungspflicht mit der Möglichkeit zur Befreiung – vorher bestand Versicherungsfreiheit mit der Möglichkeit, sich freiwillig zu versichern. Geringfügig Beschäftigte können sich auf Antrag von der Rentenversicherungspflicht befreien lassen. Der Antrag ist beim Arbeitgeber zu stellen, der ihn an die Minijob-Zentrale weiterreichen muss. Widerspricht die Minijob-Zentrale nicht innerhalb eines Monats, gilt der Antrag als genehmigt.
Lässt sich der Minijobber nicht von der Versicherungspflicht befreien, so erwirbt der geringfügig Beschäftigte vollwertige Pflichtbeitragszeiten in der Rentenversicherung. Die Ansprüche auf Rentenleistungen allein aus dieser Tätigkeit bleiben aber gering.
Seit 10. 8. 2010 gilt die Sozialversicherungspflicht bei Überschreiten der Geringfügigkeitsgrenze nicht mehr rückwirkend für das laufende Kalenderjahr. Vielmehr tritt die Versicherungspflicht erst mit dem Tag ein, an dem die Entscheidung über die Versicherungspflicht durch den Träger der Rentenversicherung (das ist die Knappschaft-Bahn-See = Minijob-Zentrale) bekannt gegeben wird. Die Umstellung auf Sozialversicherungspflicht erfolgt also nur noch für die Zukunft.
Auf die Sonderregelungen für **geringfügige Beschäftigungen in Privathaushalten** und auf **Beschäftigungen im sog. Übergangsbereich** (bis 30. 6. 2019: »Gleitzone« bzw. »Midi-Jobs«) wird hier nicht näher eingegangen. Seit 1. 7. 2019 gilt dieser »Übergangsbereich« für ein monatliches Bruttoentgelt zwischen 450,01 Euro und 1300,00 Euro. Mit der Dynamisierung der Entgeltgrenze für geringfügige Beschäftigungen ab 1. 10. 2022 wurde auch der Übergangsbereich entsprechend angepasst. Die Obergrenze liegt nun bei 2000,00 Euro, die Untergrenze hängt jeweils von der Entgeltgrenze für die Geringfügigkeit ab. Im Jahr 2024 beginnt der Übergangsbereich also mit 538,01 Euro und geht bis 2000,00 Euro.

Übergangsbereich bedeutet, dass der Arbeitgeberbeitrag zur Sozialversicherung in allen Zweigen (Kranken-, Pflege-, Renten- und Arbeitslosenversicherung) aus dem tatsächlichen Entgelt bemessen wird. Der Arbeitnehmerbeitrag zur Sozialversicherung wird dagegen auf der Grundlage einer reduzierten Bemessungsgrundlage berechnet. Das hat vor allem positive Auswirkungen auf die künftigen Rentenansprüche dieser Arbeitnehmer.

Bis zum 1.11.2003 waren geringfügig Beschäftigte formell vom Geltungsbereich der → **AVR** ausgenommen; dies hatte bereits damals der Rechtsprechung nicht mehr standgehalten. Spätestens seit In-Kraft-Treten des Teilzeit- und Befristungsgesetzes (TzBfG) am 1.1.2001 stellt die Ungleichbehandlung von geringfügig Beschäftigten einen Gesetzesverstoß dar (s. § 4 Abs. 1 i.V.m. § 2 Abs. 3 TzBfG). Mit dem Gesetz wurde auch die eklatante Diskriminierung von geringfügig Beschäftigten endlich abgeschafft.

Daher gelten seit 2001 alle arbeitsrechtlichen Ansprüche von Voll- und anderen Teilzeitbeschäftigten auch für geringfügig Beschäftigte. Dies sind im Einzelnen:

- → **Entgeltfortzahlung** im Krankheitsfall (§ 3 EFZG),
- Anspruch auf Feiertagsvergütung (§ 2 EFZG),
- Versicherungsschutz in der gesetzlichen Unfallversicherung (Berufsgenossenschaft),
- Urlaubsanspruch wie vollbeschäftigte Kollegen (Kürzung nur bei reduzierter Zahl der Arbeitstage/Woche),
- Jahressonderzahlung/en (anteilig),
- Anspruch auf vermögenswirksame Leistungen (anteilig),
- Anspruch auf Zulagen (i.d.R. anteilig, z.B. Schichtzulage) und Zuschläge wie Vollzeitbeschäftigte,
- gleiche Kündigungsfristen,
- Anspruch auf betriebliche Sozialleistungen und Sonderzahlungen, wenn dies z.B. in einer → **Dienstvereinbarung** festgelegt ist,
- Anspruch auf Erteilung eines Zeugnisses (§ 630 BGB),
- nicht zuletzt: Anspruch auf anteilige Vergütung. Das bedeutet, geringfügig Beschäftigte sind genauso einzugruppieren wie Vollzeit- oder andere → **Teilzeitbeschäftigte**. Damit haben sie auch Anspruch auf »tarifliche« Vergütungserhöhungen,
- Anspruch auf Betriebsrente wie Vollzeit- oder andere → **Teilzeitbeschäftigte.** Seit 1.1.2002 unterliegen auch geringfügig Beschäftigte der Versicherungspflicht in der Kirchlichen → **Zusatzversorgung**,
- für geringfügig Beschäftigte ist wie für andere Mitarbeiter ein schriftlicher Arbeitsvertrag abzuschließen.

Geringfügig entlohnte Beschäftigungen können (leider!) grundsätzlich mit ehrenamtlichen bzw. Übungsleiter-Tätigkeiten (»Ehrenamtspauschale« bzw.

»Übungsleiterfreibetrag«; → **Honorartätigkeit**) kombiniert werden. Gerade »gemeinnützigen« und »mildtätigen« (im Sinne des Steuerrechts) Arbeitgebern bieten sich hier viele Möglichkeiten, Steuerschlupflöcher zu nutzen.

Bedeutung für die MAV-Arbeit

Geringfügig Beschäftigte sind Mitarbeiter wie andere auch. Sie sind besondere Teilzeitbeschäftigte und unterscheiden sich von Vollzeitbeschäftigten durch den Umfang der wöchentlichen Arbeitszeit und ihre sozialversicherungsrechtliche Behandlung. Daher hat die MAV ein → **Mitbestimmungsrecht** bei Einstellung, Eingruppierung, Kündigung usw. auch der geringfügig Beschäftigten.
Ihrer Überwachungspflicht aus dem MVG (§ 35 Abs. 3 Buchst. b) kommt die MAV nur dann nach, wenn sie auf die korrekte Eingruppierung der geringfügig Beschäftigten genauso achtet wie auf die Gewährung von Jahressonderzahlungen etc. Die Berechnung der maximal möglichen Wochenstundenzahl von geringfügig Beschäftigten kann über die Eingruppierung und die sonstigen Entgeltleistungen und Sonderzahlungen erfolgen. Bei Entgelterhöhungen ist die einmal vereinbarte wöchentliche Arbeitszeit entsprechend zu verringern.
Mit der Novellierung des MVG Ende 2013 gehörte auch die reduzierte Berechnung der Freistellungsmöglichkeiten für Mitarbeitervertretungen der Vergangenheit an. Bis dahin wurden Beschäftigte bis 10 Wochenstunden nur anteilig gezählt (bei 10 Std./Woche also mit 0,25 statt 1,0). Betroffen waren v. a. geringfügig Beschäftigte bzw. Mitarbeitervertretungen in Einrichtungen mit vielen geringfügig Beschäftigten.

Bedeutung für die Beschäftigten

Neben den genannten arbeitsrechtlichen Ansprüchen besitzen geringfügig Beschäftigte wie Vollzeitbeschäftigte das aktive und passive Wahlrecht bei → **Wahlen** der MAV und sie können sich wie andere Mitarbeiter mit Beschwerden an die MAV wenden. Generell gilt das Diskriminierungsverbot von Teilzeitbeschäftigten nach § 4 Abs. 1 i. V. m. § 2 Abs. 3 TzBfG und die Diskriminierungsverbote nach § 1 AGG (Diskriminierung aus Gründen der Rasse oder wegen der ethnischen Herkunft, des Geschlechts, der Religion oder Weltanschauung, einer Behinderung, des Alters oder der sexuellen Identität).

Geringfügig Beschäftigte (Minijobber)

> **Hinweis:**
> Weitere Informationen zu den rechtlichen Bedingungen von geringfügig Beschäftigten unter: *www.minijob-zentrale.de*

Übersicht

Minijobs		
Grundzone	Geringfügig entlohnte Beschäftigung § 8 Abs. 1 Nr. 1 SGB IV Sozialversicherungsfrei Arbeitgeber zahlt: 13 % Krankenversicherungsbeitrag 15 % Rentenversicherungsbeitrag (Verzicht auf Rentenversicherungspflicht möglich) Lohnsteuerpauschalierung mit 2 % Pauschalsteuer	1,00 Euro bis 538,00 Euro (gilt für 2024)
Übergangszone	Sozialversicherungspflichtige Beschäftigung § 20 Abs. 2 SGB IV Sozialversicherungspflichtig Der Gesamt-Sozialversicherungsbeitrag beträgt (2024): 16,3 % Krankenversicherung (14,6 plus 1,7 %) 18,6 % Rentenversicherung 2,6 % Arbeitslosenversicherung 3,4 % Pflegeversicherung Der hälftige Arbeitgeberanteil wird nach dem tatsächlichen Einkommen berechnet (Formel in § 20 Abs. 2a SGB IV). Der Arbeitnehmeranteil errechnet sich seit 1.10.2022 aus einem ermäßigten, langsam ansteigenden Beitrag (Formel ebenfalls in § 20 Abs. 2a SGB IV). Keine Lohnsteuerpauschalierung möglich.	538,01 Euro (gilt für 2024) bis 2000,00 Euro (seit 1.10.2022)
	Geringfügig kurzfristige Beschäftigung § 8 Abs. 1 Nr. 2 SGB IV	
	Sozialversicherungsfrei Lohnsteuerpauschalierung eingeschränkt möglich.	Im Kalenderjahr max. 3 Monate oder 70 Arbeitstage

Gesamtausschuss

Was ist das?

Mit der 9. Novellierung des MVG im November 2013 wurde erstmals verbindlich für alle gliedkirchlichen diakonischen Werke die Bildung von Gesamtausschüssen festgelegt. In den meisten diakonischen Werken existierten vorher bereits Gesamtausschüsse bzw. **Arbeitsgemeinschaften der Mitarbeitervertretungen (AGMAVen)**, doch ihre rechtliche Existenz war nicht umfassend abgesichert. Der neue § 54 MVG bildet jedoch nur einen rechtlichen Rahmen, Einzelheiten über Aufgaben, Bildung und Zusammenfassung des Gesamtausschusses regeln die Gliedkirchen in ihren jeweiligen Übernahmegesetzen.

Nach § 55 MVG sollen den Gesamtausschüssen insbesondere folgende **allgemeine Aufgaben** zugewiesen werden:

- Beratung, Unterstützung und Information der Mitarbeitervertretungen bei der Wahrnehmung ihrer Aufgaben, Rechte und Pflichten,
- Förderung des Informations- und Erfahrungsaustauschs zwischen den Mitarbeitervertretungen sowie Förderung der Fortbildung von Mitgliedern der Mitarbeitervertretungen,
- Erörterung arbeits-, dienst- und mitarbeitervertretungsrechtlicher Fragen von grundsätzlicher Bedeutung, sofern hierfür nicht andere Stellen zuständig sind,
- Abgabe von Stellungnahmen zu beabsichtigten kirchengesetzlichen Regelungen im Arbeitsrecht,
- Mitwirkung bei der Besetzung der Kirchengerichte.

Viele Gesamtausschüsse bzw. AGMAVen haben sich bereits in jahrzehntelanger Arbeit ein teilweise sehr beachtliches Niveau in ihrer Tätigkeit zugelegt. In der Regel laden die Gesamtausschüsse ein- oder zweimal jährlich zu Mitgliederversammlungen ein, in denen sie einen Tätigkeitsbericht über ihre Arbeit geben. Zu aktuellen arbeitsrechtlichen Themen werden Stellungnahmen abgegeben und Beschlüsse gefasst. Viele Gesamtausschüsse bieten Schulungen für die MAVen an. Die Unterstützung und arbeitsrechtliche Beratung der MAVen vor Ort ist je nach Geschichte und Tradition des Gesamtausschusses teilweise stark ausgeprägt.

Gesamtausschuss

Heftig umstritten ist die Beteiligung von Gesamtausschüssen an der Arbeitsrechtssetzung in Kirche und Diakonie. Einige gliedkirchliche diakonische Werke wollen in ihren Übernahmegesetzen die Gesamtausschüsse darauf verpflichten, in den Arbeitsrechtlichen Kommissionen mitzuarbeiten. Bis auf wenige Ausnahmen weigern sich die Gesamtausschüsse, am so genannten Dritten Weg mitzuarbeiten und eine Ersatzfunktion für die Gewerkschaften einzunehmen (→ **Arbeitsrechtliche Kommission**).

Viele Gesamtausschüsse besitzen mittlerweile eine eigene Homepage. In der Regel sind auf diesen Internetauftritten die jeweils spezifischen arbeitsrechtlichen Regelungen der Gliedkirchen der diakonischen Werke zu finden.

Internet-Adressen der Gesamtausschüsse/AGMAVen

GMAV Baden	*http:///www.ga-baden.de*
Gesamtausschuss der Mitarbeitervertretungen – Diakonie Bayern	*https://www.gamav-diakonie-bayern.de*
AGMAV Berlin-Brandenburg-schlesische Oberlausitz	*https://www.diakonie-portal.de/ueber-uns/arbeitsrecht/agmv/*
AGMAV Diakonisches Werk Hamburg Landesverband der Inneren Mission e.V.	*ag-mav@diakonie-hamburg.de* (vorläufige Seite)
GAMAV Hessen	*http://www.gamavdh.de/*
Gesamtausschuss MAV Leer	*http://www.ga-reformiert.de/*
AGMAV Ev. Kirche Mitteldeutschland	*http://www.mav.ekm.de*
AGMAVen in den Diakonischen Werken Niedersachsens	*https:http://www.ag-mav.de//ag-mav.org/*
GMDW-Pfalz, Gesamtausschuss der Mitarbeitervertretungen von Einrichtungen im Bereich Diakonisches Werk Pfalz	*http://www.gmdw-pfalz.de*
Gesamtausschuss der Evangelischen Kirche im Rheinland	*https://www.mav-gesa-ekir.de/*
GAMAV Sachsen	*http://www.gamav-sachsen.de/*
AGMAV Schleswig-Holstein	*http://www.agmav-sh.de*
AGMAV Westfalen-Lippe	*http://www.agmav.de*
AGMAV Württemberg	*http://www.agmav-wuerttemberg.de*

Bundeskonferenz
Mit der Institutionalisierung der Gesamtausschüsse wurde bei der Novellierung des MVG in 2013 auch offiziell die **Bundeskonferenz der Gesamtausschüsse (BUKO)** eingerichtet (§§ 55a – 55d MVG). Die Bundeskonferenz ist aber kein neuer Arbeitszusammenhang der Gesamtausschüsse bzw. AGMAVen. Seit etwa 1990 arbeiten die Gesamtausschüsse/AGMAVen auf überregionaler Ebene zusammen und hatten sich bereits eine eigene Ordnung und Arbeitsstrukturen geschaffen. Seitdem gibt die Bundeskonferenz der AGMAVen zu allen neuen wesentlichen kirchlichen Regelungen Stellungnahmen heraus und unterstützt bundesweite Aufrufe und Aktionen.
Auf ihrer Homepage stellt sich die Bundeskonferenz vor: »*Die Bundeskonferenz, kurz »buko« stellt den Zusammenschluss der betrieblichen Interessenvertretungen aus Einrichtungen der Diakonie in Deutschland dar. Als Spitzenorgan der Mitarbeitervertretungen sprechen wir für rund 650 000 Beschäftigte.*
Die Mitarbeitervertretungen aus diakonischen Betrieben wählen in den regionalen diakonischen Werken ihre Arbeitsgemeinschaften (AGMAVen) oder Gesamtausschüsse (GAe). Diese entsenden je zwei Mitglieder in die Bundeskonferenz, die sich zu regelmäßigen Vollversammlungen und Veranstaltungen treffen. Die buko organisiert so den Informationsaustausch auf Bundesebene und fördert den öffentlichen Diskussionsprozess über aktuelle Entwicklungen im Bereich »Arbeit und Soziales« sowie grundlegende Rahmenbedingungen, wie beispielsweise das kirchliche Arbeitsrecht. Wir erarbeiten gemeinsame Positionen und entsprechend notwendige Forderungen, die wir insbesondere gegenüber Kirche und Diakonie vertreten. Wir setzten uns für eine starke und wirkungsvolle Mitbestimmung ein.
Die buko ist Teil der Vertretungen von Arbeitnehmer:innen in der sozialen Arbeit. Wir arbeiten mit entsprechenden Interessenvertretungen anderer kirchlicher und sozialer Verbände sowie den Gewerkschaften, insbesondere der Dienstleistungsgewerkschaft ver.di zusammen.« (www.buko-diakonie.de)
Die BUKO wählt als Vorstand im Sinne des MVG § 55c für die Amtszeit von 4 Jahren eine Sprecher/innen-Gruppe aus 5 Personen. Sie führt die laufenden Geschäfte und hat die Versammlungen der AGMAVen und Gesamtausschüsse vor- und nachzubereiten. Die Versammlungen finden in der Regel 4–5 Mal pro Jahr statt. Die Sprecher/innen-Gruppe vertritt die Bundeskonferenz im Rahmen gefasster Beschlüsse, so weit im Einzelfall kein anderes Verfahren festgelegt wird.
Die nachträgliche Anerkennung der Bundeskonferenz der Gesamtausschüsse nach über 25 Jahren hat bei den Gesamtausschüssen/AGMAVen auch Bedenken verstärkt: bei jeder der zahlreichen Novellierungen des MVG haben die Gesamtausschüsse/AGMAVen die Aufnahme der Aufgaben von Gewerkschaften in das MVG gefordert, ähnlich wie im BetrVG, doch dieser Forderung wurde nie entsprochen.

Weil die Gewerkschaften im novellierten MVG nach wie vor keine Erwähnung finden, besteht bei kirchlichen Arbeitgebern die Tendenz, der Bundeskonferenz die Rolle einer **Ersatzgewerkschaft** zu zuweisen. Von vielen AGMAVen/Gesamtausschüssen wird deshalb die Entwicklung hin zu einer institutionalisierten »Über-Mitarbeitervertretung« durchaus kritisch gesehen. Die Bundeskonferenz ist sich einig darin, dass sie sich nicht in die Rolle einer Ersatzgewerkschaft hineindrängen lässt.

Ständige Konferenz
Die gliedkirchlichen Gesamtausschüsse und die Gesamtmitarbeitervertretung der Einrichtungen, Amts- und Dienststellen der EKD bilden die Ständige Konferenz (§ 55a MVG). Die Vorläuferorganisation der Ständigen Konferenz mit gleichem Namen besteht bereits seit 1982 als freiwilliger Zusammenschluss. Sie hat die gleichen Aufgaben wie die Bundeskonferenz der Gesamtausschüsse (§ 55b MVG).

Gesamtausschuss der EKD
Die Vorstände der Ständigen Konferenz und der Bundeskonferenz der Diakonie bilden zusammen den Gesamtausschuss der EKD. Sie wählen aus ihrer Mitte einen Vorsitzenden und 4 weitere Mitglieder des Vorstands für die Dauer von 4 Jahren. § 55c MVG regelt weiter die Freistellungen für die Arbeit im Gesamtausschuss und bestimmt den Sitz der gemeinsamen Geschäftsstelle beim Kirchenamt der EKD in Hannover.

Hintergrund
Die kirchengesetzliche Anerkennung der bereits seit vielen Jahren bestehenden Gremien in der Diakonie und der verfassten Kirche war Ergebnis der »Magdeburger Kundgebung« der EKD-Synode vom 9. 11. 2011. Ein paar Tage zuvor riefen die Gewerkschaft ver.di und die Bundeskonferenz der AGMAVen zu einer Demonstration vor der Synode auf. Dem Unmut der Mitarbeiter, der MAVen und dem wachsenden Druck in der Öffentlichkeit meinte die EKD-Synode mit folgender Erklärung zu entsprechen:

»Die Mitarbeitendenvertretungen in Diakonie und Kirche müssen in ihren Beteiligungsmöglichkeiten gestärkt werden und brauchen eine bundesweit durchgehende legitimierte Struktur.«

Durch die Aufnahme der Ständigen Konferenz, der Bundeskonferenz und des Gesamtausschusses in das MVG meinte die Synode der EKD im November 2013 in Düsseldorf diesen Auftrag erfüllt zu haben. Natürlich ist es aus Sicht der MAVen viel zu wenig, eine bereits jahrzehntelang geübte Praxis lediglich zu institutionalisieren. Bedenklich stimmt die beharrliche Weigerung der EKD, die Rolle und Aufgaben der → **Gewerkschaften** ähnlich der im BetrVG auch im MVG anzuerkennen.

Literaturhinweis

- *Bundeskonferenz der agmaven und Gesamtausschüsse im Bereich des Diakonischen Werkes der EKD: http://www.buko-diakonie.de*

Gesamtmitarbeitervertretung

Was ist das?

Die Gesamtmitarbeitervertretung (GMAV) ist der Zusammenschluss mehrerer Mitarbeitervertretungen, die bei ein und demselben → Rechtsträger gebildet sind.

Die Gesamt-MAV ist zu unterscheiden (s. Grafik nächste Seite)

- von der → **gemeinsamen MAV**, die für mehrere Dienststellen unterschiedlicher Rechtsträger durch gemeinsame Wahl gebildet wird (Wahlgemeinschaft nach § 5 Abs. 2 MVG),
- von der Verbund-Mitarbeitervertretung, die für mehrere Dienststellen unterschiedlicher Rechtsträger insbesondere in sog. Konzernstrukturen gebildet werden kann,
- vom → **Gesamtausschuss** nach §§ 54, 55 MVG (oft auch: Arbeitsgemeinschaft der Mitarbeitervertretungen = AGMAV), der auf einer Versammlung von Delegierten der Mitarbeitervertretungen einer Gliedkirche bzw. eines gliedkirchlichen Diakonischen Werkes gewählt wird.

Gesamtmitarbeitervertretungen werden auf Grundlage von § 6 MVG gebildet. Voraussetzung ist, dass die Mehrheit der bei einer Dienststelle bestehenden Mitarbeitervertretungen die Bildung beantragt. Bei zwei MAVen genügt der Antrag einer Mitarbeitervertretung. In der Regel entsenden alle beteiligten MAVen ein Mitglied in die Gesamtmitarbeitervertretung, es sei denn, durch → **Dienstvereinbarung** wird Abweichendes geregelt (§ 6 Abs. 3 MVG).

Aufgaben und Rechte von Gesamt-MAVen sind stark eingeschränkt:

- Gesamt-MAVen sind nur zuständig für Aufgaben, soweit sie Beschäftigte aus mehreren oder allen Dienststellenteilen betreffen (§ 6 Abs. 2 MVG).
- Für Gesamt-MAVen ist die pauschale Freistellungsregel nach § 20 MVG ausgeschlossen (§ 6 Abs. 6 MVG).

Besteht in der Dienststelle eine Gesamt-MAV, so wird der nach § 23a Abs. 2 MVG zu bildende → **Wirtschaftsausschuss** bei der Gesamt-MAV eingerichtet. Grund ist, dass die wirtschaftlichen Angelegenheiten stets mehr als nur eine (Teil-)Dienststelle berühren (s. Baumann-Czichon u. a. 2013, § 23a, Rn. 12). Für die → **Geschäftsführung** einer Gesamt-MAV gelten die gleichen Regelungen wie für Mitarbeitervertretungen (§ 6 Abs. 6 MVG). Siehe hierzu auch die Muster-Geschäftsordnung am Ende des Stichworts.

Übersicht: Bildung der Gesamt-MAV im Dienststellenverbund (Beispiel)

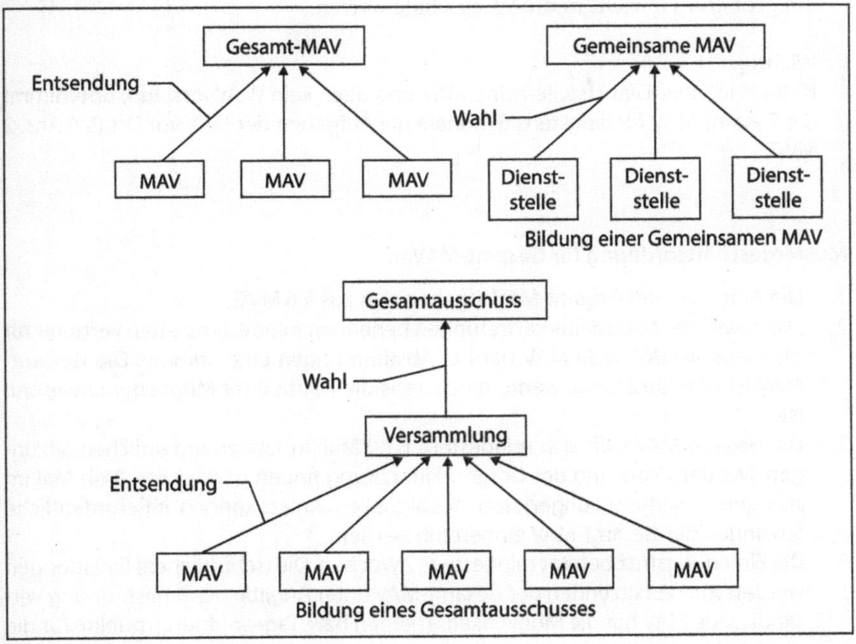

Bedeutung für die MAV

Trotz der genannten Einschränkungen ist es oft empfehlenswert, eine Gesamt-MAV zu bilden, wenn es in einer Dienststelle mehrere MAVen gibt. Denn auf diese Weise

- sind die beteiligten Mitarbeitervertretungen in der Lage, sich untereinander abzusprechen und eine gemeinsame Strategie gegenüber ihrem Arbeitgeber zu entwickeln,
- sind der Informationsfluss und die Möglichkeit gegenseitiger Beratung und Unterstützung größer,
- können grundsätzliche Fragen intensiver diskutiert werden,

- gibt es die Möglichkeit der Vereinfachung bei Mitbestimmungsverfahren für die gesamte Dienststelle (nach §§ 39, 40, 42, 43 MVG),
- kann das Initiativrecht gemeinsam wahrgenommen werden (§ 47 MVG),
- kann der Fall einer evtl. nicht vorhandenen MAV überbrückt werden (max. 6 Monate – § 6 Abs. 2 Satz 2 MVG),
- kann die Arbeitnehmervertretung bei Verhandlungen mit dem Arbeitgeber ein größeres Gewicht in die Waagschale werfen.

Wichtig:
Besteht in einer Dienststelle keine MAV und auch kein Wahlvorstand, übernimmt die Gesamt-MAV für längstens 6 Monate die Aufgaben der MAV vor Ort (§ 6 Abs. 2 MVG).

Mustergeschäftsordnung für Gesamt-MAVen

1. Die Aufgaben der Gesamt-MAV ergeben sich aus § 6 MVG.
2. Die jeweiligen Mitarbeitervertretungen benennen mindestens einen Vertreter für die Gesamt-MAV. Jede MAV hat bei Abstimmungen eine Stimme. Die Gesamt-MAV ist beschlussfähig, wenn mindestens die Hälfte ihrer Mitglieder anwesend ist.
3. Die Gesamt-MAV trifft sich mindestens 6 (8) Mal im Jahr zu ordentlichen Sitzungen. Mit dem Vorstand der Gesamt-Einrichtung finden mindestens 3 (4) Mal im Jahr gemeinsame Sitzungen statt. Aus aktuellem Anlass können außerordentliche Sitzungen der Gesamt-MAV einberufen werden.
4. Die Einladungsfrist beträgt mindestens 2 Wochen. Die (schriftlichen) Einladungen werden vom Vorsitzenden der Gesamt-MAV unter Angabe der Tagesordnung versandt. Jede MAV hat die Möglichkeit, Themen bzw. Tagesordnungspunkte für die nächste Sitzung vorzuschlagen. Zu den Sitzungen der Gesamt-MAV können sachkundige Personen eingeladen werden.
5. Von jeder Gesamt-MAV-Sitzung wird ein Protokoll angefertigt und jeder MAV zugänglich gemacht. Die Protokolle der Gesamt-MAV-Sitzungen werden reihum von den MAV-Vertretern erstellt und an alle MAVen versandt.
6. Die Gesamt-MAV wählt einen Vorsitzenden und 2 (4) Stellvertreter. Diese 3 (5) Gewählten bilden den Sprecherrat. Die Wahl des Sprecherrats erfolgt im Anschluss an die turnusmäßigen MAV-Wahlen. Eine vorherige Neuwahl oder Abwahl des Vorsitzenden und der stellvertretenden Vorsitzenden ist möglich.
7. Der Sprecherrat vertritt die Gesamt-MAV nach außen im Rahmen der gefassten Beschlüsse. Im Übrigen gilt Abschnitt VI des MVG entsprechend. Weitere Aufgaben des Sprecherrats sind: Vorbereitung der Sitzungen der Gesamt-MAV, Erstellung und Versand der Einladung, Erstellung der Tagesordnung, Leitung der Sitzungen.
8. Der Sprecherrat trifft sich jeweils vor den Sitzungen der Gesamt-MAV.

9. Die Gesamt-MAV kann beschließen, Arbeitsgruppen zu aktuellen Themen und Schwerpunktthemen einzurichten. Die Arbeitsgruppen berichten auf jeder (zweiten?) Sitzung der Gesamt-MAV über den Stand ihrer Arbeit.
10. Zur Freistellung der Gesamt-MAV-Mitglieder wird eine Dienstvereinbarung abgeschlossen.
11. Wird ein Mitbestimmungs- oder Mitberatungsverfahren nach § 6 Abs. 2 MVG eingeleitet, gelten die Beteiligungsverfahren nach §§ 38, 41 und 45 MVG entsprechend. Die Fristen beginnen mit Zugang der Mitteilung an den Vorsitzenden der Gesamt-MAV bzw. an dessen Stellvertretung bei Abwesenheit des Vorsitzenden. Der Abschluss von Dienstvereinbarungen nach § 36 MVG bedarf eines förmlichen Beschlusses durch die Gesamt-MAV. Zur Einhaltung der Fristen in einem Beteiligungsverfahren gemäß §§ 38, 41 und 45 MVG muss gegebenenfalls eine außerordentliche Sitzung der Gesamt-MAV einberufen werden. Die Wahrnehmung des Initiativrechts nach § 47 MVG erfordert einen Beschluss der Gesamt-MAV.
12. Die Geschäftsordnung tritt am … in Kraft und gilt bis zum Ende der laufenden Amtszeit.

Gesamt-MAV im Dienststellenverbund (seit 2014: Verbund-MAV)

Was ist das?

Die Gesamt-MAV im Dienststellenverbund wird im MVG seit dem 1.1.2024 als Verbundmitarbeitervertretung bezeichnet (§ 6a MVG). Offenbar will die EKD den Begriff der »Konzern-MAV« nach wie vor vermeiden, denn nichts anderes stellt die Verbund-MAV dar.

Die Verbund-MAV ist ein freiwilliger organisatorischer Zusammenschluss von mindestens zwei MAVen. Im Unterschied zur Gesamt-MAV wird die Verbund-MAV nicht innerhalb eines Unternehmens gebildet, sondern bei mehreren rechtlich selbständigen Einrichtungsträgern, also Unternehmen (§ 6a MVG). Durch die Bildung einer Verbund-MAV wird den einzelnen MAVen die Zuständigkeit ihrer Aufgaben entzogen, wenn Mitarbeiter aus mehr als einer Einrichtung betroffen sind und auf die Verbund-MAV übertragen. Es handelt sich dann um eine **rechtsträgerübergreifende Zuständigkeit** in Angelegenheiten, die unter den Aufgabenbereich der MAV fallen.

Hintergrund dieser Regelung (seit 1. Januar 2003) sind die stark veränderten Unternehmensstrukturen (z. B. Aufspaltungen, Ausgründungen) innerhalb der Diakonie. Die Bildung von sog. Holdingstrukturen (Dachgesellschaften) verfolgt im Wesentlichen den Zweck, das wirtschaftliche Risiko durch die Aufspaltung in einzelne Unternehmen zu minimieren, aber gleichzeitig die einzelnen und von der »Konzernmutter« abhängigen Diakonie-Unternehmen zu verwalten, sie einheitlich zu leiten und über sie verfügen zu können. Weitere Gründe können steuerliche Privilegien, aber auch die Teilung der Belegschaft sein, mit der Folge, dass nur kleine Interessenvertretungen gewählt werden können.

Die Bildung einer Verbund-MAV setzt einen sog. Dienststellenverbund voraus. Ein Dienststellenverbund besteht aus mehreren selbständigen Einrichtungen, die verschiedene Rechtsform haben können, wie GmbH, Verein, Stiftung oder auch gemeinnützige Aktiengesellschaften. Der Dienststellenverbund ist geprägt durch eine einheitliche und beherrschende Leitung, d. h. die wesentlichen unternehmerischen Entscheidungen werden bei der »Konzernmutter« aufgrund ihrer beherrschenden Stellung auch für die Tochterunternehmen getroffen. Von dieser

zentralen Leitung wird übergreifend über die Geschäftspolitik und die Finanzausstattung für die am Verbund beteiligten Rechtsträger entschieden. Fehlt das Merkmal der Über- oder Unterordnung und sind die Dienststellen einander gleichgestellt, so ist die Bildung einer Verbund-MAV nicht zulässig, weil kein Dienststellenverbund i. S.d § 6a MVG vorliegt.
Solche Verbundstrukturen können z. B. durch einen Zusammenschluss verschiedener, rechtlich selbstständiger Einrichtungen unter der Führung einer einzelnen rechtlich selbstständigen Einrichtung entstehen oder dadurch, dass ein einzelnes diakonisches Unternehmen in einzelne rechtlich selbstständige Unternehmen, z. B. nach Sparten wie Krankenhäuser, Altenhilfe, Jugend- oder Behindertenhilfe aufgespalten wird. Oft wird hier die Rechtsform formal eigenständiger (g) GmbHen bevorzugt, die von einer »Mutter« kontrolliert werden. Die »Mutter« wiederum ist nicht unbedingt eine GmbH, sondern kann auch ein Verein sein.
Die Verbund-MAV kommt auf Antrag der **Mehrheit** der MAVen zustande. Bei zwei MAVen genügt der Antrag einer MAV. Der → **Dienststellenleitung** und auch den beteiligten MAVen stehen bei der Errichtung der Verbund-MAV kein Genehmigungsvorbehalt zu. Beschließt die Mehrheit der MAVen eine Verbund-MAV, so ist diese zu bilden. Auch auf eine bestimmte Anzahl von Beschäftigten kommt es nicht an. Der Zusammenschluss zu einer Verbund-MAV ist nur mit Unternehmen möglich, die diakonisch zugeordnet sind. Tochterunternehmen, die nicht dem kirchlich-diakonischen Bereich unterfallen, können nicht Teil des Dienststellenverbunds sein.
Die an der Bildung der Verbund-MAV beteiligten MAVen entsenden per Beschluss jeweils ein Mitglied. Sind innerhalb eines Rechtsträgers Dienststellenteile (§ 3 Abs. 2 MVG → **Dienststelle**) mit den dazugehörenden MAVen gebildet worden, so steht das Recht zur Entsendung den örtlichen MAVen zu, und zwar auch dann, wenn bei diesem Rechtsträger eine → **Gesamt-MAV** gebildet ist. Über eine Dienstvereinbarung kann von der üblichen Zusammensetzung der Verbund-MAV, ein Mitglied pro MAV, abgewichen werden.
Bei der Bildung einer Verbund-MAV sind auch solche Mitarbeitervertretungen einbezogen, die für Dienststellen gebildet worden sind, die außerhalb des Geltungsbereichs der Landeskirche liegen, auf deren Gesetzgebung die Geltung des MVG beruht (KGH.EKD I-0124/65-2016 v. 13. 3. 2017). Mit der Novellierung des MVG zum 1. 1. 2019 wurde neu aufgenommen, dass die Bildung einer – damals – Gesamt-MAV im Dienststellenbund auch »in anderen Bedarfsfällen« auf Grundlage einer → **Dienstvereinbarung** eingerichtet werden kann. Somit ist die Gründung einer Gesamt-MAV im Dienststellenverbund nicht mehr nur bei Konzern- und Holdingstrukturen möglich, sondern grundsätzlich auch bei nebeneinander bestehenden gleichberechtigten Dienststellen. Für die Themen veränderte Zusammensetzung (§ 6 Abs. 3 MVG), Konstituierung (§ 6 Abs. 4 MVG), Hinzuziehung der Interessenvertretungen besonderer Beschäftigtengruppen (§ 6

Abs. 5 MVG) und weitere Bestimmungen (§ 6 Abs. 6 MVG) siehe → **Gesamt-MAV**.

Bedeutung für die MAV

Mit der Errichtung einer Verbund-MAV wird die **Mitbestimmungslücke** in einem durch Abhängigkeiten geprägten Beziehungsgeflecht von Rechtsträgern der Diakonie teilweise **geschlossen.**
Nicht von der Regelung erfasst sind die Betriebsräte evtl. vorhandener Servicegesellschaften, die mehrheitlich oder 100 %ige Tochterunternehmen diakonischer Einrichtungen sind. Das ist eine Lücke im MVG.
Die **Zuständigkeit** der Verbund-MAV erstreckt sich auf alle Aufgaben der MAV, soweit sie Beschäftigte aus mehreren oder allen Dienststellen von rechtlich selbständigen Einrichtungen des Dienststellenverbundes betreffen. Ist die Verbund-MAV zuständig, so ist eine gleichzeitige Zuständigkeit anderer Mitarbeitervertretungen ausgeschlossen. Natürlich ist es geboten, eine enge Rückkopplung mit den beteiligten Mitarbeitervertretungen zu praktizieren.
Die Bewältigung der Aufgaben einer Verbund-MAV fällt nicht unter die **Freistellungsstaffel** nach § 20 Abs. 2 MVG. Diese Einschränkung sollte MAVen jedoch nicht davon abhalten, sich auf der »Konzern-Ebene« eine Arbeits- und Vernetzungsstruktur zu geben und ihre Beteiligungsrechte bei den »großen« Entscheidungen vorausschauend wahrzunehmen. Durch eine Dienstvereinbarung können zusätzliche Freistellungsregelungen vereinbart werden. Eine Amtszeit hat die Verbund-MAV nicht. Sie ist eine dauerhafte Institution.
Für die Bildung einer Verbund-MAV spricht die Möglichkeit, Informationen über verbundweite Strategien der zentralen Leitung zu erhalten, so dass die Interessen der Beschäftigten in angemessener Weise vertreten werden können. Der **Informationsaustausch**, eine gemeinsame **Willensbildung** und abgestimmte **Gegenstrategien** können etwaigen Versuchen der zentralen Leitung entgegenwirken, die Beschäftigten, die MAVen und die Gesamt-MAVen gegeneinander auszuspielen und zu spalten. Gegen eine Verbund-MAV spricht, dass sich die einzelnen MAVen den Entscheidungen der Verbund-MAV unterwerfen müssen, wenn diese zuständig ist. Das birgt auch die Gefahr, dass Interessen unterrepräsentierter Bereiche nicht ausreichend vertreten werden. Die einzelnen MAVen geben damit Autonomie ab. Die Beibehaltung dieser Autonomie kann auch ein strategischer Vorteil sein.

Bedeutung für die Beschäftigten

Die Bedeutung einer Verbund-MAV für die Beschäftigten hat eher nur mittelbaren Charakter. Denn sie selbst entscheiden nicht darüber, ob es eine Verbund-MAV gibt und können sie auch nicht wählen.

Bedeutsam könnte aber sein, dass im Fall der Existenz einer Verbund-MAV auch externe Personen an Entscheidungen mitwirken, die sie massiv betreffen können. Die Personen gehören nicht ihrem Unternehmen an und sie konnten die Personen auch nicht wählen. Sie stammen ggf. aus ganz anderen Bereichen und deren Entscheidungskriterien könnten ganz anders liegen.

Beispiele für Beteiligungstatbestände innerhalb eines Dienststellenverbundes:

- konzernweite Einführung von Arbeitszeiterfassungssystemen
- einheitliche Personalfragebogen im Konzern

Übersicht:

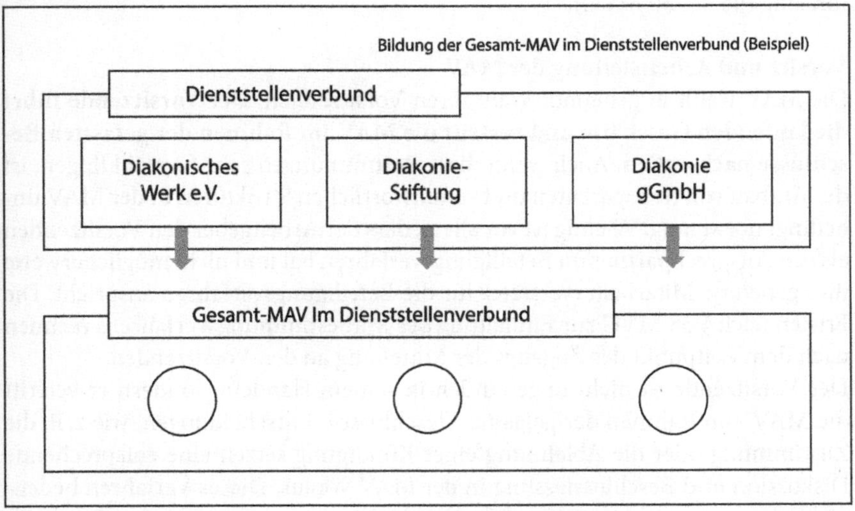

Geschäftsführung der MAV

Was ist das?

Der 6. Abschnitt des MVG.EKD enthält Regelungen über die Geschäftsführung, Vorsitz und Ausschüsse der MAV, Sitzungen der MAV, Teilnahme an Sitzungen, Beschlussfassung, Sitzungsniederschrift, Sprechstunden und Aufsuchen am Arbeitsplatz, Geschäftsordnung sowie Sachbedarf und Kosten der Geschäftsführung (§§ 23–30 MVG).

Vorsitz und Arbeitsteilung der MAV
Die MAV wählt in geheimer Wahl ihren Vorsitzenden. Der **Vorsitzende führt die laufenden Geschäfte und vertritt die MAV im Rahmen der gefassten Beschlüsse nach außen**. Auch wenn diese Bestimmungen sehr formal klingen, ist der Aufbau von transparenten und verantwortlichen Strukturen in der MAV unbedingt notwendig. Wichtig ist vor allem, dass der Arbeitgeber den Vorsitzenden als *den* Ansprechpartner im Beteiligungsverfahren hat und nicht möglicherweise ihm genehme Mitarbeitervertreter für die Beteiligungsverfahren anspricht. Die Fristen nach § 38 MVG zur Einhaltung des Mitbestimmungsverfahrens rechnen nach dem Zeitpunkt des Zugangs der Mitteilung an den Vorsitzenden.
Der Vorsitzende ist nicht ungebunden in seinem Handeln, sondern er vertritt die MAV »im Rahmen der gefassten Beschlüsse«. Entscheidungen, wie z. B. die Zustimmung oder die Ablehnung einer Kündigung setzen eine entsprechende Diskussion und Beschlussfassung in der MAV voraus. Dieses Verfahren bedeutet auch einen gewissen Schutz für den Vorsitzenden, er vertritt den Beschluss gegenüber dem Arbeitgeber nicht als Person, sondern als demokratisch legitimierter Vertreter der MAV.
Voraussetzung für eine effektive Arbeit der MAV ist eine sinnvolle **Arbeitsteilung innerhalb der MAV**. Die in die MAV gewählten Beschäftigten haben weitergehende Kenntnisse über die Berufsgruppe bzw. den Arbeitsbereich, aus dem sie kommen. Des Weiteren ist es sinnvoll, innerhalb der MAV Spezialisierungen vorzunehmen, wie z. B. zum Schwerbehindertenrecht, Arbeitsschutz, EDV oder Dienstplangestaltung.

In großen MAVen mit freigestellten MAV-Mitgliedern ist es sinnvoll, diese Arbeitsteilung auch ganz formell in der Geschäftsordnung festzulegen.
§ 23a MVG regelt die Bildung von → **Ausschüssen**. Die Bildung von Ausschüssen soll die Arbeit der MAV vereinfachen. Der Vorgang ist in der MAV zu beschließen. Ein Ausschuss muss mindestens 3 Mitglieder haben. Die MAV kann den Ausschüssen Aufgaben zur selbständigen Erledigung übertragen. Die Übertragung und der Widerruf der Übertragung von Aufgaben bedürfen einer Dreiviertelmehrheit der Mitglieder der MAV. Ausnahme sind der Abschluss und die Kündigung von Dienstvereinbarungen: sie dürfen einem Ausschuss nicht übertragen werden. § 23a Abs. 2 MVG regelt die Bildung eines Ausschusses für Wirtschaftsfragen in rechtlich selbständigen Einrichtungen der Diakonie mit über 150 Beschäftigten. Die MAV oder der gebildete Wirtschaftsausschuss ist mindestens einmal im Jahr über wirtschaftliche Angelegenheiten zu unterrichten (→ **Wirtschaftsausschuss**). Dem Ausschuss für Wirtschaftsfragen dürfen auf Beschluss der MAV auch Sachverständige aus der Dienststelle angehören.

Protokoll und Beschlussfassung

Die MAV ist beschlussfähig, wenn die Mehrheit der Mitglieder anwesend ist. Die **Beschlussfähigkeit** muss für jeden Beschluss der Mitarbeitervertretung gegeben sein. Der Gegenstand des Beschlusses muss auf der Tagesordnung eindeutig aufgeführt sein. Sammel-Tagesordnungspunkte, wie »Personalia« oder »Beschlüsse« sind unzulässig und Beschlüsse auf dieser Grundlage sind unwirksam. Beschlüsse werden mit der Mehrheit der Stimmen der anwesenden MAV-Mitglieder gefasst. Der Beschluss wird zusammen mit dem Abstimmungsergebnis im Protokoll festgehalten. Der Vorsitzende teilt den Beschluss fristgemäß dem Arbeitgeber mit. Die Beschlüsse der MAV sind für den MAV-Vorsitzenden verbindlich, auch wenn er bei der Abstimmung anderer Meinung war.
Nach § 26 Abs. 2 MVG sind Beschlüsse im **schriftlichen Umlaufverfahren** oder durch **fernmündliche Absprachen** zulässig, sofern dies in der Geschäftsordnung der MAV festgelegt ist. Der Beschluss wird nur dann wirksam, wenn er einstimmig gefasst wird. Von diesem Verfahren ist abzuraten. Es besteht die Gefahr, dass einige MAV-Mitglieder nicht rechtzeitig erreicht werden und vor allem können in einer gemeinsamen mündlichen Diskussion vorher nicht bedachte Aspekte vorgebracht und anders gewichtet werden.
Von jeder Sitzung ist ein → **Protokoll** anzufertigen, das mindestens die Namen der An- und Abwesenden, die Tagesordnung und die gefassten Beschlüsse mit den jeweiligen Stimmenverhältnissen enthalten muss. Die MAV kann einen oder mehrere Schriftführer bestimmen oder das Protokoll wird reihum geschrieben. Das Protokoll ist vom Vorsitzenden und einem weiteren MAV-Mitglied zu unterzeichnen.

Die Mitglieder der MAV und gegebenenfalls zu ladende Ersatzmitglieder sind rechtzeitig vor der Sitzung unter Mitteilung der Tagesordnung zu laden. Die rechtzeitige Ladung soll sicherstellen, dass sich alle Beteiligten umfassend auf die Sitzung vorbereiten können.
Durch die zum 1. 1. 2024 erfolgte Änderung in § 18 Abs. 4 MVG sind Ersatzmitglieder bereits dann zu laden, wenn ein Mitglied der MAV gehindert ist, an der Sitzung teilzunehmen. Die Neuregelung sieht die Ladung des Ersatzmitglieds zwingend vor. Die Versuche, das Ersatzmitglied zu laden, sind entsprechend zu dokumentieren.
Verlaufsprotokolle der Sitzungen sind nicht erforderlich. In der Regel reichen kurz gehaltene Beschlussprotokolle aus. Nur bei sehr wichtigen und kontroversen Fragen können ausführlichere Darstellungen im Protokoll sinnvoll sein. Zwingend notwendig ist aber die Dokumentation der Beschlüsse im Wortlaut nebst Stimmenverhältnis.

Sachbedarf und Kosten der Geschäftsführung
Nach § 30 MVG hat der Arbeitgeber der MAV für die laufende Geschäftsführung im erforderlichen Umfang Räume, sachliche Mittel und Büropersonal zur Verfügung zu stellen. Es gilt der Grundsatz, dass die durch die Tätigkeit der MAV entstehenden »erforderlichen Kosten« durch die Einrichtung zu tragen sind. Was in der Praxis unter »**erforderlichen Kosten**« konkret zu verstehen ist, kann im Einzelfall strittig sein. Für den Bereich der **Betriebs- und Personalräte** liegt hier eine **umfangreiche Rechtsprechung** vor. Um der MAV die Durchsetzung ihrer Ansprüche in strittigen Fällen zu erleichtern, sind einige einschlägige Urteile und Beschlüsse zitiert. Sie gelten auch für den Bereich der Mitarbeitervertretungen.
Einige Grundsätze und Beispiele:
Kleinere MAVen (bis zu fünf Mitglieder) haben nicht unbedingt Anspruch auf ein eigenes **MAV-Büro**, ihnen muss aber auf jeden Fall ein bestimmter Raum stunden- oder tageweise zur (Mit-)Benutzung zur Verfügung gestellt werden. Die Größe oder auch die Anzahl der zur Verfügung zu stellenden Räume bestimmt sich nach den anfallenden Aufgaben der MAV, die wiederum abhängen von Größe, Art und Besonderheiten des Betriebs. Das MAV-Büro sollte sinnvollerweise so groß sein, dass dort Sitzungen stattfinden können. Reicht der Platz dafür nicht aus, hat der Arbeitgeber ein geeignetes Sitzungszimmer bereit zu stellen.
Bei den allgemeinen Anforderungen für ein MAV-Büro sollte sich die MAV an den betrieblichen Standards orientieren. Mindestanforderungen an die Raumabmessungen sind in § 23 der Arbeitsstättenverordnung festgelegt. Im Raum muss die MAV ungestört und unkontrolliert Gespräche mit Mitarbeitern führen können.

Anhaltswerte geben folgende gerichtliche Entscheidungen: Einem Betriebsrat mit sieben Mitgliedern ist ein abschließbares Büro, ausgestattet mit Tisch, Stühlen, abschließbarem Schrank, Telefon und den notwendigen Sachmitteln und einem eigenen WC zu überlassen (AG Bremerhaven v. 11. 12. 1985 – 2 BV 10/85). Einem aus neun Mitgliedern bestehenden Betriebsrat ist ein mindestens 20 qm großes Büro zur Verfügung zu stellen (AG Halberstadt v. 17. 6. 1998 – 3 BV 3/98). Eine MAV mit elf Mitgliedern und zwei freigestellten Mitarbeitervertretern und einer Schreibkraft (beschäftigt mit 24 Wochenstunden) hat Anspruch auf drei Räume. Neben einem Raum für die freigestellten MAV-Mitglieder ist ein Raum für die Schreibkraft und ein hinreichend großer Raum für Einzelgespräche und Sitzungen zu überlassen (Verwaltungsgericht der EKD v. 18. 4. 2003).
Führt der Arbeitgeber an, im Betrieb sei kein geeigneter Raum vorhanden, muss er einen Raum in Betriebsnähe anmieten oder einen Bürocontainer auf dem Betriebsgelände aufstellen (AG Würzburg v. 23. 6. 1998 – 2 BV 1/97 und OVG Berlin v. 12. 11. 1981 – OVG PV Bln 9.81).
Das MAV-Büro sollte für die Beschäftigten gut erreichbar sein. Teilweise haben die Kollegen eine Hemmschwelle, die MAV aufzusuchen oder es besteht wenig Zeit, um sich vom Arbeitsplatz zu entfernen. Das MAV-Büro liegt deshalb am besten zentral und nicht in unmittelbarer Nachbarschaft zur Personalabteilung oder Verwaltung.
Zum **notwendigen Sachbedarf** gehört jedenfalls ein abschließbarer Schrank, ein Schreibtisch, Schreibbedarf, EDV-Ausstattung und die Möglichkeit des ungestörten Telefonierens. Entweder muss der MAV die Mitbenutzung eines betrieblichen Fotokopierers gestattet sein oder ihr ein eigener Kopierer überlassen werden.
Auch **einköpfige MAVen** brauchen einen Arbeitsplatz, um ihre Aufgaben zu erledigen. Gestattet es die berufliche Tätigkeit, können die Aufgaben vom eigenen Arbeitsplatz aus erledigt werden. Auf jeden Fall soll aber ein abschließbarer Schrank nur für die MAV-Arbeit vorhanden sein.
Für das MAV-Büro hat die MAV alleiniges **Hausrecht**. Sie kann im Rahmen ihrer Aufgaben gemäß MVG entscheiden, wann und von wem das MAV-Büro benutzt wird. Betriebsfremde Personen haben Zutritt, wenn sie »sachkundige Personen« nach § 25 Abs. 2 MVG sind und dies im Rahmen der MAV-Aufgaben erfolgt (BAG v. 18. 9. 1991, AP Nr. 41 zu § 40). Der Betriebsrat kann im Betriebsrats-Büro einen Rechtsanwalt zur Besprechung eines Streitfalls empfangen, der den Betriebsrat in einem Rechtsstreit vertritt (BAG v. 20. 10. 1999 – 7 ABR 37/98). Der Arbeitgeber darf das MAV-Büro nicht ohne Wissen der MAV betreten oder dort eigenmächtig handeln oder handeln lassen.
Die MAV ist berechtigt, für ihren Schriftverkehr einen **Briefkopf** mit dem Kopf des Unternehmens und dem Zusatz MAV zu verwenden (LAG Frankfurt v. 28. 8. 1973 – 5 TaBV 66/73). **Briefe** an die Einrichtung, die in der Adresse er-

kennen lassen, dass sie an die MAV gerichtet sind, dürfen vom Arbeitgeber nicht geöffnet werden (AG Stuttgart v. 22. 12. 1987 – 4 BVGa3/87).
Zur notwendigen Ausstattung des MAV-Büros gehört auch ein **Telefon**. Der MAV steht eine eigene Amtsleitung oder mindestens ein eigener Nebenanschluss zu (LAG Baden-Württemberg v. 13. 8. 1981 – 11 TaBV 8/81 und Schiedsstelle DW Hannover vom 22. 2. 1995 – 1 VR MVO 77/94). In einem Betrieb mit mehreren, z. T. weit auseinander liegenden Betriebsstätten, hat ein Betriebsrat Anspruch darauf, die Telefonanlage so einrichten zu lassen, dass jedes einzelne Mitglied des Betriebsrats an seinem Arbeitsplatz von den Arbeitnehmern des Betriebs angerufen werden kann (BAG v. 27. 1. 2002). Die Aufzeichnung der Zielnummern ist nicht zulässig. Die Aufzeichnung der Gebühreneinheiten und des Zeitpunkts des Gesprächs ist dann zulässig, wenn dies im Betrieb allgemein üblich ist und damit keine Störung oder Behinderung der MAV vorliegt. Kleinere MAVen ohne eigenes Büro müssen ebenfalls die Möglichkeit haben, ungestört und unkontrolliert telefonieren zu können. Regelmäßig können MAV-Mitglieder auch auf durch den Arbeitgeber zur Verfügung gestellte Mobiltelefone zugreifen.
Ein **heimliches Mithören** von Telefongesprächen verstößt sowohl gegen das Behinderungsverbot als auch gegen das im Grundgesetz verankerte persönliche Freiheitsrecht (Art. 2 Abs. 1 GG). Das Bundesverfassungsgericht hat festgestellt, dass auch dienstliche Gespräche dem verfassungsrechtlichen Schutz des allgemeinen Persönlichkeitsrechts unterliegen (BVerfG v. 19. 12. 1991 – BvR 382/85, AP Nr. 24 zu § 611 BGB).
Die MAV hat, wie jede Stelle mit Außenkontakten (z. B. Kirchengericht), nach dem gegenwärtigen Stand der Bürotechnik (noch?) Anspruch auf Zugang zu einem **Fax-Gerät**. Dabei kommt es nicht darauf an, ob die Verwendung jeweils im Einzelfall sinnvoll und geboten ist. Die Übermittlung von Informationen entspreche der Üblichkeit in öffentlichen und privaten Verwaltungen (Schiedsstelle DW Hannover v. 22. 2. 1995 – 1 VR MVO 77/94).
Aufgrund des technischen Wandels ist inzwischen unstrittig, dass der MAV entsprechende Internetverbindungen zu ermöglichen sind. Für die Kommunikation sind E-Mail-Postfächer für die MAV als Sammeladresse und für die einzelnen Mitglieder als personalisierte Postfächer bereitzustellen.
Unter den Begriff der erforderlichen Sachmittel fällt auch die Bereitstellung von **Büropersonal** für die Aufgaben der MAV. Abhängig von der Größe des Betriebs und den anfallenden Aufgaben, ist der MAV eine Schreibkraft dauernd, evtl. nur anteilig zur Verfügung zu stellen (BVerwG vom 21. 3. 1984 – 6P 3.82). In welchem Umfang die MAV Anspruch auf eine Schreibkraft hat, richtet sich nach ihren konkret anfallenden Aufgaben. In der Rechtsprechung wird von einem Anhaltswert ausgegangen, wonach einem Betriebsrat mit drei Freigestellten eine vollzeitbeschäftigte Schreibkraft (LAG Stuttgart v. 25. 11. 1987 – 2 Ta BV 3/87) und einem Personalrat mit 9 Mitgliedern eine Bürokraft mit 20 Wochenstunden

zusteht (OVG Sachsen-Anhalt v. 20.7.2003). Auch wenn ein freigestelltes MAV-Mitglied als Schreibkraft ausgebildet ist, kann nicht erwartet werden, dass dieses MAV-Mitglied die Schreibarbeiten zusätzlich zu seinen notwendigen MAV-Arbeiten erledigt. Dem Anspruch auf Überlassung von Büropersonal steht auch nicht entgegen, dass das Betriebsratsbüro mit einem PC ausgestattet ist. Die Ansprüche des Betriebsrats auf Informations- und Kommunikationstechnik und auf Büropersonal bestehen nicht wahlweise, sondern nebeneinander (BAG v. 20.4.2005, AP Nr. 84 zu § 40 BetrVG). Bei der Auswahl des Büropersonals für die MAV hat diese zwar kein Auswahlrecht, sie kann jedoch verlangen, dass ihr kein Personal zugewiesen wird, zu der sie kein Vertrauen hat.
Die Bedeutung der Zurverfügungstellung von Büropersonal nimmt aufgrund der technischen Entwicklungen stetig ab. Viele MAVen verhandeln erweiterte Freistellungen für einzelne Mitglieder, die dann die Bürotätigkeiten übernehmen. Dies ist gerade auch im Hinblick auf etwaige Schweigepflichten sinnvoll.

Fachliteratur
Zum Geschäftsbedarf der MAV gehört eine Sammlung der arbeits- und sozialrechtlichen Vorschriften, die sie für ihre Arbeit benötigt. Dazu gehören auch einschlägige Tarifverträge bzw. kircheneigene Regelungen und die Unfallverhütungsvorschriften. Jeder MAV sind im Hinblick auf Bedeutung und Schwierigkeit der vertretungsrechtlichen Materie die Kommentare zum MVG zur Verfügung zu stellen (BVerwG v. 25.7.1989 – 6 P 29.78 und BAG v. 26.10.1994, AP Nr. 43 zu § 40 BetrVG). Dies gilt auch für eine einköpfige MAV. Über die Auswahl des Kommentars entscheidet die MAV. Für mittlere und größere MAVen sind auch kommentierte Ausgaben der wichtigsten arbeitsrechtlichen Gesetze zur Verfügung zu stellen. Eine Arbeitnehmervertretung mit über 300 Beschäftigten hat bereits Anspruch auf wenigstens zwei Standardkommentare zum Vertretungsrecht und zwei Fachzeitschriften (AG Halberstadt v. 17.6.1998 – 3BV3/98).
Für den Bereich des Betriebsverfassungsgesetzes haben die Arbeitsgerichte festgestellt, dass jedem Betriebsratsmitglied ein Exemplar der Gesetzessammlung »Arbeits- und Sozialordnung« von Michael Kittner (LAG Schleswig-Holstein v. 11.4.1995, veröffentlicht in AiB 1997, S. 57, bestätigt durch BAG v. 24.1.1996, veröffentlicht im BR-Info 1996, S. 173) und darüber hinaus ein Kurz- oder Basiskommentar zum Betriebsverfassungsgesetz zusteht (BAG v. 26.10.1994, veröffentlicht in AiB 1995, S. 465). Für den Bereich von Kirche und Diakonie besteht damit ein Anspruch, jedem Mitglied ein jeweils aktuelles Exemplar der Gesetzessammlung und eine entsprechende Kommentierung des MVG zur Verfügung zu stellen.
Auch eine arbeitsrechtliche **Fachzeitschrift**, wie z. B. »Arbeitsrecht und Kirche« (AuK) gehört zur notwendigen Ausstattung einer MAV. Nur durch regelmäßige aktuelle und erläuternde Informationen zu arbeits- und sozialrechtlichen Ent-

wicklungen ist die MAV in der Lage, ihre Aufgaben ordnungsgemäß zu erfüllen. Die Pflicht zur Übernahme der Kosten für eine Fachzeitschrift ist unabhängig von der Größe der MAV (BVerwG v. 29. 6. 1988 – 6 P 18.86). Kann bei mehreren kleineren Dienststellen an einem Ort bzw. kleineren Einrichtungen bei einem zentralen Träger ein Umlaufverfahren organisiert werden, sind davon Abweichungen möglich. Eine zeitnahe Information und ein späterer Zugriff auf ältere Exemplare der Fachzeitschrift müssen aber gesichert sein. Dieses Verfahren ist bei Einrichtungen mit über 300 Beschäftigten nicht mehr zulässig (BVerwG v. 12. 9. 1989 – 6 P 14.87 und Niedersächsisches OVG v. 9. 9. 1994 – 17 L 5825/92).
Die Entscheidung darüber, welche Fachzeitschrift abonniert wird, liegt bei der MAV. Der Arbeitgeber kann der Auswahl einer Fachzeitschrift nicht mit dem Argument widersprechen, die Zeitschrift betone zu einseitig die Arbeitnehmerinteressen (BVerwG v. 12. 9. 1989 – 6 P 14.87).

Neue Informations- und Kommunikationstechniken
Nach der Rechtsprechung der Landesarbeitsgerichte haben die MAVen Anspruch auf einen **PC mit üblicher Software, Bildschirm und Drucker**. Die Ausrüstung mit moderner Informations- und Kommunikationstechnik gehört heute zur normalen Büroausstattung. Eine nähere Darlegung der Erforderlichkeit, wie sie in der früheren Rechtsprechung teilweise verlangt wurde (so BAG vom 11. 3. 1998), ist nicht mehr erforderlich. Mittlerweile geht die Rechtsprechung der Landesarbeitsgerichte davon aus, dass es zur Begründung des Anspruchs auf PC-Ausstattung keiner Darlegung konkreter, aktuell anstehender Aufgaben der MAV bedarf. Z. B. ist für einen siebenköpfigen Betriebsrat einer Drogeriemarktkette die Anschaffung eines PC nebst Zubehör nach § 40 Abs. 2 BetrVG erforderlich, ohne dass im Einzelnen überprüft werden muss, ob ohne den Einsatz eines PC die Wahrnehmung anderer Rechte und Pflichten des Betriebsrats vernachlässigt werden müsste (LAG Hamm v. 14. 5. 2010 im Anschluss an LAG Bremen v. 4. 6. 2009 – 3 TaBV 4/09, NZA-RR 2009, 485; LAG Schleswig-Holstein v. 27. 1. 2010 – 3 TaBV 31/09; LAG Hamm v. 5. 2. 2010 – 13 TaBV 40/09).
Wird der MAV ein PC zur Verfügung gestellt, so ist auch eine entsprechende **Schulung** von Mitgliedern der MAV erforderlich (BAG v. 19. 7. 2005, EzA BetrVG § 37 Nr. 126). Eine Schulung für Betriebsratsmitglieder als (Wieder-) Einsteiger mit Schwerpunkt Word und Outlook kann auch dann erforderlich sein, wenn ein Betriebsratsmitglied in der Lage ist, im Programm Word Texte zu schreiben bzw. E-Mails im Programm Outlook. Wenn das BR-Mitglied in eben dieser Eigenschaft mit den angeführten Programmen arbeiten muss, ist die Teilnahme erforderlich (ArbG Hamburg v. 5. 8. 2008 – BV 3/08).
Das **Internet** stellt nach der Rechtsprechung (BAG v. 20. 1. 2010 – 7 ABR 79/08) für den Betriebsrat eine allgemein genutzte, umfassende Informationsquelle dar,

die er zur sachgerechten Wahrnehmung seiner Aufgaben regelmäßig benötigt. *»Durch das Internet können Sachinformationen zu jedem nur denkbaren Themenbereich eingeholt werden. So wird der Stand der arbeits- und betriebsverfassungsrechtlichen Gesetzgebung und Rechtsprechung in unzähligen Quellen des Internet fast tagesaktuell wiedergegeben. Homepages der Gesetzgebungsorgane und verschiedener Gerichte geben wichtige Gesetzesvorhaben und Entscheidungen wieder. Der Betriebsrat kann sich mit Hilfe der im Internet zur Verfügung stehenden Suchmaschinen zu einzelnen betrieblichen Problemstellungen umfassend informieren, ohne auf Zufallsfunde in Zeitschriften oder Zeitungen, veralteten Kommentierungen oder Gerichtsentscheidungen angewiesen zu sein. Auch Informationen von privaten oder staatlichen – für die Wahrnehmung von Betriebsratsaufgaben relevanten – Institutionen, die in aller Regel über einen Internetauftritt verfügen, können eingeholt und genutzt werden. Des Weiteren sind z. B. Formulierungshilfen zu Betriebsvereinbarungen oder notwendige Adressen von Behörden zugänglich. Die aufgabenbezogenen Bereiche, in denen sich der Betriebsrat im Internet Informationen beschaffen kann, sind nahezu allumfassend.«*

Der Betriebsrat kann vom Arbeitgeber die Bereitstellung eines Internetanschlusses jedenfalls dann verlangen, wenn er bereits über einen PC verfügt, im Betrieb ein Internetanschluss vorhanden ist, die Freischaltung des Internetzugangs für den Betriebsrat keine zusätzlichen Kosten verursacht und der Internetnutzung durch den Betriebsrat keine sonstigen berechtigten Belange des Arbeitgebers entgegenstehen. Zur Begründung des Anspruchs bedarf es nicht der Darlegung konkreter, aktuell anstehender betriebsverfassungsrechtlicher Aufgaben, zu deren Erledigung Informationen aus dem Internet benötigt werden (BAG v. 20. 1. 2010 – 7 ABR 79/08). Dies gilt auch dann, wenn der Arbeitgeber den Bereichsleitungen keinen Internetzugang zur Verfügung stellt (BAG v. 12. 2. 2010 – 7 ABR 81/09).

Der Betriebsrat kann, sofern berechtigte Belange des Arbeitgebers nicht entgegenstehen, von diesem die Eröffnung eines Internetzugangs und die Einrichtung **eigener E-Mail-Adressen** auch für die einzelnen Betriebsratsmitglieder verlangen. *»Die Eröffnung von Internetanschlüssen für die einzelnen Mitglieder dient der Aufgabenerfüllung des Betriebsrats. Eine verantwortliche Betriebsratsarbeit setzt u. a. voraus, dass sich jedes Betriebsratsmitglied – insbesondere bei der Vorbereitung auf Betriebsratssitzungen – eigenständig und eigenverantwortlich über anstehende Betriebsratsaufgaben informieren und hierzu recherchieren kann. Es obliegt der Entscheidung des Betriebsrats, auf welche Weise und mittels welcher Informationsquellen er den einzelnen seiner Mitglieder den zur Erfüllung der Gremiumsaufgaben notwendigen Informationszugang eröffnen will.«* Sofern das Betriebsratsmitglied bereits an einem PC-Arbeitsplatz arbeitet, können Kostengründe nicht vom Arbeitgeber angeführt werden. Die Freischaltung eines Internetzugangs erfordert weder umfangreiche technische Veränderungen noch eine kostenintensive Anschaffung der erforderlichen Hardware (BAG v. 14.7.2010 – 7 ABR 80/08).

Haben die Beschäftigten einer Dienststelle Zugriff auf ein **Intranet**, so ist auch der MAV zu ermöglichen, dort Texte und Dokumente einzustellen. Nach der Rechtsprechung des BAG steht Betriebsräten das Recht zu, die Mitarbeiter in gleicher Weise zu unterrichten wie der Arbeitgeber. Die eigene Homepage des Betriebsrats dient als Mittel zur Erfüllung seiner gesetzlichen Informationsverpflichtung gegenüber der von ihm vertretenen Belegschaft. Dem Verlangen des Betriebsrats stehen berechtigte Interessen der Arbeitgeberin nicht entgegen, insbesondere sind keine unzumutbaren finanziellen Aufwendungen zu erwarten. Der Arbeitgeber kann auch nicht darauf verweisen, es reiche aus, wenn der Betriebsrat weiterhin seine Informationen durch Aushang am Schwarzen Brett oder Rundbriefe an die Arbeitnehmer verbreitet. Der Arbeitgeber kann dem Betriebsrat die Art seiner innerbetrieblichen Kommunikation nicht vorschreiben. Die Einrichtung einer Homepage ist auch dann zu gewähren, wenn der Arbeitgeber das Intranet betriebsübergreifend ausgestaltet hat. Durch technische Beschränkungen kann verhindert werden, dass auch Arbeitnehmer auf die Homepage Zugriff haben, die vom Betriebsrat nicht vertreten werden (BAG v. 1.12.2004 – 7 ABR 18/2004). Die Einstellung der Texte durch die MAV bedarf keiner vorherigen Genehmigung durch den Arbeitgeber. Es gelten dieselben Grundsätze wie bei den Aushängen am Schwarzen Brett.

Der Einsatz von **neuen sozialen Medien** wie Facebook, X, WhatsApp oder ähnliches ist nicht unproblematisch. Z.B. kann wegen des intransparenten Adressatenkreises nicht ausgeschlossen werden, dass bestimmte Informationen die betriebliche Öffentlichkeit verlassen. Die Vorschriften des Datenschutzes einzuhalten, wird für die MAV daher nur mit großem Zeitaufwand und Sachverstand möglich sein.

Die Überlassung von **Laptops** dürfte sich neben dem betrieblichen Standard insbesondere nach den konkreten Arbeitsstrukturen und Arbeitsbedingungen einer MAV bestimmen. Bekannt sind bisher nur erstinstanzliche Urteile. Das Arbeitsgericht Köln sprach einem Betriebsrat das Anrecht auf einen eigenen Laptop zu mit einer wegweisenden Begründung: »Der Betriebsratsvorsitzende ist Hauptansprechpartner für die Belange der Mitarbeiter. Eine verantwortliche Betriebsratsarbeit setzt voraus, dass er zeitnah auf Anfragen der Arbeitnehmer in geeigneter Art und Weise reagieren kann. Dies bedeutet, dass die Möglichkeit bestehen muss, computergestützt antworten zu können, zumal ein Intranet vorhanden ist und die betriebsinterne Kommunikation wesentlich via E-Mail stattfindet. Die Vorgabe des Betriebsrats, E-Mails aus dem Kreise der Belegschaft nicht länger als einen Tag unbeantwortet zu lassen, ist nicht zu beanstanden. Da der Betriebsratsvorsitzende nicht freigestellt ist und zudem aus arbeitsvertraglichen Gründen auch auswärtige Termine wahrzunehmen hat, drängt sich der Einsatz eines mobilen Lap[illegible]llte man von ihm verlangen, stets das Betriebsratsbüro zwecks Nutzung des stationären PC aufzusuchen, würde dies zu erheblichem Zeitverlust führen. Zudem erleichtert der Laptop auch die Betriebsratsarbeit der anderen, nicht freigestellten Mitglieder des Betriebsrats. Auch diese können rationeller unter Reduzierung des Zeitaufwands ihre Betriebsratstätigkeit erledigen, sofern der Einsatz eines PC erforderlich sein sollte (…) Gegenläufige finanzielle Interessen des Arbeitgebers hat er hinreichend berücksichtigt« (Arbeitsgericht Köln v. 9.6.2011, 15 BV 273/10).

Darüber hinaus erfordert die Ermöglichung der Durchführung digitaler oder teildigitaler Sitzungen der MAV gemäß § 26 Abs. 3 MVG grundsätzlich die Überlassung entsprechender digitaler Endgeräte zur Teilnahme eines jeden einzelnen MAV-Mitglieds.

Bei der Entscheidung eines Betriebsrats über die Anschaffung eines **Mobiltelefons** ist nicht nur die Erforderlichkeit auf Grund der konkreten betrieblichen Situation bei der Erledigung der gesetzlichen Aufgaben des Betriebsrats zu berücksichtigen, sondern auch die berechtigten Belange des Arbeitgebers. Die entstehenden Kosten müssen dem Arbeitgeber zumutbar sein (LAG Frankfurt v. 28.11.2011 – 16 TaBV 129/11).

Die MAV ist für die **ordnungsgemäße Vernichtung von Datenträgern** verantwortlich. Die MAV verwaltet ihre Unterlagen eigenverantwortlich. Der Arbeitgeber darf zu keinem Zeitpunkt Zugriff auf die Daten des Betriebsrats haben (LAG Düsseldorf v. 7.2.2012 – TaBV 87/11). Betriebsräte unterliegen nicht der Kontrolle durch den betrieblichen Datenschutzbeauftragten (BAG v. 11.11.1997 – 1 ABR 21/97 = DB 98, 627). In dem 2019 novellierten MVG ist in § 22 Abs. 3 ausdrücklich festgehalten, dass die MAV für die Einhaltung des **Datenschutzes** in Angelegenheiten ihrer Geschäftsführung zu sorgen hat (→ **Datenschutz im MAV-Büro**).

Publikationen der MAV

Es gehört zu den Aufgaben der MAV, die Beschäftigten regelmäßig über ihre Tätigkeit und auch wichtige gesetzliche Änderungen zu unterrichten. Neben dem Schwarzen Brett können dies Informationen in Form von **Flugblättern** oder eine **eigene Zeitung** (»MAV-Info«) sein.

Je nach Größe des Betriebs und inhaltlichem Umfang können für die Erstellung entweder der hauseigene Kopierer oder auswärtige Kopierläden oder Druckereien genutzt werden.

Bei der Herausgabe von Publikationen hat die MAV grundsätzlich die Kosten für die Dienststelle zu berücksichtigen und nach »pflichtgemäßem Ermessen« zu entscheiden. In Anbetracht stark gesunkener Herstellungskosten durch leistungsstarke Kopierer tritt dieser Aspekt aber immer mehr in den Hintergrund.

Schwarzes Brett

Die Einrichtung eines Schwarzen Bretts für Bekanntmachungen der MAV ist für die MAV-Arbeit absolut notwendig. Schwarze Bretter sind an geeigneten Stellen in der Einrichtung anzubringen, die für alle Mitarbeiter gut zugänglich sind, z. B. am Eingang einer Cafeteria (BAG v. 24.11.1978, AP Nr. 15 zu § 40 BetrVG 72). In größeren und verzweigten Einrichtungen kommt das Aufhängen mehrerer Schwarzer Bretter in Betracht.

Die MAV entscheidet in eigener Verantwortung, also ohne vorherige Genehmigung durch die Dienststellenleitung, was, in welcher Form und wie lange eine Mitteilung am Schwarzen Brett bekannt gemacht wird. Aushänge am Schwarzen Brett müssen sich im Rahmen der Aufgaben und der Zuständigkeit der MAV bewegen. Auch kritische Äußerungen in sachlicher Form über die Einrichtung oder auch die Leitung sind zulässige Meinungsäußerungen der MAV. Der Arbeitgeber ist nicht befugt, nach seiner Meinung sachlich unzutreffende oder außerhalb des Aufgabenbereichs der MAV liegende Veröffentlichungen eigenmächtig zu entfernen bzw. entfernen zu lassen (VerwG Berlin v. 9.11.1994 – VG FK – B – 8.94). Unzulässig sind öffentliche Beleidigungen und Ehrenkränkungen. Aber auch bei unzulässigen Veröffentlichungen muss der Arbeitgeber den Rechtsweg einhalten.

Die MAV kann an ihrem Schwarzen Brett auch Veröffentlichungen und Plakate der Gewerkschaft aushängen, wenn sie einen Bezug zu den Aufgaben und Inhalten der MAV-Arbeit haben. Die Gewerkschaften selber haben daneben auch das Recht, im Betrieb eigene Schwarze Bretter aufzuhängen. Das gehört zu den üblichen gewerkschaftlichen Betätigungsrechten im Betrieb.

Einzelnen MAV-Mitgliedern steht nicht das Recht zu, auf dem MAV-Brett eigene Mitteilungen ohne vorherige Zustimmung der MAV zu veröffentlichen (BayVGH v. 29.7.1987, ZBR 1988, 134).

Sprechstunden der MAV

Die MAV kann Sprechstunden während der Arbeitszeit einrichten. Der Ort, in der Regel das MAV-Büro, und die zeitliche Lage legt die MAV im Einvernehmen mit der Leitung fest.

Insbesondere kleinere MAVen und MAVen, die erst am Beginn einer entfalteten Arbeit stehen, beklagen sich häufig über mangelnde Resonanz der Beschäftigten bei der Einrichtung einer Sprechstunde. Wichtig an der MAV-Sprechstunde ist, dass die MAV kontinuierlich einen Anlaufpunkt anbietet und auch wegkommt von den spontanen Beratungen »zwischen Tür und Angel«. Oft müssen Probleme von Beschäftigten nicht sofort gelöst werden und der Verweis auf die Sprechstunden bringt mehr Struktur in die MAV-Arbeit und wertet die MAV als Gremium auf. Von den Mitarbeitern nicht in Anspruch genommene Zeiten während der Sprechstunden können die anwesenden Mitarbeitervertreter sinn-

voll nutzen, um Protokolle zu schreiben, Sitzungen vorzubereiten oder Personalvorgänge zu bearbeiten.
Auch für große MAVen mit Freigestellten bietet die Einrichtung von festen Sprechstundenzeiten die Möglichkeit, mehr Struktur in die umfangreiche und dauernd beanspruchende Arbeit zu bekommen. Beschäftigte haben das Gefühl, dass die MAV verlässlich für sie da ist und sich während der Sprechstunden für sie ausführlich und ungestört Zeit nimmt.

Aufsuchen am Arbeitsplatz
Mitgliedern der MAV haben ausdrücklich das Recht, Beschäftigte am Arbeitsplatz aufzusuchen (§ 28 Abs. 2 MVG). Um Konflikte mit dem Arbeitgeber zu vermeiden, hat die MAV darauf zu achten, dass sie bei den Gesprächen am Arbeitsplatz nicht den betrieblichen Arbeitsablauf stört. Bei Streitigkeiten über das Aufsuchen am Arbeitsplatz kann die Schlichtungsstelle angerufen werden.
Das Verteilen gewerkschaftlicher Flugblätter am Arbeitsplatz durch Mitarbeitervertreter ist nur mit der Einschränkung zulässig, dass der Arbeitsablauf und der Betriebsfrieden nicht gestört werden. Dienstanweisungen, die das Verteilen von Flugblättern, deren Inhalte sich im Rahmen des Betriebsverfassungsgesetzes bewegen, einschränken, sind unzulässig (LAG Hessen v. 17. 2. 1997 – 11 Sa 1776/96). Für kirchliche Einrichtungen hat das Landesarbeitsgericht Köln entschieden, dass das Verteilen von gewerkschaftlichen Betriebszeitungen zum grundgesetzlich garantierten Koalitionsrecht gehört (LAG Köln v. 19. 2. 1999 – 11 Sa 962/98).

Fortbildung für Mitarbeitervertreter
Auch die Kosten für Schulungen und Fortbildungen, die für die Tätigkeit in der MAV erforderliche Kenntnisse vermitteln, sind vom Arbeitgeber zu tragen oder zu gewähren (→ **Schulungen für MAV-Mitglieder**). Es hat sich bewährt, wenn MAVen zu Beginn eines jeden Jahres eine **Fortbildungsplanung für *alle* MAV-Mitglieder** vornehmen und die Genehmigung zur Teilnahme frühzeitig beim Arbeitgeber einreichen. Je früher die MAV den Antrag auf Genehmigung einer Fortbildung einreicht, umso schwerer wird es für den Arbeitgeber, die Teilnahme aus betriebsbedingten Gründen abzulehnen.

Geschäftsordnung der MAV
Die MAV kann sich eine Geschäftsordnung geben, in der sie Einzelheiten der Geschäftsführung regelt. Durch die Geschäftsordnung kann aber nichts geregelt werden, was gesetzlich bereits anders geregelt ist. Insoweit ist der Regelungsbereich stark eingeschränkt. Geschäftsordnungen können aber den Vorteil haben, dass die MAV bei ihrer Erstellung und der notwendigen kontinuierlichen Überprüfung ihre eigenen Arbeitsstrukturen besser erfassen und auf aktuelle Angemessenheit hin kontrollieren kann. Besonders bei Konflikten innerhalb der MAV ist es gut,

eine gemeinsame Festlegung in der Hand zu haben, wie die MAV ihre internen Konflikte regelt. Solche Regelungen sollte man quasi »vorhalten«, um sich im Konfliktfall entlang dieser Vorgaben auseinandersetzen zu können.

Muster-Geschäftsordnung der MAV

Die Mitarbeitervertretung hat die nachstehende Geschäftsordnung zur Ergänzung der Bestimmungen im Mitarbeitervertretungsgesetz beschlossen:

§ 1 Geltungsdauer

Diese Geschäftsordnung gilt für die Dauer der laufenden Amtszeit der Mitarbeitervertretung. Sie kann nur durch Beschluss der Mitarbeitervertretung geändert werden.

§ 2 Vorsitz der Mitarbeitervertretung

Der Vorsitzende und sein Stellvertreter führen ihr Amt für die Dauer der Amtszeit der Mitarbeitervertretung. Eine vorherige Abwahl ist zulässig.

§ 3 Organisation der Mitarbeitervertretung

(1) Der Vorsitzende und – im Falle der Verhinderung der Stellvertreter – vertreten die Mitarbeitervertretung gegenüber Dritten im Rahmen der gefassten Beschlüsse. Ihnen wird die Führung der laufenden Geschäfte übertragen. Einzelne Mitglieder der Mitarbeitervertretung sind nicht berechtigt, Dritten gegenüber verbindliche Erklärungen abzugeben.

(2) Die Mitglieder der MAV sollen einen oder mehrere Aufgabenbereiche übernehmen. Sie sind Anlaufstelle für die Mitarbeiter in ihrem Arbeitsbereich, sammeln Informationen, bereiten Initiativen, Anträge und Beschlüsse vor, insbesondere zu den Fragen, die aus ihrem Arbeitsbereich kommen. Die Aufteilung der Zuständigkeiten wird allen Mitarbeitern bekannt gegeben.

(3) Die MAV entscheidet über die Einrichtung von Ausschüssen nach § 23a MVG und benennt deren Mitglieder. Die Mitglieder in den Ausschüssen berichten unmittelbar auf der nächsten MAV-Sitzung über Verlauf und Ergebnisse der Sitzung der Ausschüsse. Eine Neubesetzung der Ausschüsse ist jederzeit möglich, wenn dies als ordentlicher Tagesordnungspunkt für die nächste Sitzung beantragt wird.

(4) Die Mitarbeitervertretung ist von jeder Besprechung mit der Leitung der Einrichtung zu unterrichten. An diesen Gesprächen nehmen grundsätzlich mindestens zwei Mitglieder der Mitarbeitervertretung teil.

(5) Bei Besprechungen mit den Abteilungsleitern nehmen neben den freigestellten Mitarbeitervertretern in der Regel die Mitarbeitervertreter aus dem betreffenden Bereich teil. Dasselbe gilt für Gespräche mit der Leitung der Einrichtung, bei denen wichtige Fragen aus einem Bereich besprochen werden. Die Mitarbeitervertreter sind dafür gemäß § 19 MVG von ihrer dienstlichen Tätigkeit freizustellen.

(6) Für den Austausch mit anderen Mitarbeitervertretungen und Personalräten im Rahmen von Regionaltreffen ist mindestens ein Mitglied der MAV verantwortlich. Der Mitarbeitervertretung ist zu berichten.

(7) Ein Mitglied der Mitarbeitervertretung ist zuständig für die laufende Sichtung und Sammlung der für die Mitarbeitervertretung wichtigen arbeitsrechtlichen Änderungen.
(8) Jedes Mitglied soll mindestens an einem Fortbildungskurs pro Jahr teilnehmen. Über den Inhalt der Fortbildung soll auf der folgenden MAV-Sitzung berichtet werden.

§ 4 Sitzungen der Mitarbeitervertretung

(1) Die Sitzungen der Mitarbeitervertretung finden nach Bedarf statt. In jedem Fall aber mindestens zweiwöchentlich.
(2) Der Vorsitzende lädt unter Angabe der Tagesordnungspunkte schriftlich zur Sitzung ein.
(3) Mindestens vierteljährlich sind als Tagesordnungspunkte die Berichte über die einzelnen Aufgabengebiete und die Mitteilungen von arbeitsrechtlichen Änderungen festzusetzen.

§ 5 Verlauf der Sitzungen

(1) Alle Sitzungen der Mitarbeitervertretung werden von dem Vorsitzenden geleitet. Die Vertretung erfolgt durch den Stellvertreter bzw. die festgelegte Vertretung nach § 23 Abs. 1 MVG. Gleiches gilt für die Einladung und die Aufstellung der Tagesordnung zur nächsten Sitzung.
(2) Nach Eröffnung der Sitzung wird die Beschlussfähigkeit geprüft.
(3) Vor jeder Beratung eines Tagesordnungspunktes soll das aufgabenmäßig zuständige Mitglied der Mitarbeitervertretung eine einführende Sachdarstellung geben.
(4) Der Vorsitzende moderiert das Gespräch. Er erteilt in der Reihenfolge der Wortmeldungen den Mitgliedern der Mitarbeitervertretung das Wort. Mit einer Änderung in der Reihenfolge der Worterteilung müssen die Betroffenen einverstanden sein. Schluss der Debatte kann außerhalb der Rednerliste beantragt werden. Die Abstimmung darüber muss erfolgen, nachdem ein Sitzungsteilnehmer für den Antrag und einer gegen den Antrag sprechen konnten.
(5) Der Vorsitzende hat während der Sitzung das Hausrecht.

§ 6 Beschlussfassung

(1) Alle Abstimmungen werden in der Regel durch Handzeichen durchgeführt. Auf Antrag ist geheim abzustimmen.
(2) Bei der Stellungnahme der MAV zu einer Kündigung soll der betroffene Mitarbeiter vorher zum Sachverhalt befragt werden.

§ 7 Protokoll

(1) Die MAV wählt einen Schriftführer.
(2) Von jeder Sitzung der Mitarbeitervertretung ist ein Ergebnisprotokoll anzufertigen und den Mitgliedern der MAV zuzuleiten.
(3) Vor der Genehmigung eines Protokolls ist dies auf Erledigung der angeführten Arbeitsaufträge bzw. auf den Abschluss von laufenden Vorgängen hin zu überprüfen. Nicht abgeschlossene Vorgänge werden in dem neuen Protokoll aufgeführt.

(4) Über jedes Gespräch mit der Leitung ist ein Protokoll oder ein Gesprächsvermerk anzufertigen.

§ 8 Einladungen zur Mitarbeitervertretungssitzung
(1) Zu den regelmäßig stattfindenden ordentlichen Sitzungen der MAV werden ihre ständigen Mitglieder sowie der Vertrauensmann der Schwerbehinderten schriftlich unter Mitteilung der Tagesordnung eingeladen. Das Protokoll der vorherigen Sitzung wird in der Regel mitverschickt.
(2) Die Einladungen zu außerordentlichen Sitzungen haben schriftlich unter Übersendung der Tagesordnung zu erfolgen, in dringenden Fällen kann auch mündlich oder fernmündlich unter Mitteilung der Tagesordnung eingeladen werden.
(3) Kann ein Mitglied der Mitarbeitervertretung an der nächsten Sitzung nicht teilnehmen, hat er dies unverzüglich dem Vorsitzenden mitzuteilen.

§ 9 Klausurtagung
(1) Einmal im Jahr führt die MAV eine Klausurtagung durch.
(2) Die Dauer richtet sich nach der inhaltlichen Erforderlichkeit. Regelmäßige Themen der Klausurtagung sind insbesondere eine kritische Bestandsaufnahme und Reflektion der MAV-Arbeit sowie eine Jahresplanung und interne Aufgabenverteilung in der MAV.
(3) Die Klausurtagung gilt als Sitzung der MAV und unterliegt den entsprechenden Paragraphen der Mitarbeitervertretungsordnung.

§ 10 Sprechstunden
Die Mitarbeitervertretung beschließt über die Einrichtung regelmäßig stattfindender Sprechstunden. Die Termine sind allen Mitarbeitern durch Aushang und Rundschreiben bekannt zu geben.

§ 11 Bekanntmachungen
Mitteilungen der Mitarbeitervertretung für die Mitarbeiter werden als MAV-Info an alle Abteilungen verteilt sowie an den Schwarzen Brettern angeschlagen. Sie sind von den für das Thema zuständigen MAV-Mitgliedern und dem Vorsitzenden oder Stellvertreter zu unterzeichnen.

§ 12 Tätigkeitsbericht
(1) Der Tätigkeitsbericht wird zum Ende eines jeden Kalenderjahres schriftlich erstellt, an die Abteilungen und die Leitung verteilt und auf Anfrage zur Verfügung gestellt.
(2) In der ersten Mitarbeiterversammlung des Folgejahres wird er zur Diskussion gestellt.

§ 13 Inkrafttreten
Diese Geschäftsordnung tritt mit sofortiger Wirkung in Kraft.
Für die Mitarbeitervertretung …
(Überarbeitete Fassung von Kurt Ditschler: Arbeitsmappe für Mitarbeitervertretungen)

Literaturhinweis

- *Deppisch, Herbert/Jung, Robert/Schleitzer, Erhard:* Tipps für neu- und wiedergewählte MAV-Mitglieder, 5. Auflage, Frankfurt/Main 2019.

Gespräche mit Beschäftigten führen

Was ist das?

Zu den Hauptaufgaben von MAV-Mitgliedern gehört der Kontakt zu den Beschäftigten. Das MVG regelt Abläufe, Rechte und Pflichten, Streitlösungsmöglichkeiten etc. der MAV als Gremium oder für die einzelnen MAV-Mitglieder. Für die Kommunikation und deren Ausgestaltung gibt es keine Vorgaben. Wie Gespräche geführt werden und mit welchen Zeitplänen, Inhalten, Abläufen, Notizen usw. bleibt der MAV überlassen.

Bedeutung für die MAV

Vorab, es geht hier nicht um das formalisierte BEM-Gespräch an dem die MAV, je nach Fallgestaltung, teilnimmt (oder nicht). Viele MAV-Mitglieder führen bereits beruflich Gespräche mit Klienten, Kunden, Eltern, Angehörigen, Patienten usw. Diese Gesprächsführung erfolgt in der Regel aus einem fachlichen Ansatz entsprechend der beruflichen Profession. Gespräche mit Beschäftigten können sich aus den unterschiedlichsten Situationen, geplant oder ungeplant, ergeben. Möglich wären u.a. Gespräche auf dem Flur, bei Arbeitsplatzbesuchen (§ 28 Abs. 2 MVG), vor und nach → **Mitarbeiterversammlungen**, im Rahmen von → **Sprechstunden** (§ 28 Abs. 2 MVG), vor und nach der Begleitung bei Personalgesprächen, im Rahmen der Entgegennahme von Beschwerden und Anregungen (§ 35 Abs. 2 u. Abs. 3 Buchst. c MVG), beim → **Betriebsausflug**. Die Möglichkeiten sind breit gestreut.
Gespräche mit den Beschäftigten haben für die MAV den Vorteil, Meinungen aus der Belegschaft in die laufende Arbeit der MAV einfließen lassen zu können. Gespräche können der MAV neue oder zusätzliche Informationen verschaffen, Klarheit über dienstliche Vorgänge geben, ebenso können so Rückmeldungen der Beschäftigten zur Arbeit der MAV erfolgen. Umgekehrt kann die MAV bei

Gesprächen eigene Themen platzieren, Anregungen weitergeben oder aber auch »Stimmung« in der Dienststelle »schüren«.
Die Mitglieder der MAV genießen in aller Regel das Vertrauen der Beschäftigten, so dass sich viele Beschäftigte an das MAV-Mitglied ihres Vertrauens wenden um Sorgen, Nöte, Probleme anzubringen, anzusprechen und um evtl. gemeinsam Lösungsmöglichkeiten zu suchen. Hierbei lassen sich zwei Gesprächskonstellationen unterscheiden, zum einen das spontane, ungeplante Gespräch oder das terminierte, vorbereitete Gespräch. Für beide Gesprächssituationen gilt, dass kein MAV-Mitglied, weder als voll freigestelltes, teilfreigestelltes oder gar nicht freigestelltes MAV-Mitglied, unendlich viel Zeit hat, weder für ein spontanes Gespräch noch ein geplantes Gespräch. Es gilt jeweils, das Thema möglichst bald auf den Punkt zu bringen, ausufernde Beschreibungen zu vermeiden und dabei dennoch eine vertrauensvolle Atmosphäre zu schaffen. Dabei muss beiden Seiten klar sein, dass alles was gesprochen wird, im Raum bleibt und nur mit Zustimmung (am besten schriftlich) des Mitarbeiters weitere Schritte unternommen werden. Die Empfehlung »schriftlich« hilft der MAV, falls sich der Beschäftigte plötzlich umentscheidet, der Dienststellenleitung anderslautende Informationen gibt und evtl. nichts mehr von dem Gespräch wissen will.
Seitens des MAV-Mitglieds sollte bei jedem Gespräch ein inneres Zeitmanagement ablaufen, das die eigenen Ressourcen für die Dauer des Gesprächs abprüft. Es ist von Nutzen, wenn zu Beginn von Gesprächen zwischen Mitarbeiter und MAV-Mitglied ein Zeitplan, -korridor, vereinbart wird.
Als sehr hilfreich hat sich die schriftliche Dokumentation des Gesprächsinhalts erwiesen, zum einen als Hilfestellung für folgende Gespräche (Sachstand, wie weit ist man gekommen, was hat man vereinbart, wer macht was), zum anderen auch als Gedankenstütze, wenn das MAV-Mitglied im Auftrag des Beschäftigten bei einer MAV-Sitzung informiert. Die Dokumentation kann in Form eines Protokolls erfolgen oder aber auch einer Zeichnung mit allen beteiligten Personen und deren Beziehung zueinander (Blitz, Herz, Neutral, ...). Anhand von Zeichnungen können ganze Beziehungsgeflechte dargestellt werden, welche Personen sind wie betroffen, Freund, Feind, Neutral, Mobber, Hindernis, Entscheider, Unterstützer, ... Um zu einem Protokoll oder einer Zeichnung (oder einer Mischung aus beidem) zu kommen, ist das aufmerksame Zuhören, das Einlassen auf das Gegenüber und auch das aktive Nachfragen zur Vermeidung von Missverständnissen, Klärung offener Punkte, wichtig.
Inwieweit bei schweren Schicksalsschlägen von Mitarbeitern Empathie – in unterschiedlichen Formen gezeigt wird, hängt sicher von der Persönlichkeit des MAV-Mitglieds ab. Ob z. B. eine Umarmung tröstend ist oder eine eher geschäftsmäßige professionelle Distanz hilfreich ist, muss im Einzelfall entschieden werden. Unabhängig davon entsteht durch gutes Zuhören eine zwischenmenschliche Bindung, denn jeder Mensch möchte gehört und verstanden werden. Und,

Zuhören ist harte Arbeit. Zur Gesprächsführung der MAV gehört auch Klarheit und Offenheit. Wenn ein Wunsch, eine Forderung des Beschäftigten unmöglich zu erfüllen ist, muss dies – begründet – auch deutlich gesagt werden. Hoffnungen zu wecken, die nicht erfüllt werden können, geben für das MAV-Mitglied und die MAV kein gutes Bild ab. Unsicherheiten, Unklarheiten müssen den Beschäftigten auch deutlich werden. Im Rahmen einer → **Mitarbeiterversammlung** kann das Thema: »Beschäftigte und Gespräche mit der MAV – Möglichkeiten und Grenzen«, dargestellt werden.
Zur Vorbereitung auf geplante Gespräche macht es Sinn, dem Beschäftigten ein »Merkblatt« zukommen zu lassen, auf dem bereits ein Fahrplan bzw. Hinweise auf die mitzubringenden Unterlagen vermerkt sind. Je besser beide Seiten vorbereitet sind, desto strukturierter und zielgerichteter kann ein Gespräch ablaufen. Wer viele Gespräche führen muss, dem bieten die Gewerkschaften auch Seminare zum Thema: »Kommunikation« und »Gesprächsführung« an.

Bedeutung für die Beschäftigten

Für die Beschäftigten ist die Möglichkeit, in einem geschützten Rahmen, mit einer Person ihres Vertrauens alle belastenden Probleme des Berufslebens zu besprechen, sich Rat holen zu können, sich auch mal »auskotzen« zu können, wichtig für das Seelenleben. Und wenn neben dem Gespräch auch die »Tat« hinzukommt, indem die MAV beauftragt wird, für den Beschäftigten tätig zu werden, ist das auch gut für das Berufsleben. Selbst wenn die MAV nicht erfolgreich sein kann, »man hat es versucht« und trägt die Frage »warum habe ich nichts unternommen«, nicht ewig mit sich herum. Den Beschäftigten sollte klar sein, wenn sie einen Gesprächstermin mit einem MAV-Mitglied ausmachen, dass das Thema, die Themen über die gesprochen werden sollen, mitgeteilt werden. Sinn: das MAV-Mitglied soll sich auch auf die Situation – und evtl. den zeitlichen Umfang – einstellen können. Weiterhin sollen alle Unterlagen zum Gespräch mitgebracht werden, damit gemeinsam alles durchgegangen werden kann und nicht über Inhalte von Arbeitsverträgen, Nebenabreden, Zusätzen zu Arbeitsverträgen, Gehaltsabrechnungen usw. gerätselt werden muss.

Gestellungsvertrag

Was ist das?

Der Gestellungsvertrag kommt in der Regel bei kirchlichen oder bei öffentlichen Arbeitgebern vor, die ein privatisiertes Unternehmen betreiben. Das Arbeitsverhältnis besteht mit der kirchlichen oder öffentlichen Einrichtung, aber die Person wird in einem anderen Unternehmen eingesetzt und unterliegt auch dort dem Direktionsrecht/Weisungsrecht des dortigen Unternehmers/Arbeitgebers.
Das Rechtsinstitut der Personalgestellung ist in einigen Rechtsnormen anerkannt. Der TVöD nennt es ausdrücklich in § 4 Abs. 3 TVöD (ebenso § 12 Abs. 5 AVR-Bayern). Im TVöD ist die Personalgestellung sogar auf Dauer angelegt. Die Abgrenzung zur Leiharbeit/Arbeitnehmerüberlassung ist schwierig. Umstritten war auch, ob dieses Rechtsinstitut auch mit Europäischem Recht und dem deutschen Verfassungsrecht vereinbar ist. Das Bundesarbeitsgericht geht hiervon offenbar aus. So hat es in einer Entscheidung erwähnt: »Ohnehin verstößt die Personalgestellung iSd. § 4 Abs. 3 TVöD-AT ebenso wie die wortidentische Regelung in § 4 Abs. 3 TV-L entgegen der Auffassung des Klägers nicht gegen die Richtlinie 2008/104/EG und damit nicht gegen Unionsrecht. Der EuGH hat in seinem Urteil vom 22. Juni 2023 (C-427/21) entschieden, dass die Richtlinie 2008/104/EG nicht auf eine Arbeitnehmerbereitstellung wie der vorliegenden anwendbar und die Bereichsausnahme in § 1 Abs. 3 Nr. 2b AÜG damit wirksam ist. Diese ist auch mit Art. 3 Abs. 1 GG vereinbar, weil es nicht darum geht, mit einer dauerhaften Verleihung das Verbot von Ketteneinsätzen zu umgehen, sondern dem Arbeitnehmer dauerhaft die Sicherheit seines an sich verlorenen Arbeitsplatzes im öffentlichen Dienst erhalten bleiben soll (BAG 16. Juni 2021 – 6 AZR 390/20 (A) – Rn. 36, 40, 43, BAGE 175, 118; im Ergebnis ebenso ErfK/Roloff 24. Aufl. AÜG § 1 Rn. 79; HK-AÜG § 1 Rn. 17; aA Schüren/Hamann/Hamann AÜG 6. Aufl. § 1 Rn. 669). Danach war die streitige Personalgestellung iSv. § 4 Abs. 3 TVöD-AT wirksam.« (BAG, Urteil vom 25. Januar 2024 – 6 AZR 390/20).

Bedeutung für die MAV

Wird eine Person über **Personalgestellung** in der Einrichtung beschäftigt, unterliegt die Einstellung der Mitbestimmung nach § 42 Buchst. a MVG, weil die Person dann in den Betriebsablauf eingegliedert wird. Die **Eingliederung** ist das entscheidende Kriterium, um die Mitbestimmung auszulösen. Wird die MAV nicht beteiligt und hat auch keine Kenntnis darüber, ob und wer über eine Personalgestellung in der Einrichtung beschäftigt ist, kann sie ihr **Informationsrecht** nach § 34 Abs. 3 Satz 3 MVG geltend machen. Danach ist die Dienststellenleitung verpflichtet, die Mitarbeitervertretung auch über die Beschäftigung der Personen in der Dienststelle zu informieren, die nicht in einem Arbeitsverhältnis zur Dienststelle stehen. Nach § 2 Abs. 3 MVG gelten Personen, die aufgrund von Gestellungsverträgen beschäftigt sind, als Mitarbeiter und Mitarbeiterinnen im Sinne des MVG. Ihre rechtlichen Beziehungen zu der entsendenden Stelle bleiben unberührt. Angehörige von kirchlichen oder diakonischen Dienst- und Lebensgemeinschaften, die aufgrund von Gestellungsverträgen in Dienststellen (§ 3) arbeiten, sind Mitarbeiter oder Mitarbeiterinnen dieser Dienststellen, soweit sich aus den Ordnungen der Dienst- und Lebensgemeinschaften nichts anderes ergibt. Damit gilt auch für sie das aktive und passive **Wahlrecht zur MAV** (§§ 9, 10 MVG).
Das Grundverhältnis eines gestellten Arbeitnehmers bleibt der Mitbestimmung der MAV allerdings verwehrt, weil die MAV in keiner Beziehung zu dem entsendenden Orden, Diakonissenhaus oder der Schwesternschaft steht.

Bedeutung für die Beschäftigten

Auch bei Gestellungsverträgen kann es zu einer ähnlichen Problematik wie bei der **Leiharbeit**/Arbeitnehmerüberlassung kommen. Der Mitarbeiter unterliegt einem sog. geteilten Direktionsrecht. Teilweise ist die Abgrenzung schwierig und hinter einem als Gestellungsvertrag bezeichneten Verhältnis kann echte Leiharbeit stecken. Die Bezeichnung ist daher unschädlich.
Für die Arbeitnehmer einer Einrichtung stellt die Beschäftigung von gestellten Arbeitnehmern oft eine Arbeitserleichterung dar, da Stellen besetzt werden können. Die entsandten bzw. gestellten Beschäftigten können sich in allen Angelegenheiten, die die Arbeit in der Einrichtung betreffen, an die MAV wenden. Es gelten auch alle arbeitsrechtlichen Vorschriften, wie z. B. das Arbeitszeitgesetz oder die Arbeitsstättenverordnung.

Gewalt und Aggression im Betrieb

Was ist das? – Grundlagen

Für Gewalt und Aggression gibt es unterschiedliche Definitionen. Beide Begriffe werden oft auch synonym verwendet. Gewalt und Aggression stellen dabei sowohl motiviertes Handeln als auch Folge einer eskalierenden Auseinandersetzung dar. Aggression ist häufig die Vorstufe zur faktischen Ausübung von Gewalt. Gewalt und Aggression sind immer eng verbunden mit **Emotionen**. Die gewalttätige oder aggressive Handlung einer Person ist in der Regel damit verknüpft, dass sie einer anderen Person körperlich oder seelisch schadet oder schaden kann und/oder von dieser Person als bedrohlich wahrgenommen wird.
Als Gewalt und Aggression versteht man **nicht nur körperliche Akte** oder sexuelle Übergriffe, sondern auch nonverbale Drohungen durch Mimik und Gestik sowie Beschimpfungen und Beleidigungen, ebenso verbale sexuelle Belästigung.

»Als sexuelle Belästigung gilt unerwünschtes, sexuell bestimmtes Verhalten, das die Würde der betroffenen Person verletzt oder verletzen kann. Das können unerwünschte sexuelle Handlungen und Aufforderungen, sexuell bestimmte körperliche Berührungen, Bemerkungen sexuellen Inhalts sowie unerwünschtes Zeigen und sichtbares Anbringen von pornografischen Darstellungen sein.«
(BGW-Broschüre: Prävention von Gewalt und Aggression gegen Beschäftigte. Hamburg 2018, S. 8)

Bedeutsam ist vor allem das **subjektive Erleben** von Aggression oder Bedrohung, von Beleidigung oder Belästigung. Bei der Beschäftigung mit Gewaltereignissen im Betrieb muss also immer die Wahrnehmung der betroffenen Person im Mittelpunkt stehen und darf nicht in Frage gestellt werden.
Eine allgemeine Definition von Gewalt und Aggression liefert das Gesetz zum Übereinkommen Nr. 190 der Internationalen Arbeitsorganisation (ILO) vom 21. Juni 2019 über die Beseitigung von Gewalt und Belästigung in der Arbeitswelt. Dem Übereinkommen ist die Bundesrepublik Deutschland kürzlich beige-

treten, nämlich durch Verabschiedung des Gesetzes im Bundestag und im Bundesrat. Es wurde am 30.5.2023 im Bundesanzeiger veröffentlicht.
In dem Übereinkommen wird Gewalt und Belästigung in der Arbeitswelt beschrieben als »eine Bandbreite von inakzeptablen Verhaltensweisen und Praktiken oder deren Androhung, gleich ob es sich um ein einmaliges oder ein wiederholtes Vorkommnis handelt, die auf physischen, psychischen, sexuellen oder wirtschaftlichen Schaden abzielen, diesen zur Folge haben oder wahrscheinlich zur Folge haben, und umfasst auch geschlechtsspezifische Gewalt und Belästigung«. (Artikel 1 des Übereinkommens)
Nach dem sog. Aachener Modell[1] gibt es eine Pyramide mit mehreren Stufen von Gewalterscheinungen, die auch ineinander übergehen können. Stufe 1 umfasst normale bzw. kontroverse Gesprächssituationen, auf Stufe 2 findet verbale Aggression, Sachbeschädigung und unangemessenes Sozialverhalten statt. Zu körperlicher Gewalt, Handgreiflichkeiten und eindeutigen Bedrohungen kommt es auf Stufe 3, während auf Stufe 4 Waffen eingesetzt werden oder eine Geiselnahme bzw. ein Überfall stattfindet (s. nachfolgende Grafik).
Zweifellos nehmen Gewalt und Aggression im Arbeitsleben immer mehr zu. In vielen sozialen und Gesundheits-Einrichtungen gehören Gewalt und Aggression fast schon zur Tagesordnung. Das Phänomen wird Gottseidank auch mehr und mehr **enttabuisiert**. Die für die Diakonie zuständige Berufsgenossenschaft für Gesundheitsdienst und Wohlfahrtspflege (BGW) hat hierzu in den letzten Jahren bedeutsame Beiträge geleistet – durch Veranstaltungen, Broschüren und durch die Finanzierung von Studien zum Thema.
Übergriffe auf Beschäftigte finden fast in allen Bereichen des Gesundheits- und Sozialwesens statt, ob in Krankenhäusern, in der Psychiatrie, im Rettungsdienst, beim Krankentransport, in Alten- und Pflegeheimen, in Einrichtungen der Behindertenhilfe, der ambulanten Pflege, in Beratungsstellen, in der Kinder- und Jugendhilfe oder in Einrichtungen der Flüchtlingshilfe. Dabei können die Übergriffe sowohl von betreuten Personen als auch von Besucherinnen und Familienangehörigen ausgehen. Die Bandbreite der Übergriffe reicht von persönlichen Beleidigungen und Verdächtigungen bis hin zu körperlichen Angriffen, von anzüglichen Bemerkungen bis zu sexuellen Belästigungen.
Beim Versuch, die Zunahme von Gewaltereignissen in Gesundheits- und Sozialbetrieben zu erklären, werden mehrere **Ursachenzusammenhänge** angeführt:

- die besondere (Abhängigkeits-)Situation der Klientinnen, die betreut, gepflegt, erzogen usw. werden,

1 Siehe ausführlicher unter: *https://www.unfallkasse-nrw.de/fileadmin/server/download/PDF_Container/Vortrag%202 %20-%20Wege%20zur%20effektiven%20Gewaltpraevention.pdf* (abgerufen am 14.8.2024)

Stufenpyramide zur Einordnung von Gewaltereignissen

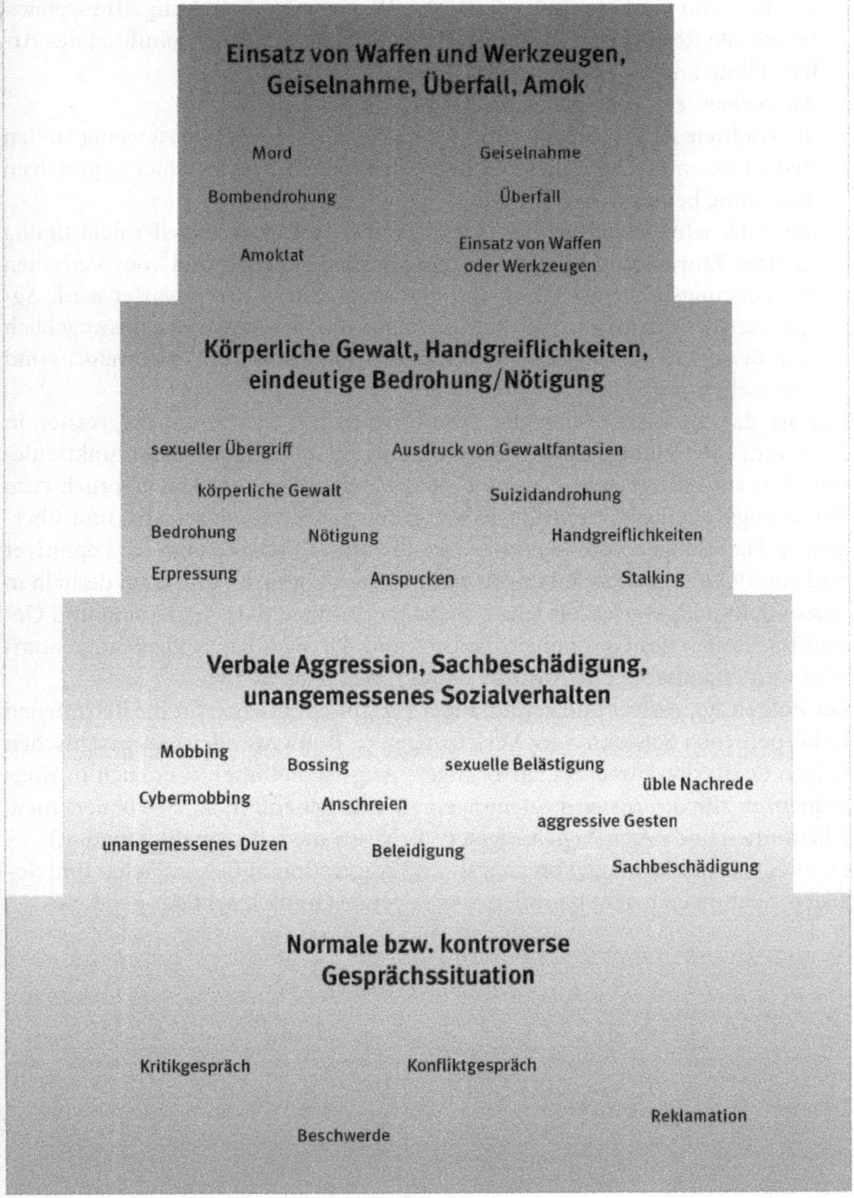

Stufenpyramide zur Einordnung von Gewaltereignissen in Anlehnung an das Aachener Modell, © DGUV Fachbereich AKTUELL, 2023 / Grafik: kleonstudio.com

- die institutionellen Rahmenbedingungen, also bauliche Gegebenheiten, Ausstattung und Gestaltung der Stations-, Wohn- oder Betreuungsatmosphäre, personelle Ressourcen, organisatorische Abläufe. All dies beeinflusst das Arbeitsklima und die Stimmung im Betrieb,
- das vorhandene Personal und dessen Qualifikation,
- die konkrete Arbeitsorganisation. Hier können sich Abläufe zu wenig an den Bedürfnissen der betreuten Personen orientieren, was zu einer aggressiven Stimmung beiträgt,
- die Unternehmenskultur: Der Umgang mit Gewalt oder sexueller Belästigung in einer Einrichtung hängt vor allem von der Führung und vom Verhalten der Führungskräfte ab. Wenn von den Mitarbeiterinnen erwartet wird, Aggressionen, Drohungen oder Beleidigungen hinzunehmen, weil das angeblich zum Beruf dazugehöre, dann wird vor allem ein Klima des Verschweigens und Vertuschens gefördert.

Klar ist, dass klassische Strategien zum Umgang mit Gewalt und Aggression in Beratungs-, Betreuungs- und Pflegeverhältnissen nur eingeschränkt funktionieren. Sich zu wehren steht – zumindest vordergründig – im Widerspruch zum Betreuungsverhältnis. In vielen Fällen gehen ja Gewalt, aggressive und übergriffige Handlungen von Menschen aus, die dieses Verhalten infolge kognitiver und emotionaler Einschränkungen nicht steuern können – und eben deshalb in einem Betreuungsverhältnis leben. Bedeutet das aber, dass Aggression und Gewalt in Berufen des Gesundheitsdienstes und der Wohlfahrtspflege hingenommen werden müssen? Die Antwort ist ein ganz klares **NEIN**!

Die **Folgen** aggressiver und gewalttätiger Ereignisse bestehen für die Betroffenen in körperlichen Schäden oder Verletzungen (z. B. Bisswunden), in psychischen Folgen (z. B. Albträume, Schlafstörungen, Angstsymptome), aber auch in Konsequenzen für die Arbeitsbeziehungen zu den Patientinnen, Bewohnerinnen, Klientinnen und deren Angehörigen (z. B. Misstrauen, Personalfluktuation).

Der bedeutsame Umfang von Gewalt und Aggression in Gesundheits- und Sozialeinrichtungen macht betroffen. Die folgende Grafik macht das deutlich:

Häufigkeit von körperlicher und verbaler Gewalt unterschieden nach Branche bei Beschäftigten, die in den letzten zwölf Monaten Gewalt erlebt haben.

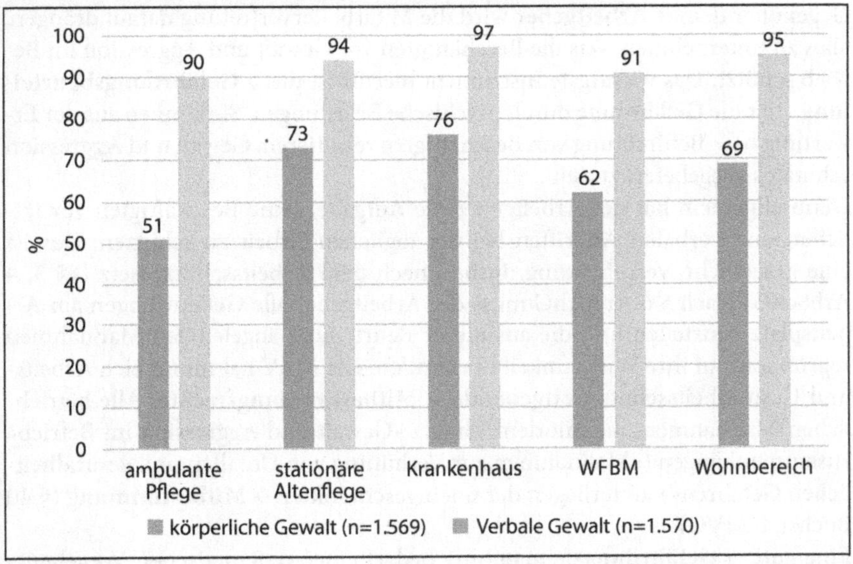

Quelle: A. Schablon u. a.: Belastungen durch Aggression und Gewalt gegenüber Beschäftigten der Pflege- und Betreuungsbranche in Deutschland – ein Survey, Hamburg, Stand: Oktober 2018

In allen genannten Tätigkeitsbereichen – typische Felder der Diakonie – liegt der Anteil der Beschäftigten, die in den letzten 12 Monaten verbale Gewalt erfahren haben, bei mehr als 90 %. Und verbale Gewalt haben immerhin 51 bis 76 % aller Beschäftigten erlebt!
Wichtig ist, bei allen Gewaltereignissen im Betrieb zu klären, ob es sich um einen (meldepflichtigen) → **Arbeitsunfall** handelt (weiteres s. unter Bedeutung für die Beschäftigten). In den meisten Fällen trifft das zu!

Bedeutung für die MAV

Für Mitarbeitervertretungen besteht eine wichtige Aufgabe darin, das Thema Gewalt und Aggression allein, aber auch gemeinsam mit anderen betrieblichen Akteuren aus der **Tabuzone** herauszuholen. Das gelingt vor allem durch sachliche **Informationen** über Ursachen, Folgen und Präventionsmöglichkeiten, wie Gewalt und Aggression zu begegnen ist. Informationen können in der Betriebszeitung, im MAV-Info, am Schwarzen Brett oder auch in einer Mitarbeiterver-

sammlung erfolgen. Zur Versammlung könnte eine kompetente Referentin, z. B. von der Berufsgenossenschaft (BGW, VBG) eingeladen werden.
Gegenüber dem → **Arbeitgeber** wird die Mitarbeitervertretung darauf drängen, alles zu unternehmen, was die Beschäftigten vor Gewalt und Aggression im Betrieb schützt. Das wichtigste Instrument hierfür ist die → **Gefährdungsbeurteilung**, hier die Gefährdung durch psychische Belastungen. Sie können aus der Erwartung bzw. Befürchtung von Beschäftigten resultieren, Gewalt und Aggression schutzlos ausgeliefert zu sein.
Denn allgemein hat der Arbeitgeber die Aufgabe, seine Beschäftigten vor tätlichen und verbalen Angriffen bei der täglichen Arbeit zu schützen. Das ist eine gesetzliche Verpflichtung, insbes. nach dem Arbeitsschutzgesetz (§§ 3, 4 ArbSchG) Nach § 5 ArbSchG muss der Arbeitgeber alle Gefährdungen am Arbeitsplatz beurteilen und die aus dieser Beurteilung abgeleiteten Maßnahmen regelmäßig auf ihre Wirksamkeit überprüfen. Die MAV hat im Bereich Arbeits- und Gesundheitsschutz **weitgehende → Mitbestimmungsrechte.** Alle betrieblichen Maßnahmen, die mit dem Thema »Gewalt und Aggression im Betrieb« zusammenhängen (»Maßnahmen zur Verhütung von Unfällen und gesundheitlichen Gefahren«), unterliegen der uneingeschränkten → **Mitbestimmung** (§ 40 Buchst. b MVG).
Eine gute → **Gefährdungsbeurteilung** bedarf einer systematischen Vorgehensweise. Am Anfang steht die Bestandsaufnahme, dann folgt die Bewertung der Risiken. Daraus werden geeignete Maßnahmen abgeleitet sowie Verantwortliche und Fristen festgelegt. Der Erfolg, also die Wirksamkeit der Maßnahmen, ist regelmäßig zu überprüfen. All diese Schritte sind zu dokumentieren (§ 6 ArbSchG).
Sehr hilfreich für die Erstellung der »Gefährdungsbeurteilung Gewalt« sind die exemplarischen Fragen der BGW: *https://www.bgw-online.de/resource/blob/9322/393524e35b7b7dfd79ee5ec133d52d04/bgw08-00-070-gewalt-und-aggression-in-betreuungsberufen-download-fragen-gefaehrdungsbeurteilung-download-data.pdf* (abgerufen am 12. 8. 2024).
Für Gefahrstoffe gibt es Grenzwerte, für Gerätesicherheit gibt es Normen. Für die Bedrohung durch Personen oder Belastungen durch Aggression, Beschimpfung oder sexuelle Belästigung gibt es keine vergleichbaren Richtwerte. Trotzdem müssen diese Gefährdungen und Risiken im Betrieb ermittelt und beurteilt werden. Für die Ermittlung bieten sich entweder eine Befragung der Beschäftigten, aber auch moderierte Gruppendiskussionen (Arbeitssituationsanalyse – Asita) an. Dabei zeigt sich erfahrungsgemäß, dass viel mehr Beschäftigte von Gewalt und Aggression betroffen sind als man erwartet hat.
Daneben sollte es im Betrieb immer eine **systematische Erfassung und Analyse von Gewaltereignissen** geben. Die Ergebnisse dieser Erhebungen dienen dann als Grundlage für die Einschätzung der Risiken und die Festlegung des Handlungsbedarfs – sinnvollerweise gegliedert nach den verschiedenen Arbeitsberei-

chen im Betrieb. Hierfür gibt es einen vorzüglichen Erhebungsbogen der BGW, der für solche Zwecke verwendet werden kann: siehe *https://www.bgw-online.de/resource/blob/9320/51cf834bcbc8f94fd1b3557b4b42577c/bgw08-00-070-fragebogen-aggressives-verhalten-download-data.docx* (abgerufen 12. 8. 2024).
Durch die systematische Erfassung der Gewaltereignisse im Betrieb werden Vorfälle sichtbar, die Diskussion wird versachlicht und dadurch aus der Tabuzone geholt. Es wird klar, ob es sich um einen Arbeitsunfall handelt, der bei der Berufsgenossenschaft anzuzeigen ist – das ist oft der Fall, wenn es um Gewalt geht. Durch die Auswertung findet außerdem eine Sensibilisierung der Führungskräfte und Vorgesetzten statt.
Regelmäßige (z. B. jährliche) Auswertungen der erfassten Erhebungsbögen durch den **Arbeitsschutzausschuss** liefern aussagekräftige und hilfreiche Informationen für die Fortschreibung der Gefährdungsbeurteilung und geeignete Präventionsmaßnahmen im Blick auf Gewalt und Aggression im Betrieb.
Zu den allgemeinen Aufgaben der MAV gehört auch die Förderung von »Maßnahmen des Arbeits- und Gesundheitsschutzes.« (§ 35 Abs. 3 Buchst. i MVG) Von daher gibt es keine Beschränkung für die MAV bei Anregungen, Vorschlägen und Initiativen mit dem Ziel, die Beschäftigten vor Übergriffen zu schützen und solche Übergriffe so weit wie möglich zu vermeiden.
Weil das »Wie« der → **Gefährdungsbeurteilung** der Mitbestimmung unterliegt (§ 40 Buchst. b MVG.EKD), hat die MAV auch mitzubestimmen bei der Festlegung von Maßnahmen, die aus der Gefährdungsbeurteilung abgeleitet werden.
Für die Etablierung guter Präventionsmaßnahmen im Betrieb sollte die MAV ihr → **Initiativrecht** nach § 47 MVG extensiv nutzen. Als mögliche Maßnahmen der Prävention kommen in Betracht:

- Bauliche Maßnahmen, z. B. Gestaltung durch Farben, Licht, Beleuchtung, aber auch abschließbare Bereiche, Pausenräume zur ungestörten Erholung, Rückzugsräume, Fluchtwege, Vermeidung von Sackgassen, Türknauf statt -klinke,
- Technische Maßnahmen, z. B. Alarmierungsanlagen, Personen-Notsignal-Anlagen, Notrufknopf,
- Förderung von Offenheit, Kommunikation und Transparenz im Betrieb,
- Förderung von Sensibilität bei den Führungskräften beim Auftreten von Gewalt und Aggression,
- Einführung verlässlicher Verhaltensrichtlinien (keine Toleranz bei Gewalt gegenüber Beschäftigten, eindeutige Signale für die Würde und Unversehrtheit der Beschäftigten, entsprechende Hausordnung, entsprechende Aushänge für Besucher),
- Einrichtung von Gesprächsangeboten für Beschäftigte zum Thema Gewalt und Aggression und Benennung kompetenter Ansprechpersonen,
- Einführung eines Notfallplans,

- Einführung eines Aggressions- und Deeskalationsmanagements,
- Regelmäßige Angebote von Deeskalationstrainings und Schulungen,
- Ausbildung von betrieblichen Deeskalationstrainerinnen,
- Schulungsangebote in Flucht- und Abwehrtechniken,
- evtl. Einsatz von Sicherheitsdiensten.

Diese Aufzählung erhebt nicht den Anspruch auf Vollständigkeit. Sie soll vielmehr illustrieren, welche vielfältigen Maßnahmen Arbeitgeber umsetzen können, um ihre Beschäftigten wirksam vor Gewalt und Aggression zu schützen.
Sehr konkrete Empfehlungen für Notaufnahmen von Kliniken bietet die vorzügliche aktuelle Broschüre: Zentralinstitut für Arbeitsmedizin und Maritime Medizin (Hrsg.): Prävention von Aggressionen und Gewalt gegenüber Beschäftigten in der Notaufnahme. Forschungsergebnisse und Praxistipps, Hamburg, Juli 2023 Die Empfehlungen gelten zwar für Notaufnahmen, lassen sich jedoch ohne große Mühe auf andere Bereiche übertragen.
Allgemein gilt bei allen Präventionsmaßnahmen das sog. **T-O-P-Prinzip**. Das bedeutet, dass zunächst technische Lösungen Priorität haben, dann organisatorische und erst am Schluss personenbezogene Maßnahmen. Diese Rangfolge resultiert aus dem Arbeitsschutzgesetz, das der **Verhältnisprävention** gegenüber der **Verhaltensprävention** den Vorrang gibt.
Als **technische Maßnahmen** gelten bei der Prävention von Gewalt und Aggression etwa bauliche Veränderungen, Ausstattung, Beleuchtung, aber auch Notrufanlagen. **Organisatorische Maßnahmen** beziehen sich auf Qualifikation, Fort- und Weiterbildung, Deeskalationsmanagement, Supervision, Personalschlüssel, Gestaltung des Dienstplans, Vermeidung gefährlicher Alleinarbeit, Organisation der Ersten Hilfe oder auf die Erstellung eines Notfallplans. Und **personenbezogene Maßnahmen** beschreiben Dinge wie geeignete Kleidung, persönliche Schutzausrüstung, Vereinbarung konkreter Verhaltensregeln oder Trainings zum Verhalten bei Übergriffen (siehe die hilfreichen Beispiele in der Übersicht am Ende des Stichworts).
Einen Sonderfall stellen sog. **Alleinarbeitsplätze** dar, denn sie haben ein besonders hohes Gefährdungspotential. Sie sollten daher speziell betrachtet werden, um auch in solchen Bereichen die Sicherheit der Beschäftigten zu erhöhen. Im Einzelfall kann es – aufgrund einer entsprechenden Gefährdungsbeurteilung – erforderlich sein, Alleinarbeitsplätze im Betrieb generell auszuschließen.
Die MAV sollte beim Thema Gewalt und Aggression eng mit der zuständigen **Berufsgenossenschaft** zusammenarbeiten. Sie ist die Expertin für solche Phänomene, die immer mehr zunehmen. Daneben sind Betriebsärztin, Fachkraft für Arbeitssicherheit und der Arbeitsschutzausschuss die idealen Ansprechpartnerinnen der MAV für die Thematik.
Alle **Unfallanzeigen**, die als Hintergrund ein Gewaltereignis haben, sollte die MAV sorgfältig auswerten und gemeinsam mit den betrieblichen Arbeitsschutz-

expertinnen (Betriebsärztin, Fachkraft für Arbeitssicherheit, ASA) entsprechende Schlussfolgerungen ziehen.

Wichtig ist auch, dass der Betrieb ein **Nachsorgekonzept** einführt, das einen klaren Handlungsablauf und Handlungsanweisungen für die Tage und Wochen nach dem Übergriff beschreibt. Auf diese Weise werden Beschäftigte vor Stigmatisierung geschützt und Hemmungen abgebaut, im Fall der Traumatisierung Hilfe anzunehmen. Zum Nachsorgekonzept gehört auch die Gestaltung des Wiedereinstiegs einer von Gewalt betroffenen Mitarbeiterin nach längerer Abwesenheit. Evtl. ist – bei Vorliegen der Voraussetzungen – auch ein → **Betriebliches Eingliederungsmanagement** erforderlich. Das planvolle betriebliche Vorgehen nach einem Gewaltereignis fasst folgende Grafik zusammen:

Vorgehen nach einem traumatischen Ereignis

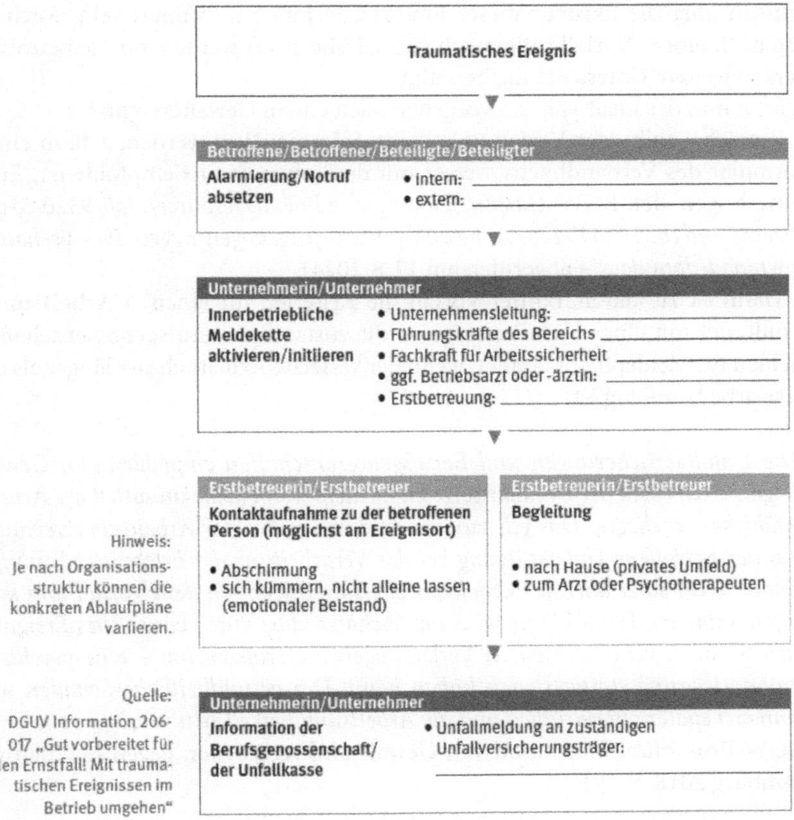

Quelle: BGW-Broschüre: Prävention von Gewalt und Aggression gegen Beschäftigte. Hamburg 2018, S. 32

Bedeutung für die Beschäftigten

Wenn ein Übergriff stattgefunden hat, muss es im Betrieb – sehr kurzfristig – die Möglichkeit für sog. **Auffanggespräche** geben. Denn ein Gewalterlebnis ist für die Betroffenen mit starkem Stress verbunden. Ohne Hilfe und Unterstützung kann eine psychische Verletzung die Folge sein, auch wenn es keine äußeren Verletzungen gibt. Psychische Folgen kommen oft erst später zum Vorschein.
Daher ist die soziale Unterstützung direkt nach einem Gewaltereignis von elementarer Bedeutung. Dies kann durch die direkten Kolleginnen erfolgen, aber auch durch Vorgesetzte. Ziel ist, dass die betroffene Person schnell Schutz, Sicherheit und Rückhalt erlebt. Sie soll Anteilnahme und Wertschätzung erfahren.
Für solche, aber auch für weitergehende Gespräche könnte der Betrieb **psychologische Erstbetreuerinnen** einsetzen, die er ausbilden lässt. Alle Beschäftigten müssen über die Existenz dieser Erstbetreuerinnen informiert sein. Auch am Tag nach einem Vorfall sollte noch einmal überprüft werden, ob die betroffene Person weitere Unterstützung benötigt.
Wie ist nun das idealtypische Vorgehen nach einem Gewaltereignis?
1. Zunächst sollte der Vorfall unbedingt **dokumentiert** werden, z. B. in einem Formular des Verbandbuchs, besser mit dem oben bereits empfohlenen Erhebungsbogen der BGW (*https://www.bgw-online.de/resource/blob/9320/51cf834bcbc8f94fd1b3557b4b42577c/bgw08-00-070-fragebogen-aggressives-verhalten-download-data.docx* – abgerufen am 12. 8. 2024).
2. Dann ist zu klären, ob der Vorfall die Kriterien für einen → **Arbeitsunfall** erfüllt, der mit einer **Unfallanzeige** an die zuständige Berufsgenossenschaft zu melden ist. Meldepflicht besteht, wenn der verletzte Arbeitnehmer länger als drei Tage arbeitsunfähig ist.

»Die Unfallversicherungen und Berufsgenossenschaften empfehlen, ein Gewaltereignis auch dann per Unfallanzeige zu melden, wenn keine unmittelbare Arbeitsunfähigkeit vorliegt«. Das gilt zumindest dann, wenn der Arbeitgeber vermutet, dass der Betroffene Unterstützung bei der Verarbeitung des Erlebnisses benötigen könnte. »Nur so erfährt der Unfallversicherungsträger von dem Vorfall und kann Hilfen anbieten. Denn häufig wird unterschätzt, dass durch ein solches Ereignis – auch wenn es keine sichtbaren Verletzungen hinterlassen hat – eine psychische Traumatisierung stattgefunden haben kann. Der gesundheitliche Schaden wird dann erst später offensichtlich und die Arbeitsunfähigkeit tritt verzögert ein.«
(BGW-Broschüre: Prävention von Gewalt und Aggression gegen Beschäftigte. Hamburg 2018, S. 29)

Erhält die Berufsgenossenschaft eine Unfallanzeige mit dem Hinweis auf psychische Verletzung bzw. Traumatisierung, nimmt sie in der Regel Kontakt mit dem Betrieb bzw. der betroffenen Person auf und bietet Unterstützung an. Für diese Frühintervention und Behandlung von psychischen Gesundheitsstörungen steht der Deutschen Gesetzlichen Unfallversicherung (DGUV) bundesweit ein Netzwerk mit über 550 qualifizierten Psychotherapeutinnen zur Verfügung. Dieses sog. »**Psychotherapeutenverfahren**« dient der zügigen psychologisch-therapeutischen Intervention nach Arbeitsunfällen oder Berufskrankheiten. Damit soll der Entstehung und Chronifizierung psychischer Gesundheitsschäden frühzeitig entgegengewirkt werden. Deshalb starten innerhalb von ein bis zwei Wochen nach Eingang der Meldung beim Unfallversicherungsträger bis zu fünf sog. probatorische Sitzungen. Sie dienen der Krisen- oder Frühintervention sowie einer Unfall- und Trauma-Anamnese. Zudem wird der Bedarf weiterer psychotherapeutischer Maßnahmen geprüft.

3. Zu klären ist weiterhin, ob das Gewaltereignis zur Anzeige gebracht wird. Denn ein Betrieb ist schließlich kein rechtsfreier Raum. Und bei gewalttätigen Übergriffen handelt es sich um eine Straftat. Daher sollte von den Geschädigten erwogen werden, **Strafanzeige** gegen den Täter stellen. Auch die Leitung der Einrichtung sollte überlegen, ob sie ihrerseits Strafanzeige stellt. Das ist ein positives Signal an die betroffene Person und macht deutlich: Die Führung steht hinter den Beschäftigten.

Beschäftigte haben Anspruch auf die Durchführung von → **Gefährdungsbeurteilungen** (§ 5 ArbSchG; § 618 BGB) und auf **Unterweisungen** in Fragen der Sicherheit und des Gesundheitsschutzes im Betrieb. Grundlage ist § 12 Abs. 1 ArbSchG und die DGUV Vorschrift 1 der Berufsgenossenschaften (Neufassung 2014). Dort heißt es in § 4: »Der Unternehmer hat die Versicherten über Sicherheit und Gesundheitsschutz bei der Arbeit, insbesondere über die mit ihrer Arbeit verbundenen Gefährdungen und die Maßnahmen zu ihrer Verhütung, entsprechend § 12 Abs. 1 Arbeitsschutzgesetz … zu unterweisen; die Unterweisung muss erforderlichenfalls wiederholt werden, mindestens aber einmal jährlich erfolgen; sie muss dokumentiert werden.«

Übersicht 1
Hier einige konkrete Beispiele für betriebliche Maßnahmen gegen Gewalt nach dem T-O-P-Prinzip:

Technische/Bauliche Maßnahmen	Organisatorische Maßnahmen	Personenbezogene Maßnahmen
• helle Flure und freundlich gestaltete Räumlichkeiten • gut ausgeschilderte Wege • trennende Elemente wie Empfangstheken • Alarmierungs-möglichkeiten • Entfernen von Gegen-ständen, die als Waffe genutzt werden könnten • Fluchtwege • …	• Terminvereinbarungen zur Verkürzung von Wartezeiten • kollegiale Vorbereitung und Unterstützung bei schwierigen Gesprächen • Vermeidung von Alleinarbeit • Verfahrensweisen für Beschäftigte im Umgang mit Gewalt • Notfallplan kommunizieren • Dokumentation von Gewaltereignissen • …	• Unterstützung der eigenen Resilienz • Schulung von deeskalierender Gesprächsführung • funktionale Kleidung wie geeignetes Schuhwerk • Ausstattung mit Bodycams • …

Tabelle entnommen aus: Dogan, N. Helin/Ernst, Carola: Gewalt bei der Arbeit – Ursachen, Folgen und Präventionsmaßnahmen. In: DGUV Forum 7–8/2024, S. 3–8

Übersicht 2

Die folgende Übersicht fasst die wesentlichen Aufgaben im betrieblichen Arbeitsschutz zusammen, wenn es um das Thema Gewalt und Aggression geht.

Betriebliche Handlungsfelder der Prävention und Nachsorge: 3 Handlungsphasen

1. **Primärprävention**: Systematische Gefährdungsbeurteilung, inklusive Maßnahmenableitung zur Minimierung der Eintrittswahrscheinlichkeit als auch der Schadensschwere von Gewaltereignissen und Vorbereitung auf den Notfall
2. **Sekundärprävention**: Krisen- bzw. Notfallplan: Was tun im Fall der Fälle?
3. **Tertiärprävention**: Nachsorge- und Wiedereingliederungsplan

BGW

© BGW Arbeitskreis Psyche und Gesundheit (Folie aus einer Präsentation von Barbara Reutin-Käb, Aufsichtsperson in der Bezirksstelle Würzburg der BGW – ver.di-Veranstaltung am 21.3.2024 in Würzburg)

Literaturhinweis

- BGW-Broschüre: Prävention von Gewalt und Aggression gegen Beschäftigte. Handlungshilfe für Arbeitgeber und Arbeitgeberinnen. Hamburg 2018 (= DGUV Information 207-025) Download unter: *https://www.bgw-online.de/bgw-online-de/service/medien-arbeitshilfen/medien-center/praevention-von-gewalt-und-aggression-gegen-beschaeftigte-14706*.
- Viele Informationen zum Thema bietet: *https://www.bgw-online.de/DE/Arbeitssicherheit-Gesundheitsschutz/Umgang-mit-Gewalt/Umgang-mit-Gewalt_node.html*
- *Pressel, Holger:* Aggression und Gewalt am Arbeitsplatz. Entstehung, Umgang und Prävention. 2. Auflage Freiburg 2024.

Gewerkschaft

Was ist das?

Das Grundrecht auf freie gewerkschaftliche Betätigung ist im **Grundgesetz** Artikel 9 Abs. 3 festgelegt (die so genannte **»Koalitionsfreiheit«**). Merkmale für eine Koalition, wie sie sich aus der Rechtsprechung und der arbeitsrechtlichen Literatur ergeben, sind:

- der Koalitionszweck muss die Wahrnehmung und Förderung der Arbeits- und Wirtschaftsbedingungen sein.
- die Koalition muss auf freiwilligem Beitritt beruhen.
- die Koalitionen müssen vom sozialen Gegenspieler unabhängig sein (vom Arbeitgeber unterstützte »gelbe« Gewerkschaften können sich nicht auf den Artikel 9 Abs. 3 berufen).
- sie müssen eine demokratische Struktur besitzen.
- sie müssen zum Arbeitskampf bereit und fähig sein, Durchsetzungskraft gegenüber den Arbeitgebern und eine gewisse Leistungsfähigkeit der Organisation besitzen, da nur so die Interessen der Mitglieder effektiv vertreten werden können.

Das **Tarifvertragsgesetz** nennt als Tarifvertragspartei auf Seiten der Arbeitnehmer ausschließlich die »Gewerkschaften«. Da → **Tarifverträge** unmittelbar und zwingend zwischen den Tarifvertragsparteien gelten und damit für die Arbeitnehmer eine immense Schutzfunktion haben, sind die oben genannten Kriterien, die an eine Gewerkschaft anzulegen sind, von hoher Bedeutung. Damit soll verhindert werden, dass selbsternannte Mini-»Gewerkschaften« ohne Rückhalt bei den Arbeitnehmern Tarifverträge abschließen, die unter dem Niveau der bestehenden Tarifverträge liegen. Das Bundesverfassungsgericht unterstützt diese Position, die einer nicht durchsetzungsfähigen Koalition die **Tariffähigkeit** *nicht* zuerkennt und diese damit den anderen – durchsetzungsfähigen – Koalitionen zuweist. Dies sorgt für ein funktionsfähiges Tarifsystem und vermeidet, dass der Staat selbst zur sinnvollen Ordnung des Arbeitslebens gezwungen wird, indem gesetzliche Mindestarbeitsbedingungen festgesetzt werden (BAG Beschluss 20.10.1981 – AP Nr. 31 zu § 2 TVG).

Das BAG stellte 2006 dazu folgende Leitsätze auf:
»1. Eine Arbeitnehmervereinigung ist für den von ihr beanspruchten Zuständigkeitsbereich entweder insgesamt oder überhaupt nicht tariffähig. Es gibt keine partielle Tariffähigkeit.
2. Um tariffähig zu sein, muss eine Arbeitnehmervereinigung über eine Durchsetzungskraft verfügen, die erwarten lässt, dass sie als Tarifpartner vom sozialen Gegenspieler wahr- und ernst genommen wird.
3. Sofern eine Arbeitnehmervereinigung bereits in nennenswertem Umfang Tarifverträge geschlossen hat, belegt dies regelmäßig ihre Durchsetzungskraft. Das gilt sowohl für den Abschluss originärer Tarifverträge als auch für den Abschluss von Anschlusstarifverträgen» (BAG, Beschluss 28. 3. 2006 – 1 ABR 58/04).
In einem neueren Verfahren bestätigte das BAG 2021 diese Rechtsposition:
»Tarifverträge kann nur eine tariffähige Arbeitnehmervereinigung schließen. Das setzt voraus, dass die Vereinigung über eine Durchsetzungskraft gegenüber der Arbeitgeberseite und eine hinreichende organisatorische Leistungsfähigkeit in einem zumindest nicht unbedeutenden Teil des beanspruchten Zuständigkeitsbereichs verfügt. Diese soziale Mächtigkeit wird regelmäßig durch die Zahl der organisierten Arbeitnehmer vermittelt«. (BAG, Beschluss 22. 6. 2021 – 1 ABR 28/20).
Entscheidend ist also nicht, ob sich eine Vereinigung als Gewerkschaft bezeichnet. Entscheidend für die Anerkennung als Gewerkschaft ist vielmehr ihre Durchsetzungs- und organisatorische Leistungsfähigkeit.
Die demokratische Struktur der Gewerkschaften wird durch die Wahl von betrieblichen **Vertrauensleuten** sichergestellt. Sie sind die Vertreter der Gewerkschaft neben den hauptamtlichen Gewerkschaftssekretären und das gewerkschaftliche Fundament und die Repräsentanten der Gewerkschaft vor Ort, die vor allem die koalitionsmäßigen Aufgaben der Gewerkschaft wahrnehmen. Ihre Stellung und Aufgaben sind allein durch die gewerkschaftlichen Satzungen geregelt und ihre Arbeit erfüllt unmittelbar den Koalitionszweck der Gewerkschaft. Die Vertrauensleute haben eine Scharnierfunktion zwischen den gewerkschaftlichen Kollegen in der Dienststelle und dem hauptamtlichen Apparat der Gewerkschaft. Sie sollen die Belange der Mitarbeiter aufgreifen und als Interessenvertreter der Gewerkschaft in der Dienststelle agieren. Die Vertrauensleute sind nicht wie Mitarbeitervertreter oder Betriebsräte an die Friedenspflicht gebunden, sie können im Rahmen der Aufgaben der Gewerkschaft Arbeitskämpfe vorbereiten.

Aufgaben der Gewerkschaft im Betriebsverfassungsgesetz
Das BetrVG regelt nicht nur die Rechtsstellung und die Beteiligungsrechte der Betriebsräte, sondern auch die Aufgaben der Gewerkschaften. »Arbeitgeber und Betriebsrat arbeiten unter Beachtung der geltenden Tarifverträge vertrauensvoll und im Zusammenwirken mit den im Betrieb vertretenen Gewerkschaften und

Arbeitgebervereinigungen zum Wohl der Arbeitnehmer und des Betriebs zusammen« (§ 2).
Zur Wahrnehmung ihrer Aufgaben ist dem Gewerkschaftsbeauftragten Zugang zum Betrieb zu gewähren (§ 2). **Das Recht der Gewerkschaften zur Teilnahme an Betriebs- und Abteilungsversammlungen, an Betriebsrats- und Gesamtbetriebsratssitzungen** ist klar und ausdrücklich geregelt.
Auch bei den **Betriebsratswahlen** haben die Gewerkschaften eindeutig formulierte Rechte: Sie können Wahlvorschläge einreichen, eine Betriebsversammlung in einem betriebsratslosen Betrieb zur Bildung eines Wahlvorstandes einberufen, einen Antrag beim Arbeitsgericht auf Einsetzung eines Wahlvorstandes stellen, falls der Wahlvorstand untätig ist, und sie können die Wahl vorm Arbeitsgericht anfechten.
Verstößt der Arbeitgeber nach Ansicht der Gewerkschaft grob gegen seine rechtlichen Verpflichtungen aus dem Betriebsverfassungsgesetz, kann sie das Arbeitsgericht anrufen. Auch kann sie vor dem Arbeitsgericht die Auflösung eines Betriebsrates beantragen wegen grober Verletzung seiner Pflichten. Bei den in § 119 formulierten Straftaten gegen Betriebsverfassungsorgane, wie Wahlbehinderung oder Behinderung des Betriebsrates bzw. einzelner Mitglieder, hat die Gewerkschaft **Strafantragsrecht**.

Bedeutung für die MAV

In der Kirche und auch in den meisten Einrichtungen der Diakonie und der Caritas gibt es keine gewerkschaftliche Tradition. In einigen Betrieben, insbesondere im Gesundheitswesen, entwickelten sich erst seit Ende der achtziger und der neunziger Jahre gewerkschaftliche Strukturen meist in Form von Betriebsgruppen. Nur zu einem geringen Teil hängt dies mit den in diesen Bereichen spezifischen Berufsgruppen zusammen. Beschäftigte im sozialen Bereich begannen erst seit den siebziger Jahren verstärkt, sich gewerkschaftlich zu organisieren. Vor allem ist die geringe gewerkschaftliche Repräsentanz auf die gewerkschaftskritische Haltung der kirchlichen Arbeitgeber zurückzuführen sowie auf die besondere Ausprägung des kirchlichen Arbeitsrechts, das ausgehend von einer eigenen Auslegung des Kirchlichen Selbstverwaltungsrechts (→ **Selbstverwaltungsrecht**) und der → **Dienstgemeinschaft** die Gewerkschaften als etwas den kirchlichen Einrichtungen Wesensfremdes ansieht:

- Anstelle von → **Tarifverträgen** will die EKD das Arbeitsrecht in kirchlichen Einrichtungen über → Arbeitsrechtliche Kommission regeln, deren kirchengesetzliche Rahmenbedingungen es den Gewerkschaften von ihrem Selbstverständnis heraus unmöglich macht, daran mitzuarbeiten (z. B. die Institution der Zwangsschlichtung und die Möglichkeit, einfach überstimmt zu werden). Die Kirchen bezeichnen dies als → **Dritten Weg.**

- Bei einigen Modellen von Arbeitsrechtlichen Kommissionen entsenden die Gesamtausschüsse bzw. AGMAVen in die ARK und sie werden dafür auch entsprechend sachlich und personell ausgestattet; indem diese über das materielle Arbeitsrecht mitverhandeln, bekommen sie damit die Rolle einer Ersatzgewerkschaft zugewiesen.
- Andere Modelle der Arbeitsrechtlichen Kommission (wie die zentrale ARK DD) sind auf innerkirchliche Mini-Mitarbeiterverbände zugeschnitten wie den Verband Kirchlicher Mitarbeiter (VKM), die nicht unter die o.g. Definition von Gewerkschaften fallen; die Nicht-Mitarbeit der Gewerkschaft ver.di ist von vornherein von Arbeitgeberseite einkalkuliert.
- Auf Grund der starken Kritik an den Modellen des Dritten Weges und heftig geführter Auseinandersetzungen bis hin zu einzelnen Streiks erreichte die Gewerkschaft ver.di 2014 in Niedersachsen den Abschluss von Tarifverträgen. Tarifvertragliche Regelungen mit einem zeitlich befristeten Ausschluss bzw. Nichtinanspruchnahme des Streikrechts durch die Gewerkschaft gab es vormals bereits in Nordelbien (Hamburg und Schleswig-Holstein) und auch in Berlin, allerdings mit einem vollständigen Verzicht auf das Streikrecht. Inzwischen schließt die neue Nordkirche jedoch Tarifverträge mit ver.di ab.
- Durch die materielle Ausstattung der Gesamtausschüsse, ergänzt durch entsprechende Ordnungen auf Landeskirchenebene, wird von diesen die (oft sehr gute) Schulungs- und Bildungsarbeit für die MAVen geleistet; die Gewerkschaften bleiben daher bei den meisten Landeskirchen mit ihrer eigenen Bildungsarbeit außen vor. Dies ist absolut einzigartig in der Landschaft der Bundesrepublik.
- In den Mitarbeitervertretungsgesetzen werden die Gewerkschaften ausnahmslos als solche nicht erwähnt, geschweige denn, dass ihnen entsprechende Rechte wie im Betriebsverfassungsgesetz zuerkannt werden.
- Für die Wahlen zur MAV können die Gewerkschaften keine Wahlvorschläge einreichen bzw. eigene Listen bilden; negative Folge der reinen Persönlichkeitswahl ohne jedes Sachprogramm ist die Entpolitisierung der MAV-Wahlen.
- Das Zugangsrecht externer Gewerkschaftsvertreter (Gewerkschaftssekretäre) zu den kirchlichen Einrichtungen hatten die kirchlichen Arbeitgeber durch einen Gang zum Bundesverfassungsgericht verwehrt (Volmarsteiner Urteil von 1981). Inzwischen hat das BAG in seinem Streikrechts-Urteil vom 20.11.2012 die Koalitionsrechte der Gewerkschaften auch in der Kirche bestätigt (s. unten).
- Der diakonische → **Arbeitgeberverband** VdDD nimmt eine ausgeprägte gewerkschaftsfeindliche Position ein und versucht unter dem Schlagwort »Fle-

xibilisierung« des Arbeitsrechts immer mehr arbeitsrechtliche Regelungen auf betrieblicher Ebene mit den MAVen zu treffen.

Trotz der fehlenden Erwähnung von Rechten der Gewerkschaft im MVG hat die MAV die Möglichkeit, zur Wahrnehmung ihrer Aufgaben mit der Gewerkschaft zusammenzuarbeiten. Sie kann **Vertreter der Gewerkschaft** als **Sachkundige** in die MAV-Sitzung oder in die Mitarbeiterversammlung zu einzelnen Tagesordnungspunkten einladen (§ 25 Abs. 2 und § 31 Abs. 3 MVG). Die MAV kann ebenso gewerkschaftlichen Beistand bei der Erfüllung ihrer Aufgaben heranziehen. Weiter hat die MAV die Aufgabe, darauf zu achten, dass die **Vereinigungsfreiheit** nicht eingeschränkt wird (§ 33 Abs. 1 MVG). Unter den Begriff der Vereinigungsfreiheit fällt auch das Recht, sich in Gewerkschaften zu organisieren.

Das Arbeitsrecht der Kirchen führt in der Praxis zu einer Behinderung der Gewerkschaften. Gleichzeitig versuchen die kirchlichen Arbeitgeber, die Rolle der Gesamtausschüsse der MAVen und der innerkirchlichen Mini-Organisationen aufzuwerten.

Das Verhalten der Kirche als Arbeitgeber steht in offenem **Widerspruch** zu ihren öffentlichen gesellschaftspolitischen Äußerungen. Im **Wort zur wirtschaftlichen und sozialen Lage** vom Februar 1997 wird ausdrücklich ausgeführt: »*Zu den Institutionen, die diese Prinzipien (der sozialen Marktwirtschaft, Anm. des Verf.) gewährleisten sollen, gehören u. a. die Betriebs- und Unternehmensverfassung einschließlich der Mitbestimmung der Arbeitnehmer, das System der Tarifautonomie …*«

Bedeutung für die Beschäftigten

Die einfache Aufteilung der Aufgaben, einerseits die Betriebsräte bzw. Mitarbeitervertretungen, die für die innerbetrieblichen Probleme zuständig sind, andererseits die Gewerkschaften, die Tarifverträge abschließen und Sozialpolitik mitgestalten, greift zu kurz. Die betrieblichen Arbeitnehmervertretungen können nur dann eine starke Position im Betrieb erlangen, wenn sie sich auf die Unterstützung der Gewerkschaftsorganisation »von draußen« und auf genügend aktive Mitarbeiter innerhalb des Betriebes stützen können. Die Gewerkschaftsorganisation stellt umfangreiche und qualifizierte Rechtsberatung, Schulungen und Fortbildungen zur Verfügung und wenn nötig auch öffentliche Unterstützung. Die betrieblichen gewerkschaftlichen **Vertrauensleute** sind innerhalb des Betriebes von großer Bedeutung. Nach der Satzung von ver.di haben die Vertrauensleute eine »Scharnierfunktion« zwischen den Gewerkschaftsmitgliedern im Betrieb und der externen Gewerkschaftsorganisation. Sie sollen die gewerkschaftliche Willensbildung fördern und die Interessen der Mitglieder im Betrieb vertreten. In relativ gut organisierten Betrieben kommt den Vertrauensleuten auch die Aufgabe zu, Initiativen über den Betriebsrat/MAV anzuregen und bei schwierigen Verhandlungen für den entsprechenden Druck von unten zu sorgen, um die Durchsetzungsfähigkeit zu erhöhen.

Das BAG-Urteil vom 20.11.2012 zum Streikrecht und den Rechten der Gewerkschaft in der Kirche

In dem Urteil zum → **Streikrecht** wird ausdrücklich das Recht der Gewerkschaften zur »koalitionsmäßigen Betätigung« bestätigt. Was im Einzelnen zu den koalitionsmäßigen Rechten der Gewerkschaft gehört, hat das BAG nicht näher ausgeführt. Unbestritten gehören dazu:

- freies Zugangsrecht der Gewerkschaft in den Einrichtungen,
- Bildung von Tarifkommissionen und ungehinderte Arbeit ihrer Mitglieder,
- Bestimmung der Mitglieder und der Zusammensetzung der Verhandlungskommission ausschließlich durch die Gewerkschaft selbst (und keine Vorgabe, dass Gewerkschaftssekretäre einer Kirche angehören müssen),
- Möglichkeit der Rückkoppelung mit den Mitgliedern,
- Aushandeln eines Vertrages mit den Arbeitgebern (und keine Mehrheitsabstimmung zusammen mit anderen Organisationen oder Vertretern von MAVen).

In einem anderen, zeitlich parallel laufenden Verfahren hatte die Kirche das Bundesarbeitsgericht angerufen, um das Zugangsrecht von externen Gewerkschaftssekretären in kirchliche Einrichtungen verbieten zu lassen. Wenige Tage vor Verhandlungsbeginn am Anfang Dezember 2012 (kurz nach der Entscheidung zum Streikrecht und der Bestätigung der koalitionsmäßigen Rechte der Gewerkschaft durch das BAG am 20.11.2012) zog die Kirche in Erwartung einer Niederlage die Klage zurück und erklärte, sie erkenne das Zugangsrecht nun an. Nach dieser Erklärung und dem Zurückziehen der Klage haben nun haupt- und ehrenamtliche Gewerkschafter die Möglichkeit, sich in kirchlichen Betrieben in jeder zulässigen Form gewerkschaftlich zu betätigen.
Als Konsequenz aus den Entscheidungen des BAG und des Bundesverfassungsgerichts zu der eingelegten Beschwerde von ver.di ergibt sich, dass, wenn in den Betrieben der Kirche gestreikt werden sollte, die Kirchen erneut die Arbeitsgerichte anrufen müssten, wenn sie ein Streikverbot durchsetzen wollen. Interessanterweise unternahm die Leitung des katholischen Krankenhauses in Ottweiler anlässlich des befolgten Streikaufrufs von ver.di im Oktober 2017 keine ernsthaften Anstrengungen, gegen den Streikaufruf vorzugehen. Von nicht unerheblicher Bedeutung war, dass der Streik der Krankenhausbeschäftigten für eine ausreichende Personalausstattung auf eine große Unterstützung in der Öffentlichkeit stieß.

In der Tarifrunde im öffentlichen Dienst 2023 rief ver.di zu Partizipationsstreiks in verschiedenen Städten in Baden-Württemberg auf. Die Arbeitsvertragsrichtlinien der Diakonie Württemberg beinhalten eine so genannte Tarifautomatik, d.h. die Bestimmungen im TVöD zu Löhnen und Arbeitszeiten werden automatisch in die AVR übernommen. Die Diakonie ging in Baden-Württemberg nicht rechtlich gegen diese Streiks vor.

Gewerkschaftliche Betätigungsrechte
Informations- und Werberecht der Gewerkschaften
Das Verteilen von Flugblättern, von Plakaten und Werbe- und Informationsmaterial von Gewerkschaften durch kirchliche Arbeitnehmer, die Mitglied der Gewerkschaft sind, ist rechtlich unbestritten (BVerfG v. 30.11.1965 – 2 BVR 54/67, AP Nr. 7 zu Art. 9 GG). Das umfasst auch das Werberecht, denn das Recht, neue Mitglieder zu werben, ist für den Bestand und die Betätigung der Gewerkschaft notwendig und unerlässlich. Inhalt dieser Schriften können sowohl die Selbstdarstellung der Gewerkschaften als auch Informationen der Gewerkschaft über Arbeits- und Wirtschaftsfragen enthalten (einheitliche Rechtsprechung der Landesarbeitsgerichte, z.B. LAG Baden-Württemberg v. 14.12.1979 – 14 Sa 976/79).
Nach einem Urteil des Bundesarbeitsgerichts ist die Gewerkschaft grundsätzlich berechtigt, E-Mails zu Werbezwecken auch ohne Einwilligung des Arbeitgebers und Aufforderung durch die Arbeitnehmer an die betrieblichen E-Mail-Adressen der Beschäftigten zu versenden (BAG v. 20.1.2009 – 1 AZR 515/08).
Mitglieder oder Funktionäre der Gewerkschaft dürfen also in ihrer eigenen Einrichtung Mitglieder werben und über die Gewerkschaft informieren. Dazu gehört auch, mit den Arbeitskollegen über Wirtschafts- und Arbeitsfragen zu diskutieren und in diesem Sinne Kenntnisse weiterzugeben. Weiter ist es für Werbe- und Informationszwecke zulässig, andere Abteilungen und Arbeitsplätze aufzusuchen, wenn dadurch nicht der Betriebsablauf in gravierender Weise beeinträchtigt wird.
Bei **betrieblicher Gewerkschaftsarbeit** geht es vor Allem um die alltägliche Basisarbeit vor Ort und die Nutzung der »koalitionsmäßigen Rechte«. Es gibt sehr effektvolle Aktionen unterhalb der Streikschwelle (→ **Aktionsformen**). Oft praktiziert wird eine »aktive Mittagspause«. Die Beschäftigten treffen sich zur Mittagspause bzw. vor Schichtbeginn oder nach Schichtende vor dem Betrieb und führen eine Demonstration vor den Toren der Einrichtung durch. Aufrufe der Gewerkschaft zu solchen Aktionen sind rechtlich unproblematisch.
Nach wie vor hat die Gewerkschaft ver.di das Problem in vielen kirchlichen Einrichtungen, dass der gewerkschaftliche Organisationsgrad noch niedrig ist. Wichtige Ansatzpunkte bietet das von ver.di verstärkt eingesetzte **Organizing**-Konzept. In organisierten Kampagnen geht es darum, konkrete Konflikte zusam-

men mit den Beschäftigten und einer handlungs- und beteiligungsorientierten Politik anzugehen.

Gewerkschaftliche Betätigungsrechte von Mitarbeitervertretern
Gewerkschaftlich organisierte Mitarbeitervertreter haben grundsätzlich das gleiche Recht, gewerkschaftliche Informations- und Werbematerialien zu verteilen und zu diesem Zweck auch die Mitarbeiter am Arbeitsplatz aufzusuchen, wenn dies zu keiner Störung des Arbeitsablaufes oder des Betriebsfriedens führt. Der Arbeitgeber kann nicht darauf verweisen, dass der Informationsaustausch nur in Form von Sprechstunden und Betriebs- oder Abteilungsversammlungen erfolgen dürfe. Der Betrieblichen Interessenvertretung ist eine erhebliche Gestaltungsfreiheit eingeräumt. Es ist Sache des »pflichtgemäßen Ermessens«, in welcher Weise sie über die ihr vorgeschriebenen Pflichtleistungen hinaus ihre Aufgaben verwirklichen will (LAG Hessen v. 17. 2. 1997 – 11 Sa 1776/96).
Die Mitarbeitervertretung ist, wie alle anderen betrieblichen Interessenvertretungen, zur gewerkschaftsneutralen Amtsführung verpflichtet. Das erfordert aber lediglich eine deutliche Unterscheidung zwischen dem gewerkschaftlichen Einsatz und dem Einsatz für das Amt der betrieblichen Interessenvertretung (OVG Saarland v. 15. 11. 1967 – III R 37/67, AP Nr. 15 zu Art. 9 GG). Mitglieder der MAV, die sich im Betrieb gewerkschaftlich betätigen wollen, müssen sich daher unbedingt abgrenzen und klar machen, dass sie gerade nicht als Mitglieder der MAV agieren. Es ist verboten, Druck auf Mitarbeiter zum Eintritt in die Gewerkschaft auszuüben. Selbstverständlich dürfen die Vorteile der Mitgliedschaft in der Gewerkschaft benannt werden.

Mitgliederwerbung
In seiner Entscheidung vom 14. 11. 1995 – 1 BVR 601/92 zum (allgemeinen) koalitionsspezifischen Recht der Mitgliederwerbung ist das Bundesverfassungsgericht von der früher vertretenen Kernbereichsformel abgerückt: »Die Mitgliederwerbung ist … nicht, wie das BAG meint, nur in dem Maße grundrechtlich geschützt, in dem sie für die Erhaltung und die Sicherung des Bestandes der Gewerkschaft unerlässlich ist. Der Grundrechtsschutz erstreckt sich vielmehr auf alle Verhaltensweisen, die koalitionsspezifisch sind. Ob eine koalitionsspezifische Betätigung für die Wahrnehmung der Koalitionsfreiheit unerlässlich ist, kann demgegenüber erst bei Einschränkungen dieser Freiheit Bedeutung erhalten. Insoweit gilt für Art. 9 Abs. 3 GG nichts anderes als für die übrigen Grundrechte.« Damit wird die Mitgliederwerbung durch die Gewerkschaften selbst ausdrücklich den grundgesetzlich geschützten Rechten zugeordnet.

Betriebszeitungen
Das Verteilen von Betriebszeitungen durch Betriebsangehörige in kirchlichen Einrichtungen, für die gewerkschaftlich organisierte Betriebsangehörige die redaktionelle Verantwortung tragen, die aber presserechtlich unter der Herausgeberschaft der Gewerkschaft steht, gehört zu der koalitionsrechtlichen Betätigungsfreiheit der Gewerkschaft (LAG Köln v. 19.2.1999 – 11 Sa 962/98).

Schwarze Bretter
Die im Betrieb vertretene Gewerkschaft hat ein Anrecht auf ein eigenes Schwarzes Brett, wenn der Aushang von gewerkschaftlichem Informationsmaterial und Plakaten an betriebseigene Schwarze Bretter nicht gestattet ist bzw. diese größenmäßig nicht ausreichen. Das gewerkschaftseigene Schwarze Brett darf an einer allen Beschäftigten gut zugänglichen Stelle angebracht werden (LAG Düsseldorf v. 3.4.1980 – 14 Sa 62/80). Die zuständige Bezirksverwaltung von ver.di entscheidet darüber, ob und wo gegebenenfalls Schwarze Bretter angebracht werden.

Digitales Zugangsrecht
Aus der bestehenden Rechtslage kann nach Wolfgang Däubler abgeleitet werden, dass Gewerkschaften Zugang zu digitalen Kommunikationsformen im Betrieb zu erhalten haben. Eine gesetzliche Klarstellung fehlt jedoch bisher. Viele Arbeitgeber blockieren die digitalen Zugangsmöglichkeiten, wodurch es zu Konflikten mit der Gewerkschaft kommt.

Plaketten/Buttons
Das Tragen von auf die Gewerkschaftszugehörigkeit hinweisenden Anstecknadeln und Buttons ist am Arbeitsplatz erlaubt, ebenso das Anbringen entsprechender Plaketten am Auto, auch wenn es auf dem arbeitgebereigenen Parkplatz abgestellt wird. Der Arbeitgeber kann allerdings verbieten, dass die Gewerkschaftsbuttons an der *arbeitgebereigenen* Dienstkleidung angebracht werden. Zieht der Arbeitnehmer darunter ein eigenes Hemd bzw. T-Shirt an, darf der Button daran angesteckt werden.

Literaturhinweis

- *Bsirske, Frank/Paschke, Ellen/Schuckart-Witsch, Berno* (Hrsg.): Streiks in Gottes Häusern – Protest, Bewegung, Alternativen in kirchlichen Betrieben, Hamburg 2013.
- *Däubler, Wolfgang:* Gewerkschaftsrecht im Betrieb, Baden-Baden, 12. Auflage 2017.

- *ver.di:* Gewerkschaftliche Arbeit in kirchlichen Betrieben, Berlin 2014. *https://gesundheit-soziales.verdi.de/service/publikationen/++co++7eff1faa-d360-11e6-aeae-52540077a3af*
- *ver.di:* Handbuch für Vertrauensleute, Berlin 2019.
- *ver.di: Tarifverträge bei konfessionellen Arbeitgebern, https://gesundheit-soziales.verdi.de/themen/kirchen-und-arbeitsrecht/++co++e0a50972-f386-11e6-a823-525400940f89*

Gleichbehandlung (AGG)

Was ist das?

Das seit August 2006 geltende Allgemeine Gleichbehandlungsgesetz (AGG) soll **Benachteiligungen** aus Gründen der **Rasse**, der **ethnischen Herkunft**, des **Geschlechts**, der **Religion** oder **Weltanschauung**, des **Alters**, der **sexuellen Identität** oder einer **Behinderung** verhindern oder dort, wo vorhanden, beseitigen (§ 1 AGG). Der Schwerpunkt des Gesetzes liegt im Bereich des Arbeitsrechts, es wirkt weniger in den allgemeinen öffentlichen Raum (jedoch ausführlicher im Mietrecht). Besonders befasst sich das Gesetz mit der Anbahnung und Ausgestaltung eines Arbeitsverhältnisses, ebenso unterliegt die betriebliche Altersversorgung dem AGG. Durch das Gesetz gibt es jedoch keine absolute Gleichbehandlung, nicht jede Ungleichbehandlung ist sofort unzulässig. Das Gesetz enthält somit auch Vorschriften, die eine Ungleichbehandlung erlauben.
Das AGG verbietet die nicht gerechtfertigte Benachteiligung, wobei Maßnahmen zur Förderung bisher benachteiligter Gruppen keine Diskriminierung darstellen, soweit durch diese Maßnahmen wiederum andere Gruppen nicht unangemessen benachteiligt werden dürfen. Bei den Benachteiligungen wird zwischen der unmittelbaren und der mittelbaren Benachteiligung unterschieden. Die **unmittelbare Benachteiligung** liegt vor, wenn ein Beschäftigter direkt wegen eines Grundes entsprechend § 1 AGG benachteiligt wird. Eine direkte Benachteiligung liegt auch vor, wenn ein Partner oder ein Kind eines Beschäftigten behindert ist und deshalb der Beschäftigte anders behandelt wird. Eine **mittelbare Benachteiligung** liegt vor, wenn durch eine Weisung, Vorschrift oder Regelung, die im ersten Moment unverfänglich erscheint, Beschäftigte im Ergebnis der Ausführung der Vorgaben schlechter stellt, ohne dass dafür ein rechtfertigender Grund vorliegt. Die sog. »Leichtlohngruppen«, die fast ausschließlich Frauen betrafen, sind hierfür ein Beispiel.
Ungleichbehandlungen, also Abweichungen von den Vorgaben des § 1 AGG, sind zulässig, wenn durch die Charakteristika einer beruflichen Anforderung Differenzierungen zweckmäßig sind. Geschlechtsspezifische Ungleichbehandlungen können z. B. im Geschlecht von Schauspielerrollen liegen, im Manne-

quinbereich, beim Verkauf von Damenbademoden oder bei Frauenreferentinnen politischer Parteien. Auch bei einer Behinderung kann keine Diskriminierung vorliegen, wenn die Behinderung ausschlaggebend dafür ist, eine bestimmte Tätigkeit nicht ausüben zu können.
Durch das AGG ist der Arbeitgeber verpflichtet, seine Arbeitnehmer vor Benachteiligungen zu schützen (§ 12 AGG), dies gilt auch für Benachteiligungen durch Dritte (Kunden, im Hause tätige Drittfirmen, Patienten, ...). Benachteiligt der Arbeitgeber seine Beschäftigten selbst, so macht er sich hier einer Vertragsverletzung schuldig. Der Arbeitgeber ist verpflichtet, die erforderlichen Maßnahmen zum Schutz vor Benachteiligungen im Sinne der in § 1 angeführten Gründe zu treffen. Wenn der Arbeitgeber seine Beschäftigten, insbesondere im Rahmen von Fort- und Weiterbildungen, auf die Unzulässigkeit von Benachteiligungen hinweist und darauf hinwirkt, dass Benachteiligungen unterbleiben, ist er zuerst einmal seiner Verpflichtung, Maßnahmen zum Schutz vor Benachteiligungen zu ergreifen, nachgekommen. Wenn Beschäftigte oder Vorgesetzte gegen das Benachteiligungsverbot verstoßen, hat der Arbeitgeber entsprechende Maßnahmen zur Unterbindung der Benachteiligung gegenüber dem Verursacher zu ergreifen. Entsprechende Maßnahmen können u.a. sein: Versetzung, Umsetzung, Abmahnung, Änderungskündigung, Kündigung, fristlose Kündigung. Wird die Benachteiligung durch Dritte gegenüber Beschäftigten während der Ausübung ihrer Tätigkeit begangen, so hat der Arbeitgeber auch hier Maßnahmen zum Schutz des Beschäftigten zu ergreifen.

Ungleichbehandlung bei Religions- und Weltanschauungsgemeinschaften
Deutschland setzte im Jahr 2006 als letztes Land in Europa die EU-Antidiskriminierungs-Richtlinie in Form des Allgemeinen Gleichbehandlungsgesetzes (AGG) um. Dies ist wohl auf eine intensive Lobbyarbeit der beiden deutschen Kirchen bei der Bundesregierung zurückzuführen. Die Kirchen in Deutschland sahen sich in einer starken Position, da nach der Rechtsprechung des Bundesverfassungsgerichts von 1984 das kirchliche Selbstverwaltungsrecht stark ausgeweitet und der Begriff der »Selbstbestimmung« der Kirchen eingeführt wurde. Das Bundesverfassungsgericht führte aus, dass nicht die staatlichen Gerichte, sondern die Kirche selbst entscheide, was »die Glaubwürdigkeit der Kirche und ihrer Verkündigung erfordert«. Im Zweifelsfall müsse das staatliche Gericht bei dem zuständigen Kirchenorgan Auskünfte einholen und sich an diese Auskünfte halten. Diese Rechtsprechung des Bundesverfassungsgerichts führte dazu, dass die von den Kirchen gegenüber ihren Beschäftigten verlangten Loyalitätsanforderungen von diesen selbst formuliert werden konnten und einer gerichtlichen Kontrolle entzogen waren.
In dem am 14.8.2006 verabschiedeten AGG erreichten die Kirchen, dass Formulierungen aufgenommen wurden, die ihnen ermöglichten, ihre Beschäftigten

weiter im umfassenden Maße ungleich zu behandeln. Diese Formulierungen wichen aber in wichtigen Passagen von denen der EU-Antidiskriminierungs-Richtlinien (→ **Europäisches Arbeitsrecht**) ab.

Allgemeines Gleichbehandlungsgesetz (AGG)

§ 1 Ziel des Gesetzes
Ziel des Gesetzes ist, Benachteiligungen aus Gründen der Rasse oder wegen der ethnischen Herkunft, des Geschlechts, der Religion oder Weltanschauung, einer Behinderung, des Alters oder der sexuellen Identität zu verhindern oder zu beseitigen. (...)

§ 9 Zulässige unterschiedliche Behandlung wegen der Religion oder Weltanschauung
(1) Ungeachtet des § 8 ist eine unterschiedliche Behandlung wegen der Religion oder der Weltanschauung bei der Beschäftigung durch Religionsgemeinschaften, die ihnen zugeordneten Einrichtungen ohne Rücksicht auf ihre Rechtsform oder durch Vereinigungen, die sich die gemeinschaftliche Pflege einer Religion oder Weltanschauung zur Aufgabe machen, auch zulässig, wenn eine bestimmte Religion oder Weltanschauung unter Beachtung des Selbstverständnisses der jeweiligen Religionsgemeinschaft oder Vereinigung im Hinblick auf ihr Selbstbestimmungsrecht oder nach der Art der Tätigkeit eine gerechtfertigte berufliche Anforderung darstellt.
(2) Das Verbot unterschiedlicher Behandlung wegen der Religion oder der Weltanschauung berührt nicht das Recht der in Absatz 1 genannten Religionsgemeinschaften, der ihnen zugeordneten Einrichtungen ohne Rücksicht auf ihre Rechtsform oder der Vereinigungen, die sich die gemeinschaftliche Pflege einer Religion oder Weltanschauung zur Aufgabe machen, von ihren Beschäftigten ein loyales und aufrichtiges Verhalten im Sinne ihres jeweiligen Selbstverständnisses verlangen zu können.

Die EU-Richtlinien
Der Rat der EU hat zwei Richtlinien erlassen, die wesentlich für die Gleichbehandlung kirchlicher Beschäftigter sind. Die RL 2000/43/RG formuliert die allgemeinen Grundsätze für die Gleichbehandlung. Die RL2000/78/EG verpflichtet die Mitgliedstaaten, Diskriminierungen wegen der Religion, der Weltanschauung, einer Behinderung, des Alters oder der sexuellen Identität in Beschäftigung und Beruf zu verhindern.

Richtlinie 2000/43/EG des Rates vom 29. Juni 2000 zur Anwendung des Gleichbehandlungsgrundsatzes ohne Unterschied der Rasse oder der ethnischen Herkunft
Artikel 2
Der Begriff »Diskriminierung«
(1) Im Sinne dieser Richtlinie bedeutet »Gleichbehandlungsgrundsatz«, dass es keine unmittelbare oder mittelbare Diskriminierung aus Gründen der Rasse oder der ethnischen Herkunft geben darf.
(2) Im Sinne von Absatz 1
a) liegt eine unmittelbare Diskriminierung vor, wenn eine Person aufgrund ihrer Rasse oder ethnischen Herkunft in einer vergleichbaren Situation eine weniger günstige Behandlung als eine andere Person erfährt, erfahren hat oder erfahren würde;
b) liegt eine mittelbare Diskriminierung vor, wenn dem Anschein nach neutrale Vorschriften, Kriterien oder Verfahren Personen, die einer Rasse oder ethnischen Gruppe angehören, in besonderer Weise benachteiligen können, es sei denn, die betreffenden Vorschriften, Kriterien oder Verfahren sind durch ein rechtmäßiges Ziel sachlich gerechtfertigt, und die Mittel sind zur Erreichung dieses Ziels angemessen und erforderlich.

Richtlinie RL 2000/78/EG des Rates vom 27. November 2000 zur Festlegung eines allgemeinen Rahmens für die Verwirklichung der Gleichbehandlung in Beschäftigung und Beruf
Artikel 4
Berufliche Anforderungen
(1) Ungeachtet des Artikels 2 Absätze 1 und 2 können die Mitgliedstaaten vorsehen, dass eine Ungleichbehandlung wegen eines Merkmals, das im Zusammenhang mit einem der in Artikel 1 genannten Diskriminierungsgründe steht, keine Diskriminierung darstellt, wenn das betreffende Merkmal aufgrund der Art einer bestimmten beruflichen Tätigkeit oder der Bedingungen ihrer Ausübung eine wesentliche und entscheidende berufliche Anforderung darstellt, sofern es sich um einen rechtmäßigen Zweck und eine angemessene Anforderung handelt.
(2) Die Mitgliedstaaten können in Bezug auf berufliche Tätigkeiten innerhalb von Vereinigungen, die sich die gemeinschaftliche Pflege einer Religion oder Weltanschauung zur Aufgabe machen, Bestimmungen in ihren zum Zeitpunkt der Annahme dieser Richtlinie geltenden Rechtsvorschriften beibehalten oder in künftigen Rechtsvorschriften Bestimmungen vorsehen, die zum Zeitpunkt der Annahme dieser Richtlinie bestehende einzelstaatliche Gepflogenheiten widerspiegeln und wonach eine Ungleichbehandlung wegen der Religion oder Weltanschauung einer Person keine Diskriminierung darstellt, wenn die Religion oder die Weltanschauung dieser Person nach der Art dieser Tätigkeiten oder der Umstände ihrer Ausübung eine

wesentliche, rechtmäßige und gerechtfertigte berufliche Anforderung angesichts des Ethos der Organisation darstellt. Eine solche Ungleichbehandlung muss die verfassungsrechtlichen Bestimmungen und Grundsätze der Mitgliedstaaten sowie die allgemeinen Grundsätze des Gemeinschaftsrechts beachten und rechtfertigt keine Diskriminierung aus einem anderen Grund.

Das deutsche AGG setzt die EU-Antidiskriminierungsrichtlinie nicht korrekt um.

Die Vorschriften des AGG setzen die Richtlinie der EU in einer nicht zulässigen abgewandelten Form in nationales Recht um. In § 9 Abs. 1 des AGG findet sich die abweichende Formulierung, dass die Ungleichbehandlung zulässig ist, »wenn eine bestimmte Religion unter Beachtung des Selbstverständnisses der jeweiligen Religionsgemeinschaft im Hinblick auf ihr **Selbstbestimmungsrecht oder nach Art der Tätigkeit** eine gerechtfertigte berufliche Anforderung darstellt.« Entscheidend in der Formulierung ist das Wort **»oder«** zusammen mit dem vorgenannten Begriff des »Selbstbestimmungsrechts«. Die engen Vorschriften der Europäischen Richtlinie werden ausgehebelt, indem die Kirchen sich auch auf ihr Selbstverständnis und ihr Selbstbestimmungsrecht berufen können. Der Begriff des Selbstverständnisses und des Selbstbestimmungsrechts ist den EU-Richtlinien fremd und bezieht sich im AGG auf die deutsche »Rechtsprechungstradition«, die den Kirchen in der früheren Rechtsprechung ein Selbstbestimmungsrecht zugewiesen hatte.

Das AGG weist in dieser Formulierung den Kirchen »im Hinblick auf ihr Selbstbestimmungsrecht« selbst das Recht zu, die beruflichen Anforderungen zu formulieren. Anders die EU-Richtlinie. Die Möglichkeit der Kirchen, die beruflichen Anforderungen selbst zu bestimmen, werden wesentlich eingeschränkt: »Die RL verlangt, dass eine Anforderung bezogen auf die konkrete Tätigkeit wesentlich zu sein hat. Zielrichtung dessen ist auch, unverhältnismäßige Anforderungen in Bezug auf die konkrete berufliche Tätigkeit auszuschließen. Die Ungleichbehandlung ist nach der Art dieser Tätigkeiten nur zulässig, wenn sie eine wesentliche, rechtmäßige und gerechtfertigte berufliche Anforderung angesichts des Ethos der Organisation darstellt. Das bedeutet zugleich, **dass nicht das Ethos der Organisation unbeschränkt und unüberprüfbar weit reichen kann**, sondern die Wesentlichkeit der Anforderung in Bezug auf die konkrete berufliche Tätigkeit gerichtlich überprüfbar sein muss.« (Stein)

Die Kommission der Europäischen Gemeinschaften teilte dem Bundesjustizministerium bereits am 31.8.2008 in einem Schreiben mit, dass sie die Auffassung vertrete, »dass Deutschland seinen Verpflichtungen zur Umsetzung der oben genannten Richtlinie nicht im vollen Umfang nachgekommen ist« und forderte eine Stellungnahme des Ministeriums ein. Die damalige Bundesministerin der Justiz, Brigitte Zypries (SPD), wies in dem Antwortschreiben auf das ver-

fassungsrechtlich garantierte Selbstbestimmungsrecht der Kirche hin und dass sich die Regelungen im AGG innerhalb des Umsetzungsspielraums bewegen. In dem Schreiben wurde jedoch festgehalten: »Vielmehr ist eine berufliche Anforderung nur dann nach § 9 Abs. 1 AGG gerechtfertigt, wenn sie im konkreten Fall auch wesentlich, rechtmäßig und gerechtfertigt im Sinne von Art. 4 Abs. 2 der Richtlinie ist.« Die »missverständliche« Formulierung ist somit richtiggestellt und die deutsche Rechtsprechung ist nun gehalten, die **Regelungen des AGG europarechtskonform auszulegen**. Daraufhin wurde das Vertragsverletzungsverfahren der Europäischen Kommission zur Richtlinienkonformität des § 9 des AGG eingestellt.
Trotzdem stellen die Kirchen weiter hohe Anforderungen an die Loyalitätspflichten ihrer Mitarbeitenden (→ Mitarbeitsrichtlinie) und sind nicht bereit, die beruflichen Loyalitätsanforderungen an ihre Mitarbeitenden gemäß den EU-Richtlinien und der aktualisierten Auslegung des AGG zu formulieren.

Die entscheidenden rechtlichen Streitfälle
In den dem Europäischen Gerichtshof vorgelegten Streitfällen legte der EuGH den Begriff der wesentlichen und entscheidenden beruflichen Anforderung sehr eng aus und schränkte das von den Kirchen beanspruchte »Selbstbestimmungsrecht« stark ein.
Im Jahr 2018 hat der Europäische Gerichtshof (EuGH) in zwei Urteilen die weit ausufernden Rechte der deutschen Kirchen bei der Formulierung von Loyalitätsanforderungen an ihre Beschäftigten und die daraus folgende Diskriminierungen stark begrenzt. Das EuGH stellte fest, dass das **Verbot der Wiederverheiratung eines Chefarztes** eines katholischen Krankenhauses keine wirksam vereinbarte Loyalitätspflicht bedeute und die Kündigung zurückgenommen werden müsse. Die Vereinbarung im Dienstvertrag des Chefarztes, die Bezug nimmt auf die katholische Grundordnung und das Leben in kirchlich ungültiger Ehe als schwerwiegenden Loyalitätsverstoß bestimmt, ist laut EuGH unwirksam. Diese Regelung benachteilige den klagenden Chefarzt gegenüber den nicht der katholischen Kirche angehörenden leitenden Mitarbeiter wegen seiner Religionszugehörigkeit, was ein Verstoß gegen den § 1 des Allgemeinen Gleichbehandlungsgesetzes (AGG) bedeutet. Gegen dieses Urteil hat die katholische Kirche keine Revision eingelegt.
In einem weiteren Urteil stellte der EuGH fest, dass die autonome Entscheidung eines kirchlichen Arbeitgebers, eine Stelle mit einem Christen zu besetzen, dem europäischen Recht nicht genügt. Bei der **geforderten Religionszugehörigkeit** haben die Gerichte zu prüfen, ob eine solche Anforderung wirklich objektiv erforderlich ist für eine bestimmte Stelle, ob sie notwendig, objektiv geboten und verhältnismäßig ist. In dem **Fall von Vera Egenberger** hatte sich die Sozialpädagogin auf eine befristete Stelle beim Evangelischen Werk für Diakonie und

Entwicklung beworben. Die Bewerbung wurde abgelehnt, weil sie keiner christlichen Kirche angehörte. Das EuGH stellte dazu fest, dass auch bei kirchlichen Einrichtungen die Vorschriften des europäischen Arbeitsrechtes einzuhalten sind, wonach bei »verkündigungsfernen Tätigkeiten« auch für kirchliche Arbeitgeber nur noch Eignung und Qualifikation und eben nicht Religionszugehörigkeit zu zählen haben. Auch das BAG folgte in seinem Urteil vom 25. 10. 2018 der Entscheidung des EuGH und änderte damit seine bisherige Rechtsprechung zum kirchlichen Arbeitsrecht. Es stellte klar, dass kirchliche Arbeitgeber bei Stellenausschreibungen künftig nicht mehr pauschal auf eine Religionszugehörigkeit von Bewerbern pochen dürfen. Der Klägerin wurde ein Anspruch auf Schadensersatz zuerkannt. Gegen das Urteil des BAG hat die Evangelische Kirche Klage beim Bundesverfassungsgericht eingereicht.

Bedeutung für die MAV

Die MAV hat die Einhaltung der zugunsten der Beschäftigten geltenden Bestimmungen zu überwachen (§ 35 Abs. 3 MVG). Weiterhin hat sie sich für die Gleichstellung und die Gemeinschaft von Frauen und Männern einzusetzen, ebenso für die Förderung der Integration ausländischer Mitarbeiter (Art. 35 Abs. 3 Buchst. e und h MVG). Im Rahmen von **Dienstvereinbarungen** (§ 36 MVG) kann die MAV z. B. Regularien über geschlechtsneutrale, diskriminierungsfreie Stellenausschreibungen, Stellenbesetzungen vereinbaren (Mitbestimmung bei der Aufstellung von Grundsätzen für die Stellenausschreibung, § 39 f) MVG). Ebenso sind Frauenförderpläne möglich, wenn in den Führungsebenen kaum Frauen vorhanden sind. Möglich sind auch Dienstvereinbarungen im Umgang mit sexueller Belästigung und/oder Mobbing. Das AGG bietet eine breite Grundlage für Aktivitäten der MAV.
Beschäftigte können sich, neben ihrem **Beschwerderecht** gegenüber der MAV (§ 35 Abs. 3 Buchst. c MVG), auch bei der zuständigen Stelle des Arbeitgebers beschweren (§ 13 AGG), wenn sie sich in ihrem Arbeitsverhältnis durch den Arbeitgeber, durch einen Vorgesetzten, einen anderen Beschäftigen oder einen Dritten wegen eines in § 1 AGG genannten Grundes benachteiligt fühlen. Der Arbeitgeber hat diese Stelle gegenüber den Beschäftigten bekanntzumachen. Bei der Frage, wo der Arbeitgeber eine Beschwerdestelle einrichtet und wie er sie besetzt, hat die MAV keine Mitbestimmungsrechte (siehe BAG v. 21. 7. 2009 – 1 ARB 42/08, Betriebsrat). Da die Einführung und Ausgestaltung des Verfahrens, in dem die Arbeitnehmer ihr Beschwerderecht nach dem AGG wahrnehmen können, im AGG nicht vorgegeben ist, unterliegt dieser Teil der Mitbestimmung der MAV (§ 40 Buchst. k MVG). Siehe auch Fey/Rehren, Rn. 60 zu § 40 MVG.

Nach den Urteilen des EuGH und des BAG haben kirchliche Einrichtungen ihre **Ausschreibungsrichtlinien** zu ändern. Die MAV hat darauf zu achten, dass die Stellenausschreibungen diskriminierungsfrei gehalten werden.
Bis in die jüngste Zeit werden in einer Reihe von Einrichtungen **konfessionslose Mitarbeiter** erstmal nur **befristet** eingestellt. Der Arbeitsvertrag wird nur dann verlängert, wenn der Mitarbeiter in die Kirche eintritt. Diese Praxis in kirchlichen Einrichtungen ist nach der Rechtsprechung des EuGH und des BAG nicht mehr zulässig. In diesen Fällen kann sich die MAV gegen die Befristung aussprechen.

Bedeutung für die Beschäftigten

Das **AGG gilt** für alle **Arbeitnehmer**, alle **Auszubildenden**, arbeitnehmerähnliche Personen und Beschäftigte in Heimarbeit, ebenso gilt das AGG auch für **Bewerber** für ein Beschäftigungsverhältnis und für Beschäftigte, deren Arbeitsverhältnis beendet wurde (§ 6 Abs. 1 AGG). Die Regelungen des AGG gelten auch für die Beamten (§ 24 AGG) unter Berücksichtigung ihrer besonderen Rechtsstellung. Ebenso gilt das AGG auch für Praktikanten, Bundesfreiwilligendienstler, Auszubildende, usw.
Durch das AGG soll der Arbeitnehmer vor ungerechtfertigten Benachteiligungen geschützt werden. Der Arbeitnehmer hat ein **Beschwerderecht** gegenüber dem Arbeitgeber und einen Anspruch auf eine Antwort. In bestimmten Fällen hat der Arbeitnehmer, wenn der Arbeitgeber keine oder nur unzureichende Maßnahmen, z. B. bei sexueller Belästigung, ergreift, das Recht, die Arbeit bei weiter bestehendem Entgeltanspruch zu verweigern. Benachteiligte Beschäftigte können auch **Schadensersatz** bzw. eine **Entschädigung** verlangen (§ 15 AGG). Die Entschädigung in Geld ist der Höhe nach nicht begrenzt. Nur die Entschädigung bei einer unzulässigen Nichteinstellung beträgt maximal drei Monatsgehälter (§ 15 Abs. 2 AGG). Für Schadensersatz und Entschädigung gilt eine Ausschlussfrist von zwei Monaten, innerhalb der der Anspruch – auch ohne konkrete Höhe – geltend gemacht werden muss. Nach der Geltendmachung muss die Klage binnen drei Monaten eingereicht werden. Zur Begründung des Anspruches und einer Klage reicht das Vorbringen von Indizien aus (§ 22 AGG), die eine Benachteiligung vermuten lassen. Der Arbeitgeber hat dann zu beweisen, dass keine Benachteiligung vorliegt.
Sexuelle Belästigungen (§ 3 Abs. 4 AGG) beeinträchtigen die Würde der belästigten Person. Dazu gehören u. a. unerwünschte sexuelle Handlungen, Aufforderungen, Berührungen, Bemerkungen sexuellen Inhalts, das unerwünschte Anbringen, Zeigen von pornografischen Darstellungen. Siehe dazu → **sexuelle**

Belästigung. Dabei kommt es nicht darauf an, wie der Sender sein Handeln versteht, sondern wie der Empfänger das Handeln versteht und empfindet.
Zulässig ist die **unterschiedliche Behandlung wegen des Alters** (§ 10 AGG), wenn diese Behandlung objektiv und angemessen ist und durch ein legitimes Ziel gerechtfertigt ist. Insbesondere können zulässig sein die Festsetzung von Altersgrenzen bei betrieblichen Systemen der sozialen Sicherheit, Differenzierungen bei Leistungen in Sozialplänen oder bei der Festsetzung eines Höchstalters für eine Einstellung auf Grund spezifischer Ausbildungsanforderungen eines bestimmten Arbeitsplatzes oder auf Grund der Notwendigkeit einer angemessenen Beschäftigungszeit vor dem Eintritt in den Ruhestand.
Nach den **Urteilen des EuGH** und der folgenden Rechtsprechung des BAG werden die Kirchen und ihre diakonischen und karitativen Einrichtungen ihre **Einstellungskriterien und Anforderungsprofile an die Mitarbeiter grundlegend ändern müssen.** Eine vorher übliche Praxis der Stellenausschreibung, dass generell von den Bewerbern eine Kirchenmitgliedschaft vorausgesetzt wird, ist nun nicht mehr zulässig, da sie gegen das vom EuGH angeführte Diskriminierungsverbot verstößt. Genauso sind die von den Kirchen geforderten besonderen Loyalitätspflichten von den Gerichten überprüfbar, ob sie »aufgrund der Art einer bestimmten beruflichen Tätigkeit oder der Rahmenbedingungen ihrer Ausübung eine wesentliche und entscheidende berufliche Voraussetzung darstellt« und ob es sich um eine angemessene Anforderung handelt. Sind Mitarbeiter der Meinung, sie seien wegen ihrer (Nicht-)Konfessionszugehörigkeit benachteiligt worden oder an sie werden zu hohe und sachlich ungerechtfertigte Loyalitätsanforderungen gestellt, so können sie das gerichtlich überprüfen lassen.

Literaturhinweis

- *Busch, Sebastian:* Lang erwartet: EuGH entscheidet Grundsatzfragen der Einstellungspraxis kirchlicher Träger, in: Arbeitsrecht und Kirche 2/2018.
- *Nollert-Borasio, Christiane, Dickerhof-Borello, Elisabeth, Wenckebach, Johanna:* Basiskommentar zum AGG, 6. Auflage, Frankfurt 2024.
- *Stein, Peter:* Kirchliches Arbeitsrecht im Umbruch, in: Arbeit und Recht 4/2019.
- *Stein, Peter:* Das kirchliche Selbstbestimmungsrecht im Arbeitsrecht und seine Grenzen, *www.hugo-sinzheimer-institut.de/faust-detail.htm?sync_id=HBS-008510* (abgerufen 14.9.2024)

Grundgesetz

Was ist das?

Das Grundgesetz ist die Verfassung der Bundesrepublik Deutschland. Es versammelt grundlegende Festlegungen über die Rechte der Staatsbürger und der in der Bundesrepublik Deutschland (BRD) lebenden Personen, über die Struktur der BRD und den staatlichen Aufbau. Der Name mag irritieren, ist aber der historischen Entwicklung der BRD geschuldet: Nach dem Ende des deutschen Faschismus und der Teilung in Ost- und Westdeutschland wurde das Grundgesetz 1949 zunächst nur im Westen in Kraft gesetzt. Um zu betonen, dass es sich um eine vorläufige Grundordnung handelt, wurde der Name Grundgesetz gewählt.

»Für die angestrebte Wiedervereinigung Deutschlands hatte das Grundgesetz in seiner früheren Fassung zwei Wege vorgesehen. Zum einen den Beitritt anderer Teile Deutschlands zum Geltungsbereich des Grundgesetzes nach Art. 23 GG (alte Fassung, a. F.), zum anderen die Möglichkeit des Beschlusses einer neuen Verfassung durch das deutsche Volk nach Art. 146 GG (a. F.). Im Einigungsvertrag vom 31. August 1990 haben die Regierungen der Bundesrepublik Deutschland und der Deutschen Demokratischen Republik beschlossen, die Wiederherstellung der staatlichen Einheit auf der Grundlage des Art. 23 GG a. F. zu vollziehen. Diese Entscheidung haben die Parlamente beider deutscher Staaten mit Zweidrittelmehrheit bestätigt. Nach dem Einigungsvertrag wurde die Präambel des Grundgesetzes neu gefasst. Darin wird klargestellt, dass mit der in freier Selbstbestimmung vollendeten Einheit und Freiheit Deutschlands das Grundgesetz für das gesamte deutsche Volk gilt. Auch Art. 146 GG in der neuen Fassung stellt dies klar.« (abgerufen am 15. 11. 2024 unter: *https://www.bmi.bund.de/DE/themen/verfassung/staatliche-ordnung/unsere-verfassung/unsere-verfassung-artikel.html#:~:text=Das%20Grundgesetz%20(%20GG%20)%20wurde%20im,Wiedervereinigung%20nicht%20im%20Wege%20stehen.)*

Das Grundgesetz umfasst einleitend den Katalog der Grundrechte, die alle bis auf Artikel 1 GG (»Die Würde des Menschen ist unantastbar.«) aufgrund formeller Gesetze eingeschränkt werden können und es bereits sind. Zu denken ist hier

z. B. an das Recht auf freie Meinungsäußerung aus Art. 5 GG, das seine Grenzen in der Beleidigung findet, die nach § 185 StGB strafbar ist.
Im Grundgesetz verankert sind auch Rechtsstaatsprinzip und Gewaltenteilung (Art. 20 Abs. 3 GG), die Befugnisse der Organe (z. B. von Bundestag und Bundesrat), die Zuständigkeiten in Sachen Gesetzgebung oder Grundlegendes zu Justiz und Finanzwesen. Recht weit hinten im Grundgesetz befindet sich auch Art. 140 GG, der in Teilen auf die Weimarer Reichsverfassung (WRV) von 1919 verweist und dadurch Art. 137, 138 WRV in Bezug nimmt. In Art. 137 Abs. 3 WRV wird das Selbstordnungs- und → **Selbstverwaltungsrecht der Kirchen** geregelt, auf das die »Kirche« immer wieder ihr »Selbstbestimmungsrecht« stützt und daraus viele Privilegien ableitet. Die Auslegung von Art. 137 Abs. 3 zugunsten der kirchlichen Privilegien beginnt aber mehr und mehr zu bröckeln und hat in jüngerer Vergangenheit insbesondere durch den Europäischen Gerichtshof Einschränkungen erfahren.

Bedeutung für die MAV

Für die Mitarbeitervertretung täglich spürbar ist das genannte Selbstordnungs- und Selbstverwaltungsrecht. Denn eine Folge ist, dass das BetrVG in § 118 Abs. 2 kirchliche Einrichtungen ausdrücklich aus seinem Zuständigkeitsbereich ausnimmt.
In der praktischen Arbeit kann sich die MAV auf Grundrechte berufen, z. B. bei mitbestimmungspflichtigen Angelegenheiten. Es sind viele Fallgestaltungen denkbar, in denen Grundrechte zum Tragen kommen. Häufig werden sie auch konkretisiert in einfachen Gesetzen, z. B. im AGG wie im Fall von Art. 3 GG (Allgemeiner Gleichheitssatz), so dass dann auf das speziellere Gesetz zurückzugreifen ist. Auch Art. 4 GG, der die Freiheit der Religionswahl und die Freiheit der Religionsausübung normiert, kann in der MAV-Praxis relevant werden. Denn hiervon erfasst ist auch die negative Religionsfreiheit, also das Recht, gerade keine Religion zu wählen und auszuüben. Bei der Frage, ob der Arbeitgeber kündigen darf, weil der Mitarbeiter aus der Kirche austritt, spielt die negative Religionsfreiheit eine tragende Rolle. Zu nennen ist auch Art. 12 GG, der u. a. die Berufswahl und die Freiheit der Berufsausübung garantiert. Dieses Grundrecht wird insbesondere im Rahmen des eingeschränkten Mitbestimmungsrechts nach § 42 Buchst. j MVG relevant, nämlich wenn der Arbeitgeber eine Nebentätigkeit untersagen oder die Genehmigung widerrufen will.
Ganz allgemein dürfte auch Art. 1 GG (»Die Würde des Menschen ist unantastbar.«) eine Rolle im Arbeitsleben spielen, etwa wenn es um das Thema → **Mobbing** geht.

Bedeutung für die Beschäftigten

Für Bürger der BRD spielt das Grundgesetz in allen gesellschaftlichen Belangen eine Rolle. Für Beschäftigte dürften vorrangig die Grundrechte relevant sein. Die Grundrechte sind zwar zunächst als Abwehrrechte gegen staatliche Eingriffe konzipiert, wirken aber auch in privaten Rechtsverhältnissen wie Arbeitsverhältnissen. Das wird etwa am Beispiel des Art. 12 GG (s. o.), aber auch des Art. 9 Abs. 3 GG deutlich. Er schützt die. gewerkschaftliche Betätigung. Auch das Streikrecht in Deutschland hat hier seinen Bezug. Das führt dazu, dass bei rechtmäßigen Streiks eine arbeitsvertragliche Pflichtverletzung nicht besteht, daher kein Grund zur Kündigung oder Abmahnung vorliegt, wenn die Arbeit niedergelegt wird. Für kirchlich-diakonische Einrichtungen soll das Streikrecht aber im Verhältnis zu anderen Einrichtungen eingeschränkt sein. Hier sollen Art. 9 Abs. 3 GG der Beschäftigten auf der einen Seite und Art. 140 GG der »Kirche« (»Selbstordnungs- und Selbstverwaltungsrecht«) auf der anderen Seite miteinander kollidieren. Das BAG hat hierzu am 20. 11. 2012 entschieden (1 AZR 179/11), dass Gewerkschaften in kirchlichen Einrichtungen, die am sog. Dritten Weg ausgerichtet sind, nicht rechtmäßig zum Streik aufrufen können, wenn sie »in dieses Verfahren organisatorisch eingebunden sind und das Verhandlungsergebnis für die Dienstgeberseite als Mindestarbeitsbedingung verbindlich ist.« Was das tatsächlich im Einzelnen bedeutet, ist u. E. bisher nicht hinreichend geklärt.

Gute Arbeit

Was ist das?

»Im Kontext zunehmender Arbeitsanforderungen in den Tätigkeits- und Berufsbereichen der Beschäftigten in Deutschland wird ein fundiertes Wissen um den Stand der Arbeitsbedingungen vor Ort in den Betrieben immer notwendiger. Es ist deshalb wichtig, die **Qualität der Arbeitsbedingungen** kontinuierlich zu bestimmen und menschenwürdig für alle Beschäftigten zu gestalten.« Einleitung des Internetauftritts des DGB-Index Gute Arbeit, zu finden unter: *http://www.dgb-index-gute-arbeit.de/gute_arbeit*
Auf Initiative des Deutschen Gewerkschaftsbundes (DGB) und der Einzelgewerkschaften wurde im Jahr 2007 ein Instrument – der »DGB-Index Gute Arbeit« – entwickelt, um betriebliche und arbeitswissenschaftlich fundierte Mitarbeiterbefragungen durchzuführen. Träger der Initiative sind heute der Deutsche Gewerkschaftsbund (DGB), die Industriegewerkschaft Metall (IG Metall), die Vereinte Dienstleistungsgewerkschaft (ver.di), die Industriegewerkschaft Bergbau, Chemie, Energie (IG BCE) und die Gewerkschaft Nahrung-Genuss-Gaststätten (NGG).
Seitdem erscheint jedes Jahr ein **Report** (seit 2024 von ver.di herausgegeben), wie sich die Qualität der Arbeitsbedingungen, die Arbeitsanforderungen, das Arbeitsumfeld, die Einkommens- und Belastungssituation usw. entwickelt haben. Im Rahmen von repräsentativen Umfragen werden Arbeitnehmer zu ihrer Situation in den Betrieben und Dienststellen befragt. Neben den unterschiedlichen **Publikationen** zu Themen wie:

- Arbeitsfähigkeit bis zur Rente?
- Werden Sie von Ihrer Rente leben können?
- Work-life-Balance

erscheinen auch »**Gute-Arbeit-Jahrbücher**«, die sich mit Themen befassen wie

- 2025 – Digitalisierung und Künstliche Intelligenz
- 2024 – Aktive Arbeitsgestaltung von unten. Impulse für die ver.di-Offensive Gute Arbeit

- 2023 – Das neue normal – Konflikte um die Arbeit von morgen
- 2022 – Arbeitspolitik nach Corona. Probleme, Konflikte, Perspektiven
- 2021 – Demokratie in der Arbeit
- 2020 – Gesundheitsschutz, Persönlichkeitsrechte, digitale Arbeit
- 2019 – Transformation der Arbeit – Ein Blick zurück nach vorn.
- 2018 – Ökologie der Arbeit
- 2017 – Streit um Zeit – Arbeitszeit und Gesundheit
- 2016 – Digitale Arbeitswelt – Trends und Anforderungen
- 2015 – Qualitative Tarifpolitik, Arbeitsgestaltung, Qualifizierung
- 2014 – Profile prekärer Arbeit – Arbeitspolitik von unten
- 2013 – Anti-Stress-Initiativen
- 2012 – Zeitbombe Arbeitsstress.

Weiterhin gibt es jedes Jahr noch die sog. »Jahresreports«

- 2023 – Betriebliche Prävention
- 2022 – Digitale Transformation – Veränderungen der Arbeit
- 2021 – Unter erschwerten Bedingungen – Corona und Arbeitswelt
- 2020 – Mehr als Homeoffice – Mobile Arbeit in Deutschland
- 2019 – Arbeit am Limit – Zeitdruck
- 2018 – Interaktionsarbeit
- 2017 – Vereinbarkeit von Arbeit und Privatleben
- 2016 – Digitalisierung der Arbeitswelt
- 2015 – Ursachen der Arbeitshetze
- 2014 – Arbeitszeitgestaltung

Im Internetauftritt finden sich noch zahlreiche Grafiken und weitere Erläuterungen.

Die Gewerkschaft ver.di bietet im Internet unter *http://www.verdi-gute-arbeit.de/* eine Reihe weiterer Publikationen, Arbeitshilfen, Wandzeitungen, Filme und Anregungen an.

Bedeutung für die MAV

Arbeits- und Gesundheitsschutz, die Erhaltung und Förderung der physischen und psychischen Gesundheit der Beschäftigten, Schutz vor Überlastungen usw. sind ein breites Feld, das durch die MAV qualifiziert bearbeitet werden muss. Der »DGB-Index Gute Arbeit« und »ver.di Gute Arbeit« bieten für die Arbeit der MAV im Internet zahlreiche Hilfestellungen. Wandzeitungen, Filme und Grafiken können auch in Mitarbeiterversammlungen eingesetzt werden, um die Beschäftigten und den Arbeitgeber für das Thema »Arbeitsqualität, Gesundheitsschutz« zu sensibilisieren. Der Raubbau an der eigenen Gesundheit, oft verbun-

den mit Selbstausbeutung, die vielfach als selbstverständlich angesehene ständige Erreichbarkeit, der vielfach »lasche« Umgang mit gesetzlichen Vorschriften (z. B. Durchführung der »Gefährdungsanalyse« §§ 5, 6 Arbeitsschutzgesetz) durch den Arbeitgeber, die Verlängerung der Lebensarbeitszeit und vieles mehr gefährden die Beschäftigten akut. Das Ziel guter Arbeit, durch gute Arbeitsbedingungen das Rentenalter gesund zu erreichen, ist anspruchsvoll. Aber gerade im Diakonie- und Kirchenbereich sollte dieses Ziel eine Selbstverständlichkeit sein.
Der »DGB-Index Gute Arbeit« unterstützt auch Betriebs- und Personalräte sowie Mitarbeitervertretungen beim Thema **Arbeitsqualität**.
Zum Leistungsangebot des Instituts »DGB-Index Gute Arbeit« für die Beratung zur Durchführung von Beschäftigtenbefragungen gehören:

- Planungs-Workshops,
- Beratung bei der Zielplanung,
- Anpassung des Fragebogens und Konstruktion spezifischer Fragenkomplexe,
- Abstimmung der Öffentlichkeitsmaterialien,
- Testung des Befragungsinstrumentes,
- Technische Umsetzung einer Onlinebefragung,
- Druck der Papierfragebögen,
- Eingabe der Papierfragebögen,
- Umfangreiche Datenanalysen,
- Ergebnispräsentation und -diskussion und
- Erstellung eines Abschlussberichts mit Tabellenanhang.

Diese Hilfestellungen sind kostenpflichtig, die Kosten müssen vor der Umsetzung einer Befragung mit dem Arbeitgeber geklärt werden. Kontaktdaten:

Institut DGB-Index Gute Arbeit
Henriette-Herz-Platz 2
10178 Berlin
e-mail: *index-gute-arbeit@dgb.de*

Bedeutung für die Beschäftigten

Der »DGB-Index Gute Arbeit« gibt durch seinen jährlichen Report einen sehr guten Überblick über die Situation der **Qualität der Arbeit** in der Bundesrepublik Deutschland. Zusammen mit ver.di werden auch Themen wie *»Die Erhebung psychischer Belastungen im Sozial- und Erziehungsdienst – das ver.di Modul mit Handlungshilfen«* (2010) – via Mitgliedernetz – oder Arbeitsbedingungen in der Alten- und Krankenpflege (2017), behandelt.

Durch die Internetauftritte werden interessierte Beschäftigte in die Lage versetzt, sich qualifiziert in die verschiedenen Themenkreise der »Guten Arbeit« einzuarbeiten und selbst, mit Kollegen oder der MAV in der Dienststelle aktiv zu werden.

Hinweis:
»Gute Arbeit« gehört zu den erforderlichen Arbeitsmitteln der Interessenvertretung gemäß § 30 MVG (Gute Arbeit – Die Fachzeitschrift für Arbeitsschutz und Arbeitszeitgestaltung. 11 Ausgaben im Jahr (Print + Digital, nur Digital) Bund-Verlag. Frankfurt/M.). Mit online-Archiv aller Ausgaben seit 2012.

Haftung des Arbeitgebers

Was ist das?

Hat der Arbeitgeber gegenüber einem Arbeitnehmer vorsätzlich oder fahrlässig (schuldhaft) einen Schaden verursacht, so haftet er gegenüber dem Arbeitnehmer auf **Schadensersatz**. Unter dem Aspekt der Gefährdungshaftung (allein dadurch, dass der Arbeitgeber Arbeitnehmer beschäftigt und damit für seine Unternehmung haftet) ist auch eine Haftung des Arbeitgebers möglich, selbst wenn diesen kein Verschulden trifft. Der Arbeitnehmer hat (entsprechend § 670 BGB) einen Anspruch auf Ersatz von Schäden an seinem Eigentum (z. B. Privat-Pkw), das er mit Billigung des Arbeitgebers für dienstliche Zwecke einsetzt. Der Schaden muss dabei dem Betätigungsbereich des Arbeitgebers zugeordnet werden können.

Bedeutung für die MAV

Bei Haftungsfragen des Arbeitgebers hat die MAV keine Beteiligungsrechte. Im Rahmen des Beschwerderechts (§ 35 Abs. 3 Buchst. c MVG) kann die MAV – wenn Probleme mit einem Schadensersatz auftreten – auf Abhilfe dringen. Weiterhin kann die MAV, z. B. im Bereich der Nutzung von Privat-Pkw zu dienstlichen Zwecken, auf den Abschluss einer Rückstufungsversicherung drängen, die mögliche höhere Beiträge an die Kfz-Versicherung nach einem Unfall abdeckt. Die MAV kann auch allgemein im Rahmen der vertrauensvollen Zusammenarbeit mit dem Arbeitgeber die Versicherungen prüfen, die zugunsten der Arbeitnehmer bestehen.

Bedeutung für die Beschäftigten

Die Haftung für Schäden am Eigentum des Arbeitnehmers ist auch durch den Arbeitgeber abgedeckt, wenn der Arbeitnehmer den Schaden selbst verursacht. Die **Grundsätze über die Beschränkung der Arbeitnehmerhaftung** (→ **Haftung des Arbeitnehmers**) gelten hier auch entsprechend für den Arbeitgeber. Die Höhe des Schadensersatzes richtet sich danach, inwieweit der Schaden vorsätzlich, mit grober, mittlerer oder leichter Fahrlässigkeit verursacht wurde. Bei Vorsatz entfällt ein Schadensersatzanspruch.

Strittig ist, ob der Arbeitgeber bei Rückstufungsschäden bei der Haftpflicht- und Kaskoversicherung des Arbeitnehmers haftet, wenn dieser seinen Privat-Pkw dienstlich nutzt und dabei einen Unfall verursacht. Das BAG (30.4.1992 – 8 AZR 409/91) hat dazu entschieden, dass der Arbeitgeber für den Rückstufungsschaden haftet, wenn dies vereinbart worden ist. Ohne eine solche Vereinbarung liegt durch die Zahlung der Kilometerpauschale eine Abgeltung des Unfallrisikos vor.

Die Haftung des Arbeitgebers scheidet dann aus, wenn der Arbeitnehmer für die Nutzung seines privaten Eigentums, wie Privat-Pkw oder Kleidung, für dienstliche Zwecke eine besondere Vergütung (Kleidergeld, Kilometergeld) erhält und dabei davon auszugehen ist, dass damit der Arbeitgeber keine weitere Haftung übernehmen will.

Die Haftung des Arbeitgebers ist auch ausgeschlossen, wenn der Schaden durch einen Arbeitsunfall oder durch eine **Berufskrankheit** verursacht wurde (§ 104 SGB VII). Anstelle des Arbeitgebers tritt hier die gesetzliche Unfallversicherung (Berufsgenossenschaft bzw. Unfallkasse) ein. Um einem Arbeitgeber in solchen Fällen nicht allein das Risiko des Schadensersatzes aufzubürden, wurde das Solidarsystem der gesetzlichen Unfallversicherung geschaffen. Damit wird das Risiko der unternehmerischen Tätigkeit auf viele Schultern verteilt. Der Arbeitgeber trägt daher auch die Umlagekosten für die Berufsgenossenschaften bzw. Unfallkassen allein.

Neben Schadensersatzansprüchen können Arbeitnehmer auch **Schmerzensgeldforderungen** gegen den Arbeitgeber geltend machen. Schmerzensgeldforderungen sind dann möglich, wenn der Arbeitgeber einen Unfall oder eine Berufskrankheit für möglich gehalten und billigend in Kauf genommen hat (bedingter Vorsatz). Schmerzensgeld kann aber auch verlangt werden, wenn neben der Gesundheit z.B. die Freiheit, die sexuelle Selbstbestimmung oder auch die Vereitelung oder erhebliche Beeinträchtigung einer Urlaubsreise direkt oder indirekt durch den Arbeitgeber zu verantworten ist. Reagiert z.B. ein Arbeitgeber auf berechtigte Mobbingbeschwerden nicht, so ist er ebenfalls mit in der Haftung.

Haftung des Arbeitnehmers

Was ist das?

Die Haftung im Rahmen des Arbeitsverhältnisses ist im Vergleich zum allgemeinen Zivilrecht deutlich eingeschränkt. Während im Zivilrecht jedermann zum Schadensersatz verpflichtet ist, der einem anderen schuldhaft (das heißt: vorsätzlich oder fahrlässig) Schaden zugefügt hat, ist die Arbeitnehmerhaftung beschränkt auf Tätigkeiten, die durch den Betrieb veranlasst sind und die aufgrund des Arbeitsverhältnisses erfolgen.

> **Beispiel:**
> Bei der »Spaßfahrt« einer Altenpflegerin mit dem Rollstuhl einer Altenheimbewohnerin stößt sie an einen Tisch, auf dem ein Fernsehgerät steht. Das Fernsehgerät fällt herunter und ist kaputt. Die Altenpflegerin haftet vollständig für den Schaden, weil die Tätigkeit, die zum Schaden geführt hat, nicht betrieblich veranlasst war. Die Haftungsbeschränkung greift hier nicht.

Ausdrücklich beschränkt die AVR DD die Haftung für Ärzte in § 2 Abs. 4 Anlage 8a. Sie haften nur für Schäden, die vorsätzlich oder grob fahrlässig verursacht sind. Ansonsten gilt § 3 Abs. 6 AVR DD, nach dem die gesetzlichen Bestimmungen zum Schadenersatz gelten. § 3 Abs. 7 TV-L verweist für die Schadenshaftung der Beschäftigten auf die Bestimmungen, die für die Beamten des jeweiligen Landes gelten. Und § 3 Abs. 6 und 7 TVöD sieht die Beschränkung der Schadenshaftung auf Vorsatz und grobe Fahrlässigkeit für Beschäftigte vor, deren Arbeitgeber Mitglied in einem Mitgliedsverband der VKA ist.
Der **Umfang** der Arbeitnehmerhaftung richtet sich nach den Gesamtumständen des Schadens, die abzuwägen sind. Abzuwägen sind insbesondere Schadensanlass und eingetretener Schaden. Konkret sind damit Fragen gemeint wie: Liegt ein Mitverschulden des Arbeitgebers vor? Wie hoch ist der Grad des Verschuldens, das dem Arbeitnehmer zur Last gelegt wird? Liegt ein Vorsatz oder grobe, mittlere oder leichte Fahrlässigkeit vor?

Der Haftungsumfang hängt auch ab von der Gefährlichkeit der Arbeit, von der Schadenshöhe, vom Risiko, das der Arbeitgeber einkalkuliert oder versichert hat, von der Stellung des Arbeitnehmers im Betrieb und von der Entgelthöhe. Diese Grundsätze haben die Gerichte für Arbeitssachen in langen Jahren entwickelt. Vor diesem Hintergrund haben Beschäftigte in Deutschland daher bei ihrer Tätigkeit ein eher niedriges Haftungsrisiko – jedenfalls diejenigen, die nicht vorsätzlich oder grob fahrlässig handeln.

Das Bundesarbeitsgericht hat folgende wesentliche Kriterien entwickelt für die Verteilung der Schadenshaftung zwischen Arbeitgeber und Arbeitnehmer:

- Grob fahrlässig bei der betrieblichen Tätigkeit verursachte Schäden muss der Arbeitnehmer allein tragen, weil es sich um eine »Sorgfaltspflichtverletzung in hohem Maße« handelt. Beispiele aus der Rechtsprechung: Rauchen am Steuer während der Dienstfahrt, Smartphone- oder Laptopbedienung während der Fahrt, Falsche Betankung des Dienstfahrzeugs (Diesel statt Benzin), Geschwindigkeitsüberschreitung, Verlust des Dienstschlüssels.
- Schäden, die bei normaler oder »mittlerer« Fahrlässigkeit entstehen, sind zwischen Arbeitnehmer und Arbeitgeber zu verteilen (»Innerbetrieblicher Schadensausgleich«). Für die Verteilung (Quotelung) müssen die Gesamtumstände nach Billigkeit und Zumutbarkeit gegeneinander abgewogen werden.
- Für durch leichte Fahrlässigkeit entstandene Schäden – den Arbeitnehmer trifft also nur eine geringe Schuld – hat der Arbeitgeber die Kosten allein zu tragen, da es sich um eine geringfügige und leicht entschuldbare Pflichtwidrigkeit handelt.

Bei leichter Fahrlässigkeit entfällt also die Haftung i. d. R. völlig, bei mittlerer Fahrlässigkeit kommt häufig eine Teilung des Schadens in Frage und bei grober Fahrlässigkeit oder Vorsatz haftet der Arbeitnehmer i. d.R in voller Schadenshöhe.

Beispiel:
Der übermüdete Hausmeister eines Altenheims verursacht auf dem Rückweg von einer Besorgungsfahrt einen Auffahrunfall, weil er vergessen hat, den Blinker zu setzen. Vorausgesetzt, es handelt sich hier um leichte Fahrlässigkeit, ist der Hausmeister zu keinerlei Schadensersatz verpflichtet.

Gibt es Streit zwischen Arbeitgeber und Arbeitnehmer, ob der Arbeitnehmer eine Pflichtverletzung zu vertreten hat, ist der Arbeitgeber in der Beweispflicht. Das folgt aus § 619a BGB (eingefügt durch das Gesetz zur Modernisierung des Schuldrechts vom 26. 11. 2001).

Die genannten Grundsätze für die Arbeitnehmerhaftung gelten übrigens auch dann, wenn der Arbeitnehmer bei der betrieblichen Tätigkeit sein Eigentum be-

schädigt. Der Arbeitgeber hat dann den Schaden – je nach Grad der Fahrlässigkeit – ganz, teilweise oder gar nicht zu ersetzen.
Gegenüber Dritten (z. B. Unfallgegner beim Unfall des Hausmeisters) besteht zunächst keine Haftungsbeschränkung. Allerdings kann ein Arbeitnehmer von seinem Arbeitgeber verlangen, ihn von den Schadensersatzansprüchen des Dritten freizustellen, wenn es haftungseinschränkende Gesamtumstände (s. o.) gibt.
Schädigt ein Arbeitnehmer einen Arbeitskollegen, ist zu unterscheiden, ob ein Personen- oder Sachschaden eintritt. Bei Personenschaden besteht keine Haftung (nach § 105 Abs. 1 SGB VII), wenn es sich um einen Arbeitsunfall handelt (Ausnahme: Vorsatz und evtl. auch grobe Fahrlässigkeit). Bei Sachschaden haftet der Arbeitnehmer gegenüber dem Kollegen uneingeschränkt. Allerdings ist die Haftung wiederum beschränkt, wenn entsprechende Gesamtumstände vorliegen; dann ist der Arbeitgeber ganz oder teilweise in der Haftung.
Ein Gesetz zur Arbeitnehmerhaftung gibt es nicht. Grundlage für die juristische Beurteilung von Schäden durch Arbeitnehmer sind das BGB und die einschlägige Rechtsprechung.

Bedeutung für die MAV

Die Mitarbeitervertretung hat bei Haftungsfragen keine Mitbestimmungsrechte. Bis zur Novellierung des MVG zum 1. 1. 2024 hatte die MAV ein Mitberatungsrecht bei der Geltendmachung von Schadenersatzansprüchen, wenn dies der betroffene Beschäftigte verlangt. Diese Regelung wurde ersatzlos gestrichen.
Zu den Aufgaben der MAV gehört es, Arbeitnehmer zu unterstützen, die vom Arbeitgeber in Haftung genommen werden sollen – wenn die Arbeitnehmer dies wollen. Grundlage ist § 35 Abs. 2 bzw. Abs. 3 Buchst. c MVG – Beschwerderecht an die MAV. Für solche Fälle empfiehlt sich die Qualifizierung eines Experten für Haftungsrecht in der MAV.
Bei schwierigen Haftungsfragen sollte die MAV dem betroffenen Kollegen die Wahrnehmung kompetenter Beratung empfehlen, etwa durch den gewerkschaftlichen Rechtsschutz oder durch einen Fachanwalt.

Bedeutung für die Beschäftigten

Ein Arbeitnehmer, der von seinem Arbeitgeber in Haftung genommen wird, sollte dies nicht umstandslos akzeptieren. Vielmehr geht es zunächst darum, sich auf

die oben dargestellten Grundsätze zu berufen und damit die (meisten) Schadensersatzansprüche zurückzuweisen.
Oft ist es allerdings so, dass der Arbeitgeber versucht, seinen Schaden schlicht über das Entgelt des Beschäftigten »aufzurechnen«. In diesem Fall sind Beschäftigte gezwungen, »ihrem Geld hinterherzulaufen«, u. U. mit einer Klage vor dem Arbeitsgericht. Dabei sind → **Ausschlussfristen** und etwaige Verjährungsfristen zu beachten.
Zu prüfen ist auch, ob es sich um ein Mitverschulden des Arbeitgebers bzw. eines weisungsberechtigten Vorgesetzten handelt. Ein solches Mitverschulden kann z. B. vorliegen bei: keine oder mangelhafte Einweisung bzw. Unterweisung, Verstoß gegen Lenk- und Ruhezeiten, Nichtbeachtung des Arbeitszeitgesetzes oder von Sicherheitsvorschriften.
Um größere Klarheit über das persönliche Haftungsrisiko zu bekommen, sollten sich Arbeitnehmer erkundigen, ob ihr Arbeitgeber für seine Beschäftigten eine Haftpflichtversicherung abgeschlossen hat. Das dürfte häufig der Fall sein. Sonst wäre zu prüfen, ob es sinnvoll ist, eine freiwillige Arbeitnehmerhaftpflicht«versicherung« abzuschließen. DGB-Gewerkschaftsmitglieder können dies kostengünstig (derzeit 3 € im Monat) über die GUV/FAKULTA machen.

Literaturhinweis

- *Janke, Ullrich:* Die Schadensersatzhaftung im Arbeitsrecht. München 2009.

Hinweisgeberschutzgesetz

Was ist das?

Das Hinweisgeberschutzgesetz ist ein mit Wirkung zum 2. Juli 2023 eingeführtes Gesetz, das dazu dienen soll, Menschen zu schützen, die Hinweise geben.
Das Europäische Parlament und der Rat der Europäischen Union haben zuvor am 23. Oktober 2019 die Richtlinie (EU) 2019/1937 zum Schutz von Personen, die Verstöße gegen das Unionsrecht melden, erlassen (sogenannte Hinweisgeber-Richtlinie – HinSch-RL). Siehe: *https://eur-lex.europa.eu/legal-content/DE/TXT/PDF/?uri=CELEX:02019L1937-20230502*
Das am 2. Juli 2023 in Kraft getretene nationale Gesetz für einen besseren Schutz hinweisgebender Personen (Hinweisgeberschutzgesetz – HinSchG – vom 31. Mai 2023, BGBl. 2023 I Nr. 140) dient der Umsetzung dieser Richtlinie. Siehe: *https://www.gesetze-im-internet.de/hinschg/index.html.* Schutzzweck des Gesetzes ist, dass Hinweisgeber vor Repressalien geschützt werden, die ihnen andernfalls drohen. Mit Hinweisgebern sind Personen gemeint, die Informationen über Verstöße gegen Gesetze, illegale Handlungen und sonstige Missstände in Unternehmen, öffentlichen Einrichtungen oder anderen Einrichtungen geben.
Ziel des Hinweisgeberschutzgesetzes ist es, dafür Sorge zu tragen, dass derartige Hinweise angstfrei durch insbesondere Mitarbeitende von Unternehmen gegeben werden können. Es soll verhindert werden, dass Arbeitnehmende keine Meldung machen, weil sie beispielsweise den Ausspruch von Kündigungen oder anderen beruflichen Konsequenzen befürchten.
Durch das Gesetz sollen aber auch die Unternehmen geschützt werden. Sie sollen durch frühzeitige Hinweise auf illegale Praktiken in den Betrieben davor geschützt werden, Rechtsverstöße zu begehen. Letztlich ist es auch ein Ziel, Straftaten und Ordnungswidrigkeiten in den Unternehmen zu verhindern und so gleichzeitig die Unternehmen vor entsprechenden Strafen im Fall von Betrugshandlungen, Korruption, Umweltverbrechen oder Menschenrechtsverletzungen zu bewahren.
Zur Erreichung dieses Zwecks sind Unternehmen verpflichtet, entsprechende **Meldesysteme** aufzubauen, die Hinweisgebende maximal schützen. Dafür sind

verschiedene Wege möglich. Die internen Meldesysteme müssen anonym genutzt werden können und sind so zu gestalten, dass eine Verfolgbarkeit des Hinweisgebers nicht möglich ist. Die Hinweisgeberstellen sind dabei grundsätzlich betriebsintern oder betriebsextern einzurichten. Die internen Meldestellen benötigen Personen, die die Meldestellen unabhängig betreuen. Dies führt unter Umständen in den Betrieben zu Schwierigkeiten. Viele Unternehmen haben deshalb Meldestellen als externe Meldestellen eingerichtet. Diese Meldestellen werden dann häufig durch Dritte, beispielsweise Rechtsanwaltskanzleien etc. betrieben. Die Meldestellen prüfen, ob die Hinweise, die zu ihnen gelangen, zu verfolgen sind und an wen gegebenenfalls eine Abgabe der gemeldeten Vorfälle in Betracht kommt.

Die Meldestellen sind einzurichten ab einer Unternehmensgröße größer 50 Mitarbeitenden.

Der Schutz von Hinweisgebern gilt nur, sofern die Meldung nicht missbräuchlich, grob fahrlässig oder gar vorsätzlich falsch erfolgt. In diesen Fällen bleibt es möglich, gegen die meldende Person vorzugehen und Ansprüche geltend zu machen.

Zum Schutz von Hinweisgebern gilt bei Repressalien im zeitlichen Zusammenhang mit einer erfolgten Meldung eine **Beweislastumkehr**. Folgt auf die Meldung eines Verstoßes eine Kündigung, wird ein Zusammenhang vermutet und der Arbeitgeber muss dies widerlegen. Entstandene Schäden sind der hinweisgebenden Person zu ersetzen.

Das Hinweisgeberschutzgesetz soll Whistleblower also davor schützen, für ihre begrüßenswerten Ziele, Straftaten und ethische Verfehlungen aufzudecken, letztlich bestraft zu werden. Bekannte Whistleblower waren beispielsweise Chelsea Manning, die als Mitarbeiterin der US Army Straftaten aufgedeckt hat, oder auch der NSA-Mitarbeiter Edward Snowden.

Sehr bekannt ist auch Julian Assange, der zwar selbst kein Whistleblower war, aber die Enthüllungsplattform WikiLeaks für Whistleblower gegründet hat.

All diese Menschen wurden für ihre grundsätzlich anzuerkennenden Vorhaben staatlich verfolgt.

Bedeutung für die MAV

Die Einrichtung der Hinweisgeberstellen nach dem Hinweisgeberschutzgesetz ist grundsätzlich **mitbestimmungspflichtig**. Bereits aufgrund der unterschiedlichen zur Verfügung stehenden Meldewege (per Mail, per Telefon etc.) und die sich daraus für den Arbeitgeber ergebenden Auswahlmöglichkeiten besteht ein

Mitbestimmungsrecht im Rahmen einer möglichen Verhaltens- und Leistungskontrolle nach § 40 MVG-EKD.
Die Mitarbeitervertretungen sollten mit ihren Arbeitgebern sehr intensiv ins Gespräch gehen, insbesondere auch, um festzulegen, ob interne Meldestellen eingerichtet werden sollen oder ob auf externe Meldestellen zurückgegriffen werden soll, die dann in aller Regel unabhängig und professionell betrieben werden.
Letztlich kommt es darauf an, dass die zu schaffende Meldestelle wirklich in der Lage ist, Informationen von Mitarbeitenden anonym und verlässlich entgegenzunehmen, zu bewerten und notwendige weitere Schritte einzuleiten.
Oft ist hier Überzeugungsarbeit bei den Arbeitgebern erforderlich, um ihnen auch den Mehrwert einer gut funktionierenden Meldestelle zu verdeutlichen.

Bedeutung für die Beschäftigten

Mitarbeitende sollen als sog. Whistleblower durch das Hinweisgeberschutzgesetz maximal geschützt werden. Mitarbeitende befinden sich oft in moralisch-ethischen Konflikten, wenn sie sich mit dem Gedanken tragen, mutmaßliche oder tatsächliche ethische Verfehlungen in den Betrieben, Ordnungswidrigkeiten gerade im Umweltbereich oder gar Straftaten zu melden.
Die Meldung derartiger Vorkommnisse ist aber auch für die Unternehmen im Rahmen einer vernünftigen Unternehmenskultur und im Rahmen der Reduzierung von haftungs- oder strafrechtlichen Ansprüchen dringend anzustreben.
Insofern sind sowohl die Beschäftigten als auch die Unternehmen auf funktionierende Meldestellen nach dem Hinweisgeberschutzgesetz dringend angewiesen. Das Hinweisgeberschutzgesetz wird flankiert durch weitere Gesetze bzw. Gesetzesvorhaben, so z. B. das Lieferkettengesetz.

Honorartätigkeit, Übungsleiterpauschale, ehrenamtliche Tätigkeit

Was ist das?

Unter **Honorartätigkeit** versteht man typischerweise die Dienstleistungen sog. freier Berufe, also Architekten, Rechtsanwälte, Ärzte, Steuerberater, Künstler usw. Honorarbeschäftigte handeln als Selbständige und können in der Regel frei darüber entscheiden, zu welcher Zeit, an welchem Ort, mit welchen Arbeitsmitteln und Methoden eine bestimmte Dienstleistung erbracht wird. Honorarbeschäftigte sind verpflichtet, entsprechende Steuern an das Finanzamt abzuführen.

In der sozialen Arbeit kommt es immer häufiger vor, dass Personen in den Betrieben und Einrichtungen auf Honorarbasis tätig werden. Das gilt insbesondere für Schulen und Weiterbildungseinrichtungen, aber mittlerweile auch für den Pflege- und Erziehungsbereich. (Echte) Honorarbeschäftigte haben keinen Status als → **Mitarbeiter** und die MAV hat kein Mitbestimmungsrecht bei ihrer → **Einstellung** und → **Eingruppierung**. Überhaupt ist die MAV – zunächst einmal (weiteres s. unter Bedeutung für die MAV) – nicht zuständig für (echte) Honorarbeschäftigte, genauso wie sie z. B. nicht für einen von der Leitung beauftragten Architekten zuständig ist.

Bei der Honorartätigkeit in sozialen Einrichtungen kommt es also darauf an, ob es sich tatsächlich um eine Honorarbeschäftigung handelt oder um eine Tätigkeit als »Scheinselbständiger«. Für die Prüfung, ob Scheinselbständigkeit vorliegt, ist § 7 Absatz 1 SGB IV bedeutsam. Danach gibt es zwei wichtige Anhaltspunkte für die Arbeitnehmereigenschaft: zum einen die **Tätigkeit nach Weisungen**, zum anderen die **Eingliederung in die Arbeitsorganisation** des Weisungsgebers. Ist also der Honorarbeschäftigte

- an einem vom Arbeitgeber bestimmten Ort,
- zu einer vom Arbeitgeber bestimmten Zeit (Dienstplan!) und
- mit einer vom Arbeitgeber bestimmten Zielsetzung

tätig, spricht vieles dafür, dass es sich um eine Beschäftigung auf der Basis von Scheinselbständigkeit handelt.

Scheinselbständige sind nur angeblich selbständig, damit der Arbeit- bzw. Auftraggeber und/oder sie selbst Sozialabgaben sparen können. Tatsächlich sind Scheinselbständige aus sozialversicherungsrechtlicher (und auch aus steuerrechtlicher) Perspektive Arbeitnehmer. Scheinselbständige und ihre Auftraggeber entziehen sich also der Sozialversicherungspflicht, manche bewusst, manche unabsichtlich.

Die Klärung, ob Scheinselbständigkeit vorliegt, kann über das bundeseinheitliche Statusanfrageverfahren der Deutschen Rentenversicherung erfolgen. Grundlage der Prüfung ist § 7a SGB IV. Antragsberechtigt sind Auftraggeber (Arbeitgeber) und Auftragnehmer (Beschäftigter). Besondere Bedeutung kommt dabei dem Grad der betrieblichen Eingliederung zu:

- Erfolgt die Arbeit am Betriebssitz des Auftraggebers?
- Sind regelmäßige Arbeits- oder Anwesenheitszeiten einzuhalten?
- Erteilt der Auftraggeber Weisungen hinsichtlich der Art und Weise der Tätigkeit?

Nach unserer Erfahrung erfüllen viele (sog.) Honorarbeschäftigte, die bei Wohlfahrtsverbänden in der sozialen Arbeit tätig sind, die genannten Kriterien. Ergebnis der Prüfung könnte also sein, dass die scheinbare Honorartätigkeit tatsächlich der Sozialversicherungspflicht unterliegt. Dann müssten – evtl. für mehrere Jahre rückwirkend – Beiträge in die Renten-, Arbeitslosen-, Kranken-, Pflege- und Unfallversicherung gezahlt werden.

So hat das Sozialgericht Dortmund Ende 2013 entschieden, dass die Krankenpflege in einem Universitätsklinikum keine selbständige Honorartätigkeit darstellt. Trotz Vereinbarung von freiberuflicher Honorartätigkeit stelle die Tätigkeit eine abhängige Beschäftigung dar, die der Sozialversicherungspflicht unterliegt. Die Tätigkeit sei nach Weisungen der pflegerischen Leitung und angestellter Ärzte erbracht worden. Die Krankenpflegerin sei in die Arbeitsorganisation des Universitätsklinikums und in das Patientenmanagement des Aufwachraums eingegliedert gewesen. (SG Dortmund v. 29. 10. 2013, S 25 R 2232/12).

Mitte 2019 hat das Bundessozialgericht (BSG) zwei ähnliche Fälle letztinstanzlich entschieden. Danach sind Pflegekräfte in stationären Pflegeeinrichtungen regelmäßig sozialversicherungspflichtig. Sie sind regelmäßig nicht als Selbstständige anzusehen, sondern unterliegen der Sozialversicherungspflicht. (BSG v. 7. 7. 2019 – B 12 R 6/18 R). Bei Pflegekräften seien unternehmerische Freiheiten kaum denkbar, dies führe im Regelfall zur Annahme einer Eingliederung in die Organisations- und Weisungsstruktur der stationären Pflegeeinrichtung.

Auch Honorarärzte im Krankenhaus seien regelmäßig sozialversicherungspflichtig beschäftigt, das gilt auch für den Fall einer Anästhesistin (BSG v. 4. 6. 2019 – B 12 R 11/18 R). Auch bei Diensten eines Arztes entscheide die Weisungsgebundenheit bzw. die Eingliederung in die Arbeitsorganisation über den Status. Bei Ärzten im Krankenhaus herrsche ein hoher Grad der Organisation, auf die

Betroffene keinen eigenen, unternehmerischen Einfluss hätten. Sie seien eng in die Ablauforganisation eingebunden und in der Regel Teil eines Teams, das arbeitsteilig unter der Leitung eines Verantwortlichen zusammenarbeiten muss. Außerdem nutzten Honorarärzte ganz überwiegend personelle und sachliche Ressourcen des Krankenhauses bei ihrer Tätigkeit. Der Fachkräftemangel als Argument sei irrelevant.

Honorarbeschäftigte sind im Vergleich zu Arbeitnehmern generell benachteiligt. Denn Selbständige haben grundsätzlich keine Arbeitnehmerrechte:

- Sie genießen keinen Kündigungsschutz,
- für sie gilt das Arbeitszeitgesetz nicht,
- sie bekommen keine betrieblichen Sonderzahlungen (z. B. Jahressonderzahlung oder Jubiläumszuwendung),
- sie bekommen ihr Geld nur für die tatsächlich geleistete Arbeit,
- sie haben keinen Anspruch auf Urlaub und Lohnfortzahlung im Krankheitsfall und
- sie müssen sich selbst um ihre Arbeitsmittel und die eigene Weiterbildung kümmern (gilt nur für echte Honorartätigkeit!).

Werden Menschen nur scheinbar als Honorarkräfte beschäftigt, so geschieht dies häufig zur Vermeidung der Folgen echter Arbeitsverhältnisse und zur Ersparnis von Sozialabgaben. Viele Honorarkräfte, gerade im Bildungsbereich, befinden sich in prekären Beschäftigungsverhältnissen.

Die Prüfung, ob es sich bei Beschäftigungsverhältnissen um eine sozialversicherungspflichtige Beschäftigung handelt, ist die Aufgabe des Beschäftigungsgebers. Wird im Nachhinein festgestellt, dass Scheinselbstständigkeit vorliegt, so haftet der Beschäftigungsgeber für die dann nachträglich zu entrichtenden Sozialabgaben in voller Höhe. Dies kann für Unternehmen existenzgefährdende Nachzahlungssummen bedeuten.

Eine weitere Möglichkeit für Arbeitgeber und Arbeitnehmer, Sozialabgaben und Steuern zu sparen, ist die sog. **Übungsleiterpauschale**. Mit der Übungsleiterpauschale können

- bis zu 3000 Euro im Jahr (2025)
- nebenberuflich
- im Dienst oder im Auftrag einer öffentlich-rechtlichen Körperschaft oder einer Einrichtung zur Förderung gemeinnütziger, mildtätiger oder kirchlicher Zwecke

verdient werden, ohne dass Steuer- oder Sozialversicherungspflicht eintritt. Rechtliche Grundlage ist § 3 Nr. 26 Einkommensteuergesetz (EStG). Es handelt sich dabei um Tätigkeiten als Übungsleiter (in Sportvereinen), Ausbilder, Erzieher, um eine künstlerische Tätigkeit oder um die Pflege alter, kranker oder behinderter Menschen. Die Tätigkeit kann grundsätzlich ehrenamtlich oder im Rahmen eines Arbeitsverhältnisses ausgeübt werden, muss aber nebenberuflich sein

(max. ein Drittel der gleichen Tätigkeit im Vollerwerb, das sind max. 13 Stunden pro Woche). Die tatsächliche Ausübung eines Haupterwerbs ist nicht erforderlich. Die Übungsleiterpauschale kann (leider!) sogar mit einer → **geringfügigen Beschäftigung** kombiniert werden, so dass Stand 2024[1] monatlich 538 Euro plus 250 Euro (zusammen 788 Euro) monatlich »verdient« werden können.
Nach unseren Erfahrungen gibt es auch Einrichtungen (jedenfalls in der Diakonie Bayern), in denen beim gleichen Arbeitgeber neben der hauptberuflichen Tätigkeit, z. B. als Altenpflegerin, eine nebenberufliche Tätigkeit im Rahmen der Übungsleiterpauschale ausgeübt wird. Allerdings muss es sich dann bei der nebenberuflichen Tätigkeit um eine andere Tätigkeit handeln, z. B. Betreuung oder Anleitung, jedenfalls nicht Pflege. Derartige Konstruktionen sind äußerst kritisch zu beurteilen.
Zum Sparen bei Sozialabgaben und Steuern dient außerdem die sog. **Ehrenamtspauschale**. Mit ihr können ehrenamtliche Tätigkeiten »vergütet« werden. Die max. Jahresgrenze für diese Pauschale liegt bei 840 Euro im Jahr (2025).

> **Wichtig:**
> Die Steuerbefreiung für die Ehrenamtspauschale darf nicht mit der Übungsleiterpauschale kombiniert werden. Die Ehrenamtspauschale kann aber für alle möglichen Tätigkeiten in Anspruch genommen werden. Rechtliche Grundlage ist § 3 Nr. 26a Einkommensteuergesetz. Übungsleiter- und Ehrenamtspauschale sind also Alternativen und können nebeneinander nur für unterschiedliche Tätigkeiten angewendet werden.

Sowohl Übungsleiter- als auch Ehrenamtspauschale werden häufig unter dem Titel »**Aufwandsentschädigung**« zusammengefasst. Ziel der Regelungen im Einkommensteuergesetz ist letztendlich die Freistellung der »Aufwandsentschädigungen« von Steuern und Sozialabgaben.
Leider gibt es Bestrebungen in der Politik, Ehrenamts- und Übungsleiterpauschale deutlich anzuheben.

Bedeutung für die MAV

Mitarbeitervertretungen haben nach § 35 Abs. 3 Buchst. b MVG darauf zu achten, dass die gesetzlichen und arbeitsrechtlichen Regelungen eingehalten werden (Überwachungspflicht). Dazu gehören auch die Bestimmungen des EStG und die Vorschriften über Arbeitnehmereigenschaften im SGB.

---

1 2025 steigt die Grenze für geringfügige Beschäftigungen (Minijobs) nach § 8 Abs. 1 Nr. 1 SGB IV von 538 € auf 556 € pro Monat.

Mitarbeitervertretungen sollten also prüfen, ob

- es sich bei der Honorartätigkeit im eigenen Betrieb tatsächlich um eine solche Tätigkeit handelt oder ob **Scheinselbständigkeit** (s. o.) vorliegt,
- die im EStG (§ 3 Nr. 26 bzw. Nr. 26a) geregelten Ausnahmevorschriften zur Übungsleiter- und Ehrenamtspauschale zur Steuer- und Sozialversicherungsfreiheit eingehalten werden.
- die in diesem Rahmen Beschäftigten der Steuer- bzw. Sozialversicherungspflicht zu unterwerfen sind.

Im Zweifel sollte die Mitarbeitervertretung Rechtsauskunft bei einem Anwalt oder bei der Gewerkschaft einholen.

Daneben sollten Mitarbeitervertretungen im Gremium klären, wie sie mit Personen im Betrieb umgehen, »die nicht in einem Arbeitsverhältnis zur Dienststelle stehen« (§ 34 Abs. 3 MVG). Hierzu zählen z. B. Leiharbeitnehmer, Honorarkräfte, Beschäftigte mit Aufwandsentschädigung usw. Nach der Vorschrift muss die → **Dienststellenleitung** die MAV über die Beschäftigung dieser Personen informieren. Welche konkreten Informationen die MAV hier einfordert, sollte sie festlegen und ihrer Leitung mitteilen, wenn sie die entsprechenden Informationen anfordert. Auch die Festlegung eines regelmäßigen Turnus (jährlich, halb- oder vierteljährlich) ist empfehlenswert. Mindestens ist die MAV über die Identität der beschäftigten Personen, ebenso über Art, Dauer und zeitlichen Umfang der Tätigkeit zu unterrichten.

Weiterhin muss die MAV prüfen, ob sie bei der Einstellung solcher Personen ohne Arbeitsverhältnis ein Mitbestimmungsrecht hat. Denn → **Einstellung** bedeutet nicht nur, einen Arbeitsvertrag abzuschließen. Vielmehr ist mit Einstellung die **Eingliederung** von Personen in den Betrieb gemeint, wenn sie betriebs- oder arbeitstechnische Zwecke der Dienststelle verfolgen und überwiegend dem Weisungsrecht der Leitung unterstellt sind. Das bedeutet in der Folge, dass immer dann, wenn eine Person in der beschriebenen Weise in den Betrieb eingegliedert wird, ein Mitbestimmungsrecht der MAV bei der Einstellung besteht. Die entsprechenden Informationen erhält die MAV dann im Rahmen des Mitbestimmungsverfahrens.

Für die Eingliederung von **Ehrenamtlichen** hat das BAG etwa entschieden, dass es sich um eine mitbestimmungspflichtige Einstellung handelt (s. BAG v. 12. 11. 2002 – 1 ABR 60/01). Daher hat die MAV auch bei der Beschäftigung von Ehrenamtlichen ein eingeschränktes → **Mitbestimmungsrecht** nach § 42 Buchst. a MVG.

Kein Mitbestimmungsrecht hat die MAV bei der Festlegung der Vergütung für Ehrenamtliche. Das hat das LAG Düsseldorf entschieden (LAG Düsseldorf v. 6. 7. 2018 – 10 TaBV 14/18). Es unterliege nicht der Mitbestimmung, wenn Arbeitgeber und Arbeitnehmer vereinbaren, dass ein Teil des Entgelts ehrenamtlich und damit steuerlich günstiger vergütet wird.

Im Ergebnis sind also drei Gruppen von Beschäftigten zu unterscheiden (nach Baumann-Czichon u.a. 2013, § 34 Rn. 18a):

- Beschäftigte auf der Basis eines Arbeitsverhältnisses. Die MAV hat ein Mitbestimmungsrecht nach § 42 Buchst. a Mitarbeitervertretungsgesetz, die Personen besitzen Mitarbeiterstatus nach § 2 MVG.
- Beschäftigte, die betriebstechnische Zwecke verfolgen und dem Direktions- oder Weisungsrecht unterliegen, aber kein Arbeitsverhältnis begründet haben. Die MAV hat ein Mitbestimmungsrecht nach § 42 Buchst. a MVG (Einstellung), die Personen haben keinen Mitarbeiterstatus nach § 2 MVG. Es gibt daher auch keine (formelle) Zuständigkeit der MAV für diese Personen.
- Beschäftigte ohne Begründung eines Arbeitsverhältnisses und ohne Unterstellung unter das Direktionsrecht. Es handelt sich nicht um eine Einstellung, daher hat die MAV kein Mitbestimmungsrecht nach § 42 Buchst. a MVG, die Personen haben keinen Mitarbeiterstatus nach § 2 MVG. Die MAV ist allerdings über die Beschäftigung dieser Personen zu unterrichten.

Trotz dieser Unterscheidungen sollte sich die MAV überlegen, in welcher Weise sie den Kontakt halten oder den Austausch pflegen will mit den genannten Personen: Mitarbeiter mit Übungsleiterpauschale, Honorarkräfte, Ehrenamtliche, Ein-Euro-Jobber usw. Was spricht dagegen, sie z.B. in eine Versammlung einzuladen oder sie in einer MAV-Sprechstunde anzuhören? Zur Klarstellung: Leiharbeitnehmer haben hier einen Sonderstatus, sie **sind** von der MAV zur Mitarbeiterversammlung einzuladen.

Bedeutung für die Beschäftigten

Ob Honorartätigkeit, Beschäftigte mit Übungsleiterpauschale oder ehrenamtliche Tätigkeit – diese Personen in den Dienststellen sind immer »Beschäftigte zweiter Klasse«. Das gilt sowohl für ihre (nicht vorhandene) arbeitsrechtliche Absicherung als auch für ihre Sonderstellung im Vergleich zu den anderen Beschäftigten im Betrieb. Häufig ist es sogar so, dass Mitarbeiter mit Übungsleiter- oder Ehrenamtspauschale eine Art Probezeit absolvieren, in der sie sich für die Aufnahme und den Abschluss eines Arbeitsverhältnisses »bewähren« müssen. In vielen Fällen wird das auch für Honorarkräfte gelten. Arbeitgeber halten auf diese Weise ein williges und interessiertes Arbeitskräftereservoir vor, auf das sie nach Bedarf und nach Belieben zugreifen können.

Wichtig ist schließlich auch, dass diese Personen – trotz Beschäftigung! – keinerlei Ansprüche aus den verschiedenen Zweigen der Sozialversicherung erwerben.

Natürlich ist nicht zu bestreiten, dass es Lebensphasen geben mag, in denen für Betroffene gute Gründe bestehen, solche **prekären** Beschäftigungen aufzunehmen. Wichtig ist aber, die Dauer dieser Tätigkeiten klar zu begrenzen, weil nur dann arbeits- und sozialversicherungsrechtliche Ansprüche erworben werden können.

Aus der Sicht der Arbeitgeber sind solche »Beschäftigungsmodelle« in der Regel begrüßenswert, denn sie müssen keine arbeitsrechtlichen Ansprüche erfüllen, sie müssen keinen Urlaub gewähren, kein Weihnachtsgeld zahlen, sie können die Beschäftigung ohne Fristen beenden usw. Von daher müssen Honorarkräfte, Beschäftigte mit Übungsleiterpauschale und Ehrenamtliche gut überlegen, wie lange sie ihre Tätigkeit fortsetzen wollen.

Indirekte Steuerung

Was ist das?

Indirekte Steuerung ist eine neue, als modern geltende Art der Mitarbeiterführung. Arbeitgeber reagieren mit diesem neuen Modell auf den grundlegenden Wandel in der Arbeitswelt. Arbeitnehmer werden nicht mehr angewiesen, bestimmte Tätigkeiten auszuführen, von ihnen wird »nur« verlangt, dass sie die vom Arbeitgeber erwarteten Arbeitsergebnisse liefern.

»Die indirekte Steuerung ist eine Art Gegenentwurf zum herkömmlichen Führungsstil. Üblich war, dass ein Arbeitgeber, bzw. ein Vorgesetzter oder eine Führungskraft klare Anweisungen gab. Deutliche Rahmenbedingungen. Beispielsweise Arbeitszeiten oder konkretes Vorgehen (…) Die indirekte Steuerung hingegen erzieht die Mitarbeiter um. Das Personal muss sich hier selbstständig mit dem Markt auseinandersetzen. Zusammenhänge einordnen. Eigene Rückschlüsse ziehen. Und selbstständig Potenziale erkennen. Die indirekte Steuerung richtig angewendet, organisieren die Arbeitnehmer anschließend alles selbst. Sie werden zum Unternehmen. Fühlen sich als Teil vom Ganzen.«[1]

Das Modell der indirekten Steuerung wurde zuerst in der Industrie entwickelt. Nach und nach wurden diese Führungsmodelle auch auf das Gesundheitswesen übertragen und später auf den gesamten sozialen Bereich. Die Umstellung des Finanzierungssystems in den neunziger Jahren – weg von der Selbstkostendeckung und hin zu einem System von Festpreisen (in den Krankenhäusern die Diagnosis Related Groups, DRG) – etablierte nach und nach das betriebswirtschaftliche Denken in fast allen sozialen Bereichen. Es entstand ein Gesundheits- bzw. Sozialmarkt, die Leistungen mussten kostengünstig erbracht werden. Der größte Kostenfaktor im sozialen Bereich sind die Personalkosten. Natürlich wurden zuerst Stellen eingespart, aber mit neuen Modellen der Personalführung

1 Indirekte Steuerung – 5 Zutaten für eine gute Mitarbeiterführung, *https://ausbilderschein24.de/indirekte-steuerung-mitarbeiterfuehrung/*

konnte eine weitere Steigerung beim Einsatz von Personal erreicht werden. Die Beschäftigten sollten eine Einstellung entwickeln, dass sie sich nicht nur für das Wohl des ihnen anvertrauten Klientels, sondern vor allem für den reibungslosen Ablauf in ihrer Abteilung verantwortlich fühlen. Sie sollen bei ihren Tätigkeiten stets den vorgegebenen Kostenrahmen einhalten und die finanzielle Situation des Arbeitgebers im Auge behalten. Dadurch entsteht eine stärkere Leistungsdynamik als bei den Beschäftigten, die nur auf Anweisung des Vorgesetzten arbeiten und reagieren.

Besonders in **Krankenhäusern** und in der Pflege kommen die Beschäftigten oft in eine Situation, die sie innerlich zerreißt. Schon seit Jahrzehnten wird das so genannte »Helfersyndrom« in den pflegenden Berufen kritisch diskutiert. Die Pflegekräfte fühlen sich verantwortlich für »ihre« Patienten und sorgen sich um sie, oft bis zur Selbstausbeutung und nehmen dafür untragbare Arbeitssituationen in Kauf. Der entscheidende Unterschied zu heute ist, dass diese aufopferungsvolle Haltung vom Einrichtungsträger damals eher mit Respekt betrachtet wurde, heute aber diese Arbeitseinstellung bei »modernen« Geschäftsführungen auf Unverständnis stößt. Betriebswirtschaftler und Controller haben oft wenig Kenntnis von der fachlichen Seite der Krankenhausarbeit und fordern vor allem Effizienz bei der Behandlung ein. Das führt zu besonderen Belastungssituationen beim Pflegepersonal, das seine Arbeit nicht anerkannt sieht und unter der unzureichenden Versorgung der anvertrauten Patienten leidet. Nicht zuletzt führen solche ständig erlebten Situationen dazu, dass viele aus dem Beruf aussteigen, den sie eigentlich gerne ausüben – aber halt nicht in der vorgegebenen Art und Weise.

»Die DRGs sind das beste Beispiel... Das System der Fallpauschalen setzt ökonomische Anreize für eine Verkürzung der Liegezeiten von Patienten und eine Erhöhung der Fallzahlen. Weder das eine, noch das andere hat mit Qualität der ärztlichen oder pflegerischen Tätigkeit zu tun. Im Gegenteil. Also haben Ärzte und Pflegekräfte immer beide Aspekte im Kopf: die fachlichen Anforderungen und die wirtschaftlichen Rahmenbedingungen. Beide Aspekte stehen im Clinch miteinander und führen immer wieder auch zu unlösbaren Konflikten – verkürzt gesagt: Tue ich, was fachlich geboten ist, oder nutze ich das System der DRGs im wirtschaftlichen Sinne optimal aus?« (Steffen/Lindner)

Bedeutung für die MAV

Durch Indirekte Steuerung wird die MAV ggf. vor die Herausforderung gestellt, sich gegen die formulierten Interessen von Mitarbeitern zu stellen, die auf der vermeintlichen Freiheit beruhen, die diesen durch die indirekte Steuerung eingeräumt wird. Die vermeintliche Freiheit kann z. B. mit Verstößen gegen das Arbeitszeitgesetz (z. B. Pausen- und Ruhezeiten) einhergehen. Für die MAV kann das zur Gratwanderung werden.

Es wird heute und noch mehr in Zukunft eine bedeutende Aufgabe für die MAV sein, sich mit den neuen Formen der Arbeitsorganisation auseinanderzusetzen. Die Arbeitssituation in vielen Bereichen der sozialen Arbeit wird immer unerträglicher. Für die Beschäftigten hat das oft gravierende gesundheitliche Auswirkungen, es steigt die Fluktuation bzw. die »Flucht« aus dem Beruf und natürlich fehlt der ausreichende Nachwuchs für die ausscheidenden Mitarbeiter.

Die MAVen müssen sich als Gremium und dann zusammen mit den Kollegen mit der indirekten Steuerung auseinandersetzen. Die subtilen und versteckten Mechanismen der indirekten Steuerung müssen Thema in den Arbeitsbereichen werden.

Fragen, die die MAV mit den Beschäftigten bzw. den Teams diskutieren kann:

- Wie gehen wir mit Personalmangel in unserem Arbeitsbereich um?
- Bringen wir mehr Leistung als im Sinne unseres Arbeitsvertrags verlangt?
- Was passiert, wenn wir »nur« unseren Arbeitsvertrag einhalten?
- Springe ich für kranke Kollegen aus dem Frei ein?
- Bin ich bereit, auf Grund angespannter Arbeits- und Personalsituationen meinen Urlaub/freie Tage zu verlegen?
- Gehe ich mit Kollegen, die öfters krank sind, fair um?
- Wie erleben andere im Team die Belastungssituationen?

Aktionsform Ultimatum

Die von der Gewerkschaft ver.di entwickelten neuen Aktionsformen von Ultimaten zeigen Wege auf, wie sich die Beschäftigten gegen die Arbeitsverdichtung als Folge der indirekten Steuerung gemeinsam wehren können (→ **Aktionsformen**).

In vielen Einrichtungen in der Pflege funktioniert eine »Solidarität« so, dass jeder für jeden einspringt, es ist »solidarisch« außerhalb des Dienstplanes auszuhelfen und damit auf sein geregeltes Frei zu verzichten. So wird der Teamgeist zur eigenen und zur gegenseitigen Selbstausbeutung benutzt.

Mit einem **»Teamversprechen«** wird die Solidarität wieder vom Kopf auf die Füße gestellt. Das Team verspricht sich gegenseitig, dass sie nicht mehr in ihrer Freizeit einspringen werden, um kurzfristige Personalausfälle und Unterplanung zu kompensieren. Dieses Versprechen kann schriftlich festgehalten werden und wird intern aufbewahrt. Durch das Teamversprechen wird Solidarität im eigentlichen Sinne im Arbeitsalltag wieder hergestellt. Es nicht nun nicht mehr solidarisch, außerhalb des Dienstplans einzuspringen, sondern das Gegenteil: Wer aus seinem Frei noch einspringt, stellt sich dann selbst außerhalb des Teams und handelt unsolidarisch.

Die Beschäftigten in der Berliner Charité haben mit den Aktionsformen Notruf und Ultimatum bereits sehr wichtige Erfolge erzielt.

Bedeutung für die Beschäftigten

»Wir müssen lernen, mit der Unternehmerfunktion so umzugehen, dass sie sich nicht gegen uns wendet. Wir müssen die Mechanismen der indirekten Steuerung besser verstehen und sie uns in unserer konkreten Arbeitssituation immer wieder bewusst machen. Bezogen auf die Arbeitszeit müssen wir eine realistische Einschätzung zu der Zeit gewinnen, die wir wirklich brauchen für bestimmte Tätigkeiten. Das würde uns ermöglichen, bei Projekten Verhandlungen zu führen, bei denen wir uns nicht durch völlig unrealistische Zeitvorgaben unter Druck setzen (lassen). All diese Lernprozesse können nicht individuell gemacht werden. Sie bedürfen der kollektiven Aktion der KollegInnen.«
(Siemens/Frenzel in »Arbeitszeit und indirekte Steuerung«).

Durch die Verinnerlichung der unternehmerischen Interessen bei ständiger Personalknappheit schädigen sich die Beschäftigten selbst. Arbeitswissenschaftliche Untersuchungen heben den Widerspruch zwischen hohem Engagement in der beruflichen Tätigkeit und der gleichzeitig empfundenen hohen Belastung heraus. Anders als in der Industrie oder in öffentlichen Verwaltungen nehmen die Beschäftigten in sozialen Berufen ihre schlechte Arbeitssituation oft als gegeben hin und organisieren seltener kollektiven Widerstand.
Die Beschäftigten im Pflegebereich stehen dabei unter einem besonderen Druck. *»Sie zeigen sehr viel Verständnis für die Erwartungen der Vorgesetzten oder auch Kollegen ständig flexibel einsetzbar zu sein. Sie denken selber den engen Zeitrahmen, die prekäre ökonomische Situation der Einrichtungen und damit die ständige Personalknappheit ganz automatisch mit. Sie beschreiben es als selbstverständliche (und unabänderliche) Tatsache, dass es für Pflegeeinrichtungen eben nicht mehr Geld gibt und dass sie daher bereit sein müssen, dies durch ihren persönlichen Einsatz auszugleichen«*, schreibt Iris Nowak 2011 in »Prekäre Arbeitsverhältnisse«.
Diese Einstellung geht natürlich zu Lasten der Pflegekräfte. *»Die Mehrzahl der Pflegekräfte versucht, in Belastungssituationen durch Mehrarbeit die Pflegequalität auf gleichbleibend hohem Niveau zu halten, weil ihrer Ansicht nach bei der Pflege eigentlich ›keine Abstriche‹ gemacht werden können. Dies geschieht durch schnelleres Arbeiten, gleichzeitige Versorgung mehrerer Patienten oder das Arbeiten über das Schichtende hinaus. Diese Strategie der Kompensation von Belastungsspitzen geht zu Lasten der Pflegekräfte und kann auf die Dauer zu körperlichen oder psy-*

chischen Beeinträchtigungen führen«, stellt Bernhard Braun in seinem Gutachten zur Situation der Pflege in hessischen Akutkrankenhäusern von 2004 fest.

Die Konsequenzen dieses besonderen Berufsverständnisses sind für viele Pflegekräfte gravierend. Es führt zu einer Entgrenzung der Arbeitszeit, das gesamte Alltagsleben stellt sich auf die Anforderungen der Einrichtung ein, es gibt keine zuverlässige und langfristig geplante Freizeit mehr für die Familie und Freunde. Dies erklärt auch die hohe Zahl an Depressionen und Fällen von Burnout in der Pflege und das frühzeitige Ausscheiden aus dem Beruf bzw. den »freiwilligen« Wechsel in ein Teilzeitarbeitsverhältnis.

Die oben beschriebene Aktionsform »Ultimatum« kann zu einer neu erlebten Solidarität innerhalb des Teams führen. Werden dann noch Verbesserungen in der Personalbesetzung erreicht, fördert dies nicht nur die eigene Arbeitszufriedenheit und Gesundheit, sondern dient auch einer besseren Versorgung des Klientels.

Literaturhinweis

- *Siemens, Stephan/Frenzel, Martina:* Meine Zeit ist mein Leben, Internetseite mit Filmen, Songs und Downloads: *https://www.meine-zeit-ist-mein-leben.de,*
- *Siemens, Stephan/Frenzel, Martina:* Das unternehmerische Wir, 2. Auflage, Hamburg 2016.
- *Behruzi,Daniel:* Kampfmethode Ultimatum, *Daniel Behruzi_IndBez_2018 04.pdf (verdi.de)*
- ver.di (Hrsg.): *Selbstgefährdung mit System? | Gesundheit, Soziale Dienste, Bildung und Wissenschaft*
- *ver.di (Hrsg.):* Mehr von uns ist besser für alle – Der Kampf um Entlastung und Gesundheitsschutz an der Berliner Charité und Sozialwesen in Berlin.

Individualarbeitsrecht

Was ist das?

Das Individualarbeitsrecht regelt die rechtlichen Beziehungen zwischen Arbeitnehmer und Arbeitgeber auf individueller Grundlage.
Die Gestaltung des Arbeitsverhältnisses kann in drei Abschnitte unterteilt werden: Das Anbahnungsverhältnis, der Abschluss des Arbeitsvertrags und die Beendigung des Arbeitsverhältnisses.
Bereits im Anbahnungsverhältnis hat der Arbeitgeber u. a. Regelungen nach AGG und SGB IX zu beachten, die im Fall der Zuwiderhandlung durch den (potentiellen) Arbeitgeber Schadensersatzansprüche des (potentiellen) Arbeitnehmers begründen könnten.
Diese Ansprüche könnte die betroffene Person dann individualrechtlich geltend machen und im Urteilsverfahren vor dem Arbeitsgericht einklagen.
Im Arbeitsverhältnis selbst gibt es eine Vielzahl von Pflichten und Rechten auf beiden Seiten. So hat der Arbeitgeber die Hauptpflicht der Entgeltzahlung, der Arbeitnehmer die Pflicht der Arbeitsleistung. Zahlt der Arbeitgeber nicht, kann der Arbeitnehmer das Entgelt einklagen.
Die Beendigung des Arbeitsverhältnisses kann unterschiedliche Gründe haben, wie z. B. der Abschluss eines Aufhebungsvertrags, Kündigung durch eine der beiden Vertragsparteien, Renteneintritt etc. Möchte sich der Arbeitnehmer gegen eine Kündigung des Arbeitgebers zur Wehr setzen, so kann er das individualrechtlich tun, indem er Kündigungsschutzklage vor dem Arbeitsgericht erhebt.

Bedeutung für die MAV

Die MAV kann auf die Vertragsfreiheit des Arbeitnehmers und des Arbeitgebers keinen unmittelbaren Einfluss nehmen.
Dennoch hat das kollektive Arbeitsrecht an bestimmten Stellen Auswirkungen für den Arbeitnehmer und den Arbeitgeber.

Stimmt z. B. die MAV einer Einstellung (§ 42 Buchst. a MVG) nicht zu und haben Arbeitnehmer und Arbeitgeber bereits einen Arbeitsvertrag geschlossen, so ist dieser Vertrag wirksam, aber die MAV kann vom Arbeitgeber verlangen, dass der Arbeitnehmer nicht beschäftigt wird. Der Arbeitgeber befindet sich dann wiederum individualrechtlich im Annahmeverzug (§ 615 BGB), was bedeutet, dass der Arbeitnehmer auch ohne tatsächliche Arbeitsleistung das arbeitsvertraglich geschuldete Entgelt erhält.
Stimmt z. B. die MAV einer ordentlichen Kündigung nach Ablauf der Probezeit (§ 42 Buchst. b MVG) nicht zu und der Arbeitgeber kündigt, ohne dass die fehlende Zustimmung der MAV kirchengerichtlich ersetzt worden ist, so leidet die Kündigung an einem formellen Mangel. Unterstellt, ein wirksamer Kündigungsgrund läge vor, wäre die Kündigung mangels ordnungsgemäßer Beteiligung der MAV dennoch unwirksam (§ 38 Abs. 1 MVG). Diese Unwirksamkeit muss der Arbeitnehmer aber zwingend durch fristwahrend erhobene Kündigungsschutzklage (3 Wochen ab Zugang der Kündigung) vor dem zuständigen Arbeitsgericht geltend gemacht haben. Nach Ablauf der Frist wird die Kündigung wirksam, sollte der Arbeitnehmer keine Kündigungsschutzklage erhoben haben.

Bedeutung für die Beschäftigten

Für Beschäftigte ist das Individualarbeitsrecht der Kern ihres Beschäftigungsverhältnisses. Aus ihm ergeben sich alle wechselseitigen Rechte und Pflichten.

Informationsrechte der MAV

Was ist das?

Um die vom MVG der MAV zugewiesen Aufgaben ordnungsgemäß und sachgerecht erledigen zu können, ist die MAV darauf angewiesen, dass sie von der → **Dienststellenleitung** alle erforderlichen Informationen und **Unterlagen rechtzeitig** und **umfassend** erhält. MAV und → **Dienststellenleitung** sollen den gleichen Informationsstand haben, wenn es darum geht, anhand von Informationen Entscheidungen zu treffen bzw. im Vorfeld über Entscheidungen zu diskutieren.
Die MAV ist zu informieren, wenn feststeht, dass Maßnahmen getroffen werden sollen bzw. Maßnahmen ernsthaft erwogen werden. In diesem Rahmen kann die Mitarbeitervertretung insbesondere an den Beratungen von Ausschüssen und Kommissionen beteiligt werden. Die Information der MAV durch die **Dienststellenleitung** hat rechtzeitig und umfassend zu erfolgen – § 34 Abs. 1 u. 2. MVG. Praktisch bedeutet dies, dass die MAV bereits im Vorfeld von Entscheidungen zu beteiligen ist. »Die MAV soll also bereits durch Informationen mit einbezogen werden, bevor sich die Entscheidungsfindung der **Dienststellenleitung** zu einer konkreten Absicht verdichtet hat« (Fey/Rehren, § 34 MVG.EKD Rn. 2). Die **Information** muss so **frühzeitig** wie möglich gegeben werden (BAG v. 18.7.1972, AP Nr. 10 zu § 72 BetrVG), spätestens zu einem Zeitpunkt, in dem der Arbeitgeber noch Alternativen überlegt, also noch Einfluss auf die Entscheidung genommen werden kann (LAG Hamburg v. 4.6.1985 – 6 Sa 17/85, DB 85, 2308).
Die **Dienststellenleitung** hat die Informationen in umfassender Art und Weise zu liefern (Wahrig – Deutsches Wörterbuch – 1986 – umfassend: vollständig, alles einschließend). Die Dienststellenleitung muss u. a. folgende Informationen liefern:

- Umfang der geplanten Maßnahme
- Auswirkungen der geplanten Maßnahme (Personal, Organisation)
- alle wesentlichen Tatsachen, Einschätzungen und Bewertungen

Es geht nicht nur darum, Zahlen und Fakten zu liefern, auch Bewertungen und Meinungen der **Dienststellenleitung** sind der MAV vorzulegen.

Der MAV sind die zur Durchführung ihrer Aufgaben erforderlichen Unterlagen rechtzeitig zur Verfügung zu stellen (§ 34 Abs. 2 MVG). »Zur Verfügung stellen« heißt aushändigen. Im Falle einer nur mündlichen Information muss die MAV entscheiden, ob diese mündliche Information ausreicht oder eine schriftliche Information angefordert werden soll. Der Arbeitgeber hat der **Anforderung** von **schriftlichen Unterlagen** durch die MAV, soweit es in seiner Macht steht, **nachzukommen**, da ansonsten die ordnungsgemäße Beteiligung der MAV gefährdet ist.

Mindestens einmal im Jahr ist die MAV (§ 34 Abs. 2 MVG) durch die Dienststellenleitung über die **Personalplanung** zu unterrichten. Insbesondere muss dabei auf den gegenwärtigen und künftigen Personalbedarf eingegangen werden. In rechtlich selbständigen diakonischen Einrichtungen mit mehr als 150 Mitarbeitern muss der Arbeitgeber zusätzlich informieren über

- die wirtschaftliche Lage der Dienststelle,
- geplante Investitionen,
- Rationalisierungsvorhaben,
- Einschränkungen oder Stilllegungen von wesentlichen Teilen der Dienststelle,
- wesentliche Änderungen der Organisation oder des Zwecks der Dienststelle,
- die Übernahme der Dienststelle oder Einrichtung durch Dritte, wenn hiermit der Erwerb der Kontrolle verbunden ist,
- die Aufstellung und Änderung des Stellenplanentwurfs.

Auf begründetes Verlangen der MAV ist die MAV über diese Themen vierteljährlich zu informieren. Besteht eine Gesamt-MAV, so ist diese zu informieren. Wieso diese Informationsverpflichtung nicht auch für kleinere diakonische Einrichtungen gilt, deren wirtschaftliche Lage oft brisanter ist als die großer Werke, ist nicht nachvollziehbar.

Die Informationspflicht zur Aufstellung und Änderung des **Stellenplanentwurfs** wurde mit der Novellierung des MVG zum 1. 1. 2019 neu in den Katalog des § 34 Abs. 2 MVG aufgenommen. Vorher unterlagen die Aufstellung von Grundsätzen des Personalbedarfs und die Aufstellung und Änderung des Stellenplanentwurfs der Mitberatung, unabhängig von der Größe der Einrichtung. Ein Abbau der Beteiligungsrechte bei der Personalplanung und der Erstellung der Stellenpläne ist angesichts der Personalknappheit und Arbeitsüberlastung im sozialen Bereich ein schlechtes Signal der Diakonie für die Wertschätzung der Arbeit ihrer Beschäftigten.

Zur **Informationspflicht der Dienststellenleitug** gehört, dass die Informationen ohne Aufforderung an die MAV zu geben sind. Einer Aufforderung zur Information hat die **Dienststellenleitung** unverzüglich nachzukommen. Die MAV soll durch die rechtzeitige Information in die Lage versetzt werden, eigene Vorschläge, Anregungen, Bedenken zu entwickeln und diese Vorstellungen in den Entscheidungsprozess der **Dienststellenleitung** einzubringen. Die Anregungen

sollen bei der Planung mit berücksichtigt werden können, nicht erst beim Ergebnis.
Werden Unterlagen schriftlich an die MAV gegeben, kann dies in der Form der Einsicht, der Leihe oder auf Dauer geschehen. Die MAV hat jedoch das Recht, alle Unterlagen, die sie für ihre Arbeit benötigt, zu kopieren und aufzubewahren. Die Informationen sind der MAV in verständlicher und nachvollziehbarer Form zuzuleiten.
Rechtzeitige Information bedeutet, dass die Unterrichtung so frühzeitig erfolgt, dass die MAV ausreichend Zeit hat, sich in den Sachstand einzuarbeiten und auf den Entscheidungsprozess der Dienststelle noch Einfluss nehmen kann.
Der Informationsanspruch ist ein dynamischer Prozess, daher sind die Informationen an die Mitarbeitervertretung ständig zu aktualisieren. Ergeben sich für die Dienststellenleitung neue Erkenntnisse, Fakten oder Einschätzungen, so ist die MAV ohne Aufforderung unverzüglich zu informieren.
Die MAV hat einen Informationsanspruch bei der Durchführung einer Maßnahme im Rahmen des betrieblichen → **Eingliederungsmanagements (BEM)**. Der MAV sind die Namen der Mitarbeiter mitzuteilen, denen in der ersten Stufe des BEM ein Gespräch angeboten wird (BayVGH v. 14. 3. 2016).

- Das Teilzeit- und Befristungsgesetz schreibt in § 20 vor, dass der Arbeitgeber die Arbeitnehmervertretung »über die **Anzahl der befristet beschäftigten Arbeitnehmer** und ihren Anteil an der Gesamtbelegschaft des Betriebes und des Unternehmens zu informieren« hat.
- Nach einem Beschluss des KGH ist der Arbeitgeber verpflichtet, die MAV über alle in der Einrichtung tätigen Arbeitnehmer von Fremdfirmen zu unterrichten. Dazu gehören die Namen, die Einsatztage, die Einsatz- und Tätigkeitsbereiche (KGH.EKD II-0124/R28-09).

Bedeutung für die MAV

Die Bedeutung der Informationsrechte für die MAV nach § 34 MVG liegt darin, frühzeitig Informationen zu bekommen und bereits im Planungsstadium über Entwicklungen unterrichtet zu werden und diese beeinflussen zu können. Eine Information der MAV ist bei allen organisatorischen und sozialen Maßnahmen erforderlich, soweit diese Auswirkungen auf die Mitarbeiter haben. Es handelt sich hier nicht um die so genannten harten Mitbestimmungsrechte, bei denen die MAV innerhalb der recht kurzen Frist von 14 Tagen einer sozialen oder personellen Maßnahme zustimmen oder sie ablehnen kann, sondern um eine Form der **Beteiligung im frühzeitigen Vorfeld** mitbestimmungspflichtiger Maßnahmen. Im Idealfall kann die MAV mit ihren speziellen betrieblichen Kenntnissen in der

Planungsphase Einfluss auf betriebliche Entwicklungen nehmen und frühzeitig auf eventuelle Fehlentwicklungen hinweisen.
Eine knappe Terminierung der Information kurz vor der Entscheidungsfindung, die eine Meinungsbildung der MAV und eine Einwirkung auf die Entscheidung der Leitung unmöglich macht, verfehlt den Sinn der Vorschrift über Informationsrechte.
Will die Dienststellenleitung z. B. ein neues EDV-System einführen, sind viele Fragen zu berücksichtigen, die bei einer entsprechend frühzeitigen und umfassenden Information der MAV später einzuleitende Mitbestimmungsverfahren nach § 40 wesentlich erleichtern und abkürzen können.

Beispiel: Einführung neuer EDV-Systeme – wichtige Informationen im Vorfeld:
- Problemanalyse
- Zwecksetzung, Ziele, Erwartungen
- Systembeschreibungen
- zu verarbeitende Daten
- Beschreibung vorhandener Daten und Programme
- Zugriffsberechtigungen
- Maßnahmen der Datensicherung
- Schulungsmaßnahmen
- Auswirkungen auf Arbeitnehmer
- Einhaltung des Datenschutzes

Das MVG formuliert in § 34 ein umfassendes und rechtzeitiges Informationsrecht für die MAV bei der **Erledigung ihrer Aufgaben**. Dieses Recht kann die MAV jedoch nur wahrnehmen, wenn sie ihre Aufgaben nach MVG ordnungsgemäß wahrnehmen kann. Dazu gehört die rechtzeitige und umfassende Information. Die Aufgaben sind im MVG an unterschiedlichen Stellen genannt.
Aufgaben der MAV:
- Durchführung der → **Mitarbeiterversammlung** mindestens einmal im Jahr – § 31 MVG
- Vertrauensvolle Zusammenarbeit – gegenseitige Unterstützung bei der Erfüllung der Aufgaben – § 33 Abs. 1 MVG
- Vertrauensvolle Zusammenarbeit – gegenseitige Information über Angelegenheiten der Dienstgemeinschaft – § 33 Abs. 1 MVG
- Vertrauensvolle Zusammenarbeit – mindestens einmal im Halbjahr findet ein Gespräch mit der **Dienststellenleitung** statt – § 33 Abs. 2 MVG
- Bekanntgabe von → **Dienstvereinbarungen** – § 36 Abs. 2 MVG
- → **Initiativrechte** der Mitarbeitervertretung – § 47 Abs. 1 MVG (Ablehnung eines Antrags durch die **Dienststellenleitung** ist schriftlich zu begründen, auf diese Weise erhält die MAV ebenfalls Informationen)

Neu ins MVG eingefügt wurde mit Wirkung zum 1. Januar 2024 § 34 Absatz 2a. Danach kann die Mitarbeitervertretung verlangen, dass sie zweimal im Jahr durch zwei ihrer Mitglieder Einsicht in Bruttoentgeltlisten nehmen kann. Die Bruttoentgeltlisten enthalten die Namen der Beschäftigten, deren Grundentgelte sowie die tariflichen und außertariflichen in Monatsbeträgen festgelegten Zulagen. Die Regelung wurde aufgenommen, nachdem der KGH der MAV das Recht zugesprochen hatte, die Bruttoentgeltlisten zweimal jährlich ausgehändigt, also übergeben, zu bekommen. Die durch die Synode in das MVG übernommene Regelung bleibt also hinter der durch die höchstrichterliche Rechtsprechung entschiedenen Regelung zurück.

Grundsätze der Zusammenarbeit – § 33 MVG
MAV und Dienststellenleitung sollen mindestens einmal im Halbjahr zur Besprechung der anstehenden Fragen in der Einrichtung zusammenkommen (§ 33 Abs. 2 MVG). Diese Gespräche sollen dem Austausch von Vorschlägen und Anregungen dienen. In diesen Gesprächen kann die MAV gezielt nachfragen nach konzeptionellen Entwicklungen, der wirtschaftlichen Situation der Einrichtung (→ **Wirtschaftsausschuss**) und geplanten Maßnahmen.

Allgemeine Aufgaben der Mitarbeitervertretung – § 35 MVG
- Maßnahmen anregen, die der Arbeit in der → **Dienststelle** und ihren Beschäftigten dienen
- Kontrolle der Einhaltung der arbeits-, sozial- und dienstrechtlichen Bestimmungen, Vereinbarungen
- Beschwerden entgegennehmen und evtl. auf Abhilfe drängen
- Eingliederung und berufliche Entwicklung hilfs- und schutzbedürftiger, insbesondere behinderter und älterer Personen in die Dienststelle fördern
- Gleichstellung fördern
- Gemeinschaft von Männern und Frauen fördern
- Integration ausländischer Beschäftigter fördern
- Maßnahmen des Arbeits- und Gesundheitsschutzes und des betrieblichen Umweltschutzes fördern.
- Aufgaben im Rahmen der Mitbestimmung
- → **Mitbestimmung** bei allgemeinen personellen Angelegenheiten – § 39 MVG
- **Mitbestimmung** in organisatorischen und sozialen Angelegenheiten – § 40 MVG
- Eingeschränkte **Mitbestimmung** in Personalangelegenheiten der privatrechtlich angestellten Beschäftigten – § 42 MVG
- Eingeschränkte **Mitbestimmung** in Personalangelegenheiten der Mitarbeiter und Mitarbeiter in öffentlich-rechtlichen Dienstverhältnissen – § 43 MVG
- → **Mitberatung** – § 46 MVG

In § 35 MVG wurden zum 1. 1. 2024 folgende allgemeine Aufgaben ergänzt:
d) die Eingliederung und berufliche Entwicklung schwerbehinderter Menschen, einschließlich des Abschlusses von Inklusionsvereinbarungen nach § 166 des Neunten Buches Sozialgesetzbuch, und sonstiger besonders schutzbedürftiger Personen in der Dienststelle fördern und für eine ihren Kenntnissen und Fähigkeiten entsprechende Beschäftigung eintreten,
e) für die Gleichstellung und die Gemeinschaft in der Dienststelle eintreten und Maßnahmen zur Erreichung dieser Ziele anregen sowie an ihrer Umsetzung mitwirken,
f) die Vereinbarkeit von Familie und Erwerbstätigkeit fördern,
g) die Entgeltgleichheit zwischen den Geschlechtern überwachen

Informationsbeschaffung der MAV
Neben den Informationen, die die MAV von der → **Dienststellenleitung** erhält, kann sie auch eine **aktive Informationsbeschaffungspolitik** betreiben. Dazu können u. a. folgende Maßnahmen gehören:
- Einrichtung von Sprechstunden
- Mitarbeiterversammlungen
- Erfahrungsaustausch mit anderen MAVen
- Besuch von Tagungen und Seminaren
- Besuche am Arbeitsplatz
- Teil-Mitarbeiterversammlungen
- Heranziehung von sachkundigen Personen
- Befragungen
- Einsichtnahme in die bzw. Aushändigung der → **Bruttolohnlisten**

Sonderregelung: Informationsrechte bei Einstellungen
Grundsätzlich werden der MAV bei der Einstellung nur die Bewerbungsunterlagen des einzustellenden Beschäftigten vorgelegt. Die MAV kann jedoch die Vorlage sämtlicher Bewerbungen verlangen. Die Bewerbungen können im Einzelfall angefordert werden. Die MAV kann der → **Dienststellenleitung** jedoch auch generell mitteilen, dass sie regelmäßig alle **Bewerbungsunterlagen** bei allen Stellenbesetzungen haben möchte. Das Verlangen der Vorlage sämtlicher Bewerbungsunterlagen kann sowohl mündlich als auch schriftlich erfolgen. MAV und Dienststellenleitung können für generelle Regelungen auch eine **Dienstvereinbarung** abschließen, z. B. in der Art, dass bei pädagogischem Personal immer und bei Reinigungskräften nur im Einzelfall alle Bewerbungsunterlagen vorzulegen sind. Zu den Bewerbungsunterlagen gehören alle schriftlichen Unterlagen, die der Bewerber an die → **Dienststelle** geschickt hat (Bewerbungsschreiben, Lebenslauf, Zeugnisse, Empfehlungen, ...).

Bei Streitigkeiten darüber, ob die MAV zu informieren war, ob sie rechtzeitig oder umfassend informiert wurde, kann das Kirchengericht (→ **Rechtsschutz**) angerufen werden.

Bedeutung für die Beschäftigten

§ 34 Abs. 4 MVG sieht vor, dass Beschäftigte durch ein MAV-Mitglied ihrer Wahl **Einsicht** in ihre → **Personalakten** nehmen lassen können. Das MAV-Mitglied braucht dazu die schriftliche Zustimmung des Beschäftigten und kann dann die → **Personalakten** einsehen. Zum Recht auf Einsicht gehört auch das Recht, Kopien aus der → **Personalakte** zu fertigen. Sollte der Beschäftigte dies nicht wünschen, müsste dies extra auf der Vollmacht angegeben sein. Das MAV-Mitglied hat gegenüber Dritten über die Erkenntnisse aus der Einsicht in die → **Personalakten** zu schweigen, dies gilt nicht gegenüber den übrigen MAV-Mitgliedern, da es innerhalb des MAV-Gremiums keine → **Schweigepflicht** gibt.
Bei **dienstlichen Beurteilungen** kann der betroffene Beschäftigte verlangen, dass die MAV die Beurteilung erhält, bevor diese in die → **Personalakte** kommt (§ 34 Abs. 4 MVG). Die MAV kann somit kontrollieren, ob der Beschäftigte nach Recht und Billigkeit bzw. nach den in der → **Dienststelle** vorhandenen Beurteilungsrichtlinien beurteilt wurde. Der betroffene Beschäftigte kann sich bei seiner Beurteilung von der MAV beraten lassen.

Initiativrecht

Was ist das?

Das förmliche Initiativrecht nach § 47 MVG gibt der MAV die Möglichkeit, Vorschläge in den Bereichen zu machen, die der → **Mitbestimmung** und der → **Mitberatung** unterliegen. Das Initiativrecht bezieht sich auf alle Fälle

- der Mitbestimmung bei allgemeinen personellen Angelegenheiten nach § 39 MVG,
- der Mitbestimmung in organisatorischen und sozialen Angelegenheiten nach § 40 MVG,
- der eingeschränkten Mitbestimmung in Personalangelegenheiten nach § 42 und § 43 MVG,
- der Mitberatung nach § 46 MVG.

In allen Fällen hat die MAV die beantragte Maßnahme schriftlich vorzuschlagen. Die Dienststellenleitung hat innerhalb eines Monats Stellung zu nehmen und eine Ablehnung schriftlich zu begründen. In Regelungsstreitigkeiten nach § 40 MVG kann die MAV innerhalb von zwei Wochen nach festgestellter Nichteinigung die Einigungsstelle anrufen. In diesen Fällen trifft die → **Einigungsstelle** zunächst jedoch keine Entscheidung, sondern unterbreitet einen **Vermittlungsvorschlag**. Danach ist die Einigungsstelle in diesen Fällen abschließend regelungsbefugt. Das Initiativrecht wird bei Regelungsstreitigkeiten durch die MAVen bislang sehr wenig genutzt. Die MAV verzichtet damit auf die Möglichkeit echter Beteiligung und aktiver Mitbestimmung über betriebliche Belange.

Die Anrufung des Kirchengerichts ist für Regelungsstreitigkeiten in Angelegenheiten nach § 40 ausgeschlossen.

Reagiert die Leitung in den sonstigen Fällen der eingeschränkten (§ 42 MVG) und uneingeschränkten Mitbestimmung (§ 39 MVG) nicht innerhalb der Monatsfrist, kann die MAV das **Kirchengericht** (→ **Rechtsschutz**) anrufen. Nach der Regelung über die Zuständigkeit des Kirchengerichts (§ 60 MVG) entscheidet es lediglich darüber, ob die Weigerung der Dienststellenleitung, die von der MAV beantragte Maßnahme zu vollziehen, rechtswidrig ist.

MAV und Arbeitgeber haben damit in einer Vielzahl von Fällen nach dem MVG nicht die gleiche Möglichkeit, eine Regelung vorzuschlagen oder abzulehnen. Von gleichberechtigten Betriebspartnern kann also nicht die Rede sein. Abweichend vom BetrVG haben die MAVen erheblich eingeschränkte Rechte bei der Gestaltung betrieblicher Regelungen. Betriebsräte können nach dem BetrVG mitbestimmungspflichtige Maßnahmen vorschlagen und im Falle einer Nichteinigung mit dem Arbeitgeber die Einigungsstelle anrufen. In diesen Fällen trifft die Einigungsstelle eine für beide Seiten verbindliche Entscheidung (s. → **Einigungsstelle**).

Bedeutung für die MAV

Mit dem Initiativrecht hat die MAV die rechtlich eingeschränkte Möglichkeit, ihr sinnvoll erscheinende Maßnahmen vorzuschlagen und damit aus der Position herauszukommen, dass sie auf Maßnahmen der Dienststellenleitung nur reagiert. Die MAV kann sich dabei zielstrebig Initiativen oder Projekte in der Dienststelle vornehmen, die sie unter »MAV-strategischen« Gesichtspunkten als wichtig erachtet, umgekehrt aber für die Dienststellenleitung kein oder nur ein unangenehmes Thema sind. Sie hat damit ein Instrument in der Hand, **zu agieren, statt lediglich zu reagieren**. Die Initiativen der MAV können von Fragen des → **Arbeits- und Gesundheitsschutzes** (ein breites Feld für vielfältige Initiativen der MAV) bis zu Fragen über Grundsätze der Dienstplangestaltung reichen. Mehren sich z. B. Anfragen und Beschwerden der Beschäftigten über zunehmende Überstunden oder wegen des Holens aus dem Frei und droht die MAV dabei im Alltagsgeschäft unterzugehen, ist es ratsam, dass sich die MAV die Zeit nimmt zur Erarbeitung einer grundsätzlichen Initiative für eine Rahmenregelung zur Dienstplangestaltung. In der Folgezeit kann dies viele Einzelfragen und Einzelfälle überflüssig machen bzw. einfacher zu erledigen helfen. Bei einer Klausurtagung der MAV oder bei ihrer Jahresplanung sollte der Punkt »Aktivitäten der MAV im Rahmen des Initiativrechts« ständiges Thema sein.

Das Initiativrecht des § 47 MVG besteht nur, wenn die konkrete Angelegenheit noch nicht nach § 38 MVG-EKD mitbestimmt worden ist. Hat die MAV bereits ihre Zustimmung zu einem zustimmungspflichtigen Vorgang erteilt, kann die MAV nicht nachträglich einen Initiativantrag einbringen, ohne dass sich die zugrunde liegenden Tatsachen geändert haben (KGH v. 9. 10. 2017, EKD II-0124/14).

Nach einer Entscheidung des Verwaltungsgerichts der EKD (Vorgänger des Kirchengerichtshofs) erstreckt sich das Initiativrecht der Mitarbeitervertretung auch

auf Fragen der richtigen → **Eingruppierung** (VerwG.EKD v. 15.5.1998, 0124/C3-98).
Die MAV kann im Rahmen des Initiativrechts einen Vorschlag für eine → **Dienstvereinbarung** vorlegen und die Dienststellenleitung zu Verhandlungen darüber auffordern. Verweigert die Dienststellenleitung die Verhandlungen oder ist sie nicht zu Kompromissen bereit und hält dabei die formalen Vorgaben nach § 47 Abs. 1 MVG ein, kann die MAV über die Einigungsstelle bzw. das Kirchengericht zwar keine inhaltliche Einigung erwirken, doch sie kann mit Unterstützung der Beschäftigten ein in der Einrichtung günstigeres Klima für die Durchsetzung der von ihr geforderten Maßnahmen bewirken. Macht die MAV ihre Initiativen innerbetrieblich öffentlich und kommt auch die Unterstützung durch die Mitarbeiter in der betreffenden Frage deutlich zum Ausdruck, fällt es der Dienststellenleitung schwer, eine solche Initiative der MAV einfach abzublocken oder zu ignorieren. Die rechtlich schwache Position der MAV beim Initiativrecht kann somit ein Stück weit kompensiert werden und bietet der MAV ein breites Spektrum an Aktivitäten, die es auch im Sinne der Beschäftigten zu nutzen gilt.
In Fällen von Regelungsstreitigkeiten nach § 40 MVG kann die MAV eine Entscheidung durch die → **Einigungsstelle** durchsetzen.

Bedeutung für die Beschäftigten

Beschwerden, Anfragen und Anregungen der Mitarbeiter können über das Initiativrecht aufgenommen und in der Dienststelle umgesetzt werden.
Die MAV kann so auf **aktuelle Missstände** in der Einrichtung reagieren oder auch bei **Beschwerden und Anfragen von Mitarbeitern**, die an sie herangetragen werden, auf Erledigung hinwirken. Beim Vorgehen und geschickten Einleiten dieser Initiativen ist in der Regel ein Stück Erfahrung erforderlich. Es empfiehlt sich, dass die MAV bei konkreten Anregungen und Initiativen von Mitarbeitern das Begehren aufnimmt, es auf mitbestimmungs- und mitberatungspflichtige Tatbestände hin durchgeht und die Anregungen genau danach prüft, wie kompatibel sie mit dem Initiativrecht der MAV in Bezug auf die sozialen und allgemeinen personellen Maßnahmen sind. Manchmal müssen diese Initiativen und Anregungen leicht abgeändert werden, damit sie von den mitbestimmungs- und mitberatungspflichtigen Tatbeständen erfasst werden, dafür kann der Antrag aber nicht aus formalen Gründen abgelehnt werden. Eine MAV, die auf die Einhaltung der tariflichen und arbeitsrechtlichen Vorschriften achtet und die Anregungen und Beschwerden der Mitarbeiter aufgreift und auch kompetent ist, sie vor der Dienststellenleitung effektiv zu vertreten, stärkt das Selbstbewusstsein und die Eigeninitiative der einzelnen Mitarbeiter. Weiter fördert eine MAV, wenn

sie die Interessen der Beschäftigten aufgreift, eine lebendige und innovative Betriebskultur und steht in diesem Sinne auch für ständige Weiterentwicklung der Dienststelle.

Übersicht

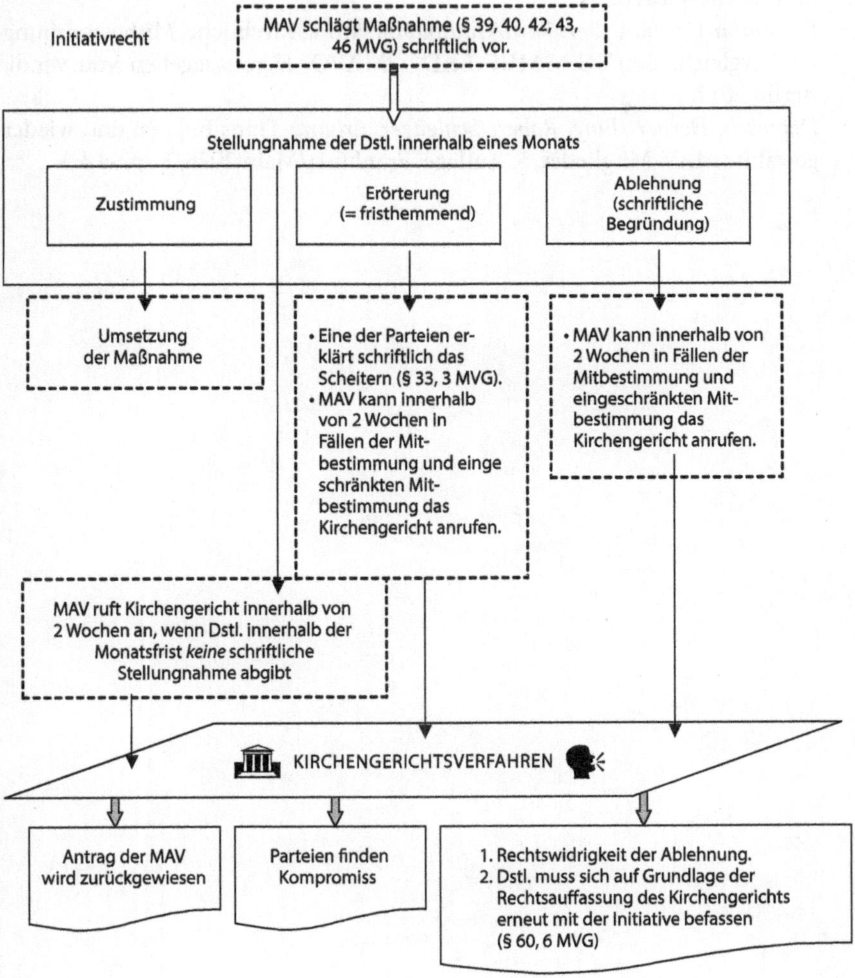

Literaturhinweis

- *Baumann-Czichon* u. a.: MVG-EKD. Der neue Kommentar für die Praxis, 4. Auflage, Bremen 2013, § 47.
- *Baumann-Czichon, Bernhard:* Die Einigungsstelle kommt, in: Arbeitsrecht und Kirche 4-2018.
- *Baumann-Czichon, Bernhard/Gathmann, Mira:* Kirchliche Mitbestimmung im Vergleich, BetrVG – MVG.EKD – MAVO, Herausgegeben von ver.di, Berlin 2017.
- *Deppisch, Herbert/Jung, Robert/Schleitzer, Erhard:* Tipps für neu und wieder gewählte MAV-Mitglieder, 5. Auflage, Frankfurt/Main 2025, Kapitel 4.3.

Inklusionsvereinbarung

Was ist das?

Inklusionsvereinbarung ist eine besondere → **Vereinbarung zwischen Arbeitgeber und Interessenvertretung.** Sie ist nach § 166 SGB IX von allen Arbeitgebern mit der Schwerbehindertenvertretung und der MAV und in Zusammenarbeit mit dem Inklusionsbeauftragen des Arbeitgebers (§ 181 SGB IX) für → **schwerbehinderte Menschen** verbindlich abzuschließen. Dabei hat die Schwerbehindertenvertretung ein Antragsrecht. Wenn keine Schwerbehindertenvertretung besteht, kann die MAV beantragen, über eine Inklusionsvereinbarung zu verhandeln. Das Integrationsamt kann an den Verhandlungen beteiligt werden. Die Inklusionsvereinbarung ist nach Fertigstellung an die örtliche Agentur für Arbeit zu übermitteln.
Die Inklusionsvereinbarung muss Regelungen im Zusammenhang mit der Eingliederung schwerbehinderter Menschen enthalten. Einzugehen ist insbesondere auf die Personalplanung, die Arbeitszeitgestaltung, die Gestaltung des Arbeitsumfelds, die Arbeitsorganisation und die Arbeitszeit. Daneben müssen Regelungen verabredet werden über die Umsetzung der Vereinbarung.
Damit stellt die Inklusionsvereinbarung eine kollektive Regelung auf Betriebsebene dar, die ein ganzes Bündel von arbeitsplatz- und beschäftigungserhaltenden Maßnahmen umfassen kann. Sie ist das zentrale betriebliche Planungs- und Steuerungsinstrument zur Ausgestaltung einer integrativen und inklusiven Personalpolitik. Entsprechend bietet die Vereinbarung auch Planungssicherheit, Nachhaltigkeit bei der Integration bzw. Inklusion und langfristige Wirtschaftlichkeit.
Idealerweise sollte die Vereinbarung als klare Zielvereinbarung ausgestaltet sein, auf deren Basis z. B. die Einstellung einer bestimmten Zahl von schwerbehinderten Menschen bis zu einem bestimmten Zeitpunkt festgelegt ist. Dabei sollten die vereinbarten Ziele klar verständlich und messbar sein.
Nach § 166 Abs. 3 SGB IX können insbesondere folgende Punkte geregelt werden:

- angemessene Berücksichtigung schwerbehinderter Menschen bei der Besetzung freier, frei werdender oder neuer Stellen,
- eine anzustrebende Beschäftigungsquote, einschließlich eines angemessenen Anteils schwerbehinderter Frauen,
- Teilzeitarbeit,
- Ausbildung behinderter Jugendlicher,
- Durchführung der betrieblichen Prävention (betriebliches Eingliederungsmanagement) und zur Gesundheitsförderung,
- die Hinzuziehung des Werks- oder Betriebsarztes auch für Beratungen über Leistungen zur Teilhabe sowie über besondere Hilfen im Arbeitsleben.

Weitere Bestandteile einer Inklusionsvereinbarung könnten sein:

- Umgang mit und Formulierung interner/externer Stellenausschreibungen.
- Teilnahme der Schwerbehindertenvertretung an Vorstellungsgesprächen.
- Sensibilisierung und Motivierung der Kollegen bei der Einstellung schwerbehinderter Menschen.
- Behindertengerechte bauliche Gestaltung, spätestens bei Neu- und Umbauten. Langfristiges Ziel: barrierefreier Zugang zu allen Arbeitsplätzen.
- Barrierefreiheit als allgemeine Zielsetzung: Das Ziel beschränkt sich dabei nicht auf die bauliche Gestaltung, sondern es geht hier auch um die Barrierefreiheit bei Information und Kommunikation. Beispiele könnten sein: Nutzung von Brailleschrift, Schriftdolmetscher, Gebärdendolmetscher, induktive Höranlagen, Leichte Sprache, barrierefreies Internet und Software-Ergonomie.
- Bei Bedarf Überlassung besonderer behindertengerechter Parkplätze.
- Erstellung und Auswertung von Statistiken über die Beschäftigung schwerbehinderter Menschen; Nachsteuerung bei Entwicklungen, die von den vereinbarten Zielen abweichen.

Bedeutung für die MAV und die Schwerbehindertenvertretung

Bei der Erstellung der Inklusionsvereinbarung hat die MAV die Aufgabe, gemeinsam mit der Schwerbehindertenvertretung die besonderen Interessen und Bedürfnisse der schwerbehinderten Menschen in der Dienststelle in möglichst konkrete Zielvereinbarungen umzusetzen. Dabei sollten sich Schwerbehindertenvertretung und MAV so eng wie möglich absprechen und eine gemeinsame Strategie verfolgen.

Vor den Verhandlungen über die Inklusionsvereinbarung empfiehlt sich die Einsetzung einer Arbeitsgruppe, die die betriebliche Situation hinsichtlich der schwerbehinderten Menschen analysiert (Feststellung Ist-Stand), um auf dieser Basis möglichst konkrete Zielvorstellungen für den Abschluss der Vereinbarung zu entwickeln (Soll-Zustand). Bei den Besprechungen der Arbeitsgruppe empfiehlt sich die Einholung von Sachverstand (z. B. Integrationsamt, Integrationsfachdienst, Experten in der Dienststelle, Gewerkschaft) und die Zuhilfenahme von Checklisten, Erhebungsbögen für den Ist-Zustand und Planungsbögen für die analysierten Problembereiche. In Frage kommen auch Erhebungen über den Ist-Zustand in den verschiedenen Abteilungen der Dienststelle. Die Erhebung vorhandener Ressourcen sollte dabei ebenfalls eine Rolle spielen. Auf dieser Basis lässt sich ein realistischer Arbeits- und Zeitplan für die Entwicklung der Vereinbarung erstellen.
Besonders wichtig erscheint auch die Festlegung, wer die Umsetzung der Inklusionsvereinbarung in ihren verschiedenen Bereichen überwacht. Sonst ist die Vereinbarung das Papier nicht wert, auf dem sie steht.

Bedeutung für die (schwerbehinderten) Beschäftigten

Schwerbehinderte Beschäftigte sollten über die Inhalte und Zielsetzungen der Inklusionsvereinbarung informiert sein und sich auch ein Exemplar der Vereinbarung aushändigen lassen. Bei Unklarheiten können sie sich an die Schwerbehindertenvertretung oder an die MAV wenden.
Die Inklusionsvereinbarung ist das wichtigste betriebliche Instrument, um Nachteile schwerbehinderter Menschen auszugleichen. Es kommt deshalb darauf an, wie wichtig gerade die Betroffenen solche Vereinbarungen nehmen und auf die Einhaltung der dort genannten Zielsetzungen pochen. Hier ergibt sich auch ein weiter Raum für die Zusammenarbeit schwerbehinderter Menschen im Betrieb mit der Schwerbehindertenvertretung und der MAV.
Enthält die Inklusionsvereinbarung konkrete Rechte für die schwerbehinderten Menschen in der Dienststelle, so sind diese unabdingbar. Diese Rechte sollten dann auch eingefordert werden. Nur so kann die Inklusionsvereinbarung wirklich zum Leben erweckt werden.

Checkliste: Systematisches Vorgehen bei der Inklusionsvereinbarung

- Die Integrations-, Inklusions- und Rehabilitations-Situation im Betrieb analysieren
- Schwerpunktprobleme ermitteln und auswählen
- Ziele benennen und formulieren

Inklusionsvereinbarung

- Vorhandene Ressourcen abschätzen
- Problemlösungen entwickeln
- Inklusionsvereinbarung abschließen
- Inklusionsmaßnahmen planen und steuern
- Ziele verfolgen und Ergebnisse kontrollieren
- Maßnahmen abschließen und dokumentieren

Übersicht: Struktur und Inhalte einer Inklusionsvereinbarung

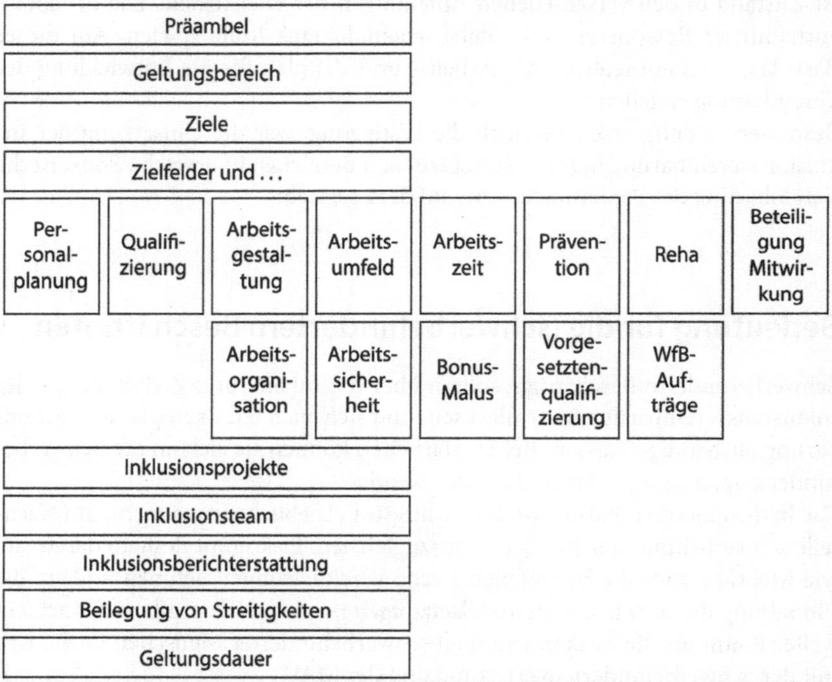

aus: IG Metall/ver.di (Hrsg.), S. 58 (s.o.)

Literaturhinweis

- *BIH Bundesarbeitsgemeinschaft der Integrationsämter und Hauptfürsorgestellen (Hg.):* ZB spezial: Inklusionsvereinbarung. Ideenreich und verbindlich. Köln, Juli 2023. (herunterladen unter: *https://www.bih.de/fileadmin/user_upload/*

BIH-ZB-Sp_Inklusionsvereinbarung_2023_barrierefrei_preflight_UA.pdf; abgerufen 26. 9. 2024)

- *Conrad-Giese, Maren/Eberhardt, Beate/Feldes, Werner/Hindersmann, Nils/Koch, Rainer/Ramm, Diana/Ritz, Hans-Günther:* Tipps für die Vertretung von Menschen mit Behinderungen. Aufgaben – Rechte – Kompetenzen. 4. Auflage, Frankfurt/Main 2023.
- *Feldes, Werner/Gilsbach, Anna/Jansen, Christiane/Köhler, Christian/Klabunde, Rolf/Künsemüller, Petra/Ramm, Diana/Ritz, Hans-Günther/Schmidt, Jürgen/Weidener, Anne:* Praxis der Schwerbehindertenvertretung von A bis Z. Das Lexikon für die Interessenvertretung von Menschen mit Behinderungen. 8. Auflage, Frankfurt/Main 2023.
- *Feldes, Werner/Helbig, Silvia/Hüther, Sabine/Krämer, Bettina/Kuntz, Frauke/Mittel, Kathrin/Rehwald, Rainer/Tatzky, Hannah/Westermann, Bernd:* Schwerbehindertenrecht. Basiskommentar zum SGB IX (Teil 3) mit Wahlordnung. 17. Auflage, Frankfurt/Main 2024.
- Sammlung von Inklusionsvereinbarungen bei REHADAT: *https://www.rehadat-gutepraxis.de/de/inklusionsvereinbarungen/index.html* (abgerufen 26. 9. 2024)

Internet, Intranet

Was ist das?

Das »world wide web«, das »Netz« oder schlicht: das **Internet** bietet nahezu unbegrenzte Möglichkeiten, um sich Informationen aller Art zu beschaffen. Von Gesetzestexten und Gewerkschaftsinformationen über Kommentare und Buchempfehlungen bis hin bis zu Einkaufsberatern, Einkaufsmöglichkeiten, Bankgeschäften und Erotikseiten gibt es fast nichts, was es nicht gibt oder was nicht möglich ist. Mit Hilfe sog. »**Suchmaschinen**« (z. B. *https://duckduckgo.com/*, *www.google.de*, *www.yahoo.de*, *www.bing.com*) im Internet kann man besonders gezielt nach wissenswerten Informationen suchen. Zum Teil sind die Informationen kostenlos, teilweise sind die Informationen und Dienste auch gebührenpflichtig. Voraussetzung für die Nutzung von Internet und Intranet ist die entsprechende Hardware (PC, Bildschirm, Tastatur, Maus etc.), die Software (Computerprogramme) und ein Internetanschluss.
Als **Intranet** bezeichnet man allgemein die Kommunikation per Computer nur innerhalb eines internen Netzes des Arbeitgebers. Hier können die Beschäftigten untereinander kommunizieren und auf die ins interne Netz eingestellten Informationen des Arbeitgebers zugreifen. Internet und Intranet drücken auch den Stand der → Digitalisierung aus.

Bedeutung für die MAV

Mit der Einführung der vielfältigen Nutzungsmöglichkeiten des Inter- oder Intranets verfolgt der Arbeitgeber jeweils eigene Zielsetzungen, z. B. Steigerung der Effektivität, Vereinfachung der Arbeit, Überwachung der Beschäftigten oder verbesserte Kommunikationsmöglichkeiten. Je nach Zielsetzung besitzt die MAV bei der Einführung von Internet und Intranet unterschiedliche Mitbestimmungsmöglichkeiten. In Frage kommen u. a.:

- Grundsätze der Arbeitsplatzgestaltung (§ 40 Buchst. g MVG),

- Einführung und Ausgestaltung mobiler Arbeit, die mittels Informations- und Kommunikationstechnik erbracht wird (§ 40 Buchst. i MVG),
- Maßnahmen zur Hebung der Arbeitsleistung (§ 40 Buchst. j MVG),
- Einführung und Anwendung von Maßnahmen und technischen Einrichtungen, die dazu geeignet sind, das Verhalten oder die Leistung der Mitarbeiter zu überwachen (§ 40 Buchst. k MVG).

Besonders beim Umgang mit dem Internet sollte die MAV im Rahmen einer Dienstvereinbarung (nach § 36 MVG) darauf achten, dass Zugang und Umfang der Rechte für die Beschäftigten sowie die eventuell für Beschäftigte durch die Internetnutzung anfallenden **Kosten** eindeutig geregelt sind und beim Arbeitgeber liegen. So kann z. B. geregelt werden, dass die Nutzung auf bestimmte Seiten, z. B. Urteilsdienste, im Internet beschränkt oder das private Surfen im Netz auf Pausenzeiten oder die geringfügige Inanspruchnahme während der Dienstzeit begrenzt ist. Umgekehrt kann in einer solchen Dienstvereinbarung auch die Nutzung bestimmter Seiten (z. B. mit rechtsradikalem oder pornographischem Inhalt, Online-Banking) untersagt werden. Zu regeln ist auch, was aus dem Internet heruntergeladen (downloads) werden darf und was nicht. Zu beachten ist unbedingt auch, dass das Auslesen der Nutzung strikt reglementiert wird, um die Mitarbeiter vor einer Überwachung des Arbeitgebers zu schützen.

Dienstvereinbarungen zum Thema »Internet und Intranet« sollten darüber hinaus beinhalten:

- Die Leistungs- und Verhaltenskontrolle durch den Arbeitgeber ist im Zusammenhang mit der Nutzung der Kommunikationstechnologie ausgeschlossen.
- Welche Daten konkret werden gespeichert?
- Speicher- und Löschungsfristen der aufgezeichneten Daten.
- Wichtig ist auch, dass außer der Systemadministration niemand zu den aufgezeichneten Daten Zugriff haben darf, Auswertungen nicht stattfinden bzw. nur in genau definierten Situationen durchgeführt werden dürfen. Hierüber sollten genaue Kontrollmöglichkeiten der MAV vereinbart werden.

Dem Arbeitgeber obliegt allein die Entscheidung, ob er die Nutzung des Internets freigeben will, wenn ja, für welche Beschäftigtengruppen, und ob dies auch privat möglich ist. Heutzutage wird eine Nutzung des Internets z. B. zu Recherchezwecken kaum auszuschließen sein und auch im Interesse des Arbeitgebers liegen. Die MAV kann den Arbeitgeber auch nicht im Rahmen ihres → **Initiativrechts** (§ 47 Abs. 1 MVG) rechtlich verpflichten, einen Zugang für die Beschäftigten oder bestimmte Gruppen von Beschäftigten zu schaffen.

Anders sieht es für die MAV selbst aus, wenn der Arbeitgeber für seine Tätigkeit selbst das Internet nutzt bzw. die technischen Möglichkeiten in der Dienststelle vorhanden sind. Im Rahmen der Sachmittel, die der Arbeitgeber zur Verfügung zu stellen hat, gehört auch der Zugang zum Internet, mit dessen Hilfe sich die MAV umfassend und schnell über aktuelle arbeits- und mitarbeitervertretungsrechtliche Fragen informieren kann (vgl. BAG vom 3.9.2003 – 7 ABR 8/03 und 7 ABR 12/03, BAG v. 20.1.2010, DB 2010, S. 1243, BAG v. 18.7.2012, NZA 2012 S 49).

Besteht in der Einrichtung ein Intranet, darf die MAV Informationen über dieses interne Netz an die Beschäftigten weitergeben. Die MAV darf im Intranet auch eigene Informationsseiten für die Beschäftigten einrichten. Diese Informationsseiten sind dabei wie die »Schwarzen Bretter« in der Dienststelle zu behandeln (vgl. BAG v. 3.9.2003 – 7 ABR 8/03 und 7 ABR 12/03). Dies bedeutet, dass die MAV ohne vorherige Genehmigung durch die Dienststellenleitung Informationen einstellen kann und der Arbeitgeber diese Informationen nur in Extremfällen (z. B. rechtsradikale Hetze) löschen darf, ohne den Rechtsweg zu beschreiten.

Nicht entschieden ist bisher die Frage, ob die MAV ihr Anrecht auf ein Schwarzes Brett verliert, wenn sie eine eigene Seite im Intranet eingeräumt bekommt. Aus dem Grundsatz der uneingeschränkten Informationsmöglichkeit der MAV gegenüber den Beschäftigten dürfte dies jedoch zu verneinen sein.

Bedeutung für die Beschäftigten

Tätigkeiten mit dem PC und über das Internet sind für nahezu alle Dienststellen, besonders im Büro- und Beratungsbereich, nicht mehr wegzudenken. Fallbearbeitung, Aktenverwaltung, Informationsbeschaffung, Kommunikation mit Kunden oder innerhalb der Dienststelle, Bestellungen usw., beschreiben nur einen kleinen Ausschnitt der Möglichkeiten, die moderne Kommunikationstechnologien und ihre Ergänzungen Internet und Intranet bieten. Klare Regeln helfen hier, einem eventuellen Missbrauch – durch Arbeitgeber oder Beschäftigte – vorzubeugen und den Arbeitsplatz für den einzelnen Beschäftigten zu erhalten.

Untersagt der Arbeitgeber die private Nutzung des Internet oder die Verschickung privater E-Mails, so kann ein Verstoß gegen dieses Verbot arbeitsrechtliche Konsequenzen nach sich ziehen. Derartige Verstöße können auch gefährlich sein. So können unerlaubte downloads zu einer **fristlosen Kündigung** führen (LAG Niedersachsen – 3 SA 726/01, BAG v. 19.4.2012 – 2 AZR 186/11). Gleiches gilt, wenn der Arbeitgeber zwar die private Nutzung des Internets erlaubt, ein Beschäftigter davon jedoch im Übermaß Gebrauch macht (AG Hannover – 6 Ca 545/02, BAG v. 7.7.2005 – 2 AZR 581/04). Sollte der Arbeitgeber die Internetnutzung nur für den dienstlichen Gebrauch freigegeben haben, empfiehlt es sich im Interesse des Erhalts des eigenen Arbeitsplatzes, diese Weisung zu befolgen und nicht den Reizen der virtuellen Welt zu erliegen. Technisch bedingt, werden alle im Internet aufgerufenen Seiten protokolliert; somit kann das Internetverhalten eines Beschäftigten minutiös nachvollzogen werden. Die meisten Internet-Browser bieten allerdings individuelle Einstellungsmöglichkeiten für die Speicherdauer der protokollierten Seiten.

Arbeitgeber können nicht darauf bestehen, dass Beschäftigte eine Anweisung unterzeichnen, nach der sie sich zu einem bestimmten Verhalten außerhalb des dienstlichen Kontextes im Internet verpflichten. Privates Surfen während der Arbeitszeit kann einen Arbeitszeitzeitbetrug darstellen, der massive arbeitsrechtliche Konsequenzen nach sich ziehen kann.

Gewerkschaften können zur Mitgliederwerbung auch unaufgefordert an die dienstlichen E-Mail-Adressen **der Beschäftigten** Werbe- und Infomails versenden (BAG v. 20.1.2009 – 1 AZR 515/08).

Das Internet vergisst nichts. Informationen, die Arbeitnehmer in das Netz einstellen, sind vielfach nicht gänzlich zurückzuholen bzw. zu löschen. Arbeitgeber nutzen immer häufiger soziale Netzwerke, um sich über Beschäftigte oder Stellenbewerber ein Bild zu machen.

Literaturhinweis

- *Böker, Karl-Hermann/Demuth, Ute:* E-Mail-Nutzung und Internetdienste, Frankfurt/Main, 3. Auflage 2014. (download unter: *https://www.boeckler.de/fpdf/HBS-005843/p_mbf_bvd_e_mail_nutzung_internet.pdf*)
- *Däubler, Wolfgang:* Gläserne Belegschaften. Das Handbuch zum Beschäftigtendatenschutz, Frankfurt/Main, 10. Auflage 2025.
- *Däubler, Wolfgang:* Digitalisierung und Arbeitsrecht. Künstliche Intelligenz – Homeoffice – Arbeit 4.0, Frankfurt/Main, 8. Auflage 2023.
- *Haverkamp, Josef:* Datenschutz. Grundlagen, Empfehlungen und Arbeitshilfen für Betriebs- und Personalräte, Frankfurt/Main, 4. Auflage 2024.

Jahressonderzahlung

Was ist das?

Die Jahressonderzahlung, früher auch »Zuwendung« oder **»Weihnachtsgeld«** genannt, ist zu einem festen Bestandteil der finanziellen Planungen der Arbeitnehmer geworden. Mit der Jahressonderzahlung wird von Seiten des Arbeitgebers auch die Treue des Arbeitnehmers honoriert. Zwischenzeitlich hat sich das »Weihnachtsgeld« zur sog. Jahressonderzahlung gewandelt. Urlaubsgeld und Weihnachtsgeld werden oft nicht mehr getrennt. Im TVöD wird die Jahressonderzahlung in einem Betrag im November eines jeden Jahres ausbezahlt, wobei ein Teil der Jahressonderzahlung auch früher ausgezahlt werden kann (§ 20 Abs. 5 TVöD), im Bereich der AVR.DD wird die Jahressonderzahlung in zwei Teilen, die eine Hälfte im November, die zweite Hälfte im Juni des Folgejahres (Anlage 14) ausbezahlt. Bei einem schlechten wirtschaftlichen Ergebnis kann der Juni-Teil der Jahressonderzahlung – unter bestimmten Bedingungen – bis auf Null gekürzt werden. Das wirtschaftliche Risiko des Arbeitgebers wird so z. T. auf die Arbeitnehmer verlagert.

Bedeutung für die MAV

Grundsätzlich hat die MAV bei Fragen der Zuwendung **keine Mitbestimmungsrechte**. In Bayern kann im Rahmen einer → **Dienstvereinbarung** aufgrund einer wirtschaftlichen Notlage (Anlage 7 zu den AVR Bayern) die Zuwendung gekürzt werden.
Soll der Juni-Teil der Jahressonderzahlung entsprechend der Anlage 14 gekürzt oder gestrichen werden, muss der Arbeitgeber der MAV ein Testat eines Wirtschaftsprüfers vorlegen, aus dem die negative wirtschaftliche Entwicklung hervorgeht. Eine Dienstvereinbarung ist in der Anlage 14 vorgesehen, wenn in einem oder mehreren wirtschaftlich selbständig arbeitenden Teilen einer Einrichtung

das betriebliche Ergebnis negativ ausfällt und auch die Beschäftigten mit Querschnittsaufgaben keine oder eine reduzierte Junizuwendung erhalten sollen.

Bedeutung für die Beschäftigten

Die Anspruchsvoraussetzungen für die Gewährung der Zuwendung sind in Anlage 14 der AVR.DD (§ 40 AVR-Bayern), im Tarifvertrag über eine Zuwendung an Angestellte im BAT bzw. in § 20 TVöD geregelt.
Die wichtigsten **Unterscheidungen** zwischen BAT- und TVöD/AVR-Regelungen liegen in der **Berechnung** der Zuwendung und den **Rückzahlungsbedingungen**. In den **AVR.DD** ist geregelt, dass sich die **Höhe** der Zuwendung aus den Bezügen der Monate Januar bis einschließlich Oktober geteilt durch 10 berechnet. Zu den Bezügen zählen das monatliche Tabellenentgelt, die Kinderzulage, eine evtl. Besitzstandszulage, die in Monatsbeträgen festgelegten Zulagen, die Zeitzuschläge gemäß § 20a AVR.DD. Bei einer vertraglich festgelegten variablen Mehrarbeit erhöht sich dieser Betrag um die hier erzielte durchschnittliche Vergütung. Im Bereich des TVöD wird das durchschnittlich gezahlte monatliche Entgelt für die Kalendermonate Juli – August zur Berechnung herangezogen. Die Höhe der Zuwendung richtet sich nach der am 1. September gültigen Entgeltgruppe, wobei die Jahressonderzahlung in den Entgeltgruppen 1–8, 9–12 und 13–15 unterschiedlich hoch sind und je nach Tarifabschluss variieren.
Im Bereich des BAT ist die Zuwendung vollständig zurückzuzahlen, wenn das Arbeitsverhältnis vom Beschäftigten im ersten Quartal des neuen Jahres gelöst wird bzw. der Vertrag aus seinem Verschulden gekündigt wird. Ein Ausscheiden aus dem Arbeitsverhältnis nach dem 31.3. hat keine Auswirkungen mehr auf die Zuwendung. Im Bereich der AVR.DD (ebenso: AVR-Bayern) muss die Zuwendung nur dann zurückgezahlt werden, wenn das Ausscheiden auf eigenen Wunsch oder aus eigenem Verschulden spätestens am 31.12. erfolgt, d.h. ein Ausscheiden ab dem 1.1. ist für die Zahlung der Zuwendung unschädlich. Im Bereich des TVöD müssen die Beschäftigten, um die Jahressonderzahlung zu erhalten, am 1. Dezember in einem Arbeitsverhältnis stehen. Weitere Bedingungen gibt es dazu nicht. Die Jahressonderzahlung wird jedoch gekürzt für die Monate, für die kein Anspruch auf Entgelt bestand.
Die → **Ausschlussfrist** für die schriftliche Geltendmachung der Zuwendung bzw. bei der unrichtigen Berechnung der Zuwendung beträgt 6 Monate nach Fälligkeit (§ 45 Abs. 2 AVR DD, § 37 TVöD bzw. § 70 BAT; AVR-Bayern jedoch: 12 Monate, s. § 54).
Im Bereich des Öffentlichen Dienstes wurden in den Jahren 2003/2004 bei verschiedenen Arbeitgebern die Zuwendungs- und Urlaubsgeldtarifverträge gekün-

digt (z. B. Tarifgemeinschaft der Rentenversicherungsträger, Ersatzkassen, Freistaat Bayern, AOK). Ausgangspunkt waren die Kürzungen im Beamtenbereich bei Bund und Ländern zur Sanierung der Haushalte. Für die Angestellten und Arbeiter gilt, dass Tarifrecht vor Haushaltsrecht geht. Für Gewerkschaftsmitglieder galt weiter uneingeschränkt die Nachwirkung von Tarifverträgen durch das Tarifvertragsgesetz. Im Bereich der AVR.DD kann der Arbeitgeber in der Regel durch seine Verhandlungsmacht Änderungen durchsetzen, wie z. B. die verschlechterte Berechnungsgrundlage für die Höhe des Weihnachtsgeldes. Eine Nachwirkung, die Beschäftigte von Kirche und Diakonie im Rahmen des klassischen »Dritten Weges« vor Verschlechterungen schützt, gibt es – im Gegensatz zum Tarifvertragsbereich – nicht. Die Entwicklung im Bereich des Urlaubs- und Weihnachtsgeldes hat gezeigt, dass die Arbeitgeber von der Kündigung der entsprechenden Tarifverträge ihr Ziel, hier Einsparungen zu erreichen, zum Teil umsetzen konnten. Durch die Zusammenfassung von Urlaubs- und Weihnachtsgeld zur Jahressonderzahlung konnten bei den mittleren und oberen Einkommensgruppen Einsparungen erzielt werden. Im Gegenzug ist zu bedenken, dass das Urlaubsgeld in seiner Höhe eingefroren war und mit jeder Tarifsteigerung »weniger wert« war. Hier haben die Gewerkschaften immerhin durchsetzen können, dass die Sonderzuwendung wieder an prozentualen Gehaltserhöhungen teilnimmt.

Jubiläumszuwendung

Was ist das?

Bei der Jubiläumszuwendung handelt es sich um eine Geld- oder Sachleistung, die der Arbeitgeber aufgrund eines Tarifvertrags, einer bestimmten AVR, des Arbeitsvertrags oder einer anderen rechtlichen Regelung für ein Arbeitnehmerjubiläum gewährt. Die Höhe richtet sich in der Regel nach der Dauer der Betriebszugehörigkeit.
Die AVR.DD regeln die Jubiläumszuwendung in § 25 a AVR.DD, die AVR-Bayern in § 46 AVR-Bayern (Treueleistungen).
Sie beträgt bei einer Beschäftigungsdauer von

von 10 Jahren	153,39 €
von 25 Jahren	613,55 €
von 40 Jahren	1.227,10 €.

Die AVR-Bayern sieht statt Geldzuwendungen vorrangig zusätzlichen Erholungsurlaub vor:
Er beträgt bei einer Beschäftigungszeit

von 10 Jahren	3 Tage
von 20 Jahren	7 Tage
von 30 Jahren	12 Tage
von 40 Jahren	18 Tage.

Eine Jubiläumszuwendung kann sich aus einer betrieblichen Übung (mehrmalige, vorbehaltlose Gewährung der Zuwendung) oder einer Gesamtzusage des Arbeitgebers (verbindliches Versprechen an einen bestimmten Kreis der Arbeitnehmer, die daraus einen Anspruch erwerben) ergeben.

Bedeutung für die MAV

Grundsätzlich handelt es sich um einen individualrechtlichen Anspruch, über dessen Gewährung die MAV im Rahmen des allgemeinen Überwachungsauftrags aus § 35 Abs. 3 Buchst. b MVG wachen soll.
Da es sich um einen finanziellen Anspruch handelt, unterfällt er den in dem jeweiligen Tarifvertrag, der jeweiligen AVR oder einer anderen Vertragsgrundlage geregelten Ausschlussfristen.
Werden im Betrieb Grundsätze aufgestellt, nach denen Zuwendungen und Unterstützungen gewährt und verteilt werden, ist auch immer an § 40 Buchst. n MVG zu denken.
Es gelten hierzu die Ausführungen, die unter dem Stichwort → Beihilfe zu finden sind.

Bedeutung für die Beschäftigten

Jubiläumszuwendungen gehören sowohl in sozialversicherungsrechtlicher als auch in steuerlicher Hinsicht zum Arbeitsentgelt. Sie sind grundsätzlich nicht pfändbar (§ 850 a Nr. 2 ZPO). Je nach Höhe und Art der Jubiläumszuwendung sind die jeweils gesetzlichen Abgaben zu entrichten. Geldleistungen sind immer steuer- und sozialversicherungspflichtig. Ggf. können Jubiläumszuwendungen auch steuerlich begünstigt werden, was aber im Einzelfall genau zu prüfen ist. Wird die Jubiläumszuwendung als Sachgeschenk bis zu 60 € gewährt, fallen keine Beiträge an.

Jugend- und Auszubildendenvertretung

Was ist das?

Das MVG sieht vor, dass Mitarbeiterinnen unter 18 Jahren, die Auszubildenden sowie die weiteren zu ihrer Berufsausbildung Beschäftigten eine eigene Interessenvertretung, die Jugend- und Auszubildendenvertretung (JAV), wählen (§ 49 MVG).
Wählbar sind alle Mitarbeiterinnen, die am Wahltag das 25. Lebensjahr noch nicht vollendet haben oder die zu ihrer Berufsausbildung beschäftigt werden. Zu ihrer Berufsausbildung Beschäftigte sind zwar wahlberechtigt für die MAV, sind aber für die MAV nicht wählbar. Mitarbeiterinnen unter 18 Jahren sind nicht wahlberechtigt und auch nicht wählbar für die MAV (§ 9 und § 10 MVG).
Eine Altersgrenze für Auszubildende nach oben ist nicht vorgesehen. **Wählbar** sind alle Wahlberechtigten, die am Wahltag das 25. Lebensjahr noch nicht vollendet haben.
Mit der Novellierung des MVG 2019 wurde die Vorschrift, dass nur noch Personen für die JAV wählbar sind, die einer ACK-Kirche (→ **ACK-Klausel**) angehören, gestrichen.
In der Wahlordnung zum MVG sind in § 14 die Bestimmungen zur Wahl zur JAV festgelegt:

»*Wahl der Vertretung der Jugendlichen und der Auszubildenden*
(1) Sofern die Vertretung der Jugendlichen und der Auszubildenden nach § 49 MVG.EKD zu wählen ist, erfolgt die Wahl unter Leitung des Wahlvorstandes in einem gesonderten Wahlgang, soweit die Wahl zeitlich im Zusammenhang mit dem allgemeinen Wahltermin fällt.
(2) Wahlvorschläge können von Mitarbeitern und Mitarbeiterinnen abgegeben werden, die berechtigt sind, die Vertretung der Jugendlichen und der Auszubildenden zu wählen.
(3) Von den Wahlberechtigten können jeweils soviel Stimmen abgegeben werden, wie Personen in die Vertretung der Jugendlichen und der Auszubildenden zu wählen sind.

(4) Im Übrigen gelten für das Wahlverfahren die Bestimmungen dieser Wahlordnung sinngemäß.«

Die Wahl wird entsprechend der Wahl der MAV (Wahlordnung zum MVG § 2) unter der Leitung eines Wahlvorstandes in einem **gesonderten Wahlgang** durchgeführt. Wahlvorschläge können nur von den Wahlberechtigten zur JAV abgegeben werden. Weitere Bestimmungen sind nicht vorgesehen: »Im Übrigen gelten für das Wahlverfahren die Bestimmungen dieser Wahlordnung (Wahlordnung zum MVG, d. Verf.) sinngemäß.«
Die **Größe** der JAV richtet sich nach der Anzahl der Wahlberechtigten: eine Person bei 5 bis 15, drei Personen bei mehr als insgesamt 15 Wahlberechtigten und 5 Personen bei Dienststellen mit in der Regel mehr als insgesamt 50 Wahlberechtigten. (§ 49 Abs. 1 MVG).
Ein Recht auf eigenständige Mitbestimmung wird der JAV nicht zugestanden. Sie kann nur gemeinsam mit der MAV agieren und ist auf deren Unterstützung angewiesen. So muss z. B. die MAV gewissermaßen für die JAV vor das Kirchengericht ziehen, wenn es um Kosten geht, die für die JAV aufgewendet werden sollen. Kosten der JAV gelten als Kosten der MAV.
Im Vergleich zum Betriebsverfassungsrecht hat die JAV weniger Möglichkeiten und Einfluss. Damit ist einer ihrer Zwecke, auch Nachwuchs für die MAV zu generieren, verfehlt.
Eine Kontinuität und Verstetigung der JAV-Arbeit ist wegen der Kürze der Amtszeit, die lediglich 2 Jahre beträgt, schwer zu erreichen.
Aktivitäten und Anträge der JAV richten sich an den Arbeitgeber, Die JAV hat das Recht, an den **Sitzungen der MAV** mit einem Mitglied mit beratender Stimme teilzunehmen. Bei **Beschlüssen**, die überwiegend die Belange Jugendlicher und Auszubildender betreffen, hat der Vertreter der JAV Stimmrecht.
Mit der Dienststellenleitung soll die JAV mindestens einmal im Halbjahr zu gemeinsamen Besprechungen zusammenkommen (§ 49, Abs. 7).

Aufgaben der JAV
Die JAV hat folgende allgemeine Aufgaben:
- Maßnahmen zu beantragen, die den Jugendlichen und Auszubildenden dienen, insbesondere in Fragen der Berufsausbildung,
- darauf zu achten, dass geltende Gesetze, Verordnungen, Vorschriften, Dienstvereinbarungen und Bestimmungen durchgeführt und eingehalten werden (z. B. JArbSchG, ArbZG, Berufsbildungsgesetz, Krankenpflegegesetz),
- Anfragen, Beschwerden und Anregungen entgegenzunehmen und, soweit diese berechtigt erscheinen, auf deren Erledigung durch Verhandlung mit der Dienststelle hinzuwirken,

- dafür einzutreten, dass die Gleichstellung von weiblichen und männlichen Jugendlichen und Auszubildenden in die Tat umgesetzt wird,
- Anregen von Maßnahmen, die die sozialen Belange der Jugendlichen und Auszubildenden berücksichtigen und fördern,
- Förderung der Eingliederung von ausländischen Jugendlichen und Auszubildenden.

Bei der Bewältigung ihrer Aufgaben wird sich die JAV ggf. der Unterstützung durch → **sachkundige Personen** (Jugendsekretäre von Gewerkschaften, berufspolitische Vertreter u. a.) bedienen müssen.

Erörtert die MAV und die Dienststellenleitung Themen, die vorwiegend die Belange von Jugendlichen und Auszubildenden betreffen, so sind deren gewählte Vertreter hinzuzuziehen.

Zur **Geschäftsführung** der JAV hat der Gesetzgeber kaum Aussagen getroffen. Es ist jedoch davon auszugehen, dass sie ihre Geschäfte in einer vergleichbaren Art und Weise führen müssen wie die MAV (vgl. Baumann-Czichon/Germer, § 49 MVG.EKD). Hierzu zählen beispielsweise das Abhalten von Sprechstunden und die Durchführung von Sitzungen.

Jugend- und Auszubildendenversammlung

Die JAV kann nach § 49 Abs. 8 eigene Jugend- und Auszubildendenversammlungen durchführen. *»Die Jugend- und Auszubildendenvertretung kann vor oder nach jeder Mitarbeiterversammlung im Einvernehmen mit der Mitarbeitervertretung eine betriebliche Jugend- und Auszubildendenversammlung einberufen. Im Einvernehmen mit der Mitarbeitervertretung und dem Arbeitgeber kann die betriebliche Jugend- und Auszubildendenversammlung auch zu einem anderen Zeitpunkt einberufen werden.«*

Die Regelungen für die Mitarbeiterversammlung der MAV und deren Aufgaben (§ 31 und § 32 Abs. 1) gelten entsprechend auch für die JAV.

Eine gewählte Interessenvertretung ist ihren Wählern gegenüber rechenschaftspflichtig und somit gehalten, in einer **Jugend- und Auszubildendenversammlung** einen entsprechenden Tätigkeitsbericht zu erstatten.

Zusammenarbeit von MAV und JAV

Die **Einladung der Vertreterin der JAV zur Sitzung der MAV** hat rechtzeitig unter Angabe der Tagesordnung zu erfolgen (§ 24 Abs. 2 und § 49 Abs. 7 MVG).

Notwendige Unterlagen sind von der MAV rechtzeitig zuzustellen, so dass die JAV Gelegenheit zur Willensbildung hat.

Hat die Vertreterin der JAV bei den Beratungen in der MAV **Einwände** erhoben, so hat dies **keine aufschiebende Wirkung** für den von der MAV gefassten Beschluss.
Neben dem formellen Teilnahmerecht der Vertreterin der JAV bei MAV-Sitzungen ist die MAV verpflichtet, in Angelegenheiten, die Jugendliche und Auszubildende betreffen, die JAV **beratend** hinzuzuziehen (§ 49 Abs. 1 MVG) und ihr **ausreichend Gelegenheit zur Stellungnahme** zu geben. Dabei ist es unerheblich, ob die Themen die Jugendlichen und Auszubildenden überwiegend, ausschließlich oder teilweise betreffen (z. B. betrifft die Änderung der Arbeitszeit sowohl die Mitarbeiterinnen als auch die Auszubildenden).
Bei gemeinsamen Sitzungen der MAV mit der JAV ist die **Sitzungsniederschrift** mit den Punkten, die in ihrem Beisein behandelt wurden, auszuhändigen. Neben den Mindestanforderungen an die Sitzungsniederschrift sollte sich im Protokoll auch die Position der JAV wiederfinden.
Vorgenannte Punkte gelten auch für die Teilnahme an Sitzungen der → **Gesamt-MAV** und → **Gesamt-MAV im Dienststellenverbund.** Bestehen bei einem Rechtsträger **mehrere JAVen**, so bestimmen sie in einer Wahl eine Person, die das Teilnahmerecht ausübt (§ 6 Abs. 5 MVG).
Besteht eine → **Gemeinsame Mitarbeitervertretung**, so ist eine gemeinsame Vertretung der Jugendlichen und Auszubildenden zu wählen.
Die JAV ist kein von der MAV unabhängiges Organ. Die Vertretung der gesamten Mitarbeiterschaft gegenüber der Dienststellenleitung obliegt der MAV. Allerdings würde es dem Zweck einer Interessenvertretung zuwiderlaufen, wenn sie nicht auch selbständig in direkten Kontakt mit der Dienststellenleitung treten könnte. Eine Abstimmung mit der MAV ist aber unbedingt notwendig. Eine JAV kann nur in der → **Dienststelle** gebildet werden, in der eine MAV besteht.
Die gesetzlichen Grundlagen für die JAV sind im **BetrVG** viel umfangreicher ausgeführt als im MVG. Die Rechte der JAV sind präziser und weitergehend formuliert und insgesamt wird der JAV dort mehr Eigenständigkeit zugewiesen, ebenso wird die ständige Zusammenarbeit mit dem Betriebsrat betont. Das MVG drückt dagegen eher ein paternalistisches Verständnis für die Jugend und ihre Vertretung aus.

Besondere Aufgabe für die MAV
Das Hauptproblem bei den allermeisten kirchlichen Einrichtungen liegt darin, dass es **keine Tradition von Jugend- und Auszubildendenvertretungen** gibt (so wie auch die Tradition von MAVen relativ jung ist). Deshalb sind die MAVen – und auch die Gewerkschaften – besonders gehalten, die Bildung und die laufende Arbeit von JAVen zu unterstützen.
In der Praxis gibt es immer wieder Schwierigkeiten, die **Kontinuität** der JAV-Arbeit zu sichern bzw. JAVen zu gründen. Dies ergibt sich allein schon aus der

kürzeren Amtszeit von zwei Jahren und der natürlicherweise höheren Fluktuation bei Auszubildenden. Das erfordert eine besondere **Unterstützung durch die MAV** bei der Wahl und Gründung von JAVen und das rechtzeitige Ansprechen und Einbeziehen von aktiven Jugendlichen.
Die Gewerkschaften bieten gezielt Seminare für JAVen und Jugendliche und Auszubildende an. Der Besuch dieser Seminare kann sehr sinnvoll sein für die Gründung einer JAV bzw. für die Begleitung ihrer Arbeit. Eine Vernetzung der JAVen untereinander ist oft sehr hilfreich für die Arbeit vor Ort. Auch spezielle Gewerkschaftsjugendsekretäre bieten ihre Unterstützung an und können bei Bedarf angesprochen werden. Wichtig ist aber zu beachten, dass diese Seminare nicht immer speziell auf die JAV im kirchlichen oder diakonischen Bereich, also auf die MVG-JAV zugeschnitten sind. Aber auch für den MVG-Bereich werden entsprechende Fortbildungen für JAVen angeboten.
Ziel ist es, dass die Interessenvertretung von Jugendlichen und Auszubildenden eigene Vorstellungen entwickeln und sie auch an entsprechender Stelle vorbringen kann. Gelegenheit hat sie hierzu in den Sitzungen der MAV. Da die JAV keine qualifizierten Beteiligungsrechte besitzt, ist sie auf eine effektive Unterstützung durch die MAV angewiesen.
Der Erfolg von Initiativen der JAV hängt in hohem Maße davon ab, ob die MAV diese Initiativen unterstützt. Für eine erfolgreiche MAV-Arbeit muss es deshalb selbstverständlich sein, eine intensive Zusammenarbeit mit der JAV zu suchen.

Rechtsstellung der Mitglieder der JAV

§ 49 Abs. 5 MVG bestimmt, dass die Vorschriften des MVG zum Ehrenamt, dem Behinderungs- und Begünstigungsgebot, zur Arbeitsbefreiung, zum Abordnungs- und Versetzungsverbot, zum Kündigungsschutz und zur Schweigepflicht, zum Ausschluss aus dem Gremium und zur Auflösung des Gremiums sowie dem Erlöschen und Ruhen der Mitgliedschaft und der Ersatzmitgliedschaft entsprechend gelten.
Bei der Arbeitsbefreiung für Schulungs- und Bildungsveranstaltungen, in denen für die JAV-Tätigkeit erforderliche Kenntnisse vermittelt werden, ist analog zu der Regelung für MAVen in § 19 MVG von der Gewährung einer Arbeitsbefreiung auszugehen. Nicht geklärt ist, ob sich der Schulungsanspruch entsprechend der Dauer bzw. Verkürzung der JAV-Amtszeit im Verhältnis zur MAV-Amtszeit reduziert und der JAV daher lediglich für 2 Wochen Arbeitsbefreiung und Kostenübernahme zustehen.

Übernahme in ein Arbeitsverhältnis

§ 49 MVG regelt in Abs. 3 und Abs. 4 die Übernahme von Auszubildenden:

»(3) Beabsichtigt der Arbeitgeber, einen Auszubildenden, der Mitglied der Jugend- und Auszubildendenvertretung ist, nach Beendigung des Berufsausbildungsverhältnisses nicht in ein Arbeitsverhältnis auf unbestimmte Zeit zu übernehmen, so hat er dies drei Monate vor Beendigung des Berufsausbildungsverhältnisses dem Auszubildenden schriftlich mitzuteilen.
(4) Verlangt ein in Absatz 1 genannter Auszubildender innerhalb der letzten drei Monate vor Beendigung des Berufsausbildungsverhältnisses schriftlich vom Arbeitgeber die Weiterbeschäftigung, so gilt zwischen Auszubildendem und Arbeitgeber im Anschluss an das Berufsausbildungsverhältnis ein Arbeitsverhältnis auf unbestimmte Zeit als begründet. (…)«

Will der Arbeitgeber das verhindern, muss er ein entsprechendes Verfahren vor dem Arbeitsgericht einleiten!

Literaturhinweis

- *Conte/Gün/Lenz/Luik/Michnjok/Ratayczak/Ressel:* Praxis der JAV von A bis Z. Das Lexikon für die Arbeit der Jugend- und Auszubildendenvertretung, 12. Auflage, Frankfurt 2023.
- *Splanemann, Andreas:* Die Jugend- und Auszubildendenvertretung Tipps und Arbeitshilfen für die Praxis. Zusammenarbeit mit Betriebsrat und Personalrat, 6. Auflage, Frankfurt 2025.

Kinderpflege-Krankengeld

Was ist das?

Das Kinderpflege-Krankengeld (§ 45 SGB V) ist eine Leistung der gesetzlichen Krankenversicherung. Es wird gezahlt, wenn der Versicherte nach ärztlichem Zeugnis wegen Beaufsichtigung, Betreuung oder Pflege seines erkrankten und versicherten Kindes **bis zum 12. Lebensjahr** der Arbeit fernbleiben muss. Voraussetzung ist, dass eine andere im Haushalt lebende Person das erkrankte Kind nicht beaufsichtigen kann und das Kind das zwölfte Lebensjahr noch nicht vollendet hat oder behindert und auf Hilfe angewiesen ist. Durch das Kinderpflege-Krankengeld soll sichergestellt werden, dass die Betreuung des Kindes im Krankheitsfall sofort sichergestellt ist.
Bei einem »Arbeitsunfall« (z. B. Kindergarten- oder Schulunfall) ist für das »Kinderpflege-Verletztengeld« der Unfallversicherungsträger zuständig (§ 45 Abs. 4 SGB VII).
Bei stationärer Mitaufnahme eines Elternteils handelt es sich nicht um eine Leistung im Rahmen des Kinderpflege-Krankengeldes, sondern um eine ergänzende Leistung durch den Kostenträger der stationären Behandlung.

Bedeutung für die MAV

Die MAV hat keine Mitwirkungsrechte bei der Gewährung des Kinderpflege-Krankengeldes. Sie kann hier nur im Rahmen der allgemeinen Aufgaben (§ 35 MVG) darauf achten, dass Beschäftigte, die das Kinderpflege-Krankengeld in Anspruch nehmen, nicht benachteiligt werden.

Bedeutung für die Beschäftigten

Anspruch, Anspruchsdauer, Übertragung von Ansprüchen auf den anderen Elternteil, schwerstkranke Kinder

Der jährliche Anspruch besteht für zehn Arbeitstage, bei Alleinerziehenden für 20 Tage je Kind. Der maximale Anspruch bei mehreren Kindern liegt bei 25 Arbeitstagen, bei Alleinerziehenden bei 50 Tagen im Kalenderjahr. Abweichend davon besteht der Anspruch für die Jahre 2024 und 2025 für jedes Kind längstens für 15 Arbeitstage, für alleinerziehende Versicherte längstens für 30 Arbeitstage. Der Anspruch bei mehreren Kindern besteht maximal für Versicherte für nicht mehr als 35 Arbeitstage, für alleinerziehende Versicherte für nicht mehr als 70 Arbeitstage. Ob diese Regelung für die Folgejahre verlängert wird, ist derzeit (2025) noch unklar.

Geringfügig Beschäftigte haben keinen Anspruch auf Kinderpflegekrankengeld.

Wenn beide Elternteile berufstätig sind, hat jeder Elternteil Anspruch auf Kinderkrankengeld. Die gesetzlichen Krankenkassen haben sich verständigt, dass im Interesse der Familie eine gegenseitige Übertragung von Ansprüchen möglich ist.

Eine Übertragung ist dann möglich, wenn,

- der Elternteil, dessen Anspruch noch nicht erschöpft ist, die Betreuung des erkrankten Kindes wegen beruflicher Unabkömmlichkeit nicht übernehmen kann,
- beide Eltern in einer gesetzlichen Krankenkasse versichert sind und
- der Arbeitgeber den (unbezahlten) Freistellungsanspruch von 10 Arbeitstagen, den sein Arbeitnehmer bereits ausgeschöpft hat, nochmals gegen sich gelten lässt.

Für diese Fälle empfiehlt sich die vorherige Kontaktaufnahme mit den zuständigen Krankenkassen.

Für Versicherte mit schwerstkranken Kindern, die unheilbar krank sind und vermutlich nur noch wenige Wochen oder Monate zu leben haben, gibt es einen zeitlich unbegrenzten Anspruch auf Kinderpflege-Krankengeld, **ggf. auch über das 12. Lebensjahr hinaus. Beide versicherte Elternteile können sich für die Pflege abwechseln**. Grundlage hierfür bildet das zum 1. August 2002 in Kraft getretene »Gesetz zur Sicherung der Betreuung und Pflege schwerstkranker Kinder«.

Dauer und Höhe des Kinderpflege-Krankengeldes

Dauer und Höhe des Kinderpflege-Krankengeldes sind für alle Krankenkassen einheitlich festgelegt. Das »Kinderpflege-Verletztengeld« wird in entsprechender Anwendung der Vorschriften in der Krankenversicherung errechnet.
Die Berechnung erfolgt analog zum Krankengeld für Arbeitnehmer (70 % des beitragspflichtigen regelmäßigen Bruttoarbeitsentgelts, höchstens 90 % des Nettoarbeitsentgelts (2024: max. 120,75 Euro pro Tag). **Vom Bruttozahlbetrag werden noch Sozialversicherungsbeiträge (außer Krankenversicherung) abgezogen**. Der Arzt stellt eine Bescheinigung zur Erlangung des Kinderpflege-Krankengeldes aus, die bei der zuständigen gesetzlichen Krankenkasse einzureichen ist.

> **Achtung:**
> Das Kinderpflege-Krankengeld ist immer niedriger als das normale Entgelt.

Ansprüche gegenüber dem Arbeitgeber

Gegenüber dem Arbeitgeber hat das Mitglied einer gesetzlichen Krankenkasse Anspruch auf unbezahlte Freistellung von der Arbeitsleistung, soweit es nicht aus dem gleichen Grund eine bezahlte Freistellung beanspruchen kann. Im Bereich der AVR.DD besteht die Möglichkeit einer (**bezahlten**) Dienstbefreiung bei einer schweren Erkrankung (§ 11 Abs. 1 Buchst. bb AVR.DD) eines Kindes, welches das 12. Lebensjahr noch nicht vollendet hat und bei dem kein Anspruch nach § 45 SGB V besteht oder bestanden hat. Dies bedeutet, der Anspruch auf Kinderkranken-Pflegegeld ist zuerst auszuschöpfen, bevor hier 4 bezahlte Arbeitstage Freistellung durch den Arbeitgeber gewährt werden. In einer privaten Krankenversicherung versicherte Beschäftigte haben keinen Anspruch auf ein Kinderpflege-Krankengeld. Sie erhalten sofort die 4 Tage, soweit keine andere Person zur Pflege bereitsteht und ein Arzt die Notwendigkeit der Anwesenheit des Arbeitnehmers bei dem Kind bestätigt.
Der Arbeitnehmer muss sich entsprechend beim Arbeitgeber »krankmelden«, wie bei einer eigenen Krankheit. Die Regularien wie »unverzüglich, voraussichtliche Dauer, …« gelten analog. Dem Arbeitgeber ist mitzuteilen, dass das Kind erkrankt ist und man Kinderpflege-Krankengeld seiner gesetzlichen Krankenkasse in Anspruch nehmen wird.
Strittig ist die Frage, ob für eine Freistellung zur Betreuung eines Kindes die durchschnittliche tägliche Arbeitszeit (siehe Fey/Schwarz-Seeberger, Kommentar AVR-Bayern, § 27 Buchst. d zu Buchst. bb – entspricht § 11 AVR DD) angerechnet wird oder die tatsächliche dienstplanmäßige Arbeitszeit. Bei Beschäftigten mit Gleitzeit spielt diese Frage i. d. R. keine Rolle, da hier bei einer Erkrankung von vornherein die durchschnittliche tägliche Arbeitszeit angerechnet wird. Bei Beschäftigten mit unterschiedlichen dienstplanmäßigen Stundeneinsätzen (z. B.

Montag 4 Stunden, Dienstag 8 Stunden, …) und einer durchschnittlichen täglichen Arbeitszeit von 7,8 Stunden bei einer 39-Stundenwoche könnte eine solche Auslegung bedeuten, dass durch die Erkrankung des Kindes Plus- oder Minusstunden entstehen könnten. Der Grundsatz, dass durch Urlaub und Krankheit kein Minus oder Plus entstehen darf, wäre somit durchbrochen. Daher werden die dienstplanmäßigen Stunden angerechnet.

Kirchenaustritt

Was ist das?

Der Artikel 4 Abs. 1 und 2 Grundgesetz garantiert die Religionsfreiheit eines jeden Einzelnen: »*Die Freiheit des Glaubens, des Gewissens und die Freiheit des religiösen und weltanschaulichen Bekenntnisses sind unverletzlich.*« So wie sich jeder frei zu einer Religion bekennen kann, ist auch jeder frei, sich zu keiner Religion zu bekennen und aus einer Religionsgemeinschaft auszutreten. Dieses Recht wird auch **negative Religionsfreiheit** genannt.

Der Staat darf keine rechtliche Konsequenz an eine Mitgliedschaft bzw. Nichtmitgliedschaft knüpfen und auch nicht an den Austritt. Der Austritt wird nicht bei kirchlichen Behörden entgegengenommen (Ausnahme in Bremen), sondern muss bei der nach den staatlichen Kirchenaustrittsgesetzen zuständigen Behörde erklärt werden. Die zuständigen Behörden können von Bundesland zu Bundesland verschieden sein. Eine Bescheinigung über den Austritt wird entweder sofort ausgehändigt oder einige Tage nach der Austrittserklärung zugesandt. In fast allen Bundesländern erheben die Behörden eine Gebühr für den Kirchenaustritt, die zwischen 5 € und 30 € liegt.

Die Kirchen werden über den Austritt informiert und bekommen von den Meldeämtern keine Mitteilungen mehr über Umzüge und Personenstandsänderungen des früheren Mitglieds. Die Religionsgemeinschaft, das Einwohnermeldeamt und das Finanzamt werden automatisch vom Kirchenaustritt unterrichtet. Die Streichung der Religionszugehörigkeit wird auf der Lohnsteuerkarte veranlasst, damit keine Kirchensteuer mehr erhoben wird.

Wegen der Trennung von Kirche und Staat und der weltanschaulichen Neutralität, kann der Staat den Kirchen nicht vorschreiben, wen diese als Mitglied betrachten und wen nicht. Diese Entscheidung treffen die Kirchen nach ihrem Innenrecht. Die katholische Kirche kennt keinen Austritt aus ihrer Glaubensgemeinschaft Kirche, da eine Taufe nicht rückgängig gemacht werden kann und sich die katholische Kirche als die Gemeinschaft der Getauften versteht. Das Mitgliedschaftsrecht der evangelischen Kirche kennt dagegen einen Kirchenaustritt. Unabhängig von dem Innenrecht der Kirchen, muss der Staat die negative Re-

ligionsfreiheit des ausgetretenen Bürgers beachten, also sein Grundrecht, einer Religion nicht anzugehören.
Im Jahr 2023 traten rund 380 000 Menschen aus der evangelischen Kirche aus. Dies entspricht rund 2 Prozent der Mitglieder. Aus der katholischen Kirche beträgt die Anzahl der Ausgetretenen im selben Jahr 553 000.

Arbeitsrechtliche Folgen des Kirchenaustritts

Recht in nicht konfessionsgebundenen Betrieben
Aufgrund der im Grundgesetz festgehaltenen privatrechtlichen Regelungen für Arbeitsverhältnisse hat ein Kirchenaustritt, **außerhalb** eines Beschäftigungsverhältnisses bei einem kirchlichen Träger, keine Konsequenzen für das Arbeitsverhältnis.

Kirchliche Einrichtungen beanspruchen Sonderrechte – im Clinch mit dem EU-Recht
Für ihre Einrichtungen beanspruchen kirchliche Träger jedoch Sonderrechte. Die Kirchen haben nach Artikel 140 GG i. V.m Art. 137 WRV das Recht auf Verwaltung ihrer eigenen Angelegenheiten (→ **Selbstverwaltungsrecht der Kirchen**). Dieses Selbstverwaltungsrecht wird gern zum kirchlichen Selbstbestimmungsrecht erhoben. Danach ist den kirchlichen Belangen, auch in Fragen des kirchlichen Arbeitsrechts, »innerhalb der Schranken des für alle geltenden Gesetzes« Rechnung zu tragen.
Aus dem kirchlichen Auftrag leiten die Arbeitgeber **besondere »kirchliche Treuepflichten«** für die Arbeitnehmer ab. So kann nach ihrer Meinung der Austritt aus der Kirche ein Grund zur außerordentlichen Kündigung sein. In vielen AVRen ist dieses Recht auch so verankert. Bis in letzter Zeit wurden zahlreiche Kündigungen wegen Kirchenaustritt ausgesprochen. Das Bundesverfassungsgericht entschied 1984, nicht die staatlichen Gerichte, sondern die Kirche selbst entscheide, was »die Glaubwürdigkeit der Kirche und ihrer Verkündigung erfordert«.
Doch mit dem Erlass von Richtlinien der EU und den jüngsten Entscheidungen des Europäischen Gerichtshofs musste die Rechtsprechung der deutschen Gerichte korrigiert werden. Die Richtlinie 2000/43/RG formuliert die allgemeinen Grundsätze für die Gleichbehandlung, die RL2000/78/EG verpflichtet die Mitgliedstaaten, Diskriminierungen wegen der Religion und der Weltanschauung in Beschäftigung und Beruf zu verhindern. In der Richtlinie RL 2000/78/EG des Rates vom 27. November 2000 ist formuliert:

»Ungeachtet des Artikels 2 Absätze 1 und 2 können die Mitgliedstaaten vorsehen, dass eine Ungleichbehandlung wegen eines Merkmals, das im Zusammenhang mit einem der in Artikel 1 genannten Diskriminierungsgründe steht, keine Diskriminierung darstellt, wenn das betreffende Merkmal aufgrund der Art einer bestimmten beruflichen Tätigkeit oder der Bedingungen ihrer Ausübung eine wesentliche und entscheidende berufliche Anforderung darstellt, sofern es sich um einen rechtmäßigen Zweck und eine angemessene Anforderung handelt.«

Danach ist eine Diskriminierung, so auch die Kündigung wegen Kirchenaustritt, nur zulässig, wenn die Kirchenzugehörigkeit »eine wesentliche und entscheidende berufliche Anforderung darstellt«.

In einem Urteil des EuGH vom 25.10.2018 wurden die Vorschriften in dieser Richtlinie weiter präzisiert. In dem **Fall von Vera Egenberger** hatte sich die Sozialpädagogin auf eine befristete Stelle beim Evangelischen Werk für Diakonie und Entwicklung beworben. Die Bewerbung wurde abgelehnt, weil sie keiner christlichen Kirche angehörte. Der EuGH stellte fest, bei der **geforderten Religionszugehörigkeit** haben die Gerichte zu prüfen, ob eine solche Anforderung wirklich objektiv erforderlich ist für eine bestimmte Stelle, ob sie **notwendig, objektiv geboten und verhältnismäßig** ist. Bei »verkündigungsfernen Tätigkeiten« haben für kirchliche Arbeitgeber nur noch Eignung und Qualifikation und eben nicht Religionszugehörigkeit zu zählen. Das BAG folgte in seinem Urteil vom 25.10.2018 der Entscheidung des EuGH und änderte damit seine bisherige Rechtsprechung zum kirchlichen Arbeitsrecht. Es stellte klar, dass kirchliche Arbeitgeber bei Stellenausschreibungen künftig nicht mehr pauschal auf eine Religionszugehörigkeit von Bewerbern pochen dürfen. Der Klägerin wurde ein Anspruch auf Schadensersatz zuerkannt. Gegen das Urteil des BAG hat die Evangelische Kirche Klage beim Bundesverfassungsgericht eingereicht, das bislang noch nicht entschieden hat.

Im jüngsten Fall hat eine von einer Beratungsstelle der Caritas entlassene Sozialpädagogin, die aus der Kirche ausgetreten ist, vor dem Bundesarbeitsgericht (BAG) Recht bekommen. Das BAG hat den EuGH auf dem Wege des Vorabentscheidungsverfahrens (→ **Europäisches Arbeitsrecht**) um die Auslegung der EU-Richtlinie 2000/78 angefragt.

»Der beklagte Verein ist ein Frauen- und Fachverband in der katholischen Kirche in Deutschland, der sich der Hilfe für Kinder, Jugendliche, Frauen und ihre Familien in besonderen Lebenslagen widmet. Zu seinen Aufgaben gehört die Beratung von schwangeren Frauen. (…) Die Klägerin erklärte im Oktober 2013 vor einer kommunalen Behörde ihren Austritt aus der katholischen Kirche. Der Beklagte kündigte das Arbeitsverhältnis nach Beendigung der Elternzeit am 1. Juni 2019 außerordentlich ohne Einhaltung einer Frist, hilfsweise ordentlich zum 31. Dezember 2019. Zuvor hatte der Beklagte erfolglos versucht, die Klägerin zum Wiedereintritt in die katholische Kirche zu bewegen. Zum Zeitpunkt der Kündigung beschäftigte

der Beklagte in der Schwangerschaftsberatung vier Arbeitnehmerinnen, die der katholischen Kirche und zwei Arbeitnehmerinnen, die der evangelischen Kirche angehörten. Die Vorinstanzen haben beide Kündigungen für unwirksam gehalten. Der Zweite Senat des Bundesarbeitsgerichts hat das Verfahren über die Revision des Beklagten ausgesetzt und den EuGH um die Beantwortung von Fragen zur Auslegung des Unionsrechts ersucht. Es bedarf der Klärung, ob die Ungleichbehandlung der Klägerin mit Arbeitnehmern, die niemals Mitglied der katholischen Kirche waren, vor dem Hintergrund des durch Art. 10 Abs. 1, Art. 21 der Charta der Grundrechte der Europäischen Union und der Richtlinie 2000/78/EG des Rates vom 27. November 2000 zur Festlegung eines allgemeinen Rahmens für die Verwirklichung der Gleichbehandlung in Beschäftigung und Beruf gewährleisteten Schutzes vor Diskriminierungen u. a. wegen der Religion gerechtfertigt sein kann.«
Pressemitteilung des BAG, 1. 2. 2024 (Aktenzeichen 2 AZR 196/22).

Konsequenz der zitierten Rechtsprechung ist auch, dass § 9 AGG, der ein Privileg des kirchlichen Arbeitgebers bzgl. der an die Mitarbeiter zu stellenden Anforderungen regelt, teilweise unangewendet bleiben muss. Das ist ein deutliches Zeichen an den deutschen Gesetzgeber, dass die im Allgemeinen Gleichbehandlungsgesetz noch manifestierte Privilegierung kirchlicher Arbeitgeber zu überdenken und zu überarbeiten ist.

Eigene kircheninterne Richtlinien

Der Rat der Evangelischen Kirche in Deutschland hat 2023 die »Richtlinie des Rates über kirchliche Anforderungen der beruflichen Mitarbeit in der Evangelischen Kirche in Deutschland und ihrer Diakonie«→ **Mitarbeitsrichtlinie** verabschiedet. Dieser Richtlinie waren vorausgegangen die Loyalitätsrichtlinie von 2005 und eine überarbeitete Fassung von 2016. Anlass für die Überarbeitung der Loyalitätsrichtlinien und die neue Fassung der Mitarbeitsrichtlinie waren die o. g. Richtlinien der EU und Urteile des EuGH (Fall Egenberger).

Für die Auswahl der Bewerber entsprechend der Mitarbeitsrichtlinie soll das Profil maßgeblich sein, das von der Einrichtungsleitung definiert wird. Bei der großen Anzahl von Beschäftigtengruppen dürfte es in vielen Fällen strittig sein, wann es sich bei der Anforderung einer Kirchenmitgliedschaft um »eine wesentliche, gerechtfertigte und rechtmäßige Anforderung«, wie es der EuGH und das BAG verlangt, handelt. Ob diese Anforderung gerechtfertigt ist, entscheidet der jeweilige Arbeitgeber. Die Formulierungen sind weit und unklar gefasst, so dass weitere juristische Auseinandersetzungen vorprogrammiert sind, wenn nicht sogar die gesamte Mitarbeitsrichtlinie als nicht europarechtskonform verworfen werden muss.

Bedeutung für die MAV

In Anbetracht der noch unklaren Rechtslage, sollte die MAV die Mitarbeiter darauf hinweisen, dass ein Austritt der Kirche eine Kündigung nach sich ziehen kann. Die Rechtsprechung des EuGH und des BAG sind genau zu verfolgen und in jedem anstehenden Fall ist zu prüfen, ob die Kirchenmitgliedschaft des Beschäftigten »eine wesentliche, gerechtfertigte und rechtmäßige Anforderung« darstellt.
Bis zu einer endgültigen und rechtssicheren Entscheidung über die Zulässigkeit der Kündigung bei Kirchenaustritt über den EuGH bzw. das BAG ist eine Zurückhaltung in der Beratung dringend zu empfehlen.

Bedeutung für die Beschäftigten

Wie oben bei der MAV aufgeführt, ist für austrittswillige Beschäftigte äußerste Achtsamkeit geboten. Das Risiko einer Kündigung ist zur Zeit noch schwer abzuschätzen. Es hängt von der konkreten Beschäftigung, den Mitarbeitern im Umfeld und der »kirchenpolitischen Stimmung« in der jeweiligen Einrichtung ab. Auf jeden Fall sollte vor dem Schritt zu einem Kirchenaustritt eine Beratung bei der Gewerkschaft und/oder einem Fachanwalt eingeholt werden.

Literaturhinweis

- *Stein, Peter:* Das kirchliche Selbstbestimmungsrecht im Arbeitsrecht und seine Grenzen, Frankfurt 2023.
- *ver.di:* Ungleichbehandlung beenden, Ungleichbehandlung beenden | Gesundheit, Soziale Dienste, Bildung und Wissenschaft (verdi.de), 29. 8. 2023.

Kollektives Arbeitsrecht

Was ist das?

Das kollektive Arbeitsrecht regelt – anders als das → **Individualarbeitsrecht** – die rechtlichen Beziehungen zwischen → **Gewerkschaften** und dem Arbeitgeber sowie zwischen den Interessenvertretungen der Arbeitnehmer (Betriebsrat, Personalrat, Mitarbeitervertretung) und dem Arbeitgeber. Zum kollektiven Arbeitsrecht gehören im weltlichen Bereich insbesondere das Tarifvertragsrecht, das Arbeitskampfrecht (Streiks und Aussperrungen) und das Mitbestimmungsrecht in Unternehmen und Betrieben (Betriebsverfassungsrecht).
Kollektives Arbeitsrecht bedeutet demnach, dass nicht ein Arbeitnehmer als Einzelperson (also individualrechtlich), sondern jeweils eine Gruppe von Arbeitnehmern betroffen ist.
Das Betriebsverfassungsrecht regelt das Zusammenwirken zwischen Arbeitgeber und Betriebsrat, der die Interessen der Arbeitnehmer des Betriebs vertritt. Das → **Betriebsverfassungsgesetz** (BetrVG) gilt für alle inländischen Betriebe der Privatwirtschaft. Nicht erfasst sind der öffentliche Dienst (dort gilt das sog. Personalvertretungsrecht), die Religionsgemeinschaften und ihre karitativen und erzieherischen Einrichtungen.
Das Mitarbeitervertretungsrecht im kirchlichen Bereich regelt das Zusammenwirken zwischen Arbeitgeber und → **Mitarbeitervertretung**, die die Interessen der Arbeitnehmer der Dienststelle vertritt.

Bedeutung für die MAV

Art. 140 GG i. V. m. Art. 137 Abs. 3 WRV normiert ein → **Selbstverwaltungsrecht** der Kirchen dahingehend, dass jede Religionsgesellschaft ihre Angelegenheiten selbständig innerhalb der Schranken des für alle geltenden Gesetzes ordnet und verwaltet. Sie verleiht ihre Ämter ohne Mitwirkung des Staates oder der bürgerlichen Gemeinde.

Zudem findet das BetrVG aufgrund des § 118 Abs. 2 BetrVG auf Religionsgemeinschaften keine Anwendung. Daher gilt im Bereich der ev. Kirche/Diakonie das Mitarbeitervertretungsgesetz (MVG-EKD). Es enthält Regelungen und sieht Verfahren vor, die zu einem großen Teil vom BetrVG abweichen; und zwar i. d. R. zu Ungunsten der Mitarbeitervertretung und somit der Arbeitnehmer. So sind z. B. Zwangsvollstreckungsmaßnahmen gem. § 62 MVG ausdrücklich ausgeschlossen, das → **Einigungsstellenverfahren** bleibt aufgrund eingeschränkter Besetzungs- und Kostenregelungen deutlich hinter dem Verfahren nach BetrVG zurück, etc.
Die Gewerkschaft ver.di macht sich daher für die Abschaffung des § 118 Abs. II BetrVG stark, um Arbeitnehmerrechte kirchlicher Einrichtungen zu stärken und auf ein Niveau mit dem weltlichen Bereich zu bringen.
Das Mitarbeitervertretungsgesetz bildet die Grundlage für das Zusammenwirken zwischen Mitarbeitervertretung und (kirchlichem) Arbeitgeber. Die Mitglieder der Mitarbeitervertretung sollten sich daher regelmäßig fortbilden, um die Möglichkeiten, die sich aus dem MVG ergeben, zu Gunsten der Arbeitnehmer ausschöpfen zu können.

Bedeutung für die Beschäftigten

Aus der kirchlichen Sonderstellung resultiert auch, dass das Arbeitskampfrecht für Arbeitnehmer kirchlicher Einrichtungen nur eingeschränkt gilt. Das BAG hat mit Urteil vom 20. 11. 2012 – 1 AZR 179/11 den Leitsatz aufgestellt:
»Verfügt eine Religionsgesellschaft über ein am Leitbild der Dienstgemeinschaft ausgerichtetes Arbeitsrechtsregelungsverfahren, bei dem die Dienstnehmerseite und die Dienstgeberseite in einer paritätisch besetzten Kommission die Arbeitsbedingungen der Beschäftigten gemeinsam aushandeln und einen Konflikt durch den neutralen Vorsitzenden einer Schlichtungskommission lösen (sog. Dritter Weg), dürfen Gewerkschaften nicht zu einem Streik aufrufen. Das gilt jedoch nur, soweit Gewerkschaften in dieses Verfahren organisatorisch eingebunden sind und das Verhandlungsergebnis für die Dienstgeberseite als Mindestarbeitsbedingung verbindlich ist.«
Beschäftigte der Diakonie und Kirche haben demnach – anders als sonstige Beschäftigte – nur eine eingeschränkte Möglichkeit, wirksam für faire Arbeitsbedingungen zu streiken. Diese Beschränkung halten wir für äußerst kritikwürdig, denn die Diakonie beschäftigte zum 1. 1. 2022 immerhin ca. 630 000 hauptamtliche Mitarbeiter (*https://www.ekd.de/statistik-diakonie-44294.htm*, abgerufen 19. 12. 2024).

→ **Tarifverträge** und Kirche/Diakonie schließen sich jedoch nicht aus. Es ist durchaus möglich, Tarifverträge zwischen der Gewerkschaft und dem Arbeitgeberverband zu verhandeln (z. B. TV DN – Tarifvertrag der Diakonie Niedersachsen).
Das → **Streikrecht** auszuschließen bzw. einzuschränken kann als »kollektives Betteln« beschrieben werden, da Arbeitnehmer kein Instrument haben – keine Durchsetzungsmacht – für ihre Interessen erfolgreich einzutreten.
Das MVG hat ebenfalls eine Bedeutung für die Beschäftigten. Kündigt der Arbeitgeber z. B. das Arbeitsverhältnis ohne vorherige ordnungsgemäße Beteiligung der MAV gem. MVG, so leidet die → **Kündigung** an einem formellen Mangel und ist unwirksam. Diese Unwirksamkeit muss jedoch durch ein Arbeitsgericht in einer fristwahrend erhobenen Kündigungsschutzklage (individualrechtlich) festgestellt werden.

Kosten der MAV-Arbeit

Was ist das?

Die MAV hat die Verpflichtung, ihre Aufgaben ordnungsgemäß und sachgerecht zu erledigen. Durch diese Tätigkeit entstehen Kosten, die der Arbeitgeber zu tragen hat (§ 30 Abs. 2 MVG). Dies gilt sowohl für die MAV als Ganzes als auch für die einzelnen Mitglieder. Kosten entstehen z. B. durch die Teilnahme an Schulungen und Fortbildungen, die Anschaffung und Nutzung von Büromaterial und IT, durch die Beauftragung von Rechtsanwältinnen und die Hinzuziehung von Sachverständigen. Da die MAV vermögenslos ist und weisungsunabhängig sein und bleiben muss, sind die Kosten von der Dienststelle zu übernehmen, wenn die Voraussetzungen der Rechtgrundlage vorliegen. Rechtsgrundlage ist § 30 Abs. 2 MVG.

§ 30 Abs. 2 MVG besteht aus zwei Sätzen. Diese sind nicht zusammen zu lesen, sondern stellen eigene Anspruchsgrundlagen dar, die zwei unterschiedliche Fälle regeln.

§ 30 Abs. 2 Satz 1 betrifft die erforderlichen Kosten.

Danach muss die MAV neben der pflichtgemäßen Beurteilung kostenverursachender Entscheidungen und Beschlüsse auch den Blickwinkel eines »vernünftigen Dritten« mit einbeziehen. Sie hat also einen Beurteilungsspielraum, in dem sie sich bewegen kann.

Erforderlich ist etwa die dienststellenübliche Ausstattung nach § 30 Abs. 1 MVG. Auch kann die MAV Anspruch auf Büropersonal haben. Dies dürfte sich regelmäßig an der Zahl der zu vertretenden Mitarbeiterinnen orientieren und damit grundsätzlich an der Größe der MAV, weil zu erwarten ist, dass administrative Tätigkeiten in einem Umfang anfallen, die nicht mehr ohne Büropersonal erledigt werden können, ohne dass die originären MAV-Tätigkeiten darunter leiden würden.

> **Beispiel:**
> Auf der Grundlage des Angebots mehrerer Grundlagenschulungen zum MVG beschließt die MAV, ein neu gewähltes Mitglied nicht zum kostengünstigsten Semi-

nar zu entsenden. Die Ausschreibung und bereits durch andere MAV-Mitglieder gemachte Erfahrungen führt die MAV zur begründeten Überzeugung, dass die ausgewählte Schulung qualitativ höherwertig ist. Der Arbeitgeber hat in diesem Fall die höheren Kosten zu tragen.

Kosten der Mitarbeitervertretung entstehen beispielsweise für

- Büro und Ausstattung (z. B. PC/Tablet/Laptop, Telefon, Diktiergerät, Fotokopierer, Internetzugang, körperschonende Sitzgelegenheiten, Schreibtisch, (abschließbarer) Schrank, Papier, Porto). Mittlerweile geht die Rechtsprechung der Landesarbeitsgerichte im Gegensatz zu früheren Urteilen davon aus, dass es zur Begründung des Anspruchs der MAV auf einen PC keiner Darlegung konkreter, aktuell anstehender Aufgaben mehr bedarf. Die Ausrüstung mit moderner Informations- und Kommunikationstechnik gehört heute zur normalen Büroausstattung (→ **Geschäftsführung der MAV**).
- Büropersonal
- Literatur (→ **Literatur für MAV-Arbeit**)
- Rechtsverfolgung und Rechtsverteidigung → **Beistand**
- Beraterinnen (→ **Sachkundige Person**), z. B. im Fall einer Betriebsänderung (Eingriffe in den Betriebsablauf und Betriebsbestand)
- → **Mitarbeiterversammlung**
- Wahl der MAV, JAV und Schwerbehindertenvertretung (einschließlich Nachwahl)
- Tagungen, Lehrgänge und Schulungen
- Kinderbetreuung eines minderjährigen Kindes für Zeiten, in denen außerhalb der persönlichen Arbeitszeit MAV-Aufgaben wahrzunehmen sind (BAG v. 24. 6. 2010 – 7 ABR 103/08)
- Reisekosten (auch innerhalb der Gesamtdienststelle, z. B. für Sitzungen der Gesamt-MAV)
- »Schwarze Bretter«, MAV-Zeitung/Informationsblatt
- Broschüren zur Unterrichtung der Beschäftigten.

Der Dienststellenleitung steht es grundsätzlich nicht zu, in Angelegenheiten, die unter die Entscheidungsbefugnis der MAV fallen, über die Kostenfrage eine Art »Genehmigungsvorbehalt« für sich in Anspruch zu nehmen. Denn so kann auf die Arbeitsorganisation und die Arbeitsfähigkeit der MAV Einfluss genommen werden. Zu empfehlen ist aber gleichwohl, die Übernahme von Kosten zuvor mit dem Arbeitgeber abzusprechen, um Streitigkeiten zu vermeiden. Verweigert der Arbeitgeber die Kostenübernahme, kann die Verpflichtung des Arbeitgebers vor dem Kirchengericht geklärt werden. Durch die Nichtgewährung von Reisekosten könnte z. B. Einfluss auf die Häufigkeit von Sitzungen der MAV genommen werden, wenn die Mitglieder der MAV von unterschiedlichen Standorten kommen.

Bedeutung für die MAV

Da die Kosten von der → **Dienststelle** zu tragen sind, bei der die MAV gebildet ist (§ 30 Abs. 2 MVG), ist die jeweilige Dienststellenleitung Adressatin des Antrags der MAV. Für den Kostenantrag einer Gemeinsamen MAV (§ 5 Abs. 2 MVG) sind mit den jeweiligen Dienststellenleitungen Absprachen zu treffen. Eine frühzeitige Antragstellung ist zu empfehlen.

Voraussetzung für die Durchsetzung der **Kostentragung** der Dienststellenleitung ist, dass die MAV die kostenverursachende Maßnahme (z. B. Beauftragung eines Rechtsanwalts, Teilnahme an Schulungen) in einer ordnungsgemäß einberufenen → **Sitzung der MAV** beschließt. Ein fehlender oder »einsamer Beschluss« der MAV-Vorsitzenden bedeutet das Fehlen einer wirksamen Entscheidung der MAV. Nur auf einen wirksamen Beschluss könnte der Anspruch der MAV auf Freistellung von entstandenen oder entstehenden Kosten (z. B. Honorarforderungen der Anwältin) gestützt werden. Der Arbeitgeber wäre in diesem Fall nicht zur Kostentragung verpflichtet.

In § 61 Abs. 9 MVG ist klargestellt, dass **Anwaltskosten** Sachkosten i. S. v. § 30 MVG sind, wenn sie erforderlich sind. Dies ergibt sich schon aus der Tatsache, dass die MAV über kein eigenes Vermögen verfügt und daher in rechtlichen Verfahren ohne Zugang zur juristischen Expertise gegenüber dem Arbeitgeber strukturell benachteiligt wäre. Bei der Hinzuziehung eines Rechtsbeistands kann der Arbeitgeber nicht anführen, dass die Heranziehung einer auswärtigen Rechtsanwältin wegen der zusätzlich entstehenden Kosten unzulässig ist. *»Bei der Hinzuziehung eines auswärtigen Verfahrensbevollmächtigten ist die Entstehung dadurch bedingter Mehrkosten erforderlich im Sinne von § 30 Abs. 1 Satz 1 MVG-EKD, wenn die Mitarbeitervertretung nach verständiger und pflichtgemäßer Abwägung zu dem Ergebnis kommt, dass die Mehrkosten vertretbar und sachlich gerechtfertigt sind«* (Kirchengerichtshof der EKD, Beschluss v. 11.8.2015 – I-0124/24-015).

Eine Kostentragungspflicht für den Arbeitgeber entfällt nur, wenn die MAV offensichtlich aussichtslose und mutwillige Kirchengerichtsverfahren anstrengt, die aufgrund der unzweifelhaften Rechtslage verloren gehen müssen.

Das oft von Arbeitgebern vorgetragene Argument, man habe nur einen begrenzten Etat für den Sachbedarf der MAV zur Verfügung, trägt nicht. Sind die Voraussetzungen des MVG erfüllt, muss der Arbeitgeber die Kosten tragen. Es gilt der Grundsatz: Geld hat man zu haben. Die MAV hat ihr Begehren an den genannten Grundsätzen zu orientieren. Da der Mangel an bereitgestellten Mitteln die Möglichkeiten und die Durchsetzungskraft einer MAV erheblich einschränken kann – und mitunter sogar einer Behinderung gleichkommen kann –, ist die Anrufung des Kirchengerichts in solchen Fällen dringend anzuraten.

§ 30 Abs. 1 MVG begründet eine »Überlassungsverpflichtung« der Dienststellenleitung. Sie hat erforderliche Gegenstände »zur Verfügung zu stellen«. Eine Absprache über ein Budget für bestimmte grundlegende Zwecke und Ausgaben kann getroffen werden, damit für die MAV ein unbürokratischer Zugriff auf notwendige Mittel des täglichen Geschäftsbedarfs möglich wird. Es muss aber unbedingt klargestellt sein, dass es sich **nicht um ein abschließendes Budget** handelt.

Der Versuch des Arbeitgebers, den Beschäftigten beispielsweise in einer → **Mitarbeiterversammlung** das Bild zu vermitteln, die MAV trage mit den durch ihre Geschäftsführung entstehenden Kosten Verantwortung oder gar Schuld an einer schlechten finanziellen Situation der Einrichtung, bringt die MAV in einen unzulässigen Rechtfertigungsdruck und stellt neben einer → **Behinderung der MAV-Arbeit** (§ 19 Abs. 1 MVG) eine grobe Verletzung der vertrauensvollen Zusammenarbeit dar (Präambel und § 33 Abs. 1 MVG). Bei einer solchen Herabwürdigung sollte – schon aus Gründen der Schadensbegrenzung – das Kirchengericht angerufen werden.

Es ist weiter nicht zulässig, die durch die Tätigkeiten der MAV entstehenden Kosten in der Einrichtung bekannt zu geben (BAG v. 12. 11. 1997 – 7 ABR 14/97). Dies betrifft z. B. die notwendige Hinzuziehung eines Rechtsbeistands oder die Einleitung eines Verfahrens vor dem Kirchengericht. Die MAV kann in diesem Fall Unterlassung vom Arbeitgeber verlangen.

Sind einem einzelnen MAV-Mitglied Kosten entstanden (z. B. für Reisen), fallen diese nicht unter die Ausschlussfrist nach § 45 AVR DD, § 54 AVR Bayern bzw. § 37 TVöD, TV-L bzw. § 41 DiVO Bayern.

Zuständig bei Streitigkeiten über die Erstattung von Reisekosten von MAV-Mitgliedern ist das Kirchengericht, nicht das Arbeitsgericht (VerwG.EKD v. 30. 1. 1997 – AZ 0124/A 13–96).

§ 30 Abs. 2 Satz 1 MVG betrifft explizit die Kosten für Sachverständige, die zur MAV-Sitzung oder zur Mitarbeiterinnenversammlung nach § 31 hinzugezogen werden können. Vor der Novellierung des MVG zum 1. 1. 2024 musste der Arbeitgeber der Kostenübernahme noch vorher zustimmen. Geschah dies nicht, musste quasi eine Extrarunde über das Kirchengericht gedreht werden, um dort die vorherige Kostenübernahme zu erreichen. Das konnte erhebliche Verzögerungen zur Folge haben. Problematisch waren auch die Fälle, in denen unklar war, ob es sich um Sachverständige handelt (§ 30 Abs. 2 Satz 2) oder um eine anwaltliche Tätigkeit (§ 30 Abs. 2 Satz 1). Durch die Neufassung in § 30 Abs. 2 MVG, die nur noch eine vorherige Anzeigepflicht vorsieht und die im Übrigen auf die Erforderlichkeit abstellt, wie Satz 2 auch, ist das nicht mehr nötig – sicherlich ein Fortschritt.

Musterschreiben: Informationsblatt der Mitarbeitervertretung

Briefkopf MAV

An die
Dienststellenleitung

Ort, Datum

Informationsblatt der Mitarbeitervertretung

Sehr geehrte/r Frau/Herr Name,
aus den Aufgaben der Mitarbeitervertretung, die das Mitarbeitervertretungsgesetz beschreibt, ergibt sich, dass die Mitarbeitervertretung eine umfassende Informationspflicht gegenüber der Belegschaft hat. Diese Informationspflicht ist zugleich ein Informationsrecht, auf das die Belegschaft einen Anspruch hat. Unsere Mitarbeiterversammlungen haben gezeigt, dass bei den Beschäftigten ein erhebliches Informationsbedürfnis besteht. Daraus erklärt sich auch die immer länger werdende Dauer der Versammlungen. Darüber hinaus erreichen uns zu bestimmten Themen sehr viele Einzelanfragen.
Die Mitarbeitervertretung hat in ihrer Sitzung vom [Datum] beschlossen, ein Informationsblatt herauszugeben, das vorläufig alle zwei Monate erscheinen soll. Wir möchten Ihnen mit diesem Schreiben von diesem Beschluss Kenntnis geben. Nach § 30 Abs. 2 Satz 1 MVG sind Sie verpflichtet, die Kosten für die Herstellung des Informationsblatts zu übernehmen. Sie betragen voraussichtlich #####. Wir bitten um Bestätigung.

Mit freundlichen Grüßen

Unterschrift MAV-Vorsitzende

Musterschreiben: Mindestausstattung des Mitarbeitervertretungsbüros

Briefkopf MAV

An die
Dienststellenleitung

Ort, Datum

Mindestausstattung im MAV-Büro

Sehr geehrte/r Frau/Herr Name,

seit nunmehr drei Monaten ist die neu gewählte Mitarbeitervertretung im Amt. Auf unseren mehrfach geäußerten Wunsch zur Überlassung eines geeigneten Büros am Hauptsitz der Dienststelle [Name] haben wir bislang nur unverbindliche und vage Antworten erhalten; zuletzt am [Datum].
Die Mitarbeitervertretung hat sich mit der Angelegenheit in ihrer letzten Sitzung am [Datum] abschließend befasst und erwartet nunmehr von Ihnen, dass Sie unverzüglich ein MAV-Büro mit folgender Mindestausstattung zur Verfügung stellen:

- einen Besprechungstisch mit 9 Stühlen,
- einen Schreibtisch mit Tischlampe,
- einen PC mit betriebsüblicher Software (Schreibprogramm, Tabellenkalkulation, Internet und E-Mail-Anschluss),
- einen Drucker,
- einen Schreibtischstuhl,
- einen abschließbaren Büroschrank,
- ein großes Bücherregal.

Wir legen Wert darauf, dass die gewählten Rufnummern des Telefon- und Faxanschlusses nicht in einer Art und Weise gespeichert werden, die den Rückschluss auf die jeweilige Ansprechpartnerin ermöglicht.
Ferner fordern wir übliche Büromaterialien an, wie Druckerpapier, Briefumschläge, Briefblöcke, Schreibtischunterlagen, Schreibgeräte, Radiergummi, Locher, Hefter, Ordner, Schnellhefter usw. in ausreichender Menge.
Diese Aufzählung stellt eine erste Grundausstattung dar und ist nicht abschließend.
Wir gehen davon aus, dass Sie uns die erforderlichen Sachmittel unverzüglich zur Verfügung stellen. Sollten Sie uns die Arbeitsmittel nicht innerhalb von zwei Wochen übergeben bzw. die Bereitschaft zur schnellen Beschaffung mitteilen, wird die Mitarbeitervertretung das Kirchengericht anrufen.

Mit freundlichen Grüßen

Unterschrift MAV-Vorsitzende

Musterschreiben: Tablets/Notebooks

Briefkopf MAV

An die
Dienststellenleitung

Ort, Datum

Überlassung eines Personalcomputers

Sehr geehrte/r Frau/Herr Name,
die Mitarbeitervertretung hat in ihrer Sitzung am Datum den Beschluss gefasst, bei der Dienststellenleitung zu beantragen, für alle Mitglieder der MAV Tablets oder Notebooks zuzüglich entsprechender Ausstattung und Software zur Durchführung von Videokonferenzen, Textverarbeitung, Tabellenkalkulation und Datenbankverwaltung zur Verfügung zu stellen. Jedes Mitglied benötigt zur Durchführung seiner MAV-Tätigkeiten ein entsprechendes Gerät.
Siehe LArbG München, Beschluss v. 7.12.2023 – 2 TaBV 31/23)
Mit freundlichen Grüßen

Unterschrift MAV-Vorsitzende

Literaturhinweis

- *Deppisch, Herbert/Jung, Robert/Schleitzer, Erhard:* Tipps für neu- und wiedergewählte MAV-Mitglieder, 5. Auflage, Frankfurt/Main 2025.

Krankengeld, Krankengeldzuschuss

Was ist das?

Bei Arbeitsunfähigkeit erhalten Beschäftigte von ihrem Arbeitgeber in der Regel sechs Wochen lang ihr Arbeitsentgelt fortgezahlt. Anschließend zahlt die Krankenkasse 70 Prozent des regelmäßig erzielten Bruttoarbeitsentgelts bis zur Beitragsbemessungsgrenze (5175 Euro im Monat; Stand 2024), jedoch nicht mehr als 90 Prozent des letzten Nettoarbeitsentgelts. Das Krankengeld ist einschließlich Entgeltfortzahlung auf 78 Wochen innerhalb von drei Jahren beschränkt (*https://www.bundesgesundheitsministerium.de/krankengeld*).
Das Krankengeld ist eine Entgeltersatzleistung der Krankenkasse nach dem SGB V.
Der Anspruch auf die Entgeltfortzahlung im Krankheitsfall ist in § 3 EFZG geregelt. Damit der Arbeitnehmer nach dem Entgeltfortzahlungszeitraum sozial abgesichert ist, regeln die §§ 44 ff. SGB V die Voraussetzungen für einen Anspruch auf Krankengeld. Dieser kann nicht nur bestehen bei einer eigenen Erkrankung, die zu einer Arbeitsunfähigkeit führt, sondern nach § 44a SGB V auch bei Spende von Organen, Geweben oder Blut zur Separation von Blutstammzellen oder anderen Blutbestandteilen, nach § 44b SGB V für eine bei stationärer Behandlung mitaufgenommene Begleitperson aus dem engsten persönlichen Umfeld oder bei einer Erkrankung des Kindes (§ 45 SGB V).
Weil das Krankengeld geringer ausfällt, können Arbeitgeber es durch die Gewährung eines Zuschusses zum Krankengeld aufstocken.
Ob Anspruch auf Krankengeldzuschuss besteht, richtet sich danach, welcher Tarifvertrag oder welche AVR oder sonstige Arbeitsvertragsgrundlage zur Anwendung kommt.
Hier können im Übrigen auch Regelungen zur Berechnung der Höhe der Entgeltfortzahlung bestehen.
Die AVR.DD regeln einen Krankengeldzuschuss in § 24 Abs. 3 bis Abs. 9 AVR.DD (§ 44 Abs. 2 und 3 AVR-Bayern). Hier hängt die Dauer der Gewährung des Zuschusses von der Dauer der Beschäftigung ab.

Bedeutung für die MAV

Der Mitarbeitervertretung begegnen Themen wie das Krankengeld oder der Krankengeldzuschuss im Rahmen der Beratung der Kollegen und im Rahmen des allgemeinen Überwachungsauftrags der MAV aus § 35 Abs. 3 Buchst. c MVG.

Der Krankengeldzuschuss unterliegt den Ausschlussfristen, soweit solche in den AVR oder einem Tarifvertrag oder im Arbeitsvertrag geregelt sind. In den AVR. DD betragen die Ausschlussfristen nach § 45 Abs. 2 AVR.DD 6 Monate ab Fälligkeit des Anspruchs (§ 54 AVR-Bayern: 12 Monate).

Die Mitarbeitervertretung sollte diesen Anspruch und die hierzu geltenden Ausschlussfristen unbedingt kennen, um Betroffene hierüber informieren zu können.

Bedeutung für die Beschäftigten

Krankengeld und Krankengeldzuschuss sind wichtige Instrumente finanzieller Absicherung in sozialen Notsituationen. Endet der Entgeltfortzahlungszeitraum, setzt sich die Krankenkasse in der Regel mit dem Beschäftigten in Verbindung. Der Arbeitgeber erhält die Aufforderung, die Höhe des Entgelts mitzuteilen, damit der Anspruch berechnet werden kann. Zu dieser Auskunft ist der Arbeitgeber nach § 98 SGB X verpflichtet. Wird die Auskunft vorsätzlich oder leichtfertig nicht, nicht rechtzeitig, nicht richtig oder nicht vollständig erteilt, kann dies eine Ordnungswidrigkeit darstellen, die ein Bußgeld nach sich zieht. Für die Beschäftigten ist es wichtig, den Anspruch auf Krankengeldzuschuss form- und fristgerecht geltend zu machen, damit er nicht verfällt, sollte der Arbeitgeber ihn nicht von sich aus erfüllen, wozu er – anders als bei den Beihilfen, die nur auf Antrag gewährt werden – verpflichtet ist.

Krankmeldung

Was ist das?

Um Arbeitsabläufe planen und steuern zu können, ist es für den Arbeitgeber von erheblicher Bedeutung, dass er im Verhinderungsfall, hier bei einer Erkrankung, unverzüglich eine **Mitteilung** über die **Erkrankung** eines Beschäftigten erhält. Die Krankmeldung ist die Mitteilung über die Arbeitsunfähigkeit eines Beschäftigten (sog. Anzeigepflicht).

Bedeutung für die MAV

Die Art und Form der Krankmeldung sind in den AVR.DD und dem BAT geregelt. Im TVöD finden sich dazu keine Regelungen mehr, so dass hier die Vorschriften des Entgeltfortzahlungsgesetzes – § 5 Anzeige- und Nachweispflicht – zur Anwendung kommen. Die MAV ist bei Krankmeldungen nur zu beteiligen, wenn eine → **Dienstvereinbarung** darüber abgeschlossen werden soll, dass ein ärztliches Attest bei einer Krankmeldung bereits ab dem ersten Tag der Erkrankung vorgelegt werden muss. Wird die Vorlage des ärztlichen Attestes ab dem ersten Tag der Erkrankung nur in Einzelfällen vom Arbeitgeber gefordert, so hat die MAV keine Mitbestimmungsrechte. Die MAV hat jedoch darauf zu achten, dass keine Ungleichbehandlung durch den Arbeitgeber bei den Beschäftigten eintritt.

Bedeutung für die Beschäftigten

Meldung, Anzeigepflicht
Die Krankmeldung hat entsprechend § 10 Abs. 2 AVR.DD, § 37a BAT bzw. § 5 Entgeltfortzahlungsgesetz **unverzüglich** zu erfolgen. Dies bedeutet, dass der Beschäftigte nach der eigenen Erkenntnis einer Erkrankung **baldmöglichst** den **Arbeitgeber** darüber zu **informieren** hat, dass er die Arbeit nicht aufnehmen kann. **Unverzüglich** bedeutet, die Benachrichtigung des Arbeitgebers hat **ohne schuldhaftes Zögern** zu erfolgen. Wer dabei zu informieren ist, kann von Einrichtung zu Einrichtung unterschiedlich sein. Die Krankmeldung kann so z. B. beim Personalbüro, dem direkten Vorgesetzten oder einer anderen, vom Arbeitgeber bestimmten Person oder → **Dienststelle** erfolgen. Die Krankmeldung wird in der Regel auf telefonischem Wege erfolgen, sie kann auch im Auftrag vom Ehegatten, Lebenspartner, Arzt oder sonstigen Personen erfolgen.

Nachweispflicht
Dauert die krankheitsbedingte Abwesenheit länger als 3 Kalendertage (**nicht Arbeitstage**), so ist ab dem 4. Kalendertag der Arbeitsunfähigkeit eine Arbeitsunfähigkeitsbescheinigung vorzulegen, die den Beginn sowie die voraussichtliche Dauer beinhaltet.
Der Arbeitgeber ist berechtigt, die Vorlage der ärztlichen Bescheinigung früher zu verlangen. Im Bereich der AVR.DD und des BAT darf er dies nur in besonderen Fällen anordnen (z. B. bei permanenter Montagskrankmeldung). Im Bereich des TVöD sind an die frühere Vorlage eines ärztlichen Attestes über das Entgeltfortzahlungsgesetz (§ 5 Abs. 1) keine besonderen Bedingungen geknüpft. Die Vorlageverpflichtung darf nur nicht schikanös oder unbillig sein.

Information über die Dauer der Erkrankung, Krankheit im Urlaub, Krankheit während des Zeitausgleichs
Neben der eigentlichen Krankmeldung soll der Beschäftigte auch stets die aktuelle voraussichtliche **Dauer** der Erkrankung **mitteilen**. Die Abschätzung der Dauer der Erkrankung kann sowohl auf der Grundlage eines Arztbesuches erfolgen oder auch die persönliche Einschätzung des Beschäftigten darstellen. Das Recht auf Irrtum in der Einschätzung der Dauer der Erkrankung bleibt dabei vorbehalten. Dies gilt auch dann, wenn nach Ablauf der Entgeltfortzahlung bereits Krankengeld durch die Krankenkasse gezahlt wird.
Durch die Erkrankung und rechtzeitige Krankmeldung wird der Arbeitnehmer von der Verpflichtung zur Arbeitsleistung (§ 275 BGB) frei. Gleichzeitig erhält er für den Zeitraum der Erkrankung entsprechend den tariflichen Bestimmungen der §§ 37, 71 BAT, § 22 TVöD oder des § 24 AVR.DD bzw. des § 3 Entgelt-

fortzahlungsgesetzes seine **Vergütung** weiterbezahlt. Bei einer **Erkrankung im Urlaub** erhält der Beschäftigte die Urlaubstage gutgeschrieben, wenn er sich unverzüglich als erkrankt beim Arbeitgeber meldet und die Tage der Erkrankung mit einem ärztlichen Attest nachweist. Die Pflicht zur unverzüglichen Krankmeldung gilt auch bei Urlauben im Ausland. Hier hat der Beschäftigte alles zu unternehmen, um seinem Arbeitgeber schnellstmöglich die Krankmeldung mitzuteilen. Die entsprechenden Kosten für Telefonate, Telegramme o. Ä., trägt der Arbeitgeber (§ 5 Abs. 2 EntgFG).
Bei einer **Erkrankung während eines Zeitausgleichs** im Rahmen des Arbeitszeitkontos (§ 9b Abs. 10 AVR.DD) verfallen die Stunden, die in der ersten Woche des Zeitausgleiches genommen wurden. Mit der ersten Woche sind hier die ersten 7 Tage einer Freistellung gemeint. Die Stunden, die in den folgenden Wochen genommen wurden, werden dem Arbeitszeitkonto wieder gutgeschrieben, wenn sie durch ein ärztliches Attest belegt werden.
Während des **Überstundenausgleichs** braucht bei einer Erkrankung keine Krankmeldung zu erfolgen. Der Arbeitgeber ist seiner Verpflichtung, den Beschäftigten während des Überstundenausgleiches von der Arbeit freizustellen, nachgekommen. Der Arbeitnehmer kann somit auch in der Zeit seiner Freistellung erkranken. Die abgefeierten Überstunden werden nicht nachgewährt.

Kündigung

Was ist das?

Die Kündigung ist die einseitige Beendigung eines Vertragsverhältnisses. Im Arbeitsrecht kann das Arbeitsverhältnis durch ordentliche Kündigung oder → **außerordentliche Kündigung** beendet werden. Eine → **Änderungskündigung** führt im Falle, dass sie vom Arbeitnehmer nicht angenommen wird, zu einer Beendigung des Arbeitsverhältnisses. Das Recht zur Kündigung wird für den Arbeitgeber durch das KSchG eingeschränkt. Ebenfalls gelten für bestimmte Personengruppen **Ausschlüsse** bzw. Einschränkungen von Kündigungen (Schwangere, Schwerbehinderte, Schwerbehindertenvertreter, Auszubildende, Mitarbeitervertreter, Wahlvorstandsmitglieder, Wahlbewerber, Jugend- und Auszubildendenvertreter, unkündbare Beschäftigte). **Kündigungen sind schriftlich** auszusprechen (§ 623 BGB – gültig ab 1. 5. 2000, § 57 BAT, § 33 AVR DD). Im TVöD findet sich keine Wiederholung des Gesetzestextes. Die Kündigungsfristen sind in § 622 Abs. 2 BGB geregelt. Von diesen Fristen kann durch Tarifvertrag abgewichen werden. Im TVöD, dem BAT und der AVR.DD sind abweichende Fristen vorgesehen.

Bedeutung für die MAV

Ordentliche Kündigung nach Ablauf der → **Probezeit** (§ 42 Buchst. b MVG) unterliegen der eingeschränkten → **Mitbestimmung**, → **außerordentliche Kündigungen** und ordentliche Kündigungen innerhalb der → **Probezeit** unterliegen der → **Mitberatung** (§ 46 Buchst. b u. c MVG). In allen drei Fällen gilt, dass der Arbeitgeber die MAV **rechtzeitig** und **umfassend** von der beabsichtigten Maßnahme zu **unterrichten** hat (§ 34 Abs. 1, § 38 Abs. 2 bzw. § 45 Abs. 1 MVG). Die umfassende Unterrichtungspflicht durch den Arbeitgeber bedeutet, dass dieser alle Unterlagen und Informationen, die zu der Entscheidung geführt haben, sowohl belastende Erkenntnisse als auch entlastende Erkenntnisse, der MAV vorlegen muss. Sollte dies nicht geschehen, verliert der Arbeitgeber einen Kündigungsschutzprozess aus formalen Gründen.

Ab dem **Eingang** des Kündigungsantrags an die MAV durch den Arbeitgeber ist diese nicht mehr an die → **Schweigepflicht** (§ 22 Abs. 1 Satz 1 MVG). gegenüber dem **betroffenen Beschäftigten** gebunden (§ 22 Abs. 1 Satz 4 MVG). Dies gibt die Möglichkeit, den betroffenen Beschäftigten schriftlich oder mündlich über die beantragte Maßnahme zu informieren bzw. ihn zu einer MAV-Sitzung einzuladen und mit ihm den Sachverhalt zu besprechen. Der Beschäftigte hat allerdings keinen Rechtsanspruch darauf, von der MAV zu erfahren, wie die Diskussion zu seinem Fall in der Sitzung verlief und mit welchem Ergebnis über den Antrag des Arbeitgebers (einschließlich des Stimmergebnisses) innerhalb der MAV abgestimmt wurde.

Eine Nichtbeteiligung der MAV an einer ordentlichen Kündigung oder → **Änderungskündigung** führt zur Unwirksamkeit bzw. Rechtswidrigkeit der Maßnahme.

Das Kündigungsschutzgesetz bietet dem Arbeitgeber die Möglichkeit, zusammen mit dem Betriebs- bzw. Personalrat im Rahmen einer Auslese von zu kündigenden Beschäftigten den Kündigungsschutz für die Betroffenen einzuschränken. Das Arbeitsgericht hat die soziale Auswahl von Beschäftigten dann nur noch auf grobe Fehlerhaftigkeit zu überprüfen. Strittig ist, da § 1 Abs. 4 KSchG nur von Betriebs- und Personalräten spricht, ob diese Regelung auch analog für MAVen anzuwenden ist.

Weiterhin wird die **soziale Auswahl** im KSchG dahingehend konkretisiert, dass vom Arbeitgeber nur die Dauer der Betriebszugehörigkeit, das Lebensalter, die Unterhaltspflichten und die Schwerbehinderung des Arbeitnehmers in die Auswahl einbezogen werden müssen. Der Arbeitgeber kann im Rahmen der sozialen Auswahl einen Teil der Beschäftigten von dieser Auswahl ausnehmen, wenn dies insbesondere wegen ihrer Kenntnisse, Fähigkeiten und Leistungen oder zur Sicherung einer ausgewogenen Personalstruktur des Betriebes im berechtigten betrieblichen Interesse liegt (§ 1 Abs. 3 KSchG). Der MAV sind diese Auswahlgründe umfassend darzustellen.

Bedeutung für die Beschäftigten

Arbeitgeber und Arbeitnehmer haben sich bei der Beendigung des Arbeitsverhältnisses an bestimmte Regeln zu halten. Die **Kündigungsfristen** des TVöD (§ 34), des BAT (§ 53 Abs. 2 BAT) und der AVR.DD (§ 30 Abs. 1 AVR DD) **gelten für beide Vertragsparteien**. Arbeitnehmer und Arbeitgeber können entsprechend dem **BGB** mit unterschiedlichen Fristen kündigen. Arbeitnehmer und

Arbeitgeber (§ 622 Abs. 1 BGB) können mit einer Frist von vier Wochen zum 15. oder zum Ende eines Kalendermonats kündigen. Besteht das Arbeitsverhältnis mindestens zwei Jahre, muss sich der Arbeitgeber (nicht der Arbeitnehmer), der **nicht** dem BAT, dem TVöD, TV-L oder den AVR DD unterliegt, an die längeren Kündigungsfristen des **BGB** halten (§ 622 Abs. 2 BGB).

Kündigungsfristen

Beschäftigungszeit	BGB	BAT/TVöD	AVR DD
bis sechs Monate	zwei Wochen zu jedem Tag	zwei Wochen zum Monatsschluss	zwei Wochen zu jedem Tag
bis zu einem Jahr	vier Wochen zum 15. o. Ende des Kalendermonats	ein Monat zum Monatsschluss	ein Monat zum Monatsschluss
mehr als ein Jahr		sechs Wochen*	sechs Wochen*
ab zwei Jahre	ein Monat		
ab fünf Jahre	zwei Monate	drei Monate*	drei Monate*
ab acht Jahre	drei Monate	vier Monate*	vier Monate*
ab zehn Jahre	vier Monate	fünf Monate*	fünf Monate*
ab zwölf Jahre	fünf Monate	sechs Monate*	sechs Monate*
ab fünfzehn Jahre	sechs Monate	Unkündbar (wenn das 40. LJ erreicht, jedoch nur Tarifgebiet West)	Unkündbar (wenn das 40. LJ erreicht)
ab zwanzig Jahre	sieben Monate zum Ende eines Kalendermonats	* zum Ende eines **Kalendervierteljahres**	

Hinweis:
In der AVR-Bayern (§ 13 Abs. 3) wurde die Kündigungsfrist verkürzt, statt »zum Ende eines Kalendervierteljahres« kann im Geltungsbereich dieser AVR jeweils zum »Monatsschluss« gekündigt werden.

Im Bereich des **BGB** wurden für die Berechnung der → **Beschäftigungsdauer** (§ 622 Abs. 2 BGB) die Zeiten nicht hinzugezählt, die vor der Vollendung des 25. Lebensjahres des Arbeitnehmers liegen. Diese Regelung hat der EuGH (EuGH 9.1.2010 – C-555/07) als Altersdiskriminierung für unwirksam erklärt. Aufgrund des Gesetzes zur Stärkung der Chancen für Qualifizierung und für mehr Schutz in der Arbeitslosenversicherung (Qualifizierungschancengesetz) vom

18. 12. 2018 (BGBl. I S. 2651), in Kraft getreten am 1. 1. 2019 wurde der Passus – 25. Lebensjahr – ersatzlos gestrichen. Im Bereich des **BAT** gilt die Beschäftigungszeit ab dem 18. Lebensjahr. In analoger Anwendung des EuGH-Urteils ist auch diese Grenze unwirksam. Im TVöD und der AVR DD ist dazu keine Regelung mehr enthalten, somit entspricht der TVöD der aktuellen Rechtsprechung.
Im Bereich der AVR.DD (§ 30 Abs. 2) bestehen weitere besondere Kündigungsfristen bei zweckbefristeten und zeitlich befristeten Arbeitsverhältnissen nach einer Beschäftigungszeit von:

bis zu 6 Monaten:	2 Wochen zum Ende eines Kalendertages
von mehr als 6 Monaten:	1 Monat zum Schluss eines Kalendermonats
Von mehr als 1 Jahr bis zu 2 Jahren:	6 Wochen zum Schluss eines Kalendermonats

Der Arbeitgeber kann aus unterschiedlichen Gründen kündigen. Die ordentliche Kündigung kann, soweit das Kündigungsschutzgesetz Anwendung findet, nur aus betriebsbedingten, aus verhaltensbedingten oder personenbedingten Gründen erfolgen.
Die **betriebsbedingte Kündigung** setzt eine **unternehmerische Entscheidung** des Arbeitgebers voraus. Hierbei handelt es sich um eine organisatorische Entscheidung des Arbeitgebers, bei deren Umsetzung Arbeitsplätze entfallen (z. B. Schließung eines Teilbereichs). Die Gründe dafür können inner- oder außerbetrieblicher Art sein, z. B. Wegfall von Finanzierungen oder Rationalisierungsmaßnahmen. Der Arbeitgeber ist im Kündigungsschutzprozess für die Gründe der betriebsbedingten Kündigung und die Auswahl der betroffenen Beschäftigten vor Gericht nachweis- und darlegungspflichtig.
Die **verhaltensbedingte Kündigung** setzt ein **Fehlverhalten**, also einen Verstoß gegen arbeitsvertragliche Pflichten (auch gegen Nebenpflichten) des Arbeitnehmers voraus. In der Regel muss der verhaltensbedingte Kündigungsgrund durch ein **schuldhaftes Verhalten** des Arbeitnehmers herbeigeführt worden sein. Gründe für eine verhaltensbedingte Kündigung können u. a. sein: Missachtung des Alkoholverbotes, Anstiftung zum Vertragsbruch, Verstoß gegen die Vorlagepflicht von Attesten bei Krankheit, Arbeitsverweigerung, minder schwere Fälle von Beleidigung, Schlechtleistung, Annahme von Geschenken trotz Verbot, Rauchen trotz Rauchverbot, private Telefonate ohne Genehmigung, Verschmutzung von Toiletten, dauernde Unpünktlichkeit, eigenmächtige Urlaubsüberschreitung. Voraussetzung für eine verhaltensbedingte Kündigung ist in aller Regel eine → **Abmahnung**. Durch die → **Abmahnung** soll der Beschäftigte angehalten werden, dass missbilligte Verhalten zu ändern und nicht zu wiederholen. Im Wiederholungsfalle ist der Arbeitgeber zur Kündigung berechtigt. Auf die → **Abmahnung** kann nur dann verzichtet werden, wenn das gezeigte Ver-

halten so schwerwiegend war, dass eine vertrauensvolle Zusammenarbeit zwischen dem Arbeitgeber und dem Arbeitnehmer für die Zukunft auszuschließen ist (→ **außerordentliche Kündigung**).
Im kirchlichen und diakonischen Bereich können Verstöße gegen die **Loyalitätspflichten** gegenüber dem Arbeitgeber in seiner Eigenschaft als Kirche oder Diakonie zu einer verhaltensbedingten Kündigung führen. Ob vor dem Aussprechen einer Kündigung eine → **Abmahnung** erforderlich ist, muss jeweils im Einzelfall beurteilt werden.
Die **personenbedingte Kündigung** kann aus Gründen ausgesprochen werden, die in der Person des Arbeitnehmers liegen. Dies können z. B. sein: mangelnde geistige oder körperliche Eignung, Erkrankungen, deutlich abnehmende Leistungsfähigkeit, Haft, häufige Kurzerkrankungen, langandauernde Erkrankung, krankheitsbedingte Leistungsminderung. Bevor eine Kündigung ausgesprochen werden kann, muss der Arbeitgeber jedoch versuchen, einen anderen Arbeitsplatz zu finden, für den der Arbeitnehmer geeignet ist, bzw. bei krankheitsbedingten Gründen evtl. betriebliche Veränderungen vornehmen. Zudem muss eine negative Zukunftsprognose über den zukünftigen Gesundheitszustand des Beschäftigten bestehen.
Arbeitnehmer können sich gegen **Kündigungen zur Wehr** setzen. Voraussetzung dafür ist die Einreichung einer Kündigungsschutzklage vor dem → **Arbeitsgericht**. Die Kündigungsschutzklage ist eine Feststellungsklage, die sich auf Gründe entsprechend dem KSchG – sozial ungerechtfertigt – beruft. Sie muss innerhalb einer **Frist von 3 Wochen** (§ 4 KSchG) nach Zugang beim Arbeitnehmer beim → **Arbeitsgericht** erhoben werden. Diese Frist muss immer eingehalten werden. Eine Rückversetzung in den vorherigen Stand, wenn die Kündigungsfrist versäumt wurde, ist nur in seltenen Ausnahmefällen (geistige Umnachtung, Koma, …) mit entsprechenden Nachweisen möglich.
Eine Anrufung der Individualschlichtung → (**Schlichtung nach AVR** – § 44 AVR. DD) durch den Arbeitnehmer hemmt den Fristablauf entsprechend dem KSchG nicht! Eine Schlichtung ohne die gleichzeitige Erhebung der Kündigungsschutzklage birgt somit ein großes Risiko für den Arbeitnehmer.
Grundsätzlich gilt, dass jede Partei ihre **Behauptungen** im Kündigungsschutzprozess darlegen und **beweisen** muss: der Arbeitgeber, dass Gründe für eine betriebsbedingte, verhaltensbedingte oder personenbedingte Kündigung vorliegen, der Arbeitnehmer, dass diese Gründe nicht vorliegen bzw. dass die soziale Auswahl durch den Arbeitgeber fehlerhaft durchgeführt wurde oder dass sonstige Rechtsverstöße vorliegen. Wichtig ist, dass jede Seite die für sie günstigen Tatsachen vorzubringen und gegebenenfalls zu beweisen hat. Beweise können u. a. in der Form von Schriftstücken, Aktenvorgängen, öffentlich zugänglichen Dokumenten oder auch durch Zeugen angeboten werden. Im Arbeitsgerichtsprozess

gilt **kein Amtsermittlungsgrundsatz**, d.h. das Arbeitsgericht entscheidet nur nach den von den Parteien vorgetragenen Tatsachen.
Im Rahmen des Arbeitsgerichtsprozesses wird zuerst in einem **Gütetermin** versucht, durch den Richter zu einer einvernehmlichen Lösung des Streitfalles zu kommen. In diesem Termin können bereits Vergleiche geschlossen, jedoch können keine Urteile gesprochen werden. In der sog. »Kammerverhandlung« werden die schriftlich und mündlich vorgelegten Behauptungen und Tatsachen geprüft, evtl. Beweise erhoben und Zeugen gehört und – falls kein Vergleich zustande kommt, die Kündigung oder die Klage zurückgenommen wird – ein Urteil gesprochen. Gegen dieses Urteil ist bei einem Kündigungsschutzprozess **Berufung** zum Landesarbeitsgericht möglich, in besonderen Fällen nach einem Landesarbeitsgerichtsverfahren noch **Revision** zum BAG.
Da es in Kündigungsschutzprozessen häufig zu Regelungen mit Vergleichen kommt, ermöglicht § 1a KSchG eine »einfach zu handhabende, moderne und unbürokratische Alternative zum Kündigungsschutzprozess«. Der Arbeitgeber zahlt ein halbes Brutto-Monatsgehalt für jedes Jahr des Bestehens des Arbeitsverhältnisses. Voraussetzungen sind: der Arbeitgeber hat in der Kündigung auf den Abfindungsanspruch hingewiesen, die Kündigung erfolgte aus dringenden betrieblichen Gründen und der Arbeitnehmer erhebt keine Kündigungsschutzklage. Die Höhe des Monatsgehaltes berechnet sich nach den dem Arbeitnehmer im Monat, in dem das Arbeitsverhältnis endet, zustehenden Geld- und Sachbezügen (§ 1 a i.V.m. § 10 Abs. 3 KSchG). Bei der Ermittlung der Dauer des Arbeitsverhältnisses wird ein Zeitraum von mehr als sechs Monaten auf ein volles Jahr aufgerundet.

Literaturhinweis

- *Kittner, Michael/Däubler, Wolfgang/Zwanziger, Bertram:* Kündigungsschutzrecht. Kommentar für die Praxis, 12. Auflage, Frankfurt 2024.
- *Zwanziger/Altmann/Schneppendahl:* Kündigungsschutzgesetz, Kommentar für die Praxis, 12. Auflage, Frankfurt 2018.

Kurzarbeit

Was ist das?

Kurzarbeit bedeutet für Arbeitnehmer die vorübergehende Verringerung der regelmäßigen Arbeitszeit in der Dienststelle bzw. dem Betrieb aufgrund eines erheblichen Arbeitsausfalls. Von der Kurzarbeit können alle oder nur ein Teil der Arbeitnehmer der Dienststelle, des Betriebs betroffen sein. Die betroffenen Arbeitnehmer arbeiten bei Kurzarbeit mit einer geringeren Arbeitszeit oder überhaupt nicht (sog. Kurzarbeit Null).
Kurzarbeit kann ein Instrument sein, um bei vorübergehendem Arbeitsausfall (mangelnde Belegung bzw. Auslastung) Kündigungen zu vermeiden, da der Arbeitgeber von Personalkosten entlastet wird. Der Verdienstausfall der Arbeitnehmer wird jedoch nur zum Teil durch das sogenannte Kurzarbeitergeld der Bundesagentur für Arbeit ausgeglichen.

Bedeutung für die MAV

Die MAV hat bei der Einführung von Kurzarbeit mitzubestimmen. Entsprechend § 40 Buchst. d MVG ist die Einführung von Kurzarbeit ein Unterfall des Beginns und des Endes der Arbeitszeit, da sich durch die Kurzarbeit die Arbeitszeit verändert. Im Rahmen einer → **Dienstvereinbarung** kann der betroffene Bereich bestimmt werden, die Höhe der Verkürzung der Arbeitszeit sowie die Dauer der Kurzarbeit. Gleichzeitig kann die MAV versuchen, einen Zuschuss des Arbeitgebers zu erreichen, der das Kurzarbeitergeld der Bundesagentur für Arbeit aufstockt, damit die Einkommensverluste möglichst gering bleiben. Im Rahmen der »Anlage 17 AVR.DD – Dienstvereinbarung aufgrund einer vorübergehenden wirtschaftlichen Notlage« kann die MAV Einkommenskürzungen vereinbaren, um Kündigungen zu vermeiden. Die MAV kann hier auch vereinbaren, dass die gekürzten Einkommensbestandteile bei einer wirtschaftlichen Erholung nachgezahlt werden. Bei derartigen Verhandlungen und Vereinbarungen sollten MAVen sich unbedingt durch externe rechtliche Beratung unterstützen lassen. Kurzarbeitergeld wird gezahlt, wenn ein erheblicher Arbeitsausfall mit Entgeltausfall entsprechend § 96 SGB III unter folgenden Voraussetzungen vorliegt, die die MAV auch zu prüfen hat: Ein Arbeitsausfall ist erheblich, wenn er auf wirtschaftlichen Gründen oder einem unabwendbaren Ereignis beruht, wenn er vorübergehend ist, nicht vermeidbar ist und im jeweiligen Kalendermonat (Anspruchszeitraum) mindestens ein Drittel der im Betrieb beschäftigten Arbeitnehmer von einem Entgeltausfall von jeweils mehr als 10 Prozent ihres monatlichen Bruttoentgelts betroffen sind; der Entgeltausfall kann auch jeweils 100 Prozent des monatlichen Bruttoentgelts betragen. Bei den Berechnungen sind Auszubildende nicht mitzuzählen. Ein Arbeitsausfall beruht auch auf wirtschaftlichen Gründen, wenn er durch eine Veränderung der betrieblichen Strukturen verursacht wird, die durch die allgemeine wirtschaftliche Entwicklung bedingt ist. Ein unabwendbares Ereignis liegt insbesondere vor, wenn ein Arbeitsausfall auf ungewöhnlichen, vom üblichen Witterungsverlauf abweichenden Witterungsverhältnissen beruht. Ein unabwendbares Ereignis liegt auch vor, wenn ein Arbeitsausfall durch behördliche oder behördlich anerkannte Maßnahmen verursacht ist, die vom Arbeitgeber nicht zu vertreten sind.

Bedeutung für die Beschäftigten

Für die Beschäftigten bedeutet die Einführung von Kurzarbeitergeld weniger Einkommen und die Hoffnung auf den Erhalt des Arbeitsplatzes. Kündigungen sind jedoch auch während des Bezugs von Kurzarbeitergeld grundsätzlich möglich. Die Höhe des Kurzarbeitergelds beträgt 60 % des Nettolohns (§ 105 SGB III), der infolge der Kurzarbeit ausfällt. Arbeitnehmer mit Kindern erhalten 67 %. Durch das Kurzarbeitergeld wird der durch die Kurzarbeit verursachte Lohnausfall, d. h. der Unterschiedsbetrag zwischen dem verringerten Lohn, der bei verringerter Arbeitszeit zu zahlen ist (Ist-Entgelt, Kurzarbeiterlohn) und dem normalen Lohn, der bei nicht verringerter Arbeitszeit zu zahlen wäre, ausgeglichen. Es entstehen Einkommensverluste von 33 % bzw. 40 % beim Kurzarbeitergeld, das Entgelt für die verkürzte Arbeitszeit wird voll gezahlt. Das Kurzarbeitergeld wird nur bis zur Höhe des Entgelts bis zur Beitragsbemessungsgrenze berechnet. Dies bedeutet, dass die Einkommensverluste für Beschäftigte mit einem Einkommen über der Beitragsbemessungsgrenze über 33 % bzw. 40 % hinausgehen können. Gehaltsbestandteile über der Beitragsbemessungsgrenze werden nicht berücksichtigt. Als Lohnersatzleistung ist das Kurzarbeitergeld nicht zu versteuern und

in der Sozialversicherung zu verbeitragen. Für das zu versteuernde Gesamteinkommen wird das Kurzarbeitergeld hinzugerechnet.
Um Kurzarbeitergeld zu erhalten, müssen folgende Voraussetzungen (§ 95 SGB III) erfüllt sein: es muss ein erheblicher Arbeitsausfall mit Entgeltausfall vorliegen, die betrieblichen Voraussetzungen müssen erfüllt sein, ebenso die persönlichen Voraussetzungen und der Arbeitsausfall muss der Agentur für Arbeit angezeigt worden sein. Die Anzeige bei der Agentur für Arbeit erfolgt durch den Arbeitgeber. Weiterhin muss sich der Arbeitnehmer in einem ungekündigten, sozialversicherungspflichtigen Arbeitsverhältnis befinden. Das Kurzarbeitergeld wird seit dem 1. 1. 2016 für max. 12 Monate bezahlt (§ 104 SGB III), vorher 6 Monate. Durch eine Rechtsverordnung des Bundesministeriums für Arbeit und Sozialordnung kann die Laufzeit auf max. 24 Monate verlängert werden. Das Kurzarbeitergeld wird nach einer Pause von 3 Monaten erneut gezahlt, wenn die Voraussetzungen vorliegen. Bei einer Erkrankung während der Kurzarbeit reduziert sich das Krankengeld der Krankenkassen (§ 47b SGB V).

Hinweis:
Im Rahmen der Corona-Pandemie wurden die Leistungen der Bundesagentur für Arbeit befristet bis zum 31. 12. 2020 erhöht, je nach Voraussetzung bis auf 87 %. Eine solche Regelung kann es bei vergleichbaren Fällen wieder geben.

Leiharbeit

Was ist das?

Als Leiharbeitnehmer werden Arbeitnehmer bezeichnet, die nach dem Arbeitnehmerüberlassungsgesetz durch ihren Arbeitgeber (Verleiher) an eine andere Firma (Entleiher) verliehen werden. Leiharbeitnehmerinnen sind zu unterscheiden von Beschäftigten im Rahmen eines → **Werkvertrags**.
Werden Arbeitnehmer eines anderen Arbeitgebers zur Arbeitsleistung überlassen, so sind sie nach BetrVG wahlberechtigt, wenn sie länger als drei Monate im Betrieb eingesetzt werden. Gehören sie dem Betrieb länger als sechs Monate an, sind sie sogar wählbar.
Obwohl es Leiharbeitnehmer im Geltungsbereich des MVG gibt, fehlen dort entsprechende Regelungen. Das MVG vertieft trotz aller Dienstgemeinschaftsgedanken die Aufspaltung der Beschäftigten in zwei Klassen. Gegen die Diskriminierung der Leiharbeitnehmer klagten eine Reihe von MAVen vor dem Kirchengerichtshof (KGH) der EKD. Sie konnten erreichen, dass der Kirchengerichtshof feststellte, dass die MAVen dem dauerhaften Einsatz von Leiharbeitnehmer widersprechen können, wenn deren Leistung mit der »Erfüllung des kirchlichen Auftrags in Verkündung, Mission und Diakonie« unmittelbar zusammenhängen (KGH.EKD, Beschluss vom 25.8.2014, Az.: II-0124/W10-14).
Leiharbeitnehmer werden von dem Verleiherbetrieb eingestellt, schließen mit diesem einen Arbeitsvertrag ab und werden zu diesen Arbeitskonditionen in einem anderen Betrieb, dem entleihenden Betrieb, beschäftigt. Der Leiharbeitnehmer erhält ihr Entgelt von dem Verleiherbetrieb. Die Differenz zwischen dem Gehalt des Leiharbeitnehmers und dem Betrag, den die Verleihfirma von dem Entleiher erhält, ist der Unternehmensgewinn der Verleihfirma.
Während des Arbeitseinsatzes in der Entleiherfirma, ist der Leiharbeitnehmer voll in diesen Betrieb eingegliedert. (→ **Einstellung**). Der Entleiherbetrieb hat gegenüber der Leiharbeitnehmer das → **Weisungsrecht**). Trotzdem bleibt der Leiharbeitnehmer weiterhin Arbeitnehmer seines Arbeitgebers, der Verleihfirma. Das Weisungsrecht ist damit auf zwei Arbeitgeber verteilt bzw. geteilt.

Rechtsgrundlage ist das **Arbeitnehmerüberlassungsgesetz** (AÜG). Die ursprüngliche Absicht dieses Gesetzes von 1972 war, Leiharbeitnehmer bei Arbeitsspitzen oder einem unvorhergesehen Arbeitsengpass aushilfsweise einzustellen. Die anfängliche Höchstdauer der Überlassung eines Arbeitnehmers von 3 Monaten wurde nach und nach erhöht auf 24 Monate und im Rahmen der so genannten Hartz-Gesetze am 31. 12. 2002 ganz aufgehoben. Gleichzeitig wurde das »Synchronisationsverbot« aufgegeben, wonach die Dauer der Einstellung bei einer Leiharbeitsfirma nicht mit der Dauer der Ausleihe in dem Fremdbetrieb synchron laufen darf. 2017 wurde die neue Höchstüberlassungsdauer auf 18 Monate festgesetzt.

Laut den Vorschlägen der damaligen Hartz-Kommission sollte damit die Leiharbeit aufgewertet werden und als Instrument zur Verringerung der Arbeitslosigkeit eingesetzt werden. Die Aufwertung der Leiharbeit, dass die Leiharbeitnehmer einen Anspruch auf das gleiche Entgelt wie vergleichbare Arbeitnehmer im Entleiherbetrieb erhalten, wurde aber nicht erreicht.

Das AÜG enthält zwar den Grundsatz der Lohngleichheit (»equal pay«) von Leiharbeitnehmern und vergleichbaren Beschäftigten im Entleiherbetrieb, davon kann aber abgewichen werden, wenn ein → **Tarifvertrag** eine andere Regelungen vorsieht. Diese Klausel, die eine ungerechte Abweichung von dem Gleichbehandlungsprinzip darstellt, wurde gleichzeitig in das AÜG aufgenommen. Dies war eine Einladung der damaligen rot-grünen Gesetzgeber an die Arbeitgeber zum Missbrauch der Leiharbeit.

Dazu kam es auch sofort. Die Minigewerkschaft »Tarifgemeinschaft christlicher Gewerkschaften für Zeitarbeit und Personalserviceagenturen« (CGZP) schloss unmittelbar nach Inkrafttreten der neuen gesetzlichen Regelungen Ende 2002 eine Reihe von Tarifverträgen ab, deren Entgeltstruktur weit unter den branchenüblichen Niveaus lag. Diese Tarifverträge waren nach damaliger Rechtsprechung gültig und die DGB-Gewerkschaften waren in der Folgezeit gezwungen, Tarifverträge zu leicht besseren, aber ebenfalls noch sehr schlechten Bedingungen abzuschließen. Das Prinzip der Lohngerechtigkeit war damit ausgehebelt. Die Arbeitgeber nutzten die Möglichkeiten des AÜG und stellten in großem Maße Leiharbeitnehmer ein und reduzierten gleichzeitig ihre Stammbelegschaft.

Ende 2010 entschied das BAG, dass die CGZP keine wirksamen Tarifverträge abschließen kann, da diese Mini-Gewerkschaft als tarifunfähig gewertet wurde. Die Kritik an der Praxis vieler Unternehmen, dauerhafte Arbeitsverhältnisse mit Leiharbeitnehmern zu ersetzen, wurde gleichzeitig immer stärker. Auch die notwendige Umsetzung der neuen Leiharbeitsrichtlinie der EU (Richtlinie 2008/14/EG) führte zu einer erneuten Änderung des AÜG. Auf Antrag der Tarifpartner kann nun im Bereich der Leiharbeit eine Lohnuntergrenze für allgemeinverbindlich erklären werden, was eine Art von Mindestlohn bedeutet.

Im Jahresdurchschnitt 2023 gab es 796000 Leiharbeitnehmer in Deutschland. Ihr Anteil an der Gesamtbeschäftigung lag bei 2,0 Prozent. Im Jahr 2003 waren es lediglich 325000. Die Zahl stieg im Jahr 2008 an auf 823000. Im Zuge der folgenden Wirtschaftskrise sank sie auf 600000, da sie die ersten waren, die entlassen wurden. Das Auf und Ab der Zahl der eingesetzten Leiharbeitnehmer ist stark konjunkturabhängig und zahlenmäßiger Ausdruck des »atmenden Betriebes«.
Der Verleih von Arbeitnehmern ist ein lukratives Geschäft. In Deutschland gab es 2021 rund 11000 Unternehmen, die ausschließlich oder überwiegend Zeitarbeit betreiben. In der Regel liegen ihre Löhne um 20–30 % unter dem branchenüblichen Niveau.
Das neue seit dem 1.4.2017 geltende AÜG hat für die Dauer der Leiharbeit eine Obergrenze eingeführt. Sie beträgt grundsätzlich maximal 18 Monate auf demselben Arbeitsplatz des Entleihers. Beim Überschreiten der Höchstüberlassungsdauer wird der Arbeitsvertrag zwischen dem Verleiher und des Leiharbeitnehmers unwirksam. Aber auch hier gilt eine Ausnahmeregelung: der Arbeitsvertrag ist weiter wirksam, wenn der Leiharbeitnehmer schriftlich erklärt bis zum Ablauf eines Monats nach Überschreiten der zulässigen Überlassungshöchstdauer gegenüber dem Verleiher oder dem Entleiher, dass sie an dem Arbeitsvertrag mit dem Verleiher festhält. Auch Tarifverträge oder Betriebsvereinbarungen können Abweichungen mit einem längeren Einsatz von Leiharbeitnehmern vorsehen.
Da das neue Gesetz nicht einen Austausch der Leiharbeiter auf demselben Arbeitsplatz verbietet, kann die Obergrenze von 18 Monaten, die nur für den einzelnen Leiharbeiter gilt, leicht umgangen werden. Das dauerhafte Besetzen von Dauerarbeitsplätzen mit jeweils wechselnden Leiharbeitnehmern wird damit ganz legal. Für die Gewerkschaften ist diese neue Vorschrift ein Skandal.
Im Bereich der Sozialwirtschaft hat sich die Bedeutung der Leiharbeit gewandelt. Während Leiharbeit genutzt wurde, um durch Lohndumping Kosten zu sparen und das Kündigungsschutzgesetz zu umgehen, sind heute Einrichtungen zum Teil wegen des Arbeits- und Fachkräftemangels dringend auf zusätzliche externe Arbeitskräfte angewiesen. Sie müssen sich diesen Einsatz einiges kosten lassen.

Studie zum Einsatz von Leiharbeit in diakonischen Einrichtungen
Die Diakonie Deutschland hat eine bundesweite Studie zur Leiharbeit in diakonischen Einrichtungen erhoben. Befragt wurden alle Hilfefelder der Diakonie im Zeitraum Dezember 2023 bis Januar 2024. Ergebnisse der Studie sind:
- *Rund 62 Prozent der Einrichtungen hatten 2023 Stellen durch Leiharbeit besetzt. Bei 32 Prozent der Einrichtungen waren es mehr als 2 Prozent der Stellen.*
- *Der häufigste Einsatzgrund mit rund 73 Prozent war die befristete Besetzung vakanter Stellen und Krankheitsvertretungen.*

- *Vorrangig vor dem Einsatz von Leiharbeit wurde das eigene Personal verstärkt eingesetzt, Beschäftigte aus dem Ruhestand reaktiviert und/oder das Leistungsangebot der Einrichtungen reduziert.*
- *Nur 21 Prozent der Befragten rechnet mit einer zukünftigen Abnahme des Einsatzes von Leiharbeit.*
- *Die Leiharbeit bewirkt eine starke Erhöhung der Personalkosten bei fehlender Refinanzierung und schafft ein Ungleichgewicht zu den angestellten Beschäftigten.*
- *Der Einsatz von Leiharbeit ist ein notwendiges »Übel« mit häufigen Qualitätsdefiziten und weniger Verantwortlichkeit.*
- *Neben der Leiharbeit werden in 18 Prozent der Einrichtungen interne oder trägerübergreifende »Springerpools« vorgehalten. Hierbei ist die Gewinnung von Beschäftigten mit finanziellem und materiellem Mehraufwand verbunden.*
- *Politische Forderungen der diakonischen Einrichtungsträger sind unter anderem ein mehrheitliches Verbot von Leiharbeit sowie die Refinanzierung von Personal für Springerpools und Ausfallmanagements.*
- *Fazit der Studie: Die Problematiken mit der Leiharbeit beruhen auf dem Personalmangel in allen Hilfefeldern der diakonischen Einrichtungen.*

(aus einer Veröffentlichung der AGMAV Niedersachsen vom 24. 5. 2024)

Bedeutung für die MAV

Seit dem grundlegenden Urteil des **Kirchengerichtshofs der EKD** zum Einsatz von Leiharbeitnehmern am 9. 10. 2006 gibt es in der Evangelischen Kirche und den Diakonischen Werk eine besondere Situation. Mitarbeitervertretungen haben die Möglichkeit, die dauerhafte Beschäftigung von Leiharbeitnehmern und deren **Einstellung abzulehnen**.
Nach der Entscheidung des Kirchengerichtshof ist die Vergabe regulärer Tätigkeiten in einer diakonischen Einrichtung an Verleihfirmen mit den Prinzipien des besonderen kirchlichen Arbeitsrechts und der → **Dienstgemeinschaft** nicht zu vereinbaren. Allenfalls seien kurzfristige Aushilfseinsätze in dieser Form tolerierbar. Hier die wichtigsten Passagen aus der Urteilsbegründung des Kirchengerichtshofs:

»... Nach kirchlichem (Arbeits-)Recht ist Unternehmerüberlassung zwecks Überbrückung von Vertretungsfällen oder zur Abdeckung kurzfristigen Spitzenbedarfs – in Grenzen – hinzunehmen. Dagegen ist eine ständige Substitution durch ›Leiharbeit‹ mit den Anforderungen der Dienstgemeinschaft nicht zu vereinbaren. Die Leiharbeit widerspricht durch die ›ständige‹ Spaltung der Mitarbeiterschaft in

›Stammbelegschaft‹ und Leiharbeitnehmer … dem Erfordernis der organisatorischen Einheit – eine Mitarbeiterschaft, eine Dienststellenleitung. …
Für eine kirchliche Einrichtung besteht (…) anders als im staatlichen Bereich nicht das Recht, frei zu entscheiden, ob Daueraufgaben mit eigenen Arbeitnehmern und Arbeitnehmerinnen über Dienst- oder Werkverträge oder mit Leiharbeitnehmern und Leiharbeitnehmerinnen erledigt werden sollen.
Es mag zwar den Vorstellungen der Dienststellenleitung entsprechen, die diakonieeigene Arbeitnehmerüberlassung und externe Zeitarbeitsunternehmen auch in Arbeitsfeldern der Diakonie wegen erhöhter Flexibilitätserfordernisse wie Belegungsschwankungen und wegen des zunehmenden Kostendrucks als geboten anzusehen. Dabei wird aber übersehen, dass die Dienststelle oder ihre Leitung jedenfalls dann ein tragendes Grundprinzip der Kirchlichkeit verlassen, nämlich das Leitbild der Dienstgemeinschaft …«

Der Kirchengerichtshof hat die **Besonderheit des kirchlichen Dienstes** hervorgehoben. Dieser kann nach seinem Verständnis nicht allein nach weltlichem Arbeitsrecht beurteilt werden. Wenn sich eine Einrichtung der Kirche und ihrer Diakonie zuordnet, dann müsse sie die sich aus der Zuordnung ergebende Kirchlichkeit auch selbst »leben«. Diakonische Arbeit ist nach kirchlichem Selbstverständnis Teil der Glaubensausübung. Allein darin liege die Rechtfertigung für die Inanspruchnahme der sich aus Art. 140 Grundgesetz ergebenden Kirchenprivilegien. Glaubensausübung (nämlich diakonische Arbeit) könne nicht auf säkulare Arbeitnehmer verlagert werden.
Die Entscheidung des Kirchengerichtshofs zur Leiharbeit ist eine Absage an alle Bestrebungen diakonischer Arbeitgeber, sich unter das Dach der Kirche mit ihrer Sonderstellung zu begeben, sich aber in der Praxis wie ein schlichtes Wirtschaftsunternehmen aufzuführen.
Die obige Entscheidung des KGH wurde 2014 mit einem weiteren Beschluss des KGH bestätigt und die »diakoniepolitische« Dimension weiter ausgeweitet. In dem entschiedenen Fall hatte die Fremdfirma so genannte Servicekräfte gestellt, die nach Auffassung des Arbeitgebers mit **pflegefernen Tätigkeiten** beschäftigt seien und deren Tätigkeit nicht dazu bestimmt sei, an der Gesundung der Patienten mitzuwirken. Doch auch die Tätigkeiten der Servicekräfte sind nach Ansicht des KGH Teil des diakonischen Auftrags. Der KGH formuliert in seinen Leitsätzen:

»Servicekräfte im Krankenhaus werden unmittelbar im Rahmen der Behandlung der Patienten tätig: Sie übernehmen patientenbezogene Aufgaben, die erforderlich sind, um den Behandlungserfolg zu gewährleisten. Der arbeitstechnische Zweck des Krankenhauses, die Genesung der Patienten, wird nicht nur durch unmittelbare medizinisch und pflegerische Behandlung erreicht; Unterbringung, Verpflegung

und nicht-medizinische Betreuung und Versorgung sind maßgebliche Bestandteile einer umfassenden und erfolgreichen Behandlung (…) Ein drittbezogener Personaleinsatz in kirchlichen Einrichtungen darf das Leitbild einer kirchlichen Dienstgemeinschaft als Grundprinzip des kirchlichen Dienstes nicht in Frage stellen.« (KGH, Beschluss vom 25. 8. 2014 – II-0124/W10-14).

Obwohl die Entscheidung in der Sache sehr deutlich war, nutzte das KGH die Möglichkeit eines obiter dictum. Mit seinem obiter dictum – ein »nebenbei Gesagtes«, das für die Begründung des Urteils nicht relevant ist – trug der der KGH jedoch zur Verwirrung bei. Werk- und Dienstverträge mit Drittverträgen können dann abgeschlossen werden, wenn die ausgelagerte Leistung mit der Erfüllung des kirchlichen Auftrags in Verkündung, Mission und Diakonie nicht unmittelbar zusammenhängen. Dies träfe zu z. B. bei der Vergabe von Handwerksleistungen, den Betrieb einer Küche und der Reinigung eines Gebäudes. Wie erwähnt, dieses »nebenbei Gesagte« ist nicht Bestandteil eines Urteilsspruches und ist ebenso in der Rechtssammlung der EKD zu den Entscheidungen des KGH nicht erwähnt. (Nach Auffassung ehemaligen BAG-Vizepräsidenten Hans-Jürgen Dörner haben obiter dicta »die Schwäche, zur konkreten Rechtsfindung des Einzelfalls nichts beizutragen, die Leser regelmäßig zu verwirren und häufig späteren Erkenntnissen im Wege zu stehen«).
Nach der bereits sehr frühen **Rechtsprechung des BAG** ist die Beschäftigung von Leiharbeitnehmern bzw. von Beschäftigten von Fremdfirmen mitbestimmungspflichtig, wenn sie **betrieblich eingegliedert** werden, z. B. dadurch, dass sie Anweisungen entgegennehmen oder in Schicht-, Arbeitszeit- und Pausenreglungen eingebunden sind (BAG v. 18. 10. 1994). In diesen Fällen hat der Arbeitgeber vor Beginn der Beschäftigung die Zustimmung des Betriebsrats einzuholen. Unterlässt das der Arbeitgeber, so verstößt der kirchliche Arbeitgeber gegen § 38 MVG/EKD und eine Beschäftigung ist unzulässig.
Dieser Rechtsprechung folgt auch der KGH. Eine mitbestimmungspflichtige Einstellung nach § 42 Buchstabe a MVG erfordert, *»dass die Beschäftigten des anderen Unternehmens gemeinsam mit den im Betrieb schon beschäftigten Arbeitnehmerinnen und Arbeitnehmern eine Aufgabe zu verrichten haben, die ihrer Art nach weisungsgebunden sind, der Verwirklichung des arbeitstechnischen Zwecks des Betriebes dient und daher von aufnehmenden Unternehmen organisiert werden muss. Die Personen müssen so in die betriebliche Arbeitsorganisation eingegliedert sein, dass das aufnehmende das für ein Arbeitsverhältnis typische Weisungsrecht inne hat und die Entscheidung über den Arbeitseinsatz auch nach Zeit und Ort trifft; es soll die Arbeitgeberfunktion wenigstens im Sinne einer aufgespaltenen Arbeitgeberstellung teilweise ausüben müssen«*. (KGH I-0124/49-2015 vom 30. 1. 2017).
Nach aktueller **Rechtsprechung des BAG** haben die Betriebsräte die Möglichkeit, dem Einsatz von Leiharbeitnehmern die Zustimmung zu verweigern, wenn

der entleihende Arbeitgeber beabsichtigt, die Leiharbeitnehmer mehr als vorübergehend zu beschäftigen (BAG v. 10.7.2013). Das BAG stützt sich in seiner Entscheidung auf die Änderung des AÜG zum 1.12.2011, wonach in § 1 Abs. 1 Satz 2 AÜG nur noch eine vorübergehende Arbeitnehmerüberlassung zulässig ist.
Der Mitarbeitervertretung müssen regelmäßig die **Dienst- und Einsatzpläne** aller in der Einrichtung tätigen Personen vorgelegt werden (§ 34 Abs. 2 MVG und BAG v. 31.1.1989, AP Nr. 33 zu§ 80 BetrVG 72). So kann sie kontrollieren, ob jemand ohne ihr Wissen beschäftigt wird. Außerdem ist der MAV nach § 14 Abs. 3 AÜG der Vertrag zwischen Fremdfirma und Leiharbeitnehmern vorzulegen mit Angaben zu der vorgesehenen Tätigkeit und beruflichen Qualifikation.
Außerdem ist der MAV nach § 14 Abs. 3 AÜG der **Vertrag** zwischen Fremdfirma und den Leiharbeitnehmern vorzulegen mit Angaben zu der vorgesehenen Tätigkeit und beruflichen Qualifikation.

Bedeutung für die Beschäftigten

Die Leiharbeitnehmer haben eine Arbeitnehmer-Arbeitgeberbeziehung nur zu ihrem Verleih-Unternehmen. Der Leiharbeitnehmer gehört betriebsverfassungsrechtlich zu seinem Entleiherbetrieb. Nach dem Betriebsverfassungsreformgesetz von 2001 können Leiharbeitnehmer, die länger als drei Monate in einem Betrieb eingesetzt sind, dort das aktive Wahlrecht ausüben. Eine entsprechende Änderung wurde im MVG nicht vorgenommen.
Aus dem Arbeitnehmerüberlassungsgesetz ergeben sich einige wenige Rechte für die Leiharbeitnehmer. Leiharbeitnehmer sind berechtigt, die Sprechstunden der MAV aufzusuchen (§ 14 Abs. 2 AÜG) und an Betriebsversammlungen teilzunehmen (§ 14 Abs. 2 AÜG). Für die Einhaltung der Arbeits- und Gesundheitsschutzmaßnahmen ist der Entleihbetrieb zuständig, die MAV hat hierbei gem. § 40b MVG ein volles Mitbestimmungsrecht.
Beim **Arbeitsschutz** ist für Leiharbeitnehmer die Verantwortung zwischen Verleiher und Entleiher geteilt (§ 11 Abs. 6 AÜG). Der Entleiherbetrieb ist für die Einhaltung der Vorschriften des Arbeitsschutzes zuständig und er muss die Leiharbeitnehmer unterweisen. Erleidet der Leiharbeitnehmer einen Arbeitsunfall, tritt die Unfallversicherung ein, es sei denn, dem Entleiher wird Vorsatz nachgewiesen. Der Verleiher hat Kontroll- und Überwachungsrechte für die Arbeitsumstände seiner Arbeitnehmer. Jedoch sind seine Einwirkungsmöglichkeiten auf die Arbeitsumstände im Entleiherbetrieb begrenzt.
Erleidet der Leiharbeitnehmer einen **Arbeitsunfall**, ist die Unfallanzeige vom Entleiherbetrieb zu erstatten. Der Betriebsrat der Fremdfirma erhält eine Kopie

der Unfallanzeige, die MAV des Entleiherbetriebs ist aber über den Unfall zu unterrichten (BAG v. 14.6.2019).

Literaturhinweis

- *Beschlüsse des Kirchengerichtshofs zur Anwendung des MVG https://www.kirchenrecht-ekd.de/list/rechtsprechung/mvg_kirchengerichte*
- *Lübeke, Victoria: Kein drittbezogener Personaleinsatz durch sog. Servicekräfte. In: Arbeitsrecht und Kirche, Nr. 3/2014.*
- *Schoof, Christian:* Betriebsratspraxis von A-*Z, 16. Auflage, Frankfurt 2024, Stichwort: Arbeitnehmerüberlassung/Leiharbeit.*

Leistungsorientierte Vergütung

Die Frage, wie die Leistung des einzelnen Arbeitnehmers zu bewerten und in spezielle Vergütungsbestandteile umzurechnen ist, ist im sozialen Bereich sehr schwer zu beantworten. Traditionelle Leistungsentgelte in der Industrie sind der Akkord- und der Prämienlohn.

Das System des **Akkordlohns** arbeitet mit Normzeiten, die von Arbeitswissenschaftlern ermittelt werden. Eine quantitative Mehrleistung des Arbeitnehmers wird durch Lohnzuschläge honoriert, eine qualitative Minderleistung bleibt aber von Nachteil allein für den Arbeitgeber. Der **Prämienlohn** dagegen kann neben einer reinen Mengenprämie andere Faktoren berücksichtigen, wie die der Qualität (gemessen an der Menge des Ausschusses) oder den Nutzungsgrad von Maschinen und das Ersparnis an Material. Aber auch bei dem System des Prämienlohns ist es erforderlich, eine Normalleistung zu definieren und damit verbunden eine Mindestlohnabsicherung.

»Moderne Managementkonzepte« verabschieden sich von der Vorstellung, der Arbeitgeber müsse den Arbeitnehmer während der Arbeitszeit und bei seinen einzelnen Arbeitsschritten dauernd kontrollieren und bewerten. Es komme vielmehr darauf an, den Arbeitnehmer für seine Arbeit zu motivieren und die persönliche Entwicklung des Arbeitnehmers bei seiner Aufgabenerfüllung zu fördern (→ **indirekte Steuerung**).

Mit einer **Zielvereinbarung** können Absprachen über die Arbeitsfelder, Verantwortungsbereiche und Leistungsbeiträge zwischen dem einzelnen Arbeitnehmer und dem Vorgesetzten getroffen werden. Der Grad der Zielerreichung bestimmt die Leistungszulage. Zuerst erprobt wurden diese Zielvereinbarungen im Bereich der Führungskräfte und des Marketings, wo die Ziele an der Höhe des Umsatzes, des Gewinnes und des Marktanteils ausgerichtet werden und der Erfolg oder Misserfolg an den Zahlen abgelesen werden kann.

Richtig angewendet, definieren Zielvereinbarungen erreichbare Ziele und die Honorierung bei Erreichen der Ziele. Dagegen besteht bei der systematischen Leistungsbewertung die Gefahr fehlender Objektivität bei der Bewertung und der mangelnden konkreten Beschreibung von Leistungserwartungen. Dienst-

vereinbarungen mit anspruchsvollen Zielvereinbarungsregelungen sind dagegen nur selten anzutreffen.
Beim Abschluss von Zielvereinbarungen stehen sich – in der Theorie – zwei fast gleichwertige Partner gegenüber: Der Arbeitnehmer, der jede Facette seines Arbeitsplatzes und die Arbeitsabläufe kennt, der weiß, wie der »Hase läuft« und der einschätzen kann, wie sich die gestellten Ziele erreichen und verwirklichen lassen. Auf der anderen Seite steht der Arbeitgeber (Vorgesetzte), der Ziele diskutieren möchte, sachlich auf Anregungen und Warnhinweise seines Mitarbeiters eingeht und als Vorgesetzter auch die Möglichkeit hat, den Mitarbeiter bei der Erfüllung von Zielen mit Qualifikationsmaßnahmen und technischen Hilfsmitteln zu unterstützen. In der gegenseitigen Diskussion werden anspruchsvolle – jedoch erreichbare – Ziele vereinbart, deren Umsetzung in regelmäßigen Gesprächen kontrolliert wird, um bei auftauchenden Hindernissen entweder die Zielvereinbarung zu ändern, gemeinsam Strategien zu entwickeln oder Probleme zu lösen. Soweit die schöne Theorie.
In der Praxis muss leider viel zu häufig festgestellt werden, dass das Instrument »Zielvereinbarung« zu Zielbefehlen verkommen ist, zum Teil mit Anreizen in Geld, zum Teil auch ohne Geld. Die Erfahrungen in »normalen Arbeitsbereichen« der Privatunternehmen sind mindestens zwiespältig, oft wird der hohe »semantische« Aufwand kritisiert, der in keinem Verhältnis zur angeblich verbesserten Arbeitsmotivation stehe.
In der **Motivationsforschung** werden monetäre Anreize als teilweise kritisch eingeschätzt. Intrinsische Motivation (aus einem inneren Anreiz, aus Interessen und Einstellung heraus) kann durch extrinsische Anreize wie zusätzliche Entlohnung beeinträchtigt werden, wenn sie als kontrollierend und nicht wertschätzend angesehen wird. Im öffentlichen Dienst und insbesondere im Sozialbereich ist davon auszugehen, dass die intrinsische Motivation wegen der Erbringung von Dienstleistungen an Menschen überdurchschnittlich hoch ist. Die so genannte »leistungsorientierte Vergütung« wirkt sogar kontraproduktiv, wenn sie als intransparent und ungerecht empfunden wird. Vorhandene betriebliche Kulturen des Miteinanderarbeitens können dadurch zerstört werden, es kann zur innerlichen Kündigung führen oder die Mitarbeiter verhalten sich nur noch so, dass es nach außen so wirkt, als »leisten« sie viel.
Die Erfahrungen mit leistungsbezogenen Entgelten sind im Bereich der Verwaltung noch relativ jung. Die Forderung nach »leistungsgerechter Entlohnung« wird bzw. wurde von den Arbeitgebern sowohl im Öffentlichen Dienst als auch im diakonischen Bereich **ideologisch überhöht** und als Wunderwaffe zur Modernisierung des Öffentlichen Dienstes bzw. der diakonischen Einrichtungen angesehen.

Zur Situation des tariflichen Leistungsentgelts im öffentlichen Dienst[1]
Das Leistungsentgelt ist seit seiner Einführung im TVöD umstritten. Im TV-L wurde auf das Leistungsentgelt sogar ganz verzichtet (...) Bei der Bezahlung der Tarifbeschäftigten im öffentlichen Dienst hatte bis zur Neugestaltung des Tarifrechts in den Jahren 2005 und 2006 eine leistungsorientierte Komponente weder Tradition noch eine relevante Bedeutung. (...) Der im Bereich der Vereinigung der kommunalen Arbeitgeberverbände (VKA) geltende Rahmentarifvertrag vom 29. 10. 1996 über die Grundsätze zur Gewährung von Leistungszulagen und Leistungsprämien enthielt lediglich Kann-Regelungen und fand keine praktische Anwendung.
In den Verhandlungen zu dieser Neugestaltung wurde ein grundsätzliches Einvernehmen über die Einführung eines leistungs- und erfolgsorientierten Entgelts erzielt. Mit diesem Bezahlungselement sollte die Qualität, Effektivität und Effizienz des öffentlichen Dienstes gefördert und Motivation, Eigenverantwortung sowie Führungskompetenz gestärkt werden. Als Formen der leistungsorientierten Bezahlung wurden die Leistungszulage, die Leistungsprämie und die Erfolgsprämie entwickelt. Von Anfang an war zwischen den Tarifvertragsparteien strittig, auf welchem Weg eine Messung und/oder Bewertung der Leistung der Beschäftigten erfolgen sollte. Letztendlich verständigten sich die Tarifvertragsparteien darauf, die Feststellung bzw. Bewertung der Leistungen über zwei nebeneinander geltende Verfahren zu ermöglichen. Danach kann der Anspruch auf ein leistungsorientiertes Entgelt durch eine Zielvereinbarung über objektivierbare Leistungsziele und die Bedingungen ihrer Erfüllung oder durch eine Leistungsbewertung nach messbaren oder anderweitig objektivierbaren Kriterien festgestellt werden.
Im Bereich der VKA und des Bundes erfolgt die betriebliche Ausgestaltung über Betriebs- oder freiwillige Dienstvereinbarungen. Für den Bund wurde zusätzlich ein ergänzender Tarifvertrag vereinbart. Für die leistungsorientierte Bezahlung wurde ein Startvolumen in Höhe von 1 % der ständigen Monatsentgelte des Vorjahres aller unter den Geltungsbereich des TVöD bzw. des TV-L fallenden Beschäftigten des jeweiligen Arbeitgebers vereinbart. Da die Arbeitgeber auf Grund der Finanzlage der öffentlichen Haushalte das Gebot der Kostenneutralität als Grundvoraussetzung für das neugestaltete Tarifrecht ansahen, wurde das Leistungsentgelt aus der Ablösung des früheren Urlaubsgelds und der Zuwendung durch die neue Jahressonderzahlung finanziert. Ursprünglich hatten die Tarifvertragsparteien die Absicht, das Leistungsentgelt auf bis zu 8 % auszubauen. Der Ausbau sollte über einen pauschalierten Anteil an auslaufenden Besitzständen aufgrund der Tarifreform und im Rahmen zukünftiger Tarifrunden finanziert werden.

1 Achim Meerkamp, Onno Dannenberg, in: Der Personalrat 6/2014.

Situation bei den Ländern

Vor dem Hintergrund der weit verbreiteten Skepsis gegenüber dem mit dem TVöD eingeführten Instrument des Leistungsentgelts unterschieden sich die Regelungen für das Leistungsentgelt bei der Tarifgemeinschaft deutscher Länder (TdL) von Anfang an von denen bei der VKA und dem Bund. So sah § 18 Abs. 4 TV-L vor, dass nähere Regelungen über die Ausgestaltung in landesbezirklichen Tarifverträgen vereinbart werden, und § 18 Abs. 5 TV-L, dass das Leistungsentgelt in voller Höhe pauschal auszuschütten ist, solange eine landesbezirkliche Regelung nicht zustande kommt. Die grundsätzliche Ablehnung einer individuell differenzierten Auszahlung des Leistungsentgelts durch die Beschäftigten und der hohe Aufwand seitens der Dienststellen und der Personalräte für die Einführung eines solchen Systems führten dazu, dass kein landesbezirklicher Tarifvertrag abgeschlossen wurde. Hinzu kam, dass die Länder die mit der Einführung des Leistungsentgelts verfolgten Ziele als eher durch andere Führungsinstrumente erreichbar ansahen. In der Tarifrunde 2009 verständigten sich die Tarifvertragsparteien im Bereich der Länder deshalb darauf, § 18 TV-L zu Gunsten der allgemeinen Erhöhung der Tabellenentgelte aufzuheben.

Situation beim Bund

Die Regelungen zum Leistungsentgelt für den Bund unterscheiden sich von denen bei der VKA in zwei wichtigen Punkten: § 18 (Bund) Abs. 3 TVöD schreibt vor, dass nähere Regelungen in einem gesonderten Tarifvertrag auf Bundesebene zu vereinbaren sind, und in dem LeistungsTV-Bund wurde die Berechnung des Leistungsentgelts durch die Tarifvertragsparteien weitestgehend vorgegeben. (…)

In einem Grundsatzgespräch der Tarifvertragsparteien am 5.9.2013 forderte der Bund von den Gewerkschaften eine finanzielle Beteiligung der Beschäftigten als Teilkompensation der mit der Einführung der Entgeltordnung des Bundes verbundenen Mehrkosten ein. (…) Letztendlich verständigten sich die Tarifvertragsparteien darauf, sowohl einen § 18 (Bund) TVöD als auch den zusätzlichen LeistungsTV-Bund beizubehalten, es jedoch in das Ermessen der Dienststellen zu stellen, ob und in welcher Höhe ein Volumen für die leistungsorientierte Bezahlung im jeweiligen Kalenderjahr zur Verfügung gestellt wird.

In Dienststellen, in denen bisher keine Dienstvereinbarung zur Ausgestaltung des Leistungsentgelts besteht, sind die deswegen angesammelten nicht ausgezahlten Anteile der Gesamtvolumina des Leistungsentgelts der vorangegangenen Jahre bis einschließlich 2013 (»Reste«) pauschal auszuzahlen. Darüber hinaus hat sich der Bund vorbehalten, in Dienststellen, die ansonsten auf eine Leistungsbezahlung verzichten wollen, für eine leistungsorientierte Bezahlung in Anlehnung an beamtenrechtliche Regelungen ein Budget in Höhe von 0,3 % der Entgelte auszuweisen. (…)

Situation bei der VKA
Im Gegensatz zum Bund bestand die VKA in der Entgelttarifrunde 2010 auf einer Erhöhung des tariflichen Leistungsentgelts um einen weiteren Prozentpunkt im Laufe von zwei Jahren auf dann 2 %. Nicht nur aus diesem Grund lehnten die Gewerkschaften das Angebot der Arbeitgeber für Entgelterhöhungen in 2010 und 2011 ab und riefen zusammen mit diesen die Schlichtung an. Das Schlichtungsergebnis beinhaltete eine Erhöhung des Leistungsentgelts in vier Stufen von jeweils 0,25 % auf 2 % in 2013; jedoch nur für den Bereich der VKA, da der Bund aus fiskalischen Gründen den Status quo von 1 % nicht aufgeben wollte. Eine ausreichende empirische Basis zur betrieblichen Praxis des neuen Bezahlungselements bestand zu diesem Zeitpunkt nicht, auch wenn schon in einer frühen Umsetzungsphase des Leistungsentgelts aus unterschiedlichen Gründen in Auftrag gegebene Erhebungen vorlagen.
Diese Lücke ist seit dem vergangenen Jahr geschlossen. In einer nunmehr bundesweiten Untersuchung hat das Forschungsinstitut für Arbeit, Technik und Kultur e. V. (F. A. T. K.) an der Universität Tübingen im Rahmen eines Projekts zur »Begleitforschung zur Entgeltreform im öffentlichen Dienst« seine Befunde vorgelegt.
Nach dieser Studie werden dem Leistungsentgelt positive Effekte auf Motivation, Führungskompetenz und Eigenverantwortung lediglich in einer Minderheit der Kommunen von beiden Betriebsparteien zugeschrieben. Häufig wird von einer Verschlechterung der sozialen Beziehungen zwischen Vorgesetzten und Beschäftigten sowie unter den Beschäftigten berichtet. Nicht überraschend sieht deshalb nur eine kleine Minderheit sowohl unter den Personalräten als auch unter den Arbeitgebern bei § 18 TVöD keinen Änderungsbedarf. Hinsichtlich einer möglichen Korrektur wird selbst auf Arbeitgeberseite mehrheitlich ein weiterer Ausbau nicht präferiert, während auf Arbeitnehmerseite eine Abschaffung der leistungsorientierten Bezahlung, verbunden mit der gleichzeitigen Aufstockung der Entgelttabelle, eine deutliche Mehrheit findet.
Die **Einführung der leistungsorientierten Bezahlung im öffentlichen Dienst** in der Fläche wird als **weitgehend gescheitert** angesehen. Nach einer empirischen Untersuchung von W. Schmidt und A. Müller wurde das Leistungsentgelt nach § 18 TVöD im Jahr 2011 lediglich in 55 % der Kommunen mit 60 % der Beschäftigten praktiziert. Die Personalräte berichten mehrheitlich von ausbleibenden Effekten.
Viele Arbeitgeber und Personalräte sind sich darin einig, dass es bei der Einführung der leistungsorientierten Bezahlung nach § 18 TVöD ein Missverhältnis von Aufwand und Nutzen gibt. Lediglich 27 % der Beschäftigten beurteilen das eingeführte System der leistungsgerechten Bezahlung mit »gut« oder »sehr gut«, während 36 % es mit »schlecht« oder »sehr schlecht« bewerten. Mehrheitlich votieren deshalb die Personalräte für die Abschaffung des § 18 TVöD. Den

schwach positiven Effekten stehen in der Regel negative Effekte gegenüber. 60 % der Personalräte, 54 % der Arbeitgeber und 70 % der Beschäftigten geben an, dass Neid und Konkurrenzdenken zugenommen haben. Soziale Beziehungen zwischen den Kollegen und zwischen Vorgesetzten und Mitarbeitern haben sich verschlechtert.

Entwicklung in der Diakonie

Der → **Arbeitgeberverband in der Diakonie, der VdDD** (Verband diakonischer Dienstgeber in Deutschland), legte bereits Anfang 1998 seine Vorstellungen für ein »**Neues Entgeltsystem für diakonische Betriebe**« vor und versuchte mit großem Nachdruck ein entsprechendes Entgeltsystem über die **ARK** des DW der EKD in den diakonischen Einrichtungen umzusetzen. Die bisherigen Stellenbeschreibungen sollen durch »Aufgabenbündel« abgelöst werden, die Bewertung der Aufgaben soll nach einem Punktesystem auf betrieblicher Ebene vorgenommen werden, das die Grundlage für neue Entgeltgruppen bildet. Für dieses Grundentgelt ist eine Flächenregelung angestrebt mit deutlich verminderten Eingangsstufen. Dazu kommt das variable Entgelt bzw. so genanntes »Zusatzentgelt«, das abhängig ist von dem Betriebsergebnis und der Bewertung des individuellen Arbeitsverhaltens. Zum Verhältnis von Grundentgelt zu variablem Entgelt gibt es widersprechende Aussagen vom VdDD: einmal soll das Verhältnis eine Proportion von 50:50 (!) haben, dann wiederum ist ein Verhältnis von 80:20 notwendig. Eine Beteiligung der MAVen oder von paritätischen betrieblichen Kommissionen bei der Leistungsbeurteilung war nicht vorgesehen.
Aufschlussreich sind die veröffentlichten **Musterbeispiele** des VdDD zur Beurteilung des Arbeitsverhaltens von Mitarbeitern und zur Feststellung von Kennziffern für die Produktivität. Das **Arbeitsverhalten des Mitarbeiters** wird anhand des Kriteriums »zeitliche Flexibilität« bewertet, ob er »erkennbar bereit (ist), den eigenen Einsatz (Arbeitstage, Arbeitszeit am Tag und in der Woche, Urlaub) entsprechend dem erwarteten Arbeitsanfall vorausschauend zu planen und abzusprechen« und darüber hinaus »den eigenen Einsatz an Veränderungen bei der Personalverfügbarkeit (Erkrankung anderer) anzupassen«. Bei der Darstellung der **Messbarkeit von Kennziffern für hohe Produktivität**, wird am Beispiel einer Küche ausgeführt, dass sich die Produktivität errechnen lasse aus der Anzahl der ausgelieferten Mahlzeiten geteilt durch die Anzahl der Reklamationen. Diese Beispiele erinnern stark an das starre und phantasielose Festhalten an errechenbaren Zahlen zu den besten Zeiten des vormodernen Prämiensystems. Wissenschaftliche Ergebnisse zur Motivationsforschung von Arbeitnehmern sind nicht zur Kenntnis genommen worden.
Das neue Entgeltprojekt des VdDD sollte sehr ambitioniert bis Ende 1998 in 10 Mustereinrichtungen umgesetzt werden. Dieses Projekt ist, wie nicht anders zu erwarten war, gescheitert.

Weitere ernsthafte Initiativen der diakonischen Arbeitgeber, den Leistungslohn einzuführen gab es in der Folgezeit nur noch vereinzelt, das Projekt »leistungsbezogenes Entgeltsystem« hat aber wesentlich an Schwung verloren. In **Hessen und Nassau** wurden mit der KDAVO (umbenannt in AVR.HN) im Jahr 2005 Leistungskomponenten eingeführt. Wird durch Dienstvereinbarung ein Leistungsbeurteilungssystem eingeführt, können Mitarbeiter mit einer Beschäftigungszeit von mehr als 13 Jahren eine widerrufliche Leistungszulage erhalten (AVR.HN § 29). Solange im Betrieb kein diesbezügliches Leistungsbeurteilungssystem besteht, erhalten die Mitarbeiter nach 13 Jahren Beschäftigungszeit eine Leistungszulage in Höhe von 10 %. Weitere Vorgaben oder eine Musterdienstvereinbarung zur Leistungsbeurteilung sind nicht formuliert In keiner Einrichtung in Hessen Nassau ist bisher ein Leitungsbeurteilungssystem eingeführt worden. Alle Mitarbeiter mit über 13 Beschäftigungsjahren erhalten einheitlich eine »Leistungszulage« von 10 %.
In den **AVR-Bayern**, die im Jahr 2007 vollständig neugestaltet wurden, gibt es immer noch den § 34 Variable Entgelte. Er lautet: »Variable Entgelte können durch Dienstvereinbarung vereinbart werden. Eine verbindliche Musterdienstvereinbarung wird von der Arbeitsrechtlichen Kommission noch erarbeitet.« Nach fast 20 Jahren lässt sich dazu nur feststellen, dies ist nicht erfolgt. Offenbar besteht kein Interesse mehr an leistungsbezogenen Vergütungen.
Für den KTD in **Nordelbien** wurde 2002 ein **Tarifvertrag Leistungsentgelte** abgeschlossen. Wie im öffentlichen Dienst, legte ver.di keinen besonderen Wert auf einen Tarifvertrag zu diesem Thema, doch die Arbeitgeberseite drängte darauf. Der abgeschlossene Tarifvertrag Leistungsentgelte galt zu dieser Zeit als das »beste Machbare« in der Diakonie.
Voraussetzung für die Zahlung eines Leistungsentgeltes ist der Abschluss einer → **Dienstvereinbarung**. Im Beurteilungsverfahren soll festgelegt werden, dass die jährliche individuelle Leistungsbeurteilung im Rahmen eines Personalgespräches mit dem Vorgesetzten erfolgt. Daran nehmen zusätzlich entweder eine fachlich geschulte Person teil oder ein Vorgesetzter der nächsthöheren Hierarchieebene. Kommt es zusammen mit dem Mitarbeiter zu keiner einheitlichen gemeinsamen Beurteilung, kann der Mitarbeiter sich an eine paritätisch besetzte Beurteilungskommission wenden. Diese entscheidet dann abschließend.
Als **Beurteilungsmerkmale** werden vereinbart:

- Arbeitsqualität (Handlungskompetenz, Zielgruppenorientierung, Güte der Arbeit),
- Arbeitseinsatz (Bereitschaft zur Fort- und Weiterbildung, Initiative, Belastbarkeit, Vielseitigkeit, Selbständigkeit),
- Betriebliches Zusammenwirken/Umfeldorientierung (Teamfähigkeit, Sozialkompetenz, Innovationsfähigkeit, Informationsaustausch, Kommunikationsfähigkeit, Konfliktfähigkeit),

- Arbeitssorgfalt (Einhaltung der Bestimmungen der Arbeitssicherheit, Verantwortungsbewusstsein, Verbrauch und Behandlung von Arbeitsmitteln aller Art, Zuverlässigkeit, rationelles und kostenbewusstes Verhalten),
- Arbeitsquantität Umfang der Arbeitsergebnisse, Arbeitsintensität/Zeitnutzung).

Aber auch in Nordelbien scheitert bisher die praktische Umsetzung. In keiner Einrichtung wurde eine diesbezügliche Dienstvereinbarung abgeschlossen. Dies lag nicht nur am mangelnden Interesse der MAV, sondern auch an der Zurückhaltung der Arbeitgeber, denen das vereinbarte Verfahren zu aufwendig war. Für die Mitarbeiter hatte der Nicht-Abschluss von Dienstvereinbarungen zum Leistungsentgelt den Vorteil, dass an sie in jedem Fall 86 % Sonderentgelt gezahlt werden müssen.

Fazit

Im Rückblick auf die letzten Jahre kann festgestellt werden, dass die Forderungen der Arbeitgeber, leistungsorientierte Komponenten in der Vergütung einzuführen, ideologisch motiviert waren und die Gewerkschaft ver.di der Einführung von leistungsorientierter Vergütung im öffentlichen Dienst schon immer skeptisch gegenüberstand. Wenn Regelungen zur leistungsorientierten Vergütung in Tarifverträgen festgeschrieben wurden, so waren sie Teil von Kompensationsgeschäften bei den Tarifverhandlungen.

Auch bei den Arbeitgebern setzt sich nach und nach die Erkenntnis durch, dass gerechte und transparente Leistungsentgelte in den Tätigkeitsfeldern des öffentlichen Dienstes und der Diakonie kaum zu entwickeln sind. Der Aufwand für die Einführung solch neuer Vergütungssysteme und der Nutzen stehen in keinem Verhältnis zueinander. Um die Motivation und die Leistungsbereitschaft der Beschäftigten im öffentlichen Dienst und der Diakonie zu fördern, greift der rein monetäre Anreiz zu kurz.

Die **Einführung einer flächendeckenden Leistungsvergütung** im öffentlichen Dienst und in der Diakonie ist damit als **gescheitert** anzusehen.

Literaturhinweis

- *Hans-Böckler-Stiftung:* Mitarbeitergespräch und Zielvereinbarung, Betriebs- und Dienstvereinbarungen, Analyse und Handlungsempfehlungen, Frankfurt, 2009.
- *Hans-Böckler-Stiftung*: Leistungsprämien bleiben umstritten, 7-2014. *www.boeckler.de/data/impuls_2014_07_7.pdf*
- *Schmidt, Werner/Müller, Andrea:* Leistungsentgelt in den Kommunen: Praxis einer umstrittenen Regelung. WSI-Mitteilungen 2/2014.

Links für die MAV-Arbeit

Was ist das?

Duden: »*Ein Link ist die »Verknüpfung mit einer Internetseite, einer anderen Datei o. Ä., die per Mausklick aktiviert werden kann.« »Eine Internetadresse ist eine aus dem Namen einer Person, einer Firma o. Ä. und weiteren – standardisierten – Zeichen bestehende Angabe, unter der jemand im Internet erreichbar ist.*«

Bedeutung für die MAV

Die MAV ist zur Durchführung ihrer Aufgaben rechtzeitig und umfassend zu informieren. Sie soll bereits während der Vorbereitung von Entscheidungen informiert und an Planungen organisatorischer oder sozialer Maßnahmen frühzeitig beteiligt werden, so § 34 Abs. 1 MVG. Jedoch muss die MAV zur Wahrnehmung ihrer Aufgaben nicht darauf warten, bis die Dienststellenleitung sie beteiligt bzw. einbezieht. Im Rahmen des sog. »Selbstinformationsrecht« kann die MAV alle weiteren Möglichkeiten der Information zur Erfüllung ihrer Aufgaben ausschöpfen. In Frage kommen hier u. a. Sachverständige, Gewerkschaftsvertreter, andere MAV-Gremien, Zeitschriften, Kommentare, Fachbücher, Seminar- und Tagungsbesuche, Arbeitsplatzbesuche, Sprechstunden, und, und, und.
Weitere Möglichkeiten bieten Informationen aus dem Internet. Viele Organisationen, Behörden, Gewerkschaften, Rechtsanwälte und Berufsgenossenschaften stellen Informationen, Tipps oder Rechtsmeinungen in das Internet neudeutsch: »ins Netz«. Hier kann die MAV fundierte Informationen einholen oder zumindest Hinweise, welcher Weg denn zu gehen wäre. Über die Suche im Netz kann die MAV außerdem Anregungen für die MAV-Arbeit gewinnen, z. B. aus Betriebs- und Dienstvereinbarungen, Vordrucken, Formblättern, die im Internet abrufbar sind.
Trotzdem ist hier Vorsicht geboten! Nicht alles, was im Internet steht, stimmt auch oder stellt die Arbeitnehmerperspektive dar. Daher sollte man – wie bei

allen Informationen – insbesondere auf die Urheberschaft achten und sich fragen, um welche Quelle es sich handelt. Gerade in Foren diskutieren Laien und tun ihre Meinung kund, die nicht mit der Rechtslage übereinstimmen muss.

Adresse – Gewerkschaft

Gewerkschaft ver.di: *https://www.verdi.de* Umfangreiche aktuelle Informationen zu Tarifabschlüssen und vielen anderen Themen von Gesundheitspolitik und Mitbestimmung bis zur Globalisierung

- Gewerkschaft ver.di, Fachbereich C, Kirchen Diakonie Caritas: *https://www.gesundheit-soziales.verdi.de/kirchen_diakonie_caritas*
- Wichtigste Seite für alle Informationen und Hintergründe zum Kirchenbereich
- Der Deutsche Gewerkschaftsbund. Sozialpolitische Informationen und Links zu den Einzel-Gewerkschaften: *https://www.dgb.de*

Adressen der AGMAVen / GAMAVen (ohne Anspruch auf Vollständigkeit)

- GMAV Baden: *https:///www.ga-baden.de*
- GA Diakonie Bayern: *https://www.gamav-diakonie-bayern.de/*
- AGMV Berlin-Brandenburg-Schlesische Oberlausitz: *https://www.agmv-dwbo.de*
- GAMAV Diakonie Hessen: *https://www.gamavdh.de*
- GAMAV Mitteldeutschland: *https://mav-ekm.de/*
- Landeskirchlicher Beirat im Rheinland: *https://www.mav-beirat-ekir.de*
- AGMAV Westfalen: *https://www.agmav.de*
- AGMAV Württemberg: *https://www.agmav-wuerttemberg.de*
- AGMAVen in den Diakonischen Werken Niedersachsen: *https://www.ag-mav.de*

Andere Adressen

- Evangelische Kirche in Deutschland: *https://www.ekd.de* Informationen zu Aufbau, Arbeitsbereichen und den Gliedkirchen der EKD
- Diakonisches Werk Deutschland: *https://www.diakonie.de* Allgemeine Informationen über diakonische Arbeit
- Rundschreiben der Arbeitsrechtlichen Kommission des Diakonischen Werkes Deutschland: *https://rdlive2.diakonie-server.de/ark-rundschreiben-994-rundschreiben-der-arbeitsrechtlichen-kommission-dw-ekd-9381.htm* Hier sind jeweils die aktuellen Beschlüsse der Arbeitsrechtlichen Kommission des Diakonischen Werkes Deutschland zu finden.
- Verband diakonischer Dienstgeber in Deutschland (v3d): *https://www.v3d.de/* Informationen des Diakonischen Arbeitgeberverbands

- Bundesarbeitsgemeinschaft der Mitarbeitervertretungen im Bereich der Deutschen Bischofskonferenz: *https://www.bag-mav.de* Wichtige Informationen für MAVen bei Caritas und Katholischer Kirche
- Berufsgenossenschaft BGW: *https://www.bgw-online.de/* Wichtige Informationen zum Arbeits- und Gesundheitsschutz
- Bundesministerium für Arbeit und Soziales: *https://www.bmas.de* Aktuelle Informationen, gesetzliche Grundlagen und Verordnungen
- Bundesministerium für Familie, Senioren, Frauen und Jugend: *https://www.bmfsfj.de* Aktuelle Informationen, gesetzliche Grundlagen und Verordnungen
- Bundesarbeitsgericht: *https://www.bundesarbeitsgericht.de* Pressemitteilungen über Entscheidungen ab 1. 1. 1997
- Bundesverfassungsgericht: *https://www.bundesverfassungsgericht.de* Vollständige Entscheidungen ab 1. 1. 1998
- Evangelische Fachstelle für Arbeitssicherheit: *https://www.efas-online.de* Wichtige Informationen zum Arbeits- und Gesundheitsschutz aus Kirchensicht
- Soliserv: *https://www.soliserv.de* Die Website für Arbeitnehmer, Betriebs- und Personalräte. Sehr interessante Datenbank auch für MAVen.
- Kirchengerichtshof der EKD: *https://www.kirchenrecht-ekd.de/search/clear/1* oder *https://www.kirchenrecht-ekd.de/welcome/structuretype/urteil_aktenzeichen* Beschlüsse seit 1995, teilweise im Volltext
- Hans-Böckler-Stiftung: *https://www.boeckler.de/index.htmhttp://www.boeckler.de/index_wsi_tarifarchiv.htm* Informationen für Personal- und Betriebsräte, Tarifarchiv, Dienst- und Betriebsvereinbarungen
- IT-Technik – Beratung für Personal- und Betriebsräte: *www.tse.de*
- Rund um das Arbeitsrecht: *https://arbeitsrechte.de*
- Arbeitsschutz und Arbeitsmedizin: *https://www.baua.de/DE/Home*
- Arbeitsschutz: *https://index-gute-arbeit.dgb.de*
- Arbeitsschutz/Material: *https://innovation-gute-arbeit.verdi.de*
- Buch und mehr – online Shop – Literatur zum Arbeits- und Sozialrecht: *https://www.buchundmehr.de/*

Literatur für die MAV-Arbeit

Rechtsgrundlage

Nach § 30 Abs. 1 sind der MAV von der → **Dienststelle** »im erforderlichen Umfang … sachliche Mittel … zur Verfügung zu stellen«. Die → **Kosten** für diesen Sachbedarf trägt die Dienststelle (§ 30 Abs. 2 MVG). Da der Sachbedarf »zur Verfügung zu stellen« ist, kann die MAV nicht einfach Literatur beschaffen, sondern muss den Arbeitgeber auffordern, sie für ihn zu beschaffen. Wenn es bisher üblich war, dass die MAV selbst ihren Sachbedarf besorgt hat, kann dies auch weiterhin so geschehen.
Zum Sachbedarf von MAVen gehören insbesondere:

- Unterlagen und Kommentare zum in der Dienststelle gültigen Mitarbeitervertretungsrecht,
- Unterlagen und Kommentare zu in der Dienststelle gültigen Arbeitsrechtsregelungen (AVR, TV DN etc.),
- die wesentlichen arbeits- und sozialrechtlichen Gesetzestexte,
- einschlägige Zeitschriften,
- weitere einschlägige Literatur und
- Spezialliteratur für die Lösung aktueller Problematiken im Betrieb.

Die MAV-Bibliothek sollte möglichst so ausgestattet sein, dass sie immer auf dem aktuellen Stand ist (Gesetze und arbeitsrechtliche Regelungen ändern sich laufend!) und dass sie alle Bereiche der MAV-Arbeit abdeckt.
In der folgenden Literaturliste ist unterschieden nach Texten, die in der MAV-Bibliothek vorhanden sein müssen, und weiteren Texten, die bei der Lösung spezieller Probleme helfen können. Vermerkt ist, wenn der entsprechende Text allen MAV-Mitgliedern zur Verfügung zu stellen ist.

Liste notwendiger und empfehlenswerter Literatur
Folgende Literatur muss in der MAV-Bibliothek vorhanden sein:

- **Mitbestimmungsrechtliche Grundlage:** Das in der Dienststelle gültige MVG, z. B. MVG.EKD oder MVG.ELKB (Bayern) – ist allen MAV-Mitgliedern zur Verfügung zu stellen

- **Kommentare zum MVG:**
  - Baumann-Czichon, Bernhard/Gathmann, Mira/Germer, Lothar: MVG-EKD. Der neue Kommentar für die Praxis. (gebunden) Bremen, (Bestelladresse: SachBuchVerlag Kellner, St.-Pauli-Deich 3, 28199 Bremen)
  - Joussen, Jacob/Mestwerdt, Wilhelm/Nause, Helmut/Spelge, Karin (Hrsg.): MVG-EKD. Kirchengesetz über Mitarbeitervertretungen in der Evanangelischen Kirche in Deutschland – mit Wahlordnung. Kommentar. München 2. Aufl. 2023
  - Fey, Detlev/Rehren, Olaf (Hrsg.): MVG.EKD PraxisKommentar. (Loseblattsammlung) Stuttgart (Bestelladresse: Otto Bauer Verlag, Postfach 750103, 70619 Stuttgart)
  - Andelewski, Aeneas/Küfner-Schmitt, Irmgard/Schmitt, Jochem: Berliner Kommentar zum Mitarbeitervertretungsgesetz der Evangelischen Kirche (incl. CD), Stuttgart (Richard Boorberg Verlag) 2007.
  - Je nach Größe der MAV ergibt sich grundsätzlich auch der Bedarf an weiterer Kommentarliteratur. Anzustreben ist, dass die MAV alle am Markt verfügbaren Kommentare zur Verfügung hat. Inzwischen sind viele Werke auch online erhältlich. Hier macht es Sinn, bei den jeweiligen Verlagen nachzufragen.
- **Arbeitsrechtsregelung für die Dienststelle:** für Einrichtungen, die der Diakonie Deutschland angeschlossen sind:
  - Diakonie Deutschland – Evangelisches Werk für Diakonie und Entwicklung e. V. (Hrsg.): Arbeitsvertragsrichtlinien (AVR) für Einrichtungen, die der Diakonie Deutschland angeschlossen sind (Loseblattsammlung: Otto Bauer Verlag) Stuttgart, (Bestelladresse: s. o.)
  - sonst andere Arbeitsrechtsregelung für das jeweilige gliedkirchliche Diakonische Werk.
  - für gliedkirchliche Einrichtungen: die jeweilige gliedkirchliche Arbeitsrechtsregelung, z. B. für Bayern: Heintzel, Jost: Rechtssammlung der Evangelisch-Lutherischen Kirche in Bayern. (Loseblattsammlung: Verlag C. H. Beck) München
  - für diakonische und gliedkirchliche Einrichtungen: das jeweilige Veröffentlichungsorgan, z. B. Amtsblatt der Gliedkirche oder Mitteilungsblatt des gliedkirchlichen Diakonischen Werkes
- **Kommentare zur Arbeitsrechtsregelung:**
  - Kommentar zu den Arbeitsvertragsrichtlinien der Diakonie Deutschland – Evangelisches Werk für Diakonie und Entwicklung e. V. (Hrsg.): Kommentar zu den Arbeitsvertragsrichtlinien der Diakonie Deutschland. (Loseblattsammlung Otto Bauer Verlag) Stuttgart, (Bestelladresse: s. o.)
  - Für Diakonie-Einrichtungen in Bayern: Diakonisches Werk Bayern (Hg.) (Autoren: Gabriele Schwarz-Seeberger, Detlev Fey): Kommentar zu den

Arbeitsvertragsrichtlinien des Diakonischen Werkes Bayern. (Loseblattsammlung Otto Bauer Verlag) Stuttgart (Bestelladresse: s. o.)

- für den Geltungsbereich des TVöD: Breier, Alfred/Dassau, Anette/Kiefer, Karl-Heinz/Lang, Helmut/Langenbrinck, Bernhard: Tarifvertrag für den öffentlichen Dienst (TVöD) mit Lexikon ArbR ö.D. Kommentar. (Loseblattwerk und CD-ROM + Lexikon Rehm Verlag) Heidelberg
- für den Geltungsbereich des TV-L: Sponer †/Steinherr/Donath/Kapitza †/ Wollensak: Tarifvertrag für den öffentlichen Dienst der Länder (TV-L) mit Lexikon ArbR ö. D. Kommentar (Rehm Verlag) Loseblattausgabe in 4 Ordnern. Heidelberg

• **Entscheidungssammlung:**
  - Baumann-Czichon, Bernhard: Entscheidungssammlung zum kirchlichen Arbeitsrecht. Die EkA (elektronisches Nachschlagewerk). Bremen
• **Handwörterbuch/Handbuch:**
  - Bohlender, Tanja/Deppisch, Herbert/Feuerhahn, Sven/Jung, Robert/Lübeke, Victoria/Schleitzer, Erhard: Die Praxis der Mitarbeitervertretung von A bis Z. Das Handwörterbuch für die MAV-Arbeit. (Bund-Verlag) Frankfurt am Main (Bestelladresse: Bund-Verlag, Emil-von-Behring-Straße 14, 60439 Frankfurt am Main) – mindestens einmal in jeder MAV
  - Schaub, Günter: Arbeitsrechts-Handbuch. (Verlag C. H. Beck) München
  - Kittner, Michael/Zwanziger, Bertram/Deinert, Olaf/Heuschmid, Johannes (Hrsg.): Arbeitsrecht. Handbuch für die Praxis. (Bund-Verlag) Frankfurt (Bestelladresse: s. o.)
• **Gesetzestexte:**
  - Baumann-Czichon, Bernhard/Feuerhahn, Sven (Hrsg.): Die Rechtssammlung. Für Mitarbeitervertretungen in Kirche, Diakonie und Caritas. Bremen, erscheint jährlich neu!
  - Kittner, Michael: Arbeits- und Sozialordnung. Ausgewählte und eingeleitete Gesetzestexte. (Bund-Verlag) Frankfurt am Main, erscheint jährlich neu! (Bestelladresse: s. o.) – auch als CD-ROM erhältlich – allen MAV-Mitgliedern zur Verfügung zu stellen

Empfehlenswert für die MAV-Bibliothek:

• **Spezielle Themen:**
  - Abmahnungen:
    ◦ Mandalka, Ariane: Abmahnung. Ratgeber für Beschäftigte und ihre Interessenvertretung, 3. Auflage, Frankfurt 2024.
    ◦ Quecke, Martin: Die verhaltensbedingte Kündigung und Abmahnung. 6. Auflage, Münster 2019.
  - Krankenhäuser und Heime:
    ◦ Zepf, Margrit/Gussone, Max: Das Tarifrecht in Krankenhäusern, Universitätskliniken, Heimen und sozialen Einrichtungen.

Besonderheiten und Handlungsmöglichkeiten nach TVöD und TV-L. (Bund-Verlag) Frankfurt am Main, 2. Auflage 2012

- Wirtschaftsausschuss:
  - Disselkamp, Marcus: Praxis im Wirtschaftsausschuss von A bis Z. Das Lexikon für die Arbeit im Wirtschaftsausschuss. (Bund-Verlag) Frankfurt am Main, 6. Auflage 2024
  - Laßmann, Nikolai/Mengay, Adrian/Overbeck, Ulrich/Rupp, Rudi: Handbuch Wirtschaftsausschuss. Handlungsmöglichkeiten für eine aktive Informationspolitik, mit Tabellen und Übersichten. 12. Auflage 2023
- Praxis der Schwerbehindertenvertretung:
  - Feldes, Werner/Gilsbach, Anna/Jansen, Christiane/Köhler, Christian/Klabunde, Rolf/Künsemüller, Petra/Ramm, Diana/Ritz, Hans-Jürgen/Schmidt, Jürgen/Weidner, Anne: Die Praxis der Schwerbehindertenvertretung von A bis Z. Das Lexikon für die Interessenvertretung schwerbehinderter Menschen, 8. Auflage, Frankfurt/Main 2023.
  - Conrad-Giese, Maren/Eberhardt, Beate/Feldes, Werner/Hindersmann, Nils/Mai, Ingrid/Ramm, Diana/Ritz, Hans-Günther: Tipps für die Vertretung von Menschen mit Behinderungen. Aufgaben – Rechte – Kompetenzen. Frankfurt am Main, 4. Auflage 2023

- **Zeitschriften:**
  - für den kirchlichen und diakonischen Bereich:
    - Arbeitsrecht & Kirche (A & K). Zeitschrift für Mitarbeitervertretungen. SachBuchVerlag Kellner, Bremen (erscheint seit 2004 4x/Jahr) (Bestelladresse: SachBuchVerlag Kellner, St.-Pauli-Deich 3, 28199 Bremen, *www.kellner-verlag.de*) – mindestens einmal in jeder MAV
    - ver.di (Hrsg.): KirchenInfo (erscheint halbjährlich). Bezug über die ver.di-Vertrauensleute vor Ort. Archiv: *www.kircheninfo.verdi.de*
    - ZMV. Die Mitarbeitervertretung. Zeitschrift für die Praxis der Mitarbeitervertretung in den Einrichtungen der katholischen und evangelischen Kirche. (Ketteler Verlag) Köln (erscheint 6x/Jahr) (Bestelladresse: Ketteler Verlag GmbH, Schloßhof 1, 93449 Waldmünchen; *www.zmv-online.de* – mindestens einmal in jeder MAV
  - für den TVöD/TV-L-Bereich:
    - Der Personalrat. Zeitschrift für das Personalrecht im öffentlichen Dienst (Bund-Verlag) Frankfurt am Main (erscheint monatlich), *http://www.bund-verlag.de/zeitschriften/der-personalrat*
  - allgemein zu Arbeitsrecht:
    - Arbeit und Recht. Deutsches und Europäisches Arbeitsrecht. (Bund-Verlag) Frankfurt am Main (erscheint monatlich) (Bestelladresse: s. o.)
  - zum Thema Datenschutz, EDV, PC und ISDN:

    - Computer und Arbeit. IT-Wissen für Betriebs- und Personalräte (Bund-Verlag) Frankfurt am Main (erscheint monatlich) (Bestelladresse: s. o.)
  - zum Thema »Gute Arbeit« und Ökologie:
    - Gute Arbeit. Gesundheitsschutz und Arbeitsgestaltung (Bund-Verlag) Frankfurt am Main (erscheint monatlich) (Bestelladresse: s. o.)
- **Checklisten:**
  - Sonderheft der ZMV: Checklisten mit Erläuterungen. (Ketteler Verlag) 8. Auflage. Köln 2018 (Bestelladresse: s. o.) – mindestens einmal in jeder MAV
  - Das Heft enthält Checklisten und Erläuterungen zu folgenden Themen: Abmahnung, Altersteilzeit, Befristeter Arbeitsvertrag, Betriebsübergang, Eingruppierung, Einstellung, Ordentliche Kündigung, Außerordentliche Kündigung, Änderungskündigung, Teilzeitbeschäftigung, Versetzung, Zeugnis.
- **Tipps für MAV-Mitglieder:**
  - Bohlender, Tanja/Deppisch, Herbert/Feuerhahn, Sven/Jung, Robert/Lübeke, Victoria/Schleitzer, Erhard: Tipps für neu und wieder-gewählte MAV-Mitglieder. Rechtliches Wissen und soziale Kompetenz. (Bund-Verlag) Frankfurt am Main, 5. Auflage 2025 (Bestelladresse s. o.)
- **Kirchen- und gesellschaftspolitische Schriften:**
  - Arleth, Christian: Das Recht kirchlicher Arbeitnehmer auf Streik. Baden-Baden 2016
  - Bsirske, Frank/Paschke, Ellen/Schuckart-Witsch, Berno (Hrsg.): Streiks in Gottes Häusern. Hamburg 2013
  - Bühler, Sylvia/Schubert, Jens/Schuckart-Witsch, Berno (Hrsg.): Zwischen Konkurrenz und Kreuz. Hamburg 2015
  - Gekeler, Corinna: Loyal dienen. Diskriminierendes Arbeitsrecht bei Caritas, Diakonie und Co. Aschaffenburg 2013
  - Klute, Jürgen/Segbers, Franz (Hrsg.): »Gute Arbeit verlangt ihren gerechten Lohn«. Tarifverträge für die Kirchen. Hamburg 2006
  - Kreß, Hartmut: Ende der Sonderrolle. Warum das kirchliche Arbeitsrecht reformiert werden muss. In: zeitzeichen 4/2019
  - Lührs, Hermann: Die Zukunft der Arbeitsrechtlichen Kommissionen. Arbeitsbeziehungen in den Kirchen und ihren Wohlfahrtsverbänden Diakonie und Caritas zwischen Kontinuität, Wandel und Umbruch. Baden-Baden 2010
  - Müller, Eva: Gott hat hohe Nebenkosten. Wer wirklich für die Kirchen zahlt, Köln 2013
  - Stein, Peter: Kirchliches Arbeitsrecht im Umbruch. In: Arbeit und Recht 4/2019

- Stein, Peter: Das kirchliche Selbstbestimmungsrecht im Arbeitsrecht und seine Grenzen. HSI-Schriftenreihe, Frankfurt am Main 2024. Gutachten. (Download unter: *https://www.boeckler.de/de/faust-detail.htm?sync_id=HBS-008510*)
- ver.di (Hrsg.): Mitbestimmung in kirchlichen Betrieben. Streitschrift zum kirchlichen Sonderweg im Arbeitsrecht. Berlin 2019 (Download unter: *https://gesundheit-soziales.verdi.de/service/publikationen/++co++a85f4b52-7649-11e9-bfd1-525400423e78*)
- ver.di (Hrsg.): Tarifverträge in kirchlichen Betrieben. Streitschrift zum kirchlichen Sonderweg im Arbeitsrecht. Berlin, 2. Auflage 2020 (Download unter: *https://gesundheit-soziales.verdi.de/++file++5d9324cc2d9efb16696e823d/download/2020-02_ver.di-streitschrift%20tarifvertr%c3%a4ge%20in%20kirchlichen%20betrieben.pdf*)
- ver.di (Hrsg.): Leitfaden für Mitarbeitervertretungen in der Evangelischen Kirche und der Diakonie. Mit aktuellem Gesetzestext MVG.EKD. Berlin 2019 (Download unter: *https://gesundheit-soziales.verdi.de/service/publikationen/++co++5debc2ea-77b0-11e9-ae5d-525400423e78*)
- ver.di (Hrsg.), Baumann-Czichon/Bernhard/Lührs, Hermann (Autoren): Möglich und erlaubt: Gewerkschaftliche Arbeit in kirchlichen Betrieben. Berlin o. J. (Download unter: *https://gesundheit-soziales.verdi.de/service/publikationen/++co++7eff1faa-d360-11e6-aeae-52540077a3af*)

Mindestlohngesetz und Mindestlohn in der Pflege

Was ist das?

Unter Mindestlohn versteht man ein durch Gesetz oder Tarifvertrag festgelegtes Arbeitsentgelt, das nicht unterschritten werden darf.
Seit Januar 2015 gilt in ganz Deutschland ein flächendeckender gesetzlicher Mindestlohn in Höhe von damals 8,50 Euro brutto pro Stunde.
Im Jahr 2024 liegt der Mindestlohn bei 12,41 Euro in der Stunde. Er wurde zum 1.10.2022 als Ergebnis eines Wahlkampfversprechens der SPD – in einem größeren Schritt – auf 12,00 Euro angehoben. Ab 1.1.2025 beträgt der Mindestlohn 12,82 Euro. Nachdem der Mindestlohn alle zwei Jahre neu festgelegt wird, steht die nächste Erhöhung zum 1.1.2026 an.
Jahrzehntelang war eine politische Lohnregulierung, also die Festlegung der Lohnhöhe durch das Parlament, in Deutschland tabu. Auch die Gewerkschaften, vor allem die Industriegewerkschaften IG Metall und die IG BCE, waren unter Hinweis auf die Tarifautonomie zunächst überwiegend gegen einen gesetzlichen Mindestlohn. Die Gewerkschaft Nahrung, Genuss, Gaststätten (NGG) war die erste, die sich dafür aussprach, und zwar bereits auf dem Gewerkschaftstag 1999 – kein Wunder, vertritt diese doch Branchen wie das Hotel- und Gaststättengewerbe, in denen Niedriglöhne weit verbreitet sind und die gewerkschaftliche Durchsetzungskraft gering ist. Daneben trat die Dienstleistungsgewerkschaft ver.di frühzeitig für einen gesetzlichen Mindestlohn ein – im Dienstleistungsbereich sind im Vergleich zur Industrie Niedriglöhne überproportional verbreitet und der gewerkschaftliche Organisationsgrad ist niedriger als in den Industriebetrieben. Erst der DGB-Bundeskongress 2006 hat als einheitliche gewerkschaftliche Position einen gesetzlichen Mindestlohn damals in Höhe von 7,50 Euro gefordert, der DGB-Bundeskongress 2010 erhöhte auf 8,50 Euro.
Angesichts des Rückgangs der Tarifbindung und der Ausweitung des Niedriglohnsektors wurden jedoch mehr und mehr Forderungen laut, einen gesetzlichen Mindestlohn einzuführen. Endlich festgeschrieben wurde die gesetzliche Einführung eines »flächendeckenden gesetzlichen Mindestlohns von 8,50 Euro brutto je Zeitstunde für das ganze Bundesgebiet« erst im Koalitionsvertrag der Bundes-

regierung 2013 – 2017. Zusätzlich hatten die Koalitionsparteien die Ausweitung des Arbeitnehmer-Entsendegesetzes vereinbart, um die Verankerung tariflicher Mindestlöhne für alle Branchen zu ermöglichen. Daneben sollte die Allgemeinverbindlichkeitserklärung von Tarifverträgen (§ 5 TVG) erleichtert werden, dies vor allem für Tarifverträge oberhalb des Niveaus von Mindestlöhnen. Das Vorhaben wurde zügig umgesetzt. Der Bundestag beschloss am 3. 7. 2014 und der Bundesrat am 11. 7. 2014 das Gesetz zur Stärkung der Tarifautonomie (Tarifautonomiestärkungsgesetz). Teil des Gesetzespakets war als Artikel 1 das Gesetz zur Regelung eines allgemeinen Mindestlohns (**Mindestlohngesetz** – MiLoG).
Beschlüsse über die Erhöhung des Mindestlohns erfolgen in der sog. Mindestlohnkommission. Sie hat 9 Mitglieder, die von der Bundesregierung alle 5 Jahre neu berufen werden. Die Kommission besteht aus einem Vorsitzenden, drei Arbeitnehmer- und drei Arbeitgebervertretern sowie zwei nicht stimmberechtigten beratenden Mitgliedern aus der Wissenschaft. Alle Mitglieder sind weisungsfrei. Stimmberechtigt sind nur die Vertreter von Arbeitnehmer- und Arbeitgeberseite. Bei einem evtl. Patt entscheidet der Vorsitzende. Die vergleichsweise geringen Erhöhungen für 2024 und 2025 erfolgten nach einem solchen Patt.

Mindestlohn in der Pflege
Der Mindestlohn in der Pflege wird auf Grund des **Arbeitnehmer-Entsendegesetzes** vom 20. 4. 2009 vom Bundesministerium für Arbeit und Soziales verordnet. In der so genannten Pflegekommission hatten die in den Geltungsbereich dieser Rechtsverordnung fallenden Arbeitgeber und Arbeitnehmer sowie die Parteien von Tarifverträgen und Vertreter von arbeitsrechtlichen Kommissionen Gelegenheit zur schriftlichen Stellungnahme. Die erste Kommission tagte bereits 2009/2010 und legte einen Mindestlohn für die Pflegebranche fest. Die zweite Kommission hat zum 1. 1. 2015 einen neuen erhöhten Mindestlohn für die Pflege angesetzt. Die dritte Pflegemindestlohn-Kommission hat für den Zeitraum ab 1. 1. 2018 entschieden und die vierte für den Zeitraum ab 1. 7. 2020.
Seit Juli 2021 ist der Pflegemindestlohn gesplittet in drei Bereiche, je nach Qualifikation der Beschäftigten:
- Pflegehilfskräfte ohne Qualifikation.
- Pflegehilfskräfte mit Qualifikation/Ausbildung von mindestens 1 Jahr.
- Pflegefachkräfte mit Ausbildung von mindestens 3 Jahren.

Seit Juli 2021 hat sich der Pflegemindestlohn (in Euro pro Stunde) in diesen 3 Bereichen so entwickelt:

ab …	Pflegehilfskräfte ohne Qualifikation	Pflegehilfskräfte mit Ausbildung von mind. 1 Jahr	Pflegefachkräfte mit Ausbildung von mind. 3 Jahren
1.7.2021	11,80	12,50	15,00
1.9.2021	12,00	12,50	15,00
1.4.2022	12,55	13,20	15,40
1.9.2022	13,70	14,60	17,10
1.5.2023	13,90	14,90	17,65
1.12.2023	14,15	15,25	18,25
1.5.2024	15,50	16,50	19,50
1.7.2025	16,10	17,35	20,50

Ab 2026 sind die Beträge in der Pflegekommission neu zu beschließen.
Die Entwicklung in den Jahren 2021 bis 2025 ist durch vergleichsweise kräftige Erhöhungen gekennzeichnet. Sie resultieren neben den hohen Inflationsraten in den Jahren 2022 und 2023 (Ukraine-Krieg) vor allem aus der Bereitschaft, die Pflegebranche in einem höheren Maß als bisher anzuerkennen und über die Löhne aufzuwerten. Die gesellschaftliche Diskussion während der Corona-Krise hat dazu ebenfalls beigetragen.

Geltungsbereich des Mindestlohngesetzes
Der Mindestlohn gilt für alle Arbeitnehmer in Deutschland; er gilt auch in Privathaushalten, also z. B. für private Pflegekräfte oder Haushaltshilfen. Auch für Beschäftigte in Privathaushalten gilt, dass alle Zeiten, die als Arbeitszeiten zu werten sind (also auch Arbeitsbereitschaft und Bereitschaftsdienst), bei einer Durchschnittsbetrachtung aller Arbeitszeiten in voller Höhe mit dem gesetzlichen Mindestlohn zu vergüten sind.
Der Mindestlohn gilt selbstverständlich auch für Arbeitsverträge im Bereich der Kirchen und kirchlichen Wohlfahrtsverbände!
Wichtig ist, dass für tarifgebundene Arbeitgeber und Beschäftigte die tarifvertraglichen Entgeltregelungen vorgehen, sofern sie ein höheres Entgelt als den Mindestlohn vorsehen.
Für manche Branchen galten Übergangsfristen bis Ende 2017.

Ausnahmen vom Geltungsbereich
- **Jugendliche unter 18 Jahren** ohne abgeschlossene Berufsausbildung,
- **Auszubildende** – unabhängig von ihrem Alter – im Rahmen der Berufsausbildung,

- **Langzeitarbeitslose** während der ersten sechs Monate ihrer Beschäftigung nach Beendigung der Arbeitslosigkeit,
- **Praktikanten**, wenn das Praktikum verpflichtend im Rahmen einer schulischen oder hochschulischen Ausbildung stattfindet,
- **Praktikanten**, wenn das Praktikum freiwillig bis zu einer Dauer von drei Monaten zur Orientierung für eine Berufsausbildung oder Aufnahme eines Studiums dient,
- **Jugendliche**, die an einer **Einstiegsqualifizierung** als Vorbereitung zu einer Berufsausbildung oder an einer anderen Berufsbildungsvorbereitung nach dem Berufsbildungsgesetz teilnehmen,
- **ehrenamtlich Tätige**.

Arbeitsortprinzip
Der Mindestlohn gilt für alle Arbeitnehmer, die in Deutschland beschäftigt werden (Arbeitsortprinzip), unabhängig davon, ob der Arbeitgeber seinen Sitz im In- oder Ausland hat oder ob die Beschäftigung in Deutschland nur zeitweise (vorübergehend) erfolgt (§ 20 MiLoG). Wo im Ausland der Arbeitgeber seinen Sitz hat (innerhalb der EU oder außerhalb), ist unerheblich.
Das bedeutet, dass der Mindestlohn z. B. auch für ausländische LKW-Fahrer gilt, sobald sie die Grenze zu Deutschland passieren. Das Mindestlohngesetz gilt für sämtliche Arbeitstätigkeiten, die im Rahmen eines Arbeitsverhältnisses im Geltungsbereich des MiLoG (also in Deutschland) erbracht werden. Auf die Dauer der Arbeitszeit, die in Deutschland erbracht wird, kommt es nicht an. Während etwa in § 6 Abs. 1 AEntG für bestimmte Tätigkeiten vorgesehen ist, dass »die Dauer der Entsendung acht Tage« übersteigen muss, gibt es eine solche zeitliche Grenze im MiLoG nicht.

Zeitstunde
Da es im MiLoG keine spezielle Regelung gibt, sind alle Zeiten, die als Arbeitszeiten gelten, in voller Höhe mit dem gesetzlichen Mindestlohn zu vergüten. Der Mindestlohn ist insbesondere auch für die → **Arbeitsbereitschaft** und den → **Bereitschaftsdienst** zu zahlen. Das wurde bestätigt durch ein Urteil des BAG vom 19.11.2014 – 5 AZR 1101/12, zum Mindestentgelt in der Pflegebranche (Verordnung über zwingende Arbeitsbedingungen für die Pflegebranche – Pflegearbeitsbedingungenverordnung – PflegeArbbV), das auf das Mindestlohngesetz übertragbar ist. In die gleiche Richtung gehen auch die BAG-Urteile vom 11.10.2017 – 5 AZR 591/16 und vom 29.6.2016 – 5 AZR 716/15. Zu beachten ist, dass der Mindestlohn so zu ermitteln ist, dass alle geleisteten Zeiten eines Monats zusammengerechnet und dann durch die insgesamt geleisteten Arbeitsstunden geteilt werden. Der sich ergebende Wert muss mindestens dem Mindestlohn entsprechen.

Kontrolle
Zuständig für die Kontrolle, ob das Mindestlohngesetz eingehalten wird, ist die Finanzkontrolle Schwarzarbeit (FKS), die beim Zoll angesiedelt ist. Sie hat auch bisher schon die Branchenmindestlöhne auf Einhaltung kontrolliert. Auch die betrieblichen Interessenvertretungen sind angehalten, auf die Einhaltung des Mindestlohns zu achten.

Dokumentationspflichten
Zur **Dokumentationspflicht der Arbeitszeiten** – um am Ende kontrollieren zu können, ob das Mindestlohngesetz eingehalten wird – gilt folgendes: Der Arbeitgeber muss Beginn, Ende und Dauer der täglichen Arbeitszeit für alle Beschäftigten festhalten. Doch das gilt spätestens seit dem Urteil des BAG vom 13.9.2022 (1 ABR 22/21) zur Aufzeichnungspflicht von Beginn und Ende der Arbeitszeit für alle Bereiche des Arbeitslebens, also auch unabhängig vom MiLoG.

Bedeutung für die MAV

Da der gesetzliche Mindestlohn überall gilt, stellt er auch die Lohnuntergrenze für alle Arbeitsverhältnisse im kirchlichen Bereich dar. Nach Kenntnis der Autoren gibt es immer wieder Werte in den Gehaltstabellen, die unterhalb des jeweiligen Mindestlohns liegen und daher mindestens auf den jeweiligen Mindestlohn angehoben werden müssen. Dies war z. B. für die AVR-Bayern im Jahr 2024 wegen der Erhöhung der Pflegemindestlöhne mehrfach erforderlich – ein Armutszeugnis, das zeigt, wie niedrig die kirchlichen Tabellenwerte oft sind.
Der Mindestlohn ist nicht nur bei Vollarbeit anzuwenden, sondern nach der oben genannten Berechnungsformel auch bei den besonderen Formen der Arbeitszeit → **Arbeitsbereitschaft** und → **Bereitschaftsdienst**. Weil vor allem beim Bereitschaftsdienst häufig nur ein prozentualer Anteil des Stundengehalts bezahlt wird (z. B. 25 %), kann es in der Praxis bei der Diakonie zu Verletzungen des Mindestlohngesetzes kommen. Hier müssen Mitarbeitervertretungen auf die Einhaltung des Gesetzes achten und auf Abhilfe drängen.
Das Gleiche gilt auch für die Vereinbarkeit von (teilweise recht exzessiven) Regelungen über Arbeitszeitkonten mit dem Mindestlohngesetz. So ist z. B. folgende Regelung der AVR-Bayern nicht vereinbar mit dem Mindestlohngesetz: »Alle Beschäftigten können pro Monat bis zu 25 Plusstunden (25 Stunden mehr als die monatliche Soll-Arbeitszeit) arbeiten, die dann dem persönlichen Arbeitszeitkonto gutgeschrieben werden.« Dagegen lässt das Mindestlohngesetz bei Arbeitszeitkonten max. 50 % der vertraglich vereinbarten wöchentlichen Arbeitszeit monatlich als Plusstunden zu, das sind bei 40 Stunden Wochenarbeitszeit 20

Plusstunden pro Monat und bei einer Teilzeitstelle mit 20 Wochenstunden 10 Plusstunden pro Monat (§ 2 Abs. 2 MiLoG).
Beide Themen – Bezahlung der Zeiten im Bereitschaftsdienst und Vereinbarkeit von Mindestlohngesetz und Arbeitszeitkonten – sind wichtige Themen für Mitarbeitervertretungen, wenn sie nach § 35 Abs. 3 Buchst. b MVG darauf achten, dass die gesetzlichen und arbeitsrechtlichen Regelungen eingehalten werden. Dazu gehört seit 2015 auch das Mindestlohngesetz.

Mitarbeiterjahresgespräch

Was ist das?

Das Mitarbeiterjahresgespräch (MJG) findet in der Regel einmal jährlich zwischen dem einzelnen Beschäftigen und dem Vorgesetzten statt. Es ist ein institutionalisiertes **Führungsinstrument**, mit dem Zweck einer kooperativen Personalführung. MJG sind in aller Regel vorstrukturiert, indem den Beteiligten entsprechende Hilfsmittel (z. B. Fragebogen, Leitfaden, Protokollbogen) zur Verfügung gestellt werden. Oftmals ist das MJG als Maßnahme der **Personalentwicklung** eingebunden in Managementkonzepte (z. B. Balanced Scorecard).
Für ein MJG kann es verschiedene Anlässe geben, daraus leiten sich unterschiedliche **Gesprächstypen** ab: Konfliktlösungsgespräch, Informationsgespräch, Zielvereinbarungsgespräch (siehe unten), Beurteilungsgespräch, Fördergespräch. Charakteristisch ist die dialog-, beteiligungs- und förderungsorientiert Ausrichtung von MJG.

Allgemeine Ziele:
- Informationsweitergabe
- Einbindung in Entscheidungsprozesse
- Motivation und Leistungsbereitschaft sowie Identifikation
- Verbesserung der Kommunikation
- Arbeitszufriedenheit
- Gemeinsame Standortbestimmung.

Mögliche Inhalte:
- Arbeitsbedingungen (räumliche Ausstattung, Arbeitsmittel, Arbeitsabläufe, vorhandene zeitliche und personelle Ressourcen)
- Belastungen (Beruf, Vereinbarkeit von Familie und Beruf, Gesundheit)
- Zusammenarbeit mit Kollegen und anderen Arbeitsbereichen
- Wünsche, Anregungen
- Perspektiven und Erwartungen des Mitarbeiters
- Erfüllung von Arbeitszielen und -aufgaben.

Bedeutung für die MAV

Führt der Arbeitgeber turnusmäßige MJG durch, so unterliegen diese der Mitbestimmung (§ 39 Buchstabe e). Mitbestimmungspflichtig sind sowohl die Einführung selbst, wie auch die Grundsätze, vorgegebene Fragenkataloge und Erstellung und Verwendung der Gesprächsprotokolle.
Einzelne Gespräche zwischen Mitarbeitern und Vorgesetzten lösen keine Beteiligungsrechte der MAV aus.
Die MAV wird bei der Einführung und der Gestaltung der MJG darauf zu achten haben, dass alle Beschäftigten nach Recht und Billigkeit behandelt werden (§ 33 Abs. 1 MVG), so dass beispielsweise ältere Beschäftige, Teilzeitbeschäftigte, gewerkschaftlich engagierte Beschäftigte durch Anwendung und Verlauf des MJG nicht diskriminiert oder benachteiligt werden (§ 612a BGB). Die MAV hat auch darauf zu achten, dass die Persönlichkeitsrechte (Art. 2 Abs. 1 und 2 GG) der Beschäftigten nicht verletzt werden, so dass niemand herabgewürdigt oder respektlos behandelt wird.
Abhängig von der Ausgestaltung und vom Zweck des MJG können folgende Tatbestände eine → **Mitbestimmung** durch die MAV auslösen:

- Inhalt und Verwendung von Fragebögen (§ 39 Buchst. a MVG),
- Aufstellung von Beurteilungsgrundsätzen (§ 39 Bucht. b MVG),
- Maßnahmen der Leistungs- und Verhaltenskontrolle (§ 40 Buchst. j MVG),
- Betriebliche Ordnung und das Verhalten der Mitarbeiter im Dienst (§ 40 Buchst. k MVG),
- Grundsätze der Fort- und Weiterbildung (§ 39 Buchst. c MVG) sowie der Teilnehmerauswahl (§ 39 Buchst. d MVG).

Weigert sich die → **Dienststellenleitung**, die MAV bei der Einführung des MJG in der Einrichtung zu beteiligen, sollte die MAV ihr Recht auf → **Mitbestimmung** vor dem Kirchengericht (→ **Rechtsschutz für MAV**) schützen lassen. Darüber hinaus hat die MAV die Möglichkeit, über das → **Initiativrecht** bzw. die → **Einigungsstelle** ihren Belangen Geltung zu verschaffen. Die Einigungsstelle ist aber nur für Regelungsstreitigkeiten, also das »Wie« zuständig. Geht es darum, dass das Mitbestimmungsrecht verletzt wird, handelt es sich um einen Rechtsverstoß, der vor dem Kirchengericht gerügt werden muss.
Den **effektivsten Einfluss** auf die Rahmenbedingungen und die Folgen von MJG kann die MAV über den Abschluss einer → **Dienstvereinbarung** erreichen.
Folgende **Regelungsgegenstände** sollten darin enthalten sein:

- Grundsätze über Ziel und Zweck,
- Geltungsbereich,
- Verfahrensablauf (Beteiligte, Turnus, Vorbereitung, Durchführung, Hilfsmittel ...),

- Qualifizierungsanforderung für die Vorgesetzten und Qualifizierungsangebot für Mitarbeiter zur Vorbereitung,
- Anforderungen an Aufgaben- und Zielvereinbarungen,
- Beschwerde- und Konfliktregelung,
- Einbeziehung oder Ausschluss von Konsequenzen (z. B. Entgeltdifferenzierung, arbeitsrechtliche Konsequenzen),
- Dokumentation (Datenspeicherung und -verwendung),
- Rechte der MAV.

Grundsätzlich sollten Verfahrensweisen festgelegt werden, die einem **dialogischen Prinzip** verpflichtet sind und die nicht einem Vorgesetzten-Nachgeordneten-Verhältnis und Top-Down-Prinzip in den Regelgesprächen entsprechen.
Entscheidend für einen Erfolg versprechende Einführung von MJG ist das **Betriebsklima** in der Einrichtung. In einer Einrichtung mit einem schlechten Führungsstil, mit allgegenwärtigem Arbeitsdruck und einer von den Mitarbeitern empfundenen fehlenden Wertschätzung ihrer Arbeit können die besten Konzepte eines MJG nichts erreichen.

Bedeutung für die Beschäftigten

Der Beschäftigte kann vor und während des MJG in eine enorme Drucksituation geraten. Er hat deshalb die Möglichkeit, sich auf sein Verlangen hin von einem Mitglieder der MAV seines Vertrauens beraten zu lassen oder es zu dem MJG hinzuziehen (§ 35 Abs. 2 MVG).
Das MJG kann für den Beschäftigten beides beinhalten:

Chancen
- echter Dialog
- Orientierungsmöglichkeit
- Beteiligung an Entscheidungen
- Selbstentfaltung
- Verbesserungsmöglichkeit
- persönliche Veränderung

Risiken
- Leistungsverdichtung
- mangelnde Einflussmöglichkeiten auf Bedingungen
- Benachteiligung
- Demotivation durch scheindemokratisches Gehabe
- Zielfestlegung statt Zielvereinbarung

- Kritikgespräch statt Entwicklungsgespräch.

Wenn die MJG von den Mitarbeitern als Einbahnstraße empfunden werden, dann haben sie, jedenfalls nach Lehrbuch, ihren Sinn und Zweck verfehlt. Mitarbeiter müssen auch Kritik an ihren Vorgesetzten äußern können, müssen formulieren können, ob sie sich in ihrer Arbeit genügend wertgeschätzt fühlen, ob sie entsprechend ihrer Fähigkeiten und Kompetenzen eingesetzt und z. B. durch (fehlende) Weiterbildungsangebote (nicht) gefördert werden. Das setzt Vorgesetzte voraus, die über ein Mindestmaß an fachlicher und sozialer Kompetenz verfügen.

Unmittelbar nach dem Gespräch sollte der Arbeitnehmer ein **Gedächtnisprotokoll** erstellen, um auf evtl. später auftretende negative Interpretationen des MJG vorbereitet zu sein. Sinnvoll ist es, diese Mitschrift der MAV zur Verfügung zu stellen, damit sie prüfen kann, ob das Gespräch nach den vereinbarten Vorgaben verlaufen ist.

Das → **Beschwerderecht des Arbeitnehmers** sollte von ihm gemeinsam mit der MAV in Anspruch genommen werden, wenn im Zusammenhang mit dem MJG eine Benachteiligung und ungerechtfertigte Behandlung vorliegt.

Literaturhinweis

- *Hans-Böckler-Stiftung:* Mitarbeitergespräch und Zielvereinbarung, Betriebs- und Dienstvereinbarungen, Analyse und Handlungsempfehlungen, Frankfurt, 2009, *https://www.boeckler.de/pdf/p_mbf_bvd_ma-gespraech_und_zielvereinb.pdf*

Mitarbeiterversammlung

Was ist das?

Die Mitarbeiterversammlung (§ 31 MVG) ist eine von mehreren Möglichkeiten, bei der die MAV unmittelbar mit Mitarbeitern in Kontakt treten kann. Sie ist ein Teil **interner Öffentlichkeitsarbeit** und dient vor allem der **Unterrichtung** der Beschäftigten. Darüber hinaus stellt sie auch ein Forum für die demokratische **Willensbildung** der Mitarbeiter über die Angelegenheiten und Abläufe in einer Dienststelle dar.

Die MAV hat mindestens einmal in jedem Jahr ihrer Amtszeit eine ordentliche Mitarbeiterversammlung einzuberufen. Als Bezugsrahmen gilt der Zeitpunkt von einem Jahr ab Beginn der Amtszeit, nicht das Kalenderjahr. In dieser Mitarbeiterversammlung hat die MAV ihren Tätigkeitsbericht zu erstatten. Tätigkeitsbericht und Aussprache stellen lediglich eine Minimalanforderung dar. Die MAV ist berechtigt, **bis zu zwei weitere** ordentliche Mitarbeiterversammlungen pro Amtsjahr einzuberufen. Ferner liegt es im Ermessen der MAV, zu außerordentlichen Mitarbeiterversammlungen einzuladen, wenn sie diese für notwendig und dringend erachtet, beispielsweise bei drohenden Rationalisierungsmaßnahmen, geplanter Kurzarbeit, geplanter (Teil-)Privatisierung, wesentlicher Umorganisation, Verkauf der Einrichtung oder wichtigen tarifpolitischen Ereignissen.

Die Mitarbeiterversammlung besteht aus allen Mitarbeitern. Die → **Dienststellenleitung** ist zu der jeweiligen Mitarbeiterversammlung unter Mitteilung der Tagesordnung einzuladen. Die Einladung der Leitung kann auf einzelne Tagesordnungspunkte beschränkt werden und sie kann von der Beratung einzelner Tagesordnungspunkte ausgeschlossen werden.

Leiharbeitnehmer (→ **Leiharbeit**) haben gemäß (§ 14 Abs. 2 AÜG) ebenfalls ein Teilnahmerecht. Die Dienststellenleitung darf den Mitarbeitern die Teilnahme an einer Mitarbeiterversammlung nicht untersagen.

Bedeutung für die MAV

Abgesehen von der Darstellung der MAV nach außen stellt die Mitarbeiterversammlung einen gewichtigen Kommunikationsstrang zu den Mitarbeitern dar. Die Unterrichtung der Mitarbeiter über die Aufgabenbewältigung der MAV steht im Vordergrund. Die Mitarbeiterversammlung wird aber auch der MAV Gelegenheit zur **Informationsbeschaffung** über die **Stimmungen in der Dienststelle** geben können. Fragen, die über den Bereich der Dienststelle hinausgehen, zählen selbstverständlich mit zum Themenkatalog einer Mitarbeiterversammlung (z. B. Tarifpolitik, Sozialpolitik, Wirtschaftspolitik, Umweltpolitik, Förderung der → **Gleichstellung** von Frauen und Männern, Vereinbarkeit von Familie und Erwerbstätigkeit), sofern sie die beruflichen, wirtschaftlichen und sozialen Belange der in der Dienststelle Beschäftigten unmittelbar betreffen.
Die Mitarbeitervertretung ist berechtigt, zu einzelnen Tagesordnungspunkten sachkundige Personen zur Beratung hinzuziehen, z. B. Vertreter der Gewerkschaften, Berufsgenossenschaften, Krankenkassen, von Mobbing-Beratungsstellen, Rechtsanwälte.

Übersicht

Vorbereitung:
Über die **Organisation**, die **Tagesordnung** und die **wesentlichen Inhalte** des zu erstattenden Tätigkeitsberichts ist in der Sitzung der MAV ein **Beschluss** (§ 26 MVG) zu fassen. Für die Vorbereitung ist es unerlässlich, den **Zeitpunkt** und den **Ort** der Versammlung mit der **Dienststellenleitung abzustimmen**, so dass nach Möglichkeit keine dienstlichen Gründe vorhanden sind, die es dem einzelnen Mitarbeiter erschweren oder gar unmöglich machen würden, an der Veranstaltung teilzunehmen.
Für eine **außerordentliche** Mitarbeiterversammlung ist vorher mit der Dienststellenleitung dahingehend Einvernehmen herzustellen, ob die Teilnahme in der Arbeitszeit stattfindet und als Arbeitszeit gilt. Ist dies der Fall, darf der Arbeitgeber die Vergütung nicht kürzen.
Hat die MAV den Beschluss gefasst, zu einem Tagesordnungspunkt eine → **sachkundige Person** einzuladen, werden die Kosten von der Dienststelle übernommen, soweit sie erforderlich sind (§ 30 Abs. 2 MVG). Die MAV ist zwingend gehalten, die Kosten vorher rechtzeitig anzuzeigen. Die Einladung einer sachkundigen Person steht nicht unter dem Genehmigungsvorbehalt der Dienststellenleitung. Weitere → **Kosten (der MAV-Arbeit)** können entstehen z. B. für Raummiete, Getränke, Beförderung der Teilnehmer.
Unter Nennung der Tagesordnung ist die → **Dienststellenleitung** einzuladen. Die Dienststellenleitung soll mindestens einmal im Jahr über die **Entwicklung in der Dienststelle** informieren (s. u.). Im Vorfeld kann es ratsam sein, der Dienststellenleitung mitzuteilen, in welchem Rahmen sich ihr Beitrag bewegen soll (Dauer, für die Beschäftigten wichtige Themen – s. u.). Die **Einladung** hat mindestens eine Woche vor Durchführung der Versammlung zu erfolgen. Diese gesetzliche Mindestfrist wird in

Dienststellen mit Schicht- oder Dienstplänen möglicherweise zu planerischen Schwierigkeiten führen. Es ist deshalb empfehlenswert, zumindest eine entsprechende Vorankündigung an die Beschäftigten zu geben. Die Einladung sollte ansprechend gestaltet sein und sich von der übrigen Papierflut wohltuend abheben. Eine originelle Gestaltung wird die Neugierde wecken und die Spannung auf das Kommende fördern. Bei der Planung ist auf die **zeitliche Lage und Dauer** der Veranstaltung zu achten, so dass die Teilnehmer mit der notwendigen Aufmerksamkeit bei der Sache sein können. Infolge der Erfahrungen während der Corona-Pandemie kann die Mitarbeitervertretung darüber entscheiden, ob und inwieweit die Mitarbeiterversammlung digital durchgeführt wird. (§ 31 Abs. 2a MVG).

Durchführung:
Die Durchführung einer ordentlichen Mitarbeiterversammlung, bei der ein Tätigkeitsbericht zu erstatten ist, stellt eine Verpflichtung für die MAV dar. Ein geschlossenes und entschlossenes Auftreten wird bei den Teilnehmern den Eindruck einer starken Interessenvertretung hinterlassen. Die Erstattung des Tätigkeitsberichts darf auf keinen Fall zu einer Ein-Mann/Frau-Veranstaltung werden. In der Vorbereitung ist darauf zu achten, dass möglichst viele Mitglieder der MAV einen aktiven Part in der Mitarbeiterversammlung übernehmen. Ein Vertrauen in die Fähigkeiten der MAV wird am ehesten erreicht, wenn auch schwierige und problembelastete Sachverhalte mit der notwendigen Offenheit und Klarheit angegangen und dargestellt werden.
In der Praxis hat sich bewährt, den **Tätigkeitsbericht** schriftlich abzufassen, ihn ca. ein bis zwei Wochen vor der Mitarbeiterversammlung den Mitarbeitern zugänglich zu machen und ihn im Betrieb zu verteilen, am besten auch in einer vom Layout her ansprechenden Form, mit einem offiziellen Kopf oder Logo der MAV, aufgelockert mit Comics oder Grafiken. Zusätzliche Informationen oder Rechtsinformationen können in einem extra Artikel oder in einem Kasten an den Bericht angehängt werden. Soweit möglich und sinnvoll, sind auch die im Betrieb üblichen Informations- und Kommunikationstechniken zu nutzen.
Für die Jahres-Mitarbeiterversammlung muss die MAV ihren Tätigkeitsbericht unter dem Gesichtspunkt aufbereiten, wie er nach außen auf die Mitarbeiter wirkt – auch die Wirkung auf die Leitung ist dabei nicht zu vergessen. Der Bericht sollte auf keinen Fall in Gänze vorgelesen oder vorgetragen werden, das Herausheben von Schwerpunkten und einzelnen Zitaten reicht aus und dient auch viel mehr der Betonung des Wesentlichen, wenn der Bericht bei den Mitarbeitern vorher bekannt ist. Und vor allem haben die Mitarbeiter die Möglichkeit, sich vor der Mitarbeiterversammlung intensiv und ausführlich mit dem Bericht ihrer MAV zu beschäftigen.
Diese Art des Vorgehens bietet auch die Möglichkeit, die Mitarbeiterversammlung **mit interessierten Mitarbeitern vorzubereiten**, die frühzeitiger und besser informiert die von der MAV auf der Versammlung vorgetragenen Positionen einschätzen und gegebenenfalls unterstützen können. Weiter sollte man im Vorfeld der Vorbereitung der Versammlung die Kollegen ermuntern, Fragen oder eigene Beiträge vorzubringen. Gerade in Einrichtungen, in denen es noch keine »entfaltete Diskussionskultur« gibt, kann sich die vorherige Motivation und Ermutigung von Mitarbeitern, eigene Diskus-

sionsbeiträge einzubringen, günstig auf einen lebendigeren Ablauf der Versammlung auswirken. Erste kritische Beiträge wirken oft wie ein Eisbrecher, die sozusagen tatsächlich das Eis aufbrechen und mit einer frei gebrochenen Fahrrinne spontan andere Beiträge nach sich ziehen.

Der Vorsitzende der MAV hat die **Mitarbeiterversammlung** zu **leiten**. Vor Beginn ist festzulegen, welches Mitglied der MAV die Redeliste und das Protokoll führt. Während der Versammlung übt der Vorsitzende der MAV das **Hausrecht** aus, Gleiches gilt auch für die Zugangswege zum Versammlungsort. Wird ein ordnungsgemäßer Verlauf der Versammlung durch wiederholte **Störungen** beeinträchtigt, kann der Vorsitzende sogar zu dem letzten Mittel greifen, den Störer des Saales zu verweisen.

Bei Versammlungen mit reger Teilnahme sollte die Versammlungsleitung auf jeden Fall für Wortmeldungen eine **Rednerliste** zu führen. Auch die Wortmeldungen der Dienststellenleitung erfolgen nach dem Prinzip und der Reihenfolge in der Rednerliste. Bei offenkundig unsachlichen und überlangen Beiträgen kann das Wort entzogen werden, dies gilt auch gegenüber der Dienststellenleitung.

Der vorgesehene und in der Einladung möglicherweise bereits bekannt gegebene **Zeitrahmen** sollte nach Möglichkeit eingehalten werden, da sonst die Gefahr besteht, dass die Beschäftigten »tröpfchenweise« den Raum verlassen.

Der Versammlungsleitung dürfte es schwerfallen, einen **bewussten Schlusspunkt** zu setzen, wenn einzelne Personen diesen für sich bereits vorweggenommen haben. Andererseits kann es aufgrund einer schwierigen Sachlage (z.B. Massenentlassungen, drohende Einrichtungsschließung) geboten sein, sich kein verbindliches und einengendes Zeitkorsett aufzuerlegen. Eine zeitliche Begrenzung sieht das MVG nicht vor. Die Mitarbeitervertretung kann nach pflichtgemäßem Ermessen festlegen, dass die Mitarbeiterversammlung während der Arbeitszeit am nächsten Tag fortgesetzt wird, wenn beispielsweise die Tagesordnung noch nicht abschließend behandelt wurde.

Die Versammlungsleitung hat darauf zu achten, dass die Versammlung unter Ausschluss der **Öffentlichkeit** stattfindet. Die Teilnahme z.B. von Pressevertreter zum Zweck der Berichterstattung ist deshalb ausgeschlossen. Bei gravierenden Veränderungen in einer Dienststelle – z.B. Schließung – wird es jedoch zum Selbstverständnis einer MAV gehören müssen, entsprechende Stellungnahmen den Vertretern der Medien zu übermitteln (dies kann auch über die zuständige Gewerkschaft geschehen). Eine Verletzung der Nichtöffentlichkeit wäre hierbei nicht zu erkennen, allerdings ist zu prüfen, ob noch eine Verschwiegenheitsverpflichtung nach § 22 MVG greift. Unbefugte Tonbandaufnahmen, Wortprotokolle sowie das schriftliche Festhalten der Namen der Diskussionsteilnehmer durch den Arbeitgeber oder eines Beauftragten sind unzulässig.

Da Arbeitnehmer oftmals gehemmt sind, Dinge anzusprechen solange die Dienststellenleitung noch vor Ort ist, sollte regelmäßig die Teilnahme der Dienststellenleitung auf einzelne Tagesordnungspunkte beschränkt werden.

Nachbereitung:

Wurden von den Beschäftigten Anregungen gegeben oder **Anträge** gestellt, sind diese in einer der nächsten Sitzungen der MAV zu erörtern und unter Herbeiführung eines Beschlusses ist zu entscheiden, wie damit umgegangen werden soll.

Das von der MAV geführte **Protokoll** der Mitarbeiterversammlung ist auf einer der folgenden MAV-Sitzungen zu besprechen und zu beschließen.
Eine **Reflexion** über den Verlauf und die erörterten Inhalte kann die Grundlage für eine sich steigernde Qualität der Mitarbeiterversammlung und auch der MAV selbst sein. Zudem könnte es hilfreich sein, die Mitarbeiter über bestimmte Elemente (Darstellung, Inhalte, ...) gezielt zu befragen.

Bedeutung für die Beschäftigten

In der Regel wird die Mitarbeiterversammlung für die Mitarbeiter die einzige Gelegenheit sein, in unmittelbaren Kontakt mit dem gesamten Gremium der MAV zu treten. Die Mitarbeiter werden sich somit einen Gesamteindruck von ihren Interessenvertretern und deren Aufgabenbewältigung machen können. Teilnahmeberechtigt sind alle Mitarbeiter, d. h. nicht nur die Wahlberechtigten der Dienststelle oder der Dienststellen – sofern sie eingeladen wurden. Auch Mitarbeiter z. B. im Erziehungs- oder Sonderurlaub haben das Recht auf Teilnahme. Schwerbehinderte, Jugendliche und zu ihrer Berufsausbildung Beschäftigte haben zusätzlich zum Teilnahmerecht an den Versammlungen ihrer speziellen Interessenvertretungen (Schwerbehindertenvertretung, JAV) auch das Recht, an der Mitarbeiterversammlung teilzunehmen.
Mitarbeiterversammlungen sind in der Regel in der **Arbeitszeit** durchzuführen. Ausnahmen sind natürlich Schichtbetriebe. Die Teilnahme an außerhalb der eigenen Arbeitszeit liegenden ordentlichen Mitarbeiterversammlungen sowie die zusätzliche Wegezeit gilt als Arbeitszeit. Für die außerordentliche Versammlung gilt dies nur, wenn zwischen Dienststellenleitung und MAV ein einvernehmlicher Beschluss vorliegt. Entstehen durch die Teilnahme an der Mitarbeiterversammlung zusätzliche erforderliche **Fahrtkosten**, etwa weil ein Mitarbeiter nachts arbeitet, sind die Fahrtkosten auf Antrag nach den für die Dienststelle geltenden Reisekostenbestimmungen zu erstatten (vgl. Fey/Rehren, Praxiskommentar MVG.EKD zu § 31 Rn. 29).
Die Mitarbeiter nehmen den **Tätigkeitsbericht** der MAV entgegen, im Anschluss daran haben sie Gelegenheit zur Aussprache (§ 32 Abs. 1 MVG). Es ist insbesondere in größeren Einrichtungen ratsam, den Teilnehmern eine Kurzfassung des Tätigkeitsberichts mit den wichtigsten Punkten schriftlich an die Hand zu geben, so dass der Verlauf und die Inhalte leichter nachvollzogen werden können. Dies wird besonders erforderlich sein, wenn der Inhalt sehr umfangreich und komplex ist. Dabei ist von der Perspektive und dem Stand der Beschäftigten auszugehen. Je eher das Wiedergegebene verstanden wird, desto eher wird eine Aussprache

zustande kommen. Eine lebendige und sachliche Mitarbeiterversammlung ist eine gute Werbung und ist auch Ausdruck einer dynamischen MAV.
Für die Beschäftigten bietet die Mitarbeiterversammlung die Möglichkeit, außerhalb der Wahlen zur MAV Einfluss auf die Arbeit der MAV zu nehmen. Die Teilnehmer können zu Beschlüssen der MAV Stellung nehmen, zudem besteht die Gelegenheit, **Anträge an die MAV** zu stellen. Die **Beschlussfähigkeit** der Mitarbeiterversammlung ist immer sichergestellt. Beschlüsse werden mit einfacher Mehrheit gefasst. Ist allerdings nur ein geringer Anteil an Mitarbeitern im Vergleich zu der Gesamtzahl der Beschäftigten anwesend, so kann das Ergebnis nicht unbedingt als mehrheitsfähig bezeichnet werden.
Auch wenn die MAV an solche Anträge nicht gebunden ist, erscheint es doch sinnvoll und zwingend, sie zu prüfen und nach Abwägung aller Interessen und gesetzlichen Vorschriften entsprechend zu berücksichtigen. Gegebenenfalls kann es notwendig sein, ein Anliegen vor der Dienststellenleitung zu vertreten (§ 35 Abs. 3 Buchst. c) MVG).
Die → **Dienststellenleitung** ist zu jeder Mitarbeiterversammlung einzuladen. Sie kann aber von einzelnen Tagesordnungspunkten ausgeschlossen werden. In der Regel kann davon ausgegangen werden, dass die Teilnehmer ihre Sorgen und Nöte eher und deutlicher darlegen, wenn die Dienststellenleitung nicht anwesend ist. Andererseits kann es für die Mitarbeiter eine willkommene Gelegenheit sein, der Dienststellenleitung aktuelle und brennende Fragen zu stellen, Feststellungen zu treffen oder Forderungen aufzustellen. Dass dies gelingt, hängt auch vom Vorsitzenden und seiner Versammlungsleitung ab. In den meisten Fällen erscheint es deshalb als ratsam, die Dienststellenleitung von einzelnen Tagesordnungspunkten auszuschließen.
Ein **Viertel der Wahlberechtigten** ist berechtigt, eine **außerordentliche Mitarbeiterversammlung** bei dem Vorsitzenden der MAV unter Nennung des Beratungsgegenstandes zu beantragen. Eine besondere Formvorschrift ist für die Antragstellung nicht genannt. Die Mitarbeitervertretung muss eine Versammlung einberufen und den Beratungsgegenstand auf die Tagesordnung setzen.
Die Teilnahme an einer ordentlichen Mitarbeiterversammlung ist Arbeitszeit und berechtigt den Arbeitgeber nicht, die Bezüge der Teilnehmenden zu mindern.
Für den Fall, dass eine gemeinsame Versammlung aller Mitarbeiter nicht stattfinden kann, sind **Teilversammlungen** abzuhalten. Durch die Einberufung von Teilversammlungen (§ 31 Abs. 6 MVG) besteht auch für Mitarbeiter im Schichtbetrieb die Möglichkeit, ihr Teilnahmerecht auszuüben, sofern dringende dienstliche Gründe dem nicht entgegenstehen. Versammlungen für bestimmte Arbeitsbereiche (Verwaltung) oder Personengruppen (Mitarbeiter mit pädagogischer Ausbildung) dienen dazu, dass deren Themen in vertiefter Form erörtert werden können. Den Nachweis über die Erforderlichkeit hat die MAV zu erbringen.

Unterstützung kann sie dabei regelmäßig durch das offenkundige Interesse der betroffenen Beschäftigten erhalten.
In der Folge der Corona-Pandemie ist der Absatz 2a neu in § 31 MVG eingefügt worden, wonach die MAV darüber entscheiden kann, ob und inwieweit die Mitarbeiterversammlung digital durchgeführt wird. Erfahrungen mit digital organisierten Mitarbeiterversammlungen gibt es in diakonischen Einrichtungen bisher so gut wie gar nicht.
Die Mitarbeiterversammlung hat auch die Aufgabe, den **Wahlvorstand zu wählen** (§ 32 Abs. 2 MVG). In Dienststellen mit bis zu 100 wahlberechtigten Mitarbeitern kann unter bestimmten Bedingungen in der gleichen Versammlung eine vereinfachte → **Wahl der MAV** durchgeführt werden (s. § 12 Wahlordnung zum MVG-EKD).
Führt die MAV zum wiederholten Male nicht mindestens einmal im Jahr eine ordentliche Mitarbeiterversammlung durch, so stellt dies eine **grobe Pflichtverletzung** dar. Ein Viertel der Wahlberechtigten oder die Dienststellenleitung wäre dann berechtigt, mit einem schriftlichen Antrag an das Kirchengericht die Auflösung der MAV zu betreiben.
Eine Teilnahme an der Mitarbeiterversammlung während des Urlaubs gilt als Arbeitszeit (BAG v. 5.5.1987 – 1 AZR 665/85).

Geschäftsbericht der Dienststellenleitung
Auf der »Geschäftsgrundlage« der vertrauensvollen Zusammenarbeit (Präambel zum MVG, § 33 Abs. 1 MVG-EKD) ist es für die Dienststellenleitung eine Verpflichtung, über die Entwicklungen in der Dienststelle zu berichten. Sofern die → **Dienststellenleitung** nicht in einer von ihr anberaumten Versammlung diesem Bedürfnis der Beschäftigten nachkommt, hat die MAV das Recht, die Dienststellenleitung zur Mitarbeiterversammlung einzuladen, damit sie die Mitarbeiter mindestens einmal in Jahr informiert (§ 31 Abs. 5 MVG). Weigert sich die Dienststellenleitung beharrlich, dem Informationsbedürfnis der Mitarbeiter nachzukommen, so ist einer positiven Vertrauensentwicklung schwerer Schaden zugefügt.

Die Berichterstattung hat mündlich zu erfolgen und sollte verständlich, nachvollziehbar und wahrheitsgemäß sein.
Aussagen können getroffen werden z. B. über die Beschäftigten (Anzahl, Altersstruktur, Schwerbehinderte), Möglichkeiten des beruflichen Fortkommens (Aufstiegsmöglichkeiten, Fort- und Weiterbildungsmöglichkeiten), wirtschaftliche Situation, größere Umstrukturierungen (Rationalisierungsmaßnahmen), Planung oder Veränderung von Sozialeinrichtungen (Pausenräume, Wohnungen). Die Verpflichtung zur Geheimhaltung besteht für die Dienststellenleitung nur dann, wenn es sich um objektive Betriebs- und Geschäftsgeheimnisse handelt. Entscheidend ist nicht, was der Arbeitgeber für geheimhaltungsbedürftig hält.

Checkliste: Arbeitsplan für die Mitarbeiterversammlung

Beginn der Amtszeit	**Grundsatzentscheidungen treffen:** • Anzahl der ordentlichen Versammlungen pro Amtsjahr • Wochentag, Tageszeit • Teilversammlungen
8 Wochen vorher	• Datum für Mitarbeiterversammlung vorläufig festlegen • Themensammlung für Schwerpunktthema • Themen für Tätigkeitsbericht sammeln und auf die MAV-Mitglieder verteilen
6 Wochen vorher	• Beschlussfassung über Ort und Zeit • Vorabinformation an die Beschäftigen über den Versammlungstermin • Einvernehmen mit Dienststellenleitung über Ort und Zeit der Versammlung herstellen • Beschlussfassung über Tagesordnung und Eckpunkte des Tätigkeitsberichts • Beschlussfassung über die Hinzuziehung eines Referenten (z. B. Gewerkschaftsvertreter) sowie ggf. Antrag auf Kostenübernahme bei der Dienststellenleitung stellen • Zwischenbericht über den Stand der Vorbereitungen (Organisation, inhaltliche Ausgestaltung)
3 Wochen vorher	• Tätigkeitsbericht vorstellen und diskutieren • Diskussionsbeteiligung der MAV-Mitglieder absprechen • Einzelheiten der Versammlungsleitung absprechen • Gestaltung der Einladung
1 Woche vorher	• Einberufung der Mitarbeiterversammlung (Aushang, persönliches Anschreiben und Ansprechen)
wenige Tage vor und am Tag der Versammlung	• Bei besonders wichtigen Anlässen zusätzlich Flugblätter verteilen
Mitarbeiterversammlung	
1 Woche danach	• Kurz- oder Beschlussprotokoll erstellen • Nachbereitung in der MAV-Sitzung

Checkliste: Versammlungsleitung und -verlauf

- Begrüßung (auch der Gäste)
- Anrede (»Liebe Kolleginnen und Kollegen«)
- Kurze Vorstellung der MAV-Mitglieder (besonders nach Neuwahlen)
- Kein salbungsvolles Gerede (kurz und sachlich bleiben)
- Vorstellung des Versammlungsverlaufs
- Nach jedem Tagesordnungspunkt kurze (Zwischen-)Zusammenfassungen geben
- Diskussionen gleich im Anschluss an Themenblöcke (wenn möglich max. 10 Minuten), d.h. keine zu langen Monologe
- Offene Fragen stellen
- Alle ausreden lassen; jede Frage oder Meinungsäußerung ernst nehmen und immer erst positiv reagieren
- Rednerliste führen (muss nicht der/die Vorsitzende sein)
- Redebeiträge sammeln
- Uhr im Blick haben
- Hat der/die Vorsitzende selbst einen größeren Redebeitrag zu leisten, sollte die Versammlungsleitung vorübergehend an ein anderes MAV-Mitglied abgegeben werden
- Signalisieren Sie ehrliche Offenheit für die Belange der Beschäftigten
- Halten Sie sich (nach Möglichkeit) mit vorschnellen Bewertungen zurück
- Redselige taktvoll unterbrechen
- Mitarbeiterversammlung ist keine »Showveranstaltung« der MAV, sondern die Versammlung der Belegschaft
- Werden Sie konkret
- Bei Blamiersituationen offensiv einschreiten (z.B. bei verbal Ungeübten)
- Keine Fremdwörter oder Abkürzungen, die nicht allen bekannt sind
- Pausen machen (oder haben Sie Angst, dass aus Langeweile nach der Pause viele nicht mehr kommen?)
- Teilen Sie mit, wie mit offenen und unerledigten Angelegenheiten umgegangen wird (z.B. Tagesordnung bei MAV-Sitzung, weitere Auskünfte einholen, Einladung eines Referenten)
- Aktuelle Frage zulassen (auch wenn sie nicht unmittelbar mit der Tageordnung übereinstimmen), Rückkehr zum Tagesordnungspunkt nicht vergessen
- Es sollten alle MAV-Mitglieder anwesend sein, jedes Mitglied sollte mindestens einen Redebeitrag leisten oder eine Aufgabe wahrnehmen (kein 1-Personen-Stück)
- Demonstrieren Sie Geschlossenheit
- Haben Sie keine Scheu, die Dienststellenleitung erforderlichenfalls in die Schranken zu weisen (z.B. bei überlangen Beiträgen)
- Vermeiden Sie auf jeden Fall eine fortgesetzte Verhandlung mit der Dienststellenleitung über ein strittiges Thema
- Setzen Sie einen bewussten Schlusspunkt: Kurzzusammenfassung, Zitat, Wagen Sie einen Ausblick

Bei jeder Versammlung wird etwas Unvorhergesehenes eintreten:

- bleiben Sie ruhig
- gehen Sie mit der Situation (erkennbar) ehrlich um
- unterstützen Sie sich gegenseitig

Checkliste: Themenvortrag bei Mitarbeiterversammlung

- Der Einstieg muss die Bedeutung des Themas sofort klar machen, damit die Aufmerksamkeit geweckt wird
- Gliedern Sie Ihren Vortrag richtig und geschickt
- **Beispiel: Bericht über eine Verhandlung**
  - Problem kurz in Erinnerung rufen und kurze Zusammenfassung des Verhandlungsstandes geben
  - Einzelheiten der Verhandlungen bekannt geben, warum ist das bisherige Ergebnis noch unbefriedigend?
  - Bewertung der Situation, welche Ziele werden jetzt verfolgt, welche Forderungen stellt die MAV?
  - Welche Maßnahmen will die MAV ergreifen?
  - Unterstützung durch die Beschäftigten fordern (z. B. Beteiligung an Aktionen), Dienststellenleitung zur Stellungnahme auffordern.

Checkliste: Leitfragen zur Reflexion der Mitarbeiterversammlung[1]

1. Welche Ziele wurden bisher mit der Mitarbeiterversammlung verfolgt?
2. Welche Funktionen haben die Mitarbeiterversammlungen für die Beteiligten gehabt (Pflichtübung, Zeitverschwendung, Schaukampf, bewusste Konfrontation, vernachlässigbare Veranstaltung, Mobilisierungsinstrument etc.?)
3. Was hatten bisher alle Mitarbeiterversammlungen gemeinsam?
4. Lassen sich bestimmte Muster erkennen?
5. Welche unausgesprochenen Regeln und Spielregeln hatten entscheidenden Einfluss auf den Ablauf der Mitarbeiterversammlung?
6. Welche Erfolge, welche Niederlagen wurden auf den Mitarbeiterversammlungen erzielt?
7. Weshalb stand welcher Zeitrahmen für die Mitarbeiterversammlung zur Verfügung?
8. Inwieweit hat sich bisher die Belegschaft an den Mitarbeiterversammlungen beteiligt?
9. Weshalb wurden in der Vergangenheit Änderungen im Ablauf angenommen bzw. abgelehnt?
10. Was hat die Redebeträge aus der Belegschaft befördert bzw. behindert?
11. Gab es bestimmte Vorfälle, z. B. indem Beschäftigte vom Arbeitgeber/Dienststellenleitung unterbrochen oder verhöhnt wurden?

1 Vgl. AiB 2004, 219.

12. Durch welche Bemühungen und mit welcher Ausdauer der Mitarbeitervertretung wurde in der Vergangenheit die Belegschaft zu Stellungnahmen, Meinungsäußerungen etc. bewegt?
13. Welche Rolle hat bis dato die Dienststellenleitung auf den Mitarbeiterversammlungen gespielt?
14. Wie haben sich die übrigen Vorgesetzten im Vorfeld und auf den Mitarbeiterversammlungen verhalten?
15. Welche inhaltlichen Schwerpunkte hat die Gewerkschaft auf den Mitarbeiterversammlungen gesetzt?
16. Wie hat der Arbeitgeber und wie hat die Belegschaft auf diese Wortbeiträge reagiert?

Musterschreiben: Einladung an Kollegen

An die
Kolleginnen und Kollegen
der Dienststelle

Ort, Datum

Einladung zur Mitarbeiterversammlung

Liebe Kolleginnen, liebe Kollegen,

unsere nächste ordentliche Mitarbeiterversammlung findet, wie bereits rechtzeitig angekündigt, am

Mittwoch, dem Datum, um Uhr

im Begegnungsraum im Haus Sonnenschein in der Straße in Ort statt.
Die Zeit der Teilnahme an der Mitarbeiterversammlung ist Arbeitszeit. Sollte die Mitarbeiterversammlung außerhalb Eurer Arbeitszeit stattfinden, dann gelten auch die zusätzlichen Wegezeiten als Arbeitszeit.
Wie jedes Jahr gibt die Mitarbeitervertretung einen Tätigkeitsbericht über ihre Arbeit. Die unterschiedlichen Sichtweisen zwischen der Mitarbeitervertretung und der Dienststellenleitung über die aktuelle Situation in unserer Einrichtung wird reichlich Anlass für Diskussionen liefern.
Folgende Themenbereiche werden offengelegt und problematisiert:
TOP 1: Tätigkeitsbericht der Mitarbeitervertretung – Bilanz der letzten 12 Monate
Dazu Berichte über die Schwerpunkte der Mitarbeitervertretungsarbeit:

- Personelle Angelegenheiten
  - innerbetriebliche Stellenausschreibungen
  - beabsichtigter Stellenabbau im Reinigungsdienst
- Regelungsvorhaben der Mitarbeitervertretung durch Dienstvereinbarungen
  - elektronische Arbeitszeiterfassung
  - Überstunden
  - Umgang mit Konflikten

TOP 2: Bericht der Dienststellenleitung über die wirtschaftliche und personelle Lage und Entwicklung der Dienststelle;
TOP 3: Neuregelungen arbeitsrechtlicher Vorschriften und ihre Auswirkungen auf die Arbeitsverhältnisse (Referent der Gewerkschaft)
TOP 4: Konsequenzen aus der Mitarbeiterbefragung (Die Dienststellenleitung wird bei diesem Punkt nicht anwesend sein.)

Unterschrift Mitarbeitervertretungsvorsitzende/r

Musterschreiben: Einladung an Dienststellenleitung

An die
Dienststellenleitung

Ort, Datum

Einladung zur Mitarbeiterversammlung

Sehr geehrte/r Frau/Herr Name,

wie bereits mit Ihnen abgesprochen, findet am Datum, dem um Uhr im Begegnungsraum im Haus Sonnenschein unsere nächste Mitarbeiterversammlung statt, zu der wir Sie hiermit einladen.
Die Tagesordnungspunkte und den Ablaufplan der Versammlung finden Sie in der Anlage.
Wir dürfen Sie höflichst daran erinnern, unter dem Tagesordnungspunkt 2 einen detaillierten Bericht über die wirtschaftliche Situation und die personelle Entwicklung der Belegschaft zu geben. Unsere zeitliche Planung sieht dafür ein Zeitlimit von 15 Minuten vor. Im Anschluss an Ihren Beitrag besteht die Möglichkeit zur Aussprache.
Ferner gehen wir von Ihrem Einverständnis aus, die Beratung mit der Belegschaft zum letzten Tagesordnungspunkt 4 (Konsequenzen aus der Mitarbeiterbefragung) ohne Ihre Anwesenheit weiterführen zu können.
Mit freundlichen Grüßen

Unterschrift Mitarbeitervertretungsvorsitzende/r

Anlage
Tagesordnung zur Mitarbeiterversammlung

Musterschreiben: sachkundige Person (Referenten)

An die
Gewerkschaft

Ort, Datum

Übernahme eines Redebeitrags anlässlich unserer Mitarbeiterversammlung

Liebe/r Kollegin/Kollege Name

wie bereits besprochen, findet
am Tag, dem Datum um Uhr
im Haus Sonnenschein genaue Anschrift
unsere nächste Mitarbeiterversammlung statt.
Wir bedanken uns für Deine Bereitschaft, uns als Referent/in mit einem Vortrag zu den für uns relevanten neuen gesetzlichen Änderungen im Arbeitsrecht und den Folgen für die Beschäftigten zur Verfügung zu stehen.
Solltest Du für deinen Vortrag technische Hilfsmittel benötigen, bitten wir vorab um eine kurze Mitteilung.
Wir dürfen Dich bitten, rechtzeitig vor Versammlungsbeginn zu erscheinen. Gerne stehen wir für Rückfragen zur Verfügung.
Mit freundlichen Grüßen

Unterschrift Mitarbeitervertretungsvorsitzende/r

Literaturhinweis

- *Deppisch, Herbert/Jung, Robert/Schleitzer, Erhard:* Tipps für neu- und wiedergewählte MAV-Mitglieder, 5. Auflage, Frankfurt/Main 2019.

Mitarbeitervertretung

Was ist das?

Die Mitarbeitervertretung (MAV) ist ein von den wahlberechtigten Beschäftigten gewähltes Gremium. Die wesentliche Aufgabe der MAV ist die Vertretung der Interessen der Beschäftigten gegenüber dem Arbeitgeber.
Sog. Mitarbeitervertretungen gibt es nur bei den beiden großen Kirchen in Deutschland. Sie sind das kirchliche Pendant zu den Betriebsräten bei weltlichen Arbeitgebern und zu den Personalräten im Öffentlichen Dienst. Rechtliche Grundlage und sozusagen die Aufgabenbeschreibung für die MAV ist das → **Mitarbeitervertretungsgesetz der Evangelischen Kirche in Deutschland** (MVG-EKD) bzw. das jeweils gültige gliedkirchliche Gesetz. Die MAV wird in den selbständigen → **Dienststellen** der ev. Kirche und Diakonie gewählt.[1]
Besondere Formen der MAV sind die → **Gemeinsame Mitarbeitervertretung**, die → **Gesamt-Mitarbeitervertretung** und die Verbund-Mitarbeitervertretung (früher: → **Gesamt-Mitarbeitervertretung im Dienststellenverbund**).
Das MVG geht laut seinem Anspruch (§ 1 Abs. 1 MVG: »sind zu bilden«) davon aus, dass in allen kirchlichen und diakonischen eine MAV besteht. Das ist mitnichten der Fall. Viele Gesamtausschüsse bzw. Arbeitsgemeinschaften der Mitarbeitervertretungen gehen davon aus, dass nur etwa in 2/3 aller Dienststellen Mitarbeitervertretungen gewählt sind. Festzustellen ist allerdings auch, dass es immer schwieriger wird, genügend Kandidatinnen für die MAV zu finden.
MAVen sind ab fünf Wahlberechtigten zu wählen, von denen mindestens drei wählbar sein müssen (§ 5 Abs. 1 MVG). Die Zahl der MAV-Mitglieder richtet sich nach der Anzahl der Wahlberechtigten in der jeweiligen Dienststelle. Nach § 8 Abs. 1 MVG besteht die kleinste MAV aus einer Person (5–15 Wahlberechtigte), große Mitarbeitervertretungen können durchaus mehr als 20 Mitglieder haben, z. B. hätte die MAV bei 4500 Wahlberechtigten 21 Mitglieder. Die Amtszeit beträgt vier Jahre (§ 15 Abs. 1 MVG).

---

1 Mitarbeitervertretungen gibt es auch bei der kath. Kirche und Caritas. Rechtliche Grundlage ist die Mitarbeitervertretungsordnung (MAVO).

Die Rechtsstellung der MAV-Mitglieder ist im MVG beschrieben mit den Begriffen Ehrenamt, Behinderungs- und Begünstigungsverbot, Anspruch auf Arbeitsbefreiung und Freistellung, Abordnungs- und Versetzungsverbot und dem Schutz vor Kündigung[2].
Eine besondere Rolle unter den Mitgliedern spielt die MAV-Vorsitzende, sie übernimmt spezielle Aufgaben im Rahmen der Gremiumsarbeit (§§ 23 Abs. 1 und § 24 Abs. 2 und 3 MVG). Darüber hinaus normiert das MVG Regelungen für die Geschäftsführung der MAV und die Übernahme erforderlicher → **Kosten** durch die → **Dienststellenleitung**.
Mitarbeitervertretungen haben konkrete Aufgaben und Befugnisse (§§ 34 bis 36 MVG), ihre → **Beteiligungsrechte** nennt das MVG → **Mitbestimmung,** eingeschränkte Mitbestimmung und → **Mitberatung.**
Zusammenzuarbeiten hat die MAV mit der Dienststellenleitung (§ 33 Abs. 1 MVG: »vertrauensvoll und partnerschaftlich«!), aber auch mit den weiteren Interessenvertretungen Schwerbehindertenvertretung (§ 51 und § 52 Abs. 2 MVG) und Jugend- und Auszubildendenvertretung (§ 49 Abs. 1 und 7 MVG).
Bei Konflikten zwischen MAV und Dienststellenleitung können beide Seiten als Konfliktlösungsinstanz die → **Einigungsstelle** (§ 36a MVG; zuständig nur für die in § 40 MVG genannten Sachverhalte) oder das → **Kirchengericht** als erste Instanz des Rechtswegs (§§ 56 ff. MVG) anrufen.
Das MVG sieht – anders als BetrVG und BPersVG – keine sog. Stufenvertretungen vor. Es gibt aber in allen Gliedkirchen und gliedkirchlichen Diakonischen Werken einen → **Gesamtausschuss** bzw. eine Arbeitsgemeinschaft der Mitarbeitervertretungen (§ 54 MVG). Der Gesamtausschuss hat als zentrale Aufgabe die Beratung und Unterstützung der MAVen vor Ort (§ 55 MVG). Auf der Bundesebene besteht die sog. Ständige Konferenz (StäKo) als Vertretung der Gesamtausschüsse aller Gliedkirchen und die sog. Bundeskonferenz als Vertretung der Gesamtausschüsse aller Diakonischen Werke (§§ 55a bis 55d MVG).

Bedeutung für die MAV und die Beschäftigten

Die Bedeutung für die MAV ergibt sich zum einen aus den genannten Rechtsvorschriften im → **Mitarbeitervertretungsgesetz**, zum andern aber auch aus der Wahrnehmung ihrer Aufgaben, Funktionen und Rollen, aus ihrer Konfliktbereitschaft und dem konkreten Umgang der MAV mit den Beschäftigten, also ihren eigenen Wählerinnen.

2 Der bisher starke Kündigungsschutz für MAV-Mitglieder wurde allerdings mit der Novellierung des MVG zum 1. Januar 2024 geschwächt.

Auch wenn das rechtliche Fundament einer MAV und die zur Verfügung stehenden Konfliktinstanzen im Vergleich zu Betriebsräten schwächer ausgestaltet sind, sollten MAV-Mitglieder Lernbereitschaft, Bereitschaft zum Engagement und eine gute Portion Enthusiasmus für die Arbeit in der MAV mitbringen.
Beschäftigte haben »ihre« MAV gewählt, die Einzelne vielleicht nicht alle Mitglieder. Sie haben mehr oder weniger konkrete Erwartungen an die MAV-Mitglieder. Allerdings unterliegt die MAV keinen Weisungen, weder von Seiten der Beschäftigten noch von der Dienststellenleitung.
MAV-Arbeit lebt vom Interesse der Beschäftigten und von deren Bereitschaft zu konstruktiver Kritik und Unterstützung. Das Verhältnis zwischen MAV und Belegschaft erscheint dann optimal, wenn es aus einem steten Geben und Nehmen besteht.

Mitarbeitervertretungsgesetz (MVG)

Was ist das?

Das Mitarbeitervertretungsgesetz ist das von der EKD geschaffene Recht, das an Stelle des BetrVG die Mitbestimmung der gewählten Interessensvertretung regelt. Es gilt unmittelbar nur für die Dienststellen der EKD, für die Gliedkirchen nur insoweit, wie sie Übernahme- oder Anwendungsgesetze beschlossen haben.
Das Betriebsverfassungsgesetz und das Bundespersonalvertretungsgesetz werden in der Kirche und ihren Einrichtungen nicht angewendet. Das BetrVG sieht im § 118 Abs. 2 BetrVG eine Ausnahmeregelung (→ **Tendenzschutz**) für die Kirche und ihre Einrichtungen vor:

»Dieses Gesetz findet keine Anwendung auf Religionsgemeinschaften und ihre karitativen und erzieherischen Einrichtungen unbeschadet deren Rechtsform.«

Auf diese Ausnahmeregelung berufen sich die Kirchen, wenn sie statt dem BetrVG eigene Mitarbeitervertretungsgesetze anwenden.

Wie kam es zur Ausnahmeregelung für die Kirchen?
Das Betriebsrätegesetz der Weimarer Republik von 1920 galt uneingeschränkt auch für die Kirchen und ihre Einrichtungen: *»Als Betriebe im Sinne des Gesetzes gelten alle Betriebe, Geschäfte und Verwaltungen des öffentlichen und privaten Rechtes«* (§ 9 Betriebsrätegesetz). Zwar waren Betriebsräte in Kirchen und ihren Einrichtungen eine große Ausnahme, das war aber der Tatsache geschuldet, dass die Einrichtungen entweder relativ klein waren oder von Ordenspersonal betrieben wurden, die von ihrem Selbstverständnis her keinen Anlass für die Gründung eines Betriebsrats sahen. In Bethel wurde z. B. im Jahr 1920 ein Betriebsrat gewählt. Auch unmittelbar nach Gründung der Bundesrepublik nahm das Ordenspersonal weiter eine dominante Stellung ein. Im Jahr 1950 waren von den 106 000 Beschäftigten bei der Caritas noch 58 000 Ordensangehörige.

Nach Ende des zweiten Weltkriegs sahen auch die Alliierten im Kontrollratsgesetz von 1946 keine Ausnahmeregelung für die Kirchen bei den Betriebsräten. Auch im ersten Entwurf zum BetrVG waren lediglich solche Ausnahmebestimmungen vorgesehen, die die kirchlichen Einrichtungen mit den kommunalen und anderen öffentlichen Dienststellen gleichsetzten. Den Kirchen ging diese Ausnahmeregelung, auf die 1954 die Verabschiedung des Bundespersonalvertretungsgesetzes folgte, nicht weit genug. Sie betrieben eine intensive Lobbyarbeit bei der Adenauer-Regierung und wiesen insbesondere auf die Situation der kirchlichen Einrichtungen in der DDR hin, die staatliche Eingriffe zu befürchten hätten, wenn die Rechte für Betriebsräte uneingeschränkt auch im kirchlichen Bereich gelten. Schließlich erreichten die Kirchen im 1952 verabschiedeten BetrVG die gewünschte Ausnahmeregelung. In einem Schreiben vom 12. 6. 1950 der Kirchenkanzlei der EKD an den Bundesarbeitsminister erklärte sie, dass sie »allen berechtigten sozialen Anforderungen gegenüber den bei ihr Beschäftigten in vollem Umfang nachkommt.« Mit großer zeitlicher Verzögerung legte die EKD im Jahr 1959 eine »Musterordnung für Mitarbeitervertretungen in den kirchlichen und diakonischen Einrichtungen« vor. Auf diese »Musterordnung« folgte 12 Jahre später im Jahr 1971 das »Muster für ein Kirchengesetz über Mitarbeitervertretungen in kirchlichen und diakonischen Einrichtungen«. 1972 wurde die »Mitarbeitervertretungsordnung des Diakonischen Werkes der EKD« vorgelegt. Es dauerte bis 1992, bis die EKD das »Mitarbeitervertretungsgesetz der EKD« verabschiedete – genau 40 Jahre nach Inkrafttreten des Betriebsverfassungsgesetzes. Seitdem wurde das MVG.EKD insgesamt zehnmal novelliert, zuletzt zum 1. 1. 2019. Da fast alle Gliedkirchen und Diakonischen Werke bei der Übernahme des Gesetzes abweichende Regelungen getroffen haben, ist das MVG weit davon entfernt, ein einheitliches Recht für die Kirche und ihre Diakonie zu bilden.

Die EKD muss sich vorwerfen lassen, über 40 Jahre lang keine einheitliche Vorgabe für die Regelung ihrer Arbeitnehmervertretungen erlassen zu haben und selbst dann nur einen Flickenteppich mit verschiedensten abweichenden Regelungen in den Gliedkirchen und Diakonischen Werken geschaffen zu haben. Die Möglichkeit nach dem Tendenzschutzparagrafen des BetrVG haben die Kirchen nicht nur dazu genutzt, die Übernahme entsprechender Regelungen in ihren Mitarbeitervertretungsgesetzen zeitlich lange zu verzögern, sondern auch die Vorgaben des BetrVG unvollständig abzuschreiben und sie auch im Sinne des Arbeitgebers umzuändern. Die mindere Qualität des MVG ergibt sich auch schon aus der großen Anzahl von Novellierungen seit 1992.

MAVen haben kein gestaltendes Mitbestimmungsrecht

Bei einem formalen Vergleich der Beteiligungsrechte im BetrVG und im MVG ist zwar festzustellen, dass im MVG im Wesentlichen alle Tatbestände aufgeführt

werden wie im BetrVG. Aber beim Verfahren der Mitbestimmung gibt es gravierende Unterschiede. § 87 BetrVG schreibt die ausdrückliche Zustimmungserklärung des Betriebsrates in sozialen Angelegenheiten vor. Hat der Arbeitgeber Zweifel an der Zustimmung des Betriebsrates, so hat der Arbeitgeber beim Betriebsrat rückzufragen. Dem Betriebsrat werden bei einer Ablehnung der Maßnahme keine weiteren Form- oder Fristvorschriften auferlegt. Die Regelungen sind einfach und klar. Im Nichteinigungsfall kann die **Einigungsstelle** angerufen werden.
Das Mitbestimmungsverfahren nach dem MVG ist dagegen ein überformalisiertes und rein bürokratisches Verfahren. Man spricht hier von einem »**Fristenregime**«.

Überblick über das Mitbestimmungsverfahren nach MVG (»Fristenregime«)

- Für die MAV gilt i.d.R. eine Erklärungsfrist von 2 Wochen. Äußert sich die Mitarbeitervertretung innerhalb der jeweiligen Frist nicht schriftlich unter Angabe von Gründen oder stellt den Antrag auf mündliche Erörterung, so gilt die Zustimmung als erteilt (die so genannte Zustimmungsfiktion).
- Die Erörterung ist abgeschlossen, wenn dies durch die MAV oder die Dienststellenleitung schriftlich mitgeteilt wird (§ 38 Abs. 3 MVG.EKD.
- Lehnt die MAV die geplante Maßnahme ab, so hat sie dies innerhalb von 2 Wochen »rechtsfest« zu begründen. Dasselbe gilt nach einer einseitigen Erklärung zur Beendigung der Erörterung. Die Gründe zur Ablehnung müssen innerhalb dieser Frist abschließend vorgetragen sein. Ein verspätetes Vorbringen bleibt unberücksichtigt.
- Stimmt die Mitarbeitervertretung einer Maßnahme nicht zu, so beantragt der Arbeitgeber bei dem zuständigen Kirchengericht die Ersetzung der verweigerten Zustimmung, soweit nicht die Einigungsstelle zuständig ist.
- Der Entscheidungsrahmen des Kirchengerichts bzw. der Schlichtungsstelle ist deutlich enger gefasst als der der Einigungsstelle. Sie haben nicht eine sachgerechte Regelung zu treffen, sondern lediglich darüber zu befinden, ob sie anstelle der MAV der Maßnahme zustimmen. Das ist grundsätzlich immer dann der Fall, wenn die Maßnahme nicht gegen Rechtsvorschriften verstößt oder nicht schlechterdings unbillig ist.
- Das Kirchengericht und die Schlichtungsstelle schließen ein Nachschieben von Gründen aus und berücksichtigen bei ihrer Entscheidung nur den Antrag.
- Kirchengericht oder Schlichtungsstelle können keine modifizierte Lösung beschließen. Sie sind an die Anträge gebunden. Damit sind gerade in komplexen Regelungsfragen die Konfliktlösungsmöglichkeiten äußerst eingeschränkt. Denn praktisch stehen nur die bisherige Regelung und die vom Arbeitgeber angestrebte Regelung zur Wahl. Nur dann, wenn es der Schlichtungsstelle oder dem Kirchengericht gelingt, beide Seiten zu einem Kompromiss zu bewegen, gelingen rationale Konfliktschlichtungen, die in der betrieblichen Praxis Bestand haben können.

- Stellt die MAV einen Initiativantrag, hat das Kirchengericht oder die Schlichtungsstelle nur darüber zu entscheiden, ob die Weigerung der Dienststellenleitung, dem Initiativantrag nicht zu entsprechen, rechtswidrig ist. Bei Streitigkeiten über eine Dienstvereinbarung kann das Kirchengericht nur einen Vermittlungsvorschlag aussprechen.

Auszüge aus: Kirchliche Mitbestimmung im Vergleich, BetrVG – MVG.EKD – MAVO, herausgegeben von ver.di, 2014

Das Mitbestimmungsrecht in sozialen Angelegenheiten wird im MVG zu einer reinen Missbrauchskontrolle herabgestuft. Die Mitarbeitervertretung ist an einer gleichberechtigten Mitwirkung bei der organisatorischen und sozialen Gestaltung des Betriebes gehindert.

Unzureichende Regelung zur Einigungsstelle

Beim Verfahren der Mitbestimmung nach **BetrVG** ist ein wesentliches Konfliktregelungsinstrument die → **Einigungsstelle.** Die Einigungsstelle wird auf betrieblicher Ebene gebildet. Die Beisitzer aus dem Unternehmen mit ihren betriebsspezifischen Kenntnissen und auch die sachkundigen Beisitzer sollen möglichst zu solch einem Ergebnis kommen, das einen Ausgleich zwischen den betrieblichen Belangen und den Interessen der Beschäftigten herstellt. Bei ihrer Entscheidung ist die Einigungsstelle nicht an den Antrag zur Anrufung der Einigungsstelle gebunden. Der Spruch kann vom ursprünglichen Antrag abweichend eine andere sachgerechte Regelung beinhalten. Für die Betriebsräte ist die Einigungsstelle neben dem Arbeitsgericht das wichtigste Konfliktregelungsinstrument nach dem BetrVG.

Besonders heftig war daher die Kritik der MAVen und ver.di an dem fehlenden Instrument der Einigungsstelle, zumal den MAVen der Weg zum Arbeitsgericht verwehrt ist und das »Fristenregime« bei dem Verfahren der Mitbestimmung den Arbeitgebern große Vorteile bietet. Nachdem im Jahr 2013 in der 9. Novellierung des MVG formuliert wurde, dass die MAV und die Einrichtungsleitung durch eine Dienstvereinbarung regeln können, dass eine Einigungsstelle in der Einrichtung gebildet werden kann und diese Regelung in der Folgezeit so gut wie gar nicht umgesetzt wurde, schrieb die 10. Novellierung des MVG fest, dass nun auf Antrag der MAV oder der Leitung eine Einigungsstelle zu bilden ist. Diese Vorschrift gilt erst seit dem 1.1.2020. Doch wiederum wurden die Vorschriften des BetrVG nur unvollständig übernommen und die MAVen in ihren Rechten beschnitten.

Eine gravierende Änderung gegenüber dem BetrVG besteht in der Regelung, dass die Einigungsstellen, wenn sie im Rahmen von Initiativen der MAV (§ 47 MVG) angerufen werden, nur einen Vermittlungsvorschlag unterbreiten. Das Initiativrecht der MAV wird dadurch wesentlich untergraben und es werden Initiativen der MAV und Maßnahmen des Arbeitgebers nicht auf gleichem Niveau von der Einigungsstelle behandelt. Die Gestaltungsmöglichkeiten der MAVen für betriebliche Regelungen werden wesentlich beschnitten. Daher wird auch die Auffassung vertreten (Nause in ZMV 2019, S. 174, Evers-Vosgerau in JMNS, MVG-Kommentar, § 47 Rn. 31), dass, nachdem die Einigungsstelle einen Vermittlungsvorschlag unterbreitet hat und dieser von den Parteien nicht

angenommen wird, die Einigungsstelle dann abschließend entscheidet. Dieser Auffassung ist zuzustimmen, da sonst die Regelungen des § 36a MVG unterlaufen werden könnten.
Weitere Kritikpunkte an den Vorschriften sind der viel zu enge Spielraum bei der Besetzung der Einigungsstelle und die Vorschriften zur Entschädigung für die Mitglieder von Einigungsstellen. Diese und weitere Kritikpunkte sind unter → **Einigungsstelle**, die Regelungen im MVG ab 2020 ausgeführt.

Weitere Nachteile des MVG im Vergleich zum BetrVG

- Der Gang zu den → **Arbeitsgerichten** ist den MAVen verwehrt. Das Verfahren beim Kirchengericht bietet keinen gleichwertigen Ersatz. Die Möglichkeit von Sanktionen gegenüber dem kirchlichen Arbeitgeber geht weit hinter die des BetrVG zurück. Das Kirchenrecht sieht keine Vollstreckungsmöglichkeiten vor.
- Die Aufgaben der Gewerkschaften werden im MVG nicht erwähnt. Anders im BetrVG: »Arbeitgeber und Betriebsrat arbeiten unter Beachtung der geltenden Tarifverträge vertrauensvoll und im Zusammenwirken mit den im Betrieb vertretenen Gewerkschaften und Arbeitgebervereinigungen zum Wohl der Arbeitnehmer und des Betriebs zusammen« (§ 2). Das Recht der Gewerkschaften zur Teilnahme an Betriebs- und Abteilungsversammlungen, an Betriebsrats- und Gesamtbetriebsratssitzungen und der Heranziehung bei Betriebsratswahlen ist ausdrücklich geregelt (→ **Gewerkschaft**, Aufgaben der Gewerkschaft im Betriebsverfassungsgesetz).
- Mit der Novellierung des MVG zum 1.1.2019 ist die so genannte **ACK-Klausel** gestrichen worden, die **Nicht-Kirchenmitglieder** zur Wahl in die MAV ausschloss. Allerdings gilt hier die Öffnungsklausel, dass die Gliedkirchen abweichende Regelungen treffen können. Ob Nicht-Kirchenmitglieder uneingeschränkt für die MAVen und die AGMAVen wählbar sind, wird zur Zeit in den Gliedkirchen noch unterschiedlich gehandhabt.
- Die Anzahl der → **Freistellungen für MAV-Mitglieder** ist im MVG wesentlich abgesenkt gegenüber BetrVG:
- Der Anspruch auf → **Schulungen für MAV-Mitglieder** ist im MVG wesentlich schlechter geregelt als im BetrVG.
- MAVen haben im Gegensatz zu Betriebsräten keine **Mitbestimmungsrechte bei → Versetzungen.**
- Im MVG hat die MAV bei → **Kündigung** zwar ein Mitbestimmungsrecht und prüft die soziale Rechtfertigung. Es fehlt aber der kollektivrechtliche Anspruch auf Weiterbeschäftigung wie im BetrVG.
- Die Beteiligung der MAV bei der Aufstellung und Änderung von → **Stellenplänen** wird in der Novellierung zum 1.1.2019 von der Mitberatung auf ein **reines Informationsrecht** herabgestuft. Die Informationspflicht gilt auch nur für Einrichtungen ab 150 Beschäftigten. Ein Mitberatungs- und Vorschlagsrecht des Betriebsrates, wie im BetrVG vorgesehen, fehlt vollständig.

- Obwohl auch kirchliche Einrichtungen → **Leiharbeitnehmer** einsetzen, haben sie weniger Rechte als im BetrVG. Leiharbeitnehmer besitzen im BetrVG das aktive Wahlrecht und können den Betriebsrat in Anspruch nehmen.
- Trotz Konzernbildung und großer Unternehmen in der Diakonie gibt es keine echte **Unternehmensmitbestimmung**. Auch können wegen der unterschiedlichen kirchlichen und staatlichen Betriebsverfassung keine einheitlichen Gesamt- und Konzernbetriebsräte gebildet werden.
- Die Rechte der → **Jugend- und Auszubildendenvertretungen** sind in den kirchlichen Einrichtungen nur sehr knapp und unzureichend formuliert. Eine aktive und gestaltende Rolle wird der Jugend in den kirchlichen Einrichtungen nicht zugewiesen.

Die minderen Beteiligungsrechte im MVG gegenüber dem BetrVG und die institutionelle Schlechterstellung der MAVen sind nicht mit der Sicherstellung des Verkündigungsauftrags der Kirche zu begründen. Konsequenterweise muss die generelle Ausnahmeregelung in § 118 Abs. 2 BetrVG, nach der dieses Gesetz keine Anwendung für kirchliche Einrichtungen findet, überdacht werden. Mit der Entwicklung der Diakonie von eingetragenen Vereinen und Ordenspersonal hin zu großen Sozialkonzernen gibt es keine Gründe mehr, diese Einrichtungen aus dem Geltungsbereich des Betriebsverfassungsgesetzes herauszunehmen.

Literaturhinweis

- *Baumann-Czichon, Bernhard/Gathmann, Mira/Germer, Lothar:* Mitarbeitervertretungsgesetz der Evangelischen Kirche in Deutschland, Kommentar, 4. Auflage, Bremen 2013.
- *Baumann-Czichon, Bernhard/Gathmann, Mira:* Kirchliche Mitbestimmung im Vergleich, BetrVG – MVG.EKD – MAVO, Herausgegeben von ver.di, Berlin 2017.
- *Hammer, Ulrich:* Handbuch Kirchliches Arbeitsrecht, Frankfurt 2002.
- *Kluthe, Jürgen/Segbers, Franz:* Gute Arbeit verlangt einen gerechten Lohn, Tarifverträge für die Kirchen, Hamburg 2006.
- *Joussen, Jacob/Mestwerdt, Wilhelm/Nause, Helmut/Spelge, Karin*: MVG-EKD. Kirchengesetz über Mitarbeitervertretungen in der Evangelischen Kirche in Deutschland mit Wahlordnung. Kommentar. München 2. Auflage 2023
- *Beschlüsse des Kirchengerichtshofs zur Anwendung des MVG seit 1995, teilweise im Wortlaut: https://www.kirchenrecht-ekd.de/list/rechtsprechung/mvg_kirchengerichte*

Mitarbeitsrichtlinie

Was ist das?

Der Rat der Evangelischen Kirche in Deutschland hat am 8. Dezember 2023 die »Richtlinie des Rates über kirchliche Anforderungen der beruflichen Mitarbeit in der Evangelischen Kirche in Deutschland und ihrer Diakonie« (**Mitarbeitsrichtlinie**) verabschiedet. Dieser Richtlinie waren vorausgegangen die **Loyalitätsrichtlinie** vom 1.9.2005 und eine überarbeitete Fassung vom 9.12.2016.

Die Mitarbeitsrichtlinie »regelt kirchliche Anforderungen an die Anstellungsträger sowie an die in privatrechtlichen Dienst- und Arbeitsverhältnissen beschäftigten Mitarbeitenden der Dienststellen und Einrichtungen der Evangelischen Kirche in Deutschland und ihrer Diakonie sowie weiteren Einrichtungen, die der Evangelischen Kirche in Deutschland zugeordnet sind. Den Gliedkirchen und ihren diakonischen Werken wird empfohlen, ihre entsprechenden Regelungen auf der Grundlage dieser Richtlinie zu treffen.«

Anlass für die Überarbeitung der Loyalitätsrichtlinien und die neue Fassung der Mitarbeitsrichtlinie waren die Urteile des EuGH und in der Folge des BAG im Jahre 2018 (→**Europäisches Arbeitsrecht**). Beide Gerichte hatten zu Gunsten einer Bewerberin entschieden, die sich wegen ihrer Konfessionsfreiheit vom Evangelischen Werk für Diakonie und Entwicklung als potentiellen Arbeitgeber diskriminiert sah. Der EuGH überprüfte auf Grundlage der europäischen Gleichbehandlungsrahmenrichtlinie (RL 2000/78/EG), ob der kirchliche Arbeitgeber Artikel 14 der Richtlinie eingehalten hat, wonach »eine Ungleichbehandlung wegen der Religion oder Weltanschauung einer Person keine Diskriminierung darstellt, wenn die Religion oder die Weltanschauung dieser Person nach der Art dieser Tätigkeiten oder der Umstände ihrer Ausübung eine wesentliche, rechtmäßige und gerechtfertigte berufliche Anforderung angesichts des Ethos der Organisation darstellt.«

Der EuGH entschied, dass die Kirche keine Konfessionszugehörigkeit der Bewerberin auf Grund der ausgeschriebenen Stellenbeschreibung verlangen konnte. Auf Grundlage der Entscheidung des EuGH hat das Bundesarbeitsgericht (BAG) entschieden., dass der abgelehnten konfessionslosen Bewerberin eine Entschädigung nach dem Allgemeinen Gleichbehandlungsgesetz (AGG) zusteht.

Der EuGH führte in seinem Urteil aus, dass die deutsche Sonderregelung für Religionsgemeinschaften in § 9 des Allgemeinen Gleichbehandlungsgesetzes (→°Gleichbehandlung (AGG)) teilweise nicht EU-rechtskonform ist. Das AGG von 2006 weist abweichend von der EU-Richtlinie in § 9 Abs. 1 den Kirchen »im Hinblick auf ihr Selbstbestimmungsrecht« selbst das Recht zu, die beruflichen Anforderungen zu formulieren.

Die Formulierungen in § 9 des deutschen AGG von 2006 wurden von der Kommission der Europäischen Gemeinschaften frühzeitig gerügt und sie leitete ein Vertragsverletzungsverfahren ein. Die Kommission teilte am 31. 8. 2008 der deutschen Regierung in einem Schreiben mit, dass sie die Auffassung vertrete, »dass Deutschland seinen Verpflichtungen zur Umsetzung der oben genannten Richtlinie nicht im vollen Umfang nachgekommen ist«. Im Antwortschreiben der Bundesregierung wird festgehalten: »Vielmehr ist eine berufliche Anforderung nur dann nach § 9 Abs. 1 AGG gerechtfertigt, wenn sie im konkreten Fall auch wesentlich, rechtmäßig und gerechtfertigt im Sinne von Art. 4 Abs. 2 der Richtlinie ist.« Somit hat die deutsche Bundesregierung erklärt, das AGG EU-konform auszulegen und die Sonderstellung der Kirchen in Deutschland europarechtskonform zu regeln. Das Vertragsverletzungsverfahren der Europäischen Kommission zur Richtlinienkonformität des § 9 AGG wurde damit eingestellt.

Die EKD und die Diakonie hätten die Rechtsprechung des EuGH und des BAG akzeptieren und ihre eigenen kircheninternen Richtlinien anpassen können. Doch statt einer Abschaffung oder echten Öffnung der Loyalitätspflichten ihrer Beschäftigten gemäß den EU-Richtlinien, entschied sich die Diakonie, Verfassungsbeschwerde einzulegen. Die EKD und die Diakonie berufen sich dabei auf ihr →°Selbstverwaltungsrecht, das sie gerne zu einem unzulässigen Selbstbestimmungsrecht ausweiten. Über die Annahme der Verfassungsbeschwerde ist bislang jedoch nicht entschieden worden.

Schon 2021 begann die EKD mit der Erarbeitung der Mitarbeitsrichtlinie, die die vorhandene Loyalitätsrichtlinie »reformieren« sollte. Der Entwurf zur neuen Mitarbeitsrichtlinie ruhte zwei Jahre bis zur Beschlussfassung. Vermutlich hegte die EKD die Hoffnung, dass in der Zwischenzeit das BAG auf die eingereichte Beschwerde reagiert.

Wie sich aus den Leitsätzen des BAG ersehen lässt, folgt die deutsche Rechtsprechung gleichermaßen den Richtlinien der EU und den darauf basierenden Urteilen des EuGH.

Aus den Leitsätzen des Urteils des Bundesarbeitsgerichts vom 25. 10. 2018

»9 Abs. 1 Alt. 2 AGG ist grundrechtskonform dahin auszulegen, dass eine unterschiedliche Behandlung wegen der Religion oder der Weltanschauung bei der Beschäftigung durch Religionsgemeinschaften, die ihnen zugeordneten Einrichtungen ohne Rücksicht auf ihre Rechtsform oder durch Vereinigungen, die sich die gemeinschaftliche Pflege einer Religion oder Weltanschauung zur Aufgabe machen, zulässig ist, wenn eine bestimmte Religion oder Weltanschauung unter Beachtung des Selbstverständnisses der jeweiligen Religionsgemeinschaft oder Vereinigung nach der Art der Tätigkeiten oder den Umständen ihrer Ausübung eine wesentliche, rechtmäßige und gerechtfertigte berufliche Anforderung darstellt.«

Doch mit ihren neuen Mitarbeitsrichtlinien verfolgen EKD und Diakonie unbeirrt weiter eine Strategie, die Uhren zurück drehen zu wollen.

Die neue Mitarbeitsrichtlinie
§ 4 Anforderungen an Mitarbeitende bei der Begründung des Arbeitsverhältnisses
(1) Die Auswahl der beruflich in der Kirche und ihrer Diakonie sowie in den weiteren zugeordneten Einrichtungen tätigen Mitarbeitenden richtet sich nach der Erfüllung des kirchlichen Auftrages in seiner konkreten Ausgestaltung. Das Erfordernis der Mitgliedschaft von Mitarbeitenden in einer Gliedkirche der Evangelischen Kirche in Deutschland, einer Kirche der Arbeitsgemeinschaft Christlicher Kirchen in Deutschland oder der Vereinigung Evangelischer Freikirchen bestimmt sich nach der Art der Tätigkeit und den Umständen ihrer Ausübung.
(2) Für Tätigkeiten in der Verkündigung, der Seelsorge, der evangelischen Bildung oder in besonderer Verantwortlichkeit für das evangelische Profil wird die Mitgliedschaft in einer Gliedkirche der Evangelischen Kirche in Deutschland (EKD) vorausgesetzt. Dies gilt für die evangelische Kirche, ihre Diakonie sowie für deren weiteren zugeordneten Einrichtungen. Der Mitgliedschaft in einer EKD-Gliedkirche gleichgesetzt ist die Mitgliedschaft in einer Kirche in Kirchengemeinschaft mit der EKD.
(3) In weiteren Fällen kann auf Grund der Art der Tätigkeit oder der Umstände ihrer Ausübung die Mitgliedschaft in einer Gliedkirche der Evangelischen Kirche in Deutschland, einer Kirche der Arbeitsgemeinschaft Christlicher Kirchen in Deutschland oder der Vereinigung Evangelischer Freikirchen erforderlich sein. Dies ist insbesondere dann der Fall, wenn die Tätigkeit mit einer Verantwortung für die evangelische oder christliche Profilierung der Dienststelle oder Einrichtung oder einer glaubwürdigen Vertretung nach außen verbunden ist oder die Umstände ihrer Ausübung dies unter Beachtung der Größe der Dienststelle oder Einrichtung

und ihrer sonstigen Mitarbeiterschaft sowie des jeweiligen Umfeldes erforderlich machen. Der Anstellungsträger legt diese Erfordernisse entsprechend fest.
§ 5 Anforderungen an Mitarbeitende während des Arbeitsverhältnisses
Alle Mitarbeitenden übernehmen in ihrem Aufgabenbereich Mitverantwortung für die glaubwürdige Erfüllung kirchlicher und diakonischer Aufgaben. Sie haben sich daher gegenüber der evangelischen Kirche loyal zu verhalten und sich innerhalb und außerhalb des Dienstes so zu verhalten, dass die Ausübung ihres jeweiligen Dienstes nicht beeinträchtigt wird. Alle Mitarbeitenden haben das evangelische Profil der jeweiligen Dienststelle oder Einrichtung zu achten.
§ 6 Verstöße gegen Anforderungen durch Mitarbeitende
(1) Erfüllen Mitarbeitende eine in dieser Richtlinie genannte Anforderung an die Mitarbeit im Dienst der Kirche und ihrer Diakonie oder einer zugeordneten Einrichtung nicht mehr, soll der Anstellungsträger durch Beratung und Gespräch auf die Beseitigung des Mangels hinwirken. Als letzte Maßnahme ist nach Abwägung der Umstände des Einzelfalles eine außerordentliche Kündigung aus wichtigem Grund möglich, wenn der Mangel nicht auf andere Weise behoben werden kann.
(2) Absatz 1 findet auch Anwendung auf Mitarbeitende, die während des Arbeitsverhältnisses aus der Kirche austreten, wobei das jeweilige Mitgliedschaftserfordernis nach § 4 zu berücksichtigen ist.
(3) Für die Fortführung des Dienstes kommt daneben nicht in Betracht, wer in seinem Verhalten die evangelische Kirche und ihre Ordnungen grob missachtet oder sonst die Glaubwürdigkeit des kirchlichen Dienstes beeinträchtigt.

Anforderungen an die Mitarbeitenden

Für die Auswahl der Bewerber soll die Größe und das evangelische Profil maßgeblich sein, das von der Einrichtungsleitung definiert wird. Bei der großen Anzahl von Beschäftigtengruppen dürfte es in vielen Fällen strittig sein, wann es sich bei der Anforderung einer Kirchenmitgliedschaft um »eine wesentliche, gerechtfertigte und rechtmäßige Anforderung« (so EuGH und BAG) handelt. Ob diese Anforderung gerechtfertigt ist, entscheidet der jeweilige Arbeitgeber. Weitere juristische Auseinandersetzungen sind mit dieser Formulierung vorprogrammiert.

Die Kirchenmitgliedschaft wird für Tätigkeiten in der Verkündigung, der Seelsorge und der evangelischen Bildung vorausgesetzt, darüber hinaus auch für Tätigkeiten »in besonderer Verantwortlichkeit für das evangelische Profil«. Somit bleibt der Kreis für die Beschäftigten, die eine Kirchenmitgliedschaft vorweisen müssen, weit und unklar gefasst. In der Begründung werden für diesen Bereich Beispiele genannt, so fallen darunter Erzieherinnen und Pflegekräfte mit speziellen Bildungsaufgaben: »Zur evangelischen Bildung zählen somit Arbeitsplätze, für die prägend ist, im katechetischen Sinn Inhalte des Glaubens anderen Menschen zu vermitteln. Dies ist z. B. in evangelischen Kindertagesstätten für einen größeren Teil der Arbeitsplätze zwingend erforderlich, aber nicht für alle Stellen von Erzieherinnen und Erziehern sowie dem sonstigen pädagogischen Personal der Kindertagesstätten.«

Kündigung wegen Kirchenaustritt

Bei Kirchenaustritt der Mitarbeitenden ist nach der neuen Richtlinie weiterhin »als letzte Maßnahme… nach Abwägung der Umstände des Einzelfalles eine außerordentliche Kündigung aus wichtigem Grund möglich«. Zwar sollen zuvor Beratung und Gespräche stattfinden, es handelt sich dabei aber lediglich um eine Soll-Regelung. Nicht festgelegt in der Richtlinie ist, wer die »letzte Maßnahme«, also die Kündigung, ausspricht. In der Regel dürfte es der Arbeitgeber sein, der sein evangelisches Profil und die Anforderungen an seine Arbeitnehmer festlegt.

Diese Regelung wirkt heute wie aus der Zeit gefallen, wenn man sich die gesellschaftliche Realität ansieht. Nur noch 45 % der Deutschen sind 2024 Mitglied der evangelischen oder katholischen Kirche, nur knapp mehr als die Konfessionslosen, die ca. 44 % ausmachen und deren Zahl dem aktuellen Trend folgend in den nächsten Jahren ständig steigen wird. Zudem werden viele soziale Dienste überwiegend oder sogar vollständig aus Steuermitteln oder von den Einnahmen der Sozialkassen finanziert. Mit dem Instrumentarium der Kündigung bei Kirchenaustritt maßen sich die Kirchen das Recht an, in die persönlichen Entscheidungen von 1,8 Millionen Beschäftigten einzugreifen.

Grobe Missachtung der Kirche

Ein weiterer Kündigungsgrund ist, wenn der Beschäftigte »in seinem Verhalten die evangelische Kirche und ihre Ordnungen grob missachtet oder sonst die Glaubwürdigkeit des kirchlichen Dienstes beeinträchtigt.« Die Bestimmung ist sehr weit und unpräzise formuliert. So könnten Beschäftigte, die sich in ihrer Freizeit politisch äußern oder tätig werden, von ihrem kirchlichen Arbeitgeber belangt und letztlich auch gekündigt werden. Die rechtliche Festschreibung dieser Übergriffigkeit hinein in das Privatleben der Beschäftigten ist aus Gründen der grundgesetzlich formulierten Meinungsfreiheit strikt abzulehnen.

Jeder Arbeitgeber hat die Möglichkeit, Fehlverhalten im Arbeitsverhältnis zu sanktionieren. Diese allgemeinen Sanktionsmöglichkeiten sollten auch der Kirche genügen. Eine juristische Durchgriffsmöglichkeit auf die private Lebensführung der Beschäftigten auf Grund von »Mitarbeitsrichtlinien ist eine nicht zu vertretende Erweiterung der Rechte der kirchlichen Arbeitgeber.

Kritik der Gewerkschaft ver.di

Die Gewerkschaft ver.di fasst ihre Kritik an den Mitarbeitsrichtlinien wie folgt zusammen.

»Der vorliegende Entwurf zur Mitarbeitsrichtlinie spiegelt keinen inneren Reformwillen von Evangelischer Kirche und ihrer Diakonie wider. Den geplanten Regelungen liegt eine ausschließlich juristische Betrachtungsweise zu Grunde. Ziel ist es, den eigenen arbeitsrechtlichen Sonderstatus abzusichern, der zunehmend durch die europäische Rechtsprechung unter Druck gerät. Dabei werden neue rechtliche Unsicherheiten geschaffen, wenn künftig die einzelnen Träger definieren könnten, welchen Beschäftigten besondere Loyalitätspflichten abverlangt werden dürfen und welchen nicht. Maßgeblich soll dafür insbesondere das so genannte evangelische Profil einer Einrichtung sein, das statt von der Kirche durch jeden einzelnen Arbeitgeber definiert werden soll. Der Kirchenaustritt bleibt weiterhin aus kirchlicher Sicht ein Verstoß, der regelmäßig bis zur Kündigung führen kann. Die evangelische Kirche ist hinsichtlich der Loyalitätspflichten und Anforderungen an die Konfession augenscheinlich trotz Rechtsprechung weiterhin nicht bereit, die Schranken der für alle geltenden Gesetze nach BGB, AGG und EU-Recht zu akzeptieren. Deshalb ist der Gesetzgeber gefordert.«

Die Prüfung, ob das kirchliche Arbeitsrecht an das weltliche Arbeitsrecht angeglichen werden kann, ist 2021 in den Koalitionsvertrag der »Ampel« (SPD/Grüne/FDP) aufgenommen worden. Dazu haben in den Jahren 2023 und 2024 zwar viele Gespräche mit Beteiligten stattgefunden, doch sie blieben ohne Ergebnisse. Die Gewerkschaft ver.di fordert dringend die zugesagte Prüfung des kirchlichen Arbeitsrechts ein.

Druck auf die Kirchen durch die Arbeitsmarktsituation

Die wesentlichen Ursachen der Öffnung für (nicht aus der Kirche ausgetretene) Nicht-Christen liegen auf der Hand: Die Situation auf dem Arbeitsmarkt übt einen starken Druck auf diakonische Einrichtungen aus. Die Zahl der Bewerber in der Alten- und Krankenpflege ist genauso wie im Kita- und Jugendhilfebereich mittlerweile so dünn gesät, dass ohne die Öffnung der Loyalitätskriterien hin zu Nicht-Christen für weite Bereiche kein Personal mehr zu gewinnen ist. Da viele Bewerber aus dem Osten Deutschlands kommen, die nicht getauft sind, können sie somit eingestellt werden. Umgekehrt kommen Bewerber, die aus der Kirche ausgetreten sind, nach einer strengen Auslegung der Mitarbeitsrichtlinie nicht mehr für eine Einstellung in Frage. Wir wagen die Prognose, dass die Kirche und ihre Einrichtungen in Anbetracht des Fachkräftemangels ihre Einstellungspolitik gemäß der Mitarbeitsrichtlinie nicht weiter halten können.

In den zwanziger und später in den fünfziger Jahren war die Anzahl der Beschäftigten in Kirchen und ihren Einrichtungen noch überschaubar und zudem war die Mehrheit der damals westdeutschen Bevölkerung noch Mitglied einer christlichen Kirche. Die damals viele kirchliche Einrichtungen prägende Tradition von Diakonissen und Diakonen gehört längst einer vergangenen Zeit an.

Die Zusammensetzung der Mitarbeiterschaft änderte sich seit den sechziger Jahren grundlegend und nochmals massiv nach dem Zusammenschluss der alten und neuen Bundesländer. Im Osten war nur noch eine Minderheit der Bevölkerung Mitglied einer christlichen Kirche und auch im Westen bildet der Anteil der Konfessionslosen in vielen Großstädten bereits die Mehrheit. Mit insgesamt 1,8 Millionen Beschäftigten der Kirche und ihrer Einrichtungen ist es heute nicht mehr möglich, eine konfessionell gebundene Belegschaft zu bilden. Hinzu kommt der Fachkräftemangel in vielen Bereichen, der die Einrichtungsleitungen zwingt, zahlreiche konfessionslose Mitarbeiter einzustellen. Heute werden die über 600 000 Beschäftigten der Diakonie ausschließlich auf dem »freien Markt« angeworben. Außerdem besteht in vielen diakonischen Einrichtungen ein Bedarf an nicht-christlichen Beschäftigten mit einer anderen Konfession, v. a. im Bereich der Integration von Menschen mit Flüchtlings- und Migrationshintergrund.

Bedeutung für die MAVen und die Beschäftigten

Die Proteste gegen die Richtlinien der EKD, die besondere Loyalitätsanforderungen für die Beschäftigten bei der Diakonie formulieren, haben bereits Tradition. Immer wieder kam es bei der Diskussion und Verabschiedung der Loyalitätsrichtlinien und nun der Mitarbeitsrichtlinie zu massiven Protesten der Mitarbeiterschaft. Die Bundeskonferenz der AGMAVen (Arbeitsgemeinschaft der Mitarbeitervertretungen) hatte zusammen mit ver.di bereits vor der Verabschiedung der ersten Loyalitätsrichtlinien 2005 eine breit angelegte Unterschriftenaktion organisiert. Von vielen einzelnen Mitarbeitervertretungen und auf Mitarbeiterversammlungen wurden Protestresolutionen verabschiedet. So auch bei der Diskussion der Mitarbeitsrichtlinien im Jahr 2023. Im April 2024 übergab die Gewerkschaft ver.di eine Petition mit über 53 000 Unterschriften für die Abschaffung des kirchlichen Arbeitsrechts an das Bundesministerium für Arbeit und Soziales. ver.di-Mitglieder fordern damit nachdrücklich, die Ausnahmen für Kirchen und ihre karitativen Einrichtungen aus den weltlichen Gesetzen zu streichen.

MAV und Beschäftigte müssen sehr aufmerksam sein, dass der kirchliche Arbeitgeber beim Einstellungsgespräch eines Bewerbers als Pflegekraft, Therapeut, Reinigungs- oder Schreibkraft nicht auf einen Kircheneintritt drängt. Besonders zu berücksichtigen ist, dass die Weiterbeschäftigung von befristet eingestellten Beschäftigten von einem Kircheneintritt abhängig gemacht wird. Immer noch ist es in einigen Einrichtungen Praxis, **konfessionslose Mitarbeiter** erstmal nur **befristet** einzustellen. Ihr Arbeitsvertrag wird nur dann verlängert, wenn sie sich

bereit erklären, in die Kirche einzutreten. In solchen Fällen könnte die MAV der Befristung widersprechen und eine unbefristete Einstellung verlangen.
»Die evangelische Kirche hat damit zu kämpfen, dass aus ihrer Sicht ihre Beschäftigten die Christlichkeit und die ›Verkündigungs‹dimension der ihr zugeordneten Einrichtungen des Gesundheits-, Sozial- und Bildungswesens strukturell absichern sollen – und dies angesichts dessen, dass sie auf Mitarbeiterinnen und Mitarbeiter ohne Kirchenzugehörigkeit zwingend angewiesen ist und sie die vom EuGH bekräftigte, Diskriminierungen untersagende Rechtslage zu beachten hat.« (Kreß)

Religionen in Deutschland 2022

Bevölkerung insgesamt	**83,8 Mio.**	**Bevölkerungsanteil**
Evangelische Kirche in Deutschland	19,1 Mio.	22,6 %
Römisch-katholische Kirche	20,9 Mio.	24,8 %
Muslime (Schätzung 2019)	5,3 -5,6 Mio.	6,3 – 6,7 %
Konfessionslos	43,7	43,8 %

Nach Schätzungen sind 2024 nur noch ungefähr 45 % der Deutschen Mitglied der evangelischen oder römisch-katholischen Kirche und mehr als 44 % konfessionslos. Viele Mitarbeitervertretungen und Beschäftigte haben bereits Erfahrungen gemacht, wie die Frage der Kirchenmitgliedschaft zur Disziplinierung eingesetzt wird. Sie äußern die sicher berechtigte Vermutung, dass sich die Anforderungen in Bezug auf ihre Kirchenzugehörigkeit nach der jeweiligen Arbeitsmarktlage ausrichten. In einer Reihe von Einrichtungen werden konfessionslose Mitarbeiter erstmal nur befristet eingestellt. Der Arbeitsvertrag wird nur dann verlängert, wenn der Betroffene in die Kirche eintritt. Vielen Beschäftigten, insbesondere aus dem Osten, stößt dieses Verfahren bitter auf und erinnert an vergessen geglaubte Gesinnungsprüfungen und Loyalitätsbekundungsrituale, die formal an einer Mitgliedschaft festgemacht werden.
Die in den letzten Jahren umfangreich betriebenen Privatisierungen und Ausgründungen diakonischer Einrichtungen führen in der Praxis dazu, dass die »kirchlichen Mitarbeiter« des diakonischen Einstellungsträgers und die »nichtkirchlichen Mitarbeiter« der ausgegründeten Tochtergesellschaften nebeneinander arbeiten – die einen sind der Loyalitätsordnung bzw. der Mitarbeitsrichtlinie unterworfen, die anderen nicht. Diese Entwicklung führt gerade nicht zu einer »Schärfung des diakonischen Profils«.

Literaturhinweis

- *Baumann-Czichon, Bernhard*: BAG: Auch ohne Glauben in der Kirche arbeiten, in: Arbeitsrecht und Kirche (AuK) 3/2018.
- *Busch, Sebastian*: Lang erwartet: EuGH entscheidet Grundsatzfragen der Einstellungspraxis kirchlicher Träger, in: Arbeitsrecht und Kirche (AuK) 2/2018.
- *Gekeler, Corinna:* Loyal dienen. Diskriminierendes Arbeitsrecht bei Caritas, Diakonie und Co., Aschaffenburg 2013.
- *Kreß, Hartmut*: Die Sonderstellung der Kirchen im Arbeitsrecht – sozialethisch vertretbar? Ein deutscher Sonderweg im Konflikt mit Grundrechten, Baden-Baden 2014.
- *Stein, Peter:* Kirchliches Arbeitsrecht im Umbruch, in: Arbeit und Recht 4/2019.
- *ver.di:* Abwehr statt Abkehr – Evangelische Anforderungen an Arbeitnehmer*innen für die berufliche Tätigkeit. Gewerkschaftliche Stellungnahme durch den ver.di-Kirchenfachrat zum Entwurf der Neufassung »Richtlinie des Rates über Anforderungen an die berufliche Mitarbeit in der Evangelischen Kirche in Deutschland und ihrer Diakonie« vom 24. Februar 2023. Download unter: ***https://gesundheit-soziales-bildung.verdi.de/mein-arbeitsplatz/kirchliche-betriebe/++co++b2560a50-10c4-11ee-af03-001a4a160110*** (abgerufen am 21. 10. 2024)

Mitberatung

Rechtsgrundlagen und Bedeutung für die MAV

Die Mitberatung nach §§ 45 und 46 MVG ist das am wenigsten weit reichende → **Beteiligungsrecht** der MAV. Es reduziert die Beteiligung auf ein bloßes »Mitreden«. Gleichwohl handelt es sich bei den mitberatungspflichtigen Tatbeständen um wesentliche Fragen der Personalplanung und des Personaleinsatzes im Betrieb.
Die Äußerungsfrist der MAV beträgt bei allen mitberatungspflichtigen Tatbeständen zwei Wochen ab Zugang der Mitteilung an die MAV (außer bei a. o. Kündigung: Hier kann die Frist auf bis zu drei Arbeitstage verkürzt werden).
Das Verfahren der Mitberatung sieht folgenden Ablauf vor (s. Grafik):

1. Die → **Dienststellenleitung** informiert die MAV rechtzeitig über die beabsichtigte Maßnahme; die Schriftform ist dabei nicht zwingend.
2. Die MAV muss innerhalb von zwei Wochen in einer ordentlich einberufenen Sitzung beschließen, wie sie sich verhalten will. Hier bestehen folgende (vier) Möglichkeiten:
3. Die MAV verlangt eine Erörterung der geplanten Maßnahme. Dies hemmt die Frist. Bei der Erörterung kann Einigung erzielt werden oder eine der beiden Seiten erklärt die Erörterung für beendet.
4. Die MAV beschließt, der Maßnahme zuzustimmen.
5. Die MAV billigt die Maßnahme fiktiv, indem sie sich nicht äußert.
6. Die MAV erhebt mündlich (bei der Erörterung) oder schriftlich (mit Begründung) Einwände gegen die geplante Maßnahme oder macht Vorschläge. Die Einwände bzw. die Vorschläge kann die Dienststellenleitung berücksichtigen.
7. Hält die Dienststellenleitung trotz abweichender Meinung der MAV an ihrer Maßnahme fest, ist dies der MAV gegenüber vor Durchführung der Maßnahme schriftlich zu begründen. Hier gibt es seit 1. 1. 2024 in § 45 Abs. 1 MVG eine Ausnahme für die außerordentliche Kündigung: »Im Fall der außerordentlichen Kündigung gilt dies mit der Maßgabe, dass die Dienststellenleitung eine abweichende Entscheidung gegenüber der Mitarbeitervertretung innerhalb eines Monats nach Durchführung der Maßnahme schriftlich zu

begründen hat.« Die Neuregelung seit Anfang 2024 stellt zweifellos eine »Vereinfachung« für die Arbeitgeberseite dar. Nachdem die Begründung für das Festhalten an der fristlosen Kündigung erst nach einem Monat erfolgen muss, herrscht auch einen Monat lang Ungewissheit, ob die Kündigung wirksam ist. Eine evtl. Kündigungsschutzklage muss aber innerhalb von 3 Wochen beim Arbeitsgericht erhoben werden! Rechtssicherheit wird aus Sicht der Autorinnen anders hergestellt.[1]

Wichtig:
Eine Maßnahme, die der Mitberatung unterliegt, ist unwirksam, wenn die Dienststellenleitung die MAV nicht ordnungsgemäß nach § 45 Abs. 1 MVG beteiligt hat (§ 45 Abs. 2 MVG). Hat die Beteiligung der MAV nicht ordnungsgemäß stattgefunden und wird die Maßnahme trotzdem umgesetzt, ist die MAV gezwungen, vor dem Kirchengericht (→ **Rechtsschutz**) die Unwirksamkeit feststellen zu lassen. Die Frist beträgt zwei Wochen nach Kenntnis, spätestens sechs Monate nach Durchführung der Maßnahme (§ 45 Abs. 2 MVG; s. Übersicht unter → **Beteiligungsrechte der MAV**).

Wesentliche der Mitberatung unterliegende Tatbestände sind (§ 46 MVG):

1. Auflösung, Einschränkung, Verlegung und Zusammenlegung von → **Dienststellen** oder erheblichen Teilen von ihnen. Was als erheblich gilt, siehe → **Betriebsübergang**.

Gemeint sind Vorgänge, die sich mittelbar oder unmittelbar auf die Zahl der Arbeitsplätze in einer Dienststelle auswirken. Damit sind häufig – weitergehende Rechte der MAV – verbunden:

- (betriebsbedingte) → **Kündigungen** (für sie besteht nach § 42 Buchst. b MVG ein eingeschränktes Mitbestimmungsrecht),
- → **Versetzungen** oder → **Umsetzungen** (eingeschränktes Mitbestimmungsrecht nach § 42 Buchst. f und g MVG oder Mitberatung nach § 46 Buchst. d MVG, je nachdem, ob der Kollege in eine andere Dienststelle versetzt werden soll oder nicht,
- → **Betriebsübergang** oder → **Betriebsumwandlung**,
- Vergabe von Arbeitsbereichen an Dritte, das sog. Outsourcing (Mitberatungsrecht nach § 46 Buchst. f MVG),
- Aufstellung eines → **Sozialplans** (uneingeschränktes Mitbestimmungsrecht nach § 40 Buchst. f MVG).

Die genannten Fälle lösen jeweils für sich genommen ein Mitbestimmungs- oder Mitberatungsrecht der MAV aus.

2. → **Außerordentliche Kündigung** und ordentliche → **Kündigung** innerhalb der → **Probezeit** (in der Regel die ersten sechs Monate eines Arbeitsverhält-

1 Vgl. AuK 1/2024, S. 23

Verfahren der Mitberatung

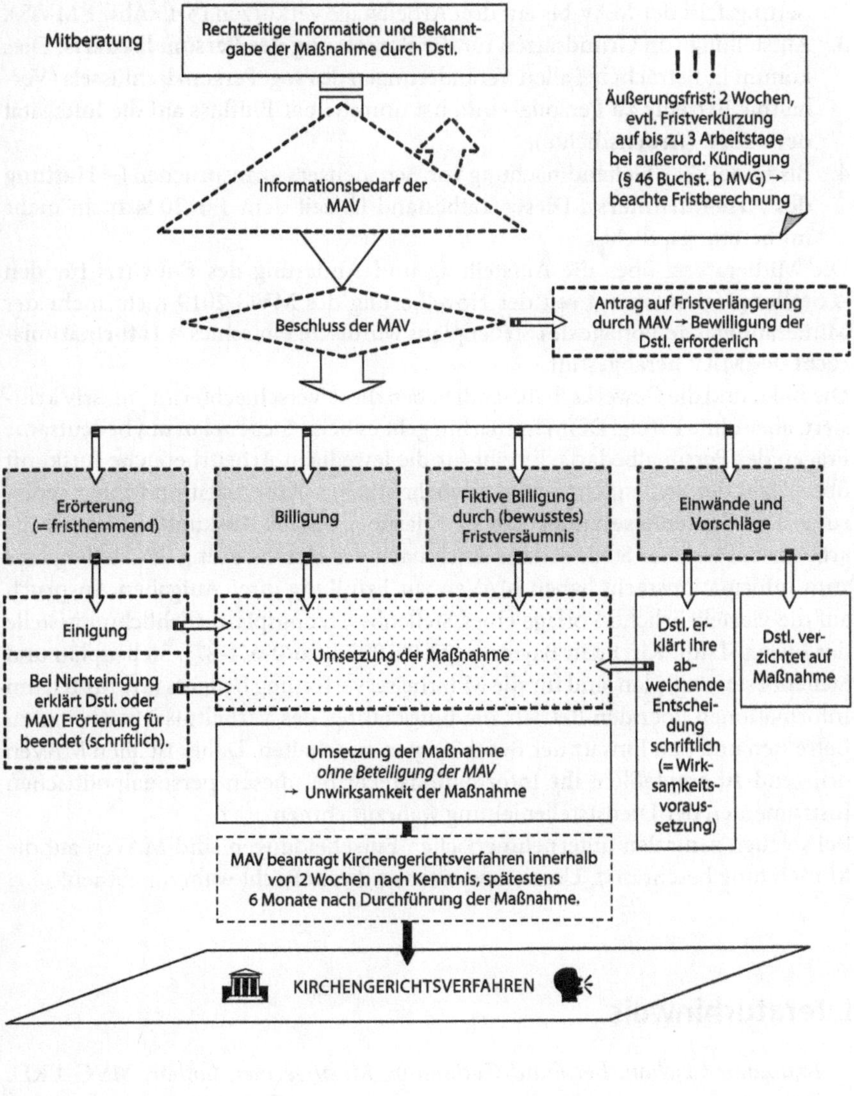

nisses). Im Fall der a.o. Kündigung kann die Dienststellenleitung die Äußerungsfrist der MAV bis auf drei Arbeitstage verkürzen (§ 45 Abs. 1 MVG).

3. Aufstellung von Grundsätzen für die **Bemessung des Personalbedarfs**. Dies kommt in Betracht bei allen Veränderungen des sog. Personalschlüssels (Verhältnis Betreute zu Personal) und hat unmittelbar Einfluss auf die Intensität der Arbeit (Arbeitsdichte).
4. Bis Ende 2023: Geltendmachung von Schadensersatzansprüchen (→ **Haftung des Arbeitnehmers**). Dieser Tatbestand ist seit dem 1.1.2024 nicht mehr mitberatungspflichtig.

Die Mitberatung über die Aufstellung und Änderung des Entwurfs für den → **Stellenplan** unterliegt seit der Novellierung des MVG 2019 nicht mehr der Mitberatung. Die Vorlage des Stellenplans wurde auf ein reines → **Informationsrecht** der MAV herabgestuft.

Die Buko und die Gewerkschaft ver.di haben diese Verschlechterung massiv kritisiert, aber ohne Erfolg. Denn immerhin geht es beim Stellenplan um bedeutsame Fragen des Personalbedarfs. Er gibt für die jeweiligen Arbeitsbereiche Auskunft über: Zahl der Stellen, Umfang der wöchentlichen Arbeitszeit und Eingruppierung. Der **Stellenbesetzungsplan** gibt darüber hinaus Auskunft, welcher Mitarbeiter auf welcher Stelle »sitzt«. Auch nach der Herabstufung des Stellenplans zum Informationsrecht haben MAVen zur Erfüllung ihrer Aufgaben Anspruch auf die vierteljährliche Vorlage eines Stellenbesetzungsplans (Schlichtungsstelle der Evang.-Luth. Kirche in Bayern v. 22.8.1995 – 26/0-6/4-87). Stellenplan und Stellenbesetzungsplan sind für die Mitarbeitervertretung bedeutsame Mittel, um Informationen über den Betrieb, die Einrichtung, das Verhältnis Mitarbeiter zu Betreuten und den Einsatz der Beschäftigten zu erhalten. Daher ist allen MAVen dringend zu empfehlen, ihr Informationsrecht bei diesen personalpolitischen Instrumenten der Dienststellenleitung wahrzunehmen.

Bei solchen zentralen unternehmerischen Entscheidungen sind MAVen auf die Mitberatung beschränkt. Umso intensiver ist dieses Recht wahrzunehmen!

Literaturhinweis

- *Baumann-Czichon, Bernhard/Gathmann, Mira/Germer, Lothar:* MVG-EKD. Der neue Kommentar für die Praxis. Bremen 4. Auflage 2013.
- *Fey, Detlev/Rehren, Olaf* (Hrsg.): MVG.EKD PraxisKommentar, Stuttgart 1994 (Stand: Juni 2024).

Mitbestimmung

Rechtsgrundlagen und Bedeutung für die MAV

Die Mitbestimmung nach den §§ 38 bis 43 MVG besitzt eine unterschiedliche Reichweite: Eingeschränkt reduziert sie die Einspruchsmöglichkeiten der MAV auf einige Kriterien, von denen eines auf den mitbestimmungspflichtigen Tatbestand zutreffen muss; dagegen kommt die (uneingeschränkte) Mitbestimmung immerhin einer Art »Vetorecht« der MAV gleich. Darüber hinaus bietet das Mitbestimmungsrecht der MAV auch weitgehende Mitgestaltungsmöglichkeiten.
Die Regelungen zur Mitbestimmung stellen den »Kern« des MVG dar. Durch sie wird sichergestellt, dass bei der Umsetzung verschiedener Maßnahmen in der Dienststelle die Interessen der Beschäftigten berücksichtigt werden (s. → **Beteiligungsrechte** der MAV).
Das Verfahren der (uneingeschränkten und eingeschränkten) Mitbestimmung sieht folgenden Ablauf vor (§ 38 MVG; s. Grafiken):

1. Die → **Dienststellenleitung** unterrichtet die MAV rechtzeitig und umfassend über die beabsichtigte Maßnahme und beantragt die Zustimmung der MAV; die Schriftform ist dabei nicht zwingend.
2. Die MAV muss innerhalb von zwei Wochen in einer ordentlich einberufenen Sitzung beschließen, wie sie sich verhalten will. Hier bestehen folgende (vier) Möglichkeiten:
3. Die MAV verlangt eine Erörterung der geplanten Maßnahme. Dies hemmt die Frist. Bei der Erörterung kann Einigung erzielt werden oder eine der beiden Seiten erklärt die Erörterung (schriftlich!) für beendet.
4. Die MAV beschließt, der Maßnahme zuzustimmen.
5. Die MAV billigt die Maßnahme fiktiv, indem sie sich nicht äußert.
6. Die MAV verweigert innerhalb von zwei Wochen nach Antragstellung bzw. nach beendeter mündlicher Erörterung die Zustimmung zur geplanten Maßnahme schriftlich (im Rahmen der eingeschränkten Mitbestimmung nach dem Versagenskatalog in § 41 Abs. 1 MVG). Die Verweigerung ist zu begründen.

7. Bei der Verweigerung der Zustimmung durch die MAV kann die Dienststellenleitung (DL) innerhalb von zwei Wochen das Kirchengericht anrufen, um die Zustimmung der MAV ersetzen zu lassen. Für Regelungsstreitigkeiten nach § 40 MVG ist allerdings seit 2020 das Kirchengericht nicht (mehr) zuständig. Bei Regelungsstreitigkeiten in den Mitbestimmungsfällen nach § 40 MVG können Mitarbeitervertretung und Arbeitgeber ausschließlich die Bildung einer → **Einigungsstelle** beantragen. Die Einigungsstelle entscheidet dann verbindlich und ersetzt somit die fehlende Einigung zwischen MAV und Arbeitgeber.

Wichtig:
Maßnahmen, die der (eingeschränkten und uneingeschränkten) Mitbestimmung unterliegen, dürfen erst vollzogen werden, wenn die Zustimmung der MAV vorliegt oder die fehlende Zustimmung durch das Kirchengericht ersetzt worden ist oder – für die Fälle nach § 40 MVG – ein Spruch der Einigungsstelle vorliegt. Bei Nichtbeteiligung der MAV ist die Maßnahme unwirksam. Wird die Maßnahme trotzdem durchgeführt, ist die MAV gezwungen, beim Kirchengericht (→ **Rechtsschutz**) zu beantragen, die Unwirksamkeit der Maßnahme festzustellen. Die Frist beträgt zwei Monate nach Abschluss der Erörterung (§ 61 Abs. 1 MVG; s. Übersicht unter → **Beteiligungsrechte der MAV**).

Die **Äußerungsfrist der MAV** beträgt bei allen mitbestimmungspflichtigen Maßnahmen regelmäßig zwei Wochen ab Zugang der Mitteilung an den MAV-Vorsitzenden. In dringenden (eilig, drängend, keinen Aufschub duldend) Fällen kann die Dienststellenleitung die Frist verkürzen. Dies ist auf Grund objektiver Maßstäbe, nicht nach subjektiver Auffassung zu entscheiden. Der MAV ist jedenfalls die notwendige Zeit zur ordnungsgemäßen Bearbeitung (u. a. in einer Sitzung) zu geben. Im Einzelfall kann die → **Dienststellenleitung** die Frist auf Antrag der MAV auch verlängern.
Lehnt die MAV die geplante Maßnahme ab, so hat sie dies, wenn es keine Fristverlängerung oder -verkürzung gibt, innerhalb von zwei Wochen »rechtsfest« zu begründen. Dasselbe gilt nach einer einseitigen Erklärung des Arbeitgebers oder der MAV zur Beendigung der Erörterung. Die Gründe zur Ablehnung muss die MAV innerhalb dieser Frist abschließend vortragen. Ein späteres Vorbringen von weiteren Gründen bleibt bei einem Verfahren vor dem Kirchengericht unberücksichtigt. Viele Mitarbeitervertretungen gehen deshalb dazu über, bereits bei der Formulierung ihrer Zustimmungsverweigerung zu einer mitbestimmungspflichtigen Maßnahme anwaltlichen Beistand einzuholen.
Im Vergleich zum BetrVG ist das Mitbestimmungsverfahren nach dem MVG sehr bürokratisch und überformalisiert. Zu einer zusammenfassenden Kritik siehe unter → **Mitarbeitervertretungsgesetz**.

Übersicht: Verfahren der Mitbestimmung (uneingeschränkt bzw. eingeschränkt)

Uneingeschränkte Mitbestimmung § 38 MVG

Uneingeschränkte Mitbestimmung § 38 MVG

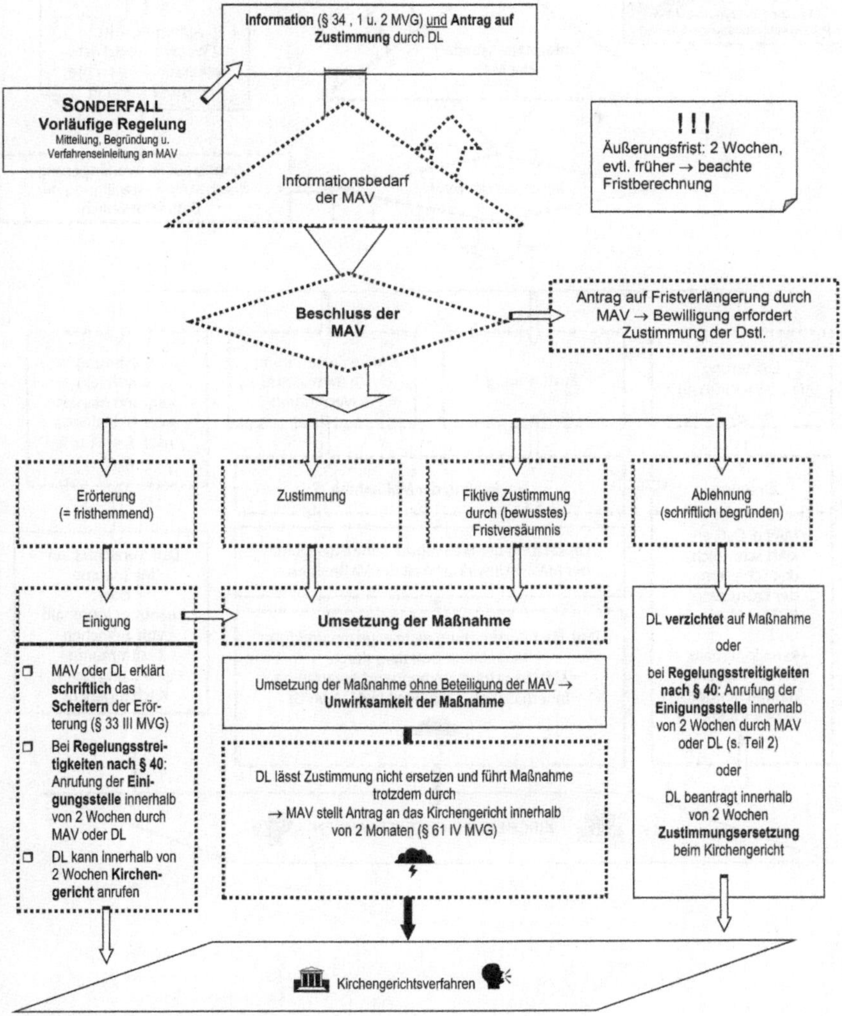

Eingeschränkte Mitbestimmung § 38 und 41 MVG

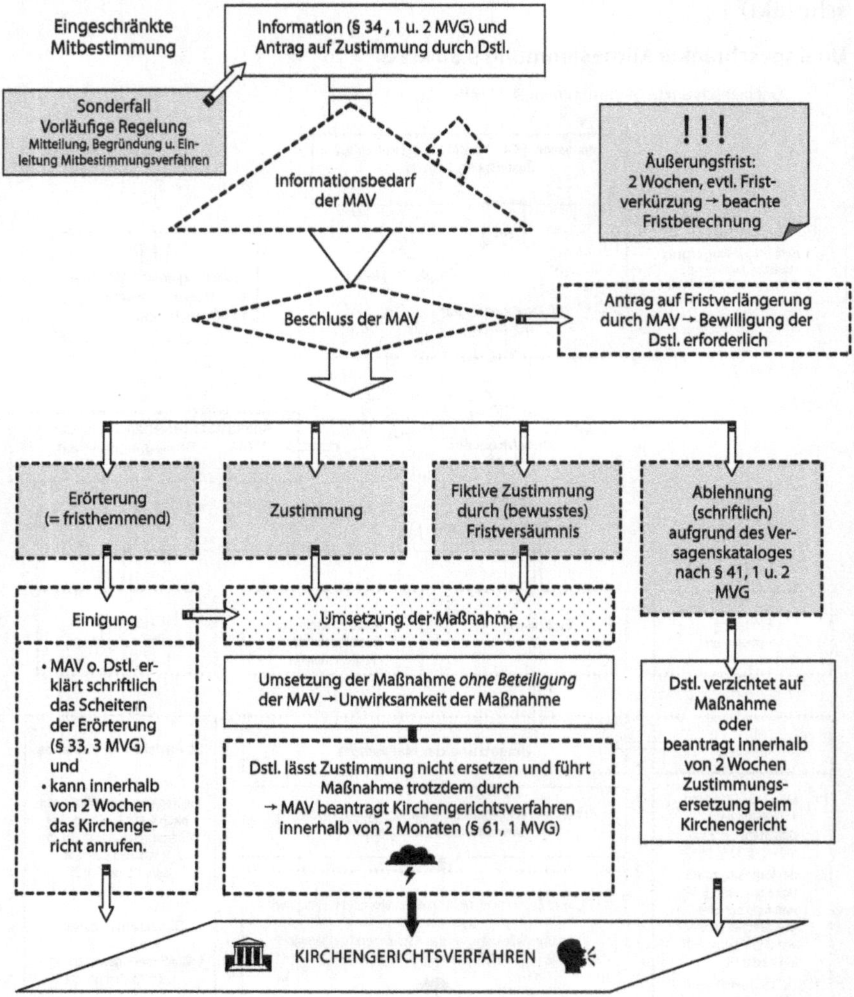

Alle Tatbestände, die der uneingeschränkten Mitbestimmung unterliegen, sind Maßnahmen, denen die ganze → **Dienststelle**, Teilbereiche oder alle Beschäftigten unterliegen. Hier hat die MAV ihre stärksten und weitestgehenden Rechte. Einige wesentliche Beispiele (§§ 39, 40 MVG):

- Personalfragebogen und **Fragebogen** zur Erhebung personenbezogener Daten (→ **Datenschutz**); Beurteilungsgrundsätze und **Fortbildungsregelungen.**
- → **Arbeitsschutz** und Arbeitssicherheit in der Dienststelle.
- Regelungen zur → **Arbeitszeit** und zum Urlaubsplan (→ **Urlaub**).
- Aufstellung von Sozialplänen (→ **Sozialplan**).
- Regelungen zu und Veränderungen bei **Arbeitsplatzgestaltung, Arbeitsmethoden** und **Arbeitsleistung**.
- Einführung von Maßnahmen, die zur **Überwachung** des Verhaltens oder der Leistung von Beschäftigten **geeignet sind**.
- **Haus**-, Betriebs- und Verhaltensordnungen (z. B. Rauchen, Alkoholgenuss, Arbeitskleidung, Parkplatznutzung, Benutzung von Stechuhren, Anwesenheitskontrollen), **Veranstaltungen** für Mitarbeiter (z. B. Weihnachtsfeier, Betriebsfest, → **Betriebsausflug**).
- Gewährung von **Unterstützungen**, auf die kein Rechtsanspruch besteht und Grundsätze über das **betriebliche Vorschlagswesen**.

Dagegen beziehen sich alle Maßnahmen, die der **eingeschränkten Mitbestimmung** der MAV unterliegen, auf individuelle Personalangelegenheiten (§§ 42, 43 MVG; differenziert nach privatrechtlich Angestellten und öffentlich-rechtlichen Dienstverhältnissen = Kirchenbeamte), z. B. → **Einstellung**, → **Eingruppierung**, → **Höhergruppierung**, ordentliche → **Kündigung**. Weiterhin: Weiterbeschäftigung nach Erreichen der **Altersgrenze**, Versagung und Widerruf der Genehmigung einer **Nebentätigkeit**, Ablehnung eines Antrags auf **Reduzierung der Arbeitszeit** oder **Beurlaubung**.

Im Unterschied zur uneingeschränkten – oder »vollen« – Mitbestimmung ist die MAV bei der eingeschränkten Mitbestimmung allerdings auf wenige Verweigerungskriterien beschränkt. Nach § 41 MVG kann die MAV ihre Zustimmung nur verweigern, wenn die Maßnahme

- gegen eine bindende rechtliche Bestimmung (Gesetze, rechtskräftiges und einschlägiges Urteil usw.) verstößt,
- Mitarbeiter durch eine Maßnahme ungerechtfertigt benachteiligt oder bevorzugt werden
- oder durch eine → **Einstellung** der Betriebsfrieden gestört wird.

Im Fall der **ordentlichen Kündigung** ist lediglich das erste der drei Verweigerungskriterien anwendbar (§ 41 Abs. 2 MVG).

Das **Verfahren** bei der eingeschränkten Mitbestimmung ist identisch mit dem der uneingeschränkten Mitbestimmung.

Literaturhinweis

- *Baumann-Czichon, Bernhard/Gathmann, Mira/Germer, Lothar:* MVG-EKD. Der neue Kommentar für die Praxis. Bremen 4. Auflage 2013.
- *Fey, Detlev/Rehren, Olaf* (Hrsg.): MVG.EKD PraxisKommentar, Stuttgart 1994 (Stand: Juni 2024).
- Joussen, Jacob/Mestwerdt, Wilhelm/Nause, Helmut/Spelge, Karin: MVG-EKD. Kirchengesetz über Mitarbeitervertretungen in der Evangelischen Kirche in Deutschland mit Wahlordnung. Kommentar. München 2. Auflage 2023.

Mobbing

Was ist das?

Der Begriff Mobbing stammt ursprünglich aus dem Englischen. »to mob« bedeutet bedrängen, umringen, angreifen.
Das Bundesarbeitsgericht (BAG) beschreibt Mobbing wie folgt: Mobbing ist das systematische Anfeinden, Schikanieren oder Diskriminieren von Arbeitnehmern untereinander oder durch Vorgesetzte. Es wird begünstigt durch Stresssituationen am Arbeitsplatz, deren Ursachen u. a. in einer Über- oder Unterforderung einzelner Arbeitnehmer oder Arbeitnehmergruppen, in der Arbeitsorganisation oder im Verhalten von Vorgesetzten liegen können. Schwierigkeiten bereitet vor allem das Erkennen von Mobbing, die Beurteilung der Glaubwürdigkeit der Betroffenen sowie die Abgrenzung gegenüber sozial anerkannten Verhaltensweisen am Arbeitsplatz (BAG 15. 1. 1997 – AZR 14/96, NZA 1997,781; Grunewald, NZA 1993, 1071; Haller/Koch, NZA 1995, 356; Bieler/Heilmann, AuR 1996, 430 (431)). Bossing ist eine Sonderform des Mobbing und meint Mobbing durch in der Betriebshierarchie höher gestellte Personen.
Von Mobbing spricht man, wenn eine Person von einer oder mehreren anderen Personen über mindestens ein halbes Jahr hinweg ein oder mehrmals in der Woche attackiert wird (**Definition Leymann**). Ein gelegentlicher oder einmaliger »Streich unter KollegInnen« fällt also nicht unter den Mobbingbegriff.

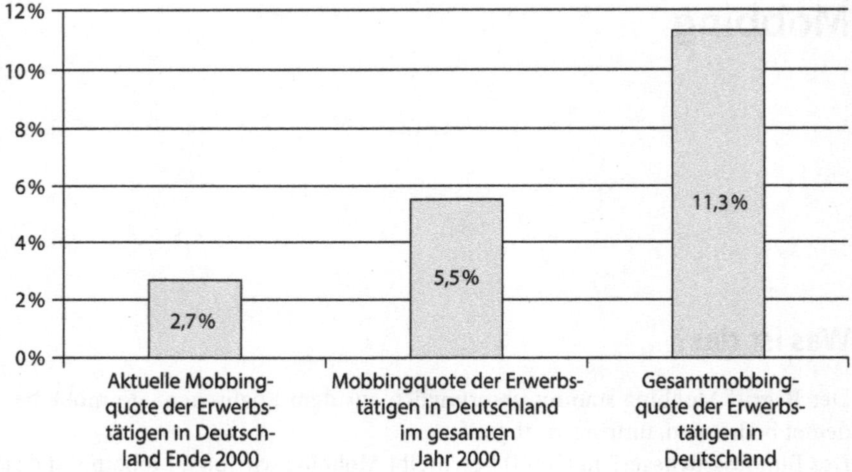

Quelle: Meschkutat, Stackelbeck & Langenhoff (2002)

Nach dem **Mobbing-Report** der Sozialforschungsstelle in Dortmund von 2002 (Meschkutat u.a.: Der Mobbing-Report. Dortmund/Berlin 2002) betrug die Mobbingquote in der Bundesrepublik Deutschland im Jahr 2000 2,7%. Das bedeutet, Ende des Jahres 2000 gab es mehr als eine Million Beschäftigte, die Mobbingopfer waren. In einem Betrieb mit 750 Beschäftigten waren damals also ca. 20 Personen betroffen. Rechnete man alle Mobbingfälle im Jahr 2000 zusammen, ergab sich bereits eine Mobbingquote von 5,5%. Und wenn man die Beschäftigten hinzuzählt, die bereits während ihres Arbeitslebens Opfer von Mobbing geworden sind, steigt die Gesamtmobbingquote aller Erwerbstätigen auf 11,3%.

Diese Gesamtmobbingquote ist bis zum Jahr 2019 auf ca. 24% angestiegen, hat sich also mehr als verdoppelt. So jedenfalls eine repräsentative Studie des Büroausstatters Viking unter 1000 deutschen Arbeitnehmern. Danach haben mehr als 60% der Teilnehmenden an ihrem Arbeitsplatz schon einmal Mobbing erlebt, und 24% waren schon einmal persönlich betroffen (*https://crosswater-job-guide.com/archives/75573/studie-60-der-arbeitnehmer-in-deutschland-erleben-mobbing-am-arbeitsplatz/*).

Nach einer Betriebsrätebefragung des Wirtschafts- und Sozialwissenschaftlichen Instituts (WSI) von 2011 müssen Arbeitnehmervertreter häufiger gegen Mobbing einschreiten: 2005 gab noch etwa 32% der befragten Betriebsräte an, sich mit Mobbing-Fällen befasst zu haben, 2011 waren es bereits 52% (Quelle: WSI 2011| © Hans-Böckler-Stiftung 2014).

Nach einer älteren Studie gelten etwa 1000 Selbstmorde im Jahr als mobbing-indiziert. Bestimmte Beschäftigte tragen ein höheres Risiko, gemobbt zu werden: Frauen haben im Vergleich zu Männern ein um 75 % höheres Mobbingrisiko. Am stärksten betroffen ist die Altersgruppe der unter 25-Jährigen mit 3,7 %, gefolgt von den 55-Jährigen und älteren Mitarbeitern mit 2,9 %; ein höheres Mobbingrisiko gibt es auch in sozialen Berufen, wie Sozialarbeiter, Erzieher, Altenpfleger, gefolgt von Verkaufs- und Verwaltungspersonal. Es geht also überwiegend um die Bereiche, zu denen auch die Einrichtungen von **Kirche und Diakonie** gehören. Auch sie sind nicht frei von Mobbing, obwohl Mobbing dem Leitbild der → **Dienstgemeinschaft** widerspricht.

Der DGB schätzt den **Schaden durch Mobbing** in Deutschland etwa auf 15 bis 25 Mrd. Euro/Jahr. Der konkrete betriebliche Schaden beläuft sich nach Schätzungen auf 25 000 bis 75 000 Euro pro Mobbingfall (Deutsches Ärzteblatt, 12/2001). Der DGB rechnet mit etwa 100 bis 400 Euro täglich pro Tag Arbeitsausfall durch Mobbing.

Wie bei einem Arbeitslosen ist auch bei einem Mobbingopfer die **gesamte Lebensqualität beeinträchtigt**. Alle anderen Bereiche – Familie, Freundeskreis, Hobby, politische oder gewerkschaftliche Aktivitäten – werden dadurch negativ beeinflusst. Eine Abgrenzung von dieser Konfliktsituation ist schlechterdings nicht möglich. Typische **Mobbing-Symptome** sind Depressionen, Schlafstörungen, Magen-Darm-Beschwerden und Allergien. Mobbing endet häufig mit schweren Erkrankungen und dem Ausschluss der Betroffenen aus der Abteilung oder aus dem Betrieb.

Das Thüringer Landesarbeitsgericht hat mit seinem Urteil vom 15. 2. 2001 (Az: 5 Sa 102/2000) eine **Grundsatzentscheidung zu Mobbing** getroffen. Wegen ihrer Bedeutung möchten wir im folgenden die Leitsätze der Entscheidung zitieren:

1. Der Staat, der Mobbing in seinen Dienststellen und in der Privatwirtschaft zulässt oder nicht ausreichend sanktioniert, kann sein humanitäres Wertesystem nicht glaubwürdig an seine Bürger vermitteln und gibt damit dieses Wertesystem langfristig dem Verfall preis. Entsprechend dem Verfassungsauftrag des Art. 1 Abs. 1 GG muss die Rechtsprechung in Ermangelung einer speziellen gesetzlichen Regelung, in Verantwortung gegenüber dem Bestandsschutz der verfassungsmäßigen Wertordnung und zur Gewährleistung der physischen und psychischen Unversehrtheit der im Arbeitsleben stehenden Bürger gegenüber Mobbing ein klares Stopp-Signal setzen.

2. Auch die Arbeitnehmer sind in der Konsequenz des von der Verfassung vorgegebenen humanitären Wertesystems verpflichtet, das durch Art. 1 und 2 GG geschützte Recht auf Achtung der Würde und der freien Entfaltung der Persönlichkeit der anderen bei ihrem Arbeitgeber beschäftigten Arbeitnehmer nicht durch Eingriffe in deren Persönlichkeits- und Freiheitssphäre zu verletzen.

3. Zur Achtung der Persönlichkeitsrechte der Arbeitskollegen sind die Arbeitnehmer eines Betriebs unabhängig von den Ausstrahlungen der Verfassung auf die zwischen den Bürgern bestehenden Rechtsverhältnisse auch deshalb verpflichtet, weil sie dem Arbeitgeber keinen Schaden zufügen dürfen.
4. Aufgrund von Mobbinghandlungen kann ein solcher Schaden für den Arbeitgeber u. a. deshalb entstehen, weil für den von dem Mobbing betroffenen Arbeitnehmer – abhängig von den Umständen des Einzelfalls – nach § 273 Abs. 1 BGB die Ausübung eines Zurückbehaltungsrechts an seiner Arbeitsleistung, die Ausübung des Rechts zur außerordentlichen Kündigung mit anschließendem Schadensersatzanspruch nach § 628 Abs. 2 BGB, unabhängig von der Ausübung eines solchen Kündigungsrechts die Inanspruchnahme des Arbeitgebers auf Schadensersatz wegen dessen eigener Verletzung von Organisations- und Schutzpflichten (positive Vertragsverletzung, § 823 Abs. 1 BGB) oder nach den hierfür einschlägigen Zurechnungsnormen des Zivilrechts (§§ 278, 831 BGB) für das Handeln des Mobbingtäters in Betracht kommen und bei Vorliegen der Zurechnungsvoraussetzungen des § 831 BGB grundsätzlich auch Schmerzensgeldansprüche gegen den Arbeitgeber gerichtet werden können.
5. Das sogenannte Mobbing kann auch ohne Abmahnung und unabhängig davon, ob es in diesem Zusammenhang zu einer Störung des Betriebsfriedens gekommen ist, die außerordentliche Kündigung eines Arbeitsverhältnisses rechtfertigen, wenn dadurch das allgemeine Persönlichkeitsrecht, die Ehre oder die Gesundheit des Mobbingopfers in schwerwiegender Weise verletzt werden. Je intensiver das Mobbing erfolgt, um so schwerwiegender und nachhaltiger wird die Vertrauensgrundlage für die Fortführung des Arbeitsverhältnisses gestört. Muss der Mobbingtäter erkennen, dass das Mobbing zu einer Erkrankung des Opfers geführt hat und setzt dieser ungeachtet dessen das Mobbing fort, dann kann für eine auch nur vorübergehende Weiterbeschäftigung des Täters regelmäßig kein Raum mehr bestehen.
6. Für die Einhaltung der für den Ausspruch einer außerordentlichen Kündigung bestehenden zweiwöchigen Auschlussfrist des § 626 Abs. 2 BGB kommt es bei einer mobbingbedingten außerordentlichen Kündigung entscheidend auf die Kenntnis desjenigen Ereignisses an, welches das letzte, den Kündigungsentschluss auslösende Glied in der Kette vorangegangener weiterer, in Fortsetzungszusammenhang stehender Pflichtverletzungen bildet.
7. Die juristische Bedeutung der durch den Begriff »Mobbing« gekennzeichneten Sachverhalte besteht darin, der Rechtsanwendung Verhaltensweisen zugänglich zu machen, die bei isolierter Betrachtung der einzelnen Handlung die tatbestandlichen Voraussetzungen von Anspruchs-, Gestaltungs- und Abwehrrechten nicht oder nicht in einem der Tragweite des Falles angemessenen Umfang erfüllen können. Wenn hinreichende Anhaltspunkte für einen Mobbingkomplex vorliegen, ist es zur Vermeidung von Fehlentscheidungen erforderlich, diese in

die rechtliche Würdigung miteinzubeziehen. Kündigungsrechtlich bedeutet dies, dass die das Mobbing verkörpernde Gesamtheit persönlichkeitsschädigender Handlungen als Bestandteil einer einheitlichen Arbeitsvertragsstörung sowohl den sachangemessenen Anknüpfungspunkt und Grund für den Ausspruch einer Kündigung als auch die Grundlage für deren gerichtlichen Überprüfung bildet.

8. Da es aus rechtlicher Sicht bei Mobbing um die Verletzung des allgemeinen Persönlichkeitsrechts und/oder der Ehre und/oder der Gesundheit geht und die in Betracht kommenden Rechtsfolgen das Vorliegen eines bestimmten medizinischen Befundes nicht in jedem Fall voraussetzen, ist jedenfalls für die juristische Sichtweise nicht unbedingt eine bestimmte Mindestlaufzeit oder wöchentliche Mindestfrequenz der Mobbinghandlungen erforderlich.

9. Unabhängig davon, ob es bei der gerichtlichen Prüfung um eine Kündigung, Abwehr- oder Schadensersatzansprüche geht, kann allerdings das Vorliegen eines »mobbingtypischen« medizinischen Befundes erhebliche Auswirkungen auf die Beweislage haben: Wenn eine Konnexität zu den behaupteten Mobbinghandlungen feststellbar ist, muss das Vorliegen eines solchen Befundes als ein wichtiges Indiz für die Richtigkeit dieser Behauptungen angesehen werden. Die jeweilige Ausprägung eines solchen Befundes kann ebenso wie eine »mobbingtypische« Suizidreaktion des Opfers im Einzelfall darüber hinaus Rückschlüsse auf die Intensität zulassen, in welcher der Täter das Mobbing betrieben hat. Wenn eine Konnexität zu feststehenden Mobbinghandlungen vorliegt, dann besteht eine von der für diese Handlungen verantwortlichen natürlichen oder juristischen Person zu widerlegende tatsächliche Vermutung, dass diese Handlungen den Schaden verursacht haben, den die in dem medizinischen Befund attestierte Gesundheitsverletzung oder die Suizidreaktion des Opfers zur Folge hat.

10. Das Prinzip der Rechtsstaatlichkeit (Art. 20 Abs. 3 GG) und die Wahrung des Rechtsfriedens erfordern für die Durchführung von Gerichtsverfahren Regeln, die unabhängig von der Komplexität von Sachverhalten und ohne Ansehen der für die Justiz durch das Verfahren entstehenden Belastungen, der Durchsetzung des materiellen Rechts und damit der Gerechtigkeit Geltung verschaffen. Bei einem sich über einen unbestimmten Zeitraum erstreckenden Geschehen, wie es z. B. bei Mobbing der Fall ist, kann von dem Betroffenen nicht ohne weiteres erwartet werden, dass er ohne Rückgriff auf gegebenenfalls tagebuchartig zu führende Aufzeichnungen zu einer vollständigen und damit wahrheitsgemäßen Aussage in der Lage ist, sei es, dass er als Partei in einem von ihm selbst betriebenen Mobbingschutzprozess nach § 141 ZPO angehört oder nach § 448 ZPO vernommen wird oder sei es, dass er als Zeuge in einem den Täter des Mobbings betreffenden Kündigungsschutzprozess aussagen muss. Bei der Aussage über länger zurückliegende Ereignisse kann deshalb ein Zeuge oder eine Partei auf seine bzw. ihre im unmittelbaren zeitlichen Zusammenhang mit diesen Ereignis-

sen zur Gedächtnisstütze gefertigten Notizen und erst recht auf eine zu diesem Zweck gefertigte eidesstattliche Versicherung Bezug nehmen, wenn die Nichtgestattung der Bezugnahme auf eine Verhinderung der Beweisführung hinausliefe und diese Schriftstücke zu den Akten gereicht werden oder sich bereits dort befinden. Zur Ausschließung der schriftlichen Vorbereitung einer zum Zwecke der Wahrheitsverschleierung dienenden »Aussagekosmetik« oder von dritter Seite vorformulierter Aussagen muss allerdings die vorzunehmende Glaubwürdigkeitsprüfung einem besonders strengen Maßstab unterworfen werden. Dabei kommt es insbesondere auf die Umstände des Zustandekommens der schriftlichen Aufzeichnungen an, die gegebenenfalls durch gerichtliche Rückfragen und Vorhaltungen überprüft werden müssen.

Bedeutung für die MAV

Die Mitarbeitervertretung hat im Rahmen des § 35 Buchst. b MVG dafür einzutreten, dass die arbeits-, sozial- und dienstrechtlichen Bestimmungen, Dienstvereinbarungen und Anordnungen eingehalten werden. Dazu gehört auch, dass das Persönlichkeitsrecht, die Würde und die Gesundheit des Arbeitnehmers keinen Schaden durch die vorhandenen Arbeitsbedingungen nimmt. Die Grundechte (Art. 1, 2 GG) gelten auch am Arbeitsplatz und der Arbeitgeber hat auch eine Pflicht zur Fürsorge aus dem Arbeitsvertrag gegenüber dem Arbeitnehmer (§ 241 Abs. 2 BGB).
Hier ist aber Vorsicht geboten. Die MAV ist keine Mediatorin oder Psychologin. Sie muss unbedingt darauf achten, nicht zwischen die »Fronten« zu geraten. Ihr Gegenüber ist der Arbeitgeber. Auch der des Mobbings Beschuldigte bedarf der Vertretung durch die MAV, wenn er Adressat von nachteiligen Maßnahmen des Arbeitgebers wird. Ihn muss die MAV in die Pflicht nehmen, Maßnahmen zu ergreifen, damit toxische Arbeitsbedingungen ausgeschlossen werden. Sie könnte initiativ tätig werden (§ 40 Buchst. b MVG-EKD Maßnahmen des Gesundheitsschutzes) und auf den Abschluss einer Dienstvereinbarung hinwirken. Die Vereinbarung könnte die Schaffung von betrieblicher Präventionsangebote (sowohl zur Vermeidung eigenen schädlichen Verhaltens als auch zur Unterstützung Betroffener) vorsehen, die Installation von Ansprechpersonen und Fortbildungen bzw. Schulungen von Führungs- und Leitungskräften.

Bedeutung für die Beschäftigten

Mobbing kann erhebliche Gefahren für die Gesundheit entfalten. Damit einhergehen kann auch die Gefährdung der wirtschaftlichen Existenz wegen einer ggf. daraus resultierenden Arbeitsunfähigkeit oder weiteren Einschränkungen bzw. Erwerbsminderung. Auch weitere erhebliche Auswirkungen im bzw. auf das soziale Umfeld sind denkbar. Gleichwohl ist nicht jedes Verhalten, das als unangenehm oder kränkend empfunden wird, juristisch als Mobbing einzuordnen. Der Mitarbeiter hat ein Recht auf einen Arbeitsplatz frei von gesundheitlichen Gefahren. Er ist vor toxischen Arbeitsbedingungen zu schützen.

Der Arbeitgeber hat die Pflicht, das Arbeitsverhältnis so zu gestalten, dass gesundheitliche Gefährdungen ausgeschlossen werden. Diese Pflicht ist Teil der arbeitgeberseitigen Fürsorgepflicht, die aus dem Arbeitsverhältnis entspringt und unter anderem auf § 241 Abs. 2 BGB fußt. Liegen schädigende Handlungen vor, muss er eingreifen. Dies kann etwa durch ermahnende Gespräche, aber auch durch Abmahnungen geschehen. Auch andere Maßnahmen, wie der Einsatz an einem anderen Ort oder einer anderen Station, entweder der betroffenen Personen oder der Person, die das schädigende Verhalten an den Tag legt, sind denkbar. Auch die Beendigung des Arbeitsverhältnisses kann in massiven Fällen in Betracht kommen. Kommt der Arbeitgeber dieser Pflicht nicht nach, kann der Arbeitnehmer seinen Anspruch auch gerichtlich durchsetzen.

Der Nachweis der schädlichen Verhaltensweisen ist häufig schwierig zu führen. Daher empfiehlt sich das Anlegen eines **Mobbingtagebuchs**. Hier sollte der betroffene Arbeitnehmer so konkret wie möglich alle Geschehnisse und das eigene Empfinden hierzu dokumentieren. Dazu gehören insbesondere die beteiligten Personen, die gesprochenen Worte, Handlungen und Gesten der jeweils konkret zu beschreibenden Person sowie Ort und Zeit.

Zu beachten ist auch, dass ein solches Verfahren vor dem Arbeitsgericht häufig ebenfalls belastend sein kann, da ggf. versucht wird, die Verhaltensweisen in Abrede zu stellen oder klein zu reden. Auch Schadensersatzansprüche gegen den Arbeitgeber, aber auch gegen die Person, die die schädigenden Handlungen vorgenommen hat, können in Betracht kommen. Die Schwierigkeit dürfte hier darin bestehen, zu begründen, dass die Gesundheitsschädigung kausal auf die Handlungen der schädigenden Person zurückzuführen ist. Ggf. nimmt das Verhalten auch Züge an, die strafrechtlich relevant sind, z. B. bei Beleidigungen oder Körperverletzungen. Insoweit müssten möglicherweise auch die Strafverfolgungsbehörden hinzugezogen werden. Auch diskriminierende Verhaltensweisen, wie rassistisches oder sexistisches Verhalten, die einen Verstoß gegen das AGG darstellen, können mit Mobbing einhergehen oder Teil desselben sein.

Literaturhinweis

- *Bundesanstalt für Arbeitsschutz und Arbeitsmedizin* (Hrsg.): Wenn aus Kollegen Feinde werden … Ein Ratgeber zum Umgang mit Mobbing, Dortmund, 6. Aufl. Oktober 2011 (download unter *www.baua.de*).
- *Czapek, Edmund:* Mobbing am Arbeitsplatz – ein Phänomen auch in kirchlichen Einrichtungen. In: ZMV 3/2014 und 4/2014, S. 122–126 und S. 182–187.
- *DGUV*: Mobbing – Organisationshilfe zum konstruktiven Umgang mit Konflikten am Arbeitsplatz. Stand: 21. 11. 2019. (enthält: Muster-DV – download unter *https://publikationen.dguv.de/widgets/pdf/download/article/3723*).
- *Esser, Axel/Wolmerath, Martin:* Mobbing und psychische Gewalt. Der Ratgeber für Betroffene und ihre Interessenvertretung, 10. Auflage, Frankfurt/Main 2020.
- *Leymann, Heinz:* Mobbing – Psychoterror am Arbeitsplatz und wie man sich dagegen wehren kann, Reinbek 2002.
- *Rauls, J./Buchallik, F./Zimmer, A./Kraft, E./Beck, D.:* Verbreitung und Bedingungen von betrieblichen Maßnahmen zum Umgang mit Mobbing in Deutschland. Ergebnisse der ESENER-3. In: Zentralblatt für Arbeitsmedizin, Arbeitsschutz und Ergonomie 2024 (herunterladen unter: *https://www.baua.de/DE/Angebote/Publikationen/Aufsaetze/artikel3959*; abgerufen 26. 9. 2024)
- *Ullenboom, Detlef:* Toleranz, Respekt und Kollegialität. Betriebs- und Dienstvereinbarungen. Frankfurt/Main 2012. (kostenlos herunterladen unter: *https://www.boeckler.de/de/faust-detail.htm?sync_id=HBS-005343*)
- *ver.di/IG Metall* (Hrsg.): Gemeinsam gegen Mobbing. Arbeitskonflikte an der Quelle bekämpfen. Arbeitshilfe für Betriebs-, Personalräte und Schwerbehindertenvertretungen. Berlin/Frankfurt März 2007.
- *Wolmerath, Martin:* Mobbing. Rechtshandbuch für die Praxis, 5. Auflage, Baden-Baden 2019.
- https://www.mobbing.net/

Mobile Arbeit, Homeoffice, Telearbeit

Was ist das?

Eine konkrete gesetzliche Regelung zur Mobilen Arbeit gibt es derzeit nicht. Es fehlt an einer Definition für Mobile Arbeit. Auch der Begriff Homeoffice ist gesetzlich nicht definiert. Laut Duden bedeutet Homeoffice »einen mit Rechner und Kommunikationstechnik ausgestatteten Arbeitsplatz in der eigenen Wohnung.«

Die Arbeitsstättenverordnung kennt nur den Begriff der **Telearbeit** bzw. den des Telearbeitsplatzes. Telearbeitsplätze sind in § 2 Abs. 7 ArbStättVO definiert.

Danach sind Telearbeitsplätze vom Arbeitgeber fest eingerichtete Bildschirmarbeitsplätze im Privatbereich der Beschäftigten, für die der Arbeitgeber eine mit den Beschäftigten vereinbarte wöchentliche Arbeitszeit und die Dauer der Einrichtung festgelegt hat. Ein Telearbeitsplatz ist vom Arbeitgeber erst dann eingerichtet, wenn Arbeitgeber und Beschäftigte die Bedingungen der Telearbeit arbeitsvertraglich oder im Rahmen einer Vereinbarung festgelegt haben und die benötigte Ausstattung des Telearbeitsplatzes mit Mobiliar, Arbeitsmitteln einschließlich der Kommunikationseinrichtungen durch den Arbeitgeber oder eine von ihm beauftragte Person im Privatbereich des Beschäftigten bereitgestellt und installiert ist. Für Telearbeitsplätze ist der Anhang Nr. 6 zur ArbStättVO, *Maßnahmen zur Gestaltung von Bildschirmarbeitsplätzen*, anzuwenden.

Häufig wird es an dem Merkmal »fest eingerichtet« fehlen, weil die Mitarbeiter mit mobilen Arbeitsgeräten ausgestattet werden, die von überall genutzt werden können.

Einer der gängigen arbeitsrechtlichen Kommentare definiert **Mobile Arbeit** für das Betriebsverfassungsgesetz, welches ebenfalls eine Mitbestimmung bei Mobiler Arbeit kennt, wie folgt:

»Mobile Arbeit umfasst Tätigkeit von zu Hause aus (»Homeoffice«) und von einem frei vom AN gewählten Ort aus (»Remote Work«).«

(ErfK/Kania, 24. Aufl. 2024, BetrVG § 87 Rn. 136, beck-online)

Die Arbeitsstättenverordnung dient der Sicherheit und dem Schutz der Gesundheit der Beschäftigten beim Einrichten und Betreiben von Arbeitsstätten. Es

werden somit Mindestanforderungen an die Beschaffenheit und Ausgestaltung von Arbeitsplätzen aufgestellt. Sie ist aber auf Mobile Arbeit nicht unmittelbar anwendbar. Da es zum Homeoffice oder zur Mobilen Arbeit aber immer noch keine eigenständigen staatlichen Regelungen gibt, kann man sich durch die Heranziehung allgemeiner Grundsätze und den Rechtsgedanken der Arbeitsstättenverordnung behelfen. Je näher die Mobile Arbeit an der Telearbeit ist, desto mehr sollte man sich an den hier aufgestellten Anforderungen orientieren.
Häufig geht es den Mitarbeitern nicht darum, von überall aus arbeiten zu können, sondern es geht vorrangig um das Arbeiten von zu Hause aus. Die Motivation hierfür kann vielfältig sein. Häufig wird der Wunsch nach Mobiler Arbeit mit der Kinderbetreuung zusammenhängen.
Während der Corona-Pandemie hat das »**Homeoffice**« entscheidende Bedeutung erlangt. Auch, wenn Homeoffice seitdem weiterhin wichtig ist, ist es dem Gesetzgeber bis heute nicht gelungen, hier trotz Ankündigung Regelungen aufzustellen.

Bedeutung für die MAV

Der Mitarbeitervertretung hat seit der Novellierung des MVG.EKD zum 1.1.2024 explizit ein Mitbestimmungsrecht bei der Einführung und Ausgestaltung mobiler Arbeit, die mittels Informations- und Kommunikationstechnik erbracht wird (§ 40 Buchst. i MVG). Mitbestimmungspflichtig ist nicht nur die Ausgestaltung, sondern anders als im Betriebsverfassungsrecht auch die Einführung. Es geht ausdrücklich um Mobile Arbeit mittels Kommunikationstechnik, also unter dem Einsatz von IT, z. B. mit einem Laptop.
Grundsätzlich empfiehlt sich der Abschluss einer Dienstvereinbarung zur mobilen Arbeit. Damit kann die MAV auf die Ausgestaltung Einfluss nehmen und z. B. dafür sorgen, dass objektive Kriterien dafür aufgestellt werden, unter welchen Voraussetzungen der Arbeitgeber Mobile Arbeit nicht gestatten muss. Auch der Gesundheitsschutz spielt eine Rolle, z. B. sollte auch eine Gefährdungsbeurteilung ermöglicht werden. Da der Arbeitgeber aber die Wohnung des Mitarbeiters nicht ohne dessen Einwilligung betreten darf (Art. 13 GG), sollten Alternativen erwogen werden, z. B. könnte ein Fragebogen erstellt werden. Auch Unterweisungen sind vorzunehmen. Zudem spielt auch Stress eine Rolle. Entgrenzung ist unbedingt zu vermeiden. Auch ist sicherzustellen, dass der Mitarbeiter nicht lückenlos erreichbar sein muss. Das ist er schließlich am Arbeitsplatz im Betrieb auch nicht. Auch Überwachungsmöglichkeiten sind auszuschließen. Zudem ist darauf zu achten, dass Mitarbeiter nicht den Anschluss an den Betrieb und die betriebliche Gemeinschaft verlieren. Ferner ist Vorsicht geboten, falls die Ein-

führung mobiler Arbeit sich Richtung »desk sharing« entwickelt. Dies kann bedeuten, dass für den Mitarbeiter zu bestimmten Zeiten kein eigener Arbeitsplatz zur Verfügung steht. Für den Arbeitgeber hat dies den positiven Effekt der Kostenersparnis, da er nicht für jeden Mitarbeiter einen Arbeitsplatz, z. B. im Verwaltungsbereich, vorhalten muss. Für den Mitarbeiter kann dies die Gefahr der Isolation mit sich bringen. Es sollte daher dafür Sorge getragen werden, dass Mobile Arbeit freiwillig ist und sich der Mitarbeiter von dieser auch wieder lösen kann.

Bedeutung für die Beschäftigten

Für die Mitarbeiter kann die Möglichkeit zur Mobilen Arbeit einen wertvollen Beitrag zur Vereinbarkeit von Familie und Beruf leisten. Manchen Mitarbeiter mag es auch entspannen, einfach «nicht los zu müssen«. Gleichwohl ist das Risiko von psychischem Druck und Entgrenzung von Arbeits- und Freizeit nicht zu unterschätzen. Die unterstellte Annahme von Seiten des Arbeitgebers, der Mitarbeiter würde im Homeoffice nicht arbeiten, kann dazu führen, dass der Mitarbeiter sich überfordert. Zudem besteht die Gefahr, dass die Grenzen von Arbeit und Privatleben verschwimmen. Der Schutzraum des Privaten mit einer geschützten privaten Zeit kann u. U. nicht mehr gegeben sein.
Ein Nachteil der Arbeit im Homeoffice ist, dass die soziale und fachliche Kommunikation mit den übrigen Beschäftigten beträchtlich eingeschränkt ist, besonders wenn keine gemeinsamen Anwesenheitszeiten zusammen mit den anderen Beschäftigten vereinbart sind.
Eine gesetzlich festgelegte **Pflicht des Arbeitgebers**, den Beschäftigten eine Homeoffice-Beschäftigung anzubieten, besteht zur Zeit nicht. Während der Corona-Pandemie waren die Arbeitgeber zeitweise verpflichtet, eine Tätigkeit im Homeoffice anzubieten, doch diese Regelung wurde nicht verlängert.

Literaturhinweis

- *Schoof, Christian*: Betriebsratspraxis von A bis Z, Frankfurt 2024, Stichwort Homeoffice/Mobile Arbeit/Telearbeit.

Mutterschutz

Was ist das?

Das **Mutterschutzgesetz** (MuSchG) dient dem Schutz der Gesundheit der Frau und ihres Kindes während der Schwangerschaft, nach der Entbindung und in der Stillzeit. Der Arbeitgeber wird verpflichtet, beim Arbeitsplatz und der Ausgestaltung der Arbeitsbedingungen besondere Rücksicht auf die Schwangere bzw. Stillende zu nehmen. Neben einer Reihe von Schutzvorschriften soll insbesondere der fast absolute Kündigungsschutz die Frau während der Schwangerschaft, der Stillzeit und nach der Entbindung vor Benachteiligungen schützen. Das Gesetz hat das Ziel, der Frau zu ermöglichen, ihre Beschäftigung ohne Gefährdung der Gesundheit oder ihres Kindes fortzusetzen. (§ 1 Abs. 1 MuSchG)
Das Mutterschutzgesetz wurde zum 1. Januar 2018 grundlegend neu gefasst und stellt eine Art Paradigmenwechsel dar, indem der Gesundheitsschutz von Mutter und Kind noch stärker in den Mittelpunkt rückt. Daneben werden die Teilhabemöglichkeiten am Berufsleben und der Schutz vor Benachteiligungen während Schwangerschaft, Entbindung und Stillzeit gestärkt. Durch Übernahme der Mutterschutzarbeitsverordnung in das Gesetz wurden deren Regelungen aufgewertet. Zudem wurde der Geltungsbereich des Gesetzes ausgeweitet auf arbeitnehmerähnliche Personen und auf Schülerinnen und Studentinnen. Im Ergebnis betont das neugefasste Gesetz jetzt die Rechte der schwangeren Mitarbeiterin stärker im Vergleich zu den Belangen des Betriebs. Prävention und Partizipation stehen im Vordergrund.
Wichtig für die MAV-Arbeit sind vor allem neue Regelungen zu den Pflichten des Arbeitgebers bei der Gestaltung der Arbeitsbedingungen für Schwangere und Stillende sowie Regelungen über unzulässige Tätigkeiten und Arbeitsbedingungen. (§§ 9 ff. MuSchG) Neu eingeführt wurde der Begriff der **»unverantwortbaren Gefährdung«**.[1] § 11 MuSchG konkretisiert die unverantwortbare

1 Nach dem Gesetz ist eine Gefährdung unverantwortbar, »wenn die Eintrittswahrscheinlichkeit einer Gesundheitsbeeinträchtigung angesichts der zu erwartenden Schwere des möglichen Gesundheitsschadens nicht hinnehmbar ist. Eine unverantwortbare Gefähr-

Gefährdung detailliert in Bezug auf Gefahrstoffe, Biostoffe, physikalische Einwirkungen, belastende Arbeitsumgebungen und körperliche Belastungen.
Insbesondere wurde die Pflicht für alle Arbeitgeber eingeführt, für jede Tätigkeit im Betrieb eine **anlassunabhängige → Gefährdungsbeurteilung** (nach § 5 ArbSchG) zu erstellen, die Art, Ausmaß und Dauer der Gefährdungen beurteilt, denen eine Schwangere oder Stillende ausgesetzt ist oder sein kann (§ 10 Abs. 1 Nr. 1 MuSchG).[2] Anlassunabhängig bedeutet, die Verpflichtung besteht auch dann, wenn es keine Schwangere gibt! Auf der Grundlage des Ergebnisses haben Arbeitgeber anschließend zu ermitteln, ob für die Schwangere oder Stillende oder ihr Kind voraussichtlich keine Schutzmaßnahme oder eine Umgestaltung des Arbeitsplatzes erforderlich ist, oder ob die Fortsetzung der Tätigkeit am Arbeitsplatz nicht möglich sein wird. Entsprechende Bußgeldvorschriften gelten seit 2019.
Teilt eine Frau dem Arbeitgeber mit, dass sie schwanger ist oder stillt, müssen Arbeitgeber die **anlassbezogene → Gefährdungsbeurteilung** erstellen und die erforderlichen Schutzmaßnahmen festlegen.[3] Die Schwangere hat außerdem den Anspruch, dass der Arbeitgeber ihr ein **Gespräch** über weitere Anpassungen ihrer Arbeitsbedingungen anbietet. (§ 10 Abs. 2 MuSchG)
Zu den Ansprüchen der einzelnen Beschäftigten s. u. Bedeutung für die Beschäftigten.

Bedeutung für die MAV

Mitarbeitervertretungen haben nach § 35 Abs. 3 Buchst. b MVG darauf zu achten, dass die gesetzlichen und arbeitsrechtlichen Regelungen eingehalten werden. Dazu gehören auch die Bestimmungen des Mutterschutzgesetzes (MuSchG). Besonders wichtig dürfte die Prüfung sein, ob der Betrieb die anlassunabhängige

---

dung gilt als ausgeschlossen, wenn der Arbeitgeber alle Vorgaben einhält, die aller Wahrscheinlichkeit nach dazu führen, dass die Gesundheit einer schwangeren oder stillenden Frau oder ihres Kindes nicht beeinträchtigt wird.« (§ 9 Abs. 2 MuSchG)

2 Die anlassunabhängige mutterschutzrechtliche Gefährdungsbeurteilung nach § 10 Absatz 1 MuSchG zielt auf eine grundsätzliche Beurteilung jeder Tätigkeit und aller Arbeitsplätze in jedem Fall ab. (Mutterschutz-Regel Gefährdungsbeurteilung, August 2023, S. 3)

3 Mit der anlassbezogenen Gefährdungsbeurteilung nach § 10 Absatz 2 MuSchG erfolgt bei der Bekanntgabe einer Schwangerschaft oder Stillzeit eine Prüfung der anlassunabhängigen Gefährdungsbeurteilung auf Aktualität und Vollständigkeit sowie die konkrete Festlegung von Schutzmaßnahmen. (Mutterschutz-Regel Gefährdungsbeurteilung, August 2023, S. 3)

und die anlassbezogene Gefährdungsbeurteilung erstellt[4] und ob das allgemeine Ziel des MuSchG erreicht wird, die Beschäftigung ohne Gesundheitsgefährdung fortzusetzen. Daneben gehört es auch zum Standard, dass der Arbeitgeber Schwangeren und Stillenden ein Gespräch über Anpassungen ihrer Arbeitsbedingungen anbietet.
Die MAV sollte außerdem die Arbeitnehmerinnen regelmäßig über ihre Rechte aus dem Mutterschutzgesetz informieren, z. B. in einer → **Mitarbeiterversammlung**.
Das MuSchG gehört zum großen Bereich des Arbeits- und Gesundheitsschutzes, bei dem die MAV **weitgehende → Mitbestimmungsrechte** besitzt. Daher unterliegen alle betrieblichen Maßnahmen, die mit der Umsetzung des Gesundheitsschutzes von Schwangeren und Stillenden zusammenhängen, der uneingeschränkten Mitbestimmung nach § 40 Buchst. b MVG. Kein Mitbestimmungsrecht besteht, wenn die gesetzlichen Vorgaben keinen Spielraum zulassen (vgl. BAG v. 8. 6. 2004 – 1 ABR 13/03).

Bedeutung für die Beschäftigten

Mit der Mitteilung der Schwangerschaft an den Arbeitgeber leben die Ansprüche der einzelnen Beschäftigten aus dem Mutterschutzgesetz auf. Der Arbeitgeber ist verpflichtet, Arbeitsbedingungen und Arbeitsorganisation so zu gestalten, dass die Schutzbestimmungen eingehalten werden und die sonstigen Ansprüche der Schwangeren oder Stillenden umgesetzt werden.

Mitteilungspflicht

- Schwangere Frauen sollen dem Arbeitgeber die Schwangerschaft und den voraussichtlichen Entbindungstermin mitteilen, sobald sie von ihrer Schwangerschaft wissen (§ 15 Abs. 1 MuSchG). Der Arbeitgeber kann verlangen, dass die Schwangere als Nachweis ein ärztliches Zeugnis (bzw. von der Hebamme) vorlegt (§ 15 Abs. 2 MuSchG).
- Die Mitteilung ist vor allem deswegen sinnvoll, weil der Arbeitgeber seine Verpflichtungen nur wahrnehmen kann, wenn er von der Schwangerschaft Kenntnis hat.

---

4 Für die Überprüfung der Gefährdungsbeurteilungen empfehlen wir als Unterstützung die *Regel des Ausschusses für Mutterschutz (AfMu) zur Durchführung der Gefährdungsbeurteilung*: Mutterschutz-Regel Gefährdungsbeurteilung, Nr. 10.1.01 vom 10. 8. 2023.

Gefährdungsbeurteilung, Schutzmaßnahmen, Dokumentation und Information

- Sobald eine Frau dem Arbeitgeber mitgeteilt hat, dass sie schwanger ist oder stillt, hat der Arbeitgeber unverzüglich die anlassbezogene Gefährdungsbeurteilung durchzuführen und die erforderlichen Schutzmaßnahmen festzulegen. (§ 10 Abs. 2 MuSchG). Dabei wird insbesondere die anlassunabhängige Gefährdungsbeurteilung aktualisiert und überprüft.
- Zusätzlich muss der Arbeitgeber der Frau ein Gespräch über weitere Anpassungen ihrer Arbeitsbedingungen anbieten (§ 10 Abs. 2 MuSchG).
- Arbeitgeber dürfen schwangere oder stillende Frauen nur mit Tätigkeiten beschäftigen, für die sie die erforderlichen Schutzmaßnahmen getroffen haben (§ 10 Abs. 3 MuSchG).
- Die Ergebnisse der anlassunabhängigen Gefährdungsbeurteilung hat der Arbeitgeber zu dokumentieren, ebenso die erforderlichen Schutzmaßnahmen, deren Überprüfung auf Wirksamkeit und das Gesprächsangebot an die Frau (§ 14 Abs. 1 MuSchG).
- Zusätzlich hat der Arbeitgeber alle Beschäftigte über das Ergebnis der Gefährdungsbeurteilung und den Bedarf an Schutzmaßnahmen zu informieren (§ 14 Abs. 2 MuSchG). Die gleichen Informationen muss der Arbeitgeber auch an die betroffene Person weitergeben (§ 14 Abs. 3 MuSchG).

Schutzbestimmungen

- Sitzgelegenheiten bzw. eine Liegemöglichkeit müssen vorhanden sein. Weiterhin muss der Dienstplan so gestaltet werden, dass für die Schwangere oder Stillende jederzeit Arbeitsunterbrechungen zum Ausruhen möglich sind. Der Einsatz als alleinverantwortliche Schichtleitung ist nicht zulässig. Schweres Heben (über 5 kg/gelegentlich 10 kg – regelmäßig und ohne mechanische Hilfsmittel), Umlagern und Mobilisation bettlägeriger Patientinnen, alleiniges Bettenfahren sind nicht zulässig.
- Schwangere oder Stillende dürfen nicht in Bereichen mit einem erhöhten Infektionsrisiko eingesetzt werden, z. B. im OP-Saal (Verletzungsgefahr; Blut ist generell als infektiös anzusehen!) oder in der Dialyseabteilung.
- Weiterhin darf kein Umgang mit gesundheitsgefährdenden Stoffen, z. B. Zytostatika oder Röntgen-Strahlen bestehen. Auch das Arbeiten mit Desinfektionsmitteln (Formaldehyd) und anderen Stoffen ist zu meiden.
- Der Einsatz in Bereichen mit erhöhter Stressbelastung und Notfallsituationen (Ambulanz, Intensiv- oder Aufnahmestation, Anästhesie im OP) ist nicht möglich.
- Der Arbeitgeber ist für die korrekte Durchführung der gesetzlichen Bestimmungen verantwortlich und muss die organisatorischen Voraussetzungen dafür schaffen und einhalten.

- Die Betriebsärztin ist mit für die Kontrolle der Arbeitsplätze verantwortlich und kann bei Unklarheiten Informationen geben. Weitere Ansprechpartnerinnen sind z. B. die Fachkraft für Arbeitssicherheit, das Gewerbeaufsichtsamt bzw. Amt für Arbeitsschutz und Sicherheitstechnik sowie die betreuende Ärztin.
- **Verbot der Mehrarbeit**: Zulässig sind max. 8,5 Std./Tag oder 90 Std. in der Doppelwoche. (§ 4 Abs. 1 MuSchG) Die vertraglich vereinbarte wöchentliche Arbeitszeit darf nicht überschritten werden.
- Die **Mindestruhezeit** beträgt 11 Stunden. (§ 4 Abs. 2 MuSchG)
- Schwangere oder Stillende dürfen keine **Nachtarbeit** in der Zeit zwischen 20.00 und 6.00 Uhr leisten. (§ 5 Abs. 1 MuSchG) Ausnahmen bis 22:00 Uhr finden sich in § 28 MuSchG. Voraussetzung für Ausnahmen ist die Genehmigung durch die Aufsichtsbehörde (Gewerbeaufsichtsamt), außerdem die ausdrückliche Bereitschaft der Betroffenen, ein entsprechendes ärztliches Zeugnis und der Ausschluss einer unverantwortbaren Gefährdung für Schwangere oder Kind durch Alleinarbeit. (§ 28 Abs. 1 MuSchG) Die Schwangere oder Stillende kann ihre Bereitschaft jederzeit für die Zukunft widerrufen. (§ 28 Abs. 1 MuSchG)
- **Sonn- und Feiertagsarbeit** ist nur möglich, wenn dafür bestimmte Bedingungen – siehe § 6 Abs. 1 Nr. 1 – 4 MuSchG – erfüllt sind. Die Schwangere oder Stillende kann ihre Bereitschaft jederzeit für die Zukunft widerrufen. (§ 6 Abs. 1 MuSchG)

Rangfolge der Schutzmaßnahmen, Umgestaltung der Arbeitsbedingungen, Arbeitsplatzwechsel und betriebliches Beschäftigungsverbot, Entgeltersatzleistung

Werden unverantwortbare Gefährdungen festgestellt, hat der Arbeitgeber für Schwangere und Stillende Schutzmaßnahmen in folgender Rangfolge zu treffen (§ 13 Abs. 1 MuSchG):

- Umgestaltung der Arbeitsbedingungen
- Einsatz an einem anderen zumutbaren Arbeitsplatz
- Betriebliches Beschäftigungsverbot
- Kann der Arbeitgeber ausreichende Schutzmaßnahmen für die werdende oder stillende Mutter nicht einhalten, kann sie also nach billigem Ermessen umgesetzt werden oder muss ggf. von der Arbeitsleistung bei Fortzahlung der Vergütung (Mutterschutzlohn) freigestellt werden (**betriebliches Beschäftigungsverbot** nach § 13 Abs. 1 Nr. 3 MuSchG).
- Sofern nach ärztlichem Zeugnis Leben oder Gesundheit von Mutter oder Kind bei Fortdauer der Beschäftigung gefährdet ist (z. B. Risikoschwangerschaft, Neigung zur Fehlgeburt), ist dies Grundlage für das **ärztliche Beschäf-**

tigungsverbot. Das ärztliche Beschäftigungsverbot besteht maximal bis zum Beginn der Schutzfrist. Dann greift das generelle Beschäftigungsverbot.

- Während des betrieblichen oder ärztlichen Beschäftigungsverbots ist der Arbeitgeber zur Weiterzahlung des vollen Entgelts über die gesamte Dauer verpflichtet (Mutterschutzlohn). Grundlage für die Berechnung ist das durchschnittliche Arbeitsentgelt der letzten drei Monate vor Eintritt der Schwangerschaft. Über die Ausgleichskasse der Krankenkasse, bei der die Arbeitnehmerin krankenversichert ist, lassen sich die Arbeitgeber den Mutterschutzlohn zurück erstatten (sog. U 2-Verfahren). Daher kann es auch keine Kostenargumente gegen ein Beschäftigungsverbot geben.
- **Generelle Beschäftigungsverbote (= Mutterschutzfristen)** bestehen für die Zeit von 6 Wochen vor dem errechneten Termin bzw. für 8 Wochen nach der Geburt (12 Wochen bei Mehrlings- oder Frühgeburt oder es wird in den 8 Wochen bei dem Kind eine Behinderung nach SGB IX ärztlich festgestellt; § 3 MuSchG). Für diese Zeiträume wird von der gesetzlichen Krankenkasse **Mutterschaftsgeld** (bis zu 13 € pro Kalendertag = 99 Tage = 1287 €) sowie vom Arbeitgeber ein **Zuschuss zum Mutterschaftsgeld** (§ 20 Abs. 1 MuSchG) gezahlt, so dass der frühere Nettoverdienst erreicht wird. Privat Versicherte erhalten zwar den Zuschuss zum Mutterschaftsgeld durch den Arbeitgeber, in der Regel (bitte den individuellen Versicherungsvertrag ansehen) aber kein Mutterschaftsgeld, sondern nur entsprechend § 19 Abs. 2 MuSchG einen einmaligen Betrag in Höhe von max. 210 € auf Antrag vom Bundesversicherungsamt ausbezahlt. Diesen Betrag erhalten auch Mütter auf Antrag, die zu Beginn der Schutzfrist einen Minijob haben.

Kündigungsschutz

- Einer Frau kann während der Schwangerschaft und bis zu 4 Monate nach der Geburt nicht gekündigt werden. Sie selbst kann während der Schwangerschaft und innerhalb der Schutzfristen ohne Frist zum Ende des Mutterschutzes kündigen (§ 17 MuSchG).

Stillzeit

- Kehrt eine Frau nach der Mutterschutzfrist wieder ins aktive Erwerbsleben zurück, besteht Anspruch auf mindestens 2 × täglich 1/2 Stunde oder einmal täglich 1 Stunde bezahlte Stillzeit. Bei einer zusammenhängenden Arbeitszeit von mehr als 8 Stunden soll auf Verlangen zweimal eine Stillzeit von mindestens 45 Minuten gewährt werden. Ist in der Nähe der Arbeitsstätte keine Stillgelegenheit vorhanden, ist eine Stillzeit von 90 Minuten zu gewähren. Eine zusammenhängende Arbeitszeit liegt dann vor, wenn sie nicht durch eine Ruhepause von mindestens zwei Stunden unterbrochen wird (§ 7 MuSchG). Die Stillzeit darf von stillenden Müttern weder vor- noch nachgearbeitet werden und nicht auf die im Arbeitszeitgesetz oder in anderen Vorschriften festgesetzten Ruhepausen angerechnet werden. Durch die Stillzeiten entsteht kein finanzieller Nachteil für Mütter (§ 23 Abs. 1 MuSchG).

Literaturhinweis

- Ausschuss für Mutterschutz beim Bundesministerium für Familien, Senioren, Frauen und Jugend (BMFSFJ): Mutterschutz-Regel Gefährdungsbeurteilung, August 2023 (*https://www.bmfsfj.de/resource/blob/229382/7f53927d39aa783ef9791d96bf5fc495/afmu-regel-gefaehrdungsbeurteilung-data.pdf*)
- Bundesministerium für Familien, Senioren, Frauen und Jugend (Hrsg.): Leitfaden zum Mutterschutz. Informationen für Schwangere und Stillende. Berlin 19. Auflage 2024 (kann kostenlos bestellt werden unter: *https://www.bmfsfj.de/bmfsfj/service/publikationen/leitfaden-zum-mutterschutz-73756*).
- *Ranke/Pepping (Hrsg.):* Mutterschutz – Elterngeld – Elternzeit. Handkommentar, 6. Auflage, Baden-Baden 2021.

Nachwahl der MAV

Was ist das?

Auch mit einer größeren Anzahl an Ersatzmitgliedern (bzw. »Nachrückern«) für die MAV ist nicht unbedingt sichergestellt, dass bis zum Ablauf der 4-jährigen Amtsperiode eine handlungsfähige MAV existiert. Durch eine Nachwahl während der Amtsperiode von Mitgliedern der MAV soll die **Handlungsfähigkeit der MAV** sichergestellt werden. Durch das Absinken der Anzahl der MAV-Mitglieder unter die erforderliche Anzahl (§ 8 Abs. 1 MVG) wird auch die Arbeit der MAV erschwert, da sich die Aufgaben und die Arbeitsbelastung auf weniger Köpfe verteilen. Um dieser Art der »Selbstausbeutung« eine Grenze zu setzen, wurden die Regularien der Nachwahl verpflichtend in das MVG (§ 16 Abs. 3 MVG) aufgenommen.
Die MAV hat ihre Aufgaben bis zur Nachwahl, die unverzüglich einzuleiten ist, auch mit einem reduzierten Mitgliederbestand durchzuführen. Dies kann im Extremfall dazu führen, dass von einer z. B. 9-köpfigen MAV nur noch ein Mitglied übrigbleibt. Die Rest-MAV kann sich, sollte sie von einer Nachwahl Abstand nehmen wollen, ihrer Verantwortung nur entledigen, wenn sie zurücktritt. In diesem Fall übernimmt die Rest MAV die Aufgaben einer MAV kommissarisch weiter. (§ 16 Abs. 2 MVG), soweit nicht die Gesamtmitarbeitervertretung nach § 6 Abs. 2 Satz 2 MVG zuständig ist.

Bedeutung für die MAV

Die MAV hat kein eigenes Ermessen, wann eine Nachwahl zur Ergänzung der Anzahl der MAV-Mitglieder durchzuführen ist. Wenn die Zahl der vorgesehenen MAV-Mitglieder – auch nach dem Eintreten sämtlicher Ersatzmitglieder – um mehr als ¼ gesunken ist, ist die Nachwahl durchzuführen.

Beispiele:
Die MAV besteht aus 3 Mitgliedern, nach dem Eintreten aller Ersatzmitglieder bleiben noch 2 Mitglieder übrig. Von der vorgesehenen Anzahl sind 33,3 % weggefallen, Folge: Nachwahl.
Die MAV besteht aus 7 Mitgliedern, nach dem Eintreten aller Ersatzmitglieder bleiben noch 5 Mitglieder übrig. Von der vorgesehenen Anzahl sind 28,57 % weggefallen, Folge: Nachwahl.
Die MAV besteht aus 9 Mitgliedern, nach dem Eintreten aller Ersatzmitglieder bleiben noch 7 Mitglieder übrig. Von der vorgesehenen Anzahl sind 22,2 % weggefallen, Folge: keine Nachwahl.

Eine Nachwahl findet nicht statt, wenn die bisherige Mitarbeitervertretung bereits 3 Jahre im Amt war (§ 16 Abs. 3 Satz 3 MVG). In diesem Fall findet eine komplette **Neuwahl** der MAV statt. Dies hat auch zur Folge, wenn die neugewählte MAV bis zum 30. April der regelmäßigen Mitarbeitervertretungswahlen noch kein Jahr im Amt ist, dass sich die Amtszeit um die Dauer der kompletten neuen Amtsperiode verlängert. Vereinfacht ausgedrückt, die neue MAV kann bis zu 5 Jahren im Amt sein.
Die Nachwahl wird durch den bisherigen Wahlvorstand oder die Gesamtmitarbeitervertretung eingeleitet. Dazu führt der bisherige Wahlvorstand oder die Gesamt-MAV eine Versammlung zur Wahl eines neuen Wahlvorstands durch (§ 2 Abs. 2 Wahlordnung). Nicht gelöst ist hier das Problem, wenn die Mitglieder des alten Wahlvorstands nicht mehr in Dienststelle sind und keine Gesamt-MAV vorhanden ist. Hilfsweise kann § 2 Abs. 1 bzw. § 2 Abs. 1a Wahlordnung herangezogen werden.
Das Wahlverfahren für die Nachwahl richtet sich nach den gleichen Vorschriften des MVG und der Wahlordnung wie für eine ordentliche MAV-Wahl.
Für die Nachwahl können wieder alle wählbaren Arbeitnehmer (§ 10 i. V. m. § 9 MVG) kandidieren. Es können sich mehr Arbeitnehmer aufstellen lassen, als aktuell in die MAV nachgewählt werden müssen. Wenn mehr Arbeitnehmer kandidieren, bedeutet dies, dass wieder Nachrücker für die MAV zur Verfügung stehen.

Bedeutung für die Beschäftigten

Die Nachwahl bedeutet für die Beschäftigten der Dienststelle die Möglichkeit, sich wieder aktiv an der Zusammensetzung der MAV zu beteiligen. Zum einen durch die Wahlhandlung selbst, zum andern durch die Bereitschaft zur Kandidatur für die MAV.

Nachweisgesetz

Was ist das?

Das Nachweisgesetz (Gesetz über den Nachweis der für ein Arbeitsverhältnis geltenden wesentlichen Bedingungen) setzt die europäische Richtlinie 91/533/EWG in deutsches Recht um. Während in der Vergangenheit Arbeitsverträge auch in Form eines »Handschlags« möglich waren und das gesamte Arbeitsleben ohne Arbeitsvertrag verbracht werden konnte, wurde durch das Nachweisgesetz vom 20. Juli 1995 (zuletzt geändert 20.7.2022) geregelt, dass allen Beschäftigungsverhältnissen, die länger als einen Monat andauern, mindestens eine schriftliche Dokumentation der wichtigsten Inhalte eines Arbeitsverhältnisses zugrunde liegen muss. In die Niederschrift zum Arbeitsverhältnis sind mindestens folgende Angaben aufzunehmen (§ 2 Abs. 1 NachwG):

1. der Name und die Anschrift der Vertragsparteien,
2. der Zeitpunkt des Beginns des Arbeitsverhältnisses,
3. bei befristeten Arbeitsverhältnissen: das Enddatum oder die vorhersehbare Dauer des Arbeitsverhältnisses,
4. der Arbeitsort oder, falls der Arbeitnehmer nicht nur an einem bestimmten Arbeitsort tätig sein soll, ein Hinweis darauf, daß der Arbeitnehmer an verschiedenen Orten beschäftigt werden oder seinen Arbeitsort frei wählen kann,
5. eine kurze Charakterisierung oder Beschreibung der vom Arbeitnehmer zu leistenden Tätigkeiten,
6. sofern vereinbart, die Dauer der Probezeit,
7. die Zusammensetzung und die Höhe des Arbeitsentgelts einschließlich der Vergütung von Überstunden, der Zuschläge, der Zulagen, Prämien und Sonderzahlungen sowie anderer Bestandteile des Arbeitsentgelts, die jeweils getrennt anzugeben sind, und deren Fälligkeit sowie die Art der Auszahlung,
8. die vereinbarte Arbeitszeit, vereinbarte Ruhepausen sowie bei vereinbarter Schichtarbeit das Schichtsystem, der Schichtrhythmus und Voraussetzungen für Schichtänderungen,
9. bei Arbeit auf Abruf nach § 12 des Teilzeit- und Befristungsgesetzes:

   a) die Vereinbarung, dass der Arbeitnehmer seine Arbeitsleistung entsprechend dem Arbeitsanfall zu erbringen hat,
   b) die Zahl der mindestens zu vergütenden Stunden,
   c) der Zeitrahmen, bestimmt durch Referenztage und Referenzstunden, der für die Erbringung der Arbeitsleistung festgelegt ist, und
   d) die Frist, innerhalb derer der Arbeitgeber die Lage der Arbeitszeit im Voraus mitzuteilen hat,
10. sofern vereinbart, die Möglichkeit der Anordnung von Überstunden und deren Voraussetzungen,
11. die Dauer des jährlichen Erholungsurlaubs,
12. ein etwaiger Anspruch auf vom Arbeitgeber bereitgestellte Fortbildung,
13. wenn der Arbeitgeber dem Arbeitnehmer eine betriebliche Altersversorgung über einen Versorgungsträger zusagt, der Name und die Anschrift dieses Versorgungsträgers; die Nachweispflicht entfällt, wenn der Versorgungsträger zu dieser Information verpflichtet ist,
14. das bei der Kündigung des Arbeitsverhältnisses von Arbeitgeber und Arbeitnehmer einzuhaltende Verfahren, mindestens das Schriftformerfordernis und die Fristen für die Kündigung des Arbeitsverhältnisses, sowie die Frist zur Erhebung einer Kündigungsschutzklage; § 7 des Kündigungsschutzgesetzes ist auch bei einem nicht ordnungsgemäßen Nachweis der Frist zur Erhebung einer Kündigungsschutzklage anzuwenden,
15. ein in allgemeiner Form gehaltener Hinweis auf die auf das Arbeitsverhältnis anwendbaren Tarifverträge, Betriebs- oder Dienstvereinbarungen sowie Regelungen paritätisch besetzter Kommissionen, die auf der Grundlage kirchlichen Rechts Arbeitsbedingungen für den Bereich kirchlicher Arbeitgeber festlegen.

Seit 2014 gibt es die Verpflichtung des Nachweises auch für Praktikanten (§ 2 Abs. 1a NachwG). Der Nachweis der wesentlichen Vertragsbedingungen in elektronischer Form ist ausgeschlossen (§ 1 Abs. 1 vorletzter Satz NachwG). Durch einen Arbeitsvertrag, der die im Nachweisgesetz enthaltenen Mindestangaben beinhaltet (§ 2 Abs. 4 NachwG), erübrigt sich die separate Ausstellung der schriftlichen Dokumentation entsprechend dem Nachweisgesetz.

Bedeutung für die MAV

Für die Einstellung eines Beschäftigten spielt es keine Rolle, ob es eine Niederschrift nach dem Nachweisgesetz gibt, der Arbeitsvertrag schriftlich abgeschlossen wird, wie es AVR.DD, TVöD oder TV-L vorsehent, oder ob er formlos, insbes. mündlich oder durch schlüssiges Verhalten zustande kommt. Der

→ **Arbeitsvertrag** selbst (bzw. die Niederschrift zum Arbeitsverhältnis) und seine inhaltliche Ausgestaltung unterliegen nicht – mit Ausnahme der festzulegenden Tätigkeit – der Mitbestimmung der MAV. Mit ihrem Beteiligungsrecht und dem entsprechenden Informationsrecht hat die MAV kein Instrument zur umfassenden Kontrolle des Vertragsinhalts (BVerwG, Beschl. v. 14.6.2006 – 6 P 13.05 –, Urt. v. 21.3.2007 – 6 P 4.06 –, Beschl. v. 22.10.2007 – 6 P 1.07 –; vgl. BAG, Beschl. v. 27.10.2010 – 7 ABR 36/09 – und – 7 ABR 86/09 –). Die Dienststelle ist weiterhin nicht verpflichtet, im Rahmen der Einstellung über die effektive Höhe des Arbeitsentgelts des Arbeitnehmers zu informieren. Bei teilzeitbeschäftigten Arbeitnehmern muss der MAV nicht die Verteilung der Arbeitszeit auf die einzelnen Wochentage mitgeteilt werden. Auch die Frage, ob ein Teilzeit- oder ein Vollzeitarbeitsverhältnis vereinbart wird, oder ob ein Arbeitsverhältnis befristet bzw. unbefristet abgeschlossen wird, unterliegt nicht der Mitbestimmung der MAV.
Im Rahmen des Beschwerderechts (§ 35 Abs. 3 Buchst. c MVG) können sich Beschäftigte an die MAV wenden, wenn nach Beginn des Arbeitsverhältnisses keine Dokumentation entsprechend dem Nachweisgesetz bzw. ein Arbeitsvertrag übergeben wurde. Gleiches gilt, wenn Beschäftigte mit den Inhalten der Dokumentation oder des Arbeitsvertrages nicht einverstanden sind.

Bedeutung für die Beschäftigten

Die Dokumentation nach dem Nachweisgesetz bzw. der Arbeitsvertrag gibt dem Arbeitnehmer einen Überblick über sein Arbeitsverhältnis an sich sowie seine Rechte, Pflichten und Aufgaben. Der Arbeitsvertrag oder die Dokumentation nach dem Nachweisgesetz geben dem Beschäftigten auch die Sicherheit, nicht als Scheinselbständiger, Freiberufler o.ä., tätig zu sein. Das BGB (§ 611a) definiert den Sachverhalt wie folgt: »*Durch den Arbeitsvertrag wird der Arbeitnehmer im Dienste eines anderen zur Leistung weisungsgebundener, fremdbestimmter Arbeit in persönlicher Abhängigkeit verpflichtet. Das Weisungsrecht kann Inhalt, Durchführung, Zeit und Ort der Tätigkeit betreffen. Weisungsgebunden ist, wer nicht im Wesentlichen frei seine Tätigkeit gestalten und seine Arbeitszeit bestimmen kann. Der Grad der persönlichen Abhängigkeit hängt dabei auch von der Eigenart der jeweiligen Tätigkeit ab. Für die Feststellung, ob ein Arbeitsvertrag vorliegt, ist eine Gesamtbetrachtung aller Umstände vorzunehmen. Zeigt die tatsächliche Durchführung des Vertragsverhältnisses, dass es sich um ein Arbeitsverhältnis handelt, kommt es auf die Bezeichnung im Vertrag nicht an.*« Im Geltungsbereich der AVR. DD (§ 5 Abs. 3), des TVöD (§ 2 Abs. 3) und des TV-L (§ 2 Abs. 1) sind schrift-

liche Arbeitsverträge verpflichtend vorgeschrieben. Dies gilt auch für befristete Arbeitsverträge.
Sollte der Arbeitgeber keinen Arbeitsvertrag und keine Dokumentation nach dem Nachweisgesetz ausstellen, so gilt das Arbeitsverhältnis trotzdem als zustande gekommen. Verstößt der Arbeitgeber gegen die Nachweispflichten, kann er in Verzug geraten und haftet dem Arbeitnehmer auf Ersatz des Verzugsschadens, (siehe § 280 BGB), z. B. dafür, dass der Arbeitnehmer aufgrund des fehlenden Hinweises auf einen geltenden Tarifvertrag eine Ausschlussfrist aus diesem Tarifvertrag versäumt hat und dadurch sein Anspruch verfallen ist. Weiterhin kann sich eine nicht vorliegende Dokumentation dahingehend zu Gunsten des Arbeitnehmers auswirken, dass ihm durch das Arbeitsgericht eine Beweiserleichterung eingeräumt wird. Auch wenn eine Dokumentation nach dem Nachweisgesetz, wie auch der Arbeitsvertrag, in den → **Personalakten** des Arbeitsgebers aufbewahrt wird, sollte der Arbeitnehmer diese Grundlage seines Arbeitsverhältnisses sorgfältig aufbewahren. Dies auch vor dem Hintergrund, dass bei Verfahren vor dem → **Arbeitsgericht** diese Dokumente in aller Regel vorgelegt werden müssen.

Nebenabreden zum Arbeitsvertrag

Was ist das?

Zwischen den Arbeitnehmern und dem Arbeitgeber Diakonie bzw. verfasste Kirche wird ein schriftlicher Arbeitsvertrag geschlossen. Dies ergibt sich aus § 5 Abs. 4 der AVR.DD (bzw. den einzelnen AVR): *»Der Dienstvertrag wird schriftlich abgeschlossen. Es sind die AVR in der jeweils gültigen Fassung zu vereinbaren. Der Mitarbeiterin bzw. dem Mitarbeiter ist eine Ausfertigung des Dienstvertrages auszuhändigen.«* Siehe auch § 2 Abs. 3 TVöD. Sollte kein Arbeitsvertrag ausgehändigt werden, muss der Arbeitgeber laut § 2 Abs. 1 Nachweisgesetz dem Arbeitnehmer spätestens einen Monat nach Beginn des Arbeitsverhältnisses die wesentlichen Vertragsbedingungen in schriftlicher Form aushändigen.

Neben den Regelungen aus dem Arbeitsvertrag können zwischen dem Arbeitnehmer und dem Arbeitgeber sog. »**Nebenabreden**« getroffen werden, die sekundäre Rechte und Pflichten der Vertragsparteien regeln. Eine Nebenabrede ist eine zusätzliche Vereinbarung, die die Bedingungen des Hauptvertrags ergänzt oder modifiziert, aber nicht den Kern des Arbeitsverhältnisses betreffen. Nebenabreden können z. B. zu folgenden Themen getroffen werden: Verzicht auf eine Probezeit, Essenszuschuss, Prämien und Boni, Umzugskosten, Fahrkostenersatz, Verschwiegenheitsklauseln, keine Einteilung zu Nachtdiensten, Dienstwagennutzung, Fortbildungskosten, Zusage einer Fortbildung oder Beteiligung des Arbeitgebers bei der Wohnungssuche.

Die Rechtsprechung sieht für die Abgrenzung von Hauptpflichten, Hauptrechten einerseits und Nebenabreden andererseits den Gegenstand der vertraglichen Vereinbarung als entscheidend an. Die Begriffe Hauptabrede und Nebenabrede können nur dahin verstanden werden, dass mit der Hauptabrede die Hauptsache, das Wesentliche des Arbeitsvertrags, mit der Nebenabrede hingegen nur Unwesentliches, d. h. Sekundäres, gemeint ist. Im Bereich der Hauptrechte und Hauptpflichten des Arbeitsvertrags sind insbesondere Arbeitsleistung und Arbeitsentgelt gemeint. Nebenabreden betreffen demgegenüber sonstige Gegenstände, die entweder Sekundärcharakter oder jedenfalls nicht unmittelbar mit den Haupt-

rechten und Hauptpflichten aus dem Arbeitsvertrag zu tun haben (BAG vom 7.5.1986 – 4 AZR 556/83 – AP Nr. 12 zu § 4 BAT; vom 15.3.2011 – a.a.O.).
Nebenabreden sind im Bereich der AVR und des TVöD nur gültig, wenn sie schriftlich geschlossen worden sind. (§ 5 Abs. 4 AVR.DD, § 9 Abs. 4 AVR-Bayern, § 2 Abs. 3 TVöD).
Nebenabreden können von beiden Vertragsparteien gekündigt werden. Im Bereich der AVR gilt, Nebenabreden können gesondert gekündigt werden, soweit dies durch die AVR vorgesehen oder einzelvertraglich vereinbart ist. Soweit in diesen Fällen nichts anderes geregelt ist, gilt eine Kündigungsfrist von 3 Monaten zum Ende eines Kalendermonats. Im Bereich des TVöD können Nebenabreden gekündigt werden, wenn dies einzelvertraglich in der Nebenabrede vereinbart wurde.
Mündliche Nebenabreden sind unwirksam. Zum Schutz der Arbeitnehmer und zur Sicherstellung von Ansprüchen bzw. deren Beweisbarkeit ist die Schriftlichkeit von Nebenabreden in der AVR und im TVöD ausdrücklich vorgeschrieben.

Bedeutung für die MAV

Die MAV ist bei der Vereinbarung von Nebenabreden zwischen einzelnen Beschäftigten und dem Arbeitgeber nicht zu beteiligen oder zu informieren, es sei denn, Beteiligungsrechte der MAV sind betroffen. Hinsichtlich des Abschlusses einer Nebenabrede kann sich ein Beschäftigter auch an die MAV zur Unterstützung (§ 35 Abs. 2, 3 Buchst. c MVG) wenden.

Bedeutung für die Beschäftigten

Für Beschäftigte sind Nebenabreden grundsätzlich nur dann interessant, wenn sie zusätzliche Leistungen über dem Niveau der AVR oder von Tarifverträgen enthalten bzw. Regelungen ihrer Arbeitsbedingungen aus ihrer Sicht verbessern bzw. ihnen sonstige Vorteile versprechen. Einmal unterschriebene Nebenabreden gelten für beide Seiten verbindlich. Die Erfüllung von Nebenabreden kann von beiden Seiten auch eingeklagt werden. Auf den Abschluss einer Nebenabrede können beide Seiten grundsätzlich nicht bestehen. Nebenabreden sind grundsätzlich freiwillige Vereinbarungen. Sollte einem Beschäftigten der Inhalt bzw. die Bedeutung einer Nebenabrede unklar sein, muss sachkundiger Rat (bei der Gewerkschaft, bei Juristen) eingeholt werden.

Nebentätigkeit

Was ist das?

Das Recht, einer weiteren Tätigkeit zusätzlich zur Haupttätigkeit nachzugehen, ist gesetzlich geschützt. Die Ausübung einer entgeltlichen Nebentätigkeit ist grundsätzlich zulässig. Der Arbeitnehmer kann sich auf seine Grundrechte gem. Art. 12 Abs. 1 bzw. Art. 2 Abs. 1 GG berufen (BAG v. 18. 1. 1996 – DB 1996, 2182, vgl. Schiedsstelle des DW der Ev.-Luth. Landeskirche Hannover v. 17. 7. 2007 – 2 VR MVG 12/07). Die Ausübung einer Nebentätigkeit steht unter keinem Genehmigungsvorbehalt des Arbeitgebers. Sie muss dem Arbeitgeber aber rechtzeitig angezeigt werden. Die Beantragung oder Anzeige vor Antritt einer Nebenbeschäftigung stellt eine arbeitsvertragliche Pflicht dar. Tarifverträge oder Arbeitsvertragsrichtlinien treffen hier zum Teil konkrete Regelungen über die Form der Anzeige (Textform/Schriftform).

Eine Nebentätigkeit kann dann versagt werden, wenn ein ausreichender Grund vorliegt. Sie kann versagt werden, wenn

- die Nebentätigkeit die Arbeitskraft beeinträchtigt, so dass der Beschäftigte seiner arbeitsvertraglichen Verpflichtung nicht mehr im erforderlichen Umfang nachkommen kann oder seine Arbeitsleistung Mängel aufweist (z. B. zeitliche Überschneidung, Übermüdung wegen der Tätigkeit als Nachtportier). Im Regelfall kann dies erst nach einer gewissen Zeit der Nebentätigkeit festgestellt werden;
- die Bestimmungen des Arbeitszeitgesetzes nicht eingehalten werden (»… Arbeitszeiten bei mehreren Arbeitgebern sind zusammenzurechnen.« § 2 Abs. 1 Satz 1 ArbZG) und dadurch z. B. die Höchstarbeitszeiten oder Ruhezeiten überschritten bzw. unterschritten würden;
- die Nebentätigkeit eine Konkurrenz für den Hauptarbeitgeber bedeuten würde (Wettbewerbsverbot, vgl. BAG v. 24. 3. 2010 – 10 AZR 66/09);
- eine (neu aufgenommene) Nebentätigkeit während des Urlaubs dem Urlaubszweck widerspricht);

Eine Versagung kommt dann nicht in Betracht, wenn es hierzu ein milderes Mittel gibt, z. B. eine Absprache zu den Arbeitszeiten.

Versäumt der Beschäftige vor Antritt einer Nebentätigkeit, diese anzuzeigen, stellt das eine arbeitsvertragliche Pflichtverletzung dar. Je nach Auswirkung und Intensität sowie dem bisherigen Verlauf des Arbeitsverhältnisses könnte ggf. sogar eine Abmahnung ausgesprochen werden. Teilzeitbeschäftigte müssen eine Nebentätigkeit auch dann anzeigen bzw. genehmigen lassen, wenn sie die wöchentliche Arbeitszeit eines Vollzeitbeschäftigten nicht überschreiten.
Die Ausübung einer oder mehrerer Nebentätigkeiten ist ein Anspruch, den jeder Beschäftigte hat. Ist der Beschäftigte mit der Begründung einer evtl. Versagung nicht einverstanden, kann er Klage beim → **Arbeitsgericht** erheben.
Damit der Arbeitgeber der Verpflichtung nach Einhaltung der gesetzlichen Bestimmungen nachkommen kann, obliegt es ihm, den Beschäftigten bei der Einstellung nach einer Nebentätigkeit (Art und Umfang) zu fragen. Die Antwort muss wahrheitsgemäß sein. Der Arbeitgeber, bei dem der Beschäftigte seiner Haupttätigkeit nachgeht, hat eine Prüfpflicht. Eine Nachfrage beim anderen Arbeitgeber soll zulässig sein (Thiel, ZMV 1997, 45). Im Rahmen des Datenschutzes und vor dem Hintergrund des Persönlichkeitsrechts ist diese Auffassung jedoch kaum noch haltbar.
Die eingeschränkten Verdienstmöglichkeiten im sozialen Dienstleistungsbereich forcieren auch hier den Trend zum »Zweitjob«, so dass die Nebentätigkeit immer mehr an Bedeutung gewinnt.

Bedeutung für die MAV

Beabsichtigt der Arbeitgeber, eine Nebentätigkeit zu versagen oder zu widerrufen, muss er vorher die Zustimmung der MAV beantragen (§ 42 Buchst. j MVG, eingeschränkte → **Mitbestimmung**). Für die Entscheidung der → **Dienststellenleitung** ist die Beteiligung der MAV Wirksamkeitsvoraussetzung. Gleiches gilt, wenn die Dienststellenleitung dem Antrag eines Beschäftigten nur teilweise entspricht. Die **Dienststellenleitung** muss der MAV alle Gründe für ihre Absicht nennen.

Notlagenregelung

Was ist das?

Seit dem 1.4.1998 ist durch Beschluss der ARK der EKD eine Notlagenregelung in Kraft gesetzt worden. In die AVR.DD ist in Anlage 17 eine Öffnungsklausel aufgenommen worden, die Dienstvereinbarungen aufgrund **wirtschaftlicher Notlagen** zulässt. »*Eine wirtschaftliche Notlage ist anzunehmen, wenn die Einrichtung oder ein wirtschaftlich selbständiger Teil nicht in der Lage ist oder kurzfristig sein wird, aus den laufend erwirtschafteten Mitteln die laufenden Verpflichtungen einschließlich des Schuldendienstes zu erfüllen und dadurch der Bestand der Einrichtung nachhaltig gefährdet ist.*« Die Notlagenregelung ist in den letzten Jahren wesentlich modifiziert worden.

Die Arbeitsrechtliche Kommission stellt nach den Vorschriften der AVR.DD abschließend fest, ob eine wirtschaftliche Notlage vorliegt. Die Feststellung setzt einen **gemeinsamen Antrag der Dienststellenleitung und MAV** voraus. Der Antrag muss Informationen enthalten zur Beurteilung der wirtschaftlichen Situation der Einrichtung, insbesondere die testierten Jahresabschlüsse der letzten 2 Jahre. Dem Antrag ist die Erklärung der MAV beizufügen, dass sie die Möglichkeit hatte, in ausreichendem Umfang externe sachverständige Hilfe in Anspruch zu nehmen. Reichen die der ARK eingereichten Unterlagen nicht aus, um die Bestandsgefährdung der Einrichtung ausreichend beurteilen zu können, kann die ARK bei der Einrichtung weitere für erforderlich gehaltene Unterlagen anfordern.

Zur Überwindung der wirtschaftlichen Notlage und zur Abwendung betriebsbedingter Kündigungen können für die Mitarbeiter mit Zustimmung der ARK Maßnahmen zur Personalkostenreduzierung in einer → **Dienstvereinbarung** festgelegt werden. Die **Personalkostenreduzierungen** können nur vorgenommen werden, wenn die Einrichtung ein Konzept zur Zukunftssicherung vorlegt. Dieses **Zukunftssicherungskonzept** muss schlüssig darlegen, wie der Bestand der Einrichtung bzw. wirtschaftlich selbständig arbeitende Teile der Einrichtung gesichert werden kann und wie nach Ablauf der Notlagenregelung die uneingeschränkte Anwendung der AVR.DD sichergestellt werden kann.

Die Maßnahmen zur Personalkostenreduzierung sind einzuschränken oder aufzuheben, soweit diese nicht mehr zur Überwindung der Notlage erforderlich sind. Die Entscheidung darüber treffen die Dienststellenleitung und die MAV. Im Falle einer Nichteinigung entscheidet auf Antrag der Dienststellenleitung oder der MAV die ARK.

Voraussetzung für den Abschluss der Dienstvereinbarung ist die umfassende Information der MAV zur wirtschaftlichen Situation. Die unmittelbare Unterrichtung durch einen Sachverständigen ist der MAV zu ermöglichen. In die Dienstvereinbarung sind folgende Verabredungen aufzunehmen:

- die Bildung eines gemeinsamen Ausschusses zwischen MAV und Leitung, in dem die laufende Umsetzung des Konzeptes zur Überwindung der wirtschaftlichen Notlage beraten wird.
- eine Verpflichtung der Dienststellenleitung, keine betriebsbedingten Kündigungen auszusprechen, es sei denn, sie sind Teil des Zukunftssicherungskonzepts und die MAV stimmt den betriebsbedingten Kündigungen uneingeschränkt zu.
- ob und welche Mitarbeiter aus sozialen Gründen von den vorübergehenden Absenkungen ausgenommen werden.
- die Laufzeit der vorübergehenden Absenkung und die Verpflichtung des Arbeitgebers, die festgelegten Bezüge gemäß AVR.DD nach Ende der Laufzeit zu bezahlen.

Die Dienstvereinbarung kann von beiden Seiten vorzeitig aus wichtigem Grund gekündigt werden. Ein wichtiger Grund liegt vor, wenn die Dienststellenleitung gegen das vereinbarte Kündigungsverbot verstößt oder wenn ein Betriebsübergang stattfindet.

Die Laufzeit der Dienstvereinbarung endet vor der festgelegten Frist, wenn die Mitarbeitervertretung nicht mehr besteht und Neuwahlen nicht eingeleitet sind.

Zur **Überwindung vorübergehender Liquiditätsengpässe** kann die Auszahlung von Teilen der Bezüge bis zur Höhe von 10 % des Bruttojahresentgelts durch Dienstvereinbarung bis zu 12 Monate **aufgeschoben** werden. Die Dienstvereinbarung bedarf **keiner Zustimmung der ARK**, sie muss aber vor Wirksamwerden der Dienstvereinbarung informiert werden.

Dienstvereinbarung zur Sicherung des Leistungsangebotes

Von der Notlagenregelung nach Anlage 17 ist die Dienstvereinbarung zur Sicherung der Leistungsangebote nach § 17 AVR.DD zu unterscheiden. Diese Dienstvereinbarung kann abgeschlossen werden, wenn sich eine Einrichtung oder ein wirtschaftlich selbständiger Teil der Einrichtung in einer **schwierigen Wettbewerbssituation** befindet, die absehbar dazu führen wird, dass die Leistungsangebote bei Anwendung der Entgelttabelle nicht mehr aufrechterhalten werden

können. Bis zu einem Gesamtvolumen von 6 % können die Entgelte abgesenkt werden, die wöchentliche Arbeitszeit ohne Lohnausgleich erhöht oder bei Teillohnausgleich abgesenkt werden.
Voraussetzung für den Abschluss einer Dienstvereinbarung ist, dass die Dienststellenleitung der MAV die Situation der Einrichtung schriftlich darlegt und eingehend erläutert. Die erforderlichen Unterlagen sind auszuhändigen. Die MAV hat das Recht, sachkundige Dritte bei den Beratungen und Verhandlungen hinzuzuziehen. Sofern eine Gesamt-MAV besteht, ist diese über den beabsichtigten Abschluss der Dienstvereinbarung zu informieren. Kommt eine Dienstvereinbarung nicht zustande, so kann jede Seite die Entscheidung der Einigungsstelle gemäß Anlage 7 beantragen.
Diese Dienstvereinbarung muss der ARK zugeleitet werden. Die ARK prüft die Unterlagen, die Einhaltung der Verfahrensvorschriften und eine Seite in der ARK kann die Beratung der Dienstvereinbarung beantragen. Ansonsten tritt die Dienstvereinbarung 6 Wochen nach Versenden an die ARK-Mitglieder in Kraft.

Kritik der Notlagenregelung

Viele Einrichtungen in der Diakonie erfahren durch die Änderung der Finanzierungsgrundlagen einen verschärften wirtschaftlichen Druck auf ihre Einrichtungen. Die Budgetierung in vielen Einrichtungen führt bei gleichzeitigem Bestreben, die Qualitätsstandards zu halten, zu einem verstärkten Druck auf die Personalkosten. Das Mittel der Notlagenregelung und der Regelung zur »Sicherung des Leistungsangebots« verführt viele Einrichtungsleitungen dazu, diesem Druck nachzugeben und sich über die Kürzungen der Personalkosten einen **kurzfristigen Konkurrenzvorteil** zu sichern. Der politische Druck auf die Kostenträger wird nicht nur ein Stück zurückgenommen, im Gegenteil, die Voraussetzung für die weitere Absenkung von Pflegesätzen wird damit geschaffen. Andere Einrichtungsträger müssen nachziehen und eine **Abwärtsspirale** wird in Gang gesetzt. Die **Wettbewerbsordnung, die der BAT bzw. TVöD als Flächentarifvertrag hergestellt hatte, wird außer Kraft gesetzt**. Statt in der Konkurrenz zu bestehen über Optimierung der betrieblichen Organisation und ständige Innovation, werden diejenigen »faulen und phantasielosen Arbeitgeber« belohnt, die sich vorübergehende Konkurrenzvorteile allein durch Lohnkürzung und ausschließlich zulasten der Beschäftigten verschaffen.
Abzulehnen ist die Regelung, dass die Dienstvereinbarungen zur Notlagenregelung von den *Betriebsparteien* **abgeschlossen werden**. Eine MAV ist in ihrem Betrieb immer erpressbar. Einschlägige Erfahrungen haben gezeigt, dass die Arbeitgeber durch eine entsprechende Informationspolitik leicht den MAVen den Schwarzen Peter zuschieben können. MAVen, die sich gegen eine betriebliche

Notlagenregelung sperren, werden als »unverantwortlich« hingestellt, die durch ihre angeblich sture Haltung die Arbeitsplätze der Mitarbeiter gefährden.
Zur Feststellung der wirtschaftlichen Notlage werden nur die laufend erwirtschafteten Mittel im Verhältnis zu den laufenden Verpflichtungen herangezogen. **Rücklagen und Vermögen** bleiben außen vor. Gerade wenn es sich nur um vorübergehende Notlagen handelt, kann auch auf diese Mittel zurückgegriffen werden.
Auswertungen der Gewerkschaften haben gezeigt, dass in 90 % der Fälle betriebliches **Missmanagement** für die Entstehung einer wirtschaftlichen Notlage verantwortlich ist. Es wird nach dem neoliberalen Prinzip verfahren, die Gewinne (in Form von hohen Gehältern und Prämien und anderen Vergünstigungen für das Management) werden privatisiert und die Verluste sozialisiert. Wie im privaten Bereich geht auch in den (insbesondere großen) diakonischen Einrichtungen die Lohnschere auseinander.
Notlagenregelungen sind – wenn überhaupt – nur von Gewerkschaften abzuschließen in der Form eines Tarifvertrags. Nur Gewerkschaftsvertreter als Experten und Externe haben das notwendige »Standing«, den Erpressungssituationen in den Einrichtungen wirksam und kompetent standzuhalten. Die Sanierungskonzepte der Arbeitgeber müssen eindeutige und konkrete Vorgaben enthalten, die ständig kontrollierbar und auch einklagbar sind. Die durch die Arbeitsrechtliche Kommission (ARK) abgesegneten Regelungen sind kein adäquater Ersatz für mit den Gewerkschaften (DGB-Gewerkschaften bzw. ver.di) verhandelten Sanierungstarifverträgen. Aufgrund der strukturellen Unterlegenheit der Arbeitnehmerseite im sog. 3. Weg ist hier keine starke Arbeitnehmerunterstützung gegeben.
Notlagenregelungen machen nur dann Sinn, wenn die wirtschaftliche Notlage von vorübergehender Natur ist und die Notlagenregelung zur Überbrückung eines Engpasses dient, um die vorherigen Arbeits- und Entlohnungsbedingungen wiederherzustellen. Sie müssen eine **wirkliche Alternative zur Betriebsschließung** sein und nicht eine verzögerte Betriebsschließung auf Raten. Dauerhafte oder über eine längere Zeit angelegte Notlagenregelungen führen nur zu einer Verfestigung eines strukturellen Defizits und der damit oft verbundenen ineffektiven Strukturen. Sollten Notlagenregelungen überhaupt in Erwägung gezogen werden, so sind sie auf eine kurze Zeit zu beschränken, verbunden mit strengen Auflagen gegenüber dem Arbeitgeber zur Entwicklung eines schlüssigen Sanierungskonzeptes.
Solange keine Tarifverträge abgeschlossen werden, muss die MAV im Falle jeder Entgelteinschränkung über Notlagenregelungen etc. unter Beteiligung Sachverständiger hart über die Ursachen der Notlage und ihre Überwindung verhandeln. Es ist unbedingt notwendig, eine im kirchlichen Arbeitsrecht erfahrene Anwaltskanzlei mit der Beratung zu beauftragen. Letztlich geht es bei der Ver-

handlung einer etwaigen Notlagenvereinbarung um ein rechtliches Thema. Die Beurteilung der wirtschaftlichen Situation der Einrichtung und die Prüfung der Sanierungsschritte wird eine erfahrene Kanzlei durch von ihr benannte wirtschaftliche Sachverständige durchführen.
Die entstehenden Kosten sind nach § 30 Abs. 2 MVG durch die Einrichtung zu tragen.
In den letzten Jahren haben Gewerkschaften auch in sozialen Einrichtungen **Tarifverträge über Notlagenregelungen** (Sanierungstarifverträge) ausgehandelt. In der Diskussion um den Abschluss von Notlagenregelungen wurden von ver.di folgende **Grundsätze** aufgestellt:

- Im Vertragstext ist klar zu definieren, unter welchen Voraussetzungen, zu welchen Bedingungen und bis zu welcher Grenze eine Abweichung vom bisherigen Standard zulässig ist.
- Ein Verzicht auf Entlassungen ist eindeutig zu regeln.
- Vorrangig ist die Stundung von Entgeltbestandteilen zu prüfen.
- Übertarifliche Leistungen müssen vorher abgebaut bzw. gekündigt werden.
- Im Vertragstext ist die Verpflichtung des Arbeitgebers vorzusehen, außertariflich Beschäftigten einen mindestens gleich hohen Sanierungsanteil abzufordern.
- Im Falle einer Vergütungsabsenkung ist zwingend eine feste Untergrenze zu vereinbaren.
- Einblick für Vertreter von ver.di in die notwendigen wirtschaftlichen Unterlagen.
- Vorlage eines plausiblen Sanierungskonzeptes bzw. Voraussetzung ist, dass die Einrichtung sanierungsfähig ist.

Bedeutung für die MAV und die Beschäftigten

Tritt der Arbeitgeber mit dem Begehren an die MAV heran, eine Dienstvereinbarung über eine Notlage abzuschließen, gilt es für die MAV, kühlen Kopf zu bewahren und die Alternativen abzuwägen. Die Mitarbeiter müssen unverzüglich und offen informiert werden. Eine Zusammenarbeit mit der Gewerkschaft ist dringend geboten, um den Blick über den eigenen Betrieb hinaus zu entwickeln und sich nicht in eine betriebliche Erpressungssituation hinein manövrieren zu lassen. Die vielfältigen Erfahrungen der Gewerkschaften mit entsprechenden Regelungen sind unbedingt zu nutzen. Die Möglichkeit, unabhängige Sachverständige hinzuzuziehen, muss sofort und intensiv genutzt werden. Ferner sollte die MAV darauf bestehen, auch Gewerkschaftsvertreter zu diesen Verhandlungen hinzuzuziehen.

Der Bestand von Rücklagen und Vermögen ist zu erfragen, um alternative Möglichkeiten der Krisenbewältigung anzugehen. Sollte betriebliches Missmanagement Grund für die behauptete wirtschaftliche Notlage sein, ist auf eine Beseitigung dieser Ursachen hinzuwirken, einschließlich eventueller personeller Konsequenzen und möglicher Regressforderungen.
Von der Leitung ist zu fordern, alle Unterlagen zur innerbetrieblichen Gehaltsstruktur einschließlich evtl. übertariflicher Leistungen offen zu legen. Dies gilt auch für leitende Mitarbeiter. Gegebenenfalls muss die MAV auf den Abbau bzw. die Kündigung übertariflicher Leistungen hinwirken.
Weiterhin sind die Möglichkeiten zu prüfen, ob auf die Kostenträger, wenn sie nicht sachgerechte Forderungen an die Einrichtung zur Senkung der Personalkosten stellen, politischer Druck ausgeübt werden kann. Eine offensive Pressearbeit in Zusammenarbeit mit der Gewerkschaft hilft, den eigenen Argumenten Nachdruck zu verleihen.
Hat die Diakonische Einrichtung mehr als 150 Mitarbeiter, kann ein → **Wirtschaftsausschuss** gebildet werden (§ 23a MVG). Ein Wirtschaftsausschuss sollte stets frühzeitig gebildet werden, damit er in der Krisensituation bereits arbeitsfähig ist.
Hier wiedergegeben sind die Regelungen der AVR.DD. Viele Landeskirchen und die Diakonischen Werke haben davon abweichende Regelungen. Die MAVen müssen sich daher kundig machen, welche arbeitsrechtlichen Vorschriften in ihrem Bereich gelten.
Lässt sich eine MAV auf die Kürzung von Lohnbestandteilen ein oder empfiehlt sie eine gemeinsame »solidarische Kürzung« der Wochenarbeitszeit mit entsprechender Lohnminderung, sind die Folgen zu bedenken: Ist der Betrieb nicht zu erhalten, vermindert sich das zu erwartende Arbeitslosengeld der Mitarbeiter entsprechend der vorher vereinbarten Gehaltskürzungen. Die Mitarbeiter wären somit doppelt bestraft.

Literaturhinweis

- *Tarifpolitisches Programm ver.di*, Berlin 2007.

Öffentlichkeitsarbeit der MAV

Was ist das?

Es ist zu unterscheiden zwischen einer internen und einer externen Öffentlichkeitsarbeit der MAV. Die **interne Öffentlichkeitsarbeit** der MAV ergibt sich aus der **Informationspflicht** der MAV gegenüber den Beschäftigten. Die MAV hat die beruflichen, wirtschaftlichen und sozialen Belange der Beschäftigten zu fördern und sie soll sich der Probleme der Beschäftigten annehmen und deren Interesse vertreten (§ 35 MVG). Dazu braucht die MAV je nach Betriebsgröße und Umfang der auftretenden Probleme einen geeigneten Rahmen für die Öffentlichkeitsarbeit.

Die → **Schweigepflicht** der MAV besteht in personellen Angelegenheiten, insbesondere gegenüber bekannt gewordenen persönlichen Verhältnissen von Beschäftigten, aber nicht in »Angelegenheiten oder Tatsachen, die offenkundig sind oder ihrer Bedeutung nach keiner Geheimhaltung bedürfen« (§ 22 MVG).

Auf der jährlich stattfindenden ordentlichen **Mitarbeiterversammlung** hat die MAV ihren Tätigkeitsbericht vorzutragen und über die laufende Arbeit zu berichten (§ 31 MVG). Dies ist ein wesentlicher Bestandteil der Öffentlichkeitsarbeit der MAV. Bei Bedarf können weitere Mitarbeiterversammlungen oder Teilbereichsversammlungen für besondere Belange der Beschäftigten eines Arbeitsbereiches oder einer Personengruppe durchgeführt werden.

Die MAVen haben ein Anrecht auf ein eigenes **Schwarzes Brett**. Eine konkrete Regelung hierzu gibt es weder im MVG noch im BetrVG, doch der Anspruch der Arbeitnehmervertretungen auf ein eigenes Informationsbrett ist bereits lange in der Rechtsprechung allgemein anerkannt (BAG v. 24.11.1978, AP Nr. 15 zu § 40 BetrVG). Die MAV entscheidet in eigener Verantwortung, welche Informationen in welcher Form bekannt gemacht werden.

Zahlreiche MAVen von mittelgroßen und größeren Einrichtungen geben zusätzlich eigene **MAV-Publikationen** heraus, um zwischen den Mitarbeiterversammlungen mehr Beschäftigte zu erreichen und über aktuelle arbeitsrechtliche Entwicklungen oder betriebliche Veränderungen und Probleme zu berichten.

Hat die Dienststelle ein Intranet eingerichtet und haben auch die Mitarbeiter darauf Zugriff, so ist der MAV zu ermöglichen, Texte und Dokumente einzustellen. Ebenso steht der MAV das Recht auf Einrichtung einer eigenen Homepage zu. Die Einstellung von Texten auf der MAV-Homepage bedarf keiner vorherigen Genehmigung durch den Arbeitgeber.
Die entstehenden **Kosten** für die Mitarbeiterversammlung oder für die MAV-Publikationen trägt der Arbeitgeber als notwendige Kosten der → **Geschäftsführung** der MAV (§ 30 MVG).
Zur **externen Öffentlichkeitsarbeit** enthält das MVG (und auch nicht das Betriebsverfassungsgesetz) keine Regelungen. In Großbetrieben ist es üblich, dass die Betriebsräte nach wichtigen Betriebsversammlungen eine Presseerklärung herausgeben. Insbesondere die kirchlichen Arbeitgeber argumentieren, dass eine eigene Pressearbeit der MAV gegen das Gebot der vertrauensvollen Zusammenarbeit verstoße. Diese Position lässt sich nicht zwingend aus dem MVG ableiten. Die MAV wird im Einzelfall, je nach Problemstellung, der Lage im Betrieb und der Unterstützung der Beschäftigten abwägen müssen, wie sie vorgeht. Viele MAVen behelfen sich damit, dass Presseerklärungen zu wichtigen Entwicklungen im Betrieb oder auch zu Ergebnissen einer Beschäftigtenversammlung von der zuständigen Gewerkschaft herausgegeben und presserechtlich verantwortet werden.
Stehen **betriebliche Auseinandersetzungen** oder **Tarifkonflikte** an, ist Öffentlichkeitsarbeit ein sehr wichtiges Moment, um die strukturelle Unterlegenheit von Arbeitnehmervertretungen zumindest teilweise ausgleichen zu können. Umfangreiche Vorschläge zum Vorgehen finden sich unter dem Kapitel → **Aktionsformen, Beteiligungsorientierung.**

Bedeutung für die MAV

Die eigene Darstellung der MAV-Arbeit im Betrieb ist für eine MAV, die ihre Aufgaben ernst nimmt, unerlässlich. Über wichtige Fragen der betrieblichen Entwicklung ist regelmäßig zu berichten. Wenn sich die MAV der Probleme der Beschäftigten und von Beschäftigtengruppen annimmt, hat sie über die Ergebnisse ihrer Arbeit zu berichten. Eine MAV, die einen engen Kontakt zu den Beschäftigten hält und selbstbewusst (nicht profilierungsbewusst) über die Erfolge ihrer Arbeit und auch über die auftretenden Schwierigkeiten berichtet, stärkt ihre Position. Eine transparente und nachvollziehbare Arbeit der MAV führt zu mehr Vertrauen bei den Beschäftigten und verschafft ihr auch bei der Leitung Respekt.

Jede MAV, unabhängig von ihrer Größe, sollte die Möglichkeit eines eigenen **Schwarzen Bretts** nutzen und dies auch regelmäßig und mit ausgewähltem und aktuellem Material bestücken. Das Schwarze Brett der MAV, insbesondere wenn es an einer frequentierten Stelle angebracht ist, ist die Visitenkarte der MAV.
Die →Mitarbeiterversammlung mit dem Tätigkeitsbericht der MAV muss sorgsam vorbereitet werden. Der Verlauf von Mitarbeiterversammlungen, das Auftreten der MAV und das kompetente Auseinandersetzen mit der Leitung prägen entscheidend die Betriebskultur. Mitarbeiterversammlungen sollten ein Forum sein, auf dem die Beschäftigten die für sie wichtigen Informationen bekommen und auch Anregungen und Kritiken vorgebracht werden können.
Die MAV-eigenen **Publikationen** müssen seriös sein, d.h. wenn sie Missstände im Betrieb hart angehen, muss dies auch mit Fakten und Argumenten belegt sein. Diese Publikationen können auch für Beiträge von Beschäftigten geöffnet werden, sie wirken damit auch lebendiger. Gut aufgemachte MAV-Publikationen haben eine wichtige Funktion in der betrieblichen Gegenöffentlichkeit.
Auf jeden Fall sollte die MAV regelmäßig die Beschäftigten über wichtige arbeitsrechtliche Änderungen informieren, wie die Aushandlung neuer Tarifverträge bzw. Beschlüsse der Arbeitsrechtlichen Kommission oder auch über neue wichtige Arbeitsgesetze und Gerichtsurteile. Hier können auch Flugblätter oder Vorlagen der Gewerkschaft benutzt werden.
Mit dem Einsatz von **EDV** kann die Öffentlichkeitsarbeit noch effektiver gestaltet werden. Die MAV-Publikationen oder auch nur kurze Informationen können heutzutage bequem über E-Mail an die Beschäftigten versandt werden. Wo sich die Möglichkeit bietet, kann die MAV das betriebliche Intranet nutzen oder sich auch an betrieblichen Diskussionsforen mit beteiligen.
Mitglieder der MAV können auch Schulungen für Öffentlichkeitsarbeit besuchen. Dabei ist es Sache der MAV zu entscheiden, welches Mitglied im Gremium sie dafür bestimmt, es muss nicht zwangsläufig ein freigestelltes Mitglied der MAV sein (Kirchengerichtshof der EKD v. 16.12.2013 – II-2014/V20-13).

Intranet, Homepage und Soziale Medien

Die Nutzung sozialer Medien und der neuen Technik wird für MAVen immer wichtiger. Mit einem sinnvollen und gezielten Einsatz neuer sozialer Medien kann die MAV ihre Öffentlichkeitsarbeit verbessern und verstärken.
Hat der Arbeitgeber ein Intranet eingerichtet, sollte die MAV dies auch dazu nutzen, um dort eigene Informationen und Texte einzustellen. Für die Ankündigung von Terminen, von wichtigen arbeitsrechtlichen Änderungen und Betriebsvereinbarungen kann das betriebliche Internet bzw. E-Mail-System genutzt werden. Ein Intranet-Auftritt steht nicht in Konkurrenz zu einem attraktiven Schwarzen Brett an einem viel frequentierten Ort. Im Gegenteil, beide Möglichkeiten zur Information können sich gut ergänzen.

Hat die MAV genügend Kapazitäten, kann sie auch eine eigene Homepage einrichten. Dort kann sie die Beschäftigten über ihre laufende Arbeit informieren und wichtige Themen sofort an die Beschäftigten weitergeben. Sie kann ihre Ansprechbarkeit verbessern, indem sie die Homepage so einrichtet, dass sie den Beschäftigten die Möglichkeit bietet, Postings und Kommentare abzugeben. Die MAV kann mit diesen Rückmeldungen möglichst schnell und direkt von den Beschäftigten erfahren, welche Probleme aktuell anstehen. Wichtig ist, dass die Homepage kontinuierlich gepflegt wird, sie muss aktuell sein und mögliche Anfragen von Beschäftigten müssen zeitnah beantwortet werden.
Der Einsatz neuer sozialer Medien wie Facebook, Instagram, WhatsApp oder ähnliches ist nicht unproblematisch. Z. B. kann wegen des intransparenten Adressatenkreises nicht ausgeschlossen werden, dass bestimmte Informationen die betriebliche Öffentlichkeit verlassen. Die Vorschriften des Datenschutzes einzuhalten, wird für die MAV dabei nur mit großem Zeitaufwand und Sachverstand zu schaffen sein.
Hat die MAV nicht die erforderlichen Kenntnisse zur Nutzung der betriebsinternen sozialen Medien, so haben Mitglieder der MAV das Recht, solche Kenntnisse in Schulungen zu erwerben.

Bedeutung für die Beschäftigten

Das eigentliche Ziel der Öffentlichkeitsarbeit einer MAV kann nur sein, die Position und die Rechte der Beschäftigten zu stärken. Im Zusammenspiel mit gewerkschaftlichen Publikationen sind sie über die wichtigen arbeits- und tarifrechtlichen Änderungen zu informieren sowie über wichtige betriebliche Entwicklungen. Nur informierte Mitarbeiter sind in der Lage, ihre Rechte zu nutzen und auch durchzusetzen. Eine entwickelte betriebliche Öffentlichkeit stärkt auch das Gefühl der Zusammengehörigkeit und ermöglicht gemeinsame Aktionen. Eine aktive Mitarbeiterschaft ist unerlässlich, um der MAV bei schwierigen Verhandlungen mit dem Arbeitgeber den Rücken zu stärken.

Literaturhinweis

- *Wolmerath, Martin:* Öffentlichkeitsarbeit des Betriebsrats, 6. Auflage, Frankfurt 2023

Öffnungsklauseln

Was ist das?

So genannte Öffnungsklauseln erlauben es, von in Tarifwerken verankerten Regelungen abzuweichen. Dies kann erfolgen, um Leistungen etc. zu verbessern, insbesondere aber auch, um Entgelte etc. abzusenken. In den AVR.DD finden sich gleich drei Möglichkeiten von Öffnungsklauseln, die die Entgelte der Beschäftigten absenken.
Nach dem Tarifvertragsgesetz sind derartige abweichende Regelungen zum → **Tarifvertrag** nur dann zulässig, soweit sie durch den Tarifvertrag gestattet sind oder wenn diese Regelungen zugunsten des Arbeitnehmers abweichen (§ 4 Abs. 3 TVG). Nach dem Betriebsverfassungsgesetz können Arbeitsentgelte und sonstige Arbeitsbedingungen, die durch Tarifvertrag geregelt sind oder üblicherweise geregelt werden, wie z. B. die Dauer der Arbeitszeit und die Dauer des Urlaubs, nur dann Gegenstand einer Betriebsvereinbarung sein, wenn ein Tarifvertrag den Abschluss ergänzender betrieblicher Vereinbarungen ausdrücklich zulässt (§ 77 Abs. 3 BetrVG).
Das **MVG** der EKD sieht Öffnungsklauseln vor, wonach Vereinbarungen über Arbeitsentgelte und sonstige Arbeitsbedingungen getroffen werden können, wenn ein Beschluss der → **Arbeitsrechtlichen Kommission** dies ausdrücklich zulässt (§ 36 Abs. 1 MVG).

Bedeutung für die MAV

Die umstrittenste Regelung unter den Öffnungsklauseln in den kirchlichen Arbeitsrechtsreglungen ist die so genannte → **Notlagenregelung** bzw. die als Anlage 17 zu den AVR.DD aufgenommene »Dienstvereinbarung aufgrund einer wirtschaftlichen Notlage«. Über eine Dienstvereinbarung können Regelungen zur »Personalkostenreduzierung« getroffen werden (allerdings mit der Einschränkung, dass die ARK noch zustimmen muss).

MAVen sind nicht unabhängig und können gegenüber dem eigenen Arbeitgeber nicht als gleichwertiger Verhandlungspartner auftreten. Da die MAVen keine unabhängigen Verhandlungspartner sind, erfüllen die betrieblichen Verhandlungen zwischen Arbeitgeber und MAV auch nicht die von der Kirche an den → **Dritten Weg** selbstgesetzten Kriterien wie die nach einer partnerschaftlichen und fairen Konfliktlösung.

Bedeutung für die Beschäftigten

Öffnungsklauseln in den einzelnen Arbeitsvertragsrichtlinien (AVR) als Beschlüsse der Arbeitsrechtlichen Kommissionen (→ **ARK**) haben sich insbesondere im diakonisch-kirchlichen Bereich als Einfallstor für arbeitsrechtliche Verschlechterungen erwiesen. Fast durchweg sind die Beschlüsse der ARKen viel unbestimmter gefasst als entsprechende Klauseln in Tarifverträgen. Das Entscheidende ist aber die nur sehr eingeschränkte Möglichkeit der Unterstützung durch die Gewerkschaft in kirchlichen Einrichtungen, die im weltlichen Bereich oder im Öffentlichen Dienst entweder direkt oder zusammen mit den Betriebs- und Personalräten die entsprechenden betrieblichen Regelungen aushandeln. Öffnungsklauseln sind kein neutrales Instrument zur Flexibilisierung und betriebsgerechten Anpassung des Arbeitsrechts, sondern sie »flexibilisieren« fast ausnahmslos nach unten. Nicht selten haben in den betroffenen Einrichtungen uninformierte Beschäftigte, besonders in strukturschwachen ländlichen Gebieten und in »gewerkschaftsfreien« Einrichtungen, die Mitarbeitervertretungen gedrängt, kollektive Regelungen zur Absenkung von Entlohnungs- und Arbeitsbedingungen abzuschließen. Oft hatten die kirchlichen Arbeitgeber vorher an »Solidarität und Verantwortungsbewusstsein« appelliert, und die Mitarbeiter schlossen sich dem teilweise an, nur mit der vagen Aussicht, die Arbeitsplätze zu erhalten, obwohl empirische Studien längst belegen, dass Lohnverzicht bzw. Arbeitszeitverlängerung nicht zur Arbeitsplatzsicherung führen. Wegen der Gefahr des Ingangsetzens einer Abwärtsspirale unter den Einrichtungen ist eine offene und auch gesellschaftspolitische Diskussion von Öffnungsklauseln innerhalb der Mitarbeiterschaft der betroffenen Betriebe in jedem Einzelfall notwendig.

Ordnungsgeld

Was ist das?

Es sollte nicht vorkommen, kommt aber vor. Arbeitgeber könnten rechtskräftige Entscheidungen der Kirchengerichte oder des Kirchengerichtshofs ignorieren. Rechtskräftig bedeutet, dass entweder die erstinstanzliche Entscheidung des Kirchengerichts nicht mehr angefochten werden kann, weil die Beschwerdefrist abgelaufen ist. Oder, im Fall der Beschwerde, die durch den Kirchengerichtshof (KGH) erst zur Entscheidung angenommen werden muss, der KGH die Beschwerde nicht zur Entscheidung annimmt oder es sich um eine Entscheidung des KGH nach angenommener Beschwerde handelt. Der KGH entscheidet letztinstanzlich. Es gibt keine Instanz mehr über ihm. Die MAV hat dann zwar einen Erfolg bei Gericht erzielt, der Arbeitgeber macht diesen Erfolg jedoch durch Unterlassung zunichte. Damit die MAV nicht als harmloser »Papiertiger« wahrgenommen wird, wurde mit dem Änderungsgesetz zum MVG vom 5.12.2023 das Ordnungsgeld (§ 63a MVG-EKD) von 5000 € auf maximal 10 000 € erhöht. Sollte der Arbeitgeber trotz der Zahlung des Ordnungsgeldes seiner Verpflichtung aus einer Entscheidung nicht nachkommen, kann das Ordnungsgeld erneut verhängt werden. Auch wenn die Höhe des max. Ordnungsgeldes mit 10 000 € nicht besonders hoch ist – besonders größere Diakonische Werke würden das aus der »Portokasse«! bezahlen – so ist jedoch der »moralische« Schaden erheblich, wenn bekannt wird, dass eine Dienststellenleitung ein von der Synode erlassenes Gesetz mit Streitregelungslösung vorsätzlich ignoriert. Evtl. kämen auf die Dienststellenleitungen noch haftungsrechtliche Probleme zu, insoweit die Dienststellenleitung zu Regress gegenüber der Einrichtung herangezogen werden könnte.
Gegen die Verhängung eines Ordnungsgeldes ist die Beschwerde (§ 63 MVG-EKD) an den Kirchengerichtshof möglich. Dabei wird die zugrundeliegende Entscheidung nicht überprüft, sondern nur, ob die Verpflichtung des Arbeitgebers innerhalb eines Monats erfüllt wurde oder nicht. Keine Beschwerde ist möglich, wenn der Kirchengerichtshof selbst ein Ordnungsgeld verhängt.

Das Ordnungsgeld wird von den Geschäftsstellen der Kirchengerichte bzw. der Geschäftsstelle des Kirchengerichtshofes eingezogen. Das Geld verbleibt nicht bei den Gerichten, sondern wird durch die Gerichte kirchlichen oder sozialen Zwecken gewidmet. Die Gerichte sind hier frei in Ihrer Entscheidung, wem ein Ordnungsgeld ganz oder teilweise zufließt. Das Ordnungsgeld kann auch auf mehrere Einrichtungen aufgeteilt werden.

Bedeutung für die MAV

Vor der Novellierung des MVG-EKD vom 5. 12. 2003 gab es noch die Möglichkeit der Ersatzvornahme, bei der eine Dienststellenleitung durch ein aufsichtsführendes Organ zur Umsetzung einer Entscheidung der Kirchengericht angehalten werden konnte. Diese Regelung ist entfallen.[1] Mit der gleichzeitigen Erhöhung des Ordnungsgeldes auf 10 000 € steht der MAV ein Mittel zur Verfügung, die Interessen der Beschäftigten – auch öffentlichkeitswirksam (Hinweis in einer MAV-Versammlung, Rundschreiben, …) durchzusetzen, wenn eine rechtskräftige Entscheidung durch die Dienststellenleitung missachtet wurde.
Die Verhängung eines Ordnungsgeldes kann frühestens nach einem Monat nach Eintritt der Rechtskraft eines Beschlusses des Kirchengerichts beantragt werden. Für den Feststellungsantrag ist ein ordnungsgemäßer Beschluss der MAV erforderlich.
Zwar ist es erfreulich, dass die Höhe des Ordnungsgeldes mittlerweile angepasst wurde. Gleichwohl ist die Verhängung des Ordnungsgeldes wie alle kirchengerichtlichen Entscheidungen nicht vollstreckbar und seine Sanktionswirkung daher ebenfalls mangelhaft.

Bedeutung für die Beschäftigten

Für die Beschäftigten ist das Vertrauen in die Arbeit der MAV unerlässlich. Dazu gehört u. a., dass die MAV im Konfliktfall auch den Gerichtsweg einschlägt, also konfliktfähig ist. Zu diesem Vertrauen gehört auch, dass die MAV alle Rechtsmittel und Möglichkeiten ausschöpft, um die Interessen der Beschäftigten zu vertreten und durchzusetzen.

1 Im Bereich der Ev. Kirche in Bayern besteht noch die Möglichkeit der Ersatzvornahme – s. § 10 AGMVG Bayern.

Outsourcing

Was ist das?

Der entsprechende deutsche Begriff für Outsourcing ist »Auslagerung«. Es werden Teile eines Betriebs »ausgelagert« mit der Erwartung, die Leistung kostengünstiger einkaufen oder erbringen zu können. Als Anbieter treten in den letzten Jahren auch verstärkt eigene Tochtergesellschaften der diakonischen Träger auf. Diese Unternehmen sind nicht nur Serviceeinrichtungen, sondern auch oft Leiharbeitsfirmen.
Diese Rechtskonstruktionen bieten laut des diakonischen → **Arbeitgeberverbandes** VdDD den erklärten Vorteil, dass auf die erbrachte Leistung keine Mehrwertsteuer gezahlt werden muss.
In den letzten Jahren griffen viele diakonische Einrichtungen zum Mittel des Outsourcing. Dies widerspricht dem von der Diakonie im MVG und in der Öffentlichkeit gezeichneten Bild der → **Dienstgemeinschaft:**
»Kirchlicher Dienst ist durch den Auftrag bestimmt, das Evangelium in Wort und Tat zu verkündigen. Alle Frauen und Männer, die beruflich in Kirche und Diakonie tätig sind, wirken als Mitarbeiterinnen und Mitarbeiter an der Erfüllung dieses Auftrages mit« (Präambel des MVG). Auf diesen Widerspruch, dass auf der einen Seite der Gedanke der Dienstgemeinschaft hochgehalten wird, auf der anderen Seite aber organisatorische Maßnahmen getroffen werden, die die Mitarbeiterschaft spalten und in zwei Klassen einteilen, haben die Beschäftigten immer wieder hingewiesen.

Bedeutung für die Beschäftigten

Tatsächlich werden durch Outsourcing Teile der Belegschaft aus der »Dienstgemeinschaft« ausgesondert. Als Beschäftigte einer privaten Servicegesellschaft arbeiten sie in der vorher einheitlichen diakonischen Einrichtung oder werden sogar als → **Leiharbeitnehmer** wieder an sie ausgeliehen. Sie haben nicht mehr

dieselbe betriebliche Interessenvertretung, sie haben einen anderen Arbeitgeber, mit dem ggf. ein neuer Arbeitsvertrag abgeschlossen wird, sie haben perspektivisch niedrigere Vergütungen und schlechtere Arbeitsbedingungen.
Der externe private Anbieter zahlt an seine Beschäftigten unter Umständen einen wesentlich geringeren Lohn. Oft ist er an keinen Tarifvertrag gebunden bzw. die arbeitsvertraglichen Leistungen, die für den »diakonischen Mutterbetrieb« gelten, werden verschlechtert: z. B. die Höhe der Vergütung, die Regelungen für die Arbeitszeit und den Urlaub, für zusätzliche Altersversorgung oder Zuschläge für Feiertage und Überstunden. Für die zwangsläufige Einsparung an Personal und die wesentlich schlechtere Motivation der externen Mitarbeiter nehmen die Arbeitgeber auch eine verminderte Qualität der Arbeitsleistung hin.
Organisationsberatungsfirmen haben für die private Wirtschaft in den letzten Jahren den Gedanken des **»Kerngeschäfts«** und die Unterscheidung in **»Kern- und Randbelegschaften«** propagiert. Viele diakonische Unternehmen übertragen dieses Denken auf ihre Einrichtung und übernehmen mit der Unternehmensideologie auch diesen Sprachjargon. Die Beschäftigten in diakonischen Einrichtungen werden nach zwei Klassen einsortiert: die Mitarbeiter aus dem Kerngeschäft bleiben in der alten Einrichtung, die Randbelegschaft wird an eine Servicefirma abgegeben bzw. deren Leistungen werden durch eine Leiharbeitsfirma erbracht.
Outsourcing hat auch massive Auswirkungen auf die Alt- bzw. Kernbelegschaft. Durch die Ausgründung von Arbeitsbereichen und durch die Drohung, weitere Bereiche auszugründen, üben die Leitungen massiven Druck auf die Belegschaften aus. Folgen sind oft Absenkung der Tarife auch für die Kernbelegschaft, steigende Arbeitsintensivierung und die Erpressung mit Notlagenregelungen.
Es breitet sich ein allgemeines Klima der Unsicherheit aus. Wer zur Kernbelegschaft gehört bzw. in den nächsten Jahren noch dazu gehören wird, ist unsicher und wird sich weiter verändern. Früher bestanden die klassischen Outsourcing-Bereiche aus dem Reinigungsdienst und der Küche. Heute sind es z. B. im Krankenhaus schon längst Bereiche wie Labor, Röntgen oder auch die therapeutischen Dienste und ganze OP-Abteilungen. Des Weiteren auch Bereiche wie Controlling und EDV-Abteilung – nur werden hier die Leitungskräfte *über* dem herkömmlichen Vergütungsniveau bezahlt.

Bedeutung für die MAV

Ziel der MAV sollte sein, die Einheit der Einrichtung zu erhalten und die Aufspaltung der Mitarbeiter in verschiedene Klassen mit unterschiedlichen Vergütungen und Arbeitsbedingungen zu verhindern.

Der **Kirchengerichtshof der EKD** hat zum Einsatz von Leiharbeitnehmern am 9. 10. 2006 ein wegweisendes Urteil gesprochen. Danach ist die Vergabe regulärer Tätigkeiten in einer diakonischen Einrichtung an Verleihfirmen mit den Prinzipien des besonderen kirchlichen Arbeitsrechts nicht zu vereinbaren. Allenfalls seien kurzfristige Aushilfseinsätze in dieser Form tolerierbar. Eine *»ständige Substitution durch ›Leiharbeit‹ ist mit den Anforderungen der Dienstgemeinschaft nicht zu vereinbaren«*. (s. Auszüge aus der Urteilsbegründung unter → **Leiharbeitnehmer**)
Der Kirchengerichtshof hat damit die Besonderheit des kirchlichen Dienstes hervorgehoben. Dieser kann nach seinem Verständnis nicht allein nach weltlichem Arbeitsrecht beurteilt werden. Wenn sich eine Einrichtung der Kirche und ihrer Diakonie zuordnet, dann müsse sie die sich aus der Zuordnung ergebende Kirchlichkeit auch selbst »leben«. Diakonische Arbeit ist nach kirchlichem Selbstverständnis Teil der Glaubensausübung. Allein darin liege die Rechtfertigung für die Inanspruchnahme der sich aus Art. 140 Grundgesetz ergebenden Kirchenprivilegien. Die Gewerkschaft ver.di stellt in diesem Zusammenhang die rhetorische Frage: »Kann der diakonische Auftrag fremd vergeben werden?«.
Die Entscheidung des Kirchengerichtshofs ist eine Kritik an den Bestrebungen diakonischer Arbeitgeber, sich unter das Dach der Kirche mit ihrer Sonderstellung zu begeben, sich aber in der Praxis wie ein weltliches Wirtschaftsunternehmen zu verhalten.
Konsequent weiter gedacht folgt aus diesem Urteil, wenn der dauerhafte Einsatz von Leiharbeitnehmern unzulässig ist, gilt dies ebenso für das Outsourcen von Arbeitsbereichen, denn das ist nichts anderes als eine »ständige Substitution« (Ersetzung) der Stammbelegschaft durch Beschäftigte einer fremden Firma.

Was können Mitarbeitervertretungen tun?

Erfährt die MAV von Plänen zum Outsourcing, so muss sie schnell aktiv werden. Outsourcing kann im **Vorfeld** verhindert werden. Plant der Arbeitgeber, Teile der Einrichtung fremd zu vergeben oder eine eigene Leiharbeitsfirma zu gründen, so hat die MAV ein Mitberatungsrecht (§ 46 a) MVG). Der Arbeitgeber hat die MAV umfassend und rechtzeitig zu informieren und Gelegenheit zur Erörterung zu geben (→ **Betriebsumwandlung**). Auch wenn das Mitberatungsrecht nicht so weit greift wie das Mitbestimmungsrecht, so kann die MAV doch in den Erörterungen mit der Leitung ihre Bedenken vorbringen und auf ihre Mitbestimmungsrechte bei der → **Einstellung** von Mitarbeitern der Fremdfirma hinweisen. Weiterhin kann die MAV prüfen, ob Verhandlungen über einen → **Sozialplan** aufgenommen werden und wie die Regelungen zur → **Sicherungsordnung** der AVR einzubeziehen sind.

Besteht in der Einrichtung ein → **Wirtschaftsausschuss**, so hat die MAV auch darüber die Möglichkeit, frühzeitig Informationen zu bekommen und kann versuchen, bereits im Planungsstadium Entwicklungen zu beeinflussen.
Den Arbeitgeber kann sie auf die Rechtsprechung des Kirchengerichtshofs hinweisen und deutlich machen, dass die Ausgründung von Teilen der Einrichtung mit dem propagierten Gedanken der Dienstgemeinschaft nicht vereinbar ist.
Im Konfliktfall kann die → **Gewerkschaft** eine wichtige Unterstützung sein. Sie kann die MAVen fachlich beraten und hat bessere Möglichkeiten, eine wirksame Öffentlichkeitsarbeit zu betreiben. Auch juristischer Sachverstand sollte bei den Beratungen der MAV einbezogen werden.

Literaturhinweis

- *Dahme, Heinz-Jürgen/Kühnlein, Gertrud/Stefaniak, Anna/Wohlfahrt, Norbert:* Leiharbeit und Ausgliederung in diakonischen Sozialunternehmen, Düsseldorf 2012.

Perry Rhodan

Was ist das?

Die wöchentliche Taschenheftserie »Perry Rhodan« startete am 8. September 1961. Geschildert werden die Entdeckung und »Eroberung« des Weltalls, wobei die Serie auch immer Einflüsse des aktuellen politischen, wirtschaftlichen, gesellschaftlichen und religiösen Tagesgeschehens adaptiert. Die Autoren entwerfen dabei seit Jahren ein humanistisches Weltbild, in dem Toleranz und Forscherdrang eine wesentliche Rolle spielen. Wobei, es kann der Friedlichste nicht in Ruhe leben, wenn es dem bösen Nachbarn nicht gefällt, so dass auch die »Action« nicht zu kurz kommt. Seit 2011 startete eine Neuauflage – Perry Rhodan Neo – als 14tägige Taschenbuchausgabe, die die Geschichte von Anfang an neu erzählt. Dabei werden die aktuellen technischen Möglichkeiten und gesellschaftlichen Entwicklungen eingebracht, etwa dass Raumschiffe nicht mehr mit Lochkarten gesteuert werden, wie zu Beginn der 1960iger Jahre. Außerdem wird Pegida[1] als aktuelle politische Entwicklung aufgegriffen.

Bedeutung für die MAV

Im Mitbestimmungsbereich gibt es in der Serie keine Sonderregelungen mehr. Sicheres Indiz dafür ist, dass der Mausbiber Guck (Spitzname Gucky) eine Zeit lang als Betriebsrat (Öffentlicher Dienst – Raumflotte) tätig war. Dem Wunsch nach Abschaffung des MVG und der Gleichstellung mit dem BetrVG wurde in der Serie somit Rechnung getragen. Durch die Entdeckung zahlreicher Welten, der Gründung des solaren Imperiums und der Existenz zahlreicher Glaubens-

1 »Patriotische Europäer gegen die Islamisierung des Abendlandes«, eine islam- und fremdenfeindliche, völkische, rassistische und rechtsextreme Organisation. (Wikipedia, Zugriff 9. 9. 2024)

richtungen wären kirchliche Sonderregelungen der unterschiedlichsten Kulör für eine fortschrittliche gesellschaftliche Entwicklung kontraproduktiv.

Bedeutung für die Beschäftigten

Für Beschäftigte bedeutet die Serie jede Woche – bzw. bei Neo alle 14 Tage – Spaß, Abwechslung vom Alltag, die Auseinandersetzung mit neuen Ideen und somit die ideale Ergänzung zum kirchlich-diakonischen Tagesgeschäft. Perry Rhodan sollte daher auf Kosten des Arbeitgebers wöchentlich bzw. 14tägig gereicht werden. Neben der wöchentlich erscheinenden Erstausgabe gibt es regelmäßig Taschenbücher und Miniserien. Im Internet haben Fans der Serie auch zahlreiche Videos und Animationsfilme zu und über Perry Rhodan eingestellt. Die Fans treffen sich regelmäßig bei sog. »Cons«, um sich auszutauschen oder die Autoren zu treffen. Bekannt sind z. B. der GarchingCon im Bürgerhaus in Garching bei München oder der ColoniaCon. Als Nachschlagewerk hat sich die »Perrypedia« seit 2004 als umfangreiche Informationsgrundlage etabliert. Derzeit sind rund 62 000 Artikel vorhanden.

Personalakte

Was ist das?

Personalakte ist die vollständige Sammlung aller vom Arbeitgeber über den Arbeitnehmer geführten Unterlagen, die in einem sachlichen Zusammenhang mit dem Arbeitsverhältnis stehen. Die Form der Unterlagen – Schriftstück, Kartei oder Computerdatei – ist dabei unerheblich. Angelegenheiten, die keinen sachlichen Zusammenhang zum Arbeitsverhältnis haben (z. B. Partei- oder Gewerkschaftszugehörigkeit), gehören nicht in die Personalakte. Zum Recht auf Einsichtnahme s. u. Bedeutung für die Beschäftigten.
Die Personalakte kann aus mehreren Akten bestehen. So bilden Neben- zusammen mit Hauptakte, Karteien und (EDV-) Dateien die Personalakte. Die Hauptakte muss dann einen Hinweis auf evtl. Nebenakten enthalten (LAG Bremen v. 4.3.1977 – 1 Sa 303/76). Evtl. »geheime« Personalakten oder Sonderakten sind unzulässig.
Die Personen mit Zugang zu Personalakten sind so eng wie möglich zu begrenzen, die Akten sorgfältig zu verwahren und die Informationen vertraulich zu behandeln (Personalaktengeheimnis; → **Datenschutz**, s. a. BAG v. 15.7.1987 – 5 AZR 215/86). Bei der Führung der Akten empfiehlt es sich, hinzuzufügende Schriftstücke chronologisch durchzunummerieren. Nach Beendigung des Arbeitsverhältnisses hat der Arbeitgeber kein Recht auf weitere Aufbewahrung von Personalakten. Nur für bestimmte Belege, Gehalts- und v. a. Rentenunterlagen bestehen Aufbewahrungsfristen.
Das Datenschutzgesetz der EKD sieht in § 49 Beschränkungen vor für die Datenerhebung, -verarbeitung und -nutzung bei Dienst- und Arbeitsverhältnissen. Diese Bestimmungen gelten auch für die Führung von Personalakten: »Daten von Beschäftigten dürfen nur verarbeitet werden, soweit dies zur Begründung, Durchführung, Beendigung oder Abwicklung des Beschäftigungsverhältnisses oder zur Durchführung organisatorischer, personeller und sozialer Maßnahmen, insbesondere auch für Zwecke der Personalplanung und des Personaleinsatzes, erforderlich ist oder eine Rechtsvorschrift, ein Tarifvertrag oder eine Dienstvereinbarung dies vorsieht.« (→ **Datenschutz**)

Generell dürfen Personalakten nur Informationen enthalten, die der Arbeitgeber rechtmäßig erworben hat und für die ein sachliches Interesse des Arbeitgebers besteht (BAG vom 13.4.1988 – 5 AZR 537/86). Hat der Arbeitgeber nur das Recht auf eine bestimmte Information aus einem Dokument, wie z.B. beim erweiterten polizeilichen Führungszeugnis, darf nicht das gesamte Dokument zur Personalakte genommen werden. Es reicht aus, wenn dokumentiert ist, ob die benötigte Information vorgelegen hat oder nicht. Das gilt auch für das Vorliegen bestimmter Impfungen. Impfpässe gehören auch nicht in die Personalakte. Typischerweise gehören folgende Unterlagen in eine Personalakte:

- Bewerbungsunterlagen, Personalfragebogen, Nachweise über Wehr- und Zivildienst,
- Gefährdungsbeurteilungen der Arbeitsplätze des Arbeitnehmers nach §§ 5, 6 ArbSchG (→ **Arbeitsschutz**); auch die haben einen »inneren Zusammenhang« mit dem Arbeitsverhältnis,
- Ermahnungen, Abmahnungen und dazugehörige Äußerungen bzw. Gegendarstellungen; auch evtl. (Änderungs-)Kündigungen,
- Angaben zur Berufsbildung, Fortbildungen und zu Fähigkeiten und Fertigkeiten, Eignungstests, Arbeitserlaubnis, Arbeits- bzw. Ausbildungsvertrag, Zeugnisse und Zwischenzeugnisse des Arbeitgebers,
- Ernennungen, Versetzungen, Umsetzungen, Änderung des Beschäftigungsumfangs, Urlaub, Erkrankungen, Dienstjubiläen, Arbeitsunfälle, (Genehmigung von) Nebentätigkeiten, Dienstanweisungen, Stellenbeschreibungen,
- Entgeltveränderungen, steuer- und sozialversicherungsrechtliche Unterlagen (Steuerbescheinigung, Sozialversicherungsnachweis), Abtretungen und Pfändungen,
- Schriftwechsel zwischen Arbeitnehmer und Arbeitgeber
- Rechtsstreitigkeiten aus dem Dienstverhältnis,
- Vergütung, Beihilfeversicherung und Zusatzversorgung bzw. Betriebsrente (kann auch als Teil- oder Beiakte geführt werden),
- Reisekostenerstattung und Trennungsgeld,
- Altersteilzeit, Verrentung und Ausscheiden aus dem Dienstverhältnis.

Weitere Unterlagen gehören nicht in die Personalakte, u.a. keine Notizen von Vorgesetzten über den Arbeitnehmer, von denen er keine Kenntnis hat. Ebenso wenig gehören Vorgänge in die Personalakte, die inhaltlich unrichtig sind oder keinen Bezug zum Arbeitsverhältnis haben.

Obwohl die Personalakte für eine Vielzahl von Arbeitnehmern Bedeutung hat, gibt es dazu **keine explizite gesetzliche Regelung**. Daher ist bei dem Thema auf allgemeine, insbesondere Regelungen zum Datenschutz und auf die Rechtsprechung (v.a. des BAG) zurückzugreifen.

Wir leben im Zeitalter des »papierlosen Büros«. Für die Behörden des Bundes besteht sogar die Verpflichtung, ihre Verwaltung bis zum Jahr 2020 komplett auf die sog. Elektronische Akte umzustellen. Daher verwundert es nicht, dass mehr und mehr Unternehmen und Betriebe aktuell auch ihre Papierakten auf eine »**digitale Personalakte**« umstellen. Die Grundsätze zu den Papierakten gelten in gleichem Maße auch für digitale Akten, das gilt ebenso für die Inhalte. Wegen des Grundsatzes der Vertraulichkeit, wird der Arbeitgeber bei digitalen Akten zunächst ein umfassendes und differenziertes Berechtigungskonzept für den Zugriff zu erstellen haben. So können verschiedenen Nutzern jeweils Lese-, Schreib-, Speicher-, Lösch- und Druckrechte einzeln oder kombiniert zugewiesen werden. Dazu muss es dann eine verbindliche Verfahrensanweisung geben. Daneben ist bei solchen sensiblen digitalen Daten eine effektive Form der Verschlüsselung erforderlich. Ebenso ist ein Konzept aufzustellen, wann und unter welchen Bedingungen personenbezogene Daten der digitalen Personalakte zu löschen sind. Dabei bestehen für unterschiedliche Inhalte der Akte auch unterschiedliche Lösch- bzw. Aufbewahrungsfristen.

Bedeutung für die MAV

Die Mitarbeitervertretung besitzt wegen des Persönlichkeitsschutzes der Mitarbeiter kein eigenständiges Recht auf Einsicht in die Personalakten (→ **Datenschutz**, → **Abmahnung**). Es besteht nur, wenn der betroffene Mitarbeiter schriftlich zugestimmt und ein bestimmtes Mitglied der MAV schriftlich bevollmächtigt hat (§ 34 Abs. 4 MVG). Die Vollmacht ist zu den Personalakten zu nehmen. Die Informationen über den Inhalt der Personalakte unterliegen dann der → **Schweigepflicht** der MAV.
Mitarbeitervertretungen sollten die Beschäftigten ihrer Dienststelle ausführlich über die Rechte im Hinblick auf ihre Personalakten informieren, etwa in einer Mitarbeiterversammlung, der MAV-Betriebszeitung oder durch einen Aushang. Dabei sollte auch auf die Möglichkeit hingewiesen werden, ein MAV-Mitglied zur Einsichtnahme in die Personalakte zu bevollmächtigen.
Zur Überwachungspflicht der MAV über die Einhaltung arbeits- und datenschutzrechtlicher Bestimmungen (§ 35 Abs. 3 Buchst. b MVG) gehört auch die Kontrolle des korrekten Umgangs mit Personalakten. Auch in diesem sensiblen Bereich des Persönlichkeitsschutzes der Mitarbeiter besitzt die MAV ein Initiativrecht. So kann sie etwa eine → **Dienstvereinbarung** über Umgang mit und Verfahren bei Personalakten in der Dienststelle vorschlagen.

Bedeutung für die Beschäftigten

Beschäftigte können zu jeder Zeit (während der betriebsüblichen Öffnungszeiten der Personalabteilung) und ohne besondere Begründung Einblick in ihre **vollständige** Personalakte nehmen und dabei Abschriften oder Kopien (auf eigene Kosten) anfertigen. Die Einsichtnahme erfolgt grundsätzlich während der Arbeitszeit. Eine Minderung des Entgelts darf dadurch nicht erfolgen. Mit der Einsichtnahme kann auch ein Bevollmächtigter beauftragt werden, z. B. ein Gewerkschaftssekretär, Rechtsanwalt oder ein MAV-Mitglied (§ 4 Abs. 1 AVR.DD; § 8 Abs. 1 AVR-Bayern; § 3 Abs. 5 TVöD; § 3 Abs. 6 TV-L).
Ist die Personalakte in der EDV gespeichert, hat der Arbeitnehmer Anspruch auf den vollständigen Ausdruck aller über ihn gespeicherten Daten in entschlüsselter Form. Werden über den Arbeitnehmer mehrere Akten geführt (Haupt-, Neben- und Sonderakten), so erstreckt sich das Einsichtsrecht auf alle Akten.

Beispiel:
In einer Dienststelle mit mehreren Einrichtungen werden die Hauptakten in der zentralen Personalabteilung, die Nebenakten in den jeweiligen Einrichtungen geführt. Der Arbeitnehmer hat in diesem Fall Anspruch auf Einsicht in alle Akten.

Ein Einsichtsrecht besteht auch dann, wenn Unterlagen über den Arbeitnehmer bei einem außenstehenden Dritten geführt werden, der im Auftrag des Arbeitgebers tätig ist (z. B. externe Buchhaltung oder externe Lohnabrechnung).
Bewahrt der Arbeitgeber die (oder Teile der) Personalakte nach Beendigung des Beschäftigungsverhältnisses weiter auf, hat der Arbeitnehmer Anspruch auf Einsichtnahme auch nach Ende des Arbeitsverhältnisses. Ein konkretes berechtigtes Interesse ist nach einem neueren BAG-Urteil nicht mehr erforderlich (BAG v. 16. 11. 2010 – 9 AZR 573/09).
Seit Bestehen der EU-Datenschutz-Grundverordnung (DSGVO) haben Arbeitnehmer weitergehende Auskunftsrechte zu den über sie gespeicherten Daten (Art. 15 Abs. 1 DSGVO), auch über das Ende der Beschäftigung hinaus. Das gilt auch dann, wenn bei der evangelischen Kirche und Diakonie ein eigenes Datenschutzgesetz existiert (DSG.EKD). Danach haben Arbeitnehmer das Recht, vom Arbeitgeber eine Bestätigung darüber zu verlangen, ob er ihn betreffende personenbezogene Daten verarbeitet. Ist dies der Fall, so hat der Arbeitnehmer das Auskunftsrecht über diese personenbezogenen Daten und u. a. auf folgende Informationen:

- die Verarbeitungszwecke,
- die Kategorien personenbezogener Daten, die verarbeitet werden,
- die Empfänger oder Kategorien von Empfängern, gegenüber denen die personenbezogenen Daten offengelegt worden sind oder noch offengelegt wer-

den, insbesondere bei Empfängern in Drittländern oder bei internationalen Organisationen,
- falls möglich die geplante Dauer, für die die personenbezogenen Daten gespeichert werden, oder, falls dies nicht möglich ist, die Kriterien für die Festlegung dieser Dauer,
- das Bestehen eines Rechts auf Berichtigung oder Löschung der sie betreffenden personenbezogenen Daten oder auf Einschränkung der Verarbeitung durch den Verantwortlichen oder eines Widerspruchsrechts gegen diese Verarbeitung,
- das Bestehen eines Beschwerderechts bei einer Aufsichtsbehörde,
- wenn die personenbezogenen Daten nicht bei der betroffenen Person erhoben werden, alle verfügbaren Informationen über die Herkunft der Daten,
- das Bestehen einer automatisierten Entscheidungsfindung einschließlich Profiling gemäß Artikel 22 Absätze 1 und 4 DSGVO und – zumindest in diesen Fällen – aussagekräftige Informationen über die involvierte Logik sowie die Tragweite und die angestrebten Auswirkungen einer derartigen Verarbeitung für die betroffene Person (Auflistung nach Schoof, 13. Auflage, S. 1733).

Außerdem hat der Arbeitgeber nach Art. 15 Abs. 3 der DSGVO eine Kopie der personenbezogenen **Daten**, die Gegenstand der Verarbeitung sind, zur Verfügung zu stellen. Stellt der Arbeitnehmer den Antrag elektronisch, sind die Informationen in einem gängigen elektronischen Format zur Verfügung zu stellen, sofern er nichts anderes angibt.

Vor Aufnahme in die Personalakte müssen Beschäftigte über Beschwerden und Behauptungen tatsächlicher Art gehört werden, die für sie ungünstig sind oder ihnen nachteilig werden können. Gemeint sind insbesondere Ermahnungen und → **Abmahnungen**. Die Äußerung des Beschäftigten – oder die Tatsache der Nichtäußerung – ist zur Personalakte zu nehmen (§ 4 Abs. 2 AVR.DD; § 8 Abs. 2 AVR-Bayern; keine Erwähnung mehr im TVöD; § 3 Abs. 6 TV-L). Eine evtl. **Gegendarstellung** ist ebenfalls in die Personalakte aufzunehmen. In der Regel wird aber vom Verfassen einer Gegendarstellung abzuraten sein (→ **Abmahnung**). Die → **Ausschlussfrist** gilt dafür nicht (BAG v. 14.12.1997 – 5 AZR 137/94 –). Bei Streitigkeiten sollte Rechtsrat eingeholt werden.

Evtl. Beurteilungen (z. B. in sog. Mitarbeiterjahresgesprächen) sind den Beschäftigten unverzüglich bekannt zu geben. Die Bekanntgabe ist in der Personalakte zu vermerken (§ 4 Abs. 3 AVR.DD; keine Erwähnung mehr in AVR-Bayern, TVöD und TV-L). Beschäftigte können auch verlangen, dass die Beurteilung vor Aufnahme in die Personalakte der MAV zur Kenntnis gegeben wird (§ 34 Abs. 4 MVG).

Es besteht ein Anspruch auf Löschung oder Berichtigung von Inhalten der Personalakte, die nachweislich falsch sind. Zur Durchsetzung kann die Schlichtungsstelle (→ **Schlichtung nach AVR (Individualschlichtung)**) angerufen oder der

Klageweg beim → **Arbeitsgericht** beschritten werden, falls sich die Sache nicht außergerichtlich auf betrieblicher Ebene lösen lässt, z. B. auch mit Unterstützung der Mitarbeitervertretung.
Der Anspruch auf Entfernung von Inhalten der Personalakte kann sich zusätzlich aus entsprechender Anwendung der §§ 242, 1004 BGB ergeben (siehe BAG v. 27. 11. 2008 – 2 AZR 675/07). Für den Fall der rechtswidrigen Abmahnung gilt dies, weil eine Abmahnung das berufliche Fortkommen hindert.
Zu weiteren Rechten der Beschäftigten zur Wahrung des Persönlichkeitsschutzes und im Zusammenhang mit Personalakten siehe unter → **Datenschutz** und → **Abmahnung**.
Zur Wahrnehmung ihrer Rechte sollten sich Beschäftigte an ihre MAV (§ 35 Abs. 3 Buchst. c MVG), an die Gewerkschaft oder Fachanwälte für Arbeitsrecht wenden.

Literaturhinweis

- *Müller, Carsten M.*: Digital und sicher: die Personalakte. In: Computer und Arbeit 7–8/2018, S. 30–33.
- *Schoof, Christian:* Betriebsratspraxis von A bis Z. Das Lexikon für die betriebliche Interessenvertretung, 16. Auflage, Frankfurt 2024.

Personalentwicklung

Was ist das?

In der Fachliteratur ist der Begriff Personalentwicklung nicht einheitlich definiert. Darunter wird eine Vielzahl von Konzepten und Methoden gefasst, deren theoretische Grundlagen meist unklar sind und deren Ziele und Methoden sich häufig widersprechen. **Extrempositionen** zur Definition des Begriffs Personalentwicklung sind: »Personalentwicklung ist die Anpassung des Personals an den Leistungs- und Kapitalverwertungsprozess« (Oswald Neuberger) und »Personalentwicklung ist ein Konzept zur Befähigung, Beurteilung und Förderung von Mitarbeitern« (Christoph Reichard). Die organisatorischen Ziele eines Unternehmens sind vor allem der Ausbau der Wettbewerbsfähigkeit und die systematische Vorbereitung auf die Anforderungen der Zukunft. Persönliche Ziele des Arbeitnehmers sind dagegen Sicherung der Beschäftigungsfähigkeit und Verbesserung der Aufstiegschancen.
In den meisten Konzepten werden verschiedene aufeinander aufbauende Schritte in der Personalentwicklung vorgeschlagen. Zuerst hat eine Analyse des Personalbestands zu erfolgen, die die Qualifikationsstruktur und das Alter der Beschäftigten zu erfassen hat. Dann werden zukünftige Anforderungen an die Leistungserbringung des Unternehmens bzw. der Einrichtung zusammen mit der erforderlichen Qualifikation der Beschäftigten ermittelt. Daraus ergibt sich eine strategische Personalplanung, die den künftigen Bedarf an Personal und die notwendige Qualifikation der verschiedenen Beschäftigtengruppen ermittelt. Daraus leiten sich Programme zur Qualifizierung der Beschäftigten bzw. zur Personalgewinnung ab.

Bedeutung für die MAV

Die formalen Rechte der MAV beschränken sich auf einen Informationsanspruch: »Die Dienststellenleitung hat die Mitarbeitervertretung einmal im

Jahr über die Personalplanung, insbesondere über den gegenwärtigen und zukünftigen Personalbedarf, zu unterrichten« (§ 34 Abs. 2 MVG), s. → **Informationsrechte der MAV**. Die Informationspflicht zur Aufstellung und Änderung des **Stellenplanentwurfs** wurde mit der Novellierung des MVG zum 1. 1. 2019 in den Katalog des § 34 Abs. 2 MVG aufgenommen und damit abgesenkt von einem Mitberatungsrecht zu einem bloßen Informationsrecht. Vorher unterlagen die Aufstellung von Grundsätzen des Personalbedarfs und die Aufstellung und Änderung des Stellenplanentwurfs der Mitberatung. Ein Abbau der Beteiligungsrechte bei der Personalplanung und der Erstellung der Stellenpläne ist angesichts der Personalknappheit und Arbeitsüberlastung im sozialen Bereich ein schlechtes Signal der Diakonie für die Wertschätzung der Arbeit ihrer Beschäftigten. Ein Teilbereich von Personalentwicklung kann in der Möglichkeit zur Teilnahme an Aus-, Fort- und Weiterbildungen gesehen werden. Die Teilnahme kann Voraussetzung für das betriebliche Fortkommen sein. Nach § 39 Buchst. c und d bestehen uneingeschränkte Mitbestimmungsrechte bei der Aufstellung von Grundsätzen für die Aus-, Fort- und Weiterbildung sowie die Teilnehmerauswahl und bei der Auswahl der Teilnehmer und Teilnehmerinnen an Fort- und Weiterbildungsveranstaltungen. Ebenfalls in § 39 MVG verortet sind die uneingeschränkten Mitbestimmungsrechte der MAV bei der Aufstellung von Beurteilungsgrundsätzen für die Dienststelle (§ 39 Buchst. b MVG), bei Einführung sowie den Grundsätzen der Durchführung von Mitarbeiter-Jahresgesprächen (§ 39 Buchst. e MVG) und der Aufstellung von Grundsätzen für die Stellenausschreibung nach § 39 Buchst. f MVG. Bei letzterem Mitbestimmungsrecht kommen insbesondere (Dienst-)Vereinbarungen zwischen MAV und Arbeitgeber in Betracht, die bestimmen, dass freie Stellen zunächst intern ausgeschrieben werden müssen, um den Bestandsmitarbeitern einen Vorteil zu verschaffen. Auch Mitarbeiter-Jahresgespräche können ein wichtiges Instrument sein, auf das die MAV Einfluss hat, etwa indem sie einen Leitfaden für diese Gespräche mitgestaltet. Allgemeine Beurteilungsgrundsätze sind Regelungen, die eine Bewertung des Verhaltens oder der Leistung der Mitarbeiter objektivieren oder vereinheitlichen und an Kriterien ausrichten sollen, die für die Beurteilung jeweils erheblich sind. Beurteilungsgrundsätze sind stets auf die Person eines oder mehrerer bestimmter Mitarbeiter bezogen (vgl. BAG 14. 1. 2014 – 1 ABR 49/12, NZA-RR 2014, 356 Rn. 13; Joussen/Mestwerdt/Nause/Spelge/Voßkühler, 2. Aufl. 2023, MVG § 39 Rn. 21). Mitbestimmungspflichtig sind die Grundsätze, aber nicht der Einzelfall der Bewertung.

Die Personalplanung ist zuerst Aufgabe des Arbeitgebers. Als unternehmerische Aufgabe hat er die zukünftige Entwicklung des Unternehmens bzw. der Dienststelle zu sichern und auf die Erfüllung neuer Anforderungen, auch unter geänderten Rahmenbedingungen, vorbereitet zu sein. Der MAV fällt die Aufgabe zu, die Vorstellungen des Arbeitgebers und die wirtschaftlichen Anforderungen

soweit es geht mit den Interessen der Beschäftigten zu verbinden. Eine motivierte und gut qualifizierte Mitarbeiterschaft ist eine wesentliche Voraussetzung, um eine Einrichtung krisenfest zu machen und sie für die Zukunft auszurichten. Eine MAV, die einen engen Kontakt zu den Beschäftigten hat und über langjährige Erfahrungen zur Personalstruktur und der Arbeitsbelastung in der Einrichtung verfügt, kann die alters- und gesundheitsbezogenen Risiken für die Mitarbeiter gut einschätzen. Für eine gut eingearbeitete MAV kommt es darauf an, ihre Fachkenntnisse über die Einrichtung und die beschäftigten Mitarbeiter einzubringen und in den Gesprächen mit dem Arbeitgeber auf eine zukunftsgerichtete und auch die Interessen der Mitarbeiter berücksichtigende Personalplanung hinzuwirken.
Die EKD und die Diakonie sahen bei den häufig erfolgten Novellierungen des MVG der letzten Jahre keinen Anlass, die bestehenden Vorschriften zu ändern bzw. die Beteiligungsrechte wurden in diesem Bereich sogar verschlechtert, Eine effektive Beteiligung der MAV an der Personalentwicklung wird von Leitungsseite offenbar nicht befürwortet. Dies bestätigt die Kritik vieler MAVen, dass es den diakonischen Einrichtungen an einem Konzept für ein modernes und mitarbeiterorientiertes Personalmanagement fehlt. Weitergehende Rechte sind im BetrVG für Betriebsräte formuliert, das aber für MAVen **nicht** gilt.
An dieser Stelle sei der § 92 BetrVG zitiert, um aufzuzeigen, in welche Richtung eine »moderne« Personalentwicklung und Personalplanung gehen kann:

»(1) Der Arbeitgeber hat den Betriebsrat über die Personalplanung, insbesondere über den gegenwärtigen und künftigen Personalbedarf sowie über die sich daraus ergebenden personellen Maßnahmen einschließlich der geplanten Beschäftigung von Personen, die nicht in einem Arbeitsverhältnis zum Arbeitgeber stehen, und Maßnahmen der Berufsbildung anhand von Unterlagen rechtzeitig und umfassend zu unterrichten. Er hat mit dem Betriebsrat über Art und Umfang der erforderlichen Maßnahmen und über die Vermeidung von Härten zu beraten.
(2) Der Betriebsrat kann dem Arbeitgeber Vorschläge für die Einführung einer Personalplanung und ihre Durchführung machen.«

Studie zur steigenden Unzufriedenheit der Arbeitnehmer
Laut einer *Studie »Arbeiten 2023«* der Pronova BKK ist die Unzufriedenheit der Arbeitnehmer den letzten 12 Monaten gestiegen. Häufig kämpfen sie mit Frustration und Konflikten am Arbeitsplatz.
47 % der Befragten arbeiten mit Kollegen zusammen, die gedanklich bereits bei einem neuen Arbeitgeber sind (innere Kündigung) oder spielen selbst mit dem Gedanken. 45 % machen Dienst nach Vorschrift oder haben es bei Kollegen beobachtet. Hauptauslöser für diese Entwicklung sind nach Ansicht der Befragten

vor allem Überlastung, zu geringe Bezahlung, fehlende Wertschätzung und belastende Arbeitszeiten.
Patrizia Thamm, Wirtschaftspsychologin und Resilienz-Trainerin, sieht eine Lösung in der Kommunikation:
»Im Gespräch mit den Führungskräften besteht hingegen die Chance, den Mitarbeitenden mit anderen Aufgaben zu betrauen oder durch andere Arbeitsbedingungen die Motivation wieder zu erhöhen, sodass dieser wieder eine neue Perspektive für sich erkennt.«

Höhere Zahlen bei den jüngeren Arbeitnehmern
Bei jungen Arbeitnehmern unter 30 Jahren sind die Zahlen im Vergleich höher. Bei der Neigung zur inneren Kündigung sind es 29 % vs. 22 % und beim Dienst nach Vorschrift 19 % vs. 15 %. Zudem hat die junge Generation tendenziell auch mehr Verständnis für Phänomene wie z. B. innere Kündigung, Dienst nach Vorschrift und Ghosting. Während 49 % kein Verständnis dafür haben, sind es bei den unter 30-Jährigen lediglich 39 %, die ein solches Verhalten nicht nachvollziehen können.

Anzahl der Kündigungen steigt
Im Hinblick auf den aktuellen Fachkräftemangel sollte sich kein Unternehmen unzufriedene Mitarbeitende leisten, sondern diese verstärkt binden. Das fällt Arbeitgebern laut aktueller Studie schwer. Die Anzahl der Kündigungen ist bei den jüngeren Beschäftigten im Jahr 2023, im Vergleich zum Vorjahr, um 7 Prozentpunkte, auf 36 % gestiegen. Hauptgründe sind dabei laut Studie ein schlechtes Arbeitsklima, fehlende Wertschätzung und geringe Bezahlung.
(*https://ag-mav.org/aktuelle-meldungen/*, 6. 5. 2024)

Beispiel: Personalentwicklung in der Altenpflege

Ausgangssituation
Der Anteil der Teilzeitbeschäftigten beträgt in der Altenpflege 65 % (2021), 1999 waren es noch 52 %. Der Frauenanteil ist mit 85 % sehr hoch. Die durchschnittliche Verweildauer im Beruf liegt bei ca. 8 Jahren. Die Abbrecherquote in der Ausbildung liegt bei etwa 30 %, regional (z. B. in NRW) über 40 %. Laut Statistischem Bundesamt werden infolge der Alterung der Gesellschaft in Deutschland bis zum Jahr 2049 voraussichtlich zwischen 280 000 und 690 000 Pflegekräfte fehlen.
Die Untersuchung von Arbeitskammern und der Hans-Böckler-Stiftung »Ich pflege wieder, wenn …« ergab, dass 300 000 bis 600 000 Altenpflegerinnen wieder in den Beruf zurückkehren bzw. ihre Stellenanteile aufstocken würden, wenn sich die Arbeitsbedingungen verbessern (ausreichende Personalbesetzung, verlässliche Arbeitszeiten und verbindliche Dienstpläne), wenn die Bezahlung bes-

ser ist und die Vorgesetzten einen wertschätzenden und respektvollen Umgang pflegen.
Das Konzept von Magnet-Einrichtungen geht von einer Organisationsentwicklung und einem damit einhergehenden Kulturwandel aus, der das Personal in der Einrichtung hält, die Fluktuation minimiert und eine Anziehungskraft auf die Beschäftigten im Umfeld ausübt.

Elemente für die Personalentwicklung
Ein Konzept für die Personalentwicklung erfordert folgende Veränderungen:
Verbesserung der Arbeitsbedingungen:
- Reduzierung der Arbeitsbelastung durch Erhöhung der Stellenpläne:
  - dadurch werden Angebote zur Anhebung der individuellen Arbeitszeit möglich,
  - das Gesamt-Arbeitsvolumen steigt,
  - die individuelle Arbeitsbelastung sinkt,
  - Die Reduzierung der Arbeitsbelastung trägt zur Vermeidung bzw. Verzögerung von Berufsausstiegen bei.
- Flexible, mitarbeiterfreundliche Arbeitszeitmodelle.
- Prüfung, ob Freizeitausgleich geblockt vor oder nach Urlauben geplant werden kann.
- Unbefristete Arbeitsverhältnisse als ›Regelfall‹, befristete nur als zeitlich begrenzte Ausnahme.
- Entlohnung nach geltenden Tarifen, denn die gesetzliche Vorgabe für Mindestlohn reicht nicht aus.
- Beendigung der Notlagen-, Haustarife etc.
- Schaffung geeigneter Arbeitsplätze für ältere Pflegekräfte, um vorzeitige Verrentung aus gesundheitlichen Gründen zu vermeiden.

Veränderungen in der Arbeitsorganisation:
Die Änderung der Arbeitsorganisation kann durch verschiedene Maßnahmen gesundheitliche Vorteile für die Mitarbeiter (und auch Vorteile für die Einrichtung) erreichen:
- Die Erweiterung von Handlungs- und Entscheidungsspielräumen gibt den Mitarbeitern mehr Selbständigkeit und damit mehr Arbeitszufriedenheit.
- Die Erweiterung der Aufgabenbereiche und mehr Aufgabenvielfalt kann eine Tätigkeit abwechslungsreicher und befriedigender machen.
- Haben die Mitarbeiter mehr Verantwortung, so fördert das ein positives Selbstwertgefühl.
- Wenn ein rotierender Arbeitsplatzwechsel nach einem festgelegten Rhythmus möglich ist, erhöht dies die eigenen Kompetenzen und Fähigkeiten und kann zu einem Belastungsausgleich führen und zu interessanteren und vielseitigen Anforderungen am Arbeitsplatz.

- Eine angemessene Anerkennungs- und Motivationsstruktur.
- Ein partizipativer Führungsstil.
- Transparenz bei betrieblichen Entscheidungsprozessen.
- Eine ressourcenorientierte Fort- und Weiterbildung.
- Funktionsgerechte Gestaltungs- und Entscheidungsspielräume für die Fachkräfte.
- Höhere Arbeitszufriedenheit durch Nutzung der Berufserfahrung und Kompetenzen (Wertschätzung etc.).

Bedeutung für die Beschäftigten

Die Bedeutung und die Zielrichtung der Personalentwicklung kann aus Sicht des Unternehmens und des Arbeitnehmers gesehen werden. Weichen die Ziele der Mitarbeiter zu stark von denen des Unternehmens ab, entziehen sich dem Konflikt vor Allem junge und flexible Arbeitskräfte durch Kündigung und sie suchen sich ein neues Arbeitsfeld. Andere Mitarbeiter reagieren darauf oft mit der so genannten innerlichen Kündigung. Für »aufgeklärte« bzw. weitsichtige Arbeitgeber stellt sich damit die Aufgabe, die Personalentwicklung nicht ausschließlich an den Bedürfnissen der Einrichtung auszurichten, sondern die persönlichen Entwicklungsziele ihrer Mitarbeiter zu **berücksichtigen**, um die Fluktuation oder die (zeitweise) Flucht aus dem Beruf zu verhindern bzw. zu minimieren. Vor dieser Herausforderung stehen die Arbeitgeber vor Allem in den pflegerischen Berufen.

Personalentwicklung kann nur dann erfolgreich sein, wenn die Rahmenbedingungen in der Einrichtung stimmen:

- Ein fairer und wertschätzender Umgang mit Mitarbeitern, der auch die Führungskultur prägt, ist Voraussetzung für erfolgreiche Personalentwicklung.
- Die Mitarbeiter müssen ernst genommen werden. Die Einbeziehung von Interessen und Kompetenzen der Beschäftigten in den Personalentwicklungsprozess muss gewährleistet sein.
- Mitarbeiter müssen die Möglichkeit haben, persönliche Entwicklungschancen zu formulieren. Der Arbeitgeber ist gehalten, den Mitarbeitern Entwicklungsperspektiven aufzuzeigen.
- Maßnahmen zur Personalentwicklung müssen unabhängig von Geschlecht, Alter und Qualifikation alle Mitarbeiter einbeziehen, das beinhaltet besonders die anzustrebende Gleichstellung von Männern und Frauen.
- Flexible Organisationsstrukturen müssen den Mitarbeitern ermöglichen, dass sie die Möglichkeit haben, an Qualifizierungsmaßnahmen teilzunehmen und die erworbenen Qualifikationen in der Praxis umzusetzen.

- Familienfreundliche Maßnahmen im Gesamtkonzept der Personalplanung sind vom Arbeitgeber unbedingt zu berücksichtigen.
- **Alternsgerechte** Arbeitsplätze sind für eine mittel- und langfristige Planung einer Einrichtung unbedingt wichtig, wenn der Erfahrungsschatz der Mitarbeiterschaft und eine Kontinuität in der Qualitätserbringung gewährleistet sein sollen.

Literaturhinweis

- *Joost, Angelika*, Altenpflegekräfte länger im Beruf halten. *https://www.fachportal-paedagogik.de/literatur/vollanzeige.html?FId=3197182*; abgerufen 25.9.2024
- *Simon, Michael*: Soziale Dienstleistungen und Fachkräftemangel: Das Beispiel der Pflege.
- *https://www.sozialerfortschritt.de/wp-content/uploads/2012/07/Simon1.pdf*; abgerufen 25.9.2024
- *Strategische Personalplanung mit Weitblick – Ein Ratgeber für Betriebsräte, http://personal-pythia.de/starter-set/handbuch/*

Personalfragebogen

Was ist das?

Personalfragebögen sind standardisierte, formularmäßig zusammengestellte Fragen, die dem Arbeitgeber ein für die entsprechende Tätigkeit möglichst **umfassendes Bild** über die persönlichen und fachlichen Voraussetzungen und die Qualifikationen eines externen Stellenbewerbers bzw. bereits beschäftigten Arbeitnehmers geben sollen. Teilweise werden auch Kontaktdaten und andere arbeitsplatzbezogene Daten abgefragt. Personalfragebögen sind Teil der → **Personalakten** und diesen beizufügen. Mit Personalfragebögen werden personenbezogene Daten erhoben bzw. verarbeitet.

Bedeutung für die MAV

Die MAV hat bei Einführung, Inhalt und Verwendung von Personalfragebögen und sonstigen Fragebögen zur Erhebung personenbezogener Daten (z. B. beim Jahresgespräch, Fragebogen des Betriebsarztes, Fragebogen bei formalisierten Krankenrückkehrergesprächen) die volle → **Mitbestimmung** (§ 39 Buchst. a MVG). Die MAV hat hier darauf zu achten, dass nur solche Daten abgefragt werden, die in einem **Zusammenhang** mit der auszuübenden **Tätigkeit** stehen. Ob im Bereich der Tendenzbetriebe Kirche und Diakonie auch die Frage nach der Konfessionszugehörigkeit zulässig ist, steht nach der neueren Rechtsprechung von EuGH und BAG u. E. nicht mehr zweifelsfrei fest. Es können auch Fragen zur Vorbildung und zu weiteren Qualifikationen oder Zusatzkenntnissen abgefragt werden. Die MAV ist bei der erstmaligen Einführung von Personalfragebögen zu beteiligen, ebenso bei inhaltlichen Änderungen.
Bei strikt freiwilligen Befragungen von Beschäftigten gilt das Mitbestimmungsrecht der MAV nicht (BAG v. 21. 11. 2017 – 1 ABR 47/16). Auch die Frage nach Kontaktdaten sollte durch die MAV streng reglementiert werden, damit der Arbeitgeber sie nicht für das »Holen aus dem Frei« nutzt. Insgesamt ist darauf zu

achten, dass die geltenden datenschutzrechtlichen Bestimmungen eingehalten werden, insbesondere dass die Verarbeitung der personenbezogenen Daten nur auf gewisse Zwecke begrenzt wird.

Bedeutung für die Beschäftigten

Die Fragen eines Personalfragebogens müssen **grundsätzlich wahrheitsgemäß** beantwortet werden. Dies gilt eingeschränkt auch für die Frage nach der **Schwerbehinderteneigenschaft** bzw. der Gleichstellung als schwerbehinderte Person. Die Frage nach einer Behinderung oder Schwerbehinderung ist, wenn diese für die Ausübung der vorgesehenen Tätigkeit ohne Bedeutung ist, in der Phase der Vertragsanbahnung und in den ersten 6 Monaten des Arbeitsverhältnisses wegen § 173 Abs. 1 Nr. 1 SGB IX grundsätzlich unzulässig. Die Frage kann ausnahmsweise gerechtfertigt sein, wenn die Behinderung die vertragsgemäße Arbeitsleistung auf Dauer unmöglich macht und ihr Nichtvorliegen daher eine wesentliche und entscheidende berufliche Anforderung darstellt.
Der Arbeitgeber soll die »Behindertenquote« nach § 154 SGB IX. erfüllen. Dazu muss es ihm möglich sein, gerade mit diesem Ziel einzustellen. Er darf daher in diesem Fall fragen, muss dem Bewerber jedoch seine Absicht mitteilen, die Schwerbehinderung als positives Kriterium verwenden zu wollen. Auch dann bleibt es beim Recht des schwerbehinderten Bewerbers, auf die Frage wahrheitswidrig zu antworten, weil er dem Arbeitgeber nicht vertrauen muss. Auf dieses Recht hat der Arbeitgeber den Bewerber hinzuweisen, um einen Missbrauch zu vermeiden.
Die **nicht wahrheitsgemäße** Beantwortung zulässiger Fragen kann die **Nichtigkeit des Arbeitsverhältnisses** von Anfang an zur Folge haben. Dies gilt auf jeden Fall dann, wenn die falsche Beantwortung der Frage von ausschlaggebender Bedeutung für die Einstellung war. Die Anfechtung des Arbeitsverhältnisses ist jedoch ausgeschlossen, wenn das Arbeitsverhältnis jahrelang ohne Beanstandungen bestanden hat (Achtung, der Einzelfall ist zu prüfen!). **Unzulässig** sind Fragen nach Alkoholerkrankungen, nach der Gewerkschaftsmitgliedschaft, nach geplanten Heiraten, Parteizugehörigkeit und außerhalb von Kirche und Diakonie nach der Religionszugehörigkeit. Die Frage nach einer Schwangerschaft ist unzulässig; nur wenn eine Stelle zu besetzen ist, die gesundheitliche Gefahren für das ungeborene Kind mit sich bringt (z. B. im Bereich der Infektionsepidemiologie, Strahlenbereich), darf danach gefragt werden. Unzulässige Fragen dürfen folgenlos falsch beantwortet werden. Je nach zu besetzender Stelle (besonders Vertrauensstellen) darf nach den Vermögensverhältnissen, einer evtl. Stasi-Mitarbeit oder nach Vorstrafen gefragt werden.

Eine individualrechtlich zulässige Frage muss wahrheitsgemäß beantwortet werden, auch wenn die Zustimmung der MAV zum Personalfragebogen fehlt (BAG v. 2. 12. 1999, NzA 2001, S. 107).
Im Rahmen des Einsichtsrechts der Beschäftigten in ihre Personalakten können somit auch die Personalfragebögen eingesehen werden, da diese Teil der Personalakten sind. Aus den Personalakten können auch Kopien gefertigt werden. Der Arbeitgeber kann für diese Kopien ein Entgelt verlangen.

Pflegezeit, Familienpflegezeit

Was ist das?

Durch das **Pflegezeitgesetz** vom 28.5.2008 soll sichergestellt werden, dass Arbeitnehmer pflegebedürftigen nahen Angehörigen in dringenden Pflegesituationen schnell durch die Organisation der Pflege helfen können. Nahe Angehörige sind (§ 7 Abs. 3 PflegeZG):

- Großeltern, Eltern, Schwiegereltern, Stiefeltern,
- Ehegatten, Lebenspartner, Partner einer eheähnlichen oder lebenspartnerschaftsähnlichen Gemeinschaft, Geschwister, Ehegatten der Geschwister und Geschwister der Ehegatten, Lebenspartner der Geschwister und Geschwister der Lebenspartner,
- Kinder, Adoptiv- oder Pflegekinder, die Kinder, Adoptiv- oder Pflegekinder des Ehegatten oder Lebenspartners, Schwiegerkinder, Enkelkinder.

Das Gesetz sieht bei der **kurzzeitigen Arbeitsverhinderung** eine Arbeitsbefreiung bis zu zehn Arbeitstagen vor. Eine Bezahlung der kurzzeitigen Arbeitsverhinderung ist nicht vorgesehen, jedoch kann die Zeit aufgrund anderer Vorschriften – z.B. § 616 BGB – vergütet werden. (**Achtung:** im Herbst 2014 hat Bundesregierung eine Verbesserung der Situation Pflegender beschlossen: Wer kurzfristig die Pflege eines Angehörigen organisieren muss, kann künftig eine **Lohnersatzleistung für eine bis zu zehntägige Auszeit** vom Beruf erhalten, dies sind 90 % des Nettogehalts. Das sog. Pflegunterstützungsgeld (§ 44a SGB XI) ist an folgende Voraussetzungen gebunden:

- Die Pflegesituation ist akut, also nicht vorhersehbar, eingetreten.
- Der betroffene Angehörige wurde bereits als **pflegebedürftig** eingestuft bzw. der Eintritt einer baldigen Pflegebedürftigkeit ist mit Blick auf die Gesamtsituation sehr wahrscheinlich.
- Der Antragsteller auf Pflegeunterstützungsgeld ist naher Angehöriger der pflegebedürftigen Person entsprechend § 7 des PflegeZG.
- Der berufstätige Angehörige beansprucht eine kurzzeitige Arbeitsverhinderung entsprechend § 2 des PflegeZG.

- Der berufstätige Angehörige erhält keine Entgeltfortzahlung vom Arbeitgeber während dieser Auszeit.
- Der berufstätige Angehörige hat nach Absehbarkeit der Pflegesituation unverzüglich einen Antrag auf Pflegeunterstützungsgeld bei der Pflegekasse bzw. dem Pflegeversicherungsunternehmen (angeschlossen an die Krankenkasse) seines Angehörigen gestellt.
- Siehe weiterhin → **Dienstbefreiung**. Weiterhin kann ein Arbeitnehmer eine **Pflegezeit** (§ 4 PflegeZG) von bis zu sechs Monaten in Anspruch nehmen. Die Pflegezeit kann jedoch nur in Betrieben mit mehr als 15 Beschäftigten (§ 3 PflegeZG) geltend gemacht werden. Diese Zeit ist unbezahlt. Durch die Ankündigung der kurzzeitigen Arbeitsverhinderung bzw. der Pflegezeit entsteht ein **Sonderkündigungsschutz**, der nur durch die Zustimmung der obersten Landesbehörde aufgehoben werden kann.

Pflegebedürftige im Sinne des Pflegezeitgesetzes sind Personen, die die Voraussetzungen nach den §§ 14 und 15 des SGB XI erfüllen, bzw. voraussichtlich erfüllen werden. Pflegebedürftig im Sinne des SGB XI sind Personen, die wegen einer körperlichen, geistigen oder seelischen Krankheit oder Behinderung für die gewöhnlichen und regelmäßig wiederkehrenden Verrichtungen im Ablauf des täglichen Lebens auf Dauer, voraussichtlich für mindestens sechs Monate, in erheblichem oder höherem Maße (§ 15 SGB XI) der Hilfe bedürfen (§ 14 SGB XI).

Eine maximal 3-monatige Freistellung kann zur **Sterbebegleitung** eines nahen Angehörigen, auch wenn dieser sich in stationärer Behandlung oder einem Hospiz befindet (§ 3 Abs. 6 i. V. m. § 4 Abs. 3 Satz 2 PflegeZG) beansprucht werden.

Beschäftigte sind zur »Begleitung« eines nahen Angehörigen freizustellen, wenn der oder die zu begleitende nahe Angehörige an einer Erkrankung leidet,

- die progredient verläuft und bereits ein weit fortgeschrittenes Stadium erreicht hat,
- bei der eine Heilung ausgeschlossen und eine palliativmedizinische Behandlung notwendig ist oder gewünscht wird, und
- die lediglich eine begrenzte Lebenserwartung von Wochen oder wenigen Monaten erwarten lässt.

Beschäftigte müssen gegenüber dem Arbeitgeber das Vorliegen der o. g. Voraussetzungen durch ein ärztliches Zeugnis nachweisen (§ 3 Abs. 6 Satz 2 PflegeZG).

Die Freistellung ist mit einer Frist von 10 Arbeitstagen vor Beginn schriftlich anzukündigen (§ 3 Abs. 6 Satz 3 i. V. m. Abs. 3 Satz 1 PflegeZG).

Kein Anspruch auf Freistellung zur Sterbebegleitung besteht gegenüber Arbeitgebern mit i. d. R. 15 oder weniger Beschäftigten.

Das **Familienpflegezeitgesetz** ergänzt seit 2011 das Pflegezeitgesetz. Wer sich über einen längeren Zeitraum um einen pflegebedürftigen nahen Angehörigen in häuslicher Umgebung kümmern muss, kann eine Freistellung nach dem Familienpflegezeitgesetz in Anspruch nehmen. Beschäftigte sind für die Dauer von bis zu 24 Monaten bei einer verbleibenden Mindestarbeitszeit von 15 Wochenstunden hierfür teilweise freizustellen. Diese Freistellungsmöglichkeit gilt auch für die außerhäusliche Betreuung von minderjährigen pflegebedürftigen nahen Angehörigen. Die Familienpflegezeit können Beschäftigte in Anspruch nehmen, die bei Arbeitgebern mit mehr als 25 Beschäftigten (Pflegezeitgesetz: 15 Beschäftigte) tätig sind.

Die Pflegezeit und die Familienpflegezeit können miteinander kombiniert werden, müssen aber unmittelbar aneinander anschließen. Die Gesamtdauer der Freistellungen beträgt höchstens 24 Monate.

Der Anspruch auf ein zinsloses Darlehen besteht sowohl bei der Pflegezeit als auch bei der Familienpflegezeit. Es wird direkt beim Bundesamt für Familie und zivilgesellschaftliche Aufgaben (BAFzA) beantragt. Die zinslosen Darlehen müssen nach Ablauf der Pflegezeit oder Familienpflegezeit in Raten zurückgezahlt werden. Das BAFzA kann bei Vorliegen einer besonderen Härte die Rückzahlung des Darlehens z. B. auf Antrag stunden und so die Fälligkeit hinausschieben.

Für Beschäftigte besteht von der Ankündigung – höchstens jedoch 12 Wochen vor dem angekündigten Beginn – bis zur Beendigung der kurzzeitigen Arbeitsverhinderung oder der genannten Freistellungen Kündigungsschutz.

Bedeutung für die MAV

Die MAV hat bei der **Bewilligung** von Freistellungen bei kurzzeitiger Arbeitsverhinderung oder der (Familien-)Pflegezeit **nicht mitzubestimmen**.

Die Ablehnung, Pflegezeit nach § 3 PflegeZG bzw. Familienpflegezeit nach § 2 FPfZG zu gewähren, unterliegt der eingeschränkten Mitbestimmung der MAV nach § 42 Buchst. k MVG.

Dass auch die Ablehnung des Anspruchs nach § 2 PflegeZG (kurzzeitige Arbeitsverhinderung) dem Tatbestand des § 42 Buchstabe k) MVG unterliegt, ist anzunehmen, aber noch nicht abschließend geklärt. Im Rahmen der allgemeinen Aufgaben der MAV (§ 35 MVG) kann sie hier wenigstens Beschwerden entgegennehmen und gegebenenfalls auf ihre Erledigung hinwirken.

Ansonsten hat die MAV darüber zu wachen, dass die gesetzlichen Bestimmungen eingehalten werden. Von den Bestimmungen des Pflegezeitgesetzes kann nicht zuungunsten der Beschäftigten abgewichen werden (§ 8 PflegeZG).

Bedeutung für die Beschäftigten

Durch die Gesetze über die Pflegezeit und Familienpflegezeit soll den Beschäftigten ermöglicht werden, pflegebedürftige nahe Angehörige in häuslicher Umgebung zu pflegen oder eine Sterbebegleitung durchzuführen. Die Vereinbarkeit von Beruf und familiärer Pflege soll verbessert werden (§ 1 PflegeZG, § 1 FPfZG).

Bei einer **akut auftretenden Pflegenotsituation** kann der Beschäftigte sofort zu Hause bleiben und die Pflege des nahen Angehörigen organisieren. Dem Arbeitgeber ist die Verhinderung unverzüglich mitzuteilen, ebenso die voraussichtliche Dauer der Arbeitsverhinderung. Der Arbeitgeber kann eine ärztliche Bescheinigung über die Pflegebedürftigkeit des nahen Angehörigen verlangen (§ 2 PflegeZG).

Die Pflegezeit bis zu sechs Monate muss dem Arbeitgeber spätestens **zehn Tage vor Beginn** schriftlich mitgeteilt werden. Dabei ist die Dauer anzugeben und, wenn die Pflegezeit in Teilzeit genommen werden soll, auch die gewünschte Verteilung der Arbeitszeit. Der Arbeitgeber muss der Teilzeit und der Verteilung der Arbeitszeit entsprechen, es sei denn, dringende betriebliche Gründe sprechen dagegen. Dringende betriebliche Gründe sind eine hohe Hürde im Gegensatz zu »nur« betrieblichen Gründen. Über die Lage und Verteilung der Arbeitszeit bei Teilzeit ist eine schriftliche Vereinbarung zu treffen (§ 3 PflegeZG).

Die Pflegezeit kann pro nahem Angehörigen bis zu sechs Monate betragen. Wird die Pflegezeit nicht für sechs volle Monate beantragt, kann sie nur mit Zustimmung des Arbeitgebers bis zur Höchstdauer verlängert werden. Ist die Pflegebedürftigkeit nicht mehr gegeben, sei es durch Gesundung oder Tod, endet die Pflegezeit vier Wochen nach dem Eintritt des verändernden Ereignisses. Ansonsten kann die Pflegezeit nur vorzeitig beendet werden, wenn der Arbeitgeber zustimmt.

Während der Pflegezeit (Pflegeteilzeit) müssen sich die Beschäftigten selbst versichern, soweit sie nicht anderweitig versichert sind. Entsprechend § 44 a SGB XI können die Beschäftigten von der Pflegekasse Zuschüsse zu ihrer Kranken- und Pflegeversicherung beantragen.

Stellt der Arbeitgeber eine Vertretung für den freigestellten Arbeitnehmer ein, so liegt darin ein sachlicher Befristungsgrund (§ 6 PflegeZG). Endet die Pflegezeit vorzeitig, kann der Arbeitgeber den Arbeitsvertrag mit der Vertretung mit einer Frist von zwei Wochen kündigen.

Zur Pflegezeit und zur Familienpflegezeit gibt es auf der Homepage des Bundesministeriums für Familie, Senioren, Frauen und Jugend Informationen entsprechend dem aktuellen Rechtsstand.

Kontakte: Unter **info@bmfsfjservice.bund.de** können Nachrichten gesendet werden.

Postanschrift: Bundesministerium für Familie, Senioren, Frauen und Jugend, 11018 Berlin, **Servicetelefon:** 030 201 791 30, Montag bis Donnerstag von 9:00 bis 18:00 Uhr.

Probezeit

Was ist das?

In der Probezeit sollen Arbeitnehmer und Arbeitgeber überprüfen, ob die Möglichkeit für eine längerfristige Beschäftigung gegeben ist. Beide Vertragsparteien sollen prüfen können, ob sie zueinander passen oder nicht.

Bedeutung für die MAV

Bevor ein Beschäftigter eingestellt wird, hat die MAV bei der → **Einstellung** mitzubestimmen (§ 42 Buchst. a MVG). Endet die Probezeit und wird das Arbeitsverhältnis zu unveränderten Bedingungen fortgesetzt, hat die MAV keine weiteren Mitbestimmungsmöglichkeiten. Die Eingliederung in die Dienstgemeinschaft ist durch das Bestehen der Probezeit dokumentiert worden, so dass die MAV hier nicht weiter tätig werden muss. Gilt die Probezeit als nicht bestanden, hat der Arbeitgeber die Mitarbeitervertretung entsprechend § 46 Buchst. c MVG umfassend zu beteiligen. Wird die MAV nicht ordnungsgemäß an einer Probezeitkündigung beteiligt, so ist die → **Kündigung** entsprechend § 45 Abs. 2 MVG unwirksam. Wird die → **Kündigung** dennoch ausgesprochen, kann sich der gekündigte Beschäftigte auf die nicht ordnungsgemäße MAV-Beteiligung berufen und das Arbeitsgerichtsverfahren aus formalen Gründen gewinnen. Bei der → **Mitberatung** einer Probezeitkündigung hat die MAV innerhalb von 14 Tagen eine Entscheidung zu treffen, bzw. eine Erörterung zu verlangen (§ 45 Abs. 1 MVG). Die Frist von 14 Tagen kann von der → **Dienststelle** nicht abgekürzt werden, eine Verkürzung der Frist kann bei der → **Mitberatung** nur im Falle einer → **außerordentlichen Kündigung** auf bis zu drei Arbeitstage erfolgen (§ 45 Abs. 1 MVG). Bei dem Mitberatungsantrag sind der MAV alle für die Entscheidung der → **Dienststelle** maßgebenden Unterlagen, Tatsachen und Einschätzungen mitzuteilen bzw. schriftlich vorzulegen. Der Arbeitgeber muss neben den Tatsachen, die gegen den Beschäftigten sprechen, auch die Tatsachen mitteilen, die für den

Beschäftigten sprechen. Dies ergibt sich aus der Verpflichtung der Dienststelle, die MAV umfassend zu unterrichten (§ 34 Abs. 1 MVG).
Mit der Vorlage des Mitberatungsantrages der → **Dienststelle** an die MAV ist die MAV von ihrer → **Schweigepflicht** gegenüber dem betroffenen Beschäftigten befreit (§ 22 Abs. 1 Satz 4 MVG). Die MAV kann dann den betroffenen Beschäftigten selbst zu den vorgebrachten Tatsachen und Behauptungen hören und sich somit ein umfassendes Bild der Angelegenheit verschaffen. Gerade bei Kündigungen, die einen besonders harten Einschnitt in das Berufsleben eines Beschäftigten darstellen, sollte von der Möglichkeit Gebrauch gemacht werden, den betroffenen Beschäftigten zu hören. Die MAV ist jedoch nicht verpflichtet, den betroffenen Beschäftigten von sich aus anzuhören oder zu informieren.

Bedeutung für die Beschäftigten

In den AVR.DD, dem BAT, dem TVöD und sonstigen landeskirchlichen Arbeitsrechtsregelungen sind zu Beginn eines Arbeitsverhältnisses Probezeiten, in der Regel 6 Monate, vorgesehen. Diese Zeit stimmt mit dem Zeitraum überein, in dem das **Kündigungsschutzgesetz** für Beschäftigte noch nicht gilt. Beide Parteien können **bis zum letzten Tag** (Eingang beim Arbeitnehmer oder Arbeitgeber) der Probezeit **ohne Angabe von Gründen**, jedoch in **schriftlicher Form**, kündigen. Das Erfordernis der Schriftform ist auch durch § 623 BGB (gültig ab 1.5.2000) vorgeschrieben. Das Arbeitsverhältnis endet bei einer Kündigung am letzten Tag der Probezeit erst nach Ablauf der Probezeit, da auch bei einer Kündigung am letzten Tag die Kündigungsfrist (2 Wochen zum Monatsschluss – § 34 Abs. 1 TVöD, § 53 Abs. 1 BAT, § 30 Abs. 1 AVR.DD 2 Wochen zu jedem Tag) einzuhalten ist. Eine einzelvertragliche Verkürzung oder Verlängerung der Probezeit hat keine Auswirkungen auf das KSchG, das nach einer sechsmonatigen → **Beschäftigungszeit** (sog. Wartezeit) gilt. Ein Kündigungsschutz nach anderen Vorschriften, z.B. dem Mutterschutzgesetz (§ 17 Abs. 1 MuSchG), gilt auch während der Probezeit.
Durch die verstärkte Nutzung von sachgrundlos befristeten Arbeitsverhältnissen (§ 14 Abs. 2 TzBfG) durch die Arbeitgeber hat sich die Probezeit faktisch vielfach auf 2 Jahre verlängert.
Sollte der Arbeitgeber sich bis zum Ablauf der Probezeit nicht sicher sein, so kann er – wenn er dem Beschäftigten noch eine Chance geben möchte – das bisherige unbefristete Arbeitsverhältnis in ein befristetes Arbeitsverhältnis umwandeln (evtl. mit einer Übernahmegarantie nach bestimmten erfüllten Kriterien), wenn der Beschäftigte damit einverstanden ist. Eine solche Regelung bietet dem Beschäftigten die Möglichkeit, sich noch einmal zu »beweisen« und so doch

einen unbefristeten Arbeitsvertrag zu erhalten. Achtung: Wenn es keine Übernahme gibt, kann es evtl. zu Problemen mit dem Arbeitslosengeld kommen! Weiterhin besteht für den Arbeitgeber die Möglichkeit einer Probezeitkündigung mit einer längeren Auslauffrist (BAG: bis zu vier Monate). Auch so kann evtl. ein Beschäftigter in einer so »verlängerten Probezeit« seine Befähigung beweisen und der Arbeitgeber umgeht nicht die Regelungen des Kündigungsschutzes. Für die Beschäftigten gilt in den Fällen, wenn es Probleme mit der Probezeit gibt, sich unverzüglich rechtlich (Rechtsanwaltskanzlei, Gewerkschaft, …) beraten zu lassen.

Qualitätsmanagement

Was ist das?

Das Fremdwort »Qualität« kommt vom lateinischen »qualitas«; Qualität: Beschaffenheit, Güte, Wert (Duden, Das Herkunftswörterbuch, 6. Auflage, Mannheim 2020).
Eine eindeutige Festlegung für Qualität gibt es nicht. Der Begriff wird zumeist **subjektiv** verwendet. Die aktuell gültige Norm zum Qualitätsmanagement ist die EN ISO 9001:2015-11.[1] Sie definiert Qualität als den »*Grad, in dem ein Satz inhärenter Merkmale eines Objekts Anforderungen erfüllt*«. Die Qualität zeigt also, in welchem Maß ein Produkt (egal ob Ware oder Dienstleistung) den bestehenden Anforderungen entspricht. Qualität soll beim Kunden Vertrauen in ein bestimmtes Produkt wecken (z. B. in eine soziale Dienstleistung).
Qualitäts**management** meint dann alle organisatorischen Maßnahmen, die der Verbesserung der Prozessqualität und der (Dienst-)Leistungen dienen. Qualitätsmanagement (QM) ist eine Kernaufgabe des Managements. In der Konsequenz dient Qualitätsmanagement der Überprüfbarkeit und Vergleichbarkeit festgelegter Standards.
Gesetzliche Grundlagen zur Qualitätssicherung finden sich z. B. in §§ 135a ff. SGB V (Krankenhäuser, stationäre Vorsorge- und Rehabilitationseinrichtungen), § 78b Abs. 1 Ziffer 3 und § 78c Abs. 2 SGB VIII (KJHG – Kinder- und Jugendhilfegesetz), § 37 SGB IX (Rehabilitation und Teilhabe von Menschen mit Behinderungen), §§ 112 ff. SGB XI (ambulante und stationäre Pflege), Pflegequalitätssicherungsgesetz (PQsG), § 11 Abs. 2 Ziffer 4 Heimgesetz (HeimG; Behindertenhilfe).
Ein Qualitätsmanagement-**Prozess** besteht aus **verschiedenen Phasen**, die als »Regelkreis« (PDCA-Zyklus) bezeichnet werden:

- Qualitätsplanung (Feststellung der Anforderungen, Formulierung von Qualitätszielen und Strategien),

---

1 Novellierung für Dezember 2025 geplant.

- Qualitätslenkung (Maßnahmen zur Zielerreichung und Einbeziehung von Faktoren),
- Qualitätsprüfung,
- Qualitätssicherung.

Die sog. »High Level Structure«, die für die DIN ISO 9001:2015 umgesetzt wurde, orientiert sich an diesem PDCA-Zyklus (Plan – Do – Check – Act, also: planen – umsetzen – auswerten – reflektieren und verbessern).

Die Prüfkriterien orientieren sich an folgenden **Qualitätsdimensionen:**

- Strukturqualität (Rahmenbedingungen einer Einrichtung: Räumlichkeiten, Personal, Ausstattung),
- Prozessqualität (Ablauforganisation: Versorgungsablauf, Pflegeanamnese und -planung, Koordinierung und Ausführung der Leistung),
- Ergebnisqualität (Zufriedenheitsgrad, Zielerreichungsgrad).

Qualitätsmanagement ist eine **Führungsaufgabe** und liegt in der Verantwortung des Arbeitgebers. Die Dienststellenleitung trägt die nicht delegierbare Verantwortung. Mit der Zertifizierung ihrer Einrichtung wollen sich Arbeitgeber einen **Konkurrenzvorteil** gegenüber anderen Anbietern verschaffen. In Zeiten knapper Kassen sind mit der Einführung von Qualitätsmanagement-Systemen Rationalisierungseffekte durchaus erwünscht.

Modelle bzw. **Verfahren** für Qualitätsmanagement:

- KTQ (Kooperation für Transparenz und Qualität im Krankenhaus – wurde u. a. von kirchlichen Krankenhausträgern entwickelt),
- TQM (Total-Quality-Management),
- EFQM-Modell (European Foundation for Quality Management).
- DIN EN ISO 9000 ff. (Deutsche Industrie-Norm, Europa-Norm, International Organization for Standardization).

Ziele von Qualitätsmanagement können sein: Orientierung am »Kunden«, Verbesserung der Qualität der Dienstleistung und der Abläufe, verbesserte Wettbewerbsfähigkeit, Erhöhung der Arbeitszufriedenheit, bessere Arbeitsbedingungen, Erweiterung und Nutzung der Kenntnisse und Fähigkeiten der Beschäftigten, größere Transparenz.

Beratung und Kontrolle können auch über **externe Qualitätssicherung** sichergestellt werden. Sie kann freiwillig (z. B. Zertifizierung nach DIN EN ISO 9000 ff.) oder rechtlich verpflichtend (z. B. als Qualitätsprüfung durch den Medizinischen Dienst, MD[2]) durchgeführt werden. Ein »Gütesiegel«, z. B. nach DIN EN ISO, ist jedoch mit **kritischem Blick** zu betrachten; denn: geprüft wird, ob die Quali-

---

2 Der MD hieß früher MDK = Medizinischer Dienst der Krankenkassen. Seit der Neuorganisation gibt es in der Bundesrepublik insgesamt 15 Medizinische Dienste. Der größte ist der in Bayern (siehe: *https://www.medizinischerdienst.de/* – abgerufen am 14. 8. 2024).

tätssicherungsverfahren funktionieren, aber weniger die konkrete Dienstleistung und ob diese zur Zufriedenheit des »Kunden« führt.
Im Oktober 2019 hat in der stationären Langzeitpflege die Umsetzung eines neuen Qualitätssystems begonnen. Die Ergebnisse der Qualitätsprüfungen werden seit Januar 2020 im Netz veröffentlicht. Das Verfahren ersetzt die vielfach kritisierten früheren Pflegenoten. Die Neuregelung sieht eine Kombination von internen (Ergebnisqualität) und externen (MD-Prüfung) Qualitätsprüfungen vor. Die Ergebnisse werden dann in den Internetportalen der Pflegekassen veröffentlicht. Die frühere Gesamtnote gibt es nach dem neuen System nicht mehr.

Bedeutung für die MAV

Qualitätsverbesserung fängt in den Köpfen an und kann daher nicht von oben verordnet werden. Entscheidend sind Motivation und Qualifikation der Beschäftigten. Es braucht eine tatsächliche Beteiligungskultur, die am besten über den Abschluss von → **Dienstvereinbarungen** abgesichert wird. Geschützt werden sollen v. a. die sozialen Interessen der Beschäftigten sowie die Einfluss- und Gestaltungsmöglichkeiten der MAV.
Qualitätsmanagement dient nicht der Leistungs- und Verhaltenskontrolle. Auftretende Fehler dienen der Ursachenanalyse und nicht der Disziplinierung der Beschäftigten. Hierauf hat die MAV zu achten (§ 35 Abs. 3 Buchst. b MVG).
Beabsichtigt die → **Dienststellenleitung**, ein Qualitätsmanagement-System einzuführen, ist die MAV (§ 34 Abs. 1 MVG) bzw. der → **Wirtschaftsausschuss** (§ 34 Abs. 2 MVG) darüber zu unterrichten. Die MAV sollte sich bemühen, in Qualitätszirkeln, Qualitätskonferenzen und Steuerungsgruppen vertreten zu sein (§ 34 Abs. 1 Satz 3 MVG). Qualitätsmanagement ist ein Prozess, in den die MAV sich von Anfang bis zum Schluss einmischen und einbinden sollte (aber: »Die MAV als Co-Managerin?«). Dabei sollte die MAV unbedingt darauf hinweisen, dass durch ihre Teilnahme an QM-Zirkeln oder Steuerungsgruppen keine Mitbestimmungsverfahren entbehrlich werden. Das gilt insbesondere für die Einleitung des Mitbestimmungsverfahrens durch Antrag des Arbeitgebers nach § 38 Abs. 2 MVG.
Im MVG sind keine ausdrücklichen **Beteiligungsrechte** im Zusammenhang mit Qualitätsmanagement genannt. Bestimmte Maßnahmen im Zusammenhang mit Qualitätsmanagement werden aber in aller Regel Beteiligungsrechte auslösen:

- Befragung von Mitarbeiterinnen (§ 39 Buchst. a MVG),
- Maßnahmen der Fort- und Weiterbildung (§ 39 Buchst. c und d MVG),
- Durchführung von Mitarbeiter-Jahresgesprächen (§ 39 Buchst. e MVG),
- Einführung grundlegend neuer Arbeitsmethoden (§ 40 Buchst. h MVG),

- Einführung und Ausgestaltung mobiler Arbeit, die mittels Informations- und Kommunikationstechnik erbracht wird (§ 40 Buchst. i MVG),
- Maßnahmen zur Hebung der Arbeitsleistung und der Erleichterung des Arbeitsablaufs (§ 40 Buchst. j MVG),
- Einführung und Anwendung von Maßnahmen oder technischen Einrichtungen, die dazu geeignet sind, das Verhalten oder die Leistung der Mitarbeiterinnen zu überwachen, z. B. die Dokumentation von Arbeitsabläufen (§ 40 Buchst. k MVG),
- Regelung des Verhaltens der Beschäftigten im Dienst (§ 40 Buchst. l MVG),
- Einführung einer Regelung über das betriebliche Vorschlagswesen (§ 40 Buchst. p MVG).

Wichtig: Bei allen in § 40 MVG genannten Mitbestimmungsfällen gibt es nur die → **Einigungsstelle** nach § 36a MVG als Konfliktlösungsinstanz, jedenfalls wenn es um Regelungsstreitigkeiten geht.

Bei der Einführung eines Qualitätsmanagement-Systems dürfte die Teilnahme an → **Schulungen für MAV-Mitglieder** unumgänglich sein. Die Hinzuziehung → **sachkundiger Personen** (z. B. Mitglieder einer anderen MAV mit praktischen Erfahrungen, Gewerkschaftssekretärin oder Juristin mit einschlägigen Kenntnissen) dürfte vor allem in der Startphase sehr hilfreich sein.

Bedeutung für die Beschäftigten

Der Erfolg von Qualitätsmanagement hängt von der aktiven Beteiligung der Beschäftigten ab. Eine tatsächliche Beteiligung eröffnet für die Beschäftigen **Entwicklungschancen**; sie sind von besonderer Bedeutung für die Prozessqualität. Die Einbindung und Teilnahme an Qualitätszirkeln bedeutet für die Beschäftigten in der Regel eine **Mehrbelastung**, wenn sie dafür nicht von anderen Aufgaben entbunden werden. Eine häufig geäußerte Kritik von Beschäftigten richtet sich gegen die durch das Qualitätsmanagement ausgelöste Regelungsdichte, wogegen das Pflegen oder Erziehen »mit dem Herzen« auf der Strecke bleibe. Die dafür erforderliche Zeit ist durch die ständige Personalknappheit nicht gegeben.

Qualitätszirkel binden die Mitarbeiterinnen systematisch in das Qualitätsmanagement und somit in den Prozess der Qualitätssicherung ein. Ein Qualitätszirkel erarbeitet innerhalb der Dienststelle unter Anleitung einer Moderatorin Ziele, Strategien und Problemlösungen. Den Auftrag dazu gibt der Träger/die Dienststellenleitung.

Zum typischen Ablauf eines Qualitätszirkels gehören:

- Probleme ermitteln,
- Ursachen suchen,

- eigene Einflussmöglichkeiten feststellen,
- Lösungen suchen und bewerten,
- Dienstellenleitung informieren und Einverständnis einholen,
- Einführung planen und Lösungen einführen,
- Auswirkungen überprüfen,
- Ergebnisse dokumentieren.

Es besteht die Gefahr von **Leistungsdruck** und zunehmender Leistungsintensivierung. Dies gilt in besonderer Weise, wenn an die Erbringung von Qualitätsstandards leistungs- und ergebnisorientierte Vergütungsstrukturen geknüpft werden.

Literaturhinweis

- *Bechmann, Reinhard:* Qualitätsmanagement und kontinuierlicher Verbesserungsprozess. Betriebs- und Dienstvereinbarungen. Frankfurt 2010 (kostenlos als pdf unter: *https://www.boeckler.de/de/faust-detail.htm?sync_id=HBS-004719*).

Rechtsextremismus im Betrieb

Was ist das?

Der Politikwissenschaftler Hans-Gerd Jaschke definiert Rechtsextremismus folgendermaßen:

»Unter ›Rechtsextremismus‹ verstehen wir die Gesamtheit von Einstellungen, Verhaltensweisen und Aktionen, organisiert oder nicht, die von der rassisch oder ethnisch bedingten sozialen Ungleichheit der Menschen ausgehen, nach ethnischer Homogenität von Völkern verlangen und das Gleichheitsgebot der Menschenrechts-Deklaration ablehnen, die den Vorrang der Gemeinschaft vor dem Individuum betonen, von der Unterordnung des Bürgers unter die Staatsräson ausgehen und die den Wertepluralismus einer liberalen Demokratie ablehnen und Demokratisierung rückgängig machen wollen.«

(Hans-Gerd Jaschke: Rechtsextremismus und Fremdenfeindlichkeit. Begriffe, Positionen, Praxisfelder, 2001)

Rechtsextreme Einstellungen stellen grundlegende Prinzipien der freiheitlichen demokratischen Grundordnung in Frage. Zu diesen Prinzipien gehören (in Anlehnung an das Urteil des Bundesverfassungsgerichts von 1952):

- Achtung vor den im Grundgesetz konkretisierten Menschenrechten, vor allem vor dem Recht der Persönlichkeit auf Leben und freie Entfaltung
- Volkssouveränität
- Gewaltenteilung
- Verantwortlichkeit der Regierung
- Gesetzmäßigkeit der Verwaltung
- Unabhängigkeit der Gerichte
- Mehrparteienprinzip
- Chancengleichheit für alle politischen Parteien mit dem Recht auf verfassungsmäßige Bildung und Ausübung einer Opposition.

(Gabriele Nandinger, Bundeszentrale für politische Bildung: Wann spricht man von Rechtsextremismus, Rechtsradikalismus oder Neonazismus….?, 2008)

Die AfD

Die AfD gilt im Jahr 2024 aus Sicht der Autoren als typische Vertreterin einer rechtsextremen Partei. So hat das Bundesamt für Verfassungsschutz (BfV) 2023 die gesamte AfD als rechtsextremistischen Verdachtsfall eingestuft. Die Partei kann deshalb auch mit nachrichtendienstlichen Mitteln ausgespäht werden. Das BfV hatte auf mehr als tausend Seiten aufgelistet, warum es »tatsächliche Anhaltspunkte« sieht, dass die AfD rechtsextremistisch ist.

Das Oberverwaltungsgericht NRW bestätigte am 13.5.2024 diese Sicht und führte aus, »dass in der AfD und ihren Jugendorganisationen hinreichend gewichtige tatsächliche Anhaltspunkte für Bestrebungen gegen die freiheitliche demokratische Grundordnung vorliegen, die einen solchen Verdacht begründen. Es handelt sich insbesondere um Äußerungen, die von völkischen Zielvorstellungen sowie von Fremden- und Muslimfeindlichkeit geprägt sind und damit gegen die Menschenwürde verstoßen. Es handelt sich aber auch um Positionen, die die demokratische Ordnung verächtlich machen und mit dem Demokratieprinzip nicht vereinbar sind.«

Als gesichert rechtsextrem gelten die Junge Alternative (JA), die Jugendorganisation der AfD sowie die Landesverbände der AfD in Sachsen, Sachsen-Anhalt und Thüringen. Nach einer Recherche des Bayerischen Rundfunks sind im Bundestag mehr als 100 Mitarbeiter aus dem rechtsextremen Milieu beschäftigt.

Die Veröffentlichung der Recherchen von Journalisten von Correctiv im Januar 2024 über das Geheimtreffen von Mitgliedern der AfD mit bekannten Rechtsextremisten in Potsdam hatten in der Folge zu einer Welle der Empörung und zahlreichen Demonstrationen in vielen Städten Deutschlands gesorgt. Auf dem Geheimtreffen wurde die Deportation (beschönigend »Remigration« genannt) von Millionen Menschen mit Migrationshintergrund diskutiert. Menschen mit Flüchtlingsstatus, Einwanderer und deutsche Staatsbürger, die keine deutsche Eltern haben, sollen offenbar vertrieben werden. Es fielen Aussagen wie, «das Straßenbild müsse sich ändern, ausländische Restaurants unter Druck gesetzt werden«. Sogar im Bundestag spricht Alice Weidel von »Messerstechern, Kopftuchmädchen und anderen Taugenichtsen«.

Wie (un)sozial ist die AfD?

In ihrem Bundestagswahl-Programm von 2021 »Deutschland. Aber normal« lässt die AfD in ihrem Sozialprogramm vieles im Ungefähren. Schaut man sich ihre Abstimmungspraxis im Bundestag an, kommt ihre wahre Haltung heraus.

- Die Erhöhung des Mindestlohns auf 12 Euro lehnte die AfD 2022 im Bundestag ab, weil »die politische Anhebung des Mindestlohns den Markt außer Kraft setze«.
- Während der Corona-Pandemie lehnte die AfD im Bundestag eine Sonderprämie für Beschäftigte in sogenannten systemrelevanten Berufen, wie Ver-

käuferinnen, Pflegepersonal oder Erzieherinnen, ab. Es sei unklar, wie das finanziert werden solle.

- Die AfD-Parlamentarier lehnten jeden Vorstoß ab, Reichtum stärker zu besteuern.
- Die Schuldenbremse wird von der AfD vehement verteidigt und verhindert damit notwendige Zukunftsinvestitionen.
- Vorschläge zu einer möglichen Mietpreisbremse werden von der AfD im Bundestag rundweg abgelehnt. Für die AfD ist der Wohnungsmarkt »ein Markt wie jeder andere«, so der AfD-Bundestagsabgeordnete Udo Hemmelgarn.
- Die Rentenpläne der AfD führen chaotisch in die Altersarmut. Von einem höherem Rentenniveau ist nirgends die Rede. Im Gegenteil: In einem geheimen Treffen von hochrangigen AfD'lern und Rechtsextremen in Potsdam wurden Vorstellungen einer »Remigration« diskutiert, d.h. die Abschiebung auch solcher »Ausländer« und »Nicht-Deutscher«, die in die Sozialsysteme einzahlen. Weniger Menschen finanzieren somit die Rentenversicherung – das bedeutet im Umlageverfahren sinkende Renten *(Umlageverfahren: die aktuellen Beiträge der Erwerbstätigen und der Arbeitgeber werden für die laufenden Rentenzahlungen verwendet).*
- Ein festes Rentenalter sieht die AfD nicht vor. Rente soll es erst nach 45 Arbeitsjahren geben. Bedeutet das die Einführung der Rente mit 70 oder 75 durch die Hintertür?
- Laut AfD können alle immer länger arbeiten. Für hart Arbeitende bedeutet das nichts anderes als eine Rentenkürzung. Wer früher in Rente geht als mit 67, muss also hohe Abschläge in Kauf nehmen.
- In Baden-Württemberg hat die AfD einen Gesetzentwurf eingebracht, um das Landestariftreuegesetz abzuschaffen (danach werden öffentliche Aufträge nur an tarifgebundene Unternehmen vergeben). Auch Firmen, die nicht nach Tarifvertrag bezahlen, hätten dann im großen Stil öffentliche Aufträge erhalten können.

Bemerkenswert ist die Praxis eines AfD-Bürgermeisters: Im Herbst 2023 wurde Hannes Loth von der AfD in Raguhn-Jeßnitz (Sachsen-Anhalt) zum Bürgermeister gewählt. Er gewann die Wahl mit dem populistischen Versprechen »gratis Kitas« – doch frisch gewählt merkte er, dass das Geld fehlte und er erhöhte die Kita-Gebühren um satte 60 %.

Zusammengefasst: Die AfD will die Sozialabgaben und Steuern senken, die Menschen länger arbeiten lassen mit künftig weniger Rente und dafür die Erbschafts- und Vermögenssteuer abschaffen Denn nach Vorstellung der AfD nehmen Staat und Rentenversicherung künftig deutlich weniger ein. Die Sozialausgaben für Bedürftige sinken zwangsläufig. Vor allem die Vermögenden werden geschont und sollen noch weniger ihren Beitrag zum Gemeinwohl leisten.

Auch in der täglichen Agitation lässt die AfD vieles im »Ungefähren«. So arbeiten Vertreter der AfD darauf hin, die negativen Wahrnehmungen der politischen Verhältnisse in der Bundesrepublik zu verstärken und zu verfestigen. Berechtigte Kritik an politischen Entscheidungen wird versucht, in einem Narrativ (eine sinn- und wertstiftende Erzählung) zu bündeln, das »System« und der »tiefe Staat« würde die Bürger gängeln und zu Verlierern machen. Gesellschaftliche und soziale Probleme werden übertrieben dargestellt, so dass nur radikale Antworten, wie z. B. die Forderung nach »Remigration«, als einzig möglich erscheinen. Die konkrete Ausgestaltung der »radikalen« Antworten unterbleibt in der Öffentlichkeit, um anschlussfähig an breite Teile einer unzufriedenen Bevölkerung zu bleiben. So wird eine Kultur von Zorn und Angst befördert, ohne öffentlich konkrete Antworten auf soziale Probleme zu geben.

Bedeutung für die MAV

Schon seit einigen Jahren hat das rechte und rechtsextreme politische Spektrum in Deutschland auch die Möglichkeiten und Chancen der Wahlen von betrieblichen Interessenvertretungen erkannt und als Agitationsbühne für sich entdeckt. Von daher resultiert aus dem Erstarken des rechten politischen Flügels in Deutschland ein zunehmender Einfluss auf die Situation in den Einrichtungen und Betrieben, und eben auch auf Mitarbeitervertretungen.
So wurde in der Automobilindustrie 2009 das »Zentrum Automobil« gegründet, das mit der »Neuen Rechten« (eine uneinheitliche rechtsextreme Strömung) und der rechtsextremen Zeitschrift »Compact« zusammenarbeitet. Ihre Vertreter traten auf Pegida-Kundgebungen auf. 2010 trat das Zentrum Automobil zum ersten Mal bei den Betriebsratswahlen im Daimler-Werk Untertürkheim und konnte 2022 ein Ergebnis von 15,8 % erreichen. Hier und in anderen Automobilwerken trat das Zentrum Automobil mit der Behauptung an, beim Wandel hin zur Elektromobilität handele es sich um ein Komplott von Management und Betriebsräten. Insgesamt stellen die rechtspopulistischen »Gewerkschaften« aber nur sehr wenige Vertreter in den Betriebsräten und der für die Betriebsratswahlen 2022 erhoffte Durchbruch blieb vollends aus.
Björn Höcke von der Thüringer AfD betonte vor den Betriebsratswahlen 2022 im sozialen Netzwerk Telegram: »Die AfD Thüringen hat schon sehr früh erkannt, dass die parlamentarische Arbeit nur ein Teilaspekt eines gesamtgesellschaftlichen Aufbruchs sein kann«. In den Betrieben muss der Kampf gegen »das Establishment« der »SPD-Gewerkschaften« geführt werden. Und weiter fordert Höcke auf: »Nicht nur Beschäftigte in der Automobil- und Automobilzuliefererindustrie, sondern auch Angestellte in Gesundheits- und Pflegeberufen, infor-

mieren Sie sich bei dem ›Zentrum‹, ob es nicht auch bei Ihnen schon Interessenten gibt. Bringen Sie sich ein! Treten Sie bei Betriebsratswahlen an! Brechen Sie das Monopol der ›roten‹ Gewerkschaften!« (zitiert nach belltower news).
Doch der Misserfolg dieses Appells zeigte sich darin, dass es dem rechten Spektrum bei den BR-Wahlen 2022 nur in sehr wenigen Betrieben gelang, Listen aufzustellen. Das Potential für rechte bzw. rechtsextreme Listen ist nicht zu unterschätzen. So gaben bei der Bundestagswahl 2021 rund 21 Prozent der zur Tätigkeitsgruppe »Arbeiter und Arbeiterinnen« gehörenden Wählerinnen und Wähler ihre Stimme der AfD. Bei den männlichen Arbeitern war der Stimmenanteil für die AfD noch wesentlich höher als bei den Arbeiterinnen.
Der Sozialwissenschaftler Klaus Dörre hat dafür folgenden Erklärungsansatz: »Grundsätzlich gibt es bei vielen Arbeitern, auch qualifizierten Facharbeitern, das Gefühl einer Abwertung. Sie fühlen sich durch die Politik nicht mehr positiv wahrgenommen, nicht mehr wertgeschätzt (...) Hier setzten die Rechten an. Sie versprechen den Menschen eine Aufwertung.« *(Frankfurter Rundschau vom 25. 7. 2022)*

Gelebte Demokratie am Arbeitsplatz wirkt sich positiv aus
»Wer in einem mitbestimmten Betrieb arbeitet, nimmt auch eher an politischen Wahlen teil«. Darauf weist die Arbeitnehmerkammer Bremen hin. Beschäftigte mit Arbeitnehmerrechten erlebten, dass sie Einfluss hätten auf das, was im Betrieb nicht gut laufe und dass Prozesse dort auch verändert werden können. *»Sie sind dann auch in der parlamentarischen Demokratie selbstbewusster und wählen Parteien, die ihre Interessen vertreten.«* Betriebsräte und die betriebliche Mitbestimmung sorgten für gelebte Demokratie am Arbeitsplatz. *»Die Beschäftigten spüren, wie es ist, wenn sie gehört werden, partizipieren können und ihre Anliegen ernst genommen werden. Sie merken, dass sie nicht ohnmächtig sind gegenüber ›denen da oben‹ und sind dann gegenüber unserer Demokratie auch insgesamt positiver eingestellt.«*
(Arbeitnehmerkammer Bremen: Betriebsräte sorgen für gelebte Demokratie)

Wer prekär beschäftigt ist, wählt auch seltener
Eine Studie der Hans-Böckler-Stiftung kommt zum Ergebnis, dass Erwerbspersonen, die die AfD wählen wollen, deutlich häufiger als der Durchschnitt der Erwerbspersonen von problematischen Arbeitsbedingungen und mangelnder Anerkennung im Job berichten.
»Auffällige Unterschiede betreffen die Erfahrungen im Arbeitskontext: Dass ihr Job sicher sei, sagen 74 Prozent derjenigen, die der AfD zuneigen, im Vergleich zu 85 Prozent der übrigen Befragten. Stolz auf die eigene Arbeit empfinden 74 Prozent im Vergleich zu 84 Prozent. Auch die Chancen im Fall von Arbeitslosigkeit werden pessimistischer eingeschätzt, die Arbeit wird seltener als abwechslungsreich emp-

*funden, es gibt weniger Mitsprache bei strategischen Fragen am Arbeitsplatz und weniger Unterstützung durch Kolleg*innen. Insbesondere beim Thema soziale Anerkennung zeigen sich markante Differenzen: Für angemessen halten ihren Lohn 42 Prozent der AfD-Anhängerschaft und 55 Prozent der übrigen Erwerbspersonen, dass ihre Arbeitsleistung vom Arbeitgeber nicht wertgeschätzt werde, monieren 48 Prozent im Vergleich zu 40 Prozent. Alles in allem ist ein Viertel der AfD-Wählerinnen wenig oder gar nicht zufrieden mit dem Job, bei den anderen Befragten nur ein Sechstel.«*
(Hans-Böckler-Stiftung: Schlechte Arbeitsbedingungen, Ablehnung von Migration und Misstrauen: Studie leuchtet Anstieg der AfD-Wahlbereitschaft aus, 30.11.2023)

Soziale Ungerechtigkeiten müssen angegangen werden
Eine andere aktuelle Studie der Hans-Böckler-Stiftung betont, dass Prozesse der Statusbedrohung eine wichtige Rolle für rechtspopulistische Einstellungen spielen. Es geht oft weniger um die reale Erfahrung sozialer Ausgrenzung, sondern eher um die Angst vor (weiteren) Verlusten. Die subjektive Wahrnehmung von Menschen, die anfällig für Rechtspopulismus sind, ist durch persönliche Zurücksetzung geprägt: Sie ordnen sich unabhängig von ihrem realen Einkommen in der Gesellschaft eher niedrig ein und erlebten häufiger im Vergleich zu den Eltern einen sozialen Abstieg.
Um zumindest Teile der AfD-Wählerschaft für das demokratische Spektrum zurückzugewinnen, betont die Studie, brauche es eine Politik, die Probleme und empfundene Ungerechtigkeiten angeht und löst. Eine strikte Sparpolitik erscheint als ein sehr gefährlicher Weg. *»Wenn öffentliche Infrastruktur häufig nicht funktioniert oder bezahlbarer Wohnraum in vielen Regionen ausgesprochen knapp ist und hier tatsächliche Konkurrenzsituationen mit zugewanderten Personen entstehen, wenn unzureichend Geld zur Verfügung gestellt wird, um ankommende Menschen erfolgreich zu integrieren, ist all das Wasser auf die Mühlen der politischen Akteure, die weiteres Misstrauen in demokratische Institutionen schüren und einheimische gegen geflüchtete Menschen aufbringen wollen.«*
(Hans-Böckler-Stiftung, Schlechte Arbeitsbedingungen, Ablehnung von Migration und Misstrauen: Studie leuchtet Anstieg der AfD-Wahlbereitschaft aus)

Thema für Mitarbeiterversammlungen
Mitarbeitervertretungen können im Betrieb auf die beschriebenen politischen Entwicklungen eingehen, indem sie das Thema Rechtsextremismus auf einer Mitarbeiterversammlung auf die Tagesordnung setzen und zum Thema machen. Gemäß der Beschreibung der allgemeinen Aufgaben der MAV soll sie insbesondere »die Eingliederung und berufliche Entwicklung schwerbehinderter Menschen … fördern«, »für die Gleichstellung … in der Dienststelle eintreten«, »die

Entgeltgleichheit zwischen den Geschlechtern überwachen«, »die Integration ausländischer Mitarbeiter und Mitarbeiterinnen fördern« (§ 35 Abs. 3 MVG). Rechtsextreme Positionen fordern hier eher das Gegenteil. Das Thema kann zusammen mit externen Referenten oder einem Vertreter der Gewerkschaft behandelt werden. Weiter ist es sinnvoll, den Beschäftigten zum Thema auch Informationsmaterial auszuhändigen und sie aufzufordern, beim Thema Diskriminierung und Ausländerfeindlichkeit am Arbeitsplatz achtsam zu sein.
Auch die EKD-Synode erklärte auf ihrer Herbsttagung 2023: »Die menschenverachtenden Haltungen und Äußerungen insbesondere der rechtsextremen Kräfte innerhalb der AfD sind mit den Grundsätzen des christlichen Glaubens in keiner Weise vereinbar.« Besonders nach den Enthüllungen von Correctiv im Januar 2024 zum Potsdamer Geheimtreffen äußerten sich weitere Leitungspersonen der evangelischen Kirche in die gleiche Richtung.

Bedeutung für die Beschäftigten

Stellen wir dem Abschnitt, was die Beschäftigten gegen den anwachsenden Rechtsextremismus tun können, ein Zitat von Oskar Negt voran, der sich immer aktiv in die politische Bildungsarbeit der Gewerkschaften eingemischt hat:
»Das Schicksal einer lebendigen demokratischen Gesellschaftsordnung hängt davon ab, in welchem Maße die Menschen dafür Sorge tragen, dass das Gemeinwesen nicht beschädigt wird, in welchem Maße sie bereit sind, politische Verantwortung für das Wohlergehen des Ganzen zu übernehmen.«
Für jeden Beschäftigten, der dem Rechtsextremismus etwas entgegensetzen möchte, heißt das:

- jeder soll an seinem Ort nach seinen Möglichkeiten und Kompetenzen aktiv sein, an seinem Arbeitsplatz, in der Zivilgesellschaft, in der Politik,
- sich über Ziele und Politik der AfD informieren – darüber aufklären und entlarven; »die Hauptleidtragenden der AfD-Politik wären ihre eigenen Wähler*innen« (Marcel Fratzscher, Deutsches Institut für Wirtschaftsforschung (DIW),
- die Grundausrichtung der AfD als demokratiegefährdend enttarnen,
- unterscheiden zwischen überzeugten Rechtsextremisten und unzufriedenen Protestwählern – sich bewegen zwischen klarer Kante und Dialogbereitschaft,
- die Kolleginnen und ihre Einstellungen, ihre Ängste, Sorgen, Befindlichkeiten ernst nehmen,
- die gesellschaftlichen Ursachen ansprechen und Ungerechtigkeiten bekämpfen, d.h. vor allem eine soziale Politik unterstützen,

- Beteiligung an Bündnissen, zivilgesellschaftlichen Initiativen, Unterstützung von Aufrufen und Aktionen.

Literaturhinweis

- *Arbeitnehmerkammer Bremen*: Betriebsräte sorgen für gelebte Demokratie, Bremen 2024.
- *Nandlinger, Gabriele*: Wann spricht man von Rechtsextremismus, Rechtsradikalismus oder Neonazismus….?, Bundeszentrale für politische Bildung, 2008
- *Hans-Böckler-Stiftung*: Schlechte Arbeitsbedingungen, Ablehnung von Migration und Misstrauen: Studie leuchtet Anstieg der AfD-Wahlbereitschaft aus, 30. 11. 2023.
- *Hans-Böckler-Stiftung*: Aufstieg des Rechtspopulismus: Erklärungsansätze und Analysen, 23. 1. 2024.
- *Hövermann, Andreas*: Aktuelle Erkenntnisse über die AfD-Wahlbereitschaft aus dem WSI-Erwerbspersonenpanel, WSI, November 2023.
- *Ruppert-Karakas, Sascha*: Die Politik des Zorns. Blätter für deutsche und internationale Politik, 5/24.

Rechtsformen

Begriff

Die Einrichtungen von Kirche und Diakonie haben jeweils eine bestimmte Rechtsform. Die für diesen Bereich wichtigsten Rechtsformen sind

- Eingetragener Verein (e. V.)
- Körperschaft des öffentlichen Rechts
- Anstalt des öffentlichen Rechts
- Stiftung
- (gemeinnützige) Gesellschaft mit beschränkter Haftung (GmbH oder gGmbH)
- gemeinnützige Aktiengesellschaft (gAG)

Eingetragener Verein (e. V.)
Im diakonischen Bereich gehen viele Einrichtungen aus einem eingetragenen Verein hervor. Deshalb hat der eingetragene Verein gewissermaßen eine Tradition und auch heute noch werden große Einrichtungen wie z. B. Krankenhäuser als e. V. geführt. Doch ihre Zahl geht beständig zurück und viele e. V. werden in gGmbH's umgewandelt.
Eingetragene Vereine sind Zusammenschlüsse von Personen, die trotz eines eventuell wechselnden Bestands ihrer Mitglieder als unabhängige Einheit auftreten. Nach dem Vereinsrecht gibt sich der e. V. seine eigene Satzung, seine eigenen Gremien und Organe und tritt nach außen als eine **juristische Person** auf. Juristische Personen sind rechtsfähig und stehen auf einer Stufe mit natürlichen Personen. Sie haben das Recht, Prozesse zu führen und verklagt zu werden, sie sind grundbuch- und insolvenzfähig.
Die **Mitgliederversammlung** bestellt und kontrolliert den Vorstand und beschließt über Satzungsänderungen. Sie kontrolliert auch die wirtschaftlichen Aktivitäten, und je nach Vereinssatzung ist ein internes Kontrollverfahren vorgesehen. Wie weit das Weisungsrecht der Mitgliederversammlung gegenüber dem Vorstand reicht, ist abhängig von der jeweiligen Vereinssatzung, ebenso die Frage, ob Beschäftigte des Vereins auch selbst Mitglied des Vereins sein können

und ob sie in diesem Fall innerhalb des Vereins alle Funktionen ausüben können.
Entscheidungen des e. V. sind Mehrheitsentscheidungen der Mitgliederversammlung, was auch ein wichtiger Grund für die Leitungen diakonischer Einrichtungen ist, die Rechtsform zu ändern, um nicht vom Mehrheitswillen der Vereinsmitglieder abhängig zu sein.
Ein weiterer Grund für die Umwandlung eingetragener Vereine oder ihrer Einrichtungen ist die Begrenzung der persönlichen **Haftung**. In einem Verein haften nämlich dessen Vorstandsmitglieder ggf. auch mit ihrem Privatvermögen für seine Schulden.

Körperschaft des öffentlichen Rechts
Körperschaften des öffentlichen Rechts sind eine mitgliedschaftlich organisierte juristische Person. Hierzu gehören die Religionsgemeinschaften der EKD und der katholischen Kirche sowie auch teilweise ihre Ordensgemeinschaften. Gemäß Artikel 140 Grundgesetz regelt die verfasste Kirche ihre eigenen Angelegenheiten innerhalb der Schranken der bestehenden Gesetze selbst und gibt sich über die kircheneigenen Gesetze ihre eigenen Strukturen und auch ihre eigene kirchliche Arbeitsgerichtsbarkeit.

Anstalt des öffentlichen Rechts
Anders als die Körperschaften des öffentlichen Rechts sind Anstalten des öffentlichen Rechts nicht mitgliedschaftlich organisiert. Sie dienen der Erfüllung einer speziellen öffentlichen Aufgabe. Auch sie sind juristische Personen und können sehr unterschiedliche Satzungen haben.
Die rechtlichen Grundlagen dieser rechtsfähigen Einrichtungen sind in ihrem jeweiligen Anstalterrichtungsgesetz festgelegt, das auch die Zusammensetzung des Aufsichtsgremiums regelt.

Stiftungen
Stiftungen sind ebenfalls juristische Personen, die jedoch keine Mitglieder oder Gesellschafter haben. Bei einer Stiftung ist die Vermögensmasse für einen speziellen **Stiftungszweck** bestimmt. Der Stiftungszweck ist nach Errichtung der Stiftung nur noch durch den Stiftungsgeber (ggf. durch dessen Erben) veränderbar.
Stiftungen geben sich eine eigene Verfassung und sind einer **staatlichen und/oder kirchlichen Aufsicht** unterworfen. Diese Aufsicht beschränkt sich auf die gesetzlichen und die stiftungsgeschäftlichen Regelungen.
Die Strukturen von Stiftungen sind oft denen von Anstalten des öffentlichen Rechts ähnlich. Jede Stiftung bildet ein Aufsichtsgremium (Stiftungsrat oder

Beirat). Ob in dem Aufsichtsgremium Arbeitnehmer vertreten sind, regelt die jeweilige Stiftungssatzung.

Gesellschaft mit beschränkter Haftung (GmbH)
In den letzten Jahren sind viele Einrichtungen bei Diakonie und Caritas in eine gemeinnützige GmbH umgewandelt worden. Die Rechtsgrundlagen der GmbH sind im GmbH-Gesetz geregelt. Die GmbH ist eine juristische Person, die zu jedem wirtschaftlichen Zweck gegründet werden kann. Zur Gründung einer GmbH wird eine Kapitaleinlage von mindestens 25 000 € benötigt, die von den Gesellschaftern eingebracht wird. Die Gesellschafter haften bis zur Höhe dieser Einlage. Diese Kapitaleinlage muss nicht ausschließlich in Geldform erbracht werden, sondern sie kann auch in Form von Gebäuden und Geräten eingebracht werden. Insbesondere Krankenhäuser haben meist ein Stammkapital in mehrfacher Millionenhöhe.
Die Gründung einer GmbH erfolgt durch Abschluss eines **Gesellschaftervertrags** in notarieller Form. Im Gesellschaftervertrag sind die Höhe des Stammkapitals und die jeweilige Einlage der Gesellschafter festgehalten. Die Gesellschafter bilden die Gesellschafterversammlung, diese wählt den Geschäftsführer. Der **Geschäftsführer** vertritt die GmbH nach außen, die innerbetrieblichen Befugnisse sind im Gesellschaftervertrag festgelegt. Der Geschäftsführer haftet gegenüber der GmbH nach den Sorgfaltspflichten eines ordentlichen Kaufmanns. Die GmbH haftet gegenüber den Gläubigern nur in Höhe des Stammkapitals. Die GmbH wird im Handelsregister eingetragen, die Einträge sind im örtlichen Amtsgericht einsehbar.
Die Bildung eines **Aufsichtsrats** ist möglich, aber nicht zwingend im GmbH-Gesetz vorgeschrieben. Eine GmbH muss dann einen Aufsichtsrat bilden, wenn es sich um eine GmbH mit mehr als 2000 Arbeitnehmern nach dem Mitbestimmungsgesetz 1976 oder wenn es sich um eine GmbH mit mehr als 500 Arbeitnehmern nach dem Drittelbeteiligungsgesetz (vorher das Betriebsverfassungsgesetz von 1952) handelt.
Die Vorschriften des Drittelbeteiligungsgesetzes, das eine Drittelparität der Arbeitnehmervertreter im Aufsichtsrat bei Unternehmen zwischen 500 und 2000 Beschäftigten vorsieht, und des Mitbestimmungsgesetzes, das eine paritätische Besetzung des Aufsichtsrats mit doppeltem Stimmrecht des Vorsitzenden (der allein von den Anteilseignern bestimmt werden kann) in Unternehmen mit über 2000 Beschäftigten vorschreibt, gilt im Bereich von Kirche/Diakonie/Caritas nicht. Kirche und Diakonie berufen sich hierbei auf ihr → **Selbstverwaltungsrecht**.
Erst sehr spät, im Jahr 2017, rang sich die Diakonie Deutschland zu einer »**Empfehlung**« durch, Mitarbeiter mit einer Vertretung im Aufsichtsrat zu beteiligen. Dies soll gelten für Einrichtungen ab einer Größe von 500 Mitarbeitern, in denen

ein Vertreter der Mitarbeiter in das Aufsichtsorgan entsandt werden kann. Hat das Aufsichtsgremium mehr als 8 Mitglieder, sollen 2 Vertreter in das Gremium entsandt werden. Diese Zahlen liegen weit unter denen im Drittelbeteiligungsgesetz und im Mitbestimmungsgesetz. Außerdem hatte die Regelung lediglich einen Empfehlungscharakter und wurde in vielen diakonischen Einrichtungen nicht umgesetzt (s. → **Unternehmensmitbestimmung**).
Seit Ende 2024 gibt es die verbindliche »Rahmenbestimmung zur Mitbestimmung durch die Mitarbeitenden in Aufsichtsorganen diakonischer Einrichtungen vom 17.10.2024« (s. § 6b MVG, der zum 1.1.2024 neu eingefügt wurde). Der Inhalt entspricht der Empfehlung von 2017. Für die Umsetzung dieser verbindlichen Rahmenbestimmung wurde allerdings eine äußerst großzügige Übergangsfrist bis 31.12.2028 festgesetzt. Außerdem gibt es einen Bestandsschutz, wenn Einrichtungen vor dem 17.10.2024 bereits Regelungen für die Beteiligung von Beschäftigten im Aufsichtsorgan getroffen hatten. Alles in allem ist dies eine äußerst dürftige und sehr arbeitgeberorientierte Lösung.
Eine **gemeinnützige** GmbH unterliegt denselben Vorschriften des GmbH-Gesetzes wie eine private GmbH, der Begriff der Gemeinnützigkeit stammt ausschließlich aus dem Steuerrecht. Gemeinnützige GmbHs dürfen keine privaten Gewinne machen, sondern müssen eventuelle Überschüsse im Betrieb reinvestieren und insgesamt ausschließlich gemeinnützige Zwecke verfolgen. Gemeinnützige GmbHs haben steuerrechtliche Vorteile, sie sind z.B. von der Körperschaftssteuer befreit.

Gemeinnützige Aktiengesellschaften (gAG)

Die erste gemeinnützige evangelische Aktiengesellschaft wurde im Jahr 2002 gegründet, die Agaplesion gAG. Die Aktien von gAGs sind sogenannte **Namensaktien** und werden nicht an der Börse gehandelt. Die Form einer AG bietet expandierenden diakonischen Unternehmen bei der Übertragbarkeit der Anteile bei neu übernommenen Einrichtungen wesentliche Vorteile, und sie werden dadurch entschieden beweglicher. Nach dem Prinzip der Gemeinnützigkeit (s.o. bei gGmbH) dürfen diese Einrichtungen keine Gewinne machen.
Die Tätigkeit von AGs und gAGs ist geregelt im **Aktiengesetz**. Die AG hat einen Vorstand zu bilden, der selbständig für die (g)AG handelt und von einem Aufsichtsrat kontrolliert wird. Der **Aufsichtsrat** wird von den Aktionären der (g)AG in der Hauptversammlung berufen (zur Anwendung des Mitbestimmungsgesetzes und zur Arbeitnehmerbeteiligung im Aufsichtsrat siehe die Ausführungen zur GmbH).

Bedeutung für die MAV

Ändert eine diakonische Einrichtung ihre Rechtsform z. B. von einem e. V. in eine gGmbH, stellt dies eine → **Betriebsumwandlung** dar. Wird die Einrichtung auf einen neuen diakonischen Arbeitgeber übertragen, ist dies ggf. ein → **Betriebsübergang.** Die MAV hat hier umfangreiche Informationsrechte und unter Umständen auch Mitberatungsrechte.
Durch die Änderung der Rechtsform vieler diakonischer Einrichtungen in eine gGmbH oder eine gAG ändert sich häufig das Betriebsklima in den Einrichtungen. Der Gedanke der Wirtschaftlichkeit dominiert das »diakonische Unternehmen« und die MAVen haben es teilweise mit knallharten Geschäftsführern zu tun. Auf der anderen Seite fehlt aber die **wirtschaftliche Mitbestimmung**, eine Beteiligung der Mitarbeitervertretungen in den Aufsichtsorganen findet aktuell (2024) nur statt, wenn die Empfehlung der EKD von 2017 (s. o.) vor Ort umgesetzt wurde. Diakonische Einrichtungen haben hier Ausnahmebestimmungen nach dem Mitbestimmungsgesetz (§ 1 Abs. 4) und dem Drittelbeteiligungsgesetz (§ 1 Abs. 2) für sich ausgenutzt. Die Ausgestaltung diakonischer Einrichtungen über neue Rechtsformen und die gleichzeitige Ablehnung der wirtschaftlichen Mitbestimmung bilden einen starken Widerspruch. Er wird in vielen diakonischen Einrichtungen wohl erst nach Ablauf der Übergangsfrist (31. 12. 2028) zur Umsetzung der »Rahmenbestimmung zur Mitbestimmung durch die Mitarbeitenden in Aufsichtsorganen diakonischer Einrichtungen vom 17. 10. 2024« kommen.

Rechtsschutz für die MAV (Kirchengerichtsgesetz)

Was ist das?

Am 1.1.2004 ist das Kirchengerichtsgesetz der EKD (KiGG) in Kraft getreten. Es regelt umfassend die Errichtung, die Organisation und das Verfahren der Kirchengerichte der EKD. Die Gerichtsbarkeit der EKD ist untergliedert in

- Verfassungsgerichtshof,
- Kirchengericht erster Instanz,
- Kirchengerichtshof zweiter Instanz.

Das KiGG beinhaltet auch **Änderungen des MVG** und hat damit Auswirkungen auf den Rechtsschutz für Mitarbeitervertretungen.

Das MVG gestaltet den **Rechtsschutz** der MAV in erster Instanz durch die Anrufung des **Kirchengerichts** für mitarbeitervertretungsrechtliche Streitigkeiten auf der Ebene der EKD und der Gliedkirchen, in zweiter Instanz durch Beschwerde beim **Kirchengerichtshof** für mitarbeitervertretungsrechtliche Streitigkeiten der EKD. Den Gliedkirchen ist es vorbehalten, eine andere Bezeichnung der Kirchengerichte erster Instanz zu wählen. In einigen Gliedkirchen wird auch der Begriff Schlichtungsstelle oder Schiedsstelle benutzt.

Nach Art. 140 GG i.V.m. Art 137 WRV ordnet und verwaltet jede Religionsgesellschaft ihre Angelegenheiten selbständig innerhalb der Schranken des für alle geltenden Gesetzes (→ **Selbstverwaltungsrecht der Kirchen**). Das Recht zur Verwaltung ihrer eigenen Angelegenheiten haben die Kirchen seit Bestehen der Bundesrepublik extensiv ausgenutzt. Sie geben sich nicht nur ihre eigenen Gesetze wie das → **Mitarbeitervertretungsgesetz**, sondern sie haben auch eine **eigenständige Rechtsprechung** (Judikative) aufgebaut. Die Kirchen betätigen sich also nicht nur als Gesetzgeber, sondern sie kontrollieren auch die Einhaltung ihrer Gesetzgebung. Staatliche Arbeitsgerichte haben so in der Regel den Antrag einer kirchlichen Mitarbeitervertretung auf Rechtsschutz wegen Unzuständigkeit zurückgewiesen. Der Gang zum → **Arbeitsgericht** oder zu den Verwaltungsgerichten ist für eine MAV damit ausgeschlossen.

Aufgaben und Rechte der Mitarbeitervertretung bewegen sich so in einem kircheneigenen Raum. Dies führt dann auch zu dem Vorwurf, dass die »Kirche einen eigenen Staat im Staate« bilde.

Verfahren vor dem Kirchengericht (1. Instanz)

Kirchengerichte sind auf der Ebene der jeweiligen Gliedkirche gebildet; entweder für Kirche und Diakonie gemeinsam oder getrennt (§ 57 Abs. 1 MVG). Die meisten gliedkirchlichen Übernahmegesetze des MVG sehen entsprechende Regelungen für die Bildung und Zusammensetzung der Kirchengerichte vor. Im Folgenden werden die grundlegenden Bestimmungen des MVG wiedergegeben:

1. Das Kirchengericht besteht aus drei Mitgliedern, einer Vorsitzenden und zwei Beisitzern. Sie müssen alle zu kirchlichen Ämtern der EKD wählbar sein. Für jedes Mitglied gibt es mindestens einen Stellvertreter (§ 58 Abs. 1 MVG).
2. Der Vorsitzende des Kirchengerichts muss die Befähigung zum Richteramt besitzen. Die Berufung soll einvernehmlich durch Dienstgeber- und Dienstnehmerseite erfolgen (§ 58 Abs. 2 MVG).
3. Die zwei Beisitzer werden jeweils von Dienstgeber- und Dienstnehmerseite benannt (§ 58 Abs. 4 MVG).
4. Die Mitglieder des Kirchengerichts sind unabhängig und nur an Gesetz und ihr Gewissen gebunden. Sie unterliegen der richterlichen Schweigepflicht. Ihre Amtszeit beträgt auf der Ebene der Gliedkirchen sechs Jahre (§ 59 MVG).
5. Für das Verfahren gelten die Vorschriften des MVG. Die Vorschriften des KiGG (§ 29 KiGG) und des Arbeitsgerichtsgesetzes finden ergänzend Anwendung (§ 62 und § 63 Abs. 1 MVG).

Damit ähnelt der kirchliche Rechtsweg strukturell und verfahrensmäßig den staatlichen → **Arbeitsgerichten**. Das gilt auch für die Durchführung des Kirchengerichtsverfahrens selbst, das in zwei Schritten erfolgt,

1. **Einigungsgespräch** (entspricht Güteverhandlung beim Arbeitsgericht), an dem nur der Vorsitzende und die streitenden Parteien teilnehmen, und
2. **Kammerverhandlung** (entspricht Gerichtsverhandlung/Kammerverhandlung beim Arbeitsgericht), an der auch die beiden Beisitzer teilnehmen (§ 62 MVG).

Das Einigungsgespräch findet – anders als beim Arbeitsgericht – unter Ausschluss der Öffentlichkeit statt, während die Kammer öffentlich tagt. Der → **Beistand**, den die MAV und die Dienststellenleitung hinzuziehen können, unterliegt seit dem 1. 1. 2024 nicht mehr der → **ACK-Klausel,** er muss also nicht mehr **Mitglied einer christlichen Kirche** sein. Diese ehemalige Verpflichtung bei Bei-

ständen und Juristen wirkte nach der Streichung der ACK-Klausel für die MAV-Mitglieder seit 2019 besonders anachronistisch.
Beim Verfahren in der ersten Instanz steht es der MAV frei, sich von einem **Anwalt** vertreten zu lassen, sie kann sich auch selbst vertreten. In den letzten Jahren war es aber die Regel, dass die MAVen bereits in der ersten Instanz anwaltliche Unterstützung in Anspruch genommen haben. Das kirchengerichtliche Verfahren ist ein stark formalisiertes Verfahren und diesbezüglich mit Verfahren vor den Arbeitsgerichten gleichzusetzen. So gelten, soweit nichts anderes bestimmt ist, auch die Vorschriften des Arbeitsgerichtsgesetzes über das Beschlussverfahren. Die zahlreichen möglichen Formfehler können zu einem Scheitern des Antrages der MAV führen. Das Kirchengericht stützt sich in seinen Entscheidungen auf die Rechtsprechungen des KGH und der staatlichen Gerichte. Ein genauer Überblick über diese Rechtsprechung ist deshalb eine Voraussetzung für die Durchführung eines erfolgreichen Verfahrens. Deshalb empfiehlt es sich dringend, bereits in der ersten Instanz einen Anwalt hinzuzuziehen, der sich auch im kirchlichen Arbeitsrecht gut auskennt. Ein Rechtsbeistand stärkt die MAV in ihrem Vorgehen, verhindert formale Fehler und gibt der MAV mehr Selbstsicherheit. Besonders für formalisierte Verfahren ist es wichtig, einen Juristen hinzuzuziehen, der gelernt hat, Sachverhalte einer Rechtsnorm zuzuordnen. Arbeitgeber werden in der Regel durch eigene Rechtsanwälte vertreten oder beauftragen Rechtsanwaltskanzleien. Eine falsche Bescheidenheit der MAVen ist bei Rechtsstreitigkeiten zum MVG nicht angebracht.

Achtung:
Die MAV hat bei einer **Zustimmungsverweigerung** alle entscheidungserheblichen Verweigerungsgründe in die Begründung aufzunehmen. Die MAV kann vor dem Kirchengericht nur die Gründe vortragen, die sie in der Zustimmungsverweigerung schriftlich dargelegt hat. **Ein Nachschieben von Gründen ist nicht möglich**, so die Entscheidung des Kirchengerichtshofs vom 20.4.2009 (Az.: KGH.EKD II-0124/P26-08). Immer mehr gehen deshalb MAVen dazu über, bereits bei der Formulierung der Zustimmungsverweigerung anwaltliche Unterstützung hinzuzuziehen.

Die MAV entscheidet selbst darüber, ob sie einen Rechtsbeistand hinzuzieht (§ 30 MVG). Der Arbeitgeber kann dies nicht verhindern. Ist die **Kostenübernahme** strittig, entscheidet die Vorsitzende des Kirchengerichts darüber, ob der Arbeitgeber die Kosten für den Anwalt zu übernehmen hat (§ 61 Abs. 9 MVG). In der Regel wird wegen des formalisierten Verfahrens vor dem Kirchengericht dem Antrag auf Kostenübernahme stattgegeben. Im kirchlichen Arbeitsrecht engagierte Anwälte sind auch oft bereit, vor einer formalen Zusage zur Kostenübernahme für die MAVen aktiv zu werden, und unterstützen die MAVen bereits bei der Formulierung der diesbezüglichen Anträge vor dem Kirchengericht.

Das Verfahren vor dem Kirchengericht eröffnet die Dienststellenleitung oder die MAV durch einen hinreichend bestimmten **Antrag** (z. B. Ersetzung der Zustimmung der MAV zu einer mitbestimmungspflichtigen Maßnahme oder die Feststellung, dass ein Beteiligungsrecht der MAV verletzt worden ist). Der Antrag der MAV muss dabei auf einer ordnungsgemäß einberufenen Sitzung beschlossen worden sein. Der Vorsitzende Richter des Kirchengerichts prüft zuerst die Rechtsschutz für die **Zuständigkeit** des Kirchengerichts, die Einhaltung von **Fristen** und die **Begründetheit** des Antrags:

1. Das Kirchengericht entscheidet **über alle Streitigkeiten**, die sich aus der Anwendung des MVG zwischen den jeweils Beteiligten ergeben (§ 60 Abs. 1 MVG). Dieser umfassende Zuständigkeitsanspruch eröffnet Mitarbeitervertretungen jedenfalls alle Möglichkeiten, sich zur Wehr zu setzen. Eingeschränkte Zuständigkeiten bzw. Entscheidungsspielräume des Kirchengerichts bestehen allerdings für → **Dienstvereinbarungen**, Fälle der → **Mitberatung, eingeschränkten Mitbestimmung** (→ **Mitbestimmung**) sowie bei der Nichteinigung über → **Initiativen** der MAV (§ 60 Abs. 2–7 MVG).
2. Neben der MAV oder der → **Dienststellenleitung** können z. B. auch die → **Gesamt-MAV**, die Wahlberechtigten, die → **JAV** oder Schwerbehindertenvertretung antragsberechtigt sein (dies ergibt sich aus der Formulierung »… zwischen den jeweils Beteiligten …« in § 60 Abs. 1 MVG).
3. Die **Frist** für die Anrufung des Kirchengerichts beträgt **zwei Monate** nach Abschluss der Erörterung – gemeint ist das Scheitern der betrieblichen Einigungsbemühungen gem. § 33 Abs. 3 MVG, sofern keine besondere Frist festgelegt worden ist (§ 61 Abs. 1 MVG).
4. Der Kammervorsitzende kann einen **offensichtlich unbegründeten Antrag** ohne mündliche Verhandlung zurückweisen. Dies ist in einem Bescheid zu begründen, der innerhalb von zwei Wochen durch Antrag auf mündliche Verhandlung anfechtbar ist (§ 61 Abs. 8 MVG).
5. Das Kirchengericht entscheidet durch **Beschluss** (mit Stimmenmehrheit der drei Mitglieder). Stimmenthaltung ist nicht zulässig. In der Regel gibt also die Stimme des Vorsitzenden den Ausschlag. Der Beschluss wird den Verfahrensbeteiligten mit Begründung zugestellt und damit wirksam (§ 61 Abs. 6 und 7 MVG).
6. **Kosten** werden nicht erhoben; die außergerichtlichen Kosten (z. B. Fahrt- und Materialkosten, Kosten für → **Beistände**) trägt die → **Dienststellenleitung**. Bei Streitigkeiten über die Notwendigkeit von Kosten entscheidet der Kammervorsitzende alleine (§ 61 Abs. 4 MVG); gegen diese Entscheidung kann sofortige Beschwerde beim Kirchengericht eingelegt werden.

> **Wichtig:**
> Der Beschluss des Kirchengerichts ist verbindlich (§ 60 Abs. 8 MVG). Die Entscheidung ist also vor Ort umzusetzen. Trotzdem kommt es immer wieder vor, dass → **Dienststellenleitungen** sich weigern, unanfechtbar gewordene Kirchengerichtsbeschlüsse umzusetzen (→ **Ordnungsgeld**). Dann sollte sich eine MAV nicht scheuen, erneut in dieser Sache vor das Kirchengericht zu ziehen oder von ihrem → **Beschwerderecht** Gebrauch zu machen.

Einstweiliger Rechtsschutz

Kann in eilbedürftigen Angelegenheiten das Kirchengericht nicht rechtzeitig zusammenkommen, trifft der vorsitzende Richter – also ohne Zusammentreten der Kammer – auf ausdrücklichen Antrag eine **einstweilige Verfügung** (auch ohne mündliche Verhandlung). Die betreibende Partei muss ihr Anliegen glaubhaft machen (§ 61 Abs. 10 MVG). Eine vorläufige Regelung kann z. B. bei drohender Verletzung von Mitbestimmungsrechten (z. B. wegen Anordnung von Überstunden) erforderlich sein. In diesem Fall muss der Antragsteller darlegen und glaubhaft machen, dass ihm zunächst ein Mitbestimmungsrecht (**Verfügungsanspruch**) zusteht und dass ohne eine vorläufige Regelung die Umsetzung des Mitbestimmungsrechts der MAV unmöglich oder erheblich erschwert werden würde (**Verfügungsgrund**). Einstweilige Verfügungen sind mit Zustellung bindend. Gegen die Entscheidung, die ohne mündliche Verhandlung ergangen ist, kann Widerspruch beim Kirchengericht eingelegt werden. In den übrigen Fällen kann Beschwerde beim Kirchengerichtshof eingelegt werden.

Vollstreckungsmöglichkeiten

Richten sich rechtskräftige Entscheidungen gegen die → **Dienststellenleitung**, müssen diese von ihr umgesetzt werden (§ 60 Abs. 8 MVG). Weigert sich die Dienststellenleitung jedoch und ist eine → **Ersatzvornahme** nicht vorgesehen oder bleibt diese ebenfalls erfolglos, hat die MAV nur noch sehr beschränkte Möglichkeiten.

Im 2013 novellierten MVG wurde ein neuer § 63 a eingefügt, der den MAVen die Möglichkeit gibt, das Kirchengericht anzurufen, wenn die vom Kirchengericht auferlegten Verpflichtungen nicht innerhalb eines Monats nach Rechtskraft eines Beschlusses umgesetzt sind. Bei Nichteinhalten der Verpflichtungen aus dem Beschluss des Kirchengerichts konnte ein Ordnungsgeld von max. 5000 Euro verhängt werden.

Zum 1. 1. 2024 wurde § 63a Abs. 2 MVG neu gefasst: »Stellt das Kirchengericht auf Antrag eines Beteiligten fest, dass die Verpflichtungen nach Absatz 1 nicht erfüllt sind, kann es ein Ordnungsgeld von bis zu 10 000 Euro verhängen. Das Ordnungsgeld kann vom Kirchengericht oder vom Kirchengerichtshof einem kirchlichen oder sozialen Zweck gewidmet werden. Es wird von der Geschäftsstelle eingezogen.«

Da gem. § 62 Satz 2 MVG die Vorschriften über Zwangsmaßnahmen keine Anwendung finden, lassen sich kirchengerichtliche Beschlüsse weiterhin nicht mit Maßnahmen der staatlichen Zwangsvollstreckung durchsetzen.

Auch die Geschäftsstelle des Kirchengerichts bzw. des Kirchengerichtshofs wird nicht ohne Zutun des zur Zahlung Verpflichteten Geld einziehen können.

Auch die Organe der EKD und der Landeskirchen können gegenüber diakonischen Einrichtungen keine Zwangsmittel durchsetzen, da diese privatrechtlich organisiert sind. Die Möglichkeit des Ausschlusses von diakonischen Einrichtungen aus dem Diakonischen Werk wird nur in ganz seltenen Fällen angewendet.

§ 63 a MVG stellt im Vergleich zu § 23 BetrVG nur ein »stumpfes Schwert« für Mitarbeitervertretungen dar. Betriebsräte können vor dem Arbeitsgericht Zwangs- und Ordnungsgelder von bis zu 10 000 Euro durchsetzen. Die Erhebung dieser Zwangs- und Ordnungsgelder würde dann auch über staatliche Instanzen zweifelsfrei durchgesetzt. Trotzdem sollten MAVen sich nicht scheuen, das Instrument des § 63 a MVG zu nutzen.

Fristen zur Anrufung des Kirchengerichts

- Normale Frist: **zwei Monate** nach Abschluss der Erörterung, soweit keine besondere Frist für die Anrufung des Kirchengerichts festgelegt ist (§ 61 Abs. 1 MVG).
- Bei Anfechtung einer MAV-Wahl: **zwei Wochen** nach Bekanntgabe des Wahlergebnisses (§ 14 MVG).
- Bei Nichteinigung in Fällen der Mitbestimmung und der eingeschränkten Mitbestimmung für die Dienststellenleitung: **zwei Wochen** nach Abschluss der Erörterung oder nach Eingang der schriftlichen Weigerung der Zustimmung durch die MAV (§ 38 Abs. 4).
- Bei Nichtbeteiligung an einer mitberatungspflichtigen Maßnahme für die MAV: **zwei Wochen** nach Kenntnis, **spätestens sechs Monate** nach Durchführung der Maßnahme (§ 45 Abs. 2 MVG).
- Bei Nichteinigung über Initiativen der MAV: **zwei Wochen** nach Abschluss der Erörterung oder nach Ablehnung durch die Dienststellenleitung; außerdem: **zwei Wochen**, wenn die Dienststellenleitung nicht innerhalb der Monatsfrist Stellung genommen hat.

Antragstellung und Verfahrensablauf des Kirchengerichtsverfahrens

1. Die MAV oder Dienststellenleitung stellt einen Antrag an das Kirchengericht mit:
   - Bezeichnung der streitenden Parteien,
   - Angabe des Gegenstandes und des Grundes des erhobenen Anspruchs,

- Formulierung eines konkreten Antrags,
- Begründung des Antrags,
- Nennung von z. B. Zeugen und Beifügung von Beweismitteln als Anlage (durchnummeriert).

2. Das Kirchengericht übersendet den Antrag an den Antragsgegner mit Aufforderung zur Stellungnahme.
3. Der Antragsgegner übersendet Stellungnahme an das Kirchengericht.
4. Gütetermin (Einigungsgespräch) mit dem Vorsitzenden des Kirchengerichts, den beiden Parteien und evtl. Beiständen.
5. Kammertermin mit dem Vorsitzenden des Kirchengerichts, den Beisitzern, beiden Parteien und evtl. Beiständen.
6. Evtl. Rechtsweg (Beschwerde) zum Kirchengerichtshof für mitarbeitervertretungsrechtliche Streitigkeiten der EKD als zweite Instanz.

Achtung:
In den Fällen, in denen die Einigungsstelle zuständig ist (alle Regelungsstreitigkeiten nach § 40 MVG), ist die Anrufung des Kirchengerichts ausgeschlossen (§ 38 Abs. 4 Satz 2 MVG)! Diese Regelung ist folgerichtig, denn in den genannten Fragen ist das Ziel ja die Einigung über eine strittige Regelung. In diesen Fällen ist also nicht vor dem Kirchengericht zu entscheiden, wer Recht hat. Vielmehr ersetzt der Spruch der Einigungsstelle die Einigung zwischen Mitarbeitervertretung und Dienststellenleitung (§ 36 a Abs. 1 Satz 5 MVG).

Kirchengerichtsverfahren im Überblick:

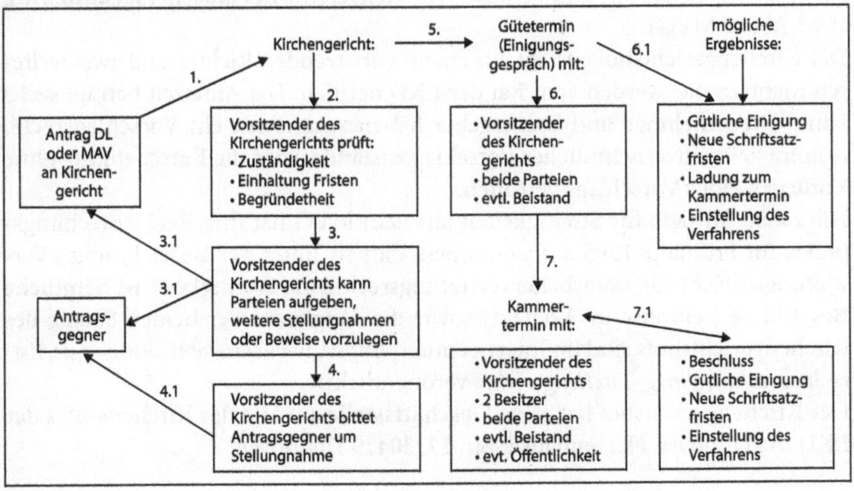

Verfahren vor dem Kirchengerichtshof (2. Instanz)

Die Beschwerde kann innerhalb einer **Frist** von einem Monat nach Zustellung des vollständigen Beschlusses eingelegt werden (§ 66 ArbGG). Fehlt die Rechtsmittelbelehrung, läuft die Frist erst zwölf Monate nach der Zustellung ab (§ 9 Abs. 5 ArbGG).

Die Beschwerde kann nur von einem Anwalt oder Rechtsschutzsekretär eingelegt werden. Insofern besteht in der zweiten Instanz ein **Anwaltszwang.**

Sind MAV oder Dienststellenleitung mit dem Beschluss des Kirchengerichts nicht einverstanden, ist gegen diese Entscheidung Beschwerde beim **Kirchengerichtshof der EKD** einzulegen. Die **Beschwerdefähigkeit** ist nicht auf bestimmte Tatbestände eingeschränkt (§ 63 Abs. 1 MVG).

Die **Beschwerde** bedarf der Annahme durch den Kirchengerichtshof. Sie ist **anzunehmen**, wenn

- ernstliche Zweifel an der Richtigkeit des Beschlusses bestehen,
- die Rechtsfrage grundsätzliche Bedeutung hat,
- der Beschluss von einer Entscheidung des Kirchengerichtshofs der EKD, einer Entscheidung eines obersten Landesgerichts oder eines Bundesgerichts abweicht und auf dieser Abweichung beruht oder
- ein Verfahrensmangel geltend gemacht wird und vorliegt, auf dem der Beschluss beruhen kann (§ 63 Abs. 2 MVG).

Eine Entscheidung über die **Annahme** einer Beschwerde erfolgt ohne mündliche Verhandlung. Die Ablehnung ist jedoch zwingend zu begründen (§ 63 Abs. 3 MVG). Der Vorsitzende kann in dringenden Fällen eine **einstweilige Verfügung** allein treffen (§ 63 Abs. 5 MVG). Der Kirchengerichtshof entscheidet **endgültig** (§ 63 Abs. 6 MVG).

Der Kirchengerichtshof besteht aus einem vorsitzenden Richter und zwei weiteren Richtern. Sie werden vom Rat der EKD berufen. Die Amtszeit beträgt sechs Jahre. Dienstnehmer und Dienstgeber haben zusammen ein Vorschlagsrecht. Kommt kein einvernehmlicher Vorschlag zustande, wird die Entscheidung ohne Vorliegen eines Vorschlags getroffen.

Die zweite Instanz für Streitigkeiten aus dem MVG hat ihre Rechtsprechungspraxis im Frühjahr 1995 aufgenommen, damals unter der Bezeichnung »Verwaltungsgericht für mitarbeitervertretungsrechtliche Streitigkeiten«. Sämtliche **Beschlüsse** (teilweise im Volltext) sowie die Mitglieder der beiden Senate des Kirchengerichtshofs sind im Internet unter: *https://www.kirchenrecht-ekd.de/list/rechtsprechung/mvg_kirchengerichte* veröffentlicht.

Der Kirchengerichtshof hat seine **Geschäftsstelle** am Sitz des Kirchenamtes der EKD in Hannover, Herrenhäuser Str. 12, 30419 Hannover.

Kritik am kirchengerichtlichen Rechtsschutz

Das Mitbestimmungsverfahren nach dem MVG ist im Vergleich zum Mitbestimmungsverfahren nach BetrVG ein überformalisiertes und rein bürokratisches Verfahren (→ **Mitarbeitervertretungsgesetz**). Diese Kritik setzt sich fort für das Verfahren beim Kirchengericht.

Das Kirchengericht hat keine sachgerechte Regelung zu treffen, sondern nur darüber zu befinden, ob es anstelle der MAV der Maßnahme zustimmt. Die Zustimmung wird in der Regel dann ersetzt, wenn die Maßnahme nicht gegen Rechtsvorschriften verstößt oder nicht unbillig ist. Das Kirchengericht schließt ein Nachschieben von Gründen aus und berücksichtigt bei seiner Entscheidung nur den vorliegenden Antrag. Das Kirchengericht kann keine modifizierte Lösung beschließen. Damit sind in schwierigen Streitigkeiten die Konfliktlösungsmöglichkeiten des Kirchengerichts äußerst eingeschränkt. Zur Entscheidung stehen lediglich die bisherige Regelung und die vom Arbeitgeber angestrebte Regelung. Nur in dem Fall, wenn es dem Kirchengericht gelingt, beide Seiten zu einem Kompromiss zu bewegen, kann keine differenzierte und betrieblich angepasste Lösung gefunden werden, die über das bloße Ja oder Nein zu dem vorliegenden Antrag hinausgeht.

Die MAV muss sich so bei jeder ihrer Entscheidungen bereits wie ein Jurist oder ein Richter überlegen, welche Gründe für die Verweigerung einer Zustimmung wichtig und wirklich gerichtsfest sind, und ob alle Gründe abschließend genannt worden sind.

Stellt die MAV einen **Initiativantrag**, hat das Kirchengericht nur darüber zu entscheiden, ob die Weigerung der Dienststellenleitung, dem Initiativantrag nicht zu entsprechen, rechtswidrig ist (§ 60 Abs. 7 MVG). Von einer gleichgewichtigen Mitbestimmung kann hier keine Rede sein. **Der Rechtsschutz der MAVen ist ein Rechtsschutz zweiter Klasse.**

Umfasst der Initiativantrag der MAV eine Regelungsstreitigkeit nach § 40 MVG, dann wird die zuständige Einigungsstelle nach § 36a bei fehlender Einigung zunächst einen Vermittlungsvorschlag zu unterbreiten haben und bei dessen Nichtannahme wird die Einigungsstelle weiter zu einer Entscheidung der Angelegenheit berechtigt und verpflichtet sein.

Mit der Novellierung des MVG im November 2013 ist in § 63 MVG die Möglichkeit der Verhängung von **Ordnungsgeldern** eingeführt worden, wenn auferlegte Verpflichtungen nicht eingehalten werden. Die Vorschriften sind wesentlich knapper und unklarer gefasst als im BetrVG. Für die Praxis sind durchaus Zweifel angebracht, ob das Kirchengericht über wirksame Möglichkeiten verfügt, Geldbußen einzutreiben.

Bedeutung für die MAV

Häufig ist in kirchlichen und diakonischen Dienststellen das Rechtsbewusstsein in Sachen innerbetrieblicher Mitbestimmung nicht sehr stark ausgeprägt. Um ihre umfangreichen Rechte durchzusetzen, ist die MAV bei Nichtbeachtung der Vorschriften des MVG ausschließlich auf das innerkirchliche Kirchengerichtsverfahren verwiesen. So eingeschränkt diese Möglichkeiten sind, umso intensiver und besser vorbereitet sollten sie wahrgenommen werden. Denn es kommt nicht nur darauf an, Recht zu haben, sondern auch Recht zu bekommen! Und ein Beschluss des Kirchengerichts im Sinne des Antrags einer MAV hat bei Dienststellenleitungen bereits Wunder bewirkt: Die MAV wird jetzt ernster als vorher genommen, die Dienststellenleitung weiß nun, dass die MAV sich nicht scheut, Außenstehende zur Konfliktbeilegung einzuschalten. Die MAV wird dadurch an Selbstbewusstsein gewinnen!
Daher sollten sich Mitarbeitervertretungen aus ihrem Selbstverständnis heraus nicht scheuen, das Kirchengericht anzurufen, wenn ihre → **Beteiligungsrechte** nicht beachtet werden oder die Dienststellenleitung ihren Pflichten gegenüber MAV und Beschäftigten nicht nachkommt. Da die Kammerverhandlungen des Kirchengerichts öffentlich sind, sollten MAV-Mitglieder vorher einmal an einer solchen Sitzung teilnehmen, auch um die Angst vor dem Verfahren zu verlieren (eine notwendige Arbeitsbefreiung gemäß § 19 Abs. 2 MVG liegt allerdings nur in Ausnahmefällen vor; für Freigestellte gilt nichts anderes).
Mitarbeitervertretungen können zu den Verhandlungen des Kirchengerichts übrigens mehrere Mitglieder entsenden; zu ihrer Unterstützung können sie sich auch eines rechtlich versierten → **Beistandes** bedienen. Beides reduziert die Scheu vor dem Gang zum Kirchengericht und ist im Hinblick auf eine »Waffengleichheit« anzuraten.

Bedeutung für die Beschäftigten

Wahlberechtigte Beschäftigte haben das Recht, in folgenden Fällen das Kirchengericht anzurufen:

- Wahlanfechtung (§ 14 Abs. 1 MVG);
- Ausschluss einzelner Mitglieder der MAV oder Auflösung der MAV wegen groben Missbrauchs von Befugnissen oder wegen grober Verletzung von Pflichten (§ 17 MVG), z. B. wegen Verstoß gegen die Verpflichtung zur Einberufung einer Mitarbeiterversammlung (§ 31 Abs. 2 MVG), Nichtausübung von Beteiligungsrechten (§ 37 Abs. 2 MVG), Verletzung der Schweigepflicht in persönlichen Angelegenheiten (§ 22 MVG);

- Streitigkeiten wegen der Bildung von → **Dienststellen** (§ 3 Abs. 2 MVG) und Mitarbeitervertretungen (§ 5 Abs. 2 MVG).

Wird ein Beschäftigter in einem Verfahren (z. B. wegen Kündigung) vor dem Kirchengericht oder dem Kirchengerichtshof als Zeuge vernommen, hat dieser ein **Zeugnisverweigerungsrecht**, wenn eine Aussage gegen den Beschäftigten, z. B. in einem Kündigungsschutzverfahren vor dem → **Arbeitsgericht**, verwendet werden könnte. Über das Aussageverweigerungsrecht ist zu belehren (Art. 2 § 16 Abs. 2 KiGG).

Checkliste für die Einleitung eines Kirchengerichtsverfahrens

1. **Beschlussfassung**
   - Ordnungsgemäße Einladung zur MAV-Sitzung
   - Festlegung der Tagesordnung (Beschlussfassung: Antrag zur Einleitung eines Kirchengerichtsverfahrens, ggf. Hinzuziehung eines → **Beistands**, ggf. Kostenübernahmeantrag wegen Beistand).
   - Klarheit über das Ziel?
   - Beschlussfähigkeit prüfen
   - Beschlussfassung
   - Niederschrift
2. **Fristeinhaltung überprüfen**
3. **Antrag**
   - Korrekter **Antragsgegner**?
   - **Streitgegenstand** ausreichend beschrieben?
   - Sind alle zugrunde liegenden **Tatsachen** genannt?
   - Welche **Rechtsfolge** ist beabsichtigt? (Unterlassung, Feststellung, Beseitigung, Vornahme einer bestimmten Handlung, bestimmte Leistung?) – Das Kirchengericht kann nicht mehr Recht sprechen als beantragt!
4. **Beweise** und **Zeugen**?
5. **Einstweilige Verfügung**?
   - Eilbedürftigkeit
   - Verfügungsanspruch
   - Verfügungsgrund

Literaturhinweis

- *Baumann-Czichon, Bernhard:* Grundrecht auf Mitbestimmung. Defizite der kirchlichen Betriebsverfassung am Beispiel der evangelischen Kirche. In: *Frank Bsirske/Ellen Paschke/Berno Schuckart-Witsch* (Hrsg.): Streiks in Gottes Häusern, Hamburg 2013.

- *Baumann-Czichon, Bernhard/Gathmann, Mira:* Kirchliche Mitbestimmung im Vergleich, BetrVG – MVG.EKD – MAVO, Herausgegeben von ver.di, 2. Auflage, Berlin 2017.
- *Beschlüsse des Kirchengerichtshofs seit 1995, teilweise im Wortlaut: https://www.kirchenrecht-ekd.de/list/rechtsprechung/mvg_kirchengerichte*

Rechtsstellung der MAV-Mitglieder

Grundsatz

Die Mitarbeitervertretung ist die nach kirchlichem Recht (Mitarbeitervertretungsgesetz) gewählte gesetzliche Interessenvertretung der → **Arbeitnehmer** einer Dienststelle. Die Mitarbeitervertretung hat somit die Interessen der Beschäftigten gegenüber der → **Dienststellenleitung** zu vertreten. Die Interessen der → **Dienststelle** sind dabei zu berücksichtigen. Mitarbeitervertretung und Dienststellenleitung wird eine gemeinsame Verantwortung bei der Erfüllung der Aufgaben abverlangt (§ 33 Abs. 1 MVG).

Das Mitarbeitervertretungsgesetz gibt der Mitarbeitervertretung Instrumente **demokratischer Kontrolle** über betriebliche Vorgänge in die Hand. Die Mitarbeitervertretung übt somit eine Schutzfunktion aus, indem sie die Einhaltung der rechtlichen Bestimmungen (Gesetze, tarifliche Regelungen, → **Dienstvereinbarungen**, Richtlinien) zugunsten der Beschäftigten überwacht. Dabei besteht die Gefahr, in Konfrontation mit der → **Dienststellenleitung** zu geraten. Das verpflichtende kooperative Verhältnis (»vertrauensvolle Zusammenarbeit«) zwischen Arbeitnehmervertretung und Arbeitgeber ist also nicht frei von **Konflikten**. Das Mitarbeitervertretungsgesetz selbst geht davon aus, dass »strittige Fragen« (§ 33 Abs. 3 MVG) zu klären sind. Diese verharmlosende Formulierung kann nicht darüber hinwegtäuschen, dass es in der Praxis um einen **Interessengegensatz** zwischen Arbeitnehmer und Arbeitgeber geht. Das Mitarbeitervertretungsgesetz formuliert deshalb zu Recht Merkmale für eine Konfliktregelung:

- Verpflichtung zu vertrauensvoller und partnerschaftlicher Zusammenarbeit (§ 33 Abs. 1 MVG)
- Gebot zu regelmäßigen Besprechungen (§ 33 Abs. 2 MVG)
- Verpflichtung zur Aussprache (§ 33 Abs. 3 MVG)

Die Rechtsstellung der Mitarbeitervertretung umfasst den Abschnitt V, §§ 19 bis 22 MVG. Diese Bestimmungen legen die **Voraussetzungen** fest, unter denen die Mitglieder der Mitarbeitervertretung, der Schwerbehinderten- und der Jugendvertretung ihr Amt ausüben.

Bedeutung für die MAV

Die Mitglieder der Mitarbeitervertretung üben ihr Amt nach pflichtgemäßem Ermessen »unentgeltlich als **Ehrenamt** aus«. Eine Zusatzvergütung ist deshalb verboten. Das heißt aber nicht, dass die Tätigkeit in der Freizeit stattzufinden hat. Die Arbeit der Mitarbeitervertretung wird im Rahmen des Arbeitsverhältnisses erledigt. Umgekehrt dürfen die Mitglieder der Mitarbeitervertretung nicht benachteiligt werden, z. B. durch ungünstigere Arbeitszeiten, Vereitelung der beruflichen Entwicklung, Kündigung oder geringere Entlohnung im Vergleich zu anderen Beschäftigten. Das Begünstigungs- und Benachteiligungsverbot schützt die Unabhängigkeit der Mitarbeitervertretung (§ 19 Abs. 1 MVG). Erhält ein MAV-Mitglied einen **Nachteilsausgleich** dafür, dass es aufgrund seiner Tätigkeit eine geringere Anzahl von z. B. Diensten zu ungünstigen Zeiten oder Schichten mit entsprechenden finanziellen Einbußen hat, ist dies keine gesetzwidrige Besserstellung nach dem MVG.

Die (Gesamt-)Mitarbeiter-, Jugend- und Schwerbehindertenvertretung sowie ihre Mitglieder sind gesetzlich **vor Behinderung geschützt** (§ 19 Abs. 1 MVG). Der Schutz umfasst jede unzulässige Erschwerung, Störung oder Verhinderung der Interessenvertretung. Die Erfahrung zeigt: Je engagierter die Mitarbeitervertretung zu Werke geht, desto höher kann das »Gefährdungspotential« sein, dem sich i. d. R. das einzelne MAV-Mitglied als Person ausgesetzt sieht.

Behinderungshandlungen zeigen sich entweder durch aktives Tun oder durch Unterlassung.

Beispiele für **Störungen oder → Behinderungen der MAV**:

- Verhinderung von ordnungsgemäßen Tätigkeiten der MAV, Ablehnung der Zusammenarbeit,
- Eigenmächtiges Entfernen von Informationen vom Schwarzen Brett der MAV,
- Bewusste und/oder wiederholte Missachtung von Beteiligungsrechten,
- ständige Unterlassung von Mitteilungs- oder Auskunftspflichten,
- Verhinderung von MAV-Sitzungen,
- Behinderung von MAV-Sitzungen,
- Öffentliche Herabwürdigung der MAV,
- Verhinderung der Teilnahme eines MAV-Mitglieds an Sitzungen,
- Anschreien oder körperliche Gewalt gegen MAV-Mitglieder,
- Verpflichtung von Arbeitnehmern zum Schweigen gegenüber der MAV,
- Verhinderung des Besuchs von Beschäftigten bei der MAV.

Bei **Streitigkeiten** sollte die Mitarbeitervertretung das **Kirchengericht** anrufen und die (vorsätzliche) Behinderung feststellen lassen. Nach staatlichem Recht (Betriebsverfassungsgesetz) können Behinderungen oder Störungen, die sich gegen die gewählten Arbeitnehmervertreter und ihre Aufgabenerledigung richten, als Straftat mit Freiheitsentzug oder Geldstrafe geahndet werden!

Das Aufgabengebiet der Mitarbeitervertretung ist sehr umfassend. Die MAV hat Anhörungs-, Beratungs-, Mitbestimmungs- und Initiativrechte und Pflichten zu erfüllen. Zu ihrer Wahrnehmung benötigen die einzelnen Mitglieder der Mitarbeitervertretung Zeit. Der Gesetzgeber sieht vor, dass die MAV-Mitglieder zur notwendigen, d. h. erforderlichen Aufgabenerledigung **von** ihren **Arbeitspflichten ohne Minderung ihrer Bezüge befreit** sind (§ 19 Abs. 2 MVG). Notwendig sind die Aktivitäten, die sich aus dem Mitarbeitervertretungsgesetz ergeben, z. B. Teilnahme an Mitarbeitervertretungs- und Ausschusssitzungen, Vorbereitung auf Sitzungen (z. B. Unterlagen und Rechtsgrundlagen lesen), Teilnahme an Mitarbeiterversammlungen sowie ihre Vor- und Nachbereitung, Gespräche mit Beschäftigten am Arbeitsplatz, Durchführung von Sprechstunden, Erstellen von Protokollen und Gesprächsnotizen.

Bei der Beurteilung der Notwendigkeit hat das MAV-Mitglied einen **Ermessensspielraum.** Dabei kommt es darauf an, ob das MAV-Mitglied bei gewissenhafter Überlegung und ruhiger, vernünftiger Würdigung aller Umstände die Arbeitsbefreiung für erforderlich halten durfte. In der Praxis kommt es jedoch immer wieder zur Kollision der Amts- und Arbeitspflichten. Das Kirchengesetz hat jedoch der Erfüllung der **Amtspflicht** den **Vorrang vor der Arbeitspflicht** eingeräumt!

Eine **Zustimmung** der → **Dienststellenleitung** zur Arbeitsbefreiung nach § 19 Abs. 2 MVG ist **nicht notwendig.** Das MAV-Mitglied ist allerdings verpflichtet, sich beim Verlassen des Arbeitsplatzes beim Vorgesetzten so rechtzeitig wie möglich **abzumelden.** Eine mündliche Mitteilung genügt. Das Mitglied der MAV ist nicht verpflichtet, konkrete Hinweise auf die zu erledigende Aufgabe zu geben. Lediglich der Ort (aber nur soweit, dass dadurch nicht Rückschlüsse auf bestimmte Mitarbeiter möglich sind) und die voraussichtliche Dauer sind zu nennen. Besucht ein MAV-Mitglied einen Mitarbeiter am Arbeitsplatz, besteht keine Verpflichtung, dessen Namen zu nennen.

Der Gesetzgeber räumt der Erledigung der Aufgaben in der Zeit der → **Freistellung** den Vorrang ein (§ 19 Abs. 2 MVG).

Der Kollision zwischen der Amtspflicht und der Arbeitspflicht begegnet der Gesetzgeber damit, dass das MAV-Mitglied »auf Antrag von den ihm obliegenden Aufgaben **in angemessenem Umfang** zu **entlasten**« ist, wenn die Amtsausübung in der Regel innerhalb seiner Arbeitszeit nicht möglich ist (§ 19 Abs. 2 MVG). In die Entscheidung über die zu ergreifende Maßnahme sind die »besonderen Gegebenheiten« des Dienstes zu berücksichtigen, z. B. in der pflegerischen oder pädagogischen Arbeit. Der Grundsatz, Entlastung durch eine **Ersatzkraft** zu schaffen, verpflichtet die → **Dienststellenleitung**, die Verweigerung der Arbeitsbefreiung für MAV-Tätigkeiten wegen dringender dienstlicher Belange auszuschließen.

»Können die Aufgaben der Mitarbeitervertretung aus dienstlichen Gründen nicht innerhalb der Arbeitszeit wahrgenommen werden, so ist hierfür auf Antrag **Freizeitausgleich** zu gewähren« (§ 19 Abs. 2 MVG). Maßgeblich ist die persönliche Arbeitszeit des voll- oder teilzeitbeschäftigten MVG-Mitglieds.
Dienstliche Gründe können beispielsweise sein:

- Mitarbeiter im Nachtdienst;
- Arbeiten nach einem Schichtsystem;
- von der Dienststellenleitung anberaumte Verhandlungstermine, MAV-Sitzung oder → **Mitarbeiterversammlung** außerhalb der Arbeitszeit;
- nächtliche Betriebsbegehung mit dem Gewerbeaufsichtsamt im Zusammenhang mit einer Überprüfung der Arbeitssicherheit bei den Beschäftigten im Nachtdienst;
- kurzfristig und in großer Anzahl vorgelegte Anträge auf Zustimmung oder Mitberatung.

Auf eine Überstundenvergütung besteht kein Anspruch.
Zur pauschalen Arbeitsbefreiung nach der Freistellungsstaffel siehe → **Freistellung** (§ 20 MVG).
Damit die MAV in der Lage ist, ihr Amt sachgerecht auszuüben, benötigt sie erforderliche Kenntnisse (z. B. im Arbeits- und Tarifrecht, in Verhandlungsführung, in Büroorganisation). Zu den Ansprüchen siehe → **Schulung für MAV-Mitglieder**.
Mitglieder der Mitarbeitervertretung stehen aus gutem Grund unter einem besonderen gesetzlichen Schutz. Eine Abordnung, → **Versetzung** in eine andere Dienststelle oder → **Kündigung** von MAV-Mitgliedern ist nur mit Zustimmung der Mitarbeitervertretung, bzw. durch Zustimmungsersetzung durch das Kirchengericht zulässig (§ 21 MVG). Eine Abordnung oder Versetzung gegen den Willen des Betroffen kommt auch nur dann in Frage, wenn sie aus »wichtigen dienstlichen Gründen unvermeidbar ist«. Es müssen **beide** Voraussetzungen (wichtiger Grund, Zustimmung) vorliegen; fehlt eine, ist die Maßnahme unwirksam.

Kündigungsschutz von MAV-Mitgliedern
Wesentlich für eine unbeeinflusste und unabhängige Amtsführung der Mitglieder der MAV ist der Kündigungsschutz. Der Kündigungsschutz ist zwar nicht absolut, aber sehr weitgehend. *»Einem Mitglied der MAV darf nur gekündigt werden, wenn Tatsachen vorliegen, die den Dienstgeber zur außerordentlichen Kündigung berechtigen«* (MVG § 21 Abs. 2). Das **Kündigungsverbot von Mitgliedern der MAV** umfasst personenbezogene, verhaltensbedingte und in der Regel auch betriebsbedingte Kündigungsgründe. Einem Mitglied der Mitarbeitervertretung kann nur gekündigt werden, wenn ein Grund für eine → **außerordentliche Kündigung** vorliegt.

Gründe für eine außerordentliche (fristlose) Kündigung können sein:
- Diebstahl, Betrug und Unterschlagung,
- ausländerfeindliche Äußerungen,
- Vortäuschen einer tatsächlich nicht vorliegenden Erkrankung,
- Herunterladen von Kinderpornografie aus dem Internet,
- sexuelle Belästigung,
- grobe Beleidigung des Arbeitgebers,
- in den meisten Bereichen von Kirche und Diakonie wohl nicht mehr der Austritt aus der Kirche,
- Loyalitätspflichtverletzung (Beispiel: Ein Mitglied der MAV wurde gekündigt, weil er auf die Frage einer Patientin nach Gottesdienstzeiten antwortete: »Wollen Sie sich das wirklich antun? Meinen Sie, das hilft Ihnen noch?« – KGH, Entscheidung vom 29. 5. 2006, KGH.EKD II-0124/M22-06).

Der Arbeitgeber muss die **Zustimmung der MAV** zur fristlosen Kündigung eines MAV-Mitglieds einholen, wobei er die Frist für die Stellungnahme der MAV auf bis zu drei Arbeitstage verkürzen kann, (um die für ihn geltende 14-Tage-Frist – nach § 626 Abs. 2 BGB – einzuhalten).

Verweigert die MAV die Zustimmung zur außerordentlichen Kündigung, muss der Arbeitgeber das **Kirchengericht** anrufen und sich von dort, wenn die Gründe ausreichen, die Zustimmung ersetzen lassen. Durch das Kirchengerichtsverfahren (zwei Instanzen möglich) ist die 14-Tage-Frist quasi gehemmt. Sollte die Zustimmung der MAV zur außerordentlichen Kündigung durch das Kirchengericht ersetzt worden sein, kann der Arbeitgeber die Kündigung unverzüglich schriftlich (§ 623 BGB) aussprechen. Das betroffene MAV-Mitglied hat nach Zugang der Kündigung drei Wochen Zeit, um vor dem Arbeitsgericht gegen die Kündigung zu klagen.

Der **Kündigungsschutz** für MAV-Mitglieder wirkt noch **ein Jahr nach Beendigung** der Amtszeit. Diese Regelung stellt einen persönlichen Schutz vor einem nachträglichen »Gegenschlag« durch den Arbeitgeber dar. Der nachwirkende Kündigungsschutz entfällt, wenn das MAV-Mitglied seines Amtes durch Beschluss des Kirchengerichts entbunden wurde (§ 17 MVG).

Eine betriebsbedingte ordentliche Kündigung ist dann möglich, wenn die → **Dienststelle** ganz oder zu einem wesentlichen Teil aufgelöst wird (§ 21 Abs. 3 MVG). Auch hier bedarf die Kündigung der Zustimmung der Mitarbeitervertretung, im Falle der Nichtzustimmung der Zustimmungsersetzung durch das Kirchengericht. Die der Beschäftigungsdauer des Mitarbeitervertreters entsprechende Kündigungsfrist ist einzuhalten. Zulässig ist eine Kündigung frühestens zum Zeitpunkt der Auflösung der Dienststelle. Liegen zwingende betriebliche Gründe vor, kann zu einem früheren Zeitpunkt gekündigt werden. Für den Fall, dass die Dienststelle nicht vollständig, sondern nur zu einem wesentlichen Teil aufgelöst wird, ist zu prüfen, ob das MAV-Mitglied eventuell auch zu anderen

Arbeitsbedingungen (→ **Änderungskündigung**) in den nicht aufgelösten Dienststellenteilen weiter beschäftigt werden kann. Ist dies der Fall, kann dem von der Teilauflösung betroffenen MAV-Mitglied nicht gekündigt werden.

Ausschluss eines Mitglieds aus der MAV
Ein MAV-Mitglied kann wegen **grober Pflichtverletzung** oder **groben Missbrauchs von Befugnissen** aus der MAV ausgeschlossen werden (§ 17 MVG). Den Antrag auf Ausschluss aus der MAV können ein Viertel der Wahlberechtigten, der Arbeitgeber oder die MAV selbst – durch ordentlichen Beschluss in einer MAV-Sitzung – schriftlich beim Kirchengericht stellen. **Grobe Pflichtverletzungen** können z. B. sein:

- Verletzungen der Schweigepflicht,
- Veröffentlichung von vertraulichen Unterlagen (z. B. Personalakten),
- wenn wiederholt jährliche Mitarbeiterversammlungen nicht einberufen werden,
- das mehrfache unentschuldigte Fernbleiben von einer MAV-Sitzung,
- »Alleingänge« des MAV-Vorsitzenden (z. B., wenn er Entscheidungen gegenüber dem Arbeitgeber ohne MAV-Beschluss fällt).

Die Tatbestandsmerkmale »grobe Pflichtverletzung« und »grober Missbrauch von Befugnissen« sind unbestimmte Rechtsbegriffe, die jeweils im Einzelfall geprüft werden müssen. Ein grober Missbrauch setzt in aller Regel ein bewusstes Handeln voraus. Eine Pflichtverletzung kann auch durch Unterlassung oder Gedankenlosigkeit begangen werden, doch ein grober Pflichtverstoß muss objektiv erheblich und offensichtlich schwerwiegend sein und besonders offensichtlich gegen Sinn und Zweck eines gewährten Rechts verstoßen.
Keine groben Pflichtverletzungen stellen deshalb dar:

- Mangelnde Kompromissbereitschaft,
- extensives Ausschöpfen mitarbeitervertretungsrechtlicher Befugnisse,
- Verteilen von Formularen für Überlastungsanzeigen.

Auflösung der MAV
Aus gleichen Gründen und mit gleichem Verfahren kann auch die **MAV als Gremium aufgelöst** werden. Doch Voraussetzung für die Auflösung der MAV ist, dass die Amtspflichtverletzung der MAV als Kollegialorgan begangen wurde. Nach juristischer Meinung ist dies der Fall, wenn der Betriebsrat seine gesetzlichen Befugnisse in einem solchen Maße erheblich und in grober Weise überschreitet, dass dies zur Störung von Ordnung und Frieden im Betrieb führt. Auch wiederholte und dauernde Versäumnisse des Betriebsrats, seine Rechte und Pflichten zum Schutz der Arbeitnehmer wahrzunehmen, sind grobe Pflichtwidrigkeiten.

Die Mitglieder der Mitarbeitervertretung genießen in mehrfacher Hinsicht (z. B. bei Ausübung der Beteiligungsrechte, bei Entgegennahme von persönlichen Angelegenheiten von Mitarbeitenden) eine Vertrauensstellung im Betrieb. Die Verpflichtung zur Verschwiegenheit bei schützenswerten Angelegenheiten erstreckt sich auf die Zeit der Amtsausübung wie auch auf den Zeitraum nach dem Ausscheiden aus der Mitarbeitervertretung (zu den Einzelheiten siehe → **Schweigepflicht**, § 22 MVG).

Literaturhinweis

- *Baumann-Czichon, Bernhard/Gathmann, Mira/Germer, Lothar:* Mitarbeitervertretungsgesetz der Evangelischen Kirche in Deutschland, Kommentar, 3. Auflage, Bremen 2014.
- *Deppisch, Herbert/Jung, Robert/Schleitzer, Erhard:* Tipps für neu- und wiedergewählte MAV-Mitglieder, 4. Auflage, Frankfurt/Main 2019.

Reisekosten

Was ist das?

Reisekosten sind Aufwendungen, die aufgrund einer beruflich oder betrieblich bedingten Tätigkeit außerhalb des Arbeitsorts entstehen. Nach § 30 Abs. 4 MVG gelten Reisen der MAV-Mitglieder als Dienstreisen. Genehmigung der Reisen und Kostenerstattung richten sich nach den für die → **Dienststelle** gültigen Regelungen. Dies kann eine gliedkirchliche Regelung sein, aber auch das **Bundesreisekostengesetz** (z. B. § 42 AVR-Bayern; andere Regelungen: § 23 AVR.DD, § 23 Abs. 4 TV-L, § 44 TVöD (nur bes. Teil Verwaltung, BT-V).
Zu den Arten der Kosten siehe unter Bedeutung für die Beschäftigten.
Ein echter Genehmigungsvorbehalt, ob die Reise überhaupt durchgeführt werden darf, steht der → **Dienststellenleitung** allerdings nicht zu. Vielmehr entscheidet die Mitarbeitervertretung nach pflichtgemäßem Ermessen, ob die Reise erforderlich ist (s. BAG vom 29. 7. 2009 – 7 ABR 95/07). Dabei steht ihr ein Beurteilungsspielraum zu. Wird die Erforderlichkeit von der Leitung bestritten, kann sie nach § 60 Abs. 1 MVG das → **Kirchengericht** anrufen (s. Baumann-Czichon u. a. 2013, § 30 Rn. 26–28). Auch nach der Rechtsprechung des BAG (BAG vom 29. 6. 2011 – 7 ABR 135/09) besteht kein Genehmigungsvorbehalt des Arbeitgebers für Reisen der MAV-Mitglieder.
Klar ist: »Streitigkeiten über Reisekosten und Reisegenehmigung sind kirchenrechtliche Streitigkeiten aus dem MVG-EKD.« (Joussen u. a. 2. Aufl. 2023, § 30 Rz. 61) Das gilt auch, wenn zwischen einem einzelnen MAV-Mitglied und der Leitung die Erstattung von Reisekosten strittig ist. Der Gang zum Arbeitsgericht ist in diesem Fall verwehrt.

Bedeutung für die MAV

MAV-Mitglieder haben dann keinen Anspruch auf Erstattung von Fahrtkosten, wenn die MAV-Tätigkeit im zeitlichen Zusammenhang mit der sonstigen (beruflichen) Tätigkeit steht. Findet also z. B. die MAV-Sitzung am gleichen Ort statt wie die sonstige Tätigkeit des MAV-Mitglieds, werden Fahrtkosten nicht erstattet. Diese Fahrtkosten sind Aufwendungen für die Fahrt vom Wohnort zum Arbeitsplatz und umgekehrt. Dafür hat die Arbeitnehmerin (bzw. das MAV-Mitglied) selbst aufzukommen (»Sowieso-Kosten«). Andernfalls würde das MAV-Mitglied im Vergleich zu anderen Beschäftigten bevorzugt (s. **Begünstigungsverbot** in § 19 Abs. 1 MVG)

Muss ein MAV-Mitglied allein aus Gründen seiner MAV-Tätigkeit zusätzlich vom Wohnort zum Arbeitsplatz bzw. zum Ort der MAV-Tätigkeit, sind die zusätzlichen Kosten zu erstatten, weil sie allein durch die Tätigkeit für die MAV entstanden sind. Das gilt auch für MAV-Mitglieder, die freigestellt sind. Kein Anspruch auf Kostenerstattung für Freigestellte besteht dann, wenn folgende Frage mit Ja zu beantworten ist: »Wäre die Anfahrt vom Wohnort zum Arbeitsplatz auch dann erfolgt, wenn die Arbeitnehmerin nicht freigestellt wäre, sondern ihrer regulären Arbeitsverpflichtung hätte nachkommen müssen?« (Arbeitsrecht und Kirche 2014, S. 50).

Bei der Festlegung der sog. »ersten Tätigkeitsstätte« (s. u. Bedeutung für die Beschäftigten) hat die Mitarbeitervertretung ein → **Informationsrecht**. Anders kann die MAV ihrer allgemeinen Aufgabe nicht nachkommen, darauf zu achten, dass alle Beschäftigten »nach Recht und Billigkeit behandelt werden« (§ 33 Abs. 1 MVG).

Bedeutung für die Beschäftigten

Für Beschäftigte gelten bei der Erstattung evtl. Reisekosten die für die → **Dienststelle** gültigen Regelungen. Dies kann eine gliedkirchliche Regelung sein, aber auch das **Bundesreisekostengesetz** (z. B. § 42 AVR-Bayern; andere Regelungen: § 23 AVR.DD, § 23 Abs. 4 TV-L, § 44 TVöD (nur bes. Teil Verwaltung, BT-V).

Folgende Kosten können im Zusammenhang mit Dienstreisen entstehen: Fahrtkosten bzw. Kilometerpauschale, evtl. Übernachtungskosten, Verpflegungsmehraufwand, Reisenebenkosten wie Park- und Gepäckaufbewahrungsgebühren.

Bedeutsam ist die kürzere → **Ausschlussfrist** im Bundesreisekostengesetz. Sie beträgt nur 6 Monate (statt 12 Monate nach § 54 AVR-Bayern bzw. § 45 AVR. DD).

Seit 2014 gilt ein **neues Reisekostenrecht** hinsichtlich der Regelung für die Arbeitsstätte: Aus der »regelmäßigen Arbeitsstätte« wurde die »erste Tätigkeitsstätte«. Arbeitnehmerinnen können also nur noch eine (= erste) Tätigkeitsstätte pro Arbeitsverhältnis haben. Wird die erste Tätigkeitsstätte aufgesucht, gibt es dafür (steuerrechtlich) keine Verpflegungspauschalen und nur eingeschränktes

Kilometergeld (= Abzug der Entfernungspauschale). Die Zuordnung zur ersten Tätigkeitsstätte muss durch den Arbeitgeber erfolgen und auf Dauer angelegt sein (gilt auch bei befristeten Arbeitsverhältnissen). Als »erste Tätigkeitsstätte« gilt die »ortsfeste Einrichtung des Arbeitgebers, der der Arbeitnehmer dauerhaft zugeordnet ist« (s. § 9 Abs. 4 EStG).

Rente

Was ist das?

Der Begriff Rente meint im allgemeinen Sprachgebrauch einen Zeitraum, in dem Menschen ganz oder teilweise nicht arbeiten und gesetzliche oder private Rentenleistungen erhalten. Unter Rente versteht man auch den Geldbetrag der Altersversorgung nach einem Arbeitsleben. Neben der gesetzlichen und privaten Rentenversicherung bestehen auch berufsständische Versicherungen, z. B. das Versorgungswerk der Rechtsanwälte.
Es gibt unterschiedliche Rentenarten:

- Erwerbsminderungsrenten (ganz oder teilweise)
- Reguläre Rente wegen Alters
- Altersrente für langjährig und besonders langjährig Versicherte
- Altersrente für schwerbehinderte Menschen
- Hinterbliebenenrente
- Altersrente für Bergleute
- Grundsicherung

Die Gesetzliche Rentenversicherung ist im SGB VI geregelt (Sechstes Buch Sozialgesetzbuch). Hier finden sich nicht nur Vorschriften zur Regelaltersrente, sondern auch zur Erwerbsminderungsrente.

Bedeutung für die MAV

Die Mitarbeitervertretung hat bei der Beschäftigung über die Altersgrenze hinaus ein eingeschränktes Mitbestimmungsrecht nach § 42 Buchst. h MVG. Wird der Mitarbeiter in Altersrente erstmalig bei dem Arbeitgeber beschäftigt, handelt es sich um eine Einstellung nach § 42 Buchst. a MVG.
Regelaltersrente meint den Rentenbezug ab der Regelaltersgrenze in der gesetzlichen Rentenversicherung. Die Vereinbarung der Beendigung des Arbeitsverhältnisses mit Erreichen der Regelaltersgrenze ist eine Befristung. Diese unterliegt

nach der ständigen Rechtsprechung des BAG der arbeitsgerichtlichen Befristungskontrolle. Sie bedarf eines rechtfertigenden Sachgrunds i. S. d. § 14 Abs. 1 TzBfG. Eine auf das Regelrentenalter abstellende Altersgrenzenregelung kann nicht nur in Kollektivnormen, sondern auch in Individualverträgen getroffen werden und sachlich gerechtfertigt sein (vgl. BAG 25. 10. 2017 – 7 AZR 632/15, NZA 2018, 507 Rn. 39, s. Joussen/Mestwerdt/Nause/Spelge/Trapp, 2. Aufl. 2023, MVG § 42 Rn. 81). Die Befristung unterliegt auch hier nicht der Mitbestimmung. Die mitbestimmungspflichtige Maßnahme ist allein die Weiterbeschäftigung. Zu beachten ist, dass Beschäftigte in der Regel deshalb weiterarbeiten, weil sie aus wirtschaftlichen Gründen weiterarbeiten müssen, nicht weil sie wollen. Auf der anderen Seite kann die Weiterarbeit Einfluss auf den Wunsch nach Arbeitszeiterhöhung anderer Mitarbeiter haben. Dies dürfte in Zeiten des allgemeinen Personal- und Fachkräftemangels eine untergeordnete Rolle spielen. Da es sich um einen Fall der eingeschränkten Mitbestimmung handelt, ist die MAV an die Zustimmungsverweigerungsgründe aus § 41 Abs. 1 gebunden.

Die Zahl der Erwerbsminderungsrenten nimmt in den letzten Jahren eher zu. Sie werden in der Regel befristet gewährt. Hier sollte die MAV betroffene Mitarbeiter bei Gewährung einer sog. teilweisen Erwerbsminderungsrente über den in der Regel bestehenden Weiterbeschäftigungsanspruch informieren. Nur so können sie ihren Anspruch innerhalb der Ausschlussfrist von sechs Wochen geltend machen (s. u. bei Bedeutung für die Beschäftigten). Betroffene Mitarbeiter werden für den Hinweis dankbar sein.

Generell empfehlenswert ist die Fortbildung einiger MAV-Mitglieder bei einem Seminar zum Rentenrecht und zu den Gestaltungsmöglichkeiten der Ansprüche aus der gesetzlichen Rentenversicherung. Solche Seminare bieten insbesondere gewerkschaftliche Bildungsträger an.

Bedeutung für die Beschäftigten

Alle Formen von Rente sichern die wirtschaftliche Existenz. Gleichwohl müssen Rentner teilweise auch nach Erreichen der Regelaltersgrenze weiterarbeiten, weil die Rente nicht reicht. Hier ist die Altersarmut angesprochen, von der weiterhin mehrheitlich Frauen betroffen sind. Sie arbeiten wegen der Kindererziehung häufiger in Teilzeit als Männer und zahlen dementsprechend weniger ein. Manche Tarifverträge oder AVR sehen vor, dass das Arbeitsverhältnis ohne weiteres mit Erreichen der Regelaltersgrenze endet. Finden auf das Arbeitsverhältnis die AVR.DD Anwendung, endet das Dienstverhältnis nach § 36 Abs. 1 AVR.DD mit Ablauf des Monats, in dem der Mitarbeiter das gesetzlich festgelegte Lebensalter zum Anspruch auf die abschlagsfreie Regelaltersrente erreicht hat (analog § 15

Abs. 2 AVR-Bayern). Nach Abs. 2 bleibt die Möglichkeit des Hinausschiebens des Beendigungszeitpunktes über die Regelaltersgrenze hinaus nach § 41 S. 3 SGB VI davon unberührt (Joussen/Mestwerdt/Nause/Spelge/Trapp, 2. Aufl. 2023, MVG § 42 Rn. 81).

Teilweise sind auch weitere Regelungen vorgesehen, wenn der Mitarbeiter Rentenleistungen erhält. So ruht das Arbeitsverhältnis nach § 35 Abs. 1 S. 3 AVR.DD etwa, solange der Mitarbeiter eine befristete Erwerbsminderungsrente bezieht. Und § 35 Abs. 2 AVR.DD (analog § 15 Abs. 4 AVR-Bayern) stellt klar, dass das Arbeitsverhältnis weder endet noch ruht, wenn eine teilweise Erwerbsminderungsrente gewährt wird und der Mitarbeiter an seinem bisherigen oder einem anderen geeigneten freien Arbeitsplatz weiterbeschäftigt werden kann. In diesem Fall besteht ein Weiterbeschäftigungsanspruch, der innerhalb von sechs Wochen nach Zugang des Rentenbescheids in Textform beim Arbeitgeber geltend zu machen ist (Ausschlussfrist). Der Antrag kann nur abgelehnt werden, wenn eine der Anspruchsvoraussetzungen nicht erfüllt ist.

Von der Zustellung des Rentenbescheids muss der Mitarbeiter den Arbeitgeber unverzüglich, d. h. ohne schuldhaftes Zögern unterrichten, § 35 Abs. 1 S. 1 AVR. DD. Es empfiehlt sich, den geltenden Regelungen Aufmerksamkeit zu schenken. Da mit dem Ende des Erwerbslebens eine erhebliche Umstellung verbunden sein kann (»Rentenschock«), gibt es Modelle, die den Übergang in die Rente (hier regelmäßig Altersrente) erleichtern sollen, wie z. B. die Altersteilzeit. Gängige Modelle sind das Blockmodell oder das Gleichverteilungsmodell. Ob und unter welchen Voraussetzungen ein Anspruch besteht, regeln Tarifverträge oder auch die einschlägigen AVR. Das Altersteilzeitgesetz von 1996 sieht lediglich eine staatliche Förderung für Altersteilzeitvereinbarungen vor, die bis zum 31. 12. 2009 inkraftgetreten sind.

Rufbereitschaft

Was ist das?

Die → **AVR** kennen – wie TVöD und TV-L – neben der normalen Arbeitszeit (Vollarbeit) weitere Formen zusätzlicher Arbeitsleistung: Die → **Arbeitsbereitschaft** ist eine Verlängerung der regelmäßigen Arbeitszeit; dagegen sind → **Bereitschaftsdienst** und Rufbereitschaft besondere Formen der Arbeitsleistung außerhalb der regelmäßigen Arbeitszeit.

Unter Rufbereitschaft versteht man die Anordnung des Arbeitgebers, sich über die normale Arbeitszeit hinaus an einem vom Arbeitnehmer frei zu wählenden Ort aufzuhalten und von dort aus bereit zu sein, die Arbeit aufzunehmen. Voraussetzung ist die telefonische Erreichbarkeit des Beschäftigten und eine gewisse Nähe zum Arbeitsort, so dass die Arbeit innerhalb eines üblichen Zeitraums aufgenommen werden kann. Allerdings hat die Rechtsprechung des BAG dafür bisher die Festlegung konkreter Zeitgrenzen abgelehnt. Vielmehr liegt aus Sicht der Rechtsprechung keine Rufbereitschaft, sondern → **Arbeitsbereitschaft** oder → **Bereitschaftsdienst** vor, wenn die vereinbarte Zeitspanne zwischen Abruf und Aufnahme der Arbeit sehr kurz ist (LAG Rheinland-Pfalz v. 20.9.2012 – 11 Sa 81/12 für einen Oberarzt, der innerhalb von 15 bis 20 Minuten die Arbeit aufnehmen sollte). Aus Sicht des BAG seien Wegezeiten von 25 bis 30 Minuten bei Rufbereitschaft durchaus angemessen (BAG v. 31.1.2002 – 6 AZR 214/00).

Wesentliches Merkmal der Rufbereitschaft ist also die **freie Wahl des Aufenthaltsortes**. Außerdem darf Rufbereitschaft nur angeordnet werden, wenn erfahrungsgemäß nur in Ausnahmefällen Arbeit anfällt.

Typische Formen von Rufbereitschaft nehmen z.B. Ärzte (für Krankenhäuser) oder Psychologen/Sozialpädagogen für einen Krisendienst für Suizidgefährdete wahr. Bei der Rufbereitschaft muss die Zeit der Nichtarbeit im Normalfall deutlich überwiegen, sonst ist → **Bereitschaftsdienst** oder sogar → **Arbeitsbereitschaft** anzuordnen.

Rufbereitschaft wird regelmäßig zu 12,5 % als Arbeitszeit gewertet. Arbeitszeitrechtlich gilt Rufbereitschaft als Ruhezeit, nicht jedoch die Zeiten der Inanspruchnahme. Werden Beschäftigte während der Rufbereitschaft in Anspruch

genommen, wird die tatsächlich geleistete Arbeitszeit – einschließlich etwaiger Wegezeiten – angerechnet, mindestens jedoch drei Stunden (Anlage 8 A. Abs. 8 AVR.DD bzw. Anlage 8 B. Abs. 6 AVR.DD bzw. Anlage 8a § 9 Abs. 8 AVR.DD; Anlage 11 Abschnitt II. § 2 AVR-Bayern; § 6 Abs. 5, § 7 Abs. 4, § 8 Abs. 3 TVöD; § 6 Abs. 5, § 7 Abs. 4, § 8 Abs. 5 TV-L).
Die Höchstzahl der Rufbereitschaften in einem Monat beträgt 12, in Ausnahmefällen auch mehr. Das gilt auch, wenn Rufbereitschaft und Bereitschaftsdienst zusammen angeordnet werden (Anlage 8 A. Abs. 8 AVR.DD; Anlage 8 B. Abs. 8 AVR.DD; Anlage 11, Abschnitt II. § 1 Abs. 3 und § 2 Abs. 7 AVR-Bayern; keine Beschränkung der monatlichen Höchstzahl in TVöD und TV-L. Dort bestehen für Rufbereitschaften deutlich bessere Vergütungsregelungen).
Die für Rufbereitschaft und die Inanspruchnahme während der Rufbereitschaft errechneten Zeiten sind Mitarbeitern in Krankenhäusern, Pflege- und Rettungsdienst grundsätzlich als Überstundenvergütung zu bezahlen. Bis zum Ende des dritten Kalendermonats kann auch Freizeitausgleich erfolgen (andere Regelung in TVöD und TV-L). Für Mitarbeiter in Heimen erfolgt Abgeltung durch zusätzliche Freizeit. Kann der Freizeitausgleich aus dienstlichen Gründen nicht spätestens bis zum Ende des nächsten Kalendervierteljahres erfolgen, wird die Überstundenvergütung gezahlt (andere Regelung in TVöD und TV-L).

Bedeutung für die MAV und die Beschäftigten

Mitarbeitervertretungen sollen nach § 35 Abs. 3 Buchst. b MVG darauf achten, dass die gültigen gesetzlichen und arbeitsrechtlichen Regelungen eingehalten werden. Dazu gehören auch die Bestimmungen des Arbeitszeitgesetzes und die Regelungen über die Rufbereitschaft (Anlage 8 AVR.DD; Anlage 11 Abschnitt II. AVR-Bayern; § 6 Abs. 5, § 7 Abs. 4, § 8 Abs. 3, § 10 Abs. 3 TVöD; § 6 Abs. 5, § 7 Abs. 4, § 8 Abs. 5, § 10 Abs. 3 TV-L).
Insbesondere muss die MAV überprüfen, ob es sich bei angeordneter Rufbereitschaft tatsächlich um diese besondere Form der Arbeitsleistung handelt oder ob nicht → **Bereitschaftsdienst** bzw. → **Arbeitsbereitschaft** anzuordnen wäre. Dies ist auf der Basis der Regelungen in AVR bzw. TVöD/TV-L gewissenhaft zu prüfen: Rufbereitschaft darf nur angeordnet werden, wenn erfahrungsgemäß nur in Ausnahmefällen Arbeit anfällt.
Die erstmalige oder geänderte Anordnung von Rufbereitschaft für die Beschäftigten unterliegt im Übrigen der (uneingeschränkten) → **Mitbestimmung** der MAV. Dies folgt aus § 40 Buchst. d MVG.

Ruhepausen

Was ist das?

§ 4 des Arbeitszeitgesetzes regelt, ab wann Ruhepausen zwingend vorgeschrieben sind. Sie gelten als Unterbrechung der Arbeitszeit und werden nicht bezahlt. Sie dienen der Erholung der Arbeitnehmer. Für die Pausen gelten folgende Vorschriften bzw. Regelungen:

- Pausen sind **im vornherein** festzulegen. Eine Ruhepause liegt nur vor, wenn spätestens zu Beginn der Arbeitsunterbrechung auch deren Dauer feststeht (BAG v. 29.10.2002 – 1 AZR 603/01).
- Sie betragen bei einer Arbeitszeit von mehr als sechs Stunden **30 Minuten** und bei einer Arbeitszeit von mehr als neun Stunden **45 Minuten**.
- Die Ruhepause kann in Zeitabschnitte von jeweils mindestens 15 Minuten aufgeteilt werden.
- Während der Ruhepause ist der Arbeitnehmer **von jeder Arbeitsverpflichtung freigestellt** und auch von jeder Verpflichtung, sich zur Arbeit bereitzuhalten (BAG v. 22.7.2003 – 1 ABR 28/02).
- Während der Pause hat der Arbeitnehmer das Recht, seinen **Arbeitsplatz** zu verlassen. Der Arbeitnehmer muss frei darüber entscheiden können, wo und wie er die Zeit in der Ruhepause verbringen will (BAG v. 22.7.2003 – 1 ABR 28/02).
- Der Arbeitgeber ist nicht befugt, während der Pausen eine **Arbeitsbereitschaft** anzuordnen, z. B. dass der Arbeitnehmer sich bereit zu halten hat, auf ein Klingelzeichen hin die Arbeit aufzunehmen (BAG v. 25.10.1989 – 2 AZR 633/88). Pausen müssen störungsfrei sein.
- Es ist die Aufgabe des Arbeitgebers, darzulegen, dass er **im Voraus** eine Pause angeordnet hat und diese Anordnung der maßgeblichen Betriebsvereinbarung sowie billigem Ermessen entspricht (LAG Köln v. 3.8.2012 – 5 Sa 1509/11).
- Der Arbeitnehmer kann eine **Vergütung für die gesamte Schicht** verlangen, wenn der Arbeitgeber für die Schicht zwar eine Pause vorgesehen, der Arbeitnehmer jedoch durchgearbeitet hat, weil der Arbeitgeber ihm die Pause nicht ordnungsgemäß zugewiesen hat (LAG Köln v. 27.11.2013 – 5 Sa 376/13).

- Der Arbeitgeber hat seine Pflicht, eine Ruhepause zu gewähren, nicht erfüllt, wenn er lediglich einer **Gruppe von Arbeitnehmern** überlassen hat, einvernehmlich die Ruhepausen zu regeln. Dies trifft dann zu, wenn die Arbeitnehmer eine Regelung, aus der sich für den Einzelnen eine im Voraus festliegende Unterbrechung der Arbeitszeit ergibt, nicht getroffen haben, und auch wenn sie eine von ihnen getroffene Regelung nicht durchführen (BAG v. 27.2.1992 – 6 AZR 478/90).
- Ordnet der Arbeitgeber **Pausen ohne Wahrung des Mitbestimmungsrechts** des Betriebsrats nach § 87 Abs. 1 Nr. 2 BetrVG an, so gerät der Arbeitgeber in Annahmeverzug. Der Arbeitgeber hat zwar die Pause angewiesen und der Arbeitnehmer hat nicht gearbeitet, die Anweisung war aber mangels Zustimmung des Betriebsrats unwirksam. Der Arbeitgeber muss für diese Zeit Lohn nachzahlen (LAG Köln v. 26.4.2013 – 5 Sa 1120/20).
- Die inaktiven Zeiten eines **Bereitschaftsdienstes** stellen keine Pausen im Sinne des § 4 Arbeitszeitgesetzes dar. Der Arbeitnehmer kann beim Bereitschaftsdienst nicht frei darüber verfügen, wo und wie er seine Ruhepausen verbringt. Das steht einer Pause, die dadurch gekennzeichnet ist, dass der Arbeitnehmer frei über die Nutzung des Zeitraums bestimmen kann, entgegen (BAG v. 16.12.2009 – 5 AZR 157/09).
- Hat ein Mitarbeiter länger als 60 Minuten ununterbrochen an einem Bildschirmgerät (→ **Bildschirmarbeit**) zu arbeiten (ständiger Blickkontakt zum Bildschirm oder laufender regelmäßiger Blickwechsel zwischen Bildschirm und Vorlage), wird nach Ablauf von jeweils 50 Minuten ununterbrochener Arbeit dem Mitarbeiter Gelegenheit für eine fünf- bis zehnminütige Arbeitsunterbrechung gegeben.

Bedeutung für die MAV

Nach dem MVG hat die MAV ein → **Mitbestimmungsrecht** bei der Festlegung von »Beginn und Ende der täglichen Arbeitszeit und der Pausen sowie der Verteilung der Arbeitszeit auf die einzelnen Wochentage« (§ 40 d). Jede Änderung der Arbeits- und Pausenzeiten ist mitbestimmungspflichtig und ein Antrag zur Änderung der Pausenzeiten muss von Seiten der Leitung der MAV zur Zustimmung vorgelegt werden. MAV und Leitung können eine → **Dienstvereinbarung** zur Lage und zur Dauer der Pausenzeiten abschließen.
Das Arbeitszeitgesetz sieht in § 7 Abs. 4 vor, dass die Kirchen in ihren Regelungen Abweichungen von Vorschriften zur Gesamtdauer der Ruhepausen in Schichtbetrieben vorsehen können. Die ARK DD hat diese Möglichkeit genutzt und hat in § 9a Abs. 2 der AVR DD folgende Öffnungsklauseln zugelassen:

»Durch Dienstvereinbarung kann
a) in Betrieben mit Wechselschicht und/oder Schichtarbeit die Gesamtdauer der Ruhepausen nach § 4 Satz 2 ArbZG auf Kurzpausen von angemessener Dauer aufgeteilt werden,
b) bei der Behandlung, Pflege und Betreuung von Personen die Lage und Dauer der Ruhepausen der Eigenart dieser Tätigkeit und dem Wohl dieser Personen angepasst werden.
In der Dienstvereinbarung ist festzulegen, für welche Mitarbeiterinnen und Mitarbeiter die Kurzpausenregelung anzuwenden ist. Sofern die einzelne Mitarbeiterin bzw. der einzelne Mitarbeiter während der Pause den Arbeitsplatz nicht verlassen kann, sind die Kurzpausen zu bezahlen.«

Die Aufteilung der Ruhepausen in Kurzpausen ist zwingend an den Abschluss einer Dienstvereinbarung gebunden. Kurzpausen statt einer zusammenhängenden Ruhepause verfehlen jedoch den Zweck des Arbeitszeitgesetzes (ArbZG), die »Sicherheit und den Gesundheitsschutz der Arbeitnehmer« zu gewährleisten (§ 1 ArbZG). Wir raten den MAVen deshalb dringend dazu, von dieser Möglichkeit nur restriktiv Gebrauch zu machen und sich durch einen rechtlichen Beistand beraten zu lassen, da die Sicherheit und die Gesundheit der Beschäftigten ein sehr hohes Gut ist.
Auch übermäßig lange Pausenzeiten sind sehr kritisch zu sehen, da der Arbeitnehmer längere Zeit von zu Hause und seiner Familie wegbleiben muss und die zur Verfügung stehende freie Zeit nicht sinnvoll nutzen kann. Die MAV muss in den Verhandlungen über Lage und Dauer der Pausen auch die privaten und sozialen Interessen der Beschäftigten berücksichtigen und vertreten.

Bedeutung für die Beschäftigten

Ruhepausen sind wichtige Erholungszeiten für die Beschäftigten während ihrer Arbeitszeit. Im Interesse einer → **Guten Arbeit** und der »Sorge um sich selbst«, der Erhaltung der Arbeitskraft und der Gesundheit auch über das Rentenalter hinaus muss es ein existenzielles Anliegen jedes Arbeitnehmers sein, mindestens die gesetzlich vorgeschriebenen Pausenzeiten einzuhalten.

Sachkundige Personen

Was ist das?

Den Mitgliedern der MAV kann es nicht zugemutet werden, zu allen Fragen und Problemen umfassende Kenntnisse zu haben. Gleichwohl stellen das MVG und das betriebliche Geschehen hohe Anforderungen an die MAV. So soll die MAV neben den ihnen zustehenden → **Mitwirkungs**-, → **Mitbestimmungs**- und verschiedenen → **Informationsrechten** auch dafür sorgen, dass die für die Beschäftigten geltenden arbeits-, sozial- und dienstrechtlichen Bestimmungen, Vereinbarungen und Anordnungen eingehalten werden (§ 35 Abs. 3 Buchst. b MVG). Weiterhin sollen die beruflichen, wirtschaftlichen und sozialen Belange der Mitarbeiter gefördert werden (§ 35 Abs. 1 MVG). Ebenso soll die MAV sich für die Gleichstellung und die Gemeinschaft der Frauen und Männer in der Dienststelle einsetzen (§ 35 Abs. 3 Buchst. e MVG), die Vereinbarkeit von Familie und Erwerbstätigkeit fördern (§ 35 Abs. 3 Buchst. f MVG), die Entgeltgleichheit zwischen den Geschlechtern fördern (§ 35 Abs. 3 Buchst. g MVG), die Integration ausländischer Mitarbeiter fördern (§ 35 Abs. 3 Buchst. h MVG) und auch noch Maßnahmen des Arbeits-, Gesundheits- und betrieblichen Umweltschutzes fördern (§ 35 Abs. 3 Buchst. i MVG). Die MAV wird bei der Bewältigung der ihr gestellten Aufgaben immer wieder auf **externes Wissen** zurückgreifen müssen.

Bedeutung für die MAV

Sachkundige Personen können zu Sitzungen der MAV zu einzelnen Tagesordnungspunkten eingeladen werden (§ 25 Abs. 2 MVG). Ebenfalls können zu → **Mitarbeiterversammlungen** bzw. Teilversammlungen oder außerordentlichen Mitarbeiterversammlungen von der MAV sachkundige Personen zu einzelnen Tagesordnungspunkten hinzugezogen werden (§ 31 Abs. 3 MVG).

Nur die MAV als Gremium ist befugt, zu einzelnen Tagesordnungspunkten sachkundige Personen einzuladen. Der Mitarbeitervertretungsvorsitzende ist allein nicht befugt, sachkundige Personen einzuladen. Um eine sachkundige Person hinzuziehen zu können, ist ein **Beschluss der MAV** in einer ordentlich eingeladenen Sitzung (§ 24 Abs. 2 MVG) erforderlich. In dem Beschluss ist der Name bzw. sind die Namen der sachkundigen Person bzw. Personen festzuhalten und der Tagesordnungspunkt, zu dem eingeladen wird.
Sachkundige Personen können, je nach Thema, u. a. folgende Personen sein: Beschäftigte der Gewerbeaufsicht, der Berufsgenossenschaft, der Gewerkschaft, der Krankenkasse, des eigenen Arbeitgebers, Mitglieder des Gemeinde- oder Stadtrates, des Land-, Bezirks- oder Bundestages. Sachkundige Personen können auch Rechtsanwälte, Steuerberater, Betriebsprüfer, EDV-Fachleute, Technologie-Experten, Arbeitsmediziner, Gefahrstoffexperten, Pflegewissenschaftler oder auch Unternehmensberater sein. Ebenfalls können sachkundige Personen aus den Reihen von Gesamtmitarbeitervertretungen, Gesamtausschüssen, Arbeitsgemeinschaften, anderen Mitarbeitervertretungen, der Arbeitsrechtlichen Kommission oder von Tarifkommissionen kommen.
Die **Kostenübernahme durch den Arbeitgeber** ist dem Arbeitgeber vorher rechtzeitig anzuzeigen, wenn durch die Hinzuziehung von sachkundigen Personen Kosten entstehen (§ 30 Abs. 2 MVG – neu formuliert seit 1. 1. 2024!). Kosten können u. a. Honorare, Fahrtkosten oder sonstige Auslagen sein. Dem Arbeitgeber sind die voraussichtlichen Kosten mitzuteilen. Ebenfalls ist ihm, zumindest in Stichpunkten, der Grund für die Hinzuziehung zu nennen. Sollten die Kosten – trotz der seit 1. 1. 2024 sehr klaren Regelung im MVG – für eine sachkundige Person durch den Arbeitgeber nicht übernommen werden, so kann das Kirchengericht angerufen werden (§ 60 Abs. 1 MVG) bzw. der betroffene Sachverständige kann seine Kosten auch selbst einklagen. Die Frist für die Anrufung des Kirchengerichts beträgt zwei Monate nach der Ablehnung des Antrages durch die → **Dienststellenleitung** (§ 61 Abs. 1 MVG). Das Kirchengericht stellt im Rahmen des Verfahrens, falls im Einigungsgespräch (§ 61 Abs. 2 und 3 MVG) kein Ergebnis erzielt wird, durch Beschluss (§ 61 Abs. 6 MVG) fest, ob die Kosten ganz, teilweise oder gar nicht vom Arbeitgeber zu tragen sind. Bei der Entscheidung wird ausschlaggebend sein, ob zur Erfüllung der Aufgaben der MAV die Hinzuziehung einer sachkundigen Person notwendig ist oder nicht. Dabei wird auch der individuelle Kenntnis- und Wissenstand jedes Mitgliedes der MAV bei dieser Prüfung betrachtet werden. Dies bedeutet, die MAV muss jedes Mal, wenn durch die Hinzuziehung einer sachkundigen Person Kosten entstehen, die **Notwendigkeit der Hinzuziehung begründen**.
Auch wenn im MVG festgehalten ist, dass sachkundige Personen zu einzelnen Tagesordnungspunkten eingeladen werden können, bedeutet dies nicht, dass

diese Personen nur zu einem Tagesordnungspunkt eingeladen werden können. Je nach Thema und Begründung können solche Personen auch zu **mehreren Tagesordnungspunkten** eingeladen werden; dies kann dazu führen, dass bei einer Mitarbeiterversammlung eine sachkundige Person auch bei allen Tagesordnungspunkten anwesend ist.
An der Beschlussfassung innerhalb der MAV nehmen die sachkundigen Personen nicht teil, während der Abstimmung müssen diese Personen den Sitzungsraum verlassen (§ 26 Abs. 4 MVG).
Vorgespräche, die zur Abklärung über die Teilnahme von sachkundigen Personen oder die entstehenden Kosten geführt werden, sind für die MAV-Mitglieder Arbeitszeit. Dies gilt auch dann, wenn eine Hinzuziehung nicht zustande kommt oder der Arbeitgeber die Kosten im Vorfeld berechtigt (z. B. Sachverständiger zum tibetanischen Volkstanz) abgelehnt hat.
Sachkundige Personen können jedoch nicht nur zu Sitzungen der MAV oder zur Mitarbeiterversammlung eingeladen werden, die MAV kann auch sachkundige Personen im Rahmen ihrer Aufgabenerledigung aufsuchen. Wenn dabei Kosten für sachkundige Personen entstehen, müssen diese von der → **Dienststellenleitung** vorher nicht genehmigt werden (rechtzeitige Anzeigepflicht). Kommt die MAV dieser Pflicht nach, kommt es für die Verpflichtung zur Kostentragung noch darauf an, ob die Hinzuziehung des Sachverständigen erforderlich war. Um Streitigkeiten zu vermeiden, sollte eine Regelung mit dem Arbeitgeber, auch zur Höhe der Kosten, gefunden werden. Das Aufsuchen sachkundiger Personen, das mit Kosten verbunden ist, ist in einer MAV-Sitzung ordnungsgemäß zu beschließen und dem Arbeitgeber mitzuteilen. Das Aufsuchen von sachkundigen Personen kann je nach Bedeutung und Schwierigkeit des zu behandelnden Problems durch ein beauftragtes MAV-Mitglied oder auch die gesamte MAV erfolgen. Besonders bei schwierigen Rechtsfragen ist der Kontakt, das Aufsuchen einer Anwaltskanzlei von großer Bedeutung. Anwälte sind aber häufig nicht Sachverständige. Beraten oder vertreten sie in einer konkreten streitigen Angelegenheit, sind dies typische anwaltliche Tätigkeiten und die Pflicht zur Kostentragung richtet sich nach § 30 Abs. 2 Satz 1 MVG. Über **sachkundige Personen**, die **keine Kosten** verursachen, braucht die MAV der Dienststellenleitung **keine Mitteilung** zu machen. Ob die MAV im Rahmen der vertrauensvollen Zusammenarbeit eine solche Mitteilung macht, bleibt ihr überlassen.
Bei Sitzungen stehen die sachkundigen Personen auch der gesamten MAV zur Verfügung.
Sachkundige Personen unterliegen auch der → **Schweigepflicht** des MVG (§ 22 Abs. 1 MVG), da sie auf Einladung der MAV an Sitzungen teilnehmen. Somit nehmen sie Befugnisse nach dem MVG wahr. Der MAV-Vorsitzende hat die sachkundigen Personen zu Beginn ihres Kommens auf die Schweigepflicht hinzuweisen. Im Protokoll der Sitzung sollte dies vermerkt sein. Allerdings sind die

Sanktionen bei einer Verletzung der Schweigepflicht durch sachkundige Personen sehr **eingeschränkt**. Durch die → **Dienststellenleitung** kann ein **Hausverbot** erlassen werden, weiterhin könnten im Einzelfall Strafanzeigen gestellt oder Schadensersatzansprüche geltend gemacht werden.

Schichtarbeit, Schichtzulage

Was ist das?

Viele Aufgabenfelder vor allem der Diakonie können nur innerhalb eines sehr breiten Zeitkorridors bewältigt werden, d. h. der Zeitrahmen könnte von einem Beschäftigten beispielsweise aufgrund der gesetzlich vorgeschriebenen Höchstarbeitszeit gar nicht abgedeckt werden. Schichtarbeit, Arbeit am Abend, Arbeit in der Nacht und Arbeit am Wochenende lässt sich bei der Arbeit mit Menschen nicht umgehen. Dieser betrieblichen Notwendigkeit steht das Schutzinteresse der Beschäftigten entgegen. Sich abwechselnde Arbeitsschichten (Schichtarbeit) brauchen einen Regelungsrahmen (→ **Dienstplan**), der auf gesetzlicher, tariflicher und betrieblicher Ebene zu vereinbaren ist.
Schichtarbeit zieht fast immer psychische und/oder physische Belastungen nach sich. Über einen längeren Zeitraum können diese zu gesundheitlichen und sozialen Risiken führen. Deshalb ist es wichtig, Ausgleichsmaßnahmen festzulegen, die geeignet sind, die Arbeitskraft und das Wohlbefinden der Beschäftigten ganzheitlich zu schützen. Das Bundesarbeitsgericht hat erkannt, dass Schicht- und Wechselschichtarbeit erheblich auf den Lebensrhythmus des Arbeitnehmers einwirken. Beginn und Ende dieser Arbeitszeiten liegen außerhalb der allgemein üblichen Arbeits- und Geschäftszeiten (BAG v. 20. 4. 2005 – 10 AZR 302/04).
Folgen von Nacht und Schichtarbeit können beispielsweise sein:

- Schlafstörungen
- Chronische Ermüdung
- Allgemeine Antriebsschwäche
- Herz-/Kreislaufbeschwerden
- Soziale Belastungen und Konflikte
- Verdauungsstörungen und Erkrankung der Verdauungsorgane

Formen von Schichtarbeit

Die Bestimmungen zur Wechselschicht- und Schichtarbeit und zur Arbeitszeit weichen in den Einzelheiten zwischen den AVR.DD und dem TVöD bzw. TV-L voneinander ab. In der Regel sind die Bestimmungen in TVöD und TV-L konkreter gefasst. Hier ein Überblick über die Regelungen:

Wechselschichtarbeit (§ 9e Abs. 2 AVR.DD, § 7 Abs. 1 TVöD und TV-L):

- Arbeit im Arbeitsbereich an 365 Tagen im Jahr und 24 Stunden am Tag (darin enthaltene Arbeitsbereitschaft oder Bereitschaftsdienst erfüllen nicht die Voraussetzung);
- Arbeit in abwechselnden Schichten nach einem Dienstplan in allen Schichten (Früh-, Spät- und Nachtschicht);
- durchschnittlich längstens nach Ablauf eines Monats muss eine andere Schichtart erfolgen (z. B. von der Frühschicht in die Spätschicht oder gegebenenfalls in die Nachtschicht). Nachtschichten müssen nach TVöD bzw. TV-L mindestens zwei Nachtstunden (Zeit zwischen 21 und 6 Uhr, § 7 Abs. 5 TVöD, TV-L) umfassen.

Schichtarbeit (§ 9e Abs. 3 AVR.DD, § 16 Abs. 8 AVR Bayern, § 7 Abs. TVöD und TV-L):

- Schichtarbeit erfordert gegenüber Wechselschichtarbeit keinen ununterbrochenen Fortgang der Arbeit über 24 Stunden an allen Kalendertagen, setzt jedoch ebenfalls sich ablösende Schichten voraus. Der Mitarbeiter muss spätestens nach einem Monat in eine andere Schichtart (z. B. von der Frühschicht in die Spätschicht oder gegebenenfalls in die Nachtschicht) wechseln (§ 9e AVR.DD).
- Arbeit nach einem Schichtplan (→ **Dienstplan**), der einen regelmäßigen Wechsel der täglichen Arbeitszeit (mindestens 2 Stunden, TVöD und TV-L) vorsieht (z. B. Früh- in Spätschicht).
- Die Zeitspanne vom Beginn der ersten Schicht bis zum Ende der letzten Schicht muss mindestens 13 Stunden umfassen (§ 7 Abs. 2 TVöD und TV-L, § 16 Abs. 8 AVR Bayern).

Nachtarbeitnehmer (§ 9 f AVR.DD)

Mitarbeiter, die in der Zeit von 23 bis 6 Uhr mehr als 2 Stunden arbeiten und dies normalerweise in Wechselschicht oder an mindestens 48 Tagen im Kalenderjahr, sind Nachtarbeitnehmer. Deren Arbeitszeit kann auf bis zu 10 Stunden verlängert werden, wenn innerhalb von 4 Wochen im Durchschnitt 8 Stunden täglich nicht überschritten werden. Durch Dienstvereinbarung kann geregelt werden, dass die tägliche Arbeitszeit auf bis zu 12 Stunden verlängert wird, wenn innerhalb von 4 Wochen im Durchschnitt 8 Stunden täglich nicht überschritten werden.

Schichtarbeit und Arbeitszeit

Bei Wechselschichten werden die gesetzlich vorgeschriebenen Pausen in die Arbeitszeit eingerechnet (§ 6 Abs. 1 TVöD und TV-L).

Für die Berechnung des Durchschnitts der regelmäßigen wöchentlichen Arbeitszeit kann bei Beschäftigen, die ständig Wechselschicht- und Schichtarbeit leisten,

ein längerer Zeitraum als ein Jahr zugrunde gelegt werden (§ 6 Abs. 2 TVöD und TV-L).
Durch → **Dienstvereinbarung** kann vereinbart werden, dass in vollkontinuierlichen Schichtbetrieben die Arbeit an Sonn- und Feiertagen auf bis zu 12 Stunden verlängert wird, wenn dadurch zusätzliche freie Schichten an Sonn- und Feiertagen erreicht werden (§ 6 Protokollerklärung zu Abs. 4 TVöD und TV-L, § 16 Abs. 3 AVR Bayern).

Arbeitszeit und Arbeitsunfähigkeit
Wird ein Beschäftigter, der an bestimmten Tagen für bestimmte Schichten eingeteilt ist, arbeitsunfähig krank, hat er für diese Schichten Anspruch auf → **Entgeltfortzahlung**, weil die Arbeit für ihn infolge Krankheit ausgefallen ist. Er erhält somit eine Gutschrift für die Arbeitszeit, die wegen Arbeitsunfähigkeit ausgefallen ist. Es macht keinen Unterschied, ob die Schichteinteilung langfristig bestand oder kurzfristig festgesetzt worden ist (LAG Köln v. 27.4.2009 – 5 Sa 1362/08).
Als Ausgleich zu den besonderen Belastungen des Schichtdienstes erhält der Beschäftigte unter bestimmten Voraussetzungen eine monatliche Zulage.

Zulagen für Schichtarbeit (West)
nach AVR.DD, § 20:
Wechselschichtzulage, wenn in Wechselschicht gearbeitet wird und dabei innerhalb eines festgelegten Zeitraums (5 Wochen) eine bestimmte Anzahl von Stunden (40, bei Nichtvollbeschäftigten gilt die Stundenzahl, die dem Teilzeitquotienten entspricht, Abs. 5) in der Nachtschicht geleistet wird (Abs. 1).
Schichtzulage wenn Schichtarbeit oder geteilter Dienst[1] vorliegt. Die Schichten mit dem frühesten Beginn und dem spätesten Ende liegen innerhalb von

- 18 Stunden (Bsp.: 5 bis 24 Uhr,
- 13 Stunden (Bsp.: 6 bis 20 Uhr.

Teilzeitbeschäftigte erhalten die Zulage nur anteilig entsprechend ihrer Arbeitszeit (Abs. 5).
nach AVR Bayern, § 38
Schichtzulage, wenn mindestens 25 Prozent in wechselnden Schichten oder geteiltem Dienst gearbeitet wird (Teilzeitbeschäftigte anteilig, § 33 Abs. 4 AVR Bayern)
nach TVöD und TV-L

1 Geteilter Dienst: Die betriebsübliche oder dienstplanmäßige Arbeitszeit eines Beschäftigten ist über den gesamten Tag verteilt, wird allerdings durch eine oder mehrere längere Freiphasen unterbrochen.

- für ständige Wechselschicht fixe Zulage, für nicht ständige Wechselschicht Zulage pro Stunde (§ 8 Abs. 5),
- für ständige Schichtarbeit fixe Zulage, für nicht ständige Wechselschicht Zulage pro Stunde (§ 8 Abs. 6).

Die volle Zahlung der Wechselschicht- und Schichtzulage für Teilzeitbeschäftigte hat das Bundesarbeitsgericht mit Hinweis auf § 24 Abs. 2 TVöD abgelehnt. Eine Benachteiligung gegenüber überwiegend teilzeitbeschäftigten Frauen liege nicht vor (BAG v. 24. 9. 2008 – 10 AZR 638/07).

Schüler nach dem Krankenpflegegesetz, Hebammengesetz (Anl. 10 III § 8 Abs. 4 AVR.DD, Anl. 17 II § 7 Abs. 4 AVR Bayern) und **Altenpflegegesetz** (Anl. 10 V § 7 Abs. 4 AVR.DD, Anl. 17 III § 7 Abs. 4 AVR Bayern) erhalten die Zulagen zu drei Viertel. Anerkennungspraktikanten erhalten die volle Schichtzulage (Anlage 10 I § 1 Abs. 4 AVR.DD).

Weitere Voraussetzungen:

- Entscheidend für die Gewährung der Wechselschichtzulage ist die Erbringung der Arbeitsstunden im Nachtdienst (s. o.), d. h. Krankheit oder Urlaub bei Früh- oder Spätdienst sind kein Grund für die Nichtgewährung der Zulage (ZMV 1997, 39 und Zetl, ZMV 1999, 241).
- Ein Einsatz von Früh-, Spät- und Nachtdienst zu gleichen Teilen ist nicht erforderlich.

Zusatzurlaub

- Der Zusatzurlaub wird berechnet nach der Anzahl der geleisteten Nachtarbeitsstunden und beträgt bis zu 5 Urlaubstage (§ 28b AVR.DD) bzw. 4 Urlaubstage (§ 29 AVR Bayern). Der Zusatzurlaub bemisst sich nach der bei demselben Arbeitgeber im vorangegangenen Kalenderjahr erbrachten Arbeitsleistung. Der Anspruch auf Zusatzurlaub entsteht mit Beginn des auf die Arbeitsleistung folgenden Urlaubsjahres. Für die Mitarbeiter, die spätestens mit Ablauf des Urlaubsjahres, in dem der Anspruch auf Zusatzurlaub entsteht, das 50. Lebensjahr vollendet haben, erhöht sich der Zusatzurlaub um einen Arbeitstag (nur AVR.DD!).
- Für den Geltungsbereich TVöD und TV-L gelten abweichende Regelungen (siehe § 27).

Bedeutung für die MAV

Die Regelungen der → **Arbeitszeit** in der Einrichtung stellen einen Kernbereich der uneingeschränkten → **Mitbestimmung** dar (§ 40 Buchst. d) MVG). Der MAV

muss bei ihrem Handeln bewusst sein, dass mit der Gestaltung der Arbeitszeit der Lebensrhythmus der Beschäftigten ganz entscheidend beeinflusst wird.
Die Einführung sowie Gestaltung der Schichtarbeit sollte in einer → **Dienstvereinbarung** geregelt werden. Durch Beginn und Ende von Schichten und der jeweiligen Zuweisung der Beschäftigten zu diesen Schichten wird über Beginn und Ende der täglichen → **Arbeitszeit** entschieden. Mitzubestimmen ist z. B. bei der täglichen Länge und Anzahl der Schichten, bei Regelungen für feststehende Pausen oder eines Pausenkorridors und bei evtl. Verkürzung der Pausen. Sich abwechselnde Schichten benötigen in jedem Fall eine ausreichende Übergabezeit, damit sie nicht in die Privatzeit der Beschäftigten fällt. Den Besonderheiten z. B. in Wohngruppen, in denen keine sich ablösenden Schichten existieren, gilt es ebenfalls Rechnung zu tragen.
Zu berücksichtigen hat die MAV insbesondere die gesundheitlichen Risiken, die sich aus dem Schichtdienst ergeben. Deshalb müssen in jedem Fall die gesicherten arbeitswissenschaftlichen Erkenntnisse Beachtung finden (§ 6 Abs. 1 ArbZG i. V. m. § 35 Abs. 3 Buchst. b) MVG). Da Nachtarbeit ein Bestandteil von Schichtarbeit sein kann, gilt es darauf zu achten, dass die einschlägigen Bestimmungen eingehalten werden (§ 9f AVR.DD). Des Weiteren ist darauf zu achten, dass gerade bei sog. Schaukelschichtdienst (Spät – Früh) die Ruhezeiten eingehalten werden.
Eingeschränkte → **Mitbestimmung** besteht auch bei der dauernden Übertragung einer Tätigkeit, die einen Anspruch auf Zahlung einer (Schicht)Zulage auslöst sowie beim Widerruf einer solchen Übertragung (§ 42 Buchst. e) MVG).
Der Mensch folgt einer »inneren Uhr«, die auf Dauer nicht veränderbar ist. Tagsüber ist der menschliche Organismus auf Leistung, nachts auf Erholung eingestellt. Bei der **Gestaltung einer »verträglichen« Schichtarbeit** sollten folgende Erkenntnisse berücksichtigt werden:

- Vorausschaubarkeit der Dienstplanung (mehrere Monate, besser ein Jahr).
- maximal drei Nachtschichten hintereinander.
- geblockte Freizeit am Wochenende (Samstag und Sonntag) mit einzelnen freien Tagen an das Wochenende angehängt.
- vorwärtsrotierend (Früh, Spät, Nacht), dadurch können Kurzwechsel vermieden werden.
- Frühschichtbeginn besser um 7 oder 8 Uhr als um 6 Uhr oder noch früher.
- Dauer der Nachtarbeit bei hoher Belastung nicht mehr als 8 Stunden, bei geringerer Belastung längerer Zeitraum.

Literaturhinweis

- *ver.di* (Hrsg.): Gute Arbeit im Krankenhaus. Dienstplangestaltung im Pflegedienst. Berlin 2011. *http://www.verdi-gute-arbeit.de/upload/m4c0f8737486d9_verweis1.pdf.*
- *Michel, Tobias*: Schichtplanfibel. Das Buch. Lösungen für Konflikte rund um die Arbeitszeit. Berlin 2016 (Hrsg.: ver.di) bestellbar unter: *https://gesundheit-soziales.verdi.de/service/publikationen/++co++93463e76-d342-11e6-96e5-52540077a3af.*
- *www.online-arbeitszeitberatung.de* (mit einem Hinweis auf computergestützte arbeitswissenschaftliche Bewertung und Gestaltung von flexibler Arbeitszeit und Schichtarbeit).

Schlichtung nach AVR (Individualschlichtung)

Was ist das?

Es entspricht dem Prinzip der kirchlichen und diakonischen → **Dienstgemeinschaft**, dass Individualstreitigkeiten zwischen Arbeitnehmerin und Arbeitgeber nicht nur vor dem → **Arbeitsgericht**, sondern auch vor einer kirchlichen Schlichtungsinstanz ausgefochten werden können. Diese Schlichtung nach § 44 → **AVR. DD** hat also (offenbar) den Zweck, Meinungsverschiedenheiten aus dem Dienstverhältnis (zunächst) intern zu klären, bevor staatliche Arbeitsgerichte bemüht werden. Schlichtungsstellen nach § 44 AVR.DD sind auf der Ebene der meisten Gliedkirchen gebildet; z. T. für Kirche und Diakonie getrennt, z. T. gemeinsam (z. B. für die bayerische Landeskirche; die AVR-Bayern weist nicht mehr eigens auf die Individualschlichtung hin, die »Verordnung über das Schlichtungsverfahren für kirchliche Mitarbeiter der Evang.-Luth. Kirche in Bayern« gilt ohnehin).

Ein gravierender Nachteil der Individualschlichtung besteht darin, dass deren Ergebnis lediglich in einem sogenannten **»ratsamen Gutachten**« besteht, ohne jede rechtliche Durchsetzungsfähigkeit (im Unterschied zum vollstreckbaren **Urteil** eines Arbeitsgerichts oder im Vergleich zum (verbindlichen) **Beschluss** des Kirchengerichts nach §§ 60 ff. MVG; (→ **Rechtsschutz**). Von daher ist es praktisch in das Belieben eines Arbeitgebers gestellt, ob er nach dem **»ratsamen Gutachten**« verfährt oder nicht.

Die Behandlung einer Streitigkeit vor der Schlichtungsstelle schließt jedoch die – gleichzeitige oder spätere – Anrufung des Arbeitsgerichts nicht aus (§ 44 AVR).

Bedeutung für die MAV und die Beschäftigten

Beschäftigte können ihre MAV zwar grundsätzlich durch Vollmacht ermächtigen, ihre Interessen vor der Individualschlichtung nach AVR zu vertreten. Bei der Beratung von Beschäftigten über diesen Schritt sollte die MAV aber unbe-

dingt auf die eingeschränkte rechtliche Durchsetzungsfähigkeit des »**ratsamen Gutachtens**« hinweisen. Daher sollten die Beschäftigten gut überlegen, ob sie nicht statt der Anrufung der Individualschlichtung Klage beim → **Arbeitsgericht** erheben, es sei denn die Individualschlichtung ist vorprozessual zwingend vorgeschrieben (vgl. z. B. § 63 AVR.HN) und es handelt sich nicht um eine fristgebundene Klage.
Das Nachdenken über den Gang zum Arbeitsgericht ist vor allem dann wichtig, wenn es um die Einhaltung wichtiger Fristen geht (z. B. Dreiwochenfrist für Kündigungsschutzklage oder auch für die Entfristungsklage). Die jeweiligen **Fristen** zur Anrufung der Individualschlichtung sind unterschiedlich und sollten daher individuell geprüft werden.
Unsere Erfahrungen mit Schlichtungsstellen sind unterschiedlich: Manchmal weisen die Vorsitzenden ausdrücklich darauf hin, dass Mitarbeitervertretungen missbräuchlich handeln, wenn sie per Vollmacht die Interessen einzelner Beschäftigter durchzusetzen versuchen, etwa bei einer → **Eingruppierung** oder Höhergruppierung. Hier wäre dann das Arbeitsgericht die Instanz, um das individualrechtliche Interesse einer Mitarbeiterin einzuklagen. Es gibt aber auch Schlichtungsstellen, die bei den Mitarbeiterinnen anfragen, ob sie die Hinzuziehung der MAV wünschen bzw. ob eine Stellungnahme der MAV eingeholt werden soll (etwa in Hessen).
Kirchenbeamtinnen (z. B. Diakoninnen) können sich zur Durchsetzung von Individualansprüchen aus ihrem Dienstverhältnis neben den (Individual-)Schlichtungsstellen auch an die gliedkirchlichen Verwaltungsgerichte wenden, die ein durchsetzungsfähiges Urteil zum Ergebnis haben.

Übersicht zur Durchsetzung von Individualansprüchen

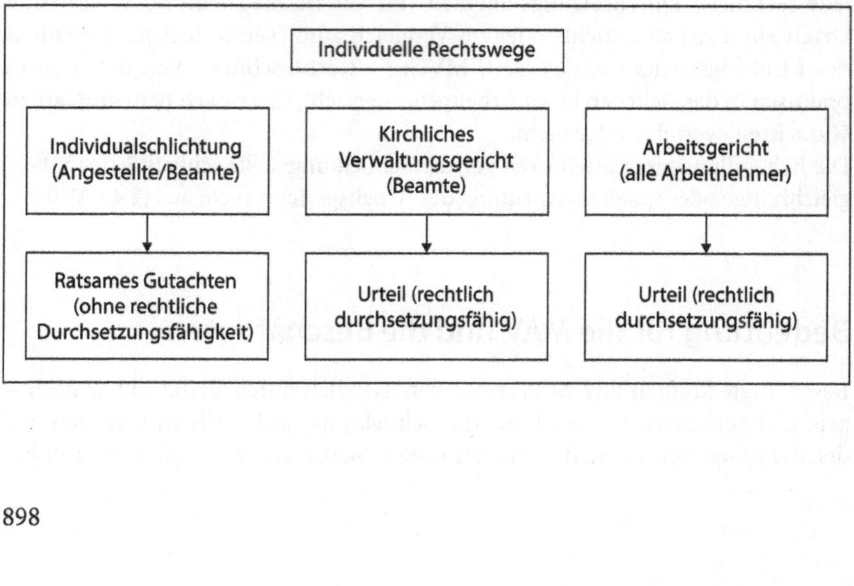

Schulung für MAV-Mitglieder

Was ist das?

Schulungen sind **Tagungen, Lehrgänge und Seminare**, die dem MAV-Mitglied Kenntnisse vermitteln, die es für die MAV-Tätigkeit benötigt (§ 19 Abs. 3 MVG). Auf den Träger der Maßnahme kommt es dabei nicht an, die Schulungen müssen jedoch für die MAV-Arbeit nützlich sein.

Bedeutung für die MAV

Jedes MAV-Mitglied hat einen **Rechtsanspruch** von **4 Wochen** Dauer je Amtsperiode, von der Arbeit für den Besuch von Schulungen, Tagungen, Lehrgängen oder Seminaren freigestellt zu werden, wenn diese für die **MAV-Tätigkeit erforderliche Kenntnisse** vermitteln. Die Kenntnisse müssen sich auf die **konkrete MAV-Tätigkeit** beziehen. Themen allgemeiner Art aus dem Bereich Kirche und Diakonie, wie z. B. Rechtfertigungslehre oder Synodenbesuche, können wohl keine Schulungsthemen sein. Im Zweifelsfall muss die MAV nachweisen, in welchem Zusammenhang die Schulungsmaßnahme zur MAV-Arbeit steht. **Grundschulungen** im MVG-Recht, allgemeinen Arbeitsrecht und dem beim Arbeitgeber geltenden Arbeits- und Tarifrecht (z. B. AVR.DD, AVR-Bayern, DiVO, TVöD, TV-L) stehen jedem MAV-Mitglied zu. Bei **Spezialschulungen** ist es unter Umständen angezeigt, dass nur ein MAV-Mitglied die Schulung besucht und die übrigen MAV-Mitglieder entsprechend informiert. Die Entscheidung, welches Mitglied zu einem Lehrgang oder einer Tagung entsandt wird, trifft die Mitarbeitervertretung im Rahmen ihres Beurteilungsspielraums nach billigem Ermessen. Beim **Rechtsanspruch** auf Schulungen handelt es sich sowohl um den individuellen Anspruch jedes einzelnen MAV-Mitglieds wie auch der gesamten MAV gegenüber dem Arbeitgeber. Der entsprechende **Entsendungsbeschluss** ist mit der Angabe des Zeitpunktes und der Kosten dem Arbeitgeber rechtzeitig mitzuteilen.

Die **Arbeitsbefreiung** für eine Schulungsmaßnahme umfasst die Freistellung des MAV-Mitglieds für die Dauer der Schulungsmaßnahme, wobei durch die Teilnahme an einer Schulung keine Über- oder Plus- bzw. Mehrarbeitsstunden entstehen können. → **Teilzeitbeschäftigte** erhalten die Stunden, die ein regelmäßig vollbeschäftigtes MAV-Mitglied erhält (§ 19 Abs. 3 MVG). Diese Regelung gilt seit 1. 1. 2010 und beseitigt die bis dahin geltende Diskriminierung teilzeitbeschäftigter MAV-Mitglieder.
Für Tage, an denen das MAV-Mitglied nicht arbeiten muss, braucht auch keine Arbeitsbefreiung gewährt werden.
Träger einer Schulungsmaßnahme können u. a. Gewerkschaften, Bildungsträger, Arbeitsgemeinschaften oder Gesamtausschüsse von MAVen sein. Der Arbeitgeber hat auf die Auswahl der Seminarträger keinen Einfluss. Die Verweigerung einer Freistellung mit dem Hinweis, dass der Bildungsträger eine Gewerkschaft ist, ist unzulässig (vgl. BVerfGE 84, 212–214, PersR 1996, 131). Die Schulung von betrieblichen Interessenvertretern gehört zu den durch die Verfassung geschützten koalitionsspezifischen Aufgaben einer Gewerkschaft.
Die **Kosten** für eine Schulungsmaßnahme hat der Arbeitgeber zu tragen (§ 30 Abs. 2 MVG). Bei der Auswahl der Schulungen hat die **MAV** einen **Beurteilungsspielraum**. Gibt es vergleichbare Schulungen, kann die MAV auch die teurere Schulung auswählen, wenn sie diese für qualitativ besser hält (BAGE 52, 78).
Nachdem bei Schulungen neben rechtlichen Kenntnissen auch Standpunkte und Umsetzungsstrategien vermittelt werden, kann der Arbeitgeber nicht darauf bestehen, dass Schulungen des Arbeitgebers oder von Bildungsträgern von Arbeitgebern besucht werden. Kein Ablehnungsgrund für eine Schulung ist der Hinweis des Arbeitgebers, der für die MAV vorgesehene Schulungsetat sei erschöpft. Der Arbeitgeber hat zu prüfen, ob der Schulungsanspruch von der Zahl der Tage her möglich ist und die Schulung für die MAV erforderliche Kenntnisse vermittelt. Ansonsten könnte der Arbeitgeber den Schulungsanspruch durch eine knappe Finanzgestaltung dauerhaft vereiteln.
Der individuelle Schulungsanspruch von 4 Wochen konnte bisher nur durch eine → **Dienstvereinbarung** innerhalb der MAV umverteilt werden. Diese Regelung wurde im Rahmen der Novellierung des MVG zum 1. 1. 2024 gestrichen. Nunmehr kann die MAV selbst über eine andere Verteilung von Schulungstagen innerhalb der MAV entscheiden. Die Gesamtzahl der Schulungstage einer MAV darf dabei allerdings nicht überschritten werden. So könnte etwa ein Mitglied, z. B. der freigestellte Vorsitzende, 8 Wochen Schulungen besuchen, während zwei andere MAV-Mitglieder nur je zwei Wochen Schulungen in Anspruch nehmen. Eine solche Regelung kann dann sinnvoll sein, wenn der MAV-Vorsitzende im Rahmen der Geschäftsverteilung innerhalb der MAV mehr Aufgaben zur Erledigung erhalten hat als die übrigen MAV-Mitglieder. Jedoch sollte das Gremium darauf achten, dass alle MAV-Mitglieder hinreichend geschult werden!

Es macht Sinn, zu Beginn einer Amtsperiode und dann jährlich eine **Schulungsplanung** für die MAV zu erstellen, um im Rahmen der Aufgaben der MAV und der festgelegten Ziele evtl. fehlendes Fachwissen für die MAV zu erwerben. Ebenso können sich einzelne MAV-Mitglieder im Rahmen der ihnen zugeordneten speziellen Aufgaben zu Experten in ihren Themenbereichen, z. B. Arbeitsrecht, Arbeits- und Gesundheitsschutz, Arbeitszeitregelungen, Sozialrecht usw. ausbilden lassen.

Während der Teilnahme an Schulungsmaßnahmen und für die erforderliche Reisezeit stehen die MAV-Mitglieder unter dem Schutz der **gesetzlichen Unfallversicherung**. Gleiches gilt sinngemäß für MAV-Mitglieder in öffentlich-rechtlichen Dienstverhältnissen (Dienstunfallfürsorge).

Bei Streitigkeiten über die Auswahl der zu schulenden MAV-Mitglieder, das Schulungsthema, über die zeitliche Lage der Schulung oder deren Kosten kann das Kirchengericht (→ **Rechtsschutz**) angerufen werden.

Schweigepflicht

Was ist das?

Die Schweigepflicht (§ 22 MVG) soll es der MAV, der → **Dienststellenleitung**, den Beschäftigten und sonstigen Personen ermöglichen, **vertrauensvoll zusammenzuarbeiten**, wenn persönliche Angelegenheiten von Beschäftigten oder geheimhaltungsbedürftige Sachverhalte zu erörtern sind. Die Schweigepflicht ist eine **zentrale Vorschrift** des MVG. Darüber hinaus muss die MAV für die Einhaltung des → Datenschutzes in ihrer eigenen Geschäftsführung sorgen.

Bedeutung für die MAV

Aus dem Grundsatz der **Nichtöffentlichkeit** von Sitzungen der MAV (§ 24 Abs. 4 letzter Satz MVG) folgt, dass das Abstimmungsverhalten, die Äußerungen und das Verhalten von MAV-Mitgliedern im Verlauf der Sitzung der Schweigepflicht unterliegen.

Die Schweigepflicht unterteilt sich in die Schweigepflicht über **personelle Angelegenheiten** und über **organisatorische Fragen**. Personelle Angelegenheiten beinhalten alle Informationen, die die MAV von der → **Dienststellenleitung** (oder auch von einzelnen Arbeitnehmern) über beschäftigte Arbeitnehmer, ehemalige oder einzustellende Arbeitnehmer erhält. Die Schweigepflicht gilt auch gegenüber dem betroffenen Arbeitnehmer. Mit der Einleitung eines förmlichen Beteiligungsverfahrens durch den Dienststellenleiter **endet** allerdings die Schweigepflicht der MAV gegenüber dem betroffenen Arbeitnehmer – und nur ihm gegenüber (§ 22 Abs. 1 MVG)! Er kann dann von der MAV über die vom Arbeitgeber beabsichtigte Maßnahme (Kündigung, Versetzung, Höhergruppierung, ...) informiert und um eine Stellungnahme gebeten werden. Die MAV kann den betroffenen Arbeitnehmer auch zu dem ihn betreffenden Tagesordnungspunkt als → **sachkundige Person** (§ 25 Abs. 2 MVG) in die MAV-Sitzung einladen.

In organisatorischen Angelegenheiten gibt es keine Regelung, dass die Schweigepflicht ab einem bestimmten Zeitpunkt automatisch endet, wie dies bei den personellen Angelegenheiten gegenüber dem betroffenen Arbeitnehmer der Fall ist. Organisatorische Angelegenheiten können der Schweigepflicht durch Beschluss der MAV unterliegen oder durch die Erklärung des Arbeitgebers, dass über die vorgelegten Informationen Stillschweigen zu wahren ist bzw. die aus der Natur der Sache heraus der Geheimhaltung unterliegen (z. B. Geschäftsgeheimnisse wie Kalkulationsgrundlagen). Die MAV ist jedoch an eine solche Erklärung des Arbeitgebers nicht gebunden. Und nicht jede Erklärung des Arbeitgebers, dass ein Vorgang der Schweigepflicht unterliegt, entspricht von vornherein dem Gebot der Geheimhaltung. Die **MAV** hat jeweils **selbständig zu prüfen**, ob die **Information** der **Schweigepflicht unterliegt** oder nicht. Dabei hat sie die Interessen der (von ihr vertretenen) Beschäftigten an Informationen – Informationspflicht – aus der und über die Einrichtung mit dem Interesse des Arbeitgebers am Stillschweigen abzuwägen. Die MAV kann bei Meinungsverschiedenheiten über die Schweigepflicht das Kirchengericht (→ **Rechtsschutz**) anrufen.
Nicht der Geheimhaltung unterliegen Tatsachen und Angelegenheiten, die **offenkundig** sind oder ihrer Bedeutung nach keiner Geheimhaltung bedürfen (§ 22 Abs. 1 MVG). Offenkundig sind Angelegenheiten, die über für jedermann frei zugängliche Informationsquellen erlangt werden können. Bei der Frage nach der Bedeutung einer Information sollte im Umkehrschluss danach gefragt werden, welchen Schaden die Dienststelle in materieller oder immaterieller Art erleiden könnte, wenn Informationen über Inhalte, die der Arbeitgeber für geheimhaltungsbedürftig erklärt hat, von der MAV bekannt gemacht werden.

Beispiel:
Der Arbeitgeber beabsichtigt, einen Teil der Einrichtung zu schließen und einige Beschäftigte – noch ohne Namensnennung – zu entlassen. Darf die MAV die betroffenen Beschäftigten im Rahmen einer Mitarbeiterversammlung informieren? Wenn sich die MAV nicht sicher ist, sollte sie mit dem Arbeitgeber eine Absprache treffen.

Die Schweigepflicht gilt nicht für die MAV-Mitglieder im Gremium untereinander.
Die MAV kann sich von **externen Personen**, z. B. Gewerkschaftsvertretern, beraten lassen. Eine Schweigepflicht gegenüber diesen Personen besteht nicht, da diese ebenfalls an die Schweigepflicht gebunden sind.
Weiterhin muss die MAV sicherstellen, dass die Daten, die sie im Rahmen von Beteiligungsverfahren erhält:

- unzugänglich für Dritte sind,
- nur so lange gespeichert werden, wie es rechtlich zulässig ist bzw. ein rechtlicher Grund vorhanden ist,

- in Niederschriften (Protokollen) von MAV-Sitzungen möglichst wenig persönliche Daten enthalten sind (zu viele Daten müssen nach Abschluss eines Vorgangs geschwärzt werden).

In den Gesamtkontext fällt dann auch die Vorschrift, dass aus der MAV ausscheidende MAV-Mitglieder ihre Unterlagen der MAV zurückgeben müssen (§ 18 Abs. 5 MVG).

Wenn sich ein Beschäftigter bei der MAV beschwert, Anregungen gibt, Anfragen vorbringt und eine Lösung oder Antwort nur mit dem Arbeitgeber möglich ist, sollte die MAV sich sicherheitshalber vom Beschäftigten bestätigen lassen, dass sie tätig werden darf.

Ein **Verstoß** gegen die Schweigepflicht durch die MAV oder ein einzelnes MAV-Mitglied kann die Auflösung der MAV oder den **Ausschluss** des betroffenen MAV-Mitglieds **aus der MAV** durch das Kirchengericht nach sich ziehen (§ 17 MVG). Bei dem Verstoß muss es sich um einen **groben** Pflichtverstoß handeln. Schweigepflichtsverletzungen in personellen Angelegenheiten gelten i. d. R. immer als grobe Pflichtverletzung.

Bedeutung für die Beschäftigten

Die Beschäftigten sind an die Schweigepflicht aus dem MVG nicht gebunden. Schweigepflicht besteht auch nicht, wenn MAV oder → **Dienststellenleitung** Informationen bei der nichtöffentlichen Mitarbeiterversammlung geben. In eigenen persönlichen Angelegenheiten, die der Beteiligung der MAV unterliegen, besteht ebenfalls keine Schweigepflicht. Schweigepflicht besteht nur auf Grundlage der → **Treuepflicht** gegenüber dem Arbeitgeber, keine Dienst- oder Geschäftsgeheimnisse gegenüber Dritten zu offenbaren.

Wenn sich ein Beschäftigter vertraulich an ein MAV-Mitglied oder die MAV als Gremium wendet, so muss klar sein, dass sein Anliegen – außer er möchte es selbst – nicht publik wird. Durch die Schweigepflicht der MAV wird das Vertrauensverhältnis zwischen Arbeitnehmer und MAV sichergestellt.

Schwerbehinderte Menschen

Was ist das?

Schwerbehinderte Menschen sind Behinderte, deren Grad der Behinderung (GdB) mindestens 50 beträgt (§§ 151 ff. SGB IX). Um in den Geltungsbereich des Schwerbehindertenrechts (SGB IX vom 19.6.2001; umfassend reformiert durch das Bundesteilhabegesetz – BTHG vom 23.12.2016) zu fallen, müssen sie außerdem in Deutschland leben oder arbeiten (§ 2 Abs. 2 SGB IX). Personen mit einem GdB unter 50, aber mindestens 30 können sich auf Antrag an die Agentur für Arbeit einem schwerbehinderten Menschen gleichstellen lassen, wenn sie ohne Gleichstellung keinen geeigneten Arbeitsplatz erlangen oder behalten können (§ 2 Abs. 3 SGB IX). Der GdB wird amtlich festgestellt; er reicht – in Zehnerschritten – von 20 bis 100 Grad (§ 152 SGB IX).
Ende 2023 gab es in Deutschland ca. 7,9 Mio. schwerbehinderte Menschen, 1 % mehr als Ende 2021. Das sind 9,3 % der Gesamtbevölkerung. Etwa 45 % der schwerbehinderten Menschen waren 55 Jahre oder älter. Von den 7,9 Mio. sind 3,1 Mio., also knapp 40 % im erwerbsfähigen Alter (15 – 65 Jahre).
Tatsächlich beschäftigt waren 2021 lediglich 49,8 % der schwerbehinderten Menschen (Erwerbsquote). Im Jahr 2022 waren nur bei 38,5 % aller Arbeitgeber die Pflichtarbeitsplätze vollständig besetzt, im Öffentlichen Dienst lag die Quote bei 58,6 %. Dabei weisen kleinere Betriebe (Arbeitgeber mit 20 bis 40 Arbeitsplätzen) die größte Erfüllungsquote auf. Insgesamt nimmt die Erfüllungsquote seit über 10 Jahren leicht, aber kontinuierlich ab, aus unserer Sicht ein Armutszeugnis!

> **Wichtig:**
> Der Schwerbehindertenstatus sagt nichts aus über die berufliche Leistungsfähigkeit oder gar den Wert eines Menschen, sondern bezieht sich allein auf die Auswirkungen einer Behinderung auf alle Lebensbereiche.

Durch das Diskriminierungsverbot im Grundgesetz (Art. 3 Abs. 3 Satz 2 GG), das Allgemeine Gleichbehandlungsgesetz (AGG) und das **Gesetz zur Rehabilitation**

und Teilhabe behinderter Menschen (SGB IX) sind behinderte Menschen im Arbeitsleben besonders geschützt (Nachteilsausgleich).

Im Folgenden eine Auflistung der Pflichten von Arbeitgebern gegenüber schwerbehinderten Menschen:

1. **Beschäftigungspflicht:** Alle Arbeitgeber, bei denen mindestens 20 Arbeitsplätze vorhanden sind, müssen auf wenigstens 5 % (vor 2002: 6 %) der Arbeitsplätze schwerbehinderte Menschen beschäftigen (§ 154 SGB IX). Dabei sind schwerbehinderte Frauen besonders zu berücksichtigen. Andernfalls ist für jeden nicht besetzten Platz eine **Ausgleichsabgabe** zu zahlen (§ 160 SGB IX). Die Ausgleichsabgabe beträgt im Jahr 2024:
   - 140 Euro/Monat bei einer Beschäftigungsquote ab 3 % bis unter 5 %,
   - 245 Euro/Monat bei einer Beschäftigungsquote ab 2 % bis unter 3 %,
   - 360 Euro/Monat bei einer Beschäftigungsquote unter 2 %,
   - 720 Euro/Monat bei einer Beschäftigungsquote von 0 % (neue Stufe seit 1. 1. 2024).

   Die Höhe der Ausgleichsabgabe ist seit 2012 dynamisiert. Sie erhöht sich entsprechend der Veränderung der Bezugsgröße nach § 18 Abs. 1 SGB IV. Eine Erhöhung findet dann statt, wenn die Bezugsgröße seit der letzten Festlegung der Beträge mindestens um 10 % angestiegen ist. Die entsprechende Bekanntmachung erfolgt im Bundesanzeiger.

   Arbeitgeber mit bis zu 39 Arbeitsplätzen müssen einen schwerbehinderten Menschen beschäftigen; sie zahlen pro Monat 140 Euro, wenn sie diesen Pflichtplatz nicht besetzen; Arbeitgeber mit bis zu 59 Arbeitsplätzen müssen zwei Pflichtplätze besetzen; sie zahlen 140 Euro, wenn sie nur einen Pflichtplatz besetzen, und 245 Euro, wenn sie keinen schwerbehinderten Menschen beschäftigen (Stand: August 2024).

   Jährlich ist von allen Betrieben bis 31. März eine **Statistik an die Arbeitsagentur** zu erstellen, die Auskunft gibt über die Zahl der vorhandenen und die mit schwerbehinderten Menschen besetzten Arbeitsplätze. Der MAV und der Schwerbehindertenvertretung ist eine Kopie dieser Statistik auszuhändigen (§ 163 Abs. 2 SGB IX). Zu den vorhandenen Arbeitsplätzen zählen folgende Stellen nicht:
   - Behinderte Menschen, die an Leistungen zur Teilhabe am Arbeitsleben teilnehmen,
   - Personen, deren Beschäftigung nicht in erster Linie dem Erwerb dient,
   - Personen, die an Beschäftigungsmaßnahmen der Arbeitsagentur teilnehmen,
   - Personen, die nach ständiger Übung in ihre Stellen gewählt werden,
   - Personen, deren Beschäftigungsverhältnis ruht, z. B. wegen Elternzeit,
   - kurzfristig besetzte Stellen bis acht Wochen und
   - Stellen mit weniger als 18 Std./Woche (§ 156 SGB IX).

Nicht mitgerechnet werden auch Stellen für Auszubildende (§ 157 SGB IX). Ein Pflichtplatz gilt erst dann als besetzt, wenn ein schwerbehinderter Mensch mindestens 18 Std./Woche beschäftigt ist (§ 158 SGB IX).

2. **Pflicht zur Prüfung, ob ein freier Arbeitsplatz mit einem schwerbehinderten Menschen besetzt werden kann**. Bei dieser Prüfung hat der Arbeitgeber die Schwerbehindertenvertretung zu beteiligen und die MAV anzuhören. Bei Meinungsverschiedenheiten besitzt die Schwerbehindertenvertretung ein Recht auf Erörterung. Dabei ist der betroffene schwerbehinderte Mensch anzuhören. Die Schwerbehindertenvertretung ist nur dann nicht zu beteiligen, wenn der schwerbehinderte Mensch dies ausdrücklich ablehnt (§ 164 Abs. 1 SGB IX).
3. **Benachteiligungsverbot schwerbehinderter Menschen**. Schwerbehinderte Beschäftigte dürfen bei einer Vereinbarung oder einer Maßnahme, insbesondere bei der Einstellung, beim beruflichen Aufstieg, bei einer Weisung oder einer Kündigung nicht benachteiligt werden. Bei einem Verstoß gegen dieses Benachteiligungsverbot können schwerbehinderte Bewerberinnen eine angemessene Entschädigung in Geld verlangen (§ 164 Abs. 2 SGB IX; dort auch Verweis auf die Regelungen des AGG).
4. **Einrichtung der Arbeitsplätze:** Arbeitgeber müssen schwerbehinderte Menschen so beschäftigen, dass sie ihre Fähigkeiten und Kenntnisse möglichst voll verwerten und weiterentwickeln können. Bei innerbetrieblichen Maßnahmen der beruflichen Bildung sind schwerbehinderte Menschen bevorzugt zu berücksichtigen. Sie haben gegenüber dem Arbeitgeber Anspruch auf behinderungsgerechte Einrichtung und Unterhaltung der Arbeitsstätten, der Gestaltung der Arbeitsplätze, des Arbeitsumfeldes, der Arbeitsorganisation und der Arbeitszeit. Die Arbeitsplätze sind mit den erforderlichen technischen Arbeitshilfen auszustatten (§ 164 Abs. 4 SGB IX).
5. **Förderung von Teilzeit-Arbeitsplätzen:** Nach § 164 Abs. 5 SGB IX haben die Arbeitgeber die Einrichtung von Teilzeit-Arbeitsplätzen zu fördern. Schwerbehinderte Menschen haben einen Anspruch auf Teilzeitbeschäftigung, wenn die kürzere Arbeitszeit wegen Art oder Schwere der Behinderung notwendig ist.
6. **Inklusionsvereinbarung:** Alle Arbeitgeber sind nach § 166 SGB IX verpflichtet, mit der Schwerbehindertenvertretung und der MAV eine verbindliche → **Inklusionsvereinbarung** abzuschließen. Näheres s. unter »Bedeutung für die MAV«.
7. **Prävention:** Bei Eintreten personen-, verhaltens- oder betriebsbedingten Schwierigkeiten im Arbeitsverhältnis eines schwerbehinderten Menschen haben die Arbeitgeber frühzeitig Schwerbehindertenvertretung, MAV und das Integrationsamt einzuschalten. (§ 167 Abs. 1 SGB IX). Seit Mai 2004 sind alle Arbeitgeber verpflichtet, ein → **Betriebliches Eingliederungs-**

management (BEM) einzuführen (§ 167 Abs. 2 SGB IX). Das BEM gilt für schwerbehinderte und nicht schwerbehinderte Beschäftigte und ist immer dann anzubieten, wenn Mitarbeiterinnen innerhalb eines Jahres länger als sechs Wochen ununterbrochen oder wiederholt arbeitsunfähig sind. Dabei ist die MAV einzubeziehen; im Fall von schwerbehinderten Menschen auch die Schwerbehindertenvertretung.

8. **Kündigungsschutz:** Die → **Kündigung** eines schwerbehinderten Menschen bedarf nach § 168 SGB IX grundsätzlich der vorherigen Zustimmung des Integrationsamtes (früher: Hauptfürsorgestelle). Dieser besondere Kündigungsschutz gilt auch für Gleichgestellte (§ 151 Abs. 3 SGB IX). Wie bei anderen Arbeitsverhältnissen auch, lebt der Kündigungsschutz erst nach sechs Monaten (→ **Probezeit**) auf. Für die Kündigung gelten die gleichen Fristen wie für andere Arbeitnehmer auch. Die Entscheidung des Integrationsamtes soll innerhalb eines Monats erfolgen; bei außerordentlichen Kündigungen innerhalb von zwei Wochen (§ 174 Abs. 3 SGB IX). Die Kündigung eines schwerbehinderten Menschen ist durch den Arbeitgeber beim Integrationsamt zu beantragen. Es holt dann Stellungnahmen der Schwerbehindertenvertretung und der MAV ein. Es hat außerdem den schwerbehinderten Menschen selbst zu hören. Ein evtl. Widerspruch oder die Anfechtungsklage gegen die Entscheidung des Integrationsamtes haben keine aufschiebende Wirkung (§§ 168–175 SGB IX). Seit 2017 ist im SGB IX klargestellt, dass die Kündigung ohne Beteiligung der Schwerbehindertenvertretung unwirksam ist (§ 178 Abs. 2 SGB IX; siehe auch § 51 MVG).
9. **Zusatzurlaub:** Nach § 208 SGB IX erhalten schwerbehinderte Menschen einen bezahlten Zusatzurlaub von fünf Arbeitstagen im Jahr (5-Tage-Woche). Für Gleichgestellte (§ 2 Abs. 3 SGB IX) gilt diese Regelung nicht. Arbeitet der schwerbehinderte Mensch mehr oder weniger als fünf Tage in der Woche, erhöht oder vermindert sich der Zusatzurlaub entsprechend. Bruchteile von Urlaubstagen, die mindestens einen halben Tag ergeben, sind auf volle Urlaubstage aufzurunden. Der so ermittelte Zusatzurlaub ist dem Erholungsurlaub hinzuzurechnen und kann bei einem nicht im ganzen Kalenderjahr bestehenden Beschäftigungsverhältnis nicht erneut gemindert werden (§ 208 Abs. 2 SGB IX). Das bedeutet, in diesem Fall ist die sogenannte Zwölftelung (→ **Urlaub**) des Zusatzurlaubs ausgeschlossen. Das Gleiche gilt, wenn die Schwerbehinderung **nicht für das gesamte Kalenderjahr** festgestellt wird oder wenn der schwerbehinderte Mensch während des Kalenderjahres ausscheidet (siehe BAG v. 8. 3. 1994 – 9 AZR 49/93; BAG v. 24. 10. 2006 – 9 AZR 669/05).
10. **Keine Mehrarbeit für schwerbehinderte Menschen:** Nach § 207 SGB IX sind schwerbehinderte Menschen auf ihr Verlangen von Mehrarbeit (also über die

normale gesetzliche Arbeitszeit nach § 3 Satz 1 ArbZG hinausgehende Zeit, also werktäglich mehr als 8 Stunden) freizustellen.

11. **Eigenständige Interessenvertretung:** Nach §§ 176–180 SGB IX ist in allen Betrieben mit mindestens fünf schwerbehinderten Menschen eine eigene Schwerbehindertenvertretung zu wählen (Vertrauensperson der Schwerbehinderten). Diese Vorgaben des staatlichen Schwerbehindertenrechts wurden mit den §§ 50–52a MVG in kirchliches Recht transformiert. Neu seit 2003 ist der Verweis auf staatliches Recht bei der Wahrnehmung der Aufgaben und Befugnisse durch die Schwerbehindertenvertretung (§ 51 MVG). Die persönlichen Rechte und Pflichten der Vertrauensperson richten sich z. T. nach den Vorgaben des MVG, z. T. erfolgt der Verweis auf staatliches Recht (§§ 178 bzw. 179 SGB IX).

Wichtig:
Der Verweis auf staatliches Recht umfasst allerdings nicht die Übernahme der staatlichen Freistellungsregelung. Denn SBVen nach staatlichem Recht (§ 179 Abs. 4 SGB IX) haben Anspruch auf eine Freistellung ab 100 schwerbehinderten Menschen, SBVen nach MVG lediglich eine ½ Freistellung ab 151 schwerbehinderten Menschen (nach analoger Anwendung von § 20 Abs. 2 MVG).

Was sind die wesentlichen Bestimmungen für Schwerbehindertenvertretungen im MVG? Gewählt wird eine Vertrauensperson und mindestens eine Stellvertretung. Wahlberechtigt sind alle schwerbehinderten Menschen in der Dienststelle. Wählbar sind alle Beschäftigten mit passivem Wahlrecht in der → **Dienststelle** (nicht nur die schwerbehinderten Menschen!). Die Amtszeit beträgt vier Jahre. Persönliche Rechte (z. B. gleicher Kündigungsschutz wie für MAV-Mitglieder) und Pflichten der Vertrauensperson entsprechen weitgehend denen der MAV.
Anfang 2004 erfolgte eine umfangreiche Novellierung des SGB IX. Neben Verbesserungen bei den Ausbildungsmöglichkeiten, bei der Beratung und Unterstützung der Arbeitgeber, der Arbeit der Schwerbehindertenvertretung, Einführung eines Betrieblichen Eingliederungsmanagements, dem Ausbau der betrieblichen Prävention und der Integrationsfachdienste gab es auch Verschlechterungen: Zustimmungsvermutung bei Kündigungsbegehren im Zusammenhang mit der Schließung von Betrieben, dauerhafte Absenkung der Beschäftigungspflichtquote von 6 auf 5 % und vielfältige Möglichkeiten der Mehrfachanrechnung für Arbeitgeber auf einen Pflichtarbeitsplatz.
Eine weitere umfassende Reform des SGB IX erfolgte durch das Gesetz zur Stärkung der Teilhabe und Selbstbestimmung von Menschen mit Behinderungen (**Bundesteilhabegesetz – BTHG**) vom 23. 12. 2016. Das SGB IX wurde insgesamt neu gefasst (neue §§-Folge).

Neu eingeführt seit 2009 ist das Leitbild der »Inklusion« statt der »Integration« von Menschen mit Behinderung. Inklusion ist die wesentliche Zielsetzung des Übereinkommens der Vereinten Nationen (vom 13.12.2006) über die Rechte und die gleichberechtigte Teilhabe von Menschen mit Behinderung. Das Übereinkommen gilt durch die Verabschiedung als Gesetz seit 26.3.2009 auch in Deutschland.

Der Begriff »Inklusion« (lat. Dazugehörigkeit, Einschluss) betrachtet die individuellen Unterschiede der Menschen als Normalität und nimmt daher keine Unterteilung in Gruppen vor. Inklusion meint also, dass Menschen mit Behinderung bereits Bestandteil der Gesellschaft sind, während der Begriff »Integration« noch unterstellt hat, dass sie außerhalb oder am Rande des gesellschaftlichen Lebens stehen und deshalb »integriert« werden müssen.

Folgende Grafik soll den Begriff der Inklusion veranschaulichen:

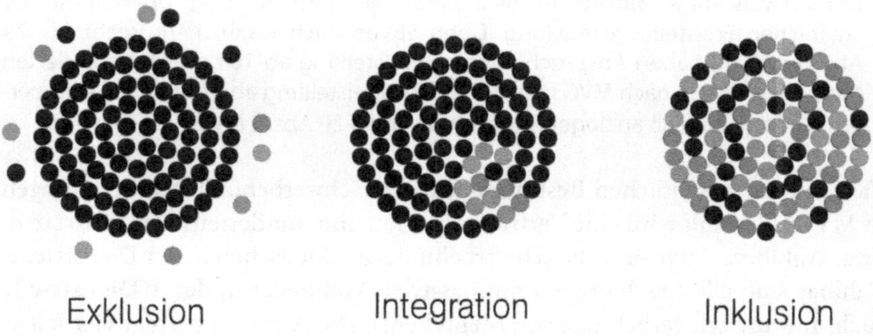

In Deutschland spricht man noch immer von »Integration«, wenn es um die Zielsetzungen in der Schwerbehindertenpolitik geht. Dagegen ging die UN-Konvention von 2006 einen großen Schritt weiter und verlangt die **soziale Inklusion**. Das bedeutet für Menschen mit Behinderung, im vollen Umfang an der Gesellschaft teilzuhaben und dabei Autonomie und Unabhängigkeit zu wahren (s. Art. 3 der UN-Konvention).

Die Autorinnen sind der Überzeugung, dass der Gedanke der Inklusion in Deutschland noch eine weit stärkere Verbreitung finden muss. Dazu muss die Politik die entsprechenden Rahmenbedingungen setzen und der Sozialstaat muss auch die entsprechenden finanziellen Leistungen zur Verfügung stellen.

Die »Aktion Mensch« stellt auf ihrer Website viele Informationen zum Thema Inklusion zur Verfügung (https://www.aktion-mensch.de/was-ist-inklusion; letzter Zugriff: 13.8.2024).

Bedeutung für die MAV und die Vertrauensperson

Es gehört zu den Aufgaben der MAV, »die Eingliederung und berufliche Entwicklung schwerbehinderter Menschen, einschließlich des Abschlusses von Inklusionsvereinbarungen nach § 166 des Neunten Buches Sozialgesetzbuch, und sonstiger besonders schutzwürdiger Personen in der Dienststelle« zu fördern »und für eine ihren Kenntnissen und Fähigkeiten entsprechende Beschäftigung« einzutreten (§ 35 Abs. 3 Buchst. d MVG). Die MAV hat insbesondere darauf zu achten, dass die Verpflichtungen des Arbeitgebers durch das staatliche Schwerbehindertenrecht in der Dienststelle umgesetzt werden (§§ 154, 155, 163, 164, 166, 167 SGB IX).

Es geht hier vor allem um folgende Regelungen: Einhaltung der Beschäftigungspflicht schwerbehinderter Menschen, Beschäftigung besonderer Gruppen schwerbehinderter Menschen und Prüfung, ob eine freie Stelle mit einem schwerbehinderten Menschen besetzt werden kann. Außerdem die Verpflichtung für alle Betriebe, mit der Schwerbehindertenvertretung und der MAV eine verbindliche → **Inklusionsvereinbarung** abzuschließen (§ 166 SGB IX; seit 2001); ebenso die Verpflichtung des Arbeitgebers, ein Betriebliches Eingliederungsmanagement anzubieten (§ 167 Abs. 2 SGB IX).

Wegen der Vielfältigkeit der Ansprüche schwerbehinderter Menschen im Arbeitsleben ist die Teilnahme an entsprechenden Schulungen dringend zu empfehlen. Dazu sollte die MAV ein oder zwei ihrer Mitglieder auswählen, die künftig den Kontakt und die Zusammenarbeit mit der Schwerbehindertenvertretung aufrechterhalten.

Daneben muss die MAV auch auf die Wahrung der Rechte der Vertrauensperson gegenüber der → **Dienststellenleitung** achten, wie sie in den §§ 176 bis 179 SGB IX beschrieben sind. Das MVG verweist seit 2003 in § 51 auf das staatliche Recht, was die Wahrnehmung der Aufgaben der Schwerbehindertenvertretung angeht.

Weil die Vertrauensperson der Schwerbehinderten das Recht hat, an allen MAV-Sitzungen beratend teilzunehmen (§ 178 Abs. 4 SGB IX i. V. m. § 51 MVG), ist sie immer rechtzeitig unter Mitteilung der Tagesordnung einzuladen, sonst könnte sie dieses Recht nicht wahrnehmen. Das Teilnahmerecht besteht unabhängig davon, ob Fragen schwerbehinderter Arbeitnehmerinnen anstehen und welche Themen auf der Tagesordnung stehen (vgl. Hessisches LAG v. 4. 12. 2001 – 15 Sa 384/01). Sehr weitgehend ist das Recht der Vertrauensperson, Beschlüsse der MAV für die Dauer einer Woche auszusetzen, wenn sie den Beschluss als erhebliche Beeinträchtigung wichtiger Interessen der schwerbehinderten Menschen beurteilt. Die Aussetzung hat jedoch keine Verlängerung einer Frist zur Folge (§ 178 Abs. 4 SGB IX i. V. m. § 51 MVG).

Zur Wahrnehmung ihrer Aufgaben gegenüber den schwerbehinderten Menschen in der Dienststelle sollte die MAV mit der Schwerbehindertenvertretung eng zusammenarbeiten. Beide sollten sich gegenseitig unterstützen. Räume und Geschäftsbedarf der MAV stehen der Vertrauensperson gleichermaßen zur Verfügung (§ 52 Abs. 2 MVG). Die Vertrauensperson hat das Recht (und die Pflicht), mindestens einmal im Jahr eine Versammlung der schwerbehinderten Menschen in der Dienststelle durchzuführen (§ 178 Abs. 6 SGB IX i. V. m. mit § 51 MVG). Bei der Vorbereitung und Durchführung sollte die MAV unterstützen.
Seit der Novellierung des MVG 2013 gibt es in kirchlichen und diakonischen Dienststellen auch eine Gesamtschwerbehindertenvertretung, und zwar immer dann, wenn es eine → **Gesamt-MAV** gibt (§ 52a MVG). Aufgaben und Rechte der Gesamtschwerbehindertenvertretung bestehen analog zu den Aufgaben und Rechten der Gesamtmitarbeitervertretung.
Zur Förderung der Eingliederung und beruflichen Entwicklung von schwerbehinderten Menschen in der → **Dienststelle** ist der Abschluss einer → **Inklusionsvereinbarung** verbindlich vorgeschrieben (§ 166 SGB IX). Die Vereinbarung ist mit der Schwerbehindertenvertretung und MAV in Zusammenarbeit mit der **Inklusionsbeauftragten** (nach § 181 SGB IX) des Arbeitgebers zu treffen. Die Vereinbarung enthält nach § 166 Abs. 2 SGB IX insbesondere Regelungen zur Personalplanung, Arbeitsplatzgestaltung, Gestaltung des Arbeitsumfelds, Arbeitsorganisation, Arbeitszeit sowie Regelungen über die Durchführung der Vereinbarung im Betrieb.
Bei Gefährdungsbeurteilungen ist zu berücksichtigen, dass die Gefährdungen aufgrund der Eigenart der Behinderung ggf. anders bewertet werden müssen. Für schwerbehinderte Beschäftigte ist daher eine gesonderte Gefährdungsbeurteilung durchzuführen, nämlich die sog. »Inkludierte«. Das Verfahren wird »Kölner Modell« genannt und existiert seit 2016. Es wurde vom Integrationsamt des Landschaftsverbands Rheinland entwickelt.
Die MAV kann die → **Einstellung** einer Mitarbeiterin ablehnen, wenn die Prüfung des Arbeitgebers, ob ein freier Arbeitsplatz mit einem schwerbehinderten Menschen besetzt werden kann, nicht oder nicht ausreichend erfolgt ist. Es handelt sich dann um einen Verstoß gegen § 164 SGB IX. Die Ablehnung der MAV erfolgt auf der Grundlage von § 41 Abs. 1 Buchst. a MVG (Verstoß gegen eine Rechtsvorschrift). Die Ablehnung ist entsprechend zu begründen.
Gesundheitlich beeinträchtigte Beschäftigte sollten von der MAV bzw. der Schwerbehindertenvertretung über die Möglichkeit informiert werden, dass sie einen Antrag auf Feststellung ihrer Schwerbehinderteneigenschaft beim örtlichen Versorgungsamt oder auf Gleichstellung (bei einem GdB von 30 oder 40) bei der örtlich zuständigen Agentur für Arbeit stellen können. Erst dann besitzen sie die Schutzrechte und den Nachteilsausgleich (außer Zusatzurlaub!) nach SGB IX, insbesondere den Kündigungsschutz. Auch der Arbeitgeber kann

die Leistungen zur Teilhabe von schwerbehinderten Menschen am Arbeitsleben nach dem SGB IX (§§ 49 bis 63) erst dann beanspruchen, wenn die Gleichstellung festgestellt ist. Hier geht es um weitgehende Unterstützungs- und finanzielle Leistungen der Integrationsämter (§ 185 SGB IX) und der Integrationsfachdienste (§§ 192 ff. SGB IX) für Arbeitgeber. Die Leistungen werden insbesondere aus den Ausgleichsabgaben der Arbeitgeber finanziert.
MAV – und Arbeitgeber – können das Integrationsamt bei allen Problemen mit schwerbehinderten Menschen am Arbeitsplatz einschalten. Die Einschaltung des Integrationsfachdienstes empfiehlt sich insbesondere im Prozedere des → **Betrieblichen Eingliederungsmanagements.**
Ansprechpartner für die MAV und die Schwerbehindertenvertretung in Fragen der Umsetzung des Schwerbehindertenrechts ist auch die **Inklusionsbeauftragte** des Arbeitgebers. Er hat nach § 181 SGB IX eine Inklusionsbeauftragte zu bestellen, die ihn in Angelegenheiten schwerbehinderter Menschen verantwortlich vertritt. Die Inklusionsbeauftragte soll nach Möglichkeit selbst ein schwerbehinderter Mensch sein. Sie achtet vor allem darauf, dass die dem Arbeitgeber obliegenden Verpflichtungen erfüllt werden.
Arbeitgeber, Inklusionsbeauftragte des Arbeitgebers, Schwerbehindertenvertretung und MAV arbeiten in der Dienststelle zur Teilhabe schwerbehinderter Menschen am Arbeitsleben eng zusammen (§ 182 Abs. 1 SGB IX). Die genannten Personen bzw. Vertretungen, die mit der Durchführung des Schwerbehindertenrechts beauftragten Stellen und die Rehabilitationsträger unterstützen sich gegenseitig bei der Erfüllung ihrer Aufgaben (§ 182 Abs. 2 Satz 1 SGB IX). Die Schwerbehindertenvertretung und die Inklusionsbeauftragte des Arbeitgebers sind außerdem Verbindungspersonen zur Bundesagentur für Arbeit und zum Integrationsamt (§ 182 Abs. 2 Satz 2 SGB IX).

Bedeutung für die Beschäftigten

Schwerbehinderte Beschäftigte können sich sowohl an die Vertrauensperson als auch an die MAV selbst wenden. In der Regel ist die Hinzuziehung beider Instanzen empfehlenswert. Bei Einsichtnahme in ihre → **Personalakte** können schwerbehinderte Menschen die Vertrauensperson (genauso wie die MAV) hinzuziehen (§ 178 Abs. 3 SGB IX i. V. m. § 51 MVG).
Damit die Schutzrechte des SGB IX Wirkung entfalten können, haben die schwerbehinderten Beschäftigten gegenüber dem Arbeitgeber eine Darlegungs- und Beweispflicht über ihre Schwerbehinderteneigenschaft. Der Nachweis ist mit dem entsprechenden Bescheid des Versorgungsamts zu führen. Solange dies nicht erfolgt ist, darf der Arbeitgeber davon ausgehen, dass die Mitarbeiterin

nicht schwerbehindert ist. Dies ist insbesondere bedeutsam für den Kündigungsschutz von schwerbehinderten Menschen (s. o.).
Wird die Frage nach der Schwerbehinderteneigenschaft in einem → **Personalfragebogen** nicht wahrheitsgemäß beantwortet, kann der Arbeitgeber seinen Schutzpflichten gegenüber schwerbehinderten Menschen nicht nachkommen. Wird die Frage wahrheitswidrig verneint und der schwerbehinderte Mensch eingestellt, hat der Arbeitgeber das Recht zur Anfechtung des Arbeitsvertrags, jedenfalls dann, wenn die Schwerbehinderteneigenschaft für die Ausübung der Tätigkeit von Bedeutung ist (BAG v. 11.11.1993 – 2 AZR 467/93).
Natürlich haben auch schwerbehinderte Beschäftigte einen individualrechtlichen Anspruch auf die Durchführung von Gefährdungsbeurteilungen (§ 5 ArbSchG; § 618 BGB). Wie bereits erläutert, ist hier eine gesonderte Gefährdungsbeurteilung durchzuführen, nämlich die sog. »Inkludierte Gefährdungsbeurteilung« (s. o.).
Der Vollständigkeit halber sei erwähnt, dass schwerbehinderte Menschen einen Steuerfreibetrag auf ihrer Lohnsteuerkarte eintragen lassen können; die Höhe ist abhängig vom Grad der Behinderung. Schwerbehinderte Menschen haben bereits zwei Jahre früher als andere Arbeitnehmer Anspruch auf ungekürzte Rente (§§ 37 und 236a SGB VI; ab dem 60. Lebensjahr mit entsprechenden Abschlägen). Weitere Voraussetzung: Erfüllung der Wartezeit von 35 Jahren. Allerdings wird die Altersgrenze für eine abschlagsfreie Altersrente für schwerbehinderte Menschen für die Jahrgänge ab 1952 stufenweise vom 63. auf das 65. Lebensjahr angehoben. Die Möglichkeit einer vorzeitigen Inanspruchnahme besteht weiterhin, die Anhebung erfolgt hier vom 60. auf das 62. Lebensjahr, so dass ein maximaler Abschlag in Höhe von 10,8 % der ungekürzten Rente erfolgt.

Literaturhinweis

- *Conrad-Giese, Maren/Eberhardt, Beate/Feldes, Werner/Hindersmann, Nils/Mai, Ingrid/Ramm, Diana/Ritz, Hans-Günther*: Tipps für die Vertretung von Menschen mit Behinderungen. Aufgaben – Rechte – Kompetenzen, 4. Auflage, Frankfurt/Main 2023.
- *Feldes, Werner/Helbig, Silvia/Hüther, Sabine/Krämer, Bettina/Kuntz, Frauke/Mittel, Kathrin/Rehwald, Rainer/Tatzky, Hannah/Westermann, Bernd:* Schwerbehindertenrecht. Basiskommentar zum SGB IX mit Wahlordnung, 17. Auflage, Frankfurt/Main 2024.
- *Feldes, Werner/Gilsbach, Anna/Jansen, Christiane/Köhler, Christian/Klabunde, Rolf/Künsemüller, Petra/Ramm, Diana/Ritz, Hans-Jürgen/Schmidt, Jürgen/Weidner, Anne:* Die Praxis der Schwerbehindertenvertretung von A bis Z. Das

Lexikon für die Interessenvertretung schwerbehinderter Menschen, 8. Auflage, Frankfurt/Main 2023.

- *Feldes, Werner/Kohte, Wolfhard/Stevens-Bartol, Eckart:* SGB IX. Rehabilitation und Teilhabe behinderter Menschen – Kommentar für die Praxis, 5. Auflage, Frankfurt/Main 2023.
- *Schwerbehindertenrecht und Inklusion*. Informationsdienst für Schwerbehindertenvertreter, Betriebs- und Personalräte. 12 Ausgaben/Jahr, Bund-Verlag Frankfurt/Main.
- Literatur zum Thema Inklusion im Betrieb, u. a. auch zu Inklusionsvereinbarungen unter: *https://www.rehadat-literatur.de/literatur/arbeit-und-beschaeftigung/betriebliche-inklusion/* (abgerufen am 14. 8. 2024)
- Weitere Links: *https://www.bih.de/integrationsaemter/*, *https://www.ifd-bw.de/* (Integrationsfachdienst), *www.vdk.de*, *www.bmas.de*, *www.verdi.de*.

Selbstverwaltungsrecht der Kirchen

Was ist das?

Das kirchliche Selbstverwaltungsrecht ergibt sich aus **Art. 140 GG**, der wiederum auf die Art. 136–139 und 141 der **Weimarer Reichsverfassung** (WRV) verweist. In Art. 137 WRV ist ausgeführt: »Es besteht keine Staatskirche (…) Jede Religionsgesellschaft ordnet und verwaltet ihre Angelegenheiten selbständig innerhalb der Schranken des für alle geltenden Gesetzes«. Das Grundgesetz bringt damit einerseits die Trennung von Staat und Kirche zum Ausdruck, betont aber auch, dass Staat und Kirche keine zwei voneinander unabhängigen Bereiche sind.
Die in Art. 4 GG garantierte **Religionsfreiheit** geht nach herrschender Rechtsmeinung über die individuelle Religionsfreiheit hinaus. Sie gewährleistet auch, dass die Kirchen über ihr religiöses Leben und Wirken frei entscheiden können. Zur Religionsausübung gehöre auch das Recht auf eigene Festlegung von Organisation und Verwaltung der Kirchen.

Zur Geschichte des Selbstverwaltungsrechts der Kirchen in Deutschland
Bis 1919 gab es in Deutschland keine Trennung von Staat und Kirche. Bis zum Ende des Kaisertums hatten die feudalen Landesherrscher das Recht, über die Besetzung der Pfarr- und Bischofsämter zu entscheiden oder waren zum Teil selbst oberste Herren der Kirche. So war der preußische König, in Personalunion auch deutscher Kaiser, bis zu seiner Abdankung 1918 zugleich das höchste evangelische Kirchenoberhaupt seines Landes. Mit der Einführung der Weimarer Verfassung 1919 wurde die Trennung von Kirche und Staat eingeführt, was für die damalige Zeit ein großer Fortschritt war. Das **Selbstverwaltungsrecht** der Kirche nach der Weimarer Verfassung zielte auf die Unabhängigkeit vom Staat und sie gestand den Kirchen ein Selbstverwaltungsrecht in ihren eigenen Angelegenheiten zu. Weitergehende Sonderrechte wurden der Kirche nicht zugewiesen. In dem Betriebsrätegesetz von 1920 gab es keine Sonderregelung für die Kirchen. Die karitativen und erzieherischen Einrichtungen der Kirchen fielen nach damaligem Verständnis eindeutig unter das Betriebsrätegesetz. Im Jahr 1920 wurde in Bethel ein Betriebsrat gewählt. Für die kirchlich Beschäftigten galt auch unein-

geschränkt das → **Streikrecht**. So streikten im Jahr 1920 die Friedhofsarbeiter in Hamburg für 22 Tage. Den ersten Tarifvertrag gab es bereits 1919 mit der Berliner Stadtsynode und den Friedhofsarbeitern.
Die Kirchen forderten in der Weimarer Republik für sich keine Sonderrechte. Der heute von kirchlichen Arbeitgebern benutzte Begriff der →**Dienstgemeinschaft** kommt im kirchlichen Selbstverständnis bis 1930 nicht vor. Die Formulierung der Dienstgemeinschaft entstammt dem Arbeitsrecht des nationalsozialistischen Staats der 1930er Jahre und wurde dann in den 1950er Jahren kirchlich umfunktioniert.
»Deutschland war 1945 diskreditiert. Das betraf auch einen Teil der Kirchen: Die Deutschen Christen z. B. waren eine rassistische, antisemitische und am Führerprinzip orientierte Strömung im deutschen Protestantismus, die diesen von 1932 bis 1945 an die Ideologie des Nationalsozialismus angleichen wollte. Nach dem Nationalsozialismus sah man in den Kirchen gleichwohl moralische Institutionen, die Integrität versprachen. Die Förderung der Kirchen wurde zur öffentlichen Aufgabe. Das Grundgesetz garantiert den Religionsgemeinschaften, ihre eigenen Angelegenheiten selbstständig innerhalb der Schranken des für alle geltenden Gesetzes zu ordnen und zu verwalten.« (Peter Stein). In der jungen Bundesrepublik betrieb die Kirche eine intensive Lobbyarbeit bei der Adenauer-Regierung. Sie erreicht schließlich, dass die Kirchen nicht unter das **Betriebsverfassungsgesetz** und das Bundespersonalvertretungsgesetz fallen. In § 118 BetrVG wurde der so genannte Tendenzschutz aufgenommen. In Absatz 2 heißt es: *»Dieses Gesetz findet keine Anwendung auf Religionsgemeinschaften und ihre karitativen und erzieherischen Einrichtungen unbeschadet der Rechtsform«*. In den Gesprächen mit der Regierung hatten die Kirchen zugesichert, dass sie mit dieser Ausnahmeregelung keinesfalls auf schlechtere Bedingungen für ihre Beschäftigten abziele. Die Kirchenkanzlei der EKD gab in einem Brief vom 12. 6. 1950 die Zusage, dass *»die Kirche hierbei allen berechtigten sozialen Anforderungen gegenüber den bei ihr Beschäftigten in vollem Umfang nachkommt.«*
Die **Schranken des kirchlichen Selbstverwaltungsrechts** werden im Rahmen einer Güter- und Interessenabwägung ermittelt. In den jeweiligen Einzelfällen stehen die **Rechte und Grundrechte der Arbeitnehmer** dem Interesse der Kirche nach möglichst weitgehender Auslegung ihres Selbstverwaltungsrechts gegenüber. In diesem **Spannungsverhältnis** bleibt es Aufgabe der Gerichte und in grundsätzlichen Fragen letztlich des Bundesverfassungsgerichtes, die Abwägung im jeweiligen Einzelfall vorzunehmen.
Nach der Rechtsprechung des Bundesverfassungsgerichts erstreckt sich der Begriff der Religionsgemeinschaft nach Artikel 137 WRV auch auf Einrichtungen der **Diakonie** und der **Caritas.** Das kirchliche Selbstbestimmungsrecht bezieht sich »auf alle der Kirche in bestimmter Weise zugeordneten Einrichtungen ohne Rücksicht auf ihre Rechtsform, wenn sie nach kirchlichem Selbstverständnis

ihrem Zweck oder ihrer Aufgabe entsprechend berufen sind, ein Stück Auftrag der Kirche in dieser Welt wahrzunehmen und zu erfüllen« BVerfG 46, 73).
Die Bildung des → **Arbeitgeberverbands** VdDD hat zu einer wesentlichen Richtungsänderung insbesondere der großen diakonischen Einrichtungen geführt. Diakonie verstand sich immer als »Wesensäußerung der Kirche«. Durch die eigenständige Organisation der sich selbst so bezeichnenden »Unternehmensdiakonie« wird die Anbindung an die verfasste Kirche immer loser oder ist teilweise nur noch Geschichte. Bei vielen Mitarbeitern in der »Unternehmensdiakonie« entsteht der Eindruck, dass ihre Einrichtungen nur noch deshalb Mitglied im Diakonischen Werk sind, damit die Arbeitgeber das für sie sehr günstige kirchliche Arbeitsrecht zur Personalkostensenkung nutzen können. Letztendlich macht die Unternehmensdiakonie den ursprünglichen Gedanken der Diakonie als Wesensäußerung der Kirche unglaubwürdig.

Die EU-Richtlinien setzen den Kirchen neue Grenzen
Das **Gemeinschaftsrecht der Europäischen Union** hat in den letzten Jahren für die kirchlichen Arbeitnehmer immer mehr an Bedeutung gewonnen (→ **Europäisches Arbeitsrecht**). Die verfassungsrechtliche Sonderstellung der Kirchen in Deutschland ist innerhalb Europas einmalig. Die Kirchen in Deutschland kommen in zwei wesentlichen Bereichen immer mehr in Bedrängnis. Einerseits ist es unbestritten, dass die Richtlinien der EU, soweit in diesen keine explizite Ausnahmeregelung vorgesehen sind, auch in den Kirchen und ihren Einrichtungen Anwendung finden. Als Beispiel sei nur die Richtlinie der EU zum Betriebsübergang erwähnt, die den Arbeitnehmervertretungen weitgehende Informations- und Konsultationsrechte einräumt. Andererseits sehen sich die großen Einrichtungen der Diakonie und Caritas verstärkt kritischen Fragen der privaten in- und ausländischen Konkurrenz in ihren jeweiligen Betätigungsbereichen ausgesetzt, die argwöhnt, die kirchlichen Einrichtungen verschaffen sich durch ihre in Deutschland verfassungsrechtlich geregelte Sonderstellung einen unlauteren Konkurrenzvorteil.
Die **Richtlinie der EU zur Gleichbehandlung der Beschäftigten** (RL 2000/78/EG) ist die maßgebliche Richtlinie für die Rechte bzw. Sonderrechte der Kirchen und der Ausgestaltung des von den Kirchen beanspruchten Selbstverwaltungsrechts. Die Richtlinie legt fest, »wonach eine Ungleichbehandlung wegen der Religion oder Weltanschauung einer Person keine Diskriminierung darstellt, wenn die Religion oder die Weltanschauung dieser Person nach der Art dieser Tätigkeiten oder der Umstände ihrer Ausübung **eine wesentliche, rechtmäßige und gerechtfertigte berufliche Anforderung** angesichts des Ethos der Organisation darstellt« (Art. 4).
Demnach können verschiedene Beschäftigtengruppen unterschiedlich von den Kirchen behandelt werden, allerdings ist die Verhältnismäßigkeit zu beachten.

Den Mitgliedsstaaten ist grundsätzlich erlaubt, Sonderregelungen für Ungleichbehandlungen im Bereich der Kirchen und ihrer Einrichtungen zu schaffen.
Erst im Jahr 2006 setzte Deutschland diese Richtlinie mit dem →Allgemeinen Gleichbehandlungsgesetz (AGG) in nationales Recht um. Das AGG setzt allerdings die Richtlinie der EU nur unvollständig um. In § 9 Abs. 1 des AGG findet sich die abweichende Formulierung, dass die Ungleichbehandlung zulässig ist, »wenn eine bestimmte Religion unter Beachtung des Selbstverständnisses der jeweiligen Religionsgemeinschaft im Hinblick auf ihr **Selbstbestimmungsrecht** oder nach Art der Tätigkeit eine gerechtfertigte berufliche Anforderung darstellt.« Entscheidend in der Formulierung ist das Wort »oder« zusammen mit dem vorgenannten Begriff des »Selbstbestimmungsrechts«. Der Begriff des Selbstbestimmungsrechts kommt in der EU-Richtlinie nicht vor und bezieht sich im AGG auf die deutsche »Rechtstradition«.
Das AGG weist in dieser Formulierung den Kirchen »im Hinblick auf ihr Selbstbestimmungsrecht« das Recht zu, die beruflichen Anforderungen zu formulieren. Anders die EU-Richtlinie. Die Möglichkeit der Kirchen, die beruflichen Anforderungen selbst zu bestimmen werden wesentlich eingeschränkt: »Die RL verlangt, dass eine Anforderung bezogen auf die konkrete Tätigkeit wesentlich zu sein hat. Zielrichtung dessen ist auch, unverhältnismäßige Anforderungen in Bezug auf die konkrete berufliche Tätigkeit auszuschließen. Die Ungleichbehandlung ist nach der Art dieser Tätigkeiten nur zulässig, wenn sie eine wesentliche, rechtmäßige und gerechtfertigte berufliche Anforderung angesichts des Ethos der Organisation darstellt. Das bedeutet zugleich, **dass nicht das Ethos der Organisation unbeschränkt und unüberprüfbar weit reichen kann**, sondern die Wesentlichkeit der Anforderung in Bezug auf die konkrete berufliche Tätigkeit gerichtlich überprüfbar sein muss«. (Stein)
Die Rechtsprechung des EuGH folgt dieser Linie in den von deutschen Gerichten vorgelegten Streitfällen und legt der Begriff der wesentlichen, rechtmäßigen und gerechtfertigten beruflichen Anforderungen sehr eng aus.

Der Europäische Gerichtshof schränkt das Selbstverwaltungsrecht der Kirchen ein

Nach dem EU-Recht kann den nationalen Gerichten in einem **Vorabentscheidungsverfahren** die Möglichkeit gegeben werden, dem Europäischen Gerichtshof (EuGH) Fragen in Bezug auf die Auslegung des Europarechts vorzulegen. Die Entscheidungen sind für die Gerichte der Mitgliedstaaten bindend. In zwei wichtigen Urteilen hat der Europäische Gerichtshof (EuGH) bereits den Spielraum der Kirchen in Deutschland in Bezug auf das Arbeitsrecht stark begrenzt.
Im ersten Fall musste ein katholisches Krankenhaus die Kündigung des Chefarztes zurücknehmen. Er war gekündigt worden, weil er nach Ansicht der Kirche gegen seine Loyalitätspflichten verstoßen habe, nachdem er sich scheiden ließ

und eine neue Frau heiratete. Der EuGH stellte fest, dass die Wiederverheiratung des Chefarztes keine wirksam vereinbarte Loyalitätspflicht verletzt habe. Die Vereinbarung im Dienstvertrag des Chefarztes, die Bezug nimmt auf die katholische Grundordnung und das Leben in kirchlich ungültiger Ehe als schwerwiegenden Loyalitätsverstoß bestimmt, ist unwirksam. Diese Regelung benachteilige den klagenden Chefarzt gegenüber den nicht der katholischen Kirche angehörenden leitenden Mitarbeitern wegen seiner Religionszugehörigkeit.
In einem weiteren Grundsatzurteil hat der EuGH ebenfalls die Grenzen für die Kirchen eng gezogen, unter welchen Voraussetzungen von Stellenbewerbern das Bekenntnis zu einer christlichen Religionsgemeinschaft verlangt werden kann. Im Fall »Egenberger« hatte sich eine konfessionslose Sozialwissenschaftlerin beim Evangelischen Werk für Diakonie und Entwicklung beworben, um einen Bericht zur UN-Anti-Rassismus-Konvention zu verfassen. Die Diakonie machte eine Kirchenmitgliedschaft zur Voraussetzung für die Besetzung der Stelle, lehnte die Bewerberin ab und lud sie nicht einmal zum Bewerbungsgespräch ein. Nach Ansicht des EuGH ist die abgelehnte Bewerberin ungerechtfertigt benachteiligt worden. Der EuGH vertritt die Auffassung, dass die autonome Entscheidung des kirchlichen Arbeitgebers, eine Stelle mit einem Christen zu besetzen, dem europäischen Recht nicht genügt. Die geforderte Religionszugehörigkeit muss nach der Art der Tätigkeit eine wesentliche und gerechtfertigte Anforderung angesichts des Ethos der Einrichtung darstellen
Auf Grundlage der Entscheidungen des EuGH hat das Bundesarbeitsgericht (BAG) anschließend die beiden Fälle endgültig entschieden. Der nicht eingeladenen konfessionslosen Sozialwissenschaftlerin wurde eine Entschädigung nach dem Allgemeinen Gleichstellungsgesetz (AGG) zugesprochen (Urt. v. 25. 10. 2018 – 8 AZR 501/14). Auch die Kündigung des neu verheirateten Chefarztes sei rechtswidrig gewesen (Urt. v. vom 20. 2. 2019 – 2 AZR 746/14).

Die EU kippt die »herrschende juristische Meinung« zum Recht der Kirchen

Die letzten Urteile des BAG, die auf Grund der Antwort des angefragten EuGH gesprochen wurden, bedeuten eine entscheidende Änderung in der Rechtsprechung zur Auslegung des Selbstverwaltungsrechts der Kirchen. Bisher ging die »herrschende juristische Meinung« davon aus, dass es alleinige Aufgabe der Kirchen sei, die Loyalitätsanforderungen an ihre Mitarbeiter zu formulieren. Die frühere Rechtsprechung des BAG hatte das Selbstverwaltungsrecht der Kirchen maßlos ausgedehnt. So wurde die Kündigung eine Anstreichers in einem katholischen Krankenhaus, weil er eine kirchlich ungültige Ehe schloss, vom BAG für rechtens erklärt (BAG 31. 1. 1956). Diese Rechtsauslegung liest sich nach den Entscheidungen des EuGH wie aus einer anderen Zeit.

In kritischen juristischen Kreisen wird seit langem die »herrschende juristische Meinung« zum kirchlichen Selbstverwaltungsrecht in Frage gestellt. Das in der Weimarer Verfassung unter dem Aspekt der Trennung von Staat und Kirche eingeführte Selbstverwaltungsrecht der Kirchen, wurde in der Bundesrepublik nach 1949 zu einem **»Selbstbestimmungsrecht«** hochstilisiert und den Kirchen in arbeitsrechtlichen Angelegenheiten eine Autonomie zugewiesen, die nicht von den staatlichen Gerichten überprüft werden darf. **Diese Rechtsposition ist nicht mehr haltbar.** Kritiker weisen darauf hin, dass die bisherige »herrschende Meinung« zum kirchlichen Selbstverwaltungsrecht und Arbeitsrecht von ein paar Handvoll Kirchenjuristen und Lehrstuhlinhabern gebildet wird, die sich gegenseitig immer wieder zitieren und so ein »Zitierkartell« gebildet haben. Diese Zitierkartelle hatten großen Einfluss auf die deutsche juristische Fachliteratur und damit auch auf die ständige Rechtsprechung.

Doch der europäische Blick von außen auf Deutschland lässt die hier herrschende juristische Meinung immer sonderbarer erscheinen. Der EuGH hat in seiner Entscheidung vom 17.4.2018 zum Fall Egenberger folgende, eine sprachlich etwas umständliche, aber für die »herrschende juristische Meinung« sehr ernüchternde Formulierung getroffen: »Folglich darf ein nationales Gericht nicht davon ausgehen, dass es eine nationale Vorschrift nicht im Einklang mit dem Unionsrecht auslegen könne, nur weil sie in ständiger Rechtsprechung in einem nicht mit dem Unionsrecht vereinbarten Sinne ausgelegt worden ist.«

Bereits 2008 hatte die europäische Kommission in einem Schreiben an die Bundesregierung die unzureichende Umsetzung der europarechtlichen Vorgaben im AGG (v.a. § 9 Abs. 1) kritisiert. Die Bundesregierung antwortete daraufhin: »Vielmehr ist eine berufliche Anforderung nur dann nach § 9 Abs. 1 AGG gerechtfertigt, wenn sie im konkreten Fall auch wesentlich, rechtmäßig und gerechtfertigt im Sinne von Art. 4 Abs. 2 der Richtlinie ist.« **Das BAG ist nun gehalten, die Regelungen des deutschen AGG europarechtskonform auszulegen.** → Mitarbeitsrichtlinie

Bedeutung für die MAV

Auf der Grundlage des grundgesetzlich normierten Selbstverwaltungsrechts, das die Kirchen gerne in »Selbstbestimmungsrecht« umbenennen, erwirkten sie in der jungen Bundesrepublik durch intensive Lobbyarbeit gesetzliche Sonderregelungen. Der so genannte **Tendenzschutzparagraf** § 118 BetrVG nimmt die Religionsgemeinschaften und ihre karitativen Einrichtungen ausdrücklich aus dem Geltungsbereich dieses Gesetzes heraus. In § 122 BPersVG sind entsprechende

Bestimmungen für den Bereich der Personalvertretungen geregelt (→ **Tendenzschutz**).
Die Koalitionsfreiheit nach Artikel 9 Abs. 3 GG sichert das Grundrecht der Arbeitnehmer auf freie gewerkschaftliche Betätigung. Dieses Grundrecht ist ein für »alle geltendes Gesetz« und muss von den kirchlichen Arbeitgebern akzeptiert werden. Das so genannte Zugangsrecht der → **Gewerkschaften** in kirchliche Einrichtungen war lange umstritten. Das **Zugangsrecht externer Gewerkschaftsfunktionäre** wurde vom Bundesverfassungsgericht 1981 zwar verneint (sog. Volmarsteiner Urteil), es hat aber dagegen ausdrücklich das Recht auf gewerkschaftliche Betätigung der im Betrieb beschäftigten kirchlichen Arbeitnehmer hervorgehoben. Natürlich bedeutete dies auch eine Schwächung der MAVen, deren Unterstützung durch die Gewerkschaft deshalb eingeschränkt wurde. Die neue Rechtsprechung des BAG, die auch die Mitgliederwerbung der Gewerkschaften den grundgesetzlich geschützten Rechten zuordnet, rückt deutlich von den im Volmarsteiner Urteil vertretenden Rechtspositionen ab.
Noch lange pochten die Kirchen auf ihr »Selbstbestimmungsrecht« und wollten den freien Zugang von externen Gewerkschaftssekretären in kirchliche Einrichtungen weiter verbieten lassen und riefen im Jahr 2012 deswegen das Bundesverfassungsgericht an. Wenige Tage vor Verhandlungsbeginn Anfang Dezember 2012 (kurz nach der Entscheidung zum Streikrecht und der Bestätigung der koalitionsmäßigen Rechte der Gewerkschaft durch das BAG am 20. 11. 2012) zog die Kirche in Erwartung einer Niederlage die Klage zurück und erklärte, sie erkenne das Zugangsrecht nun an. In dem kurz vorher ergangenen Urteil des BAG hat dieses ausdrücklich das Recht der Gewerkschaft auf koalitionsmäßige Betätigung in kirchlichen Einrichtungen betont (→ **Streikrecht**).
Beim **Kollektivrecht** lehnen die kirchlichen Arbeitgeber zum überwiegenden Teil den Abschluss von → **Tarifverträgen** ab und verweisen darauf, dass der Gedanke von Interessensgegensätzen und Arbeitskampf dem Begriff der → **Dienstgemeinschaft** fremd sei (s. auch → **Streikrecht**).
Auch für die kollektive Interessenvertretung der Arbeitnehmer im Betrieb hat die Kirche durch eigene **Mitarbeitervertretungsgesetze** versucht, einen Gegenpunkt zum Betriebsverfassungsgesetz und dem Bundespersonalvertretungsgesetz zu setzen. Die Mitarbeitervertretungen werden ausdrücklich auf die → **Dienstgemeinschaft** verpflichtet. Weshalb aber die Mitarbeitervertretungen von der wirtschaftlichen Mitbestimmung (z. B. Beteiligung in Aufsichtsräten und die Bildung von Wirtschaftsausschüssen sowie einzelne weitergehende Mitbestimmungsrechte in wirtschaftlichen und organisatorischen Angelegenheiten im Betriebsverfassungsgesetz und einigen Länderpersonalvertretungsgesetzen) weitgehend ausgeschlossen werden, ist dem patriarchalischen Gedanken der Dienstgemeinschaft geschuldet. Auch die Mitbestimmungsrechte der MAVen, insbesondere die überformalisierten Vorschriften beim Verfahren fallen weit

hinter das BetrVG zurück (→ **MVG**). Im Bereich des Mitarbeitervertretungsrechts bestehen die Kirchen darauf, dass in Streitfällen nicht die Arbeitsgerichte, sondern eigene kirchliche Schlichtungsstellen bzw. Kirchengerichte zuständig sind.

Bedeutung für die Beschäftigten

Im **Arbeitsverhältnis** der Beschäftigten mit ihrem kirchlichen Arbeitgeber gilt grundsätzlich das Recht zwischen bürgerlichen Personen (insbesondere die Bestimmungen aus dem Bürgerlichen Gesetzbuch) sowie die Rechtsweggarantie nach Artikel 19 Abs. 4 GG. Hieraus ergibt sich unter anderem das Recht jedes kirchlichen Arbeitnehmers in arbeitsrechtlichen Streitigkeiten, die das Individualrecht betreffen, das Arbeitsgericht anzurufen. Kirchliche Einrichtungen leiten aus ihrem Selbstverständnis besondere Arbeitnehmerpflichten ab. Das Bundesverfassungsgericht hatte in der Vergangenheit entschieden, dass ein Austritt aus der Kirche ein Grund zur außerordentlichen Kündigung des Arbeitsverhältnisses sein kann. Die Rechtsprechung von deutschen Gerichten zum Arbeitsrecht der Kirchen gerät in den letzten Jahren immer mehr in Widerspruch zu Urteilen des Europäischen Gerichtshofs. So entschied auch das BAG nach vorherigen Entscheidungen des EuGH, dass die Kirchen nicht mehr autonom über die **Einstellungskriterien** und die **Loyalitätspflichten** der Bewerber bzw. der Mitarbeiter entscheiden können, sondern dass diese Anforderungen objektiv erforderlich und angemessen sein müssen und von Gerichten überprüft werden können.
Die Kirchen und ihre diakonischen und karitativen Einrichtungen sind nun gezwungen, ihre Einstellungskriterien und Anforderungsprofile an die Mitarbeiter grundlegend zu ändern. Eine vorher übliche Praxis der Stellenausschreibung, dass generell von den Bewerbern eine Kirchenmitgliedschaft vorausgesetzt wird, ist nicht mehr zulässig, da sie gegen das vom EuGH angeführte Diskriminierungsverbot verstößt. Wie oben beschrieben, hat die EKD mit der **Mitarbeitsrichtlinie** auf die Rechtsprechung und die EU-Richtlinien reagiert. Sie birgt allerdings für die Rechte der Mitarbeiter erhebliche Gefahren für das Eingehen eines diskriminierungsfreien Arbeitsverhältnisses. Wird das AGG verletzt, kann der potenzielle Mitarbeiter einen Schadensersatzanspruch geltend machen, § 15 AGG. Es kommen außerdem materielle und immaterielle Schadensersatzansprüche in Betracht. Zu beachten ist, dass der Anspruch innerhalb einer Frist von 2 Monaten geltend gemacht werden muss.
Die **katholische Kirche** hat damals erklärt, dass sie gegen das Urteil des BAG zum Düsseldorfer Chefarzt keine Verfassungsbeschwerde einlegt. Anders die

Diakonie: statt ihr Arbeitsrecht grundlegend zu reformieren, lässt sich Diakoniepräsident Ulrich Lilie in einer Richterschelte aus. Er beschwert sich, dass *»zunehmend säkular sozialisierte Richterinnen und Richter (…) über keine theologische, kirchliche oder diakonische ›Feldkompetenz‹ verfügen«*. Daher seien sie nicht geeignet, »arbeitsrechtliche Richtlinien für die Einstellungspraxis der Kirchen« festzulegen (zeitzeichen 5/2019). Der Theologieprofessor Hartmut Kreß nennt diese Misstrauenserklärung eines kirchlichen Amtsträgers an den Rechtsstaat »sehr befremdlich«.

Literaturhinweis

- *Busch, Sebastian:* Lang erwartet: EuGH entscheidet Grundsatzfragen der Einstellungspraxis kirchlicher Träger, in: Arbeitsrecht und Kirche 2/2018.
- *Hammer, Ulrich:* Handbuch Kirchliches Arbeitsrecht, Frankfurt 2002.
- *Kreß, Hartmut:* Kirchliches Recht in der Defensive, in: zeitzeichen 7/2019.
- *Richardi, Reinhard:* Arbeitsrecht in der Kirche, 9. Auflage, München 2024.
- *Schatz, Susanne:* Arbeitswelt Kirche, Mitbestimmung und Arbeitsbeziehungen kirchlicher Beschäftigter in der Weimarer Republik, Frankfurt 1999.
- *Stein, Peter:* Kirchliches Arbeitsrecht im Umbruch, in: Arbeit und Recht 4/2019.
- *Stein, Peter:* Das kirchliche Selbstbestimmungsrecht im Arbeitsrecht und seine Grenzen, *www.hugo-sinzheimer-institut.de/faust-detail.htm?sync_id=HBS-008510*
- Gute Arbeit braucht mehr Demokratie, Kirchen-Info Nr. 24, Hrsg. ver.di, *https://gesundheit-soziales.verdi.de/service/publikationen/++co++c7880316-bb34-11e6-8e53-525400940f89*

Sexuelle Belästigung am Arbeitsplatz

Was ist das?

Zwei Drittel aller berufstätigen Frauen bestätigen, dass sie – mindestens einmal – am Arbeitsplatz sexuell belästigt worden sind. Zu diesem Ergebnis kommt eine Studie der Sozialforschungsstelle Dortmund, die im Auftrag des Bundesfrauenministeriums erstellt worden ist. Zeit ONLINE meldete am 28. Oktober 2017, dass nach einer repräsentativen Umfrage rund die Hälfte aller Frauen schon einmal sexuell belästigt wurde. Die Antidiskriminierungsstelle des Bundes veröffentlichte 2019 eine Studie, die belegte, dass rund 11 % aller Fauen in den letzten drei Jahren am Arbeitsplatz sexuell belästigt wurden. Sexuelle Belästigung – das kann *frau* damit leider ohne Übertreibung behaupten – gehört zur Alltagserfahrung von Frauen. Über die **Definition** der sexuellen Belästigung wird, je nach Standpunkt, heftig gestritten. Ein anzüglicher Witz, ein Pfiff oder ein Kommentar über Kleidung und Aussehen habe doch – so die Meinung vieler (vor allem Männer) – mit sexueller Belästigung nichts zu tun. Nicht nur aufgrund der »me too-Bewegung« setzt langsam eine Bewusstseinsänderung ein. Ausschlaggebend ist aber nicht, wie der eine oder andere Mann ein Verhalten einschätzt, sondern wie das Verhalten bei der betroffnen Person ankommt. Um es deutlich zu machen: Unerwünschte oder ungefragte Bemerkungen sexuellen Inhalts, körperliche Berührungen, Aufdrängen sexueller Handlungen, unerwünschte Einladungen mit eindeutigen Inhalten, das Zeigen pornografischer Darstellungen, Androhung beruflicher Nachteile bei sexueller Verweigerung bzw. Versprechen von beruflichen Vorteilen bei sexuellem Entgegenkommen bis hin zu Vergewaltigung haben weder im privaten noch im dienstlichen Bereich etwas zu suchen. Auf die Intensität der sexuellen Belästigung kommt es dabei nicht an, eine sexuelle Belästigung bleibt eine sexuelle Belästigung.
Eine allgemeine Definition von sexueller Belästigung liefert das Gesetz zum Übereinkommen Nr. 190 der Internationalen Arbeitsorganisation (ILO) vom 21. Juni 2019 über die Beseitigung von Gewalt und Belästigung in der Arbeitswelt. Dem Übereinkommen ist die Bundesrepublik Deutschland erst kürzlich

beigetreten, nämlich durch Verabschiedung des Gesetzes im Bundestag und im Bundesrat. Es wurde am 30.5.2023 im Bundesanzeiger veröffentlicht.
In dem Übereinkommen wird Gewalt und Belästigung in der Arbeitswelt beschrieben als »eine Bandbreite von inakzeptablen Verhaltensweisen und Praktiken oder deren Androhung, gleich ob es sich um ein einmaliges oder ein wiederholtes Vorkommnis handelt, die auf physischen, psychischen, sexuellen oder wirtschaftlichen Schaden abzielen, diesen zur Folge haben oder wahrscheinlich zur Folge haben, und umfasst auch geschlechtsspezifische Gewalt und Belästigung« (Artikel 1 des Übereinkommens).
Bereits seit 1994 wurde durch den Gesetzgeber mit dem Gesetz zum Schutz der Beschäftigten vor sexueller Belästigung am Arbeitsplatz (Beschäftigtenschutzgesetz) ein erster Schritt zur rechtlichen Verpflichtung der Arbeitgeber getan, dieses Thema ernst zu nehmen. Mit dem **Allgemeinen Gleichbehandlungsgesetz** (AGG), das zum 18. August 2006 rechtswirksam wurde, ist das Gesetz zum Schutz der Beschäftigten vor sexueller Belästigung am Arbeitsplatz (Beschäftigtenschutzgesetz) außer Kraft getreten.
Nach dem AGG ist der Arbeitgeber verpflichtet, die Beschäftigten vor sexuellen Belästigungen zu schützen. Belästigungen können am Arbeitsplatz, in Kantinen, Pausenräumen, Parkplätzen, Lagerräumen, Kellern, Treppenhäusern, Fluren, auf Veranstaltungen, beim Betriebsausflug und auf Betriebsfeiern wie Weihnachts- oder Faschingsfeier sowie bei Dienstreisen stattfinden. Problematisch bzw. begünstigend sind Abhängigkeitsverhältnisse und Hierarchien. Auch das Arbeitsverhältnis ist ein hierarchiegeprägtes Abhängigkeitsverhältnis. Aber auch Frauen, die in Konkurrenz zu Männern stehen, können betroffen sein. Das heißt, dass sexuelle Belästigung auch gezielt als Mittel zur Diskriminierung, Demütigung, Unterdrückung und Machtausübung eingesetzt werden kann.
Die Folgen sexueller Belästigung können sein: Schamgefühle, Angstzustände, Schlafstörungen, Alpträume, Essstörungen bis hin zu Arbeitsunfähigkeit und Selbstmord. Der Arbeitgeber ist schon aufgrund seiner → **Fürsorgepflicht** gehalten, ein Betriebsklima zu schaffen, das Strukturen auflöst und unterbindet, die sexuelle Belästigung begünstigen.

Hinweise für Betroffene:

- Nehmen Sie Ihre Empfindungen ernst und werden Sie sich klar, dass es sich um eine Belästigung handelt.
- Wenn irgendwie möglich, sollten Sie unmittelbar nach einem derartigen Vorfall diesen energisch und deutlich zurückweisen. Drohen Sie damit, sich zu beschweren und den Angriff öffentlich zu machen. Sie können auch mit etwas zeitlicher Verzögerung schriftlich reagieren. Bleiben Sie darin sachlich und detailliert und zeigen Sie die Konsequenzen bei Wiederholung auf.

- Machen Sie sich Aufzeichnungen. Diese können Sie mit einer eidesstattlichen Erklärung bei einem Rechtsanwalt hinterlegen für eine spätere Beschwerde.
- Informieren Sie Ihren Arbeitgeber und/oder die Mitarbeitervertretung.
- Hilfe und Beratung erhalten Sie auch bei Ihrer zuständigen Gewerkschaft.
- Wenden Sie sich an die Gleichstellungs- oder Frauenbeauftragte Ihrer Dienststelle.
- Schalten Sie auch Ihre direkten Vorgesetzten ein.
- Sagen Sie Ihrem Kollegen ein klares, deutliches »Nein«.
- Die Beschwerden sind von den Führungskräften zu prüfen und das Ergebnis der Betroffenen mitzuteilen.
- Gegebenenfalls besteht Anspruch auf Entschädigung und auf Schadensersatz. Dies ist insbesondere dann der Fall, wenn aufgrund der Belästigung ein gesundheitlicher Schaden auftritt. Der Arbeitgeber haftet, sobald er trotz Kenntnis nicht die erforderlichen Maßnahmen zur Abwehr und zur Beseitigung trifft. In besonders belastenden Fällen kann die Betroffene mit Leistungsverweigerung reagieren, d.h. nicht zur Arbeit erscheinen. Klären Sie diese Maßnahme aber unbedingt vorher rechtlich ab, damit Ihnen der Arbeitgeber nicht Arbeitsverweigerung vorwerfen kann.
- Der Arbeitgeber ist nach dem Allgemeinen Gleichbehandlungsgesetz (AGG) verpflichtet, aktiv zu werden und die erforderlichen Maßnahmen zum Schutz vor Benachteiligungen zu treffen. Wird gegen die ergriffenen Maßnahmen verstoßen, können Abmahnung, Abordnung, Umsetzung, Versetzung oder auch eine Kündigung gegenüber der Belästigerin erfolgen.

Bedeutung für die MAV

Die MAV ist im Rahmen ihrer allgemeinen Aufgaben (§ 35 MVG) verpflichtet und berechtigt, mit dem Arbeitgeber Maßnahmen zu besprechen und zu vereinbaren, die einer sexuellen Belästigung, egal in welcher Form sie vorkommen mag, vorbeugen. Auch können sich betroffene Beschäftigte direkt an die MAV oder an das MAV-Mitglied ihres Vertrauens wenden. Im Rahmen des Beschwerderechts (§ 35 Abs. 3 Buchst. c MVG) kann die MAV – wenn die Vorwürfe berechtigt erscheinen – auf Abhilfe dringen. Über § 40 Buchst. b MVG hat die MAV außerdem volle Mitbestimmung bei Maßnahmen des Gesundheitschutzes. Solche Maßnahmen kann die MAV auch im Rahmen des § 47 MVG (Initiativrecht) von sich aus vorschlagen. Dabei können auch die räumlichen Gegebenheiten eine Rolle spielen, z.B. die ausreichende Beleuchtung auf dem Parkplatz. Seitens der Antidiskriminierungsstelle des Bundes (*https://www.antidiskriminierungsstelle.de/*) gibt es Aufklärungs- und Hilfsangebote sowie Broschüren für Betroffene und Interessenvertretungen.

Bedeutung für die Beschäftigten

Die betroffenen Beschäftigen haben das Recht, sich bei den zuständigen Stellen (§ 13 AGG) zu beschweren, wenn sie sich vom Arbeitgeber, von Vorgesetzten oder von anderen Beschäftigten belästigt fühlen. Der Arbeitgeber hat die Beschwerde zu prüfen und geeignete Maßnahmen zu treffen, um die Fortsetzung einer festgestellten Belästigung zu unterbinden. Das Ergebnis der Beschwerdeprüfung ist der Beschäftigen mitzuteilen.
Sexuelle Belästigung am Arbeitsplatz ist eine Verletzung der arbeitsvertraglichen Pflichten. Bei sexueller Belästigung hat der Arbeitgeber die im Einzelfall angemessenen arbeitsrechtlichen Maßnahmen wie Abmahnung, Umsetzung, Abordnung, Versetzung, Änderungskündigung oder Kündigung zu ergreifen. Ergreift der Arbeitgeber keine oder offensichtlich ungeeignete Maßnahmen zur Unterbindung der sexuellen Belästigung, sind die Betroffenen berechtigt, ihre Tätigkeit am betreffenden Arbeitsplatz ohne Verlust des Arbeitsentgelts einzustellen, soweit dies zu ihrem Schutz erforderlich ist. Bevor jedoch eine solche Maßnahme erwogen wird, ist unbedingt rechtlicher Rat einzuholen. Auch wenn gegenüber der Belästigerin strafrechtliche Maßnahmen ergriffen werden sollen, was durchaus nicht abwegig ist, sollte ebenfalls vorher eine rechtliche Beratung erfolgen, damit nicht der Sachverhalt »umgedreht« und das Opfer zum Täter gemacht wird.
Das Bundesamt für Familie und zivilgesellschaftliche Aufgaben hilft und berät Betroffenen per Telefon – 08000 116 016 – und per Chat in 17 Sprachen einschließlich der Gebärdensprache. Weitere Informationen unter: *https://www.hilfetelefon.de/*

Literaturhinweis

- *Godela, Linde:* Basta! Gegen sexuelle Belästigung am Arbeitsplatz. Ratgeber und Rechtsberatung. Köln 2015.
- *Honsa, Hans-Jürgen/Maurer, Sandra:* Mobbing und sexuelle Belästigung im öffentlichen Dienst. Ursachen – Auswirkungen – Bekämpfungsstrategien, Berlin, 3. Auflage, 2020.
- *Krings, Thorsten:* Sexuelle Grenzverletzungen am Arbeitsplatz, Wiesbaden 2019.

Sicherungsordnung

Was ist das?

Die »Ordnung zur Sicherung der Mitarbeiterinnen und Mitarbeiter bei Rationalisierungsmaßnahmen und Einschränkungen von Einrichtungen« (kurz: SicherungsO) ist Bestandteil der AVR.DD (Anlage 17) und AVR-Bayern (Anlage 8) sowie in zahlreichen anderen Arbeitsrechtsregelungen. Die SicherungsO hat ihren Ursprung in den Tarifverträgen über den Rationalisierungsschutz für Angestellte (RatSchTV Ang) und Arbeiter des Bundes und der Länder (RatSchTV Arb) des öffentlichen Dienstes. Sie entspricht allerdings nicht mehr dem Sicherungsniveau dieser Tarifverträge.[1] Vergleichbares findet sich in den Rechtssammlungen einiger Landeskirchen und der Sicherungsordnung der EKD (SichO.EKD). Die SicherungsO hat das Ziel, bei betroffenen Beschäftigten negative Folgen von Rationalisierungsmaßnahmen des Arbeitgebers abzumildern. Konkret sollen die Belange der Arbeitnehmer berücksichtigt und soziale Härten möglichst vermieden werden.

Leistungsvereinbarungen zwischen Kostenträgern und sozialen Dienstleistern fordern die Durchführung qualitätssichernder Maßnahmen (→ **Qualitätsmanagement**). Soziale Einrichtungen stehen darüber hinaus unter dem von der Politik erzeugten Druck, neben einer wirtschaftlichen Betriebsführung ihre Leistungen kostengünstig anbieten zu müssen. Gleichzeitig will man aber anforderungsgerechte Dienstleistungen für Menschen mit Unterstützungsbedarf anbieten. Durch diese Rahmenbedingungen kommen auch die materiellen Arbeitsbedingungen der Beschäftigten ins Rutschen (z. B. unfreiwillige Teilzeitbeschäftigung durch Änderungskündigungen, Beendigungskündigungen, auslaufende Befristungen, Umsetzungen/Versetzungen/Abordnungen, Arbeitsverdichtung). Die Regelungen in der SicherungsO sollen die Nachteile für die Beschäftigten weitgehend verhindern, abmildern oder ausgleichen. Dabei sind die wirtschaftlichen Möglichkeiten des Arbeitgebers zu berücksichtigen. Auch

1 So wurde die Sicherungsordnung der AVR-Bayern in den letzten Jahren mehrfach zuungunsten der Beschäftigten verändert.

Arbeitgeber haben bei Betriebskrisen Risiken zu tragen: Kosten für Sozialplan, Prozesskosten, Glaubwürdigkeitsverlust in der Öffentlichkeit (noch dazu, wenn evtl. Luxusabfindungen für Manager gezahlt wurden).
Die Absicht einer Rationalisierungsmaßnahme (z. B. Dokumentation mit computergestützter Spracherkennung, Wegfall von Doppelarbeiten als Ergebnis von → **Qualitätsmanagement**) wird es sein, die Qualität oder Quantität eines zu erzielenden Ergebnisses zu verbessern bzw. zu erhöhen. Das bedeutet aber nicht, dass eine effizientere Arbeitsweise gleichzeitig auch Kosten einspart.

Wann greift die SicherungsO?
Die SicherungsO gilt nur bei Arbeitgebern (Rechtsträgern), die mehr als fünf (AVR DD) bzw. zehn (AVR-Bayern) Arbeitnehmer beschäftigen. Bruchteilbeschäftigte zählen anteilig (siehe Staffel nach § 1 Abs. 2 SicherungsO in den AVR-Bayern). Sind die vom Arbeitgeber veranlassten Änderungen von Arbeitstechniken **erheblich**, hat sich die Arbeitsorganisation **wesentlich** geändert oder liegt eine **Einschränkung** oder **Aufgabe** von Tätigkeitsfeldern vor und hat dies zur Folge, dass diese Umstände bei den Mitarbeitern zu einem **Wechsel der Beschäftigung** oder zur **Beendigung des Dienstverhältnisses** führt, so gelten die Vorschriften der SicherungsO. Veränderungen in der Arbeitstechnik oder -organisation, die keinen Wechsel der Beschäftigung oder die Beendigung des Arbeitsverhältnisses zur Folge haben, sind von der SicherungsO ausgenommen. Wechsel der Beschäftigung bedeutet, dass die Weiterbeschäftigung am bisherigen oder einem anderen Arbeitsplatz nur zu wesentlich veränderten Bedingungen möglich ist. Darunter fällt z. B. eine andere oder zusätzliche Tätigkeit, die nicht im Arbeitsvertrag vereinbart wurde und/oder nicht durch das → **Direktionsrecht** übertragen werden kann. Hier gilt grundsätzlich: Je allgemeiner die Pflichten für den Beschäftigten in einem Dienstvertrag gefasst sind, desto mehr Raum hat das Direktionsrecht des Arbeitgebers. Erfahren auch Beschäftigte in einem von einer Maßnahme nicht unmittelbar betroffenen Bereich wesentliche Veränderungen, weil sie beispielsweise ihren Arbeitsplatz für die Beschäftigten wechseln müssen, deren Arbeitsplatz unmittelbar von einer Maßnahme betroffen ist, so fällt auch dies unter die SicherungsO.
Die SicherungsO wird insbesondere durch folgende Maßnahmen des Arbeitgebers ausgelöst:

- Stilllegung (z. B. eines Betriebsteils aus sicherheitstechnischen Gründen, die vom Gesetzgeber veranlasst sind),
- Auflösung (z. B. Schließung einer Gruppe wegen Rückgang von Kinderzahlen oder wegen Wegfall von Zuschüssen),
- Verlegung, Ausgliederung oder Zusammenlegung von Einrichtungen oder Teilen davon,
- Verlagerung von Aufgaben zwischen den Einrichtungen,

- Einführung anderer bzw. neuer Arbeitsmethoden, auch die Auswirkungen von Technikeinsatz gehören hierzu (z. B. »papierloses Büro« oder Einsatz von KI im Verwaltungsbereich).

Die Gründe, die den Arbeitgeber dazu veranlassen, Maßnahmen im Sinne der SicherungsO einzuleiten, können insbesondere ein Nachfragerückgang sein, eine von Dritten verursachte Aufgabeneinschränkung (z. B. durch Gesetzgeber) oder auch der Wegfall von Drittmitteln. Die Maßnahmen müssen in unmittelbarem Zusammenhang mit den Ursachen stehen. Der RatSchTV weicht in diesem Punkt von der SicherungsO ab. Danach werden keine Schutzmaßnahmen nach dem Rationalisierungsschutz ausgelöst, wenn die Ursachen außerhalb des Betriebs liegen.

Trifft der Arbeitgeber Maßnahmen, die darauf abzielen, Arbeitsbelastungen abzubauen, fallen diese nicht unter die SicherungsO. Dazu zählen z. B. die veränderte Lage der Arbeitszeit, die Dienstplangestaltung oder die Verbesserung der äußeren Umstände der Arbeit. Ob die Maßnahme für die Beschäftigten tatsächlich eine Verbesserung darstellt, wird die MAV im Zuge ihrer Beteiligungsrechte zu prüfen haben. Umgekehrt ist es aber unerheblich, wenn bei einer Maßnahme nach der SicherungsO zugleich Arbeitsbelastungen verringert werden können.

Um beurteilen zu können, ob eine Maßnahme erhebliche oder wesentliche Veränderungen mit sich bringt, ist auf die Auswirkung der Maßnahme abzustellen. Wenn eine Maßnahme wesentlich bzw. erheblich ist, bedeutet dies noch nicht, dass es gleichzeitig bei mehreren Mitarbeitern zu einem Wechsel bzw. zu einer Beendigung des Arbeitsverhältnisses kommen muss. Ist eine Einheit sehr klein, aber mit zentraler und tragender Bedeutung für eine Dienststelle, kann eine bedeutsame und den Kern betreffende Änderung vorliegen, auch wenn davon nur ein Beschäftigter betroffen sein sollte.

Eine rationellere Arbeitsweise im Sinne der SicherungsO liegt auch dann vor, wenn einzelne und abgrenzbare Maßnahmen zwar noch nicht wesentliche und erhebliche Ausmaße angenommen haben, dies aber bei Fortsetzung solcher Maßnahmen beabsichtigt ist.

Wurde in einer Dienststelle die Arbeitsorganisation so umgestellt, dass Aufgaben nicht mehr von Mitarbeitern erledigt werden, deren Tätigwerden in einem Dienstvertrag fixiert wurde, sondern nunmehr auf der Basis von → **Werkverträgen** erfolgt, so stellt auch dies eine wesentliche Änderung dar. Beispielhaft sei hier die Privatisierung von Reinigungsdiensten genannt.

Ein → **Betriebsübergang** nach § 613a BGB fällt ausdrücklich **nicht** unter die SicherungsO.

Bedeutung für die MAV

Der Arbeitgeber ist verpflichtet, die zuständige MAV rechtzeitig und umfassend über die vorgesehene Maßnahme zu unterrichten (→ **Informationsrecht**). Mit der MAV sind die personellen und sozialen Auswirkungen zu beraten. Die Vorschriften aus dem MVG bleiben davon unberührt (§ 3 Abs. 1 SicherungsO). Da Rationalisierungsmaßnahmen oder Einschränkungen oft einen tiefgreifenden Wandel für die Beschäftigten mit sich bringen, ist eine ganze Reihe von Vorschriften des MVG betroffen. Deshalb ist es sehr wichtig, alle notwendigen Informationen zu erhalten, die im Zusammenhang mit der angestrebten Maßnahme stehen.

Da sich die MAV nicht ausschließlich auf die Ausführungen der → **Dienststellenleitung** verlassen muss, wird sie auf Personen mit fundierten Fachkenntnissen zurückgreifen (→ **Sachkundige Personen**). Ratsam erscheint dies insbesondere bei Maßnahmen, deren technische Möglichkeiten weitreichende Konsequenzen für die Beschäftigten haben können (§ 25 Abs. 2 MVG).

Die Teilnahme an Tagungen und Lehrgängen (→ **Schulung**) eröffnet der MAV eine weitere Möglichkeit, um an die erforderlichen Kenntnisse zu gelangen. Dazu zählt z. B. die Teilnahme an einem Seminar, das die Verfahrensschritte der SicherungsO oder von Qualitätssicherungssystemen (→ **Qualitätsmanagement**) zum Inhalt hat.

Für die Argumentation gegenüber der → **Dienststellenleitung** ist es vorteilhaft, auch die Einwände, Bedenken und Überlegungen der betroffenen Beschäftigten einbringen zu können. Hinsichtlich der Erhebung der Beschäftigteninteressen geht es um die Frage, wie kommende Entwicklungen eingeschätzt werden. Dazu sollte den Beschäftigten Gelegenheit gegeben werden, indem die MAV → **Mitarbeiterversammlungen** (auch Teilversammlungen) und **Sprechstunden** anbietet oder die Betroffenen am Arbeitsplatz aufsucht (§ 28 Abs. 2 MVG). Andererseits ist es wichtig, die Beschäftigten über den Verfahrensablauf und die Inhalte der SicherungsO zu informieren, da ein Beschäftigter ohne ausreichende Kenntnisse möglicherweise vorschnell auf Rechte verzichtet (z. B. Arbeitsplatzsicherung, Fortbildung und Umschulung, besonderer Kündigungsschutz, → **Abfindung**).

Bei einer Änderung der Arbeitstechnik oder des Arbeitsablaufs kann es vorkommen, dass bestimmte Aspekte ein entsprechendes Maß an Spezialwissen erfordern. Eine Zusammenarbeit der MAV mit entsprechenden Fachleuten ist daher dringend anzuraten. Innerhalb der Dienststelle stehen hier z. B. der örtliche Datenschutzbeauftragte, der Betriebsarzt, die Fachkraft für Arbeitssicherheit oder Sicherheitsbeauftragte zur Verfügung. Außerhalb können dies Berufsgenossenschaft, Gewerbeaufsichtsamt, Gewerkschaft oder Heimaufsicht sein.

Nach den allgemeinen Aufgaben (§ 35 MVG) hat die MAV ein **Vorschlagsrecht**. Sie soll Maßnahmen anregen, die der Arbeit in der Dienststelle und ihren Be-

schäftigten dienen (§ 35 Abs. 3 Buchst. a MVG). Dies gilt sowohl für die Beschäftigten in ihrer Gesamtheit als auch für den Einzelnen (§ 35 Abs. 3 Buchst. c MVG).
Ist in bestimmten Punkten eine Einigung mit der Dienststellenleitung nicht herzustellen, obliegt es der MAV im Rahmen der Verfahrensregelung zu den → **Beteiligungsrechten** (§§ 38 und 45 MVG) und des → **Initiativrechts** (§ 47 MVG), das Kirchengericht anzurufen bzw. den Antrag auf Bildung einer (betrieblichen) → **Einigungsstelle** (§ 36a MVG) zu stellen. Besonders hingewiesen sei auf die Möglichkeit, über die **Einigungsstelle** ggf. die Aufstellung eines → **Sozialplans** (§ 40 Buchst. f) MVG) zu erwirken. Die Existenz der SicherungsO ist kein Grund zur Ablehnung von → **Sozialplan**verhandlungen.
Die Mitarbeitervertretung wird **ihre Verhandlungsmacht nur zur Geltung bringen** können, wenn sie einen großen Rückhalt in der Belegschaft hat und dieser auch spürbar wird. Zu denken ist hier auch an die Unterstützung durch betriebliche Aktionen (→ **Aktionsformen**).

Übersicht über die Beteiligungsrechte der MAV bei Rationalisierungsmaßnahmen

Will der Arbeitgeber Rationalisierungsmaßnahmen durchführen, können einzelne oder mehrere → Beteiligungsrechte betroffen sein:
Die Mitarbeitervertretung sollte im Rahmen der Unterrichtungspflicht der Dienststellenleitung in Sachen **Personalplanung** (§ 34 Abs. 2 MVG) darauf hinwirken, dass die Personalplanung und -entwicklung im Betrieb langfristig erfolgt: **Wer wird für was mit welcher Qualifikation in welchem Umfang wo gebraucht?** Die MAV kann dazu ihr förmliches → **Initiativrecht** (§ 47 MVG) nutzen.
→ **Mitbestimmung bei allgemeinen personellen Angelegenheiten:**
- Aufstellung von Grundsätzen für die Aus-, Fort- und Weiterbildung sowie die Teilnehmerauswahl (§ 39 Buchst. c MVG),
- Auswahl der Teilnehmer an Fort- und Weiterbildungen (§ 39 Buchst. d MVG),

Kann einem Beschäftigten kein gleichwertiger Arbeitsplatz angeboten werden, so soll dem Beschäftigten die Gelegenheit gegeben werden, sich fortzubilden oder umschulen zu lassen, so dass er eine Tätigkeit auf einem gleichwertigen Arbeitsplatz bei demselben Arbeitgeber fortsetzen kann (vgl. § 4 SicherungsO und § 40 Buchst. f MVG → ***Sozialplan****).*
→ **Mitbestimmung in organisatorischen und sozialen Angelegenheiten:**
- Maßnahmen zum Gesundheitsschutz (§ 40 Buchst. b MVG),
- Arbeitszeitgestaltung (§ 40 Buchst. d MVG),
- Aufstellung von Sozialplänen (§ 40 Buchst. f MVG),
- Grundsätze der Arbeitsplatzgestaltung (§ 40 Buchst. g MVG),
- Einführung grundlegend neuer Arbeitsmethoden (§ 40 Buchst. h MVG),
- Maßnahmen zur Hebung der Arbeitsleistung und Erleichterung des Arbeitsablaufs (§ 40 Buchst. j MVG),
- Maßnahmen zur Verhaltens- und Leistungskontrolle (§ 40 Buchst. k MVG),
- Verhaltensregelungen für Mitarbeiter (§ 40 Buchst. l MVG).

Eingeschränkte → **Mitbestimmung bei personellen Einzelmaßnahmen:**
- Einstellung (§ 42 Buchst. a MVG),
- Kündigung (§ 42 Buchst. b MVG),
- Ein- und Umgruppierung (§ 42 Buchst. c MVG),
- Übertragung einer höher oder niedriger bewerteten Tätigkeit (§ 42 Buchst. d MVG),
- Zulagengewährung bzw. Widerruf derselben (§ 42 Buchst. e MVG),
- → **Umsetzung** innerhalb der Dienststelle unter gleichzeitigem Ortswechsel (§ 42 Buchst. f MVG, vgl. § 4 Abs. 2 Buchst. b und c SicherungsO),
- → **Versetzung** oder Abordnung zu einer anderen Dienststelle (§ 42 Buchst. g MVG, vgl. § 4 Abs. 2 Buchst. b und c SicherungsO); die Mitbestimmung unterliegt der MAV der aufnehmenden Dienststelle.

→ **Mitberatung** bei:
- Auflösung, Einschränkung, Verlegung und Zusammenlegung von Dienststellen oder erheblichen Teilen von ihnen (§ 46 Buchst. a MVG),
- Versetzung und Abordnung (§ 46 Buchst. d MVG, vgl. § 4 Abs. 2 Buchst. b und c SicherungsO; die Mitberatung unterliegt der MAV der abgebenden Dienststelle),
- Aufstellung von Grundsätzen für die Bemessung des Personalbedarfs (§ 46 Buchst. e MVG; vgl. HeimPersV),
- Dauerhafte Vergabe von Arbeitsbereichen an Dritte (§ 46 Buchst. g MVG).

Stellt eine Maßnahme eine *wesentliche* Einschränkung oder Aufgabe von Tätigkeitsfeldern dar, so kann in einer Dienstvereinbarung eine geringere Abfindungssumme als in § 8 Abs. 5 (§ 7 Abs. 3 AVR-Bayern) SicherungsO vereinbart werden. Dies setzt allerdings voraus, dass die wirtschaftliche Leistungsfähigkeit den Fortbestand oder weitere Arbeitsplätze der Einrichtung beim selben Arbeitgeber gefährden. Bei einem solch weitreichenden Eingriff in die existenziellen Güter ausscheidender Beschäftigter ist die MAV sehr sorgfältig und umfassend über die tatsächlich vorhandene wirtschaftliche Belastung zu informieren (§ 8 Abs. 5 und Anmerkung zu Abs. 5; § 7 Abs. 3 Bayern – SicherungsO). Nur auf dieser Grundlage ist es der MAV möglich, eine sachgerechte und für alle Beteiligten verträgliche Entscheidung zu treffen. Dabei wird es erforderlich sein, eine → **sachkundige Person** bei der Entscheidungsfindung hinzuzuziehen (vgl. → **Notlagenregelung**).

Bei *nicht wesentlichen*[2] Einschränkungen oder Aufgabe von Tätigkeitsfeldern kann durch eine → **Dienstvereinbarung** für die Betroffenen auch günstigere Abfindungsbeträge als die in der SicherungsO genannten vereinbart werden.

Die angemessene und richtige Anwendung und Einhaltung der SicherungsO unterliegt der Kontrolle der MAV (§ 35 Abs. 3 Buchst. b MVG). Die MAV sollte dieser Aufgabe eine hohe Priorität zukommen lassen. Immerhin geht es hier um die materielle (Fort-) Existenz von Beschäftigten.

2 Der Begriff »wesentlich« ist definiert nach der Staffel für die Anzeigepflicht im Kündigungsschutzgesetz:21 – 59 Arbeitnehmer im Betrieb mehr als 5 Beschäftigte betroffen60 – 499 Arbeitnehmer im Betrieb mehr als 25 Beschäftigte oder mind. 10 % betroffenmind. 500 Arbeitnehmer im Betrieb mind. 30 Beschäftigte betroffen (s. § 17 KSchG).

Bedeutung für die Beschäftigten

Unterrichtung
Alle betroffenen Beschäftigten sollen von der Dienststellenleitung rechtzeitig vor der Durchführung einer Maßnahme unterrichtet werden (§ 3 Abs. 2 SicherungsO).

Arbeitsplatzsicherung
Der Arbeitgeber ist gegenüber den von einer Maßnahme im Sinne der SicherungsO betroffenen Arbeitnehmern zur Arbeitsplatzsicherung verpflichtet. Der Arbeitgeber muss (zunächst) mindestens einen **gleichwertigen Arbeitsplatz** anbieten. Gleichwertig bedeutet: keine Veränderung bei der Eingruppierung und bei der durchschnittlichen wöchentlichen Arbeitszeit. Als gleichwertig gilt auch, wenn der Betroffene bei gleicher Arbeitszeit eine höhere → **Vergütung** erhält.
In einer zwingend einzuhaltenden Reihenfolge ist festgelegt, wie bei demselben Arbeitgeber die Sicherung des gleichwertigen Arbeitsplatzes angestrebt wird (§ 4 Abs. 2 Buchst. a-c SicherungsO). Abweichende Regelungen können im Einvernehmen mit dem Beschäftigten getroffen werden.
Kann der Arbeitgeber seiner Verpflichtung, einen gleichwertigen Arbeitsplatz im selben Betrieb anzubieten, nicht nachkommen, so hat er zu prüfen, ob dem Beschäftigten nach entsprechender **Fortbildung** oder **Umschulung** ein gleichwertiger Arbeitsplatz angeboten werden kann. Ist dies der Fall, muss ihm die notwendige Qualifizierung angeboten und finanziert werden.
Kann der Arbeitgeber **keinen gleichwertigen Arbeitsplatz** zur Verfügung stellen, ist er verpflichtet, einen anderen Arbeitsplatz anzubieten. Besteht zu einem späteren Zeitpunkt die Möglichkeit, einem betroffenen Arbeitnehmer wieder einen gleichwertigen Arbeitsplatz anzubieten, so ist der Bewerber, wenn er die gleiche Eignung besitzt wie andere Bewerber, bevorzugt zu berücksichtigen.

Arbeitsplatzbeschaffung bei einem anderen Arbeitgeber
Kann ein gleichwertiger oder ein anderer Arbeitsplatz nicht zur Verfügung gestellt werden, hat der Arbeitgeber die **Verpflichtung**, sich bei einem **anderen Arbeitgeber** der Diakonie, der Kirche oder des öffentlichen Dienstes in demselben Land- oder Stadtkreis um einen zumutbaren Arbeitsplatz zu bemühen.
Weitergehende Ansprüche bestehen im Geltungsbereich der SichO.EKD: Die »intensiven« Bemühungen »sind zu dokumentieren«.
Die **AVR-Bayern** dagegen verpflichtet die Arbeitgeber lediglich zu einem »zumutbaren Aufwand (…) bei benachbarten Dienststellen« (ACK-Betriebe und öffentlicher Dienst, § 4 Abs. 4 SicherungsO).
Durch die Nachfrage bei den Arbeitsagenturen oder innerhalb bestehender Organisationsstrukturen von Kirche und Diakonie wird ein erster notwendiger

Schritt getan. Bei einer freien Stelle hat der Arbeitgeber darauf hinzuwirken, dass eine Einstellung möglich wird. Erst dann kommt er seiner Verpflichtung nach. Eine darüber hinausgehende Initiative wird von der SicherungsO nicht ausgeschlossen. Kommt ein Arbeitsvertrag zustande, bedarf es eines → **Aufhebungsvertrags**, um das bisherige Arbeitsverhältnis zu beenden.

Arbeitnehmerpflichten
Der betroffene Beschäftigte ist verpflichtet, einen ihm angebotenen Arbeitsplatz anzunehmen. Die Verpflichtung besteht nur dann, wenn der Arbeitsplatz auch zumutbar ist. Sind die Fähigkeiten und Kenntnisse des Betroffenen billigerweise nicht mit dem Arbeitsplatz in Einklang zu bringen, so kann er den angebotenen Arbeitsplatz ablehnen. Zu den Fähigkeiten zählt auch die notwendige körperliche Eignung, nicht aber familiäre oder persönliche Gegebenheiten.

Qualifizierung
Ist für die Besetzung eines Ersatzarbeitsplatzes eine veränderte Qualifikation erforderlich, muss der Arbeitgeber dem Betroffenen die Qualifizierung ermöglichen. Dabei ist zu prüfen, ob die Kosten auch von anderer Stelle (mit)getragen werden. Ist dies nicht der Fall, ist der Arbeitgeber zur Übernahme der Kosten verpflichtet. Eine Ausnahme besteht bei Einschränkung oder Aufgabe von Tätigkeitsfeldern; hier obliegt ihm die Kostenübernahme nur im Rahmen der wirtschaftlichen Zumutbarkeit (§ 5 Abs. 1 Satz 3 SicherungsO).
Eine Fortbildungs- oder Umschulungsmaßnahme darf der Betroffene nicht willkürlich verweigern. Mitarbeiter, die das 55. Lebensjahr vollendet haben, können eine Maßnahme jedoch verweigern, ohne dass dies willkürlich wäre.
Für die Zeit der Teilnahme an einer Fortbildung oder Umschulung ist der Betroffene längstens zwölf Monate von der Arbeit freizustellen. Die Bezüge sind in dieser Zeit weiter zu zahlen. Wird die regelmäßige Arbeitszeit überschritten, ist Freizeitausgleich zu gewähren (§ 5 Abs. 2 SicherungsO).
Das Beschäftigungsverhältnis ist nach Beendigung der Fortbildung oder Umschulung mindestens so lange fortzusetzen, wie sie selbst gedauert hat; andernfalls ist der Arbeitgeber berechtigt, die dafür entstandenen Kosten (einschließlich Vergütung) zurückzufordern, sofern das Arbeitsverhältnis, z. B. durch Kündigung des Arbeitnehmers, beendet wurde (§ 5 Abs. 3 SicherungsO). Wird eine Qualifizierungsmaßnahme abgebrochen, kann der Arbeitgeber eine Beendigungskündigung (→ **Kündigung**) in Betracht ziehen.

Kündigungsschutz
Innerhalb der ersten neun Monate einer neuen Tätigkeit darf dem von einer Maßnahme betroffenen Beschäftigten weder betriebsbedingt noch wegen mangelnder Einarbeitung gekündigt werden. Das Verbot der → **Kündigung** gilt auch für

eine → **Änderungskündigung**. Zulässig bleibt jedoch die Kündigung aufgrund von personen- oder verhaltensbedingten Gründen. Die Frist verlängert sich auf zwölf Monate, wenn die neue Tätigkeit bereits während der Fortbildungs- oder Umschulungsmaßnahme ausgeübt wird (§ 6 Abs. 1 SicherungsO).
Eine Beendigungskündigung ist erst dann möglich, wenn alle vorgenannten Bemühungen gescheitert sind oder der Betroffene einen ihm angebotenen Arbeitsplatz oder eine Qualifizierungsmaßnahme willkürlich ablehnt. Bei einem kündbaren Beschäftigten beträgt die Frist drei Monate zum Schluss eines Kalendervierteljahres bzw. Monatsschluss (§ 6 Abs. 2 SicherungsO AVR-Bayern). Für den Beschäftigten günstigere Fristen können sich ergeben, wenn die Beschäftigungszeit länger als acht Jahre beträgt (§ 30 AVR DD bzw. § 13 AVR-Bayern). Für sog. unkündbare Beschäftigte gelten die Bestimmungen nach § 31 AVR DD bzw. § 14 AVR-Bayern.
Wurde das Arbeitsverhältnis durch Kündigung oder in beiderseitigem Einvernehmen aufgrund einer Rationalisierungsmaßnahme beendet, kann sich der ehemalige Beschäftige mit einem Antrag auf den Wiedereinstellungsgrundsatz berufen. Dies ermöglicht ihm eine bevorzugte Einstellung, sofern ein geeigneter Arbeitsplatz zur Verfügung steht.

Vergütungssicherung
Kann dem Beschäftigten kein gleichwertiger Arbeitsplatz beim selben Arbeitgeber zur Verfügung gestellt werden und ergibt sich daraus eine geringere Vergütung, so ist dem Beschäftigten auf der Grundlage eines zu ermittelnden Sicherungsbetrags eine persönliche Zulage zu gewähren, »die der Differenz zwischen dem jeweiligen Sicherungsbetrag und den um bestimmte Bestandteile verminderten jeweiligen Bezügen aus der neuen Tätigkeit entspricht« (vgl. Clemens u. a.: Rationalisierungsschutz für Angestellte). Weitere Einzelheiten sind § 7 SicherungsO der AVR DD zu entnehmen. In den AVR-Bayern wurde diese Abfederung durch die Entgeltsicherung bei Minderung des Einkommens gestrichen!
Bei der Vergütungssicherung finden die Vorschriften über die → **Änderungskündigung** keine Anwendung.
Eine persönliche Zulage zum Zweck der Vergütungssicherung entfällt bei

- willkürlicher Zustimmungsverweigerung zu einer Fortbildungs- oder Umschulungsmaßnahme oder bei deren Abbruch,
- Ablehnung einer höherwertigen Tätigkeit ohne triftigen Grund,
- der Möglichkeit, eine Altersrente zu beziehen.

Abfindung

Voraussetzung:

- Das Beschäftigungsverhältnis wird durch den Arbeitgeber gekündigt oder auf dessen Veranlassung im beiderseitigen Einvernehmen gelöst.
- Der Betroffene hat einen anderen Arbeitsplatz oder eine Fortbildungs- oder Umschulungsmaßnahme zu Recht abgelehnt.

Sind alle Bemühungen gescheitert, den Arbeitnehmer weiter zu beschäftigen, so ist ihm eine Abfindung zu zahlen. Die Höhe der Abfindung bemisst sich nach der → **Beschäftigungszeit** (§ 11a AVR DD bzw. § 6 Abs. 1 AVR-Bayern – **Bayern:** Vorbeschäftigungszeiten bei anderen Arbeitgebern im Bereich der Kirche und Diakonie kommen dabei nicht zur Anrechnung!) und dem Lebensalter. Dabei gilt der Grundsatz: je länger die Beschäftigungszeit und je älter der Betroffene, desto höher die → **Abfindung** (§ 8 Abs. 1 SicherungsO AVR DD bzw. § 7 Abs. 1 SicherungsO AVR-Bayern).

Sitzung der MAV

Grundlagen

Die Durchführung von Sitzungen der MAV (§ 24 MVG) gehört zu den **zentralen Aufgaben** der Mitarbeitervertretung. In der Sitzung finden die **Beratungen und Entscheidungen (Beschlussfassung)** des gewählten Gremiums statt.
Die Sitzung der MAV wird vom **Vorsitzenden** (im Verhinderungsfall durch den Stellvertreter) **einberufen** und **geleitet** (gesetzliche Pflicht!).
Auf **Antrag** des Arbeitgebers (→ **Dienststellenleitung**) oder eines **Viertels der MAV-Mitglieder** ist der Vorsitzende der MAV **verpflichtet**, eine MAV-Sitzung einzuberufen und den beantragten Gegenstand auf die Tagesordnung zu setzen (§ 24 Abs. 3 MVG).
In einer → **Geschäftsordnung** der MAV können Einzelheiten und Arbeitsstrukturen festgelegt werden.

Einladung
Die Einladung an **alle Mitglieder** der Mitarbeitervertretung zur **konstituierenden Sitzung** (= erste Sitzung in der Amtszeit) erfolgt durch den Wahlvorstand. Der Vorsitzende des Wahlvorstands (bzw. Versammlungsleiter bei vereinfachter Wahl) leitet die Sitzung, bis die Mitarbeitervertretung über ihren Vorsitz in geheimer Wahl (§ 23 Abs. 1 MVG) entschieden hat (§ 24 Abs. 1 MVG).
Für die weiteren Sitzungen sind vom Vorsitzenden der MAV **einzuladen:**

- **alle Mitglieder** der MAV (§ 24 Abs. 2 MVG). Kann ein MAV-Mitglied an der Sitzung nicht teilnehmen, so hat es dies unter Angabe von Gründen dem MAV-Vorsitzenden unverzüglich mitzuteilen (§ 24 Abs. 2 MVG). Ein Verstoß gegen die Abmeldepflicht kann eine grobe Pflichtverletzung darstellen und kann den Ausschluss aus der MAV nach sich ziehen (§ 17 MVG). Für jedes rechtlich oder tatsächlich verhinderte MAV-Mitglied ist ein → Ersatzmitglied (§ 18 Abs. 4 MVG) zu laden. Diese Regelung gilt seit der Novellierung des MVG zum 1. 1. 2024.
- die **Vertrauensperson der → schwerbehinderten Menschen**. Erachtet die Schwerbehindertenvertretung einen Beschluss der MAV als erhebliche Beein-

trächtigung wichtiger Interessen, so ist auf ihren Antrag der Beschluss für die Dauer von einer Woche auszusetzen – ohne sonstige Fristverlängerung für die MAV (§ 51 MVG i. V. m. § 178 Abs. 4 SGB IX);

- die → **Jugend- und Auszubildendenvertretung**. Wenn die in der Sitzung behandelten Belange überwiegend Jugendliche oder Auszubildende betreffen, hat die JAV Stimmrecht (§ 24 Abs. 2, § 49 Abs. 7 MVG). Teilnahmerecht an MAV-Sitzungen besteht seit 1. 1. 2024 nur noch für ein Mitglied der JAV;
- → **sachkundige Personen**, die zu einzelnen Tagesordnungspunkten teilnehmen können (§ 25 Abs. 2 MVG). Sachverständige können z. B. sein: Gewerkschaftssekretäre, EDV-Experten, Betriebsarzt, Mitarbeiter der Agentur für Arbeit oder der Unfallversicherungsträger, Mitarbeiter der Feuerwehr, Rechtsanwälte, Mitglieder anderer MAVen;
- der Arbeitgeber (→ **Dienststellenleitung**), wenn die MAV seine Anwesenheit für erforderlich hält. Die Dienststellenleitung ist dann **zur Teilnahme verpflichtet** oder kann sich **vertreten lassen**. Sie kann sachkundige Personen hinzuziehen (§ 25 Abs. 1 MVG). Die MAV kann sachkundige Personen, die Gewerkschaftssekretäre sein können, auch im Beisein der Dienststellenleitung einbeziehen. Die Dienststellenleitung kann eine Teilnahme deswegen nicht verweigern. Eine Sitzung ist einzuberufen, wenn die Dienststellenleitung dies beantragt. Das Teilnahmerecht der Dienststellenleitung beschränkt sich auf den Gegenstand, der von ihr beantragt wurde (§ 24 Abs. 3 MVG);
- das **Ersatzmitglied** der Mitarbeitervertretung, wenn ein »ordentliches« MAV-Mitglied z. B. wegen Krankheit, Urlaub oder Befangenheit (§ 26 Abs. 3 MVG) an der Teilnahme gehindert ist (§§ 18 Abs. 4, 26 Abs. 1 MVG). Ersatzmitglieder sind die Personen in der Reihenfolge, die bei der vorhergehenden Wahl die jeweils **nächstniedrige Stimmenzahl** (!) erreicht haben (§ 18 Abs. 3 MVG). Seit der Novellierung des MVG zum 1. 1. 2024 gilt hier die Vorschrift, dass für jedes rechtlich oder tatsächlich verhinderte MAV-Mitglied jeweils ein → Ersatzmitglied (§ 18 Abs. 4 MVG) zu laden ist. **Vorsicht!** Die Nichtbefolgung könnte die Unwirksamkeit von Beschlüssen der jeweiligen Sitzung zur Folge haben.

Die **Interessenvertretungen besonderer Mitarbeitergruppen** (Jugendliche, schwerbehinderte Menschen) haben das Recht, beim Vorsitzenden einen Antrag auf **Einberufung einer Sondersitzung der MAV** zu stellen, wenn der Gegenstand keinen Aufschub duldet, d. h. die Behandlung nicht bis zur regelmäßigen Sitzung warten kann (§ 24 Abs. 3 MVG).

Tagesordnung (§ 24 Abs. 2 MVG)

Der Vorsitzende der Mitarbeitervertretung setzt die Tagesordnung (zu behandelnde Beratungsgegenstände) fest. Die Tagesordnung ist (am besten zusammen mit der Einladung) **rechtzeitig allen** (unter Beachtung bestimmter Voraussetzungen, siehe oben) einzuladenden Personen zur Kenntnis zu geben. Die → **Dienststellenleitung** erhält die **Tagesordnung** nur dann, wenn sie **zur Sitzung eingeladen** worden ist oder die Sitzung auf ihr Verlangen stattfindet. Besteht die Tagesordnung aus mehreren Punkten, erhält die Dienststellenleitung nur den Teil, zu dem sie von der Mitarbeitervertretung eingeladen worden ist.

Eine exakte Zugangsfrist für die Einladung und Tagesordnung ist im Gesetz nicht benannt. Der **rechtzeitige Zugang** der Tagesordnung an die MAV-Mitglieder und die Vertreter der besonderen Mitarbeitergruppen soll ihnen eine ausreichende Möglichkeit geben, sich ordnungsgemäß und sachgerecht auf die zu behandelnden Themen der **MAV-Sitzung vorzubereiten**. Erforderliche **Unterlagen** sollten sinnvollerweise unter Beachtung des → **Datenschutzes** den MAV-Mitgliedern **vorab zugehen**. Rechtzeitig ist der Zugang in der Regel dann, wenn die Tagesordnung den MAV-Mitgliedern eine Woche vor der Sitzung zugeht. In besonderen Ausnahmefällen kann eine kürzere Frist erforderlich sein. In der Geschäftsordnung für die MAV könnte der Begriff »rechtzeitig« einvernehmlich festgelegt werden.

Das MVG fordert nicht explizit, dass die Tagesordnung schriftlich vorliegen muss. Wir raten jedoch **dringend** dazu, die **Tagesordnung schriftlich** zu verfassen. Die Bezeichnung der Tagesordnungspunkte muss außerdem **aussagekräftig** sein. **Allgemeine Formulierungen**, wie z. B. »Personelles«, »Umstrukturierung«, »Dienstvereinbarung« oder »Verschiedenes« **reichen nicht** aus. Der Gegenstand muss konkret genannt sein. Zudem muss bereits aus der Tagesordnung ersichtlich sein, dass über einen bestimmten Punkt beraten und beschlossen werden soll.

Beispiele:
- Beratung und Beschlussfassung:
- Beabsichtigte verhaltensbedingte Kündigung des Mitarbeiters Fritz Streit-Lust (Altenpfleger, Haus Sonnenschein)
- Beratung und Beschlussfassung:
- Geplante Dienstvereinbarung »Pausenregelung im Haus Fernsicht«

Enthält die Einladung zu einer MAV-Sitzung
- keine Tagesordnung oder
- nicht aufgeführte Tagesordnungspunkte oder
- zu allgemeine Tagesordnungspunkte,

können **keine Beschlüsse** gefasst werden. Einen Beratungsgegenstand **dennoch** auf die Tagesordnung zu setzen und darüber **zu beschließen, setzt voraus**, dass
- die MAV zu der Sitzung ordnungsgemäß geladen wurde,
- die MAV beschlussfähig ist,

- das Einverständnis zur Aufnahme eines Tagesordnungspunktes einstimmig erfolgt (BAG, Beschluss v. 22. 1. 2014 – 7 AS 06/13).

Beispiel:
Die Vorsitzende der 11-köpfigen Mitarbeitervertretung lädt zu einer MAV-Sitzung ein. Anwesend sind 5 ordentliche MAV-Mitglieder und ein Ersatzmitglied. Die Vorsitzende schlägt vor, über die »Anrufung des Kirchengerichts wegen Versagung der Kostenübernahme für die Teilnahme des MAV-Mitglieds Anton Müller an einer Grundlagenschulung zum MVG« einen Beschluss zu fassen. Die MAV-Vorsitzende fragt die Anwesenden, ob sie mit der Aufnahme dieses Punktes in die Tagesordnung und Beschlussfassung darüber einverstanden sind. Alle MAV-Mitglieder erklären durch Handzeichen ihr Einverständnis. Dies wird in der Sitzungsniederschrift festgehalten. Nun kann ein wirksamer Beschluss über die Anrufung des Kirchengerichts gefasst werden.

Achtung:
Die Rechtsprechung des BAG zu diesem Punkt – Vollzähligkeit der MAV – hat sich seit o. g. Entscheidung geändert. So wurde in der Vergangenheit gefordert, dass die MAV komplett anwesend sein muss; es reicht nunmehr aus, dass alle MAV-Mitglieder ordentlich geladen wurden und die anwesenden MAV-Mitglieder einstimmig der Aufnahme eines Tagesordnungspunktes zustimmen. Einstimmig bedeutet, dass alle Anwesenden zustimmen.

Zu den **schwerwiegenden Konsequenzen eines unwirksamen Beschlusses** der MAV siehe unten (Beschlussfassung).

Der **Vorsitzende leitet** die Sitzung, im Verhinderungsfall sein Stellvertreter (in der festgelegten Reihenfolge).

Der Vorsitzende

- achtet auf die **Nichtöffentlichkeit** (§ 24 Abs. 4 MVG)
- gibt die **Anwesenheitsliste** in Umlauf (vorgeschrieben ist nur, die Teilnehmer in der Niederschrift aufzuführen – § 27 Abs. 1 MVG), soweit in einer Geschäftsordnung vorgesehen oder üblich
- achtet (bei **jeder** Beschlussfassung) auf die **Beschlussfähigkeit**
- weist die → **Dienststellenleitung** und → **sachkundige Personen** auf die Einhaltung der **Schweigepflicht** hin (§ 25 Abs. 3 MVG)
- leitet **zielorientiert**
- führt in ein Thema ein (**Sachstandsbericht**)
- führt erforderlichenfalls eine **Rednerliste**
- **erteilt oder entzieht das Wort**
- **fasst** Diskussions- und Beratungsergebnisse **zusammen**
- stellt das Beratungsergebnis zur Abstimmung (**formuliert Beschlussantrag**)
- achtet auf die **Aufgabenerledigung**

- achtet auf die **zeitliche Strukturierung** (Zeitplanung für die einzelnen Tagesordnungspunkte, Vermeidung von Wiederholungen) der Sitzung
- **reagiert** angemessen **auf Störungen.**

Nichtöffentlichkeit
Die Sitzung der MAV ist **nicht öffentlich** (§ 24 Abs. 4 MVG). → **Sachkundige Personen** (§ 25 MVG) können an MAV-Sitzungen teilnehmen. Auf ihre **Schweigepflicht** (§ 22 MVG) sind sie ausdrücklich **hinzuweisen** (§ 25 Abs. 3 MVG). Bei Beschlussfassungen dürfen nur die MAV-Mitglieder anwesend sein. **Strittig** ist, ob **Büropersonal** (§ 30 Abs. 1 MVG), das die → **Dienststellenleitung** der MAV zur Verfügung gestellt hat, an Sitzungen teilnehmen darf. Es wird die Auffassung vertreten – wohl zu Recht –, dass Büropersonal an den MAV-Sitzungen teilnehmen kann. Im BPersVG ist zwischenzeitlich ausdrücklich geregelt, dass Büropersonal zur Fertigung der Sitzungsniederschrift an Sitzungen des Personalrates teilnehmen kann (§ 38 Abs. 2 BPersVG).
Ein Verstoß gegen das Verbot der Nichtöffentlichkeit wirkt sich nicht auf die Gültigkeit von Beschlüssen aus, es sei denn, es kann der Nachweis geführt werden, »dass durch die unberechtigte Teilnahme ein Einfluss auf das Beratungs- und Beschlussergebnis entstanden ist.« (Fey/Rehren, § 24 MVG, Rn. 17)

Zeitpunkt, Anzahl und Dauer der MAV-Sitzung
Die Sitzung der Mitarbeitervertretung findet i. d. R. **während der Arbeitszeit** statt. Müssen MAV-Mitglieder **Schichtdienst** leisten, so ist darauf zu achten, dass die MAV-Sitzung in die **Arbeitszeit** zumindest des **überwiegenden Teils** der **MAV-Mitglieder** fällt. Bei der Festlegung der zeitlichen Lage der Sitzung sind die **dienstlichen Notwendigkeiten** zu **berücksichtigen**. Vorrang hat aber die Funktionsfähigkeit und termingerechte Aufgabenerledigung der MAV (z. B. die Einhaltung gesetzlicher Fristen bei Zustimmungsanträgen der → **Dienststellenleitung** an die MAV). Gleichwohl ist es Aufgabe des Vorsitzenden zu prüfen, ob die zeitliche Verschiebung der MAV-Sitzung möglich ist.
Die → **Dienststellenleitung** soll von Zeitpunkt und Ort der Sitzung vorher informiert werden. Dadurch hat sie Gelegenheit, die Arbeitsorganisation für diesen Zeitraum entsprechend zu planen. Die Mitteilungspflicht eröffnet der Dienststellenleitung aber nicht die Möglichkeit, eine Sitzung zu verbieten. Eine unzulässige Behinderung (§ 19 Abs. 1 MVG) der MAV-Tätigkeit stellt es dar, wenn die Dienststellenleitung während der ihr bekannten Sitzungszeit Arbeitsleistung für ein MAV-Mitglied anordnet (Fey/Rehren, § 24 MVG, Rn. 15).
Über Anzahl und Dauer der MAV-Sitzungen macht das MVG keine Angaben. Darüber entscheidet die MAV bzw. der Vorsitzende. **Häufigkeit und Dauer** richten sich nach dem **Arbeitsanfall**, der nicht selten durch die → **Dienststellenleitung** verursacht ist. Maßgeblich wird er aber bestimmt sein durch die Ziele und

Perspektiven, die sich eine MAV gibt. Wir empfehlen, dass die MAV **mindestens eine Sitzung pro Woche durchführt**. In kleineren Dienststellen wird man mit einem längeren Sitzungsturnus auskommen können, der jedoch 2 Wochen nicht überschreiten sollte. Schließlich beträgt die Reaktionsfrist der MAV auf einen Antrag des Arbeitgebers in der Regel 2 Wochen.

Beschlussfassung (§ 26 MVG)
Die Mitarbeitervertretung trifft ihre Entscheidungen als **Kollegialorgan** durch Beschluss. Der Vorsitzende allein oder andere Mitglieder sind nicht befugt, anstelle der MAV Beschlüsse zu fassen. **Ausnahme:** Hat die MAV beschließende → **Ausschüsse** eingerichtet (§ 23a Abs. 1 MVG), fassen diese die Beschlüsse im Rahmen eines festgelegten Aufgabenbereichs.
Die Mitarbeitervertretung **hat** ihre **Beteiligungsrechte wahrzunehmen** (§ 37 Abs. 2 MVG). Dabei werden Entscheidungen durch Beschlüsse getroffen. **Unterlässt die Mitarbeitervertretung die Beschlussfassung** über ihre Haltung zu einem bestimmten Antrag auf Zustimmung der Dienststellenleitung, liegt darin eine **Amtspflichtverletzung** mit der Möglichkeit eines Amtsenthebungsverfahrens (§ 17 MVG).
Die MAV kann **Beschlüsse im Umlaufverfahren oder durch fernmündliche Absprachen** fassen, wenn sie dies

- in einer Geschäftsordnung bestimmt hat und
- dabei Einstimmigkeit unter allen MAV-Mitgliedern – unter Berücksichtigung der Beschlussfähigkeit – erzielt wird.

Von diesem Verfahren der Beschlussfassung wird **abgeraten**. Wir empfehlen stattdessen, eine **Sondersitzung** einzuberufen, weil die Erörterung im Gremium zu neuen Aspekten und somit zu anderen Ergebnissen und Entscheidungen führen kann.
Zudem kann die MAV im Ausnahmefall Beschlüsse im Rahmen einer Video- oder Telefonkonferenz fassen (§ 26 Abs. 2 MVG). Zu beachten ist hier, dass solche Konferenzen nur stattfinden können, wenn kein MAV-Mitglied diesem Verfahren unverzüglich widerspricht. Im Falle eines Widerspruchs hat die Sitzung in Präsenz stattzufinden.
Grundsätze für die Beschlussfassung

- Das Gremium muss **beschlussfähig** sein: Das bedeutet, **die Mehrheit der MAV-Mitglieder** muss anwesend sein bzw. an der Beschlussfassung teilnehmen (bei einer siebenköpfigen Mitarbeitervertretung also mindestens vier Mitglieder). Ist die Gesamtzahl der MAV-Mitglieder auch nach Eintreten sämtlicher Ersatzmitglieder (§ 18 Abs. 3 und 4 MVG) unter die vorgeschriebene Zahl (§ 8 MVG) gesunken, dann ist bei der Feststellung der Beschlussfähigkeit von der Zahl der noch vorhandenen MAV-Mitglieder auszugehen. Die

Regelungen zur Nach- bzw. Neuwahl gem. § 16 MVG sind jedoch zwingend zu beachten!

Ein Beschluss muss von der **Mehrheit** der Stimmen der anwesenden Mitglieder der beschlussfähigen Mitarbeitervertretung mit einer **»Ja-Stimme«** getragen sein. Die Übertragung und der Widerruf der Übertragung von Aufgaben an einen **beschließenden Ausschuss** (→ **Ausschüsse**) erfordert eine **Dreiviertelmehrheit aller** Mitglieder der (gesamten) MAV (§ 23 Abs. 1 MVG), d. h. nur die Anwesenden reichen nicht aus.

- Bei **Stimmengleichheit** ist ein Beschlussantrag abgelehnt. Stimmenthaltung ist zulässig; sie wirkt aber wie eine Ablehnung.

> **Beispiel:**
> Zehn Mitglieder der elfköpfigen MAV nehmen an der Beschlussfassung teil. Fünf Mitglieder stimmen mit »Ja«; vier Mitglieder stimmen mit »Nein«; ein Mitglied enthält sich der Stimme. Der Beschlussantrag ist abgelehnt, weil nicht die Mehrheit der an der Beschlussfassung teilnehmenden MAV-Mitglieder zugestimmt hat. Erforderlich gewesen wären mindestens sechs »Ja-Stimmen«.

Rechtsunwirksam sind Beschlüsse der Mitarbeitervertretung dann,

- wenn sie einen **gesetz- oder tarifwidrigen Inhalt** haben (Verstoß gegen ein Gesetz, ein Kirchengesetz, eine Verordnung oder eine tarifliche Regelung), siehe auch § 36 Abs. 1 MVG;
- wenn sie **nicht ordnungsgemäß zustande gekommen** sind, weil nicht alle MAV-Mitglieder (oder im Verhinderungsfall eines »ordentlichen« Mitglieds nicht das »richtige« Ersatzmitglied) eingeladen worden sind;
- wenn ein MAV-Mitglied an der Beratung und Beschlussfassung mitgewirkt hat, obwohl seine Teilnahme wegen **Befangenheit** unzulässig ist. Ein Verstoß gegen den in § 26 Abs. 3 MVG zum Ausdruck kommenden Grundsatz der Unbefangenheit bewirkt die Nichtigkeit eines Beschlusses, wenn es sich dabei um einen besonders schwerwiegenden Fehler handelt und dies bei Würdigung aller in Betracht kommenden Umstände offensichtlich ist – BVerwG, Beschl. V. 19. 10. 15 – 5 P11.14 (§ 26 Abs. 3 MVG);
- wenn überhaupt **keine Tagesordnung** mitgeteilt wurde oder eine beschlossene Angelegenheit nicht auf der Tagesordnung steht; unwirksam ist der Beschluss auch dann, wenn zwar die MAV-Mitglieder beschlussfähig waren, aber ein MAV-Mitglied mit der Beschlussfassung wegen der fehlenden bzw. fehlerhaften Tagesordnung nicht einverstanden war;
- wenn nicht **die Mehrheit** der MAV-Mitglieder an der Beschlussfassung teilgenommen hat;

- wenn ein **Nichtberechtigter** (z. B. ein »falsches« Ersatzmitglied) teilgenommen hat und wenn dadurch das Ergebnis der Beschlussfassung beeinflusst wurde;
- im **Umlaufverfahren oder durch fernmündliche Absprachen** herbeigeführt worden sind, ohne dass dieser Verfahrensweg in einer Geschäftsordnung festgelegt wurde oder in diesem Verfahren keine Einstimmigkeit erzielt wurde.

Keine Unwirksamkeit des Beschlusses hat in der Regel (strittig) ein Verstoß gegen das Gebot der Nichtöffentlichkeit zur Folge. Gleiches gilt bei einer unterbliebenen Sitzungsniederschrift.

Ein **nichtiger Beschluss der MAV** hat keinerlei Rechtswirkung. Er kann aber überaus **unangenehme Konsequenzen** nach sich ziehen:

> **Beispiel:**
> - Die Mitarbeitervertretung beschließt (unwirksam), für ein Kirchengerichtsverfahren einen Rechtsanwalt hinzuzuziehen. Die Dienststellenleitung ist nicht verpflichtet, die Mitarbeitervertretung von den Honorarforderungen freizustellen, so dass die Kostentragungspflicht durch den Arbeitgeber entfällt.
> - Die Mitarbeitervertretung beschließt (unwirksam) die Entsendung von Mitgliedern der Mitarbeitervertretung zu einer Grundlagenschulung zum Mitarbeitervertretungsgesetz (§ 19 Abs. 3 MVG). Die Dienststellenleitung ist nicht verpflichtet, die Mitarbeitervertretung von den Seminargebühren des Veranstalters freizustellen.
> - Die Mitarbeitervertretung beschließt (unwirksam), die Zustimmung gegen eine vom Arbeitgeber beabsichtigte ordentliche Kündigung (§ 42 i. V. m. § 41 Abs. 2 MVG) zu verweigern. Die Zustimmung der Mitarbeitervertretung gilt dann als erteilt und die Kündigung kann ausgesprochen werden.

Sitzungsniederschrift (Protokoll)

Jede Sitzung der Mitarbeitervertretung ist zu **protokollieren** (§ 27 Abs. 1 MVG).

Die Sitzungsniederschrift muss folgende gesetzliche **Mindestanforderungen** erfüllen:

- Angabe des Datums der Sitzung
- Namen der An- und Abwesenden (auch der → **sachkundigen Personen**)
- Anwesenheitsdauer der MAV-Mitglieder, falls diese die Sitzung nur zeitweise besuchen
- Tagesordnungspunkte
- Wortlaut der gefassten Beschlüsse (Beschluss, tragende Gründe)
- Wahl- und Abstimmungsergebnisse mit den jeweiligen Stimmenverhältnissen (»Ja«, »Nein«, »Enthaltungen«)
- Unterschrift des Vorsitzenden und eines weiteren Mitglieds der Mitarbeitervertretung.

Wurden (einstimmige) Beschlüsse im Umlaufverfahren oder durch fernmündliche Absprachen herbeigeführt, sind diese ebenfalls im Wortlaut zu protokollieren (§ 26 Abs. 2 MVG).
Weitergehende Protokollierungspflichten können in einer → **Geschäftsordnung** festgelegt werden.
Hat die → **Dienststellenleitung** an der Sitzung der Mitarbeitervertretung teilgenommen, erhält sie einen Auszug der Niederschrift über die Tagesordnungspunkte, die im Beisein der Dienststellenleitung erörtert wurden (§ 27 Abs. 2 MVG). Der Auszug darf nicht die Ergebnisse der Beschlussfassungen enthalten.
Andere (→ **sachkundige) Personen**, die an der Sitzung teilgenommen haben, haben **kein Einsichtsrecht** in das Protokoll.
Die Sitzungsniederschrift kann in einem Kirchengerichts- oder Arbeitsgerichtsverfahren als **Beweismittel** dienen. Die Niederschrift ist eine **Urkunde**. Der Beweiswert eines Protokolls kann jedoch durch Zeugenaussagen entkräftet werden.
Das Protokoll ist von einem **Mitglied der Mitarbeitervertretung anzufertigen**. Die Unterstützung durch eine Bürokraft (der Mitarbeitervertretung) ist möglich (Anwesenheit der Bürokraft bei der Sitzung wegen Nichtöffentlichkeit strittig). Der **Vorsitzende** handelt **pflichtwidrig**, wenn er nicht darauf achtet, dass das Protokoll ordnungsgemäß erstellt wird.
Die Sitzungsniederschrift ist den **Mitgliedern** der Mitarbeitervertretung **zur Kenntnis zu geben**, auch wenn dies nicht ausdrücklich im MVG vorgesehen ist. Eine **Aushändigung** ist grundsätzlich **zweckmäßig**. Protokolle müssen nicht ausdrücklich genehmigt werden. Üblich ist es, bei der nächsten Sitzung die Richtigkeit des Protokolls abzufragen. Offensichtliche **Unrichtigkeiten** sind auf Veranlassung des Vorsitzenden im nächsten Protokoll zu berichtigen. **Einwände** zum Protokoll sollen dem Protokoll beigefügt werden.
Niederschriften sind **aufzubewahren**. Eine Aufbewahrungsfrist ist im Mitarbeitervertretungsgesetz nicht genannt. Die Inhalte von Protokollen können aber rechtliche Bedeutung über die Amtszeit hinaus haben (z. B. Beschlüsse über Dienstvereinbarungen). Die Protokolle sollen deshalb an die nachfolgende Mitarbeitervertretung weitergegeben werden.
Scheidet ein MAV-Mitglied aus der MAV aus, so hat es seine Sitzungsniederschriften an die MAV zurückzugeben (§ 18 Abs. 5 MVG).

Aussetzung von Beschlüssen
Ein Beschluss der Mitarbeitervertretung ist auf Antrag der **Schwerbehindertenvertretung (→ schwerbehinderte Menschen)** für **die Dauer von einer Woche** vom Zeitpunkt der Beschlussfassung an auszusetzen, wenn erhebliche Interessen der schwerbehinderten Menschen beeinträchtigt erscheinen. Die Aussetzung hat keine Verlängerung einer Frist zu Folge (§ 51 MVG i. V. m. § 178 Abs. 4 SGB IX).

Innerhalb der Aussetzungsfrist soll mit dem Willen zur Einigung zwischen MAV und Schwerbehindertenvertretung eine Verständigung erzielt werden. Nach Ablauf der Frist ist über die Angelegenheit neu zu befassen. Die nicht mögliche Verlängerung der Frist kann für die MAV bedeuten, dass aus einem NEIN der MAV durch die Aussetzung ein JA wird, weil die Äußerungsfrist der MAV (zwei Wochen – § 38 Abs. 3 MVG) zu einem Mitbestimmungs- oder Mitberatungstatbestand überschritten wird.

Sitzungsniederschrift/Protokoll

Was ist das?

Die Sitzungsniederschrift, auch nur Niederschrift oder Protokoll genannt, ist die Dokumentation der Sitzung der MAV (§ 27 MVG). Über jede Sitzung der MAV und ihrer Ausschüsse nach § 23a Abs. 1 Satz 1 MVG ist eine Niederschrift anzufertigen. Die Sitzungsniederschrift muss mindestens folgende Teile enthalten:

- Namen der An- und Abwesenden
- Tagesordnung
- Inhalt der gefassten Beschlüsse sowie das Abstimmungsergebnis
- Wahlergebnisse mit Abstimmungsergebnis

Bei der Sitzungsniederschrift handelt es sich um eine Urkunde mit hohem Beweiswert und kann daher bei kirchengerichtlichen Verfahren eine erhebliche Rolle spielen.

Bedeutung für die MAV

Das Amt des »**Schriftführers**« der MAV hat eine hohe Bedeutung, weil es sich bei der Sitzungsniederschrift um ein Dokument handelt. Die MAV kann einen Schriftführer für eine ganze Amtsperiode wählen, das Amt periodisch vergeben oder in jeder Sitzung rotieren. Jedoch kann kein MAV-Mitglied gezwungen werden, die Niederschrift anzufertigen. Sollte sich kein MAV-Mitglied für das Amt der Schriftführung finden lassen, muss der → **MAV-Vorsitzende** das Protokoll selbst erstellen.

Strittig ist, ob die Teilnahme von Büropersonal der MAV (nach § 30 Abs. 1 MVG) an Sitzungen zur Protokollführung in Betracht kommt. Viele Argumente sprechen dafür, dass die Bürokraft der MAV auch als Protokollant zu MAV-Sitzungen hinzugezogen werden kann. Schließlich sieht § 30 Abs. 1 MVG Büropersonal u. a. »für die Sitzungen« der MAV vor. Da die Bürokraft nicht Mitglied der Mitarbeitervertretung ist, kann sie in den Sitzungen nicht an der Beratung und Be-

schlussfassung von einzelnen Themen mitwirken. Die Bürokraft ist über ihre Pflicht zur Verschwiegenheit zu belehren!
Die Sitzungsniederschrift muss die Namen aller Teilnehmer, also MAV-Mitglieder (auch die abwesenden MAV-Mitglieder), Sachverständige (§ 25 Abs. 2 MVG), gehörte Beschäftigte (§ 28 Abs. 3, § 35 Abs. 4 MVG), Vertreter der JAV und SBV enthalten. Wenn Personen nicht an der gesamten MAV-Sitzung teilnehmen, sind Beginn und Ende der Teilnahme festzuhalten. Dies dient v. a. zum Nachweis der Beschlussfähigkeit der MAV. Über die genannten Mindestinhalte hinaus, kann das Protokoll auch ausführlicher gestaltet werden. Die **Sitzungsniederschrift** ist nach Beendigung der Sitzung durch den MAV-Vorsitzenden, im Verhinderungsfall durch den stellvertretenden Vorsitzenden und ein weiteres MAV-Mitglied, **zu unterschreiben (Schriftformerfordernis!)**. Das weitere MAV-Mitglied muss nicht der Schriftführer sein.
Das MVG sieht nicht vor, dass die Sitzungsniederschrift allen MAV-Mitgliedern automatisch zugestellt wird. Somit würde es ausreichen, wenn die unterschriebene Sitzungsniederschrift in der kommenden Sitzung in Umlauf gegeben wird. Es ist jedoch nicht verboten, die unterschriebene Sitzungsniederschrift in das MAV-Laufwerk einzustellen oder an die MAV-Mitglieder zu versenden, soweit datenschutzrechtliche Bestimmungen beachtet werden.
Ausdrücklich erhält die Dienststellenleitung nur den Teil der Sitzungsniederschrift, der die Sitzung während ihrer Anwesenheit wiedergibt (§ 27 Abs. 2 MVG). Ist die Dienststellenleitung bei der Sitzung vertreten worden, erhält nicht die Vertretung den Auszug aus der Sitzungsniederschrift, sondern die Dienststellenleitung.
Eine Frist, bis wann die Sitzungsniederschrift nach einer MAV-Sitzung fertiggestellt sein muss, sieht das MVG nicht vor. Jedoch gilt auch hier der Grundsatz der zeitnahen Dokumentation. Die Niederschrift soll dazu dienen, im Nachhinein nachweisen zu können, welchen Verlauf eine Sitzung genommen hat bzw. vor allem, welche Ergebnisse in Form von Beschlüssen getroffen worden sind. Mit der Unterzeichnung erhält die Sitzungsniederschrift auch die Urkundenqualität. Bei einem zeitlich späteren Verfassen besteht die Gefahr, dass sich die unterzeichnenden MAV-Mitglieder nicht mehr genau an den Inhalt der Sitzung, insbesondere an die jeweiligen Stimmenverhältnisse der gefassten Beschlüsse erinnern.
Die Nichtanfertigung von Sitzungsniederschriften stellt im Wiederholungsfall eine Pflichtverletzung des Vorsitzenden, gegebenenfalls der gesamten MAV dar, die mit einem Amtsenthebungsverfahren enden kann. Zu beachten ist, dass die Sitzungsniederschrift nur deklaratorischen Charakter besitzt. Wenn ein Beschluss der MAV ordnungsgemäß gefasst wurde, Einladung, Tagesordnung, Beschlussfähigkeit, erforderliche Mehrheit bei der Abstimmung, so ist dieser Beschluss wirksam, auch wenn keine oder eine fehlerhafte Sitzungsniederschrift

vorliegt. Jedoch wird die MAV dann den Beweis der ordnungsgemäßen Beschlussfassung nur schwer führen können.
Über die Sitzungsniederschrift muss nicht in der kommenden oder eine der kommenden MAV-Sitzungen abgestimmt werden (ist aber auch nicht untersagt). Das sieht das MVG nicht vor. Jedes MAV-Mitglied bzw. jeder, der berechtigt an einer MAV-Sitzung teilgenommen hat, kann sich jedoch im Vorfeld von Sitzungen an den MAV-Vorsitzenden wenden, um auf inhaltliche oder sonstige Fehler hinzuweisen. Bei offensichtlichen Fehlern kann der MAV-Vorsitzende die Sitzungsniederschrift nicht selbst korrigieren, vielmehr muss die Änderung in der folgenden Sitzung in der neuen Sitzungsniederschrift dokumentiert werden. Auch in MAV-Sitzungen selbst kann auf Fehler hingewiesen werden, bei Uneinigkeit in der MAV muss im Gremium abgestimmt werden.
Die Sitzungsniederschriften sind mindestens für die laufende Amtsperiode aufzubewahren. Sie können der nachfolgenden MAV aber auch übergeben werden. Sitzungsniederschriften, die Beschlüsse enthalten, die über die Amtsperiode hinaus rechtliche Bedeutung haben, z. B. bei → **Dienstvereinbarungen**, müssen auch über mehrere Amtsperioden aufbewahrt werden. MAV-Mitglieder, die aus der MAV ausscheiden, während oder am Ende der Amtsperiode, müssen alle in ihrem Besitz befindlichen Unterlagen, die sie in ihrer Eigenschaft als MAV-Mitglied erhalten haben, an die MAV zurückgeben (§ 18 Abs. 5 MVG). Dies gilt auch für Sitzungsniederschriften. Ersatzmitglieder, die nur für eine gewisse Zeit Mitglied der MAV waren, müssen ebenfalls alle Unterlagen nach Beendigung der ordentlichen Mitgliedschaft an die MAV zurückgeben. Die Rückgabepflicht gilt nicht für die → **Dienststellenleitung** und die Auszüge aus der Sitzungsniederschrift.
Die MAV ist für die Einhaltung des → **Datenschutzes** selbst verantwortlich (§ 22 Abs. 3 MVG). Der Datenschutz ist auch bei der Aufbewahrung der Sitzungsniederschriften (verschlossener Schrank, verschlüsseltes Laufwerk) zu gewährleisten. Ebenso ist der Inhalt der Sitzungsniederschrift so zu gestalten, dass außer den Namen der von personellen Einzelmaßnahmen betroffenen Beschäftigten keine weiteren persönlichen Daten in der Niederschrift erscheinen. Sollte dies doch der Fall sein, müssen diese Daten geschwärzt werden, wenn der rechtliche oder tatsächliche Grund für eine Speicherung entfallen ist.
Sitzungsniederschriften können während der Sitzung mitnotiert, per Kurzschrift aufgezeichnet, auf dem Laptop mitgeschrieben oder in ein Diktiergerät gesprochen werden. Eine gute Möglichkeit, schnell zu einer einvernehmlichen Sitzungsniederschrift zu kommen ist, dass die Tagesordnung per Laptop und Beamer an die Wand geworfen wird und bei jedem Tagesordnungspunkt der Inhalt der Entscheidung bzw. des Beschlusses gleich mitgeschrieben wird, ebenso das Abstimmungsverhältnis und evt. weitere Besonderheiten. So können die Sitzungsteilnehmer immer aktuell den Stand der Niederschrift verfolgen, Fehler

monieren, Unklarheiten ansprechen und am Ende der Sitzung liegt eine fertige, beanstandungsfreie Sitzungsniederschrift vor, die unmittelbar unterschrieben werden kann.

Bedeutung für die Beschäftigten

Für die Beschäftigten spielen Sitzungsniederschriften nur insofern eine Rolle, als bei gerichtlichen Verfahren auf Protokoll bzw. Protokollteile durch die Gerichte zugegriffen wird.

Sonderkündigungsschutz, Unkündbarkeit

Was ist das?

Sonderkündigungsschutz (oft auch: »Unkündbarkeit«) bedeutet, dass der Arbeitgeber nur unter sehr engen Grenzen eine ordentliche Kündigung gegenüber einem Arbeitnehmer aussprechen kann. Zum Teil ist sogar die ordentliche Kündigung ausgeschlossen und nur eine außerordentliche Kündigung möglich. Eine generelle Unkündbarkeit gibt es nicht, es handelt sich vielmehr um einen Sonderkündigungsschutz. Der Sonderkündigungsschutz kann aufgrund gesetzlicher oder tariflicher Vorgaben bzw. auf Grundlage der AVR.DD greifen.
Es gibt keinen gesetzlichen Sonderkündigungsschutz, der aufgrund einer bestimmten Betriebszugehörigkeit und des Alters greift. Solche Regelungen lassen sich aber beispielsweise in § 30 AVR.DD, § 14 Abs. 1 AVR-Bayern oder § 34 TVöD finden.
Gesetzlicher Kündigungsschutz besteht nach § 17 **Mutterschutzgesetz**. Eine ordentliche oder außerordentliche Kündigung einer unter den Schutzbereich des Mutterschutzgesetzes fallenden Frau bedarf der vorherigen Zustimmung des Gewerbeaufsichtsamtes.
Bei schwerbehinderten oder diesen gleichgestellten Arbeitnehmern hat das Integrationsamt im Vorfeld die Zustimmung zu der Kündigung zu erteilen.
Die Behörden prüfen jedoch nicht, ob ein Kündigungsgrund i. S. d. KSchG vorliegt, sondern, ob die Kündigung aufgrund der Schwerbehinderung bzw. der Schwangerschaft erfolgen soll.
Auch die außerordentliche Kündigung eines Mitglieds des Betriebsrats ist zustimmungspflichtig; und zwar muss der Betriebsrat der Kündigung zustimmen. Erteilt der Betriebsrat die Zustimmung nicht, hat der Arbeitgeber die Zustimmung arbeitsgerichtlich ersetzen zu lassen. Das betroffene Betriebsratsmitglied ist Beteiligter dieses Verfahrens.
Weitere Beispiele für einen Sonderkündigungsschutz sind:

- § 18 BEEG (ab Verlangen der Elternzeit und währenddessen)
- § 5 PflegeZG (ab Ankündigung und bis zum Ende der Arbeitsverhinderung)

- § 21 Abs. 2 MVG (für MAV-Mitglieder, über § 49 Abs. 5 MVG auch für die JAV und über § 52 Abs. 1 MVG für die SBV)
- § 38 BDSG i. V. m. § 6 Abs. 4 BDSG (für den Datenschutzbeauftragten, wenn eine Verpflichtung zu dessen Bestellung besteht)
- § 13 Abs. 3 MVG (Wahlvorstand, nur außerordentlich)
- § 22 BBiG (für Auszubildende, nur außerordentlich nach Ablauf der Probezeit)

Bedeutung für die MAV

Auch **MAV-Mitglieder** genießen nach § 21 Abs. 2 MVG Sonderkündigungsschutz, der auch noch bis zu einem Jahr nach Ende der Mitgliedschaft in der MAV nachwirkt, es sei denn das MAV-Mitglied wurde gem. § 17 MVG aus der MAV ausgeschlossen. Das ist von immenser Bedeutung, weil das MAV-Mitglied aufgrund seines Mandats Teil von Konflikten mit dem Arbeitgeber sein kann. Außerdem ist das Amt demokratisch legitimiert. So wird der demokratische Wille der Mitarbeiter geschützt. Sonderkündigungsschutz ist außerdem im Rahmen der eingeschränkten Mitbestimmung bei Kündigungen nach Ablauf der Probezeit (§§ 42 Buchst. b MVG, 41 Abs. 2 MVG) und der Mitberatung bei außerordentlichen Kündigungen (§§ 45, 46 Buchst. b MVG) und Kündigungen innerhalb der Probezeit (§§ 45, 46 Buchst. c MVG) von Bedeutung. Bei der eingeschränkten Mitbestimmung kann der Sonderkündigungsschutz einen Zustimmungsverweigerungsgrund liefern, der die Kündigung verhindert. Bei der Mitberatung kann er herangezogen werden, um den Arbeitgeber vom Ausspruch einer Kündigung abzubringen, da im Falle einer Kündigungsschutzklage des Kollegen die Kündigung unwirksam wäre.
Zum 1. 1. 2024 hat die EKD-Synode den Sonderkündigungsschutz für MAV-Mitglieder insoweit eingeschränkt, als die schriftliche Verweigerung der Zustimmung der MAV zu einer Kündigung innerhalb der verkürzten Frist von bis zu 3 Arbeitstagen erfolgen muss. Andernfalls gelte – so der neue Satz 5 in § 21 Abs. 2 MVG-EKD – die Zustimmung als erteilt. Der Wortlaut der Neufassung ist missverständlich und problematisch, weil er nahelegt, dass die Beantragung der mündlichen Erörterung den Fristenlauf nicht mehr beseitigt. Ob dies tatsächlich der Fall ist, ist kirchengerichtlich noch nicht geklärt.
Sinn der Veränderung war offenbar die Erleichterung der Kündigungsmöglichkeiten von MAV-Mitgliedern durch die Arbeitgeberseite. Ob dieser Zweck tatsächlich erreicht wird, stellt eine erste Kommentierung der Änderung sehr in Frage (s. Bernhard Baumann-Czichon, Nora Wölfl, Sven Feuerhahn: MVG-Novelle: Erläuterungen. In: Arbeitsrecht und Kirche, 1/2024, S. 15).

Bedeutung für die Beschäftigten

Für die Beschäftigten ist es von hoher Bedeutung, den Sonderkündigungsschutz zu kennen, um sich auf ihn auch berufen zu können. Berücksichtigt der Arbeitgeber den Schutz nicht, ist die ausgesprochene Kündigung **unwirksam**. Allerdings muss auch eine solche Kündigung vor dem Arbeitsgericht binnen 3 Wochen mit der Kündigungsschutzklage angegriffen werden. Kennt der Arbeitgeber den Umstand nicht, der zu einem Sonderkündigungsschutz führen würde, gibt es auch Fristen, innerhalb derer der Mitarbeiter sich ihm gegenüber auf diesen Umstand berufen muss, um sich auf den Kündigungsschutz berufen zu können. Bei Schwangeren sind dies z. B. 2 Wochen ab Zugang der Kündigung.

Sozialplan

Was ist das?

Ein Sozialplan (§ 40 Buchst. f MVG) soll die **wirtschaftlichen Nachteile ausgleichen**, die den Arbeitnehmern durch unternehmerische Entscheidungen entstehen können. Solche Entscheidungen können Rationalisierungsmaßnahmen, die Auflösung, die Einschränkung, Verlegung und Zusammenlegung von → **Dienststellen** oder erheblichen Teilen sein, wobei es sich in § 40 Buchst. f MVG nur um eine beispielhafte Aufzählung handelt.

Bedeutung für die MAV

Das Aufstellen eines Sozialplans unterliegt der → **Mitbestimmung** der MAV. Bevor die MAV einen Sozialplan abschließen kann, ist zu prüfen, ob eine entsprechende Maßnahme des Arbeitgebers vorliegt. Bei der kompletten Auflösung, Verlegung und Zusammenlegung von → **Dienststellen** ist das Mitbestimmungsrecht eindeutig gegeben. Bei der zweiten Alternative »oder erheblichen Teilen« von ihnen, ist zu prüfen, ob der Dienststellenteil, der aufgelöst, verlegt, eingeschränkt oder zusammengelegt werden soll, ein erheblicher Teil der → **Dienststelle** ist. Das Wort »erheblich« wird wie folgt definiert: Wichtig, bedeutsam, groß, beträchtlich, zahlreich, viel (Wahrig, Deutsches Wörterbuch). Der Begriff »erheblich« kann hilfsweise auch durch die Anzeigepflicht (§ 17 Abs. 1 KSchG) des Arbeitgebers beim Arbeitsamt für Massenentlassungen definiert werden.

§ 17 KSchG:

(1) Der Arbeitgeber ist verpflichtet, dem Arbeitsamt Anzeige zu erstatten, bevor er

1. *in Betrieben mit in der Regel mehr als 20 und weniger als 60 Arbeitnehmern mehr als 5 Arbeitnehmer,*

2. *in Betrieben mit in der Regel mindestens 60 und weniger als 500 Arbeitnehmern 10 vom Hundert der im Betrieb regelmäßig beschäftigten Arbeitnehmer oder aber mehr als 25 Arbeitnehmer,*
3. *in Betrieben mit in der Regel mindestens 500 Arbeitnehmern mindestens 30 Arbeitnehmer*

innerhalb von 30 Kalendertagen entlässt. …
(2) – (5) …
Weil das Mitbestimmungsrecht des § 40 Buchst. f MVG auch bei **kleineren Einrichtungen** gilt, kann § 17 Abs. 1 Nr. 1 KSchG hier analog angewandt werden. Neben der Zahl der betroffenen Beschäftigten kann der Begriff »erheblich« auch von der Bedeutung des betroffenen Dienststellenteils für die Gesamtdienststelle her definiert werden. Die Bedeutung eines Dienststellenteils kann sowohl in seiner Innenwirkung wie auch in seiner Außenwirkung bestehen.
Unterschiedliche Rechtsauffassungen gibt es, ob ein Sozialplan von der MAV vor dem Kirchengericht oder der Einigungsstelle (→ **Rechtsschutz**) erzwungen werden kann oder nicht. Wird der Sozialplan als eine Unterform der → **Dienstvereinbarung** (Fey/Rehren, § 40 Rn. 34) verstanden, so kann zwar die MAV das Kirchengericht anrufen; es kann jedoch nur einen Vermittlungsvorschlag (§ 60 Abs. 3 MVG) unterbreiten. Die weitergehende Rechtsmeinung sieht in Sozialplänen »Rechtsnormen besonderer Art, die in einer der → **Dienstvereinbarung** entsprechenden Form zu treffen sind« (Baumann-Czichon/Dembski/Germer/Kopp, § 40 Rn. 52 ff.). Im Bereich des BetrVG wird der Sozialplan als »Betriebsvereinbarung besonderer Art« bezeichnet (BAG v. 27. 8. 1975 – AP Nrn. 2, 7 zu § 112 BetrVG 1972). Ein Sozialplan kann hier erzwungen werden. Vom Charakter des Sozialplans her, den Beschäftigten eine Milderung oder den Schutz vor wirtschaftlichen Nachteilen und den Folgen von Rationalisierungsmaßnahmen zu gewähren, sollte der Sozialplan als → **Dienstvereinbarung** besonderer Art (Rechtsnorm besonderer Art) angesehen werden. Durch die »Nichterzwingbarkeit« des Sozialplans (bei einer »normalen« Dienstvereinbarung) würde der **Schutzgedanke** auch ins Leere laufen.
Der Sozialplan ist seiner Form nach an die Regelungen der → **Dienstvereinbarung** (§ 36 MVG) gebunden. Zulässig ist jedoch, dass durch den Sozialplan Regelungen erweitert werden dürfen, die auf Rechtsvorschriften oder allgemein verbindlichen Regelungen beruhen. Im Gegensatz zu den Vorschriften über → **Dienstvereinbarungen** fehlt hier in § 40 Buchst. f MVG dieses ausdrückliche Verbot des § 36 Abs. 1 MVG. **Sozialpläne** sind **schriftlich** abzuschließen, von beiden Parteien zu unterzeichnen und in geeigneter Weise bekannt zu geben.
Sozialplanverhandlungen sind äußerst komplex. Sie benötigen immer rechtlichen Sachverstand, den die Mitarbeitervertretung durch Einbeziehung geeigneter Fachanwälte sicherstellen muss. Oft wird es ferner erforderlich sein, zusätzlich

wirtschaftliche Beratung in Anspruch zu nehmen. Dies wird im Regelfall durch die beauftragten Rechtsanwälte nach Rücksprache mit der MAV veranlasst.
In Sozialplänen können unterschiedliche Regelungen, je nach Situation, je nach Einrichtung, getroffen werden, u. a. zu folgenden Themen:

- Geltungsbereich
- Qualifizierungsmaßnahmen
- Vorzeitiges Ausscheiden älterer Beschäftigter
- Sozialplanvolumen
- Verlängerte Kündigungsfristen
- Überwachungs- und Kontrollmöglichkeiten der MAV
- Verfahrensregelungen
- Umsetzungen, Versetzungen
- Härtefallregelungen
- Abfindungen
- Wiedereinstellungsansprüche
- Beschäftigteninformationen
- Übernahme von Umzugs- und Reisekosten
- Freistellung für Bewerbungen und Praktika
- Prämien für das Ausscheiden von Mitarbeitern ohne Einhaltung der Kündigungsfristen (Sprinter- oder Turboklauseln)

In der → **Sicherungsordnung** (Anlage zur AVR.DD bzw. einzelne landeskirchliche Regelungen) sind wesentliche Elemente eines Sozialplans enthalten.

Bedeutung für die Beschäftigten

Einen direkten Einfluss auf den Abschluss und den Inhalt eines Sozialplans haben die Beschäftigten nicht. Indirekt kann durch Öffentlichkeitsarbeit oder Proteste auf einen Sozialplan Einfluss genommen werden. Für die Beschäftigten steht der Erhalt des Arbeitsplatzes an vorderster Stelle ihrer Interessen. Sozialpläne sollen u. a. Arbeitsplätze, Arbeitseinkommen und Arbeitsbedingungen schützen oder Übergänge erleichtern bzw. absichern.

Literaturhinweis

- *Bachner, Michael/Gerhard, Peter:* Betriebsübergang / Interessenausgleich / Sozialplan. Basiskommentar zu § 613a BGB mit den Folgen für die Mitbestimmung. 4. Auflage, Frankfurt 2020.

- *Göritz, Bertholf/Hase, Detlef/Laßmann, Nikolai/Rupp, Rudi: Handbuch* Interessenausgleich und Sozialplan. 8. Auflage, Frankfurt 2020.
- *Weinbrenner,* Lars/*Meier, Enrico*: Interessenausgleich und Sozialplan. Verhandlungen, Inhalte, Durchführung. 5. Auflage, Frankfurt 2021
- *Warga, Norbert:* Handbuch Dienstvereinbarungen, 4. Auflage, Frankfurt 2024.

Sprechstunden der MAV

Was ist das?

Das MVG räumt der MAV das Recht ein, für die Mitarbeiter Sprechstunden während der Arbeitszeit einzurichten. Sprechstunden bieten für Beschäftigte die Möglichkeit, an einem vorher bekannten Ort zu einer festgelegten Zeit und im geschützten Rahmen Fragen, Probleme und Anregungen mit einem oder mehreren Mitgliedern der MAV zu erörtern.

Bedeutung für die MAV

Die MAV kann nach eigenem **Ermessen für die Beschäftigten** Sprechstunden während der Arbeitszeit einrichten (§ 28 Abs. 1 MVG). Grundsätzlich kann sich ein Beschäftigter jederzeit an ein MAV-Mitglied seines Vertrauens wenden. Gerade in größeren Einrichtungen kann es erforderlich oder sinnvoll sein, den Beratungs- und Gesprächsbedarf durch Sprechstunden zu kanalisieren. Die Abhaltung von Sprechstunden ist sicherlich sinnvoll für Dienststellenteile, die räumlich weit entfernt von der Hauptdienststelle liegen.
Die Einrichtung von Sprechstunden muss in einer MAV-Sitzung diskutiert und formell beschlossen werden, ebenso die personelle Besetzung der Sprechstunden. Für die Einrichtung von Sprechstunden bedarf es keiner Genehmigung durch die Dienststellenleitung. Für Ort und Zeit der Sprechstunden ist jedoch das **Einvernehmen mit der Dienststellenleitung** herzustellen. Einvernehmen ist dabei nicht gleichzusetzen mit Genehmigung; es soll sichergestellt werden, dass dienstliche Belange hinreichend berücksichtigt werden. Gibt es hier keine Einigung mit dem Arbeitgeber, so kann die MAV oder die Dienststellenleitung das Kirchengericht (→ **Rechtsschutz**) anrufen.
MAV-Mitglieder, die Sprechstunden durchführen, sind für diese Tätigkeit von ihrer Arbeit freigestellt (§ 19 Abs. 2 MVG). Eine Genehmigung des Arbeitgebers für die Arbeitsbefreiung ist nicht erforderlich. Die in der Dienststelle vereinbar-

ten Regelungen über die Abmeldung vom Arbeitsplatz für MAV-Tätigkeiten sind allerdings einzuhalten. Hat die MAV freigestellte oder teilfreigestellte MAV-Mitglieder, so haben diese MAV-Mitglieder die Sprechstunden grundsätzlich vorrangig durchzuführen (§ 20 Abs. 4 MVG), es sei denn die Sprechstunden liegen nicht in der Zeit der Freistellung (§ 19 Abs. 2 MVG).
Gespräche mit Beschäftigten während der Sprechstunden sind vertraulich zu behandeln (§ 22 Abs. 1 MVG). Diese → **Schweigepflicht** gilt jedoch nicht gegenüber den anderen Mitgliedern der MAV (§ 22 Abs. 2 MVG). Dem Wunsch von Beschäftigten, dass der Inhalt eines Gespräches anderen MAV-Mitgliedern nicht zur Kenntnis gebracht wird, sollte im Rahmen des »Mitarbeitervertreters des Vertrauens« Folge geleistet werden, allerdings mit dem Hinweis, dass die MAV als Gremium dann im Zweifel wenig für den Mitarbeiter/die Mitarbeiterin erreichen kann.
Seit dem 1.1.2024 besteht die Möglichkeit, Sprechstunden auch digital durchzuführen. Die Entscheidung liegt allein bei der MAV. (§ 28 Abs. 1 MVG) Grundsätzlich empfehlen wir jedoch, Sprechstunden in Präsenz anzubieten, um den unmittelbaren Kontakt zu den Beschäftigten nicht zu verlieren. Lediglich in begründeten Einzelfällen sollte von einer digitalen Sprechstunde Gebrauch gemacht werden (z. B. Pandemie, Mitarbeiter kann aufgrund Krankheit nicht die analoge Sprechstunde besuchen, …).
Der Arbeitgeber hat die notwendige technische Ausstattung für eine digitale Sprechstunde bereitzustellen (§ 30 Abs. 1 MVG)

Bedeutung für die Beschäftigten

Neben der allgemeinen Möglichkeit für die Beschäftigten, jederzeit Kontakt mit dem MAV-Mitglied ihres Vertrauens aufzunehmen, bieten Sprechstunden der MAV die sichere Gelegenheit, sich mit einem MAV-Mitglied in vertrauter bzw. vertraulicher Atmosphäre auszutauschen. Durch das MVG ist klar geregelt, dass der Besuch einer Sprechstunde oder die anderweitige Kontaktaufnahme mit der MAV keine Minderung der Bezüge durch das Versäumnis von Arbeitszeit zur Folge haben (§ 28 Abs. 3 MVG). Dem Arbeitgeber braucht kein Grund für das Aufsuchen der Sprechstunde angegeben zu werden. Allerdings sind die in der Dienststelle gültigen Regelungen zur Abmeldung vom und Rückmeldung am Arbeitsplatz einzuhalten. Über die Inhalte eines Gesprächs mit der MAV muss der Arbeitgeber weder vor noch nach dem Gespräch informiert werden.
In den Sprechstunden, wie auch allgemein bei Gesprächen mit Arbeitnehmern, gibt es häufig das Phänomen, dass Beschäftigte über Missstände, Benachteiligungen, Ungerechtigkeiten usw. berichten bzw. klagen. Auf die Nachfrage, ob

die MAV etwas unternehmen soll, kommt dann immer wieder die Antwort, ich wollte Euch ja nur informieren und/oder: bitte nichts weitererzählen. Will die MAV ohne Zustimmung des Beschäftigten agieren, kann sie es nur insoweit, wie der Rückschluss auf den Beschäftigten nicht möglich ist. Grundsätzlich sollte die MAV aber Beschäftigte ermuntern, offen zu den angesprochenen Problemen zu stehen. Wenn Beschäftigte jedoch ein Tätigwerden der MAV wünschen, sollte dieser Wunsch schriftlich dokumentiert werden.
Stellt die MAV Verstöße gegen das MVG fest, so kann die MAV auch ohne »Auftrag« eines Mitarbeiters/einer Mitarbeiterin handeln, da dann die MAV als Gremium in ihren Rechten verletzt worden ist (z. B. keine Beteiligung bei Eingruppierung).

Stellenausschreibung

Was ist das?

Eine Stellenausschreibung ist die allgemeine Aufforderung, sich für einen zu besetzenden Arbeitsplatz – i. d. R. schriftlich, per Mail – zu bewerben. Stellenausschreibungen können sowohl innerhalb der → **Dienststelle** als auch bei mehreren Dienststellen eines Rechtsträgers ausgeschrieben werden. Darüber hinaus besteht die Möglichkeit, eine externe Ausschreibung auf dem für alle zugänglichen Arbeitsmarkt zu veröffentlichen (z. B. Tagespresse, Fachzeitschriften, Internet, Agentur für Arbeit). Die externe Stellenausschreibung dient auch als Werbeträger und leistet dadurch gleichzeitig einen Beitrag zur Imagepflege einer Dienststelle.

Eine Stellenausschreibung eröffnet für Interessierte den Einstieg in einen Beruf, eine berufliche Neuorientierung und/oder das berufliche Fortkommen.

Gesetzliche Vorschriften

- Ausschreibungen von Arbeitsplätzen dürfen keinen Hinweis darauf enthalten, dass Bewerber mit bestimmten persönlichen Merkmalen bevorzugt oder nicht gewünscht werden. Stellenausschreibungen sind nach § 11 AGG (→ **Gleichbehandlung**) grundsätzlich geschlechtsneutral zu fassen. Das bedeutet, Arbeitgeber dürfen einen neu zu besetzenden Arbeitsplatz öffentlich oder innerhalb der → **Dienststelle** nicht nur für Männer oder für Frauen ausschreiben. Geschlechtsneutral ist eine Ausschreibung nur dann, wenn die Stellenausschreibung in der männlichen **und** der weiblichen Berufsbezeichnung erfolgt. Unbedenklich ist auch eine geschlechtsunabhängige Bezeichnung (z. B. Lehrkraft, Pflegekraft, Verwaltungskraft). Zusätzlich sollte der Klammerzusatz (m/w/d) angegeben werden, um rechtlich auf der sicheren Seite zu sein. Bei einem Verstoß gegen das Benachteiligungsverbot ist der Arbeitgeber verpflichtet, den hierdurch entstandenen Schaden zu ersetzen (§ 15 AGG). Der Verstoß des Arbeitgebers gegen das Gebot der diskriminierungsfreien Stellenausschreibung kann ein Indiz für eine Geschlechterdiskriminierung sein, die

die Vermutung einer Benachteiligung begründen kann (BAG v. 5.2.2004 – 8 AZR 112/03).

Indizien für eine indirekte Benachteiligung können beispielsweise Formulierungen sein wie

- »alter Hase«
- körperlich belastbar
- Muttersprachler
- mobil
- dynamisch und lernbereit
- Begrenzung auf Arbeitnehmer »im ersten Berufsjahr« (BAG v. 18.8.2009 – 1 ABR 47/08)

Verstößt der Arbeitgeber gegen das Benachteiligungsverbot, so kann ein benachteiligter Bewerber oder eine benachteiligte Bewerberin eine angemessene Entschädigung in Geld fordern; ein Anspruch auf eine Einstellung besteht nicht (§ 15 AGG).

Der Arbeitgeber hat einen Arbeitsplatz, den er öffentlich oder innerhalb der → (Gesamt)**Dienststelle** ausschreibt, auch als Arbeitsplatz für eine **Teilzeitbeschäftigung** auszuschreiben, vorausgesetzt, der Arbeitsplatz eignet sich hierfür (§ 7 Abs. 1 TzBfG). Teilt der Arbeitnehmer dem Arbeitgeber seinen Wunsch nach Veränderung von Dauer und Lage seiner Arbeitszeit mit, ist dieser verpflichtet, den Arbeitnehmer über die zu besetzenden Arbeitsplätze individuell zu informieren (§ 7 Abs. 2 TzBfG). Der Arbeitgeber hat bereits **befristet Beschäftigte** über unbefristete Arbeitsplätze zu informieren; dies kann auch in Form einer Stellenausschreibung z. B. am »Schwarzen Brett« oder im Intranet (»allgemeine Bekanntgabe«) sein (§ 18 TzBfG). Im Rahmen der sog. »Brückenteilzeit« können seit 1.1.2019 – unter bestimmten Bedingungen – Vollzeitbeschäftigte befristet in Teilzeit arbeiten.

Arbeitgeber dürfen **Menschen mit Behinderung** nicht wegen ihrer Behinderung benachteiligen. Der Arbeitgeber hat frühzeitig Verbindung mit der Agentur für Arbeit aufzunehmen (§ 164 Abs. 1 SGB IX), um sich ggf. Bewerber mit Behinderung nennen zu lassen. Wird die Arbeitsagentur nicht eingeschaltet, besteht die Vermutung einer Benachteiligung.

Außerbetriebliche Stellenausschreibungen dürfen keine geringeren Anforderungen für eine Bewerbung stellen als innerbetriebliche.

Mögliche **Eckpunkte einer Stellenausschreibung** können sein:

- Bezeichnung der Dienststelle und der Abteilung
- Beschreibung des Arbeitsplatzes und der Arbeitsbedingungen
- Berufliche Qualifikation(en) und fachliche Anforderungen
- Persönliche Voraussetzungen
- Vergütungsgruppe und Zulagen

- Arbeitszeit (Schichtdienst, Gleitzeit, Arbeitszeitkonten, durchschnittliche wöchentliche Arbeitszeit)
- Sonstige Leistungen
- Fort- und Weiterbildungsmöglichkeiten, Supervision, Aufstiegsmöglichkeiten
- Zeitpunkt der Arbeitsaufnahme
- Erforderliche Unterlagen (z. B. Zeugnisse)
- Evtl. bei bestimmten Stellen Mitgliedschaft in einer ACK-Kirche (→ **ACK-Klausel**)
- Zeitpunkt für Bewerbungsschluss
- Ansprechpartner

Bedeutung für die MAV

Die → **Dienststellenleitung** soll die MAV bereits während der Vorbereitung von Entscheidungen informieren (§ 34 Abs. 1 Satz 2 MVG). Einer Einstellung vorgelagert ist das Bewerbungsverfahren mit einer dafür notwendigen Stellenausschreibung. Entsprechend § 39 Buchst. f MVG EKD hat die MAV seit 1. 1. 2024 die volle Mitbestimmung bei der Aufstellung von Grundsätzen für die Stellenausschreibung.
Um für die Stellenausschreibung ein einheitliches Verfahren in der Dienststelle zu etablieren, empfiehlt es sich, auf den Abschluss einer → **Dienstvereinbarung** hinzuwirken. Darin sollten **allgemeine Grundsätze** festgelegt werden, auf welche Weise eine Stellenausschreibung erfolgt: z. B. Aushang am »Schwarzen Brett«, Mitarbeiterzeitung, Rundmail, Inhalte, Aushangfrist, Aushangstellen. Weiterhin kann geregelt werden, welche Inhalte veröffentlicht werden müssen, Vergütung, Arbeitszeit, …. Die MAV kann dadurch die beruflichen und wirtschaftlichen Belange der Beschäftigten fördern und verwirklichen helfen. Der Abschluss einer Dienstvereinbarung stellt somit eine Maßnahme dar, die der Arbeit in der Dienststelle und ihren Beschäftigten dient. Ziel soll es u. a. sein, die Chancengleichheit (§ 33 Abs. 1 MVG) zu wahren und Transparenz über den dienststelleninternen Arbeitsmarkt zu erlangen (vgl. → **Allgemeine Aufgaben**, § 35 MVG). Die Aufstellung von Grundsätzen für eine Stellenausschreibung ist grundsätzlich von Auswahlrichtlinien für zu besetzende Stellen zu trennen.
Der Arbeitgeber ist verpflichtet, von sich aus und regelmäßig die Mitarbeitervertretung über Teilzeitarbeit (→ **Teilzeitbeschäftigte**) in der (Gesamt-)Dienststelle und seine diesbezüglichen Planungen zu informieren. Dies gilt insbesondere für vorhandene oder geplante Teilzeitarbeitsplätze und über die Umwandlung von Teilzeit- in Vollzeitarbeitsplätze und umgekehrt. Auf Verlangen sind der Mit-

arbeitervertretung die erforderlichen Unterlagen zur Verfügung zu stellen, z. B. → **Stellenplan**, Personalplanungen (§ 7 Abs. 4 TzBfG).

Ist eine → **Gesamtmitarbeitervertretung** gebildet, kann es sich als sinnvoll erweisen, dass für alle Dienststellenbereiche eines Rechtsträgers eine Dienstvereinbarung abgeschlossen wird.

Die MAV kann bei einer Einstellung von ihrem Recht auf Zustimmungsverweigerung Gebrauch machen, wenn eine Stellenausschreibung nicht den gesetzlichen Erfordernissen, z. B. nach dem AGG (§ 41 Abs. 1 Buchst. a MVG), genügt oder Mitarbeiter in ungerechtfertigter Weise benachteiligt werden (§ 41 Abs. 1 Buchst. b MVG).

Stellenbeschreibung

Was ist das?

Eine Stellenbeschreibung ist die schriftliche und personenneutrale Fixierung der organisatorischen Eingliederung einer Stelle im Hinblick auf:

- Ziele,
- Aufgaben und Tätigkeiten,
- Kompetenzen,
- hierarchische Einordnung und
- Beziehung zu anderen Stellen.

Neben der Beschreibung der konkreten Aufgaben und Tätigkeiten liegt die Bedeutung von Stellenbeschreibungen also vor allem im Abstecken der jeweiligen Kompetenzen und in der Definition der funktionalen und disziplinarischen Stellung der Arbeitnehmerin in der betrieblichen Organisation.

Im Unterschied zu Stellenbeschreibungen beschränken sich sog. Aufgaben- oder Tätigkeitsbeschreibungen dagegen auf die Aufzählung einzelner Aufgaben bzw. Tätigkeiten im Rahmen der zu übertragenden Tätigkeit.

Wichtig ist: Aufgaben- und Stellenbeschreibungen definieren den Arbeitsbereich, die Stelle, nicht die Aufgaben- und Stellenkompetenz des jeweiligen Inhabers einer Stelle. Es geht also um die Festlegung der Merkmale der Stelle, nicht des Stelleninhabers.

Stellenbeschreibungen haben meist folgende Inhalte (s. Muster am Ende des Stichworts):

1. Organisatorische Eingliederung einer Stelle
2. Bezeichnung der Stelle
3. Unterstellung
4. Überstellung
5. Stellvertretung (aktiv, passiv)
6. Ziele der Stelle (Beziehung zum Leitbild)
7. Besondere Befugnisse
8. Tätigkeitsbeschreibung, Aufgaben
9. Sonstige Aufgaben

10. Erforderliche berufliche Qualifikation
11. Erforderliche persönliche Anforderungen
12. Inkrafttreten
13. Überprüfungszeitpunkt
14. Unterschriften (bedeutet für die Arbeitnehmerin: Kenntnisnahme).

Arbeitsrechtlich bedeutsam ist, dass die Stellenbeschreibung nicht verbindlicher Inhalt des → **Dienstvertrags** oder gar ein eigenständiger »Vertrag« zwischen → **Arbeitgeber** und → **Arbeitnehmerin** ist. Das bedeutet, die Stellenbeschreibung bedarf keiner »Vereinbarung« zwischen den Arbeitsvertragsparteien, sondern sie ist – einseitig – durch das → **Weisungsrecht** bzw. Direktionsrecht des Arbeitgebers (§ 106 Gewerbeordnung) inhaltlich bestimmt. Das heißt dann in einem weiteren Schritt auch, die Änderung einer Stellenbeschreibung ist auf Grundlage des Direktionsrechts einseitig möglich. Die Stellenbeschreibung schränkt also das Direktionsrecht nicht ein. Das gilt jedenfalls dann, wenn kein Eingriff in die Bewertung der Aufgabe und der Stelle erfolgt und eine veränderte → **Eingruppierung** die Folge wäre.

Im Rahmen eines internen betrieblichen → **Qualitätsmanagements** ist es üblich, Stellenbeschreibungen zu verändern und anzupassen, häufig in sog. → **Mitarbeiterjahresgesprächen**. Schließlich sollen die in der Stellenbeschreibung niedergelegten Ziele, Aufgaben und Kompetenzen den tatsächlichen Arbeitsabläufen entsprechen. Stellenbeschreibungen sind letztendlich das Fundament eines funktionierenden Qualitätsmanagements. Ziel ist die Transparenz der Aufgaben und Kompetenzen einer Stelle für den Arbeitgeber und die einzelne Arbeitnehmerin. Wegen der Veränderungen sind Stellenbeschreibungen auch geprägt von Flexibilität und Dynamik.

Die weitere arbeitsrechtliche Bedeutung von Stellenbeschreibungen liegt darin, dass Stellenbeschreibungen in der Diakonie regelmäßig die Grundlage für die → **Eingruppierung** des Mitarbeiters sind. Dies verlangen die jeweiligen Eingruppierungsvorschriften (§ 12 Abs. 1 AVR.DD, § 32 Abs. 1 AVR-Bayern). Die Formulierung lautet: *»Die Tätigkeiten müssen ausdrücklich (nur AVR-Bayern: in Textform!) übertragen sein (z. B. im Rahmen von Aufgaben- oder Stellenbeschreibungen).«* Die Formulierung macht deutlich, dass ohne die Übertragung der Tätigkeiten (AVR-Bayern: in Textform) keine Eingruppierung ausgelöst wird.

Das ist **komfortabel** für die Arbeitgeberseite: Auch wenn sich die Tätigkeiten einer Stelle in der Realität verändert haben und evtl. die Wahrnehmung höherwertiger Aufgaben umfassen – nur wenn der Arbeitgeber im Rahmen seines Direktionsrechts die Stellenbeschreibung so verändert, dass die Tätigkeiten »in ihrer Gesamtheit den Tätigkeitsmerkmalen einer höheren als der bisherigen Entgeltgruppe« entsprechen, **dann und nur dann** erfolgt eine andere bzw. höhere Eingruppierung im Rahmen der sog. Eingruppierungsautomatik (siehe: → **Eingruppierung**). Von daher sind die Arbeitnehmerinnen darauf verwiesen, ihre

Arbeitskraft in der gleichen Wertigkeit zu verausgaben, wie dies ihre Tätigkeits-, Aufgaben- oder Stellenbeschreibung vorgibt. Die Ausübung höherwertiger Tätigkeit hat jedenfalls für ihre Eingruppierung und Bezahlung keine Auswirkung.

Bedeutung für die MAV

Die Bedeutung der Stellenbeschreibung für die MAV liegt insbesondere darin, dass sie die wesentliche Informationsgrundlage für den häufigsten Mitbestimmungsfall in der MAV-Arbeit ist, nämlich die Mitbestimmung bei → **Eingruppierungen** und Höhergruppierungen. Im Rahmen der arbeitsrechtlichen Vorschriften für die Eingruppierung (§ 12 AVR.DD, § 32 AVR-Bayern) wird die MAV verlangen, dass sie über die Vorlage einer Stellen- oder mindestens Aufgaben bzw. Tätigkeitsbeschreibung entsprechende Informationen für ihre Entscheidung hat, ob die vom Arbeitgeber vorgeschlagene Eingruppierung (Entgeltgruppe) richtig ist.
Die formale Prüfung beim Mitbestimmungsvorgang der MAV wird also vor allem darin bestehen, dass ein Vergleich zwischen den in der Stellenbeschreibung beschriebenen Tätigkeiten mit den Vorgaben der → **Eingruppierungsordnung** erfolgt. Erst auf der Grundlage dieser Gegenüberstellung kann die MAV entscheiden, ob die Entgeltgruppe, die ihr der Arbeitgeber genannt hat, richtig ist oder nicht. Und die MAV sollte sich die Entscheidung nicht leicht machen, denn bei der Eingruppierung von (neuen) Beschäftigten geht es schließlich um deren Geldbeutel!
Weil es um das Geld der Beschäftigten geht, sollte die MAV im Rahmen einer arbeitsteiligen Organisation auch Expertinnen für die Themen Eingruppierung und Stellenbeschreibung ausbilden lassen, etwa durch die Entsendung zu entsprechenden → **Schulungen**. Die arbeitsteilige Organisation der MAV-Arbeit in beschließenden Ausschüssen (nach § 23a Abs. 1 MVG) ist gerade bei größeren Mitarbeitervertretungen sehr sinnvoll.
Darüber hinaus können MAVen auch überlegen, ob es Sinn macht, mit ihrem Arbeitgeber eine → **Dienstvereinbarung** über alle vorzulegenden Unterlagen beim Mitbestimmungsfall Eingruppierung (§ 42 Buchst. a MVG) abzuschließen. Denn nach unserer Erfahrung ist dies eine häufige Quelle von Konflikten. Zum Mitbestimmungsfall Eingruppierung gehört im Übrigen auch die Richtigkeitskontrolle der Stufenfestlegung.

Bedeutung für die Beschäftigten

Die wichtigsten Punkte für die Beschäftigten sind oben unter Grundlagen dargestellt:

- es geht um die erforderlichen Kompetenzen für die Stelle, nicht für den Stelleninhaber,
- die Stellenbeschreibung ist nicht verbindlicher Inhalt des Arbeitsvertrags, sondern Ausdruck des Weisungs- oder Direktionsrechts des Arbeitgebers. Daher kann die Stellenbeschreibung auch einseitig geändert werden. Die Unterschrift der Arbeitnehmerin unter die Stellenbeschreibung bedeutet lediglich Kenntnisnahme.
- Stellenbeschreibung und Mitarbeiterjahresgespräch: Beschäftigte sollten die Chance wahrnehmen, in diesem regelmäßigen Gespräch ihre Stellenbeschreibung an die Realität anzupassen. Nur auf diesem Weg besteht in der Diakonie ein arbeitsrechtlich eindeutiger Weg zur Veränderung der eigenen Eingruppierung.
- Die Kehrseite dieser Regelung ist, dass sich der Arbeitgeber bequem zurücklehnen kann, denn ohne seine Aktivität gibt es keine Veränderung von Eingruppierungen. Diese Regelung in den Tarifwerken der Diakonie ist aus gewerkschaftlicher Sicht scharf zu kritisieren.

Beschäftigte haben ein Recht auf Anfertigung einer Stellenbeschreibung, die auch zu ihrer Kenntnis gelangen muss. Sie haben ein Recht zu erfahren, was ihre Tätigkeiten, Aufgaben und Kompetenzen sind, wem gegenüber sie weisungsbefugt sind und wer ihnen selber Weisungen erteilen darf und ob sie evtl. eine Budgetberechtigung haben. Das ist normale Transparenz im Betrieb.
Und: Beschäftigte haben natürlich das Recht, bei ihrer MAV nachzufragen, wie die Mitbestimmung zu ihrer eigenen Eingruppierung gelaufen ist und ob dabei eine Stellenbeschreibung vorgelegen hat. Wir ermuntern ausdrücklich dazu.

Muster-Stellenbeschreibung

Dienststelle/Einrichtung: ______________________________________

1. Organisatorische Eingliederung der Stelle	
1.1 Bezeichnung der Stelle:	
1.2 Unterstellung: fachlich: disziplinarisch:	
1.3 Überstellung: ständig unmittelbar unterstellte Stellen:	
1.4 Stellvertretung: Der Stelleninhaber vertritt: a) ständig b) in Abwesenheit	
Der Stelleninhaber wird vertreten durch: a) ständig b) in Abwesenheit	
2. Ziel(e) der Stelle/Leitbild (langfristige Sollvorgabe(n) zum Aufgabenprofil der Stelle im Rahmen der Ziele der Einrichtung; einrichtungsspezifische Inhalte)	
3. Besondere Befugnisse	
4. Tätigkeitsbeschreibung Beschreibung der Tätigkeiten unter Berücksichtigung der einzusetzenden Kenntnisse und Vorschriften – gesetzliche bzw. leitungsrechtliche Anforderungen (Angabe der Paragrafen/Abschnitte etc. von Gesetzen, Verordnungen, internen Richtlinien, etc. – soweit erforderlich, z. B. Zusatzqualifikation	

		Zeitanteil in
4.1		%
4.2		%
4.3		%
4.4		%
4.5		%
4.6		%

Stellenbeschreibung

Sonstige Tätigkeiten/Aufgaben/Beauftragungen		
4. x		
Gesamt		100 %
5. Erforderliche berufliche Qualifikation(en) sowie sonstige persönliche Anforderungen (Kenntnisse und Fähigkeiten) (u. a. die Anforderungen in der Eingruppierungsordnung)		
6. Inkrafttreten der Stellenbeschreibung Die Stellenbeschreibung ist gültig ab:		
7. Überprüfung der Stellenbeschreibung		

Ort, den ______________________________

____
Unterschrift Arbeitgeber

Kenntnisnahme des Stelleninhabers:
Ich habe die von mir regelmäßig auszuübenden Tätigkeiten gemäß vorliegender Stellenbeschreibung (Stand: Datum) zur Kenntnis genommen.
Mir ist darüber hinaus bekannt, dass ich neben diesen Tätigkeiten verpflichtet bin, auf Weisung der/des Vorgesetzten Einzelaufträge auszuführen, die dem Wesen nach zu meinem Tätigkeitsgebiet gehören oder sich aus der dienstlichen Notwendigkeit ergeben.

Ort, den ______________________________

____
Unterschrift Stelleninhaber

Quelle: Intranet Diakonie Bayern

Stellenplan

Was ist das?

Der Begriff Stellenplan hat seinen Ursprung im öffentlichen Haushaltsrecht. Der Stellenplan ist Teil des Haushaltsplans und enthält Angaben über den Umfang der zu besetzenden Stellen und deren Dotierung. Der Stellenplan ist Teil des Finanzrahmens, der der Dienststelle zur Verfügung steht. Viele diakonische Unternehmen besitzen deshalb keinen echten Stellenplan. Dennoch arbeiten auch sie regelmäßig mit Instrumenten, die denen eines Stellenplans ähneln, um nachzuvollziehen, welche Stellen- und Stellenbedarfe vorhanden oder unbesetzt sind.
Die Personalplanung innerhalb des Stellenplans setzt eine Prognose über den zu erwartenden Personalbedarf voraus. Im Sprachgebrauch, insbesondere in den sozialen Einrichtungen, haben sich zwischen den Arbeitgebern und den Mitarbeitervertretungen die Begriffe Ist-Stellenpläne und Soll-Stellenpläne herausgebildet. Darunter wird verstanden:
Soll-Stellenplan: Die eingereichte und genehmigte Personalplanung mit dem Umfang der zu besetzenden Stellen und der vorgesehenen Vergütung bzw. Eingruppierung der Stellen.
Ist-Stellenplan: Die tatsächliche Besetzung in der Einrichtung und die tatsächliche Vergütung.
Im Zuge der fortschreitenden **Budgetierung** in den sozialen Einrichtungen sind die Rolle und Bedeutung der Stellenpläne stark modifiziert worden. Früher handelten beispielsweise die Krankenhäuser mit den Kostenträgern die Stellenpläne aus, teilweise bis in die Einzelheiten der verschiedenen Abteilungen und Funktionsbereiche. In der Folge wurden nur noch Budgets festgelegt. Das Budget wirkte wie ein »Deckel«, der von den Einrichtungen nicht mehr angehoben werden konnte, und sie mussten mit den zugewiesenen finanziellen Mitteln auskommen. Stellenpläne in der altgewohnten Form gibt es daher in vielen Einrichtungen im sozialen Bereich nicht mehr, doch müssen nach wie vor in den Einrichtungen Richtlinien zur Stellenbesetzung erstellt und angewendet werden.

Durch zahlreiche Aktionen und auch Streiks der Beschäftigten in den Krankenhäusern für mehr Personal und Entlastung kam in den letzten Jahren Bewegung in die rigide Stellenplanbewirtschaftung durch die Arbeitgeber. Den negativen Folgen der Budgetierung wurde an einigen wichtigen Stellen erfolgreich begegnet.

Bedeutung für die MAV

Mit der Novellierung des MVG zum 1. 1. 2019 wurde das Mitberatungsrecht der MAV in § 46 MVG bei der Aufstellung und Änderung des Stellenplanentwurfs auf ein **reines Informationsrecht** herabgestuft. Die **Informationspflicht** nach § 34 Abs. 2 g gilt nur für Einrichtungen ab 150 Beschäftigte, also ggf. mit einem Wirtschaftsausschuss.

Dies ist eine nicht unerhebliche Einschränkung der Beteiligungsrechte der MAV. Bis zur Änderung des MVG war vor Inkrafttreten des Stellenplans das Beteiligungsverfahren einzuleiten. Die MAV konnte verlangen, den Stellenplanentwurf ausführlich mit der Leitung zu erörtern. Erst wenn dieses Erörterungsverfahren abgeschlossen war, konnte die Leitung der Einrichtung den Stellenplanentwurf dem entscheidenden Gremium (Vorstand, Kuratorium, Aufsichtsrat o. Ä.) zur Beschlussfassung vorlegen. Auch wenn die Mitberatungsrechte der MAV sehr eingeschränkt waren, eröffnete es doch für die MAV die Möglichkeit, den Stellenplan umfassen zu erörtern. Diese Beteiligungsform entfällt nun.

Erhalten blieb in § 46 Buchst. e des MVG das Mitberatungsrecht der MAV bei der Aufstellung von Grundsätzen des Personalbedarfs. Dieses Mitberatungsrecht ist sehr unscharf gefasst. Es geht hier nicht um die konkrete Stellenbesetzung, sondern um einen nicht genauer definierten Planungsbereich.

Nach § 34 MVG hat die Dienststellenleitung die MAV einmal im Jahr über die Personalplanung, insbesondere über den gegenwärtigen und zukünftigen Personalbedarf, zu unterrichten. In Einrichtungen mit mehr als 150 Mitarbeitern besteht darüber hinaus mindestens einmal im Jahr, »auf ein mit Gründen versehenes Verlangen« der MAV einmal im Kalendervierteljahr, eine Informationspflicht über (…) die Aufstellung und Änderung des Stellenplanentwurfs.

Bereits in der Vergangenheit hatten die Arbeitgeber versucht, das Mitberatungsrecht der MAV damit auszuhebeln, dass sie einseitig erklärten, es gebe keinen Stellenplan mehr. In einer parallelen Entwicklung haben sich die Konfliktfälle zwischen MAV und Leitung in der Tendenz verschoben – weg vom relativ schwachen Mitberatungsrecht bei der Erstellung von Stellenplänen hin zur Durchsetzung der Mitbestimmung bei den einzelnen Dienstplänen (→ **Dienstplan**). Das Mitbestimmungsrecht der MAV bei den Regelungen zur Arbeitszeit

ist weitgehend und gilt für die Erstellung jedes Dienstplans. Erfolgt die Dienstplangestaltung ohne Beteiligung der MAV, ist die Dienstplanung unwirksam.
Das Mitbestimmungsrecht bei der Festlegung der Arbeitszeit gehört zu den uneingeschränkten Mitbestimmungsrechten der MAV.
Die MAV kann einen vorgelegten Dienstplan z. B. ablehnen,

- wenn sie darin für alle oder einzelne Arbeitnehmer eine zu große Belastung sieht (zum Beispiel Anzahl der [Nacht-] Dienste in Folge),
- wenn sie in der Arbeitszeitgestaltung eine (besondere) gesundheitliche Belastung erkennt, zum Beispiel durch personelle Unterbesetzung.

Dies sind Gründe bzw. Themen, die auch bei einer Erörterung des Stellenplanes zu berücksichtigen sind.
Die MAV kann der Leitung auch eine → **Dienstvereinbarung** vorschlagen, in der z. B. geregelt wird:

- eine Personalmindestbesetzung pro Schicht,
- ein fester Schichtplanrhythmus,
- Ausschluss von Holen aus dem Frei (oder wahlweise doppelte Vergütung),
- Einhaltung von Pausen,
- verlässliches Verfahren bei der Abweichung von der geplanten Arbeitszeit und bei kurzfristigem Ausfall von Personal.

Der »Umweg« über die Mitbestimmung bei der Erstellung von Dienstplänen ist zeitintensiver als eine geordnete Mitberatung bei der Erstellung von Stellenplänen, sie wird sich aber in der Praxis als effektiver erweisen, da hier die MAV über ein klares Mitbestimmungsrecht verfügt. Nimmt sie dieses Mitbestimmungsrecht bei der Erstellung von Dienstplänen regelmäßig und kompetent wahr, so kann auch die Bereitschaft des Arbeitgebers zunehmen, mit der MAV eine Dienstvereinbarung zu den Grundsätzen des Schichtplangestaltung und damit verbunden auch zu Fragen der Stellenbesetzung und Personalplanung abzuschließen. Die Erfahrung, besonders in Krankenhäusern im Öffentlichen Dienst, hat gezeigt, dass die Frage der Personalmindestbesetzung in vielen Bereichen immer drängender wird und unter den Beschäftigten auch zur Mobilisierung führt.
Nach → § 34, dem Gebot zur vertrauensvollen Zusammenarbeit und dem Recht der MAV auf Einsicht in die für ihre Arbeit erforderlichen Unterlagen ergeben sich für die MAV **folgende Informationsrechte:**

- Vorlage von Unterlagen, aus denen sich die aktuelle Stellenbesetzung der Einrichtung ergibt.
- Verhandlungsergebnisse mit den Kostenträgern, soweit sie die Planung des Personalbedarfs berühren.
- Interne Grundsätze und Richtlinien, wonach das zur Verfügung stehende Budget, insbesondere im Hinblick auf die Personalkosten, aufgeteilt und den verschiedenen Berufsgruppen und Abteilungen zugewiesen wird.

- Die Prognose der Einrichtungsleitung über zu erwartende Belegung, Auslastung und Pflege-/Fallgruppen des Klientels.
- Allgemeine Grundsätze der Einrichtungsleitung, wie sie mit einem von der Prognose abweichenden Belegungsgrad und einer abweichenden Fallgruppenzusammensetzung umgeht und welche Maßnahmen sie zu treffen beabsichtigt.
- Maßnahmen zur Personalplanung, um sich geänderten wirtschaftlichen Bedingungen und qualitativen Anforderungen anzupassen.
- Die Formulierung von Qualitätsstandards.
- Laufende Information über die von der Einrichtungsleitung vorgenommene Kontrollplanung, ob mit dem geplanten personalpolitischen Instrumentarium die Zieldimension in der Personalpolitik verwirklicht werden kann.

Auch die Einstellung von → **Leiharbeitnehmern** ist mitbestimmungspflichtig, wenn die Betroffenen in den betrieblichen Arbeitsprozess eingegliedert werden. Eine Eingliederung in den betrieblichen Arbeitsprozess liegt dann vor, wenn der Arbeitgeber gegenüber den Leiharbeitern ein Weisungsrecht hat.

Stellt die MAV fest, dass laut Stellenplan Stellen nicht besetzt sind, stattdessen aber vermehrt Leiharbeitnehmer eingestellt werden, muss sie initiativ tätig werden. Zuerst sind die Gründe zu suchen: weigert sich der Arbeitgeber, Festpersonal einzustellen, und möchte er mit dem angeblich billigeren und flexibleren Leiharbeitnehmern vor allen Dingen Personalkosten sparen oder findet der Arbeitgeber trotz Bemühungen nicht mehr genügend qualifiziertes Personal. Im ersten Fall hat die MAV allen Grund, den Einstellungen von Leiharbeitnehmern zu widersprechen. Im letzteren Fall wird es schwierig, eine rein betriebliche Lösung hinzubekommen. Da die Vergütungen nach AVR für qualifiziertes Personal in der Regel unter dem Niveau des Öffentlichen Dienstes und auch der Caritas liegen, können die diakonischen Einrichtungen erfahrenes Personal schwieriger binden und gerade in Mangelberufen haben sie es sehr schwer, neues qualifiziertes Personal zu gewinnen.

In einigen Bereichen, insbesondere im Gesundheitswesen wurden inzwischen verbindliche Regelungen für den Personaleinsatz insbesondere des Pflegepersonals geschaffen. So bestehen beispielsweise für weite Teile der Krankenhausversorgung Vereinbarungen über Personaluntergrenzen, die nicht unterschritten werden dürfen. Diese **Entlastungsvereinbarungen** werden inzwischen zahlreicher und nach den gemachten Erfahrungen bei der praktischen Umsetzung werden die Regelungen für die Beschäftigten durch konkretere Festlegungen auch verbindlicher und günstiger. Es empfiehlt sich daher, beim Abschluss von Regelungen auf der ver.di-Homepage nach Beispielen für aktuelle Vereinbarungen zu suchen.

Bedeutung für die Beschäftigten

Die immense Arbeitsverdichtung in den letzten Jahren, der gestiegene Stress und Arbeitsdruck sind neben der Entlohnung das Hauptthema unter den Beschäftigten. Insbesondere im Pflegebereich werden mit immer weniger Personal immer mehr Patienten behandelt. Gute Arbeitsbedingungen haben eine ausreichende Stellenbesetzung zur Voraussetzung. Mit ihren **Streiks für Entlastung** haben die Beschäftigten in der Berliner Charité einen Tarifvertrag erreicht und ein bundesweites Signal gesetzt (s. Dokumentation im Literaturhinweis). Auch die Beschäftigten der katholischen Marienhausklinik im Saarland haben im Oktober 2017 für Aufsehen gesorgt. Der Streik führte dazu, dass die Leitung in einem Schreiben an die politisch Verantwortlichen erklärt hat, dass viele Pflegekräfte fehlen. Auf einigen Stationen wurden zusammen mit der Mitarbeitervertretung Maßnahmen ergriffen, die ein Stück weit Entlastung brachten. Auch in den Folgejahren haben die Beschäftigten in vielen deutschen Kliniken gemeinsam mit ver.di den Abschluss von Haustarifverträgen für Entlastung erreicht.
Betriebliche Aktivitäten zur Behebung der ärgsten Personalengpässe und für eine ausreichende Stellenbesetzung sind wichtig und müssen verbunden werden mit Forderungen an die Politik, die Finanzierung und Rahmenbedingungen im sozialen Bereich grundlegend zu verbessern.

Literaturhinweis

- *ver.di (Hrsg.):*Gute Arbeit im Krankenhaus. Dienstplangestaltung im Pflegedienst. Berlin 2011. *http://www.verdi-gute-arbeit.de/upload/m4c0f8737486d9_verweis1.pdf.*
- *ver.di (Hrsg.)*: Neue Wege in der Tarifarbeit – Regelungen zu Personalmindestbesetzung und Gesundheitsschutz im Krankenhaus, TV Charitè, 2015, *https://www.boeckler.de/pdf/v-2015-10_07_jaeger.pdf.*

Streikrecht

Was ist das?

Das Streikrecht ist im **Grundgesetz** in Artikel 9 Abs. 3 verankert. »Das Recht, zur Wahrung und Förderung der Arbeits- und Wirtschaftsbedingungen Vereinigungen zu bilden, ist für jedermann und für alle Berufe gewährleistet.« Das Recht dieser Koalitionen, auch Arbeitskämpfe durchzuführen, wird ausdrücklich bestätigt. Nach dem Tarifvertragsgesetz von 1949 haben die → **Gewerkschaften** das Recht, → **Tarifverträge** abzuschließen.

Das Streikrecht ist ein demokratisches Grundrecht. Die Arbeitnehmerseite kann nur dann wirkungsvoll Druck ausüben und in eine gleichberechtigte Verhandlungsposition mit dem Arbeitgeber kommen, wenn sie auch zu dem Mittel der kollektiven Arbeitsverweigerung, des Streiks, greifen kann. Das Mittel des Streiks ist wesentlicher Bestandteil der Tarifautonomie, mit dem strukturellen Ungleichgewicht zwischen Arbeitgeber und einzelnen Arbeitnehmern entgegengetreten werden kann und es ermöglicht erst das freie Aushandeln von Tarifen. Verhandlungen der Gewerkschaften mit den Arbeitgebern ohne das Streikrecht hätten nur den Charakter eines »kollektiven Bettelns«. Die meisten Tarifverträge werden abgeschlossen, ohne dass es zu einem Streik kommt. Für das Ergebnis der Tarifverhandlungen gerade auf Arbeitnehmerseite ist es aber wichtig, bereit und auch mächtig genug für einen Streik zu sein.

Das Streikrecht ist in zahlreichen internationalen Abkommen anerkannt, wie z. B. in der Europäischen Sozialcharta (→ **Europäisches Arbeitsrecht**) und den Übereinkommen der Internationalen Arbeitsorganisation (IAO).

Ein älteres, aber sehr gutes **Beispiel für die branchenübergreifende Wirkung von Tarifverträgen und der Wahrnehmung des Streikrechts** war die Auseinandersetzung 1996 um die Kürzung der Entgeltfortzahlung auf 80 % im Krankheitsfall. Nachdem die damalige Bundesregierung ein entsprechendes Gesetz verabschiedet hatte und die Arbeitgeber in der Metallindustrie umgehend die Verschlechterung umsetzen wollten, kam es unverzüglich zu massiven Streiks in der Metallindustrie. Als Ergebnis wurde in den meisten Tarifverträgen die 100 %ige Lohnfortzahlung vereinbart. Die Kürzung der Lohnfortzahlung war durch diese massive Streikbewegung und die positiven Tarifabschlüsse auch im öffentlichen Dienst vom Tisch und wurde in dieser Form auch nicht im kirchlichen Bereich umgesetzt.

Bedeutung für die MAV und die Beschäftigten

Tarifverträge regeln Mindeststandards und haben eine immer wichtiger werdende Schutzfunktion für die Arbeitnehmer. Auch wenn die Tarifverträge nur unmittelbar für die gewerkschaftlich organisierten Arbeitnehmer gelten, gewähren aber die Arbeitgeber in der Regel allen ihren Beschäftigten die Leistungen der Tarifverträge. Tarifverträge, die für einen Bereich abgeschlossen werden, strahlen meistens über diesen Bereich auf andere aus. Bekannt sind die so genannten Pilotabschlüsse für bestimmte Tarifbezirke, die von anderen Bezirken übernommen werden. Im kirchlichen Bereich war es bis etwa Mitte der neunziger Jahre noch so, dass die für den öffentlichen Dienst ausgehandelten – und manchmal auch erstreikten – Tarifverträge fast automatisch übernommen wurden. D. h.: die Altenpflegerin bei der Diakonie profitierte von dem wahrgenommen Streikrecht des kommunalen Müllwerkers.

Die in der letzten Zeit feststellbare Abkoppelung der Vergütungen und der Arbeitsbedingungen in der Diakonie von den Tarifen im öffentlichen Dienst ist Ergebnis der Einschränkung des Rechtes auf freie gewerkschaftliche Betätigung in den Kirchen. Durch die Behinderung der → **Gewerkschaften** in den kirchlichen Einrichtungen und unter Ausnutzung des besonderen kirchlichen Arbeitsrechts, insbesondere des Mittels der → **Arbeitsrechtlichen Kommissionen**, verschaffen sich die kirchlichen Arbeitgeber einen Vorteil gegenüber den leicht zu vereinzelnden kirchlichen Arbeitnehmern.

Natürlich wehren sich die Mitarbeiter in den Kirchen gegen diese Bevormundung und die Verweigerung von Grundrechten. Von besonderer Bedeutung in den letzten Jahren waren die mehrtägigen Streiks im Agaplesion Diakonieklinikum Hamburg, dem Albertinen Krankenhaus in Hamburg und dem Evangelischen Krankenhaus Oldenburg. ver.di konnte in diesen drei Krankenhäusern nach einem Warnstreik Tarifverträge abschließen. Auch in katholischen Krankenhäusern gibt es Streikbewegungen. In der Marienhausklinik im saarländischen Ottweiler streikten Beschäftigte Ende 2017 für einen Entlastungstarifvertrag und erreichten eine Reihe von Verbesserungen.

Streikrecht in der Kirche?

Das **Selbstverwaltungsrecht** der Kirchen wurde 1919 mit der **Weimarer Verfassung** eingeführt. Das Selbstverwaltungsrecht der Kirche nach der Weimarer

Verfassung in Artikel 135–141 zielte auf die Unabhängigkeit vom Staat. In dem Betriebsrätegesetz von 1920 existierte keine Sonderregelung für die Kirchen; für die kirchlich Beschäftigten galt das Streikrecht wie für alle anderen Arbeitnehmer auch. So streikten im Jahr 1920 die Friedhofsarbeiter in Hamburg für 22 Tage und für die 2000 Berliner Friedhofsarbeiter wurde ebenfalls ein Tarifvertrag abgeschlossen. Das Selbstverwaltungsrecht der Kirche wurde im Grundgesetz weiter festgeschrieben, indem die Artikel 136–139 und 141 der Weimarer Reichsverfassung in Artikel 140 des Grundgesetzes aufgenommen wurden. In der aktuellen Auseinandersetzung um das Streikrecht bezieht sich die Kirche nun auf die Artikel der Weimarer Verfassung, obwohl diese in einem anderen Kontext entstanden sind (→ **Selbstverwaltungsrecht der Kirchen**).
In der Auseinandersetzung um die Absenkung der Tarife in diakonischen Einrichtungen (→ **Arbeitsrechtliche Kommission**) hatte ver.di im Jahr 2009 in einigen Einrichtungen zu (Warn-)Streiks aufgerufen. Wirksame Streiks wurden insbesondere in Krankenhäusern in Hamburg und in Niedersachsen durchgeführt. Diese Streiks, zahlreiche weitere Aktionen und intensive Verhandlungen führten letztendlich zum Abschluss von Tarifverträgen in der Nordkirche und in Niedersachsen (→ Tarifvertrag). Hatten die Beschäftigten in einigen Diakonischen Bereichen genügend Durchsetzungskraft und trafen in Verhandlungen auf »aufgeschlossene« Arbeitgeber, so verfolgte die Mehrheit der Diakonischen Werke und insbesondere der Arbeitgeberverband VdDD (→ **Arbeitgeberverband**) eine rückwärts gewandte Strategie und lehnten jede Verhandlung mit den Gewerkschaften ab. Die kirchlichen Arbeitgeber riefen die **Arbeitsgerichte** an und wollten verbieten lassen, dass ver.di zu Streiks in diakonischen Einrichtungen aufruft.

Entscheidung des BAG zum Streikrecht in der Kirche
Am 20.11.2012 entschied das **BAG**, dass die Streikaufrufe von ver.di in den diakonischen Einrichtungen rechtens waren. Es gibt somit kein generelles Streikverbot in kirchlichen Einrichtungen. Die so genannte »herrschende juristische Meinung« war bisher von solch einem Verbot ausgegangen.
Der Kirche wurde zwar grundsätzlich das Recht zugesprochen, ihre Arbeitsbedingungen über den Dritten Weg regeln zu können. Es müssen aber im Wesentlichen drei Bedingungen erfüllt sein:
Erstens: Die Beschlüsse im Dritten Weg müssen ausnahmslos für alle Mitarbeiter gelten und es darf keine Ausnahmeregelungen in den Satzungen der Diakonischen Werke geben. Eine Wahlmöglichkeit zwischen verschiedenen Tarifen für diakonische Einrichtungen ist nicht zulässig.
Zweitens: Die Beschlüsse im Dritten Weg müssen den Arbeitsverträgen als Mindestbedingungen zugrunde liegen.

Drittens: Den Gewerkschaften steht auch in den Arbeitsrechtlichen Kommissionen uneingeschränkt das Recht zu, sich »koalitionsmäßig« zu betätigen. Was zu den koalitionsmäßigen Rechten der Gewerkschaft gehört, hat das BAG nicht näher ausgeführt. Unbestritten gehören dazu:

- freies Zugangsrecht der Gewerkschaft in den Einrichtungen,
- Bildung von Tarifkommissionen und ungehinderte Arbeit ihrer Mitglieder,
- Bestimmung der Mitglieder und der Zusammensetzung der Verhandlungskommission ausschließlich durch die Gewerkschaft selbst (und keine Vorgabe, dass Gewerkschaftssekretäre einer Kirche angehören müssen),
- Möglichkeit der Rückkopplung mit den Mitgliedern,
- Aushandeln eines Vertrages mit den Arbeitgebern (und keine Mehrheitsabstimmung zusammen mit anderen Organisationen oder Vertretern von MAVen).

In keinem einzigen diakonischen Werk sind diese drei Bedingungen im Rahmen der Arbeitsrechtsetzung durch den Dritten Weg erfüllt. Eindeutiges Fazit des Urteils: solange die Kirchen keine grundlegenden Änderungen an ihrem Arbeits- und Satzungsrecht vornehmen, können die Gewerkschaften ihr Streikrecht ausüben.

Obwohl die Gewerkschaft ver.di vor dem BAG obsiegt hat, wurde das Urteil von Seiten der Gewerkschaft wegen der verhältnismäßig starken Gewichtung des kirchlichen Selbstverwaltungsrechts und der kritiklosen Übernahme des Begriffs der Dienstgemeinschaft kritisiert, denn die Wirklichkeit in den diakonischen Einrichtungen entspreche nicht mehr dem Gedanken der Dienstgemeinschaft. In vielen diakonischen Einrichtungen sind z. B. Outsourcing und (interne) Leiharbeit weit verbreitet und dies betrifft teilweise bis zu einem Viertel der Belegschaft. Diese Beschäftigten gehören nicht mehr zur »Muttereinrichtung«, sie sind also von der Dienstgemeinschaft ausgeschlossen.

ver.di legte beim Bundesverfassungsgericht **Beschwerde** gegen die Entscheidung des BAG ein. Allerdings nicht gegen das Urteil – das war nicht möglich, denn ver.di hatte vor dem BAG obsiegt – sondern gegen die Begründung. Die Begründung des Urteils enthielt Rechtssätze, die den Kirchen den Weg weisen könnten, wie sie ein Streikverbot erreichen. Aus solchen Rechtssätzen kann eine Grundrechtsbeschränkung erfolgen, die zu einer Beeinträchtigung der Gewerkschaft führen. Das Bundesverfassungsgericht wies die Beschwerde von ver.di mit der Begründung zurück, dass die Gewerkschaft ver.di von dem Streikverbot derzeit aktuell nicht betroffen ist. Die vage Aussicht, dass ver.di irgendwann einmal in der Zukunft von der beanstandeten Gesetzesvorschrift betroffen sein könnte, genügte dem Bundesverfassungsgericht nicht, der Beschwerde von ver.di zu entsprechen. Gleichwohl wird man nach der Entscheidung annehmen dürfen, dass ein genereller Ausschluss des Streikrechts in kirchlichen und diakonischen Einrichtungen nicht besteht.

Weitere Entwicklung nach dem BAG-Urteil

Als Konsequenz aus den Urteilen des BAG und des Bundesverfassungsgerichts ergibt sich, dass, wenn in den Betrieben der Kirche gestreikt werden sollte, die Kirchen erneut die Arbeitsgerichte anrufen müssten, wenn sie ein Streikverbot durchsetzen wollen. Interessanterweise unternahm die Leitung des Krankenhauses in Ottweiler im Saarland anlässlich des befolgten **Streikaufrufs von ver.di im Oktober 2017** keine ernsthaften Anstrengungen, gegen den Streikaufruf vorzugehen. Von nicht unerheblicher Bedeutung war, dass der Streik der Krankenhausbeschäftigten für eine ausreichende Personalausstattung auf eine große Unterstützung in der Öffentlichkeit stieß.

Auch in der **Tarifrunde im öffentlichen Dienst 2023** beteiligten sich Beschäftigte von diakonischen Sozial- und Erziehungsdiensten in Baden-Württemberg mit Streiks, so in Lörrach, Freiburg; Heilbronn, Schwäbisch Hall und auch in anderen Städten. ver.di rief zu »**Partizipationsstreiks**« auf, Die Arbeitsvertragsrichtlinien der Diakonie Württemberg beinhalten nämlich eine Tarifautomatik, d. h. die Bestimmungen im TVöD zu Löhnen und Arbeitszeiten werden automatisch in den AVR übernommen. Die Verhängung von Sanktionen sind nach Kenntnis der Gewerkschaft ver.di in Baden-Württemberg nicht erfolgt.

In anderen Betrieben versuchte die Kirchenleitung dagegen, Beschäftigte von Arbeitsniederlegungen abzuhalten. So drohte die Evangelische Kirche der Pfalz ihren Kita-Beschäftigten schriftlich: »Sollte gestreikt werden, ist mit arbeitsrechtlichen Konsequenzen zu rechnen.« Später relativierte sie ihre Aussage, das Schreiben sei »missverständlich formuliert«. Mit »arbeitsrechtlichen Konsequenzen« sei lediglich gemeint, dass an Streiktagen kein Lohn gezahlt werde – was natürlich auch in kommunalen und allen anderen Betrieben gilt.

Die Auseinandersetzungen um das Streikrecht in der Kirche scheinen einen ähnlichen Verlauf zu nehmen wie die Kämpfe der Arbeiterbewegung um ein allgemeines Streikrecht im 19. Jahrhundert. Die Arbeiter nahmen sich damals einfach das Recht, und heute ist das Streikrecht der Gewerkschaften eine Selbstverständlichkeit – bis auf die noch behauptete Ausnahme bei den Kirchen.

Die »herrschende juristische Meinung« und die gesellschaftliche Wirklichkeit

Bisher ging die »herrschende juristische Meinung« davon aus, dass es ein generelles Streikverbot in den Kirchen gibt. Diese Position ist jetzt nicht mehr haltbar. Im Gegenteil, es ist festzustellen, dass die Rechtsprechung zum Arbeitsrecht in der Kirche, nicht zuletzt bewirkt durch die Entscheidungen des Europäischen Gerichtshofs, immer mehr zu Ungunsten der Kirchen kippt. In kritischen juristischen Kreisen wird die speziell in Deutschland »herrschende juristische Meinung« in Frage gestellt, die von ein paar Handvoll Kirchenjuristen und Lehrstuhlinhabern gebildet wird, die untereinander eine Art Zitierkartell gebildet

haben. Diese **Zitierkartelle** haben großen Einfluss auf die deutsche juristische Fachliteratur, doch der europäische Blick von außen auf Deutschland lässt die hier herrschende juristische Meinung immer sonderbarer erscheinen.
Kritische Autoren wie Christian Arleth weisen darauf hin, dass die Regelungen der Kirchen zu ihrer Organisation, die Entwicklung der Rituale und die Pflege von Kultur und Tradition, ihre eigene Angelegenheit ist. »*Die Erfüllung der Aufgaben ist allerdings nur dann ihre Angelegenheit, wenn sie niemand anderen dafür braucht und sich in niemandes anderen Leben einmischt. Braucht sie für die Erfüllung der Aufgabe jemand anderen, mischt sie sich bei ihr in jemandes anderen Leben ein, dann wird ihre Angelegenheit zu einer gemeinsamen Angelegenheit*«. Beim Betrieb von karitativen und diakonischen Angelegenheiten handelt es sich nicht um alleinige, sondern um gemeinsame Angelegenheiten, für die weltliche Arbeitnehmer gebraucht werden und damit deren privaten Interessen als Arbeitnehmer tangiert werden. Hieraus folgt für Arleth die klare Schlussfolgerung, dass Maßnahmen der Kirche, die das Streikrecht einschränken oder behindern, rechtswidrig sind.
Gewerkschaftsnahe Positionen weisen immer wieder darauf hin, dass sich in den letzten Jahren die Zusammensetzung der Mitarbeiterschaft besonders in der Diakonie und der Caritas erheblich qualitativ verändert habe. Nachdem heute die Kirchen fast eineinhalb Millionen Mitarbeiter beschäftigen und insbesondere im Osten ehemalige staatliche Einrichtungen übernommen haben, wo der Anteil der Kirchenmitglieder sehr gering ist, sei mindestens zwischen der verfassten Kirche und der Diakonie bzw. Caritas zu differenzieren. Auch die äußeren Arbeitsbedingungen gleichen sich denen im kommunalen Bereich immer mehr an, wenn sie sogar nicht durch eine Schlechterstellung der Beschäftigten in Diakonie und Caritas gekennzeichnet sei. Die Erwerbsorientierung der Mitarbeiter dominiere, der angeblich leitende Gedanke der → **Dienstgemeinschaft** sei im Arbeitsalltag nicht mehr erfahrbar. Wenn sich die Arbeitsbedingungen in Diakonie und Caritas denen vergleichbarer Einrichtungen im öffentlichen Dienst und im privaten Bereich immer mehr anpassen, ist die rechtliche Schlechterstellung der Beschäftigten in Diakonie und Caritas, insbesondere die Verweigerung des Streikrechts nicht mehr zu rechtfertigen.
Nicht zuletzt hat auch die Gründung des → **Arbeitgeberverbandes** VdDD zu einer Verselbständigung der sich selbst so nennenden Unternehmensdiakonie geführt. Große diakonische Einrichtungen agieren wie Sozialkonzerne, weigern sich aber nach wie vor, mit den Gewerkschaften Tarifverträge abzuschließen, weil dies gegen die Prinzipien der Dienstgemeinschaft verstoße. Ver.di erhebt gegen den Arbeitgeberverband den Vorwurf, dass es ihm nur darum ginge, sich mit Hilfe des kirchlichen Arbeitsrechts Wettbewerbsvorteile zu schaffen.
Der Theologieprofessor Hartmut Kreß weist auf die **Doppelmoral** der Kirchen hin: »*Zu wenig Beachtung findet das Dilemma, dass sich im kirchlichen Arbeits-*

recht Doppelmoral abspiegelt. Zum Beispiel bejahen beide Kirchen das Recht von Arbeitnehmern auf Arbeitsstreik generell ganz ausdrücklich. Sie verneinen es nur, sofern sie selbst als Arbeitgeber betroffen sind. Dafür dass sie ihren Beschäftigten dieses Arbeitnehmerrecht absprechen, fehlt sogar ein triftiger theologischer Grund. Zusätzlich erlegen sie ihren Beschäftigten dann noch auf, sich ihrerseits doppelbödig verhalten zu sollen. Denn die Kirchen schließen sich oft mehr oder weniger den Tarifen an, die – als »Goldstandard« – zwischen Gewerkschaften und sonstigen Arbeitgebern ausgehandelt worden sind. Insofern profitieren die kirchlichen Arbeitnehmer davon, was ihre »weltlichen« Kollegen äußerstenfalls durch Arbeitsstreik erreicht haben.«

Beispiel eines Streiks an der Uniklinik Essen:

Für mehr Personal und Entlastung

Die Beschäftigten der Uniklinik Essen haben einen Tarifvertrag Entlastung gefordert. Er sollte unter anderem eine Mindestpersonalausstattung und einen Belastungsausgleich regeln, falls diese tarifvertraglichen Vorgaben nicht eingehalten würden. Ebenso sollte eine Verbesserung der Ausbildungsqualität festgeschrieben werden, zum Beispiel durch die Freistellung der Ausbildenden von ihrer primären Tätigkeit, um Zeit für praktische Anleitung zu haben. Außerdem sollten Auszubildende künftig nicht mehr zur Kompensation von Personalengpässen herangezogen werden.

Im Oktober 2017 hat ver.di die Arbeitgeberseite am Uniklinikum Essen zu Tarifverhandlungen aufgefordert. Vor dem Hintergrund mehrerer Streiktage zu derselben Forderung an der Uniklinik Düsseldorf ließ sich der Vorstand der Uniklinik Essen zunächst auf Gespräche mit ver.di zur Entlastung ein. Doch schnell wurde klar, dass diese nur dazu dienten, Zeit zu schinden. Eine Einigung war lange nicht in greifbarer Nähe, die Arbeitgeberseite wehrte sich vehement gegen konkrete Regelungen für mehr Personal, Besetzungsvorgaben und ein Konsequenzenmanagement bei Nichteinhaltung.

Mehrere Warnstreiks reichten nicht aus, um die Kompromissbereitschaft der Arbeitgeber zu erhöhen. Die Beschäftigten hielten jedoch an ihren Forderungen fest und erhöhten weiter den Druck auf ihren Arbeitgeber. Da Warnstreiks keine ausreichende Wirkung zeigten, führte ver.di unter den Mitgliedern am Uniklinikum eine Urabstimmung durch. Die zentrale Frage: Wie hoch ist die Bereitschaft für einen Erzwingungsstreik? Eine überwältigende Mehrheit von 96,6 Prozent sprach sich dafür aus.

Ab August 2018 traten die Beschäftigten für Entlastung und mehr Personal in einen unbefristeten Arbeitskampf, bei dem selbstverständlich dafür Sorge getragen wurde, dass keine Patienten zu Schaden kamen. Insgesamt dauerte der Streik zwölf Wochen an. Der L [illegible] erzwang e [illegible] ntung, deren Empfehlung sich an den urspr [illegible] erungen der Streikenden orientierte. Die ver.di-Mitglieder spra [illegible] ner Urabstimmung mit 70,4 Prozent für die Annahme der Empfehlung aus. Einen Überblick über die zentralen Ergebnisse zeigt die folgende Auflistung. Die Regelungen haben eine Qualität erreicht, die in dieser Form neu war – und letztlich nur durch die Entschlossenheit der organisierten Beschäftigten durchgesetzt werden konnte.

Ergebnis:

- Verbindliche Regelungen über Soll- und Regelbesetzungen für den pflegerischen Bereich (stationsbezogen)
- Konsequenzenmanagement bei Nichteinhaltung (z. B. Patientenverlegung, Nichtbelegung von Betten, Springerpool, Leistungseinschränkungen)
- Regelbesetzungen in der Nacht mit zwei examinierten Pflegekräften
- Stellenaufbau um 180 Vollkraftstellen, davon 140 im pflegerischen, 40 im nicht-pflegerischen Bereich, deren Verteilung gemeinsam mit ver.di und Personalrat vorgenommen wird
- Einführung von Personalbemessungssystemen in allen Pflegebereichen (Stationen, Ambulanzen, Intensiv-, OP- und Funktionsbereichen)
- Zusätzliche Planung aller Auszubildenden (außerhalb der Soll-/Regelbesetzung)
- Keine Alleinarbeit von Auszubildenden
- Selbständige Übernahme von Aufgaben nur nach Ausbildungsstand
- Zehn Prozent Praxisanleitung für alle Ausbildungsberufe (auch außerhalb der Pflegeberufe)
- Praxisanleiter werden für die Zeit der qualifizierten Anleitung (inklusive Vor- und Nachbereitung) verbindlich freigestellt und nicht im Dienstplan eingerechnet

aus: Streitschrift zum kirchlichen Sonderweg im Arbeitsrecht. 100 Jahre Mitbestimmung und Tarifverträge, Hrsg.: ver.di

Literaturhinweis

- *Arleth, Christian:* Das Recht kirchlicher Arbeitnehmer auf Streik, Baden-Baden 2016.
- *Bsirske, Frank/Paschke, Ellen/Schuckart-Witsch, Berno* (Hrsg.): Streiks in Gottes Häusern, Hamburg 2013.
- *Bühler, Sylvia/Schubert, Jens/Schuckart-Witsch, Berno (Hrsg.):* Zwischen Konkurrenz uns Kreuz, Hamburg 2015.

- *Kreß, Hartmut:* Ende der Sonderrolle. Warum das kirchliche Arbeitsrecht reformiert werden muss, in: zeitzeichen 4/2019.
- *Schatz, Susanne:* Arbeitswelt Kirche, Mitbestimmung und Arbeitsbeziehungen kirchlicher Beschäftigter in der Weimarer Republik, Frankfurt 1999.
- Urteil des BAG vom 20. 11. 2012, *https://juris.bundesarbeitsgericht.de/cgi-bin/rechtsprechung/document.py?Gericht=bag&Art=en&Datum=2012-11-20&nr=16559&pos=0&anz=2*
- *ver.di (Hrsg.)* Streitschrift zum kirchlichen Sonderweg im Arbeitsrecht. 100 Jahre Mitbestimmung und Tarifverträge. Berlin 2020.

Stufenzuordnung, Stufenlaufzeit

Was ist das?

Viele Tarifverträge und Arbeitsvertragsrichtlinien regeln ein eigenes Entgeltsystem. Regelmäßig werden Entgeltgruppen aufgestellt und ihnen werden bestimmte Tätigkeiten zugeordnet. Je nach Systematik des Eingruppierungssystems sind für die Eingruppierung Tätigkeiten und Ausbildung nach unterschiedlicher Gewichtung auschlaggebend. Um die steigende Erfahrung und Routine, die im Laufe der Zeit bei der Ausübung der jeweiligen Tätigkeit erworben wird, monetär abzubilden, sehen manche Entgeltsysteme vor, dass innerhalb der jeweiligen Entgeltgruppen noch ein Stufensystem besteht, z. B. in den AVR.DD.[1] Hier regelt § 15 AVR.DD mit Verweis auf die Anlage 2, wie die Stufen zugeordnet werden. Nach dem Durchlaufen der jeweiligen Stufe erfolgt ein automatischer Aufstieg in die nächsthöhere Stufe. Häufig werden die Stufen numerisch bezeichnet oder als Einarbeitungs-, Basis- und Erfahrungsstufe (I-III). Sind die Mitarbeiter in der letztmöglichen Stufe angekommen, erfolgt kein Aufstieg mehr in die nächsthöhere Entgeltgruppe. Der Mitarbeiter verbleibt in der letztmöglichen Stufe. Eine Änderung der Entgeltgruppe erfolgt nur dann, wenn sich die Tätigkeiten des Mitarbeiters so ändern, dass diese einer anderen Entgeltgruppe zuzuordnen sind.

Bedeutung für die MAV

Als Teil der Eingruppierung ist die Zuordnung zu den Stufen ebenfalls **eingeschränkt mitbestimmungspflichtig**. Sie begegnet der MAV daher regelmäßig im Zusammenhang mit der Eingruppierung nach § 42 Buchst. c MVG. Je nach Tarifvertrag oder AVR kann bei Neueinstellungen auch die Anrechnung förderli-

1 Analog auch viele weitere regionale Arbeitsvertragsrichtlinien der Diakonie, ebenso TVöD und TV-L.

cher Zeiten bei anderen Arbeitgebern zu beachten sein, etwa bei § 15 Abs. 6 AVR. DD. Daher empfiehlt es sich für die MAV, sich die Lebensläufe der neuen Kollegen genau anzusehen, um feststellen zu können, ob förderliche Zeiten vorliegen. In manchen Regelungen ist zur Personalgewinnung oder Personalbindung auch eine Vorweggewährung der Stufen vorgesehen. Diese Vorschriften sind häufig als Ermessensregelungen für den Arbeitgeber ausgestaltet. Das erschwert die Lohngerechtigkeit im Betrieb. Für die Mitbestimmung, die bei der Eingruppierung mehr als Mitbeurteilung zu verstehen ist, ist wegen der Ermessensentscheidung weitgehend die Grundlage entzogen und somit die Einwirkungsmöglichkeit der MAV. Sollte der Arbeitgeber Kriterien für die Vorweggewährung aufstellen, könnte § 40 Buchst. n MVG (Grundsätze für die Gewährung von Unterstützungen oder sonstigen Zuwendungen, auf die kein Rechtsanspruch besteht) betroffen sein. Um herauszufinden, ob im Laufe des Beschäftigungsverhältnisses eine Vorweggewährung stattgefunden hat oder ob die Stufenaufstiege zur richtigen Zeit erfolgen, kann die MAV **Einsicht in die Bruttolohnlisten** nehmen (§ 34 Abs. 2 a MVG). Da bei einer Vorweggewährung auch das Verhandlungsgeschick und der Mut zur Verhandlung des Mitarbeiters mit dem Arbeitgeber sowie die Ausgangsvoraussetzungen eine Rolle spielen, sollte die MAV unbedingt darauf achten, in welcher Weise und nach welchen Kriterien die Vorweggewährung erfolgt, um die Lohngerechtigkeit zu wahren. Ferner gehört es seit dem 1. 1. 2024 zu den Aufgaben der MAV, die **Entgeltgleichheit der Geschlechter** zu überwachen (§ 35 Abs. 3 Buchst. g MVG). Die hierzu erforderlichen Informationen sollte die MAV daher ebenfalls unbedingt einfordern.

Bedeutung für die Beschäftigten

Es geht ums Geld. **Je höher die Stufe, desto besser die Vergütung.** Mitarbeiter sollten die Regelungen zu den Stufenaufstiegen kennen und darauf achten, dass der Stufenaufstieg durch die höhere Vergütung vom Arbeitgeber vollzogen wird. Bleibt dies aus, müssen die Mitarbeiter die Differenzvergütung innerhalb der tariflichen Ausschlussfristen oder den Ausschlussfristen nach AVR geltend machen, um das Verfallen der Differenzentgeltansprüche zu verhindern. Teilweise müssen förderliche Zeiten bei Beschäftigungsbeginn innerhalb einer bestimmten Frist mitgeteilt werden, wenn der Arbeitgeber dazu auffordert. Wird die Frist versäumt, besteht kein Anspruch mehr darauf, dass die förderlichen Zeiten anerkannt werden.

Tarifvertrag

Was ist das?

Der Tarifvertrag ist eine kollektive Vereinbarung zwischen den → **Gewerkschaften** und Arbeitgeberverbänden oder einzelnen Arbeitgebern. Tarifverträge regeln die Rechte und Pflichten der Tarifvertragsparteien, vor allem Fragen des Entgelts und der Arbeitsbedingungen. Man spricht deshalb von Lohn- und Gehaltstarifverträgen sowie von Manteltarifverträgen.
Das Tarifsystem mit dem Flächentarifvertrag ist eine Errungenschaft der Gewerkschaften in hundertjähriger Auseinandersetzung. Mit dem Grundgesetz wurde die **Tarifautonomie** verfassungsrechtlich garantiert und mit dem **Tarifvertragsgesetz** ebenfalls im Jahr 1949 der Rechtsrahmen für Tarifverträge gegeben. Das System der Tarifverträge, einschließlich des Streikrechts für den Konfliktfall, ist ein wesentliches demokratisches Element der Bundesrepublik Deutschland.
Tarifverträge müssen schriftlich niedergelegt sein. Die Rechtsnormen des Tarifvertrags gelten zwingend für die Mitglieder der unterzeichnenden Tarifparteien für den vereinbarten Geltungsbereich. Sie haben für die tarifgebundenen Parteien den Charakter eines Gesetzes. Arbeitnehmer können die Durchsetzung des Tarifvertrages vor Gericht einklagen. Zu den **normativen Bestimmungen** gehören beispielsweise Entlohnung, Urlaubsdauer und -vergütung, Kündigungsfristen, Probezeit, Lohnfortzahlung im Krankheitsfall usw. Die Rechte, die aus dem Tarifvertrag entstehen, können von dem einzelnen Arbeitnehmer, sofern er Mitglied der abschließenden Gewerkschaft ist, nicht aufgegeben werden. Der Tarifvertrag regelt die Mindestbedingungen für ein Arbeitsverhältnis und hat damit für die Arbeitnehmer eine **kollektive Schutzfunktion** und soll verhindern, dass die Arbeitnehmer einzeln gegeneinander ausgespielt werden und sich eventuell gegenseitig unterbieten.
Im Tarifvertrag ist der **Geltungsbereich** festgelegt. Der BAT galt z. B. für die Angestellten (nicht für die Arbeiter) der Einrichtungen des Bundes, der Länder und der Kommunen im gesamten Bundesgebiet. Der TVöD gilt für alle Arbeitnehmer (außer Beamte), ist aber in zwei große Tarifbereiche gespalten, den TVöD für Bund und Kommunen und den TV-L für die Länder (bis auf Hessen, das

einen eigenen Tarifvertrag abgeschlossen hat). Der TVöD im kommunalen Bereich enthält neben dem allgemeinen Teil besondere Regelungen, z. B. für die Beschäftigten der Krankenhäuser (TVöD-K) und einen besonderen Teil für die Beschäftigten in Pflege- und Betreuungseinrichtungen (TVöD-B).
Weiter ist im Tarifvertrag die **Laufzeit** festgelegt. Endet ein Tarifvertrag, gelten seine Rechtsnormen weiter, bis sie durch einen neuen Tarifvertrag ersetzt oder durch eine andere Vereinbarung ersetzt werden. Dies bedeutet hier, dass auch Gewerkschaftsmitglieder, z. B. durch eine freiwillige Änderung des Arbeitsvertrages, ihre tarifvertraglichen Rechte bei einem Tarifvertrag in der Nachwirkung abbedingen können.
Der Tarifvertrag gilt nur für den im Arbeitgeberverband organisierten Arbeitgeber und die Mitglieder der abschließenden Gewerkschaft. Ein Arbeitgeber, der dem Arbeitgeberverband nicht angehört, ist nicht an den Tarifvertrag gebunden. Umgekehrt haben nur die in der betreffenden Gewerkschaft organisierten Arbeitnehmer ein Recht auf die Einhaltung des Tarifvertrags. In der Regel gewährt der Arbeitgeber auch den nichtorganisierten Arbeitnehmern die Rechte aus dem Tarifvertrag, meist nur um zu verhindern, dass die Arbeitnehmer sich verstärkt der Gewerkschaft anschließen.
Durch **Bezugnahme** auf einen Tarifvertrag **im Arbeitsvertrag** werden die Beschäftigten materiell den gewerkschaftlich organisierten Beschäftigten auf den ersten Blick formell gleichgestellt. Doch diese Arbeitsverträge können durch Änderungskündigungen oder einvernehmlich jederzeit geändert werden und haben damit nicht die zwingende Wirkung von Tarifverträgen.

BAT/TVöD als Flächentarifvertrag
Im Arbeitsbereich der kirchlich Beschäftigten war der Bundesangestelltentarifvertrag (BAT) bis ca. 2005 der bekannteste Tarifvertrag. Er stellte den größten Flächentarifvertrag dar und galt bis zu dieser Zeit direkt und indirekt (z. B. für die Diakonie oder das Rote Kreuz, die sich auf ihn bezogen) für 5 Millionen Arbeitnehmer.
Der BAT wurde abgeschlossen einerseits von ÖTV und DAG, andererseits vom Bundesminister des Innern, der Tarifgemeinschaft deutscher Länder (TdL) und dem Verband Kommunaler Arbeitgeber (VKA). Er galt einheitlich für die Bereiche Bund, Länder und Gemeinden.
Seit 2005 unterliegt das Tarifrecht im Öffentlichen Dienst einem starken Wandel. Mit den Arbeitgebern im Bund und den Kommunen wurde im Oktober 2005 der Tarifvertrag Öffentlicher Dienst (TVöD) abgeschlossen. Wie der BAT beinhaltet er umfangreiche manteltarifvertragliche Regelungen. Die größten Arbeitsbereiche der Diakonie, die Krankenhäuser, Altenheime, Behinderteneinrichtungen, Kinder- und Jugendhilfe und Beratungsstellen, werden im Öffentlichen Dienst überwiegend nach TVöD vergütet. Bei Tarifvergleichen bleibt für die Beschäf-

tigten deshalb der TVöD der »Referenztarifvertrag«. Für den Bereich der Länder wurde im Jahr 2006 ein eigenständiger TV-L abgeschlossen.
Die → **Diakonie Deutschland** und die diakonischen Einrichtungen nutzen ihre verfassungsrechtliche Sonderstellung rücksichtslos aus, um unter Umgehung von Tarifverträgen und durch Beschluss der kircheneigenen → **»Arbeitsrechtlichen Kommissionen«** das materielle Arbeitsrecht in sozialen Einrichtungen massiv abzusenken. Je nach Beruf und Lebensalter wird heute in den Krankenhäusern der Diakonie zwischen zwei bis zehn Prozent weniger Lohn gezahlt wie für die gleiche Arbeit nach TVöD in den kommunalen Einrichtungen. Diakonische Einrichtungen versprechen sich dadurch einen Konkurrenzvorteil. Der Druck auf andere vergleichbare Einrichtungen des Öffentlichen Dienstes und der anderen Wohlfahrtsverbände wird dadurch immens, und die diakonischen Einrichtungen setzen damit eine Abwärtsspirale nach unten in Gang. Gesellschaftspoltisch gesehen ist diese »Tarifpolitik« der Diakonie unverantwortlich.
Diese Entwicklungen zeigen deutlich den gesellschaftlichen Wert und die Schutzfunktion von **Flächentarifverträgen**. Ein Tarifvertrag mit breiter Wirkung regelt die Wettbewerbsbedingungen der verschiedenen Anbieter einer Branche untereinander und sichert gleiche Ausgangsbedingungen. Im Sinne einer Wettbewerbsordnung schützen Flächentarifverträge seriöse Arbeitgeber vor unlauterer Konkurrenz und wirken als »Innovationspeitsche«. Wettbewerbsvorteile sollen durch bessere Arbeitsorganisation, rationelles Arbeiten und Qualität erzielt werden.
Per Arbeitsvertrag verpflichten sich die öffentlichen Arbeitgeber gegenüber allen Arbeitnehmern, unabhängig von ihrer Gewerkschaftszugehörigkeit, den TVöD anzuwenden. Dahinter verbirgt sich aber ein politisches Kalkül der Arbeitgeber, das sich in der langen Zeit seit Bestehen der Gewerkschaften herausgebildet hat, aber von vielen Arbeitnehmern vergessen wird: Wenn die Arbeitgeber den tarifvertraglich festgelegten Lohn nur an die Mitglieder der Gewerkschaften auszahlen, würden sie eine Eintrittswelle in die Gewerkschaften hervorrufen und damit die Gewerkschaften deutlich stärken. Zahlt er an alle ohne Unterschied, verstärkt er dadurch die Ohne-mich-Haltung (oder noch salopper ausgedrückt die »Trittbrettfahrer-Mentalität«) und untergräbt den Solidaritätsgedanken der Gewerkschaften, deren Mitglieder sich wesentliche materielle Verbesserungen durch kollektive Aktionen erkämpft haben.
In den letzten Jahren verstärken die Arbeitgeber auch im öffentlichen Dienst ihre **Angriffe auf den Flächentarifvertrag**. Bereits 1998 verlangten die Krankenhaus-Arbeitgeber eine niedrigere Bezahlung nur des Krankenhauspersonals u. a. in Form von drastischen Kürzungen des Weihnachtsgeldes und einer verschlechterten Regelung der Lebensalterstufen. Für die Schichtdienstleistenden wurden weitere gravierende Absenkungen bei den Arbeitszeitregelungen gefordert. Alles in allem hätten die Forderungen eine Gehaltsabsenkung im Krankenhausbereich um ca. 20 % bedeutet. Durch massive Proteste der Krankenhausbeschäftigten

und einheitliches Auftreten der Gewerkschaften konnte dieser erste Angriff der Arbeitgeber abgewehrt werden. Viele Beschäftigte im sozialen Bereich erkannten in dieser Auseinandersetzung den Wert des BAT bzw. später des TVöD als Flächentarifvertrag, der kollektiv für alle Beschäftigten im öffentlichen Dienst Mindeststandards bei den Arbeitsbedingungen regelt. Ein separater nur von und für die Krankenhausbeschäftigten ausgehandelter Tarifvertrag hätte deutliche Verschlechterungen nach sich gezogen. Damit wäre auch eine Entwicklung eingeleitet worden, die das Tarifniveau für viele Bereiche der sozialen Arbeit im öffentlichen Dienst nach unten abgesenkt hätte.
Ein großes Problem ist die Tarifflucht der öffentlichen Arbeitgeber durch → **Outsourcing**. Ganze Betriebe oder Teile von Betrieben werden ausgelagert und privatisiert. Die neuen Arbeitgeber gehören in der Regel entweder keinem Arbeitgeberverband mehr an oder zahlen nach einem schlechteren Tarif, z. B. im Reinigungs- und Küchenbereich entsprechend dem jeweiligen Branchentarifvertrag, der in allen Fällen viel schlechter ist. Teilweise ist es den Gewerkschaften geglückt, durch Tarifverträge zur betriebsinternen Umorganisation und zur Qualitätssicherung solche Ausgründungen zu verhindern. Doch auch diese Verträge waren Kompromisse und hatten neben der positiven Wirkung des Arbeitsplatzerhaltes für die Betroffenen auch negative Auswirkungen in Form von Arbeitsverdichtung und teilweise Einkommenseinbußen. Die Entwicklungen der Diakonie sind in dem Kapitel → **Outsourcing** beschrieben.

Bedeutung für die Beschäftigten

Die Kirche weigert sich von ihrem Selbstverständnis her, mit den Gewerkschaften Tarifverträge abzuschließen. Tarifverträge seien der → **Dienstgemeinschaft** »wesensfremd«, da sie auf dem Gegensatz von Kapital und Arbeit und den Prinzipien von Kampf und Konfrontation beruhen. Aber gerade die sich selbst so bezeichnende »Unternehmensdiakonie« entfernt sich durch die einseitige Betonung des Wirtschaftlichkeitsgedankens immer mehr von den eigenen kirchlichen Ansprüchen (→ **Arbeitgeberverband**).
An die Stelle von Tarifverträgen setzen die Kirchen die → **Arbeitsvertragsrichtlinien**, die von den → **Arbeitsrechtlichen Kommissionen** (ARK) ausgehandelt werden.
Bis vor einigen Jahren war der BAT oder teilweise auch noch der TVöD die »Leitwährung« für die ARK. In der Regel wurde der BAT abgeschrieben und nur einige wenige kirchenspezifische Regelungen eingefügt. Dies änderte sich mit der neuen von der Diakonischen Konferenz, eine Versammlung vornehmlich diakonischer Arbeitgeber, zum 1. 1. 1998 eingesetzten ARK. Diese neue ARK be-

schloss seitdem massive Verschlechterungen: die Vergütung im Hauswirtschaftsbereich wurde um bis zu 30 % abgesenkt; die ausgehandelten Tariferhöhungen im öffentlichen Dienst wurden nur teilweise oder gar nicht übernommen. Die → **AVR DW EKD** (jetzt AVR.DD) wurde immer mehr vom BAT bzw. TVöD abgekoppelt. Auch eine geänderte Zusammensetzung der ARK und das Engagement einiger AGMAVen in der ARK konnte diese Entwicklung nicht aufhalten. Die Arbeitgebervertreter in der ARK der Diakonie Deutschland, die ideologisch vom Arbeitgeberverband VdDD ausgerichtet werden, wollen die Richtung angeben, in welche die AVR abzusenken ist. In Tarifverhandlungen mit Krankenhausträgern des öffentlichen Dienstes bezogen sich diese in der Vergangenheit ausdrücklich auf die abgesenkten Tarife in der Diakonie und begründeten damit ihren eingeschränkten Verhandlungsspielraum.
Die Diakonie Deutschland nutzt wie oben ausgeführt ihre kirchenrechtliche Sonderstellung aus, um mit den kircheninternen ARKen das Arbeitsrecht für ihren Bereich abzusenken und erhofft sich damit kurzfristig Wettbewerbsvorteile. Indem sich die diakonischen Einrichtungen dem Tarifvertragssystem entziehen und in Teilbereichen ein massives **Lohndumping** betreiben, setzen sie für alle Beschäftigten im gesamten sozialen Bereich eine **Abwärtsspirale** in Gang. Die großen diakonischen Träger sind nicht nur Opfer der veränderten Refinanzierungsbedingungen, sondern auch Täter bei der Absenkung des Lohnniveaus im sozialen Bereich.

»Kirchengemäße Tarifverträge«
In Schleswig-Holstein und später **Nordelbien** (Hamburg und Schleswig-Holstein) wurde im »Tarifvertrag zur Regelung der Grundlagen einer kirchengemäßen Tarifpartnerschaft vom 5. 11. 1979« das Modell von kirchengemäßen Tarifverträgen in der Praxis versucht. Die Kirche gründete dafür einen eigenen Arbeitgeberverband, den Verband kirchlicher und diakonischer Anstellungsträger (vkda). Der kirchengemäße Tarifvertrag in Nordelbien forderte auf Seiten der Gewerkschaften erhebliche **Kompromissfähigkeit.** Sie erkannten die absolute Friedenspflicht in § 1 des Grundlagentarifvertrages an. Sie ist unbefristet angelegt, kann jedoch nach jeweils 5 Jahren gekündigt werden. Da im Schlichtungsverfahren die paritätisch besetzte Schlichtungsstelle mit Zweidrittelmehrheit entscheidet, kann die Arbeitnehmerseite nicht überstimmt werden und der Gefahr einer dem gewerkschaftlichen Selbstverständnis unzumutbaren Zwangsschlichtung war damit gebannt. In einer zusätzlichen **Notlagenvereinbarung** verpflichten sich die Gewerkschaften, über Einsparungsmaßnahmen bei finanziellen Notlagen zu verhandeln. Tarifvertragspartei auf Seiten der Kirche ist ein eigener Arbeitgeberverband der kirchlichen und diakonischen Einrichtungen sowie auf der anderen Seite die ÖTV, DAG, GGLF (heute IG BAU) und VKM (Verband Kirchlicher Mitarbeiter).

Auch mit der verfassten Kirche in Berlin wurde ein »kirchengemäßer Tarifvertrag« abgeschlossen. In einem Grundlagentarifvertrag verzichtet ver.di (ehemals die ÖTV) nicht nur zeitlich befristet auf die Ausübung des Streikrechts, sondern vereinbarte auch die Einrichtung einer Zwangsschlichtung.
Mitte der neunziger Jahre sah es für kurze Zeit so aus, als könne auch auf **Bundesebene** eine Regelung für »kirchengemäße Tarifverträge« gefunden werden. In den Jahren 1995/96 nahmen auf Bundesebene die ÖTV und die DAG Gespräche mit der EKD über kirchengemäße Tarifverträge auf. Grundlagentarifverträge und Eckpunkte zur Reformierung des BAT waren bereits ausgehandelt, doch das konservative Lager in Kirche und Diakonie wehrte sich vehement gegen diese neue Entwicklung und zwei Landeskirchen drohten sogar mit Austritt aus der EKD. Die folgenden Diakonischen Konferenzen rückten nach und nach von diesem Verhandlungsstand ab, bis die Diakonische Konferenz am 14.10.1999 in Trier beschloss, am Dritten Weg festzuhalten.
Auch innerhalb der Gewerkschaft ver.di gab es immer mehr Kritik am Modell der kirchengemäßen Tarifverträge und eine Reihe von Gewerkschaftskonferenzen sprach sich für Tarifverträge ohne Zugeständnisse in Bezug auf das Streikrecht aus.

Tarifverträge in der Diakonie – Entwicklung in der Nordkirche
Diese Entwicklung ist der zunehmenden Bedeutung des → **Arbeitgeberverbands** VdDD (Verband diakonischer Dienstgeber in Deutschland) geschuldet, der seit Ende der 90er Jahre immer mehr Einfluss auf die Politik der Diakonie gewann. Kompromisse wie kirchengemäße Tarifverträge oder auch gemischte Kommissions-/Tarifvertragsmodelle werden vom VdDD entschieden abgelehnt. Der VdDD verfolgte im sozialen Bereich einen strammen neoliberalen Kurs, der voll auf niedrigere Löhne und Förderung von Outsourcing setzte.
Seitdem hat sich das Verhältnis zwischen der Gewerkschaft ver.di und der Diakonie Deutschland merklich abgekühlt. Um weiteres Lohndumping bei der Diakonie zu verhindern, ist ver.di in den letzten Jahren dazu übergegangen, ihre Mitglieder zu (Warn-)Streiks aufzurufen.
In der Nordelbischen Kirche wurde jedoch die inhaltliche Ausgestaltung des Tarifrechts weiterentwickelt und 2002 der Kirchliche Tarifvertrag Diakonie (KTD) abgeschlossen. Für den Tarifvertrag diente der BAT als Vorlage, doch er wurde gründlich überarbeitet und aktuellen Anforderungen angepasst. Zunächst galt der Tarifvertrag lediglich für ungefähr 3000 Beschäftigte. Doch nach vielen gewerkschaftlichen Aktivitäten und auch Arbeitskämpfen galt der KTD 2022 für etwa 30000 Beschäftigte. Der Weg dorthin war mühsam und erforderte betriebliche Streiks und zahlreiche Aktionen.
Zuerst streikten 2011 die Beschäftigten des Albertinen-Krankenhauses in Hamburg, für die noch die AVR des Diakonischen Werkes der EKD angewendet wur-

de. Es folgten Streiks am Agaplesion Diakonieklinikum sowie weitere Aktionen und aktive Mittagspausen. Mit Erfolg: 2012 wurde im Albertinen-Krankenhaus der TV KAH übernommen. Der KAH ist ein zwischen ver.di und dem Krankenhaus-Arbeitgeberverband Hamburg abgeschlossener Tarifvertrag, dessen Niveau oberhalb des TVöD liegt. Dieser Tarifvertrag beinhaltet eine Schlichtungsvereinbarung, die das Streikrecht nicht ausschließt. Das Agaplesion Diakonieklinikum übernahm nach sechs Streiktagen die Regelungen des KTD.
Für den Bereich Nordelbien hatte ver.di dann angekündigt, den Grundlagentarifvertrag mit der evangelischen Nordkirche und ihrer Diakonie zu kündigen, um ein Streikrecht für kirchliche Mitarbeiter auszuhandeln. In einer Umfrage hatten sich vorher 90 % der ver.di-Mitglieder für ein entsprechendes Vorgehen entschieden. 2020 konnte erreicht werden, dass im KTD das Niedersächsische Schlichtungsmodell (s. unten) und damit ein offenes Ende mit Streikmöglichkeit übernommen wurde. Von Bedeutung war auch das Urteil des BAG vom 20. 11. 2012 zum → **Streikrecht**. Mit dem Urteil sind Kirche und Diakonie gescheitert, den Aufruf von Gewerkschaften zu Streiks verbieten zu lassen. Ausdrücklich hat das BAG bestätigt, dass die Gewerkschaften auch in den Arbeitsrechtlichen Kommissionen uneingeschränkt das Recht zusteht, sich »koalitionsmäßig« zu betätigen. Zwar hat das BAG die koalitionsmäßigen Rechte nicht weiter ausgeführt, doch unstrittig gehören dazu das freie Zugangsrecht der Gewerkschaft in der Einrichtung, die Bildung von Tarifkommissionen und ungehinderte Arbeit ihrer Mitglieder. Die Betätigungsrechte der Gewerkschaft in den diakonischen Einrichtungen ist damit gestärkt worden.

Tarifvertrag in der Diakonie Niedersachsen
Ende 2012 begannen in Niedersachsen offizielle Verhandlungen von ver.di und Marburger Bund mit der evangelischen Kirche und dem Diakonischen Werk. Bereits 2013 einigten sich beide Seiten auf eine Prozessvereinbarung zur Aushandlung eines Tarifvertrags. Eine Sozialpartnerschaftsvereinbarung wurde 2014 abgeschlossen. In ihr vereinbarten die Tarifparteien, Streitigkeiten im Rahmen einer verbindlichen Schlichtung beizulegen. Die Frage des Streikrechts wird in der Vereinbarung ausgeklammert. Beide Seiten erkennen an, dass die jeweils andere Seite dazu eine unterschiedliche Meinung hat. Für über 30 000 Beschäftigte werden nun Tarifverträge zur Normalität.
Den Gesprächen zwischen Gewerkschaften und kirchlichen Arbeitgebern waren Streiks und vielfältige Aktionen vorausgegangen, die den Druck erhöhten. Den ersten Streik gab es im September 2012 im Evangelischen Krankenhaus in Oldenburg mit fast 400 Beschäftigten, später auch bei den Diakonischen Diensten in Hannover.

Weitere Tarifverträge in der Diakonie

In den letzten Jahren sind in verschiedenen Bereichen der Diakonie und in größeren Einrichtungen trotz der Blockadehaltung der Diakoniespitze immer mehr Tarifverträge abgeschlossen worden. Hier eine Übersicht (Stand 2024):

- **Tarifvertrag Diakonie Niedersachsen**: Abschluss im September 2014 für das erste regionale Diakonische Werk zwischen dem Diakonischen Dienstgeberverband Niedersachsen e. V. (DDN) und ver.di.
- **Tarifvertrag Altenpflege Niedersachsen:** Tarifvertrag seit 2015 über die Ausbildungsbedingungen in der Altenpflege Niedersachsen zwischen dem Arbeitgeberverband AWO Deutschland e. V., Diakonischer Dienstgeberverband Niedersachsen e. V., Landestarifgemeinschaft des Deutschen Roten Kreuzes im Bereich des Landesverbandes Niedersachsen GbR, Paritätischer Wohlfahrtsverband Niedersachsen e. V. und ver.di.
- **Tarifvertrag Diakonische Altenpflege in Hessen:** Tarifvertrag zwischen dem Arbeitgeberverband Diakonische Altenhilfe Hessen (DAH) und ver.di. Er enthält eine Überleitungsregelung von den AVR in den Tarifvertrag, der eine Schlechterstellung ausschließt, Zuschläge werden deutlich erhöht und die Wochenarbeitszeit auf 38,5 Stunden gesenkt. Leider ist er nicht nur positiv zu bewerten. Der Tarifvertrag gilt nur für rund 1700 Beschäftigte der DiaCom Altenhilfe Eschwege, dem Seniorenzentrum Wolfhagen, der DIAKO Waldeck-Frankenberg gGmbH und der Inneren Mission Frankfurt. Viele große Diakonie-Arbeitgeber haben sich aus den Verhandlungen zurückgezogen, so dass der Tarifvertrag keine große Reichweite hat. Zudem handelt es sich um einen einstufigen Tarifvertag.
- **Tarifvertrag Westmecklenburg Klinikum Helene von Bülow GmbH:** Tarifvertrag zwischen dem Westmecklenburgischen Klinikum Helene von Bülow GmbH und ver.di im Jahr 2011. Dieser Tarifvertrag kam zustande vor dem Hintergrund der Zusammenführung eines kommunalen und eines kirchlichen Krankenhauses.
- **Tarifvertrag Diakonie Himmelsthür:** Anwendungstarifvertrag seit 2012 zwischen dem Diakonischen Werk Himmelsthür in Hildesheim e. V. (dwh), der Diakonischen Wohnheime Himmelsthür gGmbH (DWO) und der pro Werkstätten Himmelsthür gGmbH (pWH) – in ihrer Gesamtheit Diakonie Himmelsthür genannt – und ver.di.
- **Tarifvertrag Stadtmission Heidelberg**: Tarifvertrag seit dem Jahr 2015 zur Regelung der Arbeitsverhältnisse der Beschäftigten der Evangelischen Stadtmission Heidelberg zwischen der Evangelischen Stadtmission Heidelberg e. V. und der Trägergesellschaft der Evang. Stadtmission Heidelberg gGmbH, Altenhilfe der Evang. Stadtmission Heidelberg gGmbH, Krankenhaus Salem der Evang. Stadtmission Heidelberg gGmbH, St. Vincentius GmbH der Evang. Stadtmission Heidelberg gGmbH, Suchtkrankenhilfe der Evang. Stadtmis-

sion Heidelberg gGmbH, Wiedereingliederungshilfe der Evang. Stadtmission Heidelberg gGmbH und ver.di. Unter den Tarifvertrag fallen ca. 1700 Beschäftigte.

Im Übrigen gab es den ersten Tarifvertrag in der Kirche bereits 1919 zwischen der Berliner Stadtsynode und den Kirchhofarbeitern. Im Betriebsrätegesetz von 1920 gab es keine Sonderregelung für die Kirche. Das Streikrecht galt für die Kirche und ihre Einrichtungen ohne Ausnahme. So streikten im Jahr 1920 die Friedhofsarbeiter in Hamburg 22 Tage lang für einen Tarifvertrag. Bekannt sind Tarifabschlüsse in Dresden, Barmen, Elberfeld, Braunschweig, Breslau, Leipzig.

Literaturhinweis

- *Bsirske, Frank/Paschke, Ellen/Schuckart-Witsch* (Hrsg.): Streiks in Gottes Häusern – Protest, Bewegung, Alternativen in kirchlichen Betrieben, Hamburg 2013.
- *Bühler, Sylvia/Schubert, Jens/Schuckart-Witsch,Berno* (Hrsg.): Zwischen Konkurrenz und Kreuz. Hamburg 2015.
- *Lührs, Hermann:* Die Zukunft der Arbeitsrechtlichen Kommissionen, Tübingen 2009.
- *ver.di:* Tarifverträge bei konfessionellen Arbeitgebern, *https://gesundheit-soziales.verdi.de/themen/kirchen-und-arbeitsrecht/++co++e0a50972-f386-11e6-a823-525400940f89*

Teilzeitbeschäftigte

Was ist das?

Teilzeitbeschäftigte sind Arbeitnehmer, deren regelmäßige wöchentliche Arbeitszeit kürzer ist als die regelmäßige Arbeitszeit von vollzeitbeschäftigten Arbeitnehmern des Betriebs (§ 2 TzBfG). Die regelmäßige Arbeitszeit beträgt für Arbeitnehmer im Bereich der AVR.DD 39 Stunden (AVR-Bayern 40 Stunden) wöchentlich. Entsprechend Anlage 8a § 6 Abs. 1 AVR DD – Regelungen für Ärzte – gilt für diesen Personenkreis die 40-Stundenwoche (im gegenseitigen Einvernehmen bis 42 Stunden in der Woche). Im Bereich des TVöD, des TV-L und des BAT 38,5 Stunden bis knapp über 40 Stunden, für Kirchenbeamte beträgt die regelmäßige wöchentliche Arbeitszeit in den meisten Landeskirchen 39–41 Stunden.

Bedeutung für die MAV

Teilzeitbeschäftigte Arbeitnehmer unterliegen in gleicher Weise dem MVG wie Vollzeitbeschäftigte. Dabei kommt es nicht darauf an, wie viele Stunden ein Arbeitnehmer durchschnittlich wöchentlich (oder auch nur monatlich, …) beschäftigt ist. Alle Mitbestimmungs-, Mitberatungs-, Informations- oder Initiativrechte der MAV gelten uneingeschränkt auch in Angelegenheiten, die Teilzeitbeschäftigte betreffen.
Die Umwandlung eines Teilzeit- in ein Vollzeitarbeitsverhältnis unterliegt der Mitbestimmung der MAV (§ 42 Buchst. a MVG, siehe auch OVG Hamburg v. 5.4.1982, PersV 1984, 246) Bei der Einstellung soll die MAV anhand des Verweigerungskatalogs (§ 41 Abs. 1 MVG) prüfen, ob die Umwandlung des Arbeitsverhältnisses eine sinnvolle Eingliederung in die Einrichtung darstellt. Unterschiedliche Auffassungen gibt es, ob auch nur die Erhöhung der wöchentlichen Arbeitszeit – ohne Erreichung der regelmäßigen Arbeitszeit eines Vollbeschäftigten – mitbestimmungspflichtig im Sinne des § 42 Buchst. a MVG

ist. Das Verwaltungsgericht der EKD hat die Mitbestimmung verneint (VerwG EKD v. 19.9.1997, ZMV 1998, 133 – a. A., soweit es sich um eine erhebliche Aufstockung der Arbeitszeit handelt, Baumann-Czichon u. a. § 42 Rn. 8 und BVerwG v. 23.3.1999 – 6 P 10/97). Das BAG bejaht die Mitbestimmung bei der Erhöhung eines Teilzeitarbeitsverhältnisses um mindestens 10 Stunden (BAG v. 9.12.2008).
Die Ablehnung eines Antrags auf Reduzierung der Arbeitszeit unterliegt der eingeschränkten Mitbestimmung der MAV (§ 42 Buchst. k MVG).

Bedeutung für die Beschäftigten

Einen **Rechtsanspruch** auf Teilzeitarbeit haben Beschäftigte nur, wenn sie nach einem ärztlichen Gutachten einen **pflegebedürftigen** sonstigen **Angehörigen** oder ein **Kind unter 18 Jahren** betreuen (§ 15b Abs. 1 BAT, § 11 Abs. 1 TVöD, § 29a Abs. 1 i. V. m. Abs. 8 AVR DD; nicht: AVR-Bayern). Es darf jedoch kein dringender dienstlicher Grund vorliegen, der die Freistellung unmöglich machen würde. Sollte es jedoch möglich sein, die Arbeit innerhalb der Einrichtung umzustrukturieren oder eine befristete Zusatzkraft einzustellen, kann der Antrag auf Teilzeitarbeit nicht abgelehnt werden. Die Teilzeitarbeit ist zu befristen.
Die Umwandlung eines Vollzeit- in ein Teilzeitarbeitsverhältnis kann auch aus anderen Gründen unbefristet erfolgen (§ 15b Abs. 2 BAT, § 11 Abs. 2 TVöD, § 29a Abs. 9 AVR DD). In den AVR.DD ist ebenso wie im TVöD von »soll« die Rede. Das »soll« ist jedoch als »muss« auszulegen, wenn keine dringenden dienstlichen Gründe entgegenstehen. In beiden Fällen muss der Arbeitgeber nach Treu und Glauben und unter Abwägung beider Positionen – getragen von der Fürsorgepflicht für den Beschäftigten – eine Entscheidung treffen.
Nach dem **Teilzeit- und Befristungsgesetz** vom 21.12.2000 (TzBfG) hat der Arbeitgeber den Arbeitnehmern, auch in leitender Position, Teilzeitarbeit zu ermöglichen (§ 6 TzBfG). Die Verringerung der Arbeitszeit kann jeder Arbeitnehmer verlangen, der länger als sechs Monate in der Einrichtung ist (§ 8 TzBfG). Dazu muss er drei Monate vorher die Verringerung der Arbeitszeit beantragen; gleichzeitig soll er die gewünschte Verteilung der Arbeitszeit auf die Wochentage mitteilen. Der Arbeitgeber kann den Antrag allerdings aus betrieblichen Gründen ablehnen. Das Arbeitsgericht kann dann feststellen, ob die Gründe des Arbeitgebers für die Ablehnung stichhaltig waren.
Durch die Änderung des Teilzeit- und Befristungsgesetzes durch das Gesetz zur »Brückenteilzeit« hat seit 1.1.2019 eine größere Zahl von Beschäftigten den Anspruch, eine befristete Teilzeit wahrzunehmen. In der Vergangenheit gab es im TzBfG keine rechtlich verbindliche Möglichkeit von einer einmal genehmigten

Teilzeit wieder auf Vollzeit zurückzukehren. Es wurde allgemein von der sog. »Teilzeitfalle« gesprochen, die vor allem Frauen betraf und damit u. a. der Altersarmut Vorschub leistete.
Der Anspruch auf befristete Teilzeit ist davon abhängig, dass das Arbeitsverhältnis vor der Antragstellung länger als sechs Monate bestanden hat und der Arbeitgeber in der Regel insgesamt mehr als 45 Arbeitnehmer (unabhängig von der Anzahl der Auszubildenden und anderen Personen in Berufsbildung) beschäftigt (genaueres siehe § 9a TzBfG). Arbeitnehmer können vom Arbeitgeber verlangen, dass ihre vertraglich vereinbarte Arbeitszeit für einen im Voraus zu bestimmenden Zeitraum verringert wird. Der Zeitraum beträgt mindestens ein Jahr und höchstens fünf Jahre. Eine Begründung des Teilzeit-Wunsches ist dabei nicht erforderlich. Der Antrag auf Verringerung der Arbeitszeit einschließlich des Zeitraums der Verringerung ist mindestens drei Monate vor der gewünschten Verringerung der Arbeitszeit in Textform (z. B. per E-Mail, Brief) zu stellen. Dabei soll der Arbeitnehmer auch den Wunsch zur Verteilung der Arbeitszeit angeben. Wie bei der zeitlich unbegrenzten Teilzeitarbeit kann der Arbeitgeber einen Antrag auf Brückenteilzeit ablehnen, wenn betriebliche Gründe entgegenstehen. Die Regelung verweist auf die entsprechende Vorschrift in § 8 Abs. 4 TzBfG. Ein betrieblicher Grund liegt danach insbesondere vor, wenn die Verringerung der Arbeitszeit die Organisation, den Arbeitsablauf oder die Sicherheit im Betrieb wesentlich beeinträchtigt oder unverhältnismäßige Kosten verursacht. Während der Brückenteilzeit sind Teilzeitbeschäftigte an die vereinbarte Arbeitszeit gebunden. Sie haben keinen Anspruch darauf, innerhalb des im Voraus bestimmten Zeitraums ihre Arbeitszeit weiter zu verkürzen oder zu verlängern. Auch ein Anspruch auf vorzeitige Rückkehr zur früheren Arbeitszeit während der Brückenteilzeit besteht nicht. Freiwillige Vereinbarungen sind jedoch möglich. Dafür kann auch die neue Regelung in § 7 TzBfG genutzt werden, wonach der Arbeitgeber mit einem Arbeitnehmer den Wunsch nach Veränderung von Dauer oder Lage oder von Dauer und Lage der vertraglich vereinbarten Arbeitszeit zu erörtern hat. Arbeitnehmer können frühestens ein Jahr nach Rückkehr aus der zeitlich begrenzten Verringerung der Arbeitszeit erneut eine Brückenteilzeit oder eine zeitlich nicht begrenzte Verringerung der Arbeitszeit beantragen. Für den Fall der berechtigten Ablehnung eines Antrags auf Brückenteilzeit aufgrund betrieblicher Gründe gilt für einen erneuten Antrag – wie bei der zeitlich nicht begrenzten Teilzeitarbeit – eine Frist von zwei Jahren nach der berechtigten Ablehnung. Nach einer berechtigten Ablehnung aufgrund der Zumutbarkeitsregelung für Arbeitgeber mit insgesamt nicht mehr als 200 Arbeitnehmern kann der Arbeitnehmer frühestens nach Ablauf von einem Jahr erneut eine Verringerung der Arbeitszeit verlangen. Teilzeit bedeutet in der Regel eine reduzierte Arbeitszeit und entsprechend weniger Arbeitsentgelt. Das wirkt sich auch auf die Rentenhöhe und die Zusatzversorgung/Betriebsrente aus. Für

jedes Kalenderjahr mit beitragspflichtiger Beschäftigung werden Entgeltpunkte ermittelt, indem das versicherte Arbeitsentgelt durch das Durchschnittsentgelt aller Versicherten geteilt wird. Die Wartezeiten werden insbesondere durch Kalendermonate erfüllt, für die Pflichtbeiträge zur Rentenversicherung abgeführt worden sind. Ob es sich dabei um Vollzeit- oder Teilzeitarbeit handelt, ist unerheblich, solange der Kalendermonat mit Beiträgen belegt ist.

Die Neuregelung gilt auch für Beschäftigte, die bisher unbefristet in Teilzeit arbeiten und ihre Arbeitszeit aufstocken wollen. Der Arbeitgeber muss künftig beweisen, dass er keinen entsprechenden freien Arbeitsplatz hat. Oder dass der Teilzeitbeschäftigte nicht gleich geeignet ist wie andere Bewerber.

Teilzeitbeschäftigte sind grundsätzlich so zu behandeln wie Vollzeitbeschäftigte. Sie erhalten anteilige **Vergütung** entsprechend dem Maß der mit ihnen vereinbarten Arbeitszeit gemessen im Verhältnis zu einem Vollzeitbeschäftigten (§ 4 Abs. 1 TzBfG).

Ebenfalls erhalten sie einen **anteiligen Urlaubsanspruch**, wobei sich die Zahl der Urlaubstage nicht nach den vereinbarten Arbeitsstunden, sondern nach der Anzahl der pro Woche gearbeiteten Tage richtet.

Mehrarbeits- oder **Plusstunden** (§ 9c Abs. 2 AVR.DD; keine vergleichbare Regelung im BAT und TVöD) dürfen gegenüber Teilzeitbeschäftigten nicht angeordnet werden (anders: AVR Bayern – § 21). Mit Teilzeitbeschäftigten kann die Ableistung von Plusstunden gem. § 9c Abs. 2 Satz 3 AVR.DD vereinbart werden. Im TVöD können Teilzeitbeschäftigte nur mit ihrer Zustimmung (oder es wurde bereits im Arbeitsvertrag vereinbart) zu Mehrarbeit herangezogen werden (§ 6 Abs. 5 TVöD). Auf freiwilliger Basis sind solche Stunden auch entsprechend AVR.DD möglich, wobei der Teilzeitbeschäftigte diese Stunden – trotz Zusage – auch nachträglich wieder ablehnen kann, wenn ihm die Ableistung unzumutbar ist (§ 9c Abs. 2 Satz 4 AVR.DD). **Überstundenzuschläge** (TVöD und BAT-Bereich) entstehen für Teilzeitbeschäftigte erst, wenn die Zahl der geleisteten Mehrarbeitsstunden die Zahl der Arbeitsstunden eines Vollzeitbeschäftigten (38,5/39/40 Stunden pro Woche) überschreitet und die Stunden bis zum Ende der folgenden Kalenderwoche nicht ausgeglichen wurden. Die 39,5te/40ste/41ste-Stunde ist die erste Überstunde. Im Bereich der AVR.DD entstehen Überstunden, wenn die max. Plusstundenzahl (30 Stunden – § 9c Abs. 4 AVR.DD) pro Monat überschritten werden. Für nicht vollbeschäftigte Mitarbeiter tritt an die Stelle der 30 Plusstunden die Stundenzahl, die ihren Teilzeitquoten entspricht. In der Diakonie Bayern entstehen Überstunden, wenn die individuelle Arbeitszeit eines Beschäftigten um mehr als 25 Stunden im Monat überschritten wird (§ 21 Abs. 4 AVR Bayern).

Das Bundesarbeitsgericht (BAG) hat am 15. Oktober 2021 entschieden (Az. 6 AZR 253/19), dass Teilzeitbeschäftigten im öffentlichen Dienst erst dann ein Überstundenzuschlag zusteht, wenn die regelmäßige Arbeitszeit eines Vollbeschäftigten überschritten wird. Dagegen hat das Bundesarbeitsgericht (BAG) am 5.12.2024 (8 AZR 370/20) geurteilt, dass eine tarifvertragliche Regelung, die für Überstundenzuschläge das Überschreiten der regelmäßigen Arbeitszeit eines Vollzeitbeschäftigten voraussetzt, teilzeitbeschäftigte Arbeitnehmer wegen der Teilzeit schlechter behandelt als vergleichbare Vollzeitbeschäftigte. Das ist eine deutliche Korrektur der BAG-Rechtsprechung aus dem Jahr 2024, die von den Gewerkschaften begrüßt wird.

Literaturhinweis

- *Holwe, Joachim/Kossens, Michael/Pielenz, Cornelia/Räder, Evelyn:* Teilzeit- und Befristungsgesetz. Basiskommentar, 8. Auflage, Frankfurt 2023.
- *Boecken, Winfried/Joussen, Jacob*: Teilzeit- und Befristungsgesetz. Handkommentar, 7. Auflage, Baden-Baden 2024.
- *Meinel, Gernod/Heyn, Judith/Herms, Sascha*: Teilzeit- und Befristungsgesetz, Kommentar, 6. Auflage, München 2022.

Tendenzschutz

Was ist das?

Artikel 140 GG regelt das Recht der Kirchen auf die Verwaltung ihrer eigenen Angelegenheiten (→ **Selbstverwaltungsrecht der Kirchen**). Danach sind kirchliche Belange, auch in Fragen des kirchlichen Arbeitsrechts, »innerhalb der Schranken des für alle geltenden Gesetzes« zu schützen. Der Tendenzschutz soll die religiöse Tendenz der kirchlichen Einrichtungen gewährleisten helfen.
Der **§ 118 »Geltung für Tendenzbetriebe und Religionsgemeinschaften« BetrVG** wird im Sprachgebrauch als **Tendenzschutzparagraf** bezeichnet. **Absatz 1 in § 118** nennt die Ausnahmen, welche Bestimmungen des BetrVG für **Tendenzbetriebe** außer Kraft gesetzt oder eingeschränkt werden. Tendenzbetriebe sind Unternehmen, die »politischen, koalitionspolitischen, konfessionellen, karitativen, erzieherischen, wissenschaftlichen und künstlerischen Bestimmungen oder Zwecken der Berichterstattung und Meinungsäußerung … dienen«. **Absatz 2** des § 118 BetrVG regelt die Ausnahme für die **Kirchen und ihre Einrichtungen:** »Dieses Gesetz findet keine Anwendung auf Religionsgemeinschaften und ihre karitativen und erzieherischen Einrichtungen unbeschadet deren Rechtsform«. Der 118 BetrVG differenziert somit zwischen den Religionsgemeinschaften und ihren Einrichtungen wie die Diakonie und die Caritas und den **übrigen Tendenzbetrieben.**
Die Kirchen und ihre Einrichtungen sind vollständig aus dem Geltungsbereich des BetrVG ausgenommen, während auf die übrigen Tendenzbetriebe das BetrVG mit Einschränkungen anzuwenden ist. Für Tendenzbetriebe finden diejenigen Vorschriften des BetrVG keine Anwendung, »soweit die Eigenart des Unternehmens oder des Betriebs dem entgegensteht«. Ausdrücklich ist das Recht des Betriebsrates auf die Bildung eines Wirtschaftsausschusses ausgeschlossen. Bei Betriebsänderungen kann der Betriebsrat nach überwiegender Rechtsprechung nur über die Erstellung eines Sozialplans verhandeln, aber nicht über den Interessensausgleich. Bei der Mitbestimmung in sozialen Angelegenheiten ergeben sich für die Betriebsräte, die unter 118 Abs. 1 BetrVG fallen kaum Einschränkungen. Bei personellen Angelegenheiten entfällt das Mitbestimmungs-

recht, wenn die Maßnahme den Betrieb als Tendenzträger betrifft und wenn die Maßnahme tendenzbedingt ist.

Zu den **Religionsgemeinschaften** nach § 118 Abs. 2 BetrVG gehören uneingeschränkt die Einrichtungen der Diakonie und der Caritas. Auf diese Religionsgemeinschaften findet das **BetrVG keine Anwendung**, folglich können auch keine Betriebsräte gewählt werden.

Werden Einrichtungen der Diakonie oder Teile von ihnen in gemeinnützige GmbHs überführt und wird die Gemeinnützigkeit weiterhin steuerrechtlich anerkannt und bleiben sie weiter eine kirchlich/diakonische Einrichtung, fallen sie ebenso unter den Tendenzschutz § 118 Abs. 2 BetrVG. Nur wenn diese Einrichtungen reine GmbHs sind bzw. die Gemeinnützigkeit nicht anerkannt wird, ist davon auszugehen, dass der § 118 Abs. 2 BetrVG nicht gilt und ein Betriebsrat zu gründen ist, der lediglich den Einschränkungen nach § 118 Abs. 1 unterliegt.

Im **Bundespersonalvertretungsgesetz** sind in § 112 entsprechende Bestimmungen für die Personalräte erlassen. Den Religionsgemeinschaften und ihren karitativen und erzieherischen Einrichtungen »bleibt die selbständige Ordnung eines Personalvertretungsrechtes überlassen«.

In der Nachkriegszeit betrieb die Kirche eine intensive Lobbyarbeit bei der Adenauer-Regierung. Sie erreichte schließlich, dass die Kirchen nicht unter das Betriebsverfassungsgesetz und das Bundespersonalvertretungsgesetz fallen (→ **Mitarbeitervertretungsgesetz**). In den Gesprächen mit der Regierung hatten die Kirchen zugesichert, dass sie mit dieser Ausnahmeregelung keinesfalls auf schlechtere Bedingungen für ihre Beschäftigten abzielten. Die Kirchenkanzlei der EKD gab in einem Brief vom 12. 6. 1950 die Zusage, dass »die Kirche hierbei allen berechtigten sozialen Anforderungen gegenüber den bei ihr Beschäftigten in vollem Umfang nachkommt.« Wort gehalten haben die Kirchen allerdings nicht. Die Rechte der MAVen bei der Mitbestimmung und bei der → Unternehmensmitbestimmung sind deutlich schlechter als im BetrVG formuliert.

Das Betriebsrätegesetz der Weimarer Republik von 1920 galt uneingeschränkt und sah keine besonderen Einschränkungen im Geltungsbereich für die Kirche und ihre Einrichtungen vor. Die verfassungsrechtliche Stellung der Kirchen in der Weimarer Republik hat sich gegenüber der Stellung in der heutigen Bundesrepublik nicht geändert. Im Artikel 140 Grundgesetz wird auf die Artikel 136–139 und 141 der Weimarer Reichsverfassung ausdrücklich verwiesen. Daraus kann folglich der Schluss gezogen werden, dass sich der Tendenzschutz für Kirchen und ihre Einrichtungen im § 118 Abs. 2 BetrVG nicht als ein Auftrag aus der Verfassung ergibt. Doch in den jüngeren Jahren der Bundesrepublik versuchten die Kirchen, das im Grundgesetz formulierte Selbstverwaltungsrecht »innerhalb der Schranken des für alle geltenden Gesetzes« in ein von ihnen beanspruchtes allgemeines »Selbstbestimmungsrecht« zu erweitern. Die Kirchen prägten mit den

mit ihnen verbundenen Juristen die so genannte »herrschende juristische Meinung«, die maßgeblichen Einfluss auf die Entscheidung der Gerichte gewann. Erst in den 2000er Jahren gebot das EU-Recht und die Entscheidungen des Europäischen Gerichtshofs (EuGH) dieser Entwicklung Einhalt und betonte in individualrechtlichen Streitfällen die Notwendigkeit von »wesentlichen, rechtmäßigen und gerechtfertigten beruflichen Anforderungen« (→ **Selbstverwaltungsrecht der Kirchen**).
SPD, Grüne und FDP hatten in ihrem Koalitionsvertrag (für 2021–2025) im Kapitel über betriebliche Mitbestimmung vereinbart, ›*gemeinsam mit den Kirchen prüfen wir, inwiefern das kirchliche Arbeitsrecht dem staatlichen Arbeitsrecht angeglichen werden kann*‹, Doch das Versprechen im Koalitionsvertrag blieb unerfüllt. Eine von ver.di initiierte Petition zur Abschaffung des kirchlichen Sonderwegs im Arbeitsrecht unterschrieben bis April 2024 53 000 Menschen. Die Gewerkschaft fordert in der Petition »*Gleiches Recht für kirchlich Beschäftigte« nachdrücklich dazu auf, die Ausnahmen für Kirchen und ihre caritativen Einrichtungen aus den weltlichen Gesetzen zu streichen und u. a. das Betriebsverfassungsgesetz zur Anwendung zu bringen. Der Gesetzgeber stehe in der Pflicht, hier endlich einzugreifen und Ausnahmen vom Gleichbehandlungsgrundsatz abzuschaffen, 1,8 Millionen Beschäftigte seien davon betroffen. »Denn noch immer profitieren kirchliche Arbeitgeber von Sonderregeln im Arbeitsrecht, die es ihnen erlauben, die betriebliche Mitbestimmung einzuschränken und persönliche Entscheidungen von Beschäftigten zum Kündigungsgrund zu machen«*.

Bedeutung für die MAV

Auf Grundlage der Ausnahmebestimmungen im BetrVG und BVG haben die Kirchen für ihren Bereich ein eigenes Mitarbeitervertretungsrecht (→ **Mitarbeitervertretungsgesetz**) geschaffen. Für die Evangelische Kirche hat der Rat der EKD erstmals 1972 ein Kirchengesetz zum Mitarbeitervertretungsrecht verabschiedet, für den katholischen Bereich wurde die entsprechende Rahmenverordnung 1977 von der Bischofskonferenz beschlossen. Es folgte die jeweilige Umsetzung für die zentrale Ebene der Diakonie und der Caritas. 1992 beschloss die Synode der EKD das → **Mitarbeitervertretungsgesetz** der EKD, das aber nur eine Art Rahmengesetz ist und nicht in allen Gliedkirchen und deren angeschlossenen diakonischen Werke direkt gilt.
Die Beteiligungsrechte der Mitarbeitervertretungen bleiben weit hinter denen der Betriebs- und Personalräte zurück. Vor allen Dingen ist es den MAVen verwehrt, Arbeitsgerichte anzurufen.

In § 10 des MVG-EKD war bis 2018 festgelegt, dass nur die Mitarbeiter für die MAV wählbar sind, die einer → **ACK-Kirche** angehören. Viele Mitarbeiter, die als Nichtkirchenmitglieder eingestellt wurden, fühlten sich dadurch diskriminiert. Im Osten Deutschlands hatte dies dazu geführt, dass in vielen Einrichtungen mit wenigen Kirchenmitgliedern überhaupt keine MAVen mehr gewählt werden konnten. Durch die langanhaltende und scharfe Kritik von Seiten der Mitarbeiter und der Gewerkschaft ver.di wurde diese Regelung Ende 2018 geändert. Die Kirchenmitgliedschaft als Voraussetzung für die Wählbarkeit wurde aus dem MVG der EKD gestrichen, doch mit einem neuen Zusatz versehen, dass die Gliedkirchen hiervon abweichende Regelungen treffen können. Nur nach und nach übernahmen die Landeskirchen und ihre Diakonischen Werke diese Regelungen zur Wählbarkeit in die MAV und die AGMAV. Seit Anfang 2024 gibt es keine Ausnahmeregelung mehr im MVG-EKD, weil mittlerweile alle Gliedkirchen keine ACK-Klausel mehr haben.

Bedeutung für die Beschäftigten

Den Abschluss von → **Tarifverträgen** lehnt der überwiegende Teil der Kirchen bisher mit dem Verweis auf ihr Selbstverständnis ab. Tarifverträge und das damit verbundene → **Streikrecht** laufe dem kirchlichen Selbstverständnis zuwider. Das weltliche Arbeitsrecht mit Tarifverträgen gehe von einem Interessengegensatz von Arbeitgebern und Arbeitnehmern aus, den es so in den kirchlichen Einrichtungen nicht gebe. Der kirchliche Auftrag und die Dienstgemeinschaft verpflichte alle in einer Einrichtung Tätigen zu einer vertrauensvollen und partnerschaftlichen Zusammenarbeit. Entsprechenden Ersatz für Tarifverhandlungen sollen die → **Arbeitsrechtlichen Kommissionen** darstellen, die in einem »Konsensverfahren« ihre Beschlüsse treffen.
Aus dem kirchlichen Auftrag leiten die Arbeitgeber **besondere »kirchliche Treuepflichten«** für die Arbeitnehmer ab. So kann der Austritt aus der Kirche ein Grund zur außerordentlichen Kündigung sein. Nach der früheren Rechtsprechung des Bundesarbeitsgerichts, die lange der »herrschen juristischen Meinung« entsprach, wurde die Kündigung eines Anstreichers in einem katholischen Krankenhaus, der eine kirchlich ungültige Ehe schloss, vom BAG für rechtens erklärt, ebenso wie die Kündigung der Leiterin eines katholischen Kindergartens, die einen geschiedenen Mann heiratete und damit gegen den katholischen Grundsatz der Unauflöslichkeit der Ehe verstoßen habe. Auch die öffentliche Erklärung eines an einem katholischen Krankenhaus beschäftigten Arztes zu § 218 StGB, die den Grundsätzen der katholischen Lehre widerspricht,

erkannte das Bundesverfassungsgericht als Grund für eine verhaltensbedingte Kündigung an.
In den achtziger Jahren sprach das **Bundesverfassungsgericht** in der damaligen Zusammensetzung Urteile, die das kirchliche Selbstverwaltungsrecht stark ausweiteten. Das Bundesarbeitsgericht hatte die Jahre vorher eine Rechtsprechung entwickelt, die von einer Abstufung der Loyalitätspflichten ausging. Je nach Nähe zum Verkündungsauftrag und nach Stellung des Arbeitnehmers in der Hierarchie der Einrichtung schulde der Arbeitnehmer dem kirchlichen Arbeitgeber eine entsprechend ausgeprägte Loyalität auch im privaten Verhalten. So werde die Glaubwürdigkeit der katholischen Kirche kaum berührt werden, wenn ein Handwerker eines katholischen Krankenhauses eine geschiedene Frau heirate. Das Bundesverfassungsgericht hielt in einer Entscheidung von 1984 dagegen, mit dieser Rechtsauffassung beschränke das Bundesarbeitsgericht »in verfassungswidriger Weise die Freiheit der Kirche, ihre Angelegenheiten selbständig zu regeln«. Nicht die staatlichen Gerichte, sondern die Kirche selbst entscheide, was »die Glaubwürdigkeit der Kirche und ihrer Verkündigung erfordert«. Im Zweifelsfall müsse das staatliche Gericht bei dem zuständigen Kirchenorgan Auskünfte einholen und sich an diese Auskünfte halten.

Deutsche Kirchen scheitern am Europäischen Arbeitsrecht
Doch die Rechtsprechung der deutschen Gerichte war nicht länger vereinbar mit dem europäischen Gemeinschaftsrecht, das eine Diskriminierung wegen der Religionszugehörigkeit verbot. Der Fall eines Chefarztes, der gegen die Kündigung durch seinen kirchlichen Arbeitgeber klagte, brachte eine entscheidende Wende in der Rechtsprechung zum Arbeitsrecht in der Kirche. Das katholische Krankenhaus hatte ihm gekündigt, weil der Chefarzt nach seiner Scheidung ein weiteres Mal standesamtlich geheiratet hatte. Darin hatte der katholische Arbeitgeber einen schwerwiegenden Verstoß gegen die Loyalitätspflichten aus der katholischen Grundordnung gesehen.
Der EuGH führte in seinem Urteil am 11.9.2018 aus, dass *»die Prüfung der Rechtmäßigkeit einer von einer Kirche oder einer anderen Organisation, deren Ethos auf religiösen Grundsätzen oder Weltanschauungen beruht, gestellten Anforderung, sich loyal und aufrichtig zu verhalten, somit nicht ausschließlich anhand des nationalen Rechts vorgenommen werden (kann), sondern muss auch die Bestimmungen von Art. 4 Abs. 2 der Richtlinie 2000/78 und die dort genannten Kriterien berücksichtigen, deren Einhaltung einer wirksamen gerichtlichen Kontrolle nicht entzogen sein darf.«*
Das BAG erklärte am 20.2.2019 die Kündigung für rechtsunwirksam und folgte damit der Rechtsprechung des Europäischen Gerichtshofes (EuGH).
In einem anderen Urteil entschied das EuGH am 17.4.2018 im Fall Vera Egenberger, dass die kirchliche Einstellungspraxis nicht konform mit dem EU-Recht

sei. Die Sozialpädagogin hatte sich im Jahr 2012 auf eine befristete Stelle beim Evangelischen Werk für Diakonie und Entwicklung beworben. Die Bewerbung wurde abgelehnt, weil sie keiner christlichen Kirche angehörte. Die Bewerberin sah sich wegen ihrer Nicht-Religionszugehörigkeit diskriminiert und klagte auf Schadensersatz. Der EuGH stellte klar, dass der kirchliche Arbeitgeber bei Einstellungen gemäß nationalem Recht nur dann von Bewerbern die Zugehörigkeit zu einer Konfession verlangen kann, wenn die auszuübende Tätigkeit direkt mit dem Glauben und der Verkündigung zu tun hat. Die Gepflogenheiten der einzelnen Mitgliedstaaten müssen respektiert werden, aber auch kirchliche Einrichtungen haben die Vorschriften des europäischen Arbeitsrechtes einzuhalten, wonach bei »verkündigungsfernen Tätigkeiten« auch für kirchliche Arbeitgeber nur noch Eignung und Qualifikation und eben nicht Religionszugehörigkeit zu zählen habe. Auch das Bundesarbeitsgericht folgte in seinem Urteil vom 25. 10. 2018 der Entscheidung des EuGH und stellte klar, dass kirchliche Arbeitgeber bei Stellenausschreibungen künftig nicht mehr pauschal auf eine Religionszugehörigkeit von Bewerbern bestehen dürfen. Die bisherige Rechtsprechung zum kirchlichen Arbeitsrecht wurde damit entscheidend geändert. Gegen das Urteil des BAG hat die Evangelische Kirche Verfassungsbeschwerde eingelegt. Die Kirchen werden in der Konsequenz aus diesen Urteilen ihre Einstellungskriterien und Anforderungsprofile an die Mitarbeiter grundlegend ändern müssen. Stellenausschreibungen, die generell von den Bewerbern eine Kirchenmitgliedschaft voraussetzen, sind nun nicht mehr zulässig, da sie gegen das vom EuGH angeführte Diskriminierungsverbot verstoßen. Die von den Mitarbeitern eingeforderten Loyalitätspflichten sind zukünftig gerichtlich überprüfbar, ob sie eine gerechtfertigte berufliche Anforderung darstellen.

Kritik an den Regelungen zum Tendenzschutz

Empirische Untersuchungen zu den Arbeitsbeziehungen in kirchlichen Einrichtungen kommen zu dem Ergebnis, dass sich insbesondere in den Einrichtungen der Diakonie unter den Beschäftigten eine starke Erwerbsorientierung breit macht. *»Für die Mehrzahl der Beschäftigten in den Mitgliedseinrichtungen des Diakonischen Werkes dagegen ist der Zusammenhang zwischen dem Leitbild der kirchlichen Dienstgemeinschaft und der alltäglichen Arbeit kaum erfahrbar«* (Beyer/Nutzinger 1991). Dieser Trend dürfte sich nach dem Zeitpunkt der Erhebung weiter verstärkt haben. Bei einer Zahl von ca. 1,6 Mio. Beschäftigten im kirchlichen Bereich ist heute davon auszugehen, dass ein großer Teil dieser Mitarbeiter nur deshalb in diesen kirchlichen Einrichtungen arbeitet, weil sie sonst keinen Arbeitsplatz hätten. In vielen Großstädten wie in Berlin oder Hamburg liegt der Anteil von Kirchenmitgliedern an der Gesamtbevölkerung schon unter 50 %, in Ostdeutschland in den nördlichen Regionen teilweise unter 10 %. Entsprechend ist in den Ballungsgebieten der Anteil der Nicht-Kirchenmitglieder an den Beschäftigten kirchlicher

Einrichtungen angestiegen. Andererseits haben kirchliche Sozialeinrichtungen in bestimmten ländlichen Gebieten ein Beschäftigungsmonopol und nutzen diese Stellung aus, um nur gezielt Kirchenmitglieder einzustellen.
In diesem Zusammenhang ist es umso problematischer, wenn die Kirchen im Gesundheitswesen und im Sozialbereich auf Grund des Subsidiaritätsprinzips staatliche Aufgaben übernehmen, die Unterhaltskosten z. B. ihrer konfessionellen Krankenhäuser fast zu 100 % von öffentlichen Trägern finanziert bekommen und sie dann gleichzeitig für ihre Einrichtungen eine arbeitsrechtliche Sonderstellung einfordern.
Bei der Festlegung der Höhe des **Mindestlohns in der Pflege** in der Pflegekommission im März 2010 verhinderte der Vertreter des DW der EKD als einziger Wohlfahrtsverband zusammen mit dem privaten Arbeitgeberverband einen wesentlich höheren Mindestlohn. Als Begründung wurde angeführt, eine Anhebung des Mindestlohnes über das Vergütungsniveau der Arbeitsvertragsrichtlinien (→ **AVR**) bedeute eine Einschränkung der verfassungsrechtlich garantierten Kirchenautonomie. Hier wird die Berufung auf das Selbstverwaltungsrecht der Kirche mehr als fragwürdig.

Europäisches Recht und Tendenzschutz

Die Regelungen zum Tendenzschutz wie in Deutschland sind in Europa einmalig (→ **Europäisches Arbeitsrecht**). Die Kirchen in Deutschland werden ihre arbeitsrechtliche Sonderstellung in der bisherigen Form nicht mehr länger beibehalten können. Unbestritten ist, dass die EU-Richtlinien auch in den kirchlichen Einrichtungen zwingend umzusetzen sind. Die unzureichende Umsetzung der Anti-Diskriminierungs-Richtlinie der EU im deutschen AGG stieß auf eine harte Kritik der europäischen Kommission. Als Reaktion auf den Brief der EU-Kommission erklärte die deutsche Regierung 2008, die Regelungen des deutschen AGG europarechtskonform auszulegen.
Die EU-Richtlinie zum Betriebsübergang spricht den Arbeitnehmervertretungen mehr Informations- und Beteiligungsrechte zu, als in den Mitarbeitervertretungsgesetzen vorgesehen ist. Ebenfalls ist die EU-Richtlinie zur Einsetzung eines Europäischen Betriebsrats uneingeschränkt anzuwenden. Auch auf dem Gebiet des Arbeits- und Gesundheitsschutzes ist eine Reihe von Regelungen erlassen worden, die die Rechte sowohl der Mitarbeitervertretungen als auch der einzelnen Arbeitnehmer gegenüber ihrem jeweiligen kirchlichen Arbeitgeber stärken. EU-Richtlinien und Verordnungen sehen teilweise auch Privilegierungen für Religionsgesellschaften vor, die aber von »Kirche« regelmäßig überdehnt wird, wie die Rechtsprechung zeigt. Zu nennen ist etwa Art 91 DSGVO (Datenschutz-Grundverordnung) oder Art. 4 der RiLi 2000/78 EG. **Das bisherige Arbeitsrecht in der Kirche ist nicht immer und überall EU-tauglich, sondern es bestehen teilweise erhebliche Defizite.**

Literaturhinweis

- *Baumann-Czichon:* BAG: Auch ohne Glauben in der Kirche arbeiten, in: Arbeitsrecht und Kirche 3/2018.
- *Gekeler, Corinna:* Loyal dienen. Diskriminierendes Arbeitsrecht bei Caritas, Diakonie und Co, Aschaffenburg 2013.
- *Kluthe, Jürgen/Segbers, Franz* (Hrsg.): »Gute Arbeit verlangt ihren gerechten Lohn« – Tarifverträge für die Kirchen, Hamburg 2006.
- *Richardi, Reinhard:* Arbeitsrecht in der Kirche, 7. Auflage, München 2015.
- *Stein, Peter:* Kirchliches Arbeitsrecht im Umbruch, in: Arbeit und Recht 4/2019.
- *ver.di* (Hrsg): Die ACK-Klausel im Mitarbeitervertretungsrecht der EKD. Zur Ungleichbehandlung von Christen und Nichtchristen in kirchlichen Einrichtungen, Berlin 2006.

Treuepflicht

Was ist das?

Das Gegenstück zur → **Fürsorgepflicht** des Arbeitgebers ist die Treuepflicht des Arbeitnehmers zu seinem Arbeitgeber. Die Treuepflicht ist eine Nebenpflicht aus dem Arbeitsverhältnis. Im Gesetzentwurf aus dem Jahr 1977 (!) für ein Arbeitsgesetzbuch (§ 7 Abs. 1) wird die **Treuepflicht als Nebenpflicht** so definiert, dass die Arbeitnehmerin ihre Verpflichtungen aus dem Arbeitsverhältnis so zu erfüllen und seine Rechte so auszulegen hat, dass die im Zusammenhang mit dem Arbeitsverhältnis bestehenden Interessen des Arbeitgebers so zu wahren sind, wie dies vom Beschäftigten unter Berücksichtigung seiner Stellung im Betrieb, seiner eigenen Interessen und der Interessen der anderen Arbeitnehmer nach Treu und Glauben billigerweise verlangt werden kann. Die Treuepflicht umfasst den **innerdienstlichen** wie auch in eingeschränktem Maße den **außerdienstlichen Bereich**. Sie wird auch als Loyalitätspflicht beschrieben. Als Grundlage für die Treuepflicht kann der § 241 Abs. 2 BGB angesehen werden: »Das Schuldverhältnis kann nach seinem Inhalt jeden Teil zur Rücksicht auf die Rechte, Rechtsgüter und Interessen des anderen Teils verpflichten.« Der Arbeitsvertrag ist ein solches (Dauer-)Schuldverhältnis.
Im kirchlichen und diakonischen Bereich kommt der Loyalitätspflicht, die mit der → **Mitarbeitsrichtlinie** eine weitergehende Ausgestaltung erfahren hat, besondere Bedeutung zu.

Bedeutung für die MAV

Nachdem es sich bei der Treuepflicht um eine arbeitsvertragliche Nebenpflicht handelt, kann der MAV die Verletzung dieser Pflicht insbesondere bei der Kündigung begegnen. Es handelt sich um eine arbeitsvertragliche Pflichtverletzung. Sollten also personelle Einzelmaßnahmen, wie → **Änderungskündigung** oder → **Kündigung** erfolgen, ist die MAV entsprechend dem MVG zu beteiligen.

Bedeutung für die Beschäftigten

Die Treuepflicht als **Nebenpflicht** aus dem **Arbeitsverhältnis** verpflichtet den Arbeitnehmer, neben seinem eigenen Wohl auch das Wohl des Arbeitgebers und der übrigen Beschäftigten bei der Durchsetzung der eigenen Interessen zu beachten. Praktisch bedeutet dies, dass der Arbeitnehmer die zur Verfügung gestellten Arbeitsmaterialien pfleglich behandelt, den Arbeitgeber auf Gefahren und Störungen im Arbeitsablauf aufmerksam macht, sich an die Bestimmungen von AVR.DD, TVöD und BAT hält und evtl. Betriebsordnungen und Dienstvereinbarungen einhält. Betriebs- und Geschäftsgeheimnisse dürfen nicht weitergegeben werden, ebenso dürfen keine Schmiergelder, geldwerte Geschenke für Vorteilsgewährungen angenommen werden. Der Umgang mit Vorgesetzten und Kollegen (aber auch mit Kunden, Patienten, Klienten, …) hat mit entsprechender Achtung zu erfolgen. Treuepflicht bedeutet nicht, dass sich alle Dinge des Arbeitslebens und des privaten Lebens den Interessen des Arbeitgebers unterzuordnen haben. Die Nebenpflicht ist nicht zu überspannen, was gern getan wird. Sie bedeutet nicht, dass Mitarbeiter*innen keine Kritik übern dürfen, wenn diese sich im Rahmen der Meinungsfreiheit nach Art. 5 GG hält, und nicht strafrechtlich relevant, z. B. Beleidigung nach § 185 StGB. Praktische Relevanz kann hier bestehen beim sog. Whistleblowing. Hier ist das neue → **Hinweisgeberschutzgesetz** zu beachten.
Die Treuepflicht beinhaltet auch, dass der Arbeitgeber auf Gefährdungen der eigenen Gesundheit oder Überlastungen → **Überlastungs- bzw. Gefährdungsanzeige** durch den einzelnen Beschäftigten hingewiesen werden muss, wenn durch die Überlastung Fehler entstehen, zusätzliche Kosten oder Gefährdungen verursacht werden können. Eine entsprechende Verpflichtung der Mitarbeiterinnen ist sogar gesetzlich in § 16 ArbSchG geregelt. Dies gilt ebenfalls, wenn Arbeitsergebnisse zu misslingen drohen.

Übergangsmandat/Restmandat

Was ist das?

Übergangsmandat meint die Zuständigkeit einer MAV für Beschäftigte und Dienststellenteile für einen befristeten Zeitraum, wenn der Dienststellenteil durch → **Betriebsübergang** oder → **Betriebsumwandlung** auf einen anderen Rechtsträger übergegangen ist. Die MAV mit Übergangsmandat führt die Geschäfte für den abgespaltenen Bereich weiter. Es geht also um die Verhinderung einer Zeit ohne Mitarbeitervertretung bei Spaltung oder Zusammenlegung von Dienststellen. Das Übergangsmandat ist in § 7 Abs. 2 MVG normiert und ist das kirchliche Pendant zu § 21a BetrVG.

Ein **Übergangsmandat** besteht *nicht*, wenn der abgespaltene Dienststellenteil von einem Rechtsträger aufgenommen wird, bei dem bereits eine MAV (oder eine andere Interessenvertretung) besteht. In diesem Fall werden die eingegliederten Beschäftigten vom Zeitpunkt des Übergangs an von der dort bestehenden MAV (oder BR oder PR) vertreten.

Das – im Gegensatz zum Übergangsmandat nicht konkret zeitlich befristete – sog. **Restmandat** wirkt in allen Fällen der Auflösung einer Dienststelle und greift daher in Zeiten der vorzeitigen Beendigung des Mandats einer MAV. Das Restmandat ist in § 7 Abs. 3 MVG formuliert:

»Geht eine Dienststelle durch Stilllegung, Spaltung oder Zusammenlegung unter, so bleibt die Mitarbeitervertretung so lange im Amt, wie dies zur Wahrnehmung der mit der Organisationsänderung im Zusammenhang stehenden Mitwirkungs- und Mitbestimmungsrechte erforderlich ist.«

Das **Restmandat** im MVG ist das kirchliche Pendant zu § 21b BetrVG. Es soll gewährleisten, dass Beschäftigte zu keiner Zeit ohne Vertretung sind. Bei Abspaltungen besteht das Restmandat nur dann, wenn kein Übergangsmandat besteht oder das Übergangsmandat bereits abgelaufen ist. Das Restmandat kann auch die regelmäßige Amtszeit einer MAV überdauern.

Häufiger wird das Restmandat einer MAV im Zusammenhang mit der Abwicklung eines → **Sozialplans** nach § 40 Buchst. f MVG stehen.
Sowohl im BetrVG als auch im MVG gibt es Regelungen zum Übergangs- bzw. Restmandat. Allerdings sind die Regelungen nicht gleich. Daher kann auf die Rechtsprechung, insbesondere des BAG, nicht 1:1 zurückgegriffen werden.

Bedeutung für die MAV

Nimmt eine MAV ihre Rechte und Pflichten im Rahmen eines Übergangs- oder Restmandats wahr, findet gerade ein → **Betriebsübergang** oder eine → **Betriebsumwandlung** statt bzw. hat gerade stattgefunden. Dies sind Zeiten, in denen die MAV besonders gefordert ist, geht es doch um die Wahrung der Interessen der Beschäftigten. Für sie finden aufgrund unternehmerischer Entscheidungen Veränderungen statt, die in der Regel existentielle Bedeutung haben. Daher sollten Mitarbeitervertretungen ihr Übergangs- bzw. Restmandat besonders ernst nehmen.
Für die Handlungsmöglichkeiten einer MAV mit Übergangs- oder Restmandat gelten die unter → **Betriebsübergang** und → **Betriebsumwandlung** formulierten Hinweise.
§ 7 Abs. 2 und 3 MVG sind nicht ganz einfach zu lesen und zu verstehen, da sie sich vom Wortlaut her recht ähnlich sind. Häufig bereitet in diesem Zusammenhang auch der Begriff der »Dienststelle« Probleme. Er ist nicht mit dem Betriebsbegriff aus dem BetrVG gleichzusetzen. Die MAV sollte sich in derartigen Konstellationen unbedingt von Sachverständigen unterstützen lassen.

Bedeutung für die Beschäftigten

Auch wenn es manchen Beschäftigten nicht immer klar ist: Eine Interessenvertretung bietet Schutz, z. B. vor ungerechter Verteilung der Arbeitszeit (Mitbestimmung nach § 40 Buchst. d MVG) oder unbilligen, rechtswidrigen personellen Einzelmaßnahmen (eingeschränkte Mitbestimmung, §§ 42, 43 MVG). Die MAV kann, wenn sie ihre Rechte wahrnimmt, wie ein Schutzschirm fungieren. Gerade bei der Schließung von Einrichtungen bzw. Dienststellen und Betriebsübergängen bestehen häufig Verunsicherung und (Existenz-)Ängste. Daher ist eine Begleitung der Beschäftigten durch die MAV in solchen Zeiten immens wichtig.

Überwachung von Beschäftigten, Verhaltens- und Leistungskontrolle

Was ist das und Rechtsgrundlagen

Überwachung findet überall statt, so auch in unseren kirchlichen und diakonischen Betrieben und Einrichtungen. Die Art der Überwachung von Beschäftigten kann dabei viele Formen annehmen. Die Möglichkeiten reichen von der Beobachtung mit Videokameras über die Aufzeichnung von Telefongesprächen, die Beauftragung von Detektiven, die Kontrolle der Internetnutzung oder von E-Mails, die Überwachung des Aufenthaltsorts einer Beschäftigten mittels GPS, die Erfassung von Arbeitszeiten bis hin zur schlichten Verarbeitung von Arbeitnehmerdaten.

Je größer die Möglichkeiten durch die Weiterentwicklung der Informationstechnologie und von Software, desto vielfältiger auch die Möglichkeiten für Überwachung und für die Umsetzung permanenter Leistungs- und Verhaltenskontrolle. Und je weiter die → **Digitalisierung** des Arbeitslebens fortschreitet, bis hin zur Anwendung **Künstlicher Intelligenz** (KI), desto umfangreicher werden diese Potentiale.

Als Beispiel mag die systematische Erfassung von Krankheits- und anderen Fehlzeiten dienen. Die entsprechend gesammelten Quoten könnten dann von Abteilung zu Abteilung, von Einrichtung zu Einrichtung verglichen und evtl. sogar veröffentlicht werden. Auch diakonische Unternehmen und kirchliche Einrichtungen nutzen solche Möglichkeiten und wenden dabei bisweilen auch – wissentlich oder unwissentlich – rechtsmissbräuchliche Methoden an.

Die wesentliche **Rechtsgrundlage** im Zusammenhang mit dem Thema Überwachung besteht im allgemeinen Persönlichkeitsrecht der Bürgerinnen bzw. der Arbeitnehmerinnen, das sich aus Art. 2 Abs. 1 GG (freie Entfaltung der Persönlichkeit) in Verbindung mit Art. 1 Abs. 1 GG (Menschenwürde) herleitet. Das Persönlichkeitsrecht wurde in vielen Verfassungsgerichtsurteilen weiter ausgeformt und konkretisiert und ist allgemein anerkannt. Bekannt ist insbesondere das Volkszählungsurteil des Bundesverfassungsgerichts von 1983, mit dem es ein »Recht auf informationelle Selbstbestimmung« entwickelt hat. Es meint das Recht, selbst über die Preisgabe und Verwendung von Daten zu bestimmen,

die Rückschlüsse auf die eigene Person erlauben. Das Recht auf informationelle Selbstbestimmung ist letztendlich die Grundlage des deutschen Datenschutzrechts (→ **Datenschutz**).
Zweck der Mitbestimmung der MAV bei allen Maßnahmen, die für eine Überwachung bzw. Verhaltens- und Leistungskontrolle von Arbeitnehmerinnen im Betrieb geeignet sind, ist der Schutz der Persönlichkeits- und Datenschutzrechte aller Beschäftigten.

Bedeutung für die MAV

Ziel der MAV-Arbeit muss es sein, die Überwachung und die negativen Folgen für die Beschäftigten (Überwachungsdruck, Leistungsverdichtung usw.) so weit wie möglich auszuschließen. Und es geht darum, das Recht auf »informationelle Selbstbestimmung« so weit wie möglich auch im Betrieb umzusetzen und zu schützen.
Die mitbestimmungsrechtliche Grundlage für die Eindämmung von Überwachungsmaßnahmen im Betrieb besteht in der uneingeschränkten bzw. vollen → **Mitbestimmung** bei *»Einführung und Anwendung von Maßnahmen oder technischen Einrichtungen, die dazu geeignet sind, das Verhalten oder die Leistung der Mitarbeiter und Mitarbeiterinnen zu überwachen.«* (§ 40 Buchst. k MVG) Das Mitbestimmungsrecht der MAV reicht dabei weit, es kommt einem **Vetorecht** gleich. Umso wichtiger müssen Mitarbeitervertretungen ihr Mitbestimmungsrecht beim Thema Überwachung nehmen, erst recht in Zeiten zunehmender und globaler informationstechnischer Überwachung. Ohne eine kompetente und starke MAV sind kirchliche und diakonische Beschäftigte den Überwachungs- und Kontrollbedürfnissen des Arbeitgebers weitgehend schutzlos ausgeliefert.
Zum Mitbestimmungsverfahren siehe Stichwort → **Mitbestimmung**. Als Konfliktregelungsinstanzen für Streitfälle gibt es das → **Kirchengericht** bei Rechtsstreitigkeiten und die betriebliche → **Einigungsstelle** bei Regelungsstreitigkeiten.
Wesentliche Grundlage einer verantwortungsvollen Mitbestimmung der MAV in Sachen Überwachung und Kontrolle ist die Wahrnehmung des → **Informationsrechts**. Besonders hier muss die Information wirklich umfassend und tiefgehend sein, damit die MAV die Beschäftigten ausreichend schützen kann. In vielen Fällen ist die Überlassung von Unterlagen über die technischen Möglichkeiten einer neuen »Anlage« und die Beratung durch sachkundige Personen und weitere Expertinnen zum jeweiligen Thema erforderlich. Bei vielen Überwachungsthemen wird der Abschluss einer → **Dienstvereinbarung** naheliegen, in der Arbeitgeber

und MAV Regelungen treffen, die Beschäftigte vor ausufernder Überwachung und Kontrolle schützen.

In der Vereinbarung sollte u.a. festgehalten werden, dass die Erhebung, Verarbeitung und Nutzung von personenbezogenen Daten auf möglichst wenige, d.h. nur für die Funktion des Systems erforderliche und in der Dienstvereinbarung zu benennende Daten beschränkt wird und dass eine Verhaltens- und/oder Leistungskontrolle unterbleibt. Bestandteil solcher Vereinbarungen sollten regelmäßig auch eigenständige Kontrollrechte der MAV sein, ob die vereinbarten Maßnahmen auch tatsächlich umgesetzt sind.

Weil MAV-Mitglieder in der Regel keine Expertinnen in Sachen Informationstechnologie sind, besteht fast bei allen Themen der Überwachung von Beschäftigten großer Schulungsbedarf. So bieten z.B. die Gewerkschaften Schulungen an zu den Themen Datenschutz, »Mitarbeiterkontrolle«, »Leistungs- und Verhaltenskontrolle mit IT-Systemen«, »MAV-Arbeit in der digitalen Arbeitswelt«, »Anwendung Künstlicher Intelligenz im Betrieb«, Einführung von Homeoffice, Cloud-Computing, vernetzte Arbeitnehmerinnen, PC-Einsatz usw. Solche → **Schulungen** sollten einzelne MAV-Mitglieder spätestens dann besuchen, wenn entsprechende Maßnahmen im Betrieb geplant sind. Wer an einem oder mehreren solchen Seminaren teilgenommen hat, wird in der MAV auch zu einem Kreis von Expertinnen für das Thema Überwachung bzw. Informationstechnologie gehören, ohne dass dadurch externer sachkundiger Beratungsbedarf entfallen wird. Die MAV sollte – evtl. zu Beginn der Amtszeit – eigens klären, welcher Bedarf hier besteht und entsprechend einzelne MAV-Mitglieder zu Expertinnen ausbilden lassen, die dann auch die Kommunikation mit evtl. externen sachkundigen Beraterinnen übernehmen.

Welche Möglichkeiten betrieblicher Überwachung und Kontrolle gibt es nun? Bei welchen geplanten Maßnahmen haben Mitarbeitervertretungen ein uneingeschränktes Mitbestimmungsrecht? Was fällt alles unter § 40 Buchst. k MVG? Zunächst die Daten, die geeignet sind, Aussagen über das Verhalten oder die Leistung von Beschäftigten zu treffen (vgl. Baumann-Czichon 2013):

- Anwesenheitszeiten, Arbeitszeiten
- Fehlzeiten
- Krankheiten, die Rückschlüsse auf die persönliche Lebensführung zulassen,
- Bargeldlose Abrechnung betrieblicher Dienstleistungen oder Einkäufe
- Betriebliche Darlehen oder Pfändungen.

Beispiele für technische Überwachungseinrichtungen sind (vgl. Baumann-Czichon 2013):

- Fernseh-/Filmkamera (BAG v. 10.7.1979)
- Multimomentkamera (BAG v. 14.5.1974)
- Produktograph (BAG v. 9.9.1975)
- Fernsehmonitore (BAG v. 7.10.1987)

- Videoanlagen (BVerwG v. 31.8.1988)
- Spiegel- oder Einwegscheiben (BAG v. 15.5.1991)
- Mikrofone, Tonbandaufnahmen, Telefonmitschnitte (ArbG Hamburg)
- Mithören von Telefongesprächen (LAG Köln), Telefondaten- und -gebührenerfassung, Einzelverbindungsnachweise (BAG v. 27.5.1986)
- Zeiterfassungsgeräte und -systeme (BAG v. 28.11.1989), Stechuhren (LAG Berlin v. 9.1.1984), Magnetkarten
- Bildschirmarbeitsplatz (BAG v. 6.12.1983), PC und andere EDV-Einrichtungen, wenn Daten der Beschäftigten gespeichert werden
- Laptops (im Außendienst)
- Internet-Anschluss
- Intranet
- EDV-Betriebssysteme
- Bürokommunikationssysteme für sog. Workflows
- EDV-gestützte Auswertungssysteme (BAG v. 23.4.1985) und Berichtssysteme (BAG v. 14.9.1984)
- Computergestützte Telefonanlagen bzw. ISDN-Nebenstellenanlagen (BVerwG v. 2.2.1990)
- Fotokopierer mit persönlichem Code für einzelne Beschäftigte (OVG Münster v. 11.3.1992)
- EDV-gestützte Kantinenabrechnung (ArbG Berlin v. 27.10.1983)
- Personalabrechnungs- und -informationssysteme (BAG v. 11.3.1986)
- Elektronische Zugangskontrolle (BAG v. 23.4.1985)
- Einführung von Software für Dienstplanung (ArbG Berlin v. 20.3.2013 – 28 BV 2178/13)
- Einführung von Software, mit der die Arbeitsleistung registriert wird (BAG v. 26.7.1994 – 1 ABR 6/94)
- Einführung von Videoüberwachung am Arbeitsplatz (BAG v. 21.11.2013 – 2 AZR 797/11; 11.12.2012 – 1 ABR 78/11; 29.6.2004 – 1 ABR 21/03; 14.12.2004 – 1 ABR 34/03)
- Einbau von GPS-Geräten in Dienstfahrzeuge (ArbG Kaiserslautern v. 27.8.2008 – 1 BVGa 5/08)
- Möglichkeit von Besucher-Postings auf der Facebook-Seite des Arbeitgebers, die sich auf Verhalten oder Leistung einzelner Beschäftigter beziehen (BAG v. 13.12.2016 – 1 ABR 7/15).

Darüber hinaus gibt es auch Beispiele für die Überwachung ohne technische Einrichtungen. Auch sie unterliegen der Mitbestimmung, jedenfalls wenn sie eine bestimmte Schwelle der Intensität des Eingriffs überschreiten, vor allem wenn sich daraus zusätzliche Kontrollmöglichkeiten ergeben (vgl. Baumann-Czichon 2013):

- Dokumentation sozialpädagogischer Fachleistungsstunden (Schlichtungsstelle der EKD v. 22.9.1998)
- Arbeitszeitnachweise über direkte Betreuungszeiten an Klientinnen (Schlichtungsstelle der EKD v. 19.3.1998)
- Systematische Begleitung und Beobachtung durch Vorgesetzte, z.B. durch Pflegevisiten in der ambulanten Pflege, z.B. durch pädagogische Visiten in der stationären Jugendhilfe
- Besondere Sammlung von Arbeitsergebnissen einzelner Mitarbeiterinnen.

Der Einsatz eines sog »Software-Keyloggers«, mit dem die Tastatureingaben am Computer für die verdeckte Überwachung und Kontrolle der Arbeitnehmerin aufgezeichnet werden, ist nach Ansicht des BAG unzulässig, wenn kein auf die Arbeitnehmerin bezogener, durch konkrete Tatsachen begründeter Verdacht einer Straftat oder einer anderen schwerwiegenden Pflichtverletzung besteht (BAG v. 27.7.2017 – 2 AZR 681/16). Der Einsatz des Keyloggers verletze das Recht der Arbeitnehmerinnen auf informationelle Selbstbestimmung als Teil des allgemeinen Persönlichkeitsrechts.

Für die → **Mitbestimmung** der MAV besteht dann kein Raum, wenn die Überwachung wegen gesetzlicher Vorschriften erfolgt (Beispiel: Fahrtenschreiber). Das Mitbestimmungsrecht umfasst sowohl die **Einführung** als auch die **Anwendung** entsprechender Maßnahmen. Einführung meint die erstmalige Anwendung und die Vorbereitungen dazu. Die Anwendung erfolgt dann nach der Einführung.

Bedeutung für die Beschäftigten

Der Schutz der Persönlichkeitsrechte der einzelnen Beschäftigten soll insbesondere durch das umfangreiche Mitbestimmungsrecht der MAV nach § 40 Buchst. k MVG gewährleistet werden. Dagegen haben einzelne Mitarbeiterinnen deutlich weniger Möglichkeiten, ihrem Persönlichkeitsrecht Geltung zu verschaffen. Siehe dazu die Ausführungen unter → **Datenschutz**.

Hat der Arbeitgeber die MAV im Rahmen seiner Verpflichtungen nach § 40 Buchst. k MVG nicht beteiligt, besteht nach allgemeiner Auffassung für die Beschäftigten ein »**Recht auf Leistungsverweigerung**«, ohne Auswirkungen auf ihre Entgeltansprüche. Sie sind dann auch nicht verpflichtet, die Einrichtung zur Mitarbeiterkontrolle (z.B. Stechuhr, Dokumentationssoftware, ISDN-Telefonanlage usw.) zu bedienen. Das gilt jedenfalls so lange, bis die MAV der Einführung und Anwendung der Einrichtung zugestimmt.

Im Zusammenhang mit der Überwachung gibt es möglicherweise auch Verletzungen datenschutzrechtlicher Bestimmungen, insbesondere des DSG.EKD und der DSGVO. Solche Verstöße – des Arbeitgebers und einzelner Beschäftigter – können eine Ordnungswidrigkeit oder auch eine strafbare Handlung darstellen.

Literaturhinweis

- *Däubler, Wolfgang*: Gläserne Belegschaften. Das Handbuch zum Beschäftigtendatenschutz. Frankfurt am Main, 9. Auflage 2021.
- *Haverkamp, Josef*: Datenschutz. Grundlagen, Empfehlungen und Arbeitshilfen für Betriebs- und Personalräte. Frankfurt am Main, 4. Auflage 2024.
- *Wedde, Peter/Brink, Stefan/Eder, Isabel/Häfner-Beil, Nadja/Höller, Heinz-Peter/Joos, Daniel/Mittländer, Silvia/Schulze, Marc-Oliver/Steiner, Regina*: Handbuch Datenschutz und Mitbestimmung. Frankfurt am Main, 3. Auflage 2023.
- *Baumann-Czichon, Bernhard/Gathmann, Mira/Germer, Lothar*: MVG-EKD. Der neue Kommentar für die Praxis. Bremen 4. Auflage 2013.
- *Fey, Detlev/Rehren, Olaf* (Hrsg.): MVG.EKD PraxisKommentar, Stuttgart 1994 (Stand: April 2024).
- Jo*ussen, Jacob/Mestwerdt, Wilhelm/Nause, Helmut/Spelge, Karin* (Hrsg.): MVG-EKD. Kirchengesetz über Mitarbeitervertretungen in der Evangelischen Kirche in Deutschland mit Wahlordnung. Kommentar. München 2. Auflage 2023.

Umsetzung

Was ist das?

Die Umsetzung ist grundsätzlich die zeitlich unbestimmte Zuweisung eines anderen Arbeitsplatzes am gleichen Ort oder einem anderen Ort, der sich in einer anderen politischen Gemeinde befindet. Umsetzungen finden also auch innerhalb derselben → **Dienststelle** aus dienstlichen oder betrieblichen Gründen und unter Beibehaltung der arbeitsvertraglichen Bedingungen statt. Das → **Direktionsrecht** kann, wie bei der → **Versetzung** oder Abordnung, nur nach billigem Ermessen ausgeübt werden. Denkbar sind deshalb Umstände, die es dem Beschäftigten nachweislich unzumutbar erscheinen lassen, einer beabsichtigten Umsetzung nachzukommen. In einem solchen Fall wäre eine Umsetzung unzulässig.
Gründe für eine Umsetzung können sein:

- Personalengpass (Krankheit und Ausscheiden von Mitarbeitern),
- konzeptionelle Neuausrichtung,
- personenbedingte Gründe (gesundheitliche Unverträglichkeiten, Mobbing),
- Rationalisierungsmaßnahmen,

Bedeutung für die MAV

Nur bei einer Umsetzung auf unbestimmte Zeit innerhalb der → **Dienststelle** unter gleichzeitigem Ortswechsel hat die MAV das Recht der eingeschränkten → **Mitbestimmung** (§ 42 Buchst. f, bzw. § 43 Buchst. k MVG). Unter »Ortswechsel« ist ein Wechsel von einem Standort in einer politischen Gemeinde zu einem anderen Standort in einer anderen politischen Gemeinde zu verstehen. Da es sich um eine einheitliche Dienststelle handelt, liegen beide Standorte im Zuständigkeitsbereich der MAV.

Auch wenn ein Beschäftigter mit seiner Umsetzung einverstanden ist, bleibt der MAV das Recht auf Mitbestimmung erhalten (Wirksamkeitsvoraussetzung, § 38 Abs. 1 MVG).
Ist ein MAV-Mitglied von einer Umsetzung betroffen, wird die MAV zu prüfen haben, ob hierin möglicherweise eine Behinderung (§ 19 Abs. 1 MVG) der MAV-Arbeit liegen könnte. Muss bei einem Beschäftigten, der nicht in der MAV tätig ist, ein dienstlicher Grund für eine Umsetzung vorliegen, gilt dies auch bei einem Mitglied der MAV. Das MVG sieht einen Versetzungs- und Abordnungsschutz für Mitglieder der MAV vor, ein Umsetzungsschutz ist nicht vorgesehen (§ 21 MVG).
Ferner kann eine Umsetzung aufgrund der schutzrechtlichen Bestimmungen nach dem Mutterschutzgesetz (MuSchG) bzw. der Mutterschutzrichtlinienverordnung (MuSchRiV) in Frage kommen.
Auch wenn die Voraussetzungen für eine → **Mitbestimmung** bei der Umsetzung eines Beschäftigten nicht vorliegen, etwa weil der neue Arbeitsplatz nicht in einer anderen politischen Gemeinde liegt, so kann die → **Dienststellenleitung**, zumindest im Rahmen der vertrauensvollen Zusammenarbeit (§ 33 Abs. 1 MVG) und des Informationsrechts nach § 34 MVG verpflichtet sein, die **MAV** über diese personelle Maßnahme zu **unterrichten.**
In der Vergangenheit (a. A. Fey/Rehren Rz. 53 zu § 42) ging man davon aus, dass lediglich **auf Dauer** angelegte Umsetzungen vom Mitbestimmungstatbestand erfasst sind. Dieser Ansicht hat das BVerwG mit seiner Entscheidung vom 16.9.2019 – 5 P 5.18 eine Absage erteilt und seine Rechtsprechung geändert. Weder aus dem Wortlaut noch aus dem Sinn und Zweck sowie der Gesetzessystematik lasse sich eine Begrenzung des Mitbestimmungstatbestandes auf dauerhafte Umsetzungen entnehmen.

Bedeutung für die Beschäftigten

Der Beschäftigte ist **vor** einer **Umsetzung** vom Arbeitgeber **zu hören** (§ 7 Abs. 1 AVR DD). Wenn dem Beschäftigten die Umsetzung als unzumutbar erscheint, kann er die Gründe nennen. Der Arbeitgeber wird sie bei seiner Entscheidung zu prüfen haben.
Während der Probezeit ist eine Versetzung oder Abordnung nur mit Zustimmung des Beschäftigten zulässig (§ 7 Abs. 3 AVR DD).
Der Beschäftigte kann auch von sich aus einen Antrag auf Umsetzung stellen (vgl. → **Versetzung**).

Schwerbehinderte Beschäftigte können im Sinne des § 164 SGB IX eine Umsetzung auf einen anderen Arbeitsplatz verlangen, wenn entsprechende ärztliche Atteste vorliegen.

Einer Umsetzung ist dann nicht Folge zu leisten, wenn die entsprechende Weisung des Arbeitgebers unzumutbar ist. Unzumutbare Weisungen müssen nicht mehr vorläufig bis zu einer gerichtlichen Entscheidung befolgt werden (BAG v. 14.9.2017 – 5 AS 7/17). Die bisherige Rechtsprechung zu unzumutbaren Weisungen, die besagte, auch solchen Weisungen ist bis zu einer Entscheidung der Gerichte Folge zu leisten, wurde vom BAG aufgegeben. Der Arbeitnehmer trägt allerdings das Risiko von Sanktionen, wenn ein Gericht eine Weisung in einem späteren Verfahren als zumutbar beurteilt. Die Weigerung, einer Umsetzung *nicht* nachzukommen, sollte daher nur nach Rücksprache mit einer rechtskundigen Person (Anwalt, Gewerkschaftssekretär) getroffen werden.

Umweltschutz im Betrieb

Was ist das?

1994 ist mit dem Art. 20a im Grundgesetz aufgenommen worden, dass der Staat »in Verantwortung für künftige Generationen die natürlichen Lebensgrundlagen« zu schützen hat. Dies ist eine so genannte **Staatszielbestimmung**, die durch Gesetze, die vollziehende Gewalt und die Rechtsprechung zu erfüllen ist.
Die Reduktion von den immer stärker ansteigenden Energie- und Entsorgungskosten rückt unter wirtschaftlichen Gesichtspunkten immer mehr in den Fokus der Dienststellenleitungen und entsprechende Maßnahmen zur Energieeinsparung werden von immer mehr Einrichtungen umgesetzt.
Wichtige Gesetze und Verordnungen in Bezug auf den Umweltschutz sind für die Einrichtungen der Diakonie insbesondere:

- die Gefahrstoffverordnung,
- das Chemikaliengesetz,
- das Bundesimmissionsschutzgesetz.

Umweltschutz im Betrieb spielt je nach Einrichtungsart eine mehr oder weniger gewichtige Rolle. In reinen Verwaltungen werden die Umweltbelastungen wesentlich geringer sein als z. B. in Krankenhäusern. Müllvermeidung, eine optimierte müll- und sortengerechte Entsorgung sowie die Einführung von Mehrwegsystemen sind wichtige Maßnahmen für den Umweltschutz, besonders in einem **Krankenhaus**. Denn in deutschen Krankenhäusern werden jährlich ca. 1,2 Millionen Tonnen Abfall produziert. Krankenhäuser verwenden Gefahrstoffe im Sinne des Chemikaliengesetzes und betreiben in einem nicht unerheblichen Maß umweltschädigende Anlagen und Geräte. In der Röntgenabteilung, im Labor und in der Wäscherei entstehen Abwässer, für deren Einleitung in das Abwassernetz Genehmigungen der zuständigen Behörden notwendig sind bzw. die Einhaltung von Grenzwerten sicher zu stellen ist. Im OP-Bereich werden verdampfte, kohlenwasserstoffhaltige Narkosemittel abgeleitet. Umweltschutz ist in diesen Betrieben eine ständige und wichtige Aufgabe und könnte zum Teil auch helfen, unnötige Entsorgungs- und Energiekosten einzusparen.

Manche Arbeitgeber haben erkannt, dass sie ein **positives Image** ihrer Einrichtungen beim Klientel und in der Öffentlichkeit erzielen, wenn sie ein vorbildliches Umweltmanagementsystem vorweisen. Beratungsfirmen betonen, dass das Motto »Kosten gesenkt, Image gesteigert« ein wichtiger Wettbewerbsfaktor sein kann. Dies weist natürlich auch auf die Gefahr hin, dass Umweltschutz zu einer Werbekampagne benutzt wird, wobei einige spektakulär aufbereitete Maßnahmen eine insgesamt schlechte Ökö-Bilanz des Betriebes verdecken können.
Eine über die Gesetzesvorschriften hinausgehende Verbesserung des betrieblichen Umweltschutzes ist das **EU-Öko-Audit EMAS** (Eco-Management and Audit Scheme), ein Gemeinschaftssystem für das Umweltmanagement und die Umweltbetriebsprüfung. Das Öko-Audit erfasst die umweltrelevanten Tätigkeitsfelder in der Produktion bzw. Dienstleistungen und überprüft die Einhaltung gesetzlicher Vorgaben sowie die systematische Integration von Umweltschutz in die Betriebsabläufe. Durch ein Öko-Audit soll die Umweltbilanz überprüft und verbessert werden, z. B. durch den schonenderen Einsatz von Ressourcen, eine Verbesserung der baulichen Situation und den Verzicht auf umweltschädliche Chemikalien. Neben Unternehmen können auch Dienstleister und Verwaltungen zertifiziert werden.
Das System EMAS fasst seine Ziele wie folgt zusammen (aus der Verordnung (EG) Nr. 761/2001):

»Das Gemeinschaftssystem für das Umweltmanagement und die Umweltbetriebsprüfung (EMAS) zielt darauf ab, die Umweltleistungen der öffentlichen und privaten Organisationen in allen Wirtschaftszweigen zu verbessern, indem diese

- *Umweltmanagementsysteme, die in Anhang I der Verordnung angeführt sind, schaffen und einführen;*
- *diese Systeme einer objektiven und regelmäßigen Bewertung unterziehen;*
- *die Ausbildung und aktive Teilnahme ihrer Beschäftigten fördern;*
- *Informationen für die Öffentlichkeit und andere interessierte Kreise bereitstellen;*
- *ein Umweltkonzept festlegen, das die Ziele und Aktionsgrundsätze der Organisation im Hinblick auf die Umwelt erfasst;*
- *eine Umweltprüfung ihrer Tätigkeiten, Produkte und Dienstleistungen (gemäß Anhang VII und VI) durchführen. Ausgenommen sind diejenigen Organisationen, die bereits über ein zertifiziertes und anerkanntes Umweltmanagementsystem verfügen;*
- *ein Umweltmanagementsystem (gemäß Anhang I) einführen;*
- *eine regelmäßige Umweltbetriebsprüfung (gemäß den Anforderungen in Anhang II) durchführen sowie eine Umwelterklärung erstellen, die eine Beschreibung der Organisation, ihrer Tätigkeiten, Produkte und Dienstleistungen, der Umweltpolitik und des Umweltmanagementsystems der Organisation, der Umweltaspekte, Umweltauswirkungen und Umweltzielsetzungen sowie das Datum*

der Gültigkeitserklärung enthält. Diese Erklärung muss von einem Umweltgutachter für gültig erklärt werden, dessen Name und Zulassungsnummer in der Erklärung angeführt sein müssen;

- *die Gültigkeitserklärung der zuständigen Behörde des Mitgliedstaates übermitteln;*
- *die Gültigkeitserklärung öffentlich zugänglich machen.«*

Die → **Diakonie Deutschland** gab 2016 eine Umwelterklärung heraus, in der über die seit 2012 jährliche Zertifizierung ihrer zentralen Verwaltungsstelle nach EMAS berichtet wird.

»Auch das Evangelische Werk für Diakonie und Entwicklung (EWDE) ist sich dieser Verantwortung bewusst, kann es doch gerade als Großverbraucher beispielsweise in den Bereichen Energie, Büroausstattung oder Lebensmittelbezug Einfluss auf die Marktentwicklung nehmen. Mit seinem unternehmerischen Handeln möchte das Werk einen direkten Beitrag zu Klimagerechtigkeit und nachhaltiger Entwicklung leisten (…) Mit Hilfe von EMAS werden bei der Diakonie Deutschland z. B. CO_2 Emissionen eingespart, anfallender Abfall reduziert oder der Papier- und Energieverbrauch gesenkt und kompensiert. Mit jährlichen Umwelterklärungen macht die Diakonie Deutschland ihre umweltrelevanten Arbeitsbereiche und Umweltauswirkungen sowie ihre jeweiligen Umweltschutzziele transparent.«
In den »Nachhaltigkeitsrichtlinien« der Diakonie Deutschland vom 14.10.2021 heißt es:
»Die Diakonie sieht die großen globalen Herausforderungen des 21. Jahrhunderts und will auf der Grundlage ihrer christlichen Werte dazu beitragen, dass unsere Welt für alle Menschen dieser und künftiger Generationen lebenswert ist und bleibt (…) Die wichtigsten Handlungsfelder sind Immobilien, Liegenschaften und Wohnen, Mobilität, Landwirtschaft, nachhaltige Kapitalanlagen sowie eine Beschaffung, die Menschen und Arbeitsrechte achtet und die Ressourcen schont.«

Bedeutung für die MAV

Zu den allgemeinen Aufgaben der MAV gehört, Maßnahmen des betrieblichen Umweltschutzes zu fördern (MVG § 35 Abs. 1 Buchst. g). Je nach Einrichtungsart kommt dem betrieblichen Umweltschutz eine unterschiedlich wichtige Rolle zu. Waren Umwelt- und Klimaschutz früher eher Spezialthemen der Ökologiebewegung, so sind diese Ziele heute bereits breit gesellschaftlich verankert. Auch für die Arbeitnehmervertretung wird Umweltschutz immer wichtiger, nicht nur in Verantwortung für den eigenen Betrieb, sondern auch als **soziale Aufgabe**, da durch die Zerstörung der Umwelt und die Klimaveränderung insbesondere die sozial schwachen und die abhängig Beschäftigten überdurchschnittlich betroffen sind.

Die Einrichtungen in der Diakonie sind in der Regel weniger betroffen von der Auseinandersetzung, bei der Klima- und Umweltschutz gegen das Argument des Erhalts von **Arbeitsplätzen** ausgespielt werden. Insgesamt muss es Ziel von Arbeitnehmervertretungen sein, für Arbeitsplätze einzutreten, die der Nachhaltigkeit entsprechen und die zukunftssichernd sind. Beschäftigungsperspektiven und soziale Sicherheit sind im Rahmen von Umstrukturierungen unbedingt notwendig und müssen von Anfang an bei notwendigen Veränderungen mit eingeplant werden.

Betriebe und Unternehmen können die Funktion eines **Umweltbeauftragten** einrichten. Welche Aufgaben ihm zugewiesen werden, ist je nach Unternehmen und dessen Organisation unterschiedlich. Die Aufgaben eines Umweltbeauftragten sind jedoch gesetzlich nicht vorgeschrieben. Allgemein hat er die Aufgabe, die Einhaltung gesetzlicher und behördlicher Bestimmungen innerhalb der Einrichtung zu überwachen.

Fragen des betrieblichen Umweltschutzes können Thema der örtlichen → **Mitarbeiterversammlung** sein. Möglicherweise berühren Maßnahmen des Umweltschutzes auch andere Themenfelder, z. B. Maßnahmen des Gesundheitsschutzes (§ 40 Buchst. b MVG), Grundsätze der Arbeitsplatzgestaltung (§ 40 Buchst. g MVG) oder auch die Regelung der Ordnung in der Dienststelle (Haus- und Betriebsordnungen) und des Verhaltens der Mitarbeiter und Mitarbeiterinnen im Dienst (§ 40 Buchst. l MVG), so dass über diese Mitbestimmungsrechte größerer Einfluss auf den Umweltschutz durch die MAV genommen werden kann.

Bedeutung für die Beschäftigten

Auch für viele Beschäftigte wird es zunehmend wichtiger, sich für den Umwelt- und Klimaschutz einzusetzen und natürlich an Arbeitsplätzen zu arbeiten, an denen sie selbst oder andere keine gesundheitlichen Schäden zu befürchten haben. Zukunftsweisende Arbeitsplätze bekommen in der heutigen sich schnell verändernden Zeit immer mehr an Gewicht und bedeuten für die Arbeitnehmer auch für die Zukunft eine soziale Absicherung.

Wichtige Forderungen, die nicht unmittelbar die eigene Einrichtung aber das Arbeitsleben betreffen, sind Forderungen nach Ausbau des öffentlichen Nahverkehrs und nach kostenlosen bzw. stark ermäßigten Jobtickets. Hier ist v. a. das Deutschlandticket zu erwähnen.

Literaturhinweis

- *Gemeinschaftssystem für das Umweltmanagement und die Umweltbetriebsprüfung (EMAS): https://eur-lex.europa.eu/legal-content/DE/TXT/HTML/?uri=LEGISSUM:l28022&from=SL*
- Umwelterklärung 2016 Evangelisches Werk für Diakonie und Entwicklung: *https://www.diakonie.de/fileadmin/user_upload/EWDE_Umwelterklaerung-2016.pdf*

Unfallversicherung

Was ist das?

Die gesetzliche Unfallversicherung (GUV) ist ein Teil des staatlichen Sozialversicherungssystems. Genauso wie Renten-, Kranken-, Pflege- und Arbeitslosenversicherung soll die Unfallversicherung Arbeitnehmer und andere Bevölkerungsteile vor bestimmten Risiken absichern. Zweck der GUV ist es, → **Arbeitsunfälle**, → **Berufskrankheiten** und gesundheitliche Gefahren bei der Arbeit zu verhüten (**Prävention**). Ist einer dieser Versicherungsfälle eingetreten, ist es Aufgabe der Unfallversicherung, die Gesundheit und die Leistungsfähigkeit im Arbeitsleben wiederherzustellen. Beides hat die GUV »mit allen geeigneten Mitteln« (§ 1 SGB VII) zu verfolgen. Gesetzliche Grundlage der GUV ist das SGB VII (seit 1.1.1997).

Die GUV ist im Jahr 2025 bereits 140 Jahre alt. Sie ist ein Kind der Bismarck'schen Sozialgesetzgebung. Das »Unfallversicherungsgesetz« stammt aus dem Jahr 1884 und ist am 1.7.1885 in Kraft getreten.

Die GUV dient aber nicht nur den Beschäftigten, sondern sie ist auch eine Art Haftpflichtversicherung der → **Arbeitgeber** gegen Arbeitsunfälle und Berufskrankheiten. Für sie besteht **Pflichtmitgliedschaft** – dies ist nach einem Urteil des Europäischen Gerichtshofs (EuGH) **europarechtskonform**. Aufgrund ihrer → **Fürsorgepflicht** sind sie bei solchen Versicherungsfällen in der Haftung. Eine wesentliche Aufgabe der GUV ist also die Ablösung der Unternehmer- bzw. → **Arbeitgeberhaftung** durch verschuldensunabhängige, öffentlich-rechtliche Versicherungsansprüche. Das bedeutet, wer im Zusammenhang mit seiner Arbeit einen Gesundheitsschaden (Arbeitsunfall, Berufskrankheit) erleidet, der hat den Anspruch auf Schadensersatz nicht gegen seinen Arbeitgeber, sondern einen durchsetzbaren Anspruch gegenüber der GUV.

Dies ist auch der Hintergrund, dass Arbeitgeber die Kosten für die Unfallversicherung allein übernehmen. Damit ist die Unfallversicherung der einzige Zweig der Sozialversicherung, dessen Finanzierung nicht paritätisch[1] erfolgt.
Die Unfallversicherung zeichnet sich insbesondere dadurch aus, dass sie

- alles aus einer Hand bietet, denn sie führt Prävention, Rehabilitation und Entschädigung bei einem Träger zusammen
- nach Branchen gegliedert ist – auch entsprechend den unterschiedlichen Gesundheitsrisiken
- eine paritätische Selbstverwaltung hat, in der gewählte Arbeitnehmer- und Arbeitgebervertreter die Angelegenheiten der Berufsgenossenschaften und Unfallkassen selber regeln und dabei ihre branchenspezifischen Erfahrungen einbringen.

Die Berufsgenossenschaften (BG) und Unfallkassen (UK) sind alle organisiert in der Rechtsform einer **Körperschaft des öffentlichen Rechts.**
Die Ausgaben der gesetzlichen **Unfallversicherung** lagen im Jahr 2023 etwa bei 18 Mrd. Euro im Jahr. Damit ist sie der kleinste Zweig der gesetzlichen Sozialversicherung.
Der jeweils von den Unternehmen an die Berufsgenossenschaften zu zahlende Beitrag hängt ab von: Finanzbedarf, Arbeitsentgelt der Versicherten und Gefahrenklasse (s. § 153 Abs. 1 SGB VII). Je nach Zahl, Schwere und Aufwendungen für die Versicherungsfälle werden auch Zuschläge erhoben bzw. Nachlässe bewilligt (§ 162 SGB VII).
Wenn Betriebe wirksame Maßnahmen zur Verhütung von Arbeitsunfällen und Berufskrankheiten durchführen, kann die Berufsgenossenschaft Prämien gewähren. Das gilt auch für die Verhütung von arbeitsbedingten Gesundheitsgefahren.
Träger der gesetzlichen Unfallversicherung sind im Wesentlichen die neun gewerblichen Berufsgenossenschaften und die 15 Unfallkassen. Der Spitzenverband dieser gewerblichen Berufsgenossenschaften und Unfallkassen der öffentlichen Hand heißt »Deutsche Gesetzliche Unfallversicherung« (**DGUV**).
Die gesetzliche Unfallversicherung bildet neben dem Gesetzgeber das zweite Standbein des Arbeitsschutzes in Deutschland (= sog. duales System von staatlichen Arbeitsschutzbehörden und Unfallversicherungsträgern). Der Versuch der stärkeren Koordinierung dieses dualen Systems ist die Einführung einer **Gemeinsamen Deutschen Arbeitsschutzstrategie** (GDA). Damit sollen staatliches Arbeitsschutzrecht und Regelungen der Unfallversicherungen stärker miteinander verknüpft werden. Grundlage ist das Unfallversicherungsmoder-

1 Natürlich ist uns bewusst, dass die (tatsächlich) paritätische Finanzierung in mehreren Zweigen der Sozialversicherung bereits stark eingeschränkt ist.

nisierungsgesetz vom 30.10.2008. Konkretisiert wurde die GDA im (ergänzten) Arbeitsschutzgesetz. Dort heißt es in § 20a:

»Nach den Bestimmungen dieses Abschnitts entwickeln Bund, Länder und Unfallversicherungsträger im Interesse eines wirksamen Arbeitsschutzes eine gemeinsame deutsche Arbeitsschutzstrategie und gewährleisten ihre Umsetzung und Fortschreibung. Mit der Wahrnehmung der ihnen gesetzlich zugewiesenen Aufgaben zur Verhütung von Arbeitsunfällen, Berufskrankheiten und arbeitsbedingten Gesundheitsgefahren sowie zur menschengerechten Gestaltung der Arbeit tragen Bund, Länder und Unfallversicherungsträger dazu bei, die Ziele der gemeinsamen deutschen Arbeitsschutzstrategie zu erreichen.
Die gemeinsame deutsche Arbeitsschutzstrategie umfasst 1. die Entwicklung gemeinsamer Arbeitsschutzziele, 2. die Festlegung vorrangiger Handlungsfelder und von Eckpunkten für Arbeitsprogramme sowie deren Ausführung nach einheitlichen Grundsätzen, 3. die Evaluierung der Arbeitsschutzziele, Handlungsfelder und Arbeitsprogramme mit geeigneten Kennziffern, 4. die Festlegung eines abgestimmten Vorgehens der für den Arbeitsschutz zuständigen Landesbehörden und der Unfallversicherungsträger bei der Beratung und Überwachung der Betriebe, 5. die Herstellung eines verständlichen, überschaubaren und abgestimmten Vorschriften- und Regelwerks.«

Die Umsetzung der GDA erfolgt jeweils in **Arbeitsprogrammen**, die in 5-Jahres-Perioden bearbeitet werden (1998 bis 2012, 2013 bis 2018, 2019 bis 2024, es folgt die Periode von 2025 bis 2029).
Wenig bekannt sind die Ziele dieser Arbeitsprogramme. Sie lauteten in der 2. GDA-Periode: Verbesserung der Organisation des betrieblichen Arbeitsschutzes (»Arbeitsschutz mit Methode – zahlt sich aus«), Verringerung von arbeitsbedingten Gesundheitsgefährdungen und Erkrankungen im Muskel-Skelett-Bereich (»Prävention macht stark – auch deinen Rücken«), Schutz und Stärkung der Gesundheit bei arbeitsbedingter psychischer Belastung (»Stress reduzieren – Potenziale entwickeln«).
Thema der 3. Strategieperiode war »Arbeit sicher und gesund gestalten: Prävention mit Hilfe der Gefährdungsbeurteilung«. Die drei Arbeitsschutzziele dieser Phase: »Gute Arbeitsgestaltung bei Muskel-Skelett-Belastungen«, »Gute Arbeitsgestaltung bei psychischen Belastungen« und »Sicherer Umgang mit krebserzeugenden Gefahrstoffen«. Die Ziele der aktuellen Periode ab 2025 waren bei Redaktionsschluss noch nicht veröffentlicht.
Die Entwicklung, Steuerung und Fortschreibung der GDA erfolgt in der **Nationalen Arbeitsschutzkonferenz** (NAK), die durch jeweils drei stimmberechtigte Vertreter von Bund, Ländern und Unfallversicherungsträgern zusammengesetzt ist: Vertreter der Arbeitgeber und der Gewerkschaften haben beratende Stimme (s. § 20b ArbSchG).

Was machen die Träger der gesetzlichen Unfallversicherung und was sind ihre Aufgaben? Im Rahmen der Prävention (»mit allen geeigneten Mitteln«)

- unterstützen sie die GDA und die nationale Präventionsstrategie (s. o.)
- erlassen sie sog. Unfallverhütungsvorschriften (UVV, DGUV; s. u.)
- besichtigen, beraten und überwachen Unternehmen innerhalb ihrer Branche durch sog. Aufsichtspersonen
- schulen und qualifizieren sie Arbeitgeber, Versicherte, Betriebsärzte, Fachkräfte für Arbeitssicherheit und Sicherheitsbeauftragte – und auch Mitglieder von betrieblichen Interessenvertretungen
- untersuchen besondere Unfälle
- bilden betriebliche Ersthelfer aus.

Im Bereich von Rehabilitation und Entschädigung geht es um

- die Heilbehandlung und medizinische Rehabilitation durch Beseitigung oder Verbesserung eines gesundheitlichen Schadens
- Leistungen zur Teilhabe am Arbeitsleben und am Leben in der Gemeinschaft durch Eingliederung und Hilfen
- Leistungen bei Pflegebedürftigkeit
- Zahlung von Geldleistungen: Entgeltersatz, Verletztengeld, Übergangsgeld, Renten bei Minderung der Erwerbsfähigkeit (MdE), Beihilfen, Abfindungen.

Wer gehört zum **versicherten Personenkreis**? Das sind neben allen (sozialversicherungspflichtig) Beschäftigten auch viele weitere Personen: Ehrenamtliche, Kinder beim Besuch der Kita, Schüler beim Besuch der Schule, Studierende, Helfer bei Unfällen, Blut- und Gewebespender (s. § 2 SGB VII).

Die Berufsgenossenschaften und Unfallkassen regeln in einer Fülle von Vorschriften das weit verzweigte Gebiet des Arbeitsschutzes. Sie werden jeweils durch das Bundesministerium für Arbeit und Soziales genehmigt. Daneben erlassen sie Regeln für Sicherheit und Gesundheit bei der Arbeit; außerdem sog. Informationen und Grundsätze.

Seit 1. 5. 2014 hat das Vorschriften- und Regelwerk der Berufsgenossenschaften eine neue Systematik. Grund war der Zusammenschluss von (gewerblichen) Berufsgenossenschaften und (öffentlichen) Unfallkassen zur Deutschen Gesetzlichen Unfallversicherung (DGUV). Statt der früheren Kürzel BGV, BGR oder BGI gibt es eine neue Einteilung der Schriften in vier Kategorien:

Bezeichnung	Nummer
DGUV Vorschrift	1 bis 99
DGUV Regel	100–001 ff.
DGUV Information	200–001 ff.
DGUV Grundsatz	300–001 ff.

Die erste Ziffer zeigt die Art der Publikation an, die beiden weiteren Ziffern vor dem Bindestrich stehen für den zuständigen Fachbereich der DGUV (insgesamt gibt es 15 Fachbereiche).
Mit der neuen Systematisierung werden Überschneidungen bereinigt, die sich durch die Fusion von Berufsgenossenschaften und Unfallkassen unter dem Dach der DGUV ergeben hätten. Die DGUV hat auch eine »Transferliste« erstellt. Dort kann nach den alten und neuen Nummern gesucht werden: *www.dguv.de/publikationen*.
Auch die Vorschriften der Berufsgenossenschaften sind – wie die staatlichen Gesetze – von allen Arbeitgebern einzuhalten bzw. umzusetzen. Grundlage für die Rechtssetzung der Berufsgenossenschaften auf dem Gebiet des Arbeitsschutzes ist § 15 Abs. 1 SGB VII.
Am 1.10.2014 ist die zentrale Basisvorschrift der neu gefassten Unfallverhütungsvorschriften in Kraft getreten (DGUV Vorschrift 1 »Grundsätze der Prävention«). Sie ersetzt die frühere BGV A 1. Neu an der Vorschrift ist insbesondere die Klarstellung der Personen, die der Versicherungspflicht unterliegen. So gelten die im staatlichen Recht bestimmten Maßnahmen auch zum Schutz von Versicherten, die keine Beschäftigten sind – z.B. Ehrenamtliche. Weitere Neuerung der **DGUV Vorschrift 1**: Berufsgenossenschaften und Unfallkassen haben sich erstmals auf einheitliche Regelungen zur Bestimmung der Zahl von Sicherheitsbeauftragten verständigt. Es gibt seitdem fünf verbindliche Kriterien, anhand derer die Arbeitgeber die Zahl der Sicherheitsbeauftragten (→ **Arbeitsschutz 3.**) für ihren Betrieb individuell bestimmen.
Die Vorschriften der Berufsgenossenschaften für die Bestellung von Betriebsärzten und Fachkräften für Arbeitssicherheit und deren Aufgaben enthält die **DGUV Vorschrift 2** (→ **Arbeitsschutz 2.**). Sie sollte jeder Mitarbeitervertretung bekannt sein, siehe *https://www.bgw-online.de/bgw-online-de/service/medien-arbeitshilfen/medien-center/dguv-vorschrift-2-13906*.
Für die meisten Dienststellen im Bereich der Diakonie ist die Berufsgenossenschaft für Gesundheitsdienst und Wohlfahrtspflege (BGW; homepage: *www.bgw-online.de*), für die meisten kirchlichen Dienststellen die Verwaltungs-Berufsgenossenschaft (VBG; homepage: *www.vbg.de*) zuständig. Es gibt auch (kirchliche) Dienststellen, in denen beide Berufsgenossenschaften – jeweils für unterschiedliche Bereiche – zuständig sind.
Die Kontrolle der Umsetzung der berufsgenossenschaftlichen Vorschriften und Regeln in den Betrieben obliegt – neben der Gewerbeaufsicht – den Berufsgenossenschaften selbst. Ihre Aufgabe besteht im Wesentlichen in der Beratung der Arbeitgeber, aber auch sie können bei der Verletzung von Vorschriften verbindliche Anordnungen erlassen.

Bedeutung für die MAV

Mitarbeitervertretungen sollen nach § 35 Abs. 3 Buchst. b MVG darauf achten, dass die gültigen gesetzlichen und arbeitsrechtlichen Regelungen eingehalten werden. Dazu gehören auch alle Vorschriften und Bestimmungen der gesetzlichen Unfallversicherung, also der jeweiligen Berufsgenossenschaft bzw. Unfallkasse. Einschlägig sind auch die staatlichen Regelungen zum Arbeitsschutz, insbes. ArbSchG, ASiG und die → **Arbeitsstättenverordnung**. Ihre konkrete Umsetzung im Betrieb unterliegt der (uneingeschränkten) → **Mitbestimmung** der MAV. Dies folgt aus § 40 Buchst. b MVG.
Bei allen Präventionsmaßnahmen der gesetzlichen Unfallversicherung ist die Mitarbeitervertretung mit im Boot. Gemeint sind Begehungen und Besichtigungen, Gespräche mit dem Arbeitgeber oder auch Auflagen bzw. Anordnungen der Berufsgenossenschaften. Die Träger der gesetzlichen Unfallversicherung haben mit den Interessenvertretungen, also auch mit der MAV, eng zusammenzuarbeiten (s. § 20 Abs. 3 Nr. 1 SGB VII). Insbesondere sind die Aufsichtspersonen verpflichtet, die MAV bei Betriebsbesichtigungen, Unfalluntersuchungen und Besprechungen hinzuzuziehen. Protokolle dieser Maßnahmen gehen auch immer an die MAV.
Eine besondere Mitwirkungspflicht haben Mitarbeitervertretungen bei der Anzeige von → **Arbeitsunfällen** und → **Berufskrankheiten**. Sie müssen die entsprechenden Vordrucke gegenzeichnen. Dies sehen die berufsgenossenschaftlichen Vorschriften für Betriebs- und Personalräte vor. Dies gilt selbstverständlich auch für kirchliche Mitarbeitervertretungen, die ihre Unterschrift nach sorgfältiger Prüfung leisten sollten. Eine Durchschrift der Anzeige geht an die MAV. Mit dieser Kopie der Unfallanzeige lassen sich auch Statistiken über das betriebliche Unfallgeschehen und zu besonderen Schwerpunkten von Arbeitsunfällen erstellen.
Mitarbeitervertretungen sollten eng mit der gesetzlichen Unfallversicherung, also **mit den Berufsgenossenschaften (BGW bzw. VBG) zusammenarbeiten** und sich von ihnen beraten lassen. Die Aufsichtspersonen der Berufsgenossenschaften sind im Einzelfall auch gerne bereit, zu einer MAV-Sitzung oder Mitarbeiterversammlung zu kommen.
Die MAV sollte von Zeit zu Zeit die für den Betrieb zuständige Aufsichtsperson der Berufsgenossenschaft einladen, um gemeinsam über Maßnahmen zur Verbesserung des Arbeits- und Gesundheitsschutzes in der Dienststelle zu beraten. Dies kann natürlich auch im Rahmen einer **Sitzung des Arbeitsschutzausschusses** erfolgen.
Bei den Berufsgenossenschaften hat sich die Haltung durchgesetzt, dass die Verbesserung von Arbeits- und Gesundheitsschutz nur gemeinsam mit den kirchlichen Interessenvertretungen gelingen kann.

Bedeutung für die Beschäftigten

Bei Arbeitsunfällen (auch: Wegeunfälle) und im Fall von Berufskrankheiten haben Beschäftigte Ansprüche gegen die gesetzliche Unfallversicherung (s. §§ 26 ff. SGB VII). Sie sind im Einzelfall geltend zu machen, insbesondere über die Unfallanzeige (erfolgt in der Regel durch den Arbeitgeber) bzw. die Anzeige einer Berufskrankheit (erfolgt in der Regel über den Arbeitgeber, einen Arzt oder den Betriebsarzt).
Sind Beschäftigte mit einem Bescheid eines Trägers der gesetzlichen Unfallversicherung nicht einverstanden, etwa die Ablehnung eines Arbeitsunfalls, so können sie in einem **Widerspruchsverfahren** Einspruch gegen die Entscheidung erheben. Über den Widerspruch entscheidet ein **Widerspruchsausschuss**, der paritätisch aus Vertretern der Arbeitgeber- und Arbeitnehmerseite zusammengesetzt ist. Dies ist eine wesentliche Aufgabe der sog. Selbstverwaltung der gesetzlichen Unfallversicherung.
Erst wenn der Widerspruchsausschuss den Widerspruch der versicherten Person abgelehnt hat, ist das Verfahren vor den Sozialgerichten eröffnet.

Literaturhinweis

- *Schieke, Heinz/Braunsteffer, Heike:* Kurzinformation über Arbeitsunfälle, Wegeunfälle, Berufskrankheiten, 20. Auflage, Berlin 2021.
- *Schoof, Christian:* Betriebsratspraxis von A bis Z. Das Lexikon für die betriebliche Interessenvertretung, 16. Auflage, Frankfurt 2024 (Stichwort: Unfallversicherung).

Unternehmensmitbestimmung

Was ist das?

Als Unternehmensmitbestimmung wird die Beteiligung von Arbeitnehmervertretungen in den Aufsichtsgremien bezeichnet. Sie ist zu unterscheiden von der betrieblichen Mitbestimmung, die im BetrVG bzw. im MVG formuliert ist. Historisch gesehen begann die Unternehmensmitbestimmung in Deutschland bereits **1922**. Im Gesetz über die Entsendung von Betriebsratsmitgliedern wurde vorgeschrieben, dass in den Aufsichtsrat einer Kapitalgesellschaft zwei Betriebsratsmitglieder zu entsenden sind (zur Historie s. auch → **Mitarbeitervertretungsgesetz**).

Nach dem Zweiten Weltkrieg und der Niederlage des Faschismus stellten die Gewerkschaften massiv Forderungen auf nach einer Neuordnung der Wirtschaft und einer paritätischen Besetzung der Aufsichtsräte. Einen Erfolg erreichten die Gewerkschaften mit der Verabschiedung des **Montanmitbestimmungsgesetzes 1951**. Die als »qualifizierte Unternehmensmitbestimmung« bezeichnete Regelung im Montan-Modell sieht eine paritätische Besetzung des Aufsichtsrats sowie ein weiteres »neutrales« Mitglied vor.

Das **1952** unter der Adenauer-Regierung verabschiedete **Betriebsverfassungsgesetz** fiel in seinen Regelungen zur Unternehmensmitbestimmung trotz heftiger Proteste der Gewerkschaften hinter das Montanmitbestimmungsgesetz zurück. Neben der Neuregelung der betrieblichen Mitbestimmung schrieb das Gesetz vor, dass die Arbeitnehmervertreter lediglich ein Drittel der Aufsichtsratsmitglieder stellen. Die Vorschriften des BetrVG wurden **2004** im Wesentlichen unverändert in das **Drittelbeteiligungsgesetz** überführt.

Die sozial-liberale Koalition beschloss **1976** das **Mitbestimmungsgesetz**, das jedoch nur für Kapitalgesellschaften mit mehr als 2000 Beschäftigten anzuwenden ist. Zwar ist nach dem Mitbestimmungsgesetz ebenfalls eine paritätische Besetzung des Aufsichtsrats vorgesehen, doch der Aufsichtsratsvorsitzende kann durch das Wahlverfahren stets von der Arbeitgeberseite durchgesetzt werden. Im Falle einer Stimmengleichheit im Aufsichtsrat hat der Aufsichtsratsvorsitzende ein doppeltes Stimmrecht. Den Gewerkschaften werden in unterschiedlichen

Staffeln, je nach Betriebsgröße, Vertreter im Aufsichtsrat zugewiesen, jedoch auch den leitenden Angestellten. Die Sitzgarantie für einen leitenden Angestellten führt nicht zu einem zusätzlichen Sitz im Aufsichtsrat für die Arbeitnehmer, sondern geht zu Lasten ihrer Mandate.

Empfehlungen und Regelungen der Diakonie zur Unternehmensmitbestimmung

Nicht ganz 100 Jahre nach dem Gesetz zur Beteiligung der Betriebsräte an Aufsichtsräten hat sich die Diakonie zu einer Empfehlung durchgerungen. In einer »**Verbandsempfehlung** für eine Regelung zur Ermöglichung von Mitwirkungsmöglichkeiten für die Mitarbeitenden in Aufsichtsorganen Diakonischer Einrichtungen« werden folgende Eckpunkte benannt:

- *»Ab einer Größe von 500 Mitarbeitern in einer Diakonischen Einrichtung werden die Mitarbeiter durch eine Vertretung im Aufsichtsorgan an den Aufgaben dieses Gremiums beteiligt.«*
- *»In Aufsichtsorgane Diakonischer Einrichtungen (Dienststellen gem. § 3 MVG-EKD) werden zwei Mitarbeiter aus der Einrichtung entsandt, sofern das Gremium mehr als acht Mitglieder hat. Bei einer Größe von bis zu acht Personen erfolgt die Vertretung durch eine Vertreterin oder einen Vertreter.«*

In einem **Rundschreiben** der Diakonie Deutschland an ihre gliedkirchlichen Diakonischen Werke vom 18.1.2018 fehlt ihr aber schon die »Courage« der Umsetzung dieser sehr bescheidenen Empfehlung:

»Es wird aber seitens des Bundesverbandes nicht verkannt, dass es in der Praxis Situationen geben kann, aufgrund derer eine Anwendung dieser Empfehlung untunlich sein kann. Aus in der Vergangenheit liegenden Gründen mag es im Einzelfall erforderlich sein, eine vertrauensvolle Zusammenarbeit als Grundlage für eine Unternehmensmitbestimmung erst herzustellen. Dies wird freilich lediglich im Ausnahmefall so sein.«

Dieses Rundschreiben liest sich wie ein Eingeständnis, dass in einer ganzen Reihe von Unternehmen der Diakonie, und wohl nicht nur in »Ausnahmefällen«, es keine Bereitschaft und keine Unternehmenskultur für eine wenigstens bescheidene Beteiligung der Arbeitnehmervertreter im Aufsichtsorgan gibt.
Eine Umfrage der Bundeskonferenz der MAVen im Jahr 2018 ergab, dass es nur in wenigen großen Einrichtungen bereits Vertreter der Arbeitnehmer in den Aufsichtsgremien gibt. Nach einer Umfrage des VdDD lehnt die überwiegende Zahl der Einrichtungen, nämlich 91 %, die noch keine Beteiligung von Arbeitnehmer vorsehen, eine Beteiligung der Arbeitnehmer in ihren Aufsichtsgremien ab. Hier war nicht zu erwarten, dass die Verbandsempfehlung Wirkung entfaltet.

Ab dem Jahr 2021 war zunächst beabsichtigt, unter dem »Druck« des Koalitionsvertrags der sog. Ampel-Koalition aus SPD, Grünen und FDP eine verbindliche Regelung im Rahmen der MVG-Novelle 2024 zu schaffen. Dieses Vorhaben wurde dann Ende 2023 nicht weiterverfolgt. Stattdessen wurde eine »Nichtregelung« über einen neu eingefügten § 6b MVG zum 1. 1. 2024 in das MVG aufgenommen. Danach gilt Folgendes:
In diakonischen Einrichtungen (Dienststellen gemäß § 3 und Dienststellenverbünde gemäß § 6a Absatz 1) ab einer Größe von 500 Mitarbeiterinnen und Mitarbeitern sind die Mitarbeiterinnen und Mitarbeiter durch eine Vertretung an den Aufgaben des Aufsichtsorgans der Einrichtung zu beteiligen, sofern ein solches gebildet ist.
Näheres bestimmt das Evangelische Werk für Diakonie und Entwicklung durch eine verbindliche verbandliche Regelung, die eine Umsetzungsfrist bis spätestens zum 31. Dezember 2028 einräumen kann.
Am 17. Oktober 2024 hat dann die Konferenz für Diakonie und Entwicklung des Evangelischen Werks für Diakonie und Entwicklung (EWDE) die in § 6b MVG genannte Verbandsrichtlinie über Unternehmensmitbestimmung verabschiedet. Danach haben Mitarbeitervertretungen in diakonischen Einrichtungen mit mehr als 500 Mitarbeitern das Recht, eine Person in das Aufsichtsorgan (z. B. Aufsichtsrat, Verwaltungsrat oder Kuratorium) der Einrichtung zu entsenden. Besteht das Aufsichtsorgan aus mehr als acht Mitgliedern, können zwei Personen entsandt werden. Die tatsächliche Umsetzung muss erst zum 1. 1. 2029 erfolgen.
Die Regelung bleibt damit weit hinter den Regelungen des weltlichen Bereichs (BetrVG) zurück.
Die Diakonie hat in Deutschland zahlreiche Einrichtungen, die über 500 Beschäftigte und damit unter das Drittelbeteiligungsgesetz, und auch viele Einrichtungen mit über 2000 Beschäftigten, die unter das Mitbestimmungsgesetz fallen würden. **Die Diakonie bleibt ein unternehmensmitbestimmungsfreier Raum**. Ab dem Jahr 2029 gibt es dann so etwas wie **»Mitbestimmung light«** in der bundesdeutschen Diakonie.

Beispiel Agaplesion gAG

Die Agaplesion gAG (gemeinnützige Aktiengesellschaft) ist mit ca. 22 000 Beschäftigten und einem Umsatz von 1,8 Milliarden Euro (2022) der größte Konzern in der Diakonie. Aktionäre der Agaplesion gAG mit bundesweit über 100 Einrichtungen sind Stiftungen, Einrichtungen und diakonische Träger, allesamt eng verbunden mit der Evangelischen Kirche. Der Aufsichtsrat besteht aktuell aus 15 Mitgliedern, davon zwei Arbeitnehmervertreter.

Bedeutung für die MAV und die Beschäftigten

Nach dem Verständnis der Gewerkschaften ist das Einbeziehen von Beschäftigten bei der Regelung der Arbeitsbedingungen und beim Treffen von wirtschaftlichen Entscheidungen ein zentraler Ansatzpunkt, um demokratische Prinzipien in den Betrieben und in der Wirtschaft zu festigen. Auch die Einrichtungen im sozialen Bereich werden heute als Wirtschaftsbetriebe geführt und für deren Beschäftigten sind die Beteiligungsrechte wie in der privaten Industrie gleichermaßen wichtig. So gibt es natürlich auch in großen privaten Krankenhäusern eine Beteiligung der Arbeitnehmer im Aufsichtsrat mit Sitz und Stimme.
Die Geschichte der Mitbestimmung in Deutschland zeigt, wie abhängig die Rechte der Arbeitnehmer von gesellschaftlichen Entwicklungen und Kräftekonstellationen sind. Die Ausgestaltung und die Wahrnehmung der Mitbestimmungsrechte ist ein ständiges Ringen zwischen den Vertretern der Arbeitnehmerschaft und der Unternehmerseite. Die Sichtweisen dieser beiden Kontrahenten in der Mitbestimmungsdebatte werden am besten mit folgenden Zitaten deutlich:

»Wenn man der Meinung ist, daß unsere derzeitige Ordnung im Wesentlichen auf dem Eigentum basiert und das Eigentum eines der entscheidenden Ordnungselemente ist, dann ist die Mitbestimmung ein Angriff auf diese Ordnung, denn sie ist zweifellos ein Angriff auf die Funktion des Eigentums.«
Mitbestimmung – Angriff auf das Eigentum. Interview mit Hanns Martin Schleyer, in: DER SPIEGEL 44/1968.

»Die Forderung nach Mitbestimmung ist die Forderung nach Ausweitung der Demokratie auf dem Gebiet der Wirtschaft. Die Demokratie ist erst dann vollkommen, wenn der arbeitende Mensch nicht nur die vollen staatsbürgerlichen Rechte hat, sondern wenn auch auf der wirtschaftlichen Ebene die Ungleichheit von heute abgelöst wird durch eine Ordnung, die den arbeitenden Menschen zum gleichberechtigten, freien Wirtschaftsbürger macht.«
Erich Ollenhauer, Erster Deutscher Bundestag (Hrsg.) (1952): Plenarprotokoll der 227. Sitzung, Bonn, 19.7.1952.

Auch wenn die bestehenden Gesetze zur Unternehmensmitbestimmung in Deutschland kritikwürdig sind und falsche Vorstellungen über die Einflussmöglichkeiten der Arbeitnehmervertreter im Aufsichtsrat vermieden werden müssen, so ist vor allen Dingen wichtig: die Mitbestimmung schränkt die Verfügungsgewalt der Arbeitgeber im Betrieb ein, sie kann helfen, Ohnmachtsgefühle der Beschäftigten aufzubrechen und der Interessenvertretung der Arbeitnehmer mehr Gehör und Respekt verschaffen. Dass die Diakonie und ihre Einrichtungen sich zum weit überwiegenden Teil weigern, eine echte Unternehmensmitbestimmung einzuführen, weist auf ein großes Demokratiedefizit in diesen Einrichtungen hin.

Literaturhinweis

- *Schoof, Christian:* Unternehmensmitbestimmung, in: Betriebsratspraxis von A-Z. Das Handwörterbuch für die betriebliche Interessensvertretung, 16. Auflage, Frankfurt 2024.
- *Kittner, Michael,* Mitbestimmungsgesetz, in: Arbeits- und Sozialordnung, 49. Auflage, Frankfurt 2024.

Urlaub

Was ist das?

Ist von Urlaub die Rede, wird meistens der **Erholungsurlaub** gemeint sein. Er dient vorwiegend der Wiederherstellung der Arbeitskraft und der Erhaltung der Gesundheit, indem in der Regel einer von der Erwerbsarbeit abweichenden Tätigkeit nachgegangen wird. Der Erholungsurlaub ist eine bezahlte Freistellung von der Arbeit und stellt für den Arbeitnehmer einen Rechtsanspruch dar, der ihm vom Arbeitgeber grundsätzlich nicht »abgekauft« werden kann.
Der **gesetzliche Urlaubsanspruch** nach dem Bundesurlaubsgesetz (BUrlG) von jährlich mindestens vier Wochen wird durch tarifvertragliche Vereinbarungen (→ **Tarifvertrag**) weit übertroffen. Kirchliche Arbeitgeber haben diese durch Gewerkschaften erstrittene Verbesserung durch einzelvertragliche Inbezugnahme (→ **Dritter Weg**) der AVR.DD bzw. der regionalen AVR und des TVöD oder des TV-L an die Beschäftigten weitergegeben.
Konnte der Beschäftigte krankheitsbedingt das gesamte Urlaubsjahr nicht arbeiten, erwirbt er dennoch seinen vollen Urlaubsanspruch (ständige BAG-Rechtsprechung).

Urlaubsarten und rechtliche Bestimmungen
Erholungsurlaub: BUrlG; §§ 28, 28a AVR, § 28 AVR Bayern und § 46 AVR Bayern (als Treueleistung für langjährig Beschäftigte), §§ 46 und 47 AVR.HN und § 50 AVR.HN (als Treueleistung für langjährig Beschäftigte); § 26 TVöD bzw. TV-L
Dauer des Erholungsurlaubs (5-Tage-Woche): § 28 AVR.DD 31 Arbeitstage, § 28 AVR Bayern 30 Arbeitstage, § 47 AVR.HN 30 Arbeitstage, TV DN 30 Arbeitstage (ab 2025: 31 Arbeitstage), § 26 TVöD und § 26 TV-L 30 Arbeitstage.
Zusatzurlaub: §§ 28b AVR.DD, § 29 AVR Bayern; § 39 AVR.HN, § 27 TVöD bzw. TV-L; § 125 SGB IX (5 Arbeitstage im Urlaubsjahr – bei 5-Tage-Woche – zusätzlich bezahlter Urlaub für schwerbehinderte Menschen)
Sonderurlaub: §§ 29, 29a AVR.DD, § 31 AVR Bayern; § 49 AVR.HN; § 28 TVöD bzw. TV-L

Bildungsurlaub: Bildungsurlaubsgesetze der Länder (in Bayern und Sachsen gibt es keine Bildungsurlaubsgesetze), die einen Anspruch meist bis zur Dauer von fünf bezahlten Arbeitstagen pro Jahr gewähren (→ **Bildungsurlaub**).

Grundsätze bei der Gewährung des Erholungsurlaubs:

- Bei der zeitlichen Festlegung sind die Urlaubswünsche des Arbeitnehmers zu berücksichtigen.
- Urlaub ist grundsätzlich zusammenhängend zu gewähren.
- Urlaubsjahr ist das Kalenderjahr. D. h. ein Vorgriff auf den Urlaubsanspruch des kommenden Jahres ist nicht möglich. Statthaft ist es jedoch, einen erworbenen Urlaubsanspruch auf das folgende Kalenderjahr (unter Berücksichtigung der unterschiedlichen tariflichen Fristen) zu übertragen, wenn dringende betriebliche Gründe oder in der Person des Arbeitnehmers liegende Gründe dies rechtfertigen.
- Im Fall der Übertragung muss der Urlaub in den ersten drei Monaten des folgenden Kalenderjahres gewährt und genommen werden (§ 7 Abs. 3 BUrlG).
- Bei Krankheit ist ein Übertragen der Urlaubstage in das nächste Jahr möglich. Ist der Arbeitnehmer aufgrund einer Erkrankung nicht in der Lage, den Urlaub anzutreten, so werden die Urlaubstage auf das Folgejahr übertragen, Der Urlaub ist ebenfalls bis spätestens zum 31. 3. des Folgejahres zu nehmen.
- Bei sehr langer Krankheit und Arbeitsunfähigkeit des Arbeitnehmers kann der Urlaubsanspruch bis zu 15 Monate erhalten bleiben. Nach einem Urteil des BAG verfällt der Urlaubsanspruch erst am 31. 3. des übernächsten Jahres (BAG v. 7. 8. 2012 – 9 AZR 353/10).
- Dringende dienstliche oder in der Person liegende Gründe, aber auch die Abwägung sozialer Gesichtspunkte unter den Kollegen können den bevorzugten oder geplanten Zeitpunkt des Urlaubsantritts verschieben (z. B. können Beschäftigte mit schulpflichtigen Kindern während der Sommerferien vorrangig berücksichtigt werden, § 7 Abs. 3 BUrlG).
- Die Änderung eines bereits genehmigten Urlaubs auf Wunsch des Mitarbeiters ist nur mit Zustimmung des Arbeitgebers möglich.
- Der Rückruf aus dem Erholungsurlaub ist nicht zulässig. Eine Verpflichtung, dem Arbeitgeber die Urlaubsanschrift mitzuteilen, besteht nicht.
- Beschäftigte müssen im Urlaub nicht erreichbar sein. Da der Urlaub der Erholung dient, ist diese nicht gewährleistet, wenn der Beschäftigte ständig damit rechnen muss, zur Arbeit abgerufen zu werden.
- Auch das Beantworten von Telefonaten und E-Mails beeinträchtigt die Erholung.
- Der volle Urlaubsanspruch wird erstmalig nach 6 Monaten nach Einstellung erlangt; bei Jugendlichen nach 3 Monaten (§ 4 BUrlG, § 28 Abs. 4 AVR DD, § 28 Abs. 3 AVR Bayern).

- Der Arbeitgeber kann nicht von sich aus den Urlaub festlegen, wenn der Arbeitnehmer untätig bleibt und von sich aus keinen Urlaub beantragt.
- Nach einem Urteil des EuGH muss der Arbeitgeber den Arbeitnehmer nicht zwangsweise in Urlaub schicken. Er muss von sich aus, den Arbeitnehmer so frühzeitig auf offene Urlaubsansprüche hinweisen, dass er den Urlaub wahrnehmen kann, bevor er verfällt (EuGH 6. 11. 2018 – 684/16).

Ausschlaggebend für die Anzahl der Erholungsurlaubstage sind die Arbeitstage pro Woche. **Teilzeitbeschäftigte** werden nicht anders behandelt, wenn sie regelmäßig an 5 Tagen die Woche arbeiten. Arbeiten Teilzeitbeschäftigte beispielsweise nur an 4 Tagen die Woche, werden als Urlaubstage nur die Wochentage angerechnet, an denen hätte gearbeitet werden müssen: 30 Tage: 5 × 4 = 24 Urlaubstage. Bei sehr ungleichmäßig anfallender Arbeitsleistung wird es notwendig sein, den Urlaubsanspruch nach der so genannten 1/260 – Formel nach § 28a Abs. 5 AVR.DD zu berechnen.

Bei einer **Verkürzung der Arbeitszeit mit Verteilung auf weniger Tage je Woche** ist der nicht verbrauchte Urlaubsanspruch aus der Zeit vor der Arbeitszeitverkürzung nicht anteilig zu vermindern. Dies gilt auch für das Urlaubsentgelt. Dies gilt aber nur dann, wenn es den Beschäftigten nicht möglich war, den anteiligen Urlaub vor der Arbeitszeitverkürzung in Anspruch zu nehmen (EuGH v. 22. 4. 2010 – C-486/08). Die Feststellung des EuGH gilt in diesem Zusammenhang auch für die Ansprüche auf Zusatzurlaub.

Bruchteile von Urlaubstagen von 0,5 und mehr sind auf volle Urlaubstage aufzurunden (§ 5 Abs. 2 BUrlG).

Erkrankt ein Arbeitnehmer während seines Urlaubs, so werden die Krankheitstage nicht auf den Urlaub angerechnet (§ 9 BUrlG). Zwingend notwendig ist, dass eine Arbeitsunfähigkeitsbescheinigung eines Arztes vorliegt. Diese ist am Urlaubsort auszustellen. Bei einer Erkrankung ist der Beschäftigte nicht dazu berechtigt, von sich aus den Urlaub um die Krankheitstage zu verlängern. Der Antritt des Resturlaubs wird neu festgesetzt.

Während des Urlaubs darf der Arbeitnehmer keine dem **Urlaubszweck widersprechende Erwerbstätigkeit** leisten (§ 8 BUrlG).

Während des Urlaubs erhält der Beschäftigte das **Urlaubsentgelt**. Das Urlaubsentgelt bemisst sich nach dem durchschnittlichen Arbeitsverdienst, das der Beschäftigte in den letzten 13 Wochen vor dem Beginn des Urlaubs erhalten hat (§ 11 BUrlG).

Lehnt der Arbeitgeber einen **Urlaubsantrag ab**, kann der Arbeitnehmer sich nicht selbst beurlauben. Bei Zuwiderhandlung riskiert der Beschäftigte die → **außerordentliche Kündigung** wegen Verletzung der arbeitsvertraglichen Pflichten. Zur Durchsetzung seines Urlaubsanspruchs ist der Beschäftige gezwungen, Klage beim → **Arbeitsgericht** einzulegen.

Bei neu eingestellten Mitarbeitern wird ein bereits von einem **früheren Arbeitgeber** für das laufende Urlaubsjahr **gewährter Urlaub** auf die Urlaubsdauer **angerechnet**. Der Arbeitgeber ist verpflichtet, bei Beendigung des Beschäftigungsverhältnisses dem Mitarbeiter eine Bescheinigung über den im laufenden Urlaubsjahr gewährten oder abgegoltenen Urlaub auszuhändigen. (§ 6 BUrlG).
Der **Zusatzurlaub** (→ **Schichtarbeit**) ist ein bezahlter Urlaub und unterliegt den gleichen Grundsätzen wie der Erholungsurlaub. Er wird als Ausgleich für die besonderen Belastungen im Dienst (Nachtarbeit) oder auch aufgrund der persönlichen Situation von Beschäftigten (Schwerbehinderung) gewährt.
Der **Sonderurlaub** und die **Beurlaubung in besonderen Fällen** ist in der Regel ein unbezahlter Urlaub. Er gibt dem Beschäftigten die Möglichkeit, auf seine persönliche Situation zu reagieren (z. B. Sabbatjahr).
Auf Antrag des Mitarbeiters kann der über den nach dem Bundesurlaubsgesetz zustehende Mindesturlaub (24 Tage in der 6-Tage-Woche, § 3 BUrlG) hinausgehende Resturlaub auf ein → **Arbeitszeitkonto** gutgeschrieben werden (§ 9b Abs. 4 AVR.DD, § 20 Abs. 14 AVR Bayern (hier Langzeitarbeitszeitkonto).

Urlaubsentgelt
Für den Erholungsurlaub erhält der Mitarbeiter ein Urlaubsentgelt (§ 28 AVR. DD). Das Urlaubsentgelt bemisst sich nach dem **durchschnittlichen Arbeitsverdienst**, das der Mitarbeiter in den letzten 13 Wochen vor dem Beginn des Urlaubs erhalten hat. **Entgelterhöhungen**, die während des Berechnungszeitraums oder des Urlaubs eintreten und nicht nur vorübergehender Natur sind, werden bei der Berechnung berücksichtigt.
Eine **Verringerung des Beschäftigungsumfangs** der Beschäftigten darf nicht dazu führen, dass der vor der Verringerung erworbene und nach der Verringerung angetretene Jahresurlaub mit einem reduzierten Urlaubsgeld vergütet wird (BAG v. 20. 3. 2018 – 9 AZR 486/17).

Verfall des Urlaubs
In seinen Entscheidungen beruft sich der EuGH auf die Charta der Grundrechte der Europäischen Union, Art. 31 Abs. 2:
»Jede Arbeitnehmerin und jeder Arbeitnehmer hat das Recht auf eine Begrenzung der Höchstarbeitszeit, auf tägliche und wöchentliche Ruhezeiten sowie auf bezahlten Jahresurlaub.«
Die Richtlinie 2003/88/EG über bestimmte Aspekte der Arbeitszeitgestaltung legt fest:
»Die Mitgliedstaaten treffen die erforderlichen Maßnahmen, damit jeder Arbeitnehmer einen bezahlten Mindestjahresurlaub von vier Wochen nach Maßgabe der Bedingungen für die Inanspruchnahme und die Gewährung erhält...«

Nach einer Entscheidung des EuGH von 2018 verfällt der Resturlaub aus dem Vorjahr nicht mehr automatisch nur deshalb, wenn der Arbeitnehmer den Urlaub nicht beantragt hat. Der Arbeitgeber muss dem Arbeitnehmer rechtzeitig und umfassend mitteilen, dass der Urlaub verfallen wird, wenn er ihn nicht antritt. Nach dem EuGH darf der Anspruch auf bezahlten Jahresurlaub nach Art. 7 der Richtlinie 2003/88 nur unter »besonderen Umständen« eingeschränkt werden.
Es liege in der Verantwortung des Arbeitgebers, den Beschäftigten auf den Verfall von Urlaubsansprüchen hinzuweisen. Er muss dem Beschäftigten die Möglichkeit geben, den Urlaub anzutreten und ihn auch förmlich auffordern, den Urlaub zu nehmen. Bleibt der Arbeitgeber untätig, bleiben die Ansprüche des Beschäftigten bestehen. Der Jahresurlaub verfällt nur dann, wenn der Arbeitgeber seiner Hinweispflicht nachgekommen ist. Nur wenn diese Bedingungen erfüllt sind, kann der Anspruch auf Urlaub oder Ausgleichszahlungen erlöschen, sofern er nicht genommen wurde (EuGH 6.11.2018 – Rs. C-684/16).
Das BAG ist in seinem Grundsatzurteil (19.2.2019 – 9 AZR 541/15) der Entscheidung des EuGH gefolgt und hat ebenfalls entschieden, dass der gesetzliche Urlaub erst nach Warnhinweis durch den Arbeitgeber verfallen kann.
In einer weiteren Entscheidung legt der EuGH fest, wann und ob die gesetzliche Verjährungsfrist für den Erholungsurlaub zur Anwendung kommt. Grundsätzlich unterliegt der Anspruch des Beschäftigten der gesetzlichen Verjährung. Die auf das Jahr bezogene Verjährungsfrist beginnt aber erst am Ende des Kalenderjahres, in dem der Arbeitgeber den Beschäftigten über seinen Urlaubsanspruch und die Verfallsfristen belehrt hat und wenn der Beschäftigte seinen Urlaub trotzdem nicht angetreten hat. Die Vorlageentscheidung des EuGH setzte das BAG am 20.12.2022 (Az. 9 AZR 266/20) in nationale Rechtsprechung um.

Bedeutung für die MAV

Bei der Aufstellung von **Grundsätzen für den Urlaubsplan** besteht uneingeschränkte → **Mitbestimmung** (§ 40 Buchst. e) MVG). Eine Festlegung allgemeiner Grundsätze für die Gewährung des Urlaubs kann die MAV auch über die Inanspruchnahme des → **Initiativrechts** bzw. die Anrufung der → **Einigungsstelle** erreichen.
In einer → **Dienstvereinbarung** sollten folgende **Grundsätze (Eckpunkte)** für die Gewährung des Urlaubs vereinbart werden:

- Festlegung eines Betriebsurlaubs (Zeitpunkt und Dauer),

- Festlegung, ob die (Teil-)Dienststelle unter Anrechnung auf den Urlaubsanspruch an bestimmten »Brückentagen« (z. B. Tag zwischen einem Feiertag, der auf einen Donnerstag fällt, und dem Wochenende) geschlossen wird,
- Festlegung von bestimmten Tagen mit Urlaubssperre,
- Festlegung, welche Beschäftigten unter bestimmten Voraussetzungen den Vorrang haben (z. B. schulpflichtige Kinder, berufstätige Partner, bevorzugte Zeiten im jährlichen Wechsel, nach der Reihenfolge des Eingangs),
- Fristsetzung für die Eintragung in Urlaubslisten, die als Grundlage für einen verbindlichen Urlaubsplan dienen,
- Festlegung der Anzahl von Urlaubstagen, die bis zu einem bestimmten Zeitpunkt fest geplant sein müssen,
- Deklaratorisch: der Urlaub ist grundsätzlich zusammenhängend zu gewähren,
- Festlegung der Antragsfrist für einen nicht vorgeplanten Urlaub (z. B. Kurzurlaube von einem Tag oder einzelnen Tagen),
- Regelung, innerhalb welcher Frist der Urlaub nach Beantragung als genehmigt gilt, sollte der Arbeitgeber nicht reagieren.

Die Mitbestimmung erstreckt sich nicht auf den Einzelfall der Urlaubsgewährung. Allerdings kann die MAV Anlaufstelle für → **Beschwerden** von Arbeitnehmern sein. Darüber hinaus hat sie auf die Einhaltung der umfangreichen gesetzlichen Bestimmungen zu achten (§ 35 Abs. 3 Buchst. b) MVG).
Die **Ablehnung eines Antrags auf Beurlaubung** (§§ 29 und 29a AVR DD, § 31 AVR Bayern; § 28 TVöD bzw. TV-L) unterliegt der → **Mitbestimmung** (§ 42 Buchst. k bzw. § 43 Buchst. d MVG). Will der Arbeitgeber einem Antrag auf Beurlaubung stattgeben, unterliegt dies nicht der Mitbestimmung. Besteht kein Rechtsanspruch auf Genehmigung einer Beurlaubung (z. B. § 29 Abs. 3 AVR DD), wird die MAV darauf zu achten haben, ob der Arbeitgeber den **Grundsatz der Gleichbehandlung** (§ 33 Abs. 1 MVG) beachtet und den Antrag nicht willkürlich verweigert. Wird die MAV nicht (ordnungsgemäß) beteiligt oder macht sie von ihrem Zustimmungsverweigerungsrecht (→ **Mitbestimmung**) Gebrauch, führt dies nicht zu einer fiktiven Genehmigung des Antrags.

Bedeutung für die Beschäftigten

In den oben angeführten Entscheidungen des EuGH auf Grundlage der EU-Richtlinien wird ausdrücklich die Wichtigkeit des Jahresurlaubs für die Beschäftigten betont und auch auf die Pflicht der Arbeitgeber hingewiesen, dafür zu sorgen, dass jeder Arbeitnehmer seinen Urlaub tatsächlich nehmen kann.
Der Urlaub dient wesentlich der Erholung der Beschäftigten und muss zwingend als Freizeit genommen werden. Eine **Auszahlung des Urlaubsanspruchs** wider-

spricht dem Gedanken des Bundesurlaubsgesetzes und den europäischen Vorschriften. Es ist deshalb nicht möglich, sich den Urlaub auszahlen zu lassen. Die einzige Ausnahme besteht dann, wenn der Urlaub aufgrund der Beendigung des Arbeitsverhältnisses ganz oder zum Teil nicht genommen werden kann. Dann sind die Urlaubstage mit Geld abzugelten (§ 7 Abs. 4 BUrlG, § 28c AVR.DD, § 30 Abs. 1 AVR Bayern).

Literaturhinweis

- *Keller, Tanja/Augsten,Katrin:* Urlaubsrecht – Basiskommentar zum BUrlG, 2. Auflage, Frankfurt 2025.

Vereinbarkeit von Familie und Erwerbstätigkeit

Was ist das?

»Männer und Frauen sind vor dem Gesetz gleich.« (Art. 3 Abs. 2 Satz 1 GG). Diese juristische Gleichbehandlung stößt vor allem in der realen Arbeitswelt häufig an ihre Grenzen. Frauen in Deutschland verdienen – laut Statistischem Bundesamt 2016 (unbereinigter Gender Pay Gap) – im Durchschnitt rund 21 Prozent weniger als Männer. Im Jahr 2023 betrug der Unterschied immer noch 18 %, es hat sich also noch nicht viel verändert seit 2016. Der Gesetzgeber hat dieses Grundrecht 1994 um einen weiteren Satz ergänzt: *»Der Staat fördert die tatsächliche Durchsetzung der Gleichberechtigung von Frauen und Männern und wirkt auf die Beseitigung bestehender Nachteile hin.«* (Art. 3 Abs. 2 S. 2 GG) Dieses Recht räumt dem Einzelnen jedoch kein individuell einklagbares Recht ein. Vielmehr soll durch geeignete Maßnahmen tatsächliche Gleichberechtigung erreicht werden. Der **Zweck der Gleichstellung** ist die Angleichung der Lebenssituation i. S. v. gleichen Ausgangschancen von gleichberechtigten Personengruppen, z. B. von Frauen und Männern. Kurz: Gleichstellung will die Abschaffung von direkter Ungleichheit und die Beseitigung von indirekter Ungleichheit. Die Gleichstellung von Frauen und Männern ist ein Grundrecht aller Menschen. Gleichstellung ist ein Grundwert jeder Demokratie: *»Alle Menschen sind vor dem Gesetz gleich.«* (Art. 3 Abs. 1 GG)

Seit dem 6. Juli 2017 gilt das sog. »Entgelttransparenzgesetz«. Beschäftigte haben damit das Recht zu erfahren, wie sie im Vergleich mit einer Beschäftigtengruppe bezahlt werden, die die gleiche oder gleichwertige Arbeit verrichtet. Konkret bedeutet das: Frauen und Männer in Betrieben mit mehr als 200 Beschäftigten erhalten ein individuelles Auskunftsrecht, um ihre Entlohnung mit der von Kollegen bzw. Kolleginnen mit gleicher Tätigkeit vergleichen zu können. Der Auskunftsanspruch bezieht sich aber nicht auf das konkrete Entgelt einzelner Mitarbeiter, sondern auf ein durchschnittliches monatliches Bruttoentgelt von fünf Mitarbeitern des anderen Geschlechts mit gleichen oder vergleichbaren Tätigkeiten. In tarifgebundenen Unternehmen soll der Auskunftsanspruch in der Regel über die Betriebsräte (hier MAV) wahrgenommen werden. In Betrieben ohne Betriebsrat und ohne Tarifvertrag können sich die Arbeitnehmer direkt an den Arbeitgeber wenden.

Grundsätze für die Gleichstellung von Frauen und Männern (vgl. Europäische Charta für die Gleichstellung von Frauen und Männern auf lokaler Ebene, 2006):

- Gleichstellung ist ein Grundrecht
- Diskriminierung und Benachteiligung muss bekämpft werden
- Mitwirkung von Männern und Frauen an Entscheidungsprozessen
- Beseitigung von Geschlechterstereotypen
- Einbeziehung der Geschlechterperspektive (Gender Mainstreaming[1])
- Erarbeitung von Aktionsplänen und Programmen

Um die faktische Ungleichheit zwischen Frauen und Männern zu beseitigen, ist es zulässig, Frauen spezifisch zu begünstigen (Rechtsprechung des Europäischen Gerichtshofs).

Die einschlägige Rechtsnorm ist das Allgemeine Gleichbehandlungsgesetz (AGG), siehe dazu → **Gleichbehandlung.**

Die Gleichstellungsperspektive mit der Vereinbarkeit von Beruf und Familie findet sich beispielsweise auch in den Gesetzen der **Arbeitsförderung** wieder (§ 8 Abs. 1 u. 2 SGB III):

(1) Die Leistungen der aktiven Arbeitsförderung sollen in ihrer zeitlichen, inhaltlichen und organisatorischen Ausgestaltung die Lebensverhältnisse von Frauen und Männern berücksichtigen, die aufsichtsbedürftige Kinder betreuen und erziehen oder pflegebedürftige Personen betreuen oder nach diesen Zeiten wieder in die Erwerbstätigkeit zurückkehren wollen.

(2) Berufsrückkehrende sollen die zu ihrer Rückkehr in die Erwerbstätigkeit notwendigen Leistungen der aktiven Arbeitsförderung unter den Voraussetzungen dieses Buches erhalten. Hierzu gehören insbesondere Beratung und Vermittlung sowie die Förderung der beruflichen Weiterbildung durch Übernahme der Weiterbildungskosten.

Dazu zählen auch das Familienpflegezeitgesetz (FPfZG) und das Pflegezeitgesetz (PflegeZG), siehe dazu → **Pflegezeit**. Ziel dieser Gesetze ist es, die »Vereinbarkeit von Beruf und familiärer Pflege zu verbessern. (§ 1 PflegeZG und § 1 FPfZG).

---

1 Definition: »Mainstreaming als Geschlechterperspektive ist ein Prozess zur Bewertung der Auswirkungen aller geplanten Aktionen einschließlich von Gesetzen, Politiken oder Programmen auf Frauen und Männer. Es ist eine Strategie, um die Belange und Erfahrungen von Frauen wie Männern so zu einem integralen Teil der Planung, Umsetzung, Überprüfung und Bewertung von Politiken und Programmen in allen politischen, wirtschaftlichen und sozialen Bereichen zu machen, dass Frauen und Männer gleichviel Nutzen daraus ziehen und die Ungleichheit nicht länger bestehen bleibt. Das ultimative Ziel ist es, die Gleichstellung der Geschlechter zu erreichen.«, Wirtschafts- und Sozialrat der Vereinten Nationen (ECOSOC), 1997

Vereinbarkeit von Beruf und Familie meint die Rücksichtnahme der Arbeitswelt auf die Situation der Beschäftigten, die in ihrem familiären Umfeld zusätzlich noch Erziehung und Pflege leisten müssen. Zum Verständnis der Evangelischen Landessynode in Bayern bezüglich der Vereinbarkeit von Familie und Beruf heißt es: »Nicht zuletzt sind **Kirche und Diakonie auch als Arbeitgeberinnen** gefragt. Jede ihrer Äußerungen wird daran gemessen, wie sie selbst im Vollzug Familien-, Erwerbs- und ehrenamtliche Arbeit gewichten. Sie übernehmen hier eine gesellschaftspolitische Verantwortung, die weit über die Grenzen der verfassten Kirche hinauswirkt.« (Familie - auch in Zukunft - Wort der Landessynode der Evang.-Luth. Kirche in Bayern, S. 10, 2000)
Zur Auseinandersetzung mit der »**Familienförderung im kirchlichen Arbeitsrecht – Eine Arbeitshilfe erarbeitet im Auftrag des Rates der Evangelischen Kirche in Deutschland**«, EKD Texte 92, 2007, siehe *www.ekd.de/download/ekd_texte_92.pdf.* Durchaus selbstkritisch wird darin festgestellt, dass »der aktuelle Trend auch in Kirche und Diakonie, die wöchentliche Arbeitszeit bei gleichbleibenden Bezügen zu erhöhen, eine Entwicklung (ist), die dem Bemühen um eine verbesserte Balance von Beruf und Familie entgegenläuft.« (S. 15 ff.). Die Arbeitshilfe ist immer noch aktuell.
Maßnahmen zur Vereinbarkeit von Familie und Beruf **nehmen Druck** von den Beschäftigten und sind dadurch auch ein wirkungsvoller Beitrag zum Gesundheitsschutz. Auch der **Arbeitgeber profitiert** davon durch:

- niedrigere Personalbeschaffungskosten
- sinkende Fehlzeiten
- kosten- und zeitaufwändige Einarbeitung entfällt
- Erfahrungswissen bleibt dem Betrieb erhalten

Die Berücksichtigung der familiären Verpflichtungen der Beschäftigten bei der Organisation von Arbeitsprozessen bedeutet einen **Kulturwandel**, der Mitarbeitern nützt, sie motiviert und vor dem »Ausbrennen« schützt sowie Kirche und Diakonie zu einem attraktiven Arbeitgeber werden lässt.
Der Maßnahmenplanung vorausgehen muss eine **Bedarfsanalyse**. Ausschlaggebend sind die betrieblichen Abläufe (z. B. Schichtdienst, Lage der Arbeitszeit) und die Zusammensetzung der Mitarbeiter (junge Mitarbeiter mit kleinen Kindern).

Maßnahmebereiche (Beispiele)

- **Arbeitsorganisation:** Genannt werden häufig familienfreundliche flexible **Arbeitszeiten**. In der Diakonie gibt es jedoch in vielen Arbeitsfeldern eine chronische Personalunterdeckung. Diese führt häufig dazu, dass der Aufbau von Plusstunden sowie Überstunden (auch für Teilzeitbeschäftigte) und durch nicht zulässiges Holen aus dem Frei eine planbare Freizeit erschwert bis unmöglich gemacht wird. Von den Beschäftigten wird häufig erwartet, dass sie familiäre Verpflichtungen hintanstellen. Es kommt auch vor, dass Beschäftige aus dem Urlaub »zurückgebeten« werden oder informell Arbeit auf Abruf eingeführt wird. Solchen Rechtsverletzungen kann beispielsweise mit einem internen **Beschwerdemanagement** begegnet werden.

- **Leitungsverhalten:** Aufnahme der Familienorientierung in das Leitbild der Einrichtung bzw. → **Dienststelle**. Schulung von Beschäftigten mit Personalverantwortung (z. B. Dienstplangestaltung, soziale Kompetenzen). Entwicklung von Kriterien für Personalauswahl. Thematisierung im → **Mitarbeiterjahresgespräch**. Rückkehrgespräch im Anschluss an Elternzeit bzw. Thematisierung im Kontakthaltegespräch während der Elternzeit oder Beurlaubung.
- **Kommunikation:** Information der Beschäftigten über die gesetzlichen, tariflichen und betrieblichen Regelungen und Möglichkeiten.

Aufgaben der Gleichstellungsbeauftragten (beispielsweise nach dem »Kirchengesetz zur Gleichstellung von Frauen und Männern«, Kirchliches Gleichstellungsgesetz – KGIG für die Evang.-Luth. Kirche und ihrer Diakonie in Bayern, Inkrafttreten: 1. 1. 2002):

- Verpflichtung zur **vertrauensvollen Zusammenarbeit** mit Mitarbeitervertretung und Dienststellenleitung
- regelmäßige Erstellung einer **Bedarfsanalyse** (Statistik) und Auswertung mit der → **Dienststellenleitung**
- achtet auf den Vollzug des Gleichstellungsgesetzes (**Überwachungsaufgabe**) und ergreift selbst Initiativen zur Verbesserung der Situation von Frauen und der Vereinbarkeit von Familie und Beruf für Frauen und Männer
- **Beratung** und Unterstützung von Beschäftigen **im Einzelfall**
- **Anhörungsrecht bei Ablehnung** von Anträgen auf Arbeitszeitflexibilisierung von Beschäftigten
- Durchführung von **Sprechstunden**
- Abgabe eines jährlichen **Tätigkeitsberichts** in der Mitarbeiterversammlung
- Beteiligung bei **Stellenausschreibungen**
- Recht zur Einsicht in **Bewerbungsunterlagen**
- Teilnahme an **Bewerbungsgesprächen**
- Durchführung von **Informationsveranstaltungen**

Gleichstellungsbeauftragte besitzen die gleiche → **Rechtsstellung** wie ein Mitglied der Mitarbeitervertretung. Weitere Informationen: *https://handlungsfelder.bayern-evangelisch.de/gleichstellungsarbeit.php*

Zwischenzeitlich gibt es in allen Landeskirchen Gesetze zur Förderung der Gleichstellung von Mitarbeiterinnen und Mitarbeitern.

Bedeutung für die MAV

Maßnahmen zur Gleichstellung und der Beruf-Familie-Konflikt sind für Mitarbeitervertretungen Herausforderungen des täglichen Handelns – auch wenn ihnen dies nicht immer bewusst wird. Fragen der Vereinbarkeit von Erwerbsarbeit und Familienorientierung spielen auch bei Mitarbeitervertretungen nicht selten eine untergeordnete Rolle. Sensibilisierung und Qualifizierung durch Schulungsmaßnahmen sind eine wesentliche Grundlage, um das Thema bearbeitbar zu machen, was auch für → **Dienststellenleitungen** und Personalverantwortliche gilt. Häufig wird (noch) verkannt, dass die familienorientierte Perspektive eine Querschnittsaufgabe ist. Durch die Wahrnehmung dieser Aufgabe kann ein Hebel entstehen, die Arbeitsbedingungen in der → **Dienststelle** insgesamt humaner zu gestalten. Trotz allen Engagements der Mitarbeitervertretung ist zu bedenken, dass Gleichstellung und Familienorientierung Aufgabe des Arbeitgebers und somit »Chefsache« sein muss!

Das **Mitarbeitervertretungsgesetz** enthält eine Reihe von Bestimmungen, die der Gleichstellung dienen:

- Bei den allgemeinen Aufgaben der Mitarbeitervertretung heißt es in § 35 Abs. 3 MVG, die MAV soll insbesondere für die Gleichstellung und die Gemeinschaft in der Dienststelle eintreten und Maßnahmen zur Erreichung dieser Ziele anregen sowie an ihrer Umsetzung mitwirken (§ 35 Abs. 3 Buchst. e) MVG), die Vereinbarkeit von Familie und Erwerbstätigkeit fördern (§ 35 Abs. 3 Buchst. f) MVG) und die Entgeltgleichheit zwischen den Geschlechtern überwachen (§ 35 Abs. 3 Buchst. g) MVG). Die Themen »Vereinbarkeit von Familie und Erwerbstätigkeit« und »Überwachung der Entgeltgleichheit zwischen den Geschlechtern« gibt es erst seit 1. 1. 2024 im MVG-EKD. Spätestens seit diesem Zeitpunkt bestehen aus unserer Sicht nahezu keine Grenzen mehr für die Mitarbeitervertretungen, um den Zielen der Vereinbarkeit von Beruf und Familie, der Geschlechtergerechtigkeit und der Entgeltgleichheit im Betrieb näherzukommen. Ein breites Feld für die Aufgaben von Mitarbeitervertretungen!
- Bei den **Wahlvorschlägen** zur Wahl der Mitarbeitervertretung sollen Frauen und Männer entsprechend ihren Anteilen in der → **Dienststelle** berücksichtigt werden. Außerdem sollen in der Mitarbeitervertretung die verschiedenen Berufsgruppen und Arbeitsbereiche vertreten sein (§ 12 MVG). Der Wahlvorstand hat darauf zu achten, dass dieser Hinweis im Wahlausschreiben enthalten ist (§ 6 WO zum MVG).
- Schon seit längerer Zeit können Teilzeitbeschäftigte (zumeist Frauen), die Mitglieder der Mitarbeitervertretung sind, die tatsächliche Arbeitszeit für die Teilnahme an einer → **Schulung für MAV-Mitglieder** gutschreiben. Sie sind somit den Vollzeitbeschäftigten gleichgestellt (§ 19 Abs. 3 MVG).

- Arbeitgeber und Mitarbeitervertretung achten darauf, dass alle Mitarbeiter nach **Recht und Billigkeit** behandelt werden (§ 33 Abs. 1 MVG). Die Mitarbeitervertretung hat zudem dem konkreten **Überwachungsauftrag** nachzukommen, dafür einzutreten, dass die arbeits-, sozial- und dienstrechtlichen Bestimmungen zugunsten der Beschäftigten eingehalten werden (z. B. Art. 3 GG, das Allgemeine Gleichbehandlungsgesetz → **Gleichbehandlung**, das jeweilige Gleichstellungsgesetz).
- Die Mitarbeitervertretung hat das Recht, sich von der → **Dienststellenleitung mindestens einmal im Jahr über die Personalplanung unterrichten** zu **lassen**, insbesondere über den gegenwärtigen und zukünftigen Personalbedarf (§ 34 Abs. 2 MVG). Fragen der Gleichstellung und der Vereinbarkeit von Familie und Beruf sind wichtige Eckpunkte der personellen Arbeitsorganisation und unterliegen somit der Informationspflicht des Arbeitgebers. Erforderliche Unterlagen sind der MAV rechtzeitig zur Verfügung zu stellen (§ 34 Abs. 3 MVG).
- Die Mitarbeitervertretung hat im Rahmen ihrer allgemeinen Aufgaben ein **Initiativ- und Mitwirkungsrecht** bei der Umsetzung von Maßnahmen zur Gleichstellung und für die Gemeinschaft von Frauen und Männern (§ 35 Abs. 3 Buchst. e MVG). Diese Aufgabe ist als Ziel formuliert und beinhaltet auch die Beseitigung von strukturellen Ungleichbehandlungen. Darunter fallen beispielsweise auch Vorschläge für eine **frauenfördernde Personalplanung**, damit mehr Frauen in Leitungspositionen aufrücken können. Die → **Dienststellenleitung** hat die Vorschläge der Mitarbeitervertretung mit dem ernsten Willen zur Einigung zu prüfen und zu verhandeln.
- Die Mitarbeitervertretung nimmt **Beschwerden, Anfragen und Anregungen von Beschäftigten** entgegen. Berechtigte Anliegen wird die Mitarbeitervertretung bei der → **Dienststellenleitung** vortragen und auf deren Erledigung hinwirken (§ 35 Abs. 3 Buchst. c MVG).
- Die **Integration von ausländischen Beschäftigten** (§ 35 Abs. 3 Buchst. f MVG) wird vor dem Hintergrund des wachsenden Fachkräftemangels in der Pflegearbeit und der Freizügigkeit für EU-Arbeitnehmer ab 1. Mai 2011[2] neue Herausforderungen mit sich bringen.
- Die Mitarbeitervertretung hat ein uneingeschränktes Mitbestimmungsrecht bei **den Inhalten und der Verwendung von Personalfragebögen und der Aufstellung von Beurteilungsgrundsätzen** (§ 39 Buchst. a und b MVG). Die MAV achtet darauf, dass Fragen unterbleiben, die Frauen diskriminieren bzw. benachteiligen.

---

2 Pflegekräfte aus acht osteuropäischen EU-Ländern (Estland, Lettland, Litauen, Polen, Slowakei, Slowenien, Tschechien, Ungarn) dürfen ab diesem Zeitpunkt in Deutschland zu den gleichen Bedingungen wie ihre deutschen Kolleginnen arbeiten. Die Einhaltung dieser Standards gilt es zu überwachen!

- Bei der **Aufstellung von Grundsätzen für die Aus**-, Fort- und Weiterbildung sowie der Teilnehmerinnenauswahl (§ 39 Buchst. c MVG) achtet die MAV darauf, dass die Lebenswirklichkeit von Frauen benachteiligungsfrei berücksichtigt wird, z. B. bei Teilzeitbeschäftigung, Anrechnung von Arbeitszeit.
- Die Mitarbeitervertretung kann die → **Einstellung**, → **Eingruppierung,** Höhergruppierung oder → **Versetzung** eines Mannes nach § 41 Abs. 1 Buchst. a und b MVG verweigern, wenn weibliche Bewerber unter Verstoß gegen das Mitarbeitervertretungsgesetzes oder das Allgemeine Gleichbehandlungsgesetz (AGG, → **Gleichbehandlung**) benachteiligt werden.
- Die Mitarbeitervertretung hat ein **Mitbestimmungsrecht bei der Ablehnung eines Antrages auf Ermäßigung der Arbeitszeit oder Beurlaubung**, z. B. aus familiären Gründen (§ 29a AVR DD, § 31 AVR-Bayern, § 11 TVöD bzw. TV-L, § 8 TzBfG).
- Die Mitarbeitervertretung hat einen Zustimmungsverweigerungsgrund, wenn eine → **Versetzung oder Abordnung** eines Beschäftigten aus persönlichen Gründen nicht zumutbar ist, z. B. mit Rücksicht auf die Familie (§ 7 Abs. 2 AVR DD, § 12 Abs. 2 AVR-Bayern i. V. m. § 42 Buchst. g MVG).

Beispiele für proaktive Handlungsmöglichkeiten

- Die Mitarbeitervertretung erörtert bei der → **Mitarbeiterversammlung** Angelegenheiten, die zum Aufgabenbereich der MAV gehören (§ 32 Abs. 1 MVG). Die MAV hat unterschiedliche Möglichkeiten, Gleichstellung und Vereinbarkeit von Familie und Beruf zu thematisieren:
  - Diesbezügliche Aktivitäten, Nachfragen von Beschäftigten in den Tätigkeitsbericht der MAV aufnehmen, sich als Gremium zu dem Thema positionieren
  - Bedarf bei den Beschäftigten abfragen (z. B. konkrete Fragen auf einer Wandzeitung bepunkten lassen, Vorschläge mit grünen, roten und gelben Karten abstimmen lassen)
  - Tätigkeitsbericht oder Referat der Gleichstellungsbeauftragten in der Dienststelle in die Tagesordnung aufnehmen; falls nicht vorhanden, z. B. die Gleichstellungsbeauftragte der Kommune als → **sachkundige Person** für ein Referat anfragen
  - Nachfragen der Mitarbeitervertretung und/oder der Beschäftigten zum Geschäftsbericht der → **Dienststellenleitung** zum Thema (§ 31 Abs. 5 MVG) bei der Mitarbeiterversammlung.
- Die (Gesamt-)Mitarbeitervertretung richtet einen Ausschuss für **Gleichstellung** ein (→ **Ausschüsse der MAV**) und überträgt ihm beispielsweise folgende vorbereitende Aufgaben zur Beschlussfassung in der Mitarbeitervertretung:
  - eine **Bestandsanalyse** zur Situation durchführen (z. B. Entwicklung eines Fragebogens)

- erkundigt sich über **Schulungsmöglichkeiten** für Mitarbeitervertreter und Führungskräfte und bewertet die Angebote
- hört → **sachkundige Personen** (z. B. Vertreterinnen der Gewerkschaft, kommunale Gleichstellungsbeauftragte)
- plant **Aktionen** mit dem Ziel, Problembewusstsein zu wecken und Vorurteile abzubauen, z. B. in (Teil-)Mitarbeiterversammlungen, erstellt und verteilt Informationsschreiben
- bereitet konkrete Forderungen vor und **erarbeitet** eine → **Dienstvereinbarung**
- **bereitet Verhandlungen** mit der Dienststellenleitung **vor**
- entwickelt Methoden, die die Einhaltung von **Regelungen kontrollieren**
- **Abstimmung** aller Aktivitäten **mit** der **Mitarbeitervertretung**

• Die Mitarbeitervertretung lädt die Gleichstellungsbeauftragte als → **sachkundige Person** regelmäßig in die → **Sitzungen der MAV** ein.

Mitarbeitervertretung und Gleichstellungsbeauftragte sollten sich bei ihren Initiativen und Maßnahmen gegenseitig abstimmen (ggf. sind die → **Jugend- und Auszubildendenvertretung** und die Vertretung der → **schwerbehinderten Menschen** hinzuzuziehen).

Das geeignetste Rechtsinstrument auf betrieblicher Ebene zur verbindlichen Festlegung von Maßnahmen zur Gleichstellung und Familienorientierung ist der Abschluss einer → **Dienstvereinbarung**. Dadurch erhalten die Beschäftigten verbindliche Rechtsansprüche.

Vereinzelt gibt es in Landeskirchen und in der Diakonie ein → **Familienbudget** (z. B. § 37 AVR-Bayern), über dessen Umsetzung die Mitarbeitervertretung auf der Grundlage einer → **Dienstvereinbarung** zu beteiligen ist.

Bedeutung für die Beschäftigten

Wird der Beschäftige in seinen Rechten nach dem Allgemeinen Gleichbehandlungsgesetz beeinträchtigt, hat er verschiedene Möglichkeiten, sich zur Wehr zu setzen (siehe → **Gleichbehandlung AGG**).

Die strukturelle Wirkung der Benachteiligung von Frauen ist nicht immer sofort sichtbar. Dies liegt auch daran, dass Frauen in Arbeitsfeldern der Diakonie ihren Beruf teilweise bis zur Selbstaufgabe ausüben. Vor allem Mitarbeiterinnen werden häufig in Gewissenskonflikte und Zwangssituationen gebracht, in denen sie sich entgegen ihrer Belastungsgrenze entscheiden. Das widerrechtliche Holen aus dem Frei, das Durcharbeiten an mehreren Wochenenden hintereinander, der Aufbau von Plus- und Überstunden gerade bei familienbedingter Teilzeitbeschäftigung, der unfreiwillige Verzicht auf arbeitsvertraglich vereinbarte Wo-

chenarbeitsstunden sind nur einige Beispiele, die eine Vereinbarkeit von Familie und Beruf erschweren oder gar nicht erst zulassen.
Bereits kleine **beteiligungsorientierte Strategien** (siehe oben) der Mitarbeitervertretung tragen dazu bei, dass Beschäftigte zur Reflexion über ihre Arbeitsbedingungen angeregt werden und ein Problembewusstsein entwickelt werden kann. Gemeinsames erfolgreiches selbsttätiges Handeln ist erforderlich, um die eigenen Interessen deutlich zu machen und um sie mit Unterstützung der Mitarbeitervertretung und der Gewerkschaft auch durchzusetzen.

Checkliste: Fragen zur Gleichstellung von Frauen und Männern im Betrieb

Beschäftigung:
- Wie viele der Beschäftigten sind Frauen, wie viele Männer?
- Wie hat sich der Anteil von Frauen und Männern an der Gesamtbelegschaft entwickelt?
- Existiert eine Personalplanung, die sich an den Erfordernissen der Gleichstellung und der Vereinbarkeit von Familie und Erwerbstätigkeit orientiert?
- Gibt es eine Benachteiligung von Frauen bei Einstellungen? Wenn ja, welche?

Stellenausschreibung:
- Schreibt der Arbeitgeber alle freien Stellen geschlechtsneutral aus (§ 11 AGG)?

Versetzungen und Entlassungen:
- Sind Frauen häufiger von Versetzungen und Entlassungen betroffen als Männer?

Arbeitsplätze:
- An welchen Arbeitsplätzen arbeiten Frauen? (Abteilungen, Tätigkeiten, Lohn- und Gehaltsgruppen)

Qualifikation:
- Entsprechen die Arbeitsplätze der Qualifikation der Frauen?

Arbeitszeit:
- Welche Arbeitszeitregelungen gelten für die im Betrieb Beschäftigten – aufgeschlüsselt nach Frauen und Männern?
- Wie hat sich die Zahl der Teilzeitbeschäftigten entwickelt?
- Wie viele Frauen/wie viele Männer sind teilzeitbeschäftigt?
- Wie viele Vollzeitarbeitsplätze hat der Arbeitgeber in Teilzeitstellen umgewandelt?
- Wie oft betraf dies Frauen?
- In welchen Punkten unterscheiden sich die Verträge der Teilzeitbeschäftigten und der Aushilfskräfte von denen der Vollzeitbeschäftigten?
- Können Teilzeitarbeitende auf einen Vollzeitarbeitsplatz wechseln und umgekehrt? Unter welchen Bedingungen?

Arbeitsentgelt:
- Wie verteilen sich die jeweiligen weiblichen und männlichen Beschäftigten auf die jeweiligen Lohn- und Gehaltsgruppen?
  Beachten: Das Entgelttransparenzgesetz vom 30.6.2017 sieht in §§ 12, 18 die Einführung betrieblicher Verfahren zur Überprüfung und Herstellung von Entgeltgleichheit vor. Private Unternehmen mit mehr als 500 Beschäftigten werden auf-

gefordert, mithilfe von betrieblichen Prüfverfahren ihre Entgeltregelungen und die verschiedenen gezahlten Entgeltbestandteile sowie deren Anwendung regelmäßig auf die Einhaltung des Entgeltgleichheitsgebotes im Sinne dieses Gesetzes zu überprüfen.

Ausbildung:

- Wie viele junge Frauen und Männer sind zurzeit in der Ausbildung?
- Wie verteilen sich die einzelnen Berufe und Ausbildungsjahre?
- Hat der Anteil der weiblichen Auszubildenden zu- oder abgenommen?

Übernahme:

- Wie viele der Ausgebildeten hat der Betrieb im erlernten Beruf übernommen? (Wie viele Frauen, wie viele Männer?)

Weiterbildung:

- Nehmen Frauen in gleichem Maß an Weiterbildungsmaßnahmen teil wie Männer?
- Berücksichtigen die Bildungsangebote die besonderen Bedürfnisse der Frauen, z. B. deren zeitliche Gebundenheit durch familiäre Verpflichtungen?

Kinderbetreuung, Erziehungsurlaub und Wiedereingliederung:

- Wird bei betrieblichen Planungen und Entscheidungen ausreichend auf diejenigen Frauen und Männer Rücksicht genommen, die Kinder zu betreuen/zu erziehen haben?
- In welcher Weise erfolgt die Wiedereingliederung solcher Frauen und Männer, die Erziehungsurlaub in Anspruch genommen haben?

Beruflicher Aufstieg:

- Gibt es eine Benachteiligung von Frauen? Wenn ja, welche?

Anweisungen des Arbeitgebers:

- Gibt es eine Benachteiligung von Frauen bei der Ausübung des Weisungsrechts des Arbeitgebers?

Vertretung in Interessenvertretungsorganen:

- Sind Frauen in der Mitarbeitervertretung, in den Ausschüssen der Mitarbeitervertretung, im Wirtschaftsausschuss, in der Gesamtmitarbeitervertretung, in der Jugend- und Auszubildendenvertretung vertreten? Wird die Geschlechterquote nach § 12 MVG eingehalten?

Quelle: vgl. Schoof, Christian: Betriebsratspraxis von A-Z, 16. Auflage, Frankfurt 2024.

Literaturhinweis

- *www.vereinbarkeit.dgb.de*
- *www.frauen.verdi.de*

Vergütung

Was ist das?

Vergütung ist die Gegenleistung des Arbeitgebers für die verausgabte Arbeitskraft des Arbeitnehmers. Sie ist eine materielle Absicherung während der Erwerbstätigkeit und eine soziale Absicherung im Alter. Die Gewährung der Vergütung stellt eine Verpflichtung für den Arbeitgeber dar, die in der Regel vertraglich vereinbart ist. Im → **Arbeitsvertrag** ist die Höhe der Vergütung angegeben, bzw. dieser enthält diesbezügliche Hinweise auf die jeweils gültigen tariflichen Bestimmungen (z. B. AVR DD, TVöD).

Vergütung meint im engeren Sinn die Zahlung eines monatlichen Entgelts, das sich aus mehreren Bestandteilen zusammensetzt (§ 14 AVR.DD, § 22 TV DN, § 33 Abs. 1, und 2 AVR-Bayern, § 30 AVR.HN; Abschnitt III TVöD bzw. TV-L).

Im Anlagenteil der tariflichen Bestimmungen sind die verschiedenen Entgelttabellen beigefügt.

Die Vergütungsregelungen in der Diakonie in Deutschland sind ein bunter und zerrissener **Flickenteppich**. Auch für Tarifexperten ist es unmöglich, einen aktuellen Überblick über die Regelungen der ca. 20 verschiedenen arbeitsrechtlichen Kommissionen der Diakonie zu behalten. In der folgenden Darstellung beschränken wir uns deshalb auf wenige und vor allen Dingen wichtige Regelungswerke wie die AVR.DD. Unter→ **Arbeitsrechtsregelungen und Arbeitsrechtliche Kommission** in den Evangelischen Landeskirchen und den Diakonischen Werken sind die verschiedenen arbeitsrechtlichen Regelungen aufgeführt und die Internet-Adressen der Arbeitsvertragsrichtlinien bzw. der (wenigen) Tarifverträge hinterlegt.

Grundentgelt (Tabellenentgelt)

Die Höhe bestimmt sich nach der Entgeltgruppe, in die der Beschäftigte eingruppiert ist (→ **Eingruppierung**). Das Grundentgelt des Beschäftigten bemisst sich nach der Entgelttabelle in der Anlage der jeweiligen tariflichen Regelung nach Stufen, § 15 AVR.DD, § 36 AVR-Bayern. Im TV DN werden Entgeltstufen

nach Tätigkeitsjahren zugeordnet. Die AVR.HN hat 5 Stufen (§ 28) und eine Leistungszulage (§ 29). Um in die nächste Stufe vorrücken zu können, muss eine in der Tabelle festgeschriebene Verweildauer zurückgelegt werden.
Die Tabelle im Geltungsbereich des TVöD und TV-L unterscheidet sich dahingehend, dass es hier mehr Stufen gibt. Dadurch, dass die Diakonie sich von den tariflichen Regelungen des Öffentlichen Dienstes abgekoppelt hat, ist eine Vergleichbarkeit zwischen den Entgeltgruppen schwerer nachvollziehbar. Auf die Lebensarbeitszeit bezogen, haben die Beschäftigten bei der Diakonie teilweise erhebliche Gehaltseinbußen im Vergleich zu den Kollegen mit der gleichen Tätigkeit im Öffentlichen Dienst.
Im Osten Deutschlands existieren die unterschiedlichsten Arbeitsrechtsregelungen, teilweise auch unterschiedliche arbeitsrechtliche Regelungen in einem Diakonischen Werk. In der Regel liegen sie unterhalb der Tabellenwerte in der AVR.DD. Auch die Wochenarbeitszeit liegt meist über den 39 Stunden der AVR.DD, was bedeutet, dass der Stundenlohn weiter abgesenkt wird.

Zulagen
Beschäftigte im Schichtdienst erhalten beim Vorliegen bestimmter Voraussetzungen eine **Schichtzulage** bzw. **Wechselschichtzulage** (→ **Schichtarbeit, Schichtzulage**).
Anspruch auf eine **persönliche Zulage** haben Beschäftigte, die vorübergehend oder vertretungsweise eine höherwertige Tätigkeit übertragen bekommen (§ 13 AVR.DD, § 32 Abs. 6 AVR-Bayern, § 28 Abs. 4 AVR.HN bzw. § 14 TVöD, TV-L).
Kommt es im Rahmen von **Rationalisierungsmaßnahmen** und **Einschränkungen** von Einrichtungen zu einer Reduzierung der Vergütung, steht den betroffenen Beschäftigten eine **persönliche Zulage** (Vergütungssicherung) zu (→ **Sicherungsordnung**).

Zuschläge
Zuschläge erhalten Beschäftigte, die z. B. Dienst zu ungünstigen Zeiten (bei Nachtarbeit, Samstagen u. a.) oder Überstunden leisten (§ 20a AVR.DD). Zuschläge werden auch für besondere Belastungen durch Schmutz, Gefahren und Erschwernis gewährt (Anlage 7a AVR.DD), die durch Nebenabrede zum Arbeitsvertrag oder durch → **Dienstvereinbarung** pauschaliert werden können.
Im Geltungsbereich der AVR.DD erhalten kindergeldberechtigte Beschäftigte pro Kind einen **Kinderzuschlag** in Höhe von 90,57 € (§ 19a AVR.DD). Für die Gehaltsgruppen EG 1 bis EG 4 erhöht sich der Betrag um 5,11 € für das erste Kind. Für weitere Kindern steigt der Betrag für diese Gehaltsgruppen nochmals an (15,34 €, 20,45 €, 25,56 € in 2024). Die AVR.HN kennt keinen Kinderzuschlag.

Jahressonderzahlung
Sie errechnet sich in der AVR.DD aus einem durchschnittlichen monatlichen Entgelt über die Dauer von zehn Monaten. Die Jahressonderzahlung wird zur Hälfte im November des laufenden Jahres, die zweite Hälfte im Juni des Folgejahres gezahlt. Sofern das betriebliche Ergebnis des Vorjahres negativ ist, beträgt in Einrichtungen der nicht-stationären Altenhilfe, Rehabilitation, Jugendhilfe sowie ambulanten Diensten und Beratungsstellen der im November fällige Teil der Jahressonderzahlung 25 v.H. und der im Juni des Folgejahres fällige Teil 75 v.H.
Die Höhe der Zahlung im Juni ist vom betrieblichen Ergebnis der Einrichtung abhängig. Bei einem negativen betrieblichen Ergebnis wird die 2. Hälfte der Jahressonderzahlung anteilig gewährt oder entfällt sogar komplett(Anlage 14 AVR. DD).
In Bayern beträgt die Höhe der Jahressonderzahlung in allen Entgeltgruppen 80 % des durchschnittlichen monatlichen Entgelts und wird im November ausbezahlt (§ 40 AVR-Bayern). Die AVR.HN legt die Sonderzahlung einheitlich auf 60 % fest (§ 37 AVR.HN). Darüber hinaus wird eine ergebnisorientierte Bonuszahlung von bis zu 40 % gewährt, die jedoch wegen der restriktiven Berechnungsregelung nur in den allerwenigsten Einrichtungen ausgezahlt wird.
Im Tarifbereich TVöD bekommen die unteren Entgeltgruppen anteilsmäßig eine wesentlich höhere Sonderzahlung. In den unteren Gehaltsgruppen werden 82 %, in den mittleren 72,5 % und den höheren Gehaltsgruppen 53,4 % des durchschnittlichen Gehalts bezahlt (§ 20 TVöD). Ab dem Jahr 2022 wird die Sonderzahlung im Tarifgebiet Ost auf 100 Prozent der im Tarifgebiet West geltenden Bemessungssätze angehoben.

Einmalzahlung
Einmalzahlungen sind von der → **Arbeitsrechtlichen Kommission** festgelegte Gehaltszahlungen für einen bestimmten Zeitraum. Sie wirken sich i. d. R. nicht auf das Tabellenentgelt aus, d. h. dieser Betrag nimmt nicht an einer zukünftigen linearen Gehaltsteigerung teil. Die Auszahlung kann vom betrieblichen Ergebnis abhängig gemacht werden. Der Mitarbeitervertretung kann in Form einer Öffnungsklausel ein Mitbestimmungsrecht (→ **Dienstvereinbarung**) eingeräumt werden, ob, in welcher Höhe und zu welchem Zeitpunkt die Einmalzahlung zur Auszahlung kommt.

Leistungsentgelt
In den verschiedenen Tarifbereichen können auf betrieblicher Ebene mit Zustimmung der Mitarbeitervertretung variable Vergütungsbestandteile in Kraft gesetzt werden (siehe unten und → **leistungsorientierte Vergütung**).

Ausbildungsvergütung
Für Ausbildungsverhältnisse gelten die besonderen Bestimmungen der Anlage 10 der AVR.DD. Für den TV DN gilt die Anlage Ausbildung, für Bayern die Anlagen 16 und 17 der AVR-Bayern, für das DWHN die Ausbildungs- und Praktikantenordnung DWHN.

Urlaubsentgelt
Es wird im Falle des Erholungsurlaubs und bei → **Entgeltfortzahlung** im Krankheitsfall bezahlt und setzt sich zusammen aus Tabellenentgelt sowie den sonstigen in Monatsbeträgen festgelegten Entgeltbestandteilen. Die nicht in Monatsbeträgen festgelegten Entgeltbestandteile werden als Durchschnitt auf Basis der dem maßgebenden Ereignis für die Entgeltfortzahlung vorhergehenden letzten 13 Wochen (Berechnungszeitraum) gezahlt (§ 28 Abs. 10 AVR.DD, § 43 AVR-Bayern, § 42 AVR.HN § 21 TVöD, TV-L).

Besondere Zahlungen
Dazu zählen beispielsweise vermögenswirksame Leistungen (Anlage 12 AVR.DD, § 50 AVR-Bayern, § 38 AVR.HN, § 23 Abs. 1 TVöD bzw. TV-L) und die Jubiläumszuwendung für langjährig Beschäftigte (§ 25a AVR.DD, § 23 Abs. 2 TVöD bzw. TV-L).

Bedeutung für die MAV

Die Höhe der Vergütung bemisst sich insbesondere nach der jeweiligen → **Eingruppierung und Stufe**. Die MAV ist somit nur mittelbar an der Festlegung der Vergütungshöhe beteiligt. Ihre Aufgabe ist es, darauf zu achten, dass die Beschäftigten nach **Recht und Billigkeit** (§ 33 Abs. 1 MVG) behandelt werden und die für die Vergütung maßgeblichen rechtlichen Bestimmungen eingehalten werden (§ 35 Abs. 3 Buchst. b) MVG).
Die MAV hat einen Anspruch auf Aushändigung der → **Bruttolohn- und Gehaltslisten** mit allen in der Dienststelle gezahlten Bruttovergütungen (seit 1.1.2024 Einsichtsrecht nach § 34 Abs. 2a MVG). Davon ausgenommen sind nur die an Mitglieder der Dienststellenleitung gezahlten Bezüge. Die MAV kann die Überlassung/Einsichtnahme der Listen bis zu zweimal im Jahr verlangen. Dieser Anspruch ergibt sich daraus, dass die Dienststelle der MAV die zur Durchführung ihrer Aufgaben erforderlichen Unterlagen rechtzeitig zur Verfügung zu stellen hat (§ 34 Abs. 3 Satz 1 MVG. KGH.EKD vom 19.6.2018 – II-0124/6-2018 und KGH.EKD v. 5.12.2016 – II-0124/34-2016).

Die MAV hat ein Mitbestimmungsrecht bei der → **Eingruppierung**, die in der Regel mit der → **Einstellung** zusammenfällt. Dabei handelt es sich aber um zwei getrennte Mitbestimmungstatbestände. Das bedeutet, die MAV kann in einem gesplitteten Votum durchaus einer Einstellung zustimmen, aber die jeweilige Eingruppierung ablehnen.

Nach dem Beschluss des Kirchengerichtshofs der EKD vom 22.11.2010 unterliegt die **Stufenzuordnung** nach § 42 Buchstabe c MVG ebenfalls der Mitbestimmung der MAV (KGH.EKD I-0124/R89-09).

Die MAV hat **mitzubestimmen bei** der Übertragung einer höher oder niedriger bewerteten Tätigkeit von mehr als drei Monaten Dauer (§ 42 Buchst. d) MVG) sowie bei der Übertragung einer Tätigkeit, die einen Anspruch auf Zahlung einer Zulage auslöst, sowie Widerruf einer solchen Übertragung (§ 42 Buchst. e MVG). Entsprechende Regelungen gibt es für die Beschäftigten in öffentlich-rechtlichen Dienstverhältnissen (§ 43 MVG).

Die Einführung oder **Aufstellung von Beurteilungsgrundsätzen zur Leistungs- und Verhaltensbeurteilung** (Arbeitsleistung, soziales Verhalten, Flexibilität, Bereitschaft zur Zusammenarbeit, Arbeitssorgfalt, Termineinhaltung, Arbeitssicherheit) unterliegen der uneingeschränkten → **Mitbestimmung** (§ 39 Buchst. b) MVG). Darunter fällt auch das Bewertungsschema (z. B. »sehr gut« bis »mangelhaft«), das der »Objektivierbarkeit« und Vergleichbarkeit dienen soll.

Variable Vergütungsbestandteile

Nachfolgende tarifliche Bestimmungen sehen eine Beteiligung der Mitarbeitervertretung bei der Festlegung der Vergütungshöhe vor (Öffnungsklauseln):

- Variabler Vollzeitkorridor (38 bis 42 Stunden) zur Festlegung der regelmäßigen wöchentlichen Arbeitszeit (§ 18 AVR-Bayern und Anlage 6 AVR-Bayern)
- Variable Entgelte (§ 34 AVR-Bayern)
- → **Familienbudget** (§ 37 AVR-Bayern und Anlage 14 AVR-Bayern)
- Leistungsentgelt (§ 18 TVöD)

Arbeitgeber der Diakonie bemühen sich bereits seit längerer Zeit, neben dem Zeitentgelt für eine bestimmte Arbeitszeiteinheit (Stunde, Tag, Woche oder Monat) ein leistungsbezogenes Entgeltsystem in die Vergütungsstruktur einzuführen. Durch die Einführung von variablen und leistungsbezogenen Entgelten (→ **Leistungsorientierte Vergütung**) soll beim Arbeitnehmer eine Leistungs- und Verhaltensbereitschaft erzeugt werden, die zu Produktivitätszuwächsen führen soll.

Die Betonung der materiellen Anreizsysteme zur Motivationssteuerung ist allerdings in sozial-pflegerischen Tätigkeitsfeldern sehr umstritten. Außerdem beinhaltet die **Verbetrieblichung der Lohnfindung** Risiken, wie beispielsweise Verhaltenskontrolle der Beschäftigten, Belastungen für das Betriebsklima mit Produktivitätsrückgang, »Zündstoff« zwischen Arbeitgeber und Arbeitnehmer sowie der Mitarbeitervertretung und Arbeitnehmergruppen untereinander. Nicht auszuschließen sind auch subjektive Bewertungen durch Vorgesetzte, die Auswirkungen auf die Höhe der Zulage haben können (»Nasenprämien«).

Vergütungsabsenkung bei wirtschaftlicher Notlage

Zur Abwendung betriebsbedingter Kündigungen infolge einer nachgewiesenen wirtschaftlichen (drohenden) Notlage kann durch eine → **Dienstvereinbarung** zwischen der → **Dienststellenleitung** und der Mitarbeitervertretung die Vergütungshöhe bis zu einer bestimmten Höhe abgesenkt werden:

- → **Notlagenregelungen** können nach Anlage 17 AVR.DD aufgrund einer wirtschaftlichen Notlage abgeschlossen werden. Verwandte Regelungen existieren in der Anlage 7 AVR-Bayern und in der Regelung der AVR.HN zur Abwendung einer wirtschaftlichen Notlage und zur Sicherung der Leistungsangebote. Nach den Vorgaben der AVR.DD stellt die Arbeitsrechtliche Kommission der AVR.DD abschließend fest, ob eine wirtschaftliche Notlage vorliegt
- Nach § 17 AVR.DD kann eine Dienstvereinbarung zwischen MAV und Dienststellenleitung zur Sicherung des Leistungsangebots abgeschlossen werden, wenn sich eine Einrichtung oder ein wirtschaftlich selbständiger Teil der Einrichtung in einer schwierigen Wettbewerbssituation befindet. Die Gehaltsabsenkung kann bis zu 6 % betragen. Diese Dienstvereinbarung muss der ARK zugeleitet werden, die die vorliegenden Unterlagen überprüfen kann.
- Teilweise Reduzierung der Jahressonderzahlung bei nachgewiesenem negativen betrieblichen Ergebnis (Anlage 14 AVR.DD).

Ein weiteres Instrument zur Gehaltskürzung hält die DiVO Bayern vor:

§ 23 Kürzung der Vergütung in Notzeiten

In einer Notlage der Kirche, die eine allgemeine Kürzung der Dienstbezüge der Pfarrer und Pfarrerinnen sowie Kirchenbeamten und Kirchenbeamtinnen bedingt, können auch die Vergütungen der übrigen Dienstnehmer und Dienstnehmerinnen durch Beschluss der Arbeitsrechtlichen Kommission entsprechend gekürzt werden.

Es existieren keine empirischen Erhebungen über das Ausmaß der Notlagenregelungen in diakonischen Einrichtungen. Nach Einschätzung der MAVen und AGMAVen ist das Ausmaß aber erheblich. Für den Bereich der Altenpflegehilfe wird in einzelnen regionalen diakonischen Werken geschätzt, dass bereits mehr als die Hälfte der Einrichtungen Notlagenregelungen anwendet. Die Synode der EKD hat in ihrer Magdeburger Kundgebung vom 9.11.2011 die diakonischen Unternehmen aufgefordert, »belastbare Daten« zur Tarifentwicklung und Ausgründungen zu erheben. Seitdem ist nichts passiert. Die Diakonie muss sich den

Vorwurf gefallen lassen, über den Wildwuchs an Notlagenregelungen das Gehaltsniveau im sozialen Bereich massiv abzusenken.

Bedeutung für die Beschäftigten

Die Vergütung dient der Existenzsicherung des Beschäftigten und stellt u. a. eine Bedingung zur Entfaltung seiner Person und seiner Angehörigen (z. B. Kinder) dar. Die Höhe der Vergütung ist auch Ausdruck von Lebensstandard und gesellschaftlicher Anerkennung.
Die Auszahlung der Vergütung (§ 21a AVR.DD § 33 AVR-Bayern, § 41 AVR.DD; § 24 TVöD bzw. TV-L) hat für den laufenden Monat am 15. bzw. am 16. (Bayern) desselben Monats bzw. Ende des Monats auf das Girokonto des Beschäftigten zu erfolgen. Die unständigen Vergütungsteile (z. B. Zuschläge) werden auf der Grundlage der erbrachten Tätigkeit aus dem Vorvormonat berechnet. Der Beschäftigte hat Anspruch auf eine Abrechnung, aus der die Zusammensetzung der Vergütung hervorgeht. Sind Änderungen bei den monatlichen Brutto- und Nettobeträgen nicht festzustellen, kann die Aushändigung einer erneuten Abrechnung unterbleiben (AVR.DD).
Vergütung, die der Beschäftigte trotz eines Rechtsanspruchs (z. B. aus Arbeitsvertrag, Dienstvereinbarung, tariflichen Regelung, Gleichbehandlungsgrundsatz) nicht erhält, muss er zunächst beim Arbeitgeber (in Textform) geltend machen. Verweigert der die Zahlung, muss er beim → **Arbeitsgericht** klagen und/oder die → **Schlichtung nach den AVR (Individualschlichtung) anrufen**. Zu beachten ist die jeweilige tarifliche → **Ausschlussfrist** (AVR.DD, AVR-Bayern und DiVO Bayern 12 Monate, TVöD und TV-L 6 Monate) und gesetzliche **Verjährungsfrist** von drei Jahren (§ 195 BGB). Mitarbeiter haben einen Rechtsanspruch auf die korrekte Vergütung, unabhängig ob die Mitarbeitervertretung der → **Eingruppierung** zugestimmt hat oder nicht. Im Falle einer in Frage kommenden Höhergruppierung kann der Beschäftigte zunächst versuchen, über die Mitarbeitervertretung (→ **Initiativrecht**) sein Recht durchzusetzen. Hilfreich für die Beweisführung können sein: Selbstaufschreibungen über einen längeren Zeitraum, Zeugen, Urkunden, Schriftwechsel.

Verhandlungen mit dem Arbeitgeber

Bei der Wahrnehmung der Mitbestimmungs- und Mitwirkungsrechte ist die MAV je nach Bedeutung und Tragweite des Themas in Gespräche und Verhandlungen mit dem Arbeitgeber eingebunden. Ausgangspunkt für die MAV ist ihre Aufgabe, die Interessen der Beschäftigten zu vertreten und die »beruflichen, wirtschaftlichen und sozialen Belange« der Mitarbeiter (§ 35 MVG) vorzutragen, um sie entsprechend bei der Umsetzung der geplanten Entscheidung des Arbeitgebers zu berücksichtigen.
Viele kirchliche Arbeitgeber benutzen den Begriff der → **Dienstgemeinschaft** als Einbahnstraße, um die MAVen dazu zu bewegen, im »gemeinsamen Interesse der Dienststelle« einseitigen Sparmaßnahmen zuzustimmen, und setzen dabei die Interessen der Einrichtungsleitung mit denen der gesamten Einrichtung gleich. MAVen werden mit dem Kostenargument unter Druck gesetzt und sollen oft ohne weitere Information dem Begehren der Arbeitgeber zustimmen. Dies steht im Gegensatz zu § 33 MVG. Dort heißt es: »MAV und die Dienststellenleitung sind verpflichtet, sich gegenseitig bei der Erfüllung ihrer Aufgaben zu unterstützen, und arbeiten vertrauensvoll und partnerschaftlich zusammen. Sie informieren sich gegenseitig über Angelegenheiten, die die Dienstgemeinschaft betreffen« und »die MAV ist zur Durchführung ihrer Aufgaben rechtzeitig und umfassend zu unterrichten. Die Dienststellenleitung soll die MAV bereits während der Vorbereitung von Entscheidungen informieren und die MAV, insbesondere bei organisatorischen und sozialen Maßnahmen, frühzeitig an den Planungen beteiligen« (§ 34 MVG).
Wichtig für die Verhandlungen mit dem Arbeitgeber ist eine gute **Vorbereitung**: welche Themengebiete werden behandelt, wer von der MAV arbeitet sich in den jeweiligen Sachverhalt ein und wer bereitet Redebeiträge vor?
Bei **wichtigen kontroversen Themen** muss die MAV vorher prüfen, ob die Mitarbeiterschaft hinter den Forderungen steht und ob sie auch Unterstützung von den Beschäftigten einholen kann. In wichtigen Fragen muss die MAV prüfen, ob sie Unterstützung durch externen Sachverstand oder durch die Gewerkschaften braucht.

Checkliste: Tipps für Verhandlungen

Grundsätzliches zu Verhandlungen und Diskussionen:
- Zielvorstellungen vorher festlegen: was beabsichtigen wir (beim Arbeitgeber)?
- Gemeinsame Festlegung der Tagesordnung und der Gesprächsführung.
- Zu Beginn der Verhandlung vermeiden, dass das Gegenüber sich festlegt.
- Die Gemeinsamkeiten herausarbeiten und bestätigen lassen.
- Mit welchen Gegenargumenten ist zu rechnen und wie können wir sie entkräften?
- An vorgebrachte Argumente eine Frage anschließen, die den anderen dazu zwingt, sich mit der Frage auseinanderzusetzen.
- Kein fertiges Paket präsentieren, nicht: wir haben folgenden Vorschlag …, sondern: was wäre, wenn wir folgendermaßen vorgingen …? wie würde sich das auswirken?
- Was schlagen Sie vor?
- Wo können wir uns einigen?
- Welche Lösungsmöglichkeiten sehen Sie?
- Welche Erfahrungen haben Sie mit …?
- Den anderen mit in die Verantwortung nehmen und fragen: welche Möglichkeiten sehen Sie bei dem Vorschlag?

In **Diskussionen mit schwierigen Arbeitgebern** gilt:
- nicht aus der Ruhe bringen lassen – wer sich entrüstet, verliert seine Rüstung; wenn der andere sieht, dass seine Angriffe nichts bewirken, wird er verunsichert
- nicht für die eigene Meinung entschuldigen
- den anderen nicht unterbrechen, sondern ruhig zuhören
- Frage. Zurückfragen: nach Begründung, Definition, Informationsquelle; der andere muss um Anerkennung seiner Argumente kämpfen und hat wenig Energie übrig, um unsere zu zerhacken
- bei »schwierigen Fragen« nie direkt antworten, sondern: darüber möchte ich noch nachdenken
- wir binden Zugeständnisse nach Möglichkeit an eine Bedingung
- den Einwand vorwegnehmen und entkräften
- Einwände provozieren, vorher sinnvolle Entgegnungen überlegen
- Gegenargumente aufnehmen und eigene Argumente »draufsetzen«
- nach Verbündeten im Lager des Gegners suchen
- die eigenen Sachargumente nicht wegpolemisieren lassen, sondern Polemik ignorieren und weiter auf Sachargumenten beharren, indem offene Fragen zu unseren Vorschlägen gestellt werden
- auf die Nebenkriegsschauplätze nicht eingehen, sondern für neue Themen neue Termine festsetzen
- bei Unterbrechung darauf hinweisen und dann an derselben Stelle weiterreden, an der man vorher unterbrochen wurde
- Gesprächsleitung festlegen
- bei unklaren Ergebnissen nachfragen und dann schriftlich festhalten
- das Gegenüber greift uns als Mensch auf der Gefühlsebene an: ignorieren, weiter sachlich sprechen, es wird verunsichert. In hartnäckigen Fällen: Bitte um Wieder-

holung des Gesagten, demonstrativ schriftlich festhalten (am besten von einem eigenen Mit-Verhandlungsführer)

- das Gegenüber lügt frech: überprüfbare Quellen und Belege verlangen.

(Auszüge aus: Uta Gröschel. Sachlich diskutieren und gezielt verhandeln)

Ganz wichtig: Eine Argumentationskette ist so stark wie ihr schwächstes Glied!

- Die **stärksten Argumente zusammentragen,**
- **auf weniger überzeugende Argumente verzichten** und lieber eine kürzere Liste von Argumenten vortragen,
- **schwache und nicht belegbare Argumente** unbedingt **vermeiden** – auf diese kann sich der Arbeitgeber stürzen und die ganze Diskussion kippen.

Trotz geschicktester Verhandlungsführung wird es einer MAV nicht immer gelingen, eine gleichberechtigte Gesprächs- und Verhandlungssituation mit dem Arbeitgeber zu erreichen. In wichtigen Fragen, die auch für die Mitarbeiterschaft von Bedeutung sind, kann die MAV überlegen, inwieweit es sinnvoll ist, Gespräche oder Verhandlungen von Aktionen der Mitarbeiter zu begleiten bzw. begleiten zu lassen → **Aktionsformen.**

Literaturhinweis

- *Gröschel, Uta:* Sachlich diskutieren und gezielt verhandeln, Frankfurt 2001.

Verjährung

Was ist das?

Verjährung soll Rechtssicherheit schaffen. Es gibt sie im Zivilrecht, dem im weitesten Sinne auch das Arbeitsrecht zugeordnet ist, im öffentlichen Recht, aber auch im Strafrecht.

Nach einem gewissen Zeitraum soll die Person, die ggf. etwas schuldet, nicht mehr damit rechnen müssen, in Anspruch genommen zu werden. Im arbeitsrechtlichen Zusammenhang sind das i. d. R. finanzielle Ansprüche zwischen Arbeitgeber und Arbeitnehmer.

Juristisch ist die »Verjährung« als eine **Einrede** gestaltet. Das bedeutet, dass der Anspruch nicht untergeht, also nicht automatisch nach Ablauf der Verjährungsfrist verfällt. Bei den Ausschlussfristen ist das aber der Fall.

Ist die Ausschlussfrist gewahrt worden, weil der Anspruch, z. B. ein Anspruch auf Krankengeldzuschuss innerhalb der Ausschlussfristen in Textform geltend gemacht worden ist, besteht dann noch die Gefahr, dass die Ansprüche verjähren.

Auf die Verjährung muss sich die Person, von der etwas gefordert wird, also z. B. der Arbeitgeber, berufen (»Einreden muss man reden.«)

Die Verjährung kann gehemmt, also quasi aufgehalten werden. Wann das der Fall ist, regelt § 204 BGB. Dort sind unterschiedliche Möglichkeiten genannt. Sie wird etwa durch die Erhebung einer Klage gehemmt.

Der Arbeitgeber kann auch auf die Erhebung der Einrede verzichten.

Das geschieht etwa, wenn die Parteien noch außergerichtlich miteinander verhandeln, aber der Ablauf der Verjährungsfrist droht. Dann müsste der Arbeitnehmer, um den Anspruch zu sichern, grundsätzlich klagen. Um das zunächst zu vermeiden, kann der Arbeitgeber erklären, auf die Einrede der Verjährung zu verzichten. Im Regelfall tut er das dann nur für einen bestimmten Zeitraum.

Für arbeitsrechtliche Ansprüche sind die Verjährungsfristen aus dem Bürgerlichen Gesetzbuch (BGB) ausschlagendend. Danach beträgt die regelmäßige Verjährungsfrist 3 Jahre (§ 195 BGB).

Neben weiteren für den arbeitsrechtlichen Kontext eher nicht relevanten Fällen ist noch die 30jährige Verjährungsfrist zu nennen.
Sie besteht für besondere, abschließend geregelte Fälle, z. B. für **Schadensersatzansprüche**, die auf der vorsätzlichen Verletzung des Lebens, des Körpers, der Gesundheit, der Freiheit oder der sexuellen Selbstbestimmung beruhen (§ 197 Abs. 1 Nr. 1 BGB), oder rechtskräftig festgestellte Ansprüche, § 197 Abs. 1 Nr. 3 BGB
Anzumerken ist noch, dass Ansprüche im Arbeitsverhältnis nicht nur zwischen dem Arbeitgeber und dem Arbeitnehmer bestehen und entstehen können, sondern **auch zwischen den Arbeitnehmern** (z. B. anlässlich einer handfesten Auseinandersetzung, bei der es zu einer Körperverletzung kommt, die einen Schadensersatzanspruch nach sich zieht). Der Beginn der Verjährungsfrist und die Verjährungshöchstfristen sind in § 199 BGB geregelt. Je nach Art des Anspruchs können die Verjährungsfristen zu unterschiedlichen Zeitpunkten beginnen.
Die regelmäßige Verjährungsfrist, auf die es in der Regel ankommen dürfte, beginnt grundsätzlich mit dem Schluss des Jahres, in dem der Anspruch entstanden ist und der Gläubiger (z. B. der Arbeitgeber) von den Anspruch begründenden Umständen und der Person des Schuldners Kenntnis erlangt oder ohne grobe Fahrlässigkeit erlangen müsste.

Bedeutung für die MAV

Die Bedeutung für die MAV ist nicht allzu hoch, aber trotzdem nicht zu unterschätzen.
Häufig wird es auf Verjährung aber nicht ankommen, weil nahezu alle im kirchlichen bzw. diakonischen Bereich genutzten Arbeitsvertragsgrundlagen (z. B. § 45 AVR DD) oder Tarifverträge (z. B. § 37 TVöD, TV-L) Ausschlussfristen vorsehen, die bedeutend kürzer und auch schärfer sind, weil sie zum Untergang des Anspruchs führen.
Bevor Verjährung eintreten kann, werden die Ansprüche meist schon den Ausschlussfristen zum Opfer gefallen sein.
Von der MAV können beim Thema Verjährung keine detaillierten Kenntnisse verlangt werden. Gleichwohl ist die MAV gut beraten, den Unterschied zwischen Verjährung und Ausschlussfrist zu kennen und zu wissen, dass diese sich negativ auf Ansprüche der Kollegen auswirken können.

Bedeutung für die Beschäftigten

Geht es um individualrechtliche Ansprüche, die der Arbeitgeber nicht bereit ist zu erfüllen, sollte die MAV den Mitarbeitern jedenfalls raten, sich arbeitsrechtlich beraten zu lassen. Vor diesem Hintergrund ist es sehr gut zu wissen, dass es neben den Ausschlussfristen auch noch die Verjährung gibt, damit der Mitarbeiter darauf hingewiesen werden kann, dass Ansprüche auch hierdurch verloren gehen können, auch wenn die Ausschlussfristen vielleicht gewahrt oder unwirksam sind.
In der Beratungspraxis kann diese Problematik bei allen finanziellen Ansprüchen aus dem Arbeitsverhältnis auftreten. Zu nennen sind hier nur einige, wie Ansprüche

- auf monatliches Differenzentgelt aus Höhergruppierung/begehrter höherer Eingruppierung
- Krankengeldzuschuss
- Urlaubsabgeltung
- Zulagen
- Zuschläge
- Jahressonderzahlung.

Versetzung

Was ist das?

Eine Versetzung ist die Zuweisung einer Beschäftigung ohne zeitliche Begrenzung zu einer anderen (verselbständigten) → (Teil)-**Dienststelle** desselben Arbeitgebers unter Beibehaltung der im → **Arbeitsvertrag** festgelegten Vereinbarungen (§ 7 Abs. 1 AVR.DD, bzw. § 12 Abs. 1 AVR Bayern und § 4 Abs. 1 TVöD bzw. TV-L). Dabei spielt es keine Rolle, ob die neue Wirkungsstätte des Beschäftigten am selben oder an einem anderen Ort liegt. Sie unterliegt als personelle Einzelmaßnahme der eingeschränkten Mitbestimmung der Mitarbeitervertretung (§ 42 Buchst. g MVG).

Die **Abordnung** unterscheidet sich von der Versetzung dadurch, dass sie zeitlich befristet ist; ansonsten gelten die weiteren Ausführungen.

Das → **Direktionsrecht** ermöglicht es dem Arbeitgeber, den Beschäftigten aus dienstlichen oder betrieblichen Gründen zu versetzen. Eine Versetzung ohne sachlichen Grund stellt eine willkürliche Maßnahme dar und ist somit unzulässig.

Eine **Versetzung zu einem anderen Arbeitgeber** (Rechtsträger) ist nicht möglich, da dies die Begründung eines neuen Arbeitsverhältnisses voraussetzt.

Gründe für eine Versetzung können sein: Rationalisierungsmaßnahmen (→ **Sicherungsordnung**); Verlagerung von Aufgabenfeldern; Tatsachen, die in der Person des Beschäftigten liegen (z. B. Krankheiten, Wahrung der Verhältnismäßigkeit bei einer drohenden Kündigung, besondere Kenntnisse und Fähigkeiten, → **Mobbing**).

Bedeutung für die MAV

Eine Versetzung wirkt für die aufnehmende → **Dienststelle** wie eine → **Einstellung, denn es kommt auf den Akt der Eingliederung in die Dienststelle an**. Die MAV der abgebenden Dienststelle hat das Recht auf → **Mitberatung** (§ 46 Buchst. d MVG).

Dem vorgelagert ist das → **Informationsrecht** der MAV. Ihr sind alle Umstände mitzuteilen, die eine Versetzung notwendig werden lassen, ferner alle Auswahlkriterien des Arbeitgebers, wenn mehrere Beschäftigte in Frage kommen.

Aufgrund des Zustimmungsverweigerungsrechts wird die aufnehmende MAV zu prüfen haben, ob der beantragten Maßnahme anhand des Verweigerungskatalogs (§ 41 MVG.EKD) widersprochen werden kann. Einwände können z. B. erhoben werden, weil

- das Anhörungsrecht des Beschäftigten missachtet wurde (§ 41 Abs. 1 Buchst. a MVG i. V. m. § 7 Abs. 1 AVR.DD, bzw. § 12 Abs. 1 AVR Bayern),
- familiäre Gründe vom Arbeitgeber nicht ausreichend berücksichtigt worden sind (§ 41 Abs. 1 Buchst. a MVG i. V. m. § 7 Abs. 2 AVR.DD, bzw. § 12 Abs. 2 AVR Bayern),
- der Beschäftigte gegen seinen Willen während der Probezeit versetzt werden soll (§ 41 Abs. 1 Buchst. a MVG i. V. m. § 7 Abs. 3 AVR.DD, bzw. § 12 Abs. 3 AVR Bayern),
- ein Wahlbewerber für die MAV-Wahl oder ein Mitglied des Wahlvorstands ohne seine Zustimmung versetzt werden soll (§ 41 Abs. 1 Buchst. a MVG i. V. m. § 13 Abs. 2 MVG),

Auch wenn ein Beschäftigter mit seiner Versetzung einverstanden ist, bleibt der MAV das Recht auf → **Mitbestimmung** erhalten (vgl. Thiel, In: ZMV 2002, 202). Es empfiehlt sich ein enger Kontakt zwischen aufnehmender und abgebender MAV, wobei beide MAVen selbstverständlich die Schweigepflicht zu beachten haben und sich daher zuvor das Einverständnis des betroffenen Mitarbeiters geben lassen sollten, um miteinander kommunizieren können. Ist der Mitarbeiter mit der Versetzung nicht einverstanden, hat die abgebende MAV schließlich nur das schwächere Mitberatungsrecht. Nur die aufnehmende MAV kann die Maßnahme daher mit einer wirksamen Zustimmungsverweigerung verhindern.

Die Mitglieder der MAV, JAV und Schwerbehindertenvertretung genießen einen **Versetzungs- und Abordnungsschutz** (§ 21 Abs. 1 MVG → **Rechtsstellung der MAV-Mitglieder**) und dürfen ohne ihre Einwilligung nur versetzt oder abgeordnet werden, wenn

- unvermeidbare wichtige dienstliche Gründe vorliegen und
- die MAV der Maßnahme zugestimmt hat.

Es gilt auch zu prüfen, ob eine verdeckte Behinderung der MAV-Arbeit beabsichtigt oder die Folge sein kann (§ 19 Abs. 1 MVG). Verweigert die MAV ihre Zustimmung, muss die Dienststellenleitung das Kirchengericht (→ **Rechtsschutz für die MAV**) anrufen.

Ist von einer Versetzung oder Abordnung ein Beschäftigter mit einer Schwerbehinderung betroffen, so ist die Vertrauensperson der → **schwerbehinderten Menschen** rechtzeitig und umfassend zu unterrichten und vor einer Entscheidung zu hören (§ 51 MVG i. V. m. § 178 SGB IX).

Bedeutung für die Beschäftigten

Das → **Direktionsrecht** gibt dem Arbeitgeber die Befugnis, Mitarbeiter innerhalb der arbeitsvertraglichen Vereinbarungen, ohne ihre Zustimmung zu versetzen. Der Beschäftigte ist vor einer Versetzung oder Abordnung vom Arbeitgeber zu hören (§ 7 Abs. 1 AVR.DD, bzw. § 12 Abs. 1 AVR Bayern). Das Direktionsrecht ist aber nicht grenzenlos. Es muss im Rahmen billigen Ermessens ausgeübt werden. Das erfordert eine Abwägung der objektiven Interessen des Arbeitgebers mit den Interessen des Arbeitnehmers. Der Arbeitgeber soll von seiner geplanten Maßnahme zurücktreten, wenn die Versetzung für den Beschäftigten aus persönlichen Gründen (z. B. familiäre Situation) nicht zumutbar ist (§ 7 Abs. 2 AVR. DD, bzw. § 12 Abs. 2 AVR Bayern).

Unterlässt der Arbeitgeber die Anhörung (was zunächst keine Unwirksamkeit der Entscheidung zur Folge hätte) und der Beschäftigte klagt vor dem → **Arbeitsgericht**, wird der Arbeitgeber oft nur schwer den Nachweis erbringen können, dass eine sachgerechte Abwägung zwischen den dienstlichen Belangen und den schützenswerten Interessen des Beschäftigten erfolgt ist. Bei der Feststellungsklage wird das Gericht zu prüfen haben, ob die Versetzung zulässig und wirksam gewesen ist.

Ist eine geplante Versetzung durch das → **Direktionsrecht** nicht gedeckt, muss i. d. R. der Arbeitsvertrag geändert werden, d. h., dass der Arbeitgeber die Maßnahme nur vollziehen kann, wenn der Beschäftigte eingewilligt hat oder die Versetzung durch eine → **Änderungskündigung** der arbeitsvertraglichen Grundlage erwirkt wurde.

Während der → **Probezeit** ist eine Versetzung oder Abordnung nur mit Zustimmung des Beschäftigten zulässig (§ 7 Abs. 3 AVR.DD, bzw. § 12 Abs. 3 AVR Bayern). Im Einzelfall kann es auch für den Beschäftigten zweckmäßig und von Vorteil sein, wenn er dem Anliegen des Arbeitgebers zustimmt.

Nicht ausgeschlossen ist, dass der Beschäftigte selbst einen Antrag auf Versetzung stellt. Der Arbeitgeber kann aufgrund seiner → **Fürsorgepflicht** gehalten sein, einem entsprechenden Anliegen nachzukommen, sofern es ihm dienstlich zumutbar ist.

Ohne ihre Zustimmung können die **Mitglieder des Wahlvorstandes** (§ 13 Abs. 2 MVG) bis zu einer Dauer von sechs Monaten nach Bekanntgabe des Wahlergebnisses nicht versetzt oder abgeordnet werden. Gleiches gilt auch für die **Bewerber zur Wahl der MAV** (§ 13 Abs. 2 MVG).

Einer Versetzung ist dann nicht Folge zu leisten, wenn die entsprechende Weisung des Arbeitgebers unzumutbar ist. Unzumutbare Weisungen müssen nicht mehr vorläufig bis zu einer gerichtlichen Entscheidung befolgt werden (BAG v. 14. 9. 2017 – 5 AS 7/17). Die bisherige Rechtsprechung zu unzumutbaren Weisungen, die besagte, auch solchen Weisungen ist bis zu einer Entscheidung der

Gerichte Folge zu leisten, wurde vom BAG aufgegeben. Der Arbeitnehmer trägt allerdings das Risiko von Sanktionen, wenn ein Gericht eine Weisung in einem späteren Verfahren als zumutbar beurteilt. Die Weigerung einer Versetzung *nicht* nachzukommen, sollte daher nur nach Rücksprache mit einem Rechtsvertreter und der MAV getroffen werden.

Vorsitzender der MAV

Was ist das?

Um als MAV handlungsfähig zu sein, muss sich die MAV nach den Wahlen konstituieren. Dazu gehört, dass ein Vorsitzender gewählt wird und die Reihenfolge der Vertretungen im Vorsitz bestimmt wird (§ 23 MVG). Durch das MVG werden dem Vorsitzenden eine Reihe von Aufgaben übertragen, die dieser nur in eigener Person erledigen kann, weil er Mund und Ohr der MAV ist. Im Verhinderungsfall tritt der stellvertretende Vorsitz an seine Stelle. Auch durch die Aufgabenzuweisungen des MVG ist der Vorsitzende trotzdem nur ein »Erster unter Gleichen«, die MAV ist ein Gremium und keine Einmann-Veranstaltung. Der Vorsitzende ist auch kein fachlicher oder disziplinarischer Vorgesetzter der MAV-Mitglieder. Es obliegt seinem Geschick, das Gremium zusammenzuhalten, zu einer effektiven Arbeit zu motivieren, eloquent nach außen zu vertreten und zu einem u. a. diskussionsfreudigen, innovativen, konfliktfähigen und einfühlsamen Team zu formen. Der Vorsitzende ist *der* Ansprechpartner für den Arbeitgeber und tritt diesem auf Augenhöhe gegenüber.

Bedeutung für die MAV

Nach Bestandskraft der MAV-Wahl muss der Wahlvorstand, vertreten durch seinen Vorsitzenden (§ 3 WO), innerhalb einer Woche die gewählten Mitglieder der neuen MAV zur **konstituierenden Sitzung** einladen. Bei der »vereinfachten Wahl« erfolgt die Einladung durch die Versammlungsleitung (§ 24 Abs. 1 MVG). Die Einladung kann schriftlich oder mündlich erfolgen. Der Wahlvorstand selbst kann mit allen drei Mitgliedern an der konstituierenden Sitzung teilnehmen (§ 1 Abs. 2 WO). Ersatzmitglieder des Wahlvorstands können in der Reihenfolge ihrer Stimmenzahl an der konstituierenden Sitzung teilnehmen, wenn ein (oder mehrere) Mitglied des Wahlvorstands verhindert ist, an der Sitzung teilzunehmen.

Der Vorsitzende des Wahlvorstands leitet die Sitzung der neuen MAV bis zu dem Zeitpunkt, an dem die MAV über ihren Vorsitz entschieden hat. Mit der Wahl des Vorsitzenden endet die Aufgabe des Wahlvorstandes in der konstituierenden Sitzung. Entsprechend dem Gebot der Nichtöffentlichkeit von Sitzungen der MAV (§ 24 Abs. 4 MVG) hat der Wahlvorstand dann die Sitzung zu verlassen. Der Vorsitzende der MAV ist in einer **geheimen Wahl** (§ 23 Abs. 1 MVG) zu bestimmen. Bei der geheimen Wahl handelt es sich um eine zwingende Formvorschrift, von der nicht abgewichen werden kann, auch nicht mit einem einstimmigen Beschluss der MAV. Geheime Wahl bedeutet, dass die Abstimmung per Stimmzettel erfolgt. Der Wahlvorstand hat für solche Stimmzettel zu sorgen, die sicherstellen, dass keine Rückschlüsse auf das Wahlverhalten der einzelnen MAV-Mitglieder möglich sind. Gewählt ist, wer die Mehrheit der abgegebenen Stimmen erhält. Die MAV muss bei der Wahlhandlung beschlussfähig sein, das heißt, es müssen mehr als die Hälfte der MAV-Mitglieder (§ 26 Abs. 1 MVG) anwesend sein.

> **Beispiel:**
> Eine MAV besteht aus neun Mitgliedern, die Beschlussfähigkeit ist gegeben, wenn fünf MAV-Mitglieder anwesend sind; gewählt ist in diesem Fall, wer mindestens drei Stimmen erhält.

Die Stimmzettel für die Wahl zum MAV-Vorsitz gehören zu den Wahlunterlagen. Der Wahlvorstand übergibt sie der MAV zur Aufbewahrung. Die MAV – i. d. R. der Vorsitzende – hat die Stimmzettel fünf Jahre (§ 13 WO) aufzubewahren. Diese Frist kann je nach gliedkirchlicher Wahlordnung unterschiedlich lang sein.
Von der konstituierenden Sitzung ist eine → **Sitzungsniederschrift** (§ 27 Abs. 1 MVG) zu erstellen. Bis sich die neue MAV konstituiert hat, ist dies Aufgabe des Wahlvorstands. Nachdem der Wahlvorstand den Raum verlassen hat, übernimmt ein Mitglied der MAV die Protokollführung. Besteht die MAV nur aus einer Person, ist das gleiche Verfahren durchzuführen. Auch wenn der Wahlausgang bei nur einem MAV-Mitglied vorhersehbar ist, kennt das MVG hier keine abweichenden Regelungen. Sobald ein Vorsitzender gewählt worden ist, ist die MAV handlungsfähig. Die MAV muss deswegen immer über einen Vorsitzenden verfügen.
Eine evtl. Abwahl des Vorsitzenden kann nur über den Weg erfolgen, dass sich die Mehrheit der MAV-Mitglieder im Rahmen einer MAV-Sitzung (§ 24 Abs. 3 MVG) für einen neuen Vorsitzenden entscheidet (konstruktives Misstrauensvotum). Die Neuwahl des Vorsitzenden muss jedoch als eigenständiger Tagesordnungspunkt auf der Tagesordnung einer MAV-Sitzung ausgewiesen sein. Diesen Tagesordnungspunkt kann der bisherige MAV-Vorsitzende auch selbst auf die Tagesordnung setzen oder mindestens 1/4 der MAV-Mitglieder können

dies von ihm verlangen. Dabei ist nicht vorgeschrieben, ob der Antrag auf Aufnahme dieses Tagesordnungspunktes schriftlich oder mündlich zu erfolgen hat. Bei der Bedeutung des Vorgangs sollten die MAV-Mitglieder, die die Aufnahme dieses Tagesordnungspunktes wünschen, den Antrag allerdings schriftlich formulieren. Der Tagesordnungspunkt muss auf der Tagesordnung eindeutig zu erkennen sein. Eine Neuwahl unter dem allgemeinen Tagesordnungspunkt »Personelles« wäre unzulässig. Sinn der ausdrücklichen Aufnahme der Neuwahl als eigenständigen Tagesordnungspunkt ist es, dass sich jedes MAV-Mitglied rechtzeitig Gedanken über die mögliche Neuwahl des Vorsitzenden machen kann. Mit der Neuwahl des Vorsitzenden kann sich auch die Reihenfolge in der Vertretung des Vorsitzenden (§ 23 Abs. 1 MVG) ändern. Das Ergebnis der Neuwahl und eine evtl. neue Reihenfolge in der Vertretung des Vorsitzenden sind dem Arbeitgeber schriftlich mitzuteilen. Um die Handlungsfähigkeit der MAV sicher zu stellen, hat die Benachrichtigung des Arbeitgebers unverzüglich, das bedeutet »ohne schuldhaftes Zögern«, zu erfolgen. Evtl. Konsequenzen durch die nicht rechtzeitige Benachrichtigung des Arbeitgebers trägt die MAV. Dies könnte z. B. der Fall sein bei einem Fristproblem, das dadurch entsteht, weil der Arbeitgeber Unterlagen einem nicht berechtigten MAV-Mitglied übersendet.
Dem MAV-Vorsitzenden sind durch das MVG verschiedene Aufgaben zugewiesen.
Der Vorsitzende

1. führt die laufenden Geschäfte (§ 23 Abs. 1 MVG),
2. vertritt die Mitarbeitervertretung nach außen im Rahmen der von ihr gefassten Beschlüsse (§ 23 Abs. 1 MVG),
3. beruft die Sitzungen der MAV ein (§ 24 Abs. 2 MVG),
4. nimmt die Entschuldigungen von MAV-Mitgliedern für Sitzungstermine entgegen (§ 24 Abs. 2 MVG),
5. legt die Tagesordnung für MAV-Sitzungen fest (§ 24 Abs. 2 MVG),
6. leitet die MAV-Sitzungen (§ 24 Abs. 2 MVG),
7. muss mit einem weiteren MAV-Mitglied die Sitzungsniederschrift unterschreiben (§ 27 Abs. 1 MVG),
8. muss dafür sorgen, dass ein weiteres MAV-Mitglied die Sitzungsniederschrift unterschreibt (§ 27 Abs. 1 MVG),
9. muss die Mitarbeiterversammlung einberufen (§ 31 Abs. 1 MVG),
10. leitet die Mitarbeiterversammlung (§ 31 Abs. 1 MVG),
11. hat im Rahmen der Beschlüsse Dienstvereinbarungen zu unterzeichnen (§ 23 Abs. 1 i. V. m. § 36 Abs. 2 MVG),
12. nimmt die Anträge des Arbeitgebers in Mitbestimmungsangelegenheiten entgegen (§ 38 Abs. 3 MVG) und
13. nimmt Entscheidungen und Begründungen der Dienststellenleitung bei vorläufigen Regelungen entgegen (§ 38 Abs. 5 MVG).

Der Vorsitzende führt die **laufenden Geschäfte** (§ 23 Abs. 1 MVG) der MAV. Diese umfassen die Organisation der MAV-Arbeit und ihre verwaltungsmäßige Abwicklung, die Beschaffung von Informationen, die Entgegennahme von Erklärungen und Anträgen des Arbeitgebers und die Prüfung, ob und welche Fristen einzuhalten sind. Bei den laufenden Geschäften kann der Vorsitzende auf Büropersonal des Arbeitgebers zurückgreifen (§ 30 Abs. 1 MVG). Bei der Beschaffung von Informationen kann er sich u. a. sachkundiger Personen, Vertreter der Gewerkschaft, der Mitglieder von Gesamtausschüssen oder Mitglieder anderer MAVen bedienen. Neben den laufenden Geschäften **vertritt** der Vorsitzende die MAV **nach außen**. Dabei muss er sich an die Beschlüsse der MAV halten. Der Vorsitzende ist auch dann an Beschlüsse gebunden, wenn er sich nicht mit ihnen identifizieren kann. Unzulässig wäre es z. B., wenn der Vorsitzende zustimmende oder ablehnende Erklärungen zu Mitbestimmungs- oder Mitberatungsangelegenheiten abgibt, ohne dass ein Beschluss der MAV vorliegt. Auch bei – für den Arbeitgeber – dringenden Angelegenheiten darf der Vorsitzende keine Erklärungen abgeben. Tut er dies doch, gelten die Erklärungen für den Arbeitgeber als von der MAV verbindlich abgegebene Willensbekundungen. Der Arbeitgeber wird mit den Erklärungen arbeiten können und Maßnahmen umsetzen, es sei denn, für ihn war zu erkennen, dass der Vorsitzende einem Antrag ohne MAV-Beschluss zugestimmt (oder abgelehnt) hat. Dies ist z. B. immer dann der Fall, wenn der Arbeitgeber dem MAV-Vorsitzenden eine geplante Maßnahme zwischen »Tür und Angel« mitteilt und gleichzeitig um die Zustimmung bittet. Gibt der Vorsitzende dann ohne MAV-Beschluss eine entsprechende Erklärung gegenüber dem Arbeitgeber ab, stellt dies einen groben Missbrauch von Befugnissen dar und könnte, je nach konkretem Sachverhalt, zum Ausschluss aus der MAV führen. Dies gilt jedenfalls für den Wiederholungsfall (§ 17 MVG). Die Vertretung der MAV nach außen, im Rahmen der von ihr gefassten Beschlüsse, kann für den Vorsitzenden auch ein **Verhandlungsmandat** bedeuten. Die Grenzen eines Verhandlungsmandats für den Vorsitzenden können von der MAV im Einzelnen genauer definiert werden.

Je nach Bedarf – besser: nach einem festen Turnus – beruft der MAV-Vorsitzende die MAV-Mitglieder zu den **Sitzungen** (§ 24 Abs. 2 MVG) ein. Der Arbeitgeber soll vorher von Zeitpunkt und Ort der Sitzung verständigt werden. Sinn dieser Regelung ist, z. B. Personalengpässe abfedern zu können. Einen Genehmigungsvorbehalt durch den Arbeitgeber kennt das MVG allerdings nicht. Die Einladung zu Sitzungen kann mündlich oder schriftlich erfolgen. Bei der Terminierung der Sitzung hat die MAV dienstliche Notwendigkeiten zu berücksichtigen (§ 24 Abs. 4 MVG). Daher muss der Vorsitzende bei der Festlegung des Termins dienstliche Interessen, die Interessen der Beschäftigten und die ordnungs- und fristgemäße Erledigung der anstehenden Aufgaben in Einklang bringen. Im Zweifelsfall entscheidet der MAV-Vorsitzende allein über den Sitzungstermin.

MAV-Mitglieder, die an Sitzungen nicht teilnehmen können, müssen dies dem Vorsitzenden unter Angabe der Gründe mitteilen (§ 24 Abs. 2 MVG). Die **Entschuldigung** kann schriftlich oder mündlich erfolgen. Der Zwang zur Angabe von Gründen soll es der MAV ermöglichen, zu sehen, ob dienstliche Gründe zum Fernbleiben führen, ob Vorgesetzte Probleme machen oder ob sonstige vom Arbeitgeber zu beeinflussende Gründe vorliegen. Durch die Angabe von Gründen kann die MAV dann im dienstlichen Bereich auf Abhilfe drängen. Ist ein MAV-Mitglied erkrankt, reicht die Erkrankung als Begründung aus. Seitens der MAV besteht kein Anspruch, die Art der Erkrankung zu erfahren; das Gleiche gilt für den Arbeitgeber, der mit der Krankmeldung ebenfalls keine Informationen über die Art der Erkrankung erhält. Anzugeben ist jedoch die voraussichtliche Dauer der Erkrankung, um feststellen zu können, ob ggf. ein Ruhen der MAV-Mitgliedschaft eintreten kann (§ 18 Abs. 2 MVG). Sobald die Verhinderung bekannt geworden ist, muss der Vorsitzende das Ersatzmitglied laden. Die Regelung, dass ein Ersatzmitglied erst dann geladen werden darf, wenn dies zur Sicherstellung der Beschlussfähigkeit erforderlich war, wurde mit der Änderung des MVG-EKD zum 1. 1. 2024 geändert. Die MAV ist jetzt immer auf ihre volle Anzahl mit Ersatzmitgliedern aufzufüllen (was natürlich nur möglich ist, wenn solche auch vorhanden sind). Dem ersten → **Ersatzmitglied** – bzw. den ersten Ersatzmitgliedern – der MAV sollte der Vorsitzende regelmäßig die Sitzungstermine – jedoch ohne Tagesordnung – mitteilen. Die Ersatzmitglieder können sich dann leichter auf diese Termine einstellen, die evtl. auf sie zukommen.

Rechtsgültige Beschlüsse können nur auf ordnungsgemäß einberufenen Sitzungen gefasst werden. Die Beschlüsse sind die Handlungsgrundlage der MAV. Zu einer Sitzung kommt die MAV nur durch die Einladung des Vorsitzenden. Daher ist es außerordentlich wichtig, dass die MAV Vertretungsregelungen für den Fall festlegt, dass der Vorsitzende abwesend ist. Es reicht dabei nicht aus, nur eine oder zwei Stellvertretungen zu benennen, da auch diese gleichzeitig abwesend sein können. Es empfiehlt sich daher unbedingt, eine Reihenfolge für alle MAV-Mitglieder zu bestimmen (Vorgabe nach § 23 Abs. 1 Satz 3 MVG).

Die **Tagesordnung** (§ 24 Abs. 2 MVG) sollte unbedingt mindestens in Textform mitgeteilt werden. Sie muss die Tagesordnungspunkte genau und detailliert benennen. Die häufige Unsitte, alle Personalmaßnahmen unter dem Oberpunkt »Personelles« zu behandeln, bedeutet die Unwirksamkeit der gefassten Beschlüsse (vgl. BAG v. 28. 10. 1992, Betriebsberater 93, 580).

Besonders bei der Ablehnung beantragter Maßnahmen oder bei einem → **Kirchengerichtsverfahren** – auch bei einem Arbeitsgerichtsverfahren eines Beschäftigten – ist es von großer Bedeutung, dass sich die MAV bei der Tagesordnung an die Formalien gehalten hat. Ist dies nicht der Fall, hat dies zur Konsequenz, dass kein rechtswirksamer Beschluss vorliegt. Damit hätte die MAV einem Antrag des Arbeitgebers durch Ablauf der Frist zugestimmt (§ 38 Abs. 3

MVG). Auch für die MAV-Mitglieder ist zur Vorbereitung auf die Sitzung eine detaillierte Tagesordnung von Bedeutung. Um sich vorbereiten und evtl. nachfragen oder recherchieren zu können, muss jedes MAV-Mitglied den Inhalt der Tagesordnung kennen. Soweit möglich, sollten der Tagesordnung bereits Unterlagen, Stellungnahmen, Anträge des Arbeitgebers usw. beigelegt werden. Aus der Praxis heraus wird es die Regel sein, dass die Möglichkeit zur Einsicht in Unterlagen beim Vorsitzenden von den MAV-Mitgliedern nur wenig genutzt wird. Neue Techniken bieten die Möglichkeit der Einrichtung eines MAV-Laufwerks auf dem Server der Dienststelle. Auf einem solchen Laufwerk können, zugänglich nur für MAV-Mitglieder, Unterlagen zur Einsicht abgespeichert werden. Auch MAV-Mitgliedern muss einiges »mundgerecht« serviert werden.
Die Tagesordnung ist den MAV-Mitgliedern vom Vorsitzenden rechtzeitig mitzuteilen. Rechtzeitig bedeutet, dass sich die MAV-Mitglieder auf die Inhalte der Sitzung ausreichend vorbereiten können. Grundsätzlich wird hier von einer Ladungsfrist von einer Woche ausgegangen, wobei hier immer auf den Einzelfall zu schauen ist. Die Ergänzung der Tagesordnung ist nach einer Entscheidung des Bundesarbeitsgerichts dann möglich, wenn die beschlussfähige MAV einstimmig der Aufnahme eines Tagesordnungspunktes zustimmt, also einen Ergänzungsbeschluss fasst (BAG, Beschluss v. 15. 4. 2014 – 1 ABR 2/13). Nach einer neueren Entscheidung des Landesarbeitsgerichts Thüringen vom 24. 10. 2024, Az.: 1 TaBV 25/21, reicht es aus, wenn keines der anwesenden Mitglieder des Betriebsrats der Aufnahme des neuen Tagesordnungspunktes widerspricht.
Die MAV-Mitglieder können nur eingeschränkt auf die Tagesordnung Einfluss nehmen. Formal müssen mindestens 1/4 der Mitglieder beim Vorsitzenden einen Antrag stellen, um einen Gegenstand auf die Tagesordnung setzen zu lassen (§ 24 Abs. 3 MVG). Wird das Viertel nicht erreicht, liegt es im Ermessen des Vorsitzenden, den beantragten Gegenstand auf die Tagesordnung zu setzen oder nicht.

Beispiel:
Bei einer MAV mit neun Mitgliedern müssen mindestens drei MAV-Mitglieder einen Tagesordnungspunkt beantragen (zwei MAV-Mitglieder sind weniger als 1/4 von neun). Auch wenn im MVG nicht ausdrücklich darauf eingegangen wird, ist davon auszugehen, dass der beantragte Gegenstand auf die Tagesordnung der nächstmöglichen Sitzung gesetzt wird, es sei denn, die Antragsteller haben einen späteren Termin beantragt.

Die **Sitzungsleitung** obliegt dem MAV-Vorsitzenden, eine Vertretung entsprechend § 23 Abs. 1 MVG ist nur bei Verhinderung des MAV-Vorsitzenden möglich. Die Leitung der Sitzung umfasst u. a. die Abhandlung der Tagesordnung, Leitung und Durchführung von Abstimmungen, Erteilung und Entzug

des Wortes für MAV-Mitglieder und sonstiger anwesender Personen sowie die Ausübung des Hausrechts.
Über jede Sitzung der MAV ist eine → **Sitzungsniederschrift**, auch Protokoll genannt, anzufertigen (§ 27 Abs. 1 MVG). Sie muss mindestens die Namen der An- und Abwesenden, die Tagesordnung, die gefassten Beschlüsse, die Wahlergebnisse und die jeweiligen Stimmergebnisse bei Abstimmungen enthalten. Ein Wortprotokoll ist nicht erforderlich. Die Sitzungsniederschrift ist vom MAV-Vorsitzenden und einem weiteren MAV-Mitglied zu **unterschreiben**. Auch wenn es einen Schriftführer in der MAV gibt, so reicht es aus, wenn neben dem Vorsitzenden ein weiteres MAV-Mitglied das Protokoll unterschreibt. Das MVG legt zwar ausdrücklich fest, dass die Niederschrift vom Vorsitzenden zu unterzeichnen ist, wegen der Vertretungsregelung (§ 23 Abs. 1 MVG), kann aber bei Verhinderung des MAV-Vorsitzenden die Stellvertretung in der festgelegten Reihenfolge das Protokoll unterschreiben.
Die Einberufung der → **Mitarbeiterversammlung** (§ 31 Abs. 1 MVG) ist eine Aufgabe des MAV-Vorsitzenden. Zusammen mit der Tagesordnung sind die Beschäftigten zur Mitarbeiterversammlung einzuladen. Nachdem Mitarbeiterversammlungen keine Beschlüsse fassen können, die gegenüber der Dienststelle rechtswirksam sind (Ausnahme: Wahl des Wahlvorstandes, § 32 Abs. 2 MVG), sind an die Tagesordnung nicht die gleichen hohen Anforderungen zu stellen wie an die Tagesordnung für die MAV-Sitzung. Die Beschäftigten sollen jedoch die Themen erkennen können und die Möglichkeit haben, sich auf die Versammlung vorzubereiten. Einladung und Tagesordnung sind spätestens eine Woche vor der Versammlung bekannt zu geben (je nach Einrichtung: persönliche (mündliche), schriftliche Einladung oder Aushang). Die Tagesordnung muss von der MAV als Gremium beschlossen werden. Nebenbei, spannend gestaltete, abwechslungsreiche, informative Einladungen können das Interesse an einer Mitarbeiterversammlung erhöhen. Der MAV-Vorsitzende muss mindestens einmal im Jahr zu einer Mitarbeiterversammlung einladen. Wird diese Mindestbedingung nicht erfüllt, kann dies zum Ausschluss des Vorsitzenden aus der MAV oder sogar zur Auflösung der gesamten MAV wegen groben Verstoßes gegen die Pflichten aus dem MVG führen (§ 17 MVG). Weiterhin kann die MAV bis zu zwei weitere ordentliche Mitarbeiterversammlungen im Jahr einberufen (§ 31 Abs. 2 MVG).
Der MAV-Vorsitzende ist weiterhin berechtigt, zu **außerordentlichen Mitarbeiterversammlungen** einzuladen. Auf Antrag von einem Viertel der Wahlberechtigten oder der Dienststellenleitung ist der MAV-Vorsitzende verpflichtet, eine außerordentliche Mitarbeiterversammlung einzuberufen. Während bei der ordentlichen Mitarbeiterversammlung die Teilnahme als Arbeitszeit gilt – einschließlich evtl. zusätzlich anfallender Wegezeiten – so muss dies bei außerordentlichen Mitarbeiterversammlungen einvernehmlich zwischen Arbeitgeber und MAV festgelegt werden. Entsprechend den Regelungen bei der Sitzung der

MAV hat der MAV-Vorsitzende bei der Mitarbeiterversammlung das **Hausrecht**, auch gegenüber dem Arbeitgeber oder sonstigen geladenen Personen. Er erteilt und entzieht das Wort, führt Abstimmungen durch und leitet die komplette Versammlung. Das Hausrecht gilt nur im Versammlungsraum, nicht vor und auf den Wegen zum Versammlungsraum. Der **Tätigkeitsbericht der MAV** muss nicht unbedingt allein durch den Vorsitzenden vorgetragen werden. Dies kann auch mit oder durch ein oder mehrere andere MAV-Mitglieder erfolgen. Grundsätzlich empfiehlt es sich, Themen und Redebeiträge aufzuteilen, um die Versammlung ansprechend und attraktiv zu gestalten und den Gremiencharakter zu betonen.

Mit der Dienststelle abgeschlossene → **Dienstvereinbarungen** sind schriftlich niederzulegen und von beiden Parteien **zu unterzeichnen** (§ 36 Abs. 2 MVG). Die MAV wird durch ihren Vorsitzenden vertreten. Um die Dienstvereinbarung in Kraft zu setzen, ist die Unterzeichnung notwendig. Der MAV-Vorsitzende hat die Dienstvereinbarung auch dann zu unterschreiben, wenn er selbst in der MAV gegen die Vereinbarung gestimmt hat, jedoch unterlegen ist.

Der Vorsitzende nimmt die **Anträge und Erklärungen des Arbeitgebers** in sämtlichen Angelegenheiten, insbesondere Mitbestimmungs- und Mitberatungsangelegenheiten, entgegen (§ 38 Abs. 3, 45 Abs. 1 MVG). Die wichtigen **Fristen** in allen Mitbestimmungsangelegenheiten beginnen erst zu laufen, wenn der Arbeitgeber dem MAV-Vorsitzenden den Antrag mit den entsprechenden Informationen so zugänglich gemacht hat, dass dieser nach den gewöhnlichen Umständen davon Kenntnis nehmen kann. Der MAV-Vorsitzende hat die entsprechende Frist zu prüfen und den Antrag des Arbeitgebers auf die Tagesordnung der MAV-Sitzung zu setzen, die es ermöglicht, innerhalb der Frist eine Entscheidung der MAV zu treffen.

Bedeutung für die Beschäftigten

Der Vorsitzende der MAV wird von den Wahlberechtigten nicht direkt gewählt. Auch wenn sich jeder Beschäftigte an das MAV-Mitglied seines Vertrauens wenden kann, ist der MAV-Vorsitzende das Aushängeschild der MAV. Der Vorsitzende tritt auch gegenüber den Beschäftigten als Vertreter des Gremiums auf, als Leiter der Mitarbeiterversammlung, per Unterschrift unter Dienstvereinbarungen oder bei Schreiben für Beschäftigte an den Arbeitgeber. Der Vorsitzende steht, quasi per Amt, unter der Beobachtung der Beschäftigten. Der Vorsitzende kann von den Beschäftigten nur über eine **Amtsenthebung** (§ 17 MVG) im Rahmen eines kirchengerichtlichen Verfahrens von seinem MAV-Mandat entbunden werden. Dies ist möglich, wenn ein grober Missbrauch von Befugnissen (z. B.

Entscheidungen ohne MAV-Beschluss) oder eine grobe Verletzung von Pflichten (z. B. Schweigepflichtverletzung, keine Einberufung von Mitarbeiterversammlungen) vorliegt. Dazu muss mindestens ein Viertel der Wahlberechtigten einen schriftlichen Antrag an das → **Kirchengericht** stellen.

Wahl der MAV, Wahlvorstand

Was ist das?

Durch die Wahl der MAV werden demokratisch legitimierte Vertreter der Beschäftigten gewählt, deren Aufgabe die Vertretung der Interessen der Belegschaft gegenüber dem Arbeitgeber auf Grundlage des MVG ist. Gleichzeitig arbeiten MAV und Arbeitgeber im Interesse der Dienststelle vertrauensvoll zusammen. Dem Wahlvorstand obliegt die organisatorische Durchführung der Wahlen. Ihm kommt damit eine äußerst wichtige Aufgabe zu.

Bedeutung für die MAV

Durch die Wahlbeteiligung und die Stimmenergebnisse wird den gewählten MAV-Mitgliedern das entgegengebrachte **Vertrauen** demonstriert. Durch die Wahl werden alle 4 Jahre die **Interessenvertreter** durch die Belegschaft gewählt. Der **Wahlvorstand** ist von der MAV unabhängig. Er wird in einer → **Mitarbeiterversammlung** (§ 32 Abs. 2 MVG) gewählt. Der Wahlvorstand besteht aus 3 Mitgliedern (§ 1 Abs. Nr. 2 WO). Ebenfalls sollen 3 stellv. Mitglieder gewählt werden. Die Versetzung, Zuweisung oder Abordnung eines Mitgliedes des Wahlvorstandes bis zu 6 Monaten nach der Bekanntgabe des Wahlergebnisses ist ohne seine oder ihre Zustimmung unzulässig (§ 13 Abs. 2 MVG). Ebenfalls bis zu diesem Zeitpunkt kann einem Wahlvorstandsmitglied nur außerordentlich und nur mit Zustimmung der MAV gekündigt werden (§ 13 Abs. 3 MVG). Zu beachten ist, dass der Arbeitgeber die Frist zur Reaktion der MAV bis auf 3 Arbeitstage verkürzen kann. Eine **ordentliche** → **Kündigung** oder eine → **Änderungskündigung** ist für ein Wahlvorstandsmitglied ausgeschlossen.
Um die Wahlen in kleineren Einrichtungen zu erleichtern, wurde in der Wahlordnung die sog. »Vereinfachte Wahl« ermöglicht. Grundlage ist § 11 Abs. 1 MVG. Danach soll für Dienststellen mit in der Regel nicht mehr als 100 Wahlberechtigten ein vereinfachtes Wahlverfahren vorgesehen werden. Hier wird in

der Mitarbeiterversammlung ein Versammlungsleiter bestimmt, der die Aufgaben des Wahlvorstands übernimmt. Durch Zuruf werden die Wahlvorschläge unterbreitet und die Wahl findet sogleich in der Mitarbeiterversammlung statt. Die übrigen Vorschriften über die Wahl finden entsprechend Anwendung.
Während der laufenden Amtszeit finden in der Regel keine Neuwahlen statt, sondern eine Nachwahl (§ 16 Abs. 3 MVG), es sei denn, die Amtszeit hat bereits mehr als 3 Jahre betragen. Dann findet eine Neuwahl statt, die faktisch zu einer Verlängerung der Amtszeit führt, die grundsätzlich nur 4 Jahre beträgt.
Sämtliche Wahlunterlagen sind nach den Wahlen der MAV zu übergeben (§ 13 WahlO MVG) und von dieser fünf Jahre lang aufzubewahren.

Bedeutung für die Beschäftigten

In freier, gleicher und geheimer Wahl werden die **Interessenvertreter** von den Beschäftigten selbst gewählt. **Wahlberechtigt** ist jeder Arbeitnehmer und Auszubildende, der am Wahltag das 18. Lebensjahr vollendet hat (§ 9 Abs. 1 i. V. m. § 2 Abs. 1 MVG). Bei **Abordnungen** verliert der abgeordnete Arbeitnehmer nach 3 Monaten die Wahlberechtigung bei seiner alten Dienststelle für die Dauer der Abordnung, er erhält sie im Gegenzug jedoch bei seiner neuen Dienststelle (§ 9 Abs. 2 MVG). Wer am Wahltag länger als 3 Monate **beurlaubt** ist oder aufgrund einer Altersteilzeitvereinbarung freigestellt ist, kann nicht wählen. Das gilt seit 2024 aber nicht mehr für Mitarbeiter in Elternzeit. Kein Wahlrecht besitzen auch die Mitglieder der Dienststellenleitung (§ 9 Abs. 3 MVG).
Jeder Beschäftigte, der länger als 6 Monate der Dienststelle angehört kann **in die MAV gewählt** werden, wenn er wahlberechtigt ist (§ 10 Abs. 1 MVG). Die → **ACK-Klausel** als Wählbarkeitsvoraussetzung wurde im Rahmen der Novellierung des MVG ab 1. 1. 2024 endgültig gestrichen (alt § 10 Abs. 1 MVG). Wer am Wahltag noch länger als 6 Monate **beurlaubt** ist, kann nicht in die MAV gewählt werden. Auszubildende und Jugendliche unter 18 wählen eine eigene Interessenvertretung, die → **Jugendvertretung** (Vertretung der Jugendlichen und Auszubildenden – § 49 MVG). Auszubildende über 18 wählen somit bei der JAV- und der MAV-Wahl mit (können jedoch nicht in die MAV gewählt werden). Beschäftigte, die aus Gründen ihrer Heilung, ihrer beruflichen oder sozialen Rehabilitation (Wiedereingewöhnung) oder ihrer Erziehung wegen tätig sind, können nicht in die MAV gewählt werden. Nicht wählbar sind u. a. folgende Personen:
- Rehabilitanden
- Anwärter
- Beschäftigte im Freiwilligen Sozialen Jahr/Beschäftigte im Bundesfreiwilligendienst

- Vikare
- Vorpraktikanten
- Leiharbeitnehmer
- Referendare
- Honorarkräfte
- Auszubildende
- Beschäftigte in der Freiphase der Altersteilzeit
- Ein-Euro-Jobber
- freie Mitarbeiter
- diejenigen, die als Vertretung der Mitarbeiter und Mitarbeiterinnen in das Leitungsorgan der Dienststelle gewählt worden sind

Durch **Gestellungsvertrag** beschäftigte Arbeitnehmer können für die MAV kandidieren (VerG.EKD v. 24.4.1996, ZMV 1996, 302). Auch **Teilzeitbeschäftigte** und **geringfügig Beschäftigte** können in die MAV gewählt werden, ebenfalls Beschäftigte in ABM-Maßnahmen, soweit ihnen der Status als Mitarbeiter zukommt.

Wahlbewerber genießen einen Versetzungs-, Abordnungs- und Kündigungsschutz. Der Schutz gilt bis zu 6 Monate nach der Bekanntgabe des Wahlergebnisses (§ 13 Abs. 2 u. 3 MVG). Die Versetzung oder Abordnung ist nur mit der Zustimmung des Wahlbewerbers zulässig, die außerordentliche Kündigung nur mit der Zustimmung der MAV. **Wahlwerbung** durch die Kandidatinnen und Kandidaten ist zulässig. **Wahlbewerber** dürfen auch Wahlwerbung betreiben. Mögliche **Werbemittel** können Flugblätter, E-Mails, Aushänge oder persönliche Gespräche am Arbeitsplatz (i. d. R. in der Pause) sein. Auch kann eine → **Mitarbeiterversammlung** dazu genutzt werden, die Kandidaten vorzustellen. Auch wenn die Wahlen in Form der Personenwahl durchgeführt werden, sind Wahlen politischer Natur. Wahlprogramme mit den Zielen für die MAV-Arbeit in der folgenden Wahlperiode durch einzelne Wahlbewerber oder Gruppen von Wahlbewerbern sind sinnvoll und erleichtern die Wahlentscheidung.

Dem **Wahlvorstand** obliegt die **organisatorische Abwicklung** der Wahlen. Er ist nicht inhaltlich an den Wahlen beteiligt, auch wenn die einzelnen Wahlvorstandsmitglieder selbst die MAV wählen. Um das Amt eines Wahlvorstandsmitglieds ordnungsgemäß ausfüllen zu können, steht den Mitgliedern nach § 13 Abs. 5 MVG ein Schulungsanspruch von bis zu 2 Tagen zu.

Weisungsrecht, Direktionsrecht

Was ist das?

Das Weisungs-/Direktionsrecht des Arbeitgebers beinhaltet das Recht, **Weisungen** gegenüber dem einzelnen Beschäftigten (oder Gruppen) zu **erteilen.**
§ 106 GewO regelt, dass der Arbeitgeber Inhalt, Ort und Zeit der Arbeitsleistung nach billigem Ermessen näher bestimmen kann, soweit diese Arbeitsbedingungen nicht durch den Arbeitsvertrag, Bestimmungen einer Betriebsvereinbarung, eines anwendbaren Tarifvertrags oder gesetzliche Vorschriften festgelegt sind. Dies gilt auch hinsichtlich der Ordnung und des Verhaltens der Arbeitnehmer im Betrieb. Bei der Ausübung des Ermessens hat der Arbeitgeber auch auf Behinderungen des Arbeitnehmers Rücksicht zu nehmen.
Das Direktionsrecht unterliegt u. a. den Einschränkungen der Regelungen, die im Arbeitsvertrag getroffen wurden, den Einschränkungen von AVR.DD, TVöD/TV-L und BAT, der Beachtung von Gesetzen, Arbeitsschutzrechten und Vorschriften, dem MVG und den Grundrechten.

Bedeutung für die MAV

Zulässige Anweisungen im Rahmen der Aufgabenerledigung an Beschäftigte, die keinem Mitbestimmungstatbestand des MVG unterliegen (Mitbestimmung z. B.: Haus- und Betriebsordnungen, Ordnung in der Dienststelle – § 40 Buchst. l, Maßnahmen zur Hebung der Arbeitsleistung – § 40 Buchst. j MVG), lösen kein Mitbestimmungsverfahren aus. Im Rahmen des individuellen → **Beschwerderechts** der Beschäftigten (§ 35 Abs. 3 Buchst. c MVG) können sich Beschäftigte an die MAV mit der Bitte um Vertretung ihrer Interessen wenden. Es sollte eine → **Dienstvereinbarung** abgeschlossen werden, die beinhaltet, dass alle Dienstanweisungen vor der Veröffentlichung durch den Arbeitgeber der MAV zugänglich gemacht werden, damit diese prüfen kann, ob Mitbestimmungstatbestände tangiert werden.

Bedeutung für die Beschäftigten

Durch den → **Arbeits**- bzw. Dienst**vertrag** sind die Pflichten des Arbeitnehmers, besonders die zugewiesene Aufgabe, bestimmt. Die eigentlichen Arbeitsabläufe werden z. T. durch → **Dienstvereinbarungen** festgelegt (z. B. Beginn und Ende der täglichen Arbeitszeit), z. T. durch Betriebsordnungen bzw. durch Anordnungen des Arbeitgebers. Durch das Direktionsrecht kann in die Erledigung der Arbeit bzw. in Arbeitsabläufe eingegriffen werden. Typische Beispiele wären: »Bitte erledigen Sie diese Akte zuerst; behandeln Sie die Patienten in folgender Reihenfolge«. Auf das Weisungsrecht wird in § 2 Abs. 1 AVR.DD und § 8 Abs. 2 BAT eingegangen. Im TVöD wird auf das Weisungsrecht nicht mehr ausdrücklich eingegangen.

Den Weisungen des Arbeitgebers ist, wenn sie nicht gegen Recht und Gesetz verstoßen, nachzukommen. Wird einer rechtmäßigen Weisung nicht gefolgt, kann der Arbeitgeber eine Abmahnung aussprechen, bei hartnäckigen Weigerungen kann je nach Fallgestaltung auch eine → **Kündigung** (Änderungskündigung) bzw. eine → **außerordentliche Kündigung** ausgesprochen werden.

Die Rechtmäßigkeit einer Anweisung kann durch das → **Arbeitsgericht** überprüft werden. Die Weisungen des Arbeitgebers unterliegen einer Rechtmäßigkeitskontrolle, ebenfalls unterliegen sie einer Billigkeitskontrolle (§ 315 BGB). Praktischerweise sollte, wenn ein Beschäftigter einer Weisung des Arbeitgebers nicht nachkommen will, unverzüglich die MAV eingeschaltet werden.

Einer Weisung ist dann nicht Folge zu leisten, wenn die entsprechende Weisung des Arbeitgebers unzumutbar ist. Unzumutbare Weisungen müssen nicht mehr vorläufig bis zu einer gerichtlichen Entscheidung befolgt werden (BAG v. 14.9.2017 – 5 AS 7/17). Die bisherige Rechtsprechung zu unzumutbaren Weisungen, die besagte, auch solchen Weisungen ist bis zu einer Entscheidung der Gerichte Folge zu leisten, wurde vom BAG aufgegeben. Der Arbeitnehmer trägt allerdings das Risiko von Sanktionen, wenn ein Gericht eine Weisung in einem späteren Verfahren als zumutbar beurteilt. Die Weigerung einer Weisung *nicht* nachzukommen, sollte daher nur nach Rücksprache mit einem Rechtsvertreter und der MAV getroffen werden.

Das **erweiterte Direktionsrecht** verpflichtet den Arbeitnehmer aufgrund seiner Schadensabwehrpflicht, im absoluten Notfall auch Weisungen des Arbeitgebers Folge zu leisten, die über die im Arbeitsvertrag vereinbarten Pflichten hinausgehen. Ein Notfall in diesem Sinne liegt nur dann vor, wenn ein Ereignis nicht vorhersehbar und vermeidbar ist und nicht im Verantwortungsbereich des betroffenen Arbeitgebers liegt. So ein Fall kann für Beschäftigte im Krankenhaus z. B. bei einem Massenunfall oder einer Umweltkatastrophe vorliegen. Ebenso wäre eine Weisung zumutbar, wenn z. B. vor einer Kindertagesstätte bei Blitzeis die Zugangswege vereist sind und die Erzieher den Streudienst versehen müssten.

Werkvertrag

Was ist das

Der Werkvertrag ist **kein Arbeitsvertrag**. Er ist in § 631 BGB geregelt.
Der Werkvertrag ist vom Dienstvertrag abzugrenzen. Er ist in § 611 BGB geregelt. Der in § 611a BGB geregelte Arbeitsvertrag ist ein Sonderfall des Dienstvertrags. Geschuldet wird beim Werkvertrag nicht eine Dienstleistung, sondern ein fertiges Werk, z. B. eine Torte vom Bäcker.
Beim Werkvertrag wird die Arbeit also nicht nach der geleisteten Zeit, sondern nach dem »Werk« bezahlt. Im arbeitsrechtlichen Bereich beauftragt der Arbeitgeber in der Regel ein Drittunternehmen zur Herstellung eines versprochenen Werkes, wofür er sich zu einer vereinbarten Vergütung verpflichtet (§ 631 BGB). Als Beispiel wäre hier eine Baufirma zu nennen, die ein Gebäude errichten soll. Eingekauft wird mitsamt des Werkes also auch die Arbeitsleistung der bei dem Drittunternehmen beschäftigten Arbeitnehmerinnen. Gegenstand des Vertrags ist aber nicht das Bereitstellen der Arbeitskraft, sondern die Errichtung des Gebäudes, also des Werks.
Der Arbeitgeber kann auch die Arbeitsleistung von Arbeitnehmerinnen eines Drittunternehmens einkaufen, sog. drittbezogener Personaleinsatz. Hier wird dann nicht mehr ein Werk des Drittunternehmens geschuldet, sondern die menschliche Arbeitskraft. Hier steht gerade kein abnahmefähiges Werk am Ende.
Ein drittbezogener Personaleinsatz kann Leiharbeit nach dem Arbeitnehmerüberlassungsgesetz (AÜG) sein, das strenge Regeln für die Leiharbeit aufstellt, um deren Missbrauch zu verhindern.
Um diese Regeln zu umgehen, wird teilweise versucht, die eingekaufte Arbeitsleistung als Werk zu deklarieren, da das Vorliegen eines Dienstvertrags ein Indiz für echte Leiharbeit sein kann. Es ist aber unerheblich, ob der Vertrag zwischen dem Drittunternehmen und dem Arbeitgeber als Werkvertrag oder Dienstvertrag oder Arbeitnehmerüberlassungsvertrag bezeichnet wird. Es kommt allein darauf an, wie die **rechtliche Beziehung** tatsächlich ausgestaltet und gelebt wird.

Werden Arbeitnehmerinnen eines anderen Unternehmens bei einem Arbeitgeber eingesetzt, muss also eine Abgrenzung vorgenommen werden zwischen Werkvertrag und Dienstvertrag/Leiharbeit.
Zum einen ist danach zu fragen, was das Drittunternehmen tatsächlich schuldet, ein fertiges Werk oder den Einsatz von Arbeitskraft zur Erreichung eines Arbeitsergebnisses. Im Bereich Betreuung und Pflege schuldet das Drittunternehmen nicht den gepflegten Bewohner als abnahmefähiges Werk, sondern dessen Pflege, also den Einsatz der Arbeitskraft.
Weiteres Kriterium zur Abgrenzung ist das **Weisungsrecht**.
Über die Arbeitszeiten, den Arbeitsort und die Arbeitsorganisation der Arbeitnehmerinnen entscheidet der Arbeitgeber der Werkvertragsfirma, wenn es sich um einen Werkvertrag handelt. Das arbeitgeberseitige Weisungsrecht liegt allein bei ihm.
Bei einem Dienstvertrag und insbesondere bei der Leiharbeit ist dies anders. Hier ist das Weisungsrecht geteilt. Es liegt sowohl beim Arbeitgeber des Drittunternehmens (Vertragsarbeitgeber), weil er z. B. bestimmt, wo die Arbeitnehmerinnen ihre Arbeitsleistung erbringen sollen als auch bei dem Arbeitgeber, bei dem sie tatsächlich eingesetzt werden. Denn er unterwirft die eingesetzten Arbeitnehmerinnen seiner betrieblichen Organisation und damit z. B. auch den hier geltenden Arbeitszeiten.
Zur **Unterscheidung von Werkvertrag oder Arbeitnehmerüberlassung** hat der KGH folgende allgemeine Kriterien aufgestellt (KGH, Beschluss v. 25. 8. 2014, II-0124/W10-14):
Ob ein Werkvertrag, ein Dienstvertrag bzw. ein konkret auf die Überlassung von Arbeitnehmern gerichtetes Vertragsverhältnis vorliegt, zeigt der wirkliche Geschäftsinhalt; er ist anhand einer Gesamtwürdigung aller maßgebenden Umstände des Einzelfalles zu ermitteln und den ausdrücklich getroffenen Vereinbarungen und der praktischen Durchführung des Vertrages zu entnehmen. Widersprechen sich Vereinbarung und tatsächliche Durchführung, ist letztere maßgebend (BAG v. 25. 9. 2013 – 10 AZR 282/12 – zur Abgrenzung von Werk-, Dienst- und Arbeitsvertrag; v. 18. 1. 2012 – 7 AZR 723/10 – zur Abgrenzung von Dienstvertrag und Arbeitnehmerüberlassung).
Legen die Beteiligten die zu erledigende Aufgabe und den Umfang der Arbeiten konkret fest, kann das für das Vorliegen eines Werkvertrags sprechen; fehlt es an einem abgrenzbaren, dem Auftragnehmer als eigene Leistung zurechenbaren und abnahmefähigen Werk, kommt ein Werkvertrag kaum in Betracht, weil der ›Auftraggeber‹ durch weitere Weisungen den Gegenstand der vom ›Auftragnehmer‹ zu erbringenden Leistung erst bestimmen und damit die Arbeit erst bindend organisieren muss (BAG v. 25. 9. 2013 – 10 AZR 282/12).
Richten sich die vom Auftragnehmer zu erbringenden Leistungen nach dem jeweiligen Bedarf des Auftraggebers, so liegt auch darin ein Indiz gegen eine werkver-

tragliche Beziehung. Werden Tätigkeiten durch den ›Auftraggeber‹ geplant und organisiert, wird der ›Auftragnehmer‹ in einen arbeitsteiligen Prozess in einer Weise eingegliedert, die eine eigenverantwortliche Organisation der Erstellung des vereinbarten ›Werks‹ faktisch ausschließt, spricht dies gegen ein Werksvertragsverhältnis (vgl. BAG v. 25.9.2013 – 10 AZR 282/12).

Bedeutung für die MAV

Es ist Aufgabe der MAV, darauf zu achten, dass alle Mitarbeiterinnen nach dem Grundsatz von Recht und Billigkeit behandelt werden, und darauf zu achten, dass die arbeits- und sozialrechtlichen Bestimmungen eingehalten werden. Natürlich muss die MAV gegen den **Missbrauch von Werkverträgen** vorgehen. Jedenfalls bestand in der Vergangenheit das Problem, dass die Mitarbeiterinnen von Drittunternehmen, die dann im Wege verdeckter Leiharbeit, die als Werkvertrag deklariert wurde, schlechter bezahlt wurden.
Außerdem arbeiten Leiharbeitnehmerinnen mit den Arbeitnehmerinnen Hand in Hand, ohne Teil der Belegschaft zu sein. Die MAV ist für ihre Belange nicht zuständig. Es entsteht eine **Spaltung der Belegschaft**.
Die Dienststellenleitung ist verpflichtet, die MAV über die Beschäftigung aller in der Dienststelle tätigen Personen zu informieren, auch wenn diese nicht in einem Arbeitsverhältnis zur Dienststelle stehen, vgl. § 34 Abs. 3 Satz 3 MVG. (KGH.EKD II-0124/R28-09 v. 24.8.2010). Hintergrund dieses Informationsrechts ist, dass die MAV erkennen können muss, ob die Mitarbeiterinnen des Drittunternehmens in die Dienststelle eingegliedert sind. Ist das der Fall, handelt es sich um eine Einstellung nach § 42 Buchst. a MVG, die der Mitbestimmung unterliegt. Das Mitbestimmungsrecht bei der Einstellung hängt nicht davon ab, ob ein Arbeitsvertrag mit dem Arbeitgeber geschlossen wurde, sondern ob die Arbeitnehmerinnen des Drittunternehmens mit dem einrichtungseigenen Mitarbeiterinnen »Hand in Hand« arbeiten, also in den Betriebsablauf eingegliedert sind.
Geht die MAV bei einem Werkvertrag entgegen der Behauptung des Arbeitgebers davon aus, dass tatsächlich eine Einstellung vorliegt, hat sie die Möglichkeit, von ihren Mitbestimmungsrechten nach § 38 MVG Gebrauch zu machen. Die MAV kann vor dem Kirchengericht die Aufhebung der personellen Maßnahme verlangen.
Gleichzeitig kann die MAV ihre Möglichkeiten im → **Wirtschaftsausschuss** nutzen. Die Dienststellenleitung hat den Ausschuss für Wirtschaftsfragen rechtzeitig und umfassend über die Personalplanung zu unterrichten. Thema ist hier natürlich auch der geplante Abschluss von Werkverträgen.

Bedeutung für die Beschäftigten

Wird eine Arbeitnehmerin im Rahmen eines Werkvertrags als Leiharbeitnehmerin eingesetzt, so kann sie bei Vorliegen von entsprechenden Anhaltspunkten beim Arbeitsgericht Klage erheben, um feststellen zu lassen, dass tatsächlich ein Arbeitsverhältnis zwischen ihr und dem Arbeitgeber, bei dem der Einsatz erfolgt, besteht. Hier sind die Regelungen des Arbeitnehmerüberlassungsgesetzes (AÜG) unbedingt zu beachten. Eine anwaltliche Beratung und Vertretung ist in diesem Fall unerlässlich. Die MAV sollte sich davor hüten, entsprechende Auskünfte zu erteilen.
Wird das Personal von Fremdfirmen so in die Arbeitsorganisation eingebunden, dass kein Unterschied mehr zur Stammbelegschaft zu erkennen ist, wirkt sich das natürlich auf die tariflich bezahlte Stammbelegschaft aus. Die Stammbelegschaft wird bei Missbrauch von Werkverträgen ausgedünnt und das Vergütungsniveau kann insgesamt gesenkt werden.

Literaturhinweis

- *Schlese, Michael:* Datenreport, Werkvertragsarbeitskräfte in Deutschland, Hans Böckler Stiftung, 2014.
- *Schoof, Christian:* Betriebsratspraxis von A bis Z, 16. Auflage, Frankfurt/Main 2024.

Wiedereingliederung (stufenweise)

Was ist das?

Die berufliche (stufenweise) Wiedereingliederung (siehe auch § 44 SGB IX und § 74 SGB V), auch »Hamburger Modell« genannt, soll dazu dienen, erkrankten Beschäftigten durch Teilzeitarbeit einen zeitlich gestreckten und schonenden Wiedereinstieg in das Arbeitsleben zu ermöglichen. Statt in der im Arbeitsvertrag festgelegten Arbeitszeit wird eine geringere Stundenzahl für eine bestimmte Zeitdauer vereinbart. So kann bei einer Vollzeitkraft mit 39-Stundenwoche z. B. folgendes vereinbart werden:

- 2 Wochen je 2 Stunden Arbeit täglich, danach:
- 1 Woche je 4 Stunden Arbeit täglich, danach:
- 1 Woche je 6 Stunden Arbeit, täglich, danach:
- reguläre Arbeit.

Eine Wiedereingliederung kann mehrere Wochen oder Monate dauern. Der Vorteil für den Arbeitgeber liegt darin, dass er eine Arbeitsleistung des Beschäftigten erhält und dafür kein Entgelt zahlen muss, da für die Zeit der Wiedereingliederung entweder Krankengeld durch die gesetzliche Krankenkasse oder Übergangsgeld durch die Deutsche Rentenversicherung gezahlt wird.
Die Durchführung einer stufenweisen Wiedereingliederung ist freiwillig. Weder der Arbeitgeber noch der Arbeitnehmer sind verpflichtet, eine solche Maßnahme durchzuführen. Keine der beiden Parteien kann die andere zwingen, einer Wiedereingliederungsmaßnahme zuzustimmen.

Bedeutung für die MAV

Die MAV hat bei der Zustimmung des Arbeitgebers zu einer stufenweisen Wiedereingliederung **kein Mitbestimmungsrecht**. Die Konditionen, unter denen die Wiedereingliederung stattfindet, werden zwischen Arbeitgeber und Arbeitnehmer ohne MAV-Beteiligung vereinbart. Anders liegt der Fall dann, wenn

Grundsätze bzgl. des Ob und des Wie einer Wiedereingliederung für den Betrieb aufgestellt werden sollen. Dann wäre § 40 Buchst. b MVG als uneingeschränktes Mitbestimmungsrecht betroffen.
Im Rahmen ihres **Überwachungsrechts** (§ 35 Abs. 3 Buchst. b MVG) hat die MAV darauf zu achten, dass auch bei einer stufenweisen Wiedereingliederung die dienstrechtlichen Bestimmungen, somit auch die AVR.DD, der BAT oder der TVöD eingehalten werden. Auch wenn der Arbeitnehmer sich formal im Krankenstand befindet und der Arbeitgeber kein Entgelt zahlt, gelten alle arbeitsrechtlichen Bestimmungen uneingeschränkt. Ebenfalls kann ein Arbeitnehmer während der Wiedereingliederungsmaßnahme an der Mitarbeiterversammlung teilnehmen. Im Rahmen des Beschwerderechts der Beschäftigten (§ 35 Abs. 3 Buchst. c MVG) können sich Beschäftigte an die MAV wenden, wenn der Arbeitgeber eine Wiedereingliederung ablehnt.
Das Mandat eines MAV-Mitglieds, das sich in einer Wiedereingliederung befindet, ruht entsprechend § 18 Abs. 2 Buchst. b MVG (Wiedereingliederung gilt als krank), wenn seit der Erkrankung mehr als 3 Monate vergangen sind. Das Amt kann auch bereits früher ruhen, wenn schon zu Beginn der Erkrankung die Prognose erstellt wird, dass die Erkrankung voraussichtlich länger als 3 Monate dauern wird. Beim Ruhen der Mitgliedschaft in der MAV rückt ein Ersatzmitglied in die MAV nach (§ 18 Abs. 3 MVG). Mit dem Ende der Erkrankung des ordentlichen MAV-Mitglieds scheidet das Ersatzmitglied aus der MAV wieder aus. Fraglich ist, ob das Ruhen der Mitgliedschaft schon mit Aufnahme der Wiedereingliederung endet. Man könnte vertreten, dass das Hindernis für die Wahrnehmung der dienstlichen Aufgaben und die MAV-Tätigkeit weggefallen ist. Hier ist jedoch Vorsicht geboten, weil die Krankheit, die das Hindernis im Ergebnis darstellt, noch nicht weggefallen ist. Auf der anderen Seite ist der Hintergrund des Ruhens, dass das MAV-Mitglied durch die längere Abwesenheit den Bezug zur Dienststelle verliert. Dieser Bezug wird durch die Anwesenheit während der Wiedereingliederung gerade wieder aufgebaut. Eine konkrete Entscheidung dazu ist jedoch nicht bekannt.

Bedeutung für die Beschäftigten

Durch die Wiedereingliederung kann ein Beschäftigter noch während der Erkrankung seine Tätigkeit in reduziertem Rahmen wieder aufnehmen. Besonders nach längeren und/oder schweren Erkrankungen ist ein sofortiger voller Wiedereinstieg in das Arbeitsleben nicht sinnvoll. Die Wiedereingliederung findet in der Regel **am bisherigen Arbeitsplatz** statt. In Ausnahmefällen, wenn sicher ist, dass der bisherige Arbeitsplatz aus gesundheitlichen Gründen nicht wieder

ausgefüllt werden kann, kann die Wiedereingliederung auch an einem anderen Arbeitsplatz erfolgen. Der Arzt des Arbeitnehmers wird aus seiner Einschätzung der Leistungsfähigkeit einen **Wiedereingliederungsplan** erstellen, der alle Angaben über die tägliche Arbeitszeit, die auszuübenden Tätigkeiten und die Dauer der Maßnahme beinhaltet. Diesem Plan kann der Arbeitgeber zustimmen oder auch nicht. Während der Wiedereingliederung bleibt die Arbeitsunfähigkeit bestehen. Der Arbeitnehmer kann die Wiedereingliederung aus gesundheitlichen Gründen jederzeit abbrechen. Nimmt er an 7 Tagen nicht an der Maßnahme teil, so gilt diese als gescheitert. In Einzelfällen kann die Fortführung der Maßnahme über die 7-Tage-Regelung hinaus angestrebt werden, wenn Aussicht auf einen positiven Abschluss der Wiedereingliederungsmaßnahme besteht.
Soll die Wiedereingliederung direkt aus einer Reha-Maßnahme erfolgen, muss der Arzt der Rehabilitationseinrichtung die ersten Schritte unternehmen.
Die gesetzlichen Krankenkassen und die Gewerkschaften beraten ihre Mitglieder in allen Fragen rund um die stufenweise Wiedereingliederung.

Wirtschaftsausschuss

Was ist das?

Nach dem **Betriebsverfassungsgesetz** ist in allen Betrieben mit mehr als 100 Beschäftigten ein Wirtschaftsausschuss zu bilden (§ 106 BetrVG). Er ist ein Ausschuss des Betriebsrats, der einen umfassenden Informationsanspruch besitzt.
Im zum 1. 1. 2003 novellierten **MVG** ist in § 23a in rechtlich selbstständigen Einrichtungen der Diakonie ab 150 Beschäftigten die Einrichtung eines **Ausschusses für Wirtschaftsfragen** (im folgenden Wirtschaftsausschuss) vorgesehen, der als Wirtschaftsausschuss »extra light« bezeichnet werden kann. Die im BetrVG recht genau beschriebenen Aufgaben des Wirtschaftsausschusses sind im MVG auf eine sehr »schlanke« Form reduziert. »Mindestens einmal im Jahr« hat die Dienststellenleitung (mit Verweis auf § 34 MVG) den Ausschuss über folgende wirtschaftliche Fragen zu informieren und sie mit der MAV zu beraten:

- die wirtschaftliche Lage der Dienststelle,
- geplante Investitionen,
- Rationalisierungsvorhaben,
- die Einschränkung oder Stilllegung von wesentlichen Teilen der Dienststelle,
- wesentliche Änderungen der Organisation oder des Zwecks der Dienststelle,
- die Übernahme der Dienststelle oder Einrichtung durch Dritte, wenn hiermit der Erwerb der Kontrolle verbunden ist,
- die Aufstellung und Änderung des Stellenplanentwurfs,
- den von einem Wirtschaftsprüfer geprüften und testierten Jahresabschluss,
- die Ergebnisrechnungen für alle Teileinrichtungen,
- Aufstellung der vereinbarten Pflegesätze bzw. Leistungsentgelte für die einzelnen Teileinrichtungen.

Aus der richtungsweisenden Entscheidung des KGH-EKD v. 31. 10. 2005 (KGH. EKD II-0124/L 24-25) ergeben sich die wichtigsten Informationsansprüche des Ausschusses für Wirtschaftsfragen.
Die Dienststellenleitung hat den Ausschuss für Wirtschaftsfragen rechtzeitig und umfassend unter **Aushändigung der erforderlichen Unterlagen** zu unterrichten. Diese Unterrichtungspflicht wird dahingehend eingeschränkt, dass dadurch

nicht die Betriebs- und Geschäftsgeheimnisse der Einrichtung gefährdet werden dürfen. Der Wirtschaftsausschuss besteht aus mindestens drei Mitgliedern der MAV: Er kann im erforderlichen Umfang Sachverständige aus der Dienststelle hinzuziehen. Die Mitglieder des Ausschusses unterliegen der Schweigepflicht. Die Dienststellenleitung kann sich durch ein anderes Mitglied der Leitung bei der Unterrichtung des Wirtschaftsausschusses vertreten lassen.
Wenn eine Gesamtmitarbeitervertretung existiert, so ist diese zu informieren (§ 34 Abs. 2 MVG). Analog zum BetrVG ist bei der Formulierung im MVG davon auszugehen, dass der Wirtschaftsausschuss bei der Gesamt-MAV gebildet wird.

Bedeutung für die MAV

Die Bedeutung für die MAV bei der Arbeit im Wirtschaftsausschuss besteht darin, frühzeitig **Informationen** über die wirtschaftliche Lage und unternehmensstrategische Fragen zu bekommen und bereits im Planungsstadium Entwicklungen begleiten und beeinflussen zu können. Es handelt sich hier nicht um die sog. »harten« Mitbestimmungsrechte, sondern um eine Form der Beteiligung im weiten Vorfeld mitbestimmungspflichtiger Maßnahmen. Im Idealfall kann die MAV mit ihren speziellen betrieblichen Kenntnissen in der Planungsphase Einfluss auf betriebliche Entwicklungen nehmen und auf evtl. Fehlentwicklungen frühzeitig hinweisen.
In der Praxis gibt es aber häufig harte **Widerstände** seitens der diakonischen Arbeitgeber, die MAVen wirklich so umfassend und frühzeitig zu informieren, wie dies § 34 Abs. 1 MVG vorschreibt. Die MAV muss sich daher auf jede Sitzung des Wirtschaftsausschusses gut vorbereiten, sich auf genaues Nachfragen einstellen und vorher durchsprechen, welche Informationen sie benötigt. Die in § 23a MVG mindestens einmal im Jahr vorgesehene Sitzung des Wirtschaftsausschusses mag zwar im Hinblick auf die langen zeitlichen Abstände vollkommen unzureichend erscheinen, doch hat die MAV nach der Novellierung des MVG in 2013 die Möglichkeit, die Beratung des Wirtschaftsausschusses mit der Dienststellenleitung einmal im Kalendervierteljahr zu verlangen, allerdings »auf ein mit Gründen versehenes Verlangen der Mitarbeitervertretung« (§ 34 Abs. 2 MVG). Die Begründung wird schon darin liegen können, dass aufgrund der Nutzung moderner Controlling-Instrumente in den Unternehmen regelmäßig ein Berichtswesen zur Verfügung steht, das entsprechende Informationen mindestens über die so genannten Quartalszahlen an die Unternehmensleitung liefert.
Wird die MAV nicht oder nur unzureichend über die wirtschaftlichen Angelegenheiten informiert, ist zunächst eine Aussprache gemäß § 33 Abs. 3 MVG

zu führen. Wenn die Bemühungen um eine Einigung gescheitert sind, kann die MAV das Kirchengericht (→ **Rechtsschutz für die MAV**) anrufen.
Um die wirtschaftliche Lage der Einrichtung adäquat beurteilen zu können, muss der MAV der **Jahresabschluss** schriftlich und vollständig vorgelegt werden (KGH-EKD v. 31.10.2005 – KGH.EKD II-0124/L 24-25). Die MAV hat den Anspruch auf den identischen Kenntnisstand wie die Dienststellenleitung. Der Jahresabschluss ist in der vom Wirtschaftsprüfer testierten Fassung einschließlich der Erläuterungen vorzulegen. Eine Einsicht genügt nicht, die Unterlagen müssen ausgehändigt werden.
Jedes Unternehmen ist verpflichtet, einen Jahresabschluss zu erstellen und den Aufsichtsgremien vorzulegen (sofern diese ihn nicht selbst erstellen). In der Regel erstellen die diakonischen Einrichtungen eine Bilanz und eine Gewinn- und Verlustrechnung. In der **Bilanz** wird auf der Seite der »Aktiva« der Wert des gesamten Vermögens dargestellt, auf der Seite der »Passiva« die Herkunft des Vermögens, der Stand der Schulden bzw. das Verhältnis von Eigenkapital und Fremdkapital. Die **Gewinn- und Verlustrechnung** stellt die Erträge und die Aufwendungen bzw. die Einnahmen und Kosten im Lauf des Geschäftsjahrs gegenüber. Aus ihr lassen sich das »Ergebnis der gewöhnlichen Geschäftstätigkeit«, die Fremdkapitalzinsen und damit die Betriebsleistung erkennen.
Der Anspruch des Wirtschaftsausschusses auf Information besteht dann nicht, wenn dadurch »**Betriebs- und Geschäftsgeheimnisse** der Einrichtung gefährdet werden« (§ 34 Abs. 1 MVG). Nach Auffassung von Baumann-Czichon kann die Dienststellenleitung die Herausgabe von Informationen nur im Ausnahmefall verweigern, wenn ein berechtigtes Interesse an einer völligen Geheimhaltung besteht, weil andernfalls der Bestand der Einrichtung gefährdet sein könnte. Hinzukommen müssen konkrete Anhaltspunkte, dass Mitglieder der MAV bzw. des Wirtschaftsausschusses Geheimnisse von herausragender Bedeutung an Dritte weitergeben könnten. Bei Streitigkeiten über den Umfang des Informationsanspruchs kann das Kirchengericht angerufen werden.
Einrichtungen in der → **Rechtsform** einer GmbH oder Aktiengesellschaft unterliegen nach den §§ 242 f. HGB strengeren Bilanzierungsvorschriften und müssen zusätzlich einen »Anhang« und einen »Lagebericht« erstellen, der weitere Erläuterungen zur Bilanz enthalten muss. An die Ausführungen im Anhang und Lagebericht werden je nach Betriebsgröße unterschiedliche Anforderungen gestellt (s. dazu § 267 HGB). Die GmbH und die AG sind verpflichtet, ihre Jahresabschlüsse im **Bundesanzeiger** zu veröffentlichen. In elektronischer Form können sie unter *www.ebundesanzeiger.de* eingesehen werden. Auch Rechtsformen wie Stiftung oder Verein werden in den meisten Fällen Bilanzen erstellen, da die Kostenträger entsprechende Anforderungen stellen. Sie unterliegen aber nicht der Veröffentlichungspflicht.

Die Mitglieder der MAV im Wirtschaftsausschuss werden in der Regel nicht von Beginn an über das notwendige Fachwissen verfügen. Mitarbeitervertreter sind daher dringend gehalten, einschlägige → **Schulungen** zu besuchen und sich die nötigen Fachkenntnisse anzueignen. Von der Gewerkschaft ver.di und einigen AGMAVen werden spezielle Schulungen für Mitglieder in Wirtschaftsausschüssen angeboten.

Nach § 23a Abs. 2 MVG hat die MAV ausdrücklich das Recht, → **sachkundige Personen** aus der Dienststelle für den Wirtschaftsausschuss hinzuzuziehen. Wen die MAV hinzuzieht, liegt in der Entscheidung der MAV und ist keinen Einschränkungen seitens des Arbeitgebers unterworfen. Externe Sachverständige können nach § 30 Abs. 2 MVG hinzugezogen werden. In vielen, gerade größeren Einrichtungen, haben sich inzwischen Wirtschaftsausschüsse etabliert, die regelmäßig unter Beteiligung externer Wirtschaftsprüfer und Anwälte auf MAV-Seite agieren. Die Hinzuziehung externer Berater wird auch von Arbeitgeberseite häufig, oft nach anfänglichen Widerständen, als hilfreich empfunden. Einerseits können so unternehmerische Entscheidungen transportiert und diskutiert werden; andererseits erhalten die Unternehmensverantwortlichen ein qualifiziertes Feedback. Vor allem aber kann es so gelingen, Misstrauen bei den Beschäftigtenvertretern gegenüber Entscheidungen und handelnden Personen abzubauen.

In der Fachliteratur (oder auch im Internet) sind **Checklisten** zur Abfrage betrieblicher Kennzahlen verfügbar (s. Literaturhinweis N. Laßmann u. a.). Werden der MAV die notwendigen Unterlagen vorgelegt, kann sie sich anhand dieser Checklisten einen ersten groben Überblick über die finanzielle Lage der Einrichtung verschaffen. Sind die Ergebnisse nach dieser Sichtung anhand der Checklisten in sich schlüssig und nicht beunruhigend, kann die MAV sich ihrem normalen Tagesgeschäft zuwenden. Andernfalls, wenn die MAV Sorgen um den Bestand der Einrichtung hat, muss sie externen Sachverstand von außen anfordern und die Sicherung des Bestands der Einrichtung mit oberster Priorität bearbeiten. Folgende Arbeitsfelder und Sachverstand muss sich die MAV zusätzlich zu den vorgelegten allgemeinen wirtschaftlichen Daten erarbeiten:

- Stand und Ablauf der Pflegesatz- und Entgeltverhandlungen mit den Kostenträgern,
- Einschätzung und Analyse der Situation der betreffenden Branche der Einrichtung,
- Austausch mit MAVen/Personalräten/Betriebsräten und der Gewerkschaft über die Situation verwandter und ähnlicher Einrichtungen,
- Einschätzung der Stärken und Schwächen der eigenen Einrichtung,
- Klärung, welche Potentiale der Einrichtung und bei den Mitarbeitern besser genutzt werden können,
- Entwicklung einer Strategie der »Marktanpassung«, um Arbeitsplätze zu erhalten oder neue Arbeitsgebiete zu erschließen.

Viel hängt bei einer solchen Vorgehensweise der MAV auch von der jeweiligen Leitung ab: ob sie sich kooperativ zeigt oder jede weitergehende Beteiligung der MAV als unzulässige Einmischung in ihren Bereich betrachtet.

Bedeutung für die Beschäftigten

Gegenüber den Mitarbeitern muss die Position und das Engagement der MAV offen und deutlich gemacht werden. In allen Fällen, wo es möglich ist, sollte auch die vorhandene Fachkompetenz der Beschäftigten einbezogen werden. § 23a MVG regelt explizit, dass sachkundige Personen der Dienststelle für den Wirtschaftsausschuss hinzugezogen werden können. Für die am Wirtschaftsausschuss Beteiligten gilt zwar die Schweigepflicht, doch sollte die MAV darauf drängen, dass die Dienststellenleitung nach vorheriger Abstimmung mit dem Wirtschaftsausschuss anlässlich einer → **Mitarbeiterversammlung** die Beschäftigten mindestens einmal im Jahr über die wirtschaftliche Lage und die Entwicklung der Einrichtung informiert.

Literaturhinweis

- *Baumann-Czichon* u. a.: MVG-EKD. Der neue Kommentar für die Praxis, 4. Auflage, Bremen 2013.
- *Disselkamp, Marcus:* Die Praxis des Wirtschaftsausschusses von A bis Z, Das Handwörterbuch für die Arbeit des Wirtschaftsausschusses, 6. Auflage, Frankfurt 2024.
- *Laßmann, Nicolai/Mengay, Adrian/Overbeck, Ulrich/Rupp, Rudi:* Bilanzanalyse leicht gemacht. Für Betriebsrat, Wirtschaftsausschuss, Arbeitnehmervertreter im Aufsichtsrat, 8. Auflage, Frankfurt 2023.

Zeugnis, Zwischenzeugnis

Was ist das?

Ein Zeugnis gibt Auskunft über den bisherigen Berufsweg eines Beschäftigten. Zeugnisse informieren einen neuen Arbeitgeber u. a. über Vorbildung, Fortbildungen, Leistungsverhalten, Verhältnis zu Vorgesetzten und Kollegen, Kunden, Pflegebedürftigen, ... sowie über Stärken und Schwächen eines Beschäftigten. Zeugnisse sind, zusammen mit gut formulierten und gestalteten Bewerbungsunterlagen, vielfach der »Türöffner« zum persönlichen Vorstellungsgespräch bei einem neuen Arbeitgeber.

Zeugnisse sind im Sinne des Beschäftigten **wohlwollend** zu formulieren. Der Arbeitgeber muss das Zeugnis jedoch, um nicht gegenüber einem anderen Arbeitgeber schadensersatzpflichtig zu werden, auch **wahrheitsgemäß** erstellen. Um diesen beiden Punkten – wohlwollend und wahrheitsgemäß – Genüge zu tun, hat sich im Lauf der Zeit eine ganz eigene, sog. »**Zeugnissprache**« herausgebildet, die fast wie eine Geheimsprache anmutet. Daher können Zeugnisformulierungen, die durchaus positiv zu verstehen sind, gegebenenfalls auch genau das Gegenteil ausdrücken.

Es gibt verschiedene Arten von Zeugnissen. Das **Ausbildungszeugnis** entsprechend § 16 BBiG wird nach Beendigung einer Ausbildung ausgestellt und gibt Auskunft über die während der Ausbildung gezeigten Leistungen und die im Rahmen der Berufsausbildung erworbenen Fähigkeiten und Fertigkeiten. Das **Zwischenzeugnis** informiert über Verhalten und Leistungen eines Arbeitnehmers für einen bestimmten Zeitabschnitt. Das **einfache Zeugnis** hält nur die Dauer eines Arbeitsverhältnisses fest und die in diesem Zeitraum geleistete Tätigkeit (§ 109 Abs. 1 Satz 2 GewO). Ein **qualifiziertes Zeugnis** enthält die Daten eines einfachen Zeugnisses und erstreckt sich zusätzlich auch auf die Leistung und das Verhalten des Beschäftigten (§ 109 Abs. 1 Satz 3 GewO).

Jeder Arbeitnehmer hat bei Beendigung des Arbeitsverhältnisses Anspruch auf ein schriftliches Zeugnis (§ 109 Abs. 1 Satz 1 GewO).

Der Anspruch auf Erteilung eines Zwischenzeugnisses besteht bei triftigen Gründen, z. B. Wechsel innerhalb der Dienststelle, Wechsel eines langjährigen direkten Vorgesetzten, Suche eines neuen Arbeitsplatzes etc. Bei einer Kündigung hat der Mitarbeiter nach § 37 Abs. 1 AVR.DD Anspruch auf unverzügliche Ausstellung eines vorläufigen Zeugnisses über Art und Dauer seiner Tätigkeit.

Bedeutung für die MAV

Die MAV ist bei der Erstellung von Zeugnissen durch den Arbeitgeber nicht zu beteiligen. Gleichwohl kann die MAV von Beschäftigten um Mithilfe beim Verständnis oder bei der Korrektur eines Zeugnisses gebeten werden. Im Rahmen der allgemeinen Aufgaben einer MAV können sich Beschäftigte mit Beschwerden (§ 35 Abs. 3 Buchst. c MVG) an die MAV wenden. Die MAV muss dann im Rahmen einer Sitzung über die Berechtigung der Beschwerde entscheiden und – sofern sie der Meinung ist, dass die Beschwerde berechtigt ist – bei der Dienststellenleitung auf Abhilfe drängen (§ 35 Abs. 2 MVG).
Es empfiehlt sich, dass jede MAV in ihren Reihen einen »Zeugnisexperten« hat, der sich mit der ganz besonderen Zeugnissprache auskennt. Einschlägige Schulungen – v. a. der Gewerkschaften – zum Thema »Zeugnisse lesen und verstehen« bieten hierfür die Grundlage.
Die Zeugnissprache ist auch ein dankbares Thema für die Mitarbeiterversammlung. So kann man Zeugnisbeurteilungen zur Bewertung an die Versammlungsteilnehmer geben.
Z. B. **Zeugnistext:** »Sie hatte Gelegenheit, sich das notwendige Wissen anzueignen.« **Botschaft:** Sie nutzte die Gelegenheit aber nicht.
Zeugnistext: »Er erledigte seine Aufgaben mit der ihm eigenen Sorgfalt.« **Botschaft:** Chaos war bei ihm Normalität.
Zeugnistext: »Im Umgang mit Kollegen und Vorgesetzten zeigte sie durchweg eine erfrischende Offenheit.« **Botschaft:** Sie war frech und hat sich nichts sagen lassen.
Zur Information gehört auch die Frage, wann ein Anspruch auf ein Zwischenzeugnis während des aktuellen Arbeitsverhältnisses besteht.

Bedeutung für die Beschäftigten

Im Fall der Arbeitslosigkeit oder beim Wunsch, den Arbeitsplatz zu wechseln, ist ein gutes Zeugnis eine wesentliche Voraussetzung, den gewünschten neuen Arbeitsplatz zu bekommen. Besonders dann, wenn das Verhältnis zum Arbeitgeber angespannt ist, ist es schwer, ein **positives Zeugnis** zu erhalten. Daher ist es empfehlenswert, sich »in guten Zeiten« immer wieder ein **Zwischenzeugnis** ausstellen zu lassen. Allerdings besteht kein unbegrenzter Rechtsanspruch auf ein solches Zwischenzeugnis. Der Beschäftigte muss vielmehr einen triftigen Grund darlegen können (§ 37 AVR.DD, § 35 TVöD, § 61 BAT). Anerkannte Gründe sind u. a. der Wechsel des Vorgesetzten, Zuweisung eines neuen Arbeitsplatzes, Abschluss einer zeitlich befristeten Aufgabe, Suche nach einem neuen Arbeitsplatz.

Nachdem wegen der sog. »Zeugnissprache« oft nicht sofort zu erkennen ist, wie das Zeugnis vom Arbeitgeber nun wirklich gemeint ist, sollten Beschäftigte im Zweifel oder bei Fragen den Rat von Fachleuten einholen, etwa bei Gewerkschaftsvertretern, im Thema bewanderten MAV-Mitgliedern oder bei Fachanwälten für Arbeitsrecht.

Gerade im Kirchenbereich kommt es in der Praxis häufig vor, dass z. B. Pfarrer Zeugnisse ohne Kenntnisse der Zeugnissprache formulieren. Dies führt dann häufiger dazu, dass ein gut gemeintes Zeugnis für den Betroffenen in einem Desaster endet. Vielfach bitten Arbeitgeber auch die Beschäftigten, selbst ihr eigenes Zeugnis zu schreiben. Auch hier gilt: Fachmännischen Rat (Rechtsanwälte, Gewerkschaft, …) einholen, damit man sich aus Unwissenheit nicht evtl. selbst ein Bein stellt.

Ein Zwischenzeugnis, wie auch ein (End-)Zeugnis, ist zeitnah zu erstellen. Mit dem Tag des Ausscheidens aus dem Arbeitsverhältnis ist das Zeugnis auszuhändigen. Sollte das Zeugnis nicht rechtzeitig beim Arbeitnehmer eintreffen, so kann dieser evtl. Schadenersatz geltend machen, wenn er durch das fehlende Zeugnis einen Arbeitsplatz nicht erhalten hat.

Ist der Arbeitnehmer mit dem Zeugnis nicht einverstanden und ist der Arbeitgeber nicht bereit, das Zeugnis zu ändern, so kann sich der Beschäftigte

- bei der Mitarbeitervertretung beschweren (§ 35 Abs. 3 Buchst. c MVG; → **Beschwerderecht des Arbeitnehmers**),
- soweit vorhanden, die (Individual-)Schlichtung (§ 63 AVR.HN, § 44 AVR.DD) anrufen (→ **Schlichtung nach AVR DD**),
- das → **Arbeitsgericht** anrufen.

Die Einleitung eines Rechtsverfahrens sollte möglichst zeitnah geschehen, da sonst die Erstellung des neuen Zeugnisses wegen der oft längeren Verfahrensdauer zeitlich weit hinausgeschoben wird.

Literaturhinweis

- *Hartmann-Netzer, Danea:* Arbeitszeugnisse und Beurteilungen von Mitarbeitenden, Tipps für die Kita-Praxis, 3. Auflage, Kronach/Köln 2025.

- *Höfers, Petra:* Arbeitszeugnisse in Industrie, IT und Handwerk, Frankfurt 2011.
- *Knobbe, Thorsten/Leis, Mario/Umnuß, Karsten:* Arbeitszeugnisse, 10. Auflage, Freiburg 2023.
- *Püttjer, Christian/Schnierda, Uwe:* Arbeitszeugnisse formulieren und entschlüsseln, 5. Auflage, Frankfurt 2019.

Zuweisung

Was ist das?

Durch die ständigen Veränderungen im Öffentlichen Dienst, Auslagerungen, Outsourcing, Verlagerungen, Ausgründungen, Übertragung von Aufgaben auf Dritte usw. war tarifrechtlich und beamtenrechtlich ein »Mitgehen« des Personals zu den neuen Trägern nicht immer möglich. Dies konnte im Extremfall zur Arbeitslosigkeit des betroffenen Personals führen. Durch die Möglichkeit der Zuweisung von Beschäftigten zu einem sog »dritten Arbeitgeber« außerhalb des Öffentlichen Dienstes und des TVöD wird aber auch Organisationsveränderungen Vorschub geleistet. Im Bereich des Öffentlichen Dienstes ist die Zuweisung tarifvertraglich (§ 4 TVöD, § 4 TV-L), für den Bereich der EKD im Kirchenbeamtengesetz (KBG.EKD), dort in § 57, geregelt. Voraussetzung ist aber immer ein dienstlicher oder betrieblicher Grund. Im Bereich der AVR.DD gibt es keine entsprechende Regelung. Werden Aufgaben dauerhaft auf einen Dritten verlagert, so können die Beschäftigten im Rahmen einer Personalgestellung unter Beibehaltung des bisher bestehenden Arbeitsverhältnisses zum neuen Arbeitgeber »gestellt werden« (§ 4 Abs. 3 TVöD, § 4 Abs. 3 TV-L). Eine Personalgestellung ist in der Regel auf Dauer angelegt, die Zuweisung ist zeitlich befristet. Die Zuweisung ist Ausfluss aus dem → **Weisungsrecht** (Direktionsrecht) des Arbeitgebers. Im Rahmen des KBG.EKD ist die Zuweisung zeitlich befristet oder unbefristet.

Bedeutung für die MAV

Die MAV hat bei der Zuweisung von mehr als 3 Monaten Dauer ein **eingeschränktes Mitbestimmungsrecht** (§ 43 Buchst. l MVG) bei Beschäftigten in einem **öffentlich-rechtlichen Dienstverhältnis**. Erfolgt die Zuweisung zu einem Arbeitgeber außerhalb des Anwendungsbereichs des MVG, so entfällt die eingeschränkte Mitbestimmung. § 42 MVG, der die eingeschränkten Mitbestimmungstatbestände bei personellen Einzelmaßnahmen der privatrechtlich angestellten Beschäftigten (Arbeitnehmer) enthält, erfasst die Zuweisung nicht. Eingeschränkte Mitbestimmungstatbestände, die einen örtlichen Wechsel vorsehen, sind die Umsetzung, Abordnung und die Versetzung. Erfolgt die Zuweisung zu einem Arbeitgeber, der dem MVG unterliegt, so ist für die aufnehmende MAV keine Mitberatung (§§ 45, 46 MVG) vorgesehen. Die Zuweisung muss jedoch länger als drei Monate dauern. Einzelne AVR-Regelungen bestimmter diakonischer Werke sehen jedoch eine Zuweisungsmöglichkeit vor (z. B. AVR Bayern – § 12 Abs. 4). Beschäftigte, die einem anderen Arbeitgeber zugewiesen werden, verlieren entsprechend § 9 Abs. 3 MVG nach 3 Monaten ihre Wahlberechtigung zur Mitarbeitervertretung und sind daher aus dem Wählerverzeichnis zu streichen.

Bedeutung für die Beschäftigten

Im MVG (§ 43 Buchst. l MVG) ist geregelt, dass die Zuweisung nur der **eingeschränkten Mitbestimmung** unterliegt, wenn die Zuweisung zu einem anderen Dienstherrn oder einer anderen Dienststelle im Geltungsbereich dieses Kirchengesetzes erfolgt. Denkmögliche andere Konstellationen einer Zuweisung zu einem Dritten außerhalb des MVG werden nicht erwähnt. In solchen Fällen ist die Mitbestimmung der MAV nicht vorgesehen.
Durch die Zuweisung bleibt ein Beschäftigter weiterhin vertraglich, öffentlichrechtlich, an seinen bisherigen Arbeitgeber gebunden. Entsprechend § 57 Abs. 2 KBG.EKD müssen Kirchenbeamte der Zuweisung zustimmen, sie können eine Zuweisung mit jedem beliebigen Grund ablehnen. Das → **Weisungsrecht** (Direktionsrecht) geht jedoch fast komplett auf den neuen Arbeitgeber über. Es kann kann durch Dienstvertrag/Arbeitsvertrag/Nebenabrede im Vergleich zum öffentlich-rechtlichen Arbeitsverhältnis eingeschränkt sein, wenn dort → **Versetzungen**, → **Abordnungen** oder → **Zuweisungen** ausgeschlossen sind. Im Rahmen des § 57 KBG.EKD bedarf die Zuweisung der Zustimmung der Kirchenbeamtin oder des Kirchenbeamten und der Genehmigung der obersten Dienstbehörde. Die bisherige Besoldung/Vergütung darf durch die Zuweisung nicht sinken. Ebenfalls darf der Kirchenbeamte/Arbeitnehmer nicht unterwertig eingesetzt werden, selbst wenn die bisherige Vergütung ungekürzt weitergezahlt wird.
Im Bereich von TVöD und des TV-L muss der Arbeitnehmer einer Zuweisung zustimmen, diese **Zustimmung** kann jedoch nur aus **wichtigem Grund**, der in der Person des Arbeitnehmers oder in der Tätigkeit liegt, verweigert werden. Ein wichtiger Grund liegt vor, wenn die Zuweisung dem Arbeitnehmer nach Abwägung der dienstlichen und privaten Interessen unzumutbar ist. Diese Un-

zumutbarkeit kann u. a. vorliegen, wenn die Kindererziehung maßgeblich beeinträchtigt wird oder die Pflege eines Angehörigen zwingend notwendig ist. Die Verweigerung einer zulässigen Zuweisung kann zu arbeitsrechtlichen Maßnahmen, wie → **Abmahnung** oder der Beendigung des Arbeitsverhältnisses im Wiederholungsfall führen. In § 12 BAT konnte die Zuweisung noch aus einem beliebigen Grund verweigert werden – Ausnahme: die Verweigerung war in Extremfällen rechtsmissbräuchlich. Die Rechtsstellung der Beschäftigten wurde durch den TVöD/TV-L jedoch verschlechtert.
Beschäftigte, die privaten Arbeitgebern zugewiesen werden, sind bei diesen entsprechend § 7 BetrVG wahlberechtigt, wenn sie dort länger als 3 Monate beschäftigt wurden. Beschäftigte, die dem zugewiesenen Betrieb länger als 6 Monate angehören, können ab diesem Zeitpunkt für den **Betriebsrat** kandidieren und gewählt werden. Das Amt endet jedoch mit Ablauf der Zuweisung.

Anhang

Wichtige Adressen
Stand Januar 2025

Anschriften der ver.di-Landesbezirke

Schleswig-Holstein/Mecklenburg-Vorpommern (Nord)
Hüxstr. 1
23552 Lübeck
Tel.: 04 51/81 00-6
Fax: 04 51/81 00-8 88
E-Mail: *lbz.nord@verdi.de*

Niedersachsen/Bremen
Goseriede 10
30159 Hannover
Tel.: 05 11/1 24 00-0
Fax: 05 11/1 24 00-1 50
E-Mail: *LBZ.NDS-HB@verdi.de*

Berlin/Brandenburg
Am Bahnhof Westend 3
14059 Berlin
Tel.: 0 30/88 66-6
Fax: 0 30/88 66-49 99
E-Mail: *lbz.bb@verdi.de*

Nordrhein-Westfalen
Karlstraße 123–127
40210 Düsseldorf
Tel.: 02 11/6 18 24-0
Fax: 02 11/6 18 24-4 66
E-Mail: *lbz.nrw@verdi.de*

Hessen
Wilhelm-Leuschner-Str. 69–77
60329 Frankfurt/Main
Tel.: 0 69/25 69-0
Fax: 0 69/25 69-11 99
E-Mail: *lbz.hessen@verdi.de*

Sachsen, Sachsen-Anhalt, Thüringen
Karl-Liebknecht-Str. 30–32
04107 Leipzig
Tel.: 03 41/5 29 01-0
Fax: 03 41/5 29 01-5 00
E-Mail: *lbz.sat@verdi.de*

Bayern
Neumarkter Str. 22
81673 München
Tel.: 0 89/5 99 77-0
Fax: 0 89/5 99 77-22 22
E-Mail: *LBZ.Bayern@verdi.de*
ab Winter 2020 bis zum
Neubau des DGB-Hauses
Neumarkterstr. 18–22
81673 München

Baden-Württemberg
Theodor-Heuss-Str. 2/Haus 1
70174 Stuttgart
Tel.: 07 11/8 87 88-7
Fax: 07 11/8 87 88-8
E-Mail: *lbz.bawue@verdi.de*

Rheinland-Pfalz – Saarland
Wallstr. 88
55122 Mainz
Tel.: 0 61 31/97 26-0
Fax: 0 61 31/97 26-2 88
E-Mail: *LBZ.RLP@verdi.de*

Hamburg
Besenbinderhof 60
20097 Hamburg
Tel.: 0 40/89 06 15-0
Fax: 0 40/89 06 15-2 79
E-Mail: *bezirk.hamburg@verdi.de*

Bundesverwaltung
Paula-Thiede-Ufer 10
10179 Berlin
Telefon 0 30/69 56-0
Fax 0 30/69 56-31 41
E-Mail: *info@verdi.de*
www.verdi.de

Anschriften der gliedkirchlichen Diakonischen Werke

Aktuelle Anschriften unter: https://www.diakonie.de/landesverbaende/

Diakonische Arbeitsgemeinschaft evangelischer Kirchen Geschäftsstelle
Caroline-Michaelis-Str. 1
10115 Berlin
Tel.: 0 30/6 52 11-17 75
E-Mail: *mail@aek-diakonie-und-entwicklung.de*

Diakonisches Werk der Evangelischen Landeskirche in Baden e.V.
Vorholzstraße 3
76137 Karlsruhe
Tel.: 07 21/93 49-0

Diakonisches Werk der Ev.-Luth. Kirche in Bayern
Pirckheimer Straße 6
90408 Nürnberg
Tel.: 09 11/93 54-0

Diakonisches Werk Berlin-Brandenburg-Schlesische Oberlausitz e.V.
Paulsenstr. 55/56
12163 Berlin
Tel.: 0 30/8 20 97-0

Diakonisches Werk – Innere Mission und Hilfswerk – der Ev.-Luth. Landeskirche in Braunschweig e.V.
- Haus der Diakonie -
Klostergang 66
38104 Braunschweig
Tel.: 05 31/37 03-000

Diakonisches Werk Bremen e.V.
Contrescarpe 101
28195 Bremen
Tel.: 04 21/16 38 84-0

Diakonisches Werk Hamburg – Landesverband der Inneren Mission e.V.
Königstr. 54
22767 Hamburg
Tel.: 0 40/3 06 20-0

Diakonisches Werk evang. Kirchen in Niedersachsen e.V.
Ebhardtstr. 3 A
Lutherhaus
30159 Hannover
Tel.: 05 11/36 04-0

Diakonie Hessen
Diakonisches Werk in Hessen
und Nassau und Kurhessen-Waldeck e.V.
Ederstr. 12
60486 Frankfurt/M.
Tel.: 069/7947-0

Diakonisches Werk
Mecklenburg-Vorpommern e.V.
Standort Schwerin
Körnerstr.7
19055 Schwerin
Tel.: 0385/5006-0

Standort Greifswald
Brandteichstr. 20
17489 Greifswald
Tel.: 03834/8899-11

Diakonisches Werk Evangelischer
Kirchen in Mitteldeutschland e.V.
Merseburger Str. 44
06110 Halle
Tel.: 0345/12299-0

Diakonisches Werk der Ev.-ref.
Kirche
Saarstraße 6
26763 Leer
Tel.: 0491/9198-203

Diakonisches Werk der Ev.-Luth. Kirche
in Oldenburg e.V.
Kastanienallee 9–11
26121 Oldenburg
Tel.: 0441/21001-0

Diakonisches Werk der
Evangelischen Kirche der Pfalz
Karmeliterstr. 20
67346 Speyer
Tel.: 06232/664-0

Diakonisches Werk der Ev.-Luth.
Landeskirche Sachsens e.V.
Obere Bergstr. 1
01445 Radebeul
Tel.: 0351/8315-0

Diakonie Rheinland-Westfalen-Lippe e.V.
Lenaustr. 41
Haus der Diakonie
40470 Düsseldorf
Tel.: 0211/6398-0

Geschäftsstelle Münster
Friesenring 32/34
48147 Münster
Tel.: 0251/2709-0

Diakonisches Werk an der Saar gGmbH
Rembrandtstr. 17–19
66540 Neunkirchen-Wiebelskirchen
Tel.: 06821/956-0

Arbeitsgemeinschaft Diakonie in
Rheinland-Pfalz
Große Bleiche 47
55116 Mainz
Tel.: 06131/32741-20

Diakonisches Werk der Ev. Kirche im
Rheinland e.V.
Lenaustr. 41
40470 Düsseldorf
Tel.: 0211/6398-0

Diakonisches Werk der Lippischen
Landeskirche e.V.
Leopoldstr. 27
32756 Detmold
Tel.: 05231/976647

Diakonisches Werk Schleswig-Holstein –
Landesverband der Inneren Mission e.V.
Kanalufer 48
24768 Rendsburg
Tel.: 04331/593-0

Diakonisches Werk der Ev.-Luth.
Landeskirche Schaumburg-Lippe e.V.
Bahnhofstr. 16
31655 Stadthagen
Tel.: 05721/9930-0

Diakonisches Werk der evangelischen Kirche in Württemberg e. V.
Heilbronner Str. 180
Löwentorzentrum
70191 Stuttgart
Tel.: 07 11/16 56-0

Anschriften der Gliedkirchen der EKD

Aktuelle Anschriften unter: https://www.ekd.de/evangelische-kirche-in-deutschland

Ev. Landeskirche Anhalts
Friedrichstraße 22/24
06844 Dessau-Roßlau
Tel.: 03 40/25 26-0

Ev. Landeskirche in Baden
Blumenstraße 1–7
76133 Karlsruhe
Tel.: 07 21/9 17 50

Ev.-Luth. Kirche in Bayern
Katharina-von-Bora-Straße 7 – 13
80333 München
Tel.: 0 89/5 59 50

Ev. Kirche in Berlin-Brandenburg-Schlesische Oberlausitz
Georgenkirchstraße 69/70
10249 Berlin
Tel.: 0 30/2 43 44-0

Ev. Kirche von Kurhessen-Waldeck
Wilhelmshöher Allee 330
34131 Kassel
Tel.: 05 61/9 37 80

Lippische Landeskirche
Leopoldstraße 27
32756 Detmold
Tel.: 0 52 31/9 76 60

Ev. Kirche in Mitteldeutschland
Michaelisstraße 39
99084 Erfurt
Tel.: 03 61/5 18 00-0

Ev.-luth. Landeskirche in Braunschweig
Dietrich-Bonhoeffer-Str. 1
38300 Wolfenbüttel
Tel.: 0 53 31/8 02-0

Bremische Ev. Kirche
Haus der Kirche
Franziuseck 2–4
28199 Bremen
Tel.: 04 21/5 59 70

Ev.-luth. Landeskirche Hannovers
Rote Reihe 6
30169 Hannover
Tel.: 05 11/12 41-0

Ev. Kirche in Hessen und Nassau
Paulusplatz 1
64285 Darmstadt
Tel.: 0 61 51/40 50

Ev. Kirche im Rheinland
Hans-Böckler-Straße 7
40476 Düsseldorf
Tel.: 02 11/4 56 20

Ev. Kirche in Mitteldeutschland
Michaelistraße 39
99084 Erfurt
Tel.: 03 61/51 80 00

Ev.-Luth. Landeskirche Sachsens
Lukasstraße 6
01069 Dresden
Tel.: 03 51/4 69 20

Ev.-Luth. Kirche in Norddeutschland (Nordkirche)
Dänische Straße 21/35
24103 Kiel
Tel.: 04 31/9 79 75

Außenstelle Schwerin
Münzstraße 8–10
19055 Schwerin
Tel.: 03 85/2 02 23-0

Ev.-Luth. Kirche in Oldenburg
Philosophenweg 1
26121 Oldenburg
Tel.: 04 41/7 70 10

Evangelische Kirche der Pfalz
Domplatz 5
67346 Speyer
Tel.: 0 62 32/6 67-1 45

Ev.-reformierte Kirche
Saarstraße 6
26789 Leer
Tel.: 04 91/9 19 80

Ev.-Luth. Landeskirche Schaumburg-Lippe
Bahnhofstr. 6
31675 Bückeburg
Tel.: 0 57 22/96 00

Ev. Kirche von Westfalen
Altstädter Kirchplatz 5
33602 Bielefeld
Tel.: 05 21/59 40

Ev. Landeskirche in Württemberg
Rotebühlplatz 19
70173 Stuttgart
Tel.: 07 11/21 49-0

Union Evangelischer Kirchen in der EKD (UEK)
Amt der UEK
Herrenhäuser Straße 12
30419 Hannover
Tel.: 05 11/27 96-5 29
Tel.: 08 00/5 04 06 02

Weitere Adressen:

EKD:
Kirchenamt der EKD
Herrenhäuser Str. 12
30419 Hannover
Tel.: 05 11/27 96-0
Tel.: 08 00/5 04 06 02

Kirchengerichtshof der Evangelischen Kirche in Deutschland
Herrenhäuser Str. 12
30419 Hannover
Tel.: 05 11/27 96-2 51

Evangelische Fachstelle für Arbeitssicherheit:
EFAS
Otto-Brenner-Str. 9
30159 Hannover
Tel.: 05 11/16 79 20

Interessante Internet-Adressen

- Gewerkschaft ver.di: *https://www.verdi.de* Umfangreiche aktuelle Informationen zu Tarifabschlüssen und vielen anderen Themen von Gesundheitspolitik und Mitbestimmung bis zu Globalisierung
- Gewerkschaft ver.di, Fachbereich C, Kirchen Diakonie Caritas: *https://gesundheit-soziales.verdi.de/tarifbereiche/diakonie* Wichtigste Seite für alle Informationen und Hintergründe zum Kirchenbereich
- Der Deutsche Gewerkschaftsbund. Sozialpolitische Informationen und Links zu den Einzel-Gewerkschaften: *http://www.dgb.de*

Adressen der AGMAVen

- GMAV Baden: *https:///www.ga-baden.de*
- Gesamtausschüsse ELKB und Diakonie Bayern: *https://gamav-bayern.de/*
- AGMV Berlin-Brandenburg-Schlesische Oberlausitz: *https://www.diakonie-portal.de/ueber-uns/arbeitsrecht/agmv*
- GAMAV Hessen: *www.gamavhn.de/*
- AGMAV Mitteldeutschland: *https://www.mav.ekm.de*
- AGMAVen in den Diakonischen Werken Niedersachsen: *https://www.ag-mav.org*
- GAMAV Diakonie Pfalz: *https://www.gmdw-pfalz.de/*
- Gemeinsamer Gesamtausschuss für die Ev. Kirche im Rheinland und dem Diakonischen Werk der EkiR: *https://www.mav-gesa-ekir.de/* GAMAV Sachsen: *https://www.gamav-sachsen.de/*
- AGMAV Schleswig-Holstein: *https://www.agmav-sh.de*
- AGMAV Westfalen: *https://www.agmav.de*
- AGMAV Württemberg: *https://www.agmav-wuerttemberg.de*

Andere wichtige Adressen

- Bundeskonferenz der AGMAVen und Gesamtausschüsse im Bereich der Diakonie Deutschland: *https://www.buko-diakonie.de*
- Ständige Konferenz der Gesamtausschüsse der Mitarbeitervertretungen in der EKD: *https://staeko-ekd.de/*
- Evangelische Kirche in Deutschland: *https://www.ekd.de* Informationen zu Aufbau, Arbeitsbereichen und den Gliedkirchen der EKD
- Diakonisches Werk Deutschland: *https://www.diakonie.de* Allgemeine Informationen über diakonische Arbeit
- Rundschreiben der Arbeitsrechtlichen Kommission des Diakonischen Werkes Deutschland: *https://rdlive2.diakonie-server.de/ark-rundschreiben-994-rundschreiben-der-arbeitsrechtlichen-kommission-dw-ekd-9381.htm* Hier sind

jeweils die aktuellen Beschlüsse der Arbeitsrechtlichen Kommission des Diakonischen Werkes Deutschland zu finden.

- Verband diakonischer Dienstgeber in Deutschland (v3d): *https://www.v3d.de/* Informationen des Diakonischen Arbeitgeberverbands
- Anwaltskanzlei Baumann-Czichon, Bremen: *www.baumann-czichon.de/menu/aktuelles*
- Anwaltskanzlei Feuerhahn, Göttingen: *https://feuerhahn-rechtsanwälte.com*
- Bundesarbeitsgemeinschaft der Mitarbeitervertretungen im Bereich der Deutschen Bischofskonferenz: *https://www.bagmav.de* Wichtige Informationen für MAVen bei Caritas und Katholischer Kirche
- Infoblog für ver.di-Betriebsgruppen in Caritas-Einrichtungen und Interessierte: *https://caritas-verdi.blogspot.de*
- Berufsgenossenschaft BGW: *www.bgw-online.de* Wichtige Informationen zum Arbeits- und Gesundheitsschutz
- Bundesministerium für Arbeit und Soziales: *https://www.bmas.de* Aktuelle Informationen, gesetzliche Grundlagen und Verordnungen
- Bundesministerium für Familie, Senioren, Frauen und Jugend: *https://www.bmfsfj.de* Aktuelle Informationen, gesetzliche Grundlagen und Verordnungen
- Bundesarbeitsgericht: *https://www.bundesarbeitsgericht.de* Pressemitteilungen über Entscheidungen ab 1.1.1997
- Bundesverfassungsgericht: *https://www.bundesverfassungsgericht.de* Vollständige Entscheidungen ab 1.1.1998
- Evangelische Fachstelle für Arbeitssicherheit: *https://www.efas-online.de* Wichtige Informationen zum Arbeits- und Gesundheitsschutz aus Kirchensicht
- Soliserv: *https://www.soliserv.de* Die Website für ArbeitnehmerInnen, Betriebs- und Personalräte. Sehr interessante Datenbank auch für MAVen.
- Kirchengerichtshof der EKD: *https://www.kirchenrecht-ekd.de/welcome/structuretype/urteil_aktenzeichen* Beschlüsse seit 1995, teilweise im Volltext
- Hans-Böckler-Stiftung: *https://www.boeckler.de/index.htmhttp://www.boeckler.de/index_wsi_tarifarchiv.htm* Informationen für Personal- und Betriebsräte, Tarifarchiv, Dienst- und Betriebsvereinbarungen oder nur *https://www.boeckler.de*

Stichwortverzeichnis